中华帝王

■邓诗萍 主编

第一卷

吉林大学出版社

图书在版编目（CIP）数据

中华帝王/邓诗萍主编，一长春：吉林大学出版社，2009.4

ISBN 978-7-5601-4237-1

Ⅰ.中… Ⅱ.邓… Ⅲ.帝王—列传—中国—古代 Ⅳ.K827＝2

中国版本图书馆 CIP 数据核字（2009）第 041476 号

书　名：中华帝王

作　者：邓诗萍　主编

责任编辑、责任校对：黄风新　　封面设计：世纪鼎　周腾蛟

吉林大学出版社出版、发行　　三河市华丰印刷厂　印刷

开本：710×1030 毫米　1/16　　2009 年 4 月　第 1 版

印张：54.25　字数：1100 千字　　2013 年 8 月第 3 次印刷

ISBN 978-7-5601-4237-1　　定价：298.00 元

社址：长春市明德路 421 号　邮编：130021

发行部电话：0431-88499826

网址：http://www.jlup.com.cn

E-mail:jlup@mail.jlu.edu.cn

编 委 会

总　目　录

第一卷

第二卷

第三卷

第四卷

前 言

历史是绚丽多彩的万花筒，历史人物有其复杂性。在错综复杂的历史条件下，大量的历史人物功过参合，瑕瑜互见。有的人功大于过，有的人过大于功。因此，我们对历史人物要全面研究，具体分析，一分为二地看人物的好与坏，功与过，决不能因为一个人后期不好，就把前期的功劳一笔勾销，也不能因为做过一些错事，就把其他方面的贡献全部抹煞，而是要尊重事实，尊重历史。例如司马迁写《淮阴侯列传》，对韩信的军事才能是满怀激情的描写，但对韩信早年的"无行"、"不能治生商贾"、"食从人寄食饮"、"俯出胯下"，却并没掩盖而是直书，读者读后反觉真实可信。所以我们写人物传记，一定要从当时社会历史的客观条件出发，实事求是地记载和评价历史人物，真实地反映历史人物的本来面目。

撰写人物传记，应把所写的人物放到他所处的社会关系中去，从表面现象深入到人物和各种社会关系的内在联系，抓住人物的本质进行记述。马克思指出："人的本质是一切社会关系的总和。"任何人的思想和行动都受一定的社会关系的制约，人物传记就是要写出一定的社会关系造就了一定的人，而这个人又怎样对当时的社会关系施加一定的影响。马克思的论点为人物传记的创作提供了最重要的指导思想，也为真实地描述人物的本质特征指明了正确的方向。一些杰出的思想家和作家也曾经指出过，编写人物传记必须把人物放在他所处的历史环境中来描述，不能脱离当时的历史环境，这是历史唯物主义的基本观点。

我国人物传记的发展经过了一个漫长的历史时期，从文史不分的纪传体，到文史分流的史体传记，又从纪传和杂体传记发展到传记文

学，以及一方之志中人物传记的出现。说明了我国人物传历史悠久，内容丰富，形式多样。

在我国所有的人物传记中，最引人注目的当属历朝历代的帝王传记了。帝王作为中国历史上的核心角色，是影响国家、民族发展的关键人物，研究他们的是非功过，透视不同帝国之间的盛衰兴替，可以让我们更好地了解中国历史。从《史记》到《清史稿》的二十六部正史，基本上是提纲挈领的记录帝王的大事，许许多多的细节被忽略了，再加上古人“为尊者讳”的观念，帝王的邪行、丑行大多被讳饰，“五帝三皇神圣事，骗了无涯过客”，说的就是这个道理。他们作为历史的重要角色之一，是当时左右和影响国家、民族的关键人物，研究他们的是非功过，治乱兴替，在一定意义上事关国家盛衰、民族兴亡、个人成败，并对我们现代人有极大的借鉴意义。

本书所选辑的帝王传记，以皇家修订的正史为主线，辅之以别史、小说家言、笔记、见闻等，以修补正史的不足。为了突出人物个性，体现人物个性形成发展的必然性，我们在精选典型材料，概括人物全貌的同时，选择重大的有代表性的最能反映人物特征的事件详细记述，把不能表现人物特征的事件摒弃或一笔带过。写大事固然重要，但对细节描写我们也没有忽视，有时人物的性格特点往往在一些细节中表现出来。恰当地记述小事，能见微知著、增强传记的可信性和感染力，甚至预示着人物日后的发展。大事和细节的参差互现，向读者展示出一个个生动鲜明的人物形象，使每个帝王的音容笑貌、品性情趣各展呈现，以便读者轻松了解帝王的一言一行，功过是非，给读者以充分回味思索，流连感慨的余地。

编委会

2009 年 4 月

第一卷　目录

五 帝

尧帝之死

历史闹剧

传说时代的黄帝王朝，是一个奇异的政治结构。虽然它是一个传说时代，可是后世白纸写黑字，追述上古的这些传说，却咬定牙关，言之确凿。像王朝的开山老祖“黄帝”姬轩辕先生，虽然身属人体，却有观世音菩萨和赤脚大仙的神通，不但推翻了“五氏”中最后一“氏”神农氏先生子孙政权，还跟当时最强大的敌人蚩尤部落对抗。蚩尤部落的巫法师，口中念念有词，立刻大雾迷茫，姬轩辕先生就发明指南车，一场大战下来，把蚩尤先生捉住，砍下尊头，从此奠定了王朝的基础，并被汉民族尊为祖先。

盘古先生固然被一棒挥出界外，就是姬轩辕先生的列祖列宗，也被一棒挥出界外，好像姬轩辕先生跟孙悟空先生一样，都是从石头缝里跳出来的。看情形，盘古颇类似耶和华，而姬轩辕颇类似亚伯拉罕。只是盘古先生运气较差，屁股没坐上“上帝”宝座。

黄帝王朝共有七个君王，都是姬轩辕先生的苗裔，第一任君王“黄帝”姬轩辕先生，无人不知，无人不晓。第二任君王姬己挚，是姬轩辕先生的儿子。第三任君王姬颛顼，是姬轩辕先生的孙子。第四任君王姬夋，是姬轩辕先生的曾孙。第五任君王姬挚，是姬轩辕先生的重孙。

上述五位头目，除了姬轩辕先生威不可当外——数年之前，台北出现的“轩辕教”，姬轩辕先生除了扮演亚伯拉罕先生角色，又扮演耶稣先生的角色矣——其他四位老哥，实在一点意思也没有，一个比一个默默无闻，历史上毫无地位。一直等到公元前二三五七年，第六任君王“尧帝”姬伊放勋先生登场，接着第七任君王“舜帝”姚重华先生登场，才忽然间锣鼓喧天，大闹特闹。所谓大闹特闹，一方面是他们在当时的政治舞台上亲身闹，一方面是后世儒家系统史学家为他们闹。政治舞台上闹，我们马上就要揭起蒙头纱，让读者老爷瞧瞧真面实目。至于儒家系统史学家闹，情节离奇，他们把这两位头目在位期间（前二三五七——前二二〇八）的日子，一百四十八年间，称之为“尧天舜日”、“尧舜时代”，涂脂抹粉，弄上一段十分美丽的传说。

攀梯爬天，尧帝降世

伊放勋先生，是黄帝王朝第四任君王姬夋先生的儿子，第五任君王姬挚先生的弟弟。姬挚先生的下场很糟，史书上说他：“荒淫无度，不修善政。”如何荒淫无度以及如何不修善政并没有片字记载，我们无法深究。反正是，他于前二三六七年即位，到了前二三五八年，各部落酋长，也就是所谓“诸侯”，就把他赶下宝座。他的下落不明，死的可能性当然有，但也可能饶他一命。然后把他的弟弟，也就是本文的男主角伊放勋先生，掇弄上台，成为黄帝王朝第六任君王，天下共主。

伊放勋先生老爹姓“姬”，他阁下却忽然姓了“伊”（有些史书上还说他姓“伊

祁”)，现代人不容易了解，当听有些大爷傲然曰：“老子我，行不改名，坐不改姓。”表示是一条英雄好汉。可是古时候改名改姓，却稀松平常。呜呼，古时之人也，尤其是小民，根本没有姓，只有贵族才有姓，“姓”好像现代“官衔”，你阁下如果是个失业群众或待业青年，在名片上你就不能印上表示你职位的头衔，对方拿了你的名片一瞧，虽然知道你姓甚名谁，却不知道你是何方神圣，干啥勾当。

贵族有姓，小民无姓。贵族不愁吃不愁穿，中国又是多妻的国度，闲着没事，就猛生孩子，孩子又猛生孩子，不久满坑满谷。为了辨识，有些孩子被大权在握的家伙，赏赐给他一姓，有些孩子则索性自己为自己起一个姓。

伊放勋先生的爹虽然姓“姬”，他却姓“伊”，是别人为他起的？或是自己起的？为啥姓“伊”，而不姓别的？史书上没有提及。只有一本书上说，“伊”是他娘的姓，可是凡介绍他娘庆都女士时，从没有交待过她的来历。其实这种发展，我们知道不知道都没关系，只要知道他阁下改了姓，姓“伊”就行啦。

伊放勋先生的娘庆都女士怀胎十四个月才生下他(这表示他不同凡品，儒家系统史学家最喜欢教这类家伙不同凡品啦)。十五岁的时候，身高十尺。哥哥姬挚先生封他为侯爵(唐侯)，他率领所分到的聚落群和牛马群，驻屯平阳(山西省临汾县)。二十岁那年，继承哥哥的座位。别瞧不起这个平凡的毛头小伙，史书对他的赞美之词，三座楼房都装不下。

《帝王世纪》曰：

“(伊放勋)小时常梦见攀着梯子往天上爬，所以二十岁就登上帝位(柏老按：他阁下可是中国历史上第一个‘乱做春梦’的君王，以后大家纷纷跟进)。巫师告诉他，他是‘烈火命运’，不同于哥哥‘树木命运’，所以他的部落，驻屯平阳。”

人格的美化与异化

《帝王世纪》续曰：

“伊放勋定都平阳之后，在中央政府门前，设置一面大鼓，凡对政治上的缺点提出建议的人，都可擂鼓要求改革，于是全国一片升平。伊放勋指派重臣羲和的四个能干儿子羲仲、羲叔、和仲、和叔，分别担任四个军区的司令官。远在南方的苗部落，不接受政府命令，伊放勋派军攻打，在丹水(湖北省宜都县西南境)大获全胜，苗部落屈服。遂任命尹寿、许由二人，担任宰相(师)。又指派大臣伯夔，访问山川谷溪，谛听风声水声，制定音乐六篇。于是，全国和睦，天下太平。”

《帝王世纪》对伊放勋先生的赞扬，不过普通赞扬。到了《通鉴外纪》，简直蠢血沸腾、五体投地曰：

“(伊放勋)建都平阳(山西省临汾市)，喜爱白色，祭祀时，把白玉放到白绸缎上奉献。生活十分俭朴，草屋上的草，都不修剪。房檐下的梁柱，都保持原状，不加刀削。副梁之间，连承受茅草的细椽都省掉。车辆简陋，不雕刻，也不油漆。饭桌上的葡萄，仅够自己下肚。饮食简单，不计较滋味调和。五谷杂粮，从不挑剔。树叶豆叶，都用来下咽。饭都装在陶制的碗盆之内，盛水都用瓦罐。不带任何饰品，既不睡弹簧床，也不盖锦缎绣花被。对稀奇古怪的东西，看都不看。对引人入胜的宝物，也不瞧一眼。柔情蜜意的音乐，从不入耳。政府和宫廷建筑，一仍本色，毫不装饰……”

白话文译到这里，不由得叹一口气，如果所说属实，伊放勋先生把自己苦成

这个样子，活着实在没啥意思。在儒家学派要求下，圣人不是圣人，成了一块木头。

历史赞歌

中国历史上的君王，受到倾盆大雨式赞美的，只有两人，其中之一是我们将要介绍的姚重华先生，另一就是本文的男主角伊放勋。这位公元前二十三世纪，被称为“天下共主”的国家元首，不过是一个力量强大的部落酋长，他那松懈的政治组织，似乎连雏形的政府都谈不上，只是一个大村落里一个大庄院而已。然而，他比任何君王都吉星高照，谚云：“来得早，不如来得巧。”伊放勋先生既来得早，而又来得巧，他阁下在位时，窝窝囊囊的丑事，马尾巴提豆腐，根本提不起来，想不到一千五百年后，时来运转，到了公元前八世纪，儒家学派开山老祖孔丘先生，目睹当时乱糟糟兼糟糟乱的社会，芳心大急，他虽然没有能力像耶稣先生一样，创造一个崭新的和前瞻性的理想，但他却把全副精力用在“托古改制”上。西洋学术总是向前看的，中国却恰恰相反，“千万情丝舍不得，一步一回首”，恨不得扭身就跑，跑到“古”穴，一头栽到“古”怀里，与“古”白头偕老，共存共亡。

于是，忽然之间，伊放勋先生和姚重华先生，被隆重选中，一条又僵又冷的死虫，经过孔丘先生吹口仙气，立刻变成了花蝴蝶。《论语》——孔丘先生语录，对伊放勋先生，就来一个霸王硬上弓，不由分说，连珠而出：

“大哉，尧（伊放勋）之为君也，巍巍乎唯天为大，唯尧（伊放勋）则之。荡荡乎民无能名焉，巍巍乎其有成功，焕乎其有文章。”

译成白话文，就是：

“伟大呀，伊放勋老爷当了君王！高高在上呀，谁都没有‘天’那么大，只有伊放勋老爷可比。无边无涯呀，小民说不出它叫啥名堂。到了最后，光芒四射，只有伊放勋老爷有那么多的贡献，有那么美的品德。”

孔丘先生对伊放勋先生的赞词，只是为后世君王——或其他名称的政治头目，提供一个行为标准。同时，孔丘先生也代表小民心声，盼望最高掌权的家伙，最好如此这般。

情绪不能代替理性，诗篇不能代替事实。事实是，伊放勋先生在位的一百年间，真正掌握权柄的日子，只有六十年。六十年中，中国充满了大苦大难。

第一个大苦大难是旱灾。现代科学进步，灌溉发达，偶尔堤坝崩溃，水灾倒是有的，旱灾在现代化国家中，已很难再见矣。水灾和旱灾最大的不同是，水灾的面积小，只限于堤坝崩溃下游的有限城镇乡野。旱灾就不这么小家子气啦，不来则已，一来就是赤地千里，饿殍遍地，尤其是“大旱之后，必有荒年”，情况更惨。

水灾易去，旱灾难熬。旱灾跟世界性的经济衰退一样，不开始则已，一开始就以“年”为单位，慢慢谋杀。

就在伊放勋先生当权期间，中国大旱。

后羿射日，大水漫灌

大旱是因为不下雨，不下雨是因为太阳太烈，云不能聚。太阳太烈是因为当时并不只有一个太阳，而是有十个太阳。无论十个太阳是亲如兄弟，一齐悬挂高空，还是来一个车轮战，鱼贯上阵，结论都是一样。

《淮南子》透露小民的惨境，曰：

“十日并出，焦禾穗、杀草木，而民无所食。猰貐（食人怪兽）、凿齿（长牙怪兽）、九婴（水怪）、大风（坏人屋舍的妖精）、封豨（野猪）、修蛇（毒蟒），皆为民害。尧（伊放勋）乃使羿（后羿）诛凿齿（长牙怪兽）于畴华之野，杀九婴（水怪）于凶水之上，缴（阻挡）大风（坏人屋舍的妖精）于青丘之泽。上射十日、下杀猰貐（食人怪兽），断修蛇（毒蟒）于洞庭，擒封豨（野猪）于桑林，万民皆喜。”

上述的灾害，以十个太阳最为严重。从书上记载，可看出后羿先生是人类有史以来最伟大的神射手，当十个太阳把世界烤得几乎成了一团火炭，“焦禾穗、杀草木，而民无所食”，大饥馑已经形成时，后羿先生奉命要干掉九个（这故事一直流传下来，直到二十世纪二〇年代，遇到久旱不雨，太阳天天升空，有些地方军官大怒，还用大炮向它阁下猛轰，希望它心惊胆战，躲到家里一天两天，让海龙王露露脸，降点甘霖）。后羿先生不负交付他的任务，真的射下来九个。每一次，他一箭中的，一个太阳就气绝身死，忽咚一声，掉将下来，跑近一看，却变成了一只乌鸦。九个太阳，成了九只乌鸦，当然是九只死乌鸦。

——请读者老爷注意后羿先生，他跟三百年后，公元前二十世纪，夏王朝第六任君王后羿先生，可不是一个人。不过他们的神射武功，却完全一样。

——中国文学作品上，把太阳称为“金乌”，渊源于此。“金”只是形容词，形容太阳的尊贵。

第二个大苦大难是水灾。旱灾发生的年代，史书上没有说明；水灾却是从公元前二二九七年开始的。比较起来，旱灾面积大而水灾面积小。不过，黄帝王朝时的中国版图，不过现代版图的百分之一，像一颗落花生一样，横压黄河中游地区，头枕山西省南部，尾置山东省中部，一旦大水为祸，因全国面积太小，所以到处都是一片汪洋。

——后来，中国版图不断扩张，“全国”的意义也跟着不断扩张，黄帝王朝时，从首都到南方边境，不过两百公里，清王朝时从首都到南方边境，却是两千公里。伊放勋先生时代十万方公里的全国大水，后世子孙一时不思量，大笔一挥，就成了一千万平方公里的全国大水矣。

大悲惨时代与姒鲧治水

公元前二十三世纪的空前水灾，据说是世界性的，不仅在中国，就是西方世界，正是诺亚先生的方舟时代，也到处波浪滔天。

大水从哪里来的？西方的传说是大雨不止，中国史书却没有明确交待。有人说，可能是冰河最后一次融解之后，积水一时流不到大海。但也有人说，根据已知的资料，冰河共融解过四次，第一次距今五十万年，第二次距今四十万年，第三次距今十七万年；第四次，也就是最后一次，平原上的冰河融解罄尽，一寸不剩，距今也有五万年。而伊放勋先生距今才不过四千余年，连边都沾不上。于是，只有西方模式，才能解释。

当时小民们的生活，已陷绝境。

《吕氏春秋》曰：

“阴多滞伏而湛积，水道壅塞，不行其原（原来的河床），民气郁阏而滞着，筋骨瑟缩而不达。”

伊放勋先生束手无策之余，召集他的臣僚，询问他们能不能物色一位像射下九个太阳的后羿先生那样的人物，来治水灾。臣僚们，包括四位军区司令官在内，一致推荐夏部落酋长姒鲧先生。夏部落那时扎营在河南省禹县，他们的祖先从现在的四川省，辗转迁移到中原，世代专业水利工程。姒鲧先生是当时最知名的水利工程专家，中央政府把治水的全部希望寄托在他身上。呜呼，当初后羿先生治大旱时，简单明了，九支神箭射出，九只乌鸦落地。大家都认为姒鲧先生也应创造同样奇迹。这当然不可能，因为那九个太阳来得奇异，是伊放勋先生之前，就一直悬挂天空的欤？看样子似乎不是。盖“三皇”“五氏”神话时代都未提及，而且，假设“古已有之”，大地早烤成一团灰矣。

翦除羽翼与夺权斗争

九个太阳当然是伊放勋先生时代冒出来的，以现代知识推断，显然那是欺骗小民的勾当，当大旱已经形成，伊放勋先生宣称十日在天，那就万方有罪，罪不在朕躬，而在太阳。等到大旱行将结束，再教后羿先生站在山顶上胡乱拉一阵弓，射一阵箭，然后，提着九只死乌鸦下山，叫喊说，已经把妖怪干掉啦。

——犹太教也出现过这种节目，摩西先生独自爬到山顶，忙了几天，下山时拿着金牌，上面写着十诫。其迹虽异，其表一也。

在这种背景之下，姒鲧先生先天的注定要担任悲剧角色，后羿先生在大旱终了时才出现，姒鲧先生却在大水正盛时出现，以当时的知识和已有的工具，根本无法担当这种伟大的工程。举一个例子就可以说明姒鲧先生面对的困难，他如果要开凿一个山洞，或开凿一条渠道，既没有黄色炸药可以轰个缺口，又没有铁斧铜锤电子钻来逢山开路，遇水搭桥。他只有一个方法，就是集中力量修筑堤防。这要比凿山容易，黄土碎石多的是，只要搬运得动，就是现成的材料。

问题是，堤防挡不住洪水的冲击，仍不断继续决口。姒鲧先生是一位有经验的专家，可是他用来对付小川小河那一套，现在完全失灵。然而，促使他死亡的，并不是他治水无功，而是他触怒了权倾中外，正密图篡夺帝位的姚重华先生。

关于姚重华先生的来龙去脉，我们将有专文报道，现在只介绍他当时的权势：他是伊放勋先生的女婿，从一个部落酋长儿子的卑微地位，被岳父大人擢升到中央政府。姚重华先生是一位精密的阴谋家，他进入中央政府后不久，就逐渐地把军事政治各部门，置于控制之下。最初，他排斥他的内弟——帝位的合法继承人伊丹朱先生，使做父亲的伊放勋先生厌恶亲生儿子。或者是，伊放勋先生并不厌恶自已的亲生儿子，不过已无法保护他矣。伊放勋先生是什么时候发觉权力已从指缝中溜走的，我们不知道，只知道当他发现他已不能指挥重要的执法官员时，为时已晚。为了拯救亲生儿子的生命，他忍痛宣称：“我如果把政权移交给姚重华，国家会得到益处，只我儿一人受到伤害。我如果把政权移交给我儿，国家会受到伤害，只我儿一人得到益处。”

《史记》原文：

“授舜（姚重华）则天下得其利，而（伊）丹朱病。授（伊）丹朱则天下病，而（伊）丹朱得其利。”

伊放勋先生不得不这样宣布，否则，伊丹朱先生可能被斩草除根。伊放勋先生誓言：“终不以天下之病而利一人（伊丹朱）。”最后，更擢升姚重华先生“摄行天

子事”——代理君王。

舜行摄政，尧称孤寡

姚重华先生一旦成了“代理君王”，如虎添翼，下一步要干啥，纵是白痴，也会一目了然，当然是要吞噬伊放勋先生这位岳父大人的宝座。中国君主专制，这时还没有建立起完整的制度，不过，初期社会结构，习惯上还是父子相传的，黄帝王朝君王的传递情形，就是一个有力的说明，如果不是父子关系，至少也应是兄弟关系，如果不是兄弟关系，至少也是叔侄。在世袭的原则下，女人没有地位，姻亲更插不上脚。姚重华先生了解这种政治形势，合法取得政权，绝不可能，必须使出非常谋略，才能突破传统的约束。迫使岳父大人不断宣传要拱手让位，就是谋略的一部分。

可是，这种宣传，引起强烈反应，一些效忠政府的忠臣义士，挺身对抗。态度最激烈的，就是身负重责大任，正在治理水灾的姒鲧先生。他告诉伊放勋先生曰：“这是一个凶兆，你怎么把国家最高的权位，私自传授给一个无赖？”姚重华先生勃然大怒，他绝不允许一个仅有声望而手无权柄的家伙，破坏他伟大的计划。于是，他指控姒鲧先生治水九年而仍未成功，罪该万死；立即派出杀手，赶到羽山（山东省临沂县）荒山上，把正在汗流满面，辛苦工作的姒鲧先生处决。另一位大臣共工先生也坚持不可把帝位私相授受，姚重华先生把他逮捕，放逐到边荒的幽都（北平市），然后就在幽都，砍下尊头。

《韩非子》原文：

“尧（伊放勋）欲传天下于舜（姚重华），（姒）鲧谏曰：‘不祥哉，孰以天下而传之匹夫？’尧（伊放勋）不听，举兵杀（姒）鲧于羽山之郊。共工又谏，尧（伊放勋）又举兵而诛之于幽都。于是天下莫敢言。”

这是一个“挟天子以令诸侯”的典型，用君王的手，铲除效忠君王的忠良。姚重华先生为千古权奸，立下漂亮的榜样。为了更彻底地建立威严，姚重华先生再把另外两位潜在的政敌三苗先生、驩兜先生，一并干掉，连同姒鲧先生和共工先生，合称为“四凶”。残杀忠良而又加上丑恶的帽子，姚重华先生是“斗臭”和“丑化敌人”绝技的鼻祖。

“四凶”是总称，姚重华先生又分别赐给他们丑恶的绰号和不同的罪状：

姒鲧——梼杌（罪状：治水无功）

共工——穷奇（罪状：淫辟）

三苗——饕餮（罪状：不遵王命）

驩兜——浑沌

只有驩兜先生的罪状没有记载，其实用不着记载，事情明白得很，他们真正的罪状是冒犯了权奸姚重华先生，如此而已。

瓜熟蒂落，尧帝下台

大屠杀之后，反对声浪消失在血腥之中。《尚书》曰：“舜（姚重华）巡狩四岳，流共工，放驩兜，窜三苗，殛（姒）鲧。四罪而天下咸服。”当然天下咸服，再有不服的，“四凶”立刻变成“五凶”矣。然而最妙的还是孔丘先生，他阁下对大屠杀的解释是：

“伊放勋发现姚重华贤能，并不可贵。发现了之后，一点都不怀疑，摧毁了所有的挑拨离间，甚至诛杀进谏的人，才是真正的可贵。”

原文曰：

“尧（伊放勋）和舜（姚重华），非其难也。不以所疑，败其所察，至手诛谏者，乃其难也。”

在政治挂帅的大旗之纛，手握权柄的人有福啦，真理正义、公道之心，都是他们的，连圣人都站在他们一边，努力化腐朽为神奇。效忠政府的成了叛逆，血腥镇压的反而备受歌颂。历史上斑斑史迹，一开始便被野心家利用，曲扭颠倒，黑变成白，白变成黑，成了一犬吠影，百犬吠声的奇观。

到了这时候，篡夺帝位的时机，已经成熟。公元前二二五八年，伊放勋先生终于下台鞠躬。按常理推测，他阁下下台鞠躬，姚重华先生当然上台鞠躬，他觊觎宝座已非一日，布下天罗地网，更非一天。这个熟透了的苹果，非掉到他早已放在树底下的大箩筐里不可。但关于这场被后世儒家学派知识分子百般赞扬的“禅让”，古书上的记载，过于简略。《史记》只一句话曰：“卒授舜（姚重华）以天下。”其他古书，更含糊其辞，在那里和稀泥，东拉西扯，不知所云。《帝王世纪》曰：“尧（伊放勋）取（娶）散宜氏女，曰女皇，生（伊）丹朱。又有庶子九人，皆不肖，授以天下命舜（姚重华）。”《吕氏春秋》曰：“尧（伊放勋）有子十人，不与其子而故舜（姚重华）。”《淮南子》曰：“乃属以九子，赠给昭华之玉，而传天下焉。”

没有一本书记载政权转移的具体步骤，只记载伊放勋先生曾表示过要把帝位让给另外两个人，其中一位是许由先生，他阁下一听说要他当头目，心胆俱裂，怎么，教我跟姚重华对抗呀？卷起铺盖就跑，跑到箕山（河北省唐县北郊二十公里），像躲强盗一样躲了起来。其中另一位是支父先生，支父先生说他自己害了一种“幽忧”的奇疾，搞不来政治那玩意儿。

古书上从没有记载过姚重华先生啥时候曾经拒绝过接班，连装模做样的拒绝都没有。

旅途・囚房・惨死

姚重华先生不但从没有拒绝过岳父大人的让位，反而急吼吼而吼吼急，当一切都布置完成时，伊放勋先生仍然不死，这使姚重华先生震怒。他不能再继续等待，政治本质就是不稳定的，日久恐怕生变。于是，公元前二二五八年，姚重华先生建议伊放勋先生去全国各地，作巡回视察。这项建议义正辞严，谁都不能说天子不应该去全国各地视察吧。然而，这却是姚重华先生夺取政权大阴谋的最后一击，他要杀岳父大人而不留下任何痕迹。

公元前二十三世纪，既没有飞机汽车，甚至没有牛，更没有马。我们无法确定伊放勋先生有没有什么代步，即令骑牛骑马，即令坐两人抬的轿子，他也不能承受那种颠簸。呜呼，伊放勋先生根本没有出京视察的理由，有“代理君王”在，天大的事——连杀“四凶”都作了主，还有啥必须他亲自瞧了才算数的？对一个一百一十九岁的老人而言，他宁可坐在家里休息，但他不能抵抗女婿的压力。

于是，到了阳城（河南省登封县告城镇），伊放勋先生在意料中伸腿瞪眼，一命归阴。是在出发途中死在阳城的？抑或在归途中死在阳城的？史书上没有交待。《帝王世纪》只说了一句：“尧（伊放勋）与方回游阳城而崩。”当时首都平阳

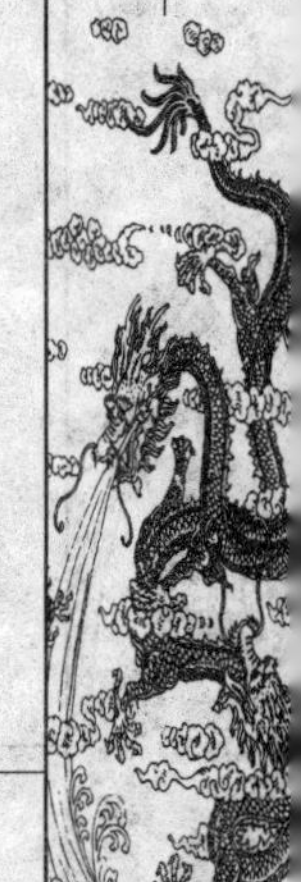

（山西省临汾市），距阳城航空距离二百六十公里，在公元前二十三世纪时，是一个遥远的边区。两个城市之间，横亘着中条山脉；越过中条山脉，便是翻滚澎湃，不断决口的黄河；渡过黄河，又是邙山；越过邙山，又要渡过洛水；渡过洛水，还要进入嵩山山脉，阳城就在嵩山南麓，紧傍颍水。这位年迈苍苍的老汉，没有人知道有啥重要大事，非要他亲临不可。然而，姚重华先生知道就行啦。

伊放勋先生糊里糊涂被折腾而死。他是活着离开首都的，回去时却成了一个尸体，而且不可避免地会泄露一点风声，可能引起议论和怀疑，使姚重华先生不敢马上就往宝座上坐。

然而，死在旅途还是幸运的，另一种史料更确定地指出，伊放勋先生不是死于旅途，而是死在监狱。《竹书纪年》说，伊放勋先生被姚重华先生放逐到尧城（山东省鄄城县西北七公里故偃朱城）囚禁，跟他所有的儿子隔绝。伊放勋先生被后世尊称为"尧帝"，尧帝者，好心肠的君王也，而好心肠的结果却是家破人亡，死于至亲的女婿毒手。当他在牢房哀号时，如果知道后世的儒家学派会把他的惨死，形容为美丽的"禅让"，他流下的将不是眼泪，而是鲜血。

我们抄录《竹书纪年》原文，作为结束，原文曰：

"昔尧（伊放勋）德（政治权力）衰，舜（姚重华）囚尧（伊放勋），复偃塞（断绝）（伊）丹朱，不与父相见也。"

这是中国历史上第一位死于谋杀的帝王，而且沉冤千古，悲夫！

舜帝之死

传奇人物姚重华（舜帝）

姚重华先生是伊放勋先生的女婿，但在血缘上，他却是伊放勋先生第五代旁系曾重孙。史书上说，黄帝姬轩辕先生生姬昌意，姬昌意先生生第三任帝姬颛顼，姬颛顼先生生姬穷蝉，姬穷蝉先生生姬敬康。注意这位姬敬康先生，他阁下跟伊放勋先生可是堂兄弟。姬敬康先生生姬句望，姬句望先生生姬蟜牛，姬蟜牛先生生姬瞽叟，而姬瞽叟先生，就是姚重华先生的爹。姚重华先生当了伊放勋先生的女婿，可是乱了大伦，盖他娶了他的曾祖姑。家谱俱在，一查便知。（一想起儒家学派猛捧的"道德"系统，坐第二把交椅的竟是一位乱伦人物，就十分紧张。）

姚重华先生是冀州人，古冀州包括现在的河北省、山东省和山西省。老娘生他的时候，正住在姚墟（山东省濮县东南六公里），所以他阁下这一代就姓了"姚"。后来不知道什么原因，全家从姚墟西迁，迁到航空距离四百八十公里外的蒲阪（山西省永济县）。这是一个部落的大移动，要越过海拔两千公尺，宽达一百公里，高耸天际的太行山脉。然后，他们在历山停下来，在那里耕耘，大概就在此时开始，抛弃游牧渔猎的生活方式。

——历山，位于山西省永济县东南，虽然姚重华先生在那里种过田，可是对普通人来说，仍十分陌生。不过另一个名字"首阳山"，便家喻户晓，无人不知矣。一千年后的公元前十二世纪时，周王朝击败商王朝，商王朝的两位孤臣孽子伯夷先生和叔齐先生，绝食抗议，就饿死在那里。据传说，历山藏有丰富的铜矿，黄帝姬轩辕先生就曾在那里开采过。

姚重华先生是一位传奇人物，他荣膺孔丘先生托古改制的两位主要角色之

一——另一位就是上文被囚死的“尧帝”伊放勋先生。姚重华先生则被尊称为“舜帝”，就是仁慈的君王。他从一个山野的穷苦农夫，攀登到中央政府，夺取政权，又被披上美丽的外衣，有一段童话般的历程。

《中国人史纲》曰：

“姚重华先生一生，比伊放勋多彩多姿，他的虞部落在蒲阪（山西永济），跟伊放勋的唐部落（山西临汾），相距只二百公里，两个部落一向通婚，伊放勋的两个女儿伊娥皇和伊女英，同时嫁给姚重华。”

血海深仇，共处一室

《中国人史纲》续曰：

“姚重华先生应该是中国早期历史上最成功的谋略家之一，他最使人精神恍惚的事迹是，据儒家学派说，他有一个可怕的、充满阴谋和杀机的丑恶家庭，他的父母兄弟全都比蛇蝎还要恶毒。只姚重华恰恰相反，仁慈而且善良，集字典上所有美德于一身。他母亲早死，老爹瞎老头（瞽叟）续娶了一位妻子，生子名姚象。有一天，老爹命姚重华把仓房茅草盖好，可是等姚重华爬到屋顶上之后，父母和弟弟三个人却在下面把梯子搬走，放起火来，企图把姚重华烧死，姚重华聪明地料到会有这种变化，早就准备了两个斗笠，就把这两个斗笠绑到手臂上，当作翅膀，飘然而下。老爹又命他挖浚旧井，姚重华知道情形不妙，挖井时悄悄地在一旁凿出一条通到地面的坑道。果然，父母和弟弟一齐下手，把井填平，然后兴高采烈地把姚重华的财产瓜分。老爹和继母得到他的全部粮食，姚象则得到他日夜思之的两位漂亮嫂嫂，而且马上搬过去居住，得意忘形地弹着姚重华的琴。就在这时候，姚重华在门口出现，姚象反而大吃一惊。”

姚重华先生的家庭，就是这样的可怖。问题是，为了争夺财产，继母和继母的儿子，联合起来，共下毒手，我们还可以理解。但瞎老头——瞎老头可能只是一个绰号，形容他有眼无珠，真实名字已被绰号淹没矣——他阁下竟然谋害亲生之子，便太反常态。俗谚固曰“有后娘便有后爹”，不过在日常生活上显现，如果必置之死地，而且一次不成，再来二次，二次不成，再来三次，就超出我们理解范围矣。假使瞎老头不是老爹，我们一定会判断：姚重华对他准有血海深仇，诸如“杀父深仇”之类，偏偏瞎老头却是老爹，就使这桩亲父杀亲子的悲剧，找不出动机。有些考古学家认为他们父子兄弟间的冲突，是一种“图腾矛盾”下的激烈反应。伊放勋先生以唐部落酋长地位组织政府，成为天下共主，是以“龙”为标帜的。瞎老头先生的虞部落，广场上竖的大旗，上面却绣着一只大“鸟”。姚重华先生主张跟“龙”部落联合，使他得以进入最高权力中枢，并且，事实上，联合如果能够成功，对自己部落一定也会有好处。然而，由于图腾，也就是由于招牌的不同，瞎老头跟幼子姚象先生，坚决反对：“笑话，他们那龙，怎有资格配我们的鸟？”这是图腾的自尊。也可能另有一种图腾的恐惧：“唐部落那么强大，我们的鸟要被龙吃掉啦。”而姚重华先生坚持他的立场，当时的君王伊放勋先生就把两位女儿嫁给他。两位龙图腾（还有她陪嫁的老奶）忽然进入鸟群，她阁下帐篷之外，或屋门口，说不定立刻挂出龙的画像或雕像，“是可忍，孰不可忍”，火山遂告爆发，一发不可遏止。

血腥权力继承斗争的图腾化

图腾矛盾学说，把事情看得太简单，也把人性看得太理想。学院派社会学家，最大的特点是，他们只有能力在文件上找根据，没有几个人实际上献身投入。自然科学家在实验室里研究出一套东西，总要先拿到外面当众表演，一切无误之后，才算成功。如果拿到外面当众表演时，轰的一声，脑袋开花，即使曾在实验室里头头是道，也不算数。可是社会科学家只要在书房里左剪右贴之后，来一个头头是道，就可以信口开河，无往不利。姚重华先生家庭的流血斗争，被解释为图腾矛盾，就是一例。盖图腾矛盾当然有可能性，却没有必然性。古之时也，盛行部落间交换婚姻，矛盾虽有，而竟发展到谋杀，而且是一而再，再而三的谋杀，于情于理，绝对不合。鸟图腾如果非用流血手段，才能排除龙图腾，这问题可大啦。姚象先生既以鸟图腾保护人自居，为保护祖先留下的招牌而战，那么，他阁下娶了另一个部落的老奶，而该部落是以太阳为图腾的，他阁下岂不就得上吊自尽乎？总不能为了避免其他图腾入侵，不跟别的部落联姻，而跟妹妹结婚吧。

其他图腾入侵，是无法避免的事，犹如跟异性结婚是无法避免的事一样，因此发生磨擦，无啥稀奇；但因之发生谋杀，就稀奇得离了谱。如果真的对龙图腾的唐部落如此深恶痛绝，则干掉伊家二女，才能断绝管道，甚至促使“联合”大业解体。不此之图，却留下祸根，只斩秧苗，似乎更不可思议。

呜呼，财产争夺，图腾矛盾，政见不同，都有可能，甚至全家父母兄弟中了巫婆的邪术，发了恶煞之疯，也有可能，但没有必然性，必然性应该另有所在。

很显然的，这是权力继承斗争。这种斗争，中国历史上“一波一波又一波”，从没有一天停止过，史书上称之为“夺嫡”。在多妻制度的宗法社会中，君王权力转移给下一代时，有两大法则，曰：“传嫡不传庶”、“传长不传贤”。大老婆，也就是原配夫人生的长子，称之为嫡子，老大为“嫡长子”，天经地义地要接收老爹的大权。以下为“嫡次子”“嫡三子”。小老婆群生的儿子，年纪最大的为“庶长子”，以下为“庶次子”“庶三子”。这种“嫡”“庶”之分，比美国的“黑”“白”之分，还要一清二楚。

“天下第一大孝”

姚象先生是夺嫡斗争的主角，亲娘当然维护亲子，瞎老头受到继妻的影响，不得不对幼子偏袒，因而组成联合阵线，目标直指姚重华先生，不是你死，就是我亡。而且，必须姚重华先生魂归离恨天，夺嫡才算成功。

以谋害的过程而言，似乎不像是出于成年人的智慧，却像幼稚园教习向小娃们说的童话。姚重华先生上房之后，纵火烧屋，他用斗笠跳下，纵得特大号的斗笠，也载不动一个成人的躯体，如果说茅屋非高楼，那么，手攀屋檐，也可逃生，根本用不着斗笠。主要的还是，姚象先生之辈也应该想到老哥可以跳下这一点。挖井一事，更云天雾地，舌头乱摇。第一次谋杀失败，双方已成死敌，仇人相见，分外眼红，姚重华先生竟傻得毫不防备，而往深井里钻，不知道贵阁下信不信有这等事，柏老可是打死我也不信。夫蒲阪（山西省永济县）一带，属黄土高原，黄土高原的特征之一是，土硬如铁。对日本抗战时，黄土高原上的防空洞，恐怕是世界上最安全的防空洞。姚重华先生凭一人之力，又是偷偷摸摸地在井底另凿

出一个通道，这事说得可是比唱得还要好听。而且，凿出来的土，又弄到啥地方乎哉？

只有一项解释是合理的，那就是，这些凶恶的罪状，乃出于姚重华先生的捏造，不是说全部都是捏造，继母与幼子可能对姚重华先生歧视，甚至有过虐待，这是古老家庭“前妻之子”普遍的噩运。而姚重华先生把它扩大，扩大到使人毛骨悚然的程度，目的有二：一是烘托他是如何的孝顺，在中国社会，孝顺是衡量一个人美德的最主要的标准，而“孝”必须在“父顽”“母凶”“弟傲”的恶煞环境中，才能展示。如果大家一团和气，还有啥可说的。亲人全是恶棍，姚重华先生自然顺理成章地夺取到“天下第一大孝”的锦标。

逐父杀弟，历史真相

姚重华先生“天下第一大孝”的美誉，跟父母兄弟“天下第一大恶”的恶名，在他苦心孤诣的设计下，向四面八方传播。岳父兼君王的伊放勋先生，或许不愿两个女儿受到牵连，或许被女婿奇异的孝行深深感动，于是把他召到首都平阳（山西省临汾市），做自己的助理。这正是姚重华先生追求的，现在终于追求到手。

第二个目的是为自己掌权后的暴行，建立掩饰的理由。《史记》说，姚重华先生对所受到的迫害，不但没有反击，反而“复事瞽叟，爱弟弥谨”——比没有谋杀前，对老爹更孝顺，对老弟更亲爱。孟轲先生，这位儒家学派的雄辩家，更热情洋溢，当万章先生问他：“难道姚重华不知道姚象要宰了他呀？”孟轲先生曰：“这还用问，当然知道。不过，他太重手足之情，姚象忧的时候他跟着忧，姚象喜的时候他跟着喜。”

《孟子》原文：

“万章曰：‘……不识舜（姚重华）不知象（姚象）将杀己欤？’对曰：‘奚而不知也，象（姚象）忧亦忧，象（姚象）喜亦喜。’”

孟轲先生不像是在叙述一桩史迹，却像一个诗人在那里闭着尊眼，摇头摆尾吟诗，把姚重华先生形容成一个怪物。不过，这话太重啦，还是用我们用过的比喻：他把姚重华先生形容成一只纯洁雪白的可爱羔羊。事实上这位空前的阴谋家的反应，不但强烈，而且无情。他在他的权位稳固了之后，也就是在他用君王名义处决了“四凶”之后，乘威追击，把老爹瞎老头驱离家园，充军边陲蛮荒，任他自生自灭；对“象忧亦忧，象喜亦喜”的老弟姚象先生，可没有这么便宜，而是索性赴法场，一刀砍下尊头。只有继母不知道下落，依情势判断，她可能在继子有权柄之前，已一命归天。如果没有这份早死的幸运，姚重华先生连亲爹都不饶，对这个继母，岂肯放她一马，不可避免的，她要陪着瞎老头充军到边陲蛮荒，最后就死在那里。

《庄子》曾直接斥责姚重华先生不孝。《韩非子》更痛心疾首：

“瞽叟为舜（姚重华）父，而舜（姚重华）放之（充军）。象（姚象）为舜（姚重华）弟，而舜（姚重华）杀之。放父杀弟，不可谓仁。妻帝（伊放勋）二女，而取天下，不可谓义。仁义无有，不可谓明。诗云：‘溥天之下，莫非王土，率土之滨，莫非王臣’，信若诗之言也，是舜（姚重华）出则君其臣，入则臣其父，妾其母，妻其主女也。”

这是姚重华先生最恐惧的指责，他之所以努力宣传亲人全是恶棍，就是要人

相信他逐父杀弟，不是自己的错，而是因为他们太坏，他不得不保护自己，并为天下主持公道。

孟轲先生是姚重华先生主要的辩护人，万章先生也向他请教过这件事，孟轲先生坚持姚象先生没有被杀掉。好吧，既没有被杀掉，他到哪里去啦？他不过跟老爹一样，被充军罢啦。充军到啥地方？到有庳（湖南省道县与东安县之间）。然而，孟轲先生连充军也加以否认，一口咬定姚象不是被充军到那里的，而是被封爵在那里的。问题是，怎么只见采邑，不见爵爷，爵爷何在？孟轲先生招架不住，只好东拉西扯和稀泥。

《孟子》：

“孟子（孟轲）曰：‘封之也，或曰放（充军）焉。’万章曰：‘或曰放焉，何谓也。’孟子曰：‘象（姚象）不得有为于其国（采邑），天子（姚重华）使吏治其国，而纳其税焉，故谓之放（充军）。岂得暴彼民哉？虽然，欲常常而见之，故源源而来。不及贡，以政接于庳，此之谓也。’”

译成白话：

“孟轲先生曰：‘那可是封爵封到那里的，不过，也有人说把他充军充到那里的。’万章先生曰：‘充军？那是怎么回事？’孟轲先生曰：‘姚象虽封爵到那里，却一点权柄也没有，不过一个受气包，中央政府另外派遣官员代替他行使职权，征收捐税，所以大家称为‘充军’。只是不允许他残暴害民之意。中央政府因为等不及他的进贡，索性接收过来自己直接干活，就是这么回事。’”

呜呼，孟轲先生说了半天，还是没说出姚象先生的下落。封爵封到距姚重华先生首都蒲阪（山西省永济县）南方航空距离一千二百公里远的有庳（湖南省道县），而有庳这个地方，直到两千年之后的公元前三世纪战国时代，还是虫蛇之乡，罕有人迹。这种借刀杀人的政治手段，如不叫“充军”，啥叫“充军”？如不叫“放逐”，啥叫“放逐”？即使不叫“充军”，也不叫“放逐”，爵爷既不管事，又不知流落何方，这种内幕都抖出来，非孟轲先生笨也，实在是遮盖不住。咦，一个遮盖不住的丑八怪，即使抹上两缸胭脂粉，还是丑八怪。这种充满幻想的一厢情愿，只好尊之为“政治意淫”。

然而，不管怎么，姚重华先生终于参与了政府，为了树立党羽，他起用当时郁郁不得志的“八恺”“八元”，使十六个家族分别掌握军政大权。

——八恺，八个温顺的人。曰：苍舒先生、隤敳先生、梼杌先生、大临先生、龙降先生、庭坚先生、仲容先生、叔达先生。都是黄帝王朝第三任君王姬颛顼先生的子孙。

——八元，八个能干的人。曰：伯奋先生、仲堪先生、叔献先生、季仲先生、伯虎先生、仲熊先生、叔豹先生、季狸先生。都是黄帝王朝第四任君王姬夋先生的子孙。

翁婿之间，明争暗斗

姚重华先生把十六位失意政客和他们的家族，布置到要津之后，岳父兼君王的伊放勋先生，才发觉不对劲。然而，他这个平凡的老实人，不是女婿的对手，他已无力反击。不但如此，连效忠于他，极力阻挠姚重华先生篡夺宝座的四位高级官员驩兜先生、共工先生、三苗先生、姒鲧先生，都无法保护，眼睁睁看着姚重华

先生使用中央政府的名义，个个击破，命丧黄泉。又不特此也，还称之为“四凶”，使他们身后蒙羞。

——不过，柏杨先生有点怀疑，“八元”“八恺”“四凶”之类的绰号，不见得一定是姚重华先生当时起的，盖“四凶”之一姒鲧先生的儿子姒文命先生，不久就把姚重华先生铲除，他不会允许这种恶称流传，而小民既那么尊敬姒文命先生，也不忍心这种恶称流传，至少在他所建立的夏王朝四百九十一年间，不会有人提及。那时既无文字记载，人们每天忙碌自己的事，对昔日这场政治斗争，早忘之矣。最早提及这些绰号的，是公元前五世纪的《左传》，距姚重华先生公元前二十三世纪大屠杀之日，已一千八百年。因之，我老人家颇疑心它是政治挂帅下的产物，也就是孔丘先生“托古改制”下的产物。儒家系统既然打出“尧舜牌”，这牌必须是王牌，即使不是王牌，也得动点小手脚或大手脚，涂涂改改、挖挖补补，使它非是王牌不可。必须强调他所擢用的人，全是好货色，而所杀的人，全是坏蛋。因而搞出一些绰号，使人看起来好像是真的一样，用以加强印象。

闲话说得太多，书归正传。

“四凶”之一的姒鲧先生，因对中央政府和对君王伊放勋先生忠心耿耿，猛烈抨击姚重华先生包藏祸心，促起姚重华先生的杀机。姚重华先生不能赤裸裸地宣称姒鲧先生挡他的路而杀他，必须有冠冕堂皇的借口，他猛烈指控姒鲧先生治水不得其法，辜负国家的厚恩、贻害苍生。当时情况，国家就是姚重华，姚重华就是国家。于是，钦差大臣从首都平阳出发，直奔姒鲧先生的工地羽山（山东省临沂县），就在那里“殛”之，“殛”者，“诛”也，跟“杀”绝不相同。“杀”是平等的，杀人者可能是凶手。而“殛”和“诛”，却是一种罪恶铲除。

“四凶”既死，中央政府大门洞开，伊放勋先生大势已去，但不知道啥原因，他仍坐在宝座上不肯下来，姚重华先生只好把他放逐。姚重华先生一旦翻脸，连亲爹都不认，何况岳父乎哉。伊放勋先生被放逐后的下场，前文已言之矣，有两种传说，一是死在放逐中的阳城（河南省登封县告城镇），一是禁囚在尧城（山东省鄄城县故偃朱城），就死在监狱之中。二地直线距离一百二十公里，不管哪一个地方，其中一地，一定是他陛下的丧命之所。

姚重华先生终于扫除了所有的绊脚之石。在伊放勋先生死后第三年，即公元前二二五五年，他正式上台。那年，他已五十三岁，拳打脚踢三十年矣。

历史重演，大舜之死

然而，正当姚重华先生踌躇满志，认为他的江山已固若金汤时，毁灭他的定时炸弹，却在他屁股底下冒起了烟。这个定时炸弹，就是被“殛”的“四凶”之一姒鲧先生放在那里的。姚重华先生把姒鲧先生排除，易如反掌，但排除之后，遇到了难题：第一，姒鲧先生率领的夏部落，根据地在现在的河南省禹县，是当时唯一懂得水利工程的部落，而他的儿子姒文命先生，又是跟老爹齐名的水利工程师，姚重华先生除了要求姒文命先生继承老爹未完成的治水工程之外，别无他途。第二是，姚重华先生为了永绝后患，史书上说，曾把“四凶”的家属，全部放逐到距首都蒲阪（山西省永济县）二千公里外的蛮荒地带，去跟鬼魅为伍。但姒鲧先生的家属并不包括在内，一则是儿子姒文命先生高级技术人员的身份，二则是夏部落力量太过强大，强大到如果用武力反击，姚重华先生没有必胜把握。

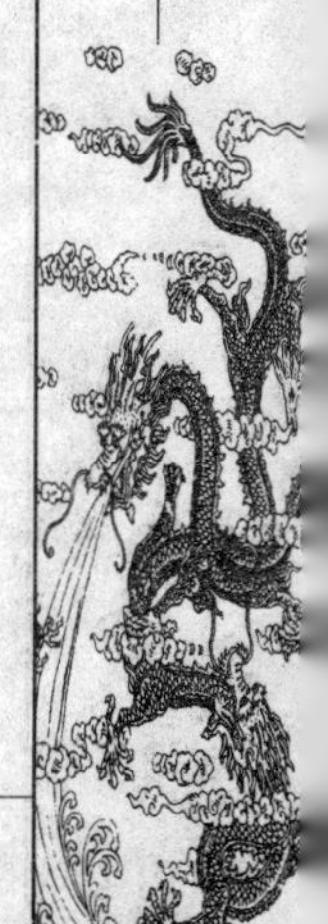

在这种情形下，姚重华先生只好任命姒文命先生继续治水。姒文命先生自知他所处的地位，在他的部落更强大之前，不敢流露一点他的愤怒，他用低姿态来化解姚重华先生对他的猜忌，小心谨慎，戒慎恐惧。《史记》形容他治水十三年，“过家门而不敢入”。请读者老爷注意，他可是“不敢入”，而不是“不肯入”，他不敢蹈老爹的覆辙。这是消极的一面。积极的一面，《帝王世纪》指出，他无时无刻不在培植自己的力量：“劳身勤苦，不重径尺之璧，而爱日之寸阴，手足胼胝”；“纳贤礼士，一沐三握发，一食三吐餐。”

十三年之后，姒文命先生把洪水治平，使他的声望达到高峰，而他在治水督工的掩护下，奔走全国各地，结集反抗姚重华先生的力量，也已完成。于是，姚重华先生，这位以阴谋起家的黄帝王朝最后一任君王，发现对姒文命先生已失去控制，跟他岳父伊放勋先生当年发现对他失去控制一样。“八恺”“八元”已不能发挥作用（也可能姚重华登极后，为了安全理由，转过来对他们下手）。历史重演，姚重华先生不得不悲哀地宣布，他要把宝座转移给姒文命先生。

姒文命先生不吃这一套，以眼还眼，以牙还牙，大报复的时机已经来临。他效法姚重华先生对付伊放勋的手段，于公元前二二〇八年，把姚重华先生逮捕，充军到遥远的苍梧（湖南省宁远县）。苍梧更在有庳（湖南省道县北）的东南，两地直线距离五十公里，这是一个嘲弄性的惩罚，跟被他放逐的弟弟姚象先生是那么接近，让他有机会再显露一次没有权势时的可爱嘴脸。姚重华先生是怎么死的，史书上没有记载，只知道他就死在苍梧，并埋葬在苍梧境内的九疑山下。

传统史学家不能推翻他死在蛮荒的事实，只好形容曰：“南巡狩，崩于苍梧之野。”那年姚重华先生整整一百岁，前已言之，苍梧、有庳一带，两千年后的公元前三世纪，仍是虫蛇之地，更非中国领土，姚重华先生纵是神经病兼十三点，也不会忽然发了羊癫之疯，越过千山万水，披荆斩棘，往一千二百公里（地面距离可能在三千六百公里左右）外不可知的蛮荒“巡狩”。

传统史学家最擅长用美丽的字画，美化丑恶的事实，“巡狩”和“崩”，不过一例而已焉。

注意的是，姚重华先生被放逐蛮荒，他的妻子伊女英、伊娥皇，并没有在身旁陪伴。这是一个旁证，证明他阁下已身不由己。嗟夫，当姚重华先生在荒烟野蔓倒毙，咽下最后一口气之时，回想前尘，他比岳父大人死得距故土更远，恐怕有太多叹息。可惜史书上没有记下这些叹息。

大禹

夏禹，名叫文命。禹的父亲叫鲧，鲧的父亲是帝颛顼，颛顼的父亲叫昌意，昌意的父亲就是黄帝。禹，是黄帝的玄孙，帝颛顼的孙子。禹的曾祖昌意和父亲鲧都没能登帝位，都是天子的臣民。

当帝尧的时候，洪水滔天，浩浩荡荡包围了大山，淹没了高地，老百姓非常忧惧。尧寻求能治水的人，群臣、四岳都说鲧可以。尧说："鲧这个人违背教令，毁坏同族，不可用。"四岳说："相比之下，没有比鲧更能干的人，希望您试用一下。"于是尧采纳了四岳的建议，任用鲧治理洪水。九年过去了，洪水还是没有平息，治水没有成功。于是帝尧就又寻访人才，得到了舜。舜受到任用，代行天子政事，巡视四方。途中见鲧治水毫无成效，就把鲧流放到羽山，直到他死在那里。天下人都认为舜的惩罚是正确的。于是舜推荐鲧的儿子大禹，让他继续完成鲧的治水事业。

尧逝世后，帝舜问四岳说："有谁能够光大尧的事业，可以让他担任官职的呢？"都说："伯禹做司空，可以光大尧的功业。"舜说："啊，是的！"命令禹："你去平治水土，一定要勤勉地办好这件事。"禹跪拜叩头，推让给契、后稷、皋陶。舜说："你还是去就职尽责吧！"

禹为人聪敏机智，能够吃苦；遵守道德，仁爱可亲，言语可信；说话的声音合乎声律，行为举止合乎规矩，衡量好了再处理事务，勤勤恳恳，端庄恭敬，堪称百官典范。

禹于是和益、后稷敬奉帝舜的命令，敦促诸侯百官征调人夫动土治水，攀行山岭，树立标志，测定高山大川的形势。禹伤感先父鲧治水无功而受惩罚，于是劳苦身躯，苦心焦虑，在外奔波十三年，经过家门也不敢进去。节衣缩食，却致力于用丰厚洁净的祭品来孝敬鬼神。居住的宫室简陋低矮，将大量费用用于修筑沟洫。陆地行进时乘车，走水路时乘船，在泥沼中行进时坐木橇，爬山越岭时穿着带齿的木屐。一年四季都带着测量用的准绳和规矩，来开发九州土地，疏通九条河道，修筑陂塘围住九大湖泊，测量九座大山。命令益把稻种分发给民众，让他们可以在低湿的地方耕种。命令后稷分发给民众短缺的食品。食物不足，就从有余的地方调来相互补给，以均衡各诸侯国的物品。禹于是根据各地适宜出产的物品来确定相应的贡品，同时还考察了各地山川的便利路线。

禹的巡行从冀州开始。

冀州：治理完壶口，再治理梁山和岐山。修治完太原地区，又到达太岳山的南面。治理好覃怀，又治理到横流入河的漳水。冀州的土壤白色而细柔，贡赋属上上等级，有时也错杂上中等级，田地的等级为中中。常水、卫水疏通完后，大陆水泽也被整治好了。乌夷的贡品是皮衣。冀州的贡赋从海中绕过右边的碣石山，运入黄河。

济水和黄河之间是兖州：黄河下游的九条支流已经疏导，雷夏泽也已经汇成湖泊了，雍、沮两条河水会合流入湖中，种有桑树的土地已经能够养蚕，于是民众都从山丘上搬下来，居住在平地上。这里的土壤黑色而肥沃，因而草木长得茂盛高大。田地为中下等，贡赋的等级与此相当。兖州治理了十三年，才能和其他的

州相同。该州的贡品是漆、丝，以及用筐子盛着的有花纹的丝织品。这些贡赋先经过济水、漯水，再转入黄河。

大海和泰山之间是青州：堣夷治理完后，潍水、淄水也已疏通。土壤白色而肥美，海滨一带宽广而含有盐质，这里的田土是盐碱地。田地属上下等级，田赋为中上等。该州的贡品是盐和细葛布，各种海产品，还有泰山谷地的丝、麻、铅、松、怪石。莱夷地区可以放牧，贡品是用竹筐盛着的柞蚕丝。贡品先经过汶水，再进入济水。

大海、泰山和淮水之间是徐州：淮水、沂水修治完毕，蒙山、羽山也已得到开发种植。大野泽已经聚水成湖，东原地区也整治好了。这里的土壤呈红色，有粘性而且肥厚，草木日渐茂盛。田地为上中等级，田赋的等级为中中。贡品是五色土、羽山山谷出产的野鸡、峄山南面的独生桐木、泗水边用浮石制的磬、淮水下游地区的蚌珠和鱼，以及用圆筐装的黑色丝绸。贡品经过淮水、泗水，再通入黄河。

淮水以南、大海以西的地区是扬州：彭蠡已经聚水成湖，成为大雁冬天居住的地方。三条江水疏通入海，震泽地区获得了安定。竹箭遍布，野草茂盛，树木高大，土质湿润。田地为下下等，贡赋为下上等，有时夹杂着中下等。贡品有三色金属、美玉、似玉的宝石、竹箭、象牙、兽皮、鸟羽、旄牛尾，岛夷人的草编衣服，用竹筐盛着的由贝壳缀成的贝锦，还有包起来进贡的橘子和柚子。这些贡品都是沿着长江、大海，再进入淮水、泗水。

从荆山到衡山南边的地区是荆州：长江、汉水都汇入大海，九条江汇入长江，处于全州的中部，沱水、涔水已经疏通，云土泽、梦泽也治理好了。这里土质湿润，田地属下中等级，田赋为上下等。贡品是鸟羽、旄牛尾、象牙、兽皮、三色金属、椿木、柘木、桧木、柏木，粗磨石、细磨石、砮石和丹砂，箘簵、楛木来自三个诸侯国，是当地著名的贡品，还有包扎起来进贡的菁茅，用筐子盛着进贡的绛色锦缎和用丝带串起来的珍珠，有时还奉命进贡九江的大龟。这些贡品都是先经长江、沱水、涔水、汉水北运，再经过陆路运到洛水，然后进入南河。

荆山以北、黄河以南的地区是豫州：伊水、洛水、瀍水、涧水已经疏导进入黄河，荥播泽已汇成湖泊，疏通了荷泽，又治理了明都泽。这里的土质柔细，低洼地区是肥厚的黑色硬土。田地属中上等级，田赋属上中等级，有时杂有上上等级。贡品有漆、丝、细葛布、麻，用圆筐盛着的细丝绵，有时候还按命令进贡磨磬的错石。这些贡品经洛水，进入黄河。

东到华山南面、西到黑水之滨的地区为梁州：汶山、嶓冢山已得到开发，沱水、涔水也已疏通，蔡山、蒙山平治完毕，和夷地区也收到了治理的功效。这里的土壤是青黑色，田地为下上等，田赋属下中等，有时杂有下上等和下下等。贡品有美玉、铁、银、钢、砮、磬、熊、罴、狐狸和地毯。西倾山的贡品由桓水运出，其他贡品由潜水船运，转陆路到达沔水，再入渭水，然后横渡黄河。

西到黑水、东到西河的地区为雍州：弱水已经两流，泾水汇入渭水，漆水、沮水已经疏通，沣水也已汇入渭水。荆山、岐山已经治理好，终南山、敦物山直到鸟鼠山也都治理完毕。高原和低洼地区的治理收到成效，又施工到都野泽。三危山一带已可居住，三苗族也已有了安定的秩序。这里的土质色黄而柔细，田地属上上等，田赋为中下等。贡品有璆玉、琳玉、宝石。这些贡品都在积石山下装船航运，直达龙门地段的西河，汇集到渭水湾里。进贡毛皮的有昆仑、析支、渠搜三

国，西方各部族也已归服。

禹开通了九大山脉的道路：由汧山和岐山直达荆山，越过黄河；从壶口山、雷首山直到太岳山；由砥柱山、析城山直达王屋山；由太行山、常山直达碣石山，然后入海；由西倾山、朱圉山、鸟鼠山直至太华山；从熊耳山、外方山、桐柏山直到负尾山；开通嶓冢山，直至荆山；由内方山，直达大别山；从汶山南面直抵衡山，经过九江，到达敷浅原。

又疏导了九条河流：疏通弱水流过合黎山，使其下游注入流沙；疏通黑水，流过三危山，进入南海；从积石山开始疏导黄河，直到龙门山，往南流到华山北面，往东流过砥柱山，再往东流到孟津，从东面进入洛水，至大邳山，往北流过降水，到达大陆泽，再往北分成九条支流，汇合为逆河，注入大海；从嶓冢山开始疏导漾水，往东流的叫汉水，再往东叫苍浪水，经过三澨水，流到大别山，再往南流入长江，再往东汇成彭蠡泽，向东流称为北江，最后流入大海；从汶山开始疏导长江，往东另外分出沱水，再向东到达澧水，经过九江，到达东陵，向东偏北方向与彭蠡泽汇合，再往东流为中江，注入大海；疏导沇水，东流为济水，流入黄河，从黄河溢出的水汇成荥泽，向东流过陶丘北面，再往东到达荷泽，又往东北流，与汶水汇合，再往东转北流入大海；从桐柏山开始疏导淮河，向东汇合泗水、沂水，再往东入海；从鸟鼠同穴山开始疏导渭水，往东汇合沣水，再往东北到达泾水，向东经过漆水、沮水，注入黄河；从熊耳山开始疏导洛水，向东北汇合涧水瀍水，又往东汇合伊水，再向东北流进黄河。

于是九州和同安定，四方各地都可以安居，九大山脉都开出了道路，九大河流也都疏通，九大湖泊也已筑好堤防，四海之内进贡的道路畅通无阻。各种物资非常齐备，各州土地交相订正了它们的等级，使财赋的征收更加认真慎重，按照三等田地来确定赋税的标准。在中原地区向诸侯颁赐土地和姓氏，告诫道："恭敬尽职，以德为先，不要抗拒我的政令。"

规定天子国都以外的五百里地区为甸服：百里之内，老百姓交纳带禾秸的谷物，距离国都二百里的地区，交纳用镰刀割下的谷穗，距离国都三百里的地区，交纳谷实，距离国都四百里的地区交纳粗米，距离国都五百里的地区交纳精米。甸服以外的五百里区域为侯服：靠近甸服的一百里地区是卿大夫的采邑，二百里以内的地区是给天子任事的小国，另外三百里的地区用来分封诸侯。侯服以外的五百里地区为绥服：距离侯服三百里以内的地区根据具体情况施行教化，另外二百里的地区振兴武力，保卫天子。绥服以外的五百里区域为要服：靠近绥服三百里内的地区为夷人居住的地方，另外二百里给遵守王法的人居住。要服以外的五百里区域为荒服：靠近要服的三百里地区给蛮人居住，另外二百里是流放犯人的地方。

东濒大海，西到流沙，北方和南方也都是政令教化所及的地区，天子的恩威遍于四海。于是帝舜赐给禹黑色的圭玉，昭告天下，治水成功。天下于是太平大治。

皋陶负责刑狱，治理人民。帝舜上朝时，禹、伯夷和皋陶在帝舜面前交谈。皋陶陈述他的谋议说："如果能够切实按照道德行事，谋划就会高明，辅佐的大臣

就会和谐相处。”禹说：“是这样的，怎样去做呢？”皋陶说：“哦！要严于律己，要有长远的打算，要使九族和睦相亲，使众多贤人辅助自己，政令由近及远，完全在于自身的德行修养。”禹拜谢他的美好言论，说：“是啊！”皋陶说：“呵！还在于知人善任，能安抚民心。”禹说：“唉！都要像这样去做，就是帝尧也会为难的。知人才能明智，才能任官得人；能够安民才算是恩惠，黎民百姓才会怀念恩德。能够做到既明智又仁爱，还担心什么驩兜？还放逐什么有苗？还害怕什么巧言令色、阿谀谄媚之徒呢？”皋陶说：“是呀！也就是说行为要有九方面的品德，即使是言论也要有道德的依据。”于是接着说：“考察一个人的品德要从他做的事情开始，宽厚而能庄谨，柔顺而能自立，忠诚而能办事，有治理才能而能认真谨慎，性情和顺而能刚毅，正直而能温和，简约而不草率，刚健而能笃实，勇猛而能合乎道义，经常修明彰显这九种品德，那就很好了。每天修明三种品德，早晚庄敬努力，就可以保有自己的领地。每天恭敬地修明六德，认真办理各项事务，就能保有他们的封国。天子综合九德而加以运用，使有才能的人都担任官职，百官都会严肃谨慎。不要让人走歪门邪道。如果不合适的人占住重要的官位，这就叫扰乱上天交付的政事。上天将要讨伐有罪的人，用五刑中相应的刑罚来惩处他。我所说的这些能够得到实行吗？”禹说：“你的言论可以实行，而且能取得成绩。”皋陶说：“我没有什么才智，只是想辅佐天子履行天道罢了。”

帝舜对禹说：“你也说说自己的高见。”禹拜揖道：“啊，我有什么可说的呢！我只想每天努力不懈地办事。”皋陶向禹质疑道：“什么叫努力不懈呢？”禹说：“洪水滔天，浩浩荡荡，包围了高山，淹没了丘陵，小老百姓都深受水灾之害。我陆上乘车，遇水乘船，泥行乘橇。翻山越岭则穿着带齿的木屐，在山中行进立木为标记。与益一道施给百姓稻粮和新鲜肉食。进而疏通九条河道使之归流大海，又疏浚小沟大渠归入河流。与后稷一起施给百姓欠缺的粮食。粮食少了，就从有余的地区调来补充给不足的地区，并且把百姓迁移到适宜居住的地区。于是百姓得以安定生活，各诸侯国也得到了治理。”皋陶说：“是啊，这的确是您的美德。”

禹说：“啊，帝！您在位一定要谨慎，要冷静思考您的举止，用德行高尚的人辅佐您，这样天下百姓都会顺从您。用清静美好的德行来等待上天的旨意，上天就会不断赐福给您。”帝说：“啊，臣子啊，臣子啊！臣子要做我的大腿、胳臂和耳、目，我想帮助民众，你们来辅佐我。我想观察古人衣服上的图案，按照日、月、星辰的形象制成文绣五彩的服装，你们要替我明确服装的等级。我想听六律、五声、八音，以观察治乱的情形，宣讲和接纳符合五德的言论，你们要认真倾听并帮我作出判断。如果我有邪僻的行为，你们要匡正我、帮助我。你们不要当面逢迎恭维，背后却说我的坏话。要尊重前后左右的大臣。那些形形色色谗言惑众的小人，只要君主真能施行德政，就都会被清除的。”禹说：“是的，帝如果不这样做，如果善恶不分，那就不会有任何功绩。”

帝说：“不要像丹朱那样骄恣放纵，只知道喜欢偷懒游玩，在无水的陆上行

船，在家中成群结党地淫乱，因此我要取消他的世袭继承权，我不能容忍他这副样子。”禹说：“我娶了涂山氏的女子，结婚只有四天就外出治水了，生了儿子启，我也没能抚养他，所以才能完成平治水土的大业。而且设置了五服制度来拱卫京师，使国土扩大到五千里，全国十二个州都设置了官长，京师以外一直管辖到四方荒远的边地，普遍建立了伍长制度，所以他们都能遵循职守、建功立业。只有三苗愚顽而不肯遵从职守，帝可要时刻留意这个问题啊。”帝说：“为我推行德政，开导民众，都是你的功劳。”

皋陶于是就敬重禹的德行，命令百姓都效法禹。对不遵照命令执行的，就用刑罚加以惩处。因此舜的德教大显于天下。

于是夔奏起了乐曲，祖先的神灵也降临了，各方诸侯相互礼让，鸟兽飞翔起舞，当《箫韶》的乐曲演奏完九章，连凤凰也飞来朝仪，百兽相率起舞，百官团结和谐。舜帝因此作歌道：“我奉了上天的命令来治理人民，重在顺应时势，重在谨言慎行。”于是唱道：“辅佐大臣们欣喜尽职呀！君王的治功才能振兴啊！各项事业才能鼎盛啊！”皋陶作揖叩头大声说道：“大家要记住天子的训诫呀！都要恪尽职守，谨守法度，不能懈怠啊！”又继续作歌道：“君王英明啊！大臣贤良啊！各项事业兴旺发达啊！”又唱道：“君王细碎无大略啊！大臣就会懈怠啊！各项事业就将败坏啊！”舜帝拜谢说：“是啊，以后大家都尽心尽力吧！”于是天下人都遵奉大禹所兴起的九韶声乐，推崇他做山川神灵的主宰。

帝舜向上天推荐禹，做天子的继承人。十七年后帝舜逝世。三年的丧期结束后，禹谦让回避舜的儿子商均而居住在阳城。天下诸侯都离开商均而去朝拜大禹。禹于是即天子位，坐北向南接受诸侯的朝拜。国号为夏后，姓姒。

帝禹即位后向上天推荐皋陶，准备授给他处理国政的权力，而皋陶却过早去世了。禹把皋陶的后代分封到英、六两地，也有的封在许地。然后推举伯益，让他管理政事。

十年过后，帝禹巡视东方，到达会稽时逝世。把天下传给伯益。三年的丧期结束后，伯益把帝位让给禹的儿子启，自己避居到箕山南面。禹的儿子启有贤德，天下都归心于他。等到大禹去世，虽然把天下传给伯益，但伯益辅佐禹的时间不长，天下人还不能信任他，因此诸侯都离开伯益而去朝拜启，说：“启是我们的君主帝禹的儿子啊！”于是启登天子位，这就是夏后帝启。

夏后帝启，是大禹的儿子，他的母亲是涂山氏的女子。

有扈氏不服从帝命，启出兵讨伐，在甘展开大战。开战前夕，启作《甘誓》，并召集六军将领进行申诫。启说：“喂！六军将领们，我把誓词告诉你们：有扈氏依仗武力违背五行规律，厌弃天、地、人的正道，上天因此要断绝它的国运。如今我只是恭敬地执行上天的惩罚。车左的人不尽车左的职责，车右的人不尽车右的职责，就是不服从命令。驾车的人进退不合要求，也就是抗命不遵。服从命令，就在祖先的神灵面前赏赐你们；不服从命令，就在社神面前处死你们，并且还要

惩罚你们的亲属。”于是灭有扈氏，天下诸侯都来朝拜。

夏后帝启逝世，他的儿子帝太康即位。帝太康失去了国家，兄弟五人逃到了洛汭，作了一首《五子之歌》。

太康逝世，弟仲康即位，这就是帝仲康。帝仲康的时候，羲氏、和氏嗜酒坏事，扰乱了四时节令。胤奉命前去讨伐，作《胤征》。

仲康去世，儿子帝相即位。帝相去世，儿子帝少康即位。帝少康逝世，儿子帝予即位。帝予去世，儿子帝槐即位。帝槐去世，儿子帝芒即位。帝芒去世，儿子帝泄即位。帝泄逝世，儿子帝不降即位。帝不降去世，弟弟帝扃即位。帝扃去世，儿子帝廑即位。帝廑去世，立帝不降的儿子孔甲，这就是帝孔甲。

帝孔甲即位后，喜欢迷信鬼神，专门从事淫乱活动。夏后氏的威德开始衰败，诸侯纷纷背叛。上天降下两条龙，一雌一雄，孔甲不能喂养，也没找到懂得养龙的人。陶唐氏衰败以后，有一个后裔名叫刘累，师从豢龙氏学习养龙的方法，以此来侍奉孔甲。孔甲赐他姓，叫做御龙氏，让他接受豕韦氏后代的封地。一条雌龙死了，刘累将它献给孔甲吃。孔甲又派人来向刘累索取，刘累因为害怕而逃往别处。

孔甲去世，儿子帝皋即位。帝皋去世，儿子帝发即位。帝发去世，儿子帝履癸即位。这就是桀。

帝桀的时候，从孔甲以来诸侯就有许多背叛夏朝的，桀不致力于德政而专以武力伤害其他部族，其他部族不能忍受。于是夏桀就把汤召来并将他囚禁在夏台，不久又释放了他。汤修德勤政，诸侯都归附汤，汤于是率兵讨伐夏桀。夏桀逃到鸣条，终被流放而死。夏桀对人说：“我后悔当初没把汤杀死在夏台，以致使我落到这种地步。”汤于是登上天子之位，取代夏朝而君临天下。汤封土地给夏朝的后代。到了周朝，又封在杞这个地方。

太史公说：“禹是姒姓，它的后代分别受封，就用国名作为姓氏，所以有夏后氏、有扈氏、有男氏、斟寻氏、彤域氏、褒氏、费氏、杞氏、缯氏、辛氏、冥氏、斟戈氏。孔子校正夏历，学者中有不少人都能传授《夏小正》。从虞、夏时起，贡赋制度就已经完备了。有人说禹是在江南会合诸侯、考核他们的功劳时去世的，因而就葬在那里，把那个地方命名为会稽。所谓会稽，就是会集诸侯、考核功绩的意思。”

夏启

启乃禹王长子。母后涂山氏之女，名女憍。其母贤能聪敏，生三子皆贤。先帝本意中于益，欲立子，恐天下人议王私于己子，致贤人失所，故嘱以立之，以服天下之人。不期天下皆共闻启贤明，不知益而知启。于甲申元岁立启，遂即大位。

启字奋校。群臣朝贺，山呼拜舞毕，帝启曰："舜帝子商均为宾奏官，主治九辨、九歌舞、九韶种种有法，节节可规。王甚喜之，加封潍正音侯。"帝启颁旨，会诸侯于钧台。诸侯皆至，朝参帝启山呼毕，命设宴以享诸侯。帝启曰："朕无才德，不足以王天下。但诸卿冒举，有违先君之命。朕天地间罪人矣。今暂领国务，候有德者居之。"诸侯顿首，皆颂圣德。六卿疑达、疑胜、正忠、正林、德武、德用出班奏曰："今有扈侯无道，不奉正朔，慢侮五行，怠弃三政，不遵陛下旨意。"帝启曰："既有扈侯无道欺侮，卿等六卿，即代朕伐之。"

六卿领旨别驾，点五千人马，杀奔有扈国来。小卒飞报有扈侯，有扈侯灵招，即点兵出敌。两阵对圆，六卿出马问曰："有扈侯，天下诸侯皆归王化，汝何悖逆！"灵招答曰："某闻天下公器，非可私传。汝等受启之私，忘先君之命，立启为王，某甚不服！"六卿曰："尧、舜为子不肖，故授贤明。今先君之子，仁爱慈孝，德播天下，何必废其亲子，而授他人！"灵招笑曰："知子者莫如父，禹知子不可为君，故授之益。汝等背违先君之命，致贤人失所，反敢阵前乱道耶！"手捻长枪，拍马杀过阵来，望六卿便刺。六卿终是文官，只道灵招不敢出战，不知提防，无一人抵挡，大败而走。三军散乱，六卿奔逃，各不相顾。灵招见六卿败去，亦不追赶，收兵入城。

六卿败走三十里，见无追兵，方收集残兵。回朝入奏帝启曰："臣等领王师，征有扈侯，不忍战伐，欲其改过。不料灵招原心不改，恃强杀进，臣等失于防备，今败回见陛下。乞再统兵往之，将功折罪。未敢擅便，奏请定夺。"帝启曰："不可。且人地非浅，民非寡也。今兹不胜，是寡人德薄，不良不善也，何再伐为！"六卿叩首而退。

帝启自此琴瑟不张，钟鼓弗考，不茵席，不仍味，秉政听朝，尊贤委能，广布德政。四夷宾服，百姓咸得观化。有扈侯灵招闻帝启如此仁德，上表悔过请罪。帝启览表大悦，语群臣曰："彼时六卿之败，朕自知过，故不命再伐。今朕不行征讨，而人自服矣。古云，正己则人正。信其然也！"遂赦灵招前罪，赏赐来使甚厚回国。

帝启退入后宫，一连三五日，未曾设朝。觉身不爽快，自知不能起，召群臣至后宫遗嘱。众臣拜伏于龙榻前，命起立，帝启与众臣言曰："朕蒙诸卿举立，在位九年，皆赖卿等扶持，国家颇安。朕福德薄，不一年而益丧，朕甚为之恸悼。今朕得疾，自觉神不守舍，但天下大事，必得贤才然后可托。朕观眼前之人，皆未有可授之者。朕子不识国事，卿等宜从众公议，寻择贤明，以保社稷，庶不负先君之志，朕死无憾矣！"言讫遂崩于建德殿。在位九年，寿五十三岁。众臣治丧毕，葬王于钧台陂之左山。

夏桀

夏桀帝之死

瑶台宫龙心大悦

姒履癸先生，就是被鬼魂夺去老命，暴毙在座车中的姒孔甲先生的曾孙，姒孔甲先生生姒皋，姒皋先生生姒发，姒发先生生姒履癸，姒履癸先生是夏王朝第十九任君王，也是最末一个君王。

姒履癸先生，以及稍后将要报道的子受辛先生，是一对活宝，跟伊放勋先生、姚重华先生是一对活宝一样，在中国历史上遥遥相对，前后呼应。经过传统史学家无情的扭曲，伊姚翁婿二人，为圣为贤，字典上所有赞美颂扬的话，都往他们头上堆，把他们堆成两颗肿胀的病牙，没人敢碰，一碰就浑身抽筋，死于政治挂帅的巨棒之下（柏老赤膊上阵，剥下披到他们身上至少两千年之久的美丽外衣，让大家瞧瞧血脓交集的恶疮，并不是我有过人之勇，而是得感谢我们这个时代，允许我们作深入研究。）。对于姒履癸先生和子受辛先生，则恰恰相反，字典上所有丑陋的字眼，也都往他们头上堆，把他们堆成两个使人义愤填膺的坏坯。

事实上，姒履癸先生跟姚重华先生，同样不是好东西，不过姚重华先生的恶被掩盖，姒履癸先生的恶被扩大，幸与不幸而已。

姒履癸先生身材魁梧，堂堂一表人才，真是所谓的“天赋异禀”，史书上说他力大无穷，能够把弯曲的铁棍拉直，把坚硬的兽角一劈两半，跟罗马帝国大力士乌尔索斯先生力折斗牛一样，姒履癸先生可以赤手空拳，搏斗老虎和野熊，更叫座的是，他跳到水里还能斩杀蛟龙。靠这份蛮力，如果他不是君王，而是一个小民，倒是一条好汉，从军打仗，立功边疆，可能干到大将之位，名垂青史。即使时运不济，也可能当个赌场保镖，足够温饱。问题是他偏偏是个君王，享有无限权力，勇猛一旦用到凌虐小民上，就更为残暴。

他在首都安邑（山西省夏县）建筑了一座宫殿，名“瑶台”——瑶，最美的玉。它的工程当然比不上埃及金字塔（如果比得上，今天仍巍然矗立在那里矣），但引起小民怨恨的程度，却不下金字塔。姒履癸先生挑选了一群天下最美丽的老奶，和天下最珍贵的金银财宝，聚集在瑶台宫之中。又把一些色艺俱佳的电影明星、电视明星、歌舞明星、舞台明星等明星，以及魔术大师、特技大师等中国功夫大师，以及一些侏儒、歌手、马屁精、帮闲分子、灌米汤大王等娱乐界朋友，全部招来，使瑶台宫成为一个欢乐世界。御用音乐家谱出“天子圣明”、“溥海同欢”圣乐，也谱出“潘金莲大闹葡萄架”之类使天子圣明不起来的淫声浪语。在这个温柔乡里，姒履癸先生左拥右抱，前顾后看，龙心大悦。

长夜宫与庞贝城

姒履癸先生似乎不喜欢打猎，只喜欢女人，而女人和酒肉是不可分的，他在皇宫开凿了一个约有五平方公里的巨池，用酒把它装满，乘着豪华精致的画舫，在酒池荡漾。然后他阁下松开抱着美女的御手，向上一扬，立刻响出鼓声，就有

三千余名男女，爬到岸边，伸着尊脖，像牛喝水那样地俯向酒池喝酒。有些得其所哉的酒鬼朋友，一看千载难逢，拼命地喝，喝着喝着，头晕脑涨，忽咚一声，来个倒栽葱，掉到酒池里，被酒活活淹死。姒履癸先生目睹奇景，忍不住纵声大笑。

就在他阁下荒淫的程度日益升高的时候，闯进来一位绝世美女——施妹喜女士，使荒淫的生活，更进一步像滚水般沸腾起来。

那是公元前十八世纪一〇年代，前一七八六年，姒履癸先生在宝座上已坐了三十四年，位于山东省蒙阴县境的施部落，触怒了这位昏暴的君王。姒履癸先生飞出铁帽，说他们“反抗中央”，出动大军进攻。施部落抵挡不住，乞灵于美女手段。酋长老爷表示降服，提议说，如果大军撤退的话，他愿把他妹妹——天下第一美女施妹喜女士，呈献给君王。并警告大军司令官：“如果你不接受这个条件，施妹喜，必定丧生，到时候我们会杀了她！一旦老淫棍姒履癸先生听说你竟使天下第一美女丧生，你这个司令官可老命不保。”司令官承认敌人的分析合理。

于是施妹喜女士到了首都安邑（山西省夏县），她老哥倒一点也没有夸大其词，妹妹老奶果然天姿国色，姒履癸先生御头轰的一声，几乎晕倒，迫不及待地就表演了上床节目。然后，爱得难解难分。——但从另一个角度看，也是妹妹老奶从此就把这个脑满肠肥的君王，吃得死脱。这是一个关键，一般人印象中，美女们的心肠往往毒辣，呜呼，非她们毒辣也，而是她们的坏主意比较容易兑现。干仙人跳勾当的，都是美女，丑八怪行乎哉？所以不久，施妹喜女士就在姒履癸先生罪恶的余生中，扮演重要的帮凶角色。

仅只瑶台宫还不过瘾，姒履癸先生又在首都附近一个山谷里建造另一个宫，曰“长夜宫”，顾名思义，宫里的夜可长啦，不仅是八小时，而且是十六小时，甚至二十四小时。一夜复一夜，不见天日。他阁下经常三四个月不出宫，不清醒，不问国家大事。日夜钻到宫里，像猪一样地杂交、沉醉、打闹、呼叫，认为是人间第一乐土。大概是上帝看不顺眼，一场大风，吹来北方瀚海上的尘沙。跟维苏威火山爆发同样景观，霎时间，那个宏伟的高耸天际的建筑，被埋葬在谷底。与庞贝城不同的是，庞贝小民遇到的是火山灰，无法逃命。而长夜宫里荒唐的王孙公子，艳姬娇娃，却在尘沙降落中逃走一空。

——《博物志异闻》只说该宫位于“深谷之中”，没有说是哪个山谷，惜哉。在此顺便向考古学家隆重建议，似乎应该在山西省西南部，作一个调查，如果能像发掘庞贝城一样，发掘出来长夜宫，长夜宫又比庞贝城早了一千八百年，对人类历史，可是一项伟大的贡献。

炮烙酷刑

长夜宫的陆沉，对姒履癸先生而言，并没有产生警告作用。失去了“长夜”，还有“瑶台”。瑶台宫之内，照样可以作乐。施妹喜女士是一个东方边陲部落的村姑，皇宫的金碧辉煌和君王的无限权力，使她惊奇，但也很快地习以为常。在部落里，她从没有见过绫罗绸缎，这些光泽悦目、柔软舒适的丝质品，迷惑了她。一个偶尔的事件，绸缎被撕裂，发出一种清澈的声音，她告诉老公她爱听这种声音。姒履癸先生终于发现他可以取悦爱妻的玩意，下令把国库里的绸缎搬到皇宫，由宫女们日夜撕给施妹喜女士欣赏。绸缎是最昂贵的衣料，即使今天已二十一世纪，也不是普通小民可以享用的，何况公元前十八世纪乎耶？仅绸缎的消

耗，就足以把小民压榨得更穷、更怨、更悲愤。

由于施妹喜女士的介入，民间开始传言：宫里出现女妖。《述异记》上说，有一天，一个宫女摇身一变，变成一条模样狞狰的龙，谁都不敢接近她。可是，一会功夫，又忽然恢复原形，比宫女本来面貌，还要美艳。美艳虽然美艳，已经不是该宫女原身，她阁下肚子饿时，不吃饭而吃人。姒履癸先生叫她"蛟女"，意思大概是蛟龙之女，这位"蛟女"也真够朋友，为了回报老混蛋的不杀之恩，往往告诉姒履癸先生何者是吉、何者是凶。

——这位女妖的下落如何，书上没有交待。可能，它只是反应小民对皇宫某些老奶的怨恨。

宰相伊尹先生为国家的前途战栗，向姒履癸先生进言曰："我们已遇到危机，陛下如再这样乱搞下去，灭亡之祸，近在眉睫。"姒履癸先生捻须一笑，曰："你又妖言惑众，挑拨政府与人民之间的感情啦。你可知道，上有太阳，犹如人间有君王。太阳灭亡，我才灭亡。"这就是说，太阳不会消失，俺老子自然长存，你危言耸听，是何用心乎哉？小民听到姒履癸先生捻须一笑的消息后，就向上天哀号："太阳呀，你灭亡吧，我们跟你一块儿灭亡。"

姒履癸先生不在乎小民，他保护他高位的秘密武器之一是对反调分子，采取酷刑——"炮烙"。对炮烙的解释，有很多说法，有人以为是一种中空的铜柱，把囚犯用铁链绑到铜柱上，然后在铜柱中堆满火炭，把那个可怜的家伙，慢慢烤死。也有人以为是一种实心的铜柱，用火烧热，强迫囚犯赤足在上面从这一端走到另一端，他当然走不到，只三四步便被烫得不能立足，然后跌下来，跌到熊熊烈火中，活活烧死。

公元前一七六七年，姒履癸先生摆起排场，率领满朝文武，登上瑶台，欣赏炮烙，在囚犯哀号声中，他向大臣关龙逄先生曰："乐乎？"关龙逄先生只好回答："乐也。"姒履癸先生曰："这就怪啦，你难道没有恻隐之心？"这是一句包藏祸心的问话，关龙逄先生感到杀机逼面，但他没有躲避，曰："天下人都以为苦，只你陛下却自以为乐。大臣是君王的手臂，岂有'心'高兴，而'手臂'敢不高兴的？"他知道冒犯一个昏暴君王，等于冒犯一条毒蛇，但他决心冒犯。

杀关龙逄

姒履癸先生板起面孔曰："好吧，说说你的意见，如果意见好，我可以采纳，如果意见不好，法律会制裁你。"关龙逄先生了解他的处境，他的意见已命中注定"不好"，"法律"就要来啦，他坦率地曰："你陛下的帽子，不是帽子，而是一块危石。你陛下的鞋子，不是鞋子，而是一片春冰。从来没有人头顶危石而不被压死，也从来没有人脚踏春冰而不掉下淹死的。"姒履癸先生从龙椅上跳起来，号曰："你只知道我快要完蛋，却不知道你自己快要完蛋。请尝尝炮烙的味道。"然后画龙点睛，用一种当权派特有的逻辑，推出一项奇异的结论，他曰："从你的完蛋，就可证明我的不完蛋。"于是，关龙逄先生惨死在炮烙之下。

夏王朝的忠心干部，没有因关龙逄先生的惨死而闭口不言，他们仍希望姒履癸先生在最后关头醒悟，这正是孤臣孽子的可怜丹心。位于亳邑（河南省商丘县）的商部落酋长子天乙先生，继续向姒履癸先生进谏，然而暴君最大的特征之一，对任何"反调"——逆耳之言，都有一种强烈的厌恶情感。公元前一七七七

年，姒履癸先生下令逮捕子天乙，囚禁在夏台（河南省禹县）。夏台是夏王朝的老巢，把子天乙先生囚禁在那里，使他插翅难飞。在暴君眼里，逮捕和处决，是解决问题的惟一法宝。可是不知道什么缘故，或许是姒履癸先生一时大发慈悲，或许是当时商部落的力量已对夏政府构成威胁，在展示了一下威风之后，又把子天乙先生释放。

——《太公金匮》说，子天乙先生之所以被释放，是用贿赂，这种可能性最大，盖姒履癸先生头昏脑涨，既不会有慈悲心肠，更无力考虑到商部落的压力，只有金银财宝和美女娇娃，才能使他动心。

宰相伊尹先生，首先弃宫逃亡，他在姒履癸先生面前领教了“太阳灭亡，我才灭亡”的高深哲学后，发现他所敬爱的君王，不过是个浮夸的高级流氓，不禁嗒然若丧。一天夜里，他听到市井小民的歌声：

为什么不投奔亳邑
为什么不投奔亳邑
强壮的亳邑等着你

更有一天，他又听到市井小民唱：

醒醒啊，醒醒
我们的命运，就这样的确定
抛弃恶，投奔善
抛弃黑暗，投奔光明
我们为什么不喜气盈盈

《尚书》原文是：

“夏人饮酒，醉者持不醉者，不醉者持醉者，相和而歌曰：‘盍归于亳，盍归于亳，亳亦大矣！’伊尹退而闲居，深听歌声，更曰：‘觉兮较兮，吾大命格兮，去不善而就善，何不乐兮。’是以伊尹遂去夏适汤。”

——汤，大也，子天乙先生的尊号，在若干史书上，称他“商汤”，或简单地称他“汤”。

伊尹先生抛弃了夏政府宰相之尊，去投奔东方边陲一个新兴的部落，对他个人而言，是一项明智的抉择，对夏政府而言，是一个严重的打击。混乱而垂危的夏政府去掉了一根擎天柱，而商部落却如虎添翼。人才的去就，在国际上，决定国家的命运，在国内，决定政权的命运。

天有二日

小民的歌声，就是小民的心声，人心指向，在歌声中，已显示得非常清楚。姒履癸先生放掉了子天乙先生，固然使商部落群龙有首，即使他把子天乙先生一刀两断，大势所趋，也不能挽救自己。姒履癸先生一位最亲信的部下费昌先生，有一天到汾水河畔闲游，猛一抬头，忽然看见天上有两个太阳，东边太阳光辉万丈跃跃往上窜升；西边太阳一片灰暗，阴森凄凉，好像冉冉沉没，而天际适时地发出震耳欲聋的巨雷。费昌先生吓了一跳，向河神发问曰：“这两个太阳，哪一个是夏王朝？哪一个是商部落？”河神曰：“西边的是夏王朝，东边的是商部落。”费昌先生立刻步伊尹的后尘，率领他的宗族，投奔亳邑（河南省商丘县）。

伊尹的逃亡，和被认为最忠贞的费昌先生的出走，在民间引起的震撼，可以

想像。然而，姒履癸先生一点也不在意，继续认为他这个伟大的太阳永照寰宇。有此坚强的信心，暴虐就更积极，甚至把御苑里的狮子老虎，都放到闹市，看见小民们惊慌骇叫，乐不可支。他听说岷山部落（甘肃省岷县）的老奶最漂亮不过，就要求他们进贡美女，岷山部落拒绝，姒履癸先生勃然大怒："好呀，你敢抗命呀。"于是宣称，为了维护政府威信，必须予以讨伐。呜呼，首都安邑（山西省夏县）跟岷山（甘肃省岷县）航空距离六百公里，当中更隔无数穷山恶水。直到今天二十世纪八〇年代，那里的交通仍然艰苦，根本没有火车，而可行走汽车的公路，也只三五条而已，主要的运输工具，仍靠骡、马、牛、驴，和人力的手推车，何况三千年之前乎？然而，姒履癸先生不管这些，他一定要得到美女。战争的结果是，千万男儿为"国"——实际上只是为了"独夫"一个——捐躯。然后，击破岷山部落，俘掳了两位美女，一位名"琬"，一位名"琰"。这两位宝贝运到安邑（山西省夏县），姒履癸先生一瞧，果然名不虚传。立刻把施妺喜女士抛到九霄云外，把琬女士和琰女士的芳名，刻到最好的玉石上，带在身边，以表对她们的宠爱。不过，这段热情如火的"爱情"，似乎没有维持很久，施妺喜女士在这场夺床之战中，最后仍获得胜利。

——也有人认为施妺喜女士最后归于大败，《竹书纪年》说：施妺喜女士对她这个负心的老公，做出可怖的反击。并不是找个臭男人上床，给他戴顶绿帽，那反击太庸俗太拙笨，而且也太小家子啦：第一，老公未必在乎。第二，自己还要先赔上胴体。第三，一旦发觉，危险性可是一等一的。施妺喜女士可怖的反击是，利用她的身份，偷取重要情报，供给逃亡到亳邑（河南省商丘县），已当了商部落参谋长的伊尹先生。施妺喜女士不但要取姒履癸先生的老命，还要铲除夏王朝。

——其实，商部落在伊尹先生主持之下，用不着施妺喜女士的帮忙，对夏政府的一举一动，也都了如指掌。而我们也不相信施妺喜女士有这种能力，她不过是一个普普通通的漂亮老奶，即便失宠，也不可能想到对付一个王朝政权。史书把她形容得有点离谱。

商　汤

商汤称王前秘事

商汤为何灭葛

商汤灭夏桀，是商朝第一代国王，他姓子名履，又有成汤或商汤之称。

商的始祖名契，是帝喾的第二个妃子有娀氏之女所生。这个女子名叫简狄，传说有那么一次，姐妹三人到水边洗澡，见到一只玄鸟自天而降，在她们的衣服上生下一个蛋。简狄抢先上岸吞食了，便怀了孕，生下契。这说明契的时期，商已由母系氏族向父系氏族过渡，以玄鸟（有人认为是燕子）为族徽。

汤的祖先经过武力征服，吞并或征服周围的许多部落、氏族，成为活动于渤海沿岸和黄河南北的一个部族。在夏朝末期已是东方势力较强的方国，向夏称臣。

夏桀为王的统治时期，由于桀的残暴统治，国势日趋衰落；与此同时，在东方的商越来越强盛。商汤的治国之道主要是行使恩德，收买人心。商邻近的小国葛，由于领导人葛伯不务正业，生产落后，国家贫穷，连祖先也无财力祭祀。那时候人们很迷信，把祭祀当作头等大事，一个国家不搞祭祀活动就等于犯罪。商汤派人问葛伯："为什么你们不祭祀祖先？"葛伯说："因为国家很穷，连祭品牛羊都没有，无法祭祀。"商汤派人给送去了牛羊，但葛伯把牛羊杀了吃肉，没有祭祀。商汤又派人问："已给你们送来牛羊，为什么还不祭祀？"葛伯说："我们连粮食都没有，人们都在挨饿，无法祭祀。"商汤又派了一些人去帮助葛国人种地，可是这些人家里孩子给送饭的时候，葛国人却抢人家饭吃，甚至发生了为抢人家的饭杀了人家孩子的现象。汤在商民的要求之下，出兵灭掉了葛国，从此葛国民众在商汤的领导下，发展生产，日子也好过了。这对周围落后的小国民众造成了良好的影响，都像盼救星一样，希望商汤能领军队解救他们。商汤经过 11 次征伐，又灭掉许多小国，对这些小国人民都进行了很好的安抚，深得这些小国人民的拥护，他们也就成为了商民。就这样，商的地盘扩大，人口也增多了。

"网开三面"的由来

汤以恩惠去感化人民，以仁爱收揽人心。有一次外出，在野外看到一个人在树上挂网捕鸟，并在网下祷告说："南来的北往的，东去的西回的鸟，都往我的网里飞。"汤听到后，感到这太过分了，便对那个捕鸟人说："你这样做，岂不是赶尽杀绝了！你把网撤去三面，只留一面。"接着又替那个人祷告说："要往左边飞的鸟就往左飞，要飞往右边的鸟就往右飞，只有不听话的鸟，才往网里飞。"这样的小事却造成了很大的影响，人们把这当作佳话传开，议论说："汤网开三面，仁爱及鸟兽，还能虐待人民吗？"一次汤同伊尹谈论政治，汤对伊尹说："一个人站到水边，就可以从水里看到自己的容貌，同样，到人民当中去，就能懂得怎样去爱护他们，治理好自己的国家。"伊尹说："你说得太好了。国君能听取人民的呼声，能够做到爱民如子，才能得到人民的拥护，有才能的人，才会帮助你去治理国家。"

商汤为何求雨

天有不测风云，商汤刚即位，就连续几年很少下雨，发生了罕见的大饥荒，人民的生活受到威胁。那时候人们很迷信，即便是祭天祭地，祭山祭水，怎么也不下雨。这可急坏了商汤，他只好亲自到桑林（国都郊外）祈祷求雨。经过沐浴斋戒之后，他跪在地上说："上天降了这么大的灾害，一定是我有罪，我情愿自己受到处罚，不要连累百姓。若是百姓有罪，是我领导的不好，一切罪过归我一人承担。是不是我施政没有节制？是不是我治理百姓失了职？是不是宫室建筑奢华了？是不是女人干预政治了？是不是吏治不清贿赂贪污了？是不是小人进谗言而得势了？"他以政治上主要的六件大事作为自责，终于感动了天，下了大雨，旱情解除。

软硬兼施作《汤誓》披露

商这时已经征服了黄河流域中下游许多部族和方国，组成了一个强大的反夏同盟，军事上已有很强的实力。但是，商过去毕竟是夏朝的属国，作为一个地方臣国，要去攻打自己的国王所主宰的这个天朝大国，在传统观念上这是犯上作乱。为了打破这个观念，消除军士和民众由此可能产生的抵触情绪，汤在发动进攻夏时，举行了誓师大会，史书中记载叫作《汤誓》。汤向士兵和民众讲："你们要明白，现在我们讨伐夏，并不是我敢于发动叛乱，而是夏王罪恶多端，上天命令我必须讨伐他。在时下的农忙季节里，我所以要兴兵伐罪，不是不体恤百姓，而是桀王罪恶太大，我惧怕上天的严威，一刻也不敢违抗上天的旨意。你们还不清楚夏王的罪过，我可以告诉你们，他实行暴政，严刑苛政，滥杀无辜，不顾人民的死活，过着奢侈淫乱的生活，百姓怨声载道，都盼着夏朝早早地灭亡，人们诅咒桀王说：'可恨的太阳啊，你快点死去吧，我们情愿和你一起同归于尽。'夏王的罪恶实在太大，我不得不发兵讨伐。你们要随着我奉天命出征，听从我的命令。立有战功者，我要给予重奖，我说到办到，你们要相信我。如果有人不服从我的命令，我要严加惩处，不但这个人要被杀掉，连你全家都要没官为奴，决不宽赦！"随着汤的讲话，战士、民众不断呼应，群情激昂，造成浓厚的讨恶伐罪的气氛。

商纣王

商纣王死亡探谜

掘墓人定律

商部落酋长子天乙先生把暴君姒履癸先生推翻后，跟后羿、寒浞先生不一样，他不再称夏王朝，而另外建立一个新政权——商王朝，把首都从安邑（山西省夏县）迁到他的根据地亳邑（河南省商丘县）。依照史书上的报道，中国小民确实过了一段好日子。

商王朝立国六百六十二年，共三十一个君王，迁都六次。为啥左迁右迁，南迁北迁，好像吃了老鼠药，现在为止，还没有弄清楚真正原因。有人说跟黄河不停的闹水灾有关，也有人说可能跟旱灾有关。黄河真是地球上惟一对人类有害的水流，有百害而无一利。而旱灾，正是黄河中游广大地区的特产，中国历史上每逢遇到“人相食”的大旱，中原准是主角。商政府还没有完全脱离逐水草而居的游牧结构，所以也只好搬来搬去。到了公元前一一九八年第二十八任君王子武丁先生时，他把首都迁到朝歌（河南省淇县）。朝歌原名“殷邑”，因之，对商王朝，人们也称殷王朝或殷商王朝。

商王朝三十位君王中，虽然有好有坏，有贤明的，有昏暴的，但他们总算保住性命，正常死亡。然而，六百余年是一个漫长的岁月，它终于到了老境。公元前十二世纪四〇年代，前一一五五年，第三十一任君王子受辛先生即位，就在他手中，把他所赖以活命的商王朝，活活埋葬。

——中国历史上有一个明显的现象：埋葬一个王朝，往往由该王朝的君王，亲自担任可怕的掘墓人。呜呼，任何王朝都是庞然大物，如果它们的君王不拼命自己猛砍自己的命根，它根本就不可能死亡。这种特殊的运转，我们姑且称之为“掘墓人定律”，千万拜托读者老爷，留下深刻印象。

子受辛先生是第三十任君王子乙先生的嫡子，而他的同胞哥哥子启先生，却是庶子。原来老娘生子启先生的时候，她还是老爹子乙先生的小老婆，小老婆生的儿子，当然是庶子。后来，她阁下荣升为子乙先生的大老婆——“皇后”“王后”“王妃”“后”之类，又生下一个儿子，就是子受辛。子以母贱，子以母贵，老娘虽然同是一个老娘，却因为送到妇产科医院时的身份不同，生出儿子的身份也不同。这就是儒家系统誓死拥护的经典。至少在这件事上，该经典不但害死了子受辛先生，也颠覆了立国六百六十二年之久的商王朝。盖子启先生是一位万众归心的贤明王子，假如他继承王位，商王朝的寿命可能延长下去。可惜，他是“庶子”，没有当君王的资格。

象牙筷子

在老哥子启先生和老弟子受辛先生之间，充分证明了宗法精神，这种制度规定，只有嫡子才可以继承帝位，所以子受辛先生虽是老弟，当公元前十二世纪四〇年代，前一一五五年，老爹子乙先生死掉之后，还是轮到他登极。

子受辛先生登极的那年是几岁，史书上没有载明，我们也无法猜测。《帝王世纪》赞美他的体力，说他能抓住九条牛的尾巴，倒拖着走。《史记》赞美他的聪明灵巧——聪明足使他拒绝规劝，灵巧足使他掩饰错误（智足以拒谏，言足以饰非），总括一句，曰："死不认错"。死不认错并不是子受辛先生的专利，政坛上失去宝座或丧失老命小命的大小头目，差不多都具备这种特质。

——这种特质不仅君王才有，事实上，大多数中国人都死不认错，要想一个中国人认错或改错，那可比逼他从五十层高楼往下跳都难。一个人如果认错改错，尤其面对着激烈指责而认错改错，我敢跟你赌一块钱，他准不是中国人。中国人的典型反应是：恼羞成怒。

前已言之，子受辛先生跟姒履癸先生是一对活宝。姒履癸先生表演的节目，子受辛先生差不多都重复演出。在"托古改制"的引导之下，既然有一对圣人（脓包伊放勋先生和恶根姚重华先生），就必须有一对坏蛋，才能发挥以彼为法、以此为戒的强烈教育作用。姒履癸先生有施妹喜女士，子受辛先生则有苏妲己女士，都是拔尖的美丽绝伦，而把她们弄到手的程式，也完全相同。

公元前十二世纪五〇年代，前一一四七年，苏部落（河南省温县）叛变，商政府大军讨伐，苏部落跟六百年前施部落同一命运，抵挡不住的时候，酋长老爷只好把女儿苏妲己女士，献给君王。子受辛先生一瞧苏妲己女士天仙般的容貌，连自己姓啥都忘啦，立即下令停止攻击。

然而，子受辛先生的荒唐，不始于苏妲己女士，而始于使用象牙筷子。在猎象不易的公元前十二世纪，象牙筷子跟现代镶满钻石的筷子一样。象牙筷子不是孤立的，它有连锁反应。一则故事上说，一个人因为拣了一条锦绣裤带而终于家破人亡。盖有一条锦绣裤带，必须有一条绸缎裤子配它。有一条绸缎裤子，必须有一件绸缎上衣和一双光亮干净的皮靴配它。一身高贵的服装，总不能仍住在竹篱茅舍里吧，只好盖起高楼大厦。高楼大厦里总不能空空荡荡没有人打扫吧，于是仆从如云，于是黄脸婆被驱逐出境，于是花不溜丢的漂亮姑娘进门，于是马车焉、骡车焉、山珍海味焉、金银财宝首饰焉，一桩桩、一件件，应运而生，最后他阁下把家产花了个净光兼光净，沿街乞讨，想前想后，扑通一声，跳井了事。

最长之夜

一条裤带都能惹起家破人亡，可看出象牙筷子的威力，更无坚不摧。子受辛先生的老叔子胥余先生，就有一种不祥的预感，叹曰：

"用象牙筷子吃饭，就不会看上泥土做的碗，而且还要更进一步用犀玉做的酒杯。既用象牙筷，又用犀玉杯，决不会再甘心喝稀饭、穿短袄、住在茅草篷底下矣。跟着而来的将是一件件绫罗绸缎，和一栋栋高楼大厦。顺着这种趋势，倾全国之力，都供应不起。远方的稀世珍宝，豪华的起居饮食，都从此开始。我担心的是，何以善后乎哉。"

——子胥余先生，箕部落酋长、子爵，史书称"箕子"。箕部落位于箕山（阳城——河南省登封县），是古史上闻名的地方。黄帝王朝第六任君王伊放勋先生曾坚持"禅让"王位给巢父先生和许由先生，他们当然不敢接受，就逃到那里隐居。而稍后夏王朝第一任帝姒文命先生死后，一位德高望重的大臣伯益先生，同样不敢接受"禅让"，也逃到那里躲起来。

老叔的话果然料中，盖奢侈荒唐，是没有刹车的，一旦起步，除非栽到万丈深渊，否则便会越奔越快。子受辛先生接着大兴土木，建筑“鹿台”——跟姒履癸先生的“瑶台”比美。鹿台可大啦，用玉石作门，每个房间都像凡尔赛宫，极尽豪华。面积四平方公里，高三百三十公尺，整整盖了七年才落成。把天下的金银财宝，都搜刮到那里，又在钜桥（河北省平乡县）建立一个世界上最大的仓库，储备粮食。子受辛先生深信：既有权、又有钱、又有粮，这政权可是钢铁打成的，任凭谁都动不了他一根汗毛。

子受辛先生步姒履癸先生的后尘，也“以酒为池，悬肉为林”，不过有些地方，更青出于蓝而胜于蓝。他下令男女都脱得赤条条一丝不挂，露出各式各样零件，互相打闹追逐。史书虽没有记载妖精打架，但就在大厅广众之下，颠鸾倒凤，欲仙欲死，恐怕也是重要的热闹节目。他阁下兴趣勃发时，还用绳套住人的脖子，按到酒池里，教他喝个够，直到被酒淹死。规定以三个月作为一夜——可真是最长之夜。他阁下就跟土拨鼠一样，把昏暗的日子当成正常的日子。于是乎，忽然有一天，他问左右曰：“哎呀，今天是哪年哪月哪日呀？”左右张口结舌，没有一个人回答得出。再问老叔子胥余先生，子胥余先生心里想：“当一个君王，使全国人连日子都不知道，政权危矣。全国人都不知道，偏偏我知道，我也危矣。”只好跟着沉醉，同样也不知道。

这是子受辛先生昏的一面，而暴的一面，表现在他清醒的时候，各地部落酋长们（诸侯）不堪苛扰，纷纷抗拒中央政府的勒索，有些甚至武装驱逐前来催缴税款的贪官污吏，这行为立刻被肯定为叛逆。子受辛先生认为胆敢叛逆，不是因为他的暴政，而是因为刑罚不够严厉。他认为，逮捕和杀戮是治疗叛逆的惟一特效药。

夺床斗争

子受辛先生博古通今，他知道他最敬佩的老前辈姒履癸先生发明过“炮烙”酷刑，该酷刑被废已六百年之久，为了大力镇压反动势力，决定恢复使用。最初，该刑以简陋的小姿态出现，只不过是一个铁熨斗，用火烧红后，教囚犯举起。可惜的是，囚犯还没有举到头顶，双手已焦。子受辛先生因看不到举起的盛况，大发雷霆，他不允许破坏他的乐趣。于是改用巨大的铜柱，在铜柱上涂抹油膏，教囚犯从这一端走向那一端，囚犯滑下来，恰恰滑到熊熊炭火里，发出哀号，子受辛先生乃龙心大悦。

——子受辛先生跟姒履癸先生的行径，好像是从一个窑里烧出来的。也可能真是这样，也可能那些其笨如牛的儒家系统，在“天下之恶皆归之”的时候，笔下变不出新把戏，一顶帽子戴了又戴，露出马脚。

子受辛先生的聪明灵巧，一旦向凶暴方向发作，就势不可当。

《皇后之死》曰：

“厨夫烤熊掌没有烤熟，他立刻把厨夫杀掉。杀掉厨夫不足为奇，后世帝王的表演还超过他。奇的是子受辛先生可怕的研究精神。有一年冬天，他阁下坐在鹿台之上，看见一个倒楣的穷朋友，脱掉鞋袜，赤足涉过溪流，不禁大惊曰：‘天这么冷，竟然不怕，他的脚构造一定不同凡品，敲碎让我瞧瞧。’结果穷朋友的双腿和双脚被敲碎，取出骨髓，以供御览。又有一次，子受辛先生对怀孕的女人，发

生兴趣，下令剖开肚子，把胎儿拿出来看看到底是怎么回事。呜呼，穷朋友还有活着的可能，孕妇老奶只有惨死。而凡是被干掉的异己，尸首统统都拖到皇家动物园去喂老虎。”

不久，苏妲己女士发动的夺床斗争爆发，引起一连串屠杀。古中国是实行一夫多妻制的，这对臭男人而言，真是世界上最美妙的制度之一。但对老奶，却是一种噩运，使她们不得不投身于激烈的夺床斗争之中。在民间，夺床斗争失败，不过失掉丈夫；在宫廷，夺床斗争可是一片血腥，一旦失败，不仅失掉丈夫，还要失掉芳魂，甚至，还可能断送全家人的性命。

子受辛先生有三位重要大臣，:九侯先生、鄂侯先生、西伯先生。除了西伯先生我们知道姓姬名昌之外，其他二位的姓名，史书上没有记载。九侯的女儿是子受辛先生的姬妾之一，她当然貌美如花，那是被选为姬妾的基本条件，没有这个条件，其他都免谈，再加上高贵的出身，理应得到宠爱。可是，她的敌人苏妲己女士却棋高一着。

一连串暴行

九侯先生女儿的灾难，可能由于她过度矜持。吾友张敞先生曰:“闺房之乐，有甚于画眉者。”床第之上，正是表演特技之所，一方过于古板，一方准索然无味。小民索然无味，为患尚小，了不起不过“出墙”而已——男人蓝杏出墙，老奶红杏出墙。手握宰人大权的暴君索然无味，再加上情敌在枕旁那么一嗲:“她假装正经，不过是瞧不起你，嫌你老不中用罢啦，跟小白脸在一起时，她可是万种风情哩。”这就足够暴君跳高。吾友司马迁先生用简单的几个字，描述这次跳高:“九侯女不喜淫，纣(子受辛)杀之。”问题是，谁都想不到该娇娃被砍下玉头之后，引起的爆竹式反应，不可遏止。

《皇后之死》曰：

“可能是迁怒，也可能是预防报复，(子受辛)又把她老爹九侯也处斩，而且剁成肉酱。鄂侯一瞧，这简直不像话，极力规劝。咦，暴君一旦发了脾气，任何理性的话都听不进去。劝得太恳切，反而被认为:‘怎么，你胆敢同情别人，吃里爬外呀。’有此一念，索性连鄂侯，也一并剁成肉酱。”

“子受辛先生一连串暴行，使惟一残余下来的三公之一的姬昌先生，如雷轰顶，他不敢再去规劝，他知道规劝的结果是啥——一团肉酱，他只有叹气。然而，叹气也不行，崇侯虎先生立刻一个小报告打到子受辛先生那里。”

“崇侯虎先生的小报告是有煽动性的，他曰:‘姬昌有他的所谓影响力，很多部落酋长都服他，他心里已经有鬼，恐怕将有不利于国家的行动。’子受辛先生毛骨悚然，下令逮捕姬昌，囚禁在羑里(河南省汤阴县)。”

不解风情是婚姻的定时炸弹。你说它严重吧，实在是拿不到桌面上；说它不严重吧，却足可产生悲剧。我们不能怪子受辛先生对九侯先生的女儿不满意，呜呼，这可是国际性的，想当年英国国王查理二世先生的婚姻，我们可借来说明真相。他阁下娶的是葡萄牙公主凯撒琳女士，这位皇家老奶，生长在天主教宫廷之中，受的是修道院严格的清心寡欲教育，当然成了一个冰美人。而陪嫁她的那些姆嬷宫娥之流，更一个个可以进圣人庙，偶尔发现查理二世先生，跟她们神圣不可侵犯的公主亲个嘴，便像碰见了蚱蜢，魂飞天外。而漂亮的公主也认为男女之

间的狗皮倒灶，简直亵渎神明。把查理二世先生搞得人生乏味，觉得婚姻不过是一个沙滩。最后，找一个借口，索性翻脸，弄了一条船，把她们统统送回里斯本。

问题是，查理二世先生生在公元后十七世纪，算凯撒琳女士运气。而子受辛先生却生在公元前十二世纪，相差三千年，九侯先生的女儿便倒了天大之楣。但子受辛先生不但杀了九侯先生的女儿，还杀了她老爹，还杀了老爹的朋友，还囚禁了另一个大臣，就兽欲横流矣。请读者老爷把这件事放在心头，子受辛先生已为后世君王建立了一个榜样，后世君王们纷纷效法，杀老婆、杀老婆的爹娘兄弟，遂成了家常便饭。这可是中国传统文化中最残忍的一面——祸连家族。直到二十世纪的今天，仍然照行不误，只不过方式改变了一下。封建专制在中国造了太多的孽，连家庭亲情，都逃不脱魔掌。呜呼！

煮成肉羹与兔子

姬昌先生被囚禁之后，他的大儿子姬考，正以人质的身份，在中央政府任职，大概是交通部长之类，负责君王的车辆马匹，有时候也替子受辛先生驾车。暴君们都是翻脸无情的，子受辛先生既跟姬昌先生翻了脸，一不做、二不休，立刻下令把姬考先生“烹之”。是杀了之后煮他的尸体欤？或是把活人按到滚水锅里活活煮死欤？史书上没有记载，只记载煮了之后，熬成肉羹，送给姬昌老爹当饭。子受辛先生曰：“如果姬昌是圣人，他一定拒绝吃自己亲生儿子的肉。”但姬昌先生却坦然下肚，子受辛先生笑曰：“谁说姬昌是圣人，吃了自己亲生儿子的肉却不知道。”

民间传说，姬昌先生是知道的，但他不得不吃，吃了还有活命的可能，不吃则徒触怒暴君，结果自己也会被煮成肉羹。但他无法消化，在一阵呕吐后，吐到地上的残肉，忽然变成了一只小白兔，向老爹拜了拜，一蹦一跳而去。神话学家说，自从嫦娥女士把惟一的小白兔抱到月球上之后，小白兔就绝了迹。直到姬考先生惨死，地上才再有这种可爱的动物。

“烹之”，是中国古代君王对付政敌最野蛮的手段之一：动不动就把人煮掉，或剁成肉羹、酱，或煮成肉。被尊为中国最伟大的君王，西汉王朝创业皇帝刘邦先生，在公元前二世纪时，就曾把帮助他缔造政权的功臣彭越先生，如法炮制。

煮掉了姬考先生，使位于岐山（陕西省岐山县）的周部落，陷于恐慌，因为子受辛先生下一步可能把老爹姬昌先生也煮掉。周部落用尽方法营救，都没有结果。呜呼，“逮捕”是一个关卡，只要逮捕，便等于进入鳄鱼之口，除非有强大的压力，否则鳄鱼之口无法张开。周部落的智囊人物闳夭先生，回想起六百年前子受辛先生的老祖宗子天乙先生如何逃脱姒履癸先生魔掌的故事，就一方面收购骏马，一方面发动突袭，把莘部落（陕西省岐阳县）包围。莘部落以出产美女闻名于世，美女遂被掳一空（也可能在威逼下，出售一空）。这些礼物使子受辛先生心花怒放，尤其对于美女。他曰：“有一个就足够啦，何况这么一群乎哉。”于是下令释放姬昌先生，为了回报美女们床上给他上的洋劲，还发给周部落一批武器，而且泄底曰：“不是我要抓他，是崇侯虎那小子打他的小报告呀。”

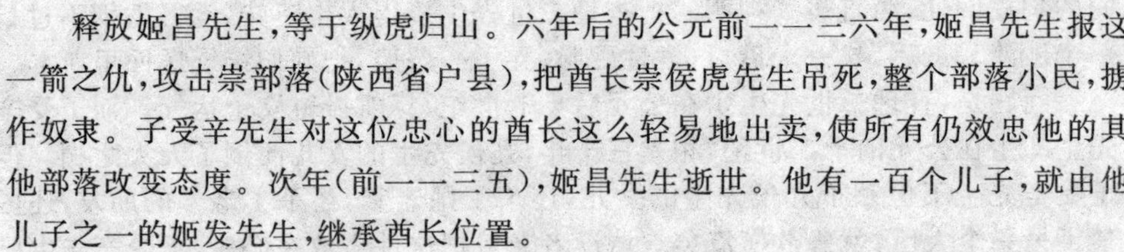

释放姬昌先生，等于纵虎归山。六年后的公元前一一三六年，姬昌先生报这一箭之仇，攻击崇部落（陕西省户县），把酋长崇侯虎先生吊死，整个部落小民，掳作奴隶。子受辛先生对这位忠心的酋长这么轻易地出卖，使所有仍效忠他的其他部落改变态度。次年（前一一三五），姬昌先生逝世。他有一百个儿子，就由他儿子之一的姬发先生，继承酋长位置。

比干与空心菜

姬发先生是激进派，他不久就集结了八百多个小部落的部队，向首都朝歌（河南省淇县）进攻，然而，攻到孟津（河南省孟津县），却被商政府军击败。百足之虫，死而不僵。历史有一项定律，任何革命行动，最初总要受到挫折。

这一次的军事行动，造成两种迥然不同的反应。一种是子受辛先生和他的摇尾系统，认为叛乱已被镇压，一小撮不安分的莠民，已接受惩罚，证明人心倾向，邪不胜正，就更肆无忌惮。另一些人，包括老哥子启先生、大臣祖尹先生在内，却认为小民的忍耐力已达到饱和，抗暴怒火已在燃烧，孟津之役，并没有消灭了火种，只不过用被子把火种盖起来而已。祖尹先生把这种判断告诉给子受辛先生，子受辛先生笑曰："我的命在上天手里，小民蠢动，不过送死。"祖尹先生叹曰："这个家伙完蛋啦。"于是，子启先生、祖尹先生和一大批头脑清醒的官员，开溜逃命。只有贵族成员之一的比干先生曰："主上有过，不去规劝，不能谓之忠心。怕死不敢说话，不能谓之勇士。"可怜的这位忠心的勇士，他为他的愚昧付出代价，他不断地提出批评和建议，终于超过了暴君容忍的上限，子受辛先生变色曰："你是何居心？显然是别有居心！"

这就是政治学上有名的"二居心"法宝，当之者非死即伤，是打击忠心勇士最厉害的秘密武器。比干先生回答："我只是为仁为义！"子受辛先生对比干先生的"桀骜不驯"大起反感。他曰："想不到你阁下真是圣人，我听说圣人的心有七窍，不知道是真是假，现在，把你的心掏出来，教我瞧瞧。"

——二十世纪三〇年代中叶，柏杨先生曾在河南省汲县，拜谒过比干先生的坟墓和墓前庙宇。当地传说，比干先生被剖心之后，一缕忠魂不散，尸首仍悠悠忽忽，走到田野，遇见一位农妇挖菜，比干先生曰："菜有心乎？"农妇曰："菜当然有心，无心怎么能活？"比干先生曰："不然，人无心照样能活。"农妇曰："你这个呆瓜，人无心非死不可。"一语道破，比干先生大叫一声，倒地气绝。同时，刹那之间，那一带菜的菜心都化为乌有。据说，这就是空心菜的来源，用以使后人永远不忘暴君兴起的这场凄惨冤狱。

比干先生一死，老叔子胥余先生知道难逃厄运，急忙装疯，害起来精神之病。可是子受辛先生不管这些，仍把老叔逮捕，投入监狱。

根据地从岐山（陕西省岐山县）迁到镐京（西安市）的周部落酋长姬发先生，和他的参谋总长姜子牙先生，虎视眈眈地注视着中央政府的变化。不久，首都朝歌（河南省淇县）传来消息："奸佞之辈都居高位，可以动手啦。"姬发先生曰："还

不到时候。”不久，又传来消息：“贤能的人纷纷逃亡，可以动手啦。”姬发先生曰：“还不到时候。”不久又传来消息：“不断的逮捕和处决，人民不敢批评政府矣，可以动手啦。”姬发先生告诉姜子牙，姜子牙先生大喜曰：“这是没有民心支持的赤裸权力，时候已到，可以动手矣。”

火烧摘星楼

公元前十二世纪七〇年代，前一一二二年，周部落跟其他部落的联合兵团，战士四万五千人，战车四千辆，从孟津（河南省孟津县）渡黄河北上，直抵首都朝歌（河南省淇县）西南郊牧野，与商政府军十七万人（战车数目不详）决战。周兵团在数量上显然居于劣势，但商政府军心已经瓦解，决战一开始，商政府军即行叛变，倒转枪头，攻击子受辛先生的御林军。子受辛先生这时候才发现他的老命不握在上天之手，而握在小民之手，于是他像兔子一样飞快地逃到鹿台上的摘星楼。

《封神榜》形容他的下场：

“话说纣王（子受辛）行至摘星楼……谓朱升曰：‘朕不听群臣之言，误被谗臣所惑，今兵连祸结，莫可解救，噬脐何及？朕思以天子之尊，万一城破，为群小所获，辱莫甚焉。欲寻自尽，此躯尚遗人间，犹为他人指点。不若自焚，反为干净，毋得令儿女存留也。你可取薪堆积，朕当与此楼同焚，你当如朕命。’……朱升下楼，去寻柴薪，堆积楼下不表。且说纣王（子受辛）……自服衮冕，手执碧玉，满身佩珠，端坐楼中。朱升将柴堆满，挥泪下拜毕，方敢举火，放声大哭。后人有诗为证：‘摘星楼下火初红，烟卷乌云四面风。今日成汤（子天乙）倾社稷，朱升原自尽孤忠。’……只见火逞风威，风乘火势，须臾间四方通红，烟雾张天。怎见得？有诗为证：‘烟迷雾卷，金光灼灼漫天飞。焰吐云从，烈风呼呼如雨骤。排坑烈炬，似煽如焰。须臾万物尽成灰，说什么画栋连霄汉。顷刻千里化红尘，那管他雨聚云屯。五行之内最无情，二气之中为独盛。雕梁画栋，不知费几许工夫，遭着他尽成齑粉。珠栏玉砌，不知用多少金钱，逢着你皆为瓦解。摘星楼下势如焚，六宫三殿，只烧得柱倒墙崩。天子命丧须臾，八妃九嫔，牵连得头焦额烂。无辜宫女尽受殃，作恶内臣皆在劫。这纣天子（子受辛），这纣昏君（子受辛）啊，抛却尘寰，讲不起贡山航海，锦衣玉食，金瓯社稷，锦绣乾坤，都化滔滔洪水向东流。脱难欲海，休夸那粉黛娥眉。正是：你从前焰成雄威，作过灾殃还自受。成汤（子天乙）事业化飞灰，周室江山方赤炽。’”

“……只见那火越盛，看看烧上楼顶，楼下柱脚烧倒。只听一声响亮，摘星楼塌，如天崩地裂，将纣王（子受辛）埋在火中。顷刻火化灰烬……后人有诗叹曰：‘放桀（姒履癸）南巢忆昔时，深仁厚泽立根基。谁知殷受（子受辛）多残害，烈焰焚身悔已迟。’又有诗单道纣王（子受辛）才兼文武云：‘打虎雄威气骁骁，千钧臂力冠群僚。托梁换柱越今古，赤手擒过鸷飞雕。拒谏空称才绝代，饰非枉道巧多饶。只因三怪（苏妲己等）迷真性，赢得楼前血肉焦。’……话说武王（姬发）来至摘星楼，见余火尚存，烟焰未尽，烧得七狼八狈，也有无辜宫人，遭此大劫。尚有遗骸未尽，臭秽难闻。……吩咐军士……寻纣王（子受辛）骸骨，具衣衾，以天子之礼葬之。”

至于苏妲己女士，早被捉住，砍掉漂亮的玉头。

周武王姬发

周的始祖后稷，名叫弃。他的母亲是有邰氏的女儿，叫姜原。姜原是帝喾的正妃。姜原出门去野外，看到巨人的足迹，心中兴奋欢悦，想去踩巨人的足迹，一踏上去就感到身子一震，好像怀孕了似的。一周年后果然生下一个儿子。姜原认为不吉利，把婴儿抛弃在狭小的巷子里，但经过那里的马、牛都避开不践踏他。又把他移放到树林里，刚好碰上林子里有许多人，就换了个地方，丢在结冰的沟渠上，而飞翔的鸟群却用翅膀为他遮盖和铺垫。姜原觉得很神奇，就将他收留并且养大。因为最初想抛弃他，所以给他取名为“弃”。

弃在儿童时代，就有着大人物那样的远大志向。他做游戏时，喜欢种植麻、豆，麻、豆长得都很好。等到成年时，就喜欢农耕，勘察土地所宜，适合谷物生长的就种植谷物，老百姓都效法他。帝尧听说后，选拔他担任农师，天下人都因此而受益，工作做得很有成效。帝舜说：“弃，老百姓开始有饥荒了，你作为农官要适时地播种百谷。”把弃封在邰这个地方，称为后稷，另外取姓为姬。后稷这一族的兴起，正当陶唐、虞、夏的时代，历代都有美好的德行。

后稷去世，儿子不窋即位。不窋晚年，夏后氏政治衰败，废除了农官，不再注重农业，不窋因为丢了官职，就逃奔到戎狄的地方去了。不窋去世，儿子鞠继位。鞠死，儿子公刘继位。

公刘虽然居住在戎狄地区，但又重新修治后稷的事业，致力于耕种，考察土地的性能，从漆水、沮水渡过渭水，砍伐木材以供应用，出门在外的人拥有资财，定居下来的人有了积蓄，老百姓靠着他而获得了福庆。老百姓感怀他的恩惠，大多迁移过来归附他。周室的兴旺从此开始，所以诗人创作诗歌乐章来歌颂他的德行。公刘去世，儿子庆节继位，在豳地建立了都城。

庆节去世，儿子皇仆继位。皇仆去世，儿子差弗继位。差弗去世，儿子毁隃继位。毁隃去世，儿子公非继位。公非去世，儿子高圉继位。高圉去世，儿子亚圉继位。亚圉去世，儿子公叔祖类继位。公叔祖类去世，儿子古公亶父继位。

古公亶父继承了后稷、公刘的事业，积累道德，推行仁义，国民都很拥戴他。薰育戎狄都来攻打古公亶父，想要索取财物，古公亶父就送给他们。不久又来攻打，想得到土地和民众。国民都很愤怒，要与侵略者作战。古公亶父说：“老百姓拥立君主，是为了替他们谋福利。现在戎狄之所以要进行攻伐战争，为的是得到我们的土地和人民。人民属于我们和属于他们，又有什么差异呢？国民要为了我的缘故而战斗，那就等于杀了他们的父子而做他们的君主，我不忍心这样做。”于是就带领自己的部属离开豳地，渡过漆水、沮水，翻过梁山，定居在岐山脚下。豳地的人们全都扶老携幼，追随古公亶父定居岐山。旁边邻近的部族听说古公亶父的仁爱，也多来归附。于是古公亶父就贬弃戎狄的旧俗，营造城郭房屋，将民众分成邑落居住下来，又设置了各有职司的五官。民众都作歌制乐，颂扬他的

德行。

古公有个长子名叫太伯，次子叫虞仲。太姜生了小儿子季历，季历娶太任为妻，都是贤淑的女人，太任生下了姬昌，当时就出现圣人的祥瑞。古公说："我们的家族当有王者出现，大概就应在昌的身上吧？"长子太伯、次子虞仲知道古公想立季历以便传位给姬昌，于是两人就逃往荆蛮之地，在身上刻上花纹，截断头发，以便让位给季历。

古公去世，季历即位，这就是公季。公季遵循古公亶父的遗教，切实地按道义办事，诸侯都归顺他。

公季去世，儿子姬昌继位，这就是西伯。

西伯就是后来的文王，他遵循后稷、公刘的志业，效法古公、公季的成规，笃行仁政，敬重长者，慈爱晚辈。对有贤德的人以礼相待，为了接待有才德的人，常常日过正午还无暇吃饭，有才德的人因此多归附于他。伯夷、叔齐在孤竹国，听说西伯善于奉养长者，一起前来归附他。太颠、闳夭、散宜生、鬻子、辛甲大夫这些人，也都来投靠西伯。

崇侯虎在殷纣面前诋毁西伯道："西伯积累善名和德业，诸侯都归附于他，这对于天子您来说很不利啊。"帝纣于是把西伯囚禁在羑里。闳夭等人对此十分担心，于是搜求有莘氏的美女、骊戎的骏马、有熊氏的九辆驷车以及其他奇珍异物，通过殷朝的宠臣费仲进献给纣。纣非常高兴，说："有这么一个美女就足以释放西伯，何况有这么多好东西！"于是赦免西伯，赐给他弓矢斧钺，使他能够征讨其他诸侯，纣说："说西伯坏话的，是崇侯虎。"

西伯于是又献出洛水以西的大片土地，请求殷纣废除炮烙之刑。殷纣答应了他。

西伯暗中推行善政，诸侯都来请他裁决纷争。当时虞、芮两国的人有了纷争不能解决，就到周国来。进入周国的地界，只见耕地的农夫都互相谦让田界，民风都是尊重年长的人。虞、芮两国的人还没见到西伯，都自感惭愧，互相计议道："我们所争执的，正是周人觉得羞耻的，还去干什么？不过是自取羞辱罢了。"于是返回，都互相谦让着离去。诸侯听说后，说："西伯大概会成为受天命、得天下的君主吧？"

第二年，西伯征伐犬戎。下一年，征伐密须。又下年，打败耆国。殷朝的祖伊听说后，十分恐惧，向纣王汇报。纣说："我不是有天命吗？他这样做能有什么作为！"下一年，征伐邘国。又下年，讨伐崇侯虎。又营建了丰邑，从岐山下把国都迁到丰邑。

下一年，西伯逝世，太子姬发继位，这就是武王。

西伯大概在位五十年。当他被囚禁在羑里时，据说把《易》的八卦演绎成六十四卦。诗人称道西伯，认为他在受命专擅征伐那年称王，因裁决虞、芮两国人的争讼而受到诸侯的拥护。十年后西伯去世，谥号为文王。文王在位时，已经改

变了殷的法令制度，制定了自己的历法。追尊古公亶父为太王，公季为王季。大概因为周朝的王业是从古公的时代开始兴起的。

武王即位，以太公望为太师，以周公旦为宰相，以召公、毕公等人为辅政大臣，发扬光大文王开创的基业。

九年，武王祭祀毕于，然后率军东征，抵达盟津。用木头做了文王的神主，用车载着，供奉在中军帐内。武王自称太子姬发，说是奉文王的命令进行征伐，不敢自己专擅作主。于是昭告司马、司徒、司空和诸位接受符节的官员："要庄敬谨慎，虔诚守信啊！我没有智慧，因为先祖是有德行的藩臣，所以我只不过是承袭了先人的功业罢了，现在明确赏罚制度，以便确保完成祖先的功业。"于是起兵。太师尚父发布号令说："集合你们所有的人和你们的船只，后到者斩首！"武王渡黄河，船到中流，有条白鱼跳进武王的船中，武王俯身拾起用来祭祀上天。渡河完毕，有一团火自上覆盖而下，到达武王所住的房顶上，然后化成一只乌鸦，颜色火红，发出魄魄的鸣叫。这时，诸侯未曾相约而在盟津会聚的有八百多个。诸侯都说："纣可以讨伐了。"武王说："你们不知道天命，还没行呢！"于是班师。

过了两年，听说纣昏乱暴虐得更加厉害，杀死王子比干，囚禁箕子。太师疵、少师强抱着乐器逃奔周国。于是武王遍告诸侯说："殷王罪孽深重，不可不大举讨伐。"就仍尊奉着文王，率领三百乘兵车，三千名勇士，四万五千名带甲的武士，向东伐纣。十一年十二月戊午日，军队全部渡过盟津，诸侯都来会合。武王说："奋进不止，不可懈怠啊！"于是武王作《太誓》，晓谕众人："如今殷王纣一味听信妇人的谗言，自绝于上天，毁坏正道，疏远血缘至亲，废弃祖先定下的乐曲，崇尚淫靡之声，扰乱正统的音乐，来讨得妇人的欢心。所以现在我姬发决心恭行上天的惩罚。大家要努力啊，我们不可能再等待第二次、第三次了！"

二月甲子日黎明时分，武王一早就赶到商都郊外的牧野，举行誓师典礼。武王左手握着黄色大斧，右手拿着白色旄旗，用来指挥。说道："远来劳苦啊，西方来的将士们！"他接着说："喂！我的诸侯们，司徒、司马、司空、亚旅、师氏、千夫长、百夫长，以及庸、蜀、羌、髳、微、纑、彭、濮各国的人们，举起你们的戈，排列好你们的盾牌，立好你们的矛，我要宣誓了。"武王说："古人曾经说过：'母鸡不能司晨报晓。母鸡如果司晨报晓，这一家就要倾家荡产了。'如今殷王纣只听信妇人的话，废弃祖先的祭祀不闻不问，毁坏国家大政，抛开祖父母传下的亲族不予任用，却对四方罪恶多端而逃亡来的人加以推重和信任，尊敬他们，重用他们，让他们暴虐百姓，在商国胡作非为。现在我姬发决心恭行上天的惩罚。今天作战，前进六步七步就要停下来整顿队伍，大家要努力啊！每冲刺四次、五次、六次、七次，也要停下来整顿，大家要努力啊！希望大家勇猛作战，像老虎、熊罴、豺狼和螭蛟一样，在这商都郊外，不能拒绝和杀害那些来投奔的殷纣士兵，可以把他们带回西土去服役，大家要努力啊！你们如果不奋发努力，那么你们将要受到惩罚。"宣誓完毕，诸侯军队聚集在一起的有兵车四千乘，在牧野摆开了阵势。

帝纣听说武王来攻，也发兵十七万抵抗武王。武王令太师尚父率领几百名勇士出阵挑战，继而用大部队冲杀帝纣的军队。纣的军队虽然数量很多，但却没有斗志，心里都希望武王赶快攻进商都。纣的军队都掉转武器，为武王开道。武王奔驰进攻，纣的军队分崩离析，背叛纣王。纣王逃回城里，登上鹿台，穿上珠玉宝衣，投火自焚而死。武王手持白旄大旗指挥诸侯，诸侯都向武王参拜，武王也向诸侯揖手答礼，诸侯全都顺从。武王来到商都，商国的百姓都在郊外恭迎。于是武王派群臣告诉商国百姓："上天赐福给大家！"商国百姓都拜谢叩头，武王也回拜答礼。于是进城，来到纣王自杀的地方。武王亲自向纣的尸体射了三箭，然后下车，再用轻吕宝剑砍纣，然后用黄色大斧斩下纣的脑袋，悬挂在白旄大旗上。继而又找到纣的两个宠妃，这两个女人都已上吊自杀了。武王又射了三箭，再用剑击，然后用黑色斧头斩下她们的脑袋，悬挂在小白旗上。而后武王出城返回军营。

第二天，整治道路，修复社庙和商纣的宫殿。到了规定的日期，一百名勇士扛着"罕旗"作为先导，武王的弟弟叔振铎护着插有太常旗的仪仗车，周公姬旦握着大斧，毕公握着小斧，左右护卫着武王。进城以后，站在大社南面军卒的左边，左右辅卫的人全都跟从。毛叔郑捧着月夜取来的露水，卫康叔铺好用公明草编织的席子，召公奭持彩帛助祭，太师尚父牵着祭祀用的牲口。尹佚宣读祝文说："殷的末代子孙纣，断绝废弃了先王的英明德政，侮辱蔑视天地神灵而不祭祀，昏乱暴虐地对待商朝百姓，他昭彰显著的罪恶，上天早就知道了。"于是武王两次跪拜叩头，说："我承受改朝换代的重大使命，革除殷朝政权，接受上天圣明的旨令。"武王又跪拜两次，然后出去。

武王封商纣的儿子禄父，让他仍统辖殷国剩下的民众。武王因为殷朝刚刚平定还没有完全安定，就派他的弟弟管叔鲜、蔡叔度辅佐禄父治理殷人。接着命召公释放了被囚禁的箕子，命毕公释放了被囚禁的百姓，表彰商容居住的里巷。命令南宫括散发鹿台的钱财，分发巨桥的积粟，来救济贫弱的百姓。命令南宫括、史佚展示九鼎和宝玉。命令闳夭培土增高比干的坟墓。命令宗祝祭祀阵亡将士。于是罢兵西归。途中巡视各地，记录政事，写下了《武成》。分封诸侯，颁赐宗庙祭器，写下了《分殷之器物》。武王追思先代的圣王，于是褒扬并封神农的后代到焦地，封黄帝的后代在祝地，帝尧的后代在蓟地，帝舜的后代在陈地，大禹的后代在杞地。于是又分封功臣谋士，太师尚父第一个受封。封尚父在营丘，国号为齐。封弟弟周公旦在曲阜，国号为鲁。封召公奭在燕。封弟弟叔鲜在管，叔度在蔡。其余的人也按等级次序分封。

武王召集九州的长官，登上邠城附近的山丘，遥望商朝故都。武王回到周国，一到夜里就睡不着觉。周公旦来到武王居住的地方，问道："为什么睡不着觉？"武王说："告诉你吧：上天抛弃了殷朝，从我姬发未出生到现在六十年，麋鹿放在荒野，蝗虫漫天遍野。上天不保佑殷人，所以我们才有今天的成功。当初殷

朝承受天命而创建之时，登进任用名贤三百六十人，政绩虽不显著，但也不至于灭亡。我们还没能确定上天是否保佑，哪有工夫睡觉!”武王又说:“我一定要达成上天的眷顾和希望，使天下人都归依王室，将不顺天命的恶人全找出来，惩罚他们，就像惩罚殷纣王一样。日夜操劳，安定我们西土。发扬我周朝的功业和德行，使它们光明四射。从洛水一直延续到伊水之间，居地平易没有险固，那里曾是夏朝定居的地方。我向南望到三涂，向北望到太行，回过头看过黄河，审视洛水、伊水地区，觉得只有这一带最适宜定居建都。”在洛邑营建周朝的陪都，然后离去。将战马放养在华山南面，把牛放养在桃林的原野上；放下武器，收整并解散军队，向天下显示不再用武了。

武王已经平定殷朝，两年过后，向箕子问起殷朝灭亡的原因。箕子不忍心讲殷朝的罪过，只是把存亡之道以及国事所宜告诉武王。武王也感到难为情，就问了他一些有关治国之道的问题。

武王患病，那时天下尚未安定，大臣们都很恐惧，就虔诚地占卜，周公于是沐浴斋戒，愿以自己代替武王承受灾害，武王的病情得到了好转。后来还是去世了，太子诵继承王位，就是周成王。

成王年少，周朝刚刚安定天下，周公害怕诸侯背叛周朝，就代理国事，主持政务。管叔、蔡叔兄弟怀疑周公，就和武庚一起作乱，背叛周室。周公奉成王的命令进行讨伐，诛杀了武庚、管叔，放逐了蔡叔，让微子开接续殷朝后祀，在宋建国。大量收集残余的殷人，封给武王的小弟弟，封他为卫康叔。晋唐叔得到一种象征吉祥的谷物，献给成王，成王送给了还在军营中的周公。周公在东方接受了嘉禾，颂扬天子的美赐。

周幽王姬宫涅

烽火戏诸侯——周幽王之死

两条妖龙

姬宫涅先生是一个浑货，却因为一场烽火，死人千万，连自己老命也都断送，才声名大噪。他之所以干出一连串荒唐勾当，跟他美丽的年轻妻子褒姒女士，有密切关系。褒姒从不鼓励，更从不要求老公做什么怪事，是老公为了取悦她才做怪事的。这些足以伤害到国家命脉的怪事，褒姒女士并不知道它的严重性。她只是一位身世可怜的弃儿，身不由主地被献给一个她所不喜欢的臭男人。

褒姒女士的故事，要从"想当年"的一段神话说起。

距褒姒女士出现在周王朝宫廷一千年前，也就是公元前十八世纪，夏王朝暴君姒履癸先生正在酒池肉林中自封为永恒太阳的时候。有一天，褒国（陕西省褒城县）有两个小民，不知道什么缘故，可能是中了什么妖怪或神仙的法术，忽然间变成两条龙，翻腾起飞，一飞就飞了一千公里，忽咚一声，跌到夏王朝行都斟鄩（河南省巩县）的王宫之中。

——周王朝中叶之前，"国"就是"部落"，"部落"就是"国"，根本没有分别。以后政治机构和管理方法日益现代化，"部落"逐渐消失，"国"仍然存在。所以，"国"者，不过是一个行政区域，跟之后的"县""州""省"一样。中国之内这种形式的"国"，我们姑且称之为"封国"。一直到公元后十六世纪，"国"才进化为具备现代化意义的"国"。

两条龙跌到王宫之中，大概害怕受到攻击，乃口吐人言，大声介绍自己曰："俺，可是褒国的两个大人物呀。"姒履癸先生吓了一跳，想下令杀它，又怕杀不死而惹祸上身，只好请教专家学者，当时的专家学者只有巫师（太史），巫师先生卜卦已毕，警告姒履癸先生曰："千万别杀。"姒履癸先生说，不杀就不杀，派军队把二位龙老爷赶出大门总可以吧。巫师先生曰："神仙下临人间，一定显示祯祥。贵陛下最好把它们的唾沫收藏起来。盖唾沫乃龙老爷的精华之气，藏起来可能会有后福。"姒履癸先生就用金盘（那时候哪里来的金，青铜罢啦），放到龙老爷面前，让它们流了个够，然后储存在皇家宝库的朱柜之中，刚刚弄好，风雨忽然大作，二龙就一个鹞子翻身，腾空而去。

龙涎奇迹

放在宝库里的龙涎，一放就是一千年，到了公元前九世纪五〇年代周王朝第十任君王姬胡先生——也就是本文男主角姬宫涅的爷爷时，朱柜忽然放出光芒。管库官报告姬胡，姬胡先生曰："里面装的是啥？打开来瞧瞧！"管库官打开朱柜，把金盘双手捧上，姬胡先生伸手去接，可能心里有点害怕，颤抖的手那么一滑，叮光当啷，金盘落地，那个历时一千年之久的龙涎，既没有蒸发，也没有凝固，仍是二位龙老爷当初留下来的老样子，从金盘中流出，流了一地。流了一地不稀奇，稀奇的是，忽然间变成一只小鼋，在院子里乱爬。姬胡先生直冒冷汗，急忙教宫

中所有老奶，包括宫女、仆妇和一些地位低微的小老婆，都脱下衣服，露出胴体，围着它阁下大跳大叫、大呼大闹。盖民间传说，裸体美女，可以克邪制妖。果然，那位小鼋先生被搞得晕头胀脑，爬来爬去，爬到皇宫内院的一栋房里，霎时间无影无踪。

就在大家瞪眼找小鼋先生之时，一位年轻宫女，不小心踩了一下小鼋先生跑过的脚迹，芳心一动。这一动不要紧，不久就玉肚膨胀，有了身孕。姬胡先生大怒，好贱婢，竟把野男人弄到宫里上床呀，下令把她囚禁起来。公元前八二八年，姬胡先生死掉。儿子姬静——就是上文介绍受到枉杀报应的那位，继承王位，仍没有把她释放。这样下去，有一天，这位可怜的宫女，囚禁已四十年矣，忽然肚子作痛，生下一个女孩。姬静先生得到消息，心神不宁，下令把那女孩扔到河里淹死。

就在这个时候，首都镐京（西安市），有童谣曰："月将升，日将没。檿弧箕箙，几亡周国。"檿，山桑木也。檿弧，山桑木做的弓。箕，一种细草。箙，箭袋。译成白话，就是——

月亮将升
太阳将坏
桑木做成强弓
箕草编成箭袋
周王国不再存在

《东周列国志》对此，有详细叙述：

"次日早朝，召太史伯阳父告以龙涎之事，因曰：'此女已死于沟渎，卿试占之，以观妖气消息如何。'伯阳父布卦已毕，献上卦词。词曰：'哭又笑，笑又哭。羊被鬼吞，马逢犬逐。慎之慎之，檿弧箕箙。'宣王（姬静）不解其说，伯阳父奏曰：'以十二支所属推之，羊为未，马为午。哭笑者，悲喜之象。（柏老按：午年指前七七一年，未年指前七七〇年。天下果然大乱。）据臣推断，妖气虽然出宫，未曾除也。'宣王（姬静）闻奏，怏怏不悦。遂下令：'城内城外，挨户查问女婴，不拘死活，有人捞取来献者，赏布帛各三百匹。有收养不报者，邻里举首，首人给赏如数，本犯全家斩首。'命上大夫杜伯，专督都其事。因卦词又有'檿孤箕箙'之语，再命下大夫左儒，督令司市官巡行街肆，不许造山桑木弓，箕草箭袋，违者处死。司市官不敢怠慢，引着一班胥役，一面晓谕，一面巡查。那时城中百姓，无不遵依，止有乡民，尚未通晓。"

杀戮和囚禁

《东周列国志》曰：

"巡至次日，有一妇人，抱着几个箭袋，正是箕草织成。一男子背着山桑木弓十来把，跟随于后。他夫妻两口，住在远乡，赶着日中做市，上城买卖。尚未进城门，被司市官劈面撞见，喝声：'拿下！'手下胥役，先将妇人擒住。那男子见事不妙，抛下桑弓在地，飞步走脱。司市官将妇人锁押，连桑弓箕袋，一齐解到大夫左儒处，左儒想：'所获二物，正应谣言，况太史言女人为祸，今已拿到妇人，也可回复王旨。'遂隐下男子不提，单奏妇人违禁造卖，法宜处死。宣王（姬静）命将此女斩讫。其桑弓箕袋，焚弃于市，以为造卖者戒，不在话下。后人有诗云：不将美政

消天变，却泥谣言害妇人！漫道中兴多补阙，此番直谏是何臣？

话分两头，再说那卖桑木弓的男子，急忙逃走，正不知官衙拿我夫妇，是什么缘故？还要打听妻子消息。是夜宿于十里之外，次早有人传说：‘昨日北门有个妇人，违禁造卖桑弓箕袋，拿到即时处决了。’方知妻子已死，走到旷野无人之处，落了几点痛泪。且喜自己脱祸，放步而行。约十里许，来到清水河边，远远望见百鸟飞鸣，近前观看，乃是一个草席包儿，浮于水面，众鸟以喙衔及，且衔且叫，将其拖近岸来。那男子叫声：‘奇怪！’赶开众鸟，带水取起席包，到草坡中解看。但闻一声啼哭，原来是一个女婴。想道：‘此女不知何人抛弃，有众鸟衔出水来，定是大贵之人。我今取回养育，倘得成人，亦有所靠。’遂解下布衫，将此女婴包裹，抱在怀中。思想避难之处。乃望褒国投奔相识而去。”

公元前七八二年，姬静先生被冤死的鬼魂，射死在辇车之上。他的儿子，也就是本文的男主角姬宫涅先生继位，申国（河南省地阳县）国君的女儿申女士当皇后，儿子姬宜臼，被立为太子。姬宫涅先生面对的是一个危疑震撼的政局，可是他颟顸得却像一条肥猪，不但没有提起应有的警觉——俗不云乎：“新官上任三把火”，他连三把火都没有，只有一头雾水。登基后不久，除了广收美女外，对任何事情都没有兴趣。不久，就把政府中最能干最忠心的官员，全部驱逐，建立起摇尾系统。褒国（陕西省褒城县）国君褒珦先生直言规劝，立刻遭到姒文命、子天乙、姬昌三位前辈先生同样的命运，被捕下狱。

《东周列国志》曰：

“却说卖桑木弓箕草袋的男子，怀抱幼女，逃奔褒地，欲行抚养，因乏乳食，恰好有个姒大的妻子，生女不育，就送些布匹之类，转乞此女过门。抚养成人，取名褒姒（柏老按：事实上，她是褒国的姒女士，姓姒，不姓褒。不过几千年来，大家都说她姓褒，而又不知道她的闺名，那么，就姓褒吧。），论年纪虽则一十四岁，身材长成，倒像十六七岁及笄模样。更兼目秀眉清，唇红齿白，发挽乌云，指排削玉，有如花似月之容，倾国倾城之貌。……褒珦之子洪德，因私计：‘父亲囚于镐京狱中，三年尚未释放。若得此女贡献天子，可以赎父罪矣。’”

惨烈的夺床斗争

美女的力量有时候超过千军万马，能拯救百药罔效的危机。《东周列国志》叙述褒姒女士对老昏君姬宫涅先生的影响：

“幽王（姬宫涅）抬头观看，姿容态度，目所未睹，流盼之际，光艳照人，龙颜大喜。四方虽进贡有人，不及褒姒万分之一。遂不通知申后，留褒姒于别宫，降旨赦褒珦出狱，复其官爵。是夜，幽王（姬宫涅）与褒姒同寝，鱼水之乐，自不必言。自此坐则叠股，立则并肩，饮则交杯，食则同器。（柏老按：男女恩爱，一旦到了‘叠并交同’之境，除非这个臭男人意志坚强而又头脑清楚，否则，他就把自己毫无保留地置于女人的控制之下。吾友姬宫涅先生，就是一个榜样。）一连十日不朝，群臣伺候朝门者，皆不得望见颜色。此乃幽王四年（前七七八）之事。有诗为证：折得名花字国香，布荆一旦荐匡床。风流天子浑闲事，不道龙涎已伏殃。”

接着是一场激烈的夺床斗争，不过六年，到了公元前七七三年，褒姒女士大获全胜。皇后申女士被囚禁冷宫（冷宫，可不是冰冻库，“冷”，不过形容冷冷清清）。太子姬宜臼先生，被贬为小民。周王朝政府立即宣布，立褒姒女士当皇后，

她阁下生的小娃姬伯服当太子。摇尾系统尹球先生、虢石父先生、祭公易先生，一致赞扬这是最明智的措施。

姬宫涅先生最明智的措施还在后面，《东周列国志》曰：

“褒姒虽篡位正宫，有专席之宠，却从未开颜一笑。幽王（姬宫涅）……遂出令：‘不拘宫内宫外，有能致褒后一笑者，赏赐千金。’虢石父献计曰：‘先王（从前的国王）昔年，因西戎强盛，恐彼入寇，乃于骊山之下，置烟墩二十余所，又置大鼓数十架，但有贼寇，放起狼烟，直冲霄汉，附近诸侯，发兵相救，又鸣起大鼓，催趱前来。今数年以来，天下太平，烽火皆熄。吾主若要王后（褒姒）启颜，必须同后（褒姒）游玩骊山，夜举烽烟，诸侯援兵必至，至而无寇，王后必笑无疑矣。”

《中国人史纲》曰：

“连小孩子都知道绝不可以乱燃烽火，但姬宫涅认为偶尔玩一次没有关系。他就带着褒姒，前往镐京（西安市）东方三十公里的骊山，举行盛大宴会。欢宴到深夜时，姬宫涅下令燃起烽火。刹那间火焰直冲霄汉，像一条逃命的巨鲸一样，不断地一股一股喷出火柱，向黑暗的远方，奔腾而去。王畿附近的封国国君们，从梦中惊醒，以为镐京已被蛮族包围，国王老命危在旦夕，立即集合军队，率领驰援。姬宫涅和褒姒居高临下，准备欣赏这场自以为使人出丑的伟大节目。黎明时分，那些身披重甲，汗出如雨，衔枚疾进的勤王之师，果然进入视界。不久，就抵达骊山脚下。封国的部队虽经过一夜急行军，仍精神抖擞，面上呈现着即将献身国王，为国战死的忠义颜色。姬宫涅大为满意，派人宣布圣旨说：‘谢谢各位，没有什么外寇，我只不过用烽火消遣一下罢了。请你们原路回去，等候犒赏。’那些封国国君们，好不容易才相信自己的耳朵后，纷纷偃旗息鼓，狼狈而去。褒姒一一看到眼里，不禁嫣然一笑，这一笑使她更加美如天仙。姬宫涅大喜说：‘王后一笑，百媚俱生。’”

“狼来了”

《伊索寓言》上有“狼来了”的故事，牧童第一次喊“狼来了”，大家飞奔来救，他笑大家傻瓜。等到狼真的来啦，牧童小子再喊时，他自己就是傻瓜矣。姬宫涅先生虽然年老，但年老不一定带来智慧。有时候，不长进的老家伙，脑筋一直酱在过去一些得意的往事里，就成了昏庸的老糊涂，姬宫涅先生做出的竟是只有寓言里才有的荒唐怪事。然而，他觉得对他领导下的周王朝政府，所造成的伤害，仍不够大，必须再加猛击。

《东周列国志》曰：

“却说申侯（申国国君）闻知幽王（姬宫涅）废申后立褒姒，上疏谏曰：‘昔桀（姒履癸）宠（施）妺喜以亡夏，纣（子受辛）宠（苏）妲己以亡商。王今宠信褒妃，废嫡立庶，既乖夫妇之义，又伤父子之情。桀（姒履癸）纣（子受辛）之事，复见于今。夏商之祸，不在异日。望吾王收回乱命，庶可免亡国之殃也。’幽王（姬宫涅）览奏，拍案大怒曰：‘此贼何敢乱言？’……下令削去申侯之爵，命虢石父为将，简兵搜乘（战车），欲举伐申之师。

话说申侯进表之后，有人在镐京（西安市）探信，闻知幽王（姬宫涅）命虢石父为将，不日领兵伐申（河南省南阳县），星夜奔回，报知申侯。申侯大惊曰：‘国小兵微，安能抵挡王师？’大夫吕章进曰：‘天子无道，废嫡立庶，忠良去位，万民皆

怨，此孤立之势也。今西戎兵力方强，与申国接壤。主公宜速致书戎主，借兵向镐（西安市），以救王后，必要天子传位于故太子（姬宜臼），此伊（伊尹）周（姬旦）之业也。语云：先发制人，机不可失。申侯曰：'此言甚当。'遣人奉书，向西戎借兵，许以破镐京（西安市）之日，府库金帛，任凭搬取。

戎主遂发兵一万五千（柏老按：在公元前八世纪二〇年代，这是一个可怕的庞大数目，等于二十世纪的百万雄兵）。分为三队，右先锋索丁，左先锋满也速，戎主自将中军。枪刀塞路，旌旗蔽空。申侯亦起本国之兵相助，浩浩荡荡，杀奔镐京（西安市）而来，出其不意，将镐京围绕三匝，水泄不通。幽王（姬宫涅）闻变，大惊。"

姬宫涅先生下令燃起烽火，一霎时狼烟四出。可是，已经没有一个封国的国君，再愿供君王娱乐矣。镐京（西安市）外无救兵，内无粮草，霎时陷落。

《东周列国志》曰：

"戎主……杀将前进，喊声大举，乱杀入城，逢屋放火，遇人举刀，城中大乱。幽王（姬宫涅）见势头不好，以小车载褒姒和伯服，开后宰门出走。……出了北门，迤逦望骊山而去，途中遇尹球来到，言：'西戎焚烧宫室，抢掠库藏，祭公（祭公易）已死于乱军之中。'幽王（姬宫涅）心胆俱裂。……再令举烽，烽烟透入九霄，救兵依然不到。西戎兵追至骊山之下，将骊宫团团围住，只叫：'休走了昏君！'幽王（姬宫涅）与褒姒吓做一堆，相对而泣。"

最后，姬宫涅先生逃出骊山，打算投奔东方的郑国（陕西省华县）。然而，他已到了末路。《东周列国志》曰：

"左先锋满也速，早把幽王（姬宫涅）车仗掳住，西戎言看见衮袍玉带，知是幽王（姬宫涅），就车中一刀砍死，并杀伯服。褒姒美貌饶死，以轻车载之，带回毡帐取乐。东屏先生有诗叹曰：多方图笑掖庭中，烽火光摇粉黛红。自绝诸侯犹似可，忍教国祚丧羌戎。"

我们的男主角姬宫涅先生，就这样糊里糊涂，被他所瞧不起的蛮族劈死。镐京（西安市）经过这次烧杀劫掠，化成一片焦土，再不能作为首都。周王朝只好把中央政府东迁到四百公里外的洛阳，政府权威，荡然无存，王朝统一的局面逐渐不能维持，降而成为列国中的一国，成为周王国矣。

秦始皇嬴政

始皇嬴政

公元前221年，秦吞并山东六国，秦王嬴政（前259—前210）成为一统天下的至高君王。

不过，嬴政感到“王”涵义狭小，必须更新方可彰显自己的无量功德和人君的至上权威，于是责成群臣议举尊号。群臣和博士认为秦王平定天下，功业空前，远超五帝，鉴于古有三皇而泰皇最贵的传说，建议尊号更为“泰皇”，命为“制”，令为“诏”，自称为“朕”。秦王嬴政觉得自己功兼三皇五帝，决定从“三皇”、“五帝”中各取一字，号为“皇帝”，并批准“制”、“诏”、“朕”作为皇帝专用术语，不许他人染指。不可一世的秦始皇还说：“朕为始皇帝。后世以计数，二世三世至于万世，传之无穷。”可惜得很，秦始皇的理想未能变成现实，秦王朝二世而亡。不过，作为中国历史上的第一位皇帝，秦始皇确实是名留青史了。

不韦投机　子楚为王

秦始皇出生在战国时代。当时，战国七雄连年争战，各显其能。居住于中原地区（今陕西）的秦，就是七雄之一。

秦始皇诞生前夕，正值曾祖父秦昭王在位。秦昭王采取范雎“远交近攻”的兼并方针，大力进攻与秦土毗连的韩、魏二国，与赵国达成联盟。按惯例，秦赵联盟之后，秦始皇的父亲子楚被送到了赵国，作为人质。

子楚是秦昭王的孙子，太子安国君的儿子。安国君名柱，妻妾很多，有子20余人，子楚排行居中。子楚的母亲名夏姬，安国君并不爱她。子楚的母亲不得宠，自身又非长子，所以被作为质子发送赵国邯郸，成为一个流落异国的寒酸公子。

有一个做投机生意发了财的人，叫吕不韦。见到质子子楚，觉得奇货可居，就准备大大地做一把政治投机生意。吕不韦往来各国都市，对各国政局都很熟悉，对秦国太子宫闱的内幕更是了如指掌。他知道子楚不得志，而安国君最宠爱的华阳夫人又无子，便想以他们的联合为突破口，通过华阳夫人扶持子楚得到王位，而自己以“定国立君”之功大捞一把政治财。

首先，吕不韦将500金交予子楚，让他改善处境，广交宾客；同时另拿出500金选购珍奇玩物，自己带上西游秦国。吕不韦来到秦国，没有直接求见安国君和华阳夫人，而是拜访了华阳夫人的姐姐。吕不韦口若悬河，滔滔不绝地对她说起了子楚的贤惠和聪明，说子楚交结诸侯宾客，朋友遍天下，是一个胸怀远大抱负的青年，他身居异国，日夜思念安国君和华阳夫人，常说“夫人就是子楚的天”，往往到深夜还在流泪，不能成眠。最后，吕不韦拜托华阳夫人的姐姐把子楚的礼物和问候转呈华阳夫人。华阳夫人听姐姐亲口叙述了子楚的这番情况，又见到子楚给自己送的厚礼，不禁心花怒放，对子楚就有了深刻的好感。

接着，吕不韦策划华阳夫人的姐姐去游说华阳夫人，劝趁得宠时早定主张，在群公子中选择一位贤孝者作为自己的儿子，把他正式立为继承人，并说当今诸

子中子楚最为贤孝，他自愿依附夫人，若把他扶持为继承人，就可终生在秦国得宠。华阳夫人正为无子苦恼，姐姐这番肺腑之言，解开了自己心中的症结。从此，华阳夫人向安国君大吹枕头风，安国君答应了华阳夫人的请求，并与华阳夫人刻符为信，约定立子楚为合法继承人。

接着，安国君和华阳夫人给子楚送去大批钱财，并请吕不韦作为师长扶助子楚。从此，子楚名声日盛，誉满诸侯。

吕不韦为子楚取得王位继承权后，就返回邯郸，终日与子楚饮酒作乐，广泛结交天下豪杰，专等秦国王位轮到子楚来坐，好一展宏图。此时，他还为子楚找了一位能歌善舞的美貌姑娘同居，史称“赵姬”。

秦昭王四十八年(前259)，正月，赵姬生下一子，就是嬴政。因他生于赵都邯郸，故以赵氏为姓；又因正月出生，故起名为正，一作政。后来赵政归秦，才从赵姓更为嬴政。赵姬生子以后，子楚把她立为夫人。

这时，秦赵两国失和，相攻相伐。后赵国割地求和，两国息兵讲和。秦昭王四十八年(前259)九月秦兵进攻邯郸，次年九月将邯郸包围起来，第三年，即秦昭王五十年(前257)，秦将王龁指挥重兵发起强攻，邯郸危在旦夕。穷急之中，赵国打算杀死子楚，聊解一点对秦的痛恨。子楚得到消息，与吕不韦商讨对策，向防守官吏行贿600金，脱出邯郸城，逃奔围城的秦军，返回了秦国。赵国又打算杀死赵姬母子，由于赵姬是邯郸富豪之女，母子在娘家的深密掩藏下，竟躲过杀身大难，存活下来。

秦昭王五十六年(前251)，昭王死，太子安国君继位，是为秦孝文王。华阳夫人为王后，子楚为太子。这时秦赵关系已经缓和，赵国就把赵姬母子送归秦国。9岁的嬴政在生地邯郸度过了童年，来到秦国。

秦孝文王在位时间甚短，他先服丧一年，然后正式即位，即位三天就死了。接着子楚继承王位，是为秦庄襄王。庄襄王一即位，便起用吕不韦做相国，封为文信侯，赏赐洛阳10万户作为他的食邑。

庄襄王在位时间也很短，3年就去世了。这样，秦庄襄王三年(前247)，13岁的少年嬴政登上了秦国的王位，王政由母亲赵太后和相国吕不韦执掌。

肃清君障　翦灭六国

秦始皇继承秦国王位以后，吕不韦的权势进一步扩大。他继续官居相国，并取得作为国君长者的“仲父”尊号，不但食封大邑10万户，而且家僮万人，财力雄厚，成为秦国首屈一指的巨大富翁和政治暴发户。同时，他还招养门客3000，让他们著写见闻，然后为自己集论成书，这样秦国吕氏的书就可包罗天地万物古今之事，压倒东方诸子百家之说。

赵太后在秦庄襄王死后，孤身无偶，与吕不韦旧情萌发，二人时常私通。秦始皇日见长大，渐知人道。吕不韦恐怕隐私暴露，祸端临头，就为自己找了替身嫪毐假充宦官，进入太后宫中，侍奉太后，深得太后宠爱，所掌政务悉由其决断。嫪毐拥有宾客1000余人，家僮数千人，朝中官员争相交结，不少重要官员如卫尉竭、内史肆等都充当党羽，成为仅次于吕不韦的秦国又一股政治势力。

这样，在秦始皇亲政以前，秦国已经形成了两个与君权对立的政治集团，一个是吕不韦的吕氏集团，一个是嫪毐的后党集团，两个集团都将不利于他亲政之

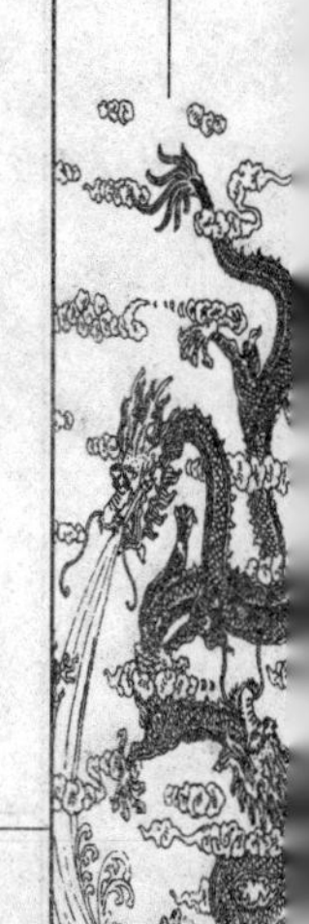

后行施君主权力。秦王八年(前239),秦始皇已经21岁,按秦国制度,明年就要举行加冠亲政。就在这时,吕不韦公布《吕氏春秋》,嫪毐分土封侯,两个集团分别向秦始皇弄权示威。严峻的考验第一次摆在了年轻的秦始皇面前。

面对吕党和后党两集团的嚣张气焰,秦始皇未动声色。秦王九年(前238)四月,他照预定计划到秦故都雍城的蕲年宫举行冠礼。嫪毐乘秦始皇至雍加冠之机矫造秦王御玺和太后玺发动暴乱,企图进攻蕲年宫,杀死秦始皇。秦始皇早有戒备,立刻命令相国昌平君等人率军镇压,活捉嫪毐。九月,车裂,诛灭三族;党羽骨干卫尉竭、内史肆、佐弋竭、中大夫令齐等20余人皆枭首示众;舍人都被判处服刑,受案件牵连的4000余家全部夺爵流放蜀地。秦始皇还杀死了赵太后与嫪毐所生的两个私生子,同时把她隔离雍城宫中监视起来。后经群臣屡谏,秦始皇亲自把赵太后迎回咸阳。

牵连到相国吕不韦。秦始皇早已深感吕氏集团对秦国君权的威胁,就打算乘嫪毐案件诛杀吕不韦,一并清除吕氏集团。但是吕不韦辅佐先王继位的卓著功勋众所周知,在秦国也有深厚的根基,操之过急,难免败事,因而秦始皇暂时没有触动吕不韦。

秦王十年(前237),秦始皇已经牢握国政,站稳脚跟,于是免去吕不韦的相国职位,将他轰出秦都秦阳,迁居封邑洛阳,吕不韦在洛阳居住期间,关东六国君主频繁地派人到洛阳向他请安。为防止吕氏吕不韦与关东六国的势力变乱,秦王十二年(前235),他果断地决定置吕不韦于死地,根除祸患。于是派人给吕不韦送去一封书信中说:"君对秦国有何功劳?却封土洛阳,食邑十万。君与秦国有何血亲?却号称仲父,妄自尊大。快带家属滚到西蜀去住!"吕不韦受到这番凌辱,自度不免一死,于是服毒自尽。吕不韦死后,秦始皇还严惩了他的家人、宾客。

秦始皇亲政不久,就先后消灭嫪毐和吕不韦两大敌对势力,彻底肃清了自己行施君权的严重障碍。接着,他开始了统一山东六国的事业。在战国七雄中,秦国最具备完成统一的有利条件。秦国到秦始皇继承王位时,无论在经济力量上、军事力量上还是地理形势上,都具备了完成统一山东六国的条件。而且为了加快统一步伐,他在清除国内敌对势力的同时,发扬先王雄风,礼贤下士,搜罗人才,重新组织文武骨干,并制定出新的战略方针。

当时,秦始皇的文武骨干约有20余人。其中王翦、王贲、蒙武、蒙恬出自将门世家,都是善于用兵、能征惯战的将才;顿弱、姚贾善长辞令,随机应变,精于从事和组织间谍活动;尉缭和李斯则是秦始皇的得力谋士。在战略上,他继续奉行先王"远交近攻"的战略方针,同时又采用了新的策略,即间谍活动。

秦始皇首先向韩国起兵。秦王十四年(前233),韩王献地称臣。秦王十七年(前230),秦军攻韩,俘韩王安,尽取韩地,置为颍川郡,韩国灭亡。

秦王十八年(前229)秦分兵两路,大举攻赵,俘获赵王;赵公子嘉带数百人逃奔代郡(今河北蔚县一带),自立为代王。秦王二十五年,秦将王贲进攻代郡,俘代王嘉,赵国灭亡。

秦王二十年(前227),秦始皇派王翦、辛胜大举攻燕,燕、代联军抵抗,被秦军破于易水之西。次年,秦又征发大军支援王翦,大败燕军,攻陷燕都蓟城(今北京),燕王逃向辽东。秦将李信穷追不舍,在衍水(今辽河流域)大破太子丹军,曾

派荆轲刺秦王的燕王被迫杀太子丹，将头颅奉献秦军求和。秦王二十五年（前222），秦将王贲进攻燕的辽东，俘燕王喜，燕国灭亡。

秦王二十二年（前225），秦将王贲率军攻魏，掘引黄河、鸿沟，水灌魏都大梁（今河南开封）。三个月后，大梁城破，魏王假被俘，魏国灭亡。

秦王二十三年（前224），秦始皇派李信、蒙武率兵二十万南下灭楚，大败而回。后采纳王翦意见，令其率兵60万伐楚，王翦用兵三年，楚国全部灭亡。

齐国长期屈服于秦，苟且偷安，当秦国吞并山东各国的时候，既不援助别国抗秦，也不修整本国战备。始皇二十六年（前221），山东其他五国已经无一存在，齐王与相国后胜才派兵防守西界，与秦断绝来往。王贲大军由燕南下，一举战胜齐军，俘齐王建，齐国灭亡。

秦始皇从秦王十七年（前230）灭韩开始，到始皇二十六年（前221），历经10年时间，终于完成了统一中国的大业。

全面革新　创建帝国

武力统一完成之后，长期割据所形成的各地差异依然存在，秦始皇以巩固统一为核心，以秦国制度为蓝本，在政治、经济、文化等各个领域实行全面改革，创立空前庞大和统一的封建帝国。

始皇二十六年（前221）战争刚一结束，秦始皇就首先宣布了吞并山东六国的正义性和合理性，理由是韩、赵、魏、楚背叛盟约，燕、齐敌视秦国，所以要全部消灭。同时，他还着手确立秦王朝的正统地位，战国时流行五行学说，所谓“五德始终”。这种学说认为，五德相克，导致朝代更迭，虞舜为土德，夏朝为木德，商朝为金德，周朝是火德，虞、夏、商、周各占一德，都是历史上的正统朝代。秦始皇推论五德始终说，以为周得火德，水克火，秦代周，所以秦朝应得水德。于是颁布新的“正朔”，以十月初一为一年的开始，表示新朝代的诞生，并把黄河（古称为河）改名为“德水”。按五行学说，水德具有黑暗阴冷、严酷无情的特性，于是秦朝以黑色为上，衣服旗帜皆为黑色，百姓也改称为“黔首”。明确秦朝得占水德，也就明确了秦朝的合理性。秦始皇又到泰山举行封禅典礼，告祭天神地祇，把秦朝在中国历史上的正统地位进一步确立起来。

王朝地位确立后，接着就是君王权位的问题。经群臣郑重讨论，确定尊号名曰“皇帝”，整个帝国都是属于他的，其地位和权力至高无上，朝廷和地方的主要官吏都由皇帝任免。皇帝自称为“朕”，命称为“制”，令称为“诏”，行施权力的凭证是玉玺。只有皇帝的印才称为玺，只有玺才能使用玉料，玉玺与朕、制、诏一样，都是皇帝的专擅之物，不许臣民使用。皇帝名号和权位确定以后，皇帝的至亲也随之各建尊号，父亲曰“太上皇”，秦始皇定号的当年就追尊庄襄王为太上皇，母亲曰“皇太后”，正妻曰“皇后”。秦始皇还命令博士官参照六国礼仪，制定了一套尊君抑臣的朝仪，皇帝高高在上，群臣听传令官之令趋步入殿拜见皇帝；群臣上书奏事，一律要采用“臣某昧死言”的格式。为了充分行施自己的最高权力，秦始皇每天都在夜以继日地拼命操劳，白天断狱，夜批公文，并给自己规定，不批完一石公文（秦代公文使用竹简木牍，一石为120斤，约合今60市斤），决不休息。

中央和地方的关系如何处理，也是重大问题。对此，丞相王绾主张分封，在

各封国设国王，秦始皇把丞相的建议交给群臣讨论，群臣都表示赞同，唯新任廷尉的李斯独执己见，力排众议，他说："周文王和周武王曾分封许多同姓子弟，然而后代关系疏远，相互攻击，如同仇人，诸侯之间也互相杀伐，周天子不能禁止。现在赖陛下神威，海内一统，全部设置郡县，对诸子和功臣则用国家的赋税给予重大赏赐，很容易进行控制。使天下没有二心，就是安定的方针，分封侯王是不成的。"秦始皇认为李斯的意见正确。于是废分封，置郡县，把天下分为 36 郡，并在全国范围内建立了一套有利于中央集权和皇帝专制的行政机构。

朝廷以皇帝为首，下设三公九卿。三公是左右丞相、太尉和御史大夫。丞相是中央行政机构的最高长官，协助皇帝处理全国政务，国家大事一般由丞相总领百官进行集议和上奏。太尉是中央行政机构的军事长官，协助皇帝掌管军事，但平时没有兵权，只有接到皇帝命令和符节时才能调动或指挥军队。御史大夫是副丞相，相当于皇帝的秘书长，皇帝诏命常由御史大夫转交丞相颁布，御史大夫协助丞相治事，并有监察文武百官的职权。三公之下设有九卿，即奉常、郎中令、卫尉、太仆、廷尉、典客、宗正、治粟内史和少府，负责掌管各方面的具体政务。奉常是礼教官，掌管宗庙礼仪。郎中令是传达、警卫官，掌管皇帝的传达和安全警卫。卫尉是皇宫卫队长，掌管皇宫守卫。太仆是皇帝的仆从长官，掌管皇帝的车马。廷尉是最高司法官，掌管刑法和审理重大案件。典客是外交官，掌管外交和国内少数民族事务。宗正是维护皇室利益的官职，掌管皇室宗族事务。治粟内史是最高财政官，掌管全国租税收入和财政开支。少府是皇帝的私人财务官，掌管山海湖泊税账、宫廷手工业和皇室私财。

地方以郡、县为基本行政单位，下分乡、亭、里、什伍。郡设郡守，作为一郡最高行政长官，直接受朝廷管辖。郡守之下有郡尉辅佐郡守，并兼管郡中军务；又有监御史，负责监察。郡内分为若干县，万户以上设县令，不满万户设县长，主管全县政务，受郡守管辖。县令、县长下有县尉管县中军务，有县丞助理令长并兼管司法。县内分为若干乡，乡有啬夫主管乡务，三老主管教化，游徼主管治安。交通要道往往设亭，负责邮传和追捕盗贼。里是民间居住区，有里正。居民的基层组织是什和伍。十家为什，有什长；五家为伍，有伍长。什伍互相监督，有罪连坐。

秦始皇设置的这套行政制度，起到了层层控制，权力向上集中的作用，从朝廷到地方，从郡县到乡里，构成了一张庞大的统治网，使分散的地方权逐层向上集中，最后集中到朝廷，再通过朝廷集中于皇帝手中。这套行政制度，对国家统一、中央集权和君主专制都起到了重大作用。

当然，这一套制度的维持，还有相应的物质基础和措施。首先是迁徙豪富，把天下豪富 12 万户迁到咸阳，使六国贵族失去反抗的社会基础和物质基础，便于帝国的监视和控制；其次是没收兵器，把民间兵器全部没收，集中到咸阳销毁，铸成了钟座和 12 金人，从而剥夺了反抗的武器；第三是毁坏城防，秦始皇下令一律拆毁六国首都城郭和边城、关塞。破坏了分裂帝国的割据凭藉；第四是修筑驰道，以咸阳为中心，一条东通今河北、山东的海边；一条南通今两湖、江苏等地，一条北通今内蒙(又曰直道)。驰道宽 50 步，路基夯实，两旁每隔 3 丈种青松一棵。三条主要驰道外，通岭南有"灵渠"和"新道"，通西南山险地区则修了"五尺道"。这一条交通网，大大便利了帝国中央对广大领土的控制。

统一之初，各地沿用旧制，诸项法规制度处于极端混乱状态。对此，秦始皇也采取了相应的措施，颁布执行各项统一的法规。首先是颁行统一法律。商鞅变法时，采用魏国李悝所著的《法经》作为秦国法律的蓝本。“法”为“律”，并增加“什伍连坐”和参夷等内容。秦始皇统一六国后，把秦律颁布全国执行，结束了战国时代各国法律条文不一致的状况。秦律具有苛刻严明的特征，对于“治吏”尤为重视，大量律条是针对官吏制定，官吏犯过，刑罚必加，绝无宽恕余地，所以秦代吏治清明，官吏不敢贪污受贿，也不敢玩忽职守，理事效率极高。

除法律之外，秦始皇还采取了许多统一措施，诸如统一度量衡、货币，简化和统一汉字等，史称“车同轨，书同文”。这些，都对统一帝国的巩固和发展起了巨大作用。

在国家疆域方面，秦始皇于统一后派大将蒙恬北攻匈奴，解除了匈奴对秦朝北境的威胁。接着便在那里设置 34 县，移民开垦，并大规模修筑长城作为帝国的北疆。长城西起陇西临洮(今甘肃岷县)，东至辽东碣石(今大同江附近)，延绵万里，成为举世闻名的奇迹。对“南越”居住的岭南广大地区，秦始皇也进行了征服和统一。五岭山高水险，交通不便，为了解决军粮运输，秦始皇在今广西兴安县北开凿了灵渠(又名兴安运河)，灵渠沟通湘、漓二水，使长江和珠江两大水系连接起来。另外，又修筑了一条“新道”，大大方便了内地与岭南的交通运输。统一岭南后，秦始皇设置南海、桂林、象郡，作为帝国南部边郡，并徙民戍守，与越杂居。北筑长城和南戍五岭两项大功告成，就大体上划定了秦朝东到辽东，西至陇西，北至阴山，南至南海的空前辽阔的帝国疆域。

横征暴敛　焚书坑儒

成为“皇帝”的秦始皇踌躇满志，不可一世，严刑峻法，横征暴敛，无所不用其极。

秦始皇在兼并六国时，每灭一国，就命人把该国宫殿绘制图样，在咸阳仿造。统一后，他曾打算扩建苑囿，西起雍、陈仓(今陕西凤翔、宝鸡一带)，东至函谷关(今河南灵宝东北)，面积广阔，东西千里。秦始皇身边的侏儒优旃爱开玩笑，他说：“好极了！这么大的苑囿，多放凶禽猛兽，有强盗从东方进犯，让麋鹿出动就把他们顶跑了。”秦始皇听后大笑，这才做罢。他虽然没有扩建这一苑囿，却到处建造离宫别馆，仅首都咸阳四周 200 里内就有宫殿 270 座，关中有行宫 300 座，关外 400 多座。

在秦始皇兴修的宫殿中，规模最大的宫殿是阿房宫。阿房宫究竟有多大是难以确估的。据载，阿房宫的前殿东西宽 500 步(约合今 700 米)，南北长 50 丈(约合今 115 米)，上面可坐万人，下面可竖 5 丈大旗。殿门以磁石做成，以防刺客暗携兵器入殿。殿门前排列没收民间武器铸成的 12 金人，各重 24 万斤。这项宏大的工程，常年用工 70 万人，没有等到建成，秦始皇去世，后来项羽入关放火焚烧，一连三月还没烧灭。

骊山墓是秦始皇的另一项宏大工程。秦始皇刚即位，就开始在骊山为自己修造坟墓，统一后扩大规模修造，常年使用刑徒 72 万人，一直修到死。

阿房宫和骊山墓两项宏大工程，就用去了精壮劳力 140 余万人，加上北筑长城，南戍五岭，修驰道，造离宫，以及其他兵役杂役，常年动用民力多达 300 余万。

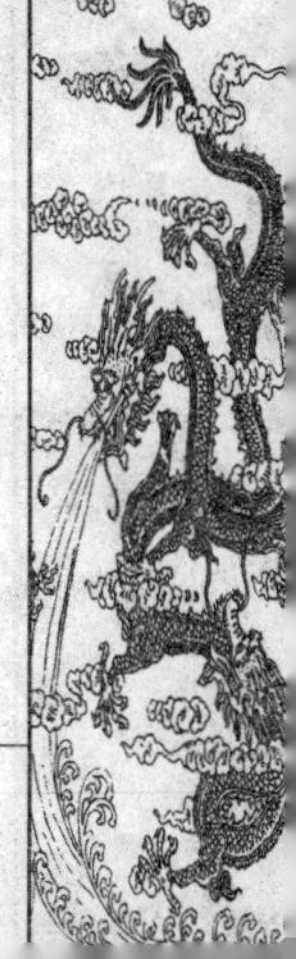

丁男全被征发服役，部分丁女也裹入服役队伍。沉重的兵役徭役压得人民喘不过气来，又加以横征暴敛，于是海内虚耗，民穷财尽。秦自孝公以来奉行法家学说，法家急法尚刑，山东称秦为虎狼之国。秦始皇继续推崇法家，他为人苛薄寡恩，用刑残酷，杀人如麻，使秦政的残暴达到高峰。人民扬手犯法，举足触律，无所措手足，大批无辜者被罗入刑徒去服苦役，路上行人半数都是囚犯。长城脚下，阿房宫中，骊山墓旁以及五岭路上，处处如此，秦帝国成了一座人间大地狱，百姓生活在恐怖之中。

秦始皇的残暴统治，引起了社会的普遍不满。一直对秦恨之入骨的六国贵族首当其冲，多次采用暗杀方式行刺秦始皇；士人得不到信用，纷纷指责秦的统治政策；广大百姓刚刚脱离战争之苦，本来拥护统一，但秦的暴政又引起了他们对故国的怀念，转而诅咒秦始皇早死，秦朝快亡。

士人的指责，引起了秦始皇的不满。当时已经升任丞相的李斯决定打击士人的议政之风，就给秦始皇上了一封咄咄逼人的奏书，建议"命令史官将《秦记》以外的史书统统烧毁。除博士官掌管收藏以外，天下所有的《诗》、《书》和诸子百家书籍，一律送到郡中烧毁，有敢谈论《诗》、《书》的人杀头，以古非今的灭族。官吏知情不报同罪。令下 30 日不烧即判刑。保存医药、卜筮和农书不毁。如果有人想学法令，拜官吏为师。"秦始皇批准了李斯的奏书，全国各地便展开了一场大规模的"焚书"活动。

焚书并未能封起士人的口来。加上秦始皇佞信神仙家之说，民情怨愤，士人的议论如浪如潮。秦始皇大怒，派御史进行调查。结果犯禁者 460 余人，秦始皇把他们全部坑埋在骊山深谷。因为其中多为儒生，所以史称"坑儒"。

秦始皇的长子扶苏进谏说："天下初定，远方的黔首还没有安下心来，诸位先生都诵法孔子，陛下重法绳之，臣恐天下不安。望陛下三思。"秦始皇怒扶苏多嘴，把他轰出咸阳，让他到北边的上郡（今陕西榆林东南）去执行监军任务。

不仅士人，黔首也在怨恨秦始皇。楚地流行着"楚虽三户，亡秦必楚"的歌谣，诅咒秦王朝灭亡。始皇三十六年（前 211），东郡（今河南濮阳一带）落下一块陨石，有人在石上刻了一行字："始皇帝死而地分。"秦始皇知道后，派遣御史追查刻字人，由于无人承认，便把陨石附近的居民全部杀死，然后销毁陨石。尽管如此，朝野的怨恨不能稍减。

希求长生　病死他乡

秦始皇自忖功盖三皇五帝，而且也确实有些政绩，所以一方面是为了解下情，炫耀威风；一方面是寻访仙山、希求长生，他总是接连不断地出巡。

早在统一之前，随着兼并战争的胜利步伐，他就先后到过洛阳、邯郸以及楚国的首都郢、陈等地。统一的第二年，出于防御匈奴的需要，他巡视西北边郡陇西和北地二郡，越过鸡头山（位于今六盘山中段），由回中（今甘肃华亭南）返回咸阳。从统一的第三年起，他开始了全国性的大巡游。共巡游四次，跋涉名山大川，足迹几乎踏遍了全国各地。在巡游途中，他到处刻石，如《泰山刻石》、《琅邪刻石》、《芝罘刻石》、《东观刻石》、《碣石刻石》、《会稽刻石》，其内容主要歌颂秦始皇的功德，宣扬结束战争、统一天下、制定国策以及革除旧俗的正义性和优越性。他总以为神仙就在东海，要见神仙，只有多去沿海之滨，所以他四次大巡游，都是

到沿海地区，一临碣石（今河北昌黎北），两登成山（今山东成山角），三次来到琅邪和芝罘，这些地方是传说中的神仙登岸点。在巡游途中，秦始皇每到一地，便派遣大量的方士去寻找神仙，求取长生仙药。

始皇三十一年（前120），秦始皇进行他的最后一次巡游。他从咸阳出发，首先来到南方的云梦（今洪湖、洞庭湖一带），在九疑山祭祀了虞舜。然后顺江东下，由丹阳（今安徽当涂东）登陆，来到钱塘（今浙江杭州），绕道向西120里渡江登上会稽山，在山上祭祀了大禹。祭罢大禹，秦始皇在会稽山刻石留念，然后下山，经吴中（今江苏吴县）北上。秦始皇一行从江乘（今江苏镇江）渡江，一直沿着海边向北，又来到琅邪。他总想能在海边有所收获，遇见仙人或得到仙药，所以一直靠着海岸走，然而仍一无所获。看看求仙无望，便决定返回咸阳。连日的旅途劳累，加上心情沮丧，到平原津（今山东平原附近）就病倒了。

当时，跟随秦始皇出游的有左丞相李斯、中车府令赵高等人，还有秦始皇的少子胡亥。虽然秦始皇已经病危，但由于他最厌恶死亡，忌讳“死”字，所以李斯等无人敢向他问及后事。不过，随着病情加重，秦始皇自己也明白死到临头了，于是给在北边监军的长子扶苏留下玺书，让他急赴咸阳主办丧事，明确地安排由扶苏来继承帝位。玺书封好后，放在中书府令赵高处。玺书还没有来得及交予使者，行舆至沙丘平台（今河北广宗西北），秦始皇就病逝了。时为始皇三十一年（前210）七月。秦始皇在位37年，称王25年，称帝12年，终年50岁。

丞相李斯见秦始皇死在途中，恐怕咸阳诸公子争夺继承权和天下叛乱，采取了绝密措施，把秦始皇的尸体载在可以躺卧的车中继续前进。天气日益炎热，尸体臭味扑鼻，为了掩盖尸臭，李斯命令从官每车载一石鲍鱼。就这样，行舆大队浩浩荡荡，一路臭气熏天，返回咸阳。在归途中，赵高乘机策动政变。他勾结李斯篡改了秦始皇的遗嘱，扶立少子胡亥继承帝位，并派人逼死扶苏。返回咸阳后，胡亥继位。是为秦二世皇帝。

九月，为秦始皇举行隆重葬礼，安葬骊山。骊山墓是秦始皇用70多万人力，历时10余年修建的一项巨大墓葬工程。骊山墓坟高50丈，遍植树木，形如大山。墓室极深，下穿三泉，灌铜液阻挡泉水。墓室顶部用珠宝设日月星辰之象，底部用水银作江河大海之势，上具天文，下具地理，机械转动，巨灶照明，室内序列百官次位。罗满奇珍异宝，又以能工巧匠设置机械弩矢，有人穿墓近室，弩矢自发，射杀窃贼。秦始皇陵现在陕西临潼县东5公里的下河村附近，今坟高55.05米，周长2000米。

秦始皇死亡披露

沙丘之死真相

关于秦始皇之死，司马迁《史记》记述很多，似乎死因已明，无可置疑。可是将这几篇有关秦始皇死亡情况的文字细细阅读，可发现其中有耐人寻味之处。

始皇三十年（公元前210年），秦始皇第五次出巡，主要巡游云梦、会稽等地时，李斯、胡亥、赵高等随从，上卿蒙毅也在随行之列。蒙毅是蒙恬的亲弟弟，为皇帝的亲信，可是当秦始皇在途中病重时，蒙毅被遣“还祷山川”。这似为赵高等的计谋。因蒙恬领兵三十万随公子扶苏驻防上郡，从秦始皇身边遣走蒙毅，也就

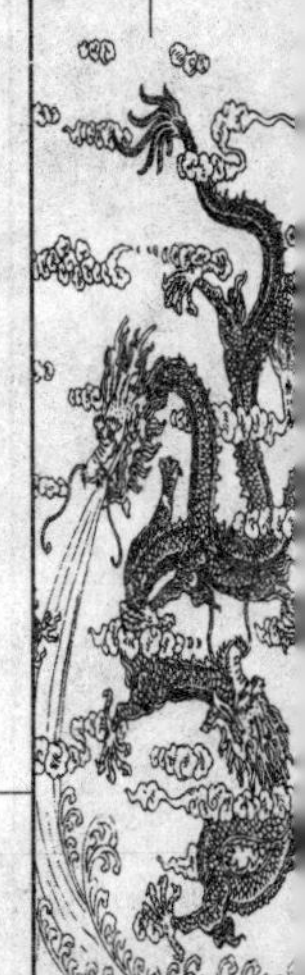

是去掉了扶苏的耳目；加以赵高曾被蒙毅治罪而判以死刑，后因秦始皇赦免，赵高才恢复官爵，因此，赵高对蒙毅恨之入骨，要灭蒙氏一族。

那赵高是个宦官，专管宫廷舆车与印信、墨书。这次秦始皇巡游，自然少不了中车府令的事务。而且后来赵高还"行符玺事"，即执掌传达皇帝命令和调兵的凭证"符"和"玺"，赵高当然随从。秦始皇这次出巡，一路劳顿，到平原津就病倒了。赵高奉命写遗书，给受命监军河套的秦始皇长子扶苏："与丧会咸阳而葬。"信还未送出，秦始皇就于沙丘(今河北广宗县北)行宫一命呜呼了。

赵高为何矫诏扶二世

为了不使秦始皇死的消息传扬出去而引起乱子，丞相李斯秘不发丧，将尸体载于辒辌车中，饮食奏请如常。一面命令车队加紧赶路，一面让赵高尽快派人把秦始皇的遗诏给扶苏送去。

太监赵高可不愿意让扶苏继承皇位。因为扶苏为人正派，根本瞧不起阿谀奉承的赵高。秦始皇的小儿子胡亥是一个昏庸的家伙，且赵高还曾受命教胡亥学习法律，二人正好臭味相投。赵高想立胡亥为皇帝，以便实现他篡权乱政的阴谋，因而他违背秦始皇的命令，扣着诏书不发。接着，赵高就悄悄去见胡亥，问他想不想当皇帝。胡亥当然想当皇帝，只是担心李斯不同意，赵高便说："这件事由我来管，公子放心好了。"

太监赵高找到李斯，对他说："先帝临终前立诏书的事，别人都还不知道。如今诏书和玺印都在公子胡亥那儿，到底由谁来继承皇位，全凭你我二人的一句话，丞相你看怎么办好啊？"李斯一听，大吃一惊，板起面孔，责问说："由谁来继承皇位，先帝临终前已经作了安排。你怎么敢说出这种罪孽的话来？这难道是做臣下的应该议论的事吗？"别看李斯声色俱厉，可赵高一点儿也不害怕。他假惺惺地对李斯说："我也是为你好啊！丞相你想想，你的功劳、你和扶苏的交情能比得上蒙恬吗？扶苏做了皇帝，蒙恬将会代替你的位子，你只好让位回老家去。"赵高尽管这样说，李斯还是不同意。赵高见软的不行，便来硬的，他露出一副凶狠阴险的样，冷冷地说道："如今大权掌握在公子胡亥手里，丞相不同意这么办，一定会惹下大祸的。丞相也该替自己的子孙着想啊，否则的话，到那时候，恐怕再后悔也就来不及了。"这一吓唬，果然见效，李斯考虑了一会儿，终于长叹一声，答应了赵高的要求。

接着，赵高就拉着灰溜溜的李斯，一块去见胡亥。三人一番密谋，就假造了一份秦始皇的诏书，改定由胡亥继承皇位。同时，还以秦始皇的名义指责扶苏为子不孝，指责负责修长城的大将蒙恬为臣不忠，让他们马上自杀，不得违抗。接到诏书后扶苏流着泪自杀了。蒙恬不愿这么胡里胡涂地自杀，他说："皇帝巡游在外，命令我带兵三十万戍边，这是天下重任，怎么能见个使者就自杀呢？谁知道其中是否有诈？"让使者把他押起来关进了监狱，等候处理。

赵高、胡亥之流听说扶苏已经自杀了，命令车队日夜兼程，迅速返回咸阳。为了继续欺骗臣民，不取捷径回咸阳，而是摆出继续巡游的架势，从沙丘到井陉，而后抵九原，经直道回咸阳，绕了三、四千里。由于暑天高温，秦始皇的尸体已经腐烂发臭了。为了遮人耳目就买了许多鲍鱼装在所有的车上以乱其臭，迷惑大家。到咸阳后，他们马上公布了秦始皇死亡的消息，给其发丧出殡。紧接着，胡

亥就登基做了皇帝，是为秦二世。赵高升官当了郎中令，李斯依旧做丞相。

宦官赵高阴谋得逞以后，盛气凌人，不可一世。他向秦二世进谗言，陷害蒙氏弟兄，诛杀诸公子；布下陷阱，把李斯逐步逼上死路。李斯发觉赵高的奸佞后，就上书告发赵高。秦二世不仅偏袒赵高，并且将李斯投狱治罪，最后将李斯腰斩于咸阳。

从以上赵高篡权乱政的几个步骤就可以看出赵高是个包藏祸心、阴险毒辣的人。因此使人不得不怀疑秦始皇的死与赵高有关。

按照司马迁《史记》记载，秦始皇自幼有疾——蜂准、挚鸟膺，这两项均为先天或发育时落下的病症，又有豺声（支气管炎），所以体质素弱。他在生活上荒淫无度，为人又刚愎自用，事无巨细都要亲自裁决；每日批阅文书120斤，工作极度劳累；加以巡游中七月高温，以上诸因素并发，促使他在途中生病，但是否秦始皇就因此一命呜呼，尚令人怀疑。

赵高为什么谋害秦始皇

著名历史学家郭沫若曾写过一篇文章《秦始皇将死》，其中描述秦始皇在平原津渡黄河时，癫痫病发作，后脑壳撞在青铜冰鉴上，加重了脑膜炎的病情，人处于昏迷状态；当辒辌车赶到沙丘后，宿了一夜，第二天，赵高、李斯发觉秦始皇已死，右耳流着黑血，右耳孔内有一根三寸长的铁钉。这篇小说反映出早就有人怀疑秦始皇的死属于非正常死亡。至于谋害者是谁呢？小说中认为是胡亥。实际上进行比较，赵高进行谋害的可能性比胡亥大，因为诏书、玉玺都在赵高手中，继承王位的决定权也掌握在他与李斯手中。而胡亥即使弑父，如果得不到赵高、李斯的配合，不仅得不到王位，反而有杀身之祸。而赵高常随侍在皇帝左右，趁机行事不露痕迹，要较胡亥方便得多。如果要问赵高为什么要谋害秦始皇？答案是赵高唯恐扶苏继承王位，如前所述，他对李斯讲："长子刚毅而武勇，信人而奋士，即位必用蒙恬为丞相。"而赵高对蒙恬、蒙毅恨之入骨，岂能容得蒙氏尊宠，所以必须阻止扶苏即帝位。而秦始皇刚愎自用，决非进谗能奏效，只有结束这一暴君的生命，才可矫诏立十八子胡亥。秦始皇平时居于深宫，戒备森严，无法下手，现在他在旅途中病倒，这真是天赐良机，正如赵高对胡亥所说："狐疑犹豫，后必有悔，断而敢行，鬼神避之，后有成功。"所以他果敢地对重病中的秦始皇下了毒手，使其提前结束了生命，也不是没有可能。

赵高曾对胡亥讲："臣闻汤武杀其主，天下称义焉，不为不忠。卫君杀其父，而卫国载其往，孔子著之，不为不孝。"赵高不仅有以上弑君的言论，而且后来还有弑君的公开行动，当秦二世拜赵高为中丞相后不久，大泽乡陈胜、吴广揭竿而起，燃起农民起义之火，这时赵高认为天下已乱，时机成熟，欲篡位称帝。他怕大臣们不服，便想设法检验一下，看看究竟有多少人服从自己。于是，就导演了一出"指鹿为马"的活剧。有一天，赵高牵了一头鹿进入咸阳皇宫，把它献给秦二世说，这是一匹马。秦二世一听，不觉大笑起来，说丞相你错了，怎么把鹿说成是马呢！说着立即问左右的官员们到底是鹿还是马。他们当中，有的怕得罪赵高，不敢说实话，只好默默不语；有的讨好赵高，跟着说假话，硬说是马；有的尊重事实，直言为鹿。事后，赵高认为直言为鹿的都是反对他的人，便将他们一一暗害了。而对那些在事实面前表示沉默的人，特别是对那些存心说假话而巧于阿谀奉承

的小丑，则成了赵高收罗的对象。赵高摸清了舆论的底细，不久便派他的女婿咸阳令阎乐率士兵千余人，乔装谎称为盗，闯入望夷宫，秦二世惊骇不已，阎乐历数胡亥的罪状，逼他自杀，胡亥苦苦求免，而阎乐骄横地说："臣受命于丞相，为天下诛足下。"说着就指挥士兵们拥向胡亥，胡亥只好自杀身亡。这时，赵高就把玉玺佩在自己身上，来到大殿，欲自立为帝，可是群臣不从，他无可奈何，才立胡亥哥哥的儿子婴为王。从这般逼宫的行径就可以得知，赵高这种心狠手辣的人，他弑君并不为怪。然而，作恶多端的赵高最终也自食其果，落了个被子婴刺杀的可耻下场。

由此可见，秦始皇之死不是正常死亡，实质上是一场宫廷政变，而这场政变的导演是赵高，他总想事事处处去支配命运、支配别人，而扶苏、蒙恬、蒙毅、李斯、胡亥等就是被他支配的牺牲品。但是，赵高要实现对以上诸人的支配，首先要支配秦始皇，只有假借秦始皇，才能实现自己的阴谋；对活的秦始皇支配不了，只有将他弄死而后矫诏。至于赵高怎样使秦始皇致死，这正是历史上的缺页，因此对秦始皇的死尚无定论，是病故还是被害？这个"沙丘疑案"应当存疑。但我们倾向于被害一说。

有史以来的大灾难——焚书坑儒野史秘闻

为什么会出现百家争鸣这样的局面

秦始皇在二千多年历史中引起无数的争论。一部分舆论肯定其统一中国的功绩。但他却从未摆脱暴君形象的阴影。作为暴君的证据之一，便是焚书坑儒事件。中国历代政治统治者与知识阶层的关系都十分密切。据学术界推定，知识阶层的形成，大体在春秋时代。从那时起直至今天，中国知识阶层一直在政治的漩涡中浮沉。其得意之时不少，但失意之际却更多。如果说这一阶层有什么特殊优点的话，顽强努力于发挥自身社会政治功用，恐怕算是突出之处了。

如果追寻秦始皇统一天下的原因，便要与百家争鸣搭上界。也可以说，知识分子在这一历史事件背后，扮演了重要角色。战国七雄争霸，其所凭藉者，一是强兵富国之策，一是合纵连横之谋。而此二者均有知识分子推波助澜，谋划其间。以秦为例，一篇《谏逐客书》曾加以概括：

昔缪公求士，西取由余于戎，东得百里奚于宛，迎蹇叔于宋，来丕豹、公孙支于晋。此五子者，不产于秦，而缪公用之，并国二十，遂霸西戎。孝公用商鞅之法，移风易俗，民以殷盛，国以富强，百姓乐用，诸侯亲服，获楚魏之师，举地千里，至今治强。惠王用张仪之计，拔三川之地，西并巴蜀，北收上郡，南取汉中，包九夷、制鄢郢，东据成皋之险，割膏腴之壤，遂散六国之纵，使之西面事秦，功施到今。昭王得范睢，废穰侯，逐华阳，强公室，杜私门，蚕食诸侯，使秦成帝业。

此文所举的百里奚、商鞅、范睢等人，都是由士出身的著名政治家，在秦国发展中致力于富国强兵，奠定秦始皇统一天下的基础。而张仪，这位与苏秦齐名的游士，他们创造的合纵连横的外交战略，对各国力量的消长有着重要作用。李斯本人，更是一位声名赫赫的王佐之才，在协助秦始皇吞并诸侯、建立郡县、制定法度、巩固政权的过程中，可算是功勋卓著。作为一名训练有素的知识分子，他曾与韩非同投大儒荀况门下，"学帝王之术"。后来，在辞别恩师西入秦国建功立业

之际，曾讲过这样的话：

斯闻得时无怠，今万乘方争时，游者主事。今秦王欲吞天下，称帝而治，此布衣驰骛之时，而游说者之秋也。……久处卑贱之位，困苦之地，非世而恶利，自托于无为，此非士之情也。

果然，李斯没有辜负这番壮言，辅佐秦王，一并天下，位至三公。作为知识阶层一员，李斯可谓功成名就了。

除像李斯这样以游士入仕诸侯，为王股肱，身列卿大夫的知识分子外，还有另一类知识分子，虽然他们不曾具体地为某个君王效力，许多人甚至得不到一官半职，但这些知识分子目睹天下混战、生灵涂炭的局面，或周游天下宣传自己的思想，或著书立说、整理古代典籍，或设立学宫，教徒授业。各家各派的学术思想得到充分发展并相互砥砺融合。中国社会空前绝后的百家争鸣时代便是主要由这部分人造就的。

百家争鸣的时代，一直为后世知识分子所称道和向往，几乎成了知识分子世代传承的梦想。这种梦想成为检验政治统治者与知识分子关系的标准。可是，有两点理由证明这种梦想是不切实际的。

第一，春秋战国时代正是人类思想由幼稚走向成熟的时期。现代学者以“哲学的突破”概括这一时代的思想史特征，认为百家争鸣是由礼崩乐坏从而导致王官之学散为诸子百家造成的。

有人认为：中国的“哲学的突破”是针对古代诗、书、礼、乐所谓“王官之学”而来的。最先兴起的儒、墨两家，便是最好的说明。孔子一方面“述而不作”继承了诗书礼乐的传统，而另一方面则赋予诗书礼乐以新的精神与意义。就后一方面言，孔子正是突破了王官之学的旧传统。墨子最初也是习诗书礼乐的，但后来竟成为礼乐的批判者。就其批判礼乐而言，墨子的突破自然远较为孔子激烈。其余战国诸家也都是凿王官之学之窍而各有突破。

不仅中国存在这种“哲学的突破”，即如古代文明的其他诸国如古希腊、印度、以色列等也都先后“各不相谋而方式各异地经历了一个‘哲学的突破’”。由此可见，百家争鸣乃人类思想史中必经之过程。后代尽管也有各种思想学派的竞起，但由于已不具备这种“突破”的特殊意义，自然也就难以表现如此充分的思想及学术的繁荣景象了。

第二，百家争鸣的时代，天下尚未形成真正具有生命力的政治权力。前面讲过，夏商周三代，天子除在名义上据有天下外，对于各国诸侯并无绝对权威。况且维系天下的主要是礼乐性政治制度，政治对于思想的压迫并不十分严厉。值得注意的是，秦孝公任用商鞅变法，许多措施，如推行县制和建立官僚制度已开秦始皇政治制度的先河。而商鞅也曾“燔诗书而明法令”，这种做法与其变法措施之间似乎存在某种关系。将其与秦始皇焚书坑儒相比较，此中透露的信息，不能不令人对政统与道统在各自形成过程中的彼此消长加以深刻思考。

分封郡县之争内幕

由于秦始皇统一了天下，百家争鸣的时代已成为过去。此时的中国社会，政治权威已经确立，知识阶层再要各逞己见，游说天下，势必动摇政权基础。而思想界的学派竞争也告一段落，主要的学派，各自的思想体系业已初步确立。一统

天下、一个君主、一种思想，这样的三位一体格局取代了八方争霸、百家争鸣的时代。秦始皇挟帝王之威，据天下之力向知识阶层开刀便是当然之事。焚书坑儒事件的发生，直接的导火线仍是分封与郡县之争。秦始皇在并吞天下之后，就曾有人提出分封诸子，恢复三代“封国土，建诸侯”制度。秦始皇采纳了李斯的建议，在全国范围内建立了郡县制。但有许多读古书、循古礼的博士，仍然不肯接受这一既成事实。他们坚持认为“殷周之王千余岁”是“封子弟功臣，自为枝辅”的结果，他们希望秦始皇效法先王，师古以长久。

从这种情形看，当时的知识阶层，大部分人并没有跟上时代政治的发展，暴露出知识阶层的政治幼稚症。当代学者在考察政治运动嬗变过程时曾指出，大多数知识分子作为从事观念工作的人，在政治革命前奏期作用甚大。这时的革命方向主导权操纵在他们手中，他们用观念思想鼓动人民，推进革命。但随着政治革命的深入，这批人物逐渐退居二线，取而代之者，是一批政治行动家，而前者往往为观念所限，固执己见，成为后者行动的障碍。行动者势必要收拾他们。

从秦朝建立后的几番分封郡县之争，可以证明这种观点有其正确的一面。如前所述，知识阶层在百家争鸣时代创立的各种思想体系以及他们的实际参与，都对秦始皇统一天下有深刻的背景意义和实际功效。但随着新王朝的建立，大多数知识分子开始与政治当权者发生观念上的冲突，政治与学术矛盾激化，尤其当知识分子企图干涉政治之际，这种矛盾激化必然导致当权者以其政治权威镇压知识阶层。由此看来，秦始皇焚书坑儒，并不仅仅是政治统治者乱施淫威的表现，更有其二者内在冲突之根源。清人朱彝尊《秦始皇论》中谈到焚书坑儒事件，他说：

“彼之所深恶者，百家之邪说而非圣人之言；彼之所坑者，乱道之儒而非圣人之徒。特以为诗书不燔则百家有所附会，而儒生之纷论不止，势使法不能出于一。其忿然焚之不顾者，惧黔道之议其法也。彼始皇之初心，岂若是其忍哉。盖其所重者法，激而治之，甘为众恶之所归而不悔也。呜呼，邪说之祸，其存也，无父无君，使人陷于禽兽；其发也，至合圣人之书烬焉，则非秦焚之，处士横议焚之也。

《秦始皇论》中的言论，其立足点自然是正统儒家排斥之异端邪说。但如果细细想来，他对于秦始皇焚书坑儒的历史情况的分析，还是有一定道理的。

焚书坑儒为何遭万世唾骂

秦始皇焚书坑儒的后果，导致二千多年政统与道统间彼此争执且总是政统占尽上风，形成政治压迫学术的大局。无怪后代知识界人士几乎异口同声指斥秦始皇是位暴君。可是立足于政治统治者的角度，秦始皇的举动又经常受到效法。清代就曾有大兴文字狱和借编辑《四库全书》毁禁图书之举。可见，政治与学术关系异常密切却又各自独立，两者相安无事自是美好理想，一旦发生冲突，胜负结局不能单以各自角度观察。实际上，焚书坑儒事件是无法以胜负判断结果的。这场二千多年前的公案随着时代与社会的变迁还会不断被翻出来重新审理，而判决却由审理者各自的价值标准和立场的差异而各有不同。

秦二世胡亥

二世胡亥

公元前210年，秦始皇客死在沙丘平谷(今河北广宗西北)。按照秦始皇的遗嘱，当由长子扶苏继位。但中车令赵高出于个人私欲伙同丞相李斯篡改遗诏，发动宫廷政变，蛊惑秦始皇的小儿子胡亥继位。这就是秦王朝的第二位皇帝秦二世。

宫廷政变 弑兄夺位

秦始皇统一了中国，进行了一系列的制度建设，奠定了封建帝国的基础，但也做了一些千古荒唐之事。不过，作为一代帝王，在关系到他秦家天下"传之万世"的帝位继承人选上，秦始皇还是比较明智的。

秦始皇诸公子中，公子扶苏是长子，但并不为他所喜欢。不过，为了秦家基业，他还是着意地培养扶苏。扶苏被派往北部边疆与大将蒙恬代兵戍边，实质上是对他的考验和锻炼。实际上，扶苏在诸公子中确实是比较突出的，尤其超出他的小老弟胡亥许多。

少公子胡亥是和乃兄截然不同的人物。虽说他也受到了良好的宫廷教育，但生性是一个"公子哥"的脾性，毫无风范可言。少时，有一天秦始皇在殿中宴会群臣，并诏令诸公子入殿就餐，胡亥也来参加。秦制规定，臣下朝会皇帝，入殿之前必须脱掉鞋子，放在殿外阶上。这天宴会盛大，阶上的鞋子虽多，但行列整齐，放置有序。胡亥在诸公子中比较娇惯，他吃饱喝足，不愿在席中干磨时间，便提前退出殿来。他顺着鞋子行列，边走边用脚踢，一直把整齐的朝鞋踢了个乱七八糟，这才离去。后来胡亥做皇帝，天下秩序正像被他踢乱的鞋子那样混乱不堪。

在胡亥的一生中，一个十分重要的因素是和赵高的关系，可谓"成也赵高，亡也赵高"。这赵高本是宫中的一位宦官，因为他精通狱法、身高力大，又能写一手好字，被秦始皇提拔为车府令，掌管皇帝的车马仪仗队。赵高生性狡诈，深藏不露，又巧舌如簧，善于奉迎。他教胡亥书法和判案，很快取得胡亥欢心，二人结下了深密关系。

秦始皇巡游天下的那年，胡亥年已20岁。可他玩性正盛，极力请求随行。秦始皇宠爱这位少公子，便答应了他的请求。不巧的是，秦始皇尚未巡游多少地方，便一病不起。他深知自己来日不多，而当时朝中未立太子，长公子扶苏还在北部边郡监兵，便及时留下了皇位继承问题的遗嘱。遗嘱命扶苏把兵事移交将军蒙恬，急赴咸阳主办丧事，并继承皇位。遗嘱加盖玉玺密封后，存在中车府令赵高处，还没来得及交予使者送出，秦始皇便与世长辞了。

丞相李斯见秦始皇死在途中，恐怕咸阳诸公子争夺帝位和天下叛乱，故密不发丧，只有李斯、胡亥、赵高和几个亲近宦官知道内情，对其他人一概严守机密。乘舆就在返回咸阳的途中，居心叵测的赵高乘机策动了一场篡改遗诏、扶立胡亥的政变。

赵高首先游说胡亥："皇帝驾崩，没有留下分封诸位公子的诏书，却单独赐给

了长公子一封玺书。长公子一到咸阳就是皇帝了，你怎么办呢？”

胡亥不是长子，又胸无大志，听了赵高的话，就说：“这是理所当然的啊。父亲死去，他不分封自己的儿子，还会怎么样呢？”

赵高说：“不对！现在如何安排天下，关键就在于你、我和丞相三人。望你早作打算。别人对自己称臣和自己向别人称臣，控制别人和受别人控制，难道可以同日而语吗？”

胡亥明白赵高的意图，可是儒家的伦理道德在他头脑中还有一定影响，他认为夺取兄长的继承权是不义，违背父亲的遗嘱是不孝，才能浅薄而勉强靠别人取胜是不够格。不义、不孝、不够格都不道德，即使做了皇帝，天下人也不服气，自身生命会有危险，连祖宗也要断绝祭祀香火。

赵高见胡亥并非不想做皇帝，只是担心道义上的谴责，就旁征博引，讲了一套黑白混淆的歪道理。胡亥经赵高一番蛊惑，终于动了夺位之心。

说通了胡亥，还必须有李斯的配合才成。于是赵高又去游说丞相李斯。李斯一听赵高的来意，大吃一惊，他认为谁继承皇位不是臣下应当议论的，赵高议论此事，纯属“亡国之言”，因此他表示坚决反对。

赵高冷笑一声，说：“丞相啊，您自己想一下吧。您的才能比得上蒙恬吗？您的功劳比得上蒙恬吗？您的谋略超得过蒙恬吗？您在百姓中的威望超得过蒙恬吗？论长子对大臣的信任程度，您又赶得上蒙恬吗？这五点您都远远落后于蒙恬，长公子一即位，必然用蒙恬为丞相，那时丞相您是不可能佩戴侯爵印绶荣归故里的。而且受罢丞相的命运相当悲惨，都是掉了脑袋。听我的话没错，您可以永远封侯，世代称孤；否则要祸及子孙，令人寒心。丞相选择哪条路呢？”

在赵高这番威胁利诱和蛊惑煽动下，李斯经过激烈的思想斗争，害怕丢失荣华富贵，落到赵高说的那种悲惨下场，终于向赵高屈服，同意支持胡亥继承皇位。

于是，胡亥、赵高、李斯毁掉原来的遗嘱，诈为始皇帝遗诏丞相，立胡亥为太子，又伪造一封遗书给扶苏和蒙恬，这封假遗诏称扶苏和将军蒙恬率领几十万军队屯边十多年，不但不能开拓疆土，耗费巨大，没有功劳，反而几次上书诽谤，又因为不能回京做太子而日夜怨恨，实为不孝，故赐剑自裁。将军蒙恬不事规劝，实为不忠，命把兵权移交偏将王离，然后自杀。假遗诏加盖皇帝玉玺后，派胡亥的亲信为使者，日夜兼程，前往北边送交扶苏。

扶苏拜读诏书，泪如泉涌，当即进入内舍，打算自杀。蒙恬恐其中有诈，劝扶苏先不要自杀，请示属实再死也不算晚。使者站在旁边不断催促，扶苏为人仁义，见此情景，对蒙恬说：“父亲命令儿子死，还何必再请示呢？”说罢，含冤自刎。蒙恬深疑其中有诈，想拖延时日，看个水落石出。使者见蒙恬不肯死，便把他关进阳周(今陕西子长北)的监狱，去向胡亥复命。

胡亥、赵高、李斯听说扶苏已死，急忙返回咸阳，发布秦始皇逝世的消息。接着，胡亥举行即位大典，是为秦二世皇帝。赵高升任郎中令，全面掌管宫中警卫，并成为二世宠臣。

大肆杀戮　诛灭异己

胡亥虽然登上了帝位，但他心中明白自己名不正言不顺，若想随心所欲地玩乐，还必须首先翦除异己，方可高枕无忧。宠臣赵高更是清楚这一点，倒也能直

陈利害。就此，赵高向秦二世献出了一套血腥味浓到极点的铁血政策，其内容是变换刑法，使法律更苛刻更严酷，让犯罪的人连坐受诛，乃至灭族；消灭大臣，疏远骨肉；使贫困的人豪富起来，使卑贱的人高贵起来；统统除掉始皇帝任命的大臣，换上二世的亲信。这条铁血政策得到了秦二世的认可，一场血腥屠杀随之展开。

首先遭到杀害的是蒙氏兄弟。秦二世本想仍用蒙氏兄弟为将，可是赵高因早年犯罪受过蒙毅制裁，怀恨在心，于是捏造说先帝就想立胡亥为太子，只是因蒙毅谏阻才未立成，于是二世就打消了释放蒙毅的念头，并把蒙毅囚在了代郡（今河北蔚县东北）狱中。铁血政策确定之后，二世遂决定先拿蒙氏兄弟开刀。他派御史曲宫到代郡监狱宣布蒙毅“罪状”，令蒙毅自杀。蒙毅据理力争，曲宫知道二世用意，不听蒙毅申辩，逼杀了蒙毅。二世又派使者到阳周逼蒙恬自杀，蒙恬希望进谏后再死，不允，最后仰天长叹，服药自杀。

蒙氏兄弟死后，秦二世让赵高主管办案。赵高罗织罪名，大批朝臣被杀，右丞相冯去疾和将军冯劫认为“将相不辱”，相继自尽。每位大臣含屈而死，往往还要连及一串亲友，就是担任宫廷警卫的亲近侍臣三郎官也有不少人无辜受害。屠戮中，赵高乘机安插亲信，兄弟赵成任中车府令，女婿阎乐为咸阳县令，其他如御史、谒者、侍中等要职，多更换为赵氏人。秦二世毫无心机，以为赵高安置的亲信，就是自己的亲信了，因此，赵高如何安排，他根本心不在焉。

在这一场屠戮当中，最惨烈的要算秦二世的骨肉兄弟和同胞姐妹了。一次，在咸阳市上，二世的 12 个兄弟同时被砍头，腔血喷射，触目惊心。又一次，在杜邮（今陕西咸阳东）的刑场上，二世的 6 个兄弟和 10 个姐妹同时被活活辗死，血肉狼藉，惨不忍睹。公子将闾三人，平时行为十分谨慎，对他们一时编造不出罪名，就把他们囚在内宫。诸公子大都被杀以后，赵高派使者对他们说：“你们不像臣子，论处死刑，行刑官马上就来执行。”将闾说：“宫廷之礼，我们未敢失仪；廊庙次位，我们未敢失节；受命应对，我们未敢胡说。什么叫不像臣子？愿听清楚再死。”使者回答：“我没参与论罪，无可奉告，仅执行使命而已。”将闾仰首呼天三遍，喊叫：“天啊！我没有罪！”兄弟三人抱头痛哭，拔剑自杀。在诸兄妹中，最幸运的要算公子高了。看到兄弟姐妹们都惨遭毒手，自知难免一死，想逃走又怕连累亲人，为了保存亲友，就上书一封，向二世提出为父皇殉葬骊山脚下的要求。二世见书大喜，批准他的请求，赏赐十万钱殉葬骊山。在二世众多的骨肉兄弟中，公子高可谓一个“善终”者了。

宫中的骨肉、朝中的老臣杀得差不多了，秦二世又在赵高的唆使下大批地杀戮地方官吏。为了威胁海内、显示尊贵，二世在继位的次年（前 209）初，即效法秦始皇巡游天下。这次出巡南到会稽，北至碣石（今河北昌黎北），然后由辽东（今辽宁辽阳）而返，四月回到咸阳。巡途中，赵高对二世说：“现在陛下出巡，应该趁机诛杀一批郡县官吏，这样既可排除异己，又可威震天下。”二世说：“好！”于是法令日急，诛杀累累，群臣人人自危，官吏个个不安，老百姓更是手足无措，整个秦帝国几乎成了大屠宰场。

在这一场大屠戮中，对胡亥夺位有功的李斯也不能幸免。曾经写下义正辞严的《谏逐客书》的李斯，良心不泯，总想找个机会进谏。惯使权术的赵高还真给他提供了一个机会，却是设下圈套使二世对李斯不悦，并乘机罗列三项罪名：第

一，沙丘之谋，丞相是参与的，现在陛下做了皇帝，而丞相的富贵却没增多，他的意思是想分土为王；第二，丞相的长子李由任三川郡守，楚地群盗陈胜等人都是丞相的邻县之党，所以楚盗公开行动，经过三川郡，李由闭门不肯出击，据说李由还与他们有书信来往；第三，丞相居外治事，权力大于陛下。三个方面加在一起，李斯怎么能不危险呢？二世一听，就想逮捕李斯，但又怕情况不实，于是派人对李斯父子进行督察。李斯上书揭发赵高，秦二世不但不听，还怕李斯杀赵高，把消息透出了给他。赵高又趁机进言诽谤，终使二世下令逮捕李斯，并交赵高审察治罪。把李斯看作眼中钉的赵高当然不会放过这个机会。他严刑逼供，李斯屈招。赵高上报，二世下令判李斯族刑，夷灭三族。二世二年（前 208），李斯被押赴咸阳市受刑，先黥面、割鼻、断去左右脚趾，再拦腰斩为两段，最后剁成肉酱，合家灭门，无一得生。

横征暴敛　官逼民反

胡亥做皇帝后，每日吃喝玩乐。一天，他对赵高说："人生在世，就像骑着快马穿过一堵墙的缺口，实在是太短暂了。我既然做了皇帝，富有天下，就打算随心所欲，享尽一切快乐，你看如何？"赵高巴不得二世吃喝玩乐、不理朝政，以便自己专权，便很殷勤地为他出谋划策，尽心服务。

对于一时的安乐，秦二世尚有不满，意图长期如此，便向李斯询问："听韩非子讲，尧做天下的时候，住的是茅草房，喝的是野菜汤，冬天披块破鹿皮，夏天穿件葛麻衣；禹治理洪水，东奔西忙，累得大腿上没了肉，小腿上掉了毛，最后死在外地，葬于会稽。如果是这样的话，那么贵有天下的人，难道是想过这种苦形劳神的寒酸生活吗？这种寒酸生活是没出息的人所提倡的，不是贤明人的正业，贤明人做天下，专门用天下来满足自己的需要，这才叫富有天下。如果连自身都得不到好处，又怎么能治理天下呢。所以我打算赐志广欲，长享天下，你看有何良策？"

李斯害怕丢官失禄，于是就阿谀二世心意，写了一篇"行督责之术"的文章，作为良策上呈二世。督是督察，责是治罪，行督责之术就是用督察治罪的权术来对付臣民，李斯把督责之术提到极端重要和万能的地步，要二世高度集中权力，独断专行，用深罚重刑控制臣民，实行极端残酷的血腥统治政策。二世见书大喜，不禁拍案称奇，于是严督重责，峻刑酷法。本来秦律就相当严苛，经二世变本加厉，更为凶恶。刑徒塞满道途，日日杀人无数。

严刑峻法之外，秦二世为修宫筑室，役使民夫，横征暴敛。其中最大的工程，就是继续修建秦始皇未完成的阿房宫，此外还继续修筑直道、驰道、骊山墓和各项土木工程。又调征 5 万精兵屯卫咸阳，演习射猎。命各地郡县向咸阳转运粮草，转运者自带食物，不得食用咸阳 300 里内的谷物。赋敛日趋沉重，徭役越来越多，这样肆无忌惮的狂征滥调，民力枯竭，渐渐地就使国家到了无人可征的程度。

二世元年（前 209）七月，北边渔阳郡（郡治今北京密云西南）需要一批戍卒。

朝廷见无人可征，便开始征发小官吏闾左。当陈胜、吴广等九百名楚地闾左走到大泽乡（今安徽宿县附近）时，正赶上一场大雨，耽搁了行期。按照二世更改后的律条，戍卒不能即时到达指定的戍守地点，要处以斩首的刑罚。在这种景况逼迫下，陈胜、吴广毅然举起了武装起义的旗帜。不长时间，反抗秦朝统治的武装斗争就遍布了关东各地。六国名号复起，诸侯林立，各自称王，矛头共同指向秦朝官府。陈胜的部将宋留打到武关，另一部将周文则率数十万大军直奔函谷关而来。

昏庸的秦二世接到报告，宁肯信其无，不肯信其有。于是，大臣们都尽说些“好话”。有一次，他召见博士们讨论此事，有人主张“发兵镇压反叛”，二世硬是不承认有“反叛”，当然也不肯“发兵”。后补博士叔孙通见二世是一个喜欢听好话的昏君，就说：“他们说的都不对。现在天下合为一家，拆掉了城防，销毁了兵器，明主在上，法令在下，臣民奉职，四方安定，哪里还有敢造反的！陈胜等人不过是一群狗盗鼠窃之徒而已，何足挂齿。地方正在逮捕归案，陛下无须多虑。”二世听了这番话，称赞叔孙通答得好。接着，又让博士们重新一一回答，有的回答是“造反”，有的回答是“盗贼”。回答盗贼的没事儿，凡是回答造反的，一律以“不应该这样说”的罪名下吏查办。二世赏赐叔孙通一套衣服，二十四帛，并任命他为正式博士官。这样一来，官吏们就猾了，从不以真情实况汇报，总是说些“群盗结伙抢劫，郡县正在追捕，现大都落网，不值得担忧”一类的话。二世一听，立即喜形于色。故此不管形势有多么严重，二世皇帝一直盲无所知。

鹿马不分　逼宫自尽

赵高不仅是阴谋家，也是野心家。从唆使胡亥夺位的那一天起，他就开始控制了这位玩乐皇帝。当他因唆使秦二世大肆杀戮、自己任郎中令也杀人甚多、引起朝内外的普遍怨恨的时候，为了避免大臣朝奏时的指责和进一步控制国柄，他对二世说：“天子之所以高贵，就是因为只许群臣闻声，不准他们见面，故号称为‘朕’。况且陛下还很年轻，未必精通全部政务，现今坐在朝廷上会见群臣，一旦某事处理不妥，就在大臣面前暴露了短处，这不是向天下人显示自己神明的办法。如果陛下取消朝会，深居禁中，由我和个别精通政务的侍臣协助陛下处理，那么大臣们就不敢欺骗陛下，凡事均可处理恰当，天下臣民就会都称陛下是圣明君主了。”赵高的用意非常明显，但糊涂的二世深以为然，他取消朝会制度，日居深宫之中，群臣奏事皆由赵高代行处理。

李斯死后，秦二世拜赵高为丞相，事无大小都由赵高决定，赵高成了实际的独裁者。二世三年（前 207）八月，他想踢开二世自己做皇帝，又担心群臣不拥护，就导演了一场“指鹿为马”的闹剧，以此来检验群臣的态度。赵高趁群臣朝会之机，把一只鹿牵来献给二世，声称是一匹马。二世大笑，说：“丞相真会开玩笑，这不是鹿吗？你却指鹿为马。”他问群臣左右，左右慑于赵高的淫威，大都附和赵

高说是马，有的沉默不语，只有少数人说是鹿。事后，凡是说鹿的人都被赵高杀害。从此群臣更加畏惧赵高。

赵高指鹿为马一事使二世误以为自己得了迷惑病，召来太卜算卦，太卜胡说二世指鹿为马的迷惑病是由祭祀时斋戒不明引起。于是二世便到上林苑中斋戒。名为斋戒，照常贪欢，一天他在上林苑中游玩弋猎，见一个人误入苑中行走，就亲自搭箭开弓，当场将他射死。赵高知道这事后，让女婿咸阳令阎乐上奏二世，说不知是谁杀了人，把尸体移入了上林苑中，然后乘机对二世说天子无故杀死没罪的人是上天所禁止的，连鬼神也不容忍，必定会降下灾殃，建议他到远处的行宫去躲避一下。二世毫不犹豫地就住进了望夷宫。

此时，秦帝国国内的形势已经急转直下。陈胜的大军进逼咸阳，终使秦二世得知形势的严峻，遂采用少府章邯的对策，命其为统帅，率骊山刑徒出战迎敌。骊山刑徒常年吃苦，获赦以后，作战勇敢，加之兵器锋利，装备精良，所以刑徒军成了一支战斗力最强的秦朝主力队伍。章邯很快就击溃了入关的农民队伍，并出关东进而镇压各部。二世又派长史司马欣等人率兵增援，章邯如虎添翼，先后在陈郡（今河南淮阳）打破陈胜部，在定陶（今属山东）战胜项梁部，在临济（在河南封丘东）消灭魏咎部，然后北渡黄河击赵，把赵歇包围在巨鹿（今河北平乡西南）城中。二世三年（前207）年初，各支反秦武装向巨鹿汇集，为赵解围。从而形成了与秦军主力决战的形势。

这年夏天，项羽破釜沉舟，率领凶猛骠悍的楚军前来决战，章邯措手不及，连连失利。章邯派司马欣到咸阳请求援兵，赵高拒绝接见，不发一兵一卒。章邯在战场失利和朝廷不信任的双重压力下，率秦军投降项羽。于是，关东各路反秦武装纷纷向西而来。

章邯的投降对二世是一个沉重的打击。移居望夷宫后，他终日闷闷不乐。想到赵高经常说："关东群盗成不了事"，现在却形成了天下背叛的混乱局面，不由地对赵高埋怨起来，于是便派使者去责问赵高。赵高本打算篡夺帝位，经二世这一责问，决定立即动手。就在二世移居望夷宫的第三天，赵高布置掌管宫廷警卫的郎中令弟弟赵成为内应，女婿咸阳令阎乐组织吏卒，诈称追捕盗贼，径闯望夷宫殿门，采取突然袭击的手段进行逼宫。

阎乐率领一千多吏卒奔至殿门，挥刀杀死卫士，带吏卒冲入殿中，到处射箭，见人就杀。赵成和阎乐直逼二世，向他的座位上发箭。二世吼召左右，左右多已四散而逃，其余惶恐失态，无人敢出来格斗。

阎乐执刀逼近二世说："你横暴凶残，国人痛愤，何去何从你自己拿个主意吧。"

二世要求见一下丞相赵高。

阎乐说："不行！"

二世表示愿意让出帝位，得到一郡为王。

阎乐摇头拒绝。

二世说:“那就当一个万户侯吧。”

阎乐仍然没有允许。

二世目光哀怜,绝望地乞求说:“我愿意和妻子去当平民百姓,这总可以了吧?”

阎乐冷笑一声,说:“我奉丞相命令来杀你,你说的再多也是白费唇舌。”说完,指挥吏卒逼向二世。此时,这位昏庸的皇帝才明白,把他逼到这步境地的人,正是他的宠臣。二世求生无路,悔恨莫及,只好拔剑自尽。

秦二世皇帝在位3年,终年23岁。死后照平民百姓(黔首)的身份和礼节葬于杜南(今陕西长安西南)的宜春苑中,没有庙号和谥号。

秦二世巡游野史

秦始皇三十七年(公元前210年)九月,秦二世将秦始皇隆重地安葬在骊山。这是全天下的大事。既轰轰烈烈,也哭天叫地。葬父骊山后没几天,就进入了十月。秦朝实行的历法,是以十月为首,所以秦二世诏令天下改元,即为二世元年(公元前209年)。这一年他22岁。

同时,诏令大赦天下。大赦是对那些曾因犯罪被判服刑的罪犯宣布免罪释放或减罪减刑的一项特别法令。不论古今中外均有实行,但都是十分严肃和慎重的事情,多是在国家有特别重大的喜庆时刻,颁布大赦令。如新朝立国,新帝即位,祥瑞出现,改元等等。但秦二世的大赦天下,不过是例行公事,滑天下之大稽。他在发布大赦令之后,马上接受赵高的计策,“更改法律,务益刻深”,“诛灭大臣及宗室”,咸阳宫城内外血腥气熏天。同时,秦二世即位之后,非但不能缟素以正先帝之过,反而如大史学家班固所说:“极愚”,“人头畜鸣”,“肆意极欲”,在天下危机的情况下,愚蠢没有头脑地效法秦始皇,率领文武大臣,浩浩荡荡地东巡郡县,又下令增加始皇寝庙的祭祀牺牲及山川祭祀礼仪。这些都进一步加重了人民的负担,也加重了秦王朝危机。

秦二世的巡游何以能失天下

秦二世的帝位,得之于赵高,也毁之于赵高。他即位之后,丞相以下,文武百官基本是俱守原职,没有什么升迁、赏赐,但唯有赵高例外。秦二世元年,胡亥正式下诏任命赵高为郎中令,官居九卿之一,郎中令的职责是负责宫廷守卫,但赵高的实际职权却远远超过郎中令的职责范围。他是秦二世的心腹,是天下大事的决策者,是宫廷中事实上的掌权者。右丞相冯去疾,左丞相李斯均是有才华、有经验的老臣,但胡亥什么事情都不同他们商量,也不理睬他们的意见,事无巨细均请教赵高,成了赵高的傀儡。

一次,朝廷上正在召开大臣会议。二世于会上宣布自己的又一道诏令:增加始皇帝寝庙里用来祭祀的牺牲数量,增加山川各种祭祀的礼仪。他命令群臣对尊崇始皇的庙号问题进行讨论。大臣们叩头说:“古时候天下的祖庙是七庙,祭祀七代祖宗,诸侯是五庙,大夫是三庙。即使是万世以后也不能祧迁迭毁。如今始皇庙是至高无上的庙,普天之下的人都要贡献祭品赋税,增加祭祀用的牲畜,

礼仪最为完备，不能有比始皇庙再高的。嬴秦先王之庙，有的在西雍，有的在咸阳，天子按照礼仪规定，应当单独捧着经多次酿制、质地醇香的酎酒祭祀始皇庙。从襄公以下的庙都迭毁，所置共七庙。大臣们均依照礼仪进献祭祀，推尊始皇庙为秦皇帝祖庙，皇帝仍自称为'朕'。”这是与皇帝制度建立相适应的宗庙礼仪制度的改革，目的是要突出秦始皇的始祖地位，永远至高无上、独尊无二的地位。秦二世照准。

秦二世年纪比较轻，又为父皇宠爱的少子，吃喝玩乐比较在行，但在政治上没有任何建树识见。现在像做梦一样坐在了皇帝的宝座上，非常害怕人们小视他年轻，嘲笑他愚昧无能，就想办法建立自己的威严，那么，如何去建立呢？在他的大脑信息库中，虽说存储的信息微不足道，但也还有一点。他想起了父皇在世时，为了震慑刚刚统一的天下，曾经五次巡游天下，就连死都是死在巡游的途中。至于巡游的政治效果和社会效果如何，胡亥低下的智商使他认识不清，况且他也不想去思索，他只是想效法父皇，巡行郡县，震慑天下。于是有一天，他对赵高说：“我年纪轻，刚刚即位，百姓尚未归附。先帝在世时巡视郡县，以显示他的统治强有力，以威势震服海内。现在我悠闲地呆在皇宫中，不到各地去巡行，就会被人认为软弱无能，就会无法统治天下。”赵高极力逢迎、附和胡亥的想法，支持他效法父皇的东巡郡县。

秦二世巡游中的疑雾寻踪

春日里，秦二世在文武官员的护卫之下，离开都城咸阳，东巡天下。与前一年同样的车驾仪仗，与前一年同样的轰轰烈烈，声势浩大，所不同的只是銮驾中的人物。这次随二世出巡的最高行政长官是丞相李斯和冯去疾。史书中虽然没有明言，郎中令赵高作为心腹重臣，在护驾东巡的行列之中自不用说。

关于秦二世此次东巡的情况，史书中只有十分简略的记载：“到碣石，并海，南至会稽，而尽刻始皇所立刻石，石旁著大臣从者名，以章先帝成功盛德焉。”

可见，秦二世君臣东行后，先奔东北，到了辽西郡的碣石，碣石就是碣石山。六年前，秦始皇第四次巡行天下时曾到过这里。碣石山位于今天河北省昌黎县城以北约 40 里。南临渤海，垂直距离大约四五十里。在中国最古老的一部书《尚书》中，就有关于碣石山的记载：“导岍及歧……太行、恒山，至于碣石，入于海。”碣石山应属于燕山的余脉。它群峰崛起，东西横列，势如屏障，矗立于渤海之滨。碣石山的主峰为仙台顶，又叫娘娘顶，海拔 695 米，是碣石山 50 座山峰之中心和最高峰，自古以来就是观渤海的最佳胜地。记不清是哪一位古人，在哪一部古书写下了诗句。碣石山最高峰不足 700 米，着实不算太高，但由于山势突兀，又立于平坦的海滨，所以从海上远望，宛如山在海中一样，后人曹操有诗“东临碣石，以观沧海”句。

二世到达碣石后，登山观海，游山玩水。此外也效法始皇刻石留念，不过二世不是另外立石刻辞，而是在秦始皇六年前所立的刻石上增刻文辞。

仅仅在六年前，秦始皇在此留下了著名的碣石门刻石，刻辞的大意是：皇帝兴师用兵，诛灭无道之君，又把反叛平息。武力消灭暴逆，依法为良民平反，民心全都归附。论功赏赐众臣，恩泽施及牛马，皇恩遍布全国。皇帝振奋神威，以德兼并诸侯，天下太平一统。拆除山东旧城，挖通河川堤防，夷平四处险阻。地势

既已平坦，众民不服徭役，天下均获安抚。男子愉快耕作，女子安心女工，诸事井然有序，皇恩覆盖百业，合力勤勉耕田，无不安居乐业。群臣颂扬伟大。敬请镌刻此石，永留典范规矩。

一眼能看到，刻石上的刻辞都是对秦始皇的统一天下的功绩，从笼统到具体的歌颂。秦二世对随行的大臣们说："这些刻石均是始皇建造的，现在我承袭了皇帝的名号，可是刻石上没有称始皇帝，以后年代久远了，就好像后代子孙建造的，这样不利于颂扬皇帝的功德。"

胡亥这么一说，丞相李斯、冯去疾以及御史大夫等大臣逢迎道："我们请求把陛下这段诏令全部刻到刻石上，这样就明白了。"胡亥批准了他们的请求。于是在秦始皇所立碣石门刻石的刻辞的旁边又刻上了秦二世说明该石为始皇帝所立的诏书以及随行大臣的姓名。

胡亥君臣离开碣石后，沿着海滨南行，最南到达会稽山，中间都到达了哪里，虽然太史公没有明言，只是在《史记·封禅书》中说："二世元年，东巡碣石，并海南，历泰山，至会稽，皆礼祠之，而刻勒始皇所立石书旁，以章始皇之功德。"从这段话看，南行之中到过泰山，在《秦始皇本纪》之中却没有提到，但从前面所引《秦始皇本纪》中关于秦二世巡行天下的那段文字中"尽刻始皇所立刻石"这一句话看，秦二世君臣们不但到了泰山，还到了秦始皇原来巡行海边时到过的所有地方。尤其是立过刻石的地方，否则无以"尽刻"当年始皇所立的刻石。

巡游刻石下落之谜

始皇巡游，有四次到达了东方的海滨。在第二次巡游中，他曾在峄山、泰山、琅邪三处留下刻石。司马迁在《史记·秦始皇本纪》中，载录了泰山刻石和琅邪刻石的刻辞，却未载峄山刻石的刻辞。峄山刻石曾于唐朝时被火烧毁，但当时已有复刻和传刻本。此残石现存陕西西安碑林，现在商务印书馆及中华书局有石印明拓本。

峄山刻石歌功颂德说，在皇帝以前，君主嗣立均称王，而皇帝在不长的时间内就灭了六个强国，于二十六年改王称帝，之后巡行天下，普施恩泽。登上峄山，从臣们浮想联翩，往昔分邦建国，诸侯相互攻伐，血流成河，即使是五帝也不能禁止，只有皇帝统一了天下，使兵不复起，百姓安居。君臣略诵皇帝恩泽，刻石以明统一的纲纪。峄山刻石反映了秦始皇一统天下踌躇满志之情。

泰山刻石历经千余载的风雨沧桑，到明代时仅存 29 个字，到清乾隆五年，又惨遭火焚，残石上的刻字仅存 10 个，其中还有 3 个是半字。

琅邪台刻石，清朝时存放在诸城县治东南 160 里的海神祠西南角，到清末光绪二十六年四月大雷雨，此石突然失踪。1920 年才在琅邪台荆棘丛中发现，但已断成数块，后经粘合嵌置，保存在诸城县民众教育馆。

秦始皇第三次巡游，留下了芝罘刻石、东观刻石。第四次巡游时立了碣石门刻石。第五次巡游地，在会稽山刻石。芝罘刻石、东观刻石、碣石刻石、会稽刻石的刻辞，司马迁在《史记·秦始皇本纪》中都有载录，但刻石本身却早已遗失了。

现在所见的峄山、泰山、琅邪台、芝罘、碣石门的刻石拓本，均有"皇帝曰"（即秦二世胡亥的诏书）和随行大臣的名字。根据这一点我们可以断定，秦二世离开碣石山，南行到会稽山的中间，还到了峄山、芝罘、泰山、琅邪等地。

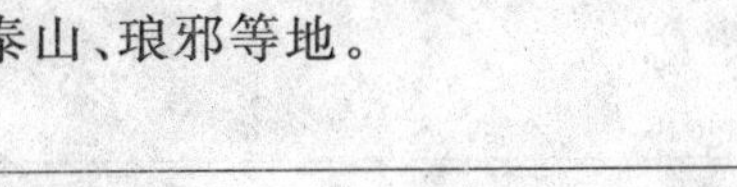

秦二世东巡质疑

从司马迁对有关秦二世东巡的十分简略的记载看，秦二世君臣离开会稽山后，又返回了东北，到了辽东，然后从辽东西归。并且在接下去的记载中说："四月，二世还至咸阳。"这里面有两个颇大的疑点。

第一，浩浩荡荡的巡行大军为什么要在同一条巡游路线上来回往返？秦二世此次东巡的目的，一是立威，二是游玩，不论是立威也好，还是游玩也好，都应尽量避免往返走同一条路，所到之处越多越好，覆盖面越大越好。而按《史记》记载却恰好相反。从碣石所在的辽西郡南下到会稽，然后又北上返回辽西，再至辽东。这似乎是无任何意义的重复。这里的原因到底是什么？我们百思不得其解，禁不住怀疑"遂至辽东而还"几个字是否是错简衍文？但是这却没有丝毫的根据。孔子说："君子于其所不知，盖阙如也。"可见，没有根据的怀疑似乎还不如阙如不言。

第二，据《史记·秦始皇本纪》，秦二世是在元年的春天从咸阳出发东巡的，四月又返回了咸阳，这样算来，此次巡游满打满算是三个多月。在三个多月的时间里，二世君臣们从咸阳到碣石，从碣石到会稽，从会稽又返至辽东，从辽东又回到咸阳，加之中间还要登山观海，刻石颂功，游山玩水，秦朝那古老的车驾是否有如此的速度，三个多月辗过如此漫长的行程。这里我们可以同秦始皇第五次巡游作个对比。秦始皇最后一次巡游是十月从咸阳出发，先到云梦，然后顺江东下至会稽，从会稽北上，最远到芝罘，然后西归，至沙丘驾崩，是七月份。这条路线明显短于二世东巡路线，但秦始皇却走了十个月，而胡亥仅用三个多月，着实让人生疑。

秦二世的效父巡游，耗费了巨大的资财，严重地骚扰了天下百姓。本来天下已危机不安，干柴遍置，秦二世此行无疑加剧了危机，犹如在遍置的干柴上淋了一层油，自己消灭自己是肯定的。

西楚霸王项羽

项羽

项籍，是下相人，字羽。刚刚创业的时候，年方二十四岁。他的叔父是项梁，项梁的父亲就是楚国的将军项燕，被秦将王翦所杀。项氏世世代代在楚国为将，被封在项地，所以姓项。

项籍小的时候，学文不成，就放弃了；学习剑术，又没有学成。项梁对他很生气。项籍说："看书识字只是用来记姓名而已。剑术也只能抵挡一个人，不值得学，我要学能够打败万人的本领。"于是项梁就教项籍学习兵法，项籍很高兴，粗略知道兵法的大意后，又不肯彻底完成学业。

项梁曾在栎阳被捕入狱，就请蕲县狱掾曹咎写了封说情的信，送给栎阳狱掾司马欣，因为这个缘故，项梁才得以解脱。

项梁杀了人，与项籍一起在吴中躲避仇人。吴中的贤士大夫都比不上项梁，吴中每逢有大徭役和丧葬事宜，经常请项梁主持办理，项梁暗中用兵法部署和指挥宾客及子弟，因此吴中人都知道他的才能。

秦始皇巡游会稽，渡过浙江，项梁和项籍一起去观看。项籍说："那人可以被取而代之。"项梁捂住他的嘴，说："别胡说，这可是灭族的罪啊！"项梁因此认为项籍不同凡响。

项籍身高八尺多，力气能够举起大鼎，才气超过常人，即使是吴中子弟也都很畏惧他。

秦二世元年七月，陈涉等人在大泽乡起义。这年九月，会稽郡守殷通对项梁说："大江以西地区都造反了，这正是上天要灭亡秦朝的时机啊。我听说先发制人，后发就被人所制。我想起兵反秦，派您和桓楚为将军。"这时桓楚逃亡在草泽中。项梁说："桓楚逃亡，没人知道他在哪里，只有项籍知道。"项梁于是出来，嘱咐项籍持剑在外面等待。项梁重新进屋，跟郡守坐在一起，说："请您召见项籍，让他受命去召桓楚。"郡守说："好。"项梁召项籍进来。不一会儿，项梁向项籍使眼色说："可以动手了！"于是项籍拔剑斩下郡守的头颅。项梁手提郡守的脑袋，身佩郡守的印绶。郡守的部下大惊，一时大乱，项籍击杀了几十上百个人。府中所有人都震恐拜伏，不敢起身。项梁于是召来以前相识的豪吏，告诉他们这样做是为了起义成就大事，于是就出动吴中的军队。派人接收所属各县，得到精兵八千人。项梁安排吴中的豪杰担任校尉、军候、司马。有一个人没被任用，就跑去跟项梁说。项梁说："前些时候某家丧事时，让你去办理某事，你没办成，所以没有任用你。"于是众人都心悦诚服。于是项梁做会稽郡守，项籍为裨将，安抚所属各县。

广陵人召平此时正替陈王攻打广陵，没能攻下。听说陈王兵败逃走，秦兵又将到来，就渡过长江假托陈王的命令，拜项梁为楚王的上柱国。说："江东已经平定，赶快率军向西攻打秦国。"项梁于是率领八千人渡江西进。听说陈婴已攻下东阳，就派使者跟他联合，一起向西进攻。陈婴，原任东阳令史，在县里一贯诚信严谨，被人们尊为长者。东阳的年轻人杀死县令，聚起数千人，想推举一位首领，

没有合适人选，就请陈婴领头。陈婴推辞说自己没有能力，于是被强行拥立为首领，县中跟随起义的人有二万人。少年们想干脆立陈婴为王，用黑头巾包头以便跟其他军队区别开来。陈婴的母亲对他说："自从我成为你们陈家的媳妇以来，从来没有听说过你的先辈中出过贵人。如今突然间得此大名，并不是吉利的事情。不如有所归属，事成之后还能封侯，事情失败也容易逃亡，因为你不是被世人瞩目的人。"陈婴于是不敢称王。对他的军官们说："项氏家族世世代代做将军，在楚国很有名望。如今要干一番大事业，将领非由项氏担任不可。我们依靠名门望族，一定能够灭亡秦朝。"于是众人听从了他的意见，把军队交给项梁指挥。项梁渡过淮河，黥布、蒲将军也率兵前来归附。一共有六七万人，驻扎在下邳。

当时，秦嘉已经拥立景驹为楚王，在彭城以东驻军，准备抵御项梁。项梁对军官们说："陈王首先起事，作战失利，下落不明。如今秦嘉背叛陈王而立景驹，这是大逆不道。"于是进兵攻打秦嘉。秦嘉战败逃走，项梁一直追到胡陵。秦嘉回师与项梁交战了一天，秦嘉战死，他的军队投降。景驹逃走，死在梁地。项梁合并了秦嘉的军队，驻扎在胡陵，即将率军西进。章邯的军队到了栗县，项梁派遣别将朱鸡石、余樊君和秦军交战。余樊君战死，朱鸡石兵败逃往胡陵。项梁于是率兵进入薛县，杀了朱鸡石。

项梁先前派项羽另率一支部队攻打襄城，襄城坚守，一时打不下来。攻克之后，项羽将守军全部活埋。回师向项梁报捷。项梁听说陈王确已死去，就召集各位将领在薛县会合商议大事。此时沛公也在沛县起兵，前往薛县。

居鄛人范增，年已七十，平素居家，喜好奇谋巧计，前去向项梁游说道："陈胜的失败是理所当然的。秦国灭亡六国，楚国是最无辜的。自从楚怀王进入秦国不得回返，楚国人至今仍很同情他，所以楚南公说'即使楚国只剩下三户人家，灭亡秦国的必定还是楚国'。如今陈胜率先起事，不立楚王的后代而自立为王，所以他的势力不会长久。现在您起兵江东，楚国各地的将领之所以争相归附您，是因为您家世世代代做过楚国的大将，是因为您能够重新扶立楚王的后代。"于是项梁认为他说得很对，就在民间访求楚怀王的孙子熊心，当时熊心正落魄得为人放羊，项梁立他为楚怀王，以顺应民众的愿望。陈婴为楚国的上柱国，赐封五县，与楚怀王在盱眙建都。项梁自号为武信君。

几个月后，率兵攻打亢父。与齐国田荣、司马龙且的军队救援东阿，在东阿大败秦军。田荣随即引兵回去，驱逐了齐王假。假逃往楚国。假的丞相田角逃往赵国。田角的弟弟田间从前是齐国的将军，住在赵国不敢回去。田荣立田儋的儿子市为齐王。项梁打败东阿城下的秦军后，接着又追击秦军，多次派使者去催促齐国出兵，想跟齐军一起西进。田荣说："楚国杀掉田假，赵国杀掉田角、田间，齐国才能发兵。"项梁说："田假是我们盟国的国王，蒙难前来投奔我，我不忍心杀他。"赵国也不愿杀田角、田间去跟齐国做交易。齐国于是不肯出兵帮助楚国。

项梁派沛公和项羽另率一支军队攻打城阳，将城中守军全部杀死。向西在濮阳以东打败秦军，秦军收兵退回濮阳。沛公、项羽于是攻打定陶。定陶还没有攻下，就引兵离去。向西攻城略地，到达雍丘，大败秦军，斩杀李由。回师攻打外黄，没能攻下。

项梁从东阿西北地区起兵，来到定陶，再次打败秦军，项羽等人又杀了李由，因而更加轻视秦朝，开始有骄傲情绪。宋义于是劝谏项梁说：“胜利后如果将领骄傲，士兵懈怠，一定会遭到失败。如今士卒渐渐有点懈怠了，而秦兵却日益增多，我替您感到害怕。”项梁不听他的劝告，于是派宋义出使齐国。路上遇到齐国的使者高陵君显，宋义说：“您是要去见武信君吗？”高陵君说：“是的。”宋义又说：“我认定武信君的军队必定失败。您走慢点就可免于一死，如果去快了就会赶上灾祸。”秦朝果然发动全部兵员增援章邯，进攻楚军，在定陶大败楚军，项梁战死。沛公、项羽离开外黄去攻打陈留，陈留坚守，没能攻下。沛公、项羽一道商议说：“如今项梁的军队被打败，士卒们非常惊恐。”于是跟吕臣的军队一起向东退兵。吕臣驻扎在彭城以东，项羽驻扎在彭城以西，沛公驻扎在砀地。

章邯打败项梁的军队后，就认为楚兵已不足为虑，于是渡过黄河攻打赵军，大败赵军。当时，赵歇为赵王，陈余为将军，张耳为相国，都逃进了巨鹿城。章邯命令王离、涉间围攻巨鹿，章邯驻扎在城南，建筑甬道运输军粮。陈余为将军，率领几万名士卒驻扎在巨鹿北面，这就是所谓的河北军。

楚兵已经在定陶被打败，怀王很害怕，从盱眙来到彭城，把项羽、吕臣的军队合并在一起，亲自指挥。任命吕臣为司徒，任命他的父亲吕青为令尹，任命沛公担任砀郡长，封为武安侯，统率砀郡的军队。

当初，宋义所遇到的齐国使者高陵君显正在楚军中，见到楚王说：“宋义认定武信君的军队必定失败，过了几天，果然就失败了。部队还没有开战就预先料到失败的征兆，这可以说是知道用兵了。”楚王召见宋义，与他共商大事，对他非常喜欢，因而任命他为上将军，封项羽为鲁公，担任次将，任命范增为末将，率兵救援赵国，其他各路将领也都归宋义指挥，号称卿子冠军。行军来到安阳，停留了四十六天不向前进。项羽说：“我听说秦军在巨鹿围攻赵王，我们赶紧引兵渡过黄河，这样楚军在外面攻打，赵军在里面配合，一定能打败秦军。”宋义说：“不是这样。要拍死牛背上的大虻虫，就不应顾忌会打死牛身上的小虮虱。如今秦军攻打赵国，如果打胜了，军队就会疲惫不堪，我们可以趁机攻打它；如果秦军失败了，那么我们就可以率领军队大张旗鼓地向西进攻，一定能消灭秦朝。所以，不如先让秦、赵互相厮杀。身披坚硬的盔甲、手执锋利的兵器上阵杀敌，我宋义不如你；运筹帷幄、图谋策划，你不如我宋义。”因而向军中命令道：“那些凶猛如虎、狠戾如羊、贪婪如狼、倔强而不听使唤的人，都要把他们杀了。”于是派他的儿子宋襄到齐国去做国相，亲自把他送到无盐，饮酒大会宾客。天气寒冷，下起大雨，士卒又冻又饿。项羽说：“我们将要奋力向西进攻秦国，现在却久留不进。今年饥荒，百姓贫困，士卒只能吃豆子、啃芋头，军中没有存粮，宋义却饮酒宴会宾客，不引兵渡过黄河依靠赵国吃粮，与赵国一起合力攻秦，却说：‘等秦军疲惫后再攻打’。以秦国的强大，攻打新建的赵国，势必会消灭赵国。消灭赵国后，秦军会更加强大，有什么疲敝可乘！况且楚军新近战败，楚王坐立不安，倾尽全国的兵力专门交给宋将军指挥，国家安危，在此一举。如今他不体恤士卒却徇私情，绝不是安定国家社稷的良臣。”项羽在清晨朝见上将军宋义时，就在他的军帐中斩下了他的头颅，出来向军中号令说：“宋义勾结齐国阴谋叛楚，楚王暗中命令我杀他。”此时诸将都畏服项羽，无人敢有异议。都说：“首先拥立楚王的，是将军您。现今将军是诛杀叛逆。”于是一起公推项羽代理上将军的职务。派人追赶宋义的

儿子，在齐国追上了他，把他杀了。派桓楚向楚怀王报告。楚怀王就任命项羽为上将军。当阳君、蒲将军都归附项羽。

项羽杀了卿子冠军宋义后，威震楚国，名闻诸侯。于是派遣当阳君、蒲将军率领二万士卒渡过黄河，救援巨鹿。与秦军交战小获胜利，陈余再次请求出兵。项羽便率全军渡过黄河，把所有渡船沉入河底，把做饭的锅罐全都砸烂，把居住的房屋全部烧毁，只带了三天的干粮，以此向士卒表示要决一死战、决不后退的决心。于是到达巨鹿包围了王离的军队，和秦军遭遇，经过九次恶战，截断了秦军粮道，大破秦军，杀死苏角，俘获王离。涉间不向楚军投降，自己焚烧而死。

当时，楚国的军队在诸侯中最为强大。在巨鹿城下救援赵国的诸侯军队有十几路，但没有人敢于出战。等到楚军进攻秦军，诸路将领都在各自的壁垒上观望。楚国士兵无不以一当十。楚军呼声震动天地，诸侯的军队人人心惊胆颤。打败秦军后，项羽召见诸侯的将领，进入辕门后，他们无不跪在地上，用膝盖前行，都不敢抬头仰视。项羽从此成为统帅诸侯军队的上将军，诸侯们都归服于他。

章邯的军队驻扎在棘原，项羽的军队驻扎在漳南，两军相持没有交战。秦军多次败退，二世派人责问章邯。章邯恐慌，派长史司马欣赴咸阳请示。到了咸阳，在司马门外滞留了三天，赵高拒不见他，有不信任的意思。长史司马欣恐惧，返回棘原军中，不敢走原来的道路。赵高果然派人追赶，没追上。司马欣回到军中，向章邯报告说："赵高独揽朝政，下面的人都无所作为。如今要是打胜了，赵高必定要嫉妒我们的功劳；如果打不胜，就不能免于死罪。希望将军您好好考虑一下。"陈余也写信给章邯说："白起做秦国的将军时，南征鄢郢，在北方活埋赵括的军队，为秦国攻城略地，多得不可胜计，竟然落得个赐死的下场。蒙恬做秦国的将军，向北驱逐戎人，开拓了榆中地区的几千里疆土，最终在阳周被斩杀。这是为什么呢？因为功劳太多，秦朝无法全部给予封赏，于是就假借法律的名义把他们杀了。如今将军您担任秦将已经三年了，损失的部队有十万人，诸侯并起，越来越多。那赵高平时阿谀逢迎，把军情隐瞒了很长时间，现在事态紧急，他也害怕二世杀他，所以想用法律的名义诛杀将军来搪塞他自己的罪责，派人取代将军来逃脱灾祸。将军您在外面的时间很长，跟朝廷里面的人多有矛盾和嫌隙，有功也是被杀，无功更要被杀。而且上天要灭亡秦国，无论是愚人还是智者都知道得很清楚。现在将军您在朝内不能直言进谏，在外又成为亡国之将，孤立无援而企图维持长久，这岂不是太悲哀了吗？将军何不退兵与诸侯联合，相约一起攻打秦国，分割它的土地自己做国王，南面称孤。这比起自身被斩、妻儿被杀来哪个更好呢？"章邯犹疑不决，暗中派军侯始成出使项羽军中，想要订立和约。和约没有达成，项羽派蒲将军日夜不停地率兵渡过三户津，驻扎在漳河南岸，与秦军交战，再次打败秦军。项羽便率领全部军队在汙水上进攻秦军，把秦军打得大败。

章邯派人进见项羽，希望订立和约。项羽召集军吏商议说："我军粮食短缺，我准备答应章邯的求和。"军吏们都说："很好。"项羽于是和章邯约定时间在洹水南边的殷墟会面。订下盟约后，章邯见到项羽就流下了眼泪，向他诉说赵高弄权作恶的事情。项羽就立章邯为雍王，安置在楚军之中。任命长史司马欣为上将军，率领秦军充当先头部队。

行军到达新安。诸侯军中的一些军官和士卒过去曾因服徭役或屯戍边地而

经过秦中地区，秦中的官兵对他们非常苛虐，等到秦军投降诸侯，诸侯的官吏和士卒大多乘胜奴役使唤他们，轻视和侮辱秦军官兵。秦军的官兵多私下说："章将军等人欺骗我们向诸侯投降，如今能够入关攻破秦国，当然很好；如果不能，诸侯必然会把我们俘虏到东方去，这样秦朝一定会把我们的父母妻儿全都杀光。"诸将对秦军官兵的议论略有耳闻，便报告了项羽。项羽就召见黥布、蒲将军商议说："秦军官兵人数还很多，内心并不顺服，如果到关中后不听指挥，事情必定会很危险，不如把他们都杀了，只带章邯、长史司马欣、都尉董翳入秦。"于是楚军在夜间袭击秦军，把二十多万秦兵全部活埋在新安城南。

项羽向西行进攻取秦国的土地。函谷关有军队把守，不能进入。又听说沛公已经攻破咸阳，项羽大怒，派当阳君等人进攻函谷关。项羽于是进入关中，到达戏水西岸。沛公驻扎在霸上，未能与项羽见面。沛公的左司马曹无伤派人对项羽说："沛公想在关中称王，让子婴担任国相，将秦国的珍宝全都占为己有。"项羽大怒，说："明天一早让士兵们吃饱喝足，给我打败沛公的军队！"

在这个时候，项羽拥有四十万军队，屯驻在新丰鸿门，沛公有十万军队，驻扎在霸上。范增对项羽劝说道："沛公在山东时，贪好财货，喜欢美女。如今进入函谷关，没有索取财物，也没有接近女人，这表明他的志向不小。我让人观望他那里的云气，都是呈龙虎之象，而且五彩斑斓，这是天子的气象啊。赶快向他进攻，切勿错过时机。"

楚国的左尹项伯，是项羽的叔父，一向跟留侯张良关系很好。张良当时跟随沛公，项伯于是趁夜急驰来到沛公军中，私下与张良见面，把情况详细告诉他，想喊张良跟他一道离开。说："不要跟着沛公一起送死。"张良说："我是代表韩王来送沛公的，现在沛公情况紧急，我如果逃走就是不义之举，不能不跟他说一声。"张良于是进入军帐，把情况都告诉了沛公。沛公大为惊恐，说："这该如何是好？"张良说："是谁替你出的主意？"沛公说："鲰生劝我说'守住函谷关，别让诸侯进来，您就可以拥有整个秦地而称王'，所以我才听了他的话。"张良说："估计一下你的军队能够抵挡住项王吗？"沛公沉默了一会儿，说："确实不如项王，那么现在该怎么办呢？"张良说："请您去向项伯说，说您不敢背叛项王。"沛公说："你怎么会跟项伯有交情的呢？"张良说："秦朝的时候项伯与我交游，项伯杀了人，是我救了他一命。如今事情紧急，幸好他前来告诉我。"沛公说："他和你相比谁年龄大？"张良说："他比我大。"沛公说："请你替我把项伯叫进来，我要像对待兄长一样接待他。"张良出去，邀请项伯。项伯随即进去见沛公。沛公捧着酒杯为他祝寿，跟他相约结成儿女亲家，说："我进函谷关后，对秦朝的财富一丝一毫也不敢动，清查吏民，登记上册，封存好府库，等待项羽将军到来。我之所以派遣将士把守关口，是为了防备其他盗贼进关和意外事变的发生。我日夜盼望着项羽将军的到来，怎么敢反叛他呢！希望项伯对项将军仔细说明我不敢背德反叛。"项伯答应了他，对沛公说："明天一早不可不早早前来向项王谢罪。"沛公说："是。"于是项伯连夜回去，到了军中，把沛公的话详细报告给项王。因而说道："如果沛公不先攻破关中，您怎么敢进来呢？现在别人立了大功却要进攻他，这是不义之举，不如趁此机会好好对待他。"项王答应了他。

沛公第二天一早就带着一百多名随从前来拜见项王。到了鸿门，赔罪说："我和将军一起努力攻打秦朝，将军在黄河北面作战，我在黄河南面作战，但是没

想到能先入关破秦，得以在此地再与将军相见。现在有小人说坏话，使将军和我之间产生了隔阂。”项王说：“这是沛公你的左司马曹无伤说的，要不然，我项籍怎么会生此疑心？”项王当日挽留沛公一起饮酒。项王、项伯面东而坐，亚父面南而坐。亚父，就是范增。沛公面北而坐，张良面向西侧陪侍。范增好几次向项王使眼色，三次举起所佩戴的玉玦向项王示意，项王默然没有回应。范增起身，出去把项庄招来，对他说：“项王为人心软，不忍下手，你进去上前敬酒祝寿，祝寿完毕，请求用舞剑来助兴，趁机在沛公坐着时攻击他，把他杀掉。否则，你们这些人都将成为他的俘虏。”项庄于是进去祝寿。祝寿完毕，说：“君王与沛公一起饮酒，军营中没什么可娱乐的，请允许我舞剑为大家助兴。”项王说：“好的。”项庄拔剑起舞，项伯也拔剑起舞，常常用身体掩护沛公，项庄无法击刺沛公。于是张良来到军门，见到樊哙。樊哙：“今天情况怎样？”张良说：“非常紧急。现在项庄拔剑起舞，他的用意一直放在沛公身上。”樊哙说：“这说明已经很紧迫了，我请求进去，和沛公同命运。”樊哙随即带着宝剑拿着盾牌闯入军门。交戟守卫的士卒想拦住他，不让他进去，樊哙侧过他手中的盾牌去撞击卫士，卫士被撞倒在地，樊哙于是进去。分开帷帐向西站立，瞪大眼睛看着项王，头发向上直立，眼眶都快瞪裂。项王按着宝剑直起身子说：“你是什么人？”张良说：“这是为沛公驾车的御手樊哙。”项王说：“好个壮士！赐给他一杯酒。”就给了他一大杯酒。樊哙跪地拜谢，起身后站着把酒喝干。项王说：“赐给他一只猪肘。”于是给了他一只生猪肘。樊哙把盾牌平放在地上，把生猪肘搁在盾牌上，拔出剑边切边吃下去。项王说：“壮士，还能再喝吗？”樊哙说：“我死都不怕，一杯酒何足推辞！秦王有虎狼之心，杀人唯恐不尽，刑罚唯恐不重，天下人都背叛了他。楚怀王跟各位将领相约说：‘先攻破秦军进入咸阳的人称王。’如今沛公先攻破秦国，进入咸阳，秋毫无犯，封藏宫室，然后退兵驻扎在霸上，等待大王您的到来。之所以派遣将领把守函谷关，是为了防备其他盗贼进来和意外事变的发生。如此劳苦功高，不但得不到封侯的奖赏，反而听信谗言，想要诛杀有功之人。这样做简直是亡秦第二，我私下认为大王是不会这么做的。”项王无话可答，只说了声：“请坐。”樊哙于是随张良就座。坐了一会儿，沛公起身去厕所，顺便把樊哙叫了出来。

沛公出来以后，项王派都尉陈平去召沛公。沛公说：“现在我出来了，还没有告辞，怎么办？”樊哙说：“做大事就不应拘泥小节，讲求大礼就不必在意小的责难。如今人家是刀和砧板，我们是人家砧板上的鱼肉，还告辞干什么？”于是就走了。同时让张良留下来向项王致谢。张良问道：“大王来时带了些什么？”沛公说：“我带来白璧一双，想献给项王；玉斗一对，想送给亚父。正逢他们生气，所以不敢献，请你替我献上。”张良说：“遵命。”

在这个时候，项羽的军队驻扎在鸿门一带，沛公的军队驻扎在霸上，相距四十里。沛公就放弃了车骑，脱身逃离，他一人骑马，樊哙、夏侯婴、靳强、纪信等四个人手持剑、盾跟着徒步行走，从郦山而下，经过芷阳抄小路走。沛公对张良说：“从这条路到我军营中，不过二十里罢了。估计我已回到军中时，你再进去告辞。”

沛公离去后，从小路回到军中。张良进去辞谢，说：“沛公酒喝多了，不能亲自告辞，委派臣下谨奉白璧一双，再拜献给大王；玉斗一双，再拜送给大将军。”项王说：“沛公在哪里？”张良说：“听说大王有意责怪他的过错，脱身独自离去，已经

回到军中了。”项王于是接受了白璧，放在座位上面。亚父接过玉斗，扔在地上，拔剑击碎玉斗，说：“唉！无知小子不值得跟他同谋大事。夺取项王天下的人，一定是沛公，我们这些人将要成为他的俘虏了。”

沛公回到军中，立即诛杀曹无伤。

过了几天，项羽率兵向西在咸阳大肆屠戮，杀死投降的秦王子婴，焚烧秦朝的宫室，大火烧了三个月都没有熄灭。收罗所有的财产宝物和女人向东归去。有人对项王游说道：“关中地区有山川阻塞四方，土地肥沃，可以在这里建都称霸。”项王看到秦的宫室都被烧得残破不堪，加上心中思念故土，想要东归，就说道：“富贵了不回故乡，就像是穿着锦绣衣裳在夜间行走，有谁知道呢！”游说的人说：“人们说楚国人像是‘沐猴戴了人的帽子’，果然如此。”项王听说后，就把这人烹杀了。

项王派人向楚怀王复命。怀王说：“按照盟约行事。”于是尊奉怀王为义帝。

项王想自立为王，于是先封手下的将相们为王。对他们说道：“天下刚开始发难时，假借拥立诸侯的后代来讨伐秦朝。然而亲自披着坚固的盔甲、手持锋利的兵器，率先起义反秦，在野外辛苦达三年之久，灭亡秦朝而平定天下，这都是各位将相和我项籍的功劳。义帝虽然没什么功劳，但也应当分给他一片土地让他称王。”诸将们都说：“好。”于是分封天下，立各位将相为侯王。

项王、范增担心沛公会据有天下，但既然已经和解，又怕担上违背盟约的恶名，唯恐诸侯反叛他们，于是暗中商议说：“巴、蜀地区道路险峻，秦国被贬迁移的人都住在蜀地。”就说：“巴、蜀地属于关中地区。”因而立沛公为汉王，统治巴、蜀、汉中地区，定都南郑。而把关中分成三部分，封秦朝投降的将领为王，用他们来阻隔汉王。

项王于是立章邯为雍王，统治咸阳以西地区，定都废丘。长史司马欣，以前当过栎阳狱掾，曾对项梁有恩；都尉董翳，是劝章邯投降楚国的人。因此立司马欣为塞王，统治咸阳以东直到黄河的地区，建都栎阳；立董翳为翟王，统治上郡地区，定都高奴。迁魏王豹为西魏王，统治河东地区，定都平阳。瑕丘人申阳，是张耳的亲信家臣，率先攻下河南郡，在黄河边上迎接楚军，所以立申阳为河南王，建都洛阳。韩王成仍以从前韩国的都城为都城，定都阳翟。赵国将军司马卬平定河内地区，多次建有功劳，因此立司马卬为殷王，统治河内地区，定都朝歌。迁赵王歇为代王，赵国的丞相张耳素来贤明，又跟随楚军入关，所以立张耳为常山王，统治原先赵国的地区，建都襄国。当阳君黥布担任楚将，经常担任楚军的先锋，所以立黥布为九江王，定都六城。鄱君吴芮率领百越的军队帮助诸侯，又跟随楚军入关，因此立吴芮为衡山王，定都邾城。义帝的柱国共敖率兵攻打南郡，多次立功，因此立共敖为临江王，定都江陵。迁燕王韩广为辽东王。燕国将领臧荼跟随楚军救援赵国，进而又跟随入关，所以立臧荼为燕王，定都蓟城。迁齐王田市为胶东王。齐国将军田都随从楚军共同援赵，继而又跟随入关，所以立田都为齐王，定都临淄。以前秦国所灭亡的齐王建的孙子田安，正当项羽渡过黄河援救赵国时，田安攻下济北几座城池，率领他的军队投降项羽，因此立田安为济北王，建都博阳。田荣多次有负于项梁，又不肯率兵跟随楚军攻打秦国，因此不封。成安君陈余放弃将印离去，又不跟随入关，但一向听说他很贤明，对赵国有功，听说他在南皮，因此把南皮周围的三个县封给了他。番君的将领梅鋗多次立功，因此封

他为十万户侯。项王自立为西楚霸王，统治九个郡，在彭城建都。

汉王元年四月，诸侯在戏下罢兵离去，各自到封国就位。

项王出关前往封国，派人迁移义帝，说："古代帝王拥有千里疆土，必定居住在水域的上游。"于是派使者把义帝迁到长沙郴县，催促义帝上路。他的群臣渐渐有背叛项羽的意向，于是暗中命令衡山王和临江王在长江中击杀义帝及其随从大臣。韩王成没有军功，项王不让他去自己的封国，带着他一起到彭城，把他废为诸侯，不久又把他杀掉。臧荼来到封国，接着把韩广驱往辽东，韩广不答应，臧荼就在无终击杀韩广，兼并了他的封地。

田荣听说项羽把齐王田市迁到胶东，而立齐将田都为齐王，于是十分愤怒，不肯把齐王送往胶东。进而在齐国反叛，率军迎击田都。田都逃往楚国。齐王田市畏惧项王，便逃到胶东接受封国。田荣大怒，追击齐王，在即墨杀死了他。田荣于是自立为齐王，向西进攻并杀死济北王田安，兼并了三齐的国土。田荣授给彭越将军的印玺，命令他在梁地反叛。陈余暗中派张同、夏说去向齐王田荣游说道："项羽身为天下的主宰，做事很不公平。如今把以前的诸王全都封在贫瘠的地方，而把好地方封给他自己的群臣诸将，赶走原来的诸侯王，赵王竟被北迁到代地。我认为这样做是不可以的。听说大王您起兵反抗楚军，而且不听从不义的行为，希望大王您资助我一部分军队，让我去攻打常山，来恢复赵王原有的封地，我愿意用我们的国土作为齐国的屏障。"齐王答应了他，因而派兵前往赵国。陈余发动所属三县的全部兵力，与齐军合力攻打常山，大败常山守军。张耳逃往汉地，陈余到代地迎接原来的赵王歇，把他送回赵国。赵王因而立陈余为代王。

这时，汉王回军平定了三秦地区。

项羽听说汉王已经全部兼并了关中地区，而且东边的齐国、赵国也反叛他，因此大为愤怒。于是封原先的吴令郑昌为韩王，让他去抵抗汉军。命令萧公角等人进攻彭越。彭越击败了萧公角等人。汉王派张良攻取韩地，于是给项羽送信说："汉王有失职守，只想得到关中地区，如果能履行原来的盟约让我做关中王就停止进攻，决不会继续向东。"又把齐国和梁国反叛的书信送给项王说："齐国想和赵国联合起来灭掉楚国。"楚国因此放弃向西攻打汉王的意图，而是向北攻打齐国。向九江王黥布征调兵员。黥布托病不肯前往，只派部将率领几千人前往。项王从此怨恨黥布。

汉王二年冬天，项羽就向北打到城阳，田荣也率军前来会战。田荣没能打胜，逃到平原，平原人把他杀了。于是向北烧毁夷平了齐国的城池房屋，将投降的田荣的兵卒全部活埋，俘获齐国的老弱妇女。攻打齐国直至北海，所到之处大都被摧残毁灭，齐国人聚集到一起反叛楚国。此时田荣的弟弟田横收集齐国散亡的士卒，共得到几万人，在城阳反抗楚军。项王因而停留在城阳，连续交战，未能攻下城阳。

春天，汉王统率五路诸侯的军队，共五十六万人，向东讨伐楚国。项王听说后，就命令部将继续攻打齐国，自己亲率三万精兵向南从鲁地穿过胡陵。四月，汉军都已攻进彭城，收取财宝和美女，每天设置酒宴大会宾朋。项王于是向西从萧地，在清晨向东进攻汉军，来到彭城，中午时分大败汉军。汉军都逃跑了，相随掉进谷水、泗水，楚军杀死汉军士卒十几万人。汉军的士卒向南逃进山区，楚军

又一直追击到灵壁东面的睢水边上。汉军退却，被楚军挤逼到河边，许多人被杀死，汉军十几万士卒全部掉进睢水，睢水因此被堵而无法流通。把汉王包围了三层。此时从西北方向刮起大风，狂风折断树木、掀起房屋、扬起沙石，白天刮得天昏地暗，狂风迎面袭击楚军。楚军大为混乱，包围圈破散，这样汉王才得以与几十个骑兵逃脱离去。汉王想经过沛县，带上家室迁往西方。楚国也派人追到沛县，夺取了汉王的家人。家人全都逃亡，没能与汉王相见。汉王在路上碰到了孝惠帝和鲁元公主，于是把他们载入车中行进。楚国骑兵追击汉王，汉王危急，把孝惠帝和鲁元公主推下车子，滕公每次都下去把他们载上车来。这样连续三次。滕公说："虽然情况紧急车跑不快，但怎么能抛弃他们呢？"这样终于逃脱。又寻找太公、吕后，没能遇到。审食其跟随太公、吕后走小路寻找汉王，反而碰上了楚军。楚军于是把他们抓回去，向项王报告，项王经常把他们留置在军中。

此时吕后的哥哥周吕侯为汉王率领部队驻扎在下邑，汉王抄小路去投奔他，渐渐收聚起他的士卒。到达荥阳，各路败军都来相会。萧何也发动关中地区的老弱和未成年的男子全都来荥阳助战，汉军重新振作。楚军从彭城出发，不断乘胜追击汉军，与汉军在荥阳南部的京邑、索邑之间展开大战，汉军打败楚军，楚军因此不能越过荥阳向西进攻。

项王救援彭城，追击汉王到荥阳。田横也得以收复齐国，立田荣的儿子田广为齐王。汉王在彭城失败后，诸侯都重新归顺楚国而背叛汉王。汉军驻扎在荥阳，修筑甬道一直连到黄河岸边，以便获取敖仓的粮食。

汉王三年，项王多次侵夺汉军甬道，汉王军粮短缺，十分恐慌，请求跟楚国讲和，割取荥阳以西地区作为汉国的封土。项羽打算答应和解。历阳侯范增说："汉军很容易打败，如今放过他们而不予以消灭，以后肯定要后悔的。"项王于是和范增加紧围攻荥阳。汉王对此十分忧虑，就用陈平的计策来离间项王。项王的使者到来后，汉王置办了有猪、牛、羊在内的丰盛筵席，端过来准备进献时，看到使者，假装惊愕地说："我以为是亚父的使者，怎么反而是项王的使者。"马上端走更换，用粗劣的饭食招待项王的使者。使者回去报告项王，项王于是怀疑范增和汉王暗中勾搭，逐渐削夺了他的权力。范增大怒，说："天下事大局已定，君王您自己去治理吧。希望您批准我退休，让我回乡为民。"项王答应了他的请求。还没到达彭城，范增就发背疮死了。

汉将纪信劝汉王说："事情已经很危急了，请让我假扮大王您去蒙骗楚军，大王可以趁机出城。"于是汉王在夜里从荥阳东门放出二千名披甲的女子，楚军从四面围攻她们。纪信乘坐着汉王的黄屋车，车的左首装饰着羽毛，说："城中粮食已尽，汉王请求投降。"楚军听了都高呼万岁。汉王也与几十名骑兵从荥阳城西门出城，逃往成皋，项王见到纪信，问道："汉王在哪里？"纪信说："汉王已经出城了。"项王于是烧死了纪信。

汉王派御史大夫周苛、枞公、魏豹守卫荥阳。周苛与枞公商议说："魏豹反复无常，我们很难跟他一起守城。"于是一起杀了魏豹。楚军攻下荥阳城，生擒周苛。项王对周苛说："你做我的将领，我任命你为上将军，封你为三万户侯。"周苛骂道："你还不赶快向汉王投降，汉王会把你捉住的，你不是汉王的对手。"项王大怒，烹杀了周苛，又将枞公一并杀死。

汉王逃出荥阳，向南逃到宛县、叶县，得到了九江王黥布的帮助，一路上收聚

散亡的汉兵，重又进入成皋防守。

汉王四年，项王进兵包围成皋。汉王逃走，只与滕公从成皋北门出城，渡过黄河逃往修武，来到张耳、韩信的军中。诸将也陆续逃出成皋，追随汉王。楚军于是攻克成皋。楚军想向西进攻，汉王派兵到巩县阻击楚军，使他们无法西进。这时候，彭越渡过黄河，在东阿攻击楚军，杀死楚国将军薛公。项王于是亲自东进攻击彭越的军队。

汉王得到了淮阴侯的军队，准备渡过黄河向南。郑忠劝说汉王，这才作罢，坚守河内。派刘贾率兵帮助彭越，焚烧了楚国积聚的物资。项王向东打败了刘贾，赶走了彭越。汉王就率军渡过黄河，重新收复成皋。在广武驻扎军队，取敖仓的粮食供应军队。

项王平定东海后又向西进兵，和汉军都在广武驻扎，两军相持了好几个月。

在这个时候，彭越多次在梁地反叛，截断楚国的粮食供应。项王对此十分忧虑，于是制造了一个很高的砧板，把太公放在上面，告诉汉王说："如今你要是不赶快投降，我就把太公煮了。"汉王说："我和项羽一起北面受命于楚怀王，说'相约结为兄弟'，我的父亲就是你的父亲。如果你一定要烹杀你的父亲，就请你也分给我一杯肉汤。"项王大怒，要杀死太公。项伯说："天下事还不可预料，再说争夺天下的人不会顾及家人，即使杀了太公也没什么用，只会增加灾祸。"项王听从了他的意见。

楚、汉两军相持了很长时间还没有决出胜负，壮年男子苦于常年征战，老弱之人疲于水陆运输。项王对汉王说："天下好几年不得安宁的原因，只因我们两人罢了，希望与汉王挑战决一雌雄，不要让天下的百姓父子们白白受苦。"汉王笑着推辞说："我宁愿斗智，不愿意斗力。"项王命令壮士出阵挑战。汉军中有位擅长骑射的人名叫楼烦，楚军挑战了好几个回合，楼烦全都把他们射死了。项王大怒，便亲自披上盔甲、手持大戟挑战。楼烦想射项王，项王瞪着眼睛大声叱责，楼烦不敢正视项王，手中不敢放箭，就逃回了营垒，再也不敢出来。汉王派人私下打听，才知道是项王。汉王大惊。于是项王就靠近汉王在广武的两军阵前对话。汉王数落项王，项王大怒，想跟汉王决一死战。汉王不答应，项王暗伏弓箭手射中了汉王。汉王受伤，逃进成皋。

项王听说淮阴侯已经攻下河北，打败了齐国和赵国，而且准备进攻楚国，于是派遣龙且前去迎击。淮阴侯与龙且作战，骑将灌婴进击，大破楚军，杀死了龙且。韩信因而自立为齐王。项王听说龙且兵败，便很惊恐，派盱台人武涉前去游说淮阴侯。淮阴侯不听。此时，彭越再次反叛，攻下梁地，断绝了楚国的军粮。项王于是对海春侯大司马曹咎等人说："谨慎地守住成皋，即使汉军想挑战，千万不要跟他们作战，只要不让汉军东进就行了。我十五天之内一定要诛杀彭越，平定梁地，再回来跟将军们会合。"于是向东进军攻打外黄和陈留。

外黄攻打不下。过了几天，守军已经投降，项王愤怒，命令城中年龄在十五岁以上的男子全部到城东去，准备活埋他们。外黄县令舍人的儿子才十三岁，前去劝说项王道："彭越强行劫持外黄人，外黄人很害怕，所以才暂时向他投降，期待着大王的到来。大王来了，又要把他们全部活埋，这样老百姓怎么会归附您呢？从这里向东，梁地的十多座城池都会害怕，再也没人肯投降您了。"项王认为他说得不错，于是赦免了那些本当活埋的外黄人。向东直到睢阳，听说此事的人

全都争着归附项王。

汉军果然多次向楚军挑战，楚军坚守不出。汉王派人连续五六天侮辱楚军，大司马被激怒，率军渡过汜水。士卒刚渡到一半时，汉军发起进攻，大败楚军，尽数争夺了楚国的财物。大司马曹咎、长史董翳、塞王司马欣都在汜水岸边自杀。大司马曹咎，原来是蕲县的狱掾，长史司马欣也是以前的栎阳狱吏，两人都曾有德于项梁，所以项王很信任他们。此时项王正在睢阳，听说海春侯兵败，就率兵回还。汉军正在荥阳东面围攻钟离眛，项王到后，汉军畏惧楚军，全都逃进了险峻的山中。

这时，汉王兵势很盛，粮食充足，而项王的军队却疲惫不堪，粮食也快吃光了。汉王派遣陆贾去劝说项王，请他放了太公，项王不答应。汉王又派侯公去劝说项王，项王这才与汉王订约，把天下从中间分成两半。割让鸿沟以西的土地归汉，鸿沟以东的地区归楚。项王同意了这个方案，随即归还了汉王的父母妻子，军中都高呼万岁。汉王于是封侯公为平国君。侯公却躲起来不肯见汉王。汉王说："这是天下有名的辩士，所到之处可以倾国，所以才封给他平国君的称号。"

项王接受盟约以后，就退阵引兵东归。

汉王也打算西归。张良、陈平对他说："汉已拥有大半个天下，诸侯也都归附于汉。楚兵疲敝，粮食已经断绝，这正是上天灭亡楚国的时机啊，不如趁此机会消灭它。现在放过楚军不去攻打，这就是'养虎给自己留下祸患'啊。"汉王听取了他们的意见。

汉王五年，汉王于是追击项王到阳夏南面，停止进军，与淮阴侯韩信、建成侯彭越约好时间，共同进攻楚军。到达固陵，而韩信、彭越的军队都没前来会合。楚军攻打汉军，大败汉军。汉王再度逃回营垒，深挖壕沟独自坚守。汉王对张良说："诸侯不遵守盟约，怎么办呢？"张良答道："楚军将要被消灭了，可韩信、彭越还没有得到封地，自然不会来的。君王如果能跟他们共分天下，他们马上就可以到达。如果不能，那么天下事就难以预料了。君王如果能把从陈县以东直到海滨的地区，全部封给韩信；把睢阳以北直到谷地的土地，划给彭越。让他们各自对楚军作战，那么楚国就很容易被打败了。"汉王说："很好。"于是就派使者去对韩信、彭越说："你们合力攻打楚国，楚国被消灭后，自陈县以东到海滨的土地划给齐王，从睢阳以北至谷城的地盘给彭相国。"使者达到后，韩信、彭越都回报说："请求现在就攻打楚军。"韩信于是从齐国前往，刘贾的军队从寿春也一同进兵，屠戮了城父，到达垓下。大司马周殷背叛楚国，以舒城之兵屠戮了六地，发动九江的军队，跟随刘贾、彭越都在垓下会合，进逼项王。

项王在垓下筑壁垒驻扎军队，兵员短缺，粮食已尽，汉军和诸侯的军队把垓下围了好几重。夜里听到汉军四面都唱起了楚地的民歌，项王于是大惊道："汉军难道把楚国都占领了？为何有这么多楚国人呢！"项王就在夜间起来，在帐中饮酒。有个名叫虞姬的美人，经常得到项王的宠幸而跟随在他身边；还有一匹名叫马骓的骏马，项王经常骑着它四处征战。于是项王便慷慨悲歌，自己作诗道："力拔山兮气盖世，时不利兮骓不逝。骓不逝兮可奈何，虞兮虞兮奈若何！"唱了好几遍，美人作诗应和。项王哭着流下了几行热泪，左右的人都跟着哭泣，悲伤得抬不起头来。

于是项王跨上战马，麾下壮士骑马跟随他的有八百多人，趁夜突出重围，向

南急驰而逃。天快亮的时候,汉军才发觉,汉王命令骑将灌婴带领五千骑兵追击他们。项王渡过淮河,能够跟上的骑兵只有一百多人了。项王来到阴陵迷失了道路,问一位耕田的老翁,老翁骗他说:“向左。”项王向左,于是陷进大沼泽地里。因此汉军追上了他。项王于是又引兵向东,来到东城,身边只剩下二十八个骑兵。汉军骑兵在后面追赶的有几千人。项王自己估计不能逃脱,对他的骑兵说:“我起兵至今已有八年了,身经七十多次战斗,阻挡我的都被我攻破消灭,跟我交战的都被我征服,从未失败过,于是称霸而拥有天下。可如今竟被困在这里,这是上天要灭亡我,并不是我作战的过失造成的。今天必定要决一死战,我希望为各位痛快决战,一定要连胜三次,让各位突出重围,斩杀敌将,砍断敌军军旗,好让各位知道是上天要灭亡我,不是我作战的过失造成的。”于是将骑兵分成四队,分别向四个方向突围。汉军把他们包围了好几层。项王对他的骑兵说:“我为你杀掉一名汉军将领。”他命令骑兵向四方奔驰而下,约定到山的东边分三处会合。于是项王大声呼喊着奔驰而下,汉军纷纷后退,于是斩杀了一名汉将。当时,赤泉侯为骑兵将领,追击项王,项王瞪着眼睛向他大吼,赤泉侯连人带马都受了惊吓,躲避出好几里地。项王与他的骑兵会合成三处。汉军不知道项王在哪里,于是也兵分三路,重新包围了楚军。项王就奔驰到汉军中,又斩杀了汉军的一名都尉,杀死了几十上百个汉军骑兵,重新聚集起他的骑士,只损失了两名骑兵。于是对他的骑士们说:“怎么样?”骑士们都佩服地说:“确实像大王说的那样。”

于是项王就想向东渡过乌江。乌江亭长划着船前来等候,对项王说:“江东地方虽小,但也有方圆千里,民众有几十万人,也足以称王了。希望大王赶快渡江。现在只有我有船,即使汉军来了,也无法渡江。”项王笑道:“上天要灭亡我,我还渡什么江呢!况且我项籍带着八千名江东子弟渡江西进,如今却没有一个人能够回来,即使江东父老兄弟可怜我而拥立我为王,我又有什么面目去见他们呢?即使他们不说什么,我项籍难道不内心惭愧吗?”于是对亭长说:“我知道您是一位长者。我骑这匹马已经五年了,所向无敌,曾经日行千里,我不忍心杀掉它,就把它赏赐给您吧。”于是命令骑士们都下马步行,手持短兵器与汉军接战。项羽独自一人就杀死了几百名汉军士兵。项王身上也有十几处伤,回头看见汉军骑兵中的司马吕马童,说:“你不是我的故人吗?”吕马童面对项王,指给王翳说:“他就是项王。”项王就说:“我听说汉王为求购我的人头出价千金,封赏万户,我把这个好处送给你吧。”于是自刎而死。王翳割取了项羽的头颅,其余的汉军骑兵相互撕杀争抢项羽的尸体,自相残杀的有几十人。最后,郎中骑杨喜、骑司马吕马童、郎中吕胜、杨武各得到项羽的一部分尸身,五个人把所得的尸身合在一起,正好是项羽的全身。于是把悬赏的封地分成五份:封吕马童为中水侯,封王翳为杜衍侯,封杨喜为赤泉侯,封杨武为吴防侯,封吕胜为涅阳侯。

项王死后,楚地全部投降汉王,只有鲁地不投降。汉王于是率领天下军队准备血洗鲁地,因为鲁地人恪守礼义,为君主誓死守节,于是拿着项王的头给鲁地人看,鲁地的百姓这才归降。开始的时候,楚怀王初封项羽为鲁公,等到他死后,鲁地又是最后投降,于是以鲁公的礼节把项王安葬在谷城。汉王为他发丧致哀,哭祭一番然后离去。

项氏宗族的各个支属,汉王都没有诛杀。于是封项伯为射阳侯。桃侯、平皋侯、玄武侯都属项氏宗族,汉王赐他们姓刘。

太史公说:“我从周生那里听说‘舜的眼睛是重瞳子’,又听说项羽也是重瞳子。项羽难道是舜帝的后代吗?否则为什么兴起得如此突然呢!秦朝失去了治理国政的正道,陈涉首先发难,天下豪杰蜂拥而起,互相兼并争夺,不可胜数。然而项羽没有尺寸封地,乘势兴起于田间陇亩之中,经过三年时间,就率领五路诸侯灭亡秦朝,分割天下,封王封侯,天下政事都由项羽主宰,号称‘霸王’,地位虽然没有善终,但在近古以来也是从未有过的。等到项羽离开关中而迷恋楚地,放逐义帝而自立为王,再去埋怨王侯们背叛自己,也就很难了。他自夸功劳,只按照自己的想法办事而不师法古代。认为霸王的大业,要靠武力征服来统治天下。五年后终于亡国,死在东城,临死前还不觉悟、不自责,错得也太过分了。还声称‘是上天要灭亡我,不是我用兵的过失造成的’,岂不是很荒谬吗!”

虞姬之死

彗星

以前我们叙述的几位后妃姬妾,都占了很长的篇幅,倒不是她们比其他死于非命的后妃姬妾,有啥特别,而是她们留下的史料较多。在以后的历史中,不久就会间断地出现一些彗星似的美女,她们蓦然间滑过天际,身居高位,光艳四射,但也蓦然间血落如雨,仓促结束自己的生命,宇宙又恢复沉寂。全靠一两部史书上的片段记载,在茫茫人海中,为后人留下烟雾般迷离的印象;而这印象,几乎几句话就可说尽。

公元前三世纪九〇年代,中国正陷于改朝换代的大混战之中,统一中国的秦王朝瓦解,英雄豪杰,纷纷起兵,拼死拼活,最后只剩下两个大头目。如果在秦王朝之前,不要说两个大头目,纵有三个四个大头目,都没有关系,因为中国境内七个王国林立并存,分裂得太久啦。可是秦王朝之后,中国人心理上已奠定了“大一统”的基础,所以这剩下来的两个大头目,就非拼得只剩下来一个不可。中国人的苦难,就更为难解难说。这两个大头目,一是项羽先生,一是刘邦先生。

项羽先生是一个没有政治头脑的彪形大汉,也是中国历史上最伟大的军事天才之一,他跟西方世界的军事天才汉尼拔先生,同是公元前三世纪的英雄人物。提起汉尼拔先生,西洋老爷人人皆知。公元前三世纪八〇年代前二一九年,第二次布匿战争揭幕,汉尼拔先生穿过伊比利安半岛,把战争带到罗马帝国本土,三年后的坎尼会战,罗马军团大败,七万人有六万七千人战死,仅有可怜的三千人逃生。汉尼拔先生率领的迦太基军团,转战各地,攻无不胜,战无不取,直抵罗马城下,把罗马帝国打得叫苦连天,眼看就要恶性倒闭。最后罗马海军切断他的海上补给线,他才不得不撤回本国,可是已在罗马帝国本土上整整打了十八年。公元前二〇二年,罗马军团追击,汉尼拔先生在本国疲惫迎战,尝到他平生第一次失败。

正当汉尼拔先生在罗马帝国境内转战,节节胜利时,项羽先生也在中国境内转战,也节节胜利,而且还一度建立中央政府,他称他的王朝为“西楚”,自称为“霸王”,定都彭城(江苏省铜山县)。项羽先生的悲剧根源,在于他没有政治头脑,却偏偏坐上非有政治头脑才可以坐上的宝座。他的政治头脑愚蠢,跟他的军事天才,成尖锐的对比。就在他用武力统一中国的时候——公元前三世纪九〇

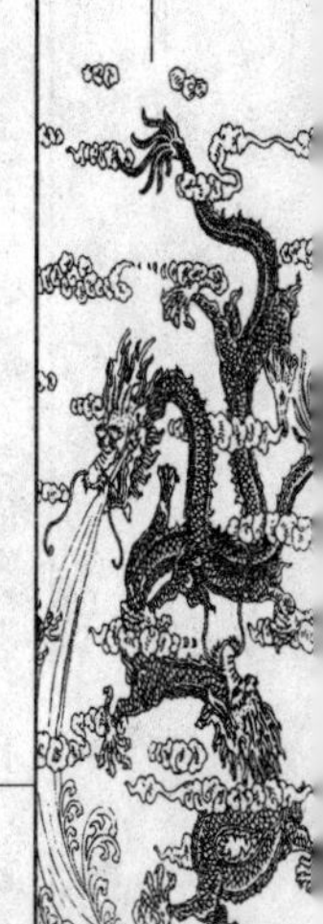

年代前二〇六年，他却自己把秩序重新搞乱。这是有原因的，他阁下是故楚王国没落的贵族后裔，仅仅两年前，不过还是江东（长江下游南岸，即太湖附近）的一个无业游民，乘着秦王朝崩溃，聚集了一批恶少，大干特干，不但没有送掉老命，还成为中国的元首，自然而然地把天下事看得简单无比，认为只要兵强马壮，就可以一意孤行，想干啥就干啥。

最严重的一个错误是他胡乱封王。随着他西征的联军，差不多都是各个新兴王国派出的军队。项羽先生一时高兴，或一时不高兴，竟把随他西征的一些将军，都封成国王，反而把将军的顶头上司，即派遣他们西征的原来的那些国王，驱逐到别的地方。呜呼，那些新兴王国的国王，跟项羽先生一样，天下也是"打"出来的，当然不吃这一套，于是，好不容易平息下来的混乱，再度爆发。最糟的是，项羽先生的死对头刘邦先生，原来约定好要封为秦王（陕西省中部）的，项羽先生却把他封到万山丛中去当汉中王（陕西省南部）。刘先生遂第一个起兵反抗。公元前二〇六年到前二〇二年，五年之中，两个大头目生死决斗，杀得赤地千里，血流成河。

刘邦先生的出身更差劲，项羽先生不过是无业游民，刘邦先生却是典型的地痞流氓。这场战争中，项羽先生百战百胜，刘邦先生百战百败。但刘邦先生像苍蝇一样，项羽先生一巴掌下去，刘邦先生就嗡的一声飞啦，东南西北飞了一阵，兜了个大圈小圈，最后仍兜回来原地再干。项羽先生要求的是速战速决，却始终捕捉不到刘邦先生西汉兵团的野战主力，把他阁下急得哇哇乱叫，派人到刘邦先生那里，要求决战，刘邦先生笑曰："请你回去禀报项老哥，俺可是宁愿斗智，而不斗力。"

显然的，在纯军事上，刘邦先生不是对手，所以他才不得不斗智，斗智是一种谋略战。刘邦先生有重要的两大谋略，使他奠立决定性胜利的基础。

第一个伟大的谋略，是使项羽先生自己觉得伟大非常，把他惟一的智囊范增先生，一脚踢出大门。呜呼，刘邦先生有三个肱股干部：一是后勤总司令萧何先生，他使后方社会保持安定繁荣，更使补充兵源源源不缺。一是参谋总长张良先生，他的神机妙算，能料敌于千里之外。另一是陆海军大元帅韩信先生，他是一个比项羽先生更高明的军事天才，他在短短的数年之中，扫荡了黄河以北所有的新兴王国和地方割据政权。而项羽先生只有一位范增先生，范增先生的智慧超过项羽，可是项羽先生手下的军队超过范增。大权力决定一切的社会，最初项羽先生还很谦恭，后来既然伟大不凡，再加上刘邦集团的阴谋诡计，项羽先生遂疑心范增先生要叛变啦。疑心一起，蠢血即沸，于是把范增先生驱逐回乡。从此项羽先生陷于孤立，任凭刘邦先生作弄摆布——刘邦先生跺脚他就跳，刘邦先生咳嗽他就叫，恍恍惚惚，身不由己。

垓下歌舞

刘邦先生第二个伟大的谋略是"和谈"。公元前二〇三年，刘邦先生向项羽先生提议谈判，义正词严的话，悲天悯人的话，以及拍马屁的话，说了两火车。然后信誓旦旦曰："如果刘邦负约，是刘邦背信，而你阁下理满天下，古人不云乎：'师直为壮，师曲为老'，刘邦既然为人所不齿，你阁下以直道而行，天下何人能敌？刘邦背信食言，自为天下所不容，何能跟你阁下抗衡哉？"

项羽先生一听，对呀，对呀，有理有理，马上答应。议定以鸿沟（河南荥阳县西一条小河）为界，鸿沟以东的东中国，归项羽先生的西楚政府，鸿沟以西的西中国，归刘邦先生的西汉政府。其实，要说项羽先生比刘邦先生政治低能则可，要说项羽先生傻到会在这么件大事上受骗则不可。实在是他也筋疲力尽，能喘一口气，就抓住机会喘一口气。

政治真正使人叹息，鸿沟为界的盟约，墨迹刚干，项羽先生率领他的军队撤退，刘邦先生立刻变卦，下令追击。项羽先生气得暴跳如雷，而西楚兵团的战士，憬悟到受了欺骗，马上猛烈还击，把刘邦先生再一次打得抱头鼠窜。然而，这是项羽最后一次胜利矣，韩信先生大军赶到，就在垓下（安徽省灵璧县），布置下口袋阵地——在那个时代，称为"十面埋伏"。项羽先生有勇无谋，他率领的西楚精锐常胜军，一步一步，走入陷阱。

就在垓下，我们的女主角虞姬女士，像彗星般地在军营中出现，也像彗星般地在军营中殒灭。

虞姬，姓虞，她的名字已经失传。虞姬者，虞小姐，虞女士也。也有人说虞是她的名，姓啥则不可考矣。江苏省吴县人。项羽先生于公元前二〇九年在下相（江苏省宿迁县）杀了县长起兵时，打到吴县，一瞧虞姬女士，貌如天仙，三围更是该粗的地方粗，该细的地方细，而且书画歌舞，无一不精，还是一个才女。在那个时代，美女易得，才女难求，项羽先生就来一个真正的霸王硬上弓。不过英雄美人，却相见恨晚，十分恩爱，项羽转战南北，总把虞姬带在身边，如影随形，她分享了项羽先生的威风，也分享了项羽先生的荣耀。然而，她是一位善良纯洁的女孩，从没有干涉过政治，从没有在西楚王朝扮演过使人注目或使人迁怒的角色，更没有替项羽先生得罪过一个人，或做出一件伤害西楚政府的事。可是，她却遭受西楚政府覆亡的灾难。

公元前二〇二年初春，刘邦先生的西汉兵团，在垓下把西楚兵团重重包围。当晚，满天星斗，月星如昼。忽然间，四面八方的西汉兵团阵地中，传出楚歌，项羽先生侧耳倾听，大骇曰："我们疆土难道全部陷落了？何楚国人之多也？"事实上也正是如此，项羽先生的力量只剩下这支孤军。而这支孤军，死的死，降的降，逃的逃，现在只残存八百骑兵。他阁下不能入睡，就在营帐中徘徊，虞姬女士在旁陪伴。项羽先生的战马，名叫"乌骓"，也在帐外长嘶，项羽先生百感交集，慷慨悲歌。歌曰：

力拔山岳啊，气盖江河
情势险恶啊，乌骓仍不肯离弃我
乌骓不肯离弃我啊，我该如何
虞姬啊虞姬，我该如何

一面唱，一面落下英雄穷途末路的眼泪。虞姬女士也随着他唱，最后，她起身为项羽先生舞蹈，一面舞，一面唱她自制的诗曲：

中华帝王

汉兵已略地　四面楚歌声

大王意气尽　贱妾何聊生

这是一个悲凉的场面，项羽先生众叛亲离，只有八百骑兵仍效忠他，一匹战马和一位美女仍爱他。然而世界之大，已无他容身之地。虞姬女士知道这一点，往事已不堪回首，她泣曰："我生随着你，死也随着你，愿你为国保重。"趁着项羽先生不备，她举剑自刎。

——她如果苟延残喘地活下去，一定会被西汉兵团捉住，十拿九稳的，刘邦先生要她上床。以虞姬之美和虞姬之才，也可能成为下文我们将要叙述的戚懿女士。唉，那结局将更悲惨。

项羽先生抱尸痛哭，就在尸体倒处，掘土成墓，把虞姬女士安葬。至今安徽省定远县城南三十公里，墓冢仍在。然而荒烟野蔓，狐鼠鼯蔻，徒使后人感伤。不过，虞姬女士除了给我们留下这段可歌可泣的事迹外，她还在中国文学史上，占有相当地位，词曲中有"虞美人"调，就是为纪念这位美女而作，地下有知，也足慰芳魂矣。

京戏中的《霸王别姬》，是最成功的一幕歌剧。当舞台上女主角出现，唱出"冰轮乍涌"优美的词句，观众虽在千载以下，仍觉凄惋。虞姬女士跟西施女士不一样，圣崽酱萝卜之流，还能硬着嘴巴，说是西施女士把吴王国搞亡的，却无法说虞姬女士把西楚王国搞亡，躲过一刀，也是幸事。

彗星刹那间呈现，又刹那间消失。历史上，虞姬女士只在这一晚露面，在完成悲剧后，又归乌有。

汉高祖刘邦

高祖刘邦

汉高祖刘邦，字季(一说小名刘季)，周赧王五十九年(前256)出生于沛郡丰邑(今江苏丰县)中阳里。父亲名瑞，兄弟四人，高祖排行老三，长兄名伯，次兄名仲，少弟名交。青年时被拥立为"沛公"，汉王元年(前206)被项羽立为汉王；汉王五年(前202)正式称帝，国号为汉。是前汉王朝第一代皇帝，庙号"高祖"。

传奇经历　豪杰本色

刘邦小时候也读过一些书，但他绝非本分的读书人。他性格豁达粗犷，待人宽厚。平时很少参加家庭农业生产，他的父亲曾为此多次责备他。到青年时代，秦始皇已经统一全国，他通过考试当上了秦的泗水亭长，并与郡县小吏关系非常亲密。但他这时也成了一个酒色之徒。后来被他封为齐王的大儿子刘肥的母亲曹氏当时就是他的外妇。

尽管刘邦在生活上有失检点，但他胸怀大志。有一次，他押送夫役到首都咸阳，正碰上秦始皇出行，看到秦始皇威风凛凛地坐在仪仗护卫的车中，他便赞叹说："唉，大丈夫就应该像这个样子！"

从咸阳回来后不久，刘邦就结了婚。妻子是单父(今山东单县南)人吕公的女儿。吕公原来不住在沛县，因为和沛县的县令关系好，为躲避仇家而搬到沛县。吕公刚到沛县时，县里的豪杰吏曹听说他是县令的贵客，都来拜贺。当时萧何在沛县任主吏，他主办宴会，向来客宣布："凡贺礼不满一千钱，都坐在堂下。"刘邦也是贺客之一，他根本没带钱，却对传达说："我贺钱一万。"传达去告诉吕公，吕公急忙亲自下堂迎接。吕公看到刘邦后，觉得他相貌气度非凡，对他十分敬重，就拉他入席就坐。酒后，吕公示意刘邦留下，提出愿意把自己的女儿嫁给他。这对刘邦来说是求之不得，因此和吕公的女儿就成婚。吕公的这个女儿就是后来历史上著名的吕后。她为高祖生了一儿一女，女儿后来称鲁元公主，儿子就是惠帝。

刘邦成家后，为了照顾家庭，他不得不常常告假回家帮着干一些农活。有一次，吕后和女儿正在田中薅草，一个过路老人因向吕后讨水喝，便恭维说，她们都生得"贵相"。老人走后，刘邦也来到田中，吕后把相面之事告诉他，他马上追上那位老人，请他也为自己相面。老人说："刚才你夫人和儿女所以是贵相，就是因为像你，你的相贵不可言。"刘邦听了非常高兴，他对老人道谢说："如果真像你老人家所说那样，我一定不会忘记你的大德。"秦王朝末年，秦始皇修骊山墓需要大批劳力，高祖受命以亭长身份押送刑徒到骊山。在押送的路上，刑徒们纷纷逃亡。刘邦估计到了骊山，这些刑徒差不多要跑光。一天，走到丰邑西边的大泽里，停下来休息时，刘邦喝多了酒，仗着酒劲就把刑徒身上的绳索解开，对他们说："你们都逃命吧，我也从此逃亡了！"当时有十几个刑徒愿意跟着刘邦走，刘邦就连夜带着他们从大泽里逃亡。当时他命令一个人在前面探路，这个人却很快回报说："前面有一条大蛇挡在路上，我们还是回去再找路吧。"刘邦这时已经醉得不行，他大声呵斥说："我们勇士走路，怕什么！"于是他冲到前面开路，拔出剑把那条蛇一斩两段。又走了几里路后，刘邦酒性发作，在路旁躺下。后面的人走到蛇死的地方，看见一个老太婆在痛哭，问她为什么哭，她说："有人杀了我的儿子。"又问："你的儿子为什么被杀？"她说："我的儿子是白帝的儿子，他变化成蛇，横在路上，刚才被赤帝的儿子斩杀，所以我哭。"人们当时都以为这个老太婆是说胡话，就想拿她开心，可是老太婆却突然隐身不见了。后来的人继续向前走，碰到刘邦，他的酒已经醒了，于是他们把此事告诉了他。刘邦心里暗喜，并以此自恃，使得那些跟从他的刑徒对他更加敬畏。

早先的时候，秦始皇就经常说："东南有天子气。"所以他曾经多次东巡，试图来镇住这种云气。刘邦杀了大蛇，又听说了那种神异之事，就开始怀疑会不会是冲着自己来的。因此，他带着那些愿意跟从他的刑徒逃亡到芒、砀山区（今河南永城县东北），藏了起来。但就是这样，吕后和其他人去寻找他，也常常能够很快找到。刘邦很奇怪，就问她原因。吕后说："你藏身的地方，天空上经常有五彩祥云，所以我一找就能找到。"刘邦很高兴，把此事向人们悄悄宣传，沛县及附近的青年人听说后，很多都愿意跟从他。这样一来，刘邦利用迷信和自己的为人就组织了一批人在自己周围，成为当时人们公认的沛中豪杰。

秦二世元年（前 209）七月，陈胜、吴广在大泽乡（今安徽宿县西南）发动起义，在攻下陈（今河南淮阳）后，陈胜称"王"，建立了"张楚"政权。沛县县令想响应陈胜来保全自己，刘邦好友沛县主吏萧何、狱掾曹参就向县令建议说："你是秦朝的官吏，现在想背叛秦朝，领着沛中子弟起兵，他们恐怕不会听你的。最好还是把那些逃亡在外的人召回来，能聚集几百人，这样大家就不会不听话了。"县令表示同意，他让吕后的妹夫樊哙去找刘邦。刘邦这时已经聚集了好几百人，于是就和樊哙一起回到沛城。但刘邦还没到沛城，县令又开始后悔，害怕刘邦进城会杀掉自己，因此紧闭城门，并打算杀掉萧何、曹参。萧何、曹参闻讯后，急忙越城逃到刘邦处。高祖进不了城，就写一封信射到城里，号召沛城父老杀掉县令，响应各路义军。城中人民对县令出尔反尔非常愤恨，加上他平日鱼肉百姓，于是很快杀了县令，开门迎接刘邦，并想推举他为县令，萧何、曹参等也都一致推让刘邦。许多父老也说："我们早就听到了许多关于你的神奇事，你肯定要成为贵人，还是由你来领导最好。"刘邦一再推辞，最后被大家拥立为"沛公"。刘邦在县令的衙门中，设坛祭祀，并宣称自己是赤帝之子而树起红色大旗，正式宣布起兵反秦。接着，萧何、曹参和樊哙等人分头去招兵买马，沛中子弟踊跃参加，队伍很快发展到了两三千人。这时是秦二世元年的九月，高祖已经 48 岁。

连年征战　为王关中

在刘邦于沛城起兵的同时，原楚国贵族的后裔项梁、项羽叔侄也在吴中起兵（今江苏吴县）。他们杀了会稽郡守，很快组成了一支 8000 人的江东子弟兵。其他一些六国贵族也都纷纷起兵，自立为王。

秦二世元年（前 207）十二月，陈胜被车夫庄贾所杀。次年（前 206）六月，项梁知道陈胜确实已死，就在薛县召集各部将领，立了楚怀王的孙子熊心为楚王，自称楚怀王，定都盱眙（今江苏盱眙）。这时，秦大将章邯已经攻灭了魏国和齐国。到了七月，楚军经过休整，开始向秦国反攻。楚军连连胜利，项梁被胜利冲昏了头脑，骄傲起来，别人进谏也不听。九月，章邯得到秦关中的援兵后，乘项梁不备，突然夜袭定陶。结果楚军大败，项梁被杀。章邯在击杀项梁后，认为楚国已不再构成威胁，就渡河进攻赵国。赵王向楚怀王求救。接到赵国的求援信，楚怀王和众将商讨，决定分兵两路：一路以宋义为上将军，项羽为次将，范增为末将，北上救赵；一路以刘邦为将西进关中。最初，楚怀王曾和诸将约定："先入定关中者王之。"但这时，由于秦军强大，许多将领都不愿意抢着入关。只有项羽为了给项梁报仇，要求和刘邦一起入关。楚怀王和老将们考虑：项羽为人剽悍残酷，不如刘邦是宽厚长者，所以最终他们没有同意项羽的要求，还是派高祖独自率军入关。

经过连番征战，汉王元年（前206）八月，高祖攻入武关，向咸阳逼近。秦相赵高杀死二世，派人向高祖求和，被高祖拒绝。九月，秦王子婴即位，他诛灭赵高，派兵在峣关抵挡高祖。高祖率军绕过峣关向秦国进攻，在蓝田之南打败秦军，接着到蓝田又大破秦军。十月，高祖即进抵咸阳东郊灞上（今陕西西安东）。秦王子婴被迫乘坐素车白马，用带子系着颈，捧着玺印向高祖投降。秦王朝灭亡。

十月，刘邦进入咸阳。当时他以"关中王"自居，准备就住在宫中，好好享受一番。樊哙提醒他这将重蹈秦的覆辙，他却不以为然。因此张良又再次进谏说："秦王朝的统治是残暴无道，所以才能使你进入关中。你想为天下除去残暴，自己首先就必须以朴素为资。现在刚刚入秦，却安于享乐，这是所谓'助纣为虐'，况且，'忠言逆耳利于行，良药苦口利于病'。樊哙讲得话虽有些难听，但为了夺取天下，我希望你还是听从他的劝告。"这样，刘邦才听从了他们的劝告，"乃封秦重宝财物府库，还军霸上"。只有萧何带着"秦丞相御史律令图书"，回到军中。

十一月，刘邦召集各县一些有名望的人士，向他们宣布："我们这次入关，目的是要推翻秦的暴政。我们不会侵暴你们，不要害怕！你们苦于秦的苛法已经很久，诽谤者族，偶语者弃市。怀王曾与诸侯约定，先入关者做关中王，我应该做关中王。所以我现在和你们约法三章：杀人者死，伤人及盗抵罪。原来的秦法一律废除，所有官吏和行政也都保留。"刘邦派人和秦朝原来的官吏一齐到各县、乡邑去宣传。老百姓听说后非常高兴，都纷纷带着牛羊酒肉来慰问义军。刘邦辞让说："仓库里的粮食很多，我不能让你们破费。"老百姓更加高兴，唯恐刘邦不做关中王。

这时，一个名叫鲰生的谋士向刘邦献计说："秦的财富十倍于天下，地形也很险固。现在听说章邯已经投降项羽，被封为雍王，王关中。他们如果来了，你恐怕就不能再做关中王了。你应该赶快派兵守住函谷关，不要让他们入关。"刘邦认为他的意见很对，于是派兵驻守函谷关。

项羽在救赵消灭秦军主力后，也率军向关中进发。汉王元年十二月，他来到函谷关。一见关门紧闭，听说刘邦已平定关中，项羽大怒，当即命当阳君英布攻破函谷关，接着率40万大军开到戏下（今陕西临潼东北戏水西岸）。这时，刘邦的左司马曹无伤听说项羽正发怒，为了求封，就暗中派人向项羽告状说："沛公欲王关中，让子婴做相国，把秦的珍宝都据为己有。"项羽一听，更是火上加油，加之谋士范增也劝项羽赶快除掉刘邦，因此他下令犒劳士兵，明天一早就向刘邦进攻。刘邦当时只有10万人，在兵力上完全处于劣势。在大难就要临头之际，刘

邦却来了救星。这个救星就是项羽的叔叔项伯。项伯和刘邦的谋臣张良交往甚密，张良曾救过他的命。他听说马上就要向刘邦进攻，就连夜驰入刘邦军中，想把张良带走。张良却对他说："沛公有大难，我作为谋臣不能一声不吭就走，要走也得把这件事情告诉他。"刘邦听了大惊，要张良赶快考虑对策。张良说："你现在应亲自去对项伯说明，你不敢背叛项王。"刘邦对项伯以好酒招待，并约为儿女亲家，然后说："我入关后，秋毫不敢有所取，登记吏民，封存府库，以等待将军(指项羽)。所以遣将守关，是为防备盗贼和其他意外。我日夜盼望将军到来，怎么敢反叛呢！希望您能替我向将军说明这个情况。"项伯答应，对刘邦说："你明天拂晓定要亲自去对项王赔礼。"刘邦答应后，项伯即连夜返回，把刘邦的话全部告诉了项羽，并劝告项羽说："沛公不先破关中，你能顺利入关吗？人家有大功，不该这样对待，还是好好相待才是。"项羽表示同意，取消了进攻计划。

第二天一早，高祖率张良、樊哙和一百多个骑兵来到项羽的营帐鸿门，向项羽赔礼。项羽宴请刘邦，席上明争暗斗，剑拔弩张，演出了历史上的"鸿门宴"。鸿门宴后，项羽即率兵西屠咸阳，杀秦王子婴，烧秦宫室，掳掠财物妇女，然后东归。到汉王元年(前206)二月，他以最高统帅的身份，尊怀王为义帝，立诸将为王、侯。诸侯王共分封了19个：项羽自立为西楚霸王，管辖梁、楚九郡，都彭城；立高祖为汉王，管辖巴、蜀、汉中41县，都南郑(今陕西南郑)。

四月，项羽遣诸侯各自就国。刘邦没有办法，也只好前往南郑。项羽当时只给了他3万士兵，加上自愿随从的几万人，也不到10万人。为了防备其他诸侯的袭击，也为了向项羽表示不再东出争夺天下，刘邦接受张良建议，把通往汉中的栈道烧了。这样，从陈胜开始反秦到秦灭亡，长达三年的战乱暂时平息。

楚汉相争　中原逐鹿

高祖虽然来到南郑，但他并不甘于受封为汉王。只是由于考虑到自己势单力孤，当时才没有立即起来反对项羽，而到了南郑，情况发生了变化：一方面，高祖所率士卒不服水土，讴歌思念东归，他必须立即决断；另一方面，项羽分封不均，齐国田荣起兵反叛，也为高祖提供了东进的机会。高祖决定出关与项羽决一雌雄。恰好丞相萧何又向他推荐将才韩信，认为"必欲争天下，非信无可与计事者"，高祖便任命韩信为大将。韩信向高祖建议："我们的军吏和士卒都是山东(指函谷关以东)人，他们日夜企望东归，借助这股士气，可以建立大功。我们应立即决策，率军东进。"高祖非常高兴，就让他全权部署作战计划。汉王元年(前206)五月，高祖以萧何为丞相，留守巴蜀，安抚后方，自己则和韩信率领大军暗度陈仓(今陕西宝鸡东)，很快占领了整个关中，楚汉战争正式爆发。

汉王二年(前205)十一月，正当项羽与齐、赵激战时，高祖率兵出关向中原进军。汉军声势浩大，河南王申阳主动投降，高祖置其地为河南郡。郑昌顽抗，被韩信击破，也被迫投降。高祖回到关中，迁都栎阳(今陕西栎阳)。为瓦解敌方和巩固后方，他下令若敌方将领率万人以一郡降封为万户，开放秦朝原来的苑囿园池，令民耕种。

三月，高祖北渡黄河，西魏王豹带兵投降。殷王司马欣抗拒，被高祖击败后俘虏。接着，高祖又南渡黄河，攻克洛阳。四月，高祖率各路诸侯，共56万人，东向伐楚，很快攻下了彭城。

项羽知道高祖出关东进后，并没有立即回师迎战。他准备把齐国彻底击破后，再全力对付高祖。这时听说高祖已经占领彭城，便率领精兵3万，急返彭城。当时高祖还在彭城置酒和各路诸侯庆功，楚军在早晨向汉军发动进攻。一日之中，大破汉军。汉军沿谷、泗二水退逃，被杀死十几万人。又在灵壁（今安徽宿县西北）东濉水上被项羽追上，又有十几万汉军被杀死，“濉水为之不流”。高祖仅与数十骑逃脱，路上恰遇女儿和儿子，而父亲和妻子却被楚军俘虏。各路诸侯看到高祖大败，纷纷叛离。

高祖退到荥阳，收集逃散士卒。这时，萧何从关中派来增援部队，连56岁以上的老人和不满20岁的青年都被征入伍。同时韩信也收兵前来会合，汉军复振。五月，在荥阳南边京、索之间击破楚军，使楚军不能越荥阳而西。在此期间，高祖还派说客说降英布叛楚。英布是项羽手下的一员猛将，他的反叛不仅使项羽丧失了一支重要的力量，同时由于项羽要分兵平叛，也给高祖的正面战场减轻了压力。

当时，汉军在荥阳一带设防。为了保证军粮，汉军修筑甬通，从黄河上通过，到原秦的大粮仓敖仓去搬运粮食。项羽却多次侵夺汉军的甬道，使汉军缺乏粮食。

四月，项羽包围了荥阳。高祖无奈，向项羽请和，以荥阳以西为汉。项羽准备答应，但范增认为：“现在要彻底消灭汉已很容易，如果放过这个机会，以后肯定要后悔。”于是，项羽不再同意讲和。猛攻荥阳。高祖就使用陈平之计离间项羽和范增。项羽派使者来劝降，高祖让人捧着丰盛的食物去招待。看见使者，假装惊愕说：“我以为是亚父的使者，原来却是项王使者。”然后把好菜好饭拿走，换上很差的饭菜。使者很生气，回去报告项羽。项羽从此怀疑范增与汉私通，范增提的一些主张不再采纳。范增为此大怒，对项羽说：“天下事大局已基本定了，大王你好自为之吧。你让我还是做一个普通百姓安度天年吧。”项羽同意。这样，范增就离开了项羽，还没有走到彭城，背上生疮气愤而死。

五月，楚军对荥阳的攻势更加猛烈。在这种情况下，将军纪信建议高祖，让自己代替高祖假装投降，以使高祖借机逃离。于是纪信坐着高祖的车子，从东门出降，吸引楚军四面包围，高祖带着几十个骑兵从西门突围而走。项羽没有捉住高祖，气得把纪信烧死了。

项羽占领荥阳后，接着又攻克重镇成皋（今河南荥阳汜水镇）。汉王四年（前203）十月，成皋被高祖收复。高祖攻占成皋后，立即进围荥阳。项羽听说成皋失守，立即回师。高祖撤围后退，两军在荥阳东北的广武山形成对峙。对峙数月，项羽感到这样下去对自己不利。因为高祖夺取成皋后，可以从敖仓取得军粮，而楚军却由于彭越在后方骚扰，经常袭击粮道，军粮供应不上。为了逼迫高祖投降，项羽想出了一个方法，把前时俘虏的高祖的父亲太公带到了阵前，对高祖说：“现在你不赶快投降，我把你的父亲烹了。”不料高祖对此毫无所惧，竟说：“我和你曾受命怀王，‘约为兄弟’。我的父亲就是你的父亲，如果你一定要烹了你的老子，那么看在兄弟分上也分给我一碗肉汤吧。”项羽气得发昏，当时就要杀掉太公。项伯劝他说：“究竟谁能得到天下还不知道，况且争夺天下的人也不顾家室，即使杀了也不起作用，只会使两方的怨仇更深罢了。”项羽只好作罢。

不久，项羽又向高祖单独挑战。高祖却笑着拒绝说：“我和你只斗智，不斗

力。"然后指责项羽有十大罪状说:"你负约王我于蜀汉,是一罪;杀卿子冠军(宋义)以自尊,是二罪;救赵后本当还报,却率兵入关,是三罪;烧秦宫室,私收其财,是四罪;杀秦降王子婴,是五罪;坑秦降卒20万,是六罪;分封不均,是七罪;赶义帝出彭城,自己为郡,是八罪;暗杀义帝,是九罪;为人臣而杀主,为政不平,是十罪。我率领义兵和诸侯一齐来诛灭残贼,又何苦与你单独挑战呢?"项羽听后大怒,弯弓射中了高祖的胸部。

双方这样对峙了10个月,高祖兵盛食多,项羽兵疲食绝。最后在辩士侯公的说和下,高祖和项羽约定:双方以鸿沟(今河南荥阳、中牟、开封一带)为界,"中分天下",西边属汉,东边归楚。项羽送还了高祖的父亲和妻子。

鸿沟之约后,项羽率兵东去,高祖也想引兵西还。张良、陈平进谏说:"汉已据有天下大半,诸侯又都归附,楚已兵疲粮尽,这是天要亡楚之时,不借这个机会消灭项羽,那真是养虎遗患了。"高祖醒悟,立刻向楚军追击。

汉王五年(202)十月,高祖在阳夏之南追上项羽。他遣使与韩信、彭越约期会师,共击项羽。到了固陵(今河南太康西),韩、彭两军未至,项羽向高祖发起攻击,汉军大败。高祖只好又坚壁固守。他向张良寻求计策,张良说:"若能以齐地实封韩信,以梁地实封彭越,他们肯定会全力帮你击败项羽。于是高祖派人通告韩信、彭越,只要他们并力击楚,打败项羽后,就封他们为齐王和梁王。韩、彭立即回报:"我们马上进兵。"这时,楚大司马周殷也被高祖劝降,淮南王英布也带兵前来会战。这样,汉军在兵力上占据了绝对优势。到十二月,双方在垓下会战,汉军30万人团团围住了项羽。

项羽当时已兵少粮尽。一天夜里,他突然听到汉军四面皆歌楚声,以为汉军已全部占领楚地。心中悲伤,便起来在帐中饮酒。他让美人虞姬陪饮,命人牵来心爱的坐骑"骓",然后悲歌慷慨地唱着:"力拔山兮气盖世,时不利兮骓不逝。骓不逝兮可奈何,虞兮虞兮奈若何!"虞姬则和唱说:"汉兵已略地,四方楚歌声。大王意气尽,贱妾何聊生。"二人唱了几遍,虞姬就饮泪自刎。项羽泪流数行,跨上骏马,率骑兵800,连夜突围而出。

天亮以后,汉军才发觉项羽已经突围。高祖令骑将灌婴率骑兵5000追击。项羽渡过淮河,只剩下100多人随从。到阴陵(今安徽定远西北),由于迷路,又陷入大泽。项羽引兵向东,至东城(今安徽定远东南)被灌婴追上。这时项羽身边只还有28骑,奋力与汉军三次激战,杀死汉军几百人,最后拔剑自刎。楚汉战争终于以高祖的胜利而告终。

汉承秦制　帝国一统

汉王五年(前202)正月,刘邦按照与韩信、彭越的约定,立韩信为楚王,彭越为梁王。于是韩信、彭越和原已策立的淮南王英布、赵王张敖、燕王臧荼、韩王信以及前不久封为长沙王的吴芮上疏共尊刘邦为皇帝。刘邦推辞,他们都说:"大王出身贫贱,讨灭乱秦,又以汉王诛灭不义,平定天下,立功臣,不为私,诸侯王不足称,唯称皇帝实宜。"高祖说:"你们真认为这样会对天下人民有利,那就可以吧。"二月初三,高祖于山东定陶汜水之阳正式称皇帝,国号为汉。接着,他下诏尊王后吕雉为皇后,太子刘盈为皇太子。

高祖称帝后定都洛阳。五月,在洛阳的南宫举行盛大的庆功宴会。会上,高

祖让群臣畅所欲言，总结汉胜楚败的经验教训。当时高起、王陵认为：高祖能“与天下同利”，而项羽却“不予人利”，这是项羽所以失败的原因。高祖却认为他们只知其一，不知其二。他说：“要讲运筹帷幄之中、决胜千里之外，我比不上张良；讲镇守国家安抚百姓，供给粮饷，我比不上萧何；讲率军百万，战无不胜，攻无不克，我比不上韩信。但我能任用他们发挥出他们的聪明才智，这才是取得胜利的原因。而项羽只有一个范增，却又不能善加任用，这是失败的原因。”对于高祖的分析，群臣都表示悦服。

这时，戍卒齐人娄敬从山东赶来洛阳，求见高祖。他认为高祖夺取天下的方式和周代不同，不应当像周那样定都洛阳，而应据秦之险，定都于关中。高祖把他的主张交给群臣讨论，许多人表示反对，认为还是在洛阳好。只有张良支持娄敬，对高祖说，关中是“金城千里，天府之国”，攻守兼备。高祖非常赞成，于是即日起驾，西迁关中，定都于长安。因为长安地处西方，和后来光武帝定都洛阳重建的汉朝相对，所以后世史家称为“西汉”。

“汉承秦制”，西汉的政治制度，基本是继承了秦朝的制度。和秦一样，汉中央政府由皇帝总揽大权，下设各级官吏，主要是三公九卿。三公是丞相（汉初称相国）、太尉和御史大夫。丞相协助皇帝处理政务，是全国最高官员；太尉掌管全国军事，是最高军事长官；御史大夫主要是监察百官，是全国最高监察官。九卿：一是奉常（太常），掌管宗庙祭祀，朝廷礼仪；二是郎中令（光禄勋），掌管皇帝警卫和宫廷事务；三是卫尉（中大夫令），掌管皇宫门卫；四是太仆，掌管皇帝车马仪仗；五是廷尉（大理），掌管刑狱；六是典客（大行令、大鸿胪），掌管少数民族事务；七是宗正（宗伯），掌管皇帝亲属；八是治粟内史（大农令、大司农），掌管全国财政；九是少府（考工），掌管皇帝私人财政。

地方政府也基本上和秦一样，实行郡县制。秦初分全国为 36 郡，末年又增设数郡。汉初，高祖在全国设置了 15 个郡。后来，高祖在消灭异姓王时陆续恢复了一些郡县，同时又从秦时的大郡中分设了一些小郡。这样，加上汉初的 15 个郡，一共是 36 个郡。郡设守、尉。郡守（太守）掌一郡政事，郡尉（都尉）掌一郡军事。与秦不同，汉代郡中不再设监御史。郡下设县，万户以上的大县设县令，万户以下的小县设县长，令、长下均设有丞、尉。令、长掌一县政事，丞协助令、长，尉则掌管一县军事。县下设乡，乡有三志、有秩、啬夫、游徼。三志掌教化，有秩或啬夫听诉讼，收赋税，游徼巡禁盗贼。乡下有亭，设亭长、求盗。亭长掌一亭事务，求盗掌追捕盗贼。亭下设里，里有里正、监门。最基层的乡村组织有什、伍。十家为什，有什长；五家为伍，有伍长。汉代乡的组织与秦略有不同，即规定在各乡的三老中，推选一人为县三老，其作用是要他们“与县令、丞、尉以事相教”，加强县乡之间的联系。

与秦不同的是，高祖除了继续推行郡县制，还分封了一些诸侯王国。汉初，先是分封了 7 个异姓王国，后来除了长沙王吴芮，其余都被陆续消灭。但在削平异姓王的过程中，高祖又分封了 9 个同姓王，他们都是高祖的子、侄、兄弟。高祖规定：诸侯王国的地位与郡相等，王国的相国（后改为相）和太傅必须由中央委派，代表中央处理政务，没有中央的虎符，诸侯王不得擅自发兵，诸侯王不得违反中央政令等。在诸侯王国以外，高祖还分封了许多侯国。这些侯国的地位与县相等，大多是封赏给有功之臣的。这样一来，汉代的地方制度就是郡县制度和诸

侯王国并行。

为了维护尊卑等级，高祖还沿用了秦的20级爵位制度。在秦朝法律的基础上，高祖也改制了新的法律，就是汉代著名的《九章律》。在制定法律的同时，高祖又仿效秦朝建立起一套礼仪制度。总之，通过以上一系列措施，统一的中央集权的封建大帝国又重新建立起来。

不过，汉承秦制集中体现在礼法制度方面，汉高祖刘邦的统治政策却与秦王朝多所不同，而这种不同，正是借鉴秦朝灭亡的教训而总结、制定、推行的。

经过长达8年的战乱，建国之初的汉朝人口锐减，经济凋敝。故此，汉高祖刘邦首先采取措施，解决劳力不足的问题：释放囚犯，流民返乡，军人复员，解放奴婢，鼓励生育。同时，调整土地，发展地主经济。

为了调动农民的生产积极性，在秦的赋税制度基础上，高祖采取了轻徭薄赋政策。除了轻徭薄赋，高祖还通过"赐爵"、"复爵"来调动农民的积极性。在重点发展农业生产的同时，高祖也对工商业的政策作了调整。主要措施就是放宽对私人工商业的限制。结果不仅振兴了工商业，也促进了农业生产。

为了保证人民能有一个安定的环境从事生产，汉高祖还比较妥当地解决了与匈奴的关系问题。他采用"和亲"策略，以宗室女为公主嫁给冒顿单于，并送给匈奴大批财物。这样一来，匈奴对中原的骚扰大为减少，汉、匈之间的关系暂时出现了和平，从而给中原人民提供了一个相对安定的生产环境。

由于以上措施和政策的施行，汉初的农业生产大大发展，经济很快得到了恢复。到惠帝、吕后统治时期，已经是"衣食滋殖"。到武帝初年，更出现了"都鄙廪庾皆满，而府库余货财"的经济空前繁荣的景象。

软硬兼施　巩固皇权

刘邦做了皇帝，难免有一些意骄志满。高祖九年(前198)十月，他设宴招待英布等人时，就对父亲不无得意地说："早先您老人家总是说我无赖，不如我二哥能治产业，现在您再看看，是二哥的产业多，还是我的多？"他也尽情享受着皇帝的一切特权。口极其味，耳尽其声，怀拥爱姬，恣其所欲。但是他也丝毫没有忘记：天下并不太平，隐患犹在：一是分封的异姓王，他们各自"拥兵据地"，擅长军事，不少人对中央怀有不轨之心。二是中小将领，他们都曾为高祖立过汗马功劳，虽然实力不强，但如果处理不当，也会起哄一番。三是六国残余贵族在地方很有势力，一有机会，还会死灰复燃。四是相权太重，人们忠君意识淡薄，另外还有同姓王的问题。为了巩固统一和强化皇权，高祖从称帝到去世前后八年间，始终都在致力于消除这些隐患。

汉高祖首先解决异姓诸侯王问题。而其中最酷烈的要算解决韩信。高祖六年(前201)十二月，有人就揭发最大的异姓王韩信阴谋叛乱。高祖当时将信将疑，就问诸将怎么办好，诸将说："赶快发兵杀了他。"陈平却认为楚国兵精，韩信又善于用兵，如果发兵攻之，无异于自己挑起战端，不如假装巡狩云梦，通知各个异姓王到陈县(今河南淮阳)会面。韩信肯定会前来谒见，那时只要有一个力士，就可以不费事地把他抓起来。高祖照计实行。韩信一到陈县，当即被高祖逮捕。韩信大叫冤枉，他说："果然像人们说得那样：'狡兔死，走狗烹；高鸟尽，良弓藏；敌国破，谋臣亡。'天下已平定，我本来就该给烹了。"高祖对他说："你不要大声

嚷，有人告你谋反。”然后就把韩信捆绑起来，押上囚车。但到了洛阳，因查无实据，高祖又赦了韩信，降为淮阴侯。这样一下，韩信对高祖非常怨恨。

高祖七年，韩信密谋让陈豨在外地造反，引得高祖亲自率兵平叛，自己在都城发兵袭击吕后和太子。不料被人告密，吕后采用萧何的计策，把他骗入宫中逮捕，然后斩首于长乐宫的钟室。

这样，经过7年不懈的努力，除长沙王吴芮作为点缀外，高祖终于削平了异姓王。

汉高祖在消灭异姓王的同时，较为妥当地解决了安置中小将领的问题。高祖六年，他分封萧何等大功臣20多人后，由于中小将领很多人都争功不决，暂时没有行封。有一次，高祖在洛阳南宫的阁道上，望见很多将领坐在沙地上窃窃私语，就问张良：“这是在说什么？”张良说：“你还不知道吗？他们是在谋反。”高祖有点不明白：“天下已经安定，为什么还要谋反？”张良解释说：“他们是怕你不能尽封，还怕你记仇杀掉他们。”高祖问怎么办，张良则问他平生最恨而又人所共知的人是谁。高祖说是雍齿，并说曾想把他杀掉，因为他功劳多、忍心少。张良便说：“现在应赶快封雍齿为侯，大家看到雍齿都能先受封，自然人人安心，不会忧虑了。”不久，高祖大摆宴席，封雍齿为什方侯，并催促丞相、御史赶快“定功行封”。这一招果然很灵。酒后，大家都非常高兴地说：“雍齿还能封侯，我们肯定也都能封侯了。”

至于对六国的残余贵族，汉高祖也同样没有忘记要消除他们。高祖九年（前198），他接受娄敬的建议，并命娄敬把六国的残余贵族和各地的一些名门贵族十几万人都迁到了关中。这样一来，既便于高祖对他们进行控制，也使他们丧失了当地的社会基础。

为了更加稳固统治，高祖即位后还极力强化皇权。这是因为当时封建专制主义刚刚建立，不少人仍然保持着战国以来那种“士无常君，国无定臣”的旧观念。故此，必须从礼仪规制和观念道德上加以引导、整合。在这方面，刘邦干了两件很漂亮的事情。一是尊父亲为太上皇。当时，父亲太公和刘邦住在一起。高祖为了表示孝顺，五天就去拜见一次太公。太公习以为常，可是他的属官却认为这不符合礼法，就对太公说：“天无二日，地无二王。皇帝虽然是您的儿子，但是人主；您虽然是他父亲，却是人臣。怎么能让人主拜见人臣呢？这样的话，皇帝的威仪就没法实行了。”于是高祖再来拜见时，太公就手持扫帚出门迎着退行，不再让高祖拜见。高祖看到大惊，赶快下车去扶着父亲。而太公说：“皇帝是人主，怎么能为我乱了天下礼法！”高祖知道是太公的属官所劝后，对属官能够明白自己的心意很欣赏，就赐给他们黄金五百斤，然后下诏尊太公为太上皇。这样，他既可以名正言顺地拜见太上皇，又借机更加宣扬了皇帝的至高无上。

二是对季布、丁公的不同处理。季布和丁公两人是异父同母兄弟。楚汉战争时，他们都是项羽手下的大将。季布曾率兵几次把高祖打得很狼狈，手下一点不留情；丁公也曾率兵追击过高祖，但最后把他放了。高祖称帝后，想起季布给自己的难堪，就下令捉拿季布。可又一想自己也正需要忠臣来巩固统治，于是就改变初衷，下令赦免季布，拜季布为郎中。丁公听说季布都能赦免拜官，自己曾对高祖有恩，如果去见高祖肯定更会受到重赏。因此他就去谒见高祖。但他没有想到，高祖却把他抓了起来，对群臣说：“丁公这个家伙给项王做臣不忠，就是

他使项王失去了天下。"接着就把他杀了,在军中示众。并对群臣说:"让以后做人臣的都知道不要像丁公那样!"

不只是引导、整合,汉高祖也采取铁腕手段打击权臣,巩固皇权。萧何系狱就是一例。刘邦感到相权太重,对皇权已造成威胁。高祖十二年,高祖平定英布叛乱回到长安不久,萧何代表老百姓对他建议说:"长安地方狭小,而上林苑中空地很多,已经废弃。希望陛下能下令允许百姓进去耕作,不要把它变成了养兽的场所。"高祖听了大怒,说他是受了商贾的贿赂,才来为他们请求开放上林苑的。因而不顾多年交情,下令把萧何逮捕,关进监狱。过了几天,有人问他相国犯了什么大罪。高祖解释说:"我听说李斯做秦始皇的相国,有功都归于秦始皇,有坏事都算是自己的。现在相国却接受商贾的很多贿赂,为他们请求开放我的上林苑,讨好百姓。所以我要把他关进监狱治罪。"通过整治萧何,高祖不仅打击了相权,而且更加提高了皇帝的权威。

就这样,汉王朝的统治越来越巩固。

然而,汉高祖刘邦也已经心力交瘁。高祖十一年,他平定英布叛乱时被流矢射中,在回长安的道上开始发病,回到长安后病已经很重。当时吕后曾派人请了一位良医来治病,高祖问他自己的病情如何。医生安慰他:"病还可以治。"高祖知道自己的病已经难以医治,因此他怒骂医生说:"我一布衣提三尺剑取得天下,这不是天命吗?天命决定我就要死,即使是神医扁鹊来了又有什么用呢!"然后他赐给医生50斤黄金,就让他回去。这时吕后看到高祖要不久于人世,就问他后事如何安排:"陛下百岁以后,萧相国假如也死了,可以让谁来接替?"高祖回答曹参。吕后又问曹参死后谁可接替,高祖说:"王陵可以接替曹参,但王陵缺乏计谋,可以让陈平帮助他,陈平智谋有余,但难以独任。周勃为人敦厚,不善言辞,但安定刘氏的一定是周勃,可以让他担任太尉。"吕后又问这以后的政事安排,高祖说:"这以后的事你也不会知道了。"

高祖十二年(前195)四月二十五日,汉高祖刘邦辞世,终年62岁(一说53岁)。死后葬长陵,谥"高皇帝",庙号"高祖"。

汉高祖刘邦登基前的野史传闻

刘邦到底有多大志

还是在秦末的时候,沛县丰乡的刘姓农家里,一个男婴呱呱落地。这个男婴就是后来成为汉高祖的刘邦。刘邦幼时家里很穷,父母连名字都没有,史书上只称他的父亲为太公,母亲为刘媪。据说母亲怀他时,曾做梦与神交合,当时电闪雷鸣,他的父亲看见有一条龙在他的母亲上空盘旋舞动,因此就认为他是龙种所生,这就使刘邦蒙上了一层神秘色彩。

长大后,家中无力让他读书,他便与父亲一起耕田种地。可对这一套他很不感兴趣,非常愿管点什么事,所以乡下有什么纠纷不睦都来找他帮助调解,很受乡里民众欢迎。在他30岁时,由人引荐做了乡村小吏"泗水亭长"。当时秦朝制度十里一亭,十亭一乡,亭长是管理十里以内的小官。刘邦为人豁达,胸怀开朗,做事有气魄,不讲虚伪的繁文缛节,很多人都和他合得来。当时沛县的萧何、曹参、夏侯婴、周勃、王陵等人都是他的好朋友,这些人后来都成为西汉的开国

功臣。

亭长的主要职务是管理亭内的百姓纠纷、治安情况、捕盗抓贼等工作，遇有重大事情上县里报告。可是当时在秦朝暴虐的统治下，亭长的主要工作是抓送壮丁到咸阳、骊山去做苦工。有一次，刘邦押着一队民夫到了咸阳，恰巧秦始皇出来，给他瞧见了，他一看做皇帝有这么威风，就暗暗地叹了一口气说："哎，大丈夫就该这个样子！"从此就立了做皇帝之志。

刘邦娶妻探幽

一次，县令家来了一位贵客，沛县的官吏及豪杰都去县令家道贺。刘邦也去了。当时在大门口替主人收贺礼的萧何知道刘邦没钱，笑嘻嘻地看着刘邦，成心想叫刘邦为难，就大声地对来客们说："贺礼不满一千钱的坐在堂下。"刘邦心里小声骂着说："好小子，你算哪路玩艺！"刘邦看看左右，昂着头大声说："我刘季送一万！"萧何知道刘邦在吹牛。可是他们是同乡又是好朋友，就向他溜了一眼，让他进去了。这时萧何也走进去，笑着对大伙说："刘季只会说大话，他榨碎骨头也不值一万钱。"刘邦看看大伙，挺神气地走到上座一屁股坐下说："一万钱算个什么，以后我还送十万百万，先给我记一笔账吧！"此次道贺成就了刘邦的婚姻。

这位县令的贵客是山东单父人吕公，据说会看相，他见刘邦气宇昂然，豪爽气派，度量宽宏，性格开朗，十分欣赏刘邦的风度，对他格外敬重。席上刘邦大碗喝酒，有说有笑，痛快淋漓地畅所欲言，滔滔不绝地纵谈天下大事，压倒了在座的客人，大家都对刘邦刮目相看。吕公更加敬重这位不速之客，心想，我见过的人不知有多少，像刘邦这样的人简直没有碰到过，喜欢得了不得。宴会结束后，吕公用目示意刘邦留下，刘邦一下愣了，心想，会有什么事呢？但又一想，我行为磊落，正大光明，怕什么，留下就留下。客人走尽后，吕公又与刘邦畅谈许久，越发认为刘邦是一位了不起的人才。吕公就让县令做媒，把自己的女儿吕雉许配给了刘邦，不久刘邦就和吕雉结婚了。结婚后，刘邦仍然做他的亭长。有一次，县里公事下来，让他再送一批民夫到骊山修陵墓，他恋恋不舍地告别了吕雉，押着民夫上路。那批民夫壮丁都不愿丢了自己的庄稼到很远的骊山做苦工，况且辛苦异常，性命不保。所以每天总有几个逃跑的，刘邦一个人没办法把他们抓回来，又不愿意对他们施以酷罚震服，便挠着头皮一筹莫展。他们才走到丰乡西边，逃走的人就已不少了，刘邦想，这样下去，到了骊山，也许只剩他一个人了，按秦律连刘邦也要受重罚。那天下午他们一步懒似一步地走着，来到丰乡西边的湖沼地带，他叫民夫们停下休息，大家喝了几口湖水，都闷闷地躺倒了。虽然天黑还早，但看见民夫们的惨状，就不想再赶路了，他告诉大家说："今天不走了，在泽中亭留宿。"他给民夫们买了点干粮，自己又买了些酒，不声不响地喝了起来。想起了家中的妻子吕氏及父母亲，他喝了几口就停了下来，将剩下的酒送给民夫，刘邦闷闷地坐在那里，心想，秦二世横征暴敛，空前繁重的赋税和劳役，使得四海鼎沸，草泽竞奋，社会动荡，天下大乱不可避免了，于是看了看民夫们，站起来说："你们到了骊山，就得没天没日地做苦工，不是累死就是给打死，就算不死，也不知道哪年哪月才能回家，这不是去送死吗！我现在豁出去，把你们都放了，你们自己去找活路去吧。"说着，他把每个人拴着的绳子都解开了。一挥手，说："去吧！"众人感激得哭了，异口同声地说："恩人，你把我们放了，那你可怎么办

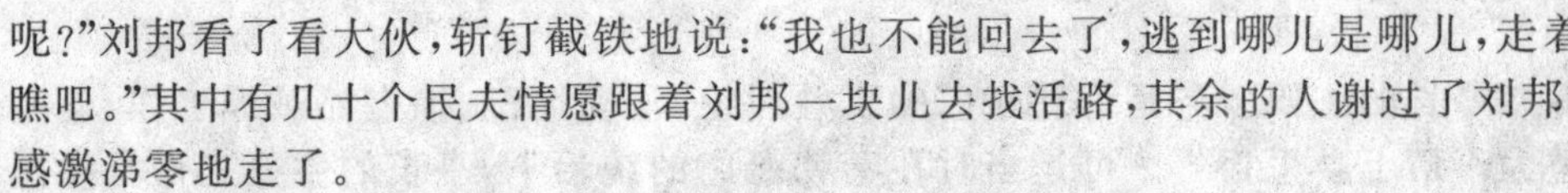

呢？”刘邦看了看大伙，斩钉截铁地说：“我也不能回去了，逃到哪儿是哪儿，走着瞧吧。”其中有几十个民夫情愿跟着刘邦一块儿去找活路，其余的人谢过了刘邦，感激涕零地走了。

刘邦斩蛇是真是假

放走了壮丁，刘邦他们不能再住客店了，逃命要紧，他们每人又喝了一些酒，胡乱地吃了点东西，无目标地往西走去。一会儿，月亮出来了，亮亮的照着山野田川，他们觉得月光太亮了，容易让人发现，就弃大路拣小道走。不知道怎么着，忽然前面的人撒腿就往回跑，吓得后面的人还以为碰到官兵了。这时刘邦的酒也吓醒了，他跑上前，问前面的人：“出了什么事啦？”前面的人告诉他说：“我们走着，前边路上有一条几尺长的大白蛇横在道上，两条须子不断地颤动，舌头也伸出来了，正对我们，太可怕了，咱们还是绕过它走别的道吧。”刘邦听说是条蛇，松了一口气，说：“壮士走路，还怕一条不会说话的蛇吗？”便一个人跑到了前面，拔出宝剑提在手里，仔细一瞧，果然是条硕大无比的白蛇。便举起宝剑，用尽了平生气力，顺着蛇身剁去。须臾间，大蛇分成了两段，蛇血染红了路面，那蛇身扭动了一会，便不动了。刘邦斩杀了大白蛇之后，又费了很大气力把上半截拨到左边的地里，把下半截拨到右边的水坑里，大伙镇定了一下又继续朝前面走去。

落在后面的人经过刘邦斩蛇的地方，看见有一位白发苍苍的老婆子在那哭泣，便问她哭什么，老婆子说：“人家杀了我的儿子。”“你的儿子在哪？”老婆子用手指了指被斩的白蛇，说：“我的儿子是白帝的儿子，变成一条蛇，想拦住赤帝儿子的去路，不幸被赤帝儿子给杀了。”人们认为这老太婆在说疯话，都不放在心上，谁知这老太婆一下便不见了。众人感到神异，赶上刘邦之后，便把所见说给刘邦，刘邦听了大喜，也就以赤帝之子自负。有人偷偷地说：“秦人非常尊重白帝，这白帝之子应该就是那个秦二世，刘邦既是赤帝之子，今斩杀了白帝之子，秦朝大概要灭亡了。天意如此，违天必有大咎。”这样说了之后，跟从刘邦的人就更敬畏刘邦，刘邦就有一种无形的威慑力了。

刘邦带着那几十个人，躲进山里。不久，陈胜、吴广造反，陈、吴大军占领了陈城，东南各郡县纷纷起来响应。沛县县令迫于形势也想投降陈胜的队伍，就跟文书萧何、狱吏曹参二人商量对策。萧、曹二人说：“你是朝廷命官，理应替朝廷卖力，而反要去投降敌人，恐怕手下的人不服，何况你又没有人马兵卒，事情不好办。不如利用逃亡在外的人，有了几百人做兵马发动起来，别人就不敢反对了。那逃犯刘邦很有才能，手下又有几百人的队伍，你免了他的死罪，他一定会感谢你，一定会为你出力。”县令同意了萧、曹的建议，萧何就派了杀猪出身的樊哙去说服刘邦。

刘邦很高兴，就与樊哙一起带人向沛县走来。走到半路，迎头碰上萧何、曹参从县城路出来。刘邦忙问：“你们怎么到这来了？”萧何慌张地告诉刘邦说：“县令变卦了，他怕你们靠不住，就下令关闭了城门，不让你们入城，还要杀我们两人。”刘邦听后勃然大怒，说：“我们齐心协力，杀了那狗县令就行了。”

他们一起到了沛城，城门严关，沛城兵守着城门。刘邦与萧何商量了一下，就写了封信，拴到箭上，射到城里。城里的百姓拣到信一看，上面写着：“天下百姓受尽了秦朝的奴役，吃尽了苦头，现在你们替秦朝的县令守城，诸侯的兵马一

到，必遭屠杀，你们不如杀了县令，选择合适之人做县令，响应诸侯，既能保命，又能保家。”百姓们看了之后，觉得有理，便一哄而起，杀了县令迎刘邦。刘邦进城之后，发动起兵，不几天，就招募到沛县子弟二三千人，这就是刘邦的沛县起兵了。

刘邦为何诛灭功臣

汉高祖刘邦原本市井无赖出身，既无文才又无战略，本领只不过是会玩点小权力和脸皮厚而已，所以能得天下，完全是网罗了一大批良臣忠将而已。

刘邦坐上皇帝宝座后，迫于部下战功赫赫，不得已封了几个异姓王，但心里却十分疑惧这些功高盖主的异姓王。因此，他一直谋划着找机会剪除心腹之患，来加强他一家刘姓江山的稳固。

韩信灭族的内幕

汉高祖刘邦与匈奴订下和亲之约，北部边地的紧张局势稍为缓和，自匈奴的威胁暂告缓解。于是，刘邦集中主要力量，翦灭异姓侯王，以进一步加强汉王朝的统治。

汉初所立异姓诸侯王，不过是一项权宜之计。这些异姓诸侯拥有一定的兵力，据有连城数十的封地，对汉朝是一种威胁力量。当汉王朝的封建统治秩序初步恢复之后，便开始了一场削夺异王权力的斗争。这场政治斗争始于高祖六年(公元前 201 年)，至高祖十二年(公元前 195 年)止，前后共七年时间。刘邦剪除异姓诸侯王，轻者削夺封号，重者夷灭三族，而首当其冲的，就是那位“勇略震主”的韩信。

韩信自齐徙封楚地，于高祖五年春正月，在下邳即楚王位。韩信初到封国，巡行县邑，陈兵出入。有人据此上书，告发韩信要谋反。大约仅凭上述这两条，不足以作为谋反的罪证，而且除上告者外，没有人知道这件事，韩信本人也不知道，因此刘邦就此事询问臣僚的意见。一些将领主张发兵攻楚，击杀韩信，陈平的意见恰恰与此相左。他认为：汉朝兵将不如楚精，如果发兵攻楚，将迫使韩信决战，这是相当危险的。陈平献计伪游云梦(即云梦泽，今湖北应城南)，并会诸侯于陈(今河南淮阳)，借以诱捕韩信，无需大动干戈。

刘邦依计而行。高祖六年十二月，刘邦一行到达陈县，韩信果然前往谒迎，当即遭到逮捕，韩信如梦初醒，叹道：“果然像人们说的‘狡兔死，走狗烹；高鸟尽，良弓藏；敌国破，谋臣亡。’现在天下已定，我韩信也该死了！”刘邦回到洛阳，因韩信谋反证据不足，只是削夺他的楚王封号，贬为淮阴侯。

类似以“谋反”的罪名，削夺其封号的，还有赵王张敖。张敖在张耳死后，继立为赵王，以刘邦长女鲁元公主为王后。他生性懦弱，为人谦恭。高祖七年十二月，刘邦大败平城，途经赵国时，张敖以子婿之礼相迎，却遭到刘邦侮辱谩骂。赵相贯高、赵午不能忍受刘邦的无礼，顿时勃然大怒，声称要杀刘邦，为赵王出这口气。张敖当即咬破指头，以血指表示永不背汉，劝阻贯高别再胡言。

贯高企图谋杀刘邦之事，后来被他的怨家告发。刘邦下令逮捕张敖、贯高等人，用槛车送往长安治罪。贯高受到严刑拷打，只承认他们是主谋，否认张敖参与此事。刘邦只好赦免张敖出狱，却削夺他的封号，废为宣平侯。贯高最后自杀身亡。

至此，汉初所立八个异姓诸侯王，被削夺封国封号的已有四人。臧荼、韩王信因谋反、叛逃确有实据而除其封国；韩信、张敖以莫须有的罪名而夺其封号。对于楚王韩信，将他贬为淮阴侯，只是暂时的措施。时隔五年，刘邦在平定陈豨叛乱的过程中，即以涉嫌谋反的罪名，先后杀了韩信和彭越。

韩信自从被削夺封号之后，这位功勋卓著的汉家将领，随即移居长安。他以为刘邦忌恨其才能，终日怏怏不乐，从此常称病不朝从。有一次，刘邦与韩信论及诸将统兵的能力。刘邦问他："你看我能带多少兵？"韩信回答说："只能带十万。"刘邦又问："你能带多少？"韩信说："我多多益善。"刘邦取笑说："多多益善，为何被我擒获？"韩信说："陛下不能带兵，善于带将，这是我被擒的原因。"这一席绝妙的对话，多少道出了刘邦与异姓王之间微妙的关系，也充分表现了韩信居功矜能的思想。当边将陈豨叛乱事件发生之后，他终于陷入了悲剧性的绝境。

陈豨在秦末农民战争中，起兵于宛朐(今山东东明南)，后来率兵随刘邦入关。西汉建立后，又随军平定燕王臧荼的谋反，被封为阳夏侯。高祖七年(公元前200年)冬，刘邦从平城撤兵，因北部的局势紧张，乃以陈豨为统帅。临赵、代边兵，统率这个地区的军队。陈豨上任前夕，曾与韩信辞别。韩信拉着他的手，将左右屏退，一起步入庭中。韩信对陈豨说："公之所居(指赵、代)，天下精兵处"(《史记·淮阴侯列传》)，如果起兵叛汉，"吾为公从中起(作内应)，天下可图也"(同上)。陈豨表示遵命照办。

陈豨到了代地，招致大量门客，而且待门客不拘礼数。有时也途经赵国，门客随行者千余乘。赵相周昌见陈豨的宾客如此之盛，又在外统兵多年，唯恐图谋不轨，便将情况告诉刘邦，经过反复查验，果然发现他的门客有不法行为，而且多与陈豨牵连。陈豨十分恐惧，暗中派门客与韩王信的部将王黄、曼丘臣取得联系。高祖十年(公元前197)九月，与王黄等发动叛乱，并自立为代王，发兵攻打赵、代地区。

陈豨起兵反叛，刘邦亲自率军征讨。高祖十一年(公元前196年)冬，汉军击杀陈豨部将侯敞、王黄于曲逆(今河北完县东)；又击破陈豨部将张春于聊城(今山东聊城)，斩首万余。

同时，周勃率军取道太原，进攻代地，大破韩王信、陈豨、赵利军于楼烦。还生擒一批叛军将领，平定雁门郡、云中郡二十余县。同年十二月，刘邦攻下东垣(今河北石家庄市东北)，击败守将赵利，陈豨叛乱宣告失败。刘邦回到洛阳，立子刘恒为代王，都于晋阳(今山西太原市西南)。翌年十月，周勃、樊哙定代地，杀陈豨于当城(今河北蔚县东北)。

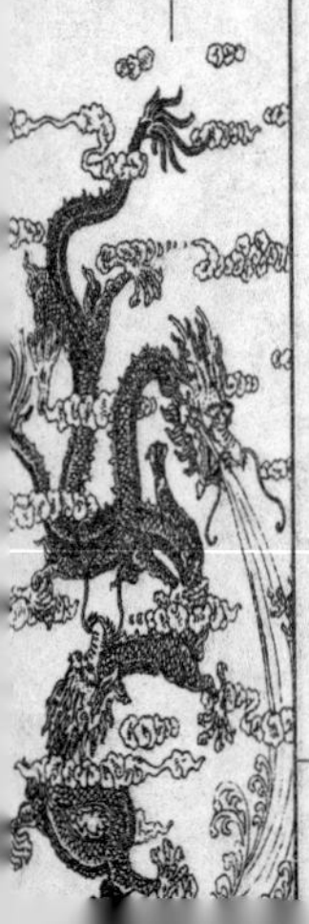

刘邦征讨陈豨，韩信称病未从。韩信私下派人告诉陈豨，弟举兵，吾从此助公，并与家臣共谋，准备假传诏书，“赦诸官徒奴”，乘夜间袭击吕后和太子刘盈。韩信部署停当，只等陈豨回报。高祖十一年(公元前196年)春正月，没等韩信的部署付诸实施，他的舍人因得罪韩信，被韩信囚禁并准备杀掉，于是舍人的弟弟向吕后告发韩信谋反的情况。吕后对此深信无疑，原想召韩信进宫，又担心韩信不肯从命。因此，吕后与萧何共谋，诈称刘邦平叛得胜，陈豨已经被杀，令列侯君臣进宫庆贺，萧何唯恐韩信不听，还亲自诱骗韩信入宫。结果韩信进宫庆贺。吕后立即下令将他逮捕，并杀于长乐宫钟室。最后，韩信被夷灭三族，可叹一代名将落得如此下场。

关于韩信谋反被杀一事，史书中记载甚详，其中确有可疑之处，历来史家看法不一。可是，从刘邦击败陈豨归来，对韩信被杀表现“且喜且怜”(《史记·淮阴侯列传》)的态度看，剪除异姓王是早就预定的决策。异姓王作为汉初一种政治势力，它所拥有的兵力及封地，与刘邦要实施的“非刘氏而王者，天下共击之”(《汉书·王陵传》)的基本国策相悖。汉初消灭异姓诸侯王，正是实施这一基本国策的前提。这是巩固汉室统治的需要。韩信作为实力最大的异姓王，即使不以谋反罪被杀，也将以其他形式予以剪除。他的死存在某些疑点，也就不难理解了。

梁王彭越被害原因曝光

大将韩信被杀之后，几乎在同一个时期，几个主要的异姓王，都因谋反罪先后被杀。如果说韩信之死还有疑点，那么彭越被杀，罪名则是子虚乌有。

汉高祖刘邦在讨伐陈豨时，曾征兵于梁，梁王彭越称病未从，由其他人领兵去邯郸。刘邦为此大怒，派人责备彭越。彭越害怕了，想亲自前往谢罪。他的部将扈辄加以劝阻，认为彭越开始不随从平叛，受到责备以后再去，到那里将被刘邦擒获。他劝彭越不如反汉，但遭到了彭越的拒绝。当时因梁太仆有罪，逃向刘邦，告发彭越与扈辄要谋反。刘邦派人捉拿彭越，把他囚禁在狱。经过官府审讯，确认彭越犯有谋反罪，要求依法论处。刘邦免他一死，削去王号，贬为庶人，并发配到蜀郡青衣(今四川西南)。

梁王彭越在贬配途中，行至郑县(今陕西华县)时，遇到吕后。彭越在吕后面前，自言无罪，表示愿意回老家昌邑。吕后答应了彭越的请求，就带着他一起去洛阳。谁知这又是吕后设下的陷阱，她到达洛阳，劝刘邦斩草除根，立即处死彭越，将他徙配蜀，等于给自己留下后患。

考虑至此，吕后设谋，派人告发彭越再一次谋反，廷尉王恬奏以灭族论处，刘邦准奏。高祖十一年(公元前196年)三月，彭越以反罪被杀，在洛阳枭首示众，夷灭三族，并碎其肢体分送诸王。彭越死后，梁大夫栾布从齐地回来，要求收祠彭越头颅，而被刘邦下令烹死。栾布表示愿进一言再死，他指出当年刘邦被围彭

城，大败荥阳、成皋之间，项羽所以不能西进，只因彭越两地游动作战，与汉军配合，才拖住了项羽。当时彭越举足轻重，投向楚军则汉破，投向汉军则楚破。垓下决战，没有彭越，项羽不亡。汉朝建立后，彭越封为梁王，也想传之万世。如今征于梁，彭越因病未行，就怀疑他谋反，而谋反证据不足，便以罪过处死他，恐怕功臣将人人自危。栾布对汉初除异姓王的分析，无异于揭露了刘邦“家天下”的用心，也暗示它将迫使其他异姓王起来反抗。后来局势的发展，果然如此。

淮南王英布起兵被杀内幕披露

汉高祖刘邦在消灭了两个异姓王以后，在异姓王中掀起一片恐慌的巨浪，尤其英布更加惶恐不安。

淮南王英布原是项羽得力的将领。楚军所以屡战屡胜，号称“功冠诸侯”，使诸侯兵无不服属，这与英布骁勇善战，常常以少胜多是分不开的。后来英布背楚投汉，不仅解除汉军南翼的威胁，对改变楚汉力量对比，也起了重要的作用。高祖四年（前 203 年）七月，刘邦立英布为淮南王，共同对付项羽。四个月后，英布与刘贾入九江，遂举九江兵与汉军会于垓下，在垓下决战中发挥过作用。汉朝建立之后，英布继续封为淮南王。高祖十一年（前 196 年），吕后捕杀韩信，消息传来，英布十分恐惧。过了几个月，吕后又设谋杀彭越，并碎其肢体为肉酱，分送各诸侯。当时正在打猎的英布，见到彭越的碎肉，更加慌恐万状。他意识到自己可怕的结局即将降临，便立即采取应急措施，暗中派人调集兵力，窥视旁郡的动向，以对付不测之事。

淮南王英布所作的军事部署，不久被他的属僚告发了。告发者叫贲赫，官为中大夫。贲赫逃离淮南，赶到长安，上书告英布谋反事。刘邦一面将贲赫扣留起来，一面派人调查英布的情况。英布因贲赫逃跑，早已怀疑他泄露机密；如今汉朝又派使者来调查，这就更加重了英布的疑虑。高祖十一年（公元前 196 年）七月，英布族灭贲赫家，便公开起兵反叛。英布起兵反汉，显然与韩信彭越被杀密切相关。这就是英布自疑祸及其身的结果。促成英布果断起兵，还有一个重要原因，即英布认为刘邦年老厌战，不可能亲自东征。汉朝其他的将领，韩信和彭越已经被杀，剩下的将领都不怕。正是他错误估计形势，使他作茧自缚自食苦果了。

淮南王英布起兵之后，首先东击荆王刘贾。刘贾是刘邦从父兄。当刘邦还定“三秦”时，刘贾进击塞王司马欣，平定关中东部地区，后来又随刘邦东击项羽。高祖三年（公元前 204 年），刘邦兵败成皋，驻军修武的时候，曾派刘贾率两万人，渡白马津，入楚地协助彭越，烧楚军粮草，断了项羽的粮饷。不久楚军回击刘贾，他坚壁作战，与彭越联合对付楚军。高祖五年（公元前 202 年），刘邦追项羽于固陵，刘贾率军南渡淮水，包围寿春（今安徽寿县）。又派人诱楚大司马周殷反楚归汉，并举九江兵迎英布，一起参加垓下决战。西汉建立前夕，临江王共尉不降，刘

贾奉命将九江兵，与卢绾击共尉。刘贾立了不少战功，高祖六年（公元前201年）春，刘邦削韩信封地，将楚国一分为二，立刘贾为荆王，又立同父少弟刘交为楚王。

在汉初的同姓王中，刘贾从军数年，经历过大小战役，有一定军事才能。但是，他毕竟不是英布的对手，英布进攻淮东，刘贾率军应战，却很快就败下阵来。刘贾败走富陵（今江苏洪泽北），英布紧追不舍，就在那里被英布军所杀。

淮南王英布击杀刘贾后，又渡淮水，进攻楚国，楚王刘交发兵迎之，双方战于徐县、僮县之间，楚军分兵为三，企图借以相互救援。结果英布击破其中一军，其他两军随即溃败，刘交逃入薛县（今山东滕县南）。于是，英布举兵西进。刘氏子弟接连败北的事实，证明刘邦所谓“惩戒亡秦孤臣之败”，以同姓子弟取代异姓王，作为拱卫汉室的“藩翼”，这正是他实现“家天下”的托词。刘贾、刘交这两个“藩翼”不起拱卫宗室的作用，迫使刘邦不得不带病亲自东征英布。

淮南王英布起兵反叛之时，刘邦正染病在身。他本想派刘盈领兵征讨，无奈吕后从中作梗，使这位皇太子得以袖手旁观。当时，有人为吕后出主意说，刘盈位居太子，如果将兵有功，无法进位加封；倘若统兵不力，将从此受祸，不如劝说皇上带病亲征。吕后果然在刘邦面前哭哭啼啼，声称英布乃天下猛将，善于用兵，非一般将领所能对付；而且那些将领与皇上是同辈人，让太子指挥那些老将，如同使羊将狼一样，怎能指挥得了。吕后的哭诉，闹得刘邦无可奈何，只好带病亲自出马。

汉高祖刘邦下令赦免死罪以下的刑徒，令从军征讨，还征发诸侯兵参加平叛。与此同时，又命令刘盈留守长安，监关中兵。高祖十二年（公元前195年）十月，刘邦率军东征，与英布相遇蕲县（今安徽宿县南）之西。那时英布兵精善战，锐气正盛，于是刘邦在庸城（今安徽蕲县集附近）坚壁固守，以挫其锋。两军形成对垒相望，呼应可闻的局面。刘邦遥问英布：“何苦反叛？”英布挑衅说：“想当皇帝！”刘邦一听，怒不可遏。双方经过激战，英布兵败南逃。他渡过淮水，几次想阻止汉军前进，但都没有成功。英布无法挽回败局，只好带着百余人逃到江南。刘邦令别将追击，在洮水南、北大破英布军。英布在军事上连连受挫，长沙王吴臣派人诱骗他，伪称要跟英布一起逃往越地。英布信以为真，乃随吴臣来到番阳（今江西波阳东北），结果被番阳人杀于兹乡民舍中。至此，汉初的异姓王大都被消灭。

剪除燕王卢绾的密谋

淮南王英布死后不久，燕王卢绾也逃亡匈奴。卢绾早年随刘邦起兵沛县，又入汉中任将军，常入侍刘邦左右，是刘邦的近侍亲信。楚汉战争时期，卢绾官至太尉，跟随刘邦东击项羽。后来项羽败亡，临江王共尉不降，卢绾奉命与刘贾击共尉，被封为长安侯。高祖五年（公元前202年）七月，燕王臧荼谋反，刘邦率军

亲征，卢绾随军讨伐。九月，臧荼兵败被俘，刘邦立卢绾为燕王。

汉高祖十一年（公元前 196 年）秋，陈豨起兵反代，刘邦率军亲征，在邯郸指挥讨伐。卢绾配合汉军作战，从东北方向袭击叛军。陈豨经不住两面夹地攻，派王黄求救于匈奴。当时卢绾也派张胜去匈奴，企图阻止匈奴出兵帮助陈豨。张胜到了匈奴，原燕王臧荼的公子臧衍，也逃亡在匈奴。臧衍利用汉朝与异姓诸侯王之间的矛盾，大施反间计，竭力拉拢张胜，并通过张胜离间燕国与汉朝的关系。臧衍煽动说，燕王所以器重张胜，是因为张胜熟悉匈奴的防务。燕国所以久存，是由于诸侯反汉，兵连不决的缘故。一旦陈豨失败，就该轮到燕国，包括张胜在内，都将成为阶下囚。只要燕国暂缓攻灭陈豨，并与匈奴联合，就可以保住燕国。张胜果然中计，乃私令匈奴兵进攻燕国。

张胜的举动引起卢绾的怀疑，以为他要联合匈奴谋反。于是卢绾上书刘邦，请求将张胜灭族。不久，张胜回到燕国，卢绾恍然大悟，立即找个“替罪羊”，使张胜免遭灭族。卢绾一面让张胜继续与匈奴取得联系，一面派人使陈豨继续在边地反汉，造成兵连不决的局面。

汉高祖十二年（公元前 195 年）十月，陈豨兵败被杀，他的裨将投降，卢绾与陈豨通谋一事，也被揭发出来。刘邦召卢绾入朝，卢绾称病未行。刘邦又派辟阳侯审食其、御史大夫赵尧，到燕国迎接卢绾，并调查卢绾谋反事。卢绾惶恐不安，闭门不见；他的左右亲信，也都躲藏起来。

审食其回到长安，据实将情况上奏，刘邦更加愤怒。同时，又从投降的匈奴人那里，知道张胜作为燕使，正逃亡在匈奴。刘邦认定卢绾谋反属实，即派樊哙率军击燕。汉军击燕未果，刘邦却先死了。卢绾得知消息，便率领数千人，逃到匈奴去了。匈奴封他为东胡卢王，大约一年以后，卢绾死在匈奴。卢绾还算幸运，得到善终。

汉高祖刘邦翦除异姓诸侯王，前后持续了七年时间。围绕这个问题所展开的斗争，并非从根本上消灭分封制，而是为刘邦实现“家天下”铺平道路。其结果只是消灭一批异姓王，取而代之的，却是一大批同姓王，继续造成地方坐大中央软弱的局面，这个问题后来被汉武帝解决了。

汉惠帝刘盈

惠帝刘盈

汉惠帝刘盈，刘邦与吕后之子。秦始皇三十六年(前 211)生于沛郡丰邑阳里(今江苏丰县)。公元前 195 年 16 岁时继位，24 岁时逝世。

少小多艰　得位不易

刘盈年幼时，父亲只是泗水亭长那样的小吏，家境并不丰裕。因此，他曾经常和母亲、姐姐一齐到田间做活。又因为父亲不断地"闹革命"，他一家的生活一直处于颠沛流离和惊恐不安之中。秦始皇末年，刘邦私纵刑徒逃亡隐于芒、砀山泽间，刘盈与父亲即一别数年。至公元前 209 年(秦二世元年)，刘邦响应陈胜在沛起兵，父子虽重逢，但很快高祖转战南北，刘盈又只好与母亲留在家乡。一直到汉王元年(前 206)，楚汉战争爆发，刘邦经过沛郡，才派人寻找他们。不巧的是，他们由于逃亡(楚军当时也在搜捕他们)，没被找到。后来和姐姐在路上巧遇父亲，但祖父太公和母亲却已走散，被楚军俘虏。姐弟虽与父同行，由于楚军紧追，也险遭不测。他们曾被父亲三次狠心地推下车去，以尽快逃跑。太仆夏侯婴看了不忍，下车把他们抱了上来，并责备高祖说："车子本来就跑不快，把两个孩子扔了又能起多大作用?"刘邦非常恼怒，但总算还有些父子之情，刘盈姐弟因而幸免于难。后来，他被送到汉的大后方关中，才最终摆脱了流亡生活。

刘盈来到关中后，汉王二年(前 205)被立为王太子。住在栎阳(今陕西临潼)，名为留守，实则由丞相萧何照看。汉王五年(前 202)，刘邦打败项羽称皇帝，刘盈即被改立为皇太子。时年仅 9 岁。

刘盈被立为太子后，其皇位继承曾几经波折，颇为不易。高祖刘邦到晚年不喜欢惠帝，认为他"为人仁弱"，不像自己，而宠姬戚夫人所生赵王如意与己颇似，想改立如意为太子。汉高祖十年(前 197)，高祖廷议改立如意为太子，众大臣坚决反对，高祖只好暂罢此议，但心中却仍存了废刘盈立如意的主张。

对此，酷爱权位的吕后很感不安，屡思良策，却又一筹莫展。有人献策说：留侯张良足智多谋，也许有好主意，于是吕后就请张良谋划此事。张良认为高祖很尊重"四皓"，多次想请都未能如愿，如果能请他们来为太子辅佐，问题就可迎刃而解。吕后照计施行，请来四皓，他们四人果然为辅佐太子起了很大作用。

高祖十一年(前 196)淮南王英布谋反，四皓设计使高祖改变了由刘盈带兵平叛的打算，保证了他的安全。高祖十二年(前 195)，高祖平定英布回到长安，因伤一病不起，更欲改立太子。当时张良进谏他不听，而太傅叔孙通要以死谏争

也无济于事。最后还是四皓使高祖改变了主意。有一次宴会，高祖命刘盈陪同，入席时年高 80 的四皓侍从着皇太子，刘邦看到大惊，感到太子羽翼已丰，不能再改立了。从此，他再未提及改立太子之事。

是年四月二十五日，汉高祖刘邦病逝，时年 16 岁的皇太子刘盈继位，是为汉惠帝。

踵武父制　善尽职守

汉朝天下经高祖刘邦和一大批才识卓绝的谋臣大吏的治理，奠定了良好的基础，故而继位的皇帝只要能上承父制、善尽职守，就可以国泰民安了。惠帝刘盈正是这样做的。

惠帝统治的 7 年，是西汉王朝更加巩固的时期。为了恢复、发展经济，惠帝大力推行轻徭薄赋、休养生息政策。即位伊始，他就下诏减租，复“十五税一”。由于平定异姓王、抗击匈奴需要大量经费，高祖曾加征田租。到惠帝时，异姓王基本削平，匈奴也重结和亲，便重新恢复十五税一。这对农民来说多少减轻了一些负担。惠帝四年(前 191)，惠帝又下诏“举民孝悌力田者复其身”，对努力耕田者免除徭役，鼓励农民耕田。同时还减免刑罚，“省法令妨吏民者”，以调动农民的生产积极性。到公元前 189 年，惠帝为使人口迅速发展，又下诏：“女子年 15 以上至 30 不嫁，五算。”汉代规定：15 岁以上的成年人都要交人口税，每人是 120 钱，为一算，称为“算赋”。惠帝这时规定女子 15 岁以上到 30 岁不嫁，交人口税五算，实际就是强制女子到 15 岁时就要结婚生育。这对发展人口和恢复经济，在当时起了很大作用。此外，惠帝还下令“驰商贾之律”，废除西汉初年对商贾采取的抑制政策，放宽对商贾的限制。

惠帝在思想、文化政策上也做了较大调整。当时，不仅黄老思想已取代秦的法家思想在政治上占据主导地位，而且对各种思想也开始解禁。惠帝四年(前 191)，惠帝废除“挟书律”。“挟书律”原是秦始皇三十四年(前 213)秦始皇下令“焚书”颁布的一条法令，法令规定除博士官所掌管外，私藏书册者均处以族刑。初由于“汉承秦制”，这项法令仍然被继续推行。惠帝明令废除了这项法令，从而使得思想文化的发展摆脱了一定限制，民间藏书纷纷出现，特别是秦代受到压制的儒家思想又重新开始抬头，为以后汉武帝的“独尊儒术”奠定了基础。

在外交上，汉惠帝效法高祖，在惠帝三年(前 192)，以汉宗室之女为公主，继续与匈奴冒顿单于和亲。

此外，惠帝在位期间还有一件事情值得称道，这就是长安城的修建。高祖采纳娄敬建议定都长安后，在长安开始修筑宫殿，建造了长乐宫和未央宫，但没有修筑城墙。为了更使长安像一个国都，以表明西汉王朝的强盛，也为了更有效地

保护封建王朝的中央机构，惠帝开始大规模地修筑长安周围的城墙。这项工程从惠帝元年(前 194)开始动工，到惠帝五年(前 190)完成，先后进行了五次修筑。其中有两次比较大的修筑，一次征发了 14.6 万人，一次征发了 14.5 万人。长安城建成后，周长有 65 里(实测为 25100 米)，是当时世界上规模最大的都城，只有欧洲的罗马城可与它媲美。长安城四面有 12 座城门，每面有三座，其中以宣平门最为重要，是当时出入最频繁的城门。而每个城门又有三个门道：左道为出，右道为入，中间是“驰道”，专供皇帝使用。在城墙修筑完工后，第二年又在城中修建了“西市”，并对秦时最大的粮仓——“敖仓”进行了改建。可以说，汉长安城的规模在惠帝时已经基本完成。

生活不幸　英年早逝

汉惠帝即位后虽说有着万人之上的尊崇，生活摆脱了颠沛流离、惊恐不安，但却也抑郁寡欢，很是不幸。

惠帝为太子时，因年幼，没有娶妃。继位以后，在汉惠帝四年(前 191)由吕后作主选立皇后张氏。其婚礼很是隆重，史载仅聘金就用黄金两万斤。但这是一桩十分荒唐的婚姻，皇后张氏是惠帝亲外甥女，吕后为了亲上加亲，就把她嫁给惠帝。张氏被立为皇后以后，吕后曾想方设法让她生子，但张氏却始终没有怀孕。无奈，吕后就让她谎称怀孕，取后宫美人之子作儿子，杀其生母，立为太子。后惠帝去世，即立为皇帝，由吕后临朝听制。汉高后八年(前 180)诸吕叛乱被平定后，张皇后因党与吕氏，被废处北宫，死于汉文帝后元元年(前 163)。

惠帝即位后，尊母亲吕后为皇太后。他此时便希望母亲能和睦亲族，但吕后并未能如其所愿，而是变本加厉地加害别人。高祖在世时，诸姬多幸，她受到冷落，此时便对高祖嫔妃极力迫害。诸子封王者除史载代王母薄姬以希见允许随王就藩，其余王母皆不准随子。对戚夫人的凶残更是令人发指。她下令把戚夫人囚禁在永巷中，拔掉头发，戴枷具，穿着红色囚衣舂米。为了斩草除根，她下令把赵王如意骗至京师，用药酒毒死。然后斩断戚夫人四肢，挖眼熏耳，让她吃药致哑，扔在厕所里，称为“人彘”。吕后的所作所为使为人“仁弱”的惠帝在精神上受到强烈刺激。他看到所谓“人彘”，知道是戚夫人后，大哭不止，生病有一年之久，从此不理朝政，每日饮酒淫乐。汉惠帝七年(前 188)，在位 7 年的惠帝英年早逝，时年 24 岁。死后葬安陵(今陕西长安)。谥号“孝惠”皇帝。谥“孝”，因“孝子善述父之志”，在惠帝以后除光武帝有“中兴”之功外，其余汉代皇帝谥号均有“孝”字；又《谥法》称“柔质慈民曰惠”。

孝惠张皇后轶事

汉孝惠帝张皇后，名嫣，字孟瑛，小名淑君，是孝惠帝姐姐鲁元公主的长女。

当初汉高祖刘邦还是亭长的时候，娶了吕后为妻，生下了一儿一女。儿即孝惠帝，女即鲁元公主。等到刘邦战败于彭城之时，在路上遇到了自己的一双儿女，将他们放到自己的马车上逃命。马渐渐疲劳了，追兵也越来越近，刘邦将孩子推到车下，想抛掉他们。腾公下车收留了孩子，将他们放到自己的车上，带到了函谷关内。

汉高祖觉得鲁元公主很贤淑，年方十二岁，而张敖仪表不凡，风流俊雅，年十四岁。相士许贞为张敖看相后说："日后必当封王封侯，并且还能生一个德貌双全的女儿。"高祖也十分喜爱张敖，所以便将公主许配给了他。

汉高祖五年夏，张敖娶了公主。六年三月三日，生下一女。当时便有五彩云霓笼盖王宫，而且还听到天空中有神仙的乐曲声。因女儿生得妩媚娇艳，所以取名为张嫣。

汉高祖九年，作为皇帝女婿的张敖被废。当时正逢高祖采纳娄敬与匈奴和亲的谋略，高祖想把鲁元公主嫁给匈奴。公主知晓后，痛哭流涕，张嫣也哭声不断。高祖很怜悯，吕后又竭力劝阻，这才将原来的打算取消。

张嫣长到五六岁时，容貌就已娟秀绝世。她跟从母亲出入皇宫中，高祖让戚夫人抱她，喂她吃果品。惠帝时，吕太后常常怜惜张敖被废黜之事，想为他结一门重亲，便提出将他的女儿嫁给皇帝，张敖同意了。约定日期，祭告了祖庙，便立为皇后。皇后刚刚十岁，虽然是中宫皇后，但皇帝比她年长九岁，所以一直未曾留宿。皇后早晨起来梳妆打扮，有五彩小鸟在窗笼外集聚啼鸣。皇帝每天清晨总要到皇后的房间观看皇后洗脸梳妆，皇帝对宫中之人说："皇后的容貌可以跟白玉盘相媲美。"照看皇后的侍母每次见皇帝将要来时，一定先捧着吐唾沫的金盂，装上紫微露进奉给皇后，让她以此漱口。皇帝常常将皇后抱置膝上，给她数皓齿，上下共四十枚，又研口红给皇后点在嘴唇上。一天，皇帝来到了皇后宫中，皇后刚刚卸下衣服，两个宫女正为她洗脚。皇帝坐在一旁观看，对宫女们说："皇后的脚真是又圆又白，娇润美丽啊，你们这些人谁能比得上她呢？"

汉惠帝五年六月，天气闷热，皇帝夜里不能入睡，不觉想起一贯宠爱的美人来。因该美人住在东宫，于是便令婢女带一床锦被，一条红手帕，前往东宫。皇帝叮嘱道："美人如果已经睡下，也一定要用锦被将她裹来。"因东宫与中宫发音相近，婢女们误将东宫错听成了中宫，于是径直叩中宫门传达皇帝的旨意，侍女们打开宫门后，婢女们进到皇后的床榻前，用锦被裹上皇后，用手帕蒙住皇后的头，皇后惊醒后，询问其中原故，回答说："这是皇帝的命令。"皇后说："既然是奉皇帝之命，就应该容我稍稍整理一下服饰呀，现在我这个样子，怎么能去见皇帝呢？"婢女们请求她不要出声，不一会儿来到了皇帝的住所，皇帝揭开手帕一看，原来是张皇后。于是皇帝笑着抚摸着她道："惊醒你了吧？"皇后不回答，皇帝命人将皇后安排到御床之上。婢女们退下后，皇帝叫着皇后的小名问："淑君，你恼恨我了吧？"皇后徐徐答道："妾既然列位中宫，陛下就是有传召之命，也应该提前一天告诉我。怎能像这样随意呢？让我被宫中妃嫔们暗地里笑话，以后还有什么面目以母亲的威仪使天下人敬重呢？"皇帝谢罪道："这是我的过错，我召见你不是为了别的，只是想消消暑热而已。"当时皇后年仅十二，皇帝与皇后一起清谈到黎明。早晨侍女们来后，皇后命侍女取来衣服，梳整容仪回宫。打这以后，宫中美人们都传言皇后夜奔皇帝之所，谣言传到宫外，那些怨恨吕后的大臣们，都私下里议论张皇后，说她是吕后的外孙女，果然不是什么好种，现在年幼尚且如此，今后肯定不会有什么端庄的德行。

汉惠帝六年，皇帝后宫已生下四个皇子。吕太后不愿让那些妃嫔们得宠，想让皇后生子，于是派使者祷告于神灵。每晚派人劝皇帝在中宫留宿，皇后因皇帝

体弱多病，劝他静养，所以仍然与皇帝分床而居。这一切吕太后当然都不知道。

皇帝宠幸的男童闳孺，年方十五，容貌美丽。他向皇帝请求道："臣听说皇后国色，希望能够一见。"皇帝允诺了他的要求。当时正值中秋时节，皇后巡幸上苑，观赏秋海棠。皇帝让闳孺穿着打扮都跟皇后一样，提前来到上苑。宫人们见他异常华贵美丽，都非常惊疑。闳孺登上假山，看见皇后下车步行，不一会儿，皇后登上阁楼凭栏眺望。只见皇后乌发如丝，挽在头上峨峨如山，宽大的衣袖翩翩跹跹，身穿香罗衫，着淡妆，脚穿绣花鞋。皇后偕同五、六个美人一起来上苑，皇后年龄最小，也最端庄美丽。闳孺回来见惠帝，俯首自愧。他说："陛下有如此美丽的中宫皇后，何必还用我和那些后宫美人呢？"

皇后喜爱清洁，宫中有沉香木做的便壶，每当溺尿时，皇后便讨厌它声响太大。于是便在壶底垫上落下的花瓣，小便后就随时让侍女洗涤干净。

汉惠帝七年春，正月，皇帝巡猎上苑，让皇后和众美人都骑马陪从。皇后身穿深青色上衣，黄色下衣，外面披一红锦袍，用红绡布系在额头。众美人骑马往来奔波，色彩靡丽，花草也为之生光，个个都如十六七岁的美貌公子。见到的人不知道她们是皇后及众妃嫔，其中尤以皇后美艳绝伦。过了一会儿，皇后卸装上厕所，一头野猪突然闯进来咬皇后，咬碎了她的下衣，她的脊骨下端也受了点轻伤，皇帝又惊骇又惋惜，不知如何是好。皇后自己拔剑将野猪刺死，众美人都称赞祝贺不已。皇后下衣既然被撕裂，不觉便露出了肉体，她自己并不知觉。皇帝笑着指着露出的部分说："那是什么，何以又肥又白？"皇后这才发觉醒悟，羞愧得不知所措，急忙唤侍女将下衣拿来，两颊通红，半天默然无语。

汉惠帝七年五月，吕太后听说后宫又有美人怀孕了，很是恼怒，就想将她杀掉。皇后苦苦为她求情，这才作罢，太后心中忽生一计，让皇后佯装已经有了数月身孕的样子，等那位美人生下男孩，就称说是皇后生的，立作太子。皇后不得已，只好听从太后的安排。六月，美人生下了一个男孩儿，太后派人将孩子抱来，送到皇后宫中藏起来，然后杀掉了孩子的亲生母亲。当天，太后让宫女教皇后佯称腹痛，不一会儿，呱呱涕哭的孩子已经抱在怀中了。祭祀宗庙，告知神灵，立此子为皇太子，群臣齐来祝贺。第三天皇后派人赐予那位美人药物、绸缎及黄金一百斤。有人告诉她，太后已经将美人杀掉了。皇后听后，惊惧不已，泪流满面，衣袖全都被泪水湿透了。皇后偷偷地告诉惠帝道："妾之所以如此隐忍，只是为了救下这个孩子而已。现在孩子的母亲还是遭到了杀害，难道是命中注定该如此吗？"

汉惠帝七年八月，皇帝身体不适，皇后前往探视病情。皇帝让皇后登上御床，抚摸着她的乳房叹息道："你现在已经长成了大人，真让人爱不忍舍，你全身如凝脂般滑润，恐怕日后要因我而消瘦了，有如此貌美之人，却一天也不能享受到夫妻之间的快乐，怕也是命该如此吧。"戊寅日，汉惠帝驾崩于未央宫，时年二十四岁。皇后年方十四岁，按皇宫之礼为皇帝守灵，摘掉身上的容饰，披麻戴孝。这样一来，她的容貌反而更加靓丽，光彩照人。皇宫上下都为之耸动。

太子即位后，吕太后独揽大权，想乘这个机会杀尽所有功臣。经皇后苦苦劝谏，太后才作罢。因一切都是在暗中进行的，所以外人并不知晓。当时正是张卿专宠之时，经常出入吕太后宫中。皇后每次朝拜太后，张卿便于暗中窥视，他发现皇后一如处女一般。出宫后他便告诉他人，认为就是在画上也从未见过像张

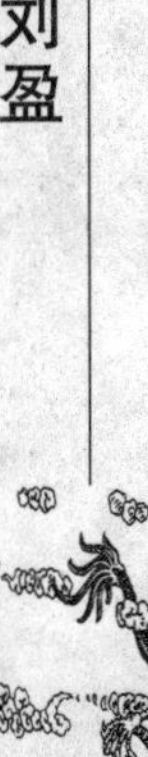

中华帝王

皇后这样如此美貌之人，并且还说："要想知道张皇后的美貌，只要看一看皇后的弟弟张偃就可知十之五、六了。"

皇后十五岁时，鲁元公主去世了。吕太后让皇后回去奔母丧。皇后既已寡居，又因母亲去世，悲伤不已，于是作了一首歌。歌中唱道："我年纪轻轻啊便入椒房，默默等待啊远离先皇。命运不济啊先皇早逝，身如完璞啊守空房。叹良宵美景啊惟华烛，羡鸿雁啊双双飞翔。叹富贵荣华何足乐啊，反不如穷民食糟糠。漫漫长夜啊何时亮，照我瘦弱之躯者惟月光。托腮不觉念往昔啊，还似舅舅在身旁。轻风飘飘啊忽惊醒，恍如自身已消亡。将罗帐啊来拭泪，踏轻履啊意彷徨。群鸡齐唱啊报曙光，想念舅舅啊断肝肠。希望死后同穴眠啊，能于地下见圣光。"

当时辟阳侯审食其暗中查知皇后生性惧怕暑热，有一间屋子，皇后每当暑热之时就要在这里避暑。审食其便凿一通道曲曲折折一直通到皇后避暑的房子后面，暗中营建一室，钻孔以窥视皇后。每次便能看到皇后独自一人坐在那里挥扇乘凉，皇后穿的衣服都是用透明的极薄的丝纱做的。阳光射进房间照在上面，映出雪白的肌肤，全身都可看得很清晰。皇后身体丰满美艳，上衣内另有黄绸绢遮在胸前，腹间及脖颈之下，都挂着七宝金镂锁。手臂上带着碧玉手镯。审食其暗地里将他所见告诉了别人。不久皇后也听到了这些传闻，于是严厉询问侍女们，又哭着将此事禀告了太后。吕太后便下敕令让审食其悔过自新。

小皇帝即位四年，当时五岁，皇后年纪十八岁。小皇帝对母亲这样年轻感到奇怪，便秘密地向左右侍从打听，这才知道自己并不是皇后亲生的。小皇帝便公开对人说："太后怎么能杀掉我母亲呢，等我长大以后一定要为母亲报仇。"太后听说了以后，便秘密地将小皇帝杀掉了，立惠帝的第三个儿子常山王刘宏为"后少帝"。

吕后因看到惠帝的六个儿子已夭逝过半，便将吕姓的一个孩子吕太佯称是汉惠帝的遗腹子，封为平昌侯，不久又晋封为吕王，大臣们多有不服。

这时，惠帝的兄弟都痛悼失去了惠帝。赵王刘如意、赵王的好友梁王刘恢、燕王刘建都是本人死了以后，封国便取消了。只有代王、淮南王还保留着。他们之所以未招致此祸，都是靠了张皇后的保护之力。因当初吕太后想全部废除掉各分封王，皇后曾竭力阻拦才作罢。

后少帝四年七月，吕后病危。吕后告诉张皇后："大将军吕产、吕禄都可担当重任。吕禄的女儿可以许配给后少帝为皇后。我死之后，你可以统理朝政。"皇后当时二十二岁，哭泣着坚决推辞。等到吕后驾崩后，吕产怨恨张皇后不归附自己，于是便选了几个美男子作皇后宫中的宦官，并且特地嘱咐侍女秘密地告诉皇后："宦官某某等人，年轻貌美，您何不把他们召入宫中侍奉您呢？当年太后年过六十了，还让辟阳侯审食其等人进入宫中服侍她呢，现在皇后正是青春年华，长久像这样孤独寂寞地生活，外人又有谁能知道，能理解您呢？"皇后命令宫中守卫将这几个宦者全部驱逐走，并严厉责斥了侍女。

吕产害怕皇后谋算自己，便想先做乱，打算占据长乐宫，挟持孝惠皇后以要挟大臣们。有人阻止道："如果皇后不听从，那该怎么办？"吕产说："鸾凤禁于囚笼中，还能不仰仗听命于他人吗？"于是便派人向皇后游说道："皇后如果能跟吕相国同心，便可以保富贵。不然的话，就要遭临大祸了。"皇后大怒，将两宫的钥匙全部收管起来，宣布加强戒备，命令不得让相国吕产入内。

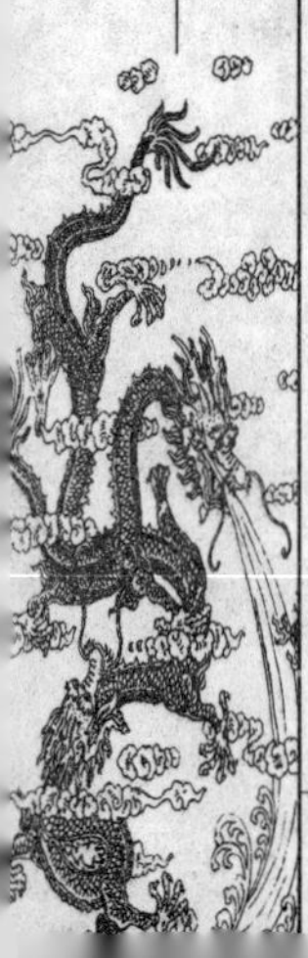

后少帝打算尊封张皇后为皇太后，又因为还有亲生母亲在，便让大臣们商议此事。大臣们的建议还未来得及向皇上禀告，就发生了政变，九月庚申日，大臣们发兵讨伐诸吕。吕产知道长乐宫已有准备，便去叩敲未央宫的宫门，在外徘徊好一阵不敢入内，最后只好借奉孝惠皇后密令诛杀群臣的名义号召大家，但大家没有一个人响应他。他便又假借小皇帝的信符，杀掉了长乐宫的守尉吕更始，率兵进入宫中，围困孝惠皇后。辛酉日，杀掉了吕禄、吕须和樊伉。

张皇后自打二十五岁以后，便患了忧郁之症。汉文帝后元三年，皇后突然肝病发作，不幸去世，时年四十一岁。皇后驾崩之时，侍女们听到空中有奏乐之声，一股奇香袭来，数日不散。皇后死后没有自己的骨肉之亲在身旁，因此殓尸时就由侍女们为她沐浴更衣。侍女们查验皇后下身后，都感叹道："可怜皇后竟还真是一个处女啊。"宫中之人喜爱皇后的美丽身躯，不肯立即把她收殓起来，都来观赏她的裸体。还说什么："过了今日，便再也见不到如此美人了。"有的人测量了皇后身体的各个部位的长短、粗细后，记录下来，看至隐微之处，个个叹羡赞美。这样大家看了一天方才收殓。皇帝诏令大臣们商议置办丧礼之事，决定不按皇后的礼节办丧事，不用珠宝绸缎玉匣盛裹尸首，将皇后葬在美人们的坟墓丛中，不起坟头。

一百五十余年后，赤眉军进入长安，大肆挖掘汉朝皇陵。凡是尸体用玉匣装盛的，尸体都不坏，面目如生前一样。贼军奸污了吕后的尸体，其她年轻的后妃尸体也多被奸污。强盗们为奸尸争相残杀，死伤多达几百人。只有孝惠皇后因为没有起坟的缘故，所以竟得以免遭发掘。

魏晋时期，关中人民，奉祀张皇后为蚕神，也有的将她奉作花神，立了许多庙宇。

汉文帝刘恒

文帝刘恒

汉文帝刘恒，西汉开国皇帝刘邦第四子，母薄姬。汉高祖五年（前 202）生，7 岁时被封为代王。吕后八年（前 180），吕后逝世，继皇帝位，是为西汉第三个皇帝汉文帝。汉文帝在位 23 年多，创造了历史上的有名的盛世“文景之治”。

身世忧患　一朝升腾

刘邦生有八子，其中吕后只生了老二刘盈，后继位为汉惠帝，却不幸早逝。吕后为了掌权，对庶出的其余诸子大加迫害，有 4 人为其所害，只有老大刘肥善终。到吕后逝世时，儿子中只剩下淮南王刘长和代王刘恒。

刘恒在诸子中，地位是最不起眼的。这是由他母亲薄氏的地位确定的。

汉高祖三年（前 204），刘邦的军队打垮了项羽封立的魏国，把魏王豹的宫人俘掳到荥阳，要她们织布。有一次刘邦闲逛到了织布的房子里，见一女子有些姿色，就把她要进了后宫。这个女子的父亲是吴（今苏州市）人，姓薄，在秦朝时与原魏王宗室女子魏媪私通生了她。刘邦把这个薄氏要到后宫，转脸就把她忘了。过了一年，战争形势好转，刘邦有了闲心，与管夫人、赵子儿两个美人取乐。这两个美人是与薄氏一起从魏宫被掳来的，而且彼此都很要好，当初曾相约：“富贵莫相忘。”她们把薄氏的约言当笑料说给刘邦听，刘邦听了，“心惨然，怜薄氏”，当天就把她召了来“幸之”。激动的薄氏对刘邦说：“我昨天夜里梦见一条苍龙盘在我的肚子上。”刘邦说：“这是要尊贵的兆头，我成就你。”就此一“幸”，薄氏遂在汉高祖五年（前 202）生了刘恒。

刘邦后来极少再“幸”她，薄氏母子生活在被冷落的边角里，谁也不能得罪，逢事多加考虑，处处谨慎小心，刘恒也就在朝臣的眼里留下了一个“贤智温良”的好印象。公元前 197 年，萧何等 33 位朝臣举荐，7 岁的刘恒被封为代王。吕后去世的前一年，曾让刘恒任赵王，刘恒想起在此一任上死去的三个兄弟，婉言谢绝，吕后遂封侄子吕禄为赵王。刘恒的母亲薄氏，终刘邦之世，一直处在“诸姬”也即众妾当中，人们称她为“薄姬”，从没有升到“夫人”的行列。刘恒自己也偏处一隅，谨小慎微。故此，他们母子也才能躲过吕后的迫害，平安地活下来。

吕后死后，宫廷发生变乱，太尉周勃、丞相陈平诛杀诸吕，控制了朝政。此时，大臣们开始筹划皇位的继承。大家认为当时的小皇帝刘弘根本就不是惠帝后代，不宜保留；齐王刘襄虽说是高皇帝的嫡长孙，但外舅是恶人不能立；淮南王刘长年幼，母亲娘家人又很坏，不能立。权衡来去，最后认为“代王是现存高皇帝儿子中年龄最大的，为人仁孝宽厚。太后娘家的人谨慎善良。而且立长子本来就名正言顺，再加上他的仁孝名声天下都知道，是最合适的人选”

闰九月，周勃、陈平等朝中大臣秘密派使者去代郡，迎接刘恒到长安去当皇帝。郎中令张武等一派人全都认为这事不可信，劝刘恒托病拒绝。中尉宋昌认为迎立是真实的，不应怀疑：刘氏的天下是天意神授，深入人心，谁也改变不了的；现在刘邦的儿子们只剩下淮南王刘长和代王刘恒二人，刘恒年长而又“贤圣

仁孝”，名声好。宋昌的分析不无道理，但毕竟是推测，不好定夺。刘恒找他的母亲代王太后薄氏，太后也说不出个所以然来。

于是，刘恒以占卜决疑。结果得兆“大横”，释文说：“大横裂纹正正当当，我要成为天王，让父业发扬光大，像夏启继承大禹那样。”刘恒听了这段话后，表示不解，他说：“我本来就是王了，还再当什么王呢？”卜人说：“这里说的是‘天王’，是天子的意思。”

为了彻底了解情况，刘恒派母亲薄氏的弟弟薄昭赴长安，求见周勃等朝臣。薄昭很快回复，说事实如此，无可怀疑。这样，刘恒要宋昌陪同自己坐在他那辆代王的专用车里，要张武等6人每人乘一辆驿站平常用的普通车子作为随从，组成一支小小的车队，登上了前往长安的道路。

车队行到离长安城约50里的高陵（今陕西高陵），刘恒停了下来，他要宋昌先到长安去看看有没有发生变化。宋昌到那里，见朝中自丞相以下的所有大小官吏都早已在那里等候迎接代王的到来。宋昌返回报告刘恒，刘恒命车队快马加鞭赶到了渭桥。群臣拜见，口口称臣，刘恒也下车一一还礼。太尉周勃走上前去对刘恒说：“请暂离众人，说几句话。”宋昌说：“要讲的是公事，就当着公众讲；要讲的是私事，王者是大公无私的。”周勃就跪在地上，从怀里拿出皇帝宝玺，向代王刘恒奉献。刘恒没有接受，说：“这事到代邸（代国驻国都的办事机构）再作商量。”刘恒并非不愿当皇帝，只是周勃的做法太简单草率了。

刘恒的车子很快进了代邸，群臣也一齐随从而来。丞相陈平、太尉周勃、大将军陈武、御史大夫张苍、宗正刘郢、朱虚侯刘章、东牟侯刘兴居、典客刘揭等8名谋划和发动政变的骨干人物到刘恒面前礼拜，并宣读了他们联名给刘恒的上表。表中说：现在的小皇帝刘弘等人都不是惠帝的儿子，没有奉祀宗庙的资格。又说：他们征求了高皇帝刘邦的大嫂、二嫂、同曾祖的弟兄琅琊王刘泽，以及其他宗室、列侯、奉禄二千石的官吏们的意见，认为刘恒应当成为皇帝的继承人，请他即天子位。在这道上表中集中了刘氏宗亲和上层官吏的意见，而且把宗亲放在首位，既符合刘恒的意愿也合于他的利益。但在刘氏宗亲中楚元王刘交的态度没有讲到，这使刘恒不放心。刘交是刘邦的同父异母弟，是刘恒的叔父，他的态度既可影响一部分宗族，也可影响一部分官吏，万一他提出异议，朝臣将如何对待？刘恒在答词中把这个问题端了出来说：“奉祀高帝宗庙，是大事。我不材，与此不相称。希望请楚王考虑个更合适的人，我不敢担当。”结果是“群臣皆伏，固请”这表明即使刘交有异议，群臣不会受到影响。于是刘恒就先面向西以宾主礼说了三遍“不敢当”；然后又面向南以君臣礼说了两遍“不敢当”。既然用起了君臣礼，那就是已经当起来了。群臣最后献上玺和符。刘恒说：“既然宗室、将相、王、列侯都以为没有比我更合适的人，我也就不敢再推辞了。”于是即了“天子位”，群臣依次排列，侍奉两旁。

当晚，刘恒住进皇宫未央宫。

巩固地位，稳定政权

从不起眼的地位做到皇帝，从边远小郡住进皇宫，颇为不易。而要保持这地位和尊荣更属不易。因此，刘恒即位后采取了一系列措施，巩固自己已得的地位。

他首先从卫护自己的安全做起。进入未央宫当晚，刘恒就任命宋昌为卫将军，统帅驻守长安的南军和北军。这两支军队直接控制长安，自刘邦死后，分别由吕后的两个娘家侄子吕产和吕禄掌握。又命张武为郎中令，负责守卫宫殿门户，统领直接为皇帝服务的各种官员。这两项任命可以保障他在长安的基本安全。

任命完毕以后，刘恒又回到前殿坐下，给丞相、太尉、御史大夫下达了第一道诏书，要他们发布皇帝即位的公告，并"赦天下，赐民爵一级，女子百户牛酒，酺五日。"总之，要在帝国范围内为皇帝的即位造成一种大喜大庆的气氛。与此同时，吕氏所立的小皇帝、梁王、淮阳王、常山王分别在各自的住所由有关部门处死。

接着，刘恒又采取几项措施收买人心，培植势力。首先，表彰、赏赐功臣。凡是在推翻诸吕和拥立过程中立了功的，一一表彰他们的事迹，给予厚赏；功大而无爵的，除赏赐外，再封侯。首功自然属周勃，而周勃原封绛侯，就在原先基础上增封食邑一万户，赐金(指铜。下同)5000斤。典客刘揭从吕禄手中夺取了将军印绶，使周勃得到了军权，功劳卓著，赐金千斤，原无爵，封阳信侯。等等。对于从代国陪同他来长安的巨僚，专门进行了功绩登记，首功自然属宋昌，封宋昌为壮武侯。其次，安置亲近官吏。凡自代国随从而来的，一律安置在重要的位置。宋昌为卫将军，统帅长安南北军；其余六人，"官皆至九卿"；舅父薄昭为车骑将军，封轵侯。再次，恢复刘氏宗族在吕后当政时期被削被夺的封地和其他利益。"吕氏所夺齐、楚地，皆归之"；立赵幽王刘友子刘遂为赵王；等等。最后，对曾随从刘邦征战夺取天下的列侯、官吏提高待遇。"列侯从高帝入蜀汉者 68 人益邑各 300 户"；"吏二千石以上从高帝"者 10 人，食邑 600 户；等等。

如果说以上措施重在笼络，那么另外一项就意在抑制和排挤了。刘恒即位不久，下达诏书说，大批列侯居住京师，不仅要消费大量财富，给运输供应造成沉重负担，而且也使他们没有办法"教训其民"。因此命令：列侯都要各到自己的封国里去；有官职在身不能离开，或朝臣特许留住的，也要把太子遣送封国。这是一道对上层人物关系重大的命令，遇到了相当大的阻力，诏书下达一年之久不见行动。刘恒有些恼火，再次下诏说："前时诏书要列侯各到封国，托辞不走。丞相(指周勃)是我所器重的人，请他为我率领列侯到封国。"列侯们除了爵位以外，还想在京师寻找到有权力的职位，所以托辞不走。刘恒要丞相带头到封国，以此挡回列侯们不受器重的怨言，表明他这样做不仅是治国的需要，而且也是对列侯们的真正器重，于是免了周勃的丞相，周勃到了他的封地绛县(今山西省曲沃县东)。

然而，刘恒让列侯归国这一措施，确实也是要处理一批他所不器重或不放心的人物，以此巩固他的地位。周勃本人就是其中的一个。周勃是发动政变诛灭诸吕，拥戴刘恒当皇帝的第一号首领，刘恒确实感激他，给了他最高的奖赏。但他对周勃却心怀畏惧，不放心。在他即位后，并没有打算改变周勃太尉的位置，丞相仍由陈平担任。陈平是谋士出身，一向谋虑深远，他感到自己与周勃之间失去了平衡，处于危险地位，托病不出，坚持要求把周勃的位置排在自己之上。刘恒只好把丞相职位一分为二，要周勃任右丞相，位居第一，陈平任左丞相，位居第二；空出的太尉一席，由将军灌婴填补。周勃功高权大，每当"朝罢趋出，意得甚"，"有骄主色"，而刘恒对他却是"礼之恭，常目送之"。当时的郎中袁盎向刘恒

指出，对周勃过分谦恭使得“臣主失礼”。自那以后，上朝时刘恒的神色越来越“庄”，周勃的神色越来越“畏”。这时有人对周勃说：“你诛吕氏、立代王，威震天下；受重赏、处尊位，得宠已极。长此下去势必引祸及身。”周勃猛然意识到问题的严重，立即“请归相印”，刘恒毫不迟疑地答应了。周勃当右丞相前后只有一个多月。辞相一年后，丞相陈平去世，因无合适人选刘恒又让他当了丞相。复职后10个月，又以列侯归国的名义把他免了职。

后来，有人上书说，周勃在家经常披戴战甲，家人在接待客人时手里拿着兵器，像是要造反。刘恒就立即把他抓进了监狱。幸亏周勃与薄昭有些交情，通过薄昭向薄太后解释：自从罢职后，时刻担心被抓去杀头，因而家中有所戒备，并无造反之意。薄太后也相信周勃不会造反，她提着刘恒的帽带子说：“绛侯怀揣皇帝宝玺，统帅长安北军的时候不造反，如今住在一个小县里，反倒会造反？”刘恒亲自调阅了周勃的案卷，确无造反实据，才放了他，恢复了他的爵邑。周勃出狱后，又活了9年。刘恒最终未让周勃横死，算是中国帝王史上少见的特例了。

与民休息　堪称楷模

汉文帝刘恒所以能取得“文景之治”的政绩，根本就在于他采取了与民休息的国策。刘恒自公元前180年末开始，至前157年，当了23年皇帝。在这23年中，他所采取的基本国策是与民休息，安定百姓。在他即位不久，就接连下了两道诏书。第一道诏书说：“在春季要到来的时节，连草木和各种生物都有它自己的快乐，而我们的百姓中鳏寡孤独、贫穷困窘的人，有的已经面临死亡，而为人民当父母的不体察他们的忧愁，还干什么呢？要研究出一个赈济的办法。”第二道诏书说：“年老的人，没有布帛就穿不暖，没有肉就吃不饱。如今正当岁首，不按时派人慰问年老的长者，又没有布帛酒肉的赐予，将用什么帮助天下的儿孙孝敬赡养他们的老人？现在听说官吏给贫饿老人发放饭食，有的用陈谷子，难道这符合赡养老人的本意吗？要搞个法令出来。”有关官府根据诏书给各县、道（少数民族区域的行政区划，相当于县）下达了下列法令：“年80以上，每人每月赐米1石，肉20斤，酒5斗；年90以上，每人另加帛2匹，絮3斤。所赐物品，由县令过目。赐给90岁以上老人的物品，由县丞（位次于县令的官职）或县尉（位次于县丞）致送；不满90岁的，由啬夫、令史（低于县丞、县尉的官职）致送。郡太守派都吏（负责检查的官职，后世称督邮）巡行各县，对不合规定的，予以督责。对刑徒和有罪未及判决的，不用此令。”

此外，无论从国政、吏政，还是自我要求、皇亲约束等方面，都有一些比较突出的做法。诸如：

偃兵务农。汉文帝元年（前179），刘恒即位不久，就和平解决了南粤问题。秦始皇时略定南方土地，设置了桂林郡（治所在今广西桂平）、南海郡（治番禺，即今广州市）、象郡（治临尘，即今广西崇左）。秦末农民起义之际，南海郡尉赵佗乘机扩大势力，听到秦朝灭亡，就合并桂林、象郡，自立为南粤武王。汉初，刘邦无力远征，派使者立赵佗为南粤王，要他在当地和辑粤族各部，与汉朝通使，不要扰

乱附近各郡。吕后时期，认为南粤是蛮夷，禁止卖给铁器；马、牛、羊，只卖牡，不卖牝，不使其繁殖。于是，赵佗就自号南武帝，发兵攻打汉朝的长沙郡。吕后派兵征伐，不能取胜。赵佗本是真定（今石家庄市东北）人，虽去南海已 49 年，不忘家乡。他听说先人坟墓已被破坏，亲族兄弟被杀，更为恼火，发书要求汉朝撤离长沙郡的驻军，给他送去亲族兄弟。刘恒下令修复了赵佗先人的坟墓，派人慰问了他在真定的亲人，还给赵佗的亲族兄弟以尊贵地位。然后派使者持诏书和礼物前往告谕赵佗，只要削去帝号，不再扰乱附近郡国，则承认他为南粤王，允许他自治，与汉朝通使往来。赵佗削去了帝号，重又称臣归服了汉朝。

对北方的匈奴，基本采取和亲与防御政策，保持边塞地区的安定，文帝还采纳了晁错"徙民实边"的建议，招募内地居民迁往边塞，为其提供生活、生产条件，亦兵亦农，世代居住，形成防御力量。

周秦以来，重农抑商也是基本国策，刘恒亦认为："农，天下之大本也，民所恃以生也"，"道民之路，在于务农"。为了提倡农业、刺激农业生产的恢复和发展，他曾"开藉田"、"亲率耕，以给宗庙粢盛。"他采纳晁错"贵五谷而贱金玉"的主张，实行以粮食换取爵位或赎罪的政策。他曾多次降低田税。前 167 年（汉文帝十三年）曾一度宣布"除田之租税"。

减刑节用。汉文帝不论在国事开支方面还是他个人用度方面，都精打细算，简朴从事。他严令各级官吏要"务省徭费以便民"。汉文帝二年（前 178），他下诏："我担心匈奴内侵，所以不能停止边防之事。但长安的各种守卫机构那么多，开销太大，卫将军所属的军队要撤消。太仆要清点马匹，除留下必用的以外，要全部送给驿站使用。"在刘恒当皇帝的 23 年中，宫室、苑囿、狗马及各种装饰器物都无所增加。他曾想在骊山建一座供宴游用的露台，找来工匠合计了一下，需要"百金"，便说："这相当于十户中等人家的财产。吾享用先帝的宫室，常常觉得过分，还建这样一座台干什么！"于是作罢。他常穿的是粗糙的黑色绸料衣；他宠幸慎夫人，但不让她穿拖到地面的长衣，帷帐不准用带有绣花的贵重丝织品，以免带起奢侈浮华的风气。

汉文帝时，刑罚大省。文帝曾与臣下两次讨论刑罚问题。汉文帝二年（前 178）讨论废除收孥连坐法。文帝说："我听说，法律公正，人民就会诚实；判罪恰当，人民就会服从。而且，管理人民，引导人民走正道不犯法的，是官吏。要是既不能引导人民走正道，又用不公正的法律去治罪，这种法反而要祸害人民，造成残暴行为，我看不出它的方便。应该再作考虑。"于是陈平、周勃宣布废除有关收孥连坐的一切法律条文，使有罪的按法律治罪，不收捕为官府奴婢，没有罪的不受牵连。

汉文帝十三年（前 167）讨论废除肉刑。针对当时肉刑过滥的现实，文帝给御史大夫下令："废除肉刑，用别的办法代替；做到使罪人各按罪行轻重受到相应的刑罚，不逃亡，满了刑期，就解除刑罚当平民。制订出个法令来。"丞相张苍、御

史大夫冯敬有些想不通，但没有表示相反意见，根据这个诏令制订了一个取代肉刑的法令，经文帝批准于当年颁布。

关于臣下、庶民与皇帝的关系，过去的习惯总是错在下、功在上。即使皇上不好也不能说，否则就犯了“诽谤妖言罪”；如果碰上大的祸患，祭祀时就说皇上是英明的，都是臣下不好，这叫“秘祝”；老百姓诅天骂地，因天与天子、皇上连带，所以也就犯了“民诅上罪”。文帝统统废除了这些罪状，还针对这些问题提出了自己的主张，他在诏书中说：“古时治天下，朝廷设立进善旌、诽谤木，以此寻求好的治国方法，招徕进谏的人。现在法律中规定了诽谤妖言罪，这会使群臣不敢讲真话，使君主没法知道自己的过失，将用什么办法把远方的贤良之士招来呢？要废除掉诽谤妖言罪。”“祸是由怨恨导致的，福是由做好事得来的。百官的错误是由于我没有把他们引导好。现在秘祝官把过错推到臣下身上，这更使我的德行不好，我很不赞成。不准再搞秘祝。”

文帝刘恒为政清明，还表现在从谏如流。在诤谏面前他肯承认自己的过失并及时纠正。有一次刘恒走进郎署，与署长冯唐闲谈，知道冯唐祖上是赵国人，父亲时住代郡，而他自己曾为代王，就对冯唐说：“在当代王时，厨师上饭时说战国时赵国有个将军叫李齐，很能打仗，后来每吃饭时就想到这个李齐。”他问冯唐知否李齐其人，冯唐说：“赵国的将军最著名的是廉颇和李牧。”接着又讲了廉颇和李牧的许多事迹。刘恒越听越高兴，拍着大腿说：“唉呀！我要是有廉颇和李牧那样的将军，就不用担心匈奴了！”冯唐却说：“陛下就是得到廉颇和李牧，也是不能用的。”刘恒很生气，过了好大一会，又问冯唐：“你怎么知道我不能用廉颇、李牧呢？”冯唐说：“廉颇、李牧所以能打胜仗，是因为赵国君主充分信任他们，给他们自主权力，不干涉他们的具体事务，只要求他们打胜仗。而现在魏尚当云中郡太守，优待士卒，打了很多胜仗，匈奴不敢接近云中，却因上报战功时交的敌人首级比他报的数字差六个人头，陛下就把他罢官、削爵、判刑。立了大功不受赏，出了小错受重罚。所以说就是得到廉颇、李牧，也是不能用的。”刘恒听了很高兴，当天就派遣冯唐持节赦免魏尚，恢复他的云中太守职务，并任命冯唐为车骑都尉。

张释之是个严格执行法律的官吏，他以不阿附上意、敢在汉文帝面前据理争辩著名，文帝任命他为廷尉(负责刑法的最高官)。有一次，文帝出行到中渭桥，被一个行人惊了拉车的马。惊了皇帝的车马叫做“犯跸”，于是此人被抓来交由廷尉处理。张释之查清案情：此人听到车马声音，远避不及，而躲在桥下，过了好一会，以为车马已过，却不料出来恰巧碰上了皇帝的车马，撒腿逃跑，车马被惊。按法律规定，这种情况要“罚金四两”，张释之就这样判决了。刘恒大为不满，说：“这人惊了我的马，幸亏我的马温驯，要是别的马，不就伤了我吗？廷尉却只判了个罚款！”张释之说：“法律是天子和天下人共同遵守的，现在法律就是这样规定的，要判重了，会使法律在人民中失去威信。当时要是就地把这人杀掉，也就罢

了；现在既然交给廷尉处理，而廷尉是天下司法的标准，一有偏差就会使天下的司法官丢开法律随意处罚。因此只能严格按律判决，希望陛下体察。”过了好一会，文帝说：“廷尉是对的。”

又一次，有人偷汉高祖祠庙塑像座前的玉环被抓获，文帝很恼火，要廷尉治罪。张释之按有关偷盗宗庙器物的法律规定判处弃市（杀头示众）。文帝大怒，说：“这个人无法无天，竟敢偷先帝祠庙里的器物。我把他交给廷尉的意思是想判处族刑，而你却按法律的一般规定论处，这不符合我恭敬承奉宗庙的心意。”张释之见文帝大怒，就免冠叩头说：“法律并没有盗哪个庙罪重、盗哪个庙罪轻的规定。现在偷了高祖庙里的器物判族刑，万一有愚民在高祖的坟墓长陵上抓了一把土，陛下将按什么法来判罪呢？”文帝无话可说，与太后商量了一阵，最后还是认为廷尉是对的。

汉文帝刘恒就是在这样情形下，才获得“文景之治”这样优秀的政绩的。

公元前157年夏季六月己亥日，刘恒卒于长安未央宫，乙巳日葬霸陵（在今陕西西安市东），谥“孝文”，庙号“太宗”，年45岁。

窦太后轶事

堪为贤妻难成良母

一名太监的偶然疏忽，为她带来了终身的好运。她阴错阳差到了代国，哭哭啼啼，寻死觅活，怎会想到就此一跤跌进了青云里？

汉初，代王刘恒幸运地当上了皇帝，贫苦出身的窦姬也幸运地当上了皇后。她处处谦恭忍让，不同文帝的宠妾争风吃醋，不敢奢望丈夫的真爱，只把自己的爱专注于儿女们身上。由于她的溺爱，梁孝王横行不法，馆陶公主招权纳贿，在汉史上留下了不光彩的一笔。

她是一个安分的皇后，但不是一个守法的皇后；她是贤妻，却不是良母。在封建中国的皇后中，她命好福大，从皇后到皇太后再到太皇太后，直至她孙子汉武帝执政后才死。

史家说她是汉代最幸运的皇后。

阴错阳差　一步登天

一辆宫车载着五名宫人，走在荒凉的塞北驿道上。这里春风不度，平沙莽莽，引得车上的宫人一路哭个不停。

这是汉高后吕雉称制那一年，汉宫发放宫女分赐各个藩王。这车上的五名宫女，是奉吕后之命，送往代国，赐予代王刘恒的。其中一个名叫窦姬的宫女哭得最伤心，一路上寻死觅活不肯去代，吵着要跟车的小黄门太监送她去赵国。

窦姬原是赵地观津（今河北武邑东南）人氏，父母早亡，家境贫寒，同两个兄弟艰难度日。数年前恰逢皇宫采选秀女，她去应选，被送入宫中。此番发送各藩

王，她因离家日久，思念兄弟，恳请主管此事的大太监帮忙，将她送往赵国，可与家乡接近一些，主管太监答应下来。谁知这名太监糊里糊涂，在编造花名册时，误把她写在代国名下。及至吕后批准，颁发诏书，再要改动已来不及了。窦姬实在不愿去那人烟稀少、远离家乡的代国，但君命难违，她只能怨恨自己命运多蹇，于是哭哭啼啼被逼上路。

宫车驶入晋阳城，走到代王宫中停下。代王刘恒仔细一看，五个妙龄少女个个胜过自己宫里的北国佳丽。尤其是窦姬，端庄清秀，体态袅娜，双目盈盈，更胜过一筹。他喜爱不迭，当夜便命窦姬侍寝。从此，窦姬成了代王的宠妾，未久，生下女儿刘嫖，又生了两个儿子刘启和刘武。她在代王宫中地位仅次于王妃。

代王刘恒，是刘邦的薄姬所生的儿子。薄姬原是西魏王魏豹的姬妾，魏豹被刘邦击败，后宫美人全部充入汉宫，薄姬偶而一次得到刘邦召幸后，就被冷落了。她生下儿子刘恒，就只能守着冷宫度日，刘邦不喜欢他们母子。刘邦死后，吕后倒很同情薄姬，让她去代国陪伴儿子。

薄姬和刘恒本以为此生必定老死边陲。可是，一件意想不到的大喜事降临了。公元前 180 年吕后死后，长安城突然来了一位特使，秘密谒见代王。使者屏退左右悄悄告诉代王：右丞相陈平和太尉周勃已一举扫平诸吕，今奉丞相之命，特来迎接代王进京即皇帝位。

刘恒不敢相信这是事实，同母亲薄姬商量。薄姬曾在汉宫备尝艰难，深知宫闱权力之争风云诡谲残酷无情，也不敢贸然决定，便派弟弟薄昭偷偷地入长安打听。薄昭去找太尉周勃，周勃诚恳地告诉他：

不久前，丞相陈平曾召集大臣们开了一个秘密会议，商量请哪一位刘姓藩王入京做皇帝。大臣们一致认为，推代王刘恒最合适，原因有三：(1)高祖的八个儿子中，只留下两个，淮南王刘长和代王，而以代王居长；(2)代王仁孝贤达，朝内朝外均有美名；(3)代王母薄姬的娘家寒微，无一人参政，不会重蹈诸吕祸国的覆辙。所以，丞相和众大臣迎代王即帝位是真心诚意的。

薄昭回晋阳如实回报，代王这才放心，立即准备车驾直奔长安。

这年九月，刘恒在未央殿正式登位。这就是历史上有名的汉文帝，所谓的“文景之治”由此开始。文帝执政后，政治清明，实行轻徭薄赋，让民休养的政策，自己的后宫生活也十分节俭。

汉文帝元年(公元前 179 年)春，群臣上表请立太子。当时，刘恒的原配王妃已死，王妃所生的四个儿子也相继夭亡，诸皇子中，以窦姬所生的刘启为长，便册立刘启为皇太子。不久，又由皇太后薄氏下了一道明谕，册立太子生母窦姬为皇后。因母以子贵，加上窦姬同太后身世相像，很得太后怜爱。

过了几天，窦后禀明文帝，派使者去观津寻找两个兄弟，只找到了哥哥窦长君。兄妹相见，痛哭一场，问起弟弟少君，方知少君已于数年前流落他乡，音讯不知。文帝立即下诏书命各郡县着力寻找。

一天，忽有内侍递上一纸文书，说是皇后弟弟窦少君应召来长安认姐，现在宫门外求见。窦后又惊又喜，忙与文帝一起到便殿召见来人。不多时，小黄门引进一个人，约二十上下年纪，一身短衣打扮，面目却很陌生，像是从未见过似的。窦后不敢相认，因当初姐弟离别时，少君才四五岁，十多年未见，变化甚大，无法辨认。她只能细细盘问家乡的一些琐事。那人一一从容对答，不见有什么破绽。问了一会，文帝有些不耐烦，想开口相认，被窦后拦住，她又问："你可记得与姐姐相别时的情景吗？"

那人略作回忆，便叙说道："我姐离乡时，弟曾与兄长送姐至邮舍，姐怜我年幼无人照看，向邮舍讨得米汤，为我洗头，又乞米饭一碗，让我饱食之后，方才动身而去。"说到这里，他禁不住呜咽起来。

窦后听到这些，悲呼一声："少君，我的弟弟！"便起身上前，拉住弟弟的双手痛哭起来。站在一旁的内侍宫人们也都流下同情的眼泪。为之动容的文帝，劝住了窦后姐弟，又召入窦长君，与少君团聚。他还下诏，让兄弟两人留在长安居住，厚赐田宅童仆，与姐妹同享富贵。

这件事惊动了周勃、灌婴等一班老臣。他们原被诸吕弄权弄怕了，见窦氏兄弟腾达起来，有些担心。他们一起上奏文帝，要求为二位国舅选择贤良方正之士交游。后来，窦氏兄弟渐渐知书达礼，不敢仗着皇后权势乱为。文帝也记住诸吕的教训，不对他们加官封爵。至景帝登位后，封窦少君为侯，已是后话了。

醋波不兴，旧梦难续

汉文帝三年（公元前 177 年）秋，长安郊外的上林苑繁花似锦，鹿肥豚壮。文帝触动了游兴，带着窦皇后和他最宠爱的慎夫人乘辇同往上林苑游幸。

慎夫人是邯郸美女，明媚迷人，能歌善舞，又会鼓琴弄瑟。文帝独宠一人，渐渐同窦后有所疏远。窦后因出身寒微，好不容易才当上皇后，故行事小心，处处谦让，不同慎夫人争宠。久而久之，慎夫人恃宠而骄，同皇后平起平坐。文帝看在眼里，也不加干涉。

那天，文帝同妻妾二人在上林苑游了半日，有些疲乏。管上林的郎官备下盛宴请帝后入席。因慎夫人在宫中习惯与皇后同行同坐，凡文帝外出游幸，她必定相随，窦后倒不一定随驾。所以，上林郎官照例在文帝席位旁布置了两个座位，一个是窦后的，一个是慎夫人的。等到帝后入席分坐左右，慎夫人也走到皇后身旁。刚想坐下，却见中郎将袁盎把手一挥，使内侍将慎夫人的座位撤到下首。慎夫人大怒，站在那里不肯入席。她气咻咻地责问袁盎，这是什么意思？还没等袁盎回答，汉文帝已经怒气冲天，他二话不说，拉起慎夫人就走。窦皇后也只得跟在后面登上凤辇，一起回宫。这次游幸弄得不欢而散。

袁盎是个刚直不阿的大臣，曾数次犯颜直谏，幸亏文帝从谏如流，不予加罪，反将他屡屡升迁。袁盎因见文帝平时宠幸姬妾，疏远皇后，已有不满，又见慎夫

人一贯不分尊卑上下，凌驾于皇后之上，便想煞一煞慎夫人威风，提醒一下汉文帝。

这天夜里，袁盎进宫见汉文帝，劝谏道："臣以为，若做到尊卑有序，上下有别，则国家兴旺，内外和睦。如今陛下既已册立皇后，慎夫人就是姬妾，怎能与尊贵的皇后同坐一席？陛下若深爱慎夫人，可对她优加赏赐，决不能打乱上下秩序，使夫人恃宠而骄，做出不法之事，陛下名为爱她，实是害她，可不能忘了'人彘'的教训啊！"

一提到"人彘"，汉文帝勃然变色，他这才恍然大悟，明白了袁盎的一片苦心。回到后宫，他把袁盎讲的一番话转告给慎夫人。明白事理的慎夫人很为袁盎的一片忠心所动，她取出黄金五十斤，命内侍赠予袁盎，感谢他的提醒，从此收敛了任意妄为的脾性。

在汉文帝一朝，由于窦皇后的宽容豁达，善于自制，基本上没有生出什么醋波情浪，宫内保持着常年的平静。

但是，毕竟慎夫人夺走了窦后的爱情。有一次，窦后的一名贴身宫女悄悄告诉她一件事：

一天黄昏，文帝兴致勃勃带着慎夫人出城游幸。车驾停在灞陵桥边，文帝牵着慎夫人的手下车，一起站在桥头观赏远处的风景。在夕阳的映照下，千条弱柳，百啭流莺，使人万分陶醉。慎夫人和文帝依偎在一起，文帝指着笔直的新丰驿道，对慎夫人说："这是通向邯郸的大道，道尽头便是你的故乡啊！"他想起自己的少年时代，同母亲一起，被冷落在大漠风尘之中。寂寞度日的情景，真是今非昔比！他好像有许多感慨、许多情怀要想倾吐，一时又不知从何说起。

少顷，文帝命内侍取过一架瑟，让慎夫人坐在桥上弹奏，自己站在旁边唱了起来。那歌调和着瑟音，凄惋哀恻，余音缭绕山水间，似有不绝的回声。

帝妃二人正陶醉在山水爱情之间，忽然从桥下钻出一个人来，吓得慎夫人惊叫起来。文帝大怒，圣驾出游，万民无不回避，谁敢大胆破坏戒严令呢？他命武士立即把此人抓起来送到廷尉张释之处审讯。

那个惊动皇帝的人是长安县民，吓得瑟瑟发抖，供说道：他正走到桥边，忽听说圣驾到此，吓得不知朝哪里躲，情急之中，只得躲进桥洞栖身。等了许多时候，不见动静，以为皇帝一行已经过去了，便跑了出来。张释之听他说得合情合理，便按法令罚了他一笔银钱。

奏报上达龙案，文帝阅罢，心下十分恼火。他想，这刁民不识时务，惊扰了我的好事，非重罚不可。他召入张释之，将张释之斥责一通，命将此人处死，张释之从容对答道：

"法令者，天子所出，天下共守。今若不按法令，按皇上旨意重罚此人，则法不能取信于民也。若当时陛下抓到此人，就地斩杀倒也罢了，既下廷尉审处，廷尉岂能执法不公？若不公，天下人执法皆有轻重，陛下将如何治天下？"一席话，

说得文帝哑口无言，只得作罢。

不久，这件事传开，朝内外传为美谈。

女人的心何等敏感，窦后听罢这个故事，不免触动了心事。文帝同她已有多年不曾这等亲密了。她明白，帝王家的情义如流水，她同文帝之间已是不可能重续旧梦了。从此，窦后便将感情专注于三个儿女身上。

由于她的溺爱，皇太子刘启和弟弟，当时封为代王的刘武，在长安城中胡作非为。赌博、打人、饮酒、跑马、抢占民女民妻，常做违法犯禁的事。刘启蛮横成性，竟然打死自己的堂兄弟吴王刘濞的世子。

吴王刘濞是刘邦的侄子，镇守东南历时已久。因得铜山为钱，又煮海水为盐，垄断厚利，故国力日益强盛。他并不把堂弟汉文帝放在眼里，文帝即位十多年，他从不入朝拜见。后来，他觉得这样做未免礼仪不周，便派世子刘贤到长安来问候皇帝，顺便陪伴皇太子刘启玩乐几天。

一天，刘启和刘贤在东宫对坐下棋。太子身后有一班侍臣，吴王世子身后也有带来的师傅随从。大家各自为自己的主人出谋划策，各有胜负。刘启不肯示弱，非要刘贤输给他才肯罢手。棋走关键之处，刘启误下一着，被刘贤一子将住，眼看这一盘又要输了，刘启想悔子，刘贤不肯依从，双方争执起来。刘启怒起心头，顺手操起棋盘，就朝刘贤头上猛掷过去，刘贤来不及避让，被击中头颅，当场脑浆迸流而死。

刘启闯了大祸，赶快躲进窦皇后的长乐宫。文帝闻报大惊，要想重处太子，以息吴王之怒，但禁不起窦后哭哭啼啼的哀求，结果连刘启的一根手指也没碰。只是令人厚殓刘贤，派人把刘贤的灵柩送回吴国。

吴王刘濞悲愤交集，不肯收受灵柩。文帝只好将刘贤埋葬在长安，草草了事。这件事也就是景帝刘启即位后不久，吴楚七国之乱爆发的重要原因。史家往往把七国之乱归咎于吴王谋夺皇位，其实，吴王为子报仇，情有可原，刘启残杀兄弟，倒是天理不容。

溺儿之心　至死不灭

汉文帝后元七年(公元前157年)，刘恒病死，太子刘启即位，为汉景帝，尊窦姬为皇太后。第二年，薄太后死，窦姬成为汉后宫内第一号人物，便不再是以前时时小心、处处忍让的窦皇后，而是专横自大的窦太后了。

景帝即位的第三年，梁王刘武应窦太后宣召入朝。窦太后喜欢小儿子更甚于大儿子。大儿子做了皇帝，她唯恐亏待了小儿子，拼命赐给他封地和珠宝。刘武由代王改封为淮阴王，又变成梁王，封地越来越大，“王四十余城，居天下膏腴之地”，所获赏赐不可计数，库存金钱不下亿万。

在为梁王接风的酒宴上，窦太后看着一左一右两个儿子，心想：同是自己生的儿子，一个贵为至尊，另一个却只能做个藩王，生死由人，真对不起小儿子啊！她言语中流露出不快的心情。

景帝在旁，见母亲不高兴，有些惶恐，再说，他多喝了几杯，一时忘情，便拉起

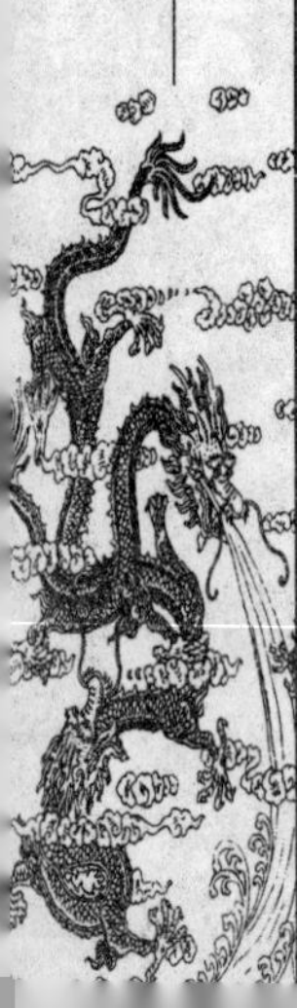

弟弟的手说："千秋万岁之后，当将帝位传于你。"

刘武一听，又惊又喜，正想叩头谢恩，好把这事定下来。谁知坐在一边陪宴的詹事(汉代掌管皇帝宗事的官)窦婴举起酒杯，朗声奏道："天下乃高皇帝之天下，父子相传，本有定例，陛下怎可传位于梁王？陛下失言，该罚酒一杯！"

一句话提醒了汉景帝，他忙举起酒杯，连说"该罚，该罚"，一饮而尽，算把刚才的话勾销了。

这下却惹恼了窦太后和梁王。窦婴是窦太后的侄儿，他知道自己得罪了他们，第二天主动上表请求辞职。窦太后不仅逼景帝批准窦婴辞职，还亲自下诏削去了窦婴出入宫禁的权力，不准他再进宫相见。

过了几年，景帝平定了吴楚七国之乱。太后说梁王守土有功，让景帝赐给梁王以天子的旌旗和仪仗，凡出入可同皇帝一样威风，还为他大造宫室和林苑。有了太后的宠爱，梁王心存非分之想，心想只要太后在，自己立为皇储的希望不是没有。尽管当时景帝已立栗姬所生的刘荣为太子，但梁王依然等待着机会。

景帝前元七年(公元前 150 年)，刘武接到长安的消息，说皇太子刘荣被废。他心头升起一线希望，立即动身进京，请求太后替他作主，让景帝订一个兄终弟及的密约，把皇位传给他。窦太后一口答应，逼景帝表态。景帝不敢违背母亲，同大臣们商量。这时，袁盎已位列九卿，任太常，他首先出来反对，对景帝说：

"臣以为陛下不可立梁王为储君。"

景帝问他有什么理由陈述。他说："陛下岂不闻春秋时，宋宣公立弟不立子，致使宋国世世祸乱不断，故春秋大义，传子不传弟。自古以来，无人敢于乱此法统。"

景帝听了很高兴，把袁盎反对的理由一一禀报太后。太后虽然不高兴，但说不出可驳斥的理由，只得作罢。刘武怏怏不乐回到梁地。这年四月，景帝立胶东王刘彻为太子，断绝了梁王续位的希望。窦太后为安慰梁王起见，要求景帝允许梁王筑一地下甬道，由梁国直达长安的长乐宫，使梁王可随时入朝见太后。但这时的景帝，已对梁王产生了不满和戒心，将此事交大臣们庭议。又是袁盎等人反对，故而作罢。

几个月之后的一天，景帝接到奏报，太常袁盎和另几名大臣被人刺死在安陵门外。景帝猜想是梁王派人干的。因为被杀的几个人正好是反对梁王继位的大臣。他马上下令追查凶手。不久，在袁盎的尸身旁找到一柄短剑，查下来，果真是梁国的一名郎官的。景帝派使者去梁国捕捉凶犯。这名使臣明知首犯就是梁王，但不敢去抓梁王，而去捉拿替梁王出主意的梁王的两个宠臣公孙诡和羊胜，让他们代梁王抵罪。梁王又把公孙诡和羊胜藏了起来。这时，梁国内史韩安国见事情闹大了，便跑去劝梁王道：

"大王与皇上虽为手足之亲，但怎么知道不会有兄弟相残的一天？今大王听信小人之言，屡屡违禁犯法，皇上碍于太后的面子，不忍加罪，只让交出诡、胜二人，大王还要着力袒护，只恐皇上震怒，连太后也难以挽回。如今有太后健在，大王方可免于死罪，一旦太后驾崩，大王又依托何人？"

梁王一听，不禁掉下泪来，便命公孙诡和羊胜二人立即自杀。梁王送走二人尸身后，想着韩安国的话，尚有余悸，又命亲信带了金银珠宝，去走王皇后的哥哥王信的门路，求王信转托王皇后在景帝跟前说些好话。

再说梁王犯罪之后，窦太后日夜担心哭泣，搅得景帝心烦意乱。那天，他正在临朝，忽有宦官来报，说梁王亲赴长安负荆请罪。景帝忙派人去郊外迎接。但是，只有梁王的车马，不见梁王的人影。大家四下寻找多时，仍然没有找到。那边却已惊动了窦太后，她跌跌撞撞直奔未央殿，边大哭，边指着景帝道："皇帝果真杀我儿子了！"吓得景帝战战兢兢，想要分辩，又说不清楚。

正乱作一团时，忽见馆陶长公主进殿来，附在太后耳边悄悄说了几句话，太后立即破涕为笑，一连声命令宣召梁王上殿。原来，梁王到达长安时，不敢直接进宫面见皇帝，先去姐姐馆陶长公主家里，由公主相陪一起入朝。

景帝亲自出殿，只见梁王身子伏在斧锧（古代杀人的一种刑具）上，听候皇帝发落。景帝忙将他扶起，入宫重见太后。兄弟俩总算和好如初。

这场风波过后，窦太后记着王皇后和国舅王信的好处，设法为王信加官晋爵。有一天，她对景帝说："皇后之兄王信可封侯。"

景帝有些奇怪，便答道："高祖在世时曾说过，无功不得封侯，今国舅无功而侯，恐大臣们议论。"

窦太后驳斥道："南皮、章武何功得以封侯？"南皮指南皮侯窦彭祖，窦太后兄窦长君之子，章武即窦太后弟少君。

景帝又答道："南皮、章武，先帝不封侯，臣儿即位后方封侯，故皇后兄尚不宜封侯。"窦太后无言以对。

光阴荏苒，不觉已是景帝中元六年（公元前 144 年）了，窦太后年届六十岁。一件使她痛彻心肺的事发生了。四月，梁都睢阳城（今河南商丘）忽然派人来长安报丧，梁王刘武发热症，医治无效谢世了！讣音传到长乐宫，窦太后哭得死去活来。她终日躺在床上，不吃不喝，边哭边说："皇帝逼死我的儿子！"

窦太后的责怪不是没有道理的。原来，梁王自斧锧请罪之后，总以为景帝已经消释前嫌了，他每次来长安朝见皇帝，总是殷勤问候，想同景帝亲近一些，但每次景帝都冷漠相处，虚情假意敷衍一番，令梁王觉得不是滋味。后来，梁王上表要求留在长安侍奉太后，景帝非但不准，还将他训斥一顿，命他速回封地。梁王回去后一直闷闷不乐，一年多未回长安。这年春天，他外出游猎，有一人向他进献一头牛，背上生足，奇形怪状，他吓了一跳，一连发了六天热症，终于不治而死。

景帝见太后终日哀哭，不饮不食，心下着慌，忙去恳求馆陶长公主想办法。公主深知母亲心思，便想出一着，景帝答应一一照办。

过了几天，未央宫传出诏令，梁王赐谥为孝王；梁地分为五处，梁王的五个儿子全都封为王，连梁王的五个女儿也都一一赐予汤沐邑，使其子孙后代贵为王侯。窦太后这才满意，止住了悲声。

汉武帝元光六年（公元前 129 年），在位近五十年的窦姬，度过了她富贵至尊的晚年，在长乐宫中瞑目长逝，享年七十五岁。这时，她的女儿尚在世，她便留下遗嘱，将长乐宫中所有的财富，都留给馆陶长公主，真是爱子之心，至死不灭。

尽管汉文帝爱的不是她，但她仍得与汉文帝合葬灞陵，死后与皇帝享受同等的荣耀。

汉景帝刘启

汉景帝刘启是西汉开国皇帝汉高祖刘邦之孙，文帝刘恒之子。刘启在父亲为代王时生于代国（今河北蔚县一带），母亲窦姬。在代王刘恒入京做皇帝前后，代王王后及其所生四子相继病死，刘启成为文帝长子。文帝元年（前179）刘启立为太子，母窦姬为皇后。文帝在后元七年（前157）病逝，32岁的刘启即位，是为汉景帝，母为皇太后。

削藩平叛　国泰民安

西汉开国之初，分封了一些同姓诸侯王，这些诸侯王的封地和权力都很大，他们拥有军队，自置官职，政治力量和经济力量不断增长，到文帝时济北、淮南二王相继谋反，屏藩汉室的诸侯王已经成为中央朝廷的严重威胁。当时，贾谊曾尖锐指出藩王势力是汉朝的一大疾病，必须设法割除；晁错也提出相同的见解，主张削藩。但文帝没有彻底推行他们的主张。景帝即位之初首先面临的国家急务即是如何解除藩王势力对汉室的威胁问题。在此问题上，他充分采纳了晁错的主张。

晁错胸怀大志，博学多才，能言善辩，曾任太子家令。景帝即位以后，任命他为内史，旋又拜为御史大夫，位列三公。对于藩王的情况，他颇为熟稔。他以为，藩王势力强大而又最危险的是吴王刘濞。刘濞是刘邦之侄，当初刘邦封他为吴王以后，就预计他日后可能反叛，颇有后悔之心，但业已分封，也只好静以观之。刘濞至国以后，即收买人心，发展势力，企图有朝一日夺取帝位。景帝为太子时，吴王太子入京，与其争夺棋子，被景帝误伤而死，刘濞怀恨在心，更加紧了准备叛乱的步伐。到景帝即位，刘濞已经准备了40年，成为威胁最大的诸侯王。

故此，晁错主张先削吴王的封地。他对景帝说："过去吴王因太子死于陛下之手，对朝廷深怀怨恨，诈称有病，不来京朝拜天子，按照古法应当诛杀。文帝不忍加刑，赏赐几杖，允许他不来朝拜，恩德可谓宏厚。吴王不改过自新，反而越发放肆，开山铸钱，煮海制盐，招诱天下逃犯，谋图叛乱。现在削夺他的封地他会造反，不削夺也会造反。削夺，他仓促早反，祸会小些；不削，他准备充分再反，祸患更大。"

晁错的主张遭到了外戚窦婴的反对，削吴的事只好暂时搁了下来。不过，此外的楚、赵、胶西三国分别以罪被削，楚王削了东海郡，赵王削了常山郡，胶西王削了6县，晁错又修改有关律令30章，一时诸侯喧哗，反响强烈。各藩王自然把晁错视为眼中钉，恨不能食肉寝皮。晁错的父亲也感到儿子大祸临头，特意从家乡颍川赶到京城，劝说儿子。晁错不听，其父服毒自尽。晁错不为所动，仍然力主削夺吴王。最后，景帝决定削吴会稽、豫章二郡。

吴王刘濞见朝廷削藩，就开始举行叛乱。他首先派人勾通了楚王刘戊，随后又扮成使者亲自前往楚国面见刘戊，达成叛乱盟约；接着，又以诛晁错、安社稷的名义，联合各地诸侯王起兵。景帝前元三年（前154）正月，削吴诏书一到，刘濞首先在广陵（今扬州）起兵，国内14岁至62岁的男子统统征发，共20余万人，西渡淮水，与楚兵合一，奔梁地而来；接着胶东、胶西、济南、淄川四国起兵，包围齐

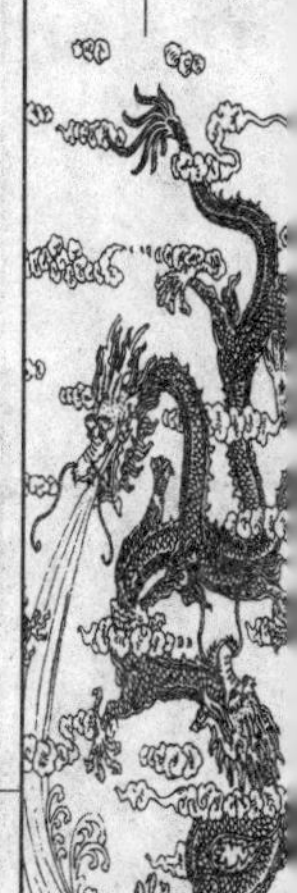

都临淄；赵国则把队伍集结在封地西界，拟与吴兵汇合西进。如此以吴王为首，卷入叛乱的共有7个藩王，史称“吴楚七国之乱”。

当此之时，曾任吴相与晁错有隙的袁盎在窦婴的引见之下，乘机以七国之乱“诛晁错、安社稷”的幌子为由，说动景帝杀晁错以息叛乱，声称如此则可以兵不血刃，叛乱自平。景帝为人仁慈，听后沉默未语。他想到晁错与自己交情深厚，又是朝廷得力的栋梁大臣，感到于心不忍；但又想到兵革一起，将会杀人盈野，血流成河。权来衡去，最后说：“真的是这样，为了天下安定，我不爱惜一位大臣。”于是一面调兵遣将，一面诛杀晁错，并任袁盎为太常，派他与宗正刘通整装东行，去宣谕吴王息兵。

景帝杀晁错，自然让诸藩王快心如意，但他的诏谕却受到了吴王无情的嘲笑：“我已经是东方的皇帝了。还有谁配给我下诏？”他当然不会停息自己的行动了。此时，景帝方才明白了事情的真相，意识到了问题的严重。他一方面后悔杀了晁错，一方面派郦寄率领一支队伍击赵，派栾布率领一支队伍入齐，派太尉周亚夫率军讨伐吴楚叛军，又召窦婴拜为大将军，屯兵荥阳，监视战局。

周亚夫率兵坚守昌邑，并派出一支奇兵出淮泗口，截断了叛军的粮道。叛军猛攻梁国，梁国向亚夫求救，亚夫拒不出兵。梁王又派使者请求景帝，景帝诏命亚夫出兵救梁，亚夫取孙子“将在外，君命有所不受”的态度，拒不奉诏。这样坚持了一段时间，形势变为对叛军不利。吴王打算西向，梁国守城，不敢冒进；进攻昌邑，亚夫高垒不战；叛军粮道断绝，士卒饥饿溃散。最后楚王自杀，吴王逃奔东越，后被东越人杀死。吴楚叛乱，三个月就被平定了。栾布率军至齐，很快就打破了胶东、胶西、济南、淄川四国的联兵，四王全部伏诛。接着栾布回兵郦寄攻赵，引水灌城，赵王自杀。至此，七国之乱全部平定。

七国之乱平定后，景帝把叛王封地做了一番调整，又乘平叛的余威，于中元五年（前145）把王国的行政权和官吏任免权收归中央，并裁减王国官吏，降黜他们的秩位，王国的独立地位被取消。从此，诸侯王只能衣食王国的租税，不能过问行政，成为只有爵位而无实权的贵族，藩王对朝廷的威胁基本上得以解除。

休养生息　国泰民安

景帝即位后，继续奉行文帝的治国方针，保持安定局面，发展生产，休养生息。为了达到这一目的，他对内采取重农、薄敛、轻刑和教化的措施，对外则采取了继续和亲匈奴的措施。

景帝即位的次年正月，了解到了各地农牧资源不平衡，有的郡县缺乏农牧条件，有的郡县却地广人稀，利于农牧，而当时政府不许人民迁徙，就宣布允许人民迁徙到地广人稀的地区去发展生产。为了鼓励农人田作，同年又宣布减免一半田租。田租是国家征收的土地税。汉代田租常制是“十五税一”，即交纳收成的十五分之一；景帝改为“三十税一”，即交纳三十分之一。景帝一直重视农业生产，直到晚年，还不断地强调农桑之本的重要。为了与民休息和发展生产，景帝颇慎使用民力。他在位期间，除为自己修建了一座规模不大的阳陵外，基本上没有兴建其他土木工程。

轻刑也是景帝比较重视的一项安民措施。文帝曾减轻刑罚，废除了历代相传的肉刑，把肉刑改为笞刑，如当割鼻者改为笞打三百，当断左趾者笞打五百，景

帝看到笞刑多把犯人打成残废甚至打死，所以一即位就开始继续减轻刑罚。笞刑经景帝几番更改，这才避免了犯人死于刑下。景帝还数次大赦天下，并废除了磔刑。磔刑是一种分裂尸体的酷刑，景帝把磔刑改为弃市。为了避免枉屈无辜，景帝三令五申，强调决狱务必先宽，即使不当，也不为过，并提醒法官不可"以苛为察，以刻为明"，要求判案时尽管依据律文应该治罪，但若罪犯不服，必须重新评议，一切都要体现宽厚仁慈。

在思想领域，景帝奉行黄老的无为而治思想，学术上则对诸子采取兼容并蓄的态度，允许各家争鸣。处士王生是黄老道学大师，常被召居宫内，成为景帝的座上客。景帝在崇尚黄老道学的同时，也很注重儒家的教化作用。当时为儒家设立了不少博士官，《诗》、《书》、《春秋》等均立博士，景帝起用《公羊》学大师董仲舒和胡毋生为博士，这种活跃局面大大推动了儒家的教化和影响。地处西南的蜀郡，蛮汉杂居，文化、风俗都很落后，郡守文翁选郡中小吏张叔等10余人入京拜博士官求学，数年后返回郡中，文翁在成都市内盖起中国第一所地方官办学校——成都学馆，使蜀郡教化大行，文化一跃而与齐鲁等地并驾齐驱。后来普及全国的郡国学校就是以蜀郡学馆为楷模建立起来的。

外交上，景帝继续采取汉初以来与匈奴和亲的政策。景帝在前元元年(前156)派御史大夫陶青到代郡边塞与匈奴商谈和亲之事。次年秋天，又与匈奴举行和谈。到景帝前元五年(前152)，汉朝遣送公主嫁给匈奴单于。尽管汉匈和亲，但匈奴一方还是时常小规模地入侵汉境。对于匈奴的入侵掠夺，景帝从维护汉匈和好的大局出发，从未进行出兵反击，最多只是增调部分骑步兵屯守防御。为了维护汉匈和睦关系，景帝还在汉匈边界设置关市，互通有无，大大促进和便利了汉匈之间的经济文化交流。这种宽厚的对匈政策，保证了汉朝社会的安定局面，对人民的休养生息起了很大作用。

景帝在位期间，奉行文帝的治国方针，维护安定，与民休息，使当时社会经济稳定地向前发展。这段时期与文帝时期在历史上合称为"文景之治"，是西汉王朝的升平时代。

择贤任能　是非分明

汉景帝所以能创下"文景之治"的政绩，除了推行一系列的政治、经济、文化、司法、外交政策以外，和他的知人善任、是非分明有关，也和他性格的温柔敦厚、穆静仁慈不无关联。

对于一位君主来说，能够识才择贤，固然不易，而能够不以好恶定去就，是非分明，就更不容易了。这两方面，汉景帝都做得不错。

郅都是执法不避权贵的严酷官吏。济南有大豪强氏族，历任郡守无人敢制，景帝拜郅都为济南太守，郅都诛杀该族首恶，一年之后，济南郡成了道不拾遗的清明境界。后来景帝又任郅都为雁门太守，匈奴畏惮郅都，引兵远避，不敢靠近雁门。宁成也是执法不避权贵的严酷官吏。长安居住着许多宗室权贵，胡作非为，京官无人敢管，景帝调宁成为中尉，一举就镇住了犯法的宗室权贵。程不识敢于直谏，景帝任他为评议朝政的太史大夫。石奋有震主之威，景帝调他为诸侯相。周仁守口如瓶，景帝任命他为郎中令，作为贴身近臣。景帝用人，均力图做到择贤而任，用其所长。

外戚是汉室从高祖时起就很敏感的问题。景帝对此颇能分清彼此，不以偏概全，既不让外戚专权，又能任用确有才能的外戚以适当的官职。窦婴是外戚，吴楚之乱时，景帝考察宗室诸窦，没人超过窦婴，就拜他为大将军，率兵镇守荥阳，窦婴未负重任。后来窦太后几次让景帝拜窦婴为丞相，景帝没有听取，窦太后颇有埋怨情绪，皇帝说："难道您老人家以为我舍不得把丞相这个职位给他吗？他这个人沾沾自喜，行为轻薄，丞相须老成持重，他难于胜任。"经过慎重考虑，还是拜卫绾当了丞相。

对于一位君主来说，能够识才择贤，固然不易，而能够不以好恶定去就，是非分明，就更不容易了。汉景帝却能如此。公车令张释之是文帝的直臣，景帝为太子时与胞弟梁王刘武共乘一车入朝，行至司马门没有下车，张释之追阻，不许进入殿门，并告了一状。事情惊动了薄太后，文帝向薄太后免冠谢罪，自责"教子不谨"，搞得太子刘启相当难堪。景帝刘启即位后，没有怪罪张释之，仍然让他官居廷尉原职。张释之后来转为淮南相，以老善终。而上大夫邓通是文帝的宠臣，他没有任何才干，只是在一个偶然的机遇得到文帝厚宠，文帝竟把严道（今四川荥经）的铜山赏他铸钱。文帝长了一个脓疮，邓通常用嘴为文帝吮吸脓血。文帝问邓通谁最爱他，邓通回答太子最爱他。等太子刘启一到，文帝就让刘启为自己吮吸。刘启虽然照文帝吩咐做了，但面带难色，后来知道了事情的根由，不免对邓通有所怨恨。文帝死后，景帝刘启考虑邓通除讨文帝偏爱别无才能，就免去了他的官职，让他回家居住。后来邓通越境铸钱，触犯法律，景帝只是没收了他的家产，也没有把他治以死罪。

不仅对臣子如此，景帝对同胞姐弟以及宫中的妃嫔们也充满了仁爱之心，多能体谅、庇护，避免了许多不必要的冲突；同时，他又是非分明，原则性的问题坚持不放，决不姑息迁就。其中最显著的例子要算对待弟弟的继位和皇后的设立问题。

景帝的母亲窦太后共生二男一女，景帝刘启为长子，弟弟刘武封为梁王，姐姐刘嫖称长公主，嫁给了陈午。景帝同母兄弟仅有刘武，所以自幼与刘武情同手足，形影不离。刘武封王至国后，连年人朝，常被挽留京师。一次，景帝设家宴招待梁王刘武，当时朝中还未立太子，景帝喝得高兴，对梁王说："等我百岁之后，把帝位传予梁王。"当时梁王和宠爱小儿子的窦太后听了，并未认真。后来梁王因平定吴楚七国叛乱有功，再加上窦太后的宠爱，便不可一世起来。他建了一处方圆300多里的东苑，并把国都睢阳（今河南商丘）扩建成为周长70里的大城，在城内大兴土木，营建宫室复道，出门打着天子旌旗，队伍千乘万骑，简直就与皇帝一样。又多作兵弩弓箭，招揽四方豪杰，羊胜、公孙诡等谋士纷纷投奔梁王。经过这段时间的推移，窦太后和刘武对"传位梁王"的话认真起来，打算让景帝确立刘武为帝位继承人。袁盎和大臣们听到这种风声后，就对景帝揭示这个问题的利害关系，使景帝坚定了帝位必须传子的主张。梁王知道后，不敢再向窦太后说什么，就急忙辞京回国了。梁王回国后，朝中立了太子。不久，梁王病逝。景帝痛惜骨肉之亲，也为了安慰母亲，把梁王的5个儿子都封为王，5个女儿也都封了一处采邑。

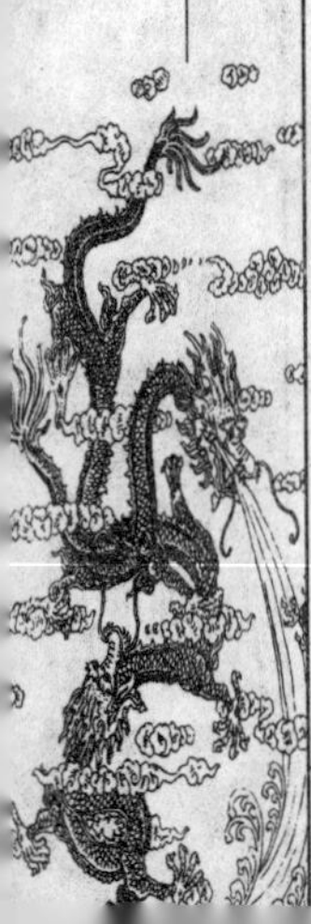

景帝当太子时，栗姬为他生一男，取名刘荣；王美人也身怀一男，就是刘彻。王美人怀刘彻时，梦见太阳钻入怀中，她把此梦告诉景帝，景帝说："这是高贵的

征兆。”景帝即位以后，王美人生下刘彻。由于刘荣年长，景帝把刘荣立为太子，把刘彻立为胶东王。栗姬是个妒妇，景帝仅有几位姬妾美人，十多个宫女，但她仍是醋意大发，不时地想着法子整治众人。本来，景帝想立她为皇后，托她在自己百年之后，照料自己的姬妾和子女，见她如此，便想起了吕后当年的嫉妒和残酷，便决定不立其为后。他又觉得既然刘荣为太子，日后刘荣即位，栗姬仍会得势，为了铲除祸根，保住大群子女，应该废掉刘荣的太子地位。景帝正在考虑是否废栗太子期间，长公主又来向他夸奖刘彻。景帝自己也认为刘彻的才智高于刘荣，况且当年王美人还有一梦，于是决定废除刘荣，立刘彻。此时恰巧有位小朝官受王美人之计劝景帝立栗姬为后，说什么“子以母贵，母以子贵”。景帝乘机诛杀此人把栗太子刘荣废为临江王。不久，立王美人为皇后，刘彻为太子。

景帝共有 14 子，刘彻为太子，其余 13 子均封为王。

景帝于后元三年(前 141)死在未央宫中，在位 16 年，终年 48 岁。景帝死去的当天，汉武帝刘彻即位。即位十日为父举行葬礼，葬于阳陵(今陕西高陵西南)。谥号“孝景皇帝”。

七国大乱

皇帝心软内患起

文景时期推行的黄老无为而治，对稳定政局、恢复经济起了一定的作用。但是它同样为诸侯王势力、地方豪强势力的发展，提供了良好的条件。文景时期的吴楚之乱，就是在这种情况下爆发的。

西汉建立之初，刘邦大封同姓子弟为王，建立许多诸侯国。它们占有广大的领土，在政治上、经济上拥有较大支配权，具有相对独立性。这就为汉王朝培植离心力量埋下了种子，创造了温床，最后发展成为西汉社会的祸患。

诸侯王国建立伊始，各国经济实力薄弱，一时无力与汉廷分庭抗礼；而且多数诸侯王年龄还小，汉廷所派丞相及太傅，基本上不能左右王国事务。刘邦死后，汉王朝大力推行无为政治，对诸王势力的恶性发展，也起了催化的作用。经过近二十年的休养生息，诸侯国的经济力量有了比较大的发展，甚至于“富埒天子”(《汉书·食货志》)。汉文帝时期，羽翼日趋丰满的诸侯王势力，异心倾向日益显著，终于发展成与汉廷相对抗的政治势力。文帝三年(公元前 177 年)，济北王刘兴居起兵叛乱，首开王国武装反抗汉王之先。

济北王刘兴居是惠王刘肥之子，城阳王刘章的弟弟。吕后时，刘兴居曾封为东牟侯，宿卫长安。后来大臣诛灭诸吕，刘章居功自傲，希望能够封王赵地；刘兴居欲望不减其兄，也寻思得到梁地。汉文帝即位后，因为当初刘章兄弟企图立齐王刘襄为帝，所以只割齐两个郡作为他们封地，引起他们极大的不满。一年之后，刘章死了。这时正值匈奴入侵河套地区，刘兴居乘机起兵反叛，最后兵败自杀身亡。

济北王刘兴居公然以武装对抗汉廷，表明这个汉室的“辅翼”，此时已经发展成为汉廷的对立面。在诸侯王势力中，济北王力量不为大尚且如此，其他诸侯王就更加无视汉廷的存在了，只是矛盾尚未达到激化地步。

不出所料，只过了三年，淮南王刘长也反了。刘长是汉文帝的异母弟，刘邦

晚年立为淮南王。刘长骄横恣肆，作恶多端，文帝常常宽恕他。刘长的母亲曾因贯高的谋反案受到牵连，被关押在河内，当时得宠于吕后的审食其不肯救她，最后被迫自杀。文帝三年(公元前177年)，刘长入朝，为了报母之仇，在长安杀了审食其。汉文帝再一次赦免他，但是汉朝一再的宽宥，却助长了刘长嚣张的气焰。

淮南王刘长回到封国之后，举动更加肆无忌惮。他不用汉法，为所欲为，甚至仪制等同汉朝。他驱逐汉王朝所置官吏，自置相及二千石官员。又在封国内自作法令，擅自刑杀无辜，封官赐爵等等。刘长的所作所为，已经把封国变为独立王国。汉文帝无可奈何，让薄昭用书信规劝他，结果刘长更加不满。文帝六年(公元前174年)，刘长公然纠集人马，在谷口(今陕西淳化南)发动叛乱，并派人与闽越、匈奴取得联系。事情败露后，丞相张苍及其他大臣上书，认为刘长罪当弃市。但是，汉文帝又免去他死罪，只是罢去他的封号，将他发配蜀郡。途中，刘长绝食而死。

还有，如吴王刘濞，则利用封国的自然资源，不断扩大势力。他在豫章郡采铜，大量铸造钱币；又利用近海的方便条件，广收煮盐之利，积累了大量的财富。为了收买人心，他免除封国内的赋税，招揽天下亡命之徒，不断发展自己的经济和政治实力。文帝时，刘濞的儿子与皇太子(即景帝)下棋，双方发生争吵，结果被皇太子打死。汉文帝派人将尸体运回吴国，刘濞怒称"天下一宗，死长安即葬长安，何必来葬"(《汉书·刘濞传》)，又将灵柩运回长安埋葬。从此，刘濞称疾不朝，简直不把汉廷看在眼里。汉文帝干脆赐他几杖，以年老为名，准许他不用朝请。

西汉初诸侯王势力的恶性发展，到文景时期，实际上已成为对抗汉廷的分裂势力。朝廷中一些有识之士，深感这一社会病态的严重性，认为到了非从根本上解决不可的时候了。梁太傅贾谊就是其中一人。文帝六年(公元前174年)，贾谊上《陈政事疏》(即《治安策》)，指出如今天下的形势像一个患肿病的人，小腿胖得几乎像腰一般，一个指头就像腿那么粗，平坐不能屈伸，一两个指头疼痛起来，就难以忍受。如不及时救治，必将成为痼疾。因此，贾谊提出"众建诸侯而少其力"的对策，即分割诸侯王国的领土，缩小诸侯王的封地，以削弱他们的势力。然而，当时汉文帝正用心于稳定政局，恢复和发展社会经济，形势不允许他与诸侯王公开对抗。

这种局面持续到文帝十六年(公元前164年)，齐王刘则死，无子嗣位，汉文帝才分最大的齐国为六国。其中封刘将闾为齐王、刘志为济北王、刘贤为淄川王、刘雄渠为胶东王、刘昂为胶西王、刘辟光为济南王，加上刘喜再封为城阳王，则齐实际分为七国。不久，又将刘长的封地淮南分为三国：即刘安为淮南王、刘勃为衡山王、刘赐为庐江王。贾谊关于众建诸侯的建议，至此才得以施行。但是，汉文帝来不及解决诸侯王势力恶性发展的问题，七年之后就死了，这个社会问题只得留给他的儿子景帝来解决。

谁是七国之乱的真正操纵者

曾打死刘濞儿子的汉景帝即位之后，吴王刘濞日益骄横，反迹也越发明显。御史大夫晁错建议削夺诸侯王国的封地，收归汉廷直接统治。他对景帝说，如今齐、楚、吴三国，半分天下。吴王刘濞称病不朝，招致天下逃亡之人阴谋作乱，严重威胁汉廷的安全。他力主“削藩”，指出：“今削之亦反，不削亦反。削之，其反亟，祸小。不削，其反迟，祸大。”汉景帝把它交给公卿、列侯及宗室商议，只有窦婴反对晁错的主张。景帝前元三年（公元前154年），汉景帝根据晁错的建议分别削夺部分有罪的诸侯王的封地。他首先削去楚王刘戊的东海郡，又削去赵王刘遂的常山郡，继而削胶西王刘昂六个县。接着，汉朝中央又计议削夺吴王刘濞的封地。

吴王刘濞知道“削藩”是汉廷的决策，便决计发动叛乱。他先派中大夫应高联络刚被削夺封地的胶西王刘昂，稍后又亲自到胶西与刘昂面约。刘昂谋叛更急，遂派人约定齐王、淄川王、胶东王、济南王一同起兵。当时，楚王刘戊因被削夺封地，与刘濞早就通谋反叛。诸侯王势力联合与汉廷的公开对抗，已经是剑拔弩张了。

当时，汉廷削夺吴国会稽、豫章郡的诏书刚刚下达，刘濞当即杀汉吏二千石以下，发国中年六十二岁以下十四岁以上男子二十余万人于广陵（今江苏扬州市）起兵反叛。他以“清君侧、诛晁错”为名，遍告各诸侯国，以便合兵西攻。消息传来，胶西王刘昂、胶东王刘雄渠、淄川王刘贤、济南王刘辟光、楚王刘戊、赵王刘遂等，也都起兵配合。以吴王刘濞为首的“七国叛乱”，终于爆发了。

吴楚等七国起兵之后，原来曾合谋反叛的齐王刘将闾，后来反悔而背约守城，结果齐都临淄首先遭到胶西、胶东、淄川、济南四国联军的围攻，赵王刘遂一面陈兵赵国西界，等待与吴楚两军汇合，一面派人与匈奴联系，准备连兵西进，形势危急。

吴王刘濞发难后，即率军西渡淮水，并与楚军汇合，然后向西挺进。吴楚两军合攻梁国，先破棘壁（今河南永城西北），杀数万人，气势十分凶猛。梁王派兵迎击，结果梁军大败，士兵纷纷逃亡。梁王只好退守睢阳（今河南商丘南），等待朝廷的救兵到来。

七国叛乱爆发，使汉廷内部的矛盾，也随之表面化。晁错建议景帝亲自将兵镇压，由他来镇守关中。景帝派太尉周亚夫率三十六将军往击吴、楚，遣曲周侯郦寄击赵，将军栾布击齐，又派窦婴屯守荥阳，监视齐、赵之兵。这番军事部署虽然无隙可击，但是汉景帝的摇摆不定，却给了袁盎以借刀杀人的机会。

袁盎何许人也？他原为吴相，与刘濞关系甚密。汉景帝即位，晁错为御史大夫，对袁盎接受刘濞的财物，曾给予惩处。吴楚叛乱发生，袁盎对景帝说，晁错削夺诸侯王封地，才引起这场叛乱。只要杀了晁错，赦免吴楚七国，恢复原来封地，叛乱即可平息。汉景帝只想平息叛乱，果然相信袁盎的话，并以“大逆无道”之罪，腰斩晁错于东市。但是景帝杀了晁错，吴楚七国并未罢兵。当时谒者仆邓公，曾经对景帝说，刘濞“以诛错为名，其意不在错”（《汉书·晁错传》），阴谋夺取帝位，才是他的真正目的。晁错成为这场斗争的牺牲品，景帝后悔莫及，坚定了平叛的决心。

这当儿，吴楚两军正在继续攻梁。周亚夫率军至昌邑，梁王几次求救，他置之不理。周亚夫派弓高侯韩颓等，将轻骑兵出淮泗口，堵绝吴楚军的退路，又切断叛军的粮道。吴军士卒粮绝饥饿，几次挑战，周亚夫始终坚壁不战，以消敌锐气。

楚士卒因饥饿而纷纷逃散，不得不引兵撤退。这时，周亚夫率精兵追击，刘濞兵败弃军，只带数千人连夜逃亡，楚王刘戊被迫自杀。

吴王刘濞弃军逃亡，吴军纷纷投降。刘濞渡过淮水，逃至丹徒（今江苏镇江东），又退保东越。他收聚亡卒万余人，企图继续顽抗，最后为东越王所杀。刘濞的儿子刘驹，则逃到闽越去。

不久，汉将栾布等人，率兵到达齐国，击破三国叛军，解除了临淄之围。胶西王刘昂兵败自杀，胶东王、淄川王、济南王则被汉廷处死。

郦寄将兵至赵，刘遂退守邯郸城。郦寄连攻数月不下，后来栾布破齐之后，移师邯郸，并引水灌赵城，赵王刘遂自杀。至此，这场七国叛乱持续了三个月，最后以失败而告终。

汉景帝平息七国叛乱后，遂将吴、赵等诸侯国，分割成几个小国，以削弱它们的力量。同时，规定诸侯王不得"治国"，将王国官吏的任免权收归汉廷，又裁减王国的御史大夫、廷尉、少府等职官，剥夺和削弱了诸侯国的政治权力。从此，诸侯王只衣食租税，王国几乎与郡县相仿，再也翻不起浪花。

文景时期采用贾谊和晁错的建议，以削弱诸侯王离心力量的发展，对维护西汉统一起了一定的作用，也为汉武帝加强封建中央集权打下了基础。汉初推行的诸侯王国制，至此发生了明显的变化，但是诸侯王势力并未彻底解决，以至后来汉武帝不得不采取了更加严厉的措施。

薄皇后之死

坎坷的命运

现在，我们介绍两位纠缠在一起的绝世美女：一位是薄皇后，一位是栗姬。她们的命运有很多相同之处：第一，她们都是西汉王朝第六任皇帝刘启先生的妻子。第二，她们在世之日，都在剧烈的争风吃醋中过日子。第三，她们在结局上，都是败将，垮下来后，忧愤而死。但她们的命运也有很多不相同，被丈夫宠爱的程度不同，宫廷中的身份地位不同。

在叙述孝惠皇后张嫣女士的时候，我们提到刘恒先生。吕雉女士魂归天国，吕姓戚族全体被屠。政变集团拥立刘恒先生当皇帝，他是西汉王朝第五任皇帝。

——对历史事迹的叙述，我们采取的是实质性的正名主义，这跟孔丘先生意淫性的正名主义，恰恰相反。这得举个例子：从公元前八世纪起，楚王国就已建立，但孔丘先生在他编的《春秋》中，却仍咬定牙关，不称他们的元首是国王，而称他们是"楚子"。子，第四等封爵也，那是楚部落时代的产物。孔丘先生抹杀事实，仍活在过去的好日子里。我们的态度是："是什么就是什么。"是国王就是国王，是子爵就是子爵。西汉王朝皇帝的顺序，一些史学家，包括我们最崇拜的司马迁先生在内，在第二任皇帝刘盈先生死了之后，接着出现吕雉女士。吕雉女士死了之后，接着出现刘恒先生。把前少帝刘恭先生和后少帝刘弘先生，一笔踢出历史舞台。呜呼，历史学家跟科学家一样，一定要根据事实。吕雉女士不过大权在握罢啦，而大权在握并不等于国家元首。曹操先生也大权在握，不能说他就是皇帝。如果说曹操先生只是宰相，吕雉女士是皇太后兼老娘，那么，那拉兰儿女士也是皇太后兼老娘，不能说载湉先生不算数。同样道理，我们认为刘恒先生应

是第五任皇帝，他的宝座是上接第四任皇帝老弟刘弘先生的，不是接嫡母吕雉女士的也。

刘恒先生的亲娘薄女士，有一段传奇故事。公元前三世纪九〇年代，秦王朝崩溃，野心家纷纷起事，又恢复七〇年代之前战国时代，列国林立。薄女士是一位私生女，她爹（史书上没有留下名字）是江苏省吴县人，跟故魏王国的王族女儿私通，生下了薄女士。等到故魏王国的落魄王子魏豹先生，起兵光复国土，重新建立王国，那位王族的女儿，就把薄女士献给国王。有一位星象家许负先生，未卜先知，远近闻名，他给薄女士相面，大惊曰："这老奶不得了，将来一定生一个天子。"天子者，皇帝国王的总称，即一国之主也。魏豹先生心花怒放，她的儿子既然是天子，她的丈夫不是天子是啥？那时刘邦先生跟项羽先生，正在混战，魏豹先生本来是向刘邦先生靠拢的，此时却立刻向项羽靠拢，他计划一俟刘项二人筋疲力尽的时候，他再一网打尽。这算盘固然是如意算盘，可是他的武装部队没有力量支持这如意算盘。刘邦先生的大军攻下魏王国的首都邺城（河南省临潢县），捉住魏豹先生，而且在稍后处决。薄女士被送到奴工营（织室）做工，一切都告绝望，不要说天子啦，能恢复自由就不容易。想不到有一天，刘邦先生到奴工营参观，发现这个女奴还有几分姿色，下令把她送到皇宫。可是皇帝老爷身旁美女如云，把她弄到皇宫，不过一时兴起，过一会早忘了个净光。想不到又有一天，刘邦先生跟另外两位美女在一块调情，又出现奇迹。这两位美女，一位被称为管夫人，一位名曰赵子儿，她们小时候跟薄女士是最最要好的手帕交，曾互相盟誓曰，谁要是先富贵的话，绝不忘记贫贱的朋友。这时两位美女伴淫棍皇帝，可谓富矣贵矣，而薄女士却冷在角落，永无出头之日。她们想起当初的盟誓，不禁笑起来。

——最后的两句话，《汉书》上的原文是："两美人侍，相与笑薄姬初约。"柏杨先生对她们的"笑"，如芒刺在背。从语气及文章理路看，这个"笑"，没有同情、没有感慨、没有惋惜，却好像是一种讥嘲，讥嘲薄女士不自量力，妄图高攀。我不敢肯定这种解释是对的，但如果是对的话，这两个老奶，固王八蛋也。

然而，不管是善意也好、恶意也好，反正后果是一样的。刘邦先生问她们笑啥，她们据实以告。刘邦先生突然生出怜悯之心，当天就传唤薄女士睡觉。薄女士聪明异常，马上对曰："亲爱的老哥，我昨天才做了一梦，梦见一条龙爬到我胸脯上。"这话是不是真的，只有薄女士一人知道。梦中的事，外人再大的本领，都无法证实，但刘邦先生听啦，却浑身舒服，喜曰："这是大富大贵的征兆，那龙就是俺老汉呀。"只睡了那么一觉，薄女士就怀了孕，生了一个男娃，这男娃就是第五任皇帝刘恒先生。

——许负先生的预言应验啦，可惜魏豹先生却先垫了底。

刘恒先生八岁的那一年，被封为代王。而薄女士自从生产之后，刘邦先生也就不再找她，她只好再恢复冷清生活。所以在婚姻上，她是不快活的，她始终没有得宠过，但也正因为如此，她不但保住了老命，也使她在三十四年之后，当了吕雉女士的角色，成为权威无比的皇太后和太皇太后。

权势无补于爱情

薄女士因为得不到刘邦先生的宠爱，所以虽然跟戚懿女士一样，也生了一个

男孩，但身为皇帝大老婆的吕雉女士，却没有把她当做敌人，而薄女士也有自知之明，不敢有夺嫡的野心。刘恒先生的封号是代王，封地是现在的山西省，首府是现在的山西省太原市。当时戚懿女士的儿子刘如意先生，封为赵王，封地是现在的河北省南部，首府是现在的河北省邯郸市。刘邦先生死后，吕雉女士大权在手，把戚懿女士留住不放，而且立即囚进监狱，发生"人猪"惨剧。但对薄女士，却送她到太原，跟她的儿子骨肉团聚。于是，薄女士开始了她的好运，在代王的封地上，她是王太后，拥有最高权威和最高荣耀。她在太原过了八年的舒服日子——而以后到了长安，过的是更舒服的日子。

公元前一八〇年，吕雉女士死掉，政变集团迎立刘恒先生当皇帝，这真是天上掉下来的喜事，薄女士顺理成章的，以娘亲的身份，当了皇太后。如政变集团所了解的，她的娘家人都很孤寒，不能构成危害中央政府的力量。但是薄女士发现跟皇家结亲真是妙不可言，她开始在这方面动脑筋。

刘恒先生有四个儿子：刘启、刘武、刘参、刘揖。刘恒先生登极后，封刘启当皇太子，刘启的娘亲窦女士当皇后。薄女士以嫡亲祖母兼皇太后的地位，为孙儿选定了妻子——太子妃，那就是薄女士娘家的侄孙女。可是，千算万算，不如天老爷一算，不知道什么原因，刘启先生却不爱这位祖母娘家的女孩子。只不过，在那个时代和他所处的皇太子兼孙儿的地位，他不敢，也无力反抗。

公元前一五七年，刘恒先生逝世。刘启先生坐上宝座，成为西汉王朝第六任皇帝，老薄女士高升一级，由皇太后升为太皇太后。小薄女士也高升一级，由太子妃升为皇后。问题是，再崇高的地位和再强大的背景，也不能赢得爱情。小薄女士身挟祖母兼太皇太后的权威，也不能教刘启先生爱她。所幸的是，刘启先生虽贵为皇帝，对他所不爱的小薄女士，也无可奈何，泰山压顶，动弹不得也。

——皇帝老爷也好，皇帝小爷也好，身旁的如花似玉、天姿国色，内三重，外三重，把他阁下围得水泄不透，要想杀进去，比登天都难。即使靠着外力，一下子杀到床上，如果没有两手，也抓不住。而一旦抓不住，一切就完啦。

刘启先生不能例外，他的姬妾比柏杨先生的银子都多，姬妾中最美艳的一位娇娃，就是栗姬。

栗姬女士是齐国人（山东省），她在宫廷斗争出现之前的事迹，也就是她的来龙去脉，史书上没有记载，只知道她姓栗，跟戚懿女士是同乡，如此而已。栗姬者，栗女士也，但我们还是称她栗姬女士，为的是多音节叫起来方便。

小薄女士最大的致命伤，固在于皇帝不爱她，但更重要的，还在于她"无子"——没有生下娃儿。她如果生下一个男孩，依当时的宗法规矩，那男孩就是嫡子，就是铁定的皇太子，母以子贵，小薄女士即便得不到丈夫的支持，也会得到礼教的支持，跟她的祖姑母老薄女士一样，一旦儿子坐上龙墩，她一定水涨船高，当上皇太后，那就受用无穷矣。

可是，小薄女士却没有儿子。而美艳如花的栗姬女士，却生了一个男孩，名曰刘荣。栗姬女士俨然戚懿第二，而她比戚懿女士更占优势，她雄心勃勃，不但要使她的儿子当皇太子，而且自己还要当皇后。使儿子当皇太子容易，因为身为皇后的小薄女士没有儿子，而当时皇太子的位置，又空悬在那里，只要皇帝刘启先生一句话，就定了江山，谁都没啥可说的。果然，公元前一五五年三月，刘启先生下令立刘荣当皇太子。

可是，把小薄女士挤下皇后宝座，就不那么简单啦，因为小薄女士有极为强大的靠山。想不到，到了四月，太皇太后老薄女士逝世，这对小薄女士是一个打击，对栗姬女士是一个喜讯。她的攻势更加凌厉，尤其这攻势正配合刘启先生对小薄女士的冷漠。四年后的公元前一五一年，刘启先生下令撤销小薄女士的皇后封号。

——撤消皇后封号，就是把皇后逐下皇后宝座，皇后就不再是皇后矣。呜呼，二十世纪五十年代，伊朗国王巴列维先生，因他的王后索娜亚女士不能生育，也是撤消她王后封号的。可是，巴列维先生只能跟他的王后离婚。离婚之后，皇后老奶小行李一捎，去外国做富婆，想演电影就演电影，想写小说就写小说，想嫁王二麻子就嫁王二麻子，逍遥自在。但在中国的宫廷，这不叫离婚，而叫"废后"，皇后一旦被废，不当人子，只有继续关在皇宫之中，凄凄凉凉，直到老死。

又是四年之后，公元前一四七年，小薄女士就死在俗称的"冷宫"之中。"冷宫"并不是一年四季都开着冷气，也不是一年四季都堆满冰块，而是寞落寂清，坐以待毙的坟墓，没有温情，没有希望。

小薄女士是怎么死的，犹如张嫣女士是怎么死的一样，没有人知道。她在断气之际，可能看到另一位皇后(张嫣女士)的幽灵，向她招手。

栗姬

一个传奇人物的介入

小薄女士的罢黜，在栗姬女士来说，前途上的重要障碍，已经扫除，皇后的宫门，为她大开。

然而，煮熟了的鸭子，却硬生生地飞掉。主要原因是栗姬女士的特殊个性，其次原因是另一个比传奇小说还要传奇的人物，悄悄介入。

我们且从头说起。传奇故事开始于公元前三世纪九〇年代西汉王朝建立之初，大将臧荼先生，封为燕王，封地是现在河北省北部，首府蓟城(河北省涿县)。他阁下不久就起兵叛变，被中央政府击败，封国没啦，封王没啦，老命也没啦。

——人生真是复杂而奥秘，五十年前这一场失败了的叛变，竟影响到五十年后一位美女和一位皇太子的命运。

臧荼先生一死，家属星散。他的一位孙女臧儿女士，凤凰变成乌鸦，也流落成为小民，嫁给槐里王仲先生。

——槐里，是首都长安(今陕西省西安市)的一个卫星城镇，跟台北市附近的新店、新庄，高雄市附近的楠梓、凤山一样。

臧儿女士生下一男二女，男名王信，女名王娡、王息姁。——王娡女士就是这个传奇故事的女主角。后来王仲先生死掉，臧儿女士拖着油瓶，再嫁给长陵(长安的另一卫星城镇)的一位田先生(史书上没有留下他的名字)，又生了两个男孩，长曰田蚡、幼曰田胜(臧儿女士真是一个尤物，猛嫁猛生，也不嫌累)。王娡女士长大后，嫁给了金王孙先生，而且生了一个女娃。

事情发展到此，一切平常。可是一个多嘴的星象家，使事情发生突变，这突变直接影响到栗姬女士母子的生命。那位奇异的星象家姚翁先生，给臧儿女士的子女相面，一看到王娡女士，立刻口呆目瞪，喘气曰："你家大小姐，贵不可言，

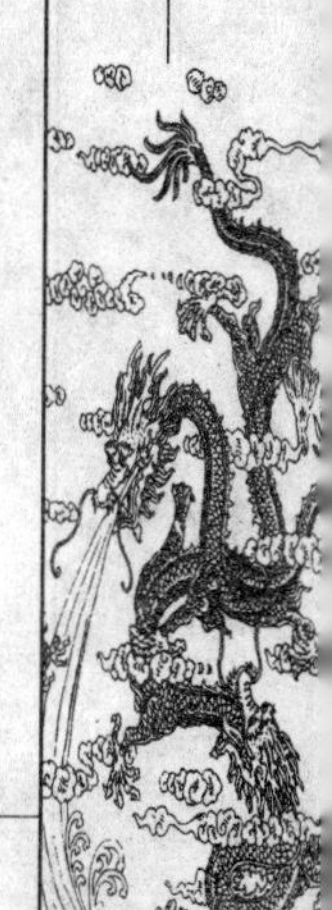

将来定生天子，身为皇后。”又看其他弟妹，一个个前途都像鲜花，可是总比姐姐差一丁点。姚翁先生在当时极负盛名，说话一定有相当根据。臧儿女士听啦，芳心大动。问题是，女儿既然已嫁给小民，如何能生天子？又如何能当皇后？偏偏事有巧合，正好刘启先生被立为皇太子，大肆挑选良家美女，送到太子宫服侍太子爷。臧儿女士一想，正是天赐良机，如果能把女儿送到太子宫，被太子爷看中，睡上一觉，生一个男娃，将来就有可能如姚翁先生所言，那就荣华富贵，一并砸到头上。王娡女士虽然已有了丈夫女儿，可是一想起美丽的远景，丈夫也不要啦，女儿也不要啦，听从老母吩咐，假装还是“十八岁姑娘一朵花”，就被献进了太子宫。

臧儿女士接着代表女儿向金王孙先生，要求离婚，金王孙先生又气又悲，气的是天下竟有这种女人，悲的是天下竟有这怪事。他阁下就来一个以不变应万变，说啥都行，就是不离。老婆私奔，姘上太子爷，固然无可奈何，但我仍要保持这个名分。臧儿女士一瞧，好呀，从前俺看上你的金银财宝，才把女儿许配给你，可是跟太子爷比起来，你那点家产算屁，不离就不离，你敢摸老虎的屁股乎哉。

——星象家真是了不起，许负先生为老薄女士算命“生天子”，断送了魏豹先生的老头皮。姚翁先生为王娡女士算命“生天子”，断送了金王孙先生的美满姻缘。可是，他们的预言都应验啦，我们还有啥可说的。

王娡女士一进太子宫，刘启先生正当壮年，而她又拥有对付臭男人的丰富经验，于是立刻就上了床，而且以后天天上床，而且又推荐她的妹妹王息姁女士也上床。在一个臭男人立场，女人越多越不嫌多。因这一项推荐，王娡女士在刘启先生印象中，认为她真是温柔敦厚，十分贤淑。

——女人们为了“贤淑”，就要作这么多的付出，这种贤淑，不贤淑也罢。二十世纪的老奶，如果仍以这种类型的“贤淑”自居，那可是天作孽，犹可违；自作孽，不可活。等到痛不欲生，可不能怨别人。

王娡女士生了两个女儿：一位是平阳公主，一位是南宫公主（这两位姓刘的女娃，史书上没有名字，我们只好称她们的绰号），又生了一个儿子。关于这个儿子，花样可多啦。史书上说，他生于公元前一五六年农历七月七日（俗称七夕）。老爹刘启先生曾做了一梦，梦见他的祖父刘邦先生告诉他，这个儿子应名“刘猪”，所以生下来后，谨遵祖训，就取名为刘猪。可是过了些时，觉得刘猪这名字，实在他妈的难听，才改名为刘彻。

——刘猪兼刘彻这小子，就是中国历史上有名的汉武帝。

性格决定命运

刘启先生不但有一位势利眼的老婆，还有一位势利眼的老姐——刘嫖女士，官封馆陶公主。这两个势利女人，左右夹击，我们的女主角栗姬女士，遂不得不死在她们之手。

刘嫖女士不仅是一位公主，而且是一位皮条专家，专为她弟弟刘启先生拉皮条。盖皇宫中美女妖姬，比蚂蚁都多，谁不希望陪皇帝老爷睡上一觉乎哉，可是谁又有机会睡上一觉乎哉？她们自不能厚着脸皮，亲自跑到皇帝面前苦苦乞求，惟一的办法是巴结姑奶奶刘嫖女士，求她大力引荐。刘嫖女士知道，她虽然贵为公主，如果得不到皇帝的欢心，公主也不过是个空壳子。而她看准了臭男人都有

喜新厌旧的毛病，见一个爱一个，见一对爱一双，对如花似玉，犹如韩信先生点兵，多多益善。所以她博引旁征，把一些望眼欲穿的美貌娇娘，拼命介绍给老弟。刘启先生夜夜新婚，既感谢又感激，把老姐视为再生父母。

问题是，这种皮条功夫，严重地刺伤了栗姬女士。栗姬女士的美艳绝伦，在当时来说，恐怕坐第一把金交椅。她如果没有两下子，怎么击败群女，挤掉可怜的薄皇后也。可惜，她没有政治脑筋，她想独占皇帝老爷的爱情。呜呼，每一个皇帝老爷都是天生的多妻主义，对他的政权（江山）是独占的，对爱情却大公无私，作无穷无尽的付出，雨露均沾。有这种认识的美女，荣华富贵一生；没有这种认识的美女，也就是企图独占皇帝爱情的美女，她就要为这种企图付出代价。以栗姬女士的美貌，她应该有一颗玲珑剔透的心才对。可是，她却奇蠢无比，恨透了刘嫖女士。

好啦，栗姬女士的第一个敌人——薄皇后——刚倒下去，当她暗暗高兴，指日就可高升皇后的时候，她又制造了另一个更强大的敌人——刘嫖女士。刘嫖女士比栗姬女士聪明，她了解到，栗姬女士的儿子刘荣已立为皇太子，正宫不能久虚，栗姬女士迟早会坐到皇后的宝座上，冤家宜解不宜结。她希望和解，打算把女儿陈娇小姐许配给刘荣先生，不但可融化栗姬女士的愤怒，将来刘荣先生坐龙廷，她除了姑母的身份，还是丈母娘的身份，权威就更大啦。

前已言之，刘荣先生是公元前一五五年立为太子的，刘嫖女士立即派了一个媒婆（读者老爷可别把此媒婆当成京戏《法门寺》里的彼媒婆，皇家媒婆，如果不是亲王夫人，也是大臣夫人，或将军夫人，甚至也是一位公主），向栗姬女士拉亲。刘嫖女士以为以她的地位以及相当相对的门户，准一提就成。而栗姬女士，假设她脑筋有她姿色的十分之一，她应该跪下来感谢上帝才对。可是，一个人的性格决定一个人的命运，她是一个驴子脾气，她认为这一下子复仇的机会来啦，你这个皮条大王，平常日子左介绍一个，右介绍一个，害得老娘气出砍杀尔，现在你想教你的女儿当太子妃，将来顺理成章地当皇后呀，做你妈的白日梦吧。于是，一口拒绝。拒绝时当然有一套说辞，史书上没有记载这一套说辞是啥，可能她阁下抓住机会，一连串冲天炮脱口而出，这当然使刘嫖女士恨入骨髓。也或许她来一个外交词令，说得天花乱坠，声明俺那小子可配不上你那千金之类酸溜溜的话。不管怎么吧，她这一拒绝，等于她按下了自己死亡的电钮。

栗姬女士错过了这场化敌为友的千载良机，刘嫖女士不但没有使女儿当上太子妃，反而灰头土脸，当然既羞又愤。然而最重要的是，刘嫖女士警觉到栗姬的仇恨已不能化解，而她马上就要当上皇后，一旦老弟刘启先生死掉，她就是皇太后。到那时她大权在握，火山爆发，刘嫖呀刘嫖，你这个姑奶奶可有罪受的。想到这里，刘嫖女士决心先下手为强，要把栗姬女士连根拔掉。

计谋既定，刘嫖女士开始在老弟刘启先生的其他姬妾群中，寻找联盟。而我们上文所述的那位抛夫弃女、献身求荣的王㛃女士，在一旁冷眼观察，早看了个透。她自入宫以来，生子生女，又得刘启先生宠爱，已心满意足，本不敢再有其他奢望，可是运气来啦谁都挡不住，幸运之门向她大开，她雄心再度勃勃，向刘嫖女士搭线。两个工于心计的婆娘，几乎一拍即合，成了最最要好的朋友，来往密切，如漆似胶。

最主要的节目发生在某一天，刘嫖女士提起结亲被拒的往事，恨得咬碎银

牙。王姁女士可不简单，她并不跟着咒骂，而只一味自叹命薄，没有福气得到公主的女儿当媳妇。刘嫖女士灵机一动，想起来把女儿许配给刘猪小子也不错呀。王姁女士听了姑奶奶的话，正中下怀，恨不得马上拉开嗓门唱山歌，可是她仍自恨刘猪小子不过是个亲王，不是皇太子，将来不能当皇帝，怎么配得上耶。刘嫖女士冷笑曰："什么亲王太子，可不一定，天下事废废立立，太普通啦，人生祸福，更难意料。那姓栗的贱货，自以为她儿子已经是皇太子，她马上就是皇后，将来就是皇太后，十拿九稳，谁都没看在眼里。哼，她忘了有老娘在，她的如意算盘恐怕打得太早。"王姁女士又激将曰："皇太子是国家根本，怎么能随便更改？公主公主，你可不能那么办。"刘嫖女士曰："是姓栗的不识抬举，怎能怪我。"

嫉妒是自杀的武器

刘嫖女士和王姁女士，从此做了亲家，好不亲密，她们就开始第二步，箭头直指栗姬女士。

公元前一五一年，薄皇后被废，囚入冷宫。栗姬女士也知道两个婆娘对她不利，但她希望早日当上皇后，名分一定，就有力量对抗。刘嫖女士当然不允许她的愿望实现，她向老弟刘启先生说，栗姬女士是一个心术坏透了的蛇蝎，崇信并且使用巫术，咒诅那些曾跟皇帝睡过觉的美女；她不但邪恶，而且心胸狭窄，常在美女背后唾口水。刘嫖女士向老弟警告曰："她这么阴狠恶毒，一旦你魂归天国，她以皇太后之尊，大权不受限制，恐怕'人猪'的惨祸，再见于今世矣。"

刘启先生要立栗姬女士当皇后，枕畔席上，不知道有多少次山盟海誓，任何挑拨的话，他都不可能听进去。可是"人猪"二字，却使他汗流浃背，一想起来漂亮的栗姬，忽然大发兽威，把他宠爱的一些美女，修理成那种样子，他简直一百个不相信。他决定亲自试探。

有一天，刘启先生跟栗姬女士在一起，装着漫不经心的模样，拜托曰："我死了之后，那些曾伺候过我的姬妾，还有她们所生的孩子，都要请你好好地照顾她们。"栗姬女士一听那些狐狸精，蠢血就开始沸腾，又听说还要照顾她们和她们的儿女，脸色就更加铁青，紧闭嘴唇，一句话都不说。刘启先生看到眼里，知道已触到她的痛处，但他仍希望听到她亲口承诺，可是栗姬女士却像吃了哑巴药，硬是一语不发。刘启先生最初只不过一阵失望，接着他蓦地对栗姬女士感到厌恶。呜呼，你还没有坐上宝座，就如此强硬，连句温情的话都没有，我如果真的死啦，没有人可以制你，皇宫真要成屠宰场矣。越想越兴趣索然，再也坐不下去，站起来就走。栗姬女士瞧他连缠绵一下都没有，神色又跟往常不一样，受宠惯了的人最不能忍耐冷落的突发，她愤愤然兼然然愤，就又哭又叫，又骂刘启先生"老狗"。其实那一年刘启先生才三十八岁，离老狗还十万八千里，他如果是老狗，柏杨先生不但博士加三级，也老狗加三级矣。不过，这不是年龄问题，而是反应问题。栗姬女士口出脏言，偏偏刘启先生耳朵奇尖，竟被他听见，事情就大啦。

——嫉妒是人类最可怕的自杀武器，人一嫉妒，眼也花啦，耳也聋啦，人性也扭曲啦，智慧也阻塞啦。人不能不嫉妒，但必须使嫉妒对自己的伤害，减少到最低限度，那只有拼命扑灭嫉妒和克制嫉妒。呜呼，嫉妒得越厉害，自己受的扭曲和伤害也越厉害，轻则事业失败，重则老命送终。栗姬女士的美丽固无人可及，而她的粗鲁愚蠢，更无人可及。刘嫖女士并没有诬陷她，她确实可怕，她当权后，

“人猪”的场面，恐怕确实不可幸免。

栗姬女士的固执和王妁女士的柔顺，成明显的对照，栗姬女士越火爆，王妁女士越心平气和。刘嫖女士更加强心战，抓住机会就向老弟刘启先生称赞刘猪小子聪明伶俐、孝顺厚道。而且想当年的某一天，刘启先生跟王妁女士同床，他阁下做了一梦，梦见一位仙女捧着太阳，递给王妁女士，王妁女士一口下肚。醒来后告诉王妁女士，王妁是何等头脑，她缘竿而上，说她刚才也做了那个梦，也梦见吞下一个太阳。而生刘猪小子时，老祖父刘邦先生也在梦中显形。现在经老姐一再提醒，刘启先生回想起来，历历如绘，刘猪小子可能来头不小。于是刘启先生决定易储——改换太子。

可是，马屁精却不晓得事情已有变化。薄皇后被废后的次年（公元前一五〇），礼仪部部长（大行）上奏章给刘启先生。奏章上说，子以母贵，母以子贵，刘荣先生贵为太子，亲娘还是一个姬妾，理应请求栗姬即皇后之位。这奏章如果早上半年，马屁精可能受到重赏，可是晚上了半年，拍马屁遂拍到马腿上，刘启先生跳高曰：“这种事情，你怎么能管?”下令逮捕礼仪部部长，打入天牢，并于稍后处决。而且一不做二不休，用快刀斩乱麻的手段，一并撤消刘荣先生的皇太子职位，改封为亲王。

刘启先生所以采取一连串的严厉措施，因为他认为这是栗姬女士主使的。事实上，却是王妁女士主使的。王妁女士知道刘启先生对栗姬女士已经厌弃，唯恐他改变主意，或不忍心下手，那就仍是一个地雷。所以她示意礼仪部部长干这么一票，为的是要在老爹改变主意之前激怒他。刘启先生果然跳进圈套，栗姬女士纵有一百张嘴，也无法解释。

栗姬女士是个愚人，她没有弄清楚皇家跟民间不同，皇帝跟小民不同，而她仍沉醉在小市民那种爱情的境界，连别的姬妾陪皇帝睡觉，都气势汹汹，不能忍受，又如何能承担得住自己的皇后没啦，儿子的皇太子也没啦的打击？只要儿子是皇太子，将来继承皇位，还有翻身的机会。而今，两个皆空。

而且，从此刘启先生再不见她，她的好日子已经过去，也再见不到刘启先生。深宫寂寂，长夜漫漫，往日恩情，都成过眼云烟，她病倒在床，奄奄一息。正在垂死挣扎时，宫女报告她消息，说刘猪那小子已立为太子，王妁女士已立为皇后。这更是致命的一击，她大叫一声，香消玉殒。一生争强争胜，现在全盘都输，悲矣。

汉武帝刘彻

刘彻(公元前156—公元前87),即汉武帝。刘彻是汉景帝刘启之子,16岁时继承皇帝位,在位54年(公元前140—公元前87)。他统治期间是西汉王朝的鼎盛时期,也是封建制度下中华民族大繁荣大发展的时期。

从胶东王到汉武帝

刘彻公元前156年生于长安未央宫猗兰殿,他的生母是槐里(今陕西兴平东南)人王仲之女,名臧儿,早在汉景帝做太子时就被选入宫中,后来被封为"美人"。公元前153年汉景帝封刘彻做胶东王,这只是一次普通的赐封,刘彻又是汉景帝的第二个儿子,本无做太子、更无做皇帝的可能。可是汉景帝的薄皇后没有儿子,于是,汉景帝于公元前156年立他宠爱的栗姬的儿子刘荣做太子。薄皇后于公元前151年被废,本来该栗姬当皇后,然而汉景帝有个姐姐刘嫖,被封为长公主,经常在汉景帝面前出主意,汉景帝对她十分信任。当时刘嫖有个女儿,与刘彻年龄相仿,长公主刘嫖有意将女儿嫁给刘彻,就尽力想把刘彻推上太子的位置,于是在汉景帝面前说栗姬的坏话。栗姬于公元前150年失宠自杀,刘荣也被废为临江王。汉景帝又根据长公主的建议立王美人为皇后,刘彻也被立为太子。刘彻做太子时受到太子太傅卫绾的教诲,卫绾是个儒生,因此,他的儒家思想也影响着刘彻。刘彻幼年又喜欢文学,年纪不大便能作赋。这些经历与他后来推崇儒术及重视文才有很大关系。

公元前141年,汉景帝驾崩。16岁的太子刘彻即位,是为孝武帝,史称汉武帝,由于年纪尚小,无力控制朝政,出现了他的生母王太后和祖母窦太后争夺权力的斗争。窦太后想让她的侄儿窦婴主持朝政,而王太后想让她的同母兄弟田蚡主持朝政。结果,窦婴做了丞相,田蚡做了太尉。窦太后提倡"黄老无为"思想,而王太后支持卫绾、田蚡的儒家思想,这就必然与窦太后发生矛盾。建元三年,窦太后强令孝武帝把信仰儒家思想的大臣赵绾、王臧打入监狱(后来两人自杀),连窦婴、田蚡也被免职。在窦太后的淫威下,汉武帝只好忍气吞声。但是少年的汉武帝很有主见,而且有旺盛的精力和勇往直前的进取精神。建元六年五月,窦太后死后,汉武帝立即重新任命田蚡为丞相,开始了独立执掌政权的时期。

加强中央集权

加强中央集权是汉武帝一生活动的宗旨。而削弱地方势力,集各种权力于皇帝一人是最基本的,也是当务之争。因此,汉武帝继位不久就从政权上着手,收归权力于中央。

当时最难解决的就是王国问题。汉初,刘邦平定了异姓王的叛乱,但同时又分封了大量同姓子弟为王,这同样造成了地方上的割据势力,以致汉景帝时出现了"七国之乱"。经过汉初几代皇帝的努力,汉武帝时期,诸侯王不像以前那样强大难以控制。但是,有的王国仍然连城数十,地方千里,严重威胁着西汉中央政权。因此,汉武帝决定彻底解决王国问题。

公元前127年,汉武帝采纳主父偃的建议,下令推行"推恩令"。即诸侯王除了由嫡长子继承王位以外,可以"推恩",把王国土地的一部分分给子弟为列侯,由皇帝制

定这些侯国的名号，这样就使侯国的地位与县相当。“推恩令”颁布后，诸侯王纷纷把土地分给自己的子弟，王国的直接辖地缩小了。武帝以后，王国辖地只有数县，地位与郡相当，再也没有力量同中央王朝相抗衡了。王国封地愈来愈小，已经名存实亡。汉武帝又派人监督诸侯王国，一旦抓住把柄，立即予以打击而废除。如此，以各种名义被除国的不下 10 人。元鼎五年，汉武帝又利用“酎金事件”，把已经没有多大权力的诸侯王狠狠地打击了一下。按照汉制，皇帝每年都要到宗庙主持大祭，叫做“饮酎”。所有参加祭礼的诸侯王，要奉献助祭的黄金，称为“酎金”。“酎金”要有一定的分量和成色。以前，各诸侯王都偷工减料，以少充多，以次充好。元鼎五年八月的祭礼中，诸侯王们又如法炮制，企图蒙混过关。不料汉武帝早有准备，使他们的伎俩原形毕露。汉武帝利用这件事削夺了 106 位王侯的爵位。此外，汉武帝还利用诸侯王无后代的办法，废除了一批王侯。经过一系列大刀阔斧的措施，汉初遗留下来的王国问题被汉武帝解决了。

与此同时，汉武帝对如何加强皇权，削弱相权想了不少办法。丞相是秦代官制，汉代沿用。表面上看，丞相是秉承皇帝的旨意办事，实际上是整个政权的负责人。皇帝在宫廷内接见大臣，处理国政，称为“内廷”；宫廷之外的事，都由丞相掌握，称为“外廷”。汉初的丞相大都是开国功臣，如萧何、曹参、陈平等，皇帝尊敬他们，百官更是恭敬从命。没有大过，丞相是不得更换的。因此，汉初的丞相都是终老相位，这势必会分散皇帝的权力。于是，削弱相权，加强皇权就成了一个迫切的问题。

为了在“外廷”削弱丞相的权力，必须在“内廷”加强皇帝集权，逐步将“外廷”的权力转移到“内廷”来。于是，汉武帝从贤良文学、上书言事的人以及现任官吏中选拔文才出众的严助、朱买臣、吾丘寿王、主父偃、严安等人，在他们的本职以外，另给侍中、常侍、给事中等官职，让他们出入宫廷，随侍左右，参与大政。又任用宦官为中书，掌尚书之职。一切文书、奏章、政令，都由内政官吏掌握，而丞相只能承旨顺命。这样就使“内廷”的作用大于“外廷”，丞相的地位和权力大为削弱，汉武帝开始独揽大权，亲自过问一切。

在政治上集权的同时，汉武帝又开始在军事上进行集权。汉制规定：男子自傅籍之年至 56 岁期间，服兵役两年，称为“正辛”。一年在本郡，另一年屯戍京师。在地方上，军事上由郡尉或王国中尉主管，他们统率本地的士卒，进行军事训练。皇帝发派国兵时，用铜虎符为验，无符不得发兵。在京城驻有南北两军。北军守卫京师，士卒多由三辅选调，由中尉率领；南军保卫皇宫，卫士多从三辅以外各郡国选调，由卫尉率领，南北二军军力都不大。按照这种军事制度，军力分散于全国各地，京城无重兵，这无法适应汉武帝加强中央集权的需要。因此，必须扩充中央兵力，建立由中央随时调遣的军队。

元鼎六年，汉武帝创建屯骑、步兵、越骑、长水、射声、虎贲、胡骑等七校尉，常驻京师及其附近。七校尉兵都统一于由中尉属官中垒令演变而来的中垒校尉，合称“八校尉”。八校尉属北军系统，每校兵力约数百人至千余人。宫廷中皇帝的仪卫称为“郎”，也是一支武装力量，由郎中令率领。建元三年设期门军，约千人；太初元年，设羽林军，约 700 人，这些兵力也由郎中令率领，属于南军系统。期门、羽林军后来成为一支重要的武装力量，汉代名将多出于期门、羽林，可见它们在全国军事系统中的地位。八校尉和期门、羽林军的建立，使京师军力得到加强。

到了元封五年，汉武帝已年届五十，在国内外成就了许多文治武功，就在他晚年

时，又采取了一项重大的加强中央集权的政治决策。即把全国除三辅、三河和弘农郡外，分为冀、青、兖、徐、扬、荆、豫、盖、凉、幽、并、交趾、朔方十三州部，每州部设刺史一人。刺史没有固定治所，每年八月巡视所辖郡国，考察吏治，惩奖官员，断治冤狱，"以六条问事"。这六条详细规定了刺史监察的范围，其中一条是监察强宗豪右，五条是督察郡国守、相。刺史在年底返回京师报告监察情况。汉武帝任用一批执法苛严的官吏，依靠他们狠狠地打击不法官吏和豪强地主。

征和四年，汉武帝又设司隶校尉，率领官徒捕捉巫蛊，监督奸诈之人。后来又监察三辅、三河和弘农郡，职权与刺史相当。刺史和司隶校尉的设立，加强了中央对地方的控制，起了强干弱枝的作用。

罢黜百家　独尊儒术

汉初的几位皇帝都信奉"黄老无为"思想，就是让老百姓休养生息，不过多地打扰农民。到了汉武帝时期，政治、经济情况发生了很大变化，是继续推行道家的"无为"思想，还是改用其他思想来统治人民就成了一件紧迫的事情。汉武帝从小接受的是儒家思想教育，对道家的"清静无为"思想和"无事无欲"的淡泊生活很不习惯。相反，对儒家的学术思想有浓厚的兴趣，他要进行政治上的大一统，也只有儒家能提供理论依据。因此，汉武帝逐渐有了以儒家思想作为汉王朝指导思想的想法。为此就需要搜罗一批推崇儒家思想的人才。

建元元年十月，汉武帝签发诏书，要求丞相、御史、列侯、中二千石、诸侯相等各级官吏推举贤良方正、敢于直谏的读书人到朝廷做官。同时，又鼓励天下吏民直接给皇帝上书，提建议，发议论。为此，朝廷设置了管理上书事务的公车司马令，称为"公车上书"。诏书下达后，上千件议论朝政的上书从全国各地送到了京城长安。通过上书言事，董仲舒、主父偃、徐乐、严安、朱买臣等思想家、政治家都成为汉武帝倚重的人才。与此同时，汉武帝还任命崇信儒术的窦婴为丞相，田蚡为太尉，赵绾为御史大夫，王臧为郎中令。这其中虽出现过像窦太后打击儒家思想的事情，但汉武帝的决心是没有改变的。建元五年，汉武帝又下诏设置《诗》、《书》、《易》、《礼》、《春秋》"五经"博士，提高了儒家经书的地位。

元光六年，汉武帝再次下诏，命举贤良之士上书对策。一时间，很多读书人上书应诏，其中儒生董仲舒的上书引起了汉武帝的重视。董仲舒是广川（今河北景县）人，少年时代就攻读《春秋》，曾做过荀子的学生。汉景帝时，他当了博士，收了许多学生。董仲舒曾刻苦研读过儒家经典，相当深入地了解了儒家思想的精华，并能把儒家思想结合汉代的现实进行阐述。汉武帝时，他写《天人三策》，系统地阐述了他的儒家哲学思想和尊君的政治思想。

董仲舒认为，人君受命于天进行统治。天命是可畏的，国家治理不好，上天就降下灾难来谴责、警告世人，世人如果不知反省悔过，天下就要败亡。因此，人君必须"勉强行道"，这就是"天人感应"学说。他又指出，国家要长治久安，必须提倡儒家的"礼乐教化"，用儒家的"礼乐"教化百姓。为此，他提出在国都长安设立太学，在地方上设立各类学校，用儒家经典培养人才，教育百姓。

董仲舒主张"道之大原出于天，天不变道亦不变"。他希望汉武帝坚持不变的天道，在此基础上，使"贵贱有等，衣服有别，朝廷有位，乡党有序"，以确保永恒的封建秩序。他又根据《公羊春秋》立说，提出了政治上的大一统思想。他认为：

《春秋》大一统是天地之常经，古今之通谊。帝王要在“大一统”的总原则下，统一思想。因此，他建议，凡是不符合儒家六艺孔子之术的其他各家学术思想一律摒弃禁止。汉武帝采纳了董仲舒的建议，在窦太后死后，汉武帝任命好儒术的田蚡为相，田蚡把不学儒家五经的太学傅一律罢黜，排斥黄老等各家思想于官学之外，又优礼延揽儒生数百人，这就是有名的“罢黜百家，独尊儒术”。

汉武帝实行“罢黜百家，独尊儒术”的措施，使儒家思想获得了合法地位。从此，它不断发展，成为此后两千年间地主阶级统治人民的正统思想。但这并不意味着汉武帝就不采用法家的“法治”思想了。相反，他执法非常严厉。汉武帝知道，只依靠法治是无助于巩固封建统治的，而仅有儒家的德教，封建国家也无法实现统一和强大。因此，他采用的是儒表法里的统治思想。意识形态的统一，是和统一的政治和经济相适应的，顺应了时代的需要，巩固和促进了封建制度的发展。

整顿财政　发展农业

汉初的几位皇帝实行“休养生息”政策，使经济得到恢复和发展，国家聚积了大量财富。到武帝时，生产继续发展，经济繁荣，但汉武帝连续发动多次对边境各族的战争，使人民付出了沉重代价，国家几十年的积蓄几乎用尽了，出现了严重的经济危机，汉武帝曾被迫下令，百姓可以用钱买爵位，罪犯可以用钱赎罪。但这种救急措施如杯水车薪，无法解决财政危机的根本问题。元狩四年，汉武帝重用桑弘羊、东郭咸阳、孔仅等大商人主持财政工作，这些人凭借强大的专制特权，统一货币，筦盐铁，建立均输、平准制度，抑制商业活动，以此来稳定农业生产，扩大财政收入。

汉初以来，货币质量低劣，而且私人铸币也被政府允许，市面上货币轻重大小不一，各地郡县各不相同，货币不统一，折算困难。这就破坏了国家的财政收入和财政制度，不利于经济的发展。汉武帝即位后曾铸三铢钱来代替以前的半两钱。同时禁止私铸，盗铸者处死，但盗铸之风不减。三铢钱通行一年多以后，又恢复使用半两钱。元狩五年，又下令停止半两钱，开始改用五铢钱，使货币的实际重量与币面文字一致。元鼎四年，取消郡国铸钱的权力，郡国以前所铸的钱一律取消。政府又专令水衡都尉所属的锺官、辨铜、均输三官负责铸造新的五铢钱，新钱质量高，又有严令加以保护，因此盗铸者无利可图，从而使币制稳定下来。汉武帝就依靠强大的国家力量，统一了货币，使封建国家的经济力量得到加强。

除了统一货币外，汉武帝又实行了筦盐铁和均输、平准法。

筦盐铁，就是实行盐铁专卖，筦盐就是在产筦盐区设立盐官，募人煮盐，产品由官府收购统一发卖。筦铁是在产铁区设置铁官，统管开矿、冶炼和铸造三个环节，对铁的质量、产量、规格、产值，定出一定的标准。煮盐冶铁及其贩卖，全部收入归官府，私人不许经营。全国设置盐官的有二十八个郡国，三十六个县；设置铁官的有三十九郡，四十八县。盐官和铁官统属中央的大农令，各地盐铁官吏多为盐铁商人担任，盐铁专卖政策是由孔仅和东郭咸阳等人制定的，他们本人也是大盐铁商人，这样既发挥商人所长，又有法律约束，有效地保证了盐铁专卖政策的执行。

盐铁专卖虽增加了国家收入，但不久就出现了质量问题，卖出的盐都是苦的，铁制工具价高质劣，引起百姓的不满，汉武帝一怒之下，撤了孔仅的职，任命桑弘羊为治粟都尉，统管大农令的事。桑弘羊建议向各郡国派遣均输官，把各郡输送中央的贡品，除部分供应京师需要外，其余的运到行市最高的地方去销售，把卖得的钱上交中央。这样，既消除了运输的不便，又减少了大量运费支出。桑弘羊又建议在京城设置平准官，专门收罗各地的货物，按照京城市场的价格涨落情况，贵则卖，贱则买，从而平准市场价格，国家的收入也增多了，这种方法叫做"平准"。

盐铁专卖和均输、平准法的实行，使中央控制了盐铁生产和许多货物的买卖，使富商大贾无法牟取暴利，物价不致暴跌暴涨，百姓的赋税负担没有增加，国家的财政收入却大大增加了。这完全符合汉武帝的重农抑商思想，起到聚敛财富的经济作用和控制诸侯王和豪强大贾的政治作用。

除了以上抑制商人的措施外，汉武帝还采取了直接打击大商人的政策，就是算缗和告缗。元狩四年，汉武帝开始实行"算缗钱"。规定：商人、高利贷者的资本必须向政府申报，每二千钱纳税一百二十钱，为一算；自产自销的手工业品，每四千钱纳税一算；商人乘坐的轺车，每年抽税二算；普通人的轺车，每年抽税一算；船长五丈以上者，每艘收税一算；商人有产不报或报而不实的，没收资财，罚戍边一年；商人及其家属不得占有土地，违者没收其土地和童仆。元鼎三年，汉武帝又下令"告缗"，就是告发商人隐匿的实际财产，告发者可得到被告发者的一半资财。一个商人只要被告发属实，立即被捕入狱。在这次告缗中，中等以上的商人几乎全部被告发，政府没收的财物数以亿计，没收的奴婢成千上万，没收的田地，大县数百顷，小县百余顷。许多商人因此而破产，受到沉重打击，但是政府的财富却大大的增加。通过算缗和告缗，在政治和经济上都起了加强专制主义中央集权的作用。

在进行财政方面改革的同时，汉武帝也加强了对农业的管理。无农不稳，农业是国家的基础。因此，汉武帝在农业生产技术的提高和生产工具的改良，农业耕作制度的改革，兴修水利等方面都做出了历史性的贡献。

水利是农业的命脉。西汉的水利事业很发达，汉初历代皇帝都很重视水利工程的建设。汉武帝时，各地掀起兴修水利的高潮，使灌溉和航运都有了很大改善，保证了农业稳定发展。

汉武帝时最重要的水利工程是治理黄河。历史上，黄河曾多次决口。元光三年，黄河在瓠子决口，经巨野泽南流，再通往淮河、泗水后入海。遭受大灾的达十六郡，良田被淹，庄稼被毁，百姓流亡。汉武帝下令立即堵塞决口，但由于丞相田蚡从中阻挠，使黄河泛滥达二十多年，直到元封二年，汉武帝亲巡决口处，并命随从官员自将军以下，都背土木，亲自参加堵塞工程。经过这次大规模修治，黄河水终于被制服，以后 80 年间没有大灾。

汉武帝晚年时，号召全国官吏和百姓，把注意力集中到农业生产上来。公元前 89 年，他任命著名农学家赵过为搜粟都尉，管理农业生产。赵过推行代田法，改变了过去的休耕的耕作制度，使农业生产率有了很大提高。代田法在全国推广很快，提高了农业产量。另外，赵过还创制了两种新农具，耕地用的耦犁和播种用的耧车。两者可以结合使用，是一种耕、播结合的复合农业机械，而且使用

起来既轻巧又便利，生产效率很高。生产工具的改进，使牛耕和铁制农具的使用得到普遍推广。汉武帝时，牛耕和铁农具已传播到西北、东北和西南地区，提高了当地的生产力，使汉代的农业生产出现一次巨大的革命。

抗击匈奴

匈奴是我国北方一个古老的以游牧为主的少数民族，逐水草迁徙，有少量的农业生产。汉初，已进入奴隶制社会，在首领冒顿单于的带领下，匈奴族东败东胡，北服丁零，西逐大月氏。统治区域，东自朝鲜边界，横跨蒙古高原，与羌相接，向南延伸至今晋北、陕北一带，与汉相接。冒顿把这一广大地区分为左、中、右三部，自己居中，左、右两部由左右贤王分领。

战国末年以来，匈奴就不断南侵。汉高祖时，发生了“白登山之围”。之后，西汉政府被迫与匈奴和亲，开通关塞，每年给匈奴很多馈赠，但仍无法阻止匈奴南犯。到了汉武帝时期，西汉的国力有了很大增加，已经有足够的力量来抗击匈奴。于是，汉武帝决定狠狠打击匈奴奴隶主。

元光二年，汉武帝派马邑人聂翁壹出塞，引诱匈奴进占马邑，汉军三十余万埋伏近旁，企图一举歼灭匈奴主力，匈奴兵10万入塞，中途发觉汉的诱兵计划而退却。此后，匈奴多次大规模进攻边塞，汉军也多次反击和进攻，其中影响较大的有三次。

元朔二年，匈奴入侵，汉武帝派卫青、李息出兵云中郡，在河套地区大破匈奴军队，俘虏数千人，一举收复河套地区，汉在那里设朔方郡，并修缮了秦时的边塞。同年迁民10万，边务农，边守卫。元溯年间，匈奴连年入侵，汉军在卫青指挥下数度出击，沉重打击了匈奴军队。

元狩二年，汉武帝命霍去病领兵远征匈奴。霍去病从陇西出击，过焉支山千余里，歼敌8000多人，杀匈奴二王，缴获了匈奴的祭品金质佛像。同年夏，霍去病又与大将公孙敖出北地塞外2000余里，直到祁连山，斩获匈奴3万余人，迫使匈奴浑邪王杀休屠王，率部4万余人归汉。西汉王朝在其故地设酒泉、武威、张掖、敦煌四郡。不但隔绝了匈奴与羌的联系，还沟通了内地与西域的直接交通，使双方势力的消长发生了显著变化。

元狩四年，一场决定匈奴命运的战争开始了。这年汉武帝命卫青、霍去病率10万骑兵，近10万匹马负载辎重，几十万步兵殿后，分道北征。西路卫青军从定襄出发，在漠北击败单于，歼敌1.9万人，一直攻打到今蒙古高原杭爱山以南，缴获大批粮食而还。东路霍去病军从代郡出发，行军2000余里，以灵活多变的奇袭，生擒匈奴屯头王、韩王等三人，前后歼敌7万多人，一直打到狼居胥山。在那里霍去病代表汉王朝举行了封禅礼。经过这次大战，匈奴已无力再到大漠以南进行侵扰，西汉王朝开始对北方地区进行开发建设，巩固边防，恢复农业生产。从此，汉与匈奴十七年间没有发生战争。

抗击匈奴的战争，是汉武帝最重要的“武功”。它打击和抑制了近百年来匈奴对中原地区的烧杀掠夺，保护了人民的生命财产和国家领土的完整。他保证了汉朝社会经济和文化的发展，是一次正义的行动。

“凿空”西域

西汉时，把阳关和玉门关以西即今新疆乃至更远的地方，称作西域。西汉初

年，西域共有三十六国。

汉武帝听说西迁的大月氏有报复匈奴之意，就派人出使大月氏，联络他们东西夹攻匈奴。汉中人张骞以郎应募，建元二年，张骞率领100余人离开长安向西域进发。途中被匈奴俘获，滞留了10年，终于寻机逃脱，西行数十日到达大宛。这时大月氏已不想攻打匈奴而西迁了，张骞没有达到目的，在西域呆了一年多东返，途中又被匈奴扣留了一年多。元溯三年，张骞回到长安，受到汉武帝的热情接待，后被封为博望侯。此次西行前后达10余年，虽未达到目的，但获得了大量西域的资料，司马迁称张骞此行为“凿空”。

张骞归国后，汉武帝曾遣使探求通过身毒，开辟一条不经匈奴而到大夏的交通线，但是没有成功。后来，汉军打败匈奴，取得了河西走廊地区，打通了西汉与西域之间的通道。

霍去病在祁连山大破匈奴后，张骞建议联络西域强国乌孙，以断匈奴右臂。元狩四年，张骞再次出使西域，目的是招引乌孙回河西故地，并与西域各国联系。张骞到乌孙，未达目的，于公元前115年偕同乌孙使者返抵长安，被张骞派往西域其他国家的副使也陆续回国。从此，汉同西域的联系频繁起来。

但是，西域诸国仍未完全摆脱匈奴的控制，楼兰、车师等国在匈奴的策动下，经常劫掠西汉派往西域的使臣和商队。为了确保西域通道，元封三年，王剧率骑兵击破楼兰，赵破奴率军击破车师。元封六年，西汉又与乌孙王和亲，企图联合协迫匈奴。同时为了打破匈奴对大宛的控制并取得大宛的汗血马，汉武帝派李广利领兵数次进攻大宛，在付出沉重代价后，攻破大宛都城，使西汉在西域的声威大振，确保了西域通道的安全。西域道路畅通后，使西域与中原地区联为一体。西域的葡萄、石榴、苜蓿、胡豆、胡麻、胡瓜、胡蒜、胡桃、汗血马及各种奇禽异兽和名贵毛织品传入中原。中原的铁器和牛耕技术、凿井技术传入西域，特别是向西域输入大量丝织品，形成了历史上有名的“丝绸之路”。

张骞通西域，促进了西域社会的进步，丰富了中原地区的物质和精神生活。

开疆拓土

汉武帝是以“大一统”为己任的。在董仲舒“大一统”思想的指导下，他要建立一个幅员辽阔、疆域广大的封建大帝国。在解决了北方匈奴和西域的问题后，他把眼光转向了东南和西南边疆。

我国的东南地区长期以来居住着越人，秦朝时曾在这些地区设置郡县，在秦末农民起义过程中，各地的豪强官吏乘机独立称王，形成割据势力。当时，这些割据势力，有在今浙江南部的东瓯，今福建境内的闽越，今两广地区的南越。

建元三年，闽越出兵攻打东瓯，东瓯向西汉求救。西汉出兵后，闽越退去。东瓯王决定归附西汉管辖，汉朝把他们的一部分迁至江淮之间。从此，东瓯人同中原人民共同生产，建设着祖国的东南地区。

南越王赵佗原是秦朝的一个校尉，后来，他自立为王，他的后代也继续称南越王。汉武帝中期，赵兴即位，因年少，大权落入吕嘉手中。吕嘉怕自己的权势和地位保不住，于是起兵叛乱，杀死赵兴和摎太后。汉武帝决定消灭吕嘉割据势力，元鼎元年秋，十几万驻军进攻南越，吕嘉被生擒，南越政权到此灭亡。

闽越政权在三个政权中势力最强，曾围攻东瓯，出击南越，后来慑服于汉朝

的威势，表面上受汉朝的节制，暗地里与南越勾结。汉武帝调整大军进攻闽越。闽越王余善被部下杀死，闽越归汉。

在进攻东南地区的同时，汉武帝又开始了开辟我国西南地区的行动。从此以后，中原的人民到西南地区的越来越多，促进了当地经济、文化的发展。

下诏自谴

汉武帝在位 50 多年，建立了一系列的文治武功，但有些事是不得不做的，其中也做了不少不利于社会发展和对人民有害的事情。比如在他晚年时兴起的"巫蛊之祸"，就曾逼死了自己的儿子。

汉武帝有个儿子叫刘据，性情宽厚仁爱，被立为太子。他常规劝武帝少兴征伐之事，不要严刑苛法，滥杀大臣，这些都使汉武帝感到不快。正好这时汉武帝重用一个奸臣江充，他曾与太子刘据结怨，于是乘机陷害太子，说太子在背后使用巫术咒骂汉武帝。太子刘据一气之下杀了江充。汉武帝误认为是太子怕获罪，才杀了江充，派人捕捉太子。刘据被迫反抗，兵败自杀。

作为最高统治者，汉武帝极尽穷奢极欲之能事。为了炫耀威势，他到处巡行、封禅。元封元年，他北率 18 万骑兵，旌旗千里，封禅泰山，东巡海上，所过之处，大肆赏赐，用帛百余万匹，钱几万万。巨大的人力和财力耗费极其沉重地加深了人民的负担。汉武帝大兴土木，动用大量人力、物力，扩建上林苑，开凿昆明池，建造首山宫、明光宫、建章宫等雄伟殿宇。他又追求长生不老之术，结果，大量钱财被方士骗去。他统治期间又多次发生大规模水灾、旱灾、蝗灾等自然灾害。

战争、灾荒，加上汉武帝生活上的过分奢华，使阶级矛盾激化了。农民被迫离开土地，沦为流民。在汉武帝晚年时，几乎在全国范围内都爆发了农民暴动和农民起义。

经过一系列的打击之后，汉武帝开始认识到自己政策上的一些失误，决定改弦更张。征和四年，汉武帝下诏表示追悔既往的过错，拒绝了大臣烦劳百姓的建议，认为当前的正事在于禁止对百姓的苛暴行为，不准擅自加重人民赋税负担，而应致力于农事，鼓励百姓多养马，免除徭役赋税。之后，汉武帝采取了一些有利于发展农业的措施。他晚年的追悔之心和他推行的"富民政策"对当时和以后起了积极作用。

后元二年，汉武帝在陕西境内巡行时，一病不起。他召来霍光等人，立少子刘弗陵为帝，拜霍光为大司马将军，叫他效法周代周公辅助成王的故事，辅佐小皇帝。不久，这位雄才大略的皇帝驾崩于五柞宫，享年 69 岁。之后，汉武帝的灵㮚移殡于未央宫前殿，18 天后葬于长安西北八十里的茂陵。

汉武帝在位 54 年，使中国封建社会在经济制度、政治制度、思想意识上都达到了完备，标志着中国封建社会的基本成熟和定型。汉武帝时期在我国文化发展史上也出现了光辉灿烂的局面。当时，涌现出诸如董仲舒、司马迁、司马相如、卫青、霍去病、唐都、落下闳、赵过、张骞等一大批各方面的著名人物，他们的出现是中国封建社会前期政治、经济、文化发展的必然结果。汉武帝也因此成为中国历史上一位雄才大略的帝王。

汉宣帝刘询

宣帝刘询

汉宣帝刘询，小名病已。他是汉武帝的曾孙，戾太子刘据的孙子，父皇史孙，母王氏。虽说他是名正言顺的皇亲，又出生在皇宫，却长大在民间，有着坎坷的少年经历。故此，他对下层社会的生活比较了解，这在皇太子们中间是十分突出的。

经历坎坷　得位侥幸

刘询出生于征和二年（前 91）。他的父亲是汉武帝的孙子，因其母亲家姓史，故史称“史皇孙”，其母为王夫人。汉宣帝询生下才几个月，西汉朝廷发生了“巫蛊事变”。在这次事变中，他的祖父戾太子刘据和他的父亲史皇孙、母亲王夫人都被害身亡。襁褓中的刘病已受其祖父“反叛”之罪的牵连，被关进了监狱，一关就是五年。

虽说被关在了监狱，但宫廷斗争的恶流仍然波及他。刘询四岁那年，一次意外的灾祸险些致他于死命。那是后元二年（前 87），汉武帝得了重病，不久于人世的恐惧和想保持权力富贵的渴望，使他变得多疑和暴戾。这时，一些方士对汉武帝说：“陛下所以得病，恐怕与邪气的冲犯有关。据我们观察，长安监狱的上空有‘天子气’，这是陛下致病的原因，只有把长安监狱中所有的犯人统统杀掉，消除邪气的根源，陛下的病才能好。”急于保命的汉武帝马上下令：杀掉长安监狱中所有的犯人。当执行这一命令的官员深夜来到关押刘询的监狱宣布这一命令时，遭到正直狱官邴吉的拒绝，他说：“皇曾孙在这里，我要对他的安全负责。至于其他犯人，都不是死罪，不能滥杀无辜！”由于邴吉刚直不阿，幼小的刘询又一次死里逃生。事后，汉武帝对自己的所作所为有所悔悟，下诏表彰了邴吉的行为。

刘询五岁那年，经大赦出狱，由邴吉护送到了他的祖母家。刘病已出狱后不久，朝廷又下令将他列入宗室，由朝廷发放其生活费用。从此，刘询才开始过上了富足优悠的皇室生活。

刘询从小早慧好动，他不仅聪敏好学，而且还喜欢结交朋友，斗鸡走马，甚至有时惹事生非，打架斗殴。这些经历，使他从很小的时候起就对民间百姓的疾苦、吏治的得失、世间的不平有着深刻的了解，和那些生长于深宫中的膏粱皇帝大是不同。不过，他也受到了良好的教育。在他出狱、被列为宗室成员以后，负责管理他们的官员张贺是其父的旧部，对刘询极为关心。从六七岁起，张贺就自己出钱给刘询找老师，使他很小就受到了良好的教育。等刘询长到十六七岁，张贺又给他娶了妻子，这就是以后的许皇后。不过，虽然如此，皇位离刘询还是十分遥远。他的登基，实在是有一些侥幸。

元平元年（前 74），年仅 21 岁的汉昭帝去世。由于昭帝无子，皇位继承成了问题。其时，汉武帝的儿子中仅剩下广陵王刘胥一人，许多大臣都倾向于立广陵王刘胥为皇帝。但这一建议遭到了霍光的否决，他认为广陵王刘胥“内行不修”，

不可立为皇帝。最后反复挑选，由霍光定策，决定征昌邑王刘贺到长安，择时立为皇帝。可是，这位刘贺犯了政治上的大忌，既心急登位，又把自己的原班人马带进朝中，冷落了抬举他的朝臣，故此以霍光为首的朝廷大臣们联名上书皇太后，要求废掉刘贺的皇帝称号，他做了 27 天皇帝就被赶下台了。

废除刘贺之后，谁来做皇帝又成为当时统治集团面临的一个非常复杂和棘手的问题。经过了反复排比和慎重考虑，他们选中了刘病已。理由是，他来自民间，政治上既没有背景，也没有势力，当上皇帝后，很自然地要感激推举他做皇帝的人，而且肯定不会触犯西汉朝廷当权集团的既得利益；他比较年轻，年仅 18 岁，缺乏政治统治经验，被立为皇帝之后，政治上容易控制。基于以上考虑，以霍光为首的朝廷大臣们把刘病已接进了皇宫，先封他为阳武侯，继而举行了隆重的即位大典，奉上皇帝印绶，谒祭了祖庙。就这样，刘病已一步登天，成为西汉王朝的第七位皇帝。这时，他正式更名叫刘询。

翦除权臣　收揽皇权

汉宣帝即位之初，朝政差不多全部掌握在霍光手里。当时，霍家权力极大，除霍光权倾朝野之外，他的儿子霍禹、侄孙霍云为统率宫卫郎官的中郎将；霍云的弟弟霍山官任奉车都尉侍中，统率禁卫部队胡越骑兵；两个女婿分别担任东宫和西宫的卫尉，掌管整个皇宫的警卫；堂兄弟、亲戚也都担任了朝廷的重要职位，形成了一个盘根错节、遍布西汉朝廷的庞大的势力网。至此，霍光已经成为当时实际上的最高统治者，他的权势和声望在废除了刘贺的帝位、拥立汉宣帝之后，达到了无以复加、登峰造极的地步。

早在民间时，汉宣帝对霍光的权势和威风就有风闻。尤其在他一夜之间由一个平民变成了至高无上的皇帝之后，更领教了霍光的权威。他一即位，就明显地感觉到了朝廷内部来自霍光集团咄咄逼人的政治压力，所以在他登基之日谒见“高庙”时，霍光陪同他乘车前往，他觉得浑身上下都不自在，好像有芒刺在背。有着丰富的生活阅历的汉宣帝心里明白，自己初即位，力单势薄，仅凭着一个皇帝的称号是不能和羽翼丰满的霍光相抗衡的，只有保持最大的克制，逐渐发展自己的势力，寻求有利时机，才能夺回属于自己的最高统治权。所以在即位伊始，当霍光故作姿态表示要还政于他时，汉宣帝非常“诚恳”地回绝了，他明确表示非常信任霍光，欣赏霍光的才能，请霍光继续主持朝政，并当众宣布，事无大小，先报请霍光，然后再奏知他本人。事后他还专门下诏褒奖霍光的援立之功，益封七千户。每次上朝，汉宣帝都给予霍光以极高的礼遇。汉宣帝的这一系列行为目的在于消除霍光对他的猜忌和提防，缓和朝廷内部潜伏的政治危机，为他的统治创造一个良好的政治气氛。

汉宣帝即位后的第六年，也就是地节二年(前 68)，霍光去世。宣帝亲临葬礼，按皇帝葬制的规格埋葬了霍光，并加封霍光的侄孙霍山为乐平侯，以奉车都尉的官职领尚书事。与此同时，汉宣帝认为时机已到，开始亲理朝政。他重用御史大夫魏相，让魏相以给事中的身份参与朝中的机密决策，后来又提拔魏相做了丞相。继而任命邴吉为御史大夫，又委任他的岳父平恩侯许广汉以重任，逐渐把权力收归己手。

汉宣帝深知，霍光虽然死了，但霍家的势力还很大，霍家的亲属和亲信还控

制着中央政府的各个机要部门，兵权也掌握在他们手中。为此，汉宣帝首先采取行动，削夺霍家把持的权力。他先解除了霍光两女婿东宫、西宫卫尉的职务，剥夺了他们掌管的禁卫军权。又把霍光的两个侄女婿调离了中郎将和骑都尉的位置，让自己的亲信担任南北军和羽林郎的统帅。最终把兵权掌握在自己手中。之后，他提拔霍光的儿子霍禹为大司马，明升暗降，剥夺他掌握右将军屯兵的实权。还对上书制度进行了改革，下令吏民上书，直接呈皇帝审阅，不必经过尚书，把霍山、霍云领尚书事的职务架空起来。通过这一系列步骤，霍家掌握的权力被剥夺殆尽，权力逐渐集中在汉宣帝的手中。面对汉宣帝全面夺权的行动，霍家集团内部惶恐不安，决定铤而走险，举行叛乱，推翻汉宣帝，保住他们的既得利益。但叛乱在严阵以待的汉宣帝面前很快瓦解了。汉宣帝大规模地镇压了霍氏集团的叛乱，将参加叛乱的人都处以极刑，并废除了霍皇后。在西汉朝廷中经营盘踞了十几年的霍家势力一朝覆灭，汉宣帝最终确立了他的绝对统治地位。

亲躬万机　励精图治

在彻底消灭了霍家势力之后，汉宣帝开始掌握政权，“亲躬万机，励精图治”。

鉴于霍光专权的教训，汉宣帝亲政后首先加强君权。自汉武帝设置“中外朝”以来，尚书逐渐成为掌管机要的中枢机构，吏民的上书和诏令的发布都须经此处经办。所以领尚书事的霍光、霍山、霍云等人往往通过参与尚书事务，掌握了机要大权。汉宣帝为了把政权牢牢地掌握在自己的手中，对尚书制度进行改造，扩大了由宦官控制的中书的权限，下令无论是吏民上书，还是诏令的拟定发布，都由中书负责，不需经过尚书，从制度上保证了君权的独尊。

其次，汉宣帝对吏治进行了整顿。汉宣帝曾生活在民间，深知要让老百姓安居乐业无冤屈愁苦，关键在于吏治的好坏。他特别重视刺史、郡守的选用，把它看成是整顿吏治的重要环节，每当朝廷要任命刺史、郡守时，都要亲自过问。在新任刺史、郡守赴任之前，他要亲自接见，当面考察，要求这些新任的刺史、郡守写出任期责任状，以便以后对他们的政绩进行有针对性的考核，这就是史书上所说的“循名责实”。在此基础上，对不合格的官吏给以降职处分或者免职，对治绩优异的官吏及时给予表彰或破格提拔。和汉武帝专用“酷吏”的做法不同，汉宣帝在任用地方官时，不仅使用了一大批干练精明的能吏去镇压不法豪强，而且还任用了大量“上顺公法，下顺人情”的“循吏”去治理地方，由此大大改变了过去吏治苛严和败坏的现象，缓和了社会矛盾，安定了政治局势。

汉宣帝做的第三件事情是平理冤狱。在这个问题上，汉宣帝表现出自己的政治特色：“霸王道杂之”。也就是一方面强调法制建设，主张执法严明，以惩治不法的官吏和豪强；另一方面又废除苛法，平理冤狱，缓和社会矛盾。汉宣帝亲政不久，针对刑狱审判不合理现象的存在，亲自参加了一些案件的审理，为执法公正作出表率。地节三年（前 67），又下令增设了廷尉平一官，定员 4 人，专掌刑狱的评审和复核，从制度上保证了执法的严肃性。地节四年（前 66），汉宣帝下诏令，认为“首匿连坐法”违犯人之常情，又牵连无罪亲属，下令废除。之后，他又下令赦免所有因上书触犯他名讳的人的刑事责任。五凤四年（前 54），又派遣丞相属官 24 人到全国各地巡查，平理冤狱，检举滥用刑罚的官员。汉宣帝在位 25 年，先后颁布了 10 次大赦令。

汉宣帝还继续执行轻徭薄赋、发展生产的政策。针对流民问题，宣帝曾多次下诏把公田赐予流民和农民耕种，部分地解决了农民和土地脱离的问题。为防止农民的破产，保证农业生产的正常进行，又采取了一系列减轻赋税徭役的措施；地节三年(前67)，下令减天下盐价，纠正了由来已久的盐价偏高、人民负担过重的弊端；五凤三年(前55)，下令减天下口钱，并鼓励流民占著定居，凡流民归还乡土者，当年免收算赋并免除徭役；甘露三年(前51)，又下令减少全国百姓算赋的1/4，每人每年30钱。在汉宣帝的大力倡导下，各级地方官员都把劝科农桑、发展生产看成了当时急务。汉宣帝还派农业专家蔡葵为“劝农使”，巡视全国，指导农业生产。通过这一系列措施，调动了人民的生产积极性，促进了社会经济大发展。

中兴盛世　帝国一统

汉宣帝刘询经过一系列的政策调整，使国计民生种种状况较之前朝有了大大的改观，形成了中兴盛世。在宣帝后期，国内经济繁荣。农业连年丰收，谷价猛跌，创造了汉代最低价。为防“谷贱伤农”，宣帝还建立“常平仓”，以国家力量干预粮食价格。在思想文化方面，宣帝主张经学各派兼收并蓄，并亲自主持召开经学大会。当时，文学方面汉赋的创作，达到了可与武帝时媲美的极盛境地。

我国统一的多民族的封建国家是由秦始皇创其始，汉武帝毕其功的，汉宣帝时又进一步巩固发展。本始二年(前72年)，匈奴侵略乌孙，乌孙向汉廷求救。汉宣帝派田广明等五将军出塞2000余里，联合乌孙夹击匈奴，共动用了20万兵力，这是继汉武帝之后对匈奴采取的一次最大规模的军事行动。此后，匈奴衰耗，边境少事。神爵元年(前61)，迫于汉朝的威力，匈奴日逐王归附汉朝，汉军占据了车师，将匈奴势力逐出西域，汉宣帝任用熟悉西域事务的郑吉担任西域第一任都护，兼护南北两道36国，确立了西汉对西域的政治统治。汉宣帝还将垦区扩大到了乌孙的赤谷城，进一步巩固了祖国的西北边疆。当乌孙内部发生动乱时，他派长期生活在乌孙、有丰富外交经验的冯缭为使节出使乌孙，排解了乌孙贵族内部的矛盾。甘露三年(前51)，匈奴呼韩邪单于入朝汉宣帝，表示归服西汉中央政府。汉宣帝隆重接待，并举行有数万少数民族参加的盛会，来显示西汉王朝民族间的团结，给呼韩邪单于以深刻影响。宣帝又派兵护送呼韩邪单于到光禄塞下，资助谷米数万石。从此，汉匈之间结束了长达150多年的战争状态，建立了匈奴呼韩邪政权对西汉王朝在政治上的隶属关系，同时也密切了塞北各族与中原地区的汉族在政治、经济、文化上的联系。宣帝以后数世，北方边境不见烽火之警，牛马布野，人民繁盛，一片和平景象。神爵元年(前61)，汉宣帝派名将赵充国率兵平息了西羌族的叛乱，并留兵屯田湟中，置金城属国管理归附的羌族各部落，加强了西汉中央政府对西羌的控制。

黄龙元年(前49)，宣帝逝世，终年42岁，谥号“孝宣皇帝”。子刘奭继位为元帝。

汉宣帝皇后许妃被毒死追踪

病已即位内幕

武帝死，昭帝立，大将军霍光监国，权势日重。昭帝早死无子，霍光迎昌邑王刘贺入都当皇帝，二十七天后废掉，改立武阳侯病已，是为汉宣帝。

病已乃昭帝兄刘据之孙。刘据曾被立为太子，因武帝被方士侍臣蒙蔽而废。当时父子两人曾大战一场，刘据坚持了四天，兵败自杀，其嫔妃家小俱入狱，病已也在其中。当班的廷尉监邴吉，见病已还是个婴儿，就产生了保护这个小皇孙的念头，命姓赵姓胡的两位犯妇轮流喂奶，小家伙这才活了下来。后来汉武帝得病不起，方士再进谗言，胡说长安城内有天子气。武帝要消除少子弗陵即后来的昭帝接班的隐患，于是下令将城内各监狱中的犯人一律处死。邴吉抗命不从，令诏使传话给汉武帝："民尚不可妄杀，何况狱中有皇孙呢？"武帝听说后有点醒悟，长叹一声道："看来这是天命，我有何法？"下令狱中罪犯一律免死，病已也就保住了活命。病已在狱中渐渐长大，但体弱多病，邴吉不得不再想办法，花钱走后门，将他送到了外祖母家；还替他娶了一个姓许的富室女儿。史书记载说，病已有异相，遍体生毛，起居处多有光环缭绕。其实，人身多毛是返祖现象，光环之说则属牵强迷信了。

祸兮福所倚。病已多灾多难的童年生活为他日后发迹提供了条件。被霍光选中当皇帝后，他不像那些养尊处优的王子只知吃喝玩乐、骄横无理，而能审时度势，谨慎小心地与霍光周旋。汉宣帝第一次去拜谒祖庙时，大将军霍光与他同行。宣帝坐轿，霍光骑马，两人有说有笑，但回来后宣帝却满身大汗，笑着对侍御史严延年说："我这回才体验到什么叫芒刺在背了。"严延年乘机递上霍光专权无人臣之礼当治罪的奏折，宣帝一看连连摇头搁置不提，并下诏增封大将军霍光食邑一万七千户。霍光请求还权归政，宣帝又连说不可，令诸事全归他办理。宣帝还将霍光之子霍禹、霍云、霍山封为高官，让霍家的亲戚都有官做。只在皇后的确立上，宣帝没有让步。霍光想把女儿嫁给宣帝，宣帝却下诏访求故剑，表白自己不愿抛弃糟糠之妻。众大臣倒也聪明，联名上书请立许妃，霍光这才不好反对。但是，当汉宣帝要封许妃的父亲为侯时，霍光便以出身低为理由阻拦，宣帝拗他不过，也只好暂从罢论。总的看，宣帝对霍光一直是谦让的。霍光也认为宣帝听话，是个好皇帝。两个人既属君臣又非君臣，这种特殊关系一直维持到霍光病死。

福兮祸所伏。霍光辅政两帝，独断专权，情有可原；唯霍氏族人依势非为，骄奢横霸，实难宽恕。特别是霍光的小老婆霍显狡黠异常，胆大妄为，确有难赦之大罪。

许妃冤死之谜

霍显之罪说来话长。当年霍光要把小女儿成君嫁给宣帝，便是小老婆霍显的主意。许妃当了皇后以后，霍显内心不平，怨恨倍增，日思夜想要把许皇后置之死地。许皇后有喜，霍显多次探视，终于让她找到一个空子。时有廷尉淳于赏之妻淳于衍入宫侍奉许皇后。衍与显老相识，两人无话不谈。淳于衍求霍显帮忙让其夫升官，霍显则要求淳于衍除去许皇后。淳于衍开始怕得不行，霍显便大言不惭地说："现我大将军掌管天下，何事办不成？大将军最爱小女。除掉皇后，小女便能入宫就位。到那时你我共享富贵荣华，何乐而不为呢？"淳于衍于是答应尽力。许皇后临盆，生下一女。产后体弱，自然进药滋补。淳于衍乘机掺入毒药，许皇后一命呜呼。宣帝听说皇后暴死，马上前来看望，询问死因。众御医也

觉突然，一时张口结舌。宣帝顿生疑心，命将诸医及皇后身边的人全部逮捕下狱，严加审讯，一时闹得满城风雨，议论纷纷。

霍显听说许皇后暴死，心里十分高兴，可突然又听说淳于衍下狱，不由得吓了一跳。心想：淳于衍一旦说出真情，后果不堪收拾，得赶快想办法。俗话说，事情没想好，急来抱佛脚，你想霍显这位顾前不顾后的悍妇能想出什么好办法来呢？惟一的办法就是找老头子霍光。霍光一听是又吓又气又拿老婆没办法。心想事关大逆，自首当可保全一门；转念虽能保全家族，爱妻难免被斩，倒不如瞒住真相，大事化小，小事化了。主意一定，霍光长叹一声，入宫去见宣帝。霍光对宣帝讲皇后崩逝，当为天数；加罪众人，有伤皇家仁德；皇帝应以天下为重，还是让小女成君入宫，以慰皇帝失后之痛吧。汉宣帝一听，愈怀疑其中有弊，但还是委曲求全，立即下令放了众人，立霍光女成君为皇后。有趣的是，汉宣帝在答应霍光要求的同时，也乘机走了自己的一步棋：立许后子奭为太子，以绝霍氏夺嫡之念；启用御史魏相为丞相，光禄大夫邴吉为御史，以牵制霍氏家族的权势；并密嘱保姆认真保护太子，凡霍后与食必须先尝后进。

霍光一死，汉宣帝与魏相、邴吉等大臣商量后，开始实施釜底抽薪的办法。一是升霍禹为大司马，收回他的右将军印，夺其兵权；二是将霍氏亲属陆续调出京都。霍显一见形势要变，立即召集霍氏要人计议，先是想通过霍皇后杀掉魏相、邴吉；又想设法废掉宣帝。商量来商量去，一群人中竟没有一个能干的出头主事，只是狂言一通而已。

长安亭长张章与霍府马夫相识，有一天闲得无聊去找马夫侃大山，正好听到马夫们议论谋反的事，第二天便给宣帝写了一封信。宣帝见信大喜，立即下诏收捕霍氏家族及亲属。霍显受刑不过供出下毒害死许皇后一事，汉宣帝也就老账新账一齐算，不仅废了霍皇后，而且杀了霍显、霍禹、霍山、霍云以及霍氏族人。就连出嫁了的女儿女婿也全部处死。甚至近戚疏亲连坐，诛灭了几百户人家。就这样，汉朝最大的一次外戚干政以失败而收场。汉宣帝从委曲求全到后发制人，不愧为老奸巨猾的一位政治家。

皇后许平君之死

坐过牢的帝王

许平君女士是西汉王朝第十任皇帝刘询先生的妻子，官式称号“恭哀皇后”。刘询先生是中国历史上惟一坐过牢的帝王。

卫子夫女士生刘据，刘据生刘进，刘进生刘询。当公元前九一年，卫子夫、刘据、刘进，祖孙三代先后毙命，造成人间最可怕的惨剧之时，刘询小娃那时才生下来三个月，但仍被逮捕。首都长安（陕西省西安市）中国政府所属的监狱，被巫蛊案的倒楣囚犯挤得满坑满谷，再也挤不进去，若干囚犯遂不得不送到郡县所属的地方监狱寄押，刘询小娃也是其中之一。

——呜呼，三月娃儿，又有何罪？身为曾祖父的刘彻先生，竟毫不动心，实在难解。但他对自己的嫡亲儿子孙儿都能冷血，曾孙又远一层矣。

三个月大的娃儿势不能单独坐牢，他只有被扔到地下，啼哭而死。幸而当时的司法部副部长（廷尉监）邴吉先生，是负责处理巫蛊案的官员之一，也是西汉政

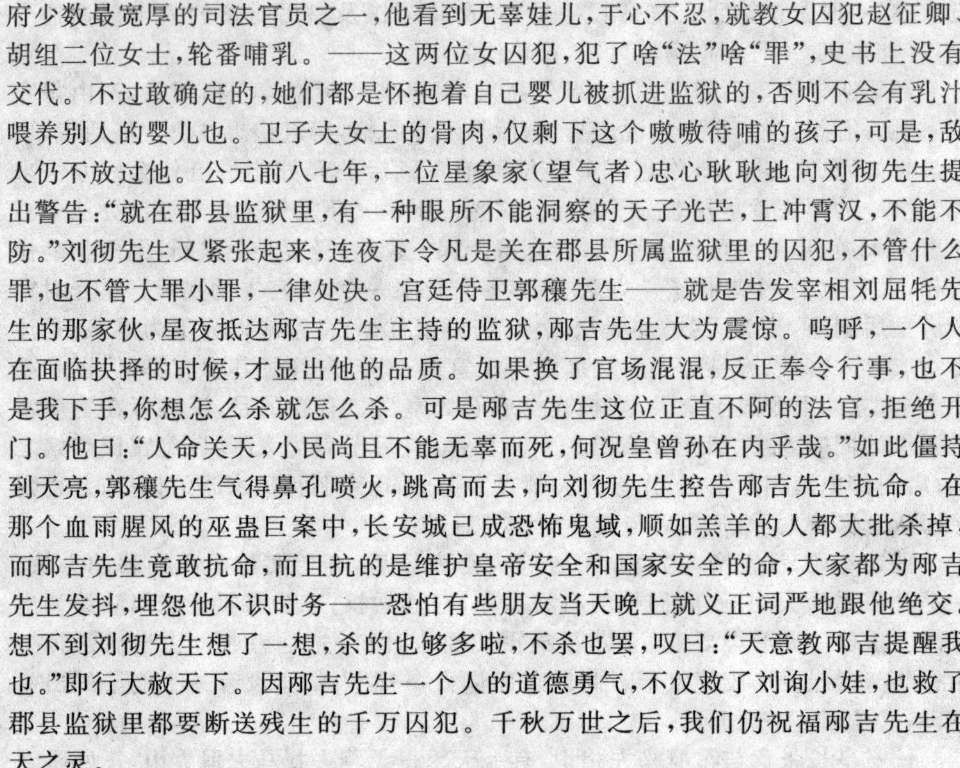

府少数最宽厚的司法官员之一，他看到无辜娃儿，于心不忍，就教女囚犯赵征卿、胡组二位女士，轮番哺乳。——这两位女囚犯，犯了啥“法”啥“罪”，史书上没有交代。不过敢确定的，她们都是怀抱着自己婴儿被抓进监狱的，否则不会有乳汁喂养别人的婴儿也。卫子夫女士的骨肉，仅剩下这个嗷嗷待哺的孩子，可是，敌人仍不放过他。公元前八七年，一位星象家（望气者）忠心耿耿地向刘彻先生提出警告：“就在郡县监狱里，有一种眼所不能洞察的天子光芒，上冲霄汉，不能不防。”刘彻先生又紧张起来，连夜下令凡是关在郡县所属监狱里的囚犯，不管什么罪，也不管大罪小罪，一律处决。宫廷侍卫郭穰先生——就是告发宰相刘屈氂先生的那家伙，星夜抵达邴吉先生主持的监狱，邴吉先生大为震惊。呜呼，一个人在面临抉择的时候，才显出他的品质。如果换了官场混混，反正奉令行事，也不是我下手，你想怎么杀就怎么杀。可是邴吉先生这位正直不阿的法官，拒绝开门。他曰：“人命关天，小民尚且不能无辜而死，何况皇曾孙在内乎哉。”如此僵持到天亮，郭穰先生气得鼻孔喷火，跳高而去，向刘彻先生控告邴吉先生抗命。在那个血雨腥风的巫蛊巨案中，长安城已成恐怖鬼域，顺如羔羊的人都大批杀掉，而邴吉先生竟敢抗命，而且抗的是维护皇帝安全和国家安全的命，大家都为邴吉先生发抖，埋怨他不识时务——恐怕有些朋友当天晚上就义正词严地跟他绝交。想不到刘彻先生想了一想，杀的也够多啦，不杀也罢，叹曰：“天意教邴吉提醒我也。”即行大赦天下。因邴吉先生一个人的道德勇气，不仅救了刘询小娃，也救了郡县监狱里都要断送残生的千万囚犯。千秋万世之后，我们仍祝福邴吉先生在天之灵。

刘询小娃三个月入狱，出狱时已五岁矣，仍是一个不懂事的幼童，茫茫人海，何处投奔？邴吉先生就把他送到祖母史良娣女士的娘家——史良娣女士即卫子夫女士的儿媳，皇太子刘据先生的妻子，早已死于巫蛊之难，只娘家人幸而尚存。

就在这一年（公元前八七），刘彻先生死掉，刘弗陵先生继任为第八任皇帝，由武装部长总司令（大将军）霍光先生，以托孤大臣的尊贵身份辅政。请读者老爷注意霍光，他阁下以及他阁下的妻子和女儿，在一连串两个皇后的悲剧中，都担任主要的角色。

刘询小娃到了祖母家不久，因为他总算具有皇家血统，所以他的生活和教育，都由宫廷（掖廷）负责，并且把他的名字正式列入皇族名册。

列入皇族名册，最初并没啥意义，祖母娘家抚养一个小外孙，经济负担上也毫无问题。但不久就发现，这是最最重要的一步，如果没有这一步，就不会有以后金碧辉煌的灿烂日子。盖必须列入皇族名册，才能合法地显示他是皇族，既显示他是皇族矣，就不可避免地再显示他在皇位继承顺序中的关系位置。

就在把名字列入皇族名册之时，刘询小娃遇到两位重要人物：一位是张贺先生，一位是许广汉先生。这两位各有一段辛酸的人生历程。

张贺先生原是刘据先生太子宫的官员。在刘据先生起兵失败，全家遇难后，太子宫的官员，全都被捕，杀的杀，砍的砍，只有张贺先生，幸运地没有死，但他却被判处“腐刑”。咦，腐刑，这是刘彻先生最拿手的好戏，司马迁先生就是受的这种残酷待遇。张贺先生受腐刑后，由一个正常人变成了宦官，被任命为皇宫总管（掖廷令），正好管住刘询小娃。太子的旧恩旧情，使他对五岁的娃儿，爱护照顾备至。

贫贱夫妻

张贺先生不但在生活上教育上对刘询小娃爱护照顾备至，若干年后，等刘询小娃年纪渐长，成了刘询先生时，张贺先生还预备把孙女儿嫁给他。可是一个政治因素的介入，使这桩婚姻告吹——幸而告吹，否则柏杨先生今天就没啥可写的矣。盖张贺先生的弟弟张安世先生，是全国武装部队副总司令（右将军），正追随霍光先生之后，拥戴现任皇帝刘弗陵少爷，一听老哥的计划，既吃惊而又害怕，向张贺先生吼曰："你真是瞎了眼啦，刘询小子只不过在血统上是皇族罢啦，这种皇族比蚂蚁还多，不值一根葱。而且他又是叛徒刘据的孙儿，能有啥苗头？即便鸿运高照，也不过当一个不愁吃、不愁穿的小民而已，又有啥出息？把孙女儿许配他的事，提都不要提。"这些理由，站在势利眼立场，当然十分充分，人都为儿女幸福着想，不足怪也。但张安世先生还有说不出口或虽说出了口，而史书上不便记载的理由，那就是，刘询小子在法统上是最接近宝座的人士之一，张安世先生不愿被认为他们弟兄是死硬派，在悄悄地用婚姻手段烧冷灶。——如果被如此认定，他们张家就等于掉进屠场。

张贺先生只好打消这个念头。

许广汉先生的遭遇跟张贺先生类似，他是昌邑（山东省金乡县）人，年轻时，在昌邑王的王府。当一个中级官员。那位姗姗来迟李女士的儿子刘髆，封为昌邑王。刘彻先生死后，他的儿子刘贺，继承亲王的爵位（我们马上就要谈到他）。许广汉先生正式官衔是王府的"郎"。不知道哪一年，老帝崽刘彻先生从首都长安到甘泉宫（陕西省淳化县）。帝王上路，自然万头攒动，翻江倒海，随驾的文武大官和芝麻小官，构成一种威风凛凛的奇观。许广汉先生是随驾的芝麻之一，不幸他神经过于紧张，手忙脚乱中，拿了别人的马鞍，放到自己的马背上。于是，他犯了"从驾而盗"的滔天大罪，那一定是死刑。刘彻先生特别免他一死，要他接受"腐刑"。

——刘彻先生这个冷血淫棍，几乎玩遍了天下的美女，可是他却偏偏跟别人的生殖器过不去，不但过不去，还仇深似海，千方百计地能割就割。拜托精神科医生老爷研究研究他阁下的变态心理，写篇论文，以开我们眼界。

许广汉先生既成了宦官，被任命担任皇宫副总管（掖廷丞）。想不到，厄运紧抓住他不放。公元前八〇年，另一位全国武装部队副总司令（左将军）上官桀先生，发动一场未成功的宫廷政变。这场未成功的宫廷政变，跟我们没有关系，不必理它。而当政变失败，失败的朋友被捉住，需要麻绳捆绑时，这些麻绳平时归许广汉先生保管，可是却在这个节骨眼上，怎么找都找不到，最后总算由别人找到。但许广汉先生照例要倒楣，虽然已没有生殖器可割啦，但仍被判处充当苦工（鬼薪）。苦工做了些时，逐渐升迁，最后升迁到宫廷特别监狱（暴室）管理员（啬夫）。就在这个时候，刘询先生已由祖母家搬到皇宫（掖廷）读书，一老一少，二人同住在一间公家宿舍。

许广汉先生有一位女儿，就是我们的女主角许平君女士，正当十四五岁芳龄。她本来许配给宫廷侍卫长（内谒者令）欧阳先生的儿子，就在结婚前夕，欧阳先生的儿子病故（险哉，如果结了婚他再病故，历史就要更改矣）。

张贺先生虽然因老弟张安世先生的强烈反对，没有达成婚姻的愿望，但对刘

询先生，却是一直当儿子一样看待，其中当然还有对故皇太子刘据先生一种感恩之情。当他听到欧阳先生的儿子病故的消息后，特地摆了一桌筵席，邀请许广汉先生相聚，等到酒过三巡，菜过五味，他代刘询先生向许广汉先生求婚。这真是难以开口，既然刘询先生是那么好那么妙，你为啥不把孙女嫁给他乎？但他有他的说词，除了强调刘询先生是一个可爱的青年外，还曰："无论如何，他跟当今皇帝是最近的亲属，即令他不成才，至少也有封为侯爵的可能性。"以一个卑微的"暴室啬夫"，能高攀上一个未来的侯爵，当然喜出望外，许广汉先生一口应允。

然而许广汉先生的母亲却大发雷霆。盖老娘曾给孙女儿算过命，铁嘴先生一口咬定许平君小姐将来要大富大贵，老娘正在暗自高兴，一听说未来的孙女婿是一个叛徒的后裔和没落的王孙，所谓侯爵之封，更在九霄云外，连喂饱肚子都成问题，还大富大贵个屁吧。可是，许广汉先生拗不过顶头上司张贺先生的大媒，仍不得不履行承诺。小两口结婚后，刘询先生就搬到岳父家住。这是公元前七五年的事。明年，公元前七四年，生下儿子刘奭。

平地一声雷

当我们叙述刘询先生跟许平君女士结婚生子的同时，西汉王朝中央政府的统治阶层，正发生惊天动地的剧变。

公元前七四年，已当了十四年皇帝的刘弗陵先生逝世，才二十一岁，没有儿子。不但赵钩弋女士的后裔绝，主要的是皇位的继承人绝。当时国家最高领导人有二位：宰相张敞先生和司令（大将军）霍光先生，一文一武，实权都在霍光先生手上。他们商量结果是：拥立姗姗来迟的李女士的孙儿刘贺先生入承大宝。刘贺是刘经先生的儿子。读者老爷一定还记得，当初刘屈牦先生和李广利先生为了刘经先生搞得全族屠灭，如今他已经死掉，自己虽没有当上皇帝，儿子能够当上，也应该满意啦。

想不到的是，李女士那么美丽，那么智慧，她的孙儿刘贺先生却奇蠢如猪，一旦坐上金銮殿，认为大权在握，就更如醉如狂，只二十七天工夫，政府官员们就受不了。"赵孟之所贵，赵孟能贱之"，仍由张敞先生跟霍光先生带头，把他罢黜。他阁下只过了二十七天的皇帝瘾，就被踉跄地赶出首都长安。而且，不但皇帝没啦，王爵也没啦，由政府拨给他二千户人家，供给他生活费用。至于追随他到长安的那些原来王府的马屁精，约二百余人，初以为这下子可算结结实实地攀到了龙，附到了凤，可以大享其福矣，也只有二十七天的荣华富贵，在刘贺先生罢黜之后，全被绑赴刑场处决。

——呜呼，这才是偷鸡不成反蚀一把米，连老本都赔了进去。关于刘贺先生的罪状，史书上说的全是官方一面之词。我们从不相信任何人的一面之词——必须听听两面之词，经过自己的思考，才下判断。但西汉政府对于刘贺先生的一面之词，我们却是相信的。因为当时刘贺先生并没有对霍光先生有不利的行动，而霍光先生在这场废立大事中，也没有取得任何利益。

刘贺先生的上台下台跟我们无关，经过情形也不必细表。但刘贺先生下台，却又恢复了老问题，那就是帝位继承人如何选择。刘彻先生的子孙中，刘贺是惟一比较像人样的，还是这种德行，其他的就更不必提啦。以霍光先生为首的统治集团，一连召开几天最高秘密会议，都不能决定。正在这时候，深被霍光先生信

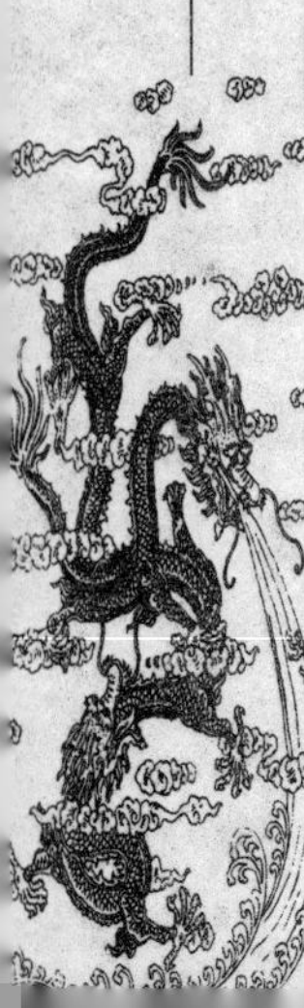

任，担任皇家供应部部长（光禄大夫）的邴吉先生——这位刘询先生坐牢时的救命恩人，向霍光先生提出一份备忘录，备忘录上曰：

“你受刘彻先生托孤重任，全心全力，尽忠国家。不幸的是，刘弗陵先生英年早逝，接着迎立一个糊涂蛋。现在我们正面临抉择，西汉王朝政府的命脉和人民的命运都期待你来决定安危。据我听到的一些私议，一致认为，皇族的一些王爵侯爵，不是没有品德，就是没有声望。而只有刘彻先生的嫡亲曾孙刘询先生，现年十八岁，曾在皇宫（掖廷）和他祖母娘家，接受教育，研究儒家学派的经典，很有心得，而且聪明厚重。建议你扩大调查各位高级官员的意见，再在神明面前，占卜吉凶。如果可以的话，不妨先把他召唤进宫，在皇太后左右伺候，使全国臣民，先有一个印象，然后再决定大计。你以为如何？”

邴吉先生真是刘询先生的再生父母，不但从小救了他的命，为他安排接受教育，最后还把他抱上往往要血流成河才杀得到屁股底下的宝座。更重要的是，邴吉先生这样成全刘询，刘询先生并不知道，就在他晕晕忽忽当上了皇帝之后，仍然不知道。盖幼时的维护，刘询年纪还小，根本不记得。立他当皇帝的建议，事情又属绝对机密，更无从探悉内幕。如果把邴吉先生换成柏杨先生，不要说为他阁下出这么大的力啦，刘询先生纵是向我借过一块钱，我都会端出恩重如山的嘴脸，教他杀身难报。可是邴吉先生敦厚谨慎，始终不肯透露他的善行。一直等到若干年后，刘询先生在无意中发现真相，但邴吉先生仍誓不承认，逼得紧啦，他把“保护圣躬”的功劳，全归给那两位乳娘和其他一些卑微的朋友。呜呼，像邴吉先生，才是天下第一等人物。

霍光先生采纳了邴吉先生的建议——从这一点看，霍光先生并没有私心，不像刘屈牦和李广利那样，全神贯注跟自己有关系的人。霍光先生采纳了邴吉先生的建议，等于全体官员采纳了邴吉先生的建议。他们联合奏报皇太后上官女士，上官女士当然批准。

于是，就在公元前七四年七月——距刘弗陵先生去世五个月（刘弗陵是二月去世的），距刘贺先生被逐下宝座一个月（刘贺是六月被逐的），平地一声雷，这位在情势上永远不能出头的落魄王孙，狱吏的女婿刘询先生，被前呼后拥地坐上龙墩，成为西汉王朝第十任皇帝。

霍显女士的愤怒

刘询先生既当了皇帝，接着而来的便是谁当皇后。以现代人的头脑，这简直不是问题，他跟许平君女士是结发夫妻，当然由许平君女士当皇后。可是皇帝的血液都是尊贵的，而许平君女士却是一个卑贱的狱吏的女儿，岂能配得上天潢贵胄。

写到这里，柏老忍不住要掀掀底牌，刘邦先生是西汉王朝开山老祖第一任皇帝，他身上可没有皇家血统，有的话只有流氓血统。不过，谁敢说刘邦先生的儿子是流氓血统乎哉。如有哪位医生老爷或验尸官，化验出来流氓血统是啥时候起了变化的，真是功德无量。其实用不着化验，只要有权（小权不行，要有使人吓一跳的大权），血统自然就尊贵不堪。

刘询先生忽然成了天潢贵胄，许平君女士就没有资格当皇后。霍光先生所属的摇尾系统，一致主张应由霍光先生的小女儿霍成君女士当皇后，连皇太后上

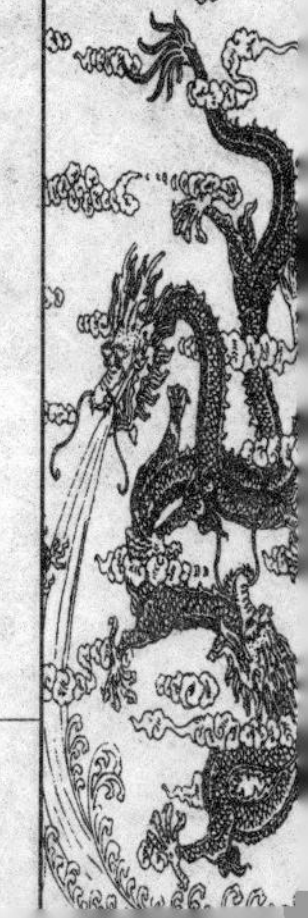

官女士，也如此主张。如果此议成功，许平君女士就由正配妻子，一下子沦落为小老婆矣。这是一项来势汹涌的运动，多少靠霍家吃饭的马屁精，都希望这件婚事成功。盖只要霍成君女士当皇后，她的儿子就是下一任皇帝，霍家的权势就可永远保持，马屁精也可一直把持要津，大富大贵，永垂无疆之庥。

可是刘询先生却不肯忘记岳父和妻子的恩情，他是在绝望的贫困之时被收为东床的，而且又住在许家。但他不敢公然跟霍光先生对抗，他知道如果公然拒绝这桩婚姻，可能触怒一大群有权力的家伙。刘贺先生的前车之鉴，使他心惊。于是他改用一种迂回战略表达他的意见，下了一道圣旨，寻找他寒微时的一把宝剑。这篇“寻故剑”的诏书，史书上没有刊出它的内容，但可以想象得到，它一定特别强调他的怀旧之情。马屁精们知道皇帝的意思，如果再坚持排斥许平君女士，可能伏下后患，也就见风转舵，联合奏请立许平君女士当皇后。

这一连串事件——刘弗陵先生死，刘贺先生逐，刘询先生当皇帝，许平君女士既生儿子又当皇后，都发生在公元前七四年。那一年，刘询先生十八岁，许平君女士十六岁，传奇性的人生际遇，是如此的光辉灿烂，使人们为这一对深情而幸福的年轻夫妇，欢喜祝福。

然而，许平君女士虽当上皇后，却种下她大祸临头的种子。当刘询先生依照西汉政府的惯例——皇后的父亲一定封侯爵，要封岳父大人许广汉先生侯爵的时候，霍光先生首先反对，认为他曾经受过腐刑，不能拥有封邑。盖侯爵在中央政府，不过一个爵位，但在侯爵的封邑（一个县或两个县），他却是侯国的国君，一个“刑余之人”，不应有如此尊荣。

——在稍后不久，霍光先生才同意封许广汉先生“昌成君”。“君”，是西汉王朝封爵系统的别支，地位次于侯爵，而且没有封邑，只拿政府的薪俸。

但是最愤怒的却是霍光先生的妻子霍显女士，她一听说许平君女士以一个狱吏的女儿当上皇后，而她的女儿霍成君女士，以托孤大臣兼全国武装部队总司令（大将军）之尊的女儿，却落了空，简直气得天灵盖都要开花，咬牙曰：“那个贱货，怎敢夺我女儿的位置，我要她瞧瞧老娘的手段。”

事实上，霍显女士的出身也高不到哪里去，假如狱吏的女儿是卑贱的话，霍显女士比狱吏女儿还不如，狱吏的女儿还是一个自由人，而霍显女士却是霍光先生前妻东闾女士的贴身丫头，属于奴仆阶层。东闾女士只生了一个女儿，嫁给上官安先生，跟上官安先生生了一个女儿，嫁给刘弗陵先生，就是本篇所称的皇太后上官女士。霍显女士既漂亮、又聪明，而且鬼主意层出不穷，有时候连霍光先生都心服口服，就把她收做小老婆。后来，东闾女士逝世，依当时宗法社会习惯，霍光先生本可以另娶正妻的，以他的位尊而多金，恐怕是想娶什么样高贵出身的如花似玉，就会有什么样高贵出身的如花似玉。可是，他却把霍显女士擢升为正妻。从这一点可以看出霍显女士绝不简单，她有她的一套，这一套绝对不是花拳绣腿，一定有结实的内容，才使霍光先生对她又敬又爱，言听计从。而她也把霍光先生套牢，开始插入政治，她以为政治像她想象中那么简单。

问题是，聪明不是智慧，不顾大体的小聪明更绝对不是智慧，甚至不顾大体的小聪明反而证明根本没有智慧。霍显女士太聪明啦，聪明到八年后的公元前六六年，她竟想靠她霍家的力量，发动政变。结果引起一场屠杀，霍家全族，无论少长老幼，全部处决。

可是，现在正是公元前七四年，霍显女士跟她的丈夫霍光先生一样，权力正达到巅峰。她下定决心，一定要为女儿争到皇后的宝座。虽然第一回合失败，但她并不罢手。在她这一生中，她只要想得到的，就一定能够得到。她既然想要女儿当皇后，女儿就非当皇后不可。

女凶手淳于衍

霍显女士既决心为她的女儿霍成君夺取皇后宝座，就像一头饿狼一样，目不转睛地注视着皇宫，寻找机会，而机会来啦。公元前七二年，许平君女士第二次怀了身孕，身体感到有点不舒服，刘询先生召请御医诊治，再召请一些有医学常识的妇女之辈，进宫担任特别护士。于是，女杀手淳于衍女士，应运而入。

这位女杀手是皇宫警卫(掖廷户卫)淳于赏先生的妻子。

——淳于衍女士姓啥，跟霍显女士姓啥一样，史书上没有记载。真不明白那些老古董史学家，对人们的姓，何以轻视如此？或重视如此？我们只好学现代的洋太太(包括西洋太太和东洋太太)，让她们从夫姓矣。盖洋老奶一旦结了婚，自己的姓便被取消。我们中国却恰恰相反，老奶嫁了人，只名字被取消，而姓独存。若“显”“衍”之类只有名而无姓的现象，恐怕仅此二见，以后就没有啦。

淳于衍女士如果不是三姑六婆，一定是个马屁精，以她的卑微地位，却跟武装部队总司令的夫人霍显女士，攀上交情，常到霍府走动。现在，她阁下被请到皇宫侍奉皇后，她的老公淳于赏先生灵机一动，拜托曰：“达令，你这次进宫，说不定一月两月，甚至更久，不能出来。是不是可以先到霍府，借口向霍夫人辞行，一则展示你的能力，一则看眼色行事，求她调我一个好一点的工作。听说安池管理主任(安池监)出缺，如果霍夫人肯拜托大将军(霍光)说一句话，那可比现在当一个苦兮兮的警卫(户卫)好得多矣。”

——安池，位于山西省芮城县城跟黄河之间，是一个庞大的盐池。安池管理主任，肥差事也，不仅官升七八级，银子也升七八级。

淳于衍女士觉得这也是一个可行的门路，就去拜见霍显女士。霍显女士一听，喜上心头，乐上眉梢，感谢无所不能、无所不在的上帝。这可是天赐良机，此时不下毒手，更待何时。她立刻把淳于衍女士领到密室，作生死之交状，搂着肩膀，亲密曰：“少夫呀，好妹子，你教我代谋的那个差事，都包到我身上。可是我也有一件小事麻烦你，少夫呀，你可答应我？”

少夫者，淳于衍女士的表字。以堂堂大将军夫人之尊，叫一个卑微的警卫妻子的表字，那种亲热之情，使淳于衍女士受宠若惊。盖它显示的是，已把淳于衍女士纳入自己的体系，成了“圈里人”啦。而“圈里人”的意义是：有福共享。

于是，淳于衍女士大为感动，而霍显女士正是要她大为感动的。呜呼，任何突如其来的好事——例如：突如其来的宠爱有加——都有其不可测的原因，而且往往是一种恶兆。淳于衍女士似乎一时还不能适应，她诚惶诚恐曰：“夫人呀，你有啥命令，只管吩咐，敢不听你的话？”霍显女士笑曰：“你是知道的，大将军最爱他的小女儿，想使她大富大贵，有劳少夫成全。”大将军的女儿已经够大富大贵啦，还有啥更大富大贵的玩艺，要一个警卫的妻子成全乎哉。淳于衍女士当时就呆在那里，像一个木瓜。霍显女士更柔情蜜意，把她拉到身旁，咬耳朵曰：“女人生产，跟死亡只一纸之隔。现在皇后许平君怀孕而又有病，正是下手的机会，使

她看起来像自然死亡一样。她死了之后，皇帝一定再娶皇后，小女儿就十拿九稳。少夫啊，你如果肯为我们霍家出力，将来共享荣华，千万不要推辞。”

嗟夫，凡是可怕的阴谋，一旦图穷匕见，便成定局。倒楣的淳于衍女士，只不过为了替丈夫谋一个较好的差事，现在却一下子跌进谋杀的陷阱，而对象又是皇后。她吓了一跳之后，势不能推辞。我们可以确定，她如果推辞的话，绝不可能活着走出大门。在大将军府扑杀一个卑微的女人，跟扑杀一个老鼠一样简单。而她如果假装答应，等回家后反悔，那后果也没有差别，霍显女士会杀之灭口。即使她不顾一切讲了出来，谁敢相信这种可以招来杀身灭族之祸的信息？

一个人无意中闯进秘密的血腥阴谋，是最大的不幸。而现在，不幸正抓住淳于衍女士，她无法摆脱。

毒死产房

淳子衍女士不得不接受杀手的任务，可是她仍有疑虑，曰：“问题是，皇后吃药，防范严密。药是在很多医生注视下配成的。吃药之前，又有人负责先行尝饮，恐怕无隙可乘。”霍显女士冷笑曰：“细节方面，要靠你相机行事，只要肯用心，一定会有办法。而且，即便露出马脚，也没关系。大将军管辖天下，谁敢多嘴？多嘴的都教他吃不了兜着走。明哲保身，古有明训，谁不知道保身？万一有不妥当之处，大将军也会出面，绝对不使你受到连累。你肯不肯帮忙，才是重要关键。”嗟夫，万一出了事情，淳于衍女士只有一身承当，说不牵累她，完全一派屁话。可是，淳于衍女士除了答应外，已没有选择余地。

淳于衍女士回到家里，也没有告诉丈夫。当然这种谋杀皇后的大事，知道的人越少越好，而且即便告诉丈夫，也不可能改变主意。她阁下秘密地把“附子”（毒药的一种）捣成粉末，缝在衣袋里，带进皇宫。

公元前七一年正月，许平君女士分娩，生了一个女儿，病也逐渐痊愈，不过生产之后，身体虚弱，仍需要继续服药调养。御医们共同制出一种丸药，大概不外维他命之类，而就在搓捏成丸时，淳于衍女士乘人不备——呜呼，家贼难防，许平君女士岂能料到贴身服侍的特别护士，竟是女杀手耶？——遂神不知鬼不觉地把附子粉末，羼到药丸里。附子并不是强烈的毒药，不过它的药性火燥，产妇们绝对不能下肚，下肚后虽不会七窍流血而死，但它会使血管急剧硬化。许平君女士吃了之后，药性发作，感到气喘，因而问淳于衍女士曰：“我觉得头部沉重，是不是药丸里有什么？”淳于衍女士曰：“药丸里能有啥，你可千万别多心。”

可是等到御医驾到，再为皇后诊脉时，许平君女士脉已散乱——不规则地跳动，额上冷汗淋淋，刹那间，两眼一翻，一命归天。呜呼，许平君女士于公元前七四年，十六岁时当上皇后，只当了三年，于公元前七一年被毒死，才十九岁，正是大学堂一二年级女学生的年龄。她是如此的善良、纯洁，竟不明不白，死于宫廷斗争。后人有诗叹曰——

赢得三年国母尊　　伤心被毒埋冤魂
杜南若有遗灵在　　好看仇家灭满门

杜南，在杜陵之南。杜陵在陕西省西安市南二十公里，刘询先生死后，埋葬在此。杜陵之南约五公里，有一较小的陵墓，就是可怜的许平君女士安葬之所，也称之为少陵。稍西有杜甫先生的旧宅，杜甫先生自称为“杜陵布衣”、“少陵野

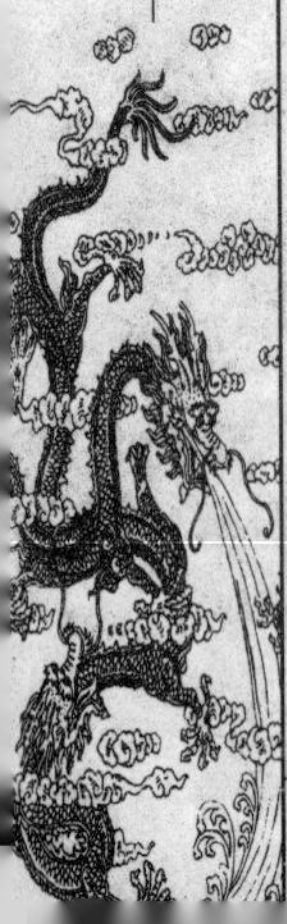

老”，正是这幕悲剧的见证。

淳于衍女士毒死了皇后之后，向霍显女士报命，霍显女士大喜若狂。《汉书》上说，霍显女士不敢马上给她重谢，恐怕别人起疑心也。可是《西京杂记》上却说，霍显女士给了她当时最名贵的“葡萄锦”二十四匹，“散花绫”二十五匹，“走珠”一串（大概是钻石项链），现款一百万元（大概能买到一百栋公寓房子），黄金五十公斤（原文是黄金一百两，早有人指出“两”是“斤”之误矣）。然后，霍显女士又给淳于衍女士盖了一栋位于首都长安郊区高级住宅区的花园洋房（如果淳于衍女士喜欢热闹，可能就在市区买一栋使用电梯而又有中央冷暖气设备的大厦）。然后，自然而然地“奴婢成群”，成了暴发户。不过，淳于衍女士仍不满意，常抱怨曰：“我有什么样的功劳，却这样待我？”

——淳于衍女士说了这话没有，我们不知道。但她有可能这么炫耀她对霍家的贡献。不过，假使她够聪明的话，她应该弄点路费，远走高飞。盖结局是可以预见的：霍家垮台，她免不了一死；霍家一直当权，也绝不会把刀柄交给一个女杀手。史书上对她阁下的下场没有交代，我们认为她绝逃不脱，连她那个庸碌平凡的丈夫以及她的儿女，都逃不脱。在下篇霍成君女士的篇幅里，下毒案发，刘询先生对霍家反击时，屠杀了数千家，淳于衍女士一家能单独无恙乎哉？

——许平君女士被毒死的那一年，是公元前一世纪二〇年代最后一年——公元前七一年。就在这一年，西方的罗马帝国，奴隶战争结束。奴隶军溃败，斯巴达克斯先生跟他的部属六千余人，全部钉死十字架，自罗马城到阿匹安道上，悬尸数十公里。东西世界，都有悲剧，而西方世界的悲剧，更惨绝人寰。

沉冤难伸

毒死皇后的阴谋再隐秘，消息仍然泄漏。泄漏的来源，可能出自霍显女士之口，为了展示她的法力无边，也可能出自淳于衍女士之口，她一味地以“功臣”嘴脸出现，用不着哇啦哇啦宣传，明眼人一瞧就可瞧出她阁下立的是啥功，效的是啥劳。然而，事关杀头，二人不见得敢乱开黄腔，最可能的是许平君女士死时的悲惨景象。附子，学名 *Aconitumsineuse*，多年生草本，茎叶有毒，许平君女士的口渴和头痛，以及死后尸体的变化，都显示重重疑问。皇帝丈夫刘询虽不在身旁，但侍奉皇后的不仅仅淳于衍女士一人，还有其他的宫女和其他的特别护士，还有闻召而来，在一旁目瞪口呆的御医群——他们可是内行。

于是刘询先生下令调查，凡有关人员，包括淳于衍女士在内，统统逮捕，投入监狱。当然没有一个人承认谋杀。消息传到霍显女士耳朵，她开始发慌，万一淳于衍女士和盘托出她的主使人，那可真是灭门的大祸。而事到如此，杀人灭口已来不及，即便来得及，反而更启人疑窦，可能把乱子闹得更大，就更遮盖不住矣。走投无路之余，她只好把全盘内幕告诉霍光先生。霍光先生立刻汗流浃背，质问她为啥不先跟他商量。霍显女士一枝梨花春带雨，泣曰：“生米已煮成熟饭，懊悔又有啥用？你大权在握，只有赶快想办法挽救危局，第一件事就是马上释放淳于衍。她如果被囚得太久，认为我们不照顾她，抱着同归于尽的决心，我们霍家就完啦。”

霍光先生即便再正直无私，也别无他途。假如他自己主动地揭发这场罪行，他的妻子就要首先被处决，而且，恐怕仅死一个妻子还不够，他的政敌正多，再加

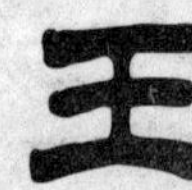

上许平君女士的家属，他没有把握自己不被牵连在内。他的政敌只要一口咬定他也知情，那就无论如何都分辩不清矣。于是，他晋见刘询先生，一脸正经兼一脸老实，诚惶诚恐陈词曰：

“皇后驾崩，普天之下，同放悲声。有人造谣说她是被毒死的，显然别有居心。盖许平君女士贤德淑慧，谁人不知，怎会有仇家结怨？一定要说她中毒而死，那就等于证实皇后不仁不义，招致横祸。陛下呀陛下，这岂不是伤害了皇后乎哉？而且那些御医，又有啥胆量，敢暗下毒手？如今把他们硬生生定罪，也绝非你的忠厚本心。”

刘询先生问他的意见，霍光先生乘势建议曰：“事情既没有明确的证据，先闹得天下皆知，不是上策。不如把他们一律释放，显示皇恩浩荡。”

震于霍光先生的权势（中央政府的官员，还没有一个人敢跟霍光先生作对）和一时也找不到迹象，而且，刘询先生到底年轻，他才二十一岁，刚从卑微的地位爬上高座，不敢十分坚持，所以，只好答应。惟一的行动是，在许平君女士的头衔上，尊称为“恭哀皇后”。哀，哀她年轻夭折也。

——许平君女士虽贵为皇后，也有冤难伸。还要等到霍氏全族被杀的时候，才附带着使凶手伏法。

皇后霍成君之死

妻尸未寒

许平君女士既死，霍显女士的阻碍终于消除，她的下一步就是把女儿霍成君小姐送入皇宫，继任皇后。这件事由霍光先生亲自出马，自然水到渠成。站在皇帝的地位，娶谁就是谁的荣耀，可是站在三年前尚是一个落魄小民的地位，能够得到全国武装部队总司令（大将军）的女儿，简直癞蛤蟆吃到了天鹅肉，所以刘询先生立刻同意。

许平君女士是公元前七一年逝世的，就在当年，霍光先生把女儿送进皇宫。请读者老爷注意，并不是皇帝娶皇后，而是皇帝纳小老婆。等于第二年（前七〇——公元前一世纪三〇年代第一年）才正式封为皇后。刘询先生二十二岁，霍成君女士十七岁，如果不是介入一场血淋淋的谋杀，倒也是一对佳偶。

——在以男人为中心的时代，当一个臭男人，真是一种神仙享受。妻子刚被毒死，尸骨未寒，丈夫就又娶了美貌娇娘。如果调换调换，丈夫刚被毒死，妻子迫不及待地投到另一位年轻小子怀抱，既喊达令，又喊哈尼，恐怕大怒之声，把她的耳朵都能震聋。

福祸相倚

霍成君女士既当了皇后，老娘霍显女士以丈母娘之尊，在政府中的权威，如虎添翼，而且更增加她的自信，自信凡是她想要的，都可要到，凡是她所追求的，也都可以追求到。

霍成君女士跟她的前任许平君女士最大的不同是，虽然她们同是皇后，但许平君女士出身寒微，性情温柔忠厚，侍奉她的宫女，不过几个人（所以当她卧病时，才向宫外聘请特别护士），自己的衣饰起居，也非常俭朴。而且以侄孙媳的身

份，每隔五天，都要去长乐宫朝见太皇太后上官女士。上官女士是第八任皇帝刘弗陵先生的妻子。刘弗陵先生的哥哥就是死于江充巫蛊案的刘据先生，刘据生刘进，刘进生第十任皇帝刘询（当中夹了个被罢黜的第九任皇帝刘贺）。在辈分上，刘弗陵先生是刘询先生的叔祖父，上官太皇太后是刘询先生的叔祖母。所以许平君女士每去朝见，都亲自捧茶端饭，十分恭谨。

霍成君女士的出身却十分煊赫。咦，不要说她是威震朝纲、可以撤换皇帝的霍光先生"大将军"的女儿啦，读者老爷不妨举目四顾，有些老奶，她爹不过是个部长、局长、董事长、总经理之流，距大将军还十万八千里，可是她已鼻孔朝天，教人浑身发麻。霍成君女士生在绝顶富贵的家庭，又有一位不识大体的嚣张老娘，耳闻目睹，她就很难像许平君女士那么平实。她的左右侍从如云，在大将军府时，已经前呼后拥，当了皇后后，更加隆重盛大，每一赏赐，就是几千几万。跟平易近人的许平君女士，成一强烈的对比。但她仍尽力效法许平君女士的做法，其中一项是，每隔五天，也以侄孙媳的身份，去长乐宫朝拜太皇太后上官女士。

问题是，在夫家的亲属体系上，上官女士是霍成君女士的叔祖母，但在更亲密的娘家亲属体系上，霍成君女士却是上官女士的嫡亲姨妈。这就十分复杂啦，霍光先生大女儿嫁给上官桀先生的儿子上官安先生，现在身为太皇太后的上官女士，就是上官安先生的女儿，在辈分上说，身为侄孙媳妇的霍成君女士，恰恰是叔祖母上官女士的嫡亲姨妈，而且是小时候在一起的玩伴。读者老爷千万不要被"叔祖母"、"太皇太后"这类老气横秋的字句唬住，认为上官女士已是个欧巴桑啦。事实上，当公元前七〇年，霍成君女士十七岁的时候，上官女士才十九岁。十年前的公元前八〇年，她的祖父上官桀先生曾发动过一次宫廷政变，政变失败后，全家处斩。那时刘弗陵先生还在位，上官女士正坐皇后宝座，本来也应该罢黜的，因她是霍光先生外孙女的缘故，总算保住性命，但上官一家，也只剩下这么一个孤苦伶仃的小女孩（前八〇年，她这位皇后，不过九岁，还是玩家家酒的年龄），全靠霍家照顾。

在这种复杂的内外关系下，霍成君女士效法许平君女士，向上官女士捧茶端饭，上官女士怎么承当得起欤？所以，每逢霍成君女士去表演孝道，上官女士就紧张万状，赶紧肃立辞谢，累得筋疲力尽。

然而，刘询先生和霍成君女士的感情却很要好。一对年轻夫妻，如漆似胶。老娘霍显女士，看到眼里，喜在心头。只要等女儿生下儿子，就是正式的皇太子。一旦女婿刘询先生死掉，外孙登极，女儿就是皇太后，而她就是皇太后的娘。皇天在上，这就好啦，荣华富贵，有得享啦。这个如意算盘可以说太过于如意，李耳先生《道德经》曰："祸兮福所倚，福兮祸所伏。"小福小祸，无关痛痒；而大祸大福，往往只一纸之隔。在不可测的专制政府下去搞政治，尤其如此。

霍成君女士当皇后的第三年，公元前六八年，霍光先生去世。在国家讲，是巨星陨落；在霍氏家族讲，是冰山倒塌。始终在霍光先生火热般的权威笼罩下的刘询先生，开始喘口气，挣扎而起。前已言之，他最初预备封许平君女士老爹许广汉先生侯爵的，霍光先生认为他是"刑余之人"，不配此高位。霍光先生死后第二年（前六七），刘询先生即下令封许广汉先生平恩侯。这已使霍家大吃一惊，表示皇帝有一种伺机而动、隐藏在内心的反抗意识。接着，刘询先生再立许平君女士生的儿子刘奭先生当皇太子。霍显女士得到消息后，史书上形容她："恚怒不

食，呕血。”那就是说她阁下怒火冲天，气得大口吐血，并拒绝吃饭——她绝食并不是决心饿死，而是展示她痛心的程度，以争取家人对她的同情和再下毒手的支持。

霍家权势　如日中天

霍显女士所以“呕血”，甚至“不食”的原因，是她考虑到将来皇位继承问题。她咬牙曰：“刘奭那小子，是微贱出身的许平君生的，有啥资格当皇太子？我女儿将来生了儿子，难道反而只当亲王，出居外藩乎哉？”当亲王自然不如当皇帝。外孙是皇帝，外祖母高高在上，就可控制全国。外孙如果仅只一个亲王，而皇帝又是被霍家毒死的许平君的儿子，那就大势不好。一个亲王一旦发现他亲娘是被毒死的，可能毫无办法。一个皇帝一旦发现他亲娘是被毒死的，追根究底，大祸就要发作。想起来这种可能性，霍显女士不由得毛骨悚然，索性一不做、二不休，为了斩草除根，她再要女儿去毒死刘奭。

刘奭小子被立为皇太子那一年，是霍光先生死后的第二年，即公元前六七年，他才八岁。毒死一个八岁的娃娃，本来易如探囊取物。可是，两件事情使这件谋杀案不能成功：一是，霍成君女士那一年才不过二十岁，还不是一个担任杀手的成熟年龄。一是，刘奭小子的保姆忠心耿耿，保护她所养的娃儿无微不至——一方面警告刘奭小子不可吃任何人的东西，一方面，在非吃不可的时候，好比皇后霍成君女士赏赐的食物，就不能不吃，那么，保姆就先吃下肚，试验试验是否有毒。

结果，霍成君女士几次下手，都归失败。但阴谋一经发动，即便是轻微的发动，也会泄漏出去。最后终于传到老爹刘询先生的耳朵，刘询先生察言观色，也看出霍成君女士对刘奭小子，完全一副晚娘嘴脸（这是霍成君女士太年轻、太嫩之故，她如果老奸巨猾，忍下心头怒火，表面上做得热络一点，就不露痕迹矣）。刘询先生开始起疑，于是他回想前妻许平君女士的暴毙，又不断听到宫廷内外的传语流言，他几乎可以确定其中必有可怕的内幕。虽然还不敢公开地跟霍家作对，但他已决心采取行动。

现在，我们报告公元前一世纪三〇年代，霍光先生死后，霍氏家族在西汉王朝中央政府的权力位置：

霍成君女士　霍光先生的小女儿，皇后。

上官女士　霍光先生的外孙女，太皇太后。

霍禹先生　霍光先生的长子，封博陵侯，全国武装部队副总司令（右将军）。

霍山先生　霍光先生的侄孙，封乐平侯，皇宫机要秘书长（守奉车都尉领尚书事）。

霍云先生　霍光先生的侄孙，封冠阳侯，首都卫戍部队副司令官（中郎将）。

邓光汉先生　霍光先生的长女婿，长乐宫防卫司令官（长乐卫尉）。

任胜先生　霍光先生的次女婿，首都卫戍部队司令官（诸吏中郎将羽林监）。

赵平先生　霍光先生的三女婿，武装部队训练司令（散骑常侍将屯兵）。

范明友先生　霍光先生的四女婿，封平陵侯，北方军区司令官兼未央宫防卫司令官（度辽将军未央卫尉）。

张朔先生　霍光先生的侄女婿，皇宫机要秘书（给事中光禄大夫）。

王汉先生　霍光先生的孙女婿，首都卫戍部队副司令官(中郎将)。

以上这些人，都是史书上列名的人物，其他没有列名的大小喽啰，更千千万万。但仅就这些列名的人物，就可看出霍家的力量，已深入政府每一个重要角落。尤其是：第一，他们掌握了军权，从野战军到卫戍部队，根深蒂固。第二，他们掌握了"领尚书事"。这是一个关键角色，凡是呈送给皇帝的奏章，必须有一个副本先行送到"领尚书事"，如果认为它可以，才把正本拿给皇帝看，如果认为它不可以，就把正本退回或扣留。皇帝好像瞎子一样，"领尚书事"教他看啥，他才能看啥，教他知道啥，他才能知道啥。霍氏家族掌握了军权和机要，天下就没有一个人能够动摇他们。

二十年之久的长期富贵和权势，使霍氏家族彻底腐化。首先是老太婆霍显女士，她不久就姘上她的家奴冯子都先生，冯子都先生的权威也立刻大震。老娘跟她的那些荷花大少儿子们，更大肆建筑家宅——在市区是电梯大厦，在郊区是花园别墅。惟一遗憾的是，那时候还没有直升飞机和汽车供他们奔驰炫耀，但他们的马车却连英国女王的御辇都自叹命薄。霍家所用的马车，都用黄金作为装饰，轮子用丝棉包裹，坐在上面，毫不颠簸。

刘询的架空战术

我们说霍家的车是马车，事实上，它们不是用马拉的，而是美丽的侍女用五彩丝带拉的。车身既很庞大，内外又全是绸缎，霍显女士和冯子都先生，就在车里颠鸾倒凤。呜呼，霍光先生死而有知，对这顶绿帽子，一定大不满意。

仅只生活豪华，还不是致命伤，致命的是他们的自信——前已言之，霍显女士自信她的法力无边，而霍家的子女和女婿，也自信他们的权势是钢铁铸成的，小民固不值一理，连皇帝也不过一屁。他们对皇宫，好像对戏院一样，随时随地出出进进。而霍云先生尤其自负，好几次轮他到皇宫值班(朝请)守卫时，他都假装有病——肚子痛之类——悄悄溜掉。这在当时是一种严重的罪行，可是他不在乎。而霍家的奴仆，也狗仗人势，一个比一个凶猛。他们眼珠生到额角上，除了主子，其他任何人都瞧不起。有一次，霍家的奴仆跟监察部部长(御史大夫)魏相先生的奴仆，为了在路上争道，起了冲突，霍家的奴仆火冒三丈，认为简直是奇耻大辱，乃大发神威，一直打到监察部(御史府)，要拆掉大门，谁劝都不行。那些可怜的监察部委员(御史)们，只好跪在地下，向他们叩头求饶，才算罢休。

权力跟许平君女士服下的"附子"一样，茎叶都是有毒的，中附子的毒是口渴头痛，中权力的毒是疯狂——疯狂得自信自己万能，疯狂得腐烂堕落。霍氏家族的权势正无畏无惧，气吞山河。六十年前，公元前二世纪七〇年代，皇后卫子夫女士的家族自律很严，待人忠厚，对权力小心翼翼，但仍埋伏下覆灭的炸药。霍氏家族则是一个魔鬼集团，对权力能滥用就滥用，它屁股底下的炸药，就更越积越多。霍氏家族显然已跟所有非霍氏系统的人为敌，最主要的是皇帝刘询先生，其次是许平君女士的许氏家族，再其次是刘询先生祖母史良娣女士的史氏家族，和稍后兴起的刘询先生亲娘王女士的王氏家族。

刘询先生的手段是，擢升被霍家侮辱过的魏相先生当宰相，跟他密谋，开始采取架空战术。第一件事就是剥夺霍山先生皇宫机要秘书长(领尚书事)的权力，规定所有奏章，不必再用副本，可以直接呈送到皇帝那里。第二件事是，剥夺

霍氏家族们的军权。先调北方军区司令官兼未央宫防卫司令官范明友先生当宫廷供应部部长(光禄勋),再调首都卫戍部队司令官任胜先生当安定郡(甘肃省安定县)郡长(太守),再调皇宫机要秘书张朔先生当蜀郡(四川省成都市)郡长,再调首都卫戍部队副司令官王汉先生当武威郡(甘肃省武威县)郡长。——把他们调到距首都长安遥远的边陲。再调长乐宫防卫司令邓光汉先生当太子宫供应处处长(少府),免掉霍禹先生全国武装部队副总司令(右将军)的职务,升他为架空的国防部长(大司马),再免掉武装部队训练司令赵平先生的兼差,专任五星上将(光禄大夫)。

经过大调动之后,军权全部落到许氏家族和史氏家族之手,霍氏家族一个个成了地位崇高但没有实力的光棍。

这是一记丧钟,如果霍氏家族够警觉的话,他们应该发现形势的严重,用壮士断腕的手段,加强收敛,还有苟延残喘的可能。可是教一个骄蛮任性的人自我检讨,那比治拉痢疾都难。而且恰恰相反,他们想到的惟一反应是报复,是重新获得权力。魏相先生当宰相时,老太婆霍显女士就召集她的子弟女婿,愤愤曰:"你们不知道继承老爹的雄功伟业,日夜花天酒地。而今魏相当了宰相,一旦有人进了谗言,怎么能够挽救?"霍禹先生等一些纨绔子弟,还颟颟顸顸,不以为意。等到机要权和军权一一被夺,霍禹先生才发现果然不妙,就害起了政治病,说他病啦,不再参加早朝。又向一个前来探病的部下任宣先生发牢骚曰:"如果不是我家老爹,刘询怎么能当皇帝?而今我家老爹的坟土还没有干,就把俺家的人统统排斥,反而信任许家史家的子弟,天乎天乎,究竟我们霍家有什么过错?"

——霍显女士自己日夜花天酒地,却责备别人日夜花天酒地。霍禹先生自己横行霸道,却认为自己没有过错。他们的聪明都用来责备别人,没有用来反省自己,当然也就越想越生气。

霍家的失去权势,人们都看得一清二楚。于是,一些弹劾的奏章和揭发霍家不法行为的报告,一天比一天增加。而"领尚书事"的霍山先生既没有副本,对于这些奏章和报告,拦也拦不住,阻也无法阻,霍氏家族遂大起恐慌。

第一次阴谋败露

当霍氏家族走下坡路的时候,霍云先生的舅父李竟先生,有一个朋友,名叫张赦。此公向李竟先生秘密建议曰:"现在宰相魏相先生,跟平恩侯许广汉先生,大权在握,恐怕终有一天会罩到霍家头上。但你们仍有一条生路,那就是,请霍显老奶出面,说服她外孙女上官太后,由上官太后下令,先把魏相、许广汉干掉,然后一不做、二不休,再把刘询先生驱下宝座,另换上一个皇帝,才是釜底抽薪的上策。"问题是,当霍氏家族掌握兵权的时候,这主意是好主意,因为它有成功的可能性。如今,兵权既去,等于丢了刀子再去打老虎,这主意便是馊主意,而且是可怕的馊主意矣。尤其糟的是,这种可怕的馊主意,却不能保密,竟被霍家的马夫听了去。恰巧长安的一个小市民张章先生,跟马夫是朋友,前来投靠马夫,马夫好心肠,留他在宿舍住下。落魄的人心神不宁,一时难以入梦,马夫们却以为他睡啦,对这件事窃窃私语兼纷纷议论。张章先生一一听到耳朵里,暗喜曰:"富贵荣华,在此一举。"第二天,他就写了一份检举函,向皇帝直接告密。

前已言之,从前任何奏章,都要经过"领尚书事"(皇宫机要秘书长)一关,现

在则不再经过啦，所以，这份检举函直接就送到刘询先生那里。司法部(廷尉)立即采取行动，把李竟先生捉住，并下令首都卫戍司令官(执金吾)，逮捕闻风逃走的张赦先生。可是，稍后不久，刘询先生吩咐不再追究，并且把李竟先生释放。

罢黜皇帝，是一个非同小可，足以引起千万人头落地的阴谋，忽然稀松平常地消灭于无形，反而使霍氏家族更为恐慌。他们了解，是因为事情牵连到当太皇太后的上官女士，只不过暂时地按兵不动，暴风雨仍在酝酿。偏偏李竟先生在司法部(廷尉)留下不利于霍家的口供——这应该在意料之中。于是，刘询先生认为，机要秘书长霍山先生，首都卫戍部队副司令官霍云先生，已不适合继续担任高级官员，勒令他们退休，但仍保持他们的侯爵。

至此，霍氏家族中，除了霍禹先生仍当一个架空了的国防部长(大司马)外，其他的全部被逐出权力中枢。而刘询先生对惟一尚留在政府中的霍禹先生，也不再维持昔日的礼遇，不时地露出使霍禹先生难堪的嘴脸。霍显女士的一些女儿们，都是上官太后的姨妈，不但辈分高，年龄也比较长，平常每次进宫，跟上官太后挤在一起，叽叽喳喳，骨肉情深，现在也成了罪状。有一天，刘询先生声色俱厉地质问霍禹先生：霍家妇女晋见上官太后时，为啥不遵守皇家礼节？所谓皇家礼节，就是磕头跪拜的奴才礼节。刘询先生又顺便质问：冯子都是谁？仗着谁的权势，竟敢在长安欺善凌弱？问得霍禹先生哑口无言，浑身大汗。呜呼，霍家从来没有受过这种面对面的侮辱，而侮辱是更大灾祸的前兆。胆小的开始魂不附体，胆大的则一肚子愤怒——一种恶人受挫后所产生的愤怒，誓言霍家决不再继续接受这种侮辱啦，必须采取紧急反应。老太婆霍显女士，身为一家之主，更忐忑不安，她曾梦见霍光先生警告她："你知道不知道，就要逮捕儿辈乎？"霍禹先生也梦见成队的骑兵和囚车，前来执行逮捕。而且，怪异的事，层出不穷，《汉书》记载曰："家里的老鼠忽然增多，窜来窜去。有时竟撞到人身上。鸮鸟就在庭院树上筑巢，发出毛骨悚然的叫声。大门无故塌掉，有人仿佛看见鬼魂就坐在霍云先生的房子上，掀起屋瓦，扔到地下。"

——老鼠忽然增多，显然是因为霍家已陷于重大危险，家人上下，朝不保夕，已没人再去整理环境。大门塌掉，屋瓦自落，更说明缺乏照料，任它颓坏。鸮鸟，Strixuralersis 也，俗称猫头鹰，是生长在幽静丛林里的动物。它阁下的眼睛，在阳光下看不见东西，所以白天只好睡大觉，晚上才出来上班。事实上它根本不可能进入有人居住的人家，无论这人家是不是深宅大院。而它竟然进入啦，再一次说明霍家的人精神恍惚，众心涣散，不要说猫头鹰在树上筑巢没人去管，恐怕就是老虎闯到厨房，都没人管矣。任何煊赫的官宦世家，一旦失去权势，第一个现象就是住宅的荒芜。嗟夫，不仅霍家如此，古今中外，从无例外。

第二次阴谋败露

公元前一世纪三〇年代的前六六年，刘询先生登极了八年之后，终于找到他的外祖母王女士，跟他的舅父王无故、王武。当即封王女士"博平君"，两位舅父也都封侯爵，王无故先生是平昌侯、王武先生是乐昌侯。于是，在西汉王朝中央政府当权的家族，除了许家、史家之外，又多出了个王家。相形之下，霍家更被挤了下去。不过，霍显女士却认为这是一个反攻的良机，就在那一年(前六六)的二月，她召集了一个霍家高层秘密会议，出席的包括霍家的子侄和霍家的女婿。霍

显女士义愤填膺曰："依照法律，臣民们随便议论宗庙，就要杀头。而今身为宰相的魏相，竟然主张减少宗庙的祭祀。开国皇帝刘邦先生，曾有遗令，凡是没有战功的，不能封侯，史家、许家，已封了侯，现在又多了王家，魏相却不说一句话，我们应该抓住这个小辫子，把魏相打倒。"霍显女士的初意，只不过针对魏相，可是霍禹、霍云两人，却认为仅只搞垮魏相先生，仍不能保证霍家安全，更不要说再掌权啦。霍山先生曰："外边对我们霍家的抨击，太不合理。霍家子弟固然也有不成器的，可是，像传言我们毒死皇后许平君女士，简直血口喷人，怎会有这种事？"霍显女士不得已，只好承认确有这回事。霍山、霍禹面无人色，叹曰："完啦，完啦。"为了彻底解决，旧事重提，一不做，二不休，决心发动宫廷政变，先由上官太后出面，请刘询先生的外祖母（封为博平君的史女士）吃春酒，就在皇宫埋伏死士，把倒楣的陪客宰相魏相先生，跟刘询的岳父许广汉先生，当场处决。乘着混乱，罢黜刘询先生，由霍禹先生当皇帝。

——这些罪状，都是案发后官方的一面之词。依我们对政治形势的了解，杀魏相、许广汉的阴谋会有的，至于把刘询先生驱下宝座而由霍禹先生的屁股去坐的阴谋，依当时的局面和意识形态，不可能产生。不过，霍家的仇敌认为只有如此，才能把霍家套牢。

然而，这个第二次大阴谋，再度被上次告密的张章先生探知——他的消息可能仍来自他的马夫朋友。咦，霍家子弟简直一窝猪猡，竟一而再地泄漏机密。张章先生这次不再直接向皇帝检举啦，他报告给禁卫军的禁卫官（期门）董忠先生。董忠先生魂飞天外，急忙跟禁卫军参谋官（左曹）杨恽先生商量；杨恽先生立刻通知宫廷侍从官（侍中）金安上先生；金安上先生是刘询先生最亲信的贴身侍从之一，他随即向刘询先生提出报告，他跟另一位宫廷侍从官（侍中）史高先生，共同建议采取紧急措施，先行严禁霍氏家族出入宫廷。而另一位宫廷侍从官（侍中）金赏先生，也是霍光先生的女婿，可能他因平常跟霍家不合，没有被邀参加这次阴谋，也可能发现事情败露，阴谋不能成功，不论怎么吧，反正是，他得到消息，即行晋见刘询先生，要求批准他跟妻子离婚。

呜呼，到了这种地步，刘询先生已被逼到必须反击的角落。他的反击是全面的恐怖，下令把霍家一网打尽。卫戍部队立刻出动，宫廷供应部部长（光禄勋）范明友先生，首先得到消息，飞骑奔向霍家告警。霍山、霍云平常大言不惭，浑身都是解数，现在面临突变，却六神无主，手足失措。而家奴又适时地仓促报告："太夫人（霍显女士）宅第，已被人马团团围住啦。"霍山、霍云、范明友三人，面面相觑，只好服毒自杀。

这一次霍家子弟和女婿，除了那位在紧急关头把妻子遗弃的金赏先生外，全部逮捕。结局是，霍禹先生腰斩（腰斩，酷刑之一，在腰部用刀砍断，要哀号几个小时才死）。霍显女士以下，无论老幼男女，远亲近戚，辗转牵累，包括那个不可一世的家奴兼姘头冯子都先生和毒死许平君女士的淳于衍女士，全数绑赴刑场，砍下尊头。史书上记载，这次屠杀了一千余家。中国一向是大家庭制度，富贵之家，人口更多，每家以一百人计算，就屠杀了十余万人，长安几乎成为空城矣。两千年之后的现代，我们仍可隐约看到怀抱中的婴儿也被拖出，承受钢刀。震天的哭声，告诉人们，当权四十年，威震全国二十年的一个巨族，全部覆灭。

——霍姓家族有自取灭亡之道，纨绔子弟去玩弄政治，比玩弄毒蛇还要危

险，盖在专制时代，政治和血腥是不可分的。灭族的酷刑，是中国传统文化中最残忍、最不人道的一面，感谢西洋文明的东渐，使这种野蛮的刑法，在中国消失。不过，无论如何，霍光先生对刘询先生，应是恩重如山。没有霍光，刘询不但当不上皇帝，恐怕以一个叛逆之子的身份，诚如张世安先生所言，有碗饭吃就了不起啦。刘询先生满可以赦免霍氏家族的一个人——甚至一个孩童，使霍光先生的后代不致断绝。可是，刘询先生却要斩草除根，也够狠的矣。

昭台宫·云林馆

在西汉王朝和稍后的东汉王朝，政府官员是由三种人包办的：一是戚族，一是皇族，一是士大夫。后者为平民出身的高级知识分子集团。戚族是皇帝的姻亲：皇帝母亲的娘家人和皇帝妻子的娘家人。在公元前二世纪到公元一世纪之间，封建的专制政体，正稳定发展，很难由平民而取得高位篡夺政权。但皇族不然，任何人只要有权，他就有坐龙廷的可能。所以，在此期间，也就是西汉和东汉王朝，皇族在政治权力上没有分量，盖皇帝老爷对他们防得奇紧也。来自平民的士大夫，却可猛窜直升。不过，士大夫如果不能够跟皇帝攀点亲，没有内线，皇帝就不会长期对他信任，人死官灭，权势也就落花流水。必须跟皇帝攀点亲，才能建立长期不坠的权力世家。霍显女士不惜冒灭族的危险谋杀皇后，硬把女儿嫁给刘询先生，不仅仅是为了女儿的利益，也是为了自己和家族的利益，她的目的在于化家族为戚族，永享荣华富贵。

霍光先生是公元前二世纪八〇年代大破匈奴汗国的民族英雄霍去病先生的同父异母弟弟。在介绍皇后卫子夫女士的篇幅里，读者老爷一定还记得卫氏家族的煊赫，卫子夫女士的姐姐卫少儿女士，跟一位小职员霍仲孺先生私通，生下霍去病。后来霍仲孺先生回到河东（山西省）平阳（临汾县）故乡，再结了婚，生了一个儿子，就是霍光。他靠着哥哥的关系，踏进宫闱，伺候老皇帝刘彻。霍光先生虽然来头不凡，但他天性小心谨慎，从没有普通纨绔子弟那种傲慢疏阔兼不可一世的恶劣习气，二十年间，没有出过差错。因之卫氏家族全族被屠杀流血时，却没有牵连到他。刘彻先生看到眼里，记在心头，所以临死时，付以托孤重任。一切情形，前已言之矣。

无论从哪方面说，霍光先生对西汉王朝和姓刘的皇族，忠心耿耿，一片赤心。仅就他立刘询先生继承被罢黜的刘贺先生，使刘询先生旱地拔葱，忽然间直升到九霄云外，至少他对刘询先生恩情不薄。可是，霍光先生才去世两年，坟墓上的青草可能还没有长满，却全族死于行刑队的刀口之下。固然由于他的妻子和女儿胆大包天，闯下滔天大祸，但杀得鸡犬不留，却使义人沮丧。有人指责刘询先生故意怂恿他们恶贯满盈，以便一网打尽，这也有可能性。盖刘询先生尚是小民，跟一些地痞流氓一块斗鸡偷狗的时候，霍光先生以全国武装部队总司令（大将军）之尊，巍巍在上，高不可攀。而且也正因为他是小民，对霍氏家族和狗腿子们的凶恶嘴脸，印象也最深刻。当他被选为皇帝，到西汉王朝开山老祖刘邦先生的祠堂（太庙）进香时，他坐在辇车当中，霍先生则站在他的身旁（骖乘），十八岁的刘询先生虽然已贵为皇帝，但仍残存着小民对大将军畏惧的感情，所以好像芒刺在背，浑身紧张。俗云："威震主子的人，不祥。"不祥，《汉书》上曰："不畜。"就是说势必要滚，或者活着滚，或者死着滚。霍光先生是活着滚的，而他的家族则

是死着滚的也。

不过，霍氏家族事实上已不能自拔，权力中毒之后，离开权力就简直活不下去。四十年之久叱咤风云的家族，要他们自己放弃权力，甘心过一个普通侯爵的平凡生活，根本不可能。所以，一定说刘询先生一开始就存心不良，也不见得。霍氏家族已陷进权力的泥沼，他们只有两个结局：一个是真的自己当上皇帝，一个就是全族“无少长皆斩”。只有民主政治才可避免这种悲剧，然而，那时候却没有民主政治。

霍氏家族于公元前六六年七月覆灭。惟一不死的，只剩下皇后霍成君女士一人，才二十一岁。我们可以想象，她听到全族被杀，老娘和哥哥姐姐们都绑赴法场处决时，她的惊恐和悲痛。这不是一个普通女孩所能承受的打击，突然落到她头上，跟当初卫子夫女士听到儿子失败消息的情形一样，雄心壮志，刹那间化为一缕云烟。卫子夫女士拒绝接受更进一步的侮辱，悬梁自尽。霍成君女士到底年事还小，她可能仍希望奇迹，但奇迹不是常出现的。到了八月，使臣闯进皇后宫，向霍成君女士宣读刘询先生的诏书，诏书曰：“你心怀恶毒，跟母亲霍显，合谋危害皇太子，没有做母亲的恩情，不适合当皇后。自即日起，逐出皇后宫，缴出皇后印信。”

——原文：皇后荧惑失道，怀不德，挟毒与母博陆宣城侯显谋，欲危太子，无人母之恩，不宜奉宗庙衣服，以承天命，呜呼伤哉，其退避宫，上玺绶有司。

霍成君女士只当了五年皇后，到此凄凄凉凉，被送到长安郊区上林苑中昭台宫。从此，一朵正在盛开的美丽花朵，被活活与世隔绝。昔日骄傲高贵，不可一世，于今只孤苦一身，任人摆布。像钢铁一般结实，千年不倒的后台，已成幻境。然而，厄运仍抓住她不放。十二年后的公元前五四年，刘询先生忽然想起了她，再把她送到一个名叫“云林馆”的小屋中，加强禁锢。然而仅只禁锢似乎仍不能消他心头之恨，于是下令教她自杀。事情到此，还有什么话可说，霍成君女士只好恸哭一场，是服毒？或是上吊？或是被行刑队勒毙？史书上没有交代。交代的是，霍成君女士终于惨死，死时才三十三岁。老娘如果不千方百计教她当皇后，可能不至于引起这一串连锁性的恶性循环，她会跟一个侯爵结婚，仍在过恩爱夫妻的日子。然而，富贵耀眼欲眩，身不由己，人生谁又不如此耶。

霍成君女士埋葬在长安的卫星城市蓝田县的昆吾亭东，而今已不再有痕迹矣。

汉元帝刘奭

元帝刘奭

柔仁好儒　尊师崇傅

刘奭长大以后，柔仁好儒，见宣帝治国重用刑法，曾说："陛下持刑太深，宜用儒生。"宣帝听后怒形于色，认为汉朝本有制度，历来杂用霸王二道，刘奭偏好纯儒，恐怕是一个性格懦弱、不善用人的低能继承人。他担忧刘奭不能继承重任，有意更换太子，但又不愿背弃自己已故的患难之妻——刘奭的生母许皇后，所以一面叹息"乱我家者必太子也"，一面还是把帝位传给了刘奭。

果然，继位的元帝放弃了汉室前几位皇帝的"杂用王霸之道"的传统，重视经学，独尊儒术，尊师崇儒。所以，朝中的重臣大多是他的师傅和儒生。

宣帝临终之前，托付三名大臣辅佐朝政，一位是外戚史高，两位是元帝的师傅肖望之和周堪。肖望之是东海兰陵（今山东枣庄东南）人，宣帝时任太子太傅，教授《论语》和《礼仪》，与同时教授《尚书》的少傅周堪都是德高望重的老臣。宣帝在病中拜肖望之为前将军光禄勋，拜周堪为光禄大夫，授诏辅政，兼领尚书事。肖、周二人本为师傅，又受先帝遗诏辅政，所以元帝即位之初，接连数次宴见肖、周，研究国事，讨论朝政。元帝对师傅极为尊重和信任。

元帝还大力擢用儒生。当时，肖望之推荐了博学多才的大儒刘向和忠正耿直的金敞，元帝均付以重任，并加官给事中，即特赐随便出入禁中、参与机密之权。他即位不久，听说琅琊（今山东诸城）人王吉和贡禹是关东明经洁行的儒学大师，就特派使者召来京师做官，王吉病死在赴京途中，贡禹入京拜为谏大夫，随后又升为御史大夫，位列三公。为了发展儒学，重用儒生，元帝曾一度指令京师太学的博士弟子取消定员限制，凡能通一经的民间儒生均免除兵役、徭役。后因用度不足，博士弟子定员千人，即使这样也比宣帝末年的名额增长了5倍。元帝在位期间重用的大臣，多为汉代知名的经学大师。

在元帝起用的儒生中，有不少性格耿正，敢于直谏的人。元帝重儒，因而对于直言极谏的儒者多不怪罪。薛广德敢于直言，有时甚至搞得元帝很难堪。一次，元帝出宫中便门到宗庙祭祀祖先，忽然产生了乘船观水的浓厚兴趣，打算放弃桥渡路线，改坐楼船前往宗庙。薛广德拦在元帝前，脱掉帽子，恭敬地跪在地上叩头，要求元帝从桥上通过。元帝让他戴上帽子起来，薛广德说："陛下不听为臣规谏，臣将自刎，用鲜血污染车轮，那时陛下就不能进庙去祭祀先祖了。"元帝听，很不高兴。光禄大夫张猛对元帝说："陛下，臣听说有圣明的君主才有敢言的直臣。乘船危险，走桥安全，圣明君主不靠近危险，御史大夫的话是应该听从的。"元帝瞪了薛广德一眼，说："晓人以理不应该这样吗？"于是从桥上通过。

宠奸任佞　优柔昏聩

元帝尊师重儒的同时，也宠奸任佞，一批奸佞小人麇集于朝廷要枢，石显是其中最主要的一个，他依靠元帝宠信，以中书令官职专权十几年，一直到成帝

即位。

石显出身于世代书香的大地主家庭，少年犯法受宫刑，入宫为宦官，宣帝末年任中书仆射，与中书令弘恭结为党友。元帝即位时，石显已经是一个饱览宦海沉浮和官场事故的钻营利禄的老手。他嘴唇灵巧，头脑狡黠，内心歹毒，不但精通朝务，左右逢源，而且能用心计和语言探测出皇帝尚未明讲或难于言传的内心含意。凭着这套本领，很快就赢得了元帝的欢心和宠信。随着宠信加深，中书的权力日益增大，他们以久典枢机、熟悉朝务为优势，常常非议、抵制甚至推翻领尚书事的肖望之、周堪的意见，引起肖、周等正派官员的反对。于是朝中形成了以弘、石为首的中书势力和以肖、周为首的正直势力的对立局面。双方明争暗斗，愈演愈烈。

肖、周向元帝提出废除中书机构，试图根除石显等一伙奸佞势力。元帝性格柔弱，采取折衷态度，对废除中书之议久置不决。而石显、弘恭则及时行动，数次设计，先是逼肖望之自杀，后又气死了周堪。虽说元帝怜惜师傅，而且还把周堪的职位加在石显之上。但是终因识不破石显的计谋，而石氏又稳操实权，未能保住师傅的地位、性命。从此正直派官员失去了首领，更处于被动和困难境地。

正直派失败后，朝中有一名郎官，名京房，他见石显专权，吏治败坏，就制订了一套清明吏治的奖惩方案，名曰“考功课吏法”。元帝很赏识这套方案。但京房深知要推行其法，必须首先除掉石显。在一次宴见时，京房向元帝提出一连串发问，做了一次深入透彻的进谏。京房问：“周幽王、厉王为何危身亡位？他们任用的什么人？”元帝说：“君主糊涂，用的是巧佞人。”京房又问：“知道巧佞而任用呢还是以为他们贤明？”元帝说：“当然是认为他们贤明。”京房接着问：“那么后人为何知道他们不贤明？”元帝说：“后人看到乱世亡君的恶果，所以知道不贤明。”京房说：“这么说来，是任贤必治，任佞必乱。那么幽、厉为何不觉悟，为何一直任用佞臣，以致搞得国破身亡？”元帝回答：“面临乱亡的君主都自以为任用的臣是贤臣，若都觉悟，天下哪里还会有昏君呢！”京房把话锋一转，问：“那么陛下观当今天下是治世还是乱世？”元帝毫不隐讳地说：“也算是极其混乱了，还有什么说的。”京房又问：“那么当今陛下任用的是何人？”元帝支吾其词：“……话不能这么讲，今天虽然混乱，比幽、厉时还算好些；况且这与用人没有关系。”京房感慨地指出：“陛下，前代君主就是这样看待他那个时代的，臣恐怕后人评论今天，也像我们今天评论前代一样啊。”元帝沉默了好一会儿才说话，他问：“那么，你说今天为奸行佞的乱臣是谁？”京房回答：“明主自己应该知道。”元帝说：“朕不知道。如果知道，朕为何还要用他？”京房说：“臣所说的，就是陛下所最信任、共同在帷幄中密图大事、掌握天下用人权的那个人。”元帝明白京房指的是石显，于是说：“朕已知晓。”

京房这番忠谏，可谓语重心长，发人深思，但京房退后，元帝信用石显一如既往。因为石显已经用各种狡诈手段骗得了元帝对他牢不可破的宠信，石显对元帝骗得越深，元帝对石显越宠信，后来干脆把朝政一古脑推予石显。事无大小，都由石显汇报，也多由石显裁决。石显贵幸倾朝，文武百官都敬畏他。继肖望之、周堪、张猛死后，石显为排除异己，又陆续害死京房、郑弘、张博、贾捐之、苏建等人，并迫害陈咸、朱云、王章等多人。由于元帝过于宠信石显，石显总以中书（尚书）权力侵夺朝权，渐使汉代尚书机构权重起来。石显凭借尚书权，先后清除

政敌，入狱的入狱，服刑的服刑，有的免官归野，有的合家流放，不少人被推上断头台。上至公卿下至郎吏的满朝官员，无不畏惧以石显为首的中书势力，处处小心谨慎，甚至连走路时抬腿落足也不敢稍有疏忽大意。

选策安边　胡汉和亲

元帝在位期间，匈奴已经衰落，边郡比较平安，不过偶尔也会出现一些问题。对于如何处理边郡问题，元帝总是召集群臣讨论，而往往采取在争辩中占上风的意见和主张。

武帝开拓汉域南疆时，曾在今海南岛设置珠崖、儋耳二郡，由于汉朝官吏对当地人民进行残酷压迫，经常激起武装反抗。元帝即位的次年，珠崖山南县起兵反汉，连年不能平定。元帝召集群臣讨论，拟调重兵前往镇压。后元帝采纳多数派代表贾捐之的主张，决定放弃珠崖郡。初元三年（前 46），下诏宣布罢除珠崖郡，郡中居民愿意属汉，妥善安置；不愿属汉，不相勉强。这样，珠崖郡自武帝元封元年（前 110）设置以来，历时 64 年，至元帝被废。

永光二年（前 42）秋，陇西郡姐羌旁种反叛汉朝，元帝又召集群臣讨论对策。元帝听双方各自言之有理，就在采纳多数人意见的基础上，命冯奉世率 1.2 万官兵开进陇西郡，分屯 3 处，果然不出所料，被羌人破军杀将，进守不得。冯奉世只好画出陇西郡的详细地形和羌汉兵力的分布局势，呈送元帝请求援兵。元帝征发 6 万援军开入陇西，当年年底平定了羌人的叛乱。

汉元帝外交政策上的成功之例，是和北方的匈奴修好，胡汉和亲。元帝即位之初，匈奴已经衰弱，内部矛盾重重。呼韩邪单于归汉，初元元年（前 48）上书言民众困乏，元帝命云中、五原二郡输送谷 2 万斛救援。郅支单于叛汉，初元四年（前 45）杀汉使者，逃往康居。建昭三年（前 36）冬，西域都护甘延寿和副校尉陈汤矫诏调集西域各国兵，诛斩了郅支单于。

呼韩邪单于闻听诛斩了郅支，又喜又怕，上书提出朝见天子。竟宁元年（前 33），呼韩邪来长安朝拜元帝，要求做汉朝皇帝的女婿，以表示与汉亲近。元帝以后宫良家女子王昭君赐予单于，呼韩邪万分高兴，要为汉朝保护西北边塞，请元帝罢除西北边防，与民休息。元帝让有关部门讨论，议者都以为是件好事，唯郎中侯应力主不可，他从汉朝边防的长远大计出发，向元帝列举了十条无可辩驳的理由。于是，元帝派人婉转地谢绝了呼韩邪单于善意的请求。

振兴乏力　国运渐衰

汉元帝在位期间，也采取了一些政策，希图振兴国家，但是终因积弊太深，元帝本人柔弱无能，又宠信奸佞，未能如愿。

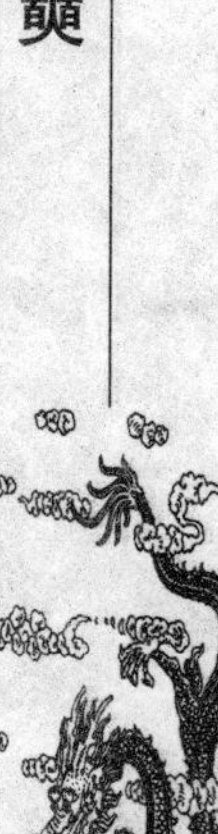

继位之初，元帝的师傅和儒臣纷纷进谏，禁奢靡，行节俭。如贡禹即指出，汉初君主俭朴，什一而税，没有其他赋役，所以家给人足。高祖、文、景之时，皇帝宫女不过十多人，厩马百余匹，后来日益奢侈，后宫女子竟达数千人，厩中食粟之马达到万匹。上行下效，全都奢侈起来，诸侯妻妾有的多达几百人，豪富者的歌女也有数十人，造成天下内多怨女，外多旷夫。他建议元帝首先从自己做起，成为节约的表率，来纠正社会的侈糜之风。在贡禹规谏下，元帝在皇室范围内先后采取了许多节俭的措施。他诏令停止维修那些经常不去的离宫别馆，太仆减少喂

马的谷，水衡减少喂兽的肉，撤消黄门署的乘舆、狗马和玩物，并把水衡禁囿、宜春下苑、少府饮飞外池和严御池田四处田猎游玩场所假与贫民田居。他又下诏解除甘泉、建章二宫的警卫，卫士一律回乡务农。百官各署务必减省费用，将实际情况向上汇报。还诏命负责宫中饮食的太官，不要每日屠宰，伙食费照以往省减二分之一。乘舆养马以不误正事为准则，不可铺张浪费。并罢除了角抵戏以及常用的上林宫馆。

尽管元帝重用儒生，能在一定程度上纳谏，并采取了一些轻刑和节俭的措施，但丝毫也不能改变西汉王朝的没落。以轻刑来说，元帝曾减省刑罚 70 多项，并连年大赦，但今日大赦，明日犯法，相随入狱，盗贼满山，社会治安极为混乱。以节俭来说，元帝做出不少示范动作，但侈糜之风有增无减。由于积重难返，元帝也别无良策，振兴乏力，再加上宠信佞臣，所以上梁不正下梁歪，朝纲不整，必然会败坏地方吏治，以致贪官暴敛，酷吏横行，哀鸿遍野，民不聊生，西汉王朝只能向下坡路滑去。

易储不成　身死未央

汉元帝做太子的时候，姬妾美人众多，可他独宠司马良娣。她去世以后，元帝不近众姬妾。后来，在其父宣帝和皇后的撮合下，选美女王政君入宫。一夜之伴，怀上刘骜。刘骜诞生后，宣帝非常喜爱，亲自给他起名为骜，字太孙，常留在身边玩耍。元帝即位后，立刘骜为太子，诏命史丹辅佐太子；立王政君为皇后，但王政君很少能够亲近元帝，元帝并不爱她。而太子刘骜年少时喜好经书儒学，为人宽博谨慎，后来却贪婪酒色，耽于燕乐，元帝感到他越来越没出息，也就不那么宠爱了。

元帝晚年得病，不亲政事，贪图安逸。他不喜皇后和太子，而爱宠妃傅昭仪和其子刘康，遂生易储之念。竟宁元年（前 33），元帝病重，傅昭仪和刘康常侍左右，而皇后王政君和太子刘骜稀得进见。元帝几次问尚书关于景帝废栗太子而立胶东王刘彻的旧例，打算效仿故事易储。皇后王政君、太子刘骜和刘骜长舅卫尉王凤日夜忧愁，不知如何是好。史丹是元帝的亲密旧臣，能入禁中看望元帝。他乘元帝独寝时，径直闯入卧室，跪在元帝面前哭诉说："皇太子以嫡长子立为太子，已经有十多年了，名号印入百姓心中，天下无不归心。现在见定陶王受陛下深宠，纷传陛下打算易储，道路流言，满城风雨。若果有此事，公卿以下的满朝群臣必定以死相争，拒不奉诏。愿陛下先赐臣死，以示群臣。"元帝本为仁柔皇帝，不忍见爱臣伤心流泪，又觉得史丹言辞恳切，深受感动，怆然太息说："寡人的身体江河日下，朝不保夕，然而太子和两王年少，欲去又留恋，怎能不挂念呢？不过，却没有易储的打算。况且，皇后是个宽厚谨慎的人，先帝又喜欢骜儿，我岂能违背他老人家的旨意。你是从哪里听到这些闲话呢？"史丹借着元帝的话茬，连连叩头说："愚臣妄闻胡说，罪该万死。"元帝说："我的病日益沉重，恐怕不能好了。尽心辅佐太子吧，不要让我失望。"从此，元帝打消了易储之念。

当年五月，元帝死于未央宫。在位 16 年，终年 43 岁。六月，太子刘骜即位，是为成帝。七月，成帝为父举行葬礼，葬于渭陵（今陕西咸阳东北）。谥号"孝元皇帝"。平帝元始四年（4），尊庙号为"高宗"。

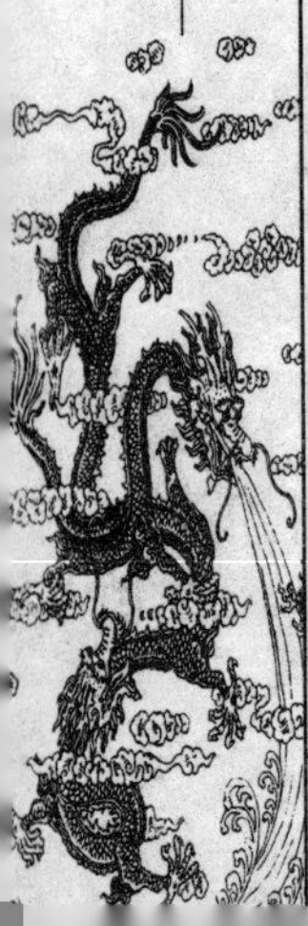

王政君弄权干政内幕

王政君扶太子保皇位揭秘

《汉书·元后传》说王政君"历汉四世为天下母，飨国六十余年"，事实上，王政君在汉朝是历经五世，即元帝、成帝、哀帝、平帝和孺子婴（孺子婴时虽是王莽摄政，但仍应视为汉家天下），是汉朝五代国母。而且元帝之后的四帝，全是由她拥立并处于她的羽翼之下。她至少以国母的身份在西汉政治舞台上纵横近六十年之久。

不过，在她的夫君元帝刘奭时期，她倒是不算得意。固然，她成了皇后，儿子又立为太子，似乎完美无缺了，但她心中并不轻松。元帝对她并没有多深的感情，她生了刘骜之后，元帝就很少再来找她了，因为此时又有一位姓傅的妃子傅昭仪占据了元帝的心。这傅昭仪手段才貌不在王政君之下，而又比王政君年轻，所以大受宠幸。更令王政君担忧的是，傅昭仪后来也生了一个儿子刘康，封为定陶王，这刘康长大后多才多艺，也很得元帝欢心。而王政君的儿子刘骜，虽位为太子，却不成器，无才无能而又好色喜酒不务正业，是个典型的花花公子，名声颇臭。所以元帝几次打算废掉刘骜另立刘康为太子。这样的动态当然瞒不过王政君，她为此寝食不安，当然也为此作了不懈的努力，以防危险发生。除了训诫儿子让其表现好一些，让老头子不那么厌恶之外，她还竭力寻求大臣的支持和维护。在这事上，大臣史丹起到了关键性的保护作用。这当然也是王政君活动斡旋的结果。史丹是元帝信任的大臣，又是元帝的亲戚（元帝的祖父是史丹祖姑所生，史丹本人也是皇家女婿），所以史丹的意见往往对元帝有着决定性影响。史丹一心一意维护刘骜的太子地位，每当元帝露出要换太子的意思，他总要找出一些理由来阻止，同时他还处处曲护着没出息的刘骜。一次，元帝的小弟弟中山哀王刘竟死了，元帝带着刘骜前去送葬，这刘竟自幼与刘骜一起学习游玩，交往极密。元帝十分悲痛，眼泪直滚。可那刘骜却在一边无动于衷，毫无哀伤的表情。元帝大怒，回到宫中，对史丹大发雷霆："这个没有感情不仁不义的东西！他没有资格为民父母侍奉宗庙！"史丹急忙跪下，编了一段理由为刘骜解围："陛下息怒！这是我的过错，不能怪太子。我因陛下对中山王的去世深感哀痛，所以事前劝告太子不要在陛下面前为中山王哭泣，以免增加陛下的哀痛，损伤陛下龙体。所以太子才有那样的表现。陛下如要责怪，请责怪我吧！"这番掩饰之词，既得体而又无懈可击，元帝也就相信了。不过他对刘骜仍不喜欢。他晚年病危时曾再次想废掉刘骜立刘康，这次仍是史丹极力进谏，才保住了刘骜的太子位。在这样一个长时期的围绕儿子废立的大战中，王政君的神经一直是高度紧张的。

竟宁元年（公元前 33 年）五月，汉元帝死去。太子刘骜坐上了他几次差点翻倒的龙椅，史称汉成帝。

王政君松了一大口气，这回，该舒展一下筋骨松驰一下神经了。她被尊为皇太后。但实际上她是一身二任：皇太后兼皇帝。新皇帝刘骜本不是当皇帝的料，他最擅长的是玩女人。他虽有皇帝之名，但根本不管事也管不了什么事。王政君还真是想不要权都不行。自然，她一个人也管不了许多，但她不想让别的朝臣们过多地与权力沾边，于是把她娘家的兄弟侄儿侄孙之类全数搬入朝廷，朝廷简

直成了个“王家店”，皇帝不过是傀儡——这一点我们在下一节还要展开叙述——刘骜做了二十六年皇帝，在这期间，外戚干政的现象严重到无以复加，弄得朝纲大坏，民不聊生。而外戚的总后台，就是王政君。

王政君立刘欣为帝内幕披露

汉成帝虽然享国二十余年，后宫妻妾成千，然而却没有一个儿子。事实上也并非没有，而且还不算少，但全被他所宠爱的皇后赵飞燕、昭仪赵合德姐妹俩害死了。刘骜直到晚年，仍然没有儿子，也未立太子。这种严重的现象，由于是夫妻间房闱事，赵飞燕姐妹又严密控制着后宫，刘骜本人又严厉禁止任何人说赵氏姐妹的坏话，不少人曾为此掉脑袋，所以皇太后王政君很难了解详情。否则，她是不可能容忍赵氏姐妹让她儿子绝嗣的。成帝死后，当王政君知道了内情时，赵氏姐妹便保不住命了。这是后话。

汉成帝绝嗣已是事实，继承人问题必须解决。成帝与他的同父异母弟定陶王刘康关系倒不错，这刘康正是先前险些取代了他太子位的人。客观地说，在对待刘康与其母定陶王太后傅氏的态度上，王政君是聪明的，她没有采取她的先辈吕雉对待戚夫人那种斩尽杀绝的毁灭性报复行径。她清楚地知道那样做对自己和自己的家族也是危险的，吕氏家族的结局就是明证。所以她不对刘康母子施行什么报复措施，对儿子与刘康亲近也不加干涉。成帝曾将刘康留在京城，不让他去自己的封国，说自己没有儿子，身体也不算好，一旦死了就难相见了，明显有传位给刘康的打算。可是，刘康与成帝的舅父大司马王凤不和，王凤借天象反常吓唬成帝，将刘康赶走。刘康死后，其子刘欣继承王位。此人年少时有些小聪明，王政君以为他是个人才，就同意将刘欣立为皇太子。绥和二年（公元前7年），成帝驾崩，刘欣继位，是为哀帝。

王政君本以为她选了一个合格的嗣君，然而事实表明，她这回选的又是一个昏蛋。刘欣在位六年，如果说他有什么“政绩”的话，只能举出他给后世留下了一个“断袖癖”的典故——他是个同性恋狂，对象是一个名叫董贤的美男子。他对这位董贤的宠爱，远远超过对他的任何妻妾，经常与董贤一起出行游玩，同乘一车，不用说，吃饭和睡觉更是少有分开的。有一天，这两个活宝睡在一起，哀帝先醒，而董贤还在呼呼打鼾，偏巧董贤压住了哀帝的一只袖子，哀帝生怕抽出袖子会惊醒这位爱卿，就一刀割断了袖子，才悄悄起来，可见其感情之深厚。后世将喜欢男色的同性恋者称为有“断袖癖”，就是由此而得。哀帝爱这董贤爱得发疯，让董贤任大司马的高官，赏给董贤的钱竟达四十三万万之多。而且居然还想把帝位让给董贤坐一坐。当然，这点他作不了主，因为还有王政君在。不过，这昏虫对强大的王氏外戚集团却不大肯买账，因为这不是他的亲戚，他要封封自己的亲戚过过瘾儿。王政君此时已被尊为太皇太后了，她不是属于吕雉那种动不动就宰人的铁腕人物，她抓权比较讲究策略。尽管哀帝对她的族人有些不敬的举动，她不过多计较，吩咐王家子弟适当退让，让哀帝的祖母傅家和母亲丁家的外戚们也得分一杯羹，大家都能弄点油水。王政君还指使王氏集团要了些笼络手段以转移视线减轻压力，如分出少量土地给贫民耕种之类。这种手法，迷惑了一些士民，为王氏集团挣来了一些“声誉”，给王莽的崛起制造了舆论基础。

王政君扶刘衎为帝

元寿二年(公元前1年)二月,汉哀帝又在二十六岁的黄金年龄上死去。这个同性恋狂又是一个断子绝孙者。太皇太后王政君在哀帝刚刚咽气时就把传国玺即皇帝大印抓在手中,并宣布由她的侄儿王莽主管一切政务——当然是在执行她的"最高指示"的前提下,不过这只是她的主观愿望而已。这一回,王政君和王莽选中的新皇帝,是哀帝的堂弟、年仅九岁的中山王刘衎。毫无疑问,这个尚不能自己擦鼻涕而又多病的小皇帝只能是个傀儡,政权掌握在王政君和王莽手中。王政君与她这个居心叵测的侄儿之所以不选立那些年纪大有能力的皇室子孙继承皇位,目的就在这里——那些人难以控制。不过,王政君没有料到,她的莽侄比她胃口更大,已经开始在撬她的墙脚了。慢慢地,她已难以控制这侄子了。

娃娃皇帝刘衎长到十四岁,就被王莽毒死了,原因无他,王莽自己要做皇帝。不过条件还未完全成熟,所以太皇太后王政君得以最后一次择立汉帝。这一次当然她已不能完全作主了,王莽已经羽翼丰满,不怎么需要她来扶持了。他们这回选了一个仅有两岁的广戚侯刘婴来当"皇帝"。这奶娃娃怎能当皇帝呢?于是王莽便"自告奋勇"当了"摄皇帝",而让刘婴(称为"孺子")做太子。三年之后,王莽灭汉,做了真皇帝。

王政君在汉朝历经五世为国母而四世掌权,这一时期,即从汉元帝到孺子婴这五十余年,正是汉朝由盛到衰、由衰到亡的没落时期。对这一点,王政君是不能推脱责任的。她没有干过什么有利于国计民生的事。恰恰相反,她在三件大事上的自私愚蠢胡作非为,推动和加速了汉朝的灭亡。第一件是她在择立皇位继承人问题上的严重私心和失误:本可择立年长贤能者而偏去选那些昏蛋或乳臭未干的幼儿,以利自己掌权,从而导致权臣尾大不掉,皇室衰微;第二件是大封王氏外戚集团,大失民心,国本动摇;第三件是扶持王莽,直接地把汉朝江山送到了王莽手中。

王政君扶持王氏外戚集团探秘

王政君一手网罗组织起来的王氏外戚集团,其庞大在两汉时代是少有的,在规模、权势等方面,足可与此前的吕氏外戚集团和后来汉桓帝时的梁氏外戚集团鼎足而三,甚至有过之而无不及。

成帝刚刚即位,王政君即通过儿子,授以胞弟王凤大司马大将军领尚书事的要职,这是两汉时代最为显赫的官职,总领朝政,地位权势远在丞相之上,真正的一人之下万人之上。这个高位,从此时开始一直到西汉灭亡,成了王氏集团的私产和"专利":王凤死,王政君的侄儿王音接任大司马车骑将军;王音死,王政君的同父异母弟王商接任大司马卫将军;王商因病离任,王政君另一同父异母弟王根接任大司马骠骑将军;王根之后,则是臭名昭著的王莽接任,他是王政君的侄儿,头衔更多。

河平二年(公元前27年),王氏家族中五人同日封侯:王谭为平阿侯,王商为成都侯,王立为红阳侯,王根为曲阳侯,王逢时为高平侯。这五人全是王政君的亲弟(有的是同父异母弟)。一家五兄弟同一天封侯,而且根本没有丝毫功劳可

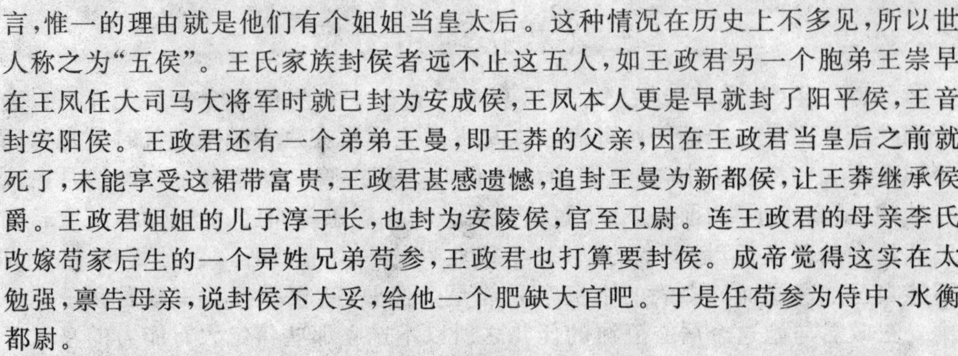

言，惟一的理由就是他们有个姐姐当皇太后。这种情况在历史上不多见，所以世人称之为“五侯”。王氏家族封侯者远不止这五人，如王政君另一个胞弟王崇早在王凤任大司马大将军时就已封为安成侯，王凤本人更是早就封了阳平侯，王音封安阳侯。王政君还有一个弟弟王曼，即王莽的父亲，因在王政君当皇后之前就死了，未能享受这裙带富贵，王政君甚感遗憾，追封王曼为新都侯，让王莽继承侯爵。王政君姐姐的儿子淳于长，也封为安陵侯，官至卫尉。连王政君的母亲李氏改嫁苟家后生的一个异姓兄弟苟参，王政君也打算要封侯。成帝觉得这实在太勉强，禀告母亲，说封侯不大妥，给他一个肥缺大官吧。于是任苟参为侍中、水衡都尉。

王政君卵翼下的王氏外戚集团，控制了所有朝政，甚至包括皇帝在内。

从几件事就可看出王氏集团的势力。

一次，汉成帝召见大学者刘向的儿子刘歆，因为他听说这年轻人很有才华，他反正没多少事干，心血来潮，就召刘歆来谈谈。刘歆果然名不虚传，才学满腹，诗赋古文，随口吟出，无所不通。成帝觉得此人不可多得，打算任命刘歆为中常侍。中常侍这种官是皇帝的贴身侍从，一般是由宦官担任的，但西汉时代也杂用士人。成帝想留刘歆在身边解闷。他马上命令左右去找来常侍的官服，打算立即予以任命。左右的人劝谏他：“皇上还是等一会儿吧，这事还没告诉大将军哩。”大将军即王凤。成帝说：“这么件小事，何必要告诉大将军呢？我都不能做一点主吗？”可左右的人给他磕头，说还是要禀告大将军才行。成帝无奈，搁了下来，见到王凤后，就告诉了王凤。谁知王凤一口回绝：“这人不行！”成帝竟然无可奈何，只好作罢。实际上，王凤根本不知道也不想管那刘歆行与不行，他早就得到了报告，故意要弄威风，让成帝今后再也不敢作这种避开他任命官吏的尝试。身为天子，竟连任命一个微不足道的侍从也无权，王氏集团的威势由此可以想见。

小事尚且如此，大事便不用说。成帝无子，有传位给同父异母弟定陶王刘康的打算。然而王凤认为刘康不好控制，决不同意。连刘康在京城暂住他也反对，借发生日蚀之机，硬说那日蚀是对刘康滞留京师一事发出的警告。成帝无奈，只好让刘康归国，继位之事更是谈不上了。

京兆尹王章，为人正直。他见王凤专权太甚，皇帝受其挟制，十分气愤，上章弹劾，揭发王凤三大罪状，并特别提到“今政事大小皆自凤出，天子曾不一举手”，要求罢免王凤。成帝本来对王凤一伙的专权是不满的，见有人出头弹劾，当然有点高兴，开始时很夸赞了王章几句。可这皇帝是个既无能又无权也无义的空头天子，王章一腔忠诚白费，还搭上了命：王政君听说此事，马上干预；王凤则故意自请去职削爵以要挟。成帝一见这阵势，顿时六神无主，马上下一道诏书，说此事全因王章这坏蛋妄言乱说，以致惊动太后得罪元老大臣，罪在王章，务请太后保重、王凤留任。于是王章被下狱拷问致死。

王氏集团由于有王政君这把大保护伞，又握有大权，所以几乎人人骄横跋扈，贪赃枉法，鱼肉百姓，为所欲为。其中曲阳侯王根最为典型。他为人“贪邪，赃累巨万”；他大兴土木，建造府第，竟然仿照皇宫体制，其宅中有土山，山上立两市，殿上有赤墀、青琐等设施，全不是臣下所应有的；他去打猎时，驱使百姓为他开路，以便让他能在深山荒野中驱车往来，而且还投宿在皇帝的离宫中，由官方

设宴招待他及其随从；汉元帝死，臣民还在服丧期间，他公然违制，聘取原来皇宫中的女官殷严、王飞君等为妾。他的侄儿王况也不赖，胆敢要了元帝的贵人为妻室。红阳侯王立侵夺民田数百顷，“父子藏匿奸猾亡命，宾客为群盗”，活脱脱一家土匪。成都侯王商不顾禁令，竟敢在京城“龙脉”上挖一条小运河到他家中园内，造一个小湖，以供游乐，并使用皇帝才能用的羽盖，坐在船上作乐高歌。如此等等，难以尽举。

王政君扶持王莽专权幕后写真

如果说王政君大封王氏外戚集团导致朝纲败坏、政治黑暗、百姓遭殃，因而动摇了汉王朝的统治基础的话，那么，她对王莽的全力扶持，则直接地引狼入室，使王莽得以灭掉了西汉。

王莽字巨君，是王政君弟弟王曼的儿子。此人早年是王氏家族中比较贫寒而最为奸猾、最具野心的一员，也堪称中国历史上名列前茅的大野心家。他的父亲早死，因而当他的伯叔父们个个封侯时，他暂时还没有份儿。于是他竭尽全力去讨好姑母王政君和伯父王凤。王凤临死，特地交代王政君和汉成帝关照这个侄儿。王莽先被任为黄门郎、射声校尉。他极善伪装，在士大夫阶层中颇有声誉，那些叔伯兄弟们也没有谁不喜欢他，王政君更是十分器重他，所以他爬得很快。永始元年（公元前 16 年），他被封为新都侯。绥和八年（公元前 8 年），更代替重病的王根出任大司马。

这王莽是伪君子的祖师爷，他假装清正谦恭的本领确是非凡的。他深知赢得舆论的拥护和士民的好感，是实现他个人野心的重要条件或者说敲门砖。他爬到大司马的首辅地位，但他决不以此为满足。他的最终目标，是坐上那高不可攀的龙椅。自然，在条件成熟之前，他从来不让人起半点疑心，包括他的靠山王政君在内。为了沽名钓誉，王莽干了许多矫揉造作不近人情的事情，有些做得让人看着都觉得过火了。比如，他身为朝廷第一重臣，家财巨万，却经常让他的老婆穿得破破烂烂，老让客人们认为是个老仆妇。有一次，他的儿子王获杀死了一个家奴。这样的事在今天看来当然是应偿命的，但在那个时代却是小事一桩，因为人们并不把家奴当人看，这种罪最多打几鞭罚点款完事。可王莽却勒令王获自杀，并将此事广传于社会间，以表示他的重视人命大义灭亲。他的另一个儿子王宇，对王莽禁止汉平帝的生母及舅父入京与平帝相见等做法不以为然，接受平帝舅父卫宝的请求，想帮助他们解决亲人相见的难题。在正面努力失败后，王宇听从其师吴章及妻兄吕宽的建议，派吕宽在夜里将一些兽血洒在王莽家门上，想用这种方法吓唬王莽使之改变态度。结果被发觉，吴章、吕宽被杀，王宇也被逼令自杀。王莽还借此事兴起大狱，株连许多无辜者，“死者以百数，海内震焉”。王莽这一残暴行径，居然被王政君认为又是大义灭亲之举。王莽还为此写了八篇文章，训诫其子孙。而拍马屁者上书王政君，要求将王莽这八篇文章颁发各地，让各地民吏、学生们诵读。王政君一概允准，下诏颁行，将王莽捧得如同孔圣

人一般。

元始元年，南方蛮夷献上一只白雉（白色野鸡）。一些阿谀之徒又借此做文章拍王莽，他们上书说，这是王莽的功德所致。当年周公辅成王时，越裳氏就献过白雉；今天王莽辅政，又出现此种祥兆，说明王莽有安定汉家之大功，可与周公媲美，应加封王莽为"安汉公"。王政君立即批准这一建议，下诏封王莽为安汉公，位在一切朝臣之上，加封二万八千户的封地。王莽故意推辞了一番。王政君又下诏说：王莽功劳盖世，不能因为是皇亲国戚就避嫌不受封。王莽这才接受封号，但让出了加封的土地，并向王政君建议给各诸侯王及开国功臣的后代一次封赏。于是王莽在自己大捞一把的同时，顺便又赚了不绝于耳的赞誉。

紧接着，王政君又下了一道诏书，说自己年纪大了，不想管具体政事，皇帝又小，所以一切政事由安汉公王莽全权处理，包括所有官吏的任免权在内。元始四年（公元 4 年），在王政君的主持下，王莽的女儿又被立为皇后。王政君已经把整个江山交到王莽手中了。王政君自己料不到，她对王莽的全力扶持，已经逐渐将她自己陷入尴尬的境地。因为，王莽已经不满足于手握大权做没有皇帝名义的皇帝了，他要做真皇帝！他已经做好一切准备，具备了应有的条件。这些，都是在王政君的全力扶持、帮助和怂恿之下取得的。

王政君晚年生活内幕

王政君养虎终成患

平心而论，王政君尽管不遗余力地支持扶助野心家王莽，但其动机也只是以为王莽是自己的至亲，可以信赖，扶他起来可以代替自己管理国家，而决不是存心让王莽得以篡汉灭汉。理由很简单：王政君是汉朝历经五世的国母，她不管如何作恶，但她个人的命运毕竟是与汉朝密切相关的。有汉朝在，她是至高至尊的皇后、皇太后、太皇太后；汉朝不存，她就是个亡国奴老寡妇，再没什么戏唱。尽管王莽可能对她不错，但那不过是"优待俘虏"而已。这种尴尬境地岂是叱咤风云五六十年的王政君所心甘情愿的？

然而，不管她情愿不情愿，王莽在她的支持下，终于让她成为亡国老寡妇。等她发觉时，早已噬脐无及了。

元始五年（公元 5 年），十四岁的汉平帝被王莽毒死。接着，王莽在王政君支持下，选立了一个年仅两岁的广戚侯刘婴继位。然而王莽并不想让这婴孩真的当皇帝，不过想使之成为过渡期的点缀物而已。此时的王莽，已经完全控制了一切朝政，甚至包括舆论。他在择立刘婴的同时，指使一群公卿大臣联名上表给王政君，说刘婴年龄太小，不宜直践君位，应先立为"孺子"，而让安汉公王莽像当年周公辅成王那样，"践祚居摄"，即当"摄皇帝"（代理皇帝）。此表一上，王政君如梦初醒，这才明白她的老侄原来是这个打算！她坚决反对。然而，王莽大权在

握，计划已定，由不得她了。紧接着，武功县一个马屁精献上一块白石，说是在淘井时得到的，上面刻着丹书文字："告安汉公莽为皇帝"。这一下，连"天命"也有了。"人心所向，天命所归"，王政君还能怎样？固然，她严辞斥责那石块是假的，但这斥责已经失去了昔日的威慑力。她自己也明白这点，所以当王莽派心腹王舜来劝她不要固执己见时，她也只好长叹一声点头同意，下诏让王莽当了"摄皇帝"，一切礼仪"皆如天子之制"，见太皇太后也不用行臣礼了，连年号也改成了能显示代理皇帝特色的"居摄"。那原来选定的新皇帝刘婴，这下反而倒成了皇太子，号称"孺子"。不久，王莽又改称自己为"假皇帝"。

王莽离真皇帝的位子只有一步了——事实上他就是真皇帝，只是名号上还差一点点。而重要的是还顶着"汉朝"这块牌子，他不是汉室子孙，他要建立自己的王朝。他加紧行动。

在中国历史上，每临改朝换代之时，总有趋炎附势的无聊之徒造作出种种"符命"一类玩艺，当然更多的"符命"是那盯着皇位的人自己干的，以推波助澜，制造声势。这在今天，应称为"舆论准备"。那时人们很相信这一套，所以往往能起到不小作用。王莽要当代理皇帝时就利用过这一手，如今要当真皇帝，当然更少不了借助于此道。居摄二、三年，这类东西接二连三地出现了。广饶侯刘京、千人扈云、太保属臧鸿都奏上"符命"。这刘京实在是无耻之徒，他作为汉家宗室，居然首先捏造"符命"来帮助王莽篡汉。他煞有介事地说齐郡临淄县有一个亭长叫辛当，一连几夜梦见一个神人告诉他："摄皇帝即将成真皇帝。"还说若不信，他亭中将有一口新井出现，以此为证，后来果然出了一口深百尺的新井，云云。扈云和臧鸿之流则是老办法：造出所谓刻有符命的石头献上。更有一个梓潼人哀黄，本是个无赖子，他见王莽这个阵势，知道这是拍马屁捞富贵的好时机，就做了两个铜匮，一个上刻"天帝行玺金匮图"，一个刻"赤帝行玺邦传予黄帝金策书"。还有一篇文字，说汉高帝刘邦已奏明天帝，将天下让给王莽。还刻有王莽的十一辅佐大臣的姓名，他本人哀黄先生的大名也在其中。然后在一个天色阴暗的黄昏，穿上一身黄衣，装神弄鬼地把这铜匮送到汉高祖刘邦的庙中。守庙的官员马上报告王莽，王莽当下装模作样，带着一群人到高祖庙中接受金匮，并宣布正式接受汉家的禅让。随即举行即位大典，即真皇帝位，改国号为"新"，年号为"始建国"。

西汉灭亡！这一年，为公元 9 年。

经过数十年的奋斗，王莽终于踏上了皇帝的宝座。而他这数十年历程，是他的老姑母王政君扶着他走过来的。

王政君为何晚年自受辱

那么，此时的王政君又作何感想？自然，尽管汉朝灭亡，她作为新朝皇帝的姑母和扶立者，养尊处优的生活是不必担忧的，然而她的身份改变了，她现在是

个亡国奴。王莽连她对汉朝的最后一点系念物——传国玉玺,也不让她留在身边。这传国玉玺是秦朝旧物,入汉后,作为天子的证物而传留下来,有这颗玉玺者才能为天子。到了孺子婴时,那乳臭小儿没法拿它,由王政君保存。王莽建新后,派走狗王舜去向王政君索取玉玺。王政君不给,破口大骂:"你们这伙猪狗不如的东西!你们受尽汉家恩德才有今天,不但不图报答,反而趁机欺凌汉家寡母孤儿,取了汉家天下。你们兄弟必遭灭族之祸!这颗传国玉玺是汉家之物,你们建了新朝为什么不自己做颗新的而偏要要它?我作为汉家老寡妇,想与这玉玺葬在一起都不行吗?"然而,骂归骂,她又有什么办法阻止那群如狼似虎的家伙呢?她不拿出来,那些人就要动武。她"打落牙齿肚里吞",自作自受,只好一边哭一边拿出玉玺,狠狠地丢在地上,让王舜拿去献给了王莽。

还不止于此,王莽还给了王政君以新的侮辱。他将王政君的汉朝太皇太后的尊号去掉,改称一个不伦不类的"新室文母",这称号大约表示王政君是新朝的人,但不是国母,只是新皇帝的姑母吧?这便将王政君最后残存的一点自尊也摧毁了。王莽还故意把汉元帝——也就是王政君的夫君的庙给毁掉,在废址上给王政君建了一座"长寿宫",其实就是庙,还在那里设宴,请王政君来到她夫君神庙的废墟上庆祝。结果老太婆痛哭一番,不欢而散。

始建国五年(公元13年),在悲伤、悔恨、忧愁中度过了五年的王政君死了,终年八十四岁。王莽将她葬在汉元帝的陵墓旁,却又故意在两陵之间挖了一条深沟,以表示王政君与汉朝的关系已断绝。事实上,这样做倒也合乎情理:一手造成汉家灭亡的王政君,还有什么脸依附于汉家陵墓?然而,她在新朝又算个什么东西呢?于是,这个在汉朝历经五代六十年的汉家国母,就变成了既不能依附于汉家、又不能依附于新朝的"孤家寡人"了!这真是给"自食其果"这一成语下了一个绝妙的注脚!

假如人死而有知,不知这老寡妇如何去见她的汉家祖先和夫君?

汉成帝刘骜

成帝刘骜

宽博谨慎　雅好学术

由于深得祖父汉宣帝的喜爱，刘骜的太子地位一直比较稳固，元帝还曾特命驸马都尉、侍中史丹专门照护太子。但是到元帝晚年却产生了危机。原因一是成帝长大后生活过于安逸，“幸酒，乐燕乐”，元帝认为作为皇储不该如此享乐；二是元帝对他的兄弟定陶王刘康有偏爱。成帝有两个异母兄弟，一个是少弟中山王刘兴，冯昭仪所生，另一个就是刘康。刘康是当时元帝的宠妃傅昭仪的儿子，“多才艺”，所以元帝对他特别喜欢：出则同辇，坐则侧席，多次想改立他为太子。到竟宁元年(前 33)，元帝病重，傅昭仪、定陶王勤于侍问，太子很少进见，元帝竟“数问尚书以景帝时立胶东王(即汉武帝)故事”，准备仿效景帝废长立幼，改立定陶王为太子。皇后、成帝及其大舅卫尉侍中王凤等人极为忧虑，却不知如何是好。最后幸亏是史丹直接到元帝的病榻前为太子陈情，加之元帝考虑宣帝甚爱太孙，才保住了成帝的太子地位。以后再没有出现波折。不久，元帝去世，成帝继承皇位，时年 19 岁。成帝继位的第二年，改年号为“建始”，5 年后又改元“河平”，以后每四年改元年号，先后是“阳朔”、“鸿嘉”、“永始”、“元延”、“绥和”。至绥和二年(前 7)去世，共在位 27 年。

成帝性格温和内向，谨小慎微，谦恭有余，豪爽不足。有一次元帝要召他急见，如果想争取时间，他可以横穿皇帝独行的“驰道”，很快来到皇宫，但他却谨慎地绕道而行，很晚才到。成帝这种“宽博谨慎”的性格，对他以后的统治曾产生很大影响。他继位后加强皇权，却终未能削弱外戚的势力，与此不无关系。

和其父、祖一样，在“独尊儒术”的风尚下，刘骜自小开始读经。到青少年时代，他对儒经更加推崇，特别是《诗》，已相当精通。也许正是因为如此的缘故，成帝时期科技、文化有着长足的发展。其间，出现了总结北方特别是关中地区农业生产技术的著名农书《泛胜之书》。河平元年(前 28)，进行了世界公认的世界上最早的太阳黑子的记载。此外，还留下了我国古代最详细的哈雷彗星观察记载。

在文化上，成帝时进行了一次大规模的图书收集、整理工作。我国古代的文化典籍原来相当丰富，秦代由于“焚书坑儒”和楚烧咸阳，很多都已被烧或散佚。汉初废“挟书律”，民间出现了大量书籍。为此，汉武帝曾制定藏书之策，置写书之官，收集各类图书，存于秘府，但仍有很多散佚。成帝时，他下诏进行了一次我国最早的大规模的图书收集整理工作。这项工作由当时的著名学者光禄大夫刘向具体负责。但刘向未竟而逝，后到哀帝时由其子刘歆继续完成，编成了一部我国最早的图书分类目录《七略》。

委权外戚　政绩平平

汉成帝在位期间，政绩平平。其足以称道的政绩是减轻赋钱、禁奢侈和强化皇权。前者是在建始二年(前 31)实施。这一年成帝始定长安南北郊，为求吉

庆，下诏减天下赋钱，人算减 40。汉代算赋按制度是人算 120，现减算 40，数目虽有限，但对负担沉重的广大农民仍不啻是一福音。禁奢侈在永始四年（前 13）。这时，统治者已日趋腐朽，声色狗马，争为奢侈。例如对外戚王氏五侯，史载“而五侯群第，争为奢侈，赂送珍宝者，四面而至；后庭姬妾，各数十人，僮奴以千百数，列钟磬，舞郑女，作倡优，狗马驰逐；大修屋室，起土山渐台，洞门高廊阁道，连绵不断。”为了汉家王朝的长远利益，成帝在这一年下诏禁止奢侈。这在当时虽然没有多大的效用，但也有一定意义。

至于成帝的强化皇权，主要是设置尚书和三公。尚书的设置是在建始四年（前 28）。这一年，成帝初置尚书 5 人，1 人为长官，称“尚书仆射”；4 人分为四曹：常侍曹，掌管公卿事务；二千石曹，掌管郡国二千石官员事务；民曹，掌管吏民上书事务；客曹，掌管少数民族及国外往来事务。尚书的职权范围很广，实际是皇帝的秘书机构。它的设置表明皇帝加强了对朝廷事务的控制。三公制度的实施是在绥和元年（前 8）。这一年，成帝下诏罢将军官，以大司马骠骑将军为大司马，御史大夫为大司空，封列侯，俸如丞相，标志着三公制的开始实行。因为大司马、大司空的职权和地位都和丞相一样，所以和丞相一起合称为“三公”。三公制的设置是当时皇权加强、与相权矛盾进一步发展的产物。表面上看，成帝置三公不过是改一丞相为三丞相，但实际上，丞相职权一分为三，三公互不统辖，这必然会加强皇帝的专制独裁。

不过，成帝的性格决定了他的强化皇权不过是制度，实际上并非如此。成帝继位后，即尊封母后为皇太后，以大舅阳平侯王凤为大司马大将军领尚书事，握朝中实权。成帝生性懦弱，加之王凤又是其大舅，他在朝政上对王凤就更加谦让。有一次，成帝想任才子刘歆为中常侍，没有告诉王凤，王凤知道后不同意，他心里虽然不情愿，也只好不了了之。当时的朝政基本是操纵在外戚王氏的手里。他们专横跋扈，结党营私，把整个国家搞得一片混乱。所谓“公卿见（王）凤，侧目而视，郡国守相刺史皆出其门”。

成帝在位 27 年，外戚王氏始终把持着朝中大权。出于对汉家王朝的忠心和对王氏专权的不满以及个人的出路，不少地主阶级的有识之士都曾大声疾呼，应罢免王氏。京兆尹王章在朝中以刚直著称，当时王凤擅权，“政事大小皆自凤出”，他就借言日蚀奏封事，提出不可以让王凤长久掌权，应把他罢免，选忠贤代替。理由有三条：一是日蚀象征“臣专君”，这本来是指王凤的专权，王凤却把它推到定陶王刘康身上，硬逼着就藩。二是原丞相王商系先帝外家，为人守正，因不肯附和王凤，便遭陷害，朝中官员和百姓们都为他感到冤枉。三是王凤知道自己妾妹张美人已经嫁人，按礼不该再送入后宫，却借口其生育能力强，献给皇上，为自家谋私。成帝本来就对逼定陶王就国、罢免王商很不满意，看了王章的上书，决定要罢免王凤。但消息却被走漏。王凤知道后，先发制人。他称病上疏以辞职要挟，其妹王太后也流泪、绝食向成帝施加压力。结果王凤不但没有被罢免，王章反而因此获罪，逮捕下狱，死在狱中，其妻子儿女被徙于合浦（今广乐合浦东北）。西汉的宗室、楚王刘交之后刘向也多次向成帝进谏要求罢免王氏，成帝虽然认为刘向讲得很对，但最终也没有夺王氏大权。

成帝所以把大权始终交给王氏，自有他的考虑。他深知士人并不可靠，因为士人执政大多会结党营私；宦官也靠不住，他们执政更是结党专权，为所欲为。

在成帝看来，最可靠的还是外戚。因为他能登上皇帝宝座，外戚就为他出过很大力。当然，他对外戚也不是一点顾虑没有。汉初诸吕叛乱他是深知的，朝中大臣不断上书反对王氏他也是非常清楚的，所以他也曾怀疑王氏。但在各种压力和张禹为王氏庇护的解释下，加之他生性柔懦，对母舅这种血缘关系还抱有幻想，经过一再犹豫，最终还是打消了对王氏的怀疑。所以，终成帝一朝，尽管反对王氏专权的呼声此起彼伏，但由于成帝的支持，王氏始终掌握着朝中大权。以至到了王莽，终于另立王朝，取刘氏而代之。

成帝一直无子，在位晚期身体多病，意识到不会再有儿子，便在元延四年(前9)下令朝中议以藩王为太子。当时的人选一个是他的少弟中山王刘兴，一个是侄子定陶王刘欣。御史大夫孔光根据《尚书》殷代王位继承是兄终弟及，认为中山王系元帝之子，可为太子；而外家王氏和赵皇后则认为汉家制度是父子相继，定陶王系成帝之侄，宜为太子。最后成帝裁决：兄弟不相入庙，且中山王不才，而定陶王多才，立定陶王为太子。第二年，即绥和元年，使执金吾任宏守大鸿胪，持节征定陶王，立为皇太子。以光禄勋史丹为太傅，立楚孝王孙刘景为定陶王，以奉定陶恭王祀。成帝在立太子的第二年去世，太子继位，即哀帝。

绥和二年(前7)三月，成帝在长安宫中突然病故，时年46岁。死后葬延陵，谥号“孝成皇帝”。王莽执政时，尊庙号为“统宗”。

汉成帝私生活揭秘

赵氏姐妹何以受宠于成帝

赵飞燕、赵合德是汉成帝时人。关于她们的来历，有两种不同说法。

一种说，赵飞燕姐妹是官婢所生，其父叫赵临，也是官奴。当时一人犯罪，家族皆受株连。其中一种刑罚是将犯罪者的家属全部充作官家奴隶，政府将这些人分到皇宫或贵族家中为奴仆，男称官奴，女称官婢，他们没有人身自由。官奴官婢中也有一些是战争中的俘虏。这赵临夫妇就是这类人，其地位之低贱可想而知。他们生下赵飞燕后，因难于抚养，就狠着心把她丢弃在荒野，可到底是亲生骨肉割舍不下，三天之后赵临又去看，见那婴儿居然还不死，赵临不忍心，又抱了回来。赵合德则是稍后生的。飞燕长到十多岁时，成为大美人，然而由于出身低贱，身不由己，被主家送入宫中作官婢，宫中又将其分到阳阿公主家为婢。公主见她人材出众，美不可拟，又兼苗条无比，身轻似燕，就让她学习歌舞，并给她取了个“飞燕”的名字。有一天，浪荡皇帝汉成帝刘骜去阳阿公主家玩，阳阿公主叫家中乐队奏乐，让赵飞燕翩翩起舞，招待皇帝。赵飞燕自己也料不到，这一偶然之事，便成了她飞黄腾达的阶梯。那色中饿鬼刘骜，看到赵飞燕这等出类拔萃的美丽，又是这等的能歌善舞，岂肯放过？就在宴席上对公主说了，要带飞燕回宫。公主能有这么个讨好皇帝的机会，自然乐于奉献。当天晚上，这位美艳的前官婢就成了皇帝的新宠了。入宫没几天，赵飞燕就对成帝说起她还有一个叫赵合德的妹妹，据她的说法，那合德的美丽简直连她也未必能胜过。成帝一听，急不可耐，赶紧命人将合德迎入，果然又是一位下凡天仙！而且这合德虽然年少，却是天生的床上好功夫，把个刘骜喜得神魂颠倒，给合德取个外号叫“温柔乡”，对人说：“我将老死在这温柔乡中了！”于是姐妹双双转眼间便“由奴隶到将

军”了。

另一种说法与此大不相同：赵飞燕姐妹乃是私生子，其生父叫冯万金，是个乐人，在江都中尉赵曼家中做家庭乐师。赵曼对他很好，甚至让他随便出入内室。赵曼生理有毛病，不能近女人。其妻是江都王孙女，称姑苏主，姑苏主耐不得守活寡，遂与冯万金私通，结果怀了孕。姑苏主假装有病回娘家住了很久，分娩之后才回赵家。这一生是个双胞胎，都是女孩，于是给长女取名宜主，次女名合德，却又冒用赵姓，都交由冯万金带回抚养。十来岁时，两人都出落成美女。不久，冯万金病死，家道衰落，难以为生，姐妹俩流落到长安，自称赵主之子，后来结识了阳阿公主的家令赵临，就投奔赵临，算作赵临养女。因赵临的关系，又进入阳阿公主家学习歌舞。以后的情节则与前说后半部分同样了。

这两种说法虽有不同，但赵飞燕姐妹出身于贫贱之家这一点看来是可以肯定的。不管是官奴之女还是流落他乡的乐人私生女，在那个时代都是绝对低人几等的。那么，汉成帝刘骜身为皇帝，却要出身如此低贱的女子为后妃，他不怕失了身份、不怕臣民议论吗？不然。这种观念在汉代皇帝们那里没有多少市场，他们在这方面倒是“开明”得很，“唯美是举”，不问出身的。比如汉成帝的祖宗汉武帝，在自己姐姐家看到一个官婢卫子夫貌美，当场就借口换衣服要卫子夫“侍候”他了，而且马上带回宫中，以后立为皇后。大名鼎鼎的汉武帝尚且如此，无德无才的成帝刘骜就更不用说了。

赵飞燕、赵合德姐妹俩根本不需经过什么努力，就双双专宠后宫，马上都被封为婕妤——后妃中的第三等，仅次于皇后和昭仪。

赵氏姐妹陷害许皇后内幕

赵氏姐妹二人做了皇帝的婕妤，按说应该感念皇恩，好好过日子了。

然而，正如一切生活中的暴发户那样，骤然的富贵并没有使这姐妹俩心满意足，她们认为，凭着自己的绝顶姿色，凭着皇帝的百般宠爱，她们理应得到比婕妤更高的位置。而作为姐姐的赵飞燕，更是野心勃勃，她的目光盯住了皇后的座位——假如命运果真垂青，把皇后的皇冠赐到她们二人头上，按照封建礼教中的长幼有序，那也毫无疑问应该属于她。

这时的皇后姓许，是前大司马车骑将军许嘉的女儿，才貌双全，为人比较本分。然而因为以皇太后王政君为靠山的王氏外戚集团与许氏外戚集团争权，许嘉败北，被撤了大司马车骑将军之职，许皇后不免因此受到冷遇。加之她虽曾生过一子，但早已夭亡，以后再未生育。在那个时代，一个无子的女人，即便是皇后，也是不免气短的。而且朝中的王氏掌权人物王凤之流总在找借口攻击她，所以，她虽贵为皇后，但日子过得并不舒心，宝座并不牢固。而正在这样的时候，她的对手中又多了一个赵飞燕姐妹——这很容易理解，不打倒许皇后，赵氏姐妹何能与皇后之位有缘？

鸿嘉三年（公元前 18 年），赵飞燕上书诬告许皇后的姐姐许谒买通术士以巫术诅咒大将军王凤和宫中已有身孕的王美人，并说其幕后指使者就是许皇后。这种无凭无据的告发居然大获成功，因为成帝对许后已经厌倦，而皇太后王政君正巴不得有这么个理由整倒许氏家族，于是许皇后立即被废黜，后来又被逼令自杀。成帝的另一个先前也颇得宠的婕妤班氏也被牵连，退处冷宫。赵氏姐妹搬

掉了上爬路中的主要障碍。

永始元年(公元前16年),赵飞燕被正式立为皇后,赵合德则升为昭仪,姐妹俩不仅专宠,而且地位之高在皇帝妻妾中也无人可及了。

赵氏姐妹秽乱宫闱秘密

然而赵氏姐妹也还有不满足不如意的事情。这主要是两点。首先,尽管她们两人几乎"承包"了皇帝,轮流陪侍皇帝——飞燕住在远条馆,合德住在昭阳殿,皇帝刘骜一般就轮流在这两处过夜,后宫其他佳丽几乎无法染指——然而不知怎么回事,姐妹俩竟没一个能生育,不要说儿子,连女儿也不见一个。一连好几年都如此。这可是件要命的大事情。皇帝们喜新厌旧,这是规律。而自己如花似玉的容颜却不能永久保持。倘生有皇子,将来自然母以子贵,不成问题;而没有儿子,一旦人老珠黄,皇帝一脚踢开,那时何处是归宿?因此,只要有可能,就要尽一切努力争取生个儿子,两人中能有一人生也好。这成了赵氏姐妹一块大心病。而其次,这两个水性杨花的女人居然还是感到寂寞苦闷。尽管只隔一晚两晚就能陪侍皇帝一夜,但中间毕竟有独寝孤床的时光。再者,那皇帝长此以往在两人中间周旋,而且这风流子还不时瞒着赵氏姐妹去"幸"其他妃嫔宫女,简直就没有一天得闲,淫佚过度,精力不济,所以也难以让那两位处于旺盛期的美人得到满足。在这方面,赵飞燕更甚,因为在她们两个之中,皇帝更喜欢到她那"温柔乡"妹妹那里去,她得幸的机会相对要少一点。因为是姐妹,所以也不便发作。

如何解决这两个难题?赵氏姐妹的办法是:"移花接木","偷梁换柱"。说白点,就是私通别的男子。她们认为自己不能生子,原因在皇帝身上,应该再找其他男人试试。而这办法同时又可解决她们的性饥渴问题,可谓一石双鸟。两人中,又以赵飞燕对这办法尤感兴趣,是最积极的尝试者。

在西汉时代,宫中的"男女大防"远不如后世那般严格。当然,宦官早已使用了,但少数非宦官的真男人也可以某种身份或某种理由出入后宫。例如那时的常侍这种侍从官,后世全用宦官,但当时却是杂用士人的。而宫中不少官奴也是没有阉过的。这便为后妃们的淫乱创造了条件。

有一名官奴,名叫燕赤凤,这家伙勇武过人,矫捷异常,飞檐走壁,如履平地。赵飞燕和赵合德两人都看中了他,一来二去,两人都与他勾上了。那燕赤凤体壮如牛,应付她们两人倒也游刃有余。他成了汉成帝的"替身",晚上也轮流分宿两处:如成帝在飞燕处,他就宿合德处;反之则宿飞燕处。久而久之,飞燕姐妹之间也不免生出一些小小妒意来。一天,宫中上灵安庙,鼓乐作曲,说也凑巧,乐队所奏的歌曲中有一首名曰"赤凤来"。赵飞燕听到,故意问合德:"赤凤为谁来?"合德答:"赤凤自然是为姐姐来,难道还为别人吗?"这话勾起了飞燕的一丝妒意,发了雌威,骂了合德一顿。合德说:"姐姐,你忘了当年我们穷困时没被子盖两人拥挤着取暖的事吗?今天富贵了,何必拿这样的事情互相过不去呢?"飞燕有点惭愧,于是和好如初。成帝刘骜也模模糊糊听说了此事,就问赵合德是怎么回事。合德掩饰说:"'赤凤'就是指皇上您啊。汉为火德,所以这样称呼您。皇后见您经常在我这里,有些嫉妒,所以才有那点口角之事。"那皇帝信以为真,深为自己能使两个美人吃醋而感到高兴。

汉成帝在太液池中造了座高台，华丽无比，经常带着飞燕姐妹去上面饮酒作乐。他最喜欢看飞燕跳舞，专门在台上建了一座小台，是赵飞燕的专用舞台。一天，赵飞燕正跳得高兴，忽然刮起一阵狂风。飞燕身轻，台高风猛，一时间飞燕眼看就要被风刮跑。成帝赶紧命令最靠近飞燕的侍从冯无方抓住飞燕，无方一个箭步冲上去，握住了飞燕的双脚，飞燕在冯无方掌中托着，在风中作飘然起舞状。后世遂有飞燕能作掌中舞的传说。从那以后，赵飞燕又看中了奶油小生冯无方，又与无方通奸。而成帝认为冯无方救护皇后有功，大加赏赐，还准许他出入飞燕宫中，这自然正合赵飞燕心意。

赵飞燕先后私通了好几个男人，虽然欲望得到了暂时满足，但还是腹中空空。她一不做二不休，干脆在宫中辟了一间密室，说是祈神求子之所，任何人未经允许不得入内，其实那里是她专用的淫乐场所。她暗地令人找了十来个英俊男子，轮流在室内与她淫乐，有时甚至一次同时有几名男子。她的如意算盘是，这样既可使自己的淫欲得到最大限度的满足，又可“广种薄收”，达到生子目的：与十几人轮流交合，难道总碰不上一回能怀孕的吗？

没有不透风的墙。赵飞燕如此大规模地乱搞滥交，岂能瞒尽宫中人？这种事她又必须求助于下人，比如召来宫外男人，就必须由下人去办。而十来个陌生男人长期来往于后宫，尽管秘密行事，但若要人皆不知，根本不能。有一些知情者，或出于对赵飞燕的不满，或出于“立功受奖”的动机，便把这事捅到皇帝那里去了。可是，这些告密者没有料到，赵合德早就在成帝身上打了预防针。她经常对成帝说：“我们姐妹俩出身贫贱，承蒙皇上错爱，得有今日。可这必然会引起许多人嫉恨。而且我姐姐性情急躁，有时对下人过于严厉。所以，肯定会有人说我们，尤其是说姐姐的坏话，甚至会捏造罪名诬蔑我们。皇上，您可要为我们做主啊！”好色的刘骜对这千娇百媚的美人，从无不依不理，连叫“放心，放心，我不听就是了”。那些告密者不知这些，把小报告打到皇帝那里，皇帝不仅不信，而且还觉得合德果然有先见之明，于是告密者们全都丢了脑袋。从此，赵氏姐妹在宫中更是为所欲为，闹得沸沸扬扬，丑声传遍宫闱，可再没人来管这些事了。

新帝王莽

哀帝在位六年，死时二十六岁，没有儿子嗣位。他的祖母傅氏、母亲丁氏，也已经先他死去。太皇太后王政君得知哀帝死讯，立即赶往未央宫收取皇帝的印玺，并派人急召她的侄子王莽入宫主持丧事。接着，罢去大司马董贤的职务，由王莽接替。又派车骑将军王舜持节前往中山国，迎接中山王刘箕子（即刘衎）来京师继位。他就是汉平帝。

平帝即位时年仅九岁，由太皇太后临朝称制，大司马王莽掌管朝政。平帝的母亲卫姬及外家，都不准来京师侍候平帝。这位小皇帝成为汉家的招牌，实际的朝政大权落入王氏家族手中，而王莽是其中的核心人物。

王莽发迹，与王氏家族的勃兴，息息相关。他的先世田安，即项羽所封济北王。田安失国之后，齐人称之为“王家”，因此就以“王”为姓。王莽的曾祖父王贺，武帝时为绣衣御史。祖父王禁，宣帝时任过廷尉史。他们都是汉廷的一般官员。直到王莽的姑母王政君，在元帝时被立为皇后，这个旧的贵族之家，才由衰微而再度勃兴。汉成帝即位后，王政君成了皇太后，王氏一族贵幸倾朝。他们先后有十人封侯，五人为大司马，大将军领尚书事，执掌汉家的朝政大权。朝廷公卿、大夫、侍中、诸曹、郡国守相、刺史，也多出自王氏之门。王氏家族成为西汉末年权势最大的政治集团，王莽即依附这个家族一跃而为汉朝的头面人物。

王莽的父亲王曼，是王政君的异母弟。因为王曼早死，来不及封侯，所以王莽自幼孤贫。但是他“内事诸父，曲有礼意”（《汉书·王莽传》），受到王氏兄弟的信任。王凤病重时，王莽小心侍候，连月不解衣带。临死前，王凤荐举他为黄门郎，又迁射声校尉。后来，又经他的叔父王商，以及一些官员的推荐，成帝封他为新都侯，擢迁为骑都尉、光禄大夫侍中。为了谋取高官厚禄，王莽收养名士，对宾客施加小恩小惠，结交朝廷的大官僚，作为他的进身之阶。绥和元年（前 8 年），由于他的叔父王根的推荐，王莽接替王根为大司马，执掌汉廷大权。但是，不久成帝死去，哀帝继位，外戚傅氏、丁氏得势，王莽被迫辞职。元寿二年（前 1 年），哀帝死，王莽才重任大司马。

王莽执政之后，为了巩固自己的地位，并进一步夺取汉室最高权力，便大施各种权术。他培植党羽，安插心腹，提拔附顺他的官员。他的亲信王舜、王邑、甄丰、甄邯、平晏、刘歆、孙建等人，都分别授予重要的职务。对官员中的异己者则加以排斥，有的免官，有的罢去官爵后迁徙边远地区。甚至连他的叔父王立，也被遣回封地，以免干涉他的行动。同时，他还唆使公卿上书太皇太后，攫取州牧及二千石官员的任免权。

为了笼络人心，取得宗室、老臣的支持，王莽大封宗室和功臣的后代为侯。对二千石以上的退休官员，则发给原来俸禄的三分之一，直到老死为止。当青州（今山东地区）、其他郡国发生旱灾、蝗灾时，王莽率先上书，表示愿捐钱一百万，献出土地三十顷，交大司农分给贫民。遇有自然灾害发生，他就素食，以博取忧国忧民的声誉。

王莽又利用古文经学派，作为代汉及改制的工具。事情是这样：汉武帝尊崇儒术，立太学，设置五经博士及弟子员。博士们传授的经书，都是用汉代通行文

中华帝王

字隶书书写的，所以称为“今文经”。当时的公羊学，以及后来的谷梁学，即属于今文经学派，曾经盛行一时。到成、哀之际，刘歆受命校订秘府藏书，曾发现一部《春秋左氏传》，是用先秦古文字写成的。刘歆认为，它的作者左丘明，与孔子是同时代人，他们的好恶也相同。与《公羊传》、《谷梁传》依靠传闻解释经义相比，《左氏传》更符合《春秋》宗旨。因此，刘歆建议将《春秋左氏传》，还有当时陆续发现的《逸礼》、《古文尚书》、《毛诗》等都列于学官。但是，博士们不赞成，刘歆写信指责他们，结果遭到一阵攻击。因为今文经学派势力大，刘歆只好离开京师，到外地当郡守去。刘歆要立的四种经书，都是用先秦篆文书写的，所以称为“古文经”。随着古文经学的兴起，儒家发生了内争，儒学也分成为两派。今文经与古文经不仅文字不同，更主要的还在它们释经的内容、政治历史观也大相径庭，于是便演变成以经学为形式的政治派别的斗争。

平帝即位后，王莽执掌大权，古文经学美化古制，倡导复古的主张，正是新莽代汉、托古改制最好的工具。在王莽的支持下，古文经学再度兴起。他将刘歆召回朝廷，委以重任，先后任右曹太中大夫，迁中垒校尉、羲和、京兆尹，又封红休侯，掌儒林史卜之官。刘歆要表彰的《春秋左氏传》、《逸礼》、《古文尚书》、《毛诗》四种古文经，也都列于学官。王莽还扩充太学，扩建太学生房舍。增立《乐经》于学官，将五经增为六经。每经的博士增为五人，每个博士领弟子三百六十人，进一步扩大博士及其弟子的人数。在郡县设立学校，设置经师，招收生徒。他又网罗天下异能之士，凡通晓《逸礼》、《古文尚书》、《毛诗》、《周官》、《尔雅》、天文、图谶、钟律、《月令》、兵法、《史篇》、小学、医药、方技的人，由地方官备车马遣送京师，前后达数千人。王莽所征募的“异能”之士，自然都是古文经的信奉者。他们在京城讨论经传，撰写释经的文字，“正乖缪，壹异说”(《汉书·王莽传》)，对今文经学发动攻击，并作为异端思想加以剿杀，以求达到统一学术思想的目的。王莽通过表彰古文经学，为新莽代汉、托古改制造成舆论。在经学的外衣下，思想学术愈益演变为政治说教，成为维护这个政权合法化的工具。

与此同时，王莽攫取汉室最高权力也在加紧进行。他出任大司马仅仅几个月，便指使亲信上书替他邀功请赏，终于得到太皇太后的宠信，封为太傅，赐号“安汉公”。元始三年(公元3年)，王莽又策划立他的女儿为皇后。翌年，他果然成了平帝的岳父。这种联姻无疑使王莽既得的权力进一步得到了巩固。但是王莽并不满足，他的心腹王舜等人，又上书大造舆论，认为王莽的“功德”，可与殷朝的阿衡伊尹、周朝的太宰周公相比，应兼采“阿衡”、“太宰”的称号，以“宰衡”封王莽，位居上公。于是，太皇太后亲封拜，王莽官为宰衡、太傅、大司马，可谓位极人臣。他还接受“九命之锡”，即皇帝赐予九种表示极尊的器物，其权势之大和声望之高，都达到了无以复加的地步。就在这时，泉陵侯刘庆上书声称：汉平帝年轻，“宜令安汉公行天子事，如周公”(《汉书·王莽传》)。王莽问鼎的野心，正在一步步实现。然而他行天子事，平帝毕竟是绊脚石。正是在这一关键时刻，平帝突然驾崩，使王莽更加得心应手。在他一手操纵之下，宣帝最小的玄孙、年仅两岁的孺子婴，被立为皇太子。一时，王莽代汉舆论四起，符命图谶随之出现。有人浚井挖得一块白石，上面写有红字：“告安汉公莽为皇帝”。王莽指示亲信上奏此事，太皇太后无可奈何，令王莽居摄践祚。于是，王莽服天子韨冕，南面朝群臣，做起了“假皇帝”。仅仅过了三年，王莽以假造的金匮符命，逼令元后交出传国

玺，准备改朝换代。公元九年，王莽抛掉孺子婴，摘下汉家招牌，改国号为“新”，改元“始建国”，做了真皇帝。

王莽摄政及代汉，不仅没有使西汉末年的社会危机得以缓和，反而愈益加深了。还在他摄政刚刚四个月，宗室刘崇因不满王莽专制朝政，遂与张绍合谋起兵攻宛（今河南南阳）。第二年，东郡太守翟义移檄郡国，以王莽“毒杀平帝，摄天子位，欲绝汉室”为号召，发兵十余万讨伐王莽。槐里人赵明、霍鸿等人，在关中起兵响应。王莽惊恐万状，立即分派王邑、孙建、王奇、王级将兵镇压。王莽建立新朝那年，又有宗室刘快起兵胶东。这些反莽的兵火，大多属统治集团内部相互火拼，表明王莽代汉与正统观念格格不入，给新莽政权又蒙上一层阴影。

新朝面对深重的社会危机，加以新的政治动荡，一开始就陷入重重困境。为了摆脱危机，稳定政局，集中权力，王莽登位后，即下令改制。主要内容有如下几项。

改变职官制度。在中央，设“四辅”，位上公；又设“三公”、“四将”，合十一公。“三公”之下，设九卿，分属三公。九卿之下又有大夫、元士之设，分主中都官诸职。此外，还有“六监”，位皆上卿。在地方，仍然实行郡县制，郡守称大尹，县令长称宰。王莽仿效古制，对职官制度作了较大改变，职官名称及秩名也都全部更改。

推行“王田”制。王莽认为，土地兼并起于“废井田”，造成弱者无立锥之地。他企图通过恢复井田制，解决土地问题。始建国元年（公元9年），王莽下令推行“王田”制。法令规定，凡男子不满八口之家，占地超过一井（九百亩）的，必须将多占土地分给九族，或者乡里；没有田地的，按一夫一妇百亩之制，授予土地；土地不许买卖。这个规定直接损害官僚贵族、豪强地主及商人的利益，遭到他们强烈的反对，结果只推行三年即告废止。

禁止买卖奴隶。西汉末年，随着土地兼并加剧，奴婢数量不断增加，成为严重的社会问题。始建国元年（公元9年），与推行“王田”制的同时，又改奴婢为“私属”，禁止买卖奴婢，以维系小农“王田”制保证农村劳动力。但是奴婢买卖并未停止，犯禁者数不胜数。因此，天凤四年（公元17年），又重申禁止买卖奴婢，规定“一切调上公以下诸有奴婢者，率一口出钱三千六百”（《汉书·王莽传》），即通过加重征收口赋的办法，制止买卖奴婢，然而收效仍然不大。

实行“五均”、“赊贷”、“六筦”政策。这是一项工商市场管理政策，始建国二年（公元10年）开始实施。所谓“五均”，即在长安、洛阳、临淄、邯郸、宛、成都等城市，设置五均官，称为“五均司京师”，由长安东西市令、其他五大都市长充任，管理五谷、布帛、丝绵等物价。五均官在每季的第二个月，要定出各种货物的标准价，以稳定市场的价格。上述货物滞销时，五均官要按质量由官府以原价收购。如果市场货物超过标准价，官府则将掌握的货物，按标准价出售。如果低于标准价，则听任自相买卖。五均官所属的钱府，还负责征收工商税。

“赊贷”指官府发放贷款。凡是贫苦的百姓，因无钱办理祭祀和丧葬，可以暂时向官府借钱，祭祀的借期不超过十天，所借丧葬钱限于三个月内还清，官府不收取利息，这种贷款称为“赊”。还有一种贷款，即贫民经营产业，如果资金短缺，可向官府预借，官府收取的利息，每年不超过十分之一，这种借款称为“贷”。

“六管”是指官府统一掌管六种经济事业。这就是对盐、铁、酒实行专卖；名

山大泽、铸钱、五均赊贷，由官府管理。这是六种对社会经济生活影响较大的事业，由官府实行垄断，目的在于避免豪民富贾从中渔利。

变更币制。自从汉武帝统一货币以来，至西汉末年，五铢钱成为当时通行的货币。居摄二年(公元7年)，王莽变更币制，另造新币大钱、契刀和错刀三种，与五铢钱同时并行。始建国元年(公元9年)，王莽登位后，又废错刀、契刀和五铢钱，另造小钱，重一铢，与大钱并用。翌年，王莽再改币制，分黄金一品，银货二品，龟宝四品，贝货五品，钱货六品，布货十品，共计五物，六名，二十八品，统称为“宝货”。这些货币品名繁多，质量不纯，加以使用原始货币，更为混乱，结果新币无法流通。在这种情况下，只好使用小钱、大钱两种，龟贝之类，不得不废止。天凤元年(公元14年)，又罢大钱和小钱，改作货布和泉布。王莽几次变更币制，造成货币流通混乱，社会经济遭到破坏，而每次改币都有不少人破产。至于犯私铸之罪，全家被没为官奴婢，或者被罚作苦役的，更是数不胜数。

对少数民族的政策。王莽认为，边疆少数民族“僭号称王”，“违于古典，缪于一统”，所以统统贬“王”为“侯”。始建国元年(公元9年)，他派遣使者收回原汉朝授予的印绶，改授新朝的印绶，引起少数民族强烈的不满，关系也日趋紧张。对于匈奴，除了改授新朝的印绶外，又加给一些侮辱性的称号，称匈奴单于为“降奴服于”，后来又改称为“恭奴善于”，使宣帝以来和好的汉匈关系遭到破坏，匈奴再度入塞劫掠吏民和畜产。为了对付匈奴的骚扰，始建国二年(公元10年)，王莽从各地征发囚徒、丁男及甲卒三十万人，由孙建等率十二将分道并出，准备对匈奴发起大规模的进攻。此后匈奴继续虏掠不绝，北部地区遭到严重的破坏。

为了进攻匈奴，王莽强征高句骊兵，高句骊人大量逃出塞外。始建国四年(公元12年)，王莽派辽西大尹田谭追击，结果田谭战死。王莽又派严尤进攻高句骊，诱杀高句骊侯驺，并将高句骊改名为“下句骊”，引起高句骊、夫余等族更大的反抗。

与此同时，西南地区的鉤町王邯，因怨怒王莽贬王为侯，遭到牂牁柯大尹周歆杀害，当地少数民族因此起兵反抗。天凤元年(公元14年)，王莽派遣冯藏发巴、蜀、犍为吏士进攻鉤町，士兵因疾疫而大批死亡。天凤三年(公元16年)，王莽又派廉丹和史熊发天水、陇西、巴蜀等地吏民十万人，转输者合二十万人进攻鉤町，士兵因饥疫而死亡数万人。

此外，西域各少数民族，也因王莽改王为侯，与新朝关系逐渐恶化，以至中断与内地的往来。

新莽代汉及其改制，本是汉家统治集团中的一部分人借以挽救汉室于危亡，也符合王莽攫取最高权力的愿望。然而新莽取代汉室本身，由于不合封建“正统”观念，在道义上得不到广泛的支持。王莽摄政及登位之后，立刻遭到统治集团另一部分人起兵反对，形成政局持续不稳的局面。甚至后来一些参加农民起义的贵族，仍然以“复汉”为号召，使王莽在政治上处于被动的地位。这是新莽代汉及改制导致失败的重要原因。而王莽改制企图牺牲官僚贵族、富强地主及富商的部分利益，以缓和当时的社会矛盾的做法，又使王莽在政治上进一步陷入孤立的境地，因而改制受到很大阻力而无法继续推行下去。再加上改制不切时宜，甚至照搬古制，政策又屡屡变更，以及吏治败坏，官员营私舞弊，因此改制失败是必然的。在这种情况下，新莽代汉及改制如同火上加油，使汉末的社会危机进一

步加深，因而一场大规模的农民起义终于爆发了。

继居摄二年(公元7年)，长安附近爆发赵明、霍鸿领导的起义之后，天凤二年(公元15年)，边郡五原及代郡又爆发人民起义。天凤四年(公元17年)，又有临淮瓜田仪起义于会稽。同时，琅琊海曲(今山东日照西)吕母，因儿子吕育被县宰冤杀，遂聚众百余人为子复仇，并发展成万余人的起义队伍。各地农民起义方兴未艾，更大规模的绿林起义，就是在这种形势下爆发的。

天凤四年(公元17年)，荆州地区饥荒严重，百姓只能挖掘草根充饥，生命受到严重威胁。新市(今湖北京山东北)人王匡、王凤遂被饥民推为渠帅，率领数百人起义。接着，南阳人马武、颍川人王常、成丹等，也加入起义队伍。这支起义军据守绿林山(今湖北大洪山)，不久发展成七八千人的队伍，历史上被称为绿林军。

地皇二年(公元21年)，荆州两万官兵进剿绿林军，遭到起义军迎头痛击。王匡等在云杜(今湖北京山)迎击荆州军，杀敌数千，缴获官军所有的作战物资。起义军乘胜攻取竟陵(今湖北潜江西北)、云杜、安陆(今湖北安陆北)等地。起义军回到绿林山时，队伍已发展到五万余人。

地皇三年(公元22年)，绿林山一带疫病流行，起义军死亡很多，不得不分兵两路，向其他地区转移。一路由王常、成丹率领，西入南郡，称为“下江兵”；一路由王匡、王凤、马武、朱鲔、张卬等率领，北进南阳，称为“新市兵”。同年七月，王匡等率起义军进攻隋县(今湖北隋县)，平林(今湖北隋县北)人陈牧、廖湛等率千余人响应，称为“平林兵”。

荆州起义军不断发展壮大，新莽政权摇摇欲坠，一些贵族豪富无不为之震动。他们为了维护自己的政治、经济利益，纷纷打出反莽的旗号，加入起义军。如西汉宗室刘玄，在陈牧起义后，即加入了平林军。另一宗室刘縯、刘秀兄弟，则聚族人七八千人，起兵于舂陵(今湖北枣阳南)，称为“舂陵兵”，并与新市兵、平林兵联合反莽。

与南方绿林起义几乎同时，另一支义军劲旅赤眉军，正在东部地区打击敌人。天凤五年(公元18年)，琅琊(今山东诸城)人樊崇，在莒县(今山东莒县)聚众百余人起义。这一年，青、徐地区正闹饥荒，贫苦农民纷纷起义响应。一年之间，队伍发展到一万余人。当时，东莞(今山东沂水)人逄安、东海(今山东郯城)人徐宣、谢禄、杨音等，也同时起义，共有数百人，并与樊崇会合，壮大了樊崇领导的起义力量。他们提出“杀人者死，伤人偿命”的口号，彼此“以言辞为约束”，共同遵守义军的纪律。他们没有文书、旌旗、部曲、号令的设置。在义军内部，首领被尊称为“三老”，其次为“从事”，再次称“卒史”，相互间称“巨人”，体现了义军平等的关系。这支由贫苦农民组成的起义军，与南方的绿林军遥相呼应，成为当时反莽的两支主要的农民军。

樊崇与逄安等会合之后，他们联合攻打莒县未下，便向莒县东北进击，转战姑幕(今山东安丘南)一带，击败王莽军探汤侯田况，共歼敌一万余人。之后，他们北入青州，又回师泰山。义军所到之处，打击豪富，开仓赈济，深得饥民拥护。

起义军的声势，震动了新莽集团。地皇二年(公元21年)，王莽派太师景尚、更始将军护军王党率军镇压。官军沿途烧杀掳掠，各地人民无不遭殃。第二年，樊崇再次击败王莽军，杀死其统帅景尚，取得又一次的胜利。

地皇三年(公元22年)四月,王莽在损兵折将之后,又派太师王匡(与绿林军王匡同名)、更始将军廉丹将兵十余万人,气势汹汹地扑向东平(今山东东平东)一带。樊崇闻讯,准备迎战。为了与王莽军相区别,义军用朱红涂眉,因此被称为"赤眉军"。王莽军所过烧杀抢掠,无恶不作,当时流传一首民谣,表达了人民对官军的痛恨:"宁逢赤眉,不逢太师;太师尚可,更始杀我!"

王匡和廉丹到达东平后,正值索卢恢在无盐(今山东东平东南)起兵,以响应樊崇领导的赤眉军。这年冬天,王匡和廉丹先攻取无盐,杀害起义人民一万多人。

当时赤眉军董宪等数万人,正驻扎在梁郡(郡治今河南商丘南),王匡及廉丹乘胜引兵进击,双方大战于成昌(今山东东平东南)。结果官军大败,士卒死一万余人。王匡战败后逃走,廉丹及校尉汝云、王隆等二十余人被杀。赤眉军取得这一辉煌的战果,沉重地打击了王莽在东部的统治。王莽又派国将哀章率军与王匡余部汇合,妄图继续镇压赤眉军。但是官军数战不利,已经无法挽回败局。于是,樊崇率赤眉军十余万人,还军围攻莒县。又转战东海、楚、沛、汝南、颍川、陈留、鲁城、濮阳等地。最后,赤眉军发展成数十万人的队伍,并控制包括今山东、江苏、安徽、河南的一部分地区。这对驰骋中原的绿林军,在客观上无疑是有力的支持。

绿林军分兵转移后,不久又汇合,并与舂陵兵联合反莽。地皇三年(公元22年),新市兵、平林兵与舂陵兵西击长聚,攻破唐子乡(今湖北枣阳北),杀湖阳(今河南新野东南)尉,又乘虚攻取棘阳(今河南南阳市南)。接着,刘縯、刘秀率军北上,准备进攻宛(今河南南阳市),途中与王莽军甄阜、梁丘赐相遇,两军战于小长安聚(今河南南阳市南),结果兵败被迫退守棘阳。甄阜、梁丘赐引十万精兵乘胜追击,将辎重留在蓝乡,企图将起义军消灭于沘水(今河南泌阳县境内)一带。

更始元年(公元23年)正月,义军夜袭蓝乡,缴获官军全部辎重之后,舂陵兵与下江兵遂发起攻击。他们斩杀甄阜和梁丘赐,歼灭官军两万余人。这时,王莽军严尤、陈茂见主力军大败,准备率军退至宛城据守,却在淯阳(今河南新野北)与刘縯、刘秀发生激战。严尤、陈茂战败,起义军遂进围宛城。

同年二月,起义军拥立刘玄为帝,改年号为"更始",以王匡为定国上公,王凤为成国上公,朱鲔为大司马,刘縯为大司徒,陈牧为大司空,其余将领为九卿将军。当时,南阳豪强所支持的刘縯没有取得政权,并在拥立问题上反对刘玄称帝,这就在更始政权内部埋下了不和的种子。

更始政权建立后,义军士气更加高涨。他们分兵两路:以主力进攻宛城,以便西进关中;又派王凤、王常、刘秀北上,于三月间攻占昆阳(今河南叶县)、定陵(今河南舞阳东北)、郾(今河南郾城南),缴获许多物资和粮食,支援围攻宛的主力。

王莽得知甄阜、梁丘赐被杀,更始政权建立,更加慌成一团。这年五月,他派大司徒王寻、大司空王邑到洛阳,调发州郡精兵四十二万人,南出颍川(今河南禹县)与严尤、陈茂的余部汇合,妄图一举消灭起义军。他们首先纵兵包围昆阳城,一场决定性的战役开始了。

当时,昆阳城中的义军只有八九千人,双方力量对比非常悬殊。面对占压倒优势的王莽军,起义军决定由王凤、王常守城,派刘秀、宗佻和李轶等十三人,乘

黑夜自南门突围出城，到郾和定陵调发援军。

王莽军仗着优势兵力，将昆阳围成数十重。他们挖掘地道，使用冲车、楼车攻城，对昆阳发起猛烈攻击。但是义军坚守城中，官军久攻不破。

同年六月，刘秀发郾和定陵的援军赶到，并亲率步骑千余为前锋，在距离官军四五里远的地方摆下阵势。王寻、王邑派数千人迎战，都被义军击败。

义军初战告捷，愈战愈勇，士气更加旺盛。于是，刘秀组成敢死队三千人，从昆阳城西突击敌人中军兵营。这是王莽军指挥机关所在地。义军出其不意，攻其不备，打得官军措手不及，王寻、王邑亲自率军万余人迎战，命令其余各部坚守阵地，不得随便行动。但是王寻、王邑出师不利，军阵大乱，义军乘势猛打猛冲，锐不可当，遂将王寻杀于乱阵之中。

昆阳守军闻讯，擂鼓呐喊，奋勇地杀出城外。两支义军里应外合，杀声震天动地，官军丢盔弃甲，溃不成军，被杀者不计其数。又逢风雨大作，滍水暴涨，夺路逃命的官军，纷纷跳入滍水，溺死者数以万计。王邑、严尤、陈茂等人，渡滍水逃走，遗弃辎重无数。

昆阳大战给予王莽致命的打击，各地起义浪潮更加高涨，新莽垮台指日可待。与此同时，刘縯和刘秀在攻宛及昆阳大战中，战功卓著，威名益盛，他们与更始政权的矛盾也随之加深。结果在昆阳战后，刘縯及其部将刘稷，遂在宛同时被杀。刘秀因一时无力反抗，只好暂时隐忍，并亲自从父城赶赴宛城，向刘玄表示“谢罪”。

昆阳大战之后，绿林军兵分两路：一路由王匡率军北上进攻洛阳；一路由申屠建、李松率军西进长安。这年九月，西进的绿林军破武关，从宣平门攻入长安城，得到城中人民的响应。王莽躲入未央宫渐台，被商人杜吴杀死，至此新莽政权宣告垮台。

汉光武帝刘秀

光武帝刘秀

出生不凡　志向平平

刘秀是汉高祖刘邦的九世孙。五世祖刘买，按王子封侯的惯例封为春陵侯。春陵为乡名，地在今湖南省宁远县北。汉元帝初元四年(前45)，袭爵的刘买孙刘仁嫌春陵地方潮淫，有山林毒气，上书经得汉元帝同意，偕同族人迁到了南阳郡蔡阳县白水乡(地在今湖北省枣阳县南)。袭爵的刘仁是个小侯，食邑只有476户，并不怎么显贵。刘秀的祖父刘回只是刘仁的从弟，无爵可袭，只当了个都尉(在郡里掌管守卫的武职)。为了标志自己的皇族血统，刘仁他们仍把新居称为春陵。后来刘钦当南顿县(治所在今河南省项城西南)令，又随父生活在南顿。刘秀九岁时，刘钦去世，留下了夫人樊氏和三男三女。孤儿寡母，在刘钦的弟弟刘良照顾下生活。刘良当时做萧县令，刘秀由叔父刘良抚养长大。

传说刘秀出生时，有赤光照堂中，尽明如昼，刘钦为之惊异，就找了个叫王长的人占卜，王长避开众人对刘钦说："这个兆头吉不可言！"生刘秀那年，济阳县有个地方的谷子一根茎生九个穗。按字义，谷类抽穗开花曰秀，刘秀的命名便因此而来。又传王莽担心天下不稳，派人四处侦察危险人物和危险地带，有个叫苏伯阿的"望气者"到了南阳就遥见春陵上空有一种特殊的气，不禁赞叹道："气佳哉！郁郁葱葱然。"到刘秀起兵时，他的住宅南边有道火光直冲天空，一会儿就不见了。

年轻时的刘秀，处事谨慎，讲信用，高个头，高鼻子。前额有点突出，堂堂一表人材。他喜欢务农，性情温和。大约在二十五六岁时去游历京都长安。在长安跟一个叫许子威的庐江人学习《尚书》，学得并不怎么好，只是"略通大义"。他很大方，同学们没钱花，他就和同宿舍的一个叫韩子的同学出钱买了些驴来，让仆人赶着驴子搞运输，挣了钱供给同学们的花费。有一次他在新野(今属河南省)听说那里阴氏家中有个名叫丽华的女子长得漂亮，心中爱悦；到长安时见到执金吾(负责监督、检查京都及附近地区治安的长官)出行时有很多车马随从，声势煊赫，就大为感慨地说："仕宦当做执金吾，娶妻当得阴丽华。"志愿不过如此。这些，使刘秀和他的大哥刘縯(字伯升)显得很不相同。刘縯性情刚毅，不事家业，刘氏皇族的意识特强，对新莽政权极端不满。破产散财，交结雄俊人物，颇有取天下的野心。当年汉高祖刘邦喜好结交，不事家产，刘邦的二哥刘喜专心治理家业，刘縯就自比刘邦，以刘喜比刘秀，笑他胸无大志。但最后当了皇帝的是刘秀，却不是刘縯。

忍辱负重　徐图大业

新莽末期，连年灾荒，各地农民揭竿而起，天下已经大乱。地皇三年(22)十月，刘縯在春陵，刘秀与李通的从弟李轶在宛城，同时起兵。刘良听到消息，怒不可遏，把刘秀狠狠训斥了一顿。说："你和你哥哥的志趣不同。现在家产快完了，

不治理家业，反而一起干这种事！”但事情已经闹起来，刘良也没法，只好顺从。当刘縯在舂陵起事时，同族的许多人非常害怕，都说刘縯要害了自己，纷纷逃跑；当见到刘秀穿戴着红衣大冠的将军服装，率领起事人员回到舂陵时，又说：“像刘秀那样谨慎厚重的人都造起反来了，还怕什么！”于是也就心安了。

这年十一月，刘秀等的军队与官军相遇，战于长安，结果大败。在此一战中刘氏宗族死了数十人，其中包括刘秀的二哥、二姐及刘良的妻和两个儿子。刘秀的二姐刘元死得颇为壮烈。败军之际，刘秀单骑逃跑，碰上三妹伯姬，就把她拉到了马上。不远，又碰到刘元，催她快上马，刘元看到追兵在后，挥手说：“你快跑吧，不能两全了，不要都死在这里。”追兵赶到，就把刘元和她的三个女儿杀了。

起义军迅速发展到十余万人。军队人多，将领们都主张拥立一个刘姓的皇帝，以此统一号令，顺应人心。南阳一带的豪杰人物，都认为刘縯最为合适，因为刘縯有威望，治军严明。而新市、平林军的将领们大都喜欢散漫放纵，担心立了刘縯不得自由。他们认为刘玄懦弱，容易左右，因而策划拥立刘玄。刘玄是舂陵侯刘仁的曾孙，在平林军中，号称更始将军。刘玄当皇帝后，改元为更始元年，并封了一大批官衔，封刘縯为大司徒，封刘秀为太常偏将军。

南阳一带的情况使王莽震惊，调兵遣将，很快集结了 43 万人马，号称百万，命司空王邑与司徒王寻率领前往镇压。王邑、王寻从洛阳出发，旌旗车辆千里不绝。王邑、王寻首先与刘秀相遇，刘秀的将领见敌多势盛，不敢作战，都跑回昆阳城中。他们忧念妻儿老小，都想各自回本土自保。刘秀非常冷静地向将领们分析了形势和前景，口吻严厉：“现在粮草无多，来敌强大。并力抗敌，还有打胜的希望，要是分散，必然被消灭，而且宛城还没攻下，来不了救兵，昆阳一失，一天之内，各军也就全都完蛋。现在怎么不同心同德，共建功名，反而只想看守自己的妻子和财物呢？”将领们受不了这些话，纷纷怒喝道：“刘将军怎么竟敢如此讲话！”恰好这时传来消息，说王邑、王寻的大军已到城北，队列延绵几百里还不见后尾。将领们平常并不看重刘秀，但如今事情紧急，又想不出办法，就说：“还是再请刘将军拿主意吧。”刘秀又向大家讲了他的主张和具体办法，结果将领们一致同意。当时昆阳城中只有八九千人，刘秀要王凤、王常守城，自己和李轶等 13 人骑马乘夜间出城南门，召集在外的军队。刘秀到郾县、定陵一带，把那里的军队全部集合起来救援昆阳。将领们舍不得财物，要求留一部分兵力看守。刘秀说：“现在要是打败敌人，比这多一万倍的珍宝都有，甚至可以夺得天下。要是被敌人打败了，脑袋都保不住，财物还有什么用？”于是把全部军队都带到了昆阳，刘秀亲率步兵、骑兵千余人当先锋。这时，昆阳城被围得铁桶一般，终日矢下如雨，打水需要头顶门板。王凤几次向王邑、王寻要求投降，王邑、王寻不答应，定要攻陷屠平。刘秀到离敌军四五里处停下来，有敌军数千人迎战，冲杀一阵，杀敌十来人。首战小胜，士气为之稍振，将领们高兴地说：“刘将军平时见了小敌就害怕，如今见了大敌却很勇敢，真是奇怪。再前进一些，我们为你助战。”刘秀又往前进，结果敌军败退，杀敌近千人，士气大振，无不以一当百。刘秀又率领 3000 敢死队，从城西直冲敌军的中军地带。王邑、王寻十分轻敌，下令军队各守营地，不得移动，只率领一万余人迎战，结果大败。大军不敢擅救，王邑被杀。刘秀军队合力夹攻，王莽军队四处奔逃，相互践踏，伏尸百里，水为不流，王寻带着剩下来的几千人逃回洛阳，刘秀缴获的军实辎重，不计其数，用了一月的时间没

有收拾完毕。

昆阳一战，敲响了王莽政权的丧钟。王莽为之走坐不安，忧懑不食。海内豪杰蜂拥而起，杀掉州郡官吏自称将军，接受更始皇帝的年号，等待诏命。王莽的一些心腹，策划杀掉王莽，投降汉朝，保全宗族。正当此时，新市、平林军的将领们看到刘縯、刘秀兄弟的威名日益大起来，心中不安，劝刘玄除掉他们，甚至连本来与刘縯兄弟关系密切的李轶也转脸谄事新贵。而刘縯手下的人对刘玄当皇帝一开始就不服，有人说："本来起兵图大事的是伯升兄弟，现在的皇帝是干什么的？"公开拒绝刘玄的任命。于是，刘玄就把刘縯和不满自己的人杀掉了。对此，刘秀深感不安，赶紧跑到宛城请罪。刘縯部下的官吏去迎接他，慰问他，他只是在公开场合下寒暄几句，表示过错在自己，不与来人私下交谈，不讲昆阳的战功，不为哥哥服丧，饮食言笑与平常一样，若无其事。刘玄见刘秀没有反对他的意思，有些惭愧，拜他为破虏大将军，封武信侯。而刘秀每当独居，总是不喝酒、不吃肉，以此寄托哀伤。身边的人发现他枕席上有哭泣的泪痕，叩头劝他自宽，他却否认说："没有的事，你不要胡说。"

更始元年(23)九月，刘玄的军队相继拿下了长安和洛阳。刘玄打算以洛阳为皇都，命刘秀前往修整官府。刘秀到任，安排僚属，下达文书，从工作秩序到官吏的装束服饰，全都恢复汉朝旧制。当时关中一带的官员赶来东方迎接皇帝刘玄去长安，见到刘玄的将领们头上随便包一块布，没有武冠，有的甚至穿着女人衣裳，滑稽可笑，没有庄重威严的样子，独独见到刘秀的僚属肃然起敬。一些老官员流着泪说："没想到今天又看到了汉朝官员的威仪！"于是对刘秀产生了敬佩、向往的心理。

刘玄到了洛阳，需要派一员亲近大将代表朝廷去河北一带，宣示朝廷旨意，要那里的郡国遵守朝廷的诏命。经过一番争议，选定了刘秀。这给刘秀提供了一个避开矛盾漩涡、自由施展的机会。刘秀在河北，每到一处，考察官吏，按其能力升降去取；平反冤狱，释放囚徒；废除王莽苛政，恢复汉朝的官吏名称。官民欢喜，争相持酒肉慰劳，刘秀一律不接受。在河北期间，刘秀还粉碎了一起假冒汉成帝之子另立朝廷的反叛事件。当假冒的王郎兵败请降、要求给予优厚待遇时，刘秀说："现在，假如成帝再生，他的天下也不能得到了，何况诈称刘子舆的人呢！"使者要求封给王郎一个食邑万户的侯，刘秀说："能够保全性命也就可以了。"而在清理缴获的文书档案时，发现官吏与王郎勾结一起毁谤刘秀的材料有几千份。要是按这些材料提供的线索加以追究，必然会使一大批人惶恐不安。刘秀一律不看，把王郎的官吏们召集起来，当面一把火烧掉。他解释说：这样做，是"令反侧子(心怀不安的人)自安(放心)。"

更始皇帝派使节赶到河北，封刘秀为萧王，并命令刘秀停止一切军事行动，与有功的将领赶到长安去。这表明刘玄已经对刘秀不放心，要削弱他的影响，夺回他的权力。刘秀自然明了这一意图，便以"河北未平"为理由，拒绝应征去长安。刘秀与刘玄的裂痕从此开始明朗。

更始二年(24)秋天，刘秀调集各郡兵力，先后在馆陶(今山东馆陶县)、蒲阳(山名，在今河北省满城县)等地击破并收编了铜马、高湖、重连等农民起义军。刘秀知道被收编的将领对他半信半疑，心怀不安，就下令投降的将领各归军营整饬自己的军队。然后，他又单人骑马巡视各军。投降的将领见到刘秀对他们没

有戒心，纷纷表示说："萧王推赤心置人腹中，安得不投死（以死相报）乎？"由于收编铜马军，大大加强了刘秀的军事实力。

河北一带大致平定。以樊崇、逄安、徐宣等人为首活动在今河南东部的赤眉军，正在迅猛地向长安进兵。赤眉一旦攻下长安，刘玄败逃，就出现一个夺取关中一带的良好时机。刘秀感到争夺天下的时机即将到来，争夺天下的架势应当拉开了。他一边派将军邓禹率精兵2万向关中一带进发，相机行事；一边选定北据太行山南临黄河，地处险要，财物富实的河内郡（治怀县，在今河南武陟县）作为进取中原的立足点。他选用文武兼备的良将寇恂任河内太守，冠以"行大将军事"的衔号。他向寇恂交代任务说：从前汉高祖与项羽争天下，把萧何留在关中，我现在把河内交给你。你的任务是，像萧何那样保证军粮供应，训练士兵和战马；阻挡外面的军队，不让到这块地盘上来，特别是不让黄河以南刘玄的军队过来。后来寇恂果然不辜负重托。刘秀又在孟津（今孟县以南）部署重兵，窥视洛阳。

安排妥当以后，刘秀又带领一支军队回到冀中、冀北一带。一路上将领们纷纷给刘秀上尊号，要他称皇帝。刘秀一律拒绝，有时故作惊讶地说："你怎么讲这种话？该杀头了！"到了南平棘（今赵县南），将领们又一再劝说，还是不答应。当人们都走开后，将军耿纯说："人们抛开亲人和家乡，跟从大王出生入死，本来就是想攀龙附凤，实现封官拜爵的愿望。现在大王迟迟拖延，违背大家的心愿。我担心人们失望了，就会产生离去的想法，人们一散，就难以再召集了。"刘秀由此相信了将领们要他当皇帝是出于真心实意，而且是出于个人利益，并非虚让。于是表示说："我会考虑这个问题。"到鄗县（在柏乡县北），刘秀把将军冯异从洛阳前线召来，向他询问天下四方的形势。冯异是当时刘秀最亲密的人，自从刘秀任司隶校尉，他一直在身边，陪同和照顾刘秀度过了最艰难的时刻，经常劝刘秀做争夺天下的思想准备。他不争功名，每当论功行赏，总是蹲在大树下面一声不响，军中称他为"大树将军"。他不会对刘秀说假话；他担任洛阳前线的军事首领，了解战争的形势，他的估计有更大的可靠性，故此刘秀才召他来询问。冯异对刘秀说："更始皇帝的败局已定，考虑宗庙社稷的问题，就在大王你了。应当听从众人的主张。"

正当此时，有个名叫强华的儒生，捧着赤符从关中来见刘秀，说："刘秀发兵捕不道，四夷云集龙斗野，四七之际火为主。""四七"是28，从公元前206年刘邦称帝至公元22年刘秀起兵是228年；火，指汉朝，按阴阳五行说汉朝属火德。这表明，刘秀乃"受命天子"，要再不为天当子，那不仅违背群望，也要违背天意了。于是在鄗城南的千秋亭五成陌筑起坛台，刘秀于六月己未日登台祭告天地群神，当了皇帝，改这年为建武元年(25)。

坐胜赤眉　力平割据

刘秀在鄗城即位，却未定国都，定都何地呢？当时人们心目中的重心当然是长安，但长安不可能在短期内拿到手，刘秀在河内郡徘徊一月有余，最后确定了洛阳。他首先派兵占据了五社津（在今河南巩县北）等要塞，以防荥阳以东的割据势力前来争夺，然后下令包围洛阳。当初刘玄去长安时留李轶、朱鲔守洛阳，这两个人都曾劝刘玄杀掉刘縯，是刘秀的仇人。李轶愿归降，刘秀说，他为人诡

诈，反复无常，把李轶的信交给太守、郡尉一级官吏传阅，并提醒大家对这种人要引起警惕。消息很快被朱鲔知道了，他觉得李轶的行为无疑是要出卖他，于是就派人刺杀了李轶。朱鲔刺杀李轶，引起洛阳军中的混乱，互相猜疑，有的出城投降。刘秀一箭双雕，既分化瓦解了敌军，又借刀除掉了仇人。当洛阳被包围以后，刘秀派廷尉岑彭劝朱鲔投降，岑彭原是朱鲔的部下。朱鲔在城上回答说："我知道自己的罪过太深，不敢投降。"刘秀说："干大事的人不计较小的怨恨。朱鲔要是现在投降，可以保住官爵，怎么会杀他的头呢？我对着面前的黄河发誓，绝不食言！"岑彭又去转达刘秀的话，朱鲔不相信，从城上放下一条绳索，对岑彭说："你的话当真，就顺着绳索上来。"岑彭抓过绳子就上去了。朱鲔见无欺诈，就答应了投降。朱鲔把自己捆起来，要岑彭陪他去向刘秀请罪，刘秀亲手给他解了绳子，要岑彭连夜把他送回洛阳。第二天一早，洛阳的守军就大开城门全部投降了刘秀。刘秀任命朱鲔为平狄将军，并封他为扶沟侯。

刘秀严禁军队进城后暴横抢掠，将军萧广违犯军纪，纵兵横暴，处了死刑。洛阳很快安定下来。

刘秀成事，或多或少，或明或暗地利用了赤眉起义军，刘秀是通过赤眉军打垮刘玄的，故赤眉军进驻长安。刘秀即位后，二者从合作者变成敌人。赤眉军毕竟是一帮流寇，没有战略眼光，因而抢了一城、吃了一地，即放弃他徙。在流动过程中一路受到追击阻截，损失惨重。建武三年(27)正月，赤眉军行至宜阳，业已疲惫不堪，突然发现刘秀亲率大军早已等在那里，一时不知所措，投降了刘秀，把在长安得到的传国玉玺也交给了刘秀。这时的赤眉军尚有10余万人，兵甲器械堆放在宜阳城西，高与山齐。刘秀下令给饥饿的投降士兵发放食物，第二天又把他们集合起来，排列在洛水岸边，让其首领观看，并对樊崇等人说："是不是对投降后悔呀？现在放你们各回军营，指挥你们的军队，和我决个胜负。我不想强迫你们服气。"徐宣等人叩头说："我们出了长安，君臣就商量归降听命，只是老百姓愚昧无知，不能事先告诉他们。现在能够投降，就像走出虎口，回到慈母的怀抱，诚心诚意地欢喜，一点也不后悔。"刘秀不无快意又不无蔑视地说："你算是钝刀中的快刀，庸人中的能人了。"刘秀把樊崇等赤眉军将领及其妻子安排在洛阳居住，给了他们田宅。赤眉军所拥立的小皇帝刘盆子是皇族中的人，刘秀让他在叔父刘良的赵王府中当了个郎中(管理车马门户并内充侍卫的小官)。

赤眉平定了，刘秀仍然面临着一个群雄割据、山头林立的局面：农民起义此伏彼起；经过两百多年的繁衍，刘邦的后代布满天下，在新莽乱世、"天下咸思汉德"的潮流中，凡是有些实力的，哪个不想继承他们祖宗的"大业"？力图争夺皇帝宝座或打算割据一方称王称霸的，大有人在。刘秀用了十几年的时间才基本除掉了这些对手，取得了当时所谓"天下"的大致统一。

好儒任文　以柔治国

在总结前朝失政的基础上，刘秀确立了一套新的治国方略，其核心是好儒任文、以柔治国。

早在征战的时候，刘秀就认识到儒学的重要。所谓"未及下车，先访儒雅"。他想方设法把一些著名儒学人物拉到自己的身边，或任以官职，或冠以衔号。这样他身边很快就集中了如范升、陈元、郑兴、杜林、卫宏、刘昆、桓荣等一大批当时

的著名学者。刘秀对他们以礼相待，或听取他们的策谋，或利用他们的名望和学识从心理上威服僚属，抑制他们居功自傲、似乎无所不能的情绪。仅举二例：建都洛阳后，他立即修建太学，并亲往太学视察。

刘秀自己就是一个爱好儒学的人。当朝廷议事结束以后，经常与文武大臣一起讲论儒学经典里的道理，直到半夜才睡觉。太子刘庄劝他重视健康，保养精神，他说："我喜欢这样，不觉得疲劳。"刘秀有时亲自主持和裁决当时今文经学和古文经学的争论。自从平息隗嚣、公孙述以后，除非紧急时刻，刘秀从不讲军旅问题。皇太子曾向他问起有关攻战的事，他说："这个问题不是你所涉及的。"有一次，有人上书建议趁匈奴内部分裂而又遭到严重灾荒的机会，用几年的时间一举消灭匈奴，他坚决地否定了这个建议。

刘秀如此倡导儒学，不言兵事，为的是筹划着改造他的官吏队伍，以适应由取天下向守天下转变的这一根本需要。他本来的官吏队伍，多是在战争中凭军功提拔起来的。这批人善于斩将屠城，但也喜功放纵，对于治理地方、安集百姓均不相适宜。他们即使有些不顺手、不听使唤，甚或在某种程度上违背法纪，刘秀也不便对他们有过于严格的要求。随着战火的平息和儒学的活跃，刘秀逐渐改变了官吏队伍的素质和结构，用文吏取代功臣，功臣们交出手中的权力，离开官位，各自回到家中养尊处优。

刘秀少时生性温柔，缺少凌厉之气。即帝位以后，仍是如此。有一次刘秀回到家乡，同族的婶子大娘们见了他这个当了皇帝的侄子，接受着他的赏赐，喝着他设下的酒，异常喜悦。叫着他的名字相互议论说，他小时候谨慎诚实，对人厚道，不计较小事，什么都好，只是太温柔了些。刘秀听了哈哈大笑，说："吾治天下亦欲以柔道行之。"刘秀并非说笑，他的确是要以"柔"作为治国之道。

刘秀的"柔道"，首先表现在征伐占领之后，注重安抚，不事屠戮。凡是投降的，只把他们的首领送到京城来，对小民百姓，遣散回家，让他们种地；拆掉他们的营垒，不让他们重新聚集。他主张征伐战争不一定攻地屠城，要点是安定秩序，召集流散的人口。

刘秀"柔道"的第二个内容是，颁布了一些有利于奴婢的政令。建武十一年下诏书宣布："天地之性人为贵。其杀奴婢，不得减罪"；敢于用火烧烫奴婢的，按法律论罪；对被烧被烫的奴婢，恢复其平民身份；废除奴婢射伤人判死刑的法律。建武二年诏书宣布：被卖的妻、子愿回到父母身边去的，听其自便；敢拘留者，按法律论罪。建武十二年、十三年、十四年一再下诏宣布：自建武八年以来被迫当了奴婢的，一律恢复平民身份；自卖的，不再交还赎金；敢拘留者，按《略人法》(针对当时青州、徐州一带豪强势力抢逼弱民为自己当奴婢的法律)从事。

刘秀"柔道"的第三个内容是，减刑轻税，并官省职。建武七年，下令京都地区及各郡、国释放囚犯，除犯死罪的一律不再追究，现有徒刑犯一律免罪恢复平民身份；应判两年徒刑而在逃的罪犯，由地方吏发布文告公布姓名，免治其罪，使其放心回家。建武六年诏书宣布：因军队屯田，储粮状况好转，停止征收十分之一的田税制度，恢复汉景帝二年(前155)实行的征收三十分之一的田税制度。

汉朝的官府及吏员设置在汉武帝时曾大为膨胀，庞大的官僚机构是造成汉武帝及以后时期民用匮乏的重要原因。刘秀即位后大量合并官府，减少吏员。在这个问题上，刘秀也表现得很有气魄，仅建武六年对县及相当于县的封国进行

调整，就“并省四百余县，吏职减损，十置其一。”这些措施使费用大为节省，减轻了人民的负担。

颁行图谶，神化皇权，也是刘秀“柔道”治国的内容。本来刘秀是不相信这些东西的，后来发现它实在是支持、维护自己政令、统治的“法宝”，于是便大肆推行。他晚年干脆“宣布图谶于天下”，作为法定的思想统治工具。有一次他与太中大夫郑兴议论要不要举行郊祀典礼的事，他说打算靠谶书来决定，郑兴说自己不研究谶书。他就勃然大怒，说：“你不研究谶书，是不赞成谶书吗？”郑兴只好说自己学识浅陋，有些书没学过，不是不赞成，才免了一次大祸。著名唯物哲学家桓谭曾上书说谶书“群小之曲说”，与《五经》不同，应当摒弃，刘秀读后大为不满。有一次议论建灵台的事，刘秀说他打算靠谶书决定，问桓谭，桓谭沉默了好久说：“我不读谶书。”刘秀问他为什么不读，桓谭又讲了一通他对谶书的看法。刘秀立即怒喝道：“桓谭非圣无法，将下斩之！”桓谭跪在地上磕头，直到流血，才免了杀头，被贬为六安郡（治今安徽六安县北）丞，途中忧恐而死。

效法明君　律己责人

刘秀作为明君，从不恣意放纵，豪华奢侈。他不喜饮酒，不喜听音乐，手不持珠玉。他曾令太官（掌管膳食的官职）不要接受郡、国奉献的珍馐美味。远方异国进贡的名马宝剑，赐给骑士。汉朝自武帝以后，后宫掖庭人数达到3000之多，除皇后以外，有爵秩品级的就分婕妤、容华、充衣等14个等级。刘秀即位后，只有皇后、贵人有爵秩，贵人的待遇只有谷数十斛。此外有美人、宫人、采女三等，均无爵秩和规定的待遇。刘秀在世时要预建陵墓，名曰寿陵，特意叮嘱地面不要太大，不要起高坟，低洼处只要做到不积水就可以了，将来要像汉文帝那样，不随葬金宝珠玉。

刘秀常常显示出一种恢廓大度、平易谦和的气貌。焚烧王郎文书以安人心，宽宥朱鲔以降洛阳，表示诚信以服铜马，都是常被称道的事例。建武四年，割据陇右的隗嚣正徘徊于公孙述和刘秀之间，到底归服哪方，犹豫未决，就派他的将军马援先后去成都和洛阳观察光景。马援自幼就被人们认为有大才，在西州很有名气，很受隗嚣敬重。但他被刘秀接见他时的气度深深打动。刘秀接见马援这样一个关系重大的使者，没有升堂坐殿，只是便衣便服，连帽子都没有带，独自一人坐在洛阳宫宣德殿的廊庑下面，让一个宦官引导着马援去见他。他微笑着，开头就说：“贵客遨游在两个皇帝之间，经多见广。今天见到贵客，深感惭愧了。”这一平易谦和的姿态，使马援感到了一种明君的魅力，他叩头说：“当今的局势下，不仅是君主在选择臣下，臣下也在选择君主。”接着就说起公孙述接见他时戒备森严的情况，并说：“我现在从远方来，陛下接见我连警卫都没有，就不提防我是间谍刺客吗？”刘秀又笑着说：“你不会是刺客，只是个说客罢了。”这次会见，使马援觉得刘秀的恢廓大度与汉高祖刘邦十分相似，是真正的帝王之材。后来马援劝隗嚣归服刘秀。隗嚣不听，他就脱身自己归服了。

刘秀恢廓大度的气概，还表现在他对待“逸民”、“隐士”上。太原郡（治晋阳，在今太原市以南）多有春秋时晋国公族的后裔，他们对新的统治者常常保持一种对立情绪，或者寻机报仇，或者隐居不仕，王侯面前不肯称臣。至汉初，太原仍被称为“难化”之地。刘秀时，太原郡广武县（今山西代县南）有个叫周党的，在地方

上很有名望，朝廷几次征他出去做官都不干。后来不得已，就穿着短布单衣，用树皮包着头去见朝廷大员，刘秀亲自召见了他。按礼节，士人被尊贵者召见，必须自报姓名，否则便是不尊重对方。周党见了刘秀，不通报姓名，只说自己的志趣就是不愿做官。刘秀允许了他。博士范升上书，说周党在皇帝面前骄悍无礼，却获得了清高的名声，应治“大不敬”罪。刘秀把范升的上书拿给公卿们传阅，并下诏书说：“自古明王圣主都有不愿为他做臣的人，伯夷、叔齐就不食周粟。太原那个周党，不接受我的俸禄，这也是各自的志愿。赐给他 40 匹绸子吧。”

刘秀的老同学严光，字子陵，会稽余姚（今浙江余姚县）人，自年轻就有高名，刘秀对他很有好感。刘秀当皇帝后，他隐姓埋名不愿相见。刘秀令人画了他的像，天下张贴寻找。后来发现他在齐国一个湖边钓鱼，三次派人才把他请到。刘秀很高兴，当天就亲自去看他，他躺在铺上不起来，也不说话。刘秀就和他躺在一起，摸着他的肚皮说：“哎，哎，子陵，就不能帮帮我的忙？”严光还是不答应。过了好久，才睁开眼睛看着刘秀说：“人各有志，何必勉强我呢？”然后又闭上了眼睛，刘秀失望，只好离开，并叹息说：“子陵，决心不肯为我当臣下吗？”过后，刘秀又见他，只讲旧日的交往，不讲要他做官的事，叙谈了好几天。刘秀从容地问他：“我比以前怎么样？”他回答说：“陛下比以前有些长进。”刘秀和他同床共卧，他把脚压到刘秀的肚子上。刘秀坚持要他做谏议大夫，仍不干，后隐居富春山（在今浙江桐庐）。

刘秀对于臣下的歌功颂德阿谀奉承，常能持一种清醒的、有时是厌恶的态度，而表扬一些刚正不阿的官吏。在他的诏书中，经常说自己“德薄”，要上书者不要称赞他圣明。各郡县经常报告一些所谓“嘉瑞”事物，群臣要求史官将这些“嘉瑞”记载撰写成书，以传后世，刘秀一律不许。有一次，刘秀外出打猎深夜方归，要从洛阳城的东北门进城，掌管这个门的郅恽拒不开门。刘秀让人点起火把，并告诉说皇帝回来了，郅恽说：“火光闪灼，又远远的，看不清楚。”仍是不开。刘秀没法，只好转到东城门进了城。第二天，郅恽上书批评了刘秀一顿，说他游猎山林，夜以继日，将带领出一种不良风气，危害国家。刘秀赏了郅恽 100 匹布，把掌管东门的人贬为登封县尉。

但是，刘秀毕竟是皇帝，不能容忍有伤尊严的事。大司徒韩歆为人直率，说起话来无所隐讳，刘秀经常对他不满。建武十五年，刘秀找出已被他打垮了的隗嚣、公孙述之间的来往书信，在朝会的时候读给群臣听，心直口快的韩歆觉得这些书信写得很有才华，就说：“亡国之君皆有才，桀、纣亦有才。”在刘秀听来，这话有讥笑他不如隗嚣、公孙述有才华的意味，于是大为恼怒。恰巧在这次朝会上，韩歆又列举大量事实证明要发生饥荒和动乱，言辞激烈，说起话来指天画地。感到自尊心受到了损伤的刘秀，当即就罢了韩歆的官，要他回家当老百姓去。韩歆回家后，刘秀仍是怒气未消，又专门派人带着他的诏书去谴责他。大司徒为三公之一，是朝廷最高官职，相当于宰相。罢官之后皇帝特诏谴责，这意味着要治死罪。司隶校尉鲍永，一向是个以直言敢谏出名的官吏，认为韩歆是说真话，为此罢官，以至不公，坚持不要再治罪。结果是，鲍永被贬为东海国相，韩歆及其子韩婴被迫自杀。韩歆曾随刘秀征战，有军功，被封为扶阳侯，他的事引起朝臣的普遍不满，刘秀只好仍按大司徒的规格给他举行了葬礼。

刘秀对官吏要求严格，至以粗暴方式对待；对贪赃枉法行为惩罚严厉。他在

当皇帝的初期，内外群官，多由他自己选任；如干不完他交办的事，尚书一类的近臣常被拉到面前棍打鞭抽，以至使得“群臣莫敢正言”。尚书令申徒嘉极谏不听，他认为俸禄二千石以上的州郡官吏多不称职，稍有过失，即行罢免。结果造成州郡官吏更换频繁，疲劳于道路；心怀恐惧，争相媚上，虚报政绩，以求声誉。建武六年，执金吾朱浮上书指出这个问题，此后对州刺史、郡太守的更换采取了缓慢慎重作法。

三后轩轻　太子易人

同所有的皇帝一样，刘秀当皇帝后同族、亲戚都要大沾其光。凡是同族中随同起兵的族父、族兄们，非封王即封侯。叔父刘良封赵王；大姐刘黄封湖阳长公主；三妹伯姬封宁平长公主；被刘玄杀了的大哥刘縯追谥为齐武王，刘縯两个儿子，一封齐王，一封鲁王；在小长安战役中死去的二哥刘仲追封为鲁哀王；二姐刘元追封为新野长公主。刘秀的母亲樊娴都老太太是湖阳县人，卒于起兵前夕，湖阳樊氏一家封了五个侯；刘秀的外祖父樊重，刘秀是否见过，史无明载，追爵谥为寿张敬侯，在湖阳专为立庙。总之，舂陵的刘氏家族及亲戚们一切都荣耀得很，光彩得很。

刘秀生了11个儿子，有5个是皇后郭氏所生，美人许氏生了1个，皇后阴氏生了5个。刘秀于建武二年立郭氏为皇后，郭氏子刘疆为太子，阴氏为贵人。建武十七年，废郭氏，立阴氏为皇后，十九年废郭氏子刘疆，立阴氏子刘庄为太子。

阴氏，就是南阳新野的阴丽华，是刘秀多年梦寐以求的美人。更始元年六月，刘秀经昆阳之战成了大英雄，与阴丽华结了婚。这年刘秀29岁，阴丽华19岁。九月，刘秀要去洛阳任司隶校尉，暂把阴氏送回新野。十月，刘秀又被派往河北。次年春，大约二、三月间，刘秀又在真定娶郭氏，而且“有宠”。郭氏，名圣通，真定国槁县(今石家庄市东南)人，是当地著姓大富豪。当时的刘秀既需要贵族势力的支持，又需要富豪的钱粮援助，故娶郭圣通为妻。第二年(建武元年，25)十月，刘秀住进了洛阳宫以后，就派人把阴氏接到洛阳。次年二月策立郭氏为皇后，阴氏为贵人。

刘秀和阴氏在一起的时候最多，有时出征也带着她，汉明帝刘庄就是建武四年阴氏随刘秀出征彭宠到达元氏时生下的。刘秀最喜爱的儿子是阴氏生的刘庄，经常带在身边。这些不免引起郭氏的嫉妒和担心。刘秀就指责郭氏“怀执怨怼，数违教令”，骂她就像鹰隼一般凶狠。当刘秀的统治完全巩固了以后，建武十七年(41)十月，终于把郭氏废掉，换上了他最喜爱的人。郭氏的被废给太子刘疆带来了巨大压力，他惶恐不安，一再要求辞掉太子，与别的弟兄平等，经常托朝臣和弟兄们向父亲转达心愿。起初刘秀不许，拖了一年多，建武十九年(43)六月，把他与已被封为东海王的刘庄换了位置。刘秀对他有所歉意，加大了他的封土，给了他不少超出诸王的待遇。

刘秀对贵戚的过分行为有所约束，一般能够理智对待。司隶校尉鲍永、都事从官鲍恢抗直不避豪强，敢于弹劾贵戚的恣纵行为，曾弹劾刘秀叔父赵王刘良仗势喝斥京官为“大不敬”，刘秀借此告诫贵戚们应当约束自己，“以避二鲍”。刘良临死时，刘秀去看他，问他有什么要说的话。刘良说他没有别的话了，只有一件事，他的朋友怀县李子春犯了罪，县令赵熹要判他死刑，希望能保住他的命。刘

秀说："官吏执行法律，我不能徇情枉法。另说别的愿望吧。"刘秀大姐湖阳公主的奴仆大白天行凶杀人，躲在公主家中，官吏不能捉捕。洛阳县令董宣听说公主要出夏门（洛阳城北面最西头的门），以杀人的那个奴仆驾车，就在夏门外万寿亭截住车子，把公主数落一通，当面杀了那个奴仆。公主立即回宫告到刘秀那里，刘秀大怒，把董宣召来，要当面打死。董宣说："要求允许我说一句话再死。"刘秀说："你想说什么？"董宣说："靠着陛下的圣明大德，汉朝才得到中兴。现在放纵奴仆杀人，将怎么治理天下？我不用打，还是自己死吧。"说着就把头撞到柱上，血流满面。刘秀赶紧要小太监抱住。要他给公主叩个头消消气。董宣坚决不叩，刘秀就要人按着脖强叩，董宣就两手撑地，最终也不低头。湖阳公主不满地说："文叔当平民百姓时，经常藏匿逃犯，官吏不敢上门追捕。如今当了天子就不能在一个县令身上施加一点威严？"刘秀笑着说："这就是天子与平民百姓不同啊。"刘秀奖励了董宣，给他加了一个"强项令"（意为刚强不肯低头的县令）的美名。后来刘秀一直记住这个县官。董宣当了五年洛阳令，74 岁时死在任所。刘秀派专人去看望，见他家中一贫如洗，只有一块布盖着尸体，妻子对哭，刘秀伤情地说："董宣廉洁，死了才知道！"

建武中元二年（57）二月戊戌日，刘秀在洛阳南宫前殿逝世。临终遗诏说："我无益百姓。丧葬，一切都要像孝文皇帝那样，务从约省。刺史、俸禄二千石的官吏，都不要离开城郭，也不要派官吏来吊唁。"

郭圣通夫人之死

招抚河北

王莽先生被乱刀分尸之后，新王朝也跟着灭亡，接着而起的是玄汉王朝，由一群地痞流氓和饥民盗匪组成中央政府，推举刘玄先生当皇帝。在这种政府领导下的中国局面，是可以想象的，全国再度陷于混战，就在这场再度发生的混战中，一个国民小学堂毕业程度（秀才）的刘秀先生，悄悄崛起。他阁下本是一介小民，但在血统上，却是西汉王朝皇族的后裔，直到他的曾祖父刘买先生，还是一位侯爵。侯爵的采邑在南阳郡（河南省南部、湖北省北部），所以刘秀先生是南阳郡蔡阳县（湖北省枣阳县）人，拥有相当大的耕地，生活十分惬意。年轻时，他最大的志愿是："做官当做执金吾，娶妻当娶阴丽华。"

——执金吾，掌旗官也。皇帝老爷或宰相这类的头目出门，警戒森严，卫队密布，掌旗官手执顶端刻有"金乌鸟"雕像的巨棒，骑着高头大马，昂然前导，威风凛凛，好不光彩。至于阴丽华女士，用不着多说就可肯定，她是蔡阳县——至少是刘秀先生附近几个村庄里，最美丽的少女。

——刘秀先生的故事，好像一个巨掌，照传统史学家就是一嘴巴。盖传统史学家笔下，中国历史上每一个大人物，或每一个所谓的大人物，千篇一律，都"少有大志"。把一些年轻读者，骗得一愣一愣。无论如何，身为一个开国皇帝，建立一百九十六年之久的东汉王朝的刘秀先生，可不是小人物吧，他却硬是"少无大志"也。

刘秀先生于公元二二年，聚众起兵，反抗新王朝的暴政。第二年（23），大破新王朝精锐兵团，而就在这一年，他如愿以偿地娶了十九岁的阴丽华女士做妻

子。史书上把这一段婚姻，说得天花乱坠，合情合理：刘秀先生跟阴丽华女士的哥哥阴识先生是老朋友啦，听到提亲，立刻兴高采烈地满口答应。这当然是可能的，但同样也有另一种可能，一支民间武装力量忽然集结，牛鬼蛇神，七拼八凑，事实上跟土匪差不多，当头目的家伙"一朝权在手，便把令来行"，恐怕是想娶谁就娶谁，想跟谁睡觉就跟谁睡觉。对付绿林好汉山大王，阴识先生有多大胆量，敢不满口答应乎哉？

——现在河南省邓县有一个皇后城，据说就是当年刘阴二位成亲之处。

刘秀先生结婚的当年(23)，玄汉王朝建都洛阳，全国各地英雄豪杰和一些野心家，风起云涌，各霸一方，成为无数独立王国，对中央政府睬都不睬。如果中央政府够强够大，自然会用武力镇压，大军一到，如秋风扫落叶，一鼓荡平。可是，玄汉王朝的中央政府没有这个力量，只好派遣他们的重要官员，前往动乱地区，用半恐吓半说服手段，使那些地头蛇归顺中央。刘秀先生被选中担任这个角色，中央政府给他的头衔是代理全国武装部队总司令(行大司马事)，前往河北(黄河以北)招抚。所谓代理全国武装部队总司令，不过一个空衔，既没有实权调动军队，更没有实力来一个雷霆万钧。只仗着中央政府钦差大臣头衔，带着他初起事的一小撮——二百人左右的私人军队，渡过黄河，一路滚雪球般地向前推进。而就在这时候，刘秀先生豪情万丈，和他左右的一些亡命之徒，密谋叛变。那就是说，他想自己当皇帝。

可是，当他正在宋子(河北省赵县)招兵买马，大干特干之际，传来他难以承当的噩耗。宋子南方一百五十公里的邯郸(河北省邯郸市)，一位摆卦摊的王郎先生，宣称他是西汉王朝第十二任皇帝刘骜先生的儿子刘子兴，坐上金銮宝殿，建立新的中央政府。提起刘骜先生，读者老爷的印象一定相当深刻，这位赵飞燕、赵合德姐妹的淫棍丈夫，以连毙二子的禽兽行径，闻名于世。民间传说，仍有一个未被发觉的娃儿，被好心肠的宫女，抱着逃出宫门，辗转逃到邯郸，抚养他长大成人，穷苦无依，只好靠替人算命占卜过日子。但他气宇非凡，见识超人，而且交游广阔，隐然已是当地黑社会的领袖人物。所以，当大家拥护他当皇帝的时候，力量已经十分壮大。

——王郎先生是不是刘子兴先生，刘子兴先生是不是刘骜先生的儿子，我们不知道。刘秀先生和他的摇尾系统当然誓不承认，不过事实上，却不见得没有这种可能性。王郎先生的突变，对刘秀先生是个可怕的打击，使他的事业几乎全部瓦解，更几乎送掉老命。但也正因为王郎先生的介入，我们的女主角才有机会登场，成为东汉王朝的第一任皇后。呜呼，世界上充满了阴差阳错的连锁反应，一人的举动，往往影响千里外莫不相关的人们的命运，人生奥秘，一言难尽。

王郎先生当皇帝的那天，即下令缉拿刘秀先生，并派人逮捕刘秀派在邯郸的代表团。代表团团长耿德先生听到消息，魂飞天外，率同他的属员，连夜越城逃走。

政治婚姻

刘秀先生在宋子(河北省赵县)得到王郎先生称帝的消息，还不太吃惊，但不久他就发现大势不好，盖王郎先生是以皇子的身份出现，在那个宗法制度根深蒂固的社会，皇家血统就是一项强大号召。虽然刘秀先生拼命宣传王郎先生是冒

牌假货，但挡不住大众认为他真是宫廷斗争下漏网的孤雏。黄河以北地区各郡县纷纷响应邯郸政府，而邯郸政府已派出使节，悬赏十万户侯爵的赏格捉拿刘秀，刘秀先生只好狼狈逃命。他放弃宋子，逃到卢奴（河北省定县），再逃到苏州（河北省苏县），再逃到信都（河北省冀县）。就在信都，孤独无援，苟延残喘。当时，他阁下只有三条路可走：一是投降王郎先生的新政权；一是逃回首都洛阳，请中央政府派遣大军出击；一是自己集结力量，和王郎先生对抗。投降王郎先生的新政权是不可能的，那是一条"喀嚓"一声人头落地的死路。逃回洛阳，一则千里迢迢，不见得逃得过，二则刘秀先生也知道玄汉王朝的中央政府，并没有力量派出大军。于是，他选择了第三条路。

刘秀先生第一个争取的，是最大的一个武装集团，拥有十余万众的真定（河北省定县）民兵司令官刘扬先生。刘扬先生是西汉王朝的王爵（真定王），凭他的皇家身份和雄厚的财富，占着举足轻重的地位，而他偏偏正跟王郎先生的新政权结合。当刘秀先生派出他的使节刘植先生前往游说的时候，忧心忡忡，很显然的，如果刘扬先生拒绝，他就四大皆空，陷于绝境。这是一个严重关键，他的前途，甚至他的残生，都握在刘扬先生手中。他不能想象，一旦刘扬先生翻脸，十万精锐向他发动攻击时，他将有什么下场。

感谢耶稣基督，刘植先生带来好消息，刘植先生曰："刘扬先生愿意跟你合作，但有个先决条件，就是要跟你结成姻亲。这件事关系我们的兴衰存亡，我已替你一口答应啦。"刘秀先生还弄不懂怎么回事，惊疑曰："老天爷在上，我还没有儿女，怎么联婚呀？我妹妹刘伯姬，已经跟李通那小子订了婚，怎么能拆散呀？"刘植先生曰："不是跟你的儿女姐妹联婚，而是跟你联婚。刘扬先生要把他心爱的外甥女郭圣通嫁给你。"

郭圣通女士，真定槁县（河北省槁县）人，她爹郭昌先生，曾抛弃数百万的财产继承权，让给他的异母弟弟，得到乡人们一致尊敬。稍后在真定郡政府担任过行政科长（功曹），他的妻子是当时真定王刘普先生的女儿——在史书上，这位女儿被称为"郭主"，即嫁给姓郭的郡主也。这位"郭主"，就是刘扬先生的妹妹，生了一男一女，男名郭况，女名郭圣通。甥儿甥女，都依靠着舅父大人。这时，刘扬先生看出了刘秀先生青年才俊，可能建立大功大业，才提出把甥女许配给刘秀先生的要求。

刘扬先生是不是知道刘秀先生已经娶了阴丽华女士，史书上没有交代，依情势判断，刘秀先生已经到了代理全国武装部队总司令的地位，成为王郎先生第一号追捕的人犯，他的身世恐怕早已家喻户晓。但刘扬先生仍要这么做，为的是要狠狠地赌上一注，失败则大家同归于尽，胜利则成了皇亲国戚，同享荣华富贵。

刘秀先生遇到难题，他曰："我已娶了阴丽华啦。"刘植先生曰："那有啥关系？依照古老的传统文化，皇帝一娶就是九个。王爵侯爵，一娶就是三个。现在你才不过两个，差得远哩。而且，刘扬先生势大气粗，如果不跟他联婚，我们还有啥可折腾的？所以我已代你满口答应，木已成舟，别无选择，请你三思。"

其实用不了三思，只要一思，就乐不可支。刘扬先生不是要他的命，只是要他娶一位如花似玉，而这正合臭男人的老口味——妻子越多越好。于是刘秀先生假装被刘植先生的大义说服，手舞足蹈兼欢天喜地，按照当时礼俗，先派刘植先生充当大媒，带着金银财宝（柏老按：刘秀先生哪里来的金银财宝？不是抢来

的，难道是天上掉下来的？）先去真定城，送作聘礼。然后，自己亲往迎娶。呜呼，大混战时代中，一个头目，亲自前往娶亲也好，亲自前往出席会议也好，都是一场生死交关的冒险，谁敢保证刘扬先生不霎时变卦，把宾客一刀两断，然后带着刘秀先生的尊头向邯郸政府请功？好在是，刘扬先生真心接纳，到十里之外迎接，把刘秀先生安顿在宾馆下榻。择了一个黄道吉日，举行结婚大典。

这是中国历史上一桩重要的政治性婚姻，刘秀先生实在不敢预卜郭圣通女士带给他一个什么样的家庭，等到洞房花烛之夜，才发现她貌美如花，仪态万千，另有一种乡土气息的阴丽华女士所没有的雍容华贵的风度，使乡巴佬出身的刘秀先生，如置身云雾，受宠若惊。

事情终于爆发

政治婚姻带来政治利益，岳舅父刘扬先生的主力军，跟甥女婿刘秀先生的残兵败将，组成联合兵团，声势大振。结婚的次年（24），联合兵团攻陷邯郸，杀掉王郎先生，河北（黄河以北地区）逐渐置于刘秀先生的军事控制之下。再次年（25），刘秀先生公开叛变，在鄗南（河北省柏乡县）建立东汉王朝政权，自称皇帝。稍后，倒转过来封他的主子——玄汉王朝皇帝刘玄先生——一个王爵（淮阳王）。

公元二六年，刘秀先生定都洛阳，正式立郭圣通女士当皇后。原配阴丽华女士，只好屈居姬妾第一级的“贵人”。郭圣通女士生了五个儿子：刘疆、刘复、刘康、刘延、刘焉。阴丽华女士也生了五个儿子：刘庄、刘苍、刘荆、刘衡、刘京。（另外还有一位姬妾许美人女士，生一个儿子：刘英。）子以母贵，郭圣通女士既被立为皇后，她生的长子刘疆先生，自然被立为皇太子。

不过那位因她介入而受到排挤的阴丽华女士，在宫廷中和政府中，仍有强大力量。阴丽华是刘秀的同乡，专制时代，任何一个新兴王朝的开国帝王，或揭竿而起的草莽英雄，基本武力都是靠同乡子弟兵的。这件事很容易证明，只要检查一下功臣们的籍贯，就可一目了然矣。所以郭圣通女士的地位，一直孤立，而阴丽华女士的势力，却盘根错节，把刘秀先生团团包围。一个新兴王朝的帝王，传到第二第三代之后，他们以国为家，对故乡的缅怀之情，才会逐渐消失；而在第一代，地域观念仍是一个重要的政治感情，大多数高级官员和高级将领，都是幼年时的玩伴和青年时的同伙，乡音亲切，他们之间有共同的话题和共同的历史背景。

这对郭圣通女士，是一种磨损，以致影响到刘秀先生的情绪。虽然郭圣通女士已贵为皇后，但刘秀先生在以后几次御驾亲征的战役中，却只携带阴丽华女士前往，而且爱屋及乌，深爱阴丽华所生的孩子，尤其是刘庄。不久就发生一件事，公元 39 年，刘秀先生下令全国郡县严格检查人民户口和耕田地籍。在各郡县奏报的文书中，陈留郡（河南省陈留县）的表册里，却夹着一张神秘的字条，写曰：“颍川（河南省禹县）弘农（河南省灵宝县）可问，河南（河南省洛阳市）南阳（河南省南阳县）不可问。”这显然是承办人员所写，糊里糊涂，误夹到上奏给皇帝的庄严报告中的。刘秀先生下令追查，当然没有人敢承认含有什么特别意义，只支支吾吾说，那是在街上捡到的。刘秀先生自不相信这种鬼话，但又没有办法证实，只好大发脾气。而这时候，年才十二岁的刘庄，正在他爹身旁，就解释曰：“颍川、弘农，虽然富家很多，可是并没有政治后台，所以户籍地籍，可以放心大胆地去调

查。而河南是国家首都，多的是亲信大臣；南阳是皇帝故乡，到处是皇亲国戚，可千万碰不得，一碰准大祸临头。”刘秀先生这才恍然大悟，特派皇家侍卫武官（虎贲将）前去诘问，果然这般。从此刘秀对刘庄这个孩子另眼看待，宠爱有加，认为皇太子立得太早，应该教刘庄干才好。

其实这只是情绪累积下的一个转折点，正常情况下，不可能因一席对话，就兴起“易储”的重大决定。而是早就憋在心里，遇见一个特别事件，使它突然升到表面。既然升到表面，刘秀先生也就不再掩饰。郭圣通女士如果千忍百忍，忍气吞声，还可能挽救，至少可能使事情拖延下来，或许有改变主意的希望。可是，郭圣通女士的反应却是冷嘲热讽。冷嘲热讽些啥，史书上没有记载，大概记载下来有损刘秀先生的尊严。我们揣测是，不外拼命挖刘秀的疮疤，掀刘秀的底牌，说他忘恩负义，不记得当初穷途末路，靠她舅舅才有今天啦之类。

呜呼，冷嘲热讽只能招来对方更严重的反击，而不能使对方低头。夫妻间使对方低头的，只有两种方法，一是强大的压力，一是尽量包容，用柔情感动对方回心转意。这两者郭圣通女士都没有采用，于是，事情终于爆发。公元四一年十月十九日，刘秀先生突然发布正式诏书，曰：

“皇后郭圣通女士，仗恃她的权势，心怀怨恨，屡屡违犯我的旨意，不能一视同仁地照顾非她所生的孩子，宫廷之中，别的孩子见了她，就像见了老鹰。既没有相爱的品德，却有吕雉、霍成君的手段（柏老按：这是指控她要谋杀啦，血口喷人的栽赃），岂能托孤给她？现在派宰相（大司徒）戴涉，皇族委员会委员长（宗正）刘吉，前往宣布我的决定：立刻缴出皇后印信（这就是撤职）。贵人阴丽华女士，是我故乡的良家妇女，在当小民的时候嫁给我，已三年不见面矣（瞪着眼说谎），应该接任皇后。这是一件不幸的变故，官员们不可以表示赞成和歌颂。”

母子俱废

诏书原文曰：

皇后怀势怨怼，数违教令，不能抚循他子，训长异室。宫闱之内，若见鹰鹯，既无关雎之德，而有吕霍之风。岂可托以幼孤，恭承明祀？今遣大司徒戴涉，宗正刘吉，持节往谕，其上皇后玺绶。阴贵人乡里良家，归自微贱，自我不见，于今三年。宜奉宗庙为天下母。异常之事，非国休福，不得上寿称庆，特颁诏以闻。

这项诏书是霹雳般公布的。事前没有任何迹象。而刘秀先生也就是为了要避免少数不识相的高级官员的反对，才猝然而发，造成既成事实，用来堵他们的嘴。郭圣通女士这时候发现她已一败涂地，任何争辩都是多余的。她缴出皇后印信，黯然离开住了十六年之久的皇后宫，搬到别殿。在泪流满面中，眼看着位在她之下的阴丽华女士，爬到她头上，坐上皇后宝座。在此之前，阴丽华女士见了她要下跪参拜的，在此之后，她却要向阴丽华女士下跪参拜，人生中最难堪的羞辱，蓦然间劈头罩下。

这时候全体政府官员，都向新任皇后靠拢，只有后家教习（殿中侍讲）郅恽先生，向刘秀先生进言曰：“夫妻之间的感情，连父母子女，都不能开口。何况我不过一个部下，怎敢参加意见？只希望你陛下谨慎细查，不要使天下人议论纷纷，才可以没有后患。”刘秀先生曰：“你一定了解我的本意，我不会太绝情。”是不是因为郅恽先生的建议，或是刘秀先生本来就决定他的行事步骤，都不重要，重要

的是，刘秀先生决定仍使刘疆保留皇太子的职位，并且加封郭圣通女士的第二个儿子刘辅当中山王，称郭圣通女士中山太后。稍后，刘秀先生索性把已封公爵的所有的儿子，一律晋封王爵。

然而，刘疆先生的皇太子职位，任何人都看出岌岌可危。他是废后的儿子，而现任皇后的儿子，正得老爹的宠爱，阴姓家族和南阳籍的官员将军们，绝不允许废后的儿子继承帝位。刘疆先生自己，也忧心忡忡，不能自安，他也知道他面临的是什么危机。于是郅恽先生向他建议曰："太子老爷，你长久坐的是一个危险万丈的位置，也是一个使你老爹感到痛苦难解的位置。不但有违孝道，事实上也杀机重重。历史上不少例证，帝王是明智的帝王，儿子是千古的孝子，结果却因为芝麻绿豆小事，反目成仇。孔丘先生的大著《春秋》里，特别指出：子以母贵。为你自身的利害打算，不如辞去皇太子，逃出是非窝。"

刘疆先生如梦初醒，他终于找到解决的方法。于是，他向老爹请求让位。刘秀先生假装着不忍心，加以拒绝。嗟夫，只要掉到权力的漩涡，父子之间都不得不使用诈术。刘疆先生急于摆脱那些虎视眈眈的压力，只好拜托一些跟老爹新近的皇亲国戚，再三请求，刘秀先生才表示已被说服。公元四三年，他阁下用正式诏书宣布曰：

春秋之义，立子以贵，东海王刘庄，皇后之子，宜承大统。皇太子刘疆，崇执谦退，愿备藩国，父子之情，重久违之。现在封刘疆当东海王。

这就是说，把东海王刘庄跟皇太子刘疆，两相对调。阴姓家族，到此大获全胜，刘疆先生的封国在东海（山东省郯县），刘辅先生的封国在中山（河北省定县）。刘疆先生被废后的次年（44），老爹下令改封刘辅先生当沛王，封国为沛郡（安徽省宿县），郭圣通女士也改称沛太后。而且对郭圣通女士的亲弟郭况先生，堂兄郭竟先生，堂弟郭匡先生，都加封侯爵。郭圣通女士的叔父郭梁先生，早已去世，没有儿子，刘秀先生就封他的女婿陈茂先生也为侯爵。

七年后的公元五〇年，郭圣通女士的娘刘女士——也就是"郭主"，寿终正寝。刘秀先生对这位岳母大人，表示最高贵的情操，他亲自参加她的葬礼，这是一件天塌了似的大事，权力魔杖所去的地方，文武百官就像苍蝇一样地挤在那里，好不轰动。刘秀先生还把岳父大人郭昌先生的棺柩，从遥远的真定，运到首都洛阳，跟岳母大人合葬。

刘秀先生对母子俱废的家国变故，处理得十分宽厚。郭圣通女士虽然不幸被废，但在中国历史上所有被废的皇后群中，她却最最幸运。然而，任何一个当事人，都不能心平气和地跟历史上同类型的人物比较。郭圣通女士从高位上跌下来，虽然没有发生血腥事件，但打击同样严重，娘家和儿子荣华富贵，解除不了内心的空虚和羞辱。她被尊称"沛太后"，史书上都没有提到她是不是离开皇宫，去沛郡（安徽省宿县）依靠儿子。在皇宫中称"沛太后"，不过是不把她算做皇宫的一员，免得她面对昔日形势。只有在儿子的王宫里，她这"沛太后"，才能恢复自尊。最初，郭圣通女士还依靠母亲，而现在母亲死啦。母亲死的第二年（52），她也孤苦伶仃地含恨去世。十七年皇后，十年贬谪，假如她十八岁结婚的话，死时已四十五岁矣。

■邓诗萍 主编

第三卷

吉林大学出版社

第三卷 目录

中华帝王

后唐庄宗李存勖

庄宗李存勖

平定内患 统一河北

天祐五年(908)正月，李克用病亡，24岁的李存勖绍继王位。此时外有强敌，内有隐忧，民心浮动，军心不稳。九分天下，朱梁已居其七。而且，仍在频频发起攻势，河北诸镇多纷纷归附。存勖虽为晋王，但兵马大权完全握在叔父李克宁之手，并密谋逼其让位。存勖得知这一情况后，先召监军张承业道：“季父既然如此，我想主动让位，以免骨肉残杀，祸乱又起。”承业顿首泣道：“先王命我等辅佐大王，言犹在耳，存颢这伙小人妄想投靠朱温，如不立即诛杀，后果不堪设想。”于是又召进大将吴珙、李存璋等人，共同商讨对策。

二月九日，张承业在府第大置酒会，邀李克宁及诸将参加。事先，已使李存璋、吴珙率兵士藏于帷帐之后。诸将落座，酒过三巡，承业举杯朝下一摔，帐后兵士一拥而上，将克宁、存颢从座上拉下，捆在一起。晋王存勖大步踏入，厉声诘责：“我过去要把军府大权全部交给叔父，叔父不敢，如今我即王位，大势已定，您为什么又要谋乱篡位，想把我与母亲交给朱梁仇敌?”说毕，令军士推出斩首，席上诸将个个目瞪口呆，双腿不由得微微发颤。张承业大声道：“今后大家要尽心王业，谁敢存心不良，格杀毋赦。”

安定了内部，李存勖的眼光又投向被梁兵长期围困的潞州(州治上党，今山西长治市)。潞州上党是河东的重要门户，天祐四年(907)六月起梁兵猛攻上党，在城外筑垒挖濠隔绝内外联系。时晋昭义节度使李嗣昭率众坚守，苦苦支撑了一年。晋王遣蕃汉都指挥使周德威率重兵前去解围。

天祐五年(908)四月二十九日，晋军到达距上党45里的黄碾村。三十日夜，大雾弥漫，晋军利用有利时机，迅速接近围困上党的梁军营垒。五月一日凌晨，雾气越来越重，梁军将士还都在梦乡中，晋王命周德威、李嗣源，兵分二路，斩关烧寨，突入梁军营垒。一些军士莫名其妙地成了刀下冤鬼，活着的军卒们很快便清醒过来，纷纷向南溃去。梁将唐怀贞见势不好，率百余骑兵由天井关奔归开封，朱温听到梁军溃败的消息，先是大吃一惊，接着，又深深地叹了一口气，道：“生子当如李存勖，真是如其父，我的那些儿子简直如同猪狗!”

虽然上党之围已解，但晋王存勖依然愁眉不展，毕竟河东之地太有限了。二年过后，机会终于来了。开平四年(910)十一月，梁兵大举攻赵，赵王王熔与义武节度使王处直向晋求救。晋王力排众议，令周德威率军屯赵州(今河北赵县)，伺机救赵。十二月，晋王亲率步骑五万与义武军一道进驻赵州，与周德威合兵，继率大军进逼梁军营垒，德威向晋王建议：“敌军势盛，我军应按兵不动，以观其衰。”晋王点头称是。次日挥师后退十里，分兵扼守要道，切断了梁军的粮草供应。次年初春，梁军粮秣荡然，倾营而出，晋王遣周德威将其引入野河谷地，一举击溃。又乘胜攻下贝州、博州、澶州。赵王谒见晋王，大犒将士，又遣养子张文礼随晋王征讨，义武节度使王处直也俯首听命，不敢怠慢。

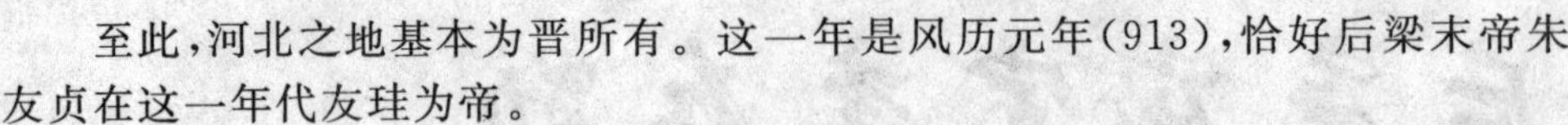

至此，河北之地基本为晋所有。这一年是风历元年(913)，恰好后梁末帝朱友贞在这一年代友珪为帝。

登极称帝 攻灭后梁

攻灭了幽州，晋王存勖立即着手组织对后梁的全面进攻，但总是受阻于后梁北面招讨使、天雄军节度使杨师厚。师厚率魏博三镇之兵，屯驻魏州(今河北大名)，成为晋王南下的巨大障碍。而且，这二三年间，北面的契丹也日渐强大，时而进犯晋境。晋王两面作战，收效不大。乾化五年(915)三月，杨师厚卒去，魏州爆发兵变，头领张彦向晋王求援。存勖当机立断，决定北和契丹，重点进攻后梁。六月，率军入据魏州。

贞明四年(918)，晋王率各路兵马自杨刘渡河，在濮州(今山东鄄城北)与梁将谢彦章等相持不下，年末，看到长久相持不见分晓，晋王将军中老弱统统送回魏州。然后令各路大军齐头并进，绕开梁军营垒，直趋后梁都城开封。梁军大将谢彦章则率部尾随不舍。行至临濮县(今山东鄄城西南)胡柳坡时，两军已遥遥相望。周德威请求晋王先按兵不动，自已率部骚扰梁军，使其疲惫不堪后再图进击。晋王不从，率亲军跃马冲入敌阵，梁军浩浩荡荡，结阵几十里，晋王左右冲击，往返十余里，陷在敌阵中难以拔足。梁兵趁势袭取了晋军辎重粮草，诸路晋军乱成一团，周德威战死。中午时分，晋王冲出敌阵，收集散兵，诸将纷纷请求敛兵还营，明日再战。晋王大吼："此时敛兵，等于降敌，现在情势如此，可进不可退，成败在此一举。"好在晋王的骑兵还未受到多大损失，晋王先率军抢占了周围的几个山丘，又居高临下，用骑兵轮番向梁军冲击。至傍晚，梁军败退而走。这一场恶战，晋、梁双方都损失了三分之二的士卒，两败俱伤。晋王也意识到不可能一举攻灭后梁，又引兵回到魏州，留李存审坚守已取得的河南城镇。

胡柳恶战后二三年中，晋梁多在黄河沿岸争城夺地，未有大的战事。晋王存勖在诸将、诸藩镇的劝进声中，于龙德三年(922)四月，在魏州称帝，国号大唐，年号同光。

存勖称帝的第二个月，梁国的郓州守将卢顺密奔至魏州。向存勖报告郓州(今山东郓城)守军不满千人，军将又不得人心，可以袭取。存勖当即令李嗣源率精兵五千由杨刘渡河，趁着天阴道黑，直抵郓州城下。次日晨，袭取郓州。打开了通往开封的门户。

十月三日，存勖军由郓州出发，直扑开封，李嗣源为前锋，次日晨，先消灭了前来攻围郓州的王彦章军，生擒彦章。彦章是后梁悍将，善使两支铁枪，人称王铁枪。至此，郓州至开封地带已无梁军重兵。当晚，李嗣源率前锋兼程前进，存勖押大军随后进发。一路摧枯拉朽、势如破竹。十月十日晨，梁主为侍者所杀。李嗣源进至开封，开封尹王瓒开门请降，后梁亡。

重用优伶 不恤民生

攻占开封后，梁国的节度使、刺史纷纷上表归降。李存勖下令梁前节度、观察、防御、团练使、刺史以及大小将校均保留原职，至于随从征战的晋军将校，只得到一些常例赏赐，功臣宿将也多被裁抑军权，不时受到李存勖的猜忌。破梁不久，他将国都迁到洛阳，志骄意满，终日沉湎于畋游声乐之中。

李存勖自幼即喜好音律歌舞，豢养了一批伶人。战争紧张的年月，还没有多少时间从事这种娱乐，定都洛阳后，这些人立即得宠。李存勖常常也亲自粉墨上场，与伶人们共同演戏，甚至取了艺名“李天下”，每次出行，也都带伶人同行。这些伶人们可以随时出入宫廷，又可以常常向李存勖讲述所见所闻，李存勖也想以他们为耳目。因此，有些伶人也就可以干预朝政，气焰熏天，将相大臣也怕他们几分。也有一些聪明人物，与伶官相连接，求取高官厚禄。

同光三年(925)清明时分，李存勖与伶官及一些禁军将领来到宫中新开的球场，进行角力比试。轮到李存勖时，他的对手是禁军将领李存贤，比了几个回合，存贤连连失利。李存勖对他说：“李存贤若能胜我，我就授他卢龙节度使。”正在作乐中，郭崇韬送来契丹大举入侵的消息，李存勖向球场上的这批人叫道：“在此等我，去去便回。”然后来到正殿，群臣早已等在阶下，李存勖不耐烦地问：“谁人可以抗御契丹?”崇韬上前一步奏道：“若陛下率军亲征，契丹肯定会望风而逃。”李存勖马上说：“朕国事繁忙，谁可代朕前往?”郭崇韬答：“天平节度使李嗣源可行。”李存勖点头同意。崇韬又奏“请陛下再授他卢龙节度使，以便于领兵攻战。”卢龙与契丹为邻，所以郭崇韬有这个建议。李存勖却道：“朕已将卢龙当作角力押物，不能再授他人。”说罢，急忙退朝，又回到球场中。继续与李存贤角力。不过，这一次李存贤不费什么气力就把李存勖摔倒在地。李存勖被扶起后马上说：“朕不食言，卿可为卢龙节度使，三日后赴任。”过了一会，又与这些人玩起了拔河游戏，至于李嗣源如何北征，他全抛到了九霄云外。

李存勖身边的伶人们则极力怂恿他外出畋游，巡视四方。四月末，李存勖率群臣百官及佞幸伶人浩浩荡荡向魏州进发，一路畋猎作乐，践踏麦田。所到之处，地方官都要大肆铺张，供给无度。稍有不到之处或削职，或斩首，沿途许多州县官纷纷弃职逃走。到魏州后，又令伶人景进等人四处寻找美女。景进派人远至太原、幽州等地抢掠民女。不到一个月，就有3000美女被集中到魏州。其中许多是将吏妻女。这些女子被装上牛车，先行拉回宫中。李存勖本人则率百官、伶人一边畋猎，一边行路。六月，行到中牟。中牟在开封、洛阳之间，夏粮几乎颗粒未收，秋播以后，天公作美，降了几场小雨，地中青苗长势十分喜人，李存勖把这良田又当作了畋猎场，率左右军将、伶人前驰后奔，追逐猎物，农家百姓只能远远地望着落泪。午时，随行的中牟令实在看不下去，拦住李存勖的马劝道：“陛下是百姓父母，怎么能忍心践踏青苗，断绝百姓生路呢?”李存勖勃然大怒，喝令左右推下，正要下令拉走斩首，伶官敬新磨几步上前，抓住这位县官推到李存勖马前，大声责问：“你是县令，难道不知道我们天子好畋猎吗？为什么要让老百姓种庄稼，妨碍天子驰骋呢？你真该杀、该杀!”说完，马上按下县令的脖子，请斩首。见此景象，李存勖大笑不止，才放掉了县令。

杀戮大臣　众叛亲离

同光三年(925)春夏，李存勖在谋臣的建议下，决计伐蜀。一来可取得天府之国的财富，二来可为麾下的士兵们提供一个战场、一个发财养家的机会，使他们暂时安定下来，以免酿成大乱。于是任命太子继岌为西川四面行营都统、郭崇韬为行营都招讨制置使，主持军务。选简士卒，准备伐蜀。

平蜀不久，李存勖听到蜀人请留郭崇韬镇蜀的消息，心中的不安加剧。马上

下诏令郭崇韬率军返朝，崇韬派使者向李存勖解释道："成都早已攻下，但西川各地还有不少拥兵割据者，万一大军退回，这些人会乘机反攻。因此，需调兵遣将前去征讨，待大功告成，自然率师回朝。"李存勖根本不理会，一方面急急地委任北都留守孟知祥为西川节度使，另一方面立即派出心腹宦官向延嗣前去西川，召崇韬班师。不久，设计杀死郭崇韬。

李存勖惟恐郭崇韬一死，有人乘机起事，就派伶人们四出探查，稍有反常者，或得罪了伶人、宦官的，马上就被诬蔑为郭氏一党，满门抄斩。一时间，朝野上下，人心惶惶。

二月初，贝州(今河北清河西)兵变，乱军以赵在礼为首占据邺都(即魏州)。大致与此同时，伐蜀先锋将马步军都指挥使李绍琛也拥兵反叛，自称西川节度使，继岌大军仍滞于川中，不能拔归。对于贝州兵变，李存勖只好派人招抚，但未能奏效。在这种情况之下，大臣们极力保荐李嗣源率军讨邺都。

嗣源刚率军至邺都，军中兵乱，要求李嗣源自立，李嗣源由于被人诬陷，遂在部将鼓动下，拥兵南下造反。

李存勖闻讯大惊，一面遣人急驰西川，召回继岌大军，一面诏诸道速速入援。

二十日，李嗣源渡河南下，滑州守将不战而降。李存勖率军离洛北上，亲征嗣源。临行，取内库钱帛赏赐诸军，王公大臣、伶人宦者也多献出大批钱帛，仅伶人景进就献"助军钱"30万贯。军士们拿到赏赐，大骂不止："我们的妻子儿女已饿殍而死，还要这些财物做什么?"二十六日，李存勖至荥泽时，李嗣源已攻下汴州。李存勖派龙骧指挥使姚彦温率3000骑前去挑战。彦温马上举军投奔嗣源，派指挥使潘环率军护卫粮草，他也干脆把粮草运给了叛军。李存勖率军勉强行至万胜镇，诸军叛逃者已达万余人。李存勖为稳住军心，特地向他们说："魏王又送来西川金银50万，到京城后都赏给你们。"士卒门纷纷回答："陛下赏赐已晚，虽有重赏，人亦不感圣恩。"李存勖呜咽流涕，悲不自胜。次日，行至洛阳城东的石桥，李存勖置酒设席，召来诸将，悲戚地说："诸卿随我数十年，患难与共，荣华同享，如今事已至此，难道就都没有退敌良策?"诸将百余人纷纷割下头发，向李存勖保证"以死报国"。但谁也没有说出退敌之策，君臣相顾号泣。当晚入洛城，李嗣源马上尾随占据了汜水关。不久，城内叛乱士兵越来越多，大臣将帅星散而奔，李存勖被乱兵射伤倒地。此时身旁既无大臣，又无士卒，鹰坊人善友扶他至绛霄殿抽出箭矢，李存勖口渴求水。善友又奔告刘皇后，刘皇后派宦官送去一杯奶酪，李存勖饮后立即身亡。古人认为凡中箭伤失血过多，若饮水尚可活，饮酪必死。李嗣源入城后即帝位，葬李存勖于河南新安县之雍陵，谥号"光圣神闵孝皇帝"，庙号"庄宗"。

后唐庄宗宫廷生活秘闻

李存勖最爱好的事情是粉墨登场演戏

①戏子出兵

公元923年10月，秋风萧瑟，易水生寒。骑在一匹乌青马上的李存勖，望着遥远的天际，心中紧张、惶惑、怅惘、激动……种种情绪交织在一起，说不出是该笑还是该哭。此次出征，乃是与倾全国之兵而来的大梁作殊死决斗，不能不作两

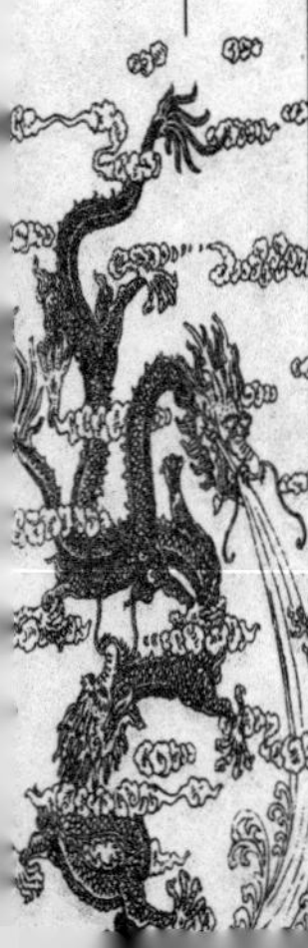

手准备。思及于此，他扬鞭叫过站在远处的一个侍从："叫皇子来！"

不大工夫，皇子李继岌一副戏子伶官打扮急匆匆地赶到。不待其张口，李存勖心事重重地说："我就要亲统大军出征了。此次出征，胜败可能各占一半。朱梁，是我们李家的死敌，你不是他们的对手！倘若我回不来，你要立即率全家登行宫举火自焚，免遭其辱！"

"是！"李继岌俳优一样一躬身子，好像在台上演戏一样，把他的父亲当成了一同登台的戏子。倘若是换了别人，李继岌决不敢有此惊世骇俗之举，不要说这是在两军决战的前夕，军情十万火急，就是在平时，儿子对父亲，皇子对君王如此不恭，也要被视为大不敬的。

"混账！"李存勖勃然大怒。一个刚刚投效过来的亲兵以为皇帝是为皇子的不敬行为而发火呢。但接下来所发生的事却叫他目瞪口呆："哪折戏里有这样一出？叫板唱喏时你应该这样。"李存勖一边说着，一边在马上扬了扬箭袖，优雅地一挥一甩，"然后说一句'得令'！"见李继岌似未完全理解的样子，李存勖长叹了一声："蠢材啊！蠢材！不知我能否打赢这场战争？倘若侥天之幸，到时看为父给你来唱一出戏！哼……"

②演戏换打

公元925年6月的一个早晨，后唐东京兴唐府(德州)坤宁宫内，韩国夫人刘氏正手托香腮，懒梳玉鬓，被拥红浪，跌坐在床，一副海棠春睡的模样。忽然，门外传来一阵喧哗之声。

"谁这么大胆？清晨就敢在宫内喧哗！"思及于此，刘氏面色一凛，道："去看看，是谁在外面喧哗！"话音未落，一个职事外厢的宫女跌跌撞撞地跑了进来，"瞧你那副德性！"刘氏不满地撇了撇嘴，叫着那个宫女的名字道："小红，谁在外面？"

"是万岁爷……啊……不，是国丈，啊，不，是万岁爷说他是国丈……"

"混账东西！连话都说不清，究竟是谁？"刘氏话音刚落，只听外面有人喊道：

"老夫刘山人驾到，刘氏快快出迎！"

话是提着嗓子说的，一听就能听出来是谁在演戏。

"该死，又是这个戏子皇帝！"刘氏骂道。

门帘一挑，一前一后，走进两个人来。前面这人，看上去50多岁的年纪，一部连鬓络腮的胡子染成了黄色。隆额准目，口阔面圆。上着皂布衣，下登八爪麻鞋，背上背着一个鹿皮药囊，手里还举着一对串铃。真是，不俗不雅，介于雅俗之间，活脱脱地一个"刘老者"的形象。再往后一看，"刘老者"(李存勖扮演)后面跟着的竟是刘氏夫人的亲生儿子李继岌。他也是一副民间游浪子弟打扮。

"好啊！好啊！"刘氏带着哭腔说："老子不正经，儿子也跟着学，父子两个一起来和我寻开心！"说到这里，刘氏转哭为怒："没良心的东西！老子，我管不了，我自己身上爬出来的我难道也管不了了吗?！来，给我动家法！"

"众儿郎！"扮做"刘老者"的庄宗皇帝李存勖见刘氏先怒后哭又转哭为怒，觉得十分好玩，不知不觉又冒出了一句戏词："风紧，扯呼(逃跑——引者注)去也！"

"父皇！"李继岌一把扯住了李存勖，"台词错了！不是'扯呼去也'，应当说'三十六计，走为上'。"话音未落，头上挨了刘氏的一巴掌："我叫你走为上！"

——挣脱了刘氏夫人之后，这父子二人相对哈哈大笑。笑过之后，觉得兴犹未尽，李存勖连声说道："快走！快走！找敬新磨去也！"

敬新磨，是当代有名的伶人。他本姓高，敬新磨乃是他的艺名。此人善作俳优，滑稽多智，乃是东方朔一类的人物。在李存勖手下的诸多伶人当中，敬新磨是最为有名、也是最为正直的一个。他曾数次与李同台粉墨演出。

③“李天下”秘闻

从刘氏夫人那里一出来，李存勖就径直去找敬新磨。

他这里想找敬新磨，敬新磨在那里也正想找他呢，不过，不是想与他切磋演戏，而是想与他切磋一些国家大事。

原来，这一年，后唐出了一件大事，一向受庄宗宠爱的大将郭崇韬因与宦官不和，因而虽有灭蜀平王建之功，而仍遭李存勖及刘氏夫人的怀疑，危在旦夕。虽与郭素不相识，但深知他公忠体国，因而敬新磨极想利用他常能与庄宗皇帝接触的机会向庄宗进一言：忠臣须赏不应疑。

因此，李存勖父子一到，敬新磨显得比以往都要热情，即使皇帝陛下要与他同台演出——这是他以往最不愿意之事，他也爽快地答应了。

戏台搭在了乾清殿旁边，一阵丝竹之声过后，李存勖登场了，他一身青衣打扮，一出场就亮了一个“怪相”，口中连声自报：“吾乃李天下是也，吾乃李天下是也！”话音未落，只听“啪”地一声，李存勖的右脸上挨了一记耳光，这一记耳光把他给打懵了：自从长大成人以后只有他的手往别人的脸上“招呼”还从来没有人敢这样“大逆不道”扇他的嘴巴！“是谁？”

他这里还没回过味来，早有一班谄媚之徒将打他的人扭住，推到他的面前。

“他们推我干什么？”打人者原来是敬新磨。只见他一脸正气，似乎根本没把刚才打皇帝的耳光这件事当成一回事。

“好小子，死到临头了，你还不知罪吗？你大概是吃了虎心豹子胆了吗？竟然连圣上也敢打！”

“原来是这么回事啊，”敬新磨装作大吃一惊的样子，“我什么时候打圣上了，我打的是不爱惜江山的优伶，打的是圣上的敌人！”

“好小子，你还敢狡辩！”

“我怎么狡辩了？姓李的天下只有一个，岂容二主，这个人连呼‘李天下’，谁知道他是不是想把大好山河一分为二，为我大唐江山千秋万代计，小生我也顾不了那许多了！”敬新磨一边说着话，一边用眼睛溜着站在一旁发愣的李存勖。

只见李存勖的脸色一阵青、一阵红，似喜似怒，一时也说不清。沉默了片刻，这位“李天下”开口了：“放了敬新磨，是朕的错！”

“谢主隆恩！”敬新磨喜出望外，他以为自己的一番旁敲侧击已收到意在言外之效，郭崇韬将军的性命和整个后唐的江山都可保无虞了呢。可他又大大地错了！

原来，李存勖口中所说的“朕错了”指的是演戏台词，根本与国事无关。此时的李存勖除了玩女人，宠戏子，潜心俳优之外，对国家大事根本不感兴趣。灭梁，逐走契丹，活捉刘守光，完成其父李克用所遗三桩使命之后，李存勖早已志得意满，以为“人莫予毒”了，因而根本没有把一个小小伶人敬新磨的讽谏之言放在耳里。他之所以不怪罪敬新磨，除了由于敬狡黠多智富辩才因而引不起他的恶感以外，最主要的还由于敬新磨是个戏子。

于是敬新磨的讽谏落了空。

公元926年，李存勖听信宦官的谗言，终于将功满天下的郭崇韬害死。

刁妇刘皇后

李存勖在刘皇后面前，言听计从，颇受这个刁泼夫人的摆布。

说起刘皇后，话就长了。原来，按刘氏的出身、资历，本不应立为皇后，她的发迹得宠全靠曹太后（李存勖的生母）从中撮合。刘氏本出身微寒，父亲刘叟是个算命卖药的江湖骗子，自号“刘山人”。她五六岁时，被李存勖的偏将袁建丰掠入军中，后送到晋阳（今山西太原市）王宫，曹太后见这小女孩长得眉清目秀，甚是喜欢，遂教她吹笙歌舞。及至成年，刘氏已出落成亭亭玉立的少女。李存勖成为晋王后，曹太后特意带她到其寝宫，命备酒祝寿，并自起歌舞，乘兴之时，特意叫刘氏吹笙助酒。酒宴罢，曹太后看出儿子对刘氏已有意，便将其留下，如此，刘氏竟成为李存勖的“韩国夫人”。

那时，刘夫人看得清楚，李存勖并不喜欢正室韩、伊二夫人，而亲宠“压寨夫人”侯氏。侯氏原是梁将符道昭之妻，是符道昭兵败后，被李存勖掠来的。后侯氏竟成为宠冠后宫的红人，李存勖长期率兵打仗，唯独侯氏有福分随军侍候他。于是，刘夫人极力讨好李存勖，因她善领其意，侍候有道，很快就取代了侯氏的专宠无二地位。

李存勖称帝后，要立刘氏为皇后，但韩夫人、伊夫人位次原在其上，故事难调解。此时，善于察言观色的宰相豆卢革、枢密使郭崇韬迎合李存勖的心思，连章累牍地上奏，主张立刘氏为后。于是，刘氏名正言顺地坐上了本不属于她的皇后宝座，韩夫人以下都不服气，但也只好认命。

据说，最初刘氏与诸夫人争宠，自知门望寒酸，竟连她惟一的亲人老父亲都不肯相认！自从在乱兵中失散了女儿，“刘山人”到处打听女儿的下落，后来，当他得知刘氏已做了李存勖的夫人，正富贵得宠，简直是乐不可支，以为自己有了出头之日，可以跟着女儿享享清福了。于是，忙赶奔魏州，要求见女儿一面。

可是，当刘叟被引见给刘夫人时，刘氏见而一愣，转而反口大骂道：“大胆乡巴佬，竟敢戏耍本夫人！我记性再不好，也该记得父亲的模样。我还清楚地记得，当我离开乡里时，父亲惨死在乱兵之中，我俯在他尸体上痛哭而去的情景，到现在还历历在目，怎么一下子却跳出来一个父亲，这不是活见鬼吗？”就这样，刘叟不仅没有讨到任何好处，反倒被狠揍一顿，赶出宫外。真是政治使人变鬼，权欲使人变兽啊！

刘夫人做了皇后，还是深感出身卑微——虽把老父顶了回去，但再有能耐，也不能捏造出一个风光的父亲呀！同时，好日子来之不易，所以，很怕一朝丢掉了皇后之位。为此，她在皇帝面前，每每谗言陷害那些与自己争红了眼的妃子们；同时，她看谁有可能得宠于皇帝，便竭尽全力去对付她。这种争风吃醋的明争暗斗，在以前可谓屡见不鲜，见惯不怪，但刘皇后却做得太绝！

李存勖有个宠姬，模样超众出群，又生了个皇子，刘皇后看在眼里，妒火中烧，企图除掉她，可又没有借口和机会。一天，李存勖正在宫中闲坐，宿将元行钦侍坐在旁，李存勖问行钦：“听说你新丧夫人，还想再娶吗？如有意，我当助你一臂之力！”

刘皇后见机会已到来，眼珠一转，指着那个小妾插话道：“如果皇上爱怜行

钦，何不把她赐与行钦？”

“嗯？”李存勖听后不禁一愣。

原来，元行钦骁勇善战，曾救过李存勖的命，诸将中，唯他最得信宠。李存勖曾对他许过愿：“日后如果富贵，当与你共享！”所以，当李存勖听到刘皇后的话，虽暗自叫苦，但嘴上却不好拒绝，犹豫一下，便又大大方方地应允了。

因为失去爱姬，李存勖怏怏不快，装病不食了好几天！从此事看得出，李存勖对刘皇后这个刁妇，竟然还惧之三分的。

不仅如此，刘皇后还串通婆婆曹太后，趁李存勖懒于政事之机，把持朝政。对此，她颇费心机，竟搞出个花样来：曹太后对臣僚发的话称之为“诰令”；她自己训政之言则谓之“教令”。于是，两宫使者不绝于道，她俩俨然成了无冕之君，地方大吏都纷纷仰其鼻息，听命于两个妇人。

刘皇后认为自己的富贵，完全是佛力所致，所以，对僧尼特别礼敬，久而久之，李存勖也受其影响，信起佛来了。有个胡僧从于阗来后唐，刘皇后竟怂恿李存勖，率诸皇子出宫迎拜；那僧人要游五台山，刘皇后特遣宦官陪同设供，每到一地，地方官都倾巢而迎，弄得惊天动地！

刘皇后虽然笃信佛法，却没干一件慈悲事，更令她始料不及的是，没出几年，她就被逼无奈地舍掉那来之不易而恋之至深的皇后宝座，真正削发做了尼姑。这是为什么呢？

吝啬鬼削发为尼内幕

刘皇后幼年尝尽了苦日子的滋味儿，贵为“国母”后，即变本加厉地热心于聚敛财宝，在历代皇后中，唯她最特殊！据载，她曾分遣心腹为商人，到民间经营生意，一时间，大小市肆上，从新刍到蔬菜瓜果，都称是中宫所卖之物，其盈利收入，全入刘皇后的私囊。如此与民争利的商人行径，确属稀罕。

要说刘皇后最大的财源，还不是经商牟利所得。当时，地方官都按时间向朝廷进贡，而称臣纳贡的南方小国如荆南、吴越、北汉、闽、楚等，也纷纷向后唐贡献方物财宝，所有这些贡品，每每一分为二：一份入皇帝私库，一份入中宫。同时，朝野官吏都知道皇后当一大半家，所以，那些想投机钻营、飞黄腾达的势利小人，都争先恐后贿赂刘皇后。这样，刘皇后居然成了腰缠万贯的首富，中宫私库货贿如山，应有尽有。对此，李存勖竟不敢微言一辞，还暗暗佩服夫人敛财有方。

羊毛出在羊身上，刘皇后所得财物，多从老百姓身上搜刮而来，她越是好财收贿，地方官就越搜剥百姓。因此，当时农民肩上扛着交不完的税，还不清的债，一时苦不堪命，民怨沸腾。

人祸加天灾，更使国枯民穷。同光三年（公元925年）秋，遇水害，灾民流离失所，致使京师赋调之税不足数，六军之士，连连有人成了饿死鬼。对此，朝廷不但不减免赋税，反而预征明年夏秋两税，百姓愁苦万分，号泣于道。而那时，皇帝和皇后却在外打围纵乐呢！

面临这种情况，特别是军士们日益不满的现实，大臣们想出一个办法——让皇帝和皇后掏腰包！于是，他们借口客星犯“天库”，上天示警，应从内库里拿出一些钱物，暂济时艰，推举丞相向皇帝提出。当丞相拐弯抹角地说明来意后，李存勖倒是满口答应，想拿出一些财物分发给军士；但富有四海的吝啬鬼刘皇后却

一口给顶了回去:“我们夫妇之所以得天下,虽因武功,但也是天命所为;命既然在于天,人还能将我们怎么样?别项筹款可以,谁也休想在我们身上打主意!”

宰相还是不泄气,继续与皇帝论辩于延英殿,而刘皇后却在屏风后面窃听。当她感觉到李存勖耳根子软起来时,索性一手托着妆奁,一手拉着小皇子满喜,走到皇帝和丞相面前,气呼呼地说:“诸侯所贡财物,已经分赐殆尽,宫中所剩之物,就在你们面前,请拿去卖了,给军队发饷好了!”丞相见刘皇后撒起泼来,惶恐而退,事乃作罢。

军队是李氏江山的命根子,刘皇后如此吝啬贪财,使那些为朝廷卖命的将士们心凉半截。同光四年(公元926年)二月,后唐老根据地魏州发生兵变,效节指挥使赵在礼为士兵所挟,公然反叛朝廷。李存勖先派爱将元行钦领兵前去镇压,但败绩而还;继而改换成德军节度使李嗣源(李克用义子)为统帅,带兵讨伐,但是,李嗣源刚到魏州,又为叛军所逼,也反戈一击,举兵反叛,其兵锋直指大梁(今河南开封)。

听到李嗣源也叛离朝廷,正率大军亲征在路上的李存勖,再也鼓不起昔日的勇武之气,竟下令顺原路撤回。结果,一听部队要撤退,军士们都知道前线的溃败消息了,都纷纷弃甲逃散,二万五千人的大军,一时逃走的过半。

是年四月,一度是皇帝身边红人、伶人出身的从马直指挥使(亲军首领)郭从谦拥兵叛乱于京师。这真可谓前方打仗,后院又燃起大火,这种萧墙之乱,李存勖压根儿都不曾预想到。当得知叛兵已攻到兴教门时,李存勖遂做出垂死挣扎的样子,亲率诸皇子和卫士,分守各宫门,欲负隅顽抗到底。但叛兵却纵火焚门,于是宫门失守。李存勖临死前,又一展风采,亲手击杀数十人,终于因寡不敌众,身中流矢,一头栽在绛霄殿廊下,不多时,含恨死去。有伶人将其尸焚化,真是落个死无葬身之地的悲惨下场。

当得知李存勖一命归天后,刘皇后遂与小叔李存渥(李存勖五弟)等举火烧了嘉庆殿。趁宫火势猛、叛兵不备之际,刘皇后慌忙搜罗百余骑,从师子门突围出宫。这个嗜财如命的淫妇,临逃命时也没有忘带她的财宝,竟把最值钱的金器宝带随身卷走;仓皇出逃的道上,又与李存渥行淫作乐。行至风谷,李存渥被部下所杀,痛丧患难情人之后,刘皇后又匆匆上路,一到太原,就变服削发,想躲在佛寺避祸。

刘皇后想以空门为避难所,不想,李嗣源称帝后(唐明宗)立即遣人到太原将其赐死。

后唐庄宗登基前秘闻

长相不俗

李存勖是李克用的长子。当时,李克用在邢州击败孟立方,率军返回上党,在三垂岗设宴。席中,乐师奏《百年歌》,乐曲演奏到人生衰老的乐章时,声音悲怆,在座之人都觉得凄凉。当时李存勖才五岁,坐在筵席之侧,李克用感慨地捋着胡须,指着李存勖笑道:“我即将老人,可还有一位有奇才的儿子。二十年后,他能代替我在这里作战吗?”李存勖十一岁时,跟随李克用击败王行瑜,李克用派他去长安给唐昭宗报喜,昭宗对他的相貌感到惊异,赏赐给他鸂鶒卮、翡翠盘,抚

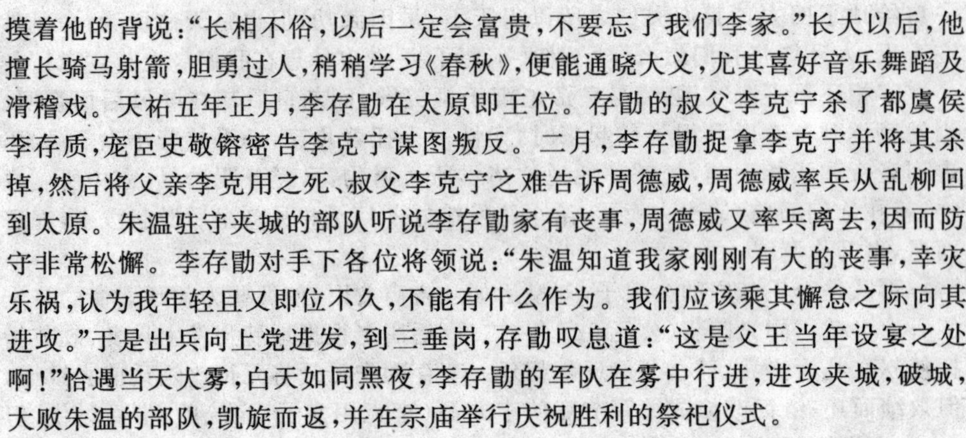

摸着他的背说:“长相不俗,以后一定会富贵,不要忘了我们李家。”长大以后,他擅长骑马射箭,胆勇过人,稍稍学习《春秋》,便能通晓大义,尤其喜好音乐舞蹈及滑稽戏。天祐五年正月,李存勖在太原即王位。存勖的叔父李克宁杀了都虞侯李存质,宠臣史敬镕密告李克宁谋图叛反。二月,李存勖捉拿李克宁并将其杀掉,然后将父亲李克用之死、叔父李克宁之难告诉周德威,周德威率兵从乱柳回到太原。朱温驻守夹城的部队听说李存勖家有丧事,周德威又率兵离去,因而防守非常松懈。李存勖对手下各位将领说:“朱温知道我家刚刚有大的丧事,幸灾乐祸,认为我年轻且又即位不久,不能有什么作为。我们应该乘其懈怠之际向其进攻。”于是出兵向上党进发,到三垂岗,存勖叹息道:“这是父王当年设宴之处啊!”恰遇当天大雾,白天如同黑夜,李存勖的军队在雾中行进,进攻夹城,破城,大败朱温的部队,凯旋而返,并在宗庙举行庆祝胜利的祭祀仪式。

如何向人要钱

晋王李存勖回到晋阳。晋王连年在外征战,所有军队地方行政事务全部委托给监军使张承业管理。张承业督促老百姓耕种纺织,储积钱粮,收购兵马,征赋收税,执行法律从不宽容权贵外戚,因而军队地方纪律严明,供应不缺,晋王有时需钱去戏博或赏赐乐官,但张承业管得很紧,晋王常常得不到钱。晋王于是在钱库摆设宴席,让自己的儿子李继岌为张承业跳舞,张承业就赠给李继岌宝带和币弓。晋王指着钱库堆积的钱,喊着继岌的小名对张承业说:“和哥缺钱,七哥你应赠给他一积钱,以宝带币马为礼物未免太轻了。”张承业说:“公子的彩礼都是从我的薪水中支出的。府库中的钱,是大王您用来养作战士兵的,我不敢拿公家的东西作为私人的礼物。”晋王很不高兴,借醉话来挖苦张承业,张承业愤怒地说:“我不过是皇上的老臣罢了!我并不是为我自己的子孙考虑才舍不得这府库中的钱,只不过是为了辅佐您成就统一天下的大业,不然的话,您自己把钱拿去用好了,还问我干什么?只不过把财产挥霍掉,百姓也会因此离去,到头来一事无成罢了。”晋王非常恼火,向李绍荣要剑,张承业站起来,拉着晋王的衣服哭着说:“我受先王的嘱托,立志要为国家消灭朱贼。如果因为舍不得府库的钱财而死在大王您的手里,我到阴间见到先王就感到羞愧。现在我在您面前请死!”阎宝在旁边拉开张承业的手,责令他退到一边,张承业奋力一拳将阎宝打倒在地,骂道:“阎宝,你本是朱温的同伙,受了晋王莫大的恩惠,还不尽忠报效国家,难道想靠吹牛拍马献媚吗?”曹太夫人听说了这件事,急忙召见晋王,晋王惶恐不已,叩头向张承业谢罪,说:“我因酒喝多了而冒犯了七哥,太夫人也必然因此怪罪我。请七哥和我痛饮几杯以减轻我的过失。”晋王连饮了四杯酒,张承业还是不肯跟晋王喝酒。晋王进宫后,曹太夫人派人感谢张承业说:“小儿冒犯了您,我刚才已经责打他了。”第二天,曹太夫人与晋王一起到张承业府第向他致谢,并授与张承业开府仪同三司、左卫上将军、燕国公。张承业坚决推辞不肯接受,终身都自称为唐朝官员。

劝阻称帝

蜀主、吴主曾多次写信劝晋王自称皇帝，晋王将这些信拿给僚属们看，劝他们说："从前蜀主王太师也曾给先王送来书信，劝说因唐朝江山已亡，应该自己在所统治的一方称皇帝。先王对我说：'先前天子巡视石门，我派兵诛灭叛贼乱臣，那时真是威振天下，我如果挟持天子，占据关中，自己作一篇封加九锡和禅让的文告，有谁能够阻止我？但我家世代讲求忠孝，为唐朝江山建功立业，誓死不做这样的事。你今后一定要忠心恢复唐朝李家的江山社稷，不要效法这些人的作为。'先王的话还在耳边，这种建议我不能接受。"说罢痛哭。接着文武官员和藩镇官吏不断劝晋王称帝，晋王于是命令有司求购宝玉制造传国法宝。黄巢攻破长安时，魏州的僧人传真的师父得到传国的玉玺，收藏了四十年，到此时传真和尚以为是一般的玉石，准备把它卖了，有识玉的人告诉他说："这是传国的玉玺。"传真和尚于是到行台将玉玺献上，文武百官都向晋王举杯祝贺。张承业在晋阳听说了这件事，到魏州向晋王进谏道："晋王您家世世代代对李家唐朝忠心耿耿，在患难中挽救了唐朝，所以老奴我三十多年来为晋王收集财产，招兵买马，发誓要消灭叛逆的乱贼，恢复唐朝的江山社稷。现今黄河以北才刚刚平定，汴梁朱氏还有势力，而晋王您突然即皇帝位，完全违背了原来征讨乱贼的初衷，天下怎么能不四分五裂呢？您何不先消灭朱氏，报历代先王的深仇，然后再找李家唐朝的后裔立为皇帝，南边占领吴地，西边攻取蜀地，很快扫平海内，统一天下，那时即使高祖、太宗再生，又怎敢位居您之上呢？您谦让的时间越长则得到的地位越巩固啊。老奴我并没有别的意思，只是受了先王的深恩，想为您建立万世的基业。"晋王说："这也不是我的愿望，只是拿众位下属的意见没有办法。"张承业知道无法阻止晋王称帝，悲恸地哭道："诸侯浴血奋战，本来是为了保住李家唐朝的江山，现今您自己取代李家的帝位，贻误了老奴我啊！"张承业立即将晋王赐给他的封地奉还，然后一病不起。

后晋高祖石敬瑭

高祖石敬瑭

英勇善战　位高权重

石敬瑭出生的年代是一个天下大乱、争战十分剧烈的时代。李唐王朝名存实亡，藩镇割据愈演愈烈，兵连祸结，岁无宁日。在当时武夫悍将主宰一切。石敬瑭长大以后，随其父学习了一些刀枪骑射的本领。他性格沉着，寡言少语，练武之暇，竟能读点兵法书籍，逐渐知道了前代名将李枚、周亚夫的事迹。沙陀人向来尚武，不重视文化，石敬瑭的举动显然与众不同，当时任代州（今山西代县）刺史的李克用的干儿子李嗣源非常器重他，将他招为女婿。李存勖听说石敬瑭擅长射箭，也把他擢居左右。后来，李嗣源又命他督领亲兵部队左射军，倚之以为心腹亲信。

石敬瑭随李存勖出生入死，冲锋陷阵，立下了汗马功劳，但李存勖当上皇帝之后，却没有封他一官半职，他仍然在李嗣源的麾下当个心腹小校，待遇未免太不公平，石敬瑭心中怨恨不已，然而嘴上却丝毫未流露出不满，他在默默地等待着局势的变化，他看到，像他一样被遗忘冷落的功臣宿将不乏其人，而最受猜忌的就是他的丈人，功居第一的李嗣源。

同光三年(925)，赵在礼在魏州发动叛乱，朝廷遣元行钦招抚失败，群议均以为非用李嗣源不可，李存勖不得已命李嗣源为统帅，率侍卫亲军前往讨伐，哪知兵到邺都（今河北大名）城下，当晚发生哗变，士兵挟持李嗣源，要他当皇帝，李嗣源不从，士卒纷纷散逃而去。李嗣源这时手中只剩下常山一军共人5000，马2000。李嗣源欲明其不反的心迹，屡次上表申诉，都被元行钦扣下，不得达于朝廷。李嗣源更加疑惧，正在进退两难的时刻，石敬瑭悄悄地附在李嗣源的耳朵上说："大事成于果断而败于犹豫，天下哪里有上将与叛卒共入贼城，日后尚保平安无事的呢？大梁乃天下之要津，假若给敬瑭300骑兵，先往占据，公再引兵急进，以此为根据之地，方能保全无虞。"一席话说动了李嗣源，遂命石敬瑭率五百骑兵直捣大梁。石敬瑭星夜兼程，渡过黄河，赶到大梁城下，先使裨将李琼以劲兵突入封丘门，自己踵其后自西门入，占领了大梁。接着石敬瑭向西挺进，李存勖被乱兵射死。李嗣源进入洛阳，旋即帝位，是为后唐明宗。

老丈人当了皇帝，石敬瑭既是驸马，又是功臣，地位比以前大不相同，官职一年数变，先由总管府都校升为光禄大夫、检校司徒，任陕州保义军节度使，赐号为"竭忠建策光复功臣"。次年加封检校太傅兼六军诸卫副使，进封开国伯。不久又升为宣武军节度使，侍卫亲军马步军都指挥使兼六军诸卫副使，进封开国公，赐号为"辉忠匡定保节功臣"，掌握了后唐朝廷的军事大权。

在后唐明宗统治期间，石敬瑭仗着自己是皇亲国戚，功高勋重，在朝廷内部激烈的权力斗争中，始终立于不败之地。到明宗末年，他被任命为河东节度使、蕃汉兵马车总管等。在内他是后唐军事力量的最高统帅，在外又是镇守边关要塞的封疆大吏。

被逼谋叛　甘当儿皇

长兴四年(933),后唐闵帝即位,闵帝优柔寡断,大权旁落,统治集团内部矛盾激化。明宗养子李从珂在凤翔发动兵变,前来夺位。闵帝慌忙召姐夫石敬瑭赴阙御敌。石敬瑭与诸将合计一番,决定不妨前去观望形势,再作决断,遂率兵迤逦而来。四月初一,在卫州(河南汲县)东七八里的地方遇上了仅带50名卫士仓惶逃跑的闵帝。闵帝见到姐夫,大喜,以为得到了救星,连忙向他求救,问以社稷大计。哪知石敬瑭不作正面回答,却反问:"听说陛下已遣康义成西讨,战局如何? 陛下又何以至此?"闵帝哭泣着说:"康义成也叛变了。"石敬瑭顿时变了脸色,他看到闵帝那失魂落魄的样子,低头打起了算盘:李从珂骁勇善战,名震军中,现在又招降纳叛,实力大增,而自己羽翼未丰,强弱悬殊,恐怕难以与他相争。与其保这个丧家狗似的皇帝,引火烧身,还不如自己保存实力,暂避风头,窥伺时机。想到这里,他假装长叹了几口气,不阴不阳地对闵帝说:"卫州刺史王弘贽乃是精明练达的宿将,陛下还是与他共图大计吧。"闵帝卫士奔洪进听后勃然大怒,指着石敬瑭厉声斥责:"你是明宗的爱婿,与之共享富贵,也应与之共承忧患,今天子蒙难,向你求救,你却说三道四,推卸责任,这不是想要附和叛贼,出卖天子吗?"弓箭库使沙守荣也义愤填膺,拔出佩刀要刺石敬瑭。幸亏石敬瑭的亲将陈晖在侧,上前格住,斗过几个回合,沙守荣被一剑劈死,奔洪进自刎。石敬瑭索性指使指挥使刘知远引兵入驿,将闵帝左右随从全部杀死,把闵帝撇在驿舍,扬长而去。

石敬瑭的谋反已成为司马昭之心,当时明眼之人都看出这一迹象来了。李从珂也并不糊涂,他命武宁节度使张敬达为北面行营副总管,屯兵代州(山西代县),以分石敬瑭之权,又命羽林将军杨彦洵为北京副留守监视石敬瑭。清泰三年(936)正月,李从珂过生日时,石敬瑭的妻子入宫祝寿,告辞时,李从珂说:"你急着回去干什么? 难道要和石郎造反吗?"石敬瑭听到这些,更加疑惧,决心举兵叛变。

清泰三年五月,叛乱爆发了。石敬瑭首先发动政治攻势,上表指责李从珂即位非法,要他自动下台。石敬瑭之所以不敢冒然南下直取洛阳,是因为他担心自己的力量不够强大,不可能一举成功,他坐在太原城里用笔墨挑衅,是在等待对方的分裂和契丹的援兵。

好容易熬过夏天,直到秋高马肥的时候,才盼来了契丹救兵。九月,耶律德光亲率5万骑兵,号称30万,自扬武谷而南,不日抵太原城下。第二天,契丹纵兵追杀,唐军大败,步兵死者近万人,只有骑兵保全,逃回晋安寨。唐军投降了千余人,石敬瑭下令全部杀死,太原之围始解。

当天晚上,太原城北门外,秋风瑟瑟,战旗猎猎,在灯笼火把的照耀下,一幕历史上罕见的丑剧鸣锣开场。只见44岁的石敬瑭由众官簇拥着,口称:"儿臣叩见父皇",拜倒在年仅33岁的耶律德光脚下。礼毕,两人携手入城,耶律德光喜形于色,石敬瑭也像遇见亲爹老子一样毕恭毕敬、低声下气。旁边围观的一些人,不知是想笑,还是想呕。

接着契丹和石敬瑭合围晋安寨,又是一连数月对垒不下。

既然举起了叛旗,就应该有一个号召天下的样子,石敬瑭恨不得马上当上皇

帝，可又不敢向老子耶律德光明说，心里疙疙瘩瘩很不痛快。十一月的一天，耶律德光对他说："我千里来援总要成功，看你相貌器量，真像个中原之主，我就立你当天子吧。"这话正说到了石敬瑭的心坎上，但他又不敢立刻接受，便装模作样地辞让了几次，在将吏的一再劝说下，石敬瑭才假装勉强地答应下来。耶律德光作册文，授石敬瑭为大晋皇帝，筑坛于太原北门外的柳林，择日举行登基大典。届时耶律德光亲手脱下自己的袍服衣冠，替石敬瑭穿上，石敬瑭就穿着一身契丹服装，不伦不类地南面就座，接受群臣的朝贺，当上了契丹的儿皇帝，改元天福。

不久，晋安寨中的唐将杨光远、安审琦杀死张敬达举兵投降，石敬瑭拔掉这颗钉子，就率师南下，一路上，后唐将官纷纷投降。李从珂见大势已去，登楼放火自杀。石敬瑭开进洛阳，后定都汴梁，从此开始了五代的第三个王朝——后晋。

认贼作父　祸国殃民

石敬瑭仰仗契丹的支持当了皇帝，自然对耶律德光感激涕零、言听计从。当初在太原时，耶律德光说："桑维翰对你尽忠，你应用之为相。"石敬瑭就任命桑维翰为门下侍郎、同平章事。石敬瑭准备南下洛阳，想留个儿子留守太原，也向耶律德光求旨，耶律德光令他把各个儿子排成一队，亲自挑选，指着他的养子石重贵说："这小子眼大，就留下他吧。"石敬瑭立即照办。

石敬瑭在位的七年间，始终对契丹媚事奉承，柔顺得像只绵羊。他给耶律德光写信，每次都用"表"，还称耶律德光为"父皇帝"，自己称臣，称"儿皇帝"。契丹使臣来到后晋，他总是拜见接诏，克尽儿臣之礼。天福三年(938)十月，契丹遣使册给他徽号曰"英武明义皇帝"，夸奖他深明"父子大义"，他高兴万分，命左右金吾、六军仪仗、太常鼓吹出城像迎天书一样将册封诏书吹吹打打、轰轰烈烈地迎到崇元殿前，陈列供奉。

石敬瑭给契丹进贡的财物不可胜计。当初契丹军队回国之时，他遣威塞(今河北涿鹿)节度使翟璋在管区内筹集10万缗犒军钱，此州土地贫瘠，百姓穷困，石敬瑭为让契丹满意，仍严令搜刮，以致民不堪命。此后，他每年除了依照原约贡献金帛30万之外，逢时过节、吉凶庆吊都额外奉送礼物。从中原到契丹，一年到头，满载玩好珍异的车子络绎不绝，耶律德光以外，契丹的太后、皇后、皇子皇亲、将相大臣都有财物可得。后晋承兵火之余，府库殚竭，所有贡献给契丹的财物负担都转嫁到了百姓头上。

在石敬瑭的残酷剥削下，后晋人民生活在水深火热之中，当时天灾人祸也极其严重，水旱、蝗灾接连不断，仅仅天福七年(942)五月的一个月里，就有五个州郡发大水，十八个州郡遭旱灾。天福六年(941)九月，黄河在滑州决口，东泻千里，百姓扶老携幼，登上丘岭，然而躲得过大水，却躲不过人祸，被饿而死者难计其数。即使这样，石敬瑭一伙仍不放松对人民的盘剥，一时之间，饿殍盈野，流民遍地，有些想安定下来从事生产的百姓也因州县徭役繁重，责之重赋，威以严刑，不得已重新踏上流浪的道路，社会经济遭到了严重破坏。

取皇位难，保皇位更难。石敬瑭既是皇帝又是奴才，既是绵羊又是豺狼，是一个集高贵与卑贱、软弱与凶残于一身的人物。他在位七年间，像范延光一样不服他领导、觊觎皇位的人层出不穷，好多藩镇只是表面上供奉他罢了，暗地里对他并不怎么恭顺。契丹的父皇帝更不把他放在眼里，稍不如意就加以斥责。他

整天就像睡在丛棘烈火上一样，辗转反侧，不得安生。在这种内外交困之下，天福七年，石敬瑭生起病来，到了六月在保昌殿一命呜呼，死时51岁。

后晋高祖宫廷斗争秘闻

晋主立后

初时，高祖喜欢少弟重霸，把他当作儿子来养，给他娶冯濛的女儿为妻。重霸早死，冯夫人守寡在家中，长得秀美。晋主初时纳她入宫，后来立为皇后。皇后干预朝中政事，哥哥玉时是盐判官，提升为端明殿大学士，参与议论政事。

滥行赏赐

晋主自从在阳城获大捷后，以为天下再无忧虑了，因而骄横奢侈越加严重，造了许多玩乐的器具，广建宫室，修筑织锦楼专门用来编织地毯，动用织工数以百计，为期一年才完工。又滥赏艺人戏子，用费无法计算。桑维翰劝说道："从前皇上亲自出征讨伐胡人，战士受伤的，赏钱也不过是几匹帛而已。如今戏子们一说一笑，就声称圣旨赏赐，常常给以整捆的丝帛、银钱、棉袍、银带。那些战士见了，不绝望吗？军队解体，谁保卫皇上与国家呢？"然晋王不听劝告。

长叹痛哭

晋主与太后、安太妃、冯后及弟弟睿的儿子延煦和延宝一同向北迁移，随从人员百余人左右。辽国派三百骑兵护送，又派遣赵莹、冯玉、季彦韬助一臂之力，都在途中供给吃喝，粮食常常接续不上。旧时的大臣没有敢前来拜见的，唯独磁州刺史李谷在路上迎接晋主等人，拿出所有的资财献给他。晋主到中度桥时，看到杜重威的寨子长叹道："天哪！我家有何对不起人的地方，被这个贼寇给破了？"说完痛哭而去。

后周太祖郭威

太祖郭威

出身寒微　耽读史籍

郭威家道贫穷，早年丧父，母亲携他改嫁郭氏，于是乃改姓郭。

郭威3岁时，随母亲和继父迁居太原。但没有住多久，继父就被沙陀突厥军虏杀，母亲不久也谢世。郭威小小年纪就成了孤儿，由姨母韩氏收养，姨母也是一个破落户，家道并不宽裕，因此，郭威少年时过着十分贫困艰苦的生活。

长大以后，郭威生得虎背熊腰，形体魁梧，力大如牛，胆大气壮。郭威特别爱好武艺，不愿种田，渴望从军。18岁时，割据地方的军阀潞州（今山西长治）节度使李继韬为了扩充势力，招募豪勇，郭威遂跟随其生父的亲属常氏去应募。李继韬见郭威年青气盛，好斗多力，十分喜欢。当下即留于帐下为牙兵。牙兵乃藩帅亲兵，待遇很高，纪律较严。由于郭威生性好动，经常犯禁。李继韬爱其勇，常给予庇护，这就使郭威更加任性了。

龙德三年（923），后唐庄宗李存勖灭后梁，杀与梁结盟的潞州军阀李继韬，并将李继韬的牙兵统统配为观夫，郭威当然也在其中。当时郭威才21岁，转在后唐充当"马铺卒使"。郭威并不是一个莽汉子，他自小聪敏，颇喜欢读书。从军后，仍然经常读书，有一次他去拜访义兄幽州人李琼，李琼正在读《阃外春秋》，郭威一看是一部兵书，好不欢喜，遂拜李琼为师，要求李琼悉心教导。于是，对历史上的存亡治乱之事，治国用兵之道都悉心研讨。当时郭威公务很忙，他就把书藏在袖中，出公差时亦随时带着，有空闲便看，于是见识大增，政治上逐渐成熟老练起来了。

同光四年（926），郭威24岁。这一年他交了桃花运，娶得一位绝代佳人柴氏做他的妻子。有了柴氏做贤内助，郭威的事业和生活有了新的起色。可惜，小两口生活虽美满，美中不足的是多年未生一男半女。柴氏就把哥哥柴守礼的儿子柴荣领来收养。柴荣幼而聪明，深得姑母姑父的欢喜，于是郭威就认作自己的儿子。

屡建军功　自立称帝

郭威一直在军中任职，十分能干，有勇有谋。他曾从石敬瑭攻战，替石敬瑭掌管军籍，得到倚爱。石敬瑭称帝，建立后晋，郭威也小有升迁。后来郭威改隶于石敬瑭的部将侍卫马步都虞侯刘知远麾下，又成为刘知远的心腹。

开运三年（946）十二月，契丹军在汉奸杜重威导引下攻入开封，虏走后晋少帝石重贵，灭掉后晋。契丹军因遭到中原人民的反抗，没敢久留，掠得大量财物后即退走了。郭威与苏逢吉、史弘肇等在太原劝刘知远称帝，建立后汉。由于郭威为刘知远的建国立下了汗马功劳，一下子由牙将超升为枢密副使、检校司徒，成为统帅大军的将领，其养子柴荣也被封为左监门卫将军。于是统兵南下，进占汴梁（即开封），后汉将其定为都城。不久，刘知远恢复了后晋的版图，坐稳了皇

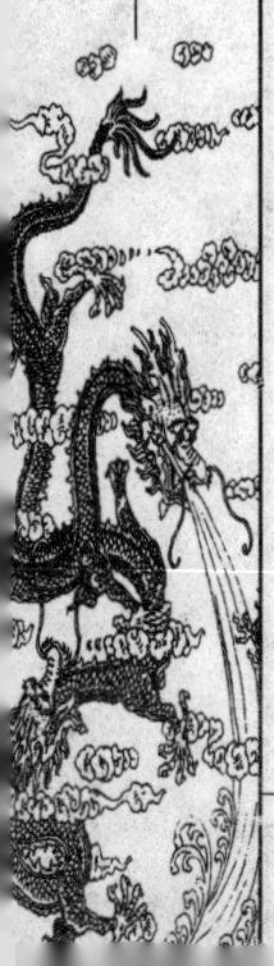

帝，对郭威也更加信任起来。

这时柴夫人已死，未能享受这富贵生活，郭威既位至宰相，也就续弦娶了几房姬妾，不久生下两个儿子，取名青哥、意哥。养子柴荣也娶妻生了三子。一家人在京城开封过了一段美好的生活。

乾祐元年(948)，后汉高祖刘知远病死。郭威与苏逢吉同受顾命，立刘知远子刘承祐为帝，是为隐帝。隐帝拜郭威为枢密使，掌全国兵权。郭威于是成为后汉最重要的大臣。

不久，河中节度使李守贞据城反叛，朝廷震骇。接着，又有赵思绾、王景崇举兵反叛。隐帝任命郭威为同平章事西征，各路兵马并由郭威节度。郭威以沉毅坚韧最后获得了全面胜利。隐帝厚加赏赐，加郭威官检校太师兼侍中。

这年十月，契丹入寇，北边诸州告急，隐帝认为只有郭威才能阻挡敌军，于是又命郭威率军迎战，以宣徽南院使王峻为监军。郭威率大军星夜兼程，到邢州时，契丹闻郭威来了，知道难以对付，即自行退兵，郭威想穷追猛打，刘承祐不准。到乾祐三年(950)，郭威只得率大军班师回朝。

十一月十四日，郭威正与宣徽使王峻坐于街堂商议边事，突然澶州(今河南濮阳县)节度使李洪义、侍卫步军都指挥王殷遣澶州副使陈光穗来报，说京城发生了政变。两人一听不觉大惊失色。原来，十三日晨，他们把宰相史弘肇等大臣多人杀死灭族，又遣心腹密诏李洪义杀王殷，还密令左厢都指挥使郭崇等杀郭威。李洪义得密诏十分惶惑，就给王殷看，二人深感事情严重，即遣陈光穗驰告郭威，共商对策。郭威召集柴荣及诸将商议，大家听说宰相史弘肇等惨死，个个义愤填膺，这时部将郭崇也拿出隐帝给他让他杀郭威的密诏给大家看，诸将更加冒火。郭威把情况公布于众，对将士们说："我起自微贱，佐先帝创立国家，有大勋于国，今上有诏来取我首级，诸位若图功业，可以取我首级去报功。"大家齐声呼喊，说今皇上左右小人诬罔，愿随郭威起兵以清君侧。郭崇等也哭着表示愿听郭威调遣，万死不辞。于是郭威调集大军，浩浩荡荡地向首都开封进发。

十九日，隐帝刘承祐遣刘重进率禁军迎战，企图阻止郭威大军前进。但士兵厌战，未及接战便退。二十日，刘承祐只好自率禁军于刘子陂列阵，二十一日进行了一场阵地战。除慕容彦超率部进行了一些抵抗外，隐帝手下的兵将纷纷投降，慕容彦超见状亦率兵逃到兖州去了。刘承祐稳不住阵势，只好后退。二十二日，刘承祐被其部下郭允明杀死于开封北郊。于是，郭威率大军蜂拥而入开封城。

郭威和王峻一齐来到刘知远的遗孀太后李氏宫中问安，申述自己被迫起兵的理由，并请求立刘氏后代继承皇位。李太后提议立徐州节度使刘赟，他乃刘知远的弟弟刘崇的儿子，于是派老宰相冯道往徐州迎立。在刘赟未入都以前，凡军国大事，皆以李太后名义发教令而行。郭威又请李太后临朝听政，政事则由自己决断。这时，河北诸州又奏契丹大军入侵，边境告急，太后于是又命郭威统军北征。

乾祐三年(950)十二月一日，郭威离开京师出发，十六日到达澶州(今河南濮阳县)，这时士兵都不愿走了，相互传言说："我们拥郭公打京师，已个个负罪于刘氏，现在还要立刘氏为帝，为刘氏打仗，今后我们还有好下场吗?"十九日，郭威令大军继续进发，到二十日，军士大叫大嚷坚决不走了。郭威假装躲进屋内，不少

人就爬墙登屋进入郭威居处，向郭威面请要他当皇帝。郭威身不由已披上黄旗登上城楼，数万大军齐集城下，也不去打契丹去了，稍微休整了一下，便回师开封。郭崇一到宋州，就把刘赟的卫队招降了，刘赟实际上已掌握在郭崇手掌心了。

第二年正月，内廷传出太后李氏的“诰命”，吹捧了一番郭威的圣德，又说什么顺天应民，要将后汉传国符宝授于郭威。郭威把一切都安排好了后，就举行隆重的典礼即皇帝位，国号“周”，年号“广顺”。又一个新王朝在中原大地出现了。

外平内修　操劳身死

广顺元年(公元 951 年)郭威杀刘赟于宋州，刘赟的父亲刘崇见状，即于晋阳(即太原)自立为帝，仍用汉乾祐年号。他占有河东十二州之地，史称“北汉”，与郭威的后周政权长期对峙。

广顺元年(951)二月，刘崇发兵五道攻晋州(今山西临汾市)，遭到后周节度使王晏的痛击，北汉军死伤甚众，只得退兵。自后连年入寇。

十月，契丹又兴兵五万会同北汉入寇。刘崇率兵二万进攻晋州。至十二月，天气渐冷，下起了大雪，刘崇和契丹军不敢久留，烧营夜遁。周军乘机追击，北汉兵跌入崖谷中伤亡很多，契丹兵马亦损失了十之三、四。后周军大获全胜，北汉自此元气大伤，自后虽仍年年入侵，但规模不大。

契丹自此次大败后，也没有再组织大的进攻。北部边境基本上安定下来，郭威便开始集中精力处理内政。

郭威调整了中枢领导班子，以自己的心腹王峻和老臣范质、冯道为宰相，养子柴荣居外领重兵，任澶州节度使。又追封夫人柴氏为皇后，并礼葬后汉隐帝刘承祐，迁太后李氏于西宫，不时问起居，竭力安定政治局势。于是通使各国，接受各地朝贡。

广顺三年(953)十二月，只当了三年皇帝的郭威突然得了病，他预感到自己或许要一病不起，就把治国重担交给养子柴荣。因为郭威的亲生儿子早在邺都起兵时就被后汉隐帝刘承祐杀光了。柴荣自幼跟随他长大，知道民间疾苦，经过数年军旅锻炼，拥有丰富的政治经验和超人的毅力。郭威病重在床，柴荣不离左右，日夜侍候。柴荣实际上是郭威最亲也是最信得过的人，是最可靠的政治接班人。

新年元旦，郭威强忍病痛，咬着牙登殿举行了朝庆大典，将这一年改为显德元年(954)，并大赦天下。他知道自己在世上的时间不多了，就写好了遗诏，将皇位传给柴荣。郭威拉着柴荣的手，面对众大臣，他硬撑着身子，用更微弱的声音说道:“我以前西征，看到唐朝十八个皇帝的陵园，没有不被人掘开的，这都是因为里边金玉珠宝藏得太多了。汉文帝死后薄葬，他的墓至今保存完好。人既然死了，就不要让活人受累，我不求什么，只求年年有人到我的墓地洒扫一次。若太忙不去也不要紧，只需遥祭，记住我就行了。另外，把我心爱的盔甲、弓、剑分别葬于我作战过的战场，作为纪念。这就是我最后的心愿，千万不要忘记我的话。”说毕去世，终年 51 岁。谥号“圣神恭肃文武孝皇帝”，庙号“周太祖”，葬于嵩陵。

郭威称帝前秘史

(后)周太祖,谥号“圣神恭肃文武孝皇帝”,姓郭,邢州尧山人氏。郭威少年气盛,喜爱豪饮,李继韬把他看作一个奇人。郭威曾在街市上游玩,见一屠夫,常因其勇猛使人慑服。郭威喝醉酒后,呼喝屠夫到肉案为他割肉,割得不好,就训斥屠夫,屠夫扒开衣服敞着肚皮对郭威说:“你勇敢,敢杀我吗?”郭威上前拿刀将屠夫杀了,满街的人都很惊恐,独郭威反倒没事一般。郭威被官吏抓了起来,李继韬认为郭威勇猛难得,暗中将他放了,让他逃走,随后又将他召到自己麾下。郭威喜读《阃外春秋》,略知兵法,后为侍卫军官。隐帝即位后,任命郭威为枢密使,这一年三月,河中李守贞、永兴赵思绾、凤翔王景从相继叛乱,隐帝派白文珂、郭从义、常思等分路讨伐叛臣,历久不克。隐帝对郭威说:“我想劳驾你去讨伐叛臣行吗?”郭威答道:“臣不敢主动请战,也不敢推辞不战,一切听从皇上的命令。”于是郭威加任同中书门下平章事,统帅各路将领。郭威在军营接待宾客时,长衣宽带,一副儒士的打扮,但临阵指挥作战或行军时,则束发短衣,和一般士兵一样。皇上赐给的东西,就拿来同将领们射箭打赌,随他们拿取,其余的全部赏赐给士兵,将士都感到愉快。郭威到河中后,自己驻军城东,派常思驻军城南、白文珂驻军城西,调集五县人丁二万人筑垒墙以保护三处驻军。各位将领都认为李守贞已到穷途末路,攻破他不过是旦夕间的事,不必如此劳民伤财,郭威不听。接着李守贞数次出兵攻坏垒墙。郭威立即修补,李守贞反复出击,每次都有伤亡。久而久之,城中兵力食品都告欠缺,郭威说:“可以了!”于是准备攻城用具,约定日子,四面夹击,攻破其设防的城墙,李守贞与妻子儿女被迫自焚身亡,赵思绾、王景淙相继投降。隐帝为慰劳郭威,赐给他玉带,加封检校太师兼侍中,郭威推辞说:“我跟随先帝,见到很多功臣,都没有得到玉带这样的赏赐。”又说:“我有幸率领军队,借后汉之威以灭乱臣,哪里只是我一个人的功劳,都是各位将领官吏贤明,能够安抚朝廷,稳定内外,且供应及时,所以我才能专门征讨叛贼。”隐帝认为郭威贤明,于是召见杨邠、史弘肇、苏逢吉、禹珮、窦贞固、王章等,都赐给玉带,郭威这才接受赏赐。然后又说:“这些被赏赐的只是一些朝廷的亲近之臣罢了!后汉宗亲、天下方镇,外及荆、浙、洞庭湖以南,都没有行赏。”于是滥赏遍于天下。

后周世宗柴荣

一战定乾坤

柴荣，郭威的侄子，出生于921年，卒于959年。自幼家境破落，寄养在姑丈郭威家中。由于他聪明伶俐，很得郭威宠爱，便收其为养子。郭威建周称帝后，封他为镇守军节度使，守檀州，郭威死后，即位称帝，是为周世宗。

周世宗即位后当年(954年)3月，北汉主刘崇(后汉高祖刘知远的弟弟)认贼作父，走石敬瑭的老路，勾结契丹南侵，企图一举消灭后周。后周在生死存亡的紧要关头，周世宗决定率军亲征。当时周世宗年33岁。众臣见世宗年轻，过去从未领兵打仗，也没显示出过什么军事才华，预测贸然出战必败，故多劝他不必亲征，以免败后有失国体。宰相冯道更是瞧不起他，极力劝他不要去冒险。世宗道："从前唐太宗定天下时，都是亲自率军出战，我为什么不能去？"冯道面有讥色道："陛下未必能和唐太宗相提并论！"世宗不甘示弱："刘崇军乃乌合之众，我去之，实如泰山压鸡蛋一般。"冯道冷笑道："陛下能做泰山吗？"世宗知道冯道之言，代表了一些人的看法，更感到亲征的必要。于是，他力排众意，决定亲征。

3月18日，两军相接于高平(今山西省高平县)，周军驻扎在泽州(山西晋城)东北，北汉军驻扎在高平南边。当时，双方都有兵数万，但因后周刘词所率军尚未赶到，故汉众周寡。刘崇见周军不多，马上骄傲起来，契丹大将杨兖劝他不可轻敌。刘崇却笑答道："将军不必忧虑，就请听捷吧！"说完便令奏乐，在帐中泰而然之地饮起酒来。柴荣毫不畏惧，自有主张。他令李重进、自重赞率军在西，令樊爱能、何徽率军在东，令向川、史彦率精锐骑兵居中，自在远处观看阵情。然两军一交锋，周军见汉军众多，心生惧意，出了险情。大将樊爱能、何徽不战而逃，兵士弃甲投降。柴荣见军情危急，当即亲率身边士卒数十人向刘崇大营中冲去。正在饮酒的刘崇一见着忙，仓促应战，倒乱了阵脚。后周将士见皇帝率军冒矢石身先士卒，登时军威大振。更有大将赵匡胤大呼道："皇上都不怕死，咱们还不拼命吗？冲啊！"结果，刘崇大败。契丹杨兖见刘崇不听劝告，轻敌失败，心中有气，也不来援，便早早地带兵先溜了。刘崇吃了败仗，也只好带残兵败将，逃回太原去了。

战斗结束，周世宗对有功将士一一赏赐提升，把临阵逃脱的樊爱能、何徽处死。经过这次战斗，世宗表现出卓越的胆略和才能，国内国外，再也没有人小看他了，从而不仅巩固了他的统治地位，也为他以后南征北战、开拓天下，打下了基础，真可谓一战定乾坤。

为民除害

周世宗是一代历史明君，还集中地表现在关心民众的疾苦。有一次，他和文武百官在皇宫里会餐，指着满桌的酒菜对众人道："这两天很冷，我在宫中吃着这么好的热饭菜，就不感到冷了。这是百姓们劳动换来的，我坐享天禄，心中感到惭愧。既然自己不能亲自种田，自食其力，那就只有亲临战阵，深入民间，为民除害。这样，心里才会感到稍安。"这番话，是说自己，更是有意说给那班文武大臣听的，希望他们能各司其责。

有一年，宫中永福殿坏了，周世宗下令修缮，让宦官孙延希、董延勋等 4 人具体负责。这天，周世宗到工地视察，看见工匠们用瓦盛着饭食，用木片做汤匙，很是生气，当场便将孙延希叫来严加斥责，并定以死罪；对董延勋等 3 人也免了官。从此，群臣无不心生惧意，又十分敬服，再没有人敢玩忽职守了。

镇州（今河北正定）有一尊观音像，据说很是灵验。世宗下令灭佛，可唯独这尊观音像无人敢动。世宗为了打破人们对佛的迷信和敬畏之心，亲自执斧来到镇州，举斧将佛像砍了个稀巴烂。开始，围观的人很多，都为皇上捏着一把汗，倒要看佛像会给皇上什么报应。谁知砍完之后，皇帝安然无恙。周世宗坦然地对围观群众道："佛是最讲舍己利人的，只要有利于别人，就是割下头颅，挖掉眼睛，粉身碎骨，也是甘心情愿的，怎么会舍不得一个空塑像呢？如果佛像怪罪，毁坏我的身体，只要对民众有利，我也会决不吝惜！"在他的带动下，这一年共废掉 3 万多座寺院，让大批的和尚、道士、尼姑还俗，从而增加了劳力，也减轻了群众的负担。

周世宗精明强干，即位后有着远大志向。他曾经说过："如果我再活 30 年，我当以 10 年开拓天下，10 年养百姓，10 年致太平。"然而，壮志未酬，正当周世宗年富力强，致力于"开拓天下"的时候，只在位 5 年，便于 959 年 6 月 19 日，病死于"开拓天下"的道上，时年 39 岁，只完成了统一天下大业的一小半。

南唐后主李煜

后主李煜

李煜，初名从嘉，字重光，号钟隐，也称李后主或钟隐居士。李璟第六子，母光穆圣后钟氏。南唐升元年生，宋太平兴国三年被毒死。终年42岁。

李煜的五个哥哥有四个早夭，只有大哥弘冀活到19岁，所以李煜实际上成为次子。

李煜自小就很聪明。除爱好文学外，书法绘画也很好，这就使李煜有了精神寄托。当时国运危艰，父亲李璟也不愿当皇帝，唯愿从事诗词艺术创作和游乐。但命运却偏偏把他推上了皇位。太子弘冀皇帝没有做成，却在毒死叔父之后不几个月便暴崩了，皇太子位自然就轮到次子从嘉，因此李煜被封为吴王，并以尚书令知政事，居于东宫，成了皇位继承人。

过了两年，就是建隆二年(961)，北方已经易主，南唐依然称藩。二月，南唐主不愿在宋军眼皮底下过日子，迁都南昌，称南都。于是正式立李煜为皇太子，留在金陵监国。这时，李煜已经25岁。李璟为他置了两个大臣辅佐，一为严续，一为殷崇义，并以张洎主笺奏。这年六月，李璟在南都病故，李煜遂于七月二十九日袭位于金陵，并把自己原名从嘉改为李煜。十月，宋太祖又遣枢密承旨王文来贺袭位，李煜易紫袍见宋使者，低三下四，毕恭毕敬。宋使者走后，李煜才换上黄袍。对大宋来说，他是臣子；对南唐小朝廷来说，他是皇帝。

开宝四年(971)宋已灭南汉，屯兵于汉阳，居长江上游，威胁着南唐的独立。李煜和南唐朝臣大惧，宋太祖因有其他战略安排，且南唐已不可能对北宋产生什么威胁，总算开恩答应其称臣。这样李煜君臣才算松了一口气。第二年，李煜下令，贬损仪制，改诏称散，中书门下省为左右内史府，或左右内侍府，尚书省称司会府，御史台为司宪府，翰林院为艺文院、或文馆，枢密院为光政院，大理寺为详刑院，客省为延宾院，官号也随之改易，以避中原宋廷，从形式上看，好像是北宋中央政府的下属机构。

开宝七年(974)，北宋遣使来南唐，面带傲色地对李煜说："大宋天子今冬行柴燎之礼，国主宜往助祭。"李煜脸色一下子变得煞白，一时说不出话来。这不是如同弟弟从善一样，要被扣为人质而为囚虏吗，面对宋使的催逼，他不作回答。李煜既不愿入朝去作囚徒，只有最后一拼了。

宋太祖挥师南征是作了充分准备的，而南唐方面却没有任何军事准备。这时，北宋已消灭了后蜀、南汉、荆、湘等割据政权，从三面包围了南唐的国土，又和吴越结成了军事同盟，吴越之师从东面出动，夹击南唐。形势对南唐极为不利。宋师兼程南下，既占池州，又陷芜湖，吴越之师也向常州进发。李煜手书一封，给吴越王钱镠曰："今日无我，明日岂有君，一旦宋天子易地赏功，你也不过是大梁

一布衣耳，也别想真当皇帝。”钱镠收信后不但没有收敛，反而将信转给了宋太祖。两国军队于是加紧了攻势，宋军很快就进抵金陵附近。

开宝八年(975)冬十一月乙未，金陵城被宋军最后攻陷。李煜在自己的宫殿积薪数丈，发誓若城破社稷失守，就携妻儿和李氏血亲赴火就义。但他根本就没有自杀的勇气，当宋大将曹彬率大军杀进宫来之时，李煜即率领司空知左右内史事殷宗义等 45 人，肉袒跪拜投降。

随后，李煜北上朝见宋太祖。宋太祖坐在明德楼御殿上，以大国君主、当今天子的架式召见亡国之君。宣布赦免李煜等人，封李煜为光禄大夫、检校太傅、右千牛卫上将军。又封违命侯，享受王侯一级的待遇。从此以后，一个堂堂的君主，变成了阶下的囚徒，虽然名为封侯，实际上过着比囚虏还要难堪的生活。况且“违命”二字本身就包含着巨大的侮辱。这年是开宝九年(976)，李煜正好 40 岁。

宋太祖死后，继立的宋太宗比宋太祖更猜忌，有一次，宋太宗让李煜的故臣徐铉来见李煜，他相持大哭，默不作声许久。忽然，他长叹一声说：“悔当时杀了潘佑、李平！”徐铉是宋太宗派来察看动静的，不敢隐瞒，将其直告，太宗因此更加猜忌了。

恰巧七夕那天是李煜 42 岁生日，李煜于赐第中命故伎作乐庆贺，声闻于外，宋太宗听了十分恼怒，又传出李煜新作“小楼昨夜又东风”和“一江春水向东流”句，太宗认为李煜是贼心不死，眷念故国，贪怀皇帝之位，心存报复，于是赐毒酒于他。李煜喝毒酒后当天晚上就死了。时年 42 岁。

李煜和父亲李璟一样，虽是昏庸君主，但不是暴君，他待人处事很讲感情。他和父亲一样都有很高的文学天赋，而其诗词艺术成就较之其父更有过之而无不及，为中华词史上的杰出词人。

李煜是保大十二年(954)结婚的，时年 18 岁，不是皇帝也不是皇太子。妻子周娥皇是司徒周宗的女儿，时年 19 岁，比李煜年长一岁。两人婚后爱情弥笃，李煜为她写了许多诗词。周娥皇也是一个才女，她不但貌可称为国色，且才通书史，善奕棋、歌舞，而尤精琵琶。李煜即位之后，更宠嬖专房，册封为国后。周后风流而有才气，创造了一种高髻纤裳以及首翘鬓朵之妆，当时妇女争相仿效，成为流行服式。

但是好景不长，周娥皇竟卧疾而一病不起。周后病时，李煜旦夕视疾，药非亲尝不进，甚至衣不解体，累累如是。一个封建帝王能这样对待一个女子的确少见，也难能可贵。在调养之际，周后最宠爱的少子仲宣又夭亡了。对周后打击很大，病即转恶，当娥皇知道自己已不可救药时，乃与李煜诀别，声声泪泪，感人肺腑。她要求薄葬。死时年仅二十九。李煜与周娥皇夫妻恩爱有十载。煜自作诔文，其辞数千言，极为酸楚。

昭惠后周娥皇死后，李煜的恋爱对象转向了娥皇的小妹妹，史称小周后。小

周后长得和姐姐一样美丽，才艺也很相称，且年幼天真，更逗人喜欢。

在国家即将灭亡之际，李煜自知灾祸不可免，乃不图进取，不事振作，日夜行乐，大臣韩熙载以下皆作诗讽谏，李煜既不听，也不谴责，但得过且过而已，满门心思都倾注在爱情和诗词之中。南唐灭亡，小周后随李煜北迁汴梁，被北宋封为郑国夫人。南唐后主李煜在生日晚上饮鸩暴崩后，小周后哀痛不能自胜，从此没有露过笑脸，在凄楚和悲愤中不数月也死去了。

南唐后主与宠妃秘闻

①与娥皇的婚配

公元954年(南唐保大十二年)，在从嘉的生活史上，可谓春风得意的一年，是他值得永远记忆和书写的一年。

这一年，从嘉年满十八岁，与南唐开国老臣周宗的长女、十九岁的娥皇喜结秦晋之好，建立了伉俪情深的恩爱家庭。

娥皇盛于容貌，颇有曹植笔下洛神的风姿。她凤眼明眸，朱唇皓齿，冰肌玉肤，骨清神秀，不管是浓施粉黛，还是淡扫蛾眉，都像出水芙蓉那般令人顾盼不暇。相亲之后的初次见面，娥皇就在从嘉的脑海里，留下了难以磨灭的印象。尤其是在夜深人静、风雨相和的秋夜，从嘉的眼前更是清晰地幻化出娥皇发束丝绦玉簪、身穿薄罗澹衫的倩影，感到有一双笼罩着少女淡淡愁绪的眼睛在深情地凝望着他，使得他情牵神往，长夜不寐，只好隔窗卧听帘外芭蕉絮语。为此，他曾赠她一首《长相思》：

云一緺，玉一梭，澹澹衫儿薄薄罗，轻颦双黛螺。秋风多，雨相和，帘外芭蕉三两窠。夜长人奈何！

欢度蜜月之后，两人如胶似漆的炽热情感有增无减，终日卿卿我我，越加形影不离。假如其中有一人因事短时离去，另一人就会感到孤独寂寞。从嘉婚前曾有个良好的习惯，每逢春暖花开时节，都要微服远行，去外埠以文会友。他在婚后的头两次出访，可苦了新婚燕尔的娥皇。当那樱花满地，皓月凌空，剩她一人独守空帏的时候，她躺在象牙床上长久思念从嘉，有时弄得整夜不能入睡。她失神地望着床头的薰笼，企盼着从嘉早日归来，在似睡非睡中苦捱到天明。即使旭日临窗，她也懒得梳理晨妆，有时信手摸过铜镜，望着自己鬓发蓬乱、愁眉苦脸、泪湿红色护胸小衣的狼狈相，不禁又恨又恼。当她把从嘉盼回身旁，一头扑在他的怀里倾诉了这番苦衷之后，从嘉除了用比往日更加温存、真挚的情爱慰藉娥皇，还填了一首《谢新成》来记述娥皇对他的一片痴情：

樱花落尽阶前月，象床愁倚薰笼。远似去年今日恨还同。双鬓不整云憔悴，泪沾红抹胸。何处相思苦，纱窗醉梦中。

同样，娥皇偶尔离去，从嘉在感情上亦是难舍难分。娥皇每次回府省亲，也会给从嘉造成难以忍受的精神重负。有一年中秋佳节，娥皇探视双亲归来，彼此

还没来得及嘘寒问暖，从嘉便兴冲冲、急切切地将他在此间写的一首山远水寒，枫丹菊黄，雁飞人盼的《长相思》，笑容可掬地送到娥皇的面前：

一重山，两重山，山远天高烟水寒，相思枫叶丹。菊花开，菊花残，塞雁高飞人未还，一帘风月闲。

娥皇的婚配，不仅为心情孤独、苦闷的从嘉增添了新的生活情趣，而且也为从嘉的生活带来了新的转机。出生在富贵门第的娥皇，自幼就经学富五车的蒙师指点，早在闺阁中业已熟识文墨，除了潜心经史百家之外，还留意诗词书画。嫁给从嘉以后，又伴随从嘉奋力攻读，夫妻二人在切磋深奥学问之余，还探研高雅的琴棋技艺，从而使双方的才艺不断长进。

更使从嘉引以为荣的是，娥皇善于转轴拨弦，弹得一手好琵琶。凡是听过她精彩的演奏的人，无不有余音绕梁、三日不绝之感。就连深谙音律的公公李璟，听了娥皇为他祝寿时演奏的琵琶曲以后也赞赏不已，特赐给一张宫内珍藏的稀世名贵琵琶，名曰“烧槽”。娥皇偶得佳琴，自然喜出望外，爱不释手。此后，她便用这张可与焦尾琴媲美的烧槽琵琶，为喜爱歌舞的从嘉谱曲伴奏，二人经常沉醉于轻歌曼舞之中。

②娥皇才艺

隆冬雪夜，万籁俱寂，正是夫妻蛰居暖阁、心情宴乐的大好时光。美酒饮到酣畅之处，多情的佳人就会变得坦露豪放，尽兴欢娱。这时，娥皇抢先举杯，邀请从嘉起舞。从嘉望着娥皇此刻的诱人表情，极力掩饰着内心的激动，平静地回敬她的挑逗：“假如你能在天明之前展笺命笔，专门为我创制一支新曲，我就依曲编舞。”娥皇胸有成竹地回答：“好，一言为定。”随即命侍女取来文房四宝，只见她时而伏案沉思低吟，时而提笔记录曲谱，没过多时，便制成两支新曲，一支名《邀醉舞破》，一支名《恨来迟破》。这两支新曲各有千秋，前者高亢激越，后者舒缓抒情。曲成之后，娥皇用烧槽琵琶将两曲分别为从嘉各弹一遍。从嘉便和着曲谱的旋律忘情地跳起舞来。这时，二人都觉得仿佛人世间只有他俩最幸福，真正体味到了爱情的甜蜜和婚姻的美满。

最能展示娥皇才艺的，还是她凭借残谱复原了失传二百余年的《霓裳羽衣曲》。

一日，娥皇在从嘉的书房里查阅曲谱，偶尔寻到一册《霓裳羽衣曲》残谱。意外的发现使她如获至宝，急忙奔向居室操起琵琶试弹。她依谱寻声，边弹边吟，时辍时续，悉心补缺，仰仗自己深厚的舞乐功底，终于天衣无缝地再现了开元、天宝年间的遗音，使之失而复传。不过，娥皇对此曲的结尾做了改动。原曲尾声舒缓渐慢，如游丝飘然远去；现曲临终则急转直下，戛然而止。

从嘉除了同娥皇一道浅斟低唱，把酒话艺之外，还经常以王公的身份召宫娥宴饮歌舞。他命身边侍女将构筑玲珑的柔仪殿装饰得光怪陆离：殿内以红锦铺地，绣罗护壁；雕花的紫檀木长案上摆满佳肴美酒，什锦果品，中间点缀着满插栀

子、米兰、茉莉等芳香袭人的瓶花；藻井明珠高悬，光亮耀眼，如同白昼；四周条几上放着铜胎鎏金或青玉雕琢的香炉，炉内燃着用名贵香料制成的香兽。入夜，从嘉和娥皇便在悠扬悦耳的丝竹声中，如醉如痴地观赏花枝招展的妙龄宫女伴着教坊演奏的《霓裳羽衣曲》翩然起舞，从华灯初上到踏月归去，甚至通宵达旦，直到日高三丈。

当酒阑人去之后，从嘉和娥皇乘兴骑马踏月回到寝殿，尚觉兴犹未尽。于是，夫妻又同床共枕，品味这种声色豪奢、风情旖旎的生活。倘若情绪激动难以成眠，从嘉还起身披衣，津津乐道地以词追记这般充满着爱和美的时光。一次，从嘉填了一首俊逸神飞的《玉楼春》，拿给娥皇评说。娥皇接过用澄心堂纸特制的花笺，望着那散发着廷珮墨馨香的笔迹，用抑扬顿挫的声调吟诵道：

晚妆初了明肌雪，青殿嫔娥鱼贯列。笙箫吹断水云间，重按霓裳歌遍彻。临春谁更飘香屑？醉拍阑干情味切。归时休放烛光红，待踏马蹄清夜月。

诵毕，她稍加思索，便直截了当地加以评论道："立意谋篇均好，人物刻画亦佳，美中不足是下阙首句与上阙次句用字犯重。"从嘉颇为自信地回答："无伤大雅。前人作诗填词，用字犯重也是常有的事。"娥皇斩钉截铁地争辩："不！这首词的下阙首句非改不成。假如将'临春'改为'临风'，不仅可以避免用字与上阙犯重，而且能与下阙首句中的'飘'字紧密呼应，更加引人入胜。"从嘉听罢，按照娥皇推敲的见解，将"临风谁更飘香屑"低声吟咏了两遍，觉得娥皇所言甚是有理，便将双手用力一拍，喜出望外地说："妙，妙极了！此句就按你说的改。你可堪称我一字师。"

就这样才貌并驾齐驱的从嘉和娥皇，在和谐、欢悦的气氛中，恩爱、美满地共同生活了整整十年。十年，对奔腾呼啸的历史长河来说，仅仅是短暂的瞬间。然而，在从嘉的生活中却是漫长巨变的十年。其中有一年是使从嘉感到突如其来的一年。

③即帝位才子的秘闻

公元961年（北宋建隆二年），可谓从嘉生活"天教心愿与身违"的开始。这一年二月，命运强迫这位久视功名利禄如浮云畏途的风流才子，就范于令他谈虎色变的皇位继承人的宝座。由于他身边的几位兄长相继早亡，李璟下诏依次将从嘉立为太子，向南唐臣民宣布他将把主宰江山社稷的历史重任移交给从嘉。这种按照封建血统世袭的皇位，不管本人是否情愿，也不管本人能否胜任，都不容分说。因为此乃"天意"使然。同年九月，李璟病逝，从嘉便理所当然地成为南唐第三代君主，也就是最后的一代君主，故名称后主。出于对未来治国的美好憧憬，从嘉即位伊始，就更名为煜，字重光。煜，意味着光明照耀。它取意于西汉扬雄《太玄·元告》中的"日以煜乎昼，月以煜乎夜"。水涨船高，夫荣妻贵。李煜既已称帝，娥皇自然被立为后，史称周后或大周后。

这十年中间，李煜已经成了两个孩子的父亲。长子仲寓，在他即位之前出

世，天资聪颖，再加上家学濡染，自幼就喜爱文艺。次子仲宣，小仲寓五岁，在他即位之后降生，比仲寓更加敏慧，三岁始读古杂文和《孝经》，过目成诵，熟背如流。又酷爱音乐，每逢听到琴师演奏，立即驻足聆听，凭借曲调就能审辨五音。年纪虽小，言谈举止均合礼度。出席宫廷宴会，爱与文人雅士交谈，按照长幼尊卑揖让进退，如同成人。由于他识书达理，才智早熟，颇得李煜偏爱，处理国事闲暇之时，常把他放在膝上，耐心地为他授业解惑。这兄弟二人，不仅是李煜和娥皇的爱情结晶，而且是南唐的希望和未来。因此，被夫妻双方视为掌上明珠，殷切望子成龙，从而殚精竭虑，养之、教之、爱之、责之，使这个书香门第充满了天伦之乐。

可惜，好景不长，乐极生悲。在仲宣四岁这年（公元994年，北宋建隆五年），娥皇突然病倒在床，久治不愈。开始，李煜对她牵肠挂肚，关怀备至。每日定时探询，嘘寒问暖，审药查食，入夜还连续多日和衣守候在病榻旁，热切盼娥皇尽早康复。为了唤起娥皇对往事的回忆和留恋，激励她对未来生活的向往和信心，鼓舞她与病魔抗争的勇气和力量，李煜特将一首《后庭花破子》书赠娥皇，祝愿她和自己永远青春年少，月圆花好：

玉树后庭前，瑶草妆镜边。去年花不老，今年月又圆。莫教偏，和月和花，天教长少年。

遗憾的是，与李煜的意愿相反，娥皇的病情非但不见缓解，反而日益加重，病魔将她折磨得形神枯槁，终日昏睡。忧心忡忡的李煜，情绪也随着娥皇的病情而日益恶化：从希望到失望，又从失望走向绝望。恰在此时，有一位风姿绰约、娇艳欲滴的芳龄少女，突然闯到了李煜身边，在他本来就不平静的心中激起了新的波澜。伴着这起伏动荡的波澜，李煜心中滋长了情爱转移的邪念，随后又产生了失去理智的越轨行动，从而使他和娥皇的爱情出现了无法愈合的裂痕，给娥皇在心灵上造成了比疾病更为痛苦的创伤。

④小周后的魅力揭秘

这位阴差阳错闯到李煜身边的少女，竟是李煜爱妻娥皇的胞妹！因为史佚其名，加之娥皇病殁李煜续弦将她立为国后，所以时人与后人便约定俗成，称她为小周后，以示与她的胞姐周后相区别。

小周后比周后小十四岁。当年李煜迎娶娥皇的时候，她刚刚五岁。仅仅十年光景，她就由黄发垂髫的小娃娃出落成娉娉婷婷的清纯少女，令人刮目相看了。小周后自幼曾随母亲入宫会亲，因她生得俊俏聪颖，深受李煜母亲圣尊后（其父名泰章，因讳"泰"字谐音而不称她为皇太后）钟氏喜爱，后来便有时派人把她接到宫中小住。小周后天真烂漫，像个快乐的精灵，无论走到哪里，都会给人带来欢乐。因此，李煜在案牍劳神之余，常以兄长的身份同她谈笑嬉戏。当时，悬殊的年龄差异，还不容许李煜对她有任何非分之想。如今，伴随小周后步入豆蔻年华，李煜对她的情感也发生了微妙的变化。

小周后这次入宫，名义上是专程从老家扬州前来金陵探视胞姐娥皇的病情的。由于李煜的预先关照，有司特意将她下榻的场所安排在瑶光殿别院的一座幽静画堂里。

一日中午，李煜小憩之后，只身便装前往画堂看望妻妹。没想到小周后此刻仍在午睡，尚未起床。时值“春风解人衣”的艳阳季节，贪图和煦阳光的宫女们，都轻装坐在画堂外缤纷香艳的紫藤架下，伏身在绣架上精心刺绣。见李煜到来，慌忙起身准备接驾。李煜示意她们禁声，自己悄然向前走去。

临近画堂门口，李煜侧耳细听，堂内静寂无声。于是，他便止步从竹帘的缝隙中向内观望，只见小周后身着宫内流行的“天水碧”面料睡衣，胸前绣着几朵粉红的含苞待放的荷花，正在垂着蝉翼般纱帐的绣榻上酣睡，一头又黑又亮的秀发抛散在枕畔。李煜从头到脚打量着这睡美人的身段：高耸的乳峰，纤细的腰肢，丰满的臀部，修长的双腿。他的心中不禁一怔，几乎脱口而出：她与初入宫时的娥皇，何其相似乃耳！无意中一抬手，碰响了画堂的门饰，将小周后突然惊醒。为了打破眼前这难堪的局面，进退维谷的李煜只好下意识的干咳两声，然后硬着头皮掀起画堂的珠帘……

小周后睁开惺松的睡眼，见平时身份高贵又有修养的李煜蓦然出现在自己面前，不免窘迫忙乱，手足无措。她生怕方才睡态不雅，有失大家闺秀的矜持，便火速起身整理衣衫，随后惶恐地呼了一声“陛下”，赶忙下床，急步闪到画屏后面更衣，连续传出摆动裙裾的轻微窸窣声。

换上色彩夺目着装的小周后，全身散发着少女肌肤特有的异香，如同蓬莱仙女一般从屏风后走到书案前，与李煜相对而坐，用她那双似秋水、如寒星的眼睛，仔细观察着面前这位儒雅风流的姐夫。李煜从她那双长睫毛掩映着的明亮双眸中，似乎又寻找到了娥皇失落的神采。二人一时相对无语，好像话题不知如何说起。经过短暂的沉默，还是小周后首先开了口，她天真地对李煜说：“陛下！”还没等讲出下文。李煜便学着娥皇的口吻亲切地纠正道：“小妹，在家里不必拘礼，还是叫我姐夫为好。”

单纯的小周后随即改口：“是，姐夫，现在我才明白了什么是‘重瞳子’。原来，你的一只眼睛长得和司马迁在《史记》里描写的大舜一模一样。”

李煜听罢，若有所思，顺水推舟地回答：“对。所以，在历代君王中，大舜是我最敬佩和羡慕的人物之一。”

“为什么？”

“除了他是一位圣君之外，他有一个幸福美满的家室。特别是他有称心如意的一后一妃：后曰娥皇，你姐姐同她重名；妃曰女英。她们是亲生姊妹，就像你姐姐和你这样。这使我自然想到，你也应该与你姐姐同享宫内的荣华富贵。”

小周后虽然涉世不深，但也觉察到了李煜话中的弦外之音。可是，在此之前，她对这等事情毫无精神准备，所以听过姐夫这番出格的话，不觉羞红了脸，一

时不知如何回答，只好低头不语。李煜也自感失言，迅即转移话题，胡乱地搭讪了几句，便匆匆离去了。

李煜回到澄心堂，心旌摇荡，总觉得方才只顾在艳景浓情之中陶醉，言未尽意。同时，他为了唤起小周后对这次会面的回忆，进而引发她的联想，他寓情于景，又借景传情，提笔写了一首《菩萨蛮》：

蓬莱院闭天台女，画堂昼夜无人语。抛枕翠云光，绣衣闻异香。

潜来珠琐动，惊觉银屏梦，脸慢笑盈盈，相看无限情。

写完，他从头至尾审视了一遍，又写了一纸短札，一起装进柬封。然后传唤宫女送往画堂，面交小周后，约她五日后参加歌筵。

小周后收到李煜派人送来的词笺，先是惊异，后是失神。她放下又拾起的是李煜书赠的这首新词，而拾起放不下的却是词中吟咏的那日中午相会的情景。她想：这蓬莱院闭、绣衣带香、画堂昼寝的"天台女"，不正是说的我吗？而那个潜珠琐、惊觉他人午梦者，无疑就是姐夫了。那么，"相看无限情"一句，则是全词的画龙点睛之笔了。李煜这首词果真奏效，它将情窦初开的小周后撩拨得整日心热脸红，坐卧不安，好不容易熬过了度日如年的五天。

对李煜来说，举办歌筵本是习以为常的事。然而今晚倒是例外，他的心情格外高兴。因为这是款待自己心中思念的妻妹，又是醉翁之意不在酒。为此，他特地叮嘱有司将歌筵安排在清辉殿，以便与他近日的情绪吻合。他知道小周后酒量有限，便事前传令教坊加强席间的舞乐气氛。舞筵的设计者们虽然煞费苦心，既安排有反映江南杏花春雨的吴歌越舞，又安排有展示塞北大漠雄风的羯鼓胡乐，但照例还是以李煜最为赏识的《霓裳羽衣曲》开场。

歌筵进行中间，李煜陪着小周后，一边浅斟慢酌，一边观赏和品评宫女们的精彩表演。待到舞乐休止，李煜情深依依地对小周后说：

"此曲得以复兴，乃是娥皇一大贡献。你姐姐堪称当今乐坛奇才！据说小妹也精通'吟商逞羽'一首，尤其是长于演奏玉笙，不知能否让我在今晚兼饱耳眼二福？"

小周后故作忸怩，言不由衷地推托："小妹自幼虽习玉笙，但未经名师指点，岂敢班门弄斧，贻笑大方？"

李煜催促道："小妹无须过谦。"随即吩咐宫女："速备玉笙！"

小周后从宫女手中接过十三簧玉笙，试着吹了几声，然后朝着李煜莞尔一笑，腼腆地说："那就献丑了。"接着便熟练地演奏起来。

李煜望着她那嫩笋似的纤纤十指，在十三根参差的簧管下端的指孔间轻捷灵活地移动，随着从笙管里飘出的美妙动听的曲调，很快就走进了唐人张若虚《春江花月夜》诗的意境。

她的演奏如醉如痴，传神感人。对于擅长音乐的李煜，感染尤为强烈。

更使李煜神魂颠倒的是，小周后在演奏中不时地用她那双多情的眼睛向他

频送秋波，弄得李煜情不自禁，想入非非。直到曲终，人们大声喝彩，他才如梦方醒，语义双关地赞美说："实在是令人陶醉！"随后又恭维小周后道："适才听了小妹的演奏，方知孔夫子何言'闻韶乐，三月而不知肉味'。"

小周后放下玉笙，从怀中掏出香罗手帕，一边揩拭额头泌出的细密汗珠，一边就势向李煜撒娇："既然如此，那就请姐夫即席填词一首吧。"

李煜故作谦虚，回答道："曹子建有七步成诗之才，也不过即兴吟了一首五言绝句。我怎能一呵成上下两阙！不过，小妹盛情难却，我也只好尽力而为了。"说着他就离席踱步，酝酿构思，不到一炷香的时间便吟成了一首《菩萨蛮》：

铜簧韵脆锵寒竹，新声慢奏移纤玉。眼色暗相钩，秋波横欲流。雨中深绣户，未便谐衷素。宴罢又成空，魂迷春梦中。

这以后通过频繁的书笺来往和谋面交谈，李煜和小周后的感情，逐渐超出了亲戚的范围，骤然发展到恋人特有的炽热程度，大有一日不见，如隔三秋之势。尧帝二女娥皇、女英同嫁舜帝的古老传说，在二人心中引起妙不可言的浪漫遐想。在李煜看来，小周后就是女英，我娶她乃是天意使然；在小周后看来，李煜则是舜帝转世，我嫁他也为人情所容。略有不同的是，小周后对于此事始终处于优柔寡断之中。她时而警惕自己，要固守男女之大防，万不可夺胞姐所爱；时而又怂恿自己，男女相悦相爱乃人之天性，古时娥皇未尝忌妒女英，今世娥皇亦当宽容胞妹。

尽管在这段时光里二人不断耳鬓厮磨，但是，李煜总觉得感情上的饥渴无法获得满足。他嫌日间不足以尽兴倾吐恋情，于是竟不惜有失君王体面，以书札密约小周后夜间到画堂南畔的移风殿幽会。

夜交三更，早已穿戴梳洗停当的小周后，悄然走出了画堂。虽然她将脚步放得很轻很轻，但由于夜深人静，那双讨厌的金缕鞋踏在石级上仍如空谷传声，吓得她像惊弓之鸟，赶忙脱下金缕绣鞋，提在手上，沿着月色迷蒙、树影婆娑、花香浮动的小径，左顾右盼，忐忑不安地快步向前走去，素白的锦袜袜底上沾满了泥迹苔痕。

来到移风殿，她用手轻轻推开虚掩着的殿门，心中大喜：只见李煜正含笑站在摆满盆花的花架前等候她的到来。这时，她那颗紧张得几乎提到喉咙间剧烈跳动的心，总算安稳地落回原来的腔位。与此同时，她才感到前所未有的疲倦压顶而来，使她全身瘫软，摇摇欲倒。李煜见状上前搀扶，她就势扔下手中的金缕鞋，一头扑在李煜怀中，双手搂住他的脖颈，将脸紧贴在他的胸前，气喘吁吁地说："你可知我一路冒着风险来这里同你幽会，该是需要何等的勇气呀！今晚我将一无反顾，我要把一切都交给你，任你恣意地求，尽情地爱吧。"

听着小周后这番发自肺腑之言，李煜深为这个大家闺秀的一片痴情所感动，内心不禁涌起珍惜、疼爱之情。他一手替小周后从地上拾起金缕绣鞋，一手挽着她的后腰，半拥半架地走进了殿内卧室。随后，二人宽衣入帷，在锦衾绣榻上相

偎相依，轻怜蜜爱，缱绻到晨光熹微，度过了他们平生难忘的一个销魂之夜。

翌日，李煜回到澄心堂，昨夜的情景还不时地在他的脑际萦回。陶醉之余，李煜将夜来耳目所及，写成一首《菩萨蛮》，差人给小周后送去：

花明月黯笼轻雾，今宵好向郎边去。刬袜步香阶，手提金缕鞋。画堂南畔见，一向偎人颤。奴为出来难，教君恣意怜。

这首鼓励和赞美小周后敢于蔑视纲堂礼教和世俗偏见，大胆追求爱情的词，曾使当时和后世的词人惊叹折服。

⑤娥皇之死

李煜和小周后此时只顾难舍难分地厮混，竟忘了娥皇。这期间，小周后虽去过几次瑶光殿，但都赶上娥皇沉睡。有一天，小周后又来探视，碰巧娥皇还没入睡。娥皇发现胞妹眼含热泪，满怀深情地站在榻旁，无神的眼睛突然一亮，惊喜地问道："小妹何时来到宫里？"幼稚的小周后如实回答："已经多日。是姐夫派人接我来的。"娥皇闻听胞妹进宫多时，今日才来探望自己，又联想到近日很少见到李煜踪影，顿时疑团丛生，猜忌、委屈、失望、气愤，一齐涌上了心头。她长长地叹了一口气，没再继续与胞妹交谈，便侧身面壁，紧紧闭上了那双深陷的眼睛，泪水顺着她苍白的面颊流到枕上。

正当娥皇沉溺于痛苦中无力自拔的时候，她的爱子仲宣又夭折了。说起仲宣的死，宫内无人不感到意外。有一天，这个年仅四岁的孩子，独自一人跑到静寂的佛堂，模仿宫女为娥皇早日康复而焚香祈祷。当他跪在蒲团上伏身叩头时，突然有一只大猫窜上悬在高处的琉璃灯，不想那盏灯悬得不牢，竟同猫儿一齐坠落在地，砰然作响，吓得仲宣失魂落魄，拼命嚎叫，随后便一病不起，惊痛身亡。开始，李煜怕娥皇病上加病，在她面前强颜作笑，百般掩饰丧子的苦痛，背地却默坐饮泣，面对秋雨孤灯，埋怨苍天残酷无情，夺其所爱，痛惜"珠沉媚泽，半陨芒馨"。为了寄托这难以抑制的悲痛和哀思，他和泪吞愁，写下了一首悼诗，一篇祭铭：

永念难消释，孤怀痛自嗟。
雨深秋寂寞，愁引病增加。
咽绝风前思，昏雾眼上花。
空王应念我，穷子正迷家。

呜呼！庭兰伊何，方春而零；掌珠伊何，在玩而倾。珠沉媚泽，兰陨芳馨；人犹沮恨，我若为情？萧萧极野，寂寂重扃。与子长诀，挥涕吞声。噫嘻，哀哉！

奈何世间没有不透风的墙！宫内人多嘴杂，仲宣死于非命的噩耗，还是传到了娥皇的耳中。怜子如命的娥皇，在心灵上怎能受得住如此沉重的打击？病情随即急剧恶化，没过多久，便溘然长逝了。这年，她刚好二十九岁。

人之将死，其言也善。娥皇临终之前，念于她同李煜相濡以沫的十年夫妻情分，宽恕了李煜在她病重期间的一度负心与薄情，对前来探视的丈夫说：

“婢子多幸，托质君门，窃冒华宠，已届十年。世间女子之荣，莫过于此。所痛惜者，黄泉路近，来日无多，子殇身殁，无以报德。”

娥皇边说边用枯瘦的手，颤颤微微地从枕边摸出约臂玉环，又唤宫女取来中主赏赐的烧槽琵琶，一并还给李煜，用以表示与他的永诀。李煜望着奄奄一息的娥皇，深为她的真情实爱所动容，也深为自己对她的短暂冷漠疏远而内疚，一时悔痛交集，泪流语塞。

李煜走后，娥皇似乎又突然想到了什么事情，她急忙呼唤宫女去取文具。原来她想趁自己神智清醒时留下一纸遗书，把心里想说的话再写到纸上。于是，她便强自撑持身体书写，谁知只写了“请薄葬”一条，就觉得力不从心，无法再写下去了。她由此预感来日无多，便吩咐宫女分头为她沐浴梳妆，更换寿衣，然后仰面而卧，口中含玉，又安详地度过三日，才怀着对人生的追忆和苦恋，怅惘地离开了人世。

⑥后主的悲痛

娥皇病逝，李煜悲痛不已。为了自赎前愆，他诏令宫中一切都银装素裹，为母仪天下的皇后举哀服丧。自己也亲临娥皇的灵堂哭祭，每次都悲伤不能自已，要经左右苦苦相劝，才含泪频频回首，策杖离去。大殓之日，李煜念及结发深情，又将当日他赠与娥皇的爱情信物约臂玉环，以及娥皇生前最爱的烧槽琵琶，亲手放入梓宫，为她殉葬。

最为泫人涕泪的是，李煜亲自草拟命石工镌刻在娥皇陵园巨碑上那篇悼亡的《昭惠周后诔》。这是一篇署名“鳏夫煜”的长约二千言的六朝艳体诔文，情真意切，含血浸泪。全篇除沉痛哀悼娥皇“玉润珠触，殒然破碎”，寄托“苍苍何肆，歼予伉俪”、“茫茫独逝，舍我何乡”的哀思外，着重追述了娥皇的超众才华和二人共同度过的那段相亲相爱的难忘岁月：

天长地久，嗟嗟蒸民。嗜欲既胜，悲叹纠纷。缘情攸宅，触事来津。赀盈世逸，乐戢愁殷。沈鸟逞兔，茂夏凋春。年弥念旷，得故忘新。阙景颓岸，世阅川奔。外物交感，犹伤昔人。诡梦高唐，诞夸洛浦。搆屈平虚，亦悯终古。况我心摧，兴哀有地。苍苍何辜，歼予伉俪。窈窕难追，不禄于世。玉润珠触，殒然破碎。柔仪俊德，孤映鲜双。纤挼挺秀，婉娈开扬。艳不至冶，慧或无伤。盘绅奚戒，惟肃惟常。环佩爰节，造次有章。含颦发笑，擢秀腾芳。鬓云留鉴，眼彩飞光。情澜春媚，爱语风香。环环禀异，金冶昭祥。婉容无犯，均教多方。茫茫独逝，舍我何乡。昔我新婚，燕尔情好。媒无劳辞，筮无违报。归妹邀终，咸父协兆。俯仰同心，绸缪是道。执子之手，与子偕老。今也如何，不终往告。呜呼哀哉！

志心既达，孝爱克全。殷勤柔握，力折危言。遗情眄眄，哀泪涟涟。何为忍心，览此哀编。绝艳易凋，连城易脆。实曰能容，壮心是醉。信美堪餐，朝饥是慰。如何一旦，同心旷世。呜呼哀哉！

丰才富艺，女也克肖。采戏传能，奕棋逞妙。媚动占相，歌萦柔调。兹蘖爰质，奇器传华。翠虬一举，红袖飞花。情驰天际，思栖云涯。发扬掩抑，纤紧洪奢，穷幽极致，莫得微瑕。审音者仰止，达乐者兴嗟。曲演来迟，破传邀舞。利拨迅手，吟商逞羽。制革常调，法移往度。翦遏繁态，蔼成新矩。霓裳旧曲，韬音沧世。失味齐音，犹伤孔氏。故国遗产，忍乎湮坠。我稽其美，尔扬其秘。程度余律，重新雅制。非子而谁，诚吾有类。今也则亡，永从遐逝。呜呼哀哉！

该兹硕美，郁此芳风。事传遐祀，人难与同。式瞻虚馆，空寻所踪，追悼良时，心存目忆。景旭雕甍，风和绣额。燕燕交音，洋洋接色。蝶乱落花，雨晴寒食。接辇穷欢，是宴是息。含桃荐实，畏日流空。林凋晚箨，连舞疏红。烟轻丽服，雪莹修容，纤眉范月，高髻凌风。辑柔尔颜，何乐靡从。蝉响吟愁，槐凋落怨。四气穷哀，萃此秋宴。我心无忧，物莫能乱，弦而清商，艳尔醉盼。情如何其，式歌且宴。寒生蕙幄，雪舞兰堂。珠笼暮卷，金炉夕香。丽尔渥丹，婉尔清扬。厌厌夜饮，予何尔忘。年去年来，殊欢逸赏。不足光阴，先怀怅怏。如何倏然，已为畴曩。呜呼哀哉！

孰谓逝者，荏苒弥疏。我思姝子，永念犹初。爱而不见，我心毁如。寒暑斯疚，吾宁御诸。呜呼哀哉！

万物无心，风烟若故。惟日惟月，以阴以雨。事则依然，人乎何所。悄悄房栊，孰堪其处。呜呼哀哉！

佳名镇在，望月伤娥。双眸永隔，见镜无波。皇皇望绝，心如之何。暮树苍苍，哀摧无际。历历前欢，多多遗致。练竹声悄，绮罗香杳。想涣乎忉怛，恍越乎悴憔。呜呼哀哉！

岁云幕兮，无相见期。情瞀乱兮，谁将因依。维昔之时兮亦如此，维今之心兮不如斯。呜呼哀哉！

神之不仁兮，敛怨为德。既取我子兮，又毁我室。镜重轮兮何年，兰袭香兮何日。呜呼哀哉！

天漫漫兮愁云曀，空暖暖兮愁烟起。娥眉寂寞兮闭佳城，哀寝悲氛兮竟徒尔。呜呼哀哉！

日月有时兮龟著既许，箫笳凄咽兮方旗常是举。龙輀一驾兮无来辕，金屋千秋兮永无主。呜呼哀哉！

木交枸兮风索索，鸟相鸣兮飞翼翼。吊孤影兮孰我哀，私自怜兮痛无极。呜呼哀哉！

夜寤皆感兮何响不哀，穷求弗获兮此心隳摧，号无声兮何续，神永逝兮长乖。呜呼哀哉！

杳杳香魂，茫茫天步。牧备抚棕，邀子何所。苟云路之可穷，冀传情于方士。呜呼哀哉！

李煜挖空心思，用白居易《长恨歌》中的典故来结束这篇长歌当哭的诔文，是

为了最大限度地倾诉他对娥皇的刻骨相思。同时，他又虔诚地企盼，顷刻间有一位成仙得道的青衣道士降临他的身边，“为感君王展转思”，“能以精诚致魂魄”，排空驭气，升天入地，历尽千辛万苦，为他从冥间请回令他朝思暮想的娥皇，他再从头对她回报“三千宠爱在一身”的深情厚爱。然而，人死不能复生，李煜也就只能深深陷在悲哀与痛苦中。

基于这种心情，李煜在娥皇病逝后的很长一段时光里，怀着强烈的失落感，终日郁郁寡欢，愁眉不展，长嘘短叹，先后写下一些睹物思亲、触景生情的悼亡诗。如《题琵琶背》、《梅花诗》、《采桑子》等。

在这段日子里，小周后的生活也并不轻松。她除了强忍悲痛竭力劝慰李煜节哀外，还要一面代替娥皇侍奉圣尊后，晨昏定省，孝敬请安；一面代替娥皇照料仲寓，言传身教，诲仁诲义。小周后虽然还未脱尽少女的天真稚气，但已充分显示出了她所具有的贤妻良母的品德，圣尊后为此而对她更加喜爱。一些善于察颜观色的近臣，为迎合圣尊后所好，便向她上疏奏请早降懿旨，给李煜续弦，并册封小周后为南唐国后，以统摄六宫。但碍于娥皇尸骨未寒，宫中不宜举行大婚典礼，只好先定名分，宣谕“四德”俱佳的小周后居中宫之位，“待年”成礼。怎奈小周后时运不济，圣尊后在娥皇病逝的当年十月，也身染沉疴，命归黄泉了。按照封建时代的居丧制度，父母或祖父母过世，儿子与长房长孙必须谢绝人事，在家守孝三年，为官者还要挂冠回乡（皇帝为此例外），称做“守制”。守制期间，自然不得举办婚事。因此，小周后也只有遵照圣尊后的生前懿旨，留居宫中继续待年，等到李煜守制期满，再正式履行婚仪，结为伉俪。

前蜀高祖王建

高祖王建

王建，字光图，许州舞阳（今河南舞阳西北）人（亦说陈州项城，今河南沈丘）。唐大中元年生，前蜀光天元年卒。终年72岁。

王建先世卖饼为业，号称“饼师”。不过，他没有继承祖业，而是四处游荡，偷窃抢掠，后被关入狱中。逃出后，先藏到了武当山，在僧人处洪的劝说下，投往忠武节度使杜审权，当了一名军卒。因临阵勇敢，又有机谋，被擢为列校。

广明元年（880），黄巢起义军攻下长安，唐僖宗逃往蜀中，王建在忠武军将鹿晏弘率领下入关中镇压起义军。中和三年（883），鹿晏弘声称西去，迎接僖宗，率王建等进驻兴元，拥兵自重。王建被委任为州刺史，与晋晖等五人率部奔往成都。田令孜将五人收为养子，拜诸卫将军，号称“随驾五都”。后随僖宗还长安。

僖宗还京后，河东节度使王重荣与田令孜因争夺解池发生冲突，王重荣与河东节度使李克用连兵进犯长安，僖宗再度逃出长安，西往兴元。王建为清道斩斫使，保护僖宗出逃。行至栈道，栈木已被追兵燃着，摇摇欲堕，王建在前为僖宗牵马，勉强冲出烟火。僖宗感泣不止，解御袍赐给王建，并说“上有泪痕，权作记念”。至兴元后，马上委王建兼任壁州刺史，禁军将帅兼任州刺史，过去是没有先例的。但他已成为众矢之的，只因他护驾有功，免于罢官，王建的幻梦破灭了，他感到生逢乱世，依赖皇帝是靠不住的，他要自己为自己开创基业，把皇帝老子、等级秩序都抛到了身后。

王建到利州后，召集勇士，兴武练兵，又接受部将的建议，注意境内百姓的安抚，养士爱民。因此，势力大增，士卒达到数千人。光启三年（887），其上司山南西道节度使杨守亮担心王建自成势力，不受约束，多次召王建前往。但王建根本不理会这一套，干脆率军沿嘉陵江而下，攻克相邻的阆州（今四川阆中县），赶走原刺史杨茂实，王建自己为自己升官防御使。文德元年（888）三月，唐僖宗死，昭宗即位。王建对部将道：“我在军中日久，深感用兵若不用天子名义，不仅敌城不会归附，自己的将士也容易散离。”于是令谋士周庠代他起草了一份奏章，要求为朝廷讨平陈敬瑄，并列举他的八大罪状。昭宗也想利用这一机会把西川控制在朝廷手中，因此，派宰相韦昭度为西川节度使兼两川招抚制置等使，召陈至京城作龙武统军，陈闭门不纳昭度。十二月，昭宗调军近10万，委韦昭度为招讨使，王建为行营诸军都指挥使，并特地割西川邛、蜀、黎、稚四州置永平军，以王建为节度使。

就在王建略取两川的时候，唐王朝的情况也在不断变化。北方形成了朱全忠与李克用两大对抗势力，关陇则有割据凤翔的李茂贞，南方各地也是藩镇割据，形成了若干势力中心，唐王朝实际上已名存实亡，昭宗皇帝成为藩镇的掌上

玩物。

这几年间，北方依然是梁晋争雄，王建利用北方的安静，在蜀地务农训兵，发展经济，有效地巩固了他的统治。天复三年(903)八月，朱全忠杀昭宗，立哀帝。至天复七年(907)三月，取而代之，直接称帝，并遣使至蜀，王建拒而不纳，驰檄各地，表示要与李茂贞、李克用等会兵讨梁。

九月，在掌书记韦庄的具体策划下，王建率众大哭三日后，即皇帝位。国号大蜀，自称以金德继唐运。王建生于卯年，属兔，左右侍臣编造了一通“兔子上金床”的谶言，附会迎合。

王建称帝后，以唐末著名文人韦庄为宰相，又任命张格、王锴为翰林学士。

王建称帝的第二年，改年号为武成。他在位期间，能兼容并蓄，招贤纳士，除著名文人韦庄、毛文锡、牛峤、牛希济等人外，道士杜光庭、诗僧贯休等人也被他罗致门下，杜光庭受封蔡国公，进号“广成先生”，贯休也被封为“禅月大师”，并赐号“得得来和尚”。这使得前蜀成为当时中国少有的几个文化中心之一。另一方面，王建出身行伍，对随他左右征战、握有兵权的武将们一直格外提防，对可能危及他统治的人，不管是功臣、养子还是亲子，一概不能容忍。这酿成了一次又一次内部纷争。而策立太子，又是最为惊心动魄的。

王建当时比较喜欢雅王宗格与信王宗杰。宗格与王建相貌肖似，宗杰则才敏机警。王建最初想在这二人中选一个太子。不过，他所宠爱的徐贤妃却另有打算，想立自己的儿子宗衍为太子。但宗衍在王建诸子中排行最小，又懦弱无能。徐贤妃与权阉飞龙使唐文扆相联合，使唐文扆向宰相张格表示王建有心立宗衍为嗣，要他设法率群臣上表。张格连夜找到中书令王宗侃等人，诈称收到王建密旨，要上表请立宗衍为太子，文武大臣多在上表中署名。王建令相士为诸子相面，相士受徐贤妃贿赂，也说宗衍之相最贵。王建以为臣下都拥护宗衍，遂下诏立为太子。但随即对左右侍从道“宗衍幼儒，不知能否当其任?”

但是宗衍十分不争气，王建暗暗计划废掉宗衍，改立信王宗杰。宗杰有才略，常向王建陈述对国政大事的看法，王建十分喜爱。但不久，宗杰竟暴病身亡。王建怀疑是有人暗算，因查无实证，只好作罢。此后，对自己的饮食起居就格外小心，一次皇宫夜间失火，王建竟不许前来救火的士兵入内，听任大火吞噬宫殿与蓄积帛财。

光天元年(918)入夏以后，病重不起，五月，召北面行营招讨使兼中书令王宗弼回成都，任为马步都指挥使，典掌兵权，防备突然事变。五月二十日，王建召大臣至寝殿，嘱托道：“太子懦弱，若不堪大业，可置于别官，幸勿杀之，只要是王氏兄弟，诸公可择而辅立。徐妃兄弟，只可显爵厚禄，不可使掌兵预政。”徐贤妃与唐文扆唯恐王宗弼乘机秉政，遂派人把守宫门，不许众大臣入内，切断了王建的对外联系。唐文扆计划王建一死，即兴兵诛杀宗弼等大臣，并派皇城使潘在迎为他侦察外事。潘在迎却把这些透露给宗弼，宗弼即率众臣闯入宫中，向王建奏陈

唐文扆的罪状，王建将文扆贬为眉州刺史，继又削其官爵，流放雅州。但王建担心王宗弼等武将多是元老功臣，未必能听命于新帝，因此，驱逐唐文扆后，以宦官、宣徽南院使宋光嗣为内枢密使，负责都城及军旅之事，与王宗弼等人共同受诏辅政。

六月一日，王建病卒。次日，太子王宗衍即帝位。王建在位 12 年，死年 72 岁，谥“神武圣文孝德明惠皇帝”，庙号“高祖”，葬永陵。

信谗言诛杀嫡亲内幕

在与五代并存的十国政权中，以前蜀立国最早，并公然建号称帝，与后梁分庭抗礼。它的开创者是王建。建字光图，许州舞阳(今河南舞阳西北)人。为人隆眉暴眼，方额广颐，一副暴横相。他精于拳勇，出身无赖。少时屠牛盗马，贩卖私盐，无所不为，因排行第八，故乡里称之为“贼王八”。唐末应募入忠武军，由士卒升为都将。后随唐僖宗逃奔四川，宦官田令孜收为养子，赏赐巨万，拜诸卫将军，是著名的“随驾五都”之一。旋被封为壁州(今四川境内)刺史。因乘乱逐渐攻占两川、汉中，成为西蜀最大的割据势力。公元 903 年，晋封蜀王。公元 907 年 4 月，朱温代唐，建立后梁。他见唐室已亡，便率吏民大哭三日，然后于同年 9 月在成都称帝，国号大蜀，史称前蜀。

王建虽系一介武夫，目不识丁，却好与书生谈论，颇能优礼文士。是以亡唐衣冠士族，大多逃奔王建，从而促进了前蜀经济文化的发展。但是，唐末君臣的一些坏习惯，比如宠信宦官，大量畜养假子，沉溺于声色犬马等，也被他全盘照搬过来，以致听信谗言，因爱废立，最后落得丧身亡国的下场。

王建有亲生儿子 11 人，养子 120 多人。太子当然是在嫡子中产生，但养子也不无觊觎大位者。而后妃、佞幸、权臣也纷纷插手，矛盾尖锐复杂。

按照常规，王建本要立嫡长子王宗仁为嗣。但宗仁幼以疾废，故王建即位之初，即立次子王宗懿为遂王，准备提升为太子。时养子王宗佶年纪最大，宗懿年幼。宗佶不服，要求开府治事，掌握军权，态度傲慢不恭，被王建扑杀。公元 908 年 6 月，立遂王王宗懿为皇太子。不久，改名为王宗坦。后来，王建在什邡县得到一块铜牌，上有“王建王元膺”等 20 多字，他以为是天降符瑞，又将宗坦改名为元膺。

王元膺多才多艺，尤善骑射，但生性猜忌，骄暴，又好勇斗狠，经常当众侮辱王建的旧臣，得罪了不少人，尤其是内枢密使唐道袭。唐道袭乃舞童出身，容貌漂亮，最得王建宠信。王元膺特别讨厌这种人，多次在朝廷上讥笑他。为此，王建一度将唐道袭外放兴元节度使，但不久又把他调回，执掌机要。王元膺再次公开指出唐道袭的过失，王建以为扫了他的面子，心里不高兴。公元 913 年 7 月 7 日(七夕节)，太子王元膺召集诸王大臣，设置酒宴庆贺，而集王王宗翰、枢密使潘峭、翰林学士毛文锡公然不去赴会。王元膺大怒，马上到王建那儿告状，说潘峭和毛文锡离间他和王宗翰的兄弟之情。而唐道袭却诬蔑说，这是太子图谋造反，他召集诸人的目的，是想把他们软禁起来，然后举事，并授意一些遭太子侮辱的臣子作假证。王建一听，神经特别紧张，便命令唐道袭率兵入宫守卫。王元膺起初并不在意，后来听说唐道袭召兵，以为是要杀害自己，于是先发制人，起兵干掉

了唐道袭。王建遣将平叛，王元膺兵败，慌忙逃入跃龙池的船中躲藏。第二天早上，他出来向船夫求食，被人认了出来，卫士一拥而上，将他杀死。王元膺死后，被王建追废为庶人。

自王元膺被杀后，内枢密使潘炕等屡次上疏，请续立太子。王建认为第三子雅王王宗辂长相很像自己，第八子信王王宗杰才干突出，想从这两人中挑选出一个为嗣，而犹豫迟疑，没有定决。王建晚年多内宠，徐贤妃及其妹妹徐淑妃都是风流柔媚的少妇，长期专房用事。贤妃生了个儿子叫王宗衍，排行第十一，年龄最小，封为郑王。徐贤妃要求立自己的儿子为太子。她勾结内飞龙使唐文扆（宦官），又以重金贿赂宰相张格，内外串通，向王建施加压力。张格立即起草了奏表，并连夜将奏章给王宗侃等功臣传阅。假称是受了皇帝的密旨，要求宗衍为太子，请大家署名。王建看后，仍然犹豫。他请来一个看相的，将亲生儿子都看了一遍。其实相者已被贤妃收买了，自然说郑王之相最贵。王建不得已答应了，可还是满腹狐疑地对大臣们说："宗衍幼懦，能堪其任乎？"（《能鉴·后梁纪》）公元913年10月，王建立幼子宗衍为太子。

宗衍字化源，贤妃徐氏之子。他为人聪明好学，童年时就能作文，很有才思，尤长于靡丽之辞，曾经收集历代艳体诗二百首，号曰《烟花庥》。幼封郑王，为左奉驾军使。元膺死后，继之为太子，时年13岁。

宗衍自人主东宫以后，便纵情声色，沉溺于游乐嬉戏。有一次，王建从夹城经过，听见太子与诸王在里面斗鸡击鄃时高呼喧闹的声音，喟然长叹道："我历经百战所开创的基业，他们能守住吗？"从此，他就痛恨张格，但由于徐妃作梗，竟没有办法除去张。信王王宗杰颇有才略，屡陈时政得失，深得父皇赏识。王建打算废宗衍而立宗杰，徐妃得人侦知这一讯息，便抢先将宗杰暗杀了。

公元918年5月，王建得病，常常头昏眼花。他担心身后江山难保，便召集大臣们到寝殿来，对他们说："太子虽幼有贤德，但按次第不当为嗣。朕不能违背诸君请求，所以越次立他为太子。还望诸君勉力辅佐，以保社稷。"隔了一会，又嘱咐道："若其不堪大业，可置诸别宫，幸勿杀之。但王氏子弟，诸公择而立之。徐妃兄弟，只可优其禄位，慎勿使之掌兵预政，以全其宗族。"6月，王建病情加重，徐妃和张格等趁机在他的鸡烧饼内下毒，王建中毒身亡。太子王宗衍即位，是为后主。后主在位期间，荒淫无度，把国政交给宦官。不过七年，前蜀即为后唐所灭，王衍母子亦被处死。

南汉后主刘鋹

后主刘鋹

刘鋹，初名继兴，是刘晟长子，受封卫王。乾和元年(942)生，宋太平兴国五年(980)死。终年38岁。16岁那年，父皇病死，他继立为帝，改元大宝，是为后主。公元958—971年在位。

即位之后，对国政大事糊糊涂涂，漠不关心。国政大权掌握在宦官龚澄枢手中。澄枢在中宗朝即专权用事，刘鋹继位不久，他被任命为左龙虎观军容使、内大师，独揽朝政。他常对刘鋹讲：朝中群臣都有家室，也就都有私心，不会尽忠报国，只有宦者、宫人无牵无挂，肯忠心为陛下效力。

刘鋹自即位后就很少上朝理政，整日巡幸出游或作乐宫中。即位的第二年，宦官们把一个叫“樊胡子”的女巫领入宫中，对刘鋹说玉皇大帝已附到“樊胡子”身上，为女巫专门设置帷帐，使她坐在帐中向刘鋹传送玉皇旨意。女巫称刘鋹为“太子皇帝”，并说龚澄枢等人都是玉皇派来辅助他的，不可轻易加罪。刘鋹大事小事都要叩请女巫作决断。

刘鋹即位的第三年，赵匡胤建北宋，内常侍建议，北宋势力迟早要南下，对此应早有安排，或者向北方朝贡纳款，或者修城练兵，准备抗击，刘鋹默然不对。

大宝十三年(970)九月，南唐李煜奉宋帝旨意致书刘鋹，劝其降宋。刘鋹囚禁使者，不肯投降，宋以潘美为帅，大举伐汉。此时南汉旧臣宿将多半被杀，领兵者多是宦官，而且自中宗以来，不修武备，城池不完，甲仗颓败，听到宋军南下的消息，举朝震恐。刘鋹命龚澄枢守贺州，宋军未到，他就先逃回番禺。到十一月，宋军攻下贺、昭、桂、连四州。刘鋹自作聪明地对臣下道：“昭、桂、连、贺本属湖南，北军要取就取去，我知道他们不会再南下了。”但十二月，潘美又进至韶州(今广东韶关市)。韶州是岭南门户，刘鋹听到韶州失落的消息才感到事情严重，下令修造番禺城壕，选将防守。不过，这时连一个合适的将领也选不出了。宫女梁氏向刘鋹推荐其养子郭崇岳，被刘鋹任为招讨使。但郭崇岳无勇无谋，只会祈求鬼神保佑。次年二月，宋军逼近番禺，刘鋹将珠宝财物装上十余只大船，想出海外逃，结果被宦官乐范与一部分卫兵先行把船盗走。刘鋹无奈，只得素服出降，被送至开封。

刘鋹在开封久了，倒也乐不思蜀，宋太宗伐北汉前夕，召群臣及刘鋹等投降的君主宴饮，刘鋹对太宗道：“朝廷威灵赫赫，四方刘鋹伪之主，今日都在坐中，明日平定太原，刘继元又至，臣率先来朝，请陛下封我作诸国降王长。”引得哄堂大笑。太宗进封他为卫国公。

太平兴国五年(980)病卒于开封，时年39岁。谥号“后主”。

刘鋹宫廷生活秘闻

每用大臣先必阉

公元958年8月，刘晟去世。其子刘鋹继位，是为南汉后主。

刘鋹，原名刘继业，系刘晟长子。曾被封为卫王。继位时年仅16岁。可不能小看了这个小后主，他与南唐后主李煜、后蜀后主孟昶等人相比，在胡作非为方面有过之而无不及。

还是在刘鋹的父亲刘晟执政之时，南汉国就是一个胡闹王朝。刘晟，因为诸弟有贤名，而想方设法一个一个地将他们诛杀殆尽，然后把他们的女儿全部掳去“以充后宫”。刘晟还亲信宦官，宠任宫女，特设“女侍中”一职，命年轻貌美的宫女卢琼仙、黄琼芝等人充任。他有一句名言，叫做“只要我身免祸患，就是幸事，还管他什么子孙不子孙！”

作为刘晟的儿子，刘鋹真是酷肖其父，可以说是有过之而无不及。

史书上说他“尤愚。以谓群臣皆自有家室，顾子孙不能尽忠，惟宦官亲近可任。”因而，只宠信宦官。然而皇宫中原有的宦官人数毕竟有限，而且这些太监们往往很小就进入宫中，四堵高墙、一面蓝天的宫中生活限制了他们的视野，缺乏文化素养，无暇读书则在一定程度上阻滞了他们的智力。因而，为了维持一个王朝的正常运转，不能把每一个官职都交给那些名副其实的太监。这样，矛盾就出来了。因为不把官职给太监，只能给文武群臣（女侍中一职已被刘鋹取消）。可这些不是太监的人，在刘鋹看来，是大大地不可靠。因为每个人都有老婆孩子，在处理国与家的关系时，往往是先家后国，甚而至于，只要家不顾国，怎么办呢？

为了解决这个矛盾，刘鋹想了良久，他终于想出了一个主意。因为这个主意太过于令人难堪，因此，一时之间他还迟迟不敢公然宣布实施。

很快，刘鋹在东宫居太子之位时的老师进宫与他闲谈，说到武则天执政时专以威立国，聘官之制极滥，而责官之制极严，凡有小过失者皆杀之，但见利忘杀的想当官者却仍大有人在，说到这里，刘鋹的那位老师叹息着说：

“唉，一门心思想当官的人就是记吃不记打啊！只要有官可做，叫他们干什么都行。”

说者无心，听者有意。刘鋹暗自点了点头，说：“有了，就这么做！”

不久，他就命人颁布了新的任官铨选条法。其中第一条第一款是：

自今以后，凡有由进士及第而欲登朝臣之列者先必自阉，倘自阉无着，而又极欲得官者，由朝廷代为阉之。

诏书颁布之后，舆论为之大哗，有许多朝臣极力反对这一空前绝后的任官创举。

一位言官在奏章中写道：

自从盘古开天地，三皇五帝以至如今，未闻有如此铨选条例，倘此令一出，定会使可为朝廷所用之材望魏阙而止步矣！请为祖宗社稷，三思而后行，收回成命。

刘鋹见了奏章，颇不以为然。他轻蔑地说：

“可恶！言官可恶！只要有官做，像前朝武则天那样以杀头相警尚有人踊跃前往，区区阉割，而竟得执笏板，登庙堂，做高官，何乐而不为？又何苦之有？”

说完，将那些反对此举的奏章统统付之一炬。

据说，诏令颁行之后，适逢一次进士考试结束，名居榜首的状元郎闻阉而走。刘鋹恰从宦官口中得知此人才高八斗，学富五车，因而，必欲用之充任高官而后快。见他惧阉而逃，大怒。手下人奏报，该人可能逃回家中，因其已经娶妻生子。

刘鋹听了，立即命人快马加鞭赶至状元府第。到了那里，果然一找一个准，状元郎以不愿做官，只求不做阉人相求。如狼似虎的差人听了之后呵斥道：

“真是读书读得昏了头。是命重要还是你那个传宗接代的玩意儿重要？你已娶妻生子了！该尝的滋味已经尝过了，是不是？皇帝不过是要割掉你的‘那活儿’，然后就赏你一个大大的官来当，这是许多人连做梦都在想的美事。你不思谢主龙恩，反倒婉辞不就，难道你真个是活得不耐烦了吗？”

状元一看，没有其他办法，为了保住性命，只得答应下来。不过，他叩头顿首，恳求钦差宽限几日，以便他能够与妻妾再享受一下正常人的乐趣。差役们做好做歹地答应了，但只给了他三日的宽限。

三天三夜过去了。第四日一大早，一直奉命守候在状元府第旁边的官差们搭起了一座“蚕室”（专为阉割人的生殖器而设），把那个才华横溢的状元郎给阉割了。

独占车马轻裘

刘鋹这个人，有许多“特立独行”之处。在他所处的那个时代，封建帝王们常以“车马轻裘与臣子共”来自我标榜，而大采民女以充后宫，秘不示人。刘鋹呢，偏偏反其道以行之。在他看来，“天下国家，本同一理”，换言之，国是他的家，家也就是他的国。家庭里边食用长者居先，国里边也是如此。因此，做他的臣子，必须将车马轻裘等东西交给他独用，而偏偏那些“薄命红颜”，他才乐与臣民共享。这种行为确实有些“大逆不道”。

其实，对金银财宝的追求，乃是南汉小朝廷历代君王的一项“传家宝”。刘鋹的父亲刘晟就曾先后几次派人“以兵入海，掠商人金帛作南宫”，先后营造起南宫、大明宫、昌华宫、甘泉宫、玩华宫、秀华宫、玉清宫、太微宫等数百座宫殿。刘鋹继位后更是变本加厉地穷奢极欲，先后几次颁布诏书，昭告民间，任何人不得轻易乘坐驷马高车。又引证《孟子·梁惠王》中的话，胡说什么古时候人不到死前不衣帛，因而，最好全国臣民都着芒履、衣布衣。那么，那些丝织品产出来怎么办呢？一句话，归皇帝本人享用。

对财物吝啬，而对后宫佳丽，也就是他广义上的“妻妾”，刘鋹可相当地大方。原来，刘鋹这个人不仅本身喜淫、善淫，而且喜欢观人淫。

史书上说他“好观人交，选恶少年，配以雏宫人，就后园褫衣，使露而偶。”

上有所好，下必行焉。“楚王好细腰，宫中皆饿死”。当权者喜欢坐什么轿子，就会有什么样的轿夫。

很快，亲信宦官许彦真就派人从海上掳一名波斯女子。这个女子，据说因“丰腴而慧艳”，因而与山清水秀的中国江南所产的女子不同，富有异国风味。为了讨得皇帝的欢心，许彦真派人广搜房中术。经过一番加工、筛选，择其要者传授给这名波斯女子。经过一番训练之后，这位来自波斯的娇姬果然变得与众不同，且有“拿手好戏”。许彦真将她进献给刘鋹，一试之后，大得刘鋹的欢心。

不久，刘鋹亲自降旨，赐这名波斯女子一个美称：“媚猪”。自此以后，真是食则相陪，寝则相伴。

当然了，说刘鋹宠幸“媚猪”根本不是说他那“好观人交”的老毛病会有所收敛。实际上恰恰相反，自“媚猪”进宫以后，刘鋹的日常生活中又添了一个新“节

目”，叫做“扶媚猪巡行”，干什么呢？

史书上说“鋹扶媚猪巡行，观男女交接之势，号曰大体双。见女子号叫畏避，则大喜；见男子势弱，则鞭之。”

在刘鋹的启发诱导之下，南汉王朝如春秋时的郑国、卫国，淫风大盛。连为刘鋹所宠幸的“媚猪”也有些春心荡漾起来。善于观察女人心理的刘鋹，发现了这一点，他不仅没有责怪他这位“外国老婆”，反倒下令征集民间身长貌美的“有某种特殊才能”的青年男子，以备急需。负责征集工作的官员不解主子此举的用意，刘鋹说是用他们来与“媚猪”搞“大体双”。左右的人听了，一个个目瞪口呆：“媚猪”可是皇帝最宠爱的人啊！怎么……

就在他们惊诧之际，刘鋹接着又说出了一番话，使得他们个个都怀疑是不是自己的耳朵出了毛病。

刘鋹说：

“古代，山阴公主有面首30，千古传为美谈。识者皆谓山阴公主之弟，刘宋前废帝刘子业有荐“贤”之美名。我今天与“媚猪”亲如一体，情过兄妹，替她择几个貌美儿郎，权且充做“面首”有何不可呢？”

他是皇帝，“媚猪”是他的老婆。他愿意找人来让自己戴“绿帽子”，还会有谁冒傻气说不可以呢？于是，刘鋹于昏庸荒淫之外又多了一顶“绿帽子”。以皇帝的身份，而捞一顶“绿帽子”——而且还是出自自愿，这大概也可以算做“千古一绝”吧！

女巫为帝，自立太子

倘说刘鋹对他父亲刘晟的所作所为酷肖已极，因而达到了萧规曹随的地步，这实在有些有失公允。事实上，刘鋹在继位后不久，就进行了一次“改革”。

这次“改革”是围绕“女侍中”这一官职的保存与否展开的。有许多老臣以为“侍中”前边冠以一“女”字，尽管有些不雅，但毕竟系先帝亲口所定，因而，最好因袭而保存之。刘鋹呢，对这部分平日里对他的胡闹行为常持反对态度的老臣们，很不“感冒”，于是，根本不把他们的话放在心上。但他一时半会儿也想不出别的主意来。因为在他的心目中，最可靠的人有两种：一种是阉割过了的男人，另一种则是不须阉割的女人。“女侍中”的名号可以废除，可总得找个女人来帮他理政啊。

真是想瞌睡，就有人给送枕头。立即，亲信宦官陈延寿向刘鋹奏报说，最近他遇见了一个女高人，文能安邦，武能定国，且能呼风唤雨，撒豆成兵，真的是法力无边，才能无比。

“快与朕宣来！”刘鋹争不可待地说。

“陛下，‘宣来’一语，恐怕有些唐突佳人。想过去，刘玄德三顾茅庐，要请的不过是一个诸葛亮。而我们今天所面对的人，其才其能远过于诸葛，您看，‘宣’她来，她能肯屈尊吗？”

“依你之见？”

“陛下可备下法驾，亲自前往。”

“好，就依你。我倒要看看她有多大道行。”

见面之后，那个名叫“樊胡子”的女巫给刘鋹玩了几手小魔术，在这方面见识

如井底之蛙的刘鋹马上就信以为真了。加上陈延寿等人不遗余力地吹嘘，刘鋹当场拍板，以王者贵宾之礼将樊胡子请入宫中。

以后，这个名叫樊胡子的女巫又歪打正着地“预测”了几次祸变。特别是大宝七年（公元963年），她大大地露了一次脸。其时，已经统一了大半个中国的北宋王朝派兵攻打南汉。走投无路的刘鋹问计于樊胡子。樊胡子装神弄鬼搬弄着手指头，算了半天之后摇头晃脑地说：“不必急，不必慌，我朝大军不可挡，北方蛮子势不长！”正赶上北宋大军因粮草不济，加之南汉队伍内部有员名叫邵廷鋗的大将善于用兵，用守战之计，迫使远道而来的宋军无功而还。这本应算是前方将士的战功，但刘鋹却全把它归之为樊胡子的“神力”。自兹以后，樊胡子更以半人半仙自居，刘鋹对她的宠信也日胜一日，最后竟将皇帝的尊号让给了她，而自己称“太子皇帝”（详参《新五代史》）。

每次朝会时，刘鋹坐在前殿，而樊胡子则“冠远游冠，衣紫霞裾”，坐在刘鋹身后的帐幄之中。因“女侍中”封号之撤而失宠的卢琼仙等人见有机可乘，转而走樊胡子的门路。

大大地敲了卢琼仙等人一笔钱财之后，樊胡子假作玉皇大帝附体，派人请来了刘鋹，对他说道：

“玉皇谕太子皇帝，卢琼仙等均系上天使来佐尔治理尔国者。彼等若有罪，可由上天责罚，尔不得过问。”

信以为真的刘鋹果然诺诺连声。

玉皇大帝是诸神之帝，代替他降临下界的樊胡子又有半仙之体，又加上卢琼仙这些“上天派来”的王佐之才，南汉国自然就不再需要什么太子皇帝了，因而，刘鋹也就不再需要做什么太子皇帝了，也就日渐一日地“太子”起来。

他不揽权有人揽权。南汉小朝廷内部的一班佞臣如许彦真、龚澄枢、陈延寿、卢琼仙借刘鋹不理国政之机与樊胡子相勾结，狼狈为奸，把个好端端的江山弄得乱成一团。尚书左丞相钟允章因上书反对他们而被下狱，以莫须有的罪名诛杀。

吴越武肃王钱镠

武肃王钱镠

钱镠是吴越国的创建者，字具美（一作巨美），杭州临安（今属浙江）人。唐大中六年生(852)，后唐长兴三年卒(932)。终年81岁。

唐大中六年(852)二月十六日，钱镠出生在家乡临安（今浙江杭州）临水里。出生之时，父亲钱宽正在他处，邻居奔来相告，称其家中传出兵甲马嘶声，乱成一团，钱宽认为这是不祥之兆，赶回家后，抱起他就要扔往井中，被祖母苦苦拉下。就这样，得了婆留喜一名。

钱镠成人后，无赖泼皮，从不安心农作，而是舞枪弄槊，贩卖私盐。这时正是唐僖宗时代，政治腐败，民不聊生，各地动荡不已。他24岁那年，被石镜（今浙江临安东南）镇将董昌招为乡兵，后任偏将，参与镇压周围的农民起义，黄巢起义军南下闽、广途中也曾被他迎击。黄巢军攻入长安后，天下大乱。董昌被淮南节度使高骈荐为杭州刺史，他也被擢升为杭州都知兵马使，统帅杭州所属八都兵，掌握了杭州兵权。

景福二年(893)二月，董昌见唐朝廷已无力控制局势，各地藩镇公开割据，在左右的蛊惑下，自称皇帝，国号大越。

钱镠得知董昌称帝的消息后，十分高兴，心想此时出兵越州算是师出有名了。劝董昌"与其闭门作天子，岂若开门作节度使"，意在劝降。董昌不理，钱镠一面向唐廷报告董昌叛乱，一面率兵进逼越州城下，围城至次年五月，钱镠大军攻入州城。平越州后，钱镠拥有了浙东与浙西，奠定了吴越国的基本范围。

天祐四年(907)朱全忠代唐称帝，建梁朝，封钱镠为吴越王，后又改封为吴越国王。当上了吴越国主之后，钱镠知道自己地少国弱，南有闽，北、西有吴，虎视他这个蕞尔小国。为了牵制这两个敌国，他始终采取"交远协近"的战略：向后梁、后唐称臣纳贡，陆路不通就走海路。

纳贡需要物，称臣需要钱。钱镠自己自然拿不出这么多的钱和物。（据《吴越备史》记载：钱镠性极俭"衣衾用油布，寝帐坏，文穆夫欲易以青缯，镠不许"。）没别的法子，只有伸手向老百姓要。除田赋、市租、山林、川泽等税以外，甚至一度连蛋、鱼、鸡也征税。一时间弄得老百姓怨声载道。

钱镠听了却丝毫不为所动。他有一句名言，叫做"用汗水代血水，以钱财换平安"。意思是说他向老百姓征税实际上还是替老百姓着想。倘无后梁、后唐等小朝廷因受他的贡奉而对他施以道义上的支持，他的臣民们就要饱受战乱之苦。为了使那些拿不出钱与物的老百姓们能够拿出钱物，钱镠又想出个"以工代贡"的主意。

原来，吴越国都在杭州。杭州城处在钱塘江的入海处。每逢初一、十五朔望

日，常有海潮连天而起，直逼州城，卷走人畜房屋。钱镠下令征集那些无钱无物进贡的老百姓凿石筑堤，以防海潮海浪伤人。因为工程十分浩大，日久天长，有些人就有意见了。

一天早晨，手下人来报，说在王府外面的墙上发现了一首反诗。

“反诗？”

“回大王，的确是语涉大不敬！”

“有这么严重？说来我听听！”

“是。回大王，这墙上写的是‘服劳役，没了期，侵晨起，抵暮归’！”

“真是‘民可使由之，不可使知之！’不服劳役，如何‘以工代贡’，不进贡，靠什么牵制吴国与闽国，他们来攻，谁流血？难道是为了我一个人吗？”说到这里，钱镠不禁有些愤愤然了。他有些意气用事地说：“去，替我在那首歪诗后面续上几句，也替我讲点道理给他们。”

次日，往来于王府外面路上的行人在那首打油诗的后面又看到了用同样的字体书写的两句续诗：“没了期，春衣才罢又冬衣。”

为了进一步盘剥百姓，钱镠规定，杭州西湖四周的渔民每天须交纳新鲜湖鱼数斤，以供他及他的家属食用。因他所居之处系他做节度使时的宅邸，因而赋予这项额外的苛捐杂税以一个很好听的名目叫做“使宅鱼”。钱镠要求这些进贡的鱼必须是在 2 斤上下，鲜美活肥，而且必须是鳜鱼。鳜鱼？为什么必得是鳜鱼？原来，这里有一个典故。

在当上了吴越国主以后，钱镠颇乐于附庸风雅，喜爱其时刚刚兴起不久的“诗之余”(亦即今天我们通常所说的“词”)。当时的词坛还不像宋代那样群芳竞发。屈指可数的词人中以张志和最为钱镠所喜爱。张志和有一首传世之作，其中有一句叫做“桃花流水鳜鱼肥”，最为钱镠所称道，正因如此，钱镠在向老百姓征鱼时点名要的就是鳜鱼。

但是，鳜鱼可不是每天都能捕到的。为了应差，渔民们只好把已经捕到的其他种类的鱼卖掉，然后再去市场买钱镠所喜爱的鳜鱼。本已水深火热的西湖地区渔民一个个叫苦连天。

有一班公忠体国的大臣认为钱镠此举很不得人心，想劝谏又怕不被采纳。思来想去，他们想起一个人来。谁呀？罗隐。

罗隐，字昭谏，乃是当时和后世都享有盛名的文学家(鲁迅对他的小品文极为称道)。为避中原战乱，当时他移家吴越，任钱镠统治下的钱塘县的县令。

“罗隐？他一个小小的七品县令成吗？”一个老年武将诧异地问。他一直在前线为钱镠效命，近些年来与钱镠接触很少，是以提出了疑问。

“有什么不可以？”一个经常与钱镠接触的老臣说：“要知道，罗隐虽然只是一个小小的县令，但他的诗文却享有盛名，是个大大有名的文人。咱们大王现在偃武修文，和那班文人墨客热乎着呢！”

“可据我所知,大王原来是很看不起那些读书人的。记得还是在董昌将军麾下的时候,他就亲手杀过两个穷酸文人!”说到这里,这员武将自觉失言,倏地一下子打住了话头。

可是,他犯了一个大忌,触动了钱镠的一桩很不光彩的往事。

那还是在刚刚当上董昌手下的大将以后不久,有一个名叫江遂的文人去见董昌。因为对钱镠没有表示过分的尊敬,钱镠就亲自命令将这个才华横溢、小有名气的诗人杀死,然后投到钱塘江中,时人为之耸动。几个月以后,江遂的一位好友作了一首打油诗,诗中有“一条江水槛前流,流到临安断了头”的话。钱镠见了,暴跳如雷,以为是讽刺自己滥杀无辜(钱镠家居临安,古人好以地代人),立即命人将江遂的好友也捉来杀死。

由于这两件事干得都很不光彩,事发以后钱镠手下的人一直不敢说。今天,见有人把它给“捅”出来了,在场的人不由得一个个都很紧张。这时,一个一直在旁边没有说话的老臣出来打圆场说:“算了!算了!把那个罗隐找来,把我们的意思跟他说说不就得了。能办则办,不能干也不必勉强,我们何必在此作无益之争呢?!”

争论的双方就坡下驴,第二天请来了罗隐。把事情挑明之后,这位一向倨傲的才子竟没有一口回绝,他没有说行,也没有说不行,只是答以尽力而为。

由于有人从中斡旋,第二天,罗隐就找到了一个进宫陛见的机会。

事情是这样,钱镠最近新得了一幅古画,题为《蟠溪垂钓图》,画上画的是姜太公吕望蟠溪垂钓(即俗话所传的“直钩钓鱼”)的故事。钱镠听了说这幅画好,他想何不锦上添花呢?于是派人宣来了罗隐,想让大名鼎鼎的诗人给古画题上一首诗。

这类事情,过去罗隐是能推则推的。可今天他答应得竟很爽快,而且“七步成诗”,当场口占一绝云:

吕望当年殿庙漠,直钩钓国更何如?

若叫生在西湖上,也是须供使宅鱼!

诗成,书之于纸。钱镠见了,沉吟半晌,开怀大笑,说道:“罗先生用心良苦,令朕感动,连姜太公都害怕交纳‘使宅鱼’,看来,我得把这一项税收免了。”

当即传旨,免去“使宅鱼”的交纳。

钱镠宫廷生活秘闻

“警枕”之秘

钱镠自少年从军以来,他在军中的夜晚几乎不睡觉,困倦极了就枕着圆木小枕或大铜铃躺一会儿,睡熟后脑袋便滑落下来,于是马上惊醒,称之为“警枕”。他将沙盘放在卧室内,一想起什么就马上写在沙盘中,一直到老都是如此。有时

睡得正香，外面来了禀报军情政事的人，侍女便按照他预先的吩咐抖动纸张，他立即就会惊醒。夜里时常用弹弓将铜丸射到楼墙外面，以警告值班的侍卫不要偷懒睡觉。钱镠曾经微服私行，深夜敲响北城城门，请求入城，守门的官吏却按规定不肯开门，并说："就是大王来了，也不会开门。"他只好从别的城门进城。第二天，召来守卫北门的官吏大加赏赐。后唐明宗天成元年三月，吴越王钱镠患了重病。吴国丞相徐温派使臣来表示慰问，左右的人都劝他不要接见使臣。钱镠却说："徐温阴险狡诈，名义上是派人来慰问，实际上是来探听我病情的轻重虚实。"于是强撑病体出去会见吴国使臣。

修改歌谣秘闻

天宝三年，钱镠调集大批士兵扩建杭州城，大建亭台楼馆，修筑内城，内城南门称通越门，北门称只门。此后杭州以富庶繁华名冠东南。有人夜晚在王府门上写了一首歌谣："无止期，无止期，修城才完又挖池！"钱镠出门时看见了，就命人把字词改动了一下：

"无止期，无止期，春衣才发又发冬衣。"士兵们了解后，怨愤之情就平息了。吴越王钱镠在日常生活上务求节俭，有的衣服、被子只用细布制成，平常吃饭只用瓷器和漆器；寝帐破旧了，儿媳恭穆夫人马氏要给他换顶青丝帐，他执意不肯。曾经在除夕夜与儿孙们聚在一起弹琴作乐，但刚弹了几首曲子，就突然停下来说："听到琴声的人会以为我是在通宵达旦地饮酒作乐呢。"……当时中原地区正值多事之秋，于是，西川王氏、广陵杨氏、南海刘氏、长溪王氏，各据四川、江淮、岭南、福建自立为帝，建立了蜀、吴、汉、闽四国。他们或者与吴越王钱镠结为儿女亲家，或者派使者向他问候致意，都送来龙袍、玉册劝他自立为帝，吴越王嘲笑道："这帮家伙自己坐在炭火上，还想让我也坐上去吗？"对此一概谢绝不收。虽然如此，这几国的君主却仍将他奉作父兄一般。

宋太祖赵匡胤

后周恭帝显德七年（公元960年）正月初四，在东京城（今河南开封市）东北四十五里外，有一个不大的驿站，名叫陈桥驿（今封丘陈桥）。当时，这个小小的驿站竟驻扎着数10万人马。大军帐外竖着一杆认军旗，旗上写着“殿前都点检（禁军中的最高统帅）赵”。大帐内军中主将正在鼾睡，黎明时分，一群兵将穿着铠甲，拿着兵器拥到门外。正在鼾睡的主将被人摇醒，还不知道是怎么回事，便被架了起来，推在一张大椅子上，然后不容分说，便把一件早已准备好的黄袍披在他身上。大伙跪倒磕了几个头，高呼“万岁”。这就是我国历史上发生的“陈桥兵变，黄袍加身”的历史事件。而这位被“强迫”推为皇帝的将领就是北宋的开国皇帝赵匡胤。

代周称帝

赵匡胤出生于后唐明宗天成二年（公元927年）二月十六日。他祖上原是涿郡（今河北涿县）人，后唐王朝建立时，他们举家迁往洛阳，赵匡胤就生在洛阳的夹马营。后晋王朝建立时，他们全家又随着新王朝移居东京。在他的成长过程中，后晋被契丹灭亡，河东节度使刘智远趁机当了皇帝，建立了后汉。这一段时期，在历史上被称为五代十国，是一个大动乱、大分化的时代，劳动人民处于水深火热之中。民族要求和平统一，民族希望安居乐业。赵匡胤受家庭和社会风尚的影响，从小就弃文习武，而且从小就有很远大的志向。青年时代他就写过一首言志的咏日诗：“欲出未出光辣达，千山万水如火发。须臾走向天上来，赶却残星赶却月。”表明他早有“赶却残星赶却月”，扫除大小割据势力的雄心壮志。

赵匡胤20岁那年，他毅然辞别父母妻子，离开东京，一路西行，希望能找到一个伸展抱负的地方。他到过陕西、甘肃等地，不仅没找到伸展抱负的机会，甚至连生活也成了问题。没办法，只好又转身东行。两三年艰苦的流浪生活使他意识到：光靠一个人的力量是不行的。要想成大事，必须先投靠一个有势力的特别是一个有兵权的人。于是他便南下，首先到复州（今湖北沔阳县西南），想投在防御使王彦超的麾下，但王彦超并没收留他。他便又转投刺史董宗本，董宗本倒是收留了他，但董宗本的儿子却不容他，赵匡胤无法再呆下去，只得离去。最后他投到枢密使郭威手下，当了一名偏将。由于他武艺精湛娴熟，又通兵法，受到郭威的赏识。乾祐四年（公元951年），郭威被部下拥立为皇帝，在拥立过程中，赵匡胤也出了不少力。所以，在郭威建立后周王朝之后，赵匡胤便成了后周禁卫军的军官。郭威死后，他的养子柴荣继位。柴荣是个很能干的君主，他继续推行郭威的政治改革，并采取了一些恢复生产的措施。军事上，他统一了关中地区和淮河流域，后又亲自北伐契丹，收复了一些地区，为统一打下了基础。

公元954年，北汉联合辽国（即契丹）进攻后周，赵匡胤也随柴荣出征，与汉辽联军交战于高平（今山西晋城县东北），周将范爱能、何徽，竟一触即溃，争相南逃。形势万分危急，在这紧急关头，赵匡胤非常镇定，对张承德说：“将军麾下多善左射，请为左翼，我则从右翼包抄。敌气轻狂，全力死战必能破敌！”说罢拍马上前，当先冲入敌阵。北汉军队大吃一惊，阵容顿时混乱起来，张永德的射手们

也抓住时机，箭如飞蝗般射向敌阵。敌人骑兵中箭栽下马来，惊马又践踏了步兵，乱作一团。而周军受到赵匡胤的鼓舞，士气大振，人人奋力厮杀，终于大获全胜。高平之战，反败为胜，成为我国历史上一个著名的以少胜多的战例。赵匡胤由于在战斗中的出色表现，受到了周世宗柴荣的器重，并给他记了大功一次。以后一系列的南讨北伐，柴荣总把他带在身边。在那些战争中，赵匡胤也立下了不少功劳，后被提拔为殿前都督侯（皇帝亲军的高级长官）。从此，赵匡胤开始掌管后周的军事大权，开始实现他那"赶却残星赶却月"的雄心壮志。

显德六年，柴荣率领大军北攻契丹。此次亲征，赵匡胤一直随驾左右。契丹宁州（今甘肃宁县）、益津关（今河北霸县）守将都相继归降，后周军队直抵幽州大门瓦桥关。瓦桥关守将姚内斌也城破归降，但就在马上要攻取幽州的时候，柴荣忽然病倒，大军只得停止进攻，返回东京。

回到东京之后，柴荣的病是一天比一天重，当时他的儿子还只有七岁。为了使柴氏江山千秋万代传下去，他在死前对身后政事进行了一番精心部署。当时的禁军由殿前都点检统一指挥，担任这一职务的是张永德。张永德虽然也屡立战功，但他是郭威的女婿，为人既骄横，又有"点检为天子"的传说，柴荣怕自己死后他不听约束，所以决定把他换掉，交由他最信得过的平时对他最忠实的赵匡胤担任。于是，赵匡胤就完全掌握了后周的军事大权。

公元959年柴荣病死，他7岁的儿子柴宗训继位。当时兼任宋州（现在河南省商丘县南）归德军节度使、防守都城汴京（今河南省开封市）的赵匡胤和他的弟弟赵匡义、幕僚赵普等人，看到柴宗训年幼无能，就秘密筹划准备夺取皇位。

公元960年春天，后周的君臣正在庆贺新年，在赵匡胤的指使下，镇州和定州（现在河北省的正定县和定县）有人到开封谎报军情，说北汉和辽国的军队联合南下，声势很大。后周的宰相范质和王溥等人，不辨真假，急忙派赵匡胤带领大军，前去抵抗。赵匡胤率军队走到陈桥驿便停了下来。在他的导演之下，发生了开头的那一幕，即"陈桥兵变"。

被"黄袍加身"的赵匡胤开始还假意推让一番，众将哪里肯答应？于是，赵匡胤乘机说："你们贪图富贵，立我为天子，我发出号令，你们能听从吗？""愿听命！"大家异口同声地回答。赵匡胤又说："皇帝和太后，都是我侍奉过的，朝廷中的大臣，你们都不能欺侮冒犯。近年来皇帝一上台，进了京城就放纵士兵抢劫。你们不能这样做。凡是听从我命令的，以后必有重赏；违反命令的，一律严办。"

接着，赵匡胤带领大军，掉转马头，回到了开封。开封居民早已听到政变的风声，见赵匡胤的大军去了又来，非常惊慌。直到听人说赵匡胤在陈桥军前的讲话，又看到巡逻的士兵处死乘机抢劫的歹徒，才安下心来。京城秩序也恢复了正常。

后周的宰相范质、王溥，被将士拥到赵匡胤那里。赵匡胤脱下黄袍，假惺惺地哭着对范质、王溥说："我受周世宗的厚恩，今日被将士们逼迫，做出这样的事，真是惭愧，叫我怎么办呢？"范质刚要说话，赵匡胤的部下罗彦环按剑上前，大声喝道："我们今天一定要立点检为天子！"赵匡胤假意喝道："还不退下！"罗彦环却按剑不动，吓得范质、王溥脸色都变了。于是王溥赶紧退到台阶下，伏身下拜。范质也只好跟着下拜，口呼"万岁"。如果周世宗柴荣在天有灵，知道这一切，一定会觉得自己真是枉费心机，悔不当初的！

正月初五下午，赵匡胤举行做皇帝的仪式。崇元殿上，聚集了文武百官。一位官员拿着事先以柴宗训为名义写的诏书，宣布把皇位禅让给赵匡胤。赵匡胤正式登上了皇位，接受群臣的拜贺。由于担任过宋州归德军节度使，因此，他把国号定为“宋”，仍旧把开封作都城。历史上将其称为“北宋”，赵匡胤是宋太祖。

为了尽可能消除后周旧臣宿将结盟反叛，对后周将官赵匡胤一概留用，给予优厚待遇。同时，在暗中密切注意手握重兵的藩镇将领，预防不测。果然，宋朝建立不出三个月，昭义军节度使李筠就会师北汉大举反宋，驱兵直逼汴梁。由于早有准备，赵匡胤立即命令石守信等将帅分兵迎击。行前，他对众将面授机宜，说：“你们马上率兵马控制关隘，千万不要让李筠兵进太行，这样，必能破敌。”这一招可谓老谋深算，若李筠西下太行，据河洛之险，控关中粮道，就会形成“东向而争天下”的局面，宋朝将捉襟见肘，自身难保。宋太祖这一部署，反映了他确有深远的战略目光，先头部队出发不久，赵匡胤下诏亲征，率军穿越险峻多石的山路奔赴驿州前线，迅速平定了李筠之乱。

淮南节度使李重进是周太祖郭威的外甥，世宗时与赵匡胤分掌内外兵权。赵匡胤代周称帝，李重进心中忿然。李筠起兵后，李重进派翟守纂暗中去联络，准备合击宋朝。不料，翟守纂是赵匡胤安排在他身边的亲信。他立即潜行到京，向赵匡胤做了密报，赵匡胤下令：“你要想办法说服李重进不要马上起兵，避免他和李筠联合，以免分散我的兵力。”翟守纂回到扬州，一番花言巧语，骗得李重进果然相信，按兵不动。这样，赵匡胤得以集中兵力对付李筠。等到李筠战败，李重进想举兵时，赵匡胤已腾出空来，下诏亲征，迅速攻克了扬州，走投无路的李重进只落得个自焚身亡。

赵匡胤一年内两次亲征的胜利，基本解决了新王朝与旧王朝残余势力之间的矛盾，但他并未因此而感到心安，相反，他更时时刻刻感到另一种潜在的威胁。

杯酒释兵权

赵匡胤当上皇帝以后，大封功臣。后周将领慕容延钊，因为拥护宋朝，升任殿前都点检。领兵守卫北边的韩令坤，当了侍卫马步军都指挥使。石守信当了侍卫马步军副都指挥使。这些都是统率禁军（宋朝军队的主力）的高级官职，他们掌握了军事大权。

平定了李筠、李重进的叛乱之后，赵匡胤并没有满足于安定的局面。他反复思考着一个问题：怎样才能确保他的统治？于是他问大臣赵普：“自从唐末以来，几十年中间，帝王换了好几个姓，篡位之事频繁，变乱不停，原因到底在哪？我想让天下停止战乱，使国家长治久安，究竟应该怎么办？”赵普回答说：“这是由于藩镇势力太大，君弱臣强。如果夺他们的权力，控制他们的钱粮，收他们的精兵……”不等赵普说完，赵匡胤马上说：“你不用再讲，我已经明白了。”

于是，公元 961 年，宋太祖赵匡胤下令罢免了慕容延钊、韩令坤统领禁军的兵权，派他们两人到外地当节度使，从此，不再设立统领禁军的殿前都点检。

禁军将领石守信，因为拥立有功，宋太祖没有立即罢免他。就在那年秋天的一个晚上，赵匡胤约请石守信等一批将领饮酒。他乘着酒兴对众将说：“我没有

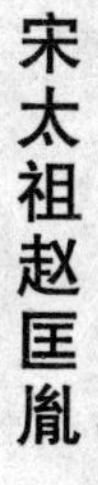

你们,不会有今天。然而当天子太艰难了,还不如当节度使快乐,我没有哪天敢睡安稳觉!”众将忙问其缘故,赵匡胤叹着气说:“原因不难知道,这皇位谁不想坐上几天?”石守信等听出话中有话,便说:“如今天命已定,谁还敢有其他想法?”赵匡胤沉吟说:“你们虽然没有其他想法,但是,如果有朝一日你们的部下贪图富贵,也把黄袍披到你们的身上,你们即使不想做,恐怕也不行了。”石守信等大吃一惊,个个吓得涕泪双流,连连磕头说:“我们实在太笨,想不到这一点,请陛下指给我们一条生路。”宋太祖意味深长地说:“一个人的寿命非常短促,贪图富贵的人,不过想多积攒些金银,享福安乐,使子孙不会穷罢了。我为你们打算,不如交出兵权,到地方上做官,购置些好的田地房屋,为子孙留些产业,再多买一些歌妓舞女,天天饮酒作乐,过一辈子。我再和你们联婚,君臣之间没有猜疑,上下相安,难道不好吗?”这番话既是劝告,又是警告。石守信等人一听,赶忙向宋太祖叩头谢恩。第二天,石守信等人都推说有病,不去上朝,请求辞去军职。赵匡胤十分高兴,对他们假意安慰一番,赏赐大量财物,解除了他们统领禁军的兵权,派到地方上做节度使,但是已经没有实权了。这就是历史上著名的“杯酒释兵权”。

此后,宋太祖麻利地进行了一系列改革。当时军队主要分为禁军和厢军:厢军是各州的地方军,禁军是用来“守京师,备征战”的中央军。“杯酒释兵权”之后,赵匡胤取消了正副殿前都点检,改设侍卫马军、步军两司和殿前司,分统禁军,鼎足而立,互不统属,分别听命于皇帝。另设枢密院,掌握军队调动权,枢密院、三司又互相牵制,皇帝高高在上,对他们操纵自如。

接着,他又实行了“内外相制”的策略削弱藩镇的实力和实权(包括兵权、政权和财权)。他把一半禁军留驻京师,一半驻屯各州府,通过这种办法控制全国,防止变乱。为保持禁军对厢军的绝对优势,常把厢军中体格健壮武艺出众者选入禁军,而把禁军中的病弱者退作厢兵。这样,禁军与厢军强弱分明又互相牵制。宋太祖又制定了“更戍法”,规定除了警卫皇室的殿前班外,所有禁军都要定期换防,将领经常调动,军队和将帅的调动权也归中央,使得“兵无常帅,帅无常师”。

宋太祖通过从“杯酒释兵权”开始的一系列军制改革,逐步铲除了引起社会动荡变乱的祸根,使军队完全成了皇帝得心应手的暴力工具。后来,赵匡胤把地方上的行政权和财权,也分别派人接管过来,节度使逐渐成了没有实权的官衔。宋太祖加强中央集权的措施,对于结束这种混乱局面,维护国家的统一,起了重要作用。但是,由于军队经常调动,将领又不固定,造成了“将不识兵,兵不识将”的局面。赵匡胤虽然把军权集中到中央,可是宋朝军队的战斗力却大大削弱了,边防力量也薄弱了。

“逐却残星与残月”

宋朝虽然已经建立起来,但是,原先各地的一些割据势力依然存在。北方有

契丹建立的辽国和盘踞太原的北汉；南方有南唐、吴越、后蜀、南汉、南平（荆南）等国家。在湖南和复州等地方，也还有人拥兵自立。

宋太祖做皇帝以后，就进一步考虑如何消除这些割据势力。他对赵普说："我睡不着觉，卧床以外，都是人家的地方。"于是，他跟赵普商量消灭割据势力的具体措施。当时宋朝刚刚建国，禁军不足 20 万人，以步兵为主；辽国却有 50 余万人，以剽悍的骑兵为主；北汉、南唐、后蜀的兵力也不弱。面对这种形势，正确的战略就成了克敌制胜的决定性因素。赵国胤与赵普的"先南后北"的统一战略不谋而合。因为南方各国兵力相对薄弱而经济比较富裕，这是"先南后北"战略的基本依据。若先收复太原（指北汉），宋朝则要独自承担辽国的压力，况且待削平南方各国之后，实力会大大增强，那时再攻打太原，岂有拿不下之理？在贯彻"先南后北"战略过程中，宋太祖又采取先易后难、各个击破的具体措施。太祖选定的第一个攻击目标就是军力弱小而处长江中游要冲的荆南、湖南。

公元 962 年，割据湖南的周行逢病死了，他的儿子周保权继位。大将张文表不服周保权，起兵反抗，割据潭州（现湖南省长沙市）。周保权派人向宋朝求援，这给宋太祖提供了一个好机会。第二年初，宋太祖派慕容延钊带领大军，讨伐张文表。宋朝出兵湖南，要经过南平。南平占有现在的湖北江陵、公安一带，都城是荆州。这时候，正赶上南平国主高继勖去世，由侄子高继冲继位。南平只有 3 万军队，力量非常薄弱。慕容延钊乘高继冲没有防备，一举占领了南平。接着，慕容延钊向湖南进发。当时周保权已把张文表杀死，但无力抵抗宋军的进攻，结果战败被俘，湖南被平定了。

后蜀建都成都，占有现在的四川和陕西南部。后蜀国主孟昶非常荒淫奢侈，连尿壶都用金银珠宝装饰。大臣王昭远劝孟昶联合北汉进攻宋朝。孟昶派人送密信给北汉。不料密信被宋朝截获，赵匡胤大笑说："这一下，我出兵西讨就有理由了。"公元 961 年 11 月，赵匡胤派忠武军节度使王全斌等人带领大军，分成几路，浩浩荡荡奔向后蜀。孟昶连忙派王昭远率兵抵抗。王昭远平时爱看兵书，但是从来没有立过战功，只会纸上谈兵。他亲自带兵，三次和宋军交锋，都大败而逃，一直退到剑门。后蜀许多州县，很快落入了宋军手里。孟昶没有力量抵抗，只好投降，这样后蜀也被平定了。

南汉建都广州，占有现在的广东和广西南部。公元 970 年，宋太祖命令大将潘美带领大军征讨南汉。因为很久没有打仗了，南汉士兵们都不会打仗。潘美的军队打到广州，刘鋹把美女和金银财宝装到十几只大船上，准备入海逃跑。哪知道那些大船竟被宦官盗走了。刘鋹没有办法逃跑，就放火焚烧府车宫殿，出城投降了，南汉被平定了。

南唐建都金陵，占有现在江苏、安徽淮河以南和福建、江西、湖南、湖北东部。南唐国主李煜自知不是宋朝的对手，所以一直向宋朝纳贡。后来，李煜又自动取消南唐国号，改称江南国主，企图维持他的统治地位，可是赵匡胤还是决定除掉

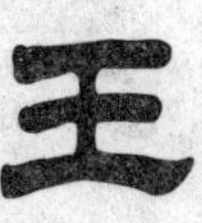

他。公元 974 年 9 月，赵匡胤命大将曹彬出征江南，宋军很快就打到了金陵。李煜是个有名的文学家，很会写词，但是不大过问政事。一天，他亲自巡城，看到城下到处都是宋军的旗帜，方才大吃一惊。他连忙派大臣徐铉到开封去见宋太祖赵匡胤。徐铉对赵匡胤说："李煜以小国侍奉大国，像儿子侍奉父亲，没有什么过失，宋朝为什么要出兵讨伐呢?"赵匡胤回答："你说父子可以分为两家吗?"这年 11 月，宋军攻进金陵，李煜投降，南唐也灭亡了。

占据现在浙江、江苏一带的吴越，也竭力向宋朝表示顺服，吴越国主钱俶不断向宋朝进贡。宋朝进军江南的时候，命令钱俶出兵援助。李煜赶紧写信给钱俶说："今天没有我，明天怎么还会有你？早晚你也是汴京一个平民罢了。"钱俶把这封信交给了宋朝，又亲自出兵攻打李煜。南唐灭亡以后，宋太祖让钱俶到开封来，钱俶连忙去朝见。过了两个月，钱俶要回杭州了。就在他动身的时候，赵匡胤送给他一个黄包袱。钱俶打开一看，里面都是宋朝大臣请求赵匡胤扣留他的奏疏。他非常恐惧，回国后又派人送去大批财物。这时候的吴越，对宋朝唯命是从，只保留着一个国号。到了宋太宗的时候，钱俶又去开封朝见，被宋太宗扣留下来，被迫献出了全部土地。

当时，只剩下留从效割据泉、漳等州。留从效死后，部将陈洪进夺取兵权，他派人向宋朝进贡，并献出了泉、漳等州土地。江南最后一个割据势力也被消灭了。

赵匡胤从公元 963 年起，只用了 10 来年的时间，就消灭了南方各地的割据势力。这一方面是因为当时人们厌恶战乱，要求统一；同时，南方和中原地区经济联系的发展，也要求消除起阻碍作用的割据政权。赵匡胤的统一事业符合人民的要求，符合客观的需要，他个人又具有相当的政治军事才能。所以，他在较短的时间内，实现了南方的统一。

高明的用兵艺术

赵匡胤一生大部分时间是在戎马生涯中渡过的。他嗜好读书，精通兵法，再与他丰富的长期实战经验结合起来，形成了他的一些独到的用兵方法。

他用兵的最大特色便是注意战前准备，不打无准备之仗。每部署一次重大战役前，他总是广纳各方献策，包括敌方投降者的意见，择优从之。为了了解敌情，他或派人侦察，或在敌营中物色内应，充分利用敌人内部矛盾，采用离间计，进行分化瓦解。如伐蜀前，赵匡胤已尽知后蜀虚实；进军南唐前，他用离间计诱使李煜杀掉了主张抗宋的林仁肇，又取了江南十九州的图纸，弄清了渡江的要道等等。由于赵匡胤正确地掌握了敌方兵力的部署，地形地物，民心向背和内心矛盾，因此能够从容地部署自己的力量，选择最有利的出击时机和行动方案。

善于出奇制胜是赵匡胤用兵的第二特色。早在高平之战以后，周世宗兵伐南唐，赵匡胤奉命进攻滁州(今安徽滁县)。南唐守将皇甫晖、姚凤以为周军会从

正面进攻，便在清流关凭险严阵以待。想不到赵匡胤率精兵绕出山后，从侧背扎向清流关。失去天险的皇甫晖等仓皇入城。赵匡胤在城下设好伏兵，亲手活捉皇甫晖、姚凤，拔滁州城。不久，他又率军进攻六合(今江苏六合)。这时，唐将齐玉正率军主力驻扎在距六合只有20余里的地方。众将求功心切，纷纷请求出击。但赵匡胤却不准，他对众人分析道："我们兵将总共也不过2000多人，倘若进攻敌人，敌人一定会知道我们的人少，对我们不利。不如等待敌人前来进攻，寻找机会消灭敌人。"果然，几天后，唐军见到周军没有动静，便向六合进发。赵匡胤伏兵突起，唐军顿时乱成一团，纷纷四散逃命。这一仗赵匡胤以2000人的军队俘虏了唐军近5000人，以劣势兵力歼灭了优势敌军的大部。

根据变化了的情况适时地调整作战部署，是宋太祖用兵的又一特色。对北汉，他本想平定南方后再行进攻。但平蜀以后，他曾一度改变战略，二次兵伐北汉。原来，这时北汉内部矛盾尖锐，刘继恩被杀，刘继元新立，是个出击的良机。公元968年8月，赵匡胤派李继勋兵进太原，因辽兵来救而还。第二年春，辽国又发生内讧，赵匡胤决定亲征北汉，宋军迅速地包围了太原城。但由于太原守军的顽强抵抗，同时契丹援军被打败两次后复来，一时之下，太原城难以拿下。赵匡胤命令将宋军占领区的北汉人户全部迁往宋境内，以绝北汉兵源粮饷，然后主动撤围。这一措施为后来宋太宗赵光义灭汉奠定了基础。因为那时的北汉已处于"一户养一兵"的困境中，刘继元无力抵御，被迫投降。

赵匡胤是一个生于乱世，雄起于行伍的封建帝王。他逐步消灭封建割据政权，解除了禁军首领和藩镇的兵权；派文官管理州郡，州郡的兵权和财权由朝廷掌握。这些措施加强并巩固了专制主义中央集权的统治，结束了分裂混战局面，统一了中国。这是顺应历史发展要求的，在历史上有一定的积极作用，对于他的功绩，人们自然会给予正确评价的。

宋太宗赵光义

太宗赵光义

拥兄自立　代兄称帝

经过多年的闯荡，赵匡胤在后周功业显赫，地位日高。比他小12岁的匡义只是一个供奉官都知，还是一个名不见经传的小人物。匡义出身于武将之家，父兄均为大将，所以他也从小学习弓马，并参加过一些战阵之事。据后来太宗自己回忆说，他16岁那年，曾跟随父亲赵弘殷南征，屯驻于扬、泰等州。他多次与敌将交锋，敌将往往被他射落于马下。赵匡胤当时驻兵在六合，听说他的弟弟这么能干，非常高兴。匡义18岁的时候，跟随周世宗和赵匡胤，攻打下瓦桥关和瀛州、莫州。其后，当时22岁的赵匡义为其兄代周自立起了重要的作用。作为当事人胞弟的赵匡义最适于出面，沟通内外，结交军士，抚定众心。匡义与赵普部署诸将领，列队包围匡胤寝所，“逼”他黄袍加身。由于赵匡义充当了前台主角，才使得蓄谋夺位的赵匡胤可以扮演一个较为超脱的角色。

因此，赵匡胤一当上皇帝，即任命匡义为殿前都虞侯，领睦州防御使。建隆元年(960)五月，太祖亲征泽、潞，讨伐李筠，即让匡义临时担任大内都点检，留守汴京。八月，匡义领泰宁军节度使之职。十月，太祖南征据扬州反抗的李重进，匡义为大内都部署，仍留守京师。建隆二年(961)七月，太祖任命匡义为开封尹，同平章事。这时，为了避讳，匡义改名为光义，匡美也改名为光美。

杜太后对次子光义格外疼爱，但是要求也比较严格。光义每次外出，太后总是要他与赵普在一起，并且刻画日影约定归来的时间，光义从来不敢违背母命。杜太后要光义多与赵普接触，一是为了让光义向赵普学习处事之道，二是因为赵普是太祖甚为倚重的国家重臣，结交他可以巩固和提高光义的地位。这些也是杜太后的深远用心。

担任开封府尹，对于赵光义来说，具有十分重要的实际意义。作为国家首都的行政最高长官，开封府尹对国家军政要务起着上承下达的作用。从建隆元年(960)到开宝元年(976)光义当了十六年的开封府尹，锻炼了实际处理政务的才能。他利用开封府尹的地位，在开封府中广延豪俊，聚集一批文武皆备的幕僚、军校。通过广置党羽，内外交通，光义在开封府时势力大盛，威望日高，羽翼渐丰，为他日后争夺帝位及治国安邦打下了牢固的基础。

赵匡胤为人较为厚道，他对光义兄弟情义甚重。有一次光义生病，匡胤身为皇帝，仍亲手为他灼艾。光义失声叫痛，匡胤大概是要为其弟分担病痛，也取艾自灸。遇有军国大事，也多与之商议。不过，作为政治家，二人并非亲密无间。他们的矛盾通过一件事即可看出。光义在开封府时，有个青州人到京城来，带着一个十几岁的小女子，光义见她秀美出众，想买下，那青州人不答应。光义手下有个叫安习的，自报奋勇愿办成此事，他用手段将青州女子偷偷地买进开封府。后来太祖知道了这事，下令追捕安习，安习只好藏于晋王宫中，直到光义做了皇帝，他才出来。太祖严捕安习，分明是对光义的一种警告。

开宝九年(976)十月二十日,宋太祖赵匡胤突然驾崩,于是光义受遗诏于柩前即位。

伐汉收功　攻辽败绩

不管杜太后遗诏是否真有其事,赵光义以皇弟身份继承皇位在正统的封建世袭制中并非名正言顺。而且在太祖平定诸侯国的统一战争中,他没有任何建树。他感到要想巩固帝位,贴服人心,必须树立自己的威望。太宗即位后,陈洪进亲自到开封朝贡。太宗封陈洪进为检校太师。钱镠于是决意上表,献出所管13州1军,共68县,556008户,兵士115000余人,削去吴越国号。太宗封钱镠为淮海国王,其子弟多人以官职。吴越旧地反对纳士的官吏,受到太宗的坚决镇压。至此,宋朝完全统一了南方各地,太宗于是把主要兵力转向北方的北汉和辽朝。

太平兴国四年(979),宋太宗下令再次进攻北汉。任潘美为北路都招讨使,率领勇将崔彦进、李汉琼、刘遇、曹翰、米信、田重进等,四路出兵,分攻太原,把太原城围得水泄不通。宋太宗吸取了以往失败的教训,特派刑州判官郭进为太原、石岭关都部署,阻截辽朝援军。

北汉主刘继元见宋军来攻,急忙遣使向契丹求救。开宝八年时,辽朝曾与宋廷订有和约。因为当时宋朝忙于统一南方,故对辽采取和好的态度,以免两面受敌,契丹也忙于内部事务,双方都乐意保持着通好的关系。太宗预料契丹必出兵助汉,故于四月间下诏亲征,率领廷美等到太原督战,在太原城外筑起长围,断绝城内的一切物资供应。双方苦战至五月,北汉指挥使郭万超潜行出城,投奔宋营,刘继元帐下诸卫士也多出降。北汉亡,至此,所谓五代十国的割据局面全部结束。

太宗乘灭北汉的余威,率大军于太平兴国四年(979)六月进抵易州。辽刺史刘宇本是汉人,献城投归宋营。太宗留兵千人协守易州,又进攻涿州,辽涿州判官刘厚德亦为汉人,复开城纳降。宋太宗见连下二城,旗开得胜,非常高兴,乘胜率兵进抵辽之南京(今北京市)城南,命宋偓、崔彦进、刘遇、孟玄哲四将各率军兵四面攻城。守将耶律学古拼命抵御,太宗亲自督战。然而宋军围伐太原疲敝,今又攻城不下,已经懈怠。这时辽朝已派援军来救。探卒入报,辽将耶律休哥为前锋,已至高梁河。太宗命大军拔营齐起,前往高梁河迎敌。快到河边时,只见辽兵有数万人越河而来,双方摆开阵势,金鼓齐鸣,旌旗飞舞,宋军奋力激战,辽兵伤亡惨重,渐往后退。太宗见辽军将要支持不住,遂命宋军猛攻。正在这时,又有两队辽兵,分左右冲杀而来。左翼为辽将耶律斜轸,右翼为辽将耶律休哥。二人都是辽国良将,善于用兵,宋军抵挡不住,纷纷败退。耶律休哥趁机直取太宗,太宗急命左右护驾,但诸将被辽兵分割散乱难以顾及,太宗仓惶失措,幸亏辅超、呼延赞等人赶到,奋力遮护,保卫太宗南奔至涿州。

雍熙三年(986)正月,太宗诏议亲征,企图扭转高梁河惨败之后频频挨打的被动局面,挽回自己的面子。但是前次亲征的惨败,特别是高梁河之战险被辽军所擒的遭遇,使太宗余悸未消。这时又有参知政事李至乘机上言,说京师是天下之根本,皇上不离辇毂,而命将出征,可以显得从容。太宗顺水推舟,决定不再亲自出马,而出动30万大军分东、中、西三路北上攻辽。曹彬、米信出雄州,田重进

出飞狐，潘美、杨业出雁门。

初期作战宋军进展顺利，接连小胜。但由于宋军指挥不当，各路军缺少合作，纷纷败绩。杨业父子率领残兵在陈家谷奋力死战，不见援兵，命其子杨延昭杀出一条血路，飞马乞援。辽兵漫山遍野而来，杨业部下大部分战死。杨业本人身负几十处创伤，最后为辽军所俘获，不顾辽军的威胁利诱，绝食三日而死。

杨业失援败死，边境大震。云、应、朔诸州将吏都弃城而逃，三州复为辽军占领。辽军又乘胜进入宋境，深入深（今河北深县）、德（今山东德州）、邢（今河北邢台）等州，抢掠一空，使宋朝边民蒙受重大损失。败报传至宋廷，太宗痛失良将，下诏旌表杨业，赠其为太尉、大同军节度使，赐其家布帛千匹。大将军潘美，坐失战将，监军王侁，贻误战机，分别给以降官三级和除名的处分。在战事方面，宋太宗远不及太祖。赵匡胤出身行伍，身历百战，有着丰富的战场实践经验。而赵光义则基本上没有经历过重大战役，缺乏这方面的锻炼。但他又自诩高明，刚愎自用，再加上为了控制军将，每次作战前都亲自拟定阵图，结果严重束缚了前线将帅的手脚。

端拱元年（988）秋八月，北部边境接连三次警报，依次是涿州、祈州、新乐失守。太宗满面愁容，对群臣说："契丹不肯收兵，经常骚扰河朔，看来不得不大举北伐了。"他心里却对出师一点把握都没有，已经完全失去了当初北伐时踌躇满志的信心和决心。朝中一些大臣开始提出主和与主战两种不同的政见。主和派要求太宗屈己求和。宰相李昉等相率上疏，引证汉唐故事说明对外讲和的重要。但是对于那些明显要求屈辱求和的主张，太宗在感情上接受不了。他对赵普等人说："恢复旧疆，不是别人的主张，是朕的一贯志向。伐辽失败只是由于将帅军事指挥上的失误所致。"右正言、户部郎中张洎等主战派则相继上御戎策，建议加强边地武将的兵权，任贤修政，省官畜民，选励将士，再次北上伐辽，收复失地。太宗虽对这些主张加以赞赏，但却不打算实行。

太宗晚年，守内虚外政策的指导思想已经形成。因此，对辽由攻到守，准备和解。而辽朝的萧太后对宋朝多次北伐却耿耿于怀，向宋摆开了进攻的阵势进行威胁，并帮助李继迁继续削弱宋朝的力量。宋太宗为了防守，使宋军在河北沿边的平原上，疏浚、开拓边地河道，西起保州（今河北保定）西北，东至泥沽海口，利用河渠塘泊，筑堤储水，深十余尺，作为屏障，曲曲弯弯，东西九百里。沿塘设置 28 寨，125 军铺，士兵 3000 余人，部署兵船百余艘，往来巡警，以防辽国骑兵的奔突。对于辽军的入侵，"但令坚壁清野，不许出兵，继不得已出兵，只许披城布阵，又临阵不许相杀"，结果束缚了军队将士的手脚。守边将领们只好得过且过，"始受命则惟以攻坚陷阵为壮图，及遇敌则惟以闭垒塞门为上计"。真正能对辽军作战的将领屈指可数，从此，宋朝军队的作战能力越来越弱了。

借鉴前车　以文治国

宋太宗是自五代以来第一位非武人坐天下的皇帝。他即位之初也重武，是因为当时形势需要他继承太祖的统一大业，既而武运不昌，所以转而重文。太宗在多次伐辽失败后，失去了往日的锐气，文治方面，他的确有很多独到之处。他开创、修补、完善了宋朝的各项典章制度，使之在自己在位期间基本成为定制，对防止王朝像五代各朝一样短命夭折，奠定了政治、军事、文化、经济各方面制度的

基础。两宋之人多言“祖宗之法”，这“祖宗之法”即是指宋太祖宋太宗而言，其中太祖法度主要在于军事、政治方面，而太宗除了对太祖法度作了进一步完善外，又着重在文化、经济等方面建立了一整套法度规范。

科举制度虽始于隋唐，但真正完善是在北宋。到宋初，门阀制度不复存在，科举向文人知识分子广泛开放，“家不尚谱谍，身不重乡贯”，只要文章、诗赋合格，都可录取。宋太宗扩大了取士的规模，每次科举考试录取的进士数额远远超过唐代及宋太祖时。太宗还促进科举取进士日趋严密、完整。宋太祖开宝六年(973)以后，殿试成为定制。太宗进一步规定，殿试后在殿前“唱名”，由皇帝分别赐与“进士及第”、“进士出身”、“同进士出身”的功名。太宗时实行考卷糊名弥封法，有效地防止了考官利用试卷作弊。宋太宗还严格科举考试，亲自复试。

太宗十分重视发展文化事业。五代以来，昭文馆、史馆、集贤院为三馆，在右长庆门东北，仅有小屋数十间，而且“湫隘卑庳，仅庇风雨，周庐徼道，出于其旁，卫士驺卒，嘈杂其旁”，条件很差，三馆每逢受诏撰述，都是移到其他地方。太祖时期，也没有什么变化。太宗即位的第二年，亲到三馆视察，看到这种寒酸状况，对左右侍从慨叹道：“这哪里能够蓄天下图书，待天下贤俊?”当即下令另选左升龙门东北车府地为三馆新址。命中使督促工匠，晨夜兼作。三馆的栋宇殿阁，都是太宗亲自规划的，其精美壮观，可与皇宫的建筑媲美。一年后工程竣工，定名为崇文院。到太宗晚年，崇文院及秘阁的藏书已十分丰富。太宗颇为自负地对大臣们说：“朕即位之后，多方收拾，抄写购求，今方乃数万卷。千古治乱之道，并在其中矣。”

在广泛搜求图书的同时，太宗先后组织一批文人编纂了几部大型类书。太平兴国二年三月，刚刚即位几个月的太宗就命翰林学士李昉、扈蒙等十多人编纂《太平广记》与《太平御览》等书。由于年代久远和朝代的更替，宋太宗时期收集的绝大部分图书，今已佚失，但当时编纂的《太平广记》、《太平御览》和《文苑英华》这三大部书却流传下来，因而许多古代典籍的内容赖以保存。宋太宗主持编纂的这三大部书，成为后人研究中国古代历史、文学的宝贵资料。

宋代的皇帝多注重从历史上汲取统治的经验教训，这可以说是从太宗开始。太平兴国八年(983)十一月，太宗对大臣说：“朕历览前代书籍，发现君臣之际，大抵情通则道合，所以有事皆无隐匿，言论都可采用。朕励精图治，卿等作朕股肱耳目，如果施政有缺失，应当悉心上言说明，朕决不以居尊自恃，使人不敢说话。”

太宗执政较为勤谨，为了巩固宋王朝的统治基础，他亲自挑选人才，甚至于忘了饥渴。通过召见临问以观其才，优秀者提拔重用。他对近臣说：“朕每看见布衣缙绅中有才志受推戴的，就替他的父母高兴。”太宗每天一早就到长春殿受朝，听完百官的政务汇报，就到崇政殿去处理政事。等到中午，还来不及吃饭。

太宗于书法旧有根底，又经名家指点，勤加练习，故有较深的功力造诣，并非单凭地位高而到处题字。有人荐举赵州隆平主簿王著在书法方面颇有家传，太宗乃召为卫尉寺丞、史馆祗侯，令他详定韵篇，后又迁为著作郎，充翰林诗书。

太宗对宗教的态度基本上是宽容的。北宋开国后，为了争取南方各阶层的支持，对佛教采取保护政策，因为佛教在吴越、南唐、后蜀等南方割据小国中非常流行。太宗认为佛教“有裨政治”，因而有意提倡，在五台山、峨嵋山、天台山等处修建寺庙，并在首都开封设译经院释译佛经。从太祖开宝年间开始在益州雕印

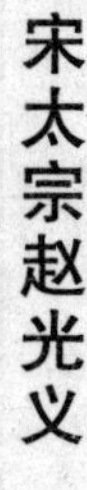

大藏经，到太宗时雕版完成，印行了我国第一部佛经总集。宋朝建国时，各地僧徒不过六万多人，太宗时增加到24万人。太宗本人态度是重道教，轻佛教。

太宗执政总的方针是宽松敦厚。但是，为了有效地维护社会的安定，太宗在刑狱方面也亲自处理了一些案件。他下令在禁中设立审刑院。各地上奏案件，先由审刑院交付大理寺，刑部断复，再交审刑院详议裁决。并规定，囚犯如因讯问，则应当聚集官属一同参与，不能委托胥吏拷掠。淳化四年(993)，东京城郊有一农民到官府击登闻鼓，为的是丢失了一只豭猪。太宗听说，让人赐给那农民钱一千，偿还其猪钱。太宗对宰相说："如果像这样的小事也费力气去断案，未免太可笑了。但是推此心以临天下，可以无冤民。"

太宗接受唐五代以来宦官专权的教训，对宦官驾驭较严，不许他们干政。宦官王继恩曾作为剑南两川招安使，领兵平定王小波、李顺的起义，中书省建议让王继恩任宣徽使。太宗不许，说："朕读前代史书，宦官干预政事，乃国之大忌，所以我朝严禁宦官干预政事。宣徽使就是参政的开端。只能授以别的职衔。"宰相力言王继恩立有大功，非宣徽使不足以赏酬。太宗动怒，深责宰相，让别议官名，最后创了个宣政使的名目，授于王继恩。

太宗任用的几位宰相也比较正直。寇准生性刚直，有一次对太宗奏事，太宗不高兴，站起身要走，寇准拉住皇帝的衣袖，让他再坐下，等到事情议决以后才罢休。太宗感叹地说："这人才是真宰相哩！"

贬抑祖系　确立宗嗣

太宗之所以登上皇位，是经过十几年的苦心经营。他当上皇帝之后，用很大一部分精力来确保皇位，防范变乱。一面防范武将专权，另一面则是他自家人。

在高梁河之战中，太祖之子武功郡王赵德昭从征幽州。当宋军溃败之际，太宗与主力部队失散，军将们怀疑皇帝遇难，觉得军国不可无主，商量着立德昭为皇帝。后来知道太宗还活着，这事就作罢了。事情虽未成，但被太宗知道，恰好触犯了忌讳，心里很不高兴。以往作战，回师后都要按功劳大小颁发奖赏。这次太宗还京多日，也不见行太原战斗之赏。军中议论纷纷，诸将不免多怀怨望。德昭心直口快，恐怕军心浮动，乃入见太宗，请给军将叙功行赏。太宗不等他说完，就怒气冲冲地说："战败回来，还有什么功劳？还行什么赏赐？"德昭分辩道："征辽虽然失利，但是平定了北汉，再说各军也不可一概而论，陛下应该分别考核，量功行赏。"太宗大怒，吼道："等你自己当了皇帝，再赏赐也不晚！"德昭非常惶恐，低头垂泪，默然出宫。本来他所处的地位就很微妙，现在他的叔父分明是猜疑他有夺位的野心。他回到自己的住处，默念父母早逝，没有依靠，虽有继母宋氏和弟弟德芳，但宋氏被迁往西宫，出入行动都不自由；弟弟年纪尚小，不懂事理，觉得自己满腹幽衷，无可倾诉，顿生短念，问左右侍者："你们谁带着刀？"左右忙答道，宫中不敢带刀。德昭走出房门四处寻觅，见茶酒阁上有切水果的刀子，他趁人不备，拿了刀关上门，自己往颈上刺去。等别人开门来救，已倒在血泊中气绝身亡。宫中急忙报知太宗，太宗亦觉出乎意料，前往探视，见其惨状，抱尸大哭道："傻孩子，我不过说你几句，你就这样！"于是命令厚葬，并颁诏追赠德昭为中书令，追封为魏王。德昭身后留下五个儿子。

太宗初即位时，廷美的儿子也和他两个哥哥的儿子一样称皇子，女儿称公

主。太平兴国四年(979)进封廷美为齐王,后封秦王。廷美也和光义当年一样当了开封府尹,并兼中书令,位在宰相上。外界的舆论都说帝位将依次相传。等到德昭自杀,一年后23岁的德芳也不明不白地夭亡,廷美才开始感到不安。

一天,忽有太宗当年为晋王时的旧僚柴禹锡、赵熔、杨守一等进宫,向太宗密奏,说廷美骄恣不法,谋以自立。卢多逊与廷美关系密切,可能有沟通情事。这话正触动太宗的疑忌,于是召赵普密察廷美事。赵普与廷美本无宿怨,不过一来为报复卢多逊,二来为得太宗欢心,只得从廷美下手。不久,察得卢多逊私遣堂吏交通廷美之事上奏。说卢多逊盼望太宗晏驾,廷美即位,廷美并私赠给卢多逊弓箭等物。太宗大怒,当即下诏降卢多逊为兵部尚书,下御史狱,捕系参与其事的中书堂吏赵白及秦王府孔目官阎密等,命翰林学士承旨李昉等讯鞫,卢多逊及赵白等一一伏罪。太宗下令降廷美为涪陵县公,廷美独对孤灯,凄凉难奈,他默颂着曹植的七步诗,他同样想不通:"既是同根生,相煎何太急!"由于气郁成疾,日渐消瘦,不到一年,就病死在房州了。讣音奏达朝廷,太宗呜咽流涕,对宰相说:"廷美自少刚愎,长大后越发凶恶,朕因他是至亲,不忍置之于法,让他暂时徙置房州,闭门思过,方欲推恩恢复其旧位,谁料他这么快就殒逝了,能不痛心?"下诏追封为涪陵王,赐谥曰悼。从此,与太宗争夺皇位的可能性完全被清除了。太宗此时为了政治斗争的需要,不惜歪曲事实,硬说廷美与己非出一母。当时太宗兄弟五人已死其四,杜太后亦已不在,太宗之语无人敢驳。

太宗的长子元佐,为李妃所出,自幼聪慧,长得也像太宗,太宗一直很喜欢他。年长后,有武艺,擅骑射,曾跟随太宗北征太原、幽蓟,回京后拜检校太傅,加职太尉,晋封楚王。其叔父廷美触犯了太宗,元佐力为营救,再三请免其罪,屡受太宗的呵斥。后来听说廷美的死讯,悲愤不已,酿成狂疾。左右有小错,也要手操刀剑砍杀;仆吏从庭前经过,往往弯弓射之。太宗亲自严加训诲,依然如故,而且越来越厉害。太宗很是忧愁,请太医延治,稍有好转。太宗听说颇感欣慰,特别大赦天下。

九月九日重阳节,太宗兴致很好,赐近臣到李昉家中宴饮,并召请诸王宴射苑中。因为元佐病还没全好,就没让他参加。到了晚上,诸王宴罢归去,路过元佐府前,恰好元佐在门外,知道这事,大为恼怒,索性在院内放起火来,殿阁亭台,蔓延烧去,一时间烟雾滚滚,火光冲天,等到众人去救,已烧了大半。直烧到天明,还没救灭。太宗听说楚王宫中失火,猜想可能是元佐所纵,命押赴中书,派御史按问,元佐具实以对。太宗怒不可遏,派王仁睿传话说:"你身为亲王,富贵已极,为何如此凶悖?国家典宪,不可私违,父子之情,从此断绝。"元佐的弟弟陈王元佑以及宰相近臣,都前往号泣营救,太宗挥泪道:"朕每读书,见前代帝王子孙不遵家教者,未尝不扼腕愤恨,没想到我家也有这种事!"命将元佐削去封号,废为庶人,安置前往均州。宋琪等率百官伏阙拜表,请太宗恕他病狂,仍留京师。太宗余怒未消,不许。宋琪等再三奏请,方下诏召还。当时元佐已行至黄山,召还汴京后置于南宫,使人监护,不通外事。楚王府中官僚都上表请罪,太宗说:"朕教训他都不从,岂是你们所能教导的?"

至道元年(995),开宝皇后即太祖之妻宋氏病死,太宗不成服,连群臣亦不命临丧。立元侃为太子。诏命颁下,太子行告庙礼,还宫路上,京师士民争相观看,齐声欢呼"少年天子"。太宗听说,心里很不高兴,召寇准入见,对他说:"人心都

归太子，把我放在什么地位上？”寇准拜贺道：“陛下选定可以托付神器者，今太子果然得到民心拥戴，这正是社稷之福啊！”太宗这才转忧为喜。入宫，后嫔六宫都来庆贺，太宗颇觉兴奋，破例召寇准一起饮酒，直喝得大醉方罢。

至此，自太宗继位以来的皇位继承问题才算最终得到解决。元侃即后来的真宗。自真宗至南宋高宗，六代八个皇帝都是太宗一系子孙。直到高宗赵构，因无子，过继太祖七世孙，即秦王赵德芳的六世孙立为太子，即孝宗，以后的八个皇帝又转入太祖一系。北宋南宋各九个皇帝，匡胤光义兄弟并称“祖宗”，他们的后代各有八个做了皇帝。兄弟二人轮流当皇帝，其后代也轮流往复，一个也不多，一个也不少，并且北宋亡在太宗一系手里，南宋亡在太祖一系手里，真可谓平分秋色了。

太宗于至道三年(997)三月去世，终年59岁。

宋太宗代兄称帝之谜

宋朝的第二个皇帝宋太宗，是开国皇帝宋太祖的弟弟。为什么宋太祖不把皇位传给自己的儿子？是不是他没有儿子呢？不是。宋太祖有四个儿子，长子赵德秀，以下依次为德昭、德林、德芳。老大和老三死得早，宋太祖去世时，还有两个儿子呢！皇位不传给儿子而传给弟弟，这是出于杜太后的安排。

杜太后是个很有本事的女人，宋太祖即位之后，她经常参与决定国家大事。宋太祖很尊重太后，对她也很孝顺。建隆二年(961年)夏天，杜太后生了病，宋太祖亲自侍奉汤药，不离左右。太医们更是穿梭般进出宫内，号脉开方。但是，太后的病不仅不见好转，反而日趋沉重。老太后知道治得了病，治不了命，自己的日子不多了。

这天，杜太后把赵普召进宫中，要当着他和宋太祖的面，安排后事。“你知道自己是怎么得天下的吗？”杜太后问宋太祖道。

宋太祖看到太后病势垂危，只顾得抽泣抹泪，竟然无法回答太后的问题。杜太后用带点生气的口吻说：“我正要给你说大事，为什么只是哭哭啼啼呢？”接着杜太后又问了一句：“你知道自己是怎么得天下的吗？”这时候宋太祖才止住抽泣，回答道：“儿所以能够得天下，都是祖宗、父亲和太后积了德，好处传给了我。”

“不对！”太后说：“你能够得天下，只是由于周世宗把皇位传给了一个小孩子，闹得人心不归附。假设周氏立一个年长的皇帝，天下岂能到你手中？你和弟弟光义，都是我生的，你百岁之后，应当传位给弟弟。四海至广，百姓至众，能立年长的君主，才是社稷的福气！”

宋太祖本来就很听太后的话，何况这是太后死前的遗嘱。他赶快叩头，边哭边说：“我一定记住您的话，照您说的办！”

听了宋太祖的回答以后，太后把脸转向赵普，对他说：“你也要记住我的话，千万不能违背。”接着又让赵普就在床边把自己的遗嘱写成文字。为了表示郑重，赵普写好以后，还在末尾写上“臣赵普记”。然后，把这个遗嘱收藏在国家存放机密之文书的地方，由谨慎可靠的宫人掌管。这之后不久，杜太后就与世长辞了。

宋太祖对光义也非常器重，太后去世之后，让他做开封尹，是都城最高的行政长官；又封他为晋王，朝会排班，他的位子排在宰相的上首，以表示地位的崇

高。太祖对这个弟弟的恩礼特别厚，多次到他府上叙兄弟友情。光义的府第由于地势高，池子里常缺水，宋太祖亲自督促工役千方百计解决水源问题。有一次光义病了，不省人事。宋太祖一听着急了，赶快前去探视，还亲自点燃艾草，给光义热灸。光义醒了，感到灸得头痛。太祖就用艾灸自己，试验怎么灸才有效而不疼。整整大半天，太祖都呆在光义府中，直到弟弟发透了汗，完全苏醒过来，才回宫去。一天光义在宫中赴宴，喝醉了酒，太祖亲自送他出宫，下殿阶时还搀扶着这位弟弟。普通人这么做算不了什么，皇帝这种举动，可就是表示对光义的特别恩宠。宋太祖曾经对身边的人说："晋王龙行虎步，一定是个太平天子，我的福德赶不上他！"可见宋太祖是很愿意把皇位传给这位弟弟的。

有一种说法：宋太祖是被他弟弟光义害死的。

这就是"烛影斧声"千古谜了。

宋太宗秘闻

开宝塔寺

宋太宗建造开宝塔寺，用来收藏佛骨。塔高三百六十尺，耗费以亿万计，八年多才修成。知制诰（掌起草诏令的官）田锡曾给太宗上疏，其中有一段话："众人都说这座塔雄伟壮丽，金碧辉煌，我认为上面涂抹的都是民脂民膏民血。"用以讽刺造塔之举，可是皇帝并没有恼怒。

群犬同食

陈兢这个人，是陈朝宜都王陈叔明的后代。他家九代同居，老少一共七百口，没有仆人小妾，上下和睦，各无异言。每当吃饭时，全家都坐在一个大屋子里，没有成年的，另摆一桌。他家有狗一百多条，一起在一个大槽子里吃东西。其中有一条狗没来，群狗也都不吃。唐僖宗及南唐的皇帝都不时表扬他家的门风，南唐开宝初年免除了他家的徭役。到了陈兢这辈，子孙后代愈来愈多，经常苦于没有粮食吃。知州康戬向朝廷上奏此事，太宗皇帝发下旨意，让州里每年给他家发放二十石粮米。以后陈兢死去，他的堂弟陈旭只接受十石粮米，多则不要。当时正赶上歉年，粮食很贵，有人就劝说陈旭把发放的粮食全部接受过来，吃不完卖掉它，也能赚一笔钱。陈旭说："朝廷体念我家缺吃的，才贷以公粮，我怎么能见利忘义呢？"宋太宗听到之后，深加赞叹。

半部《论语》

宰相赵普去世，宋太宗非常震惊和悼念，对身边的大臣说："赵普一向尽忠报国，真是治理天下的重臣。"没说完就已泪流满面。宋太宗停止上朝五天，追封赵普为真定王。

赵普性格深沉，态度严峻。年轻时学习做小吏一类事情，没有什么学识。等他做了宰相，宋太宗就劝勉他多读点书，于是他在公务之余，专心读书，手不释卷。每天一回到家，就关起门来，打开箱子取书诵读，有时一读就是一天。等到第二天处理政事，非常干脆利落，毫无倦意。他去世以后，家里人打开箱子一看，里面没有别的书，竟是一部《论语》（二十篇）。

赵普曾经对宋太宗说过:“我有《论语》一部,用半部帮助太祖打天下,用半部帮助陛下治理国家,使之太平。”太宗听了以后颇为赞许。

登楼观灯

宋太宗在元宵节那天晚上亲临斡元门楼观灯赐宴,看到京城的繁华景象,就告诉旁边的大臣:“五代的时候,生灵涂炭,百业凋敝。周太祖从邺南回来,老百姓都遭到烧杀抢掠。地上战火纷纷,天上灾星屡现,见者无不胆战心惊。当时人们认为不会再有太平的时日了。后来,我亲自管理政务,国家各种政事才初步走上轨道。我经常想这是上天之所赐,才达到如此繁荣地步;但是,治理烂摊子还全在于掌权的人。”宰相吕蒙正听完之后,就站起离座,说:“我们到这里都是坐轿子,这么多轿子在这里,老百姓都要跑来看热闹,所以市面才如此繁盛。我曾经看到离京城没几里的地方,有许多受冻挨饿而死去的人。希望陛下要看到近处,还要看到远处,这才是老百姓的幸运!”太宗的脸色顿变,但没有吭气。吕蒙正说完,从容不迫地回到座位。和他一起的大臣,都称道他的刚直不阿。

宋太宗立太子秘闻

三皇子侃被立为太子

太宗即位以后,一直没有立太子。大臣们担心万一太宗突然有个好歹,因为没有合法继承人而发生变乱,认为这是国家面临的一个大问题。一天,大臣冯拯上疏太宗,提出早立太子,以定国本。无奈太宗对大臣们的苦心却不理解,似乎一说立太子,就意味着自己的宝座不长了。因此,他看到冯拯的奏疏,大为恼火,训斥冯拯多管闲事,下诏把他贬到岭南。从此以后,朝廷内外再也不敢提立太子的事了。

淳化五年(994年)九月,寇准从青州(今山东益都)调到中央任谏议大夫。谏议大夫是谏院的长官,职务是议论朝政得失。他拜见太宗时,再次提出早立太子的问题。也许这时太宗年纪大了,感到这事已非办不可,不仅没有训斥寇准,反而和颜悦色地问寇准道:“在我的几个儿子当中,您看可以把国家托付给哪一个?”寇准答道:“陛下为天下选择国君,不应当和妇人、宫中人商量,也不应当和近臣商量,应当由陛下独断。您看谁能深孚众望,就选择谁。”

太宗低头思考了好大一会儿,又让其他人都退下去,这才对寇准说:“您看襄王可以吗?”寇准答道:“知子莫若父。圣意既然以为可以,我希望就决定下来。”随即,太宗下诏以襄王为开封尹,并且进封寿王。襄王名元侃,是太宗的第三个儿子。至道元年(995年)八月,太宗下诏立寿王元侃为皇太子,并且把他的名字改为赵恒。

太宗为什么不愿把国家大事托付给二儿子陈王元佑呢?是不是太宗不喜欢他?不是。元佑姿貌雄毅,沉静寡言。老大元佐得了狂病之后,他被封为开封尹。这是太宗当皇帝之前担任过的官职,可见太宗是很器重他的。他当了五年开封尹,政事没有过失,说明也很有本事。但是,他没有当皇帝的福气。淳化三年(992年)十一月的一天,元佑早起上朝,刚刚坐下,觉得身体不舒服,赶快退回府中休息。太宗放心不下,亲自到他府中探视,见他病势已十分沉重。太宗急得

"元佑！元佑！"连叫几声，起初陈王还能够答应，稍过一会儿，就一命呜呼了！这才轮到老三元侃接班。

从唐末以来，政局多变，争战不休，册立太子的典礼，已经废止将近一百年。这次立赵恒为太子，太宗下诏大赦天下，还举行了隆重的典礼，全国都非常高兴。

对于训教太子，太宗十分经心。为了使太子尽快学好安邦治国之道，太宗让李至、李沆作太子宾客(职责是调护、侍从、规劝太子)。太宗明谕太子要以师傅之礼敬事李至、李沆。太子也的确尊崇宾客，见了宾客，一定先施礼，每回迎送宾客，都要到门口。李至、李沆觉得礼数太重，就上表给太宗，说委实不敢当。太宗下诏答复说："我看古来贤明的君主，都要挑选德才学识兼备的人辅佐太子，使太子得到良好的调护。二位重任在肩，所以朕规定了特殊的礼数。用不着谦谢，希望体谅朕的用心。"

李至、李沆非常感动，晋见太宗，当面感谢。太宗又对他们说："太子贤明仁孝，国家的根本就牢固了。卿等务必尽心诲导，太子言行合乎礼数，就赞助他；做事欠妥当的，一定要认真规劝。至于古圣先贤的经典，有益于做人处事治国的义理，这都是卿等十分熟悉的，用不着朕一一嘱咐。"李至、李沆不敢辜负太宗的厚望，尽心辅导太子。太子生性聪慧，经籍史书稍加讲解，即可明白，记性也好，很快就能背诵。二李看到心血得到补偿，非常高兴。他们心想，太子日后一定是个贤明的君主。

至道三年(997年)二月，太宗患病，精神委顿，无力上朝，只能在便殿处理政事。内侍王继恩因为在太宗即位时立有大功，受到信任，很有权势。他看太子赵恒颇为英明，一时登基，自己权势难保，就偷偷和参知政事(副宰相)李昌龄等，谋划立已经被废的楚王元佐。内侍有机会接触皇后李氏。他就在李皇后面前说太子的坏话，以离间他们之间的关系。一天，宰相吕端到宫中看望太宗，见太子不在太宗身边，心中产生了怀疑。吕端心想，圣上病危，太子必须不离左右，以防变故发生不测。他写了"大渐"两字，让亲信送给太子。"大渐"就是皇帝病危的意思，他用这两个字提醒、催促太子，疾速入宫侍奉太宗。

这年三月，太宗驾崩，终年五十九岁。太宗一咽气，王继恩就给李皇后出主意，让她召宰相吕端入宫，想借助吕端，实现他们的预谋。其实，吕端早已怀疑王继恩了。当王继恩去见吕端，传达皇后召见的旨意时，吕端对王继恩说："请你到书阁里看个东西。"等王继恩一进去，吕端立即把门从外面锁了起来，然后自己火速进宫。

李皇后看到吕端进来，说道："皇上驾崩，应该立长子为嗣，这样顺理成章，你看应该怎么办?"皇后本来是启发吕端同意立元佐，但是吕端却说："先帝立太子，正是为的今天。天下都知道寿王是太子，怎么能够再变动呢?"吕端义正辞严，皇后无言以对，只好让太子寿王赵恒即位。

当群臣在殿下朝拜新皇帝时，吕端抬头一看，新皇帝在帘子后面，看不清面目。会不会有变故呢？他大着胆子拾级上殿，请侍臣卷起帘子，看清楚的确是太子，这才下殿引导群臣舞蹈叩头，齐呼"万岁"。这个新皇帝就是宋真宗。

宋真宗赵恒

真宗赵恒

少有大志　三十而立

赵恒聪睿灵敏，从小就得太祖、太宗的喜爱。7岁时，就傅受经，初览即能成诵。好与诸兄弟玩战阵游戏，常自称元帅，高高在上，发号施令，而且言谈不俗。据说有一次随太祖入万岁殿，他顽皮地坐在太祖的御座上玩耍，太祖爱抚地问他："这是皇帝的宝座，孩儿愿做皇帝吗？"年幼的赵恒竟回答道："天命有归，孩儿亦不敢辞。"使太祖大为惊奇。稍长，太宗让他练习草书，他却说："草书之迹，诚然妙秘。但孩儿听说王者事业，功侔日月。临政处事，应毫无隐讳。一照之心，一览无余。若学草书，恐临事有误，谨愿罢习。"此番话亦使太宗叹异。

太平兴国八年(983)，赵恒16岁时，与兄德崇(改名元佐)、德明(改名元僖)一起受封，授检校太保、同中书门下平章事，封韩王，改名元休。雍熙三年(986)七月，赐名元侃。端拱元年(988)正月，进为荆南、湖南节度使，改封襄王。淳化六年(995)八月，复立之为皇太子，兼判开封府，赐名恒。

至道三年(997)二月，太宗患病，朝廷中开始了谋立新皇帝的明争暗斗。赵恒立为太子后，因事得罪了身为宣政使的宦官王继恩，为其忌恨。自太宗病重，王继恩便暗中串联了参知政事李昌龄、知诰胡旦等，并与太宗李皇后通谋，图立元佐。

三月二十九日，宰相吕端入宫问疾，见太宗病危旦夕，又见左右奉侍太宗的只有李皇后、王继恩等人，独不见赵恒，怀疑有变，随忙退至中书，密写"大渐"二字，派腹心吏人急趋东宫，促赵恒入禁中。这时，太宗驾崩，在吕端等辅佐下，赵恒即帝位于太宗灵前，时年30岁。

内修文治　外睦友邻

赵恒即位后，下诏制说："先朝庶政，尽有成规，务在遵行，不敢失坠。然而缵图伊始，惧德弗明，所宜拔茂异之才，开谏诤之路，惠复疲羸。庶几延宗杜之鸿休，召天地之和气。"表示了他锐意兴革、立志图强的决心。

为了取得大多数人的支持，赵恒首先下令提高京官的政治待遇，规定朝官与未朝官同样叙迁磨勘，同样穿绯、紫色官服。礼遇先朝诸大臣，加宰相吕端右仆射，召拜他的两位老师李至、李沆为参知政事，拜宿将曹彬为枢密使兼侍中，又以富有才略谋议的户部侍郎向敏中、给事中夏侯峤为枢密副使，共典军政。尊太后李皇后为皇太后，仍居西宫嘉庆殿，后徙之万安宫。同时追尊生母李氏为贤妃，进尊号为皇太后，追谥元德，后附葬太宗永熙陵。先前参与谋废立的参知政事李昌龄、知制诰胡旦以及宦官王继恩等人，相继贬黜，流放远郡。然后诏御史台谕告内外文武群臣，自今人君有过，时政或亏，军事臧否，民间利害，并许直言极谏，抗疏以闻。次年(998)正月，改元咸平。

咸平元年(998)十月，赵恒进行了一次重大的人事调整。罢吕端、李至宰相

职，擢户部尚书张齐贤与李沆并为相，罢参知政事温仲舒为礼部尚书，擢枢密副使向敏中为参知政事。擢翰林学士杨砺、宋湜为枢密副使，共参国政。接着便着手整顿吏政，解决机构臃肿、贪污腐败、官吏冗滥、选举作弊等突出问题。

赵恒采纳宰相张齐贤的建议，始定外任官职田制度，规定职田数量以差遣为别，作为各级官员的俸给补贴，提倡廉政。然后裁撤合并叠床架屋的官僚机构，罢置盐铁、度支、户部副使，并盐铁、度支、户部为一使，并三司盐铁、度支、户部勾院为一，以提高三司的办事效率。又严格官吏的举荐、任用、迁转、考核制度。咸平二年(999)，赵恒诏令各部、台、院举荐升朝官任知州，被举荐者三任而有政绩，才能作为善举而议奖赏。否则被举者若犯贪赃罪等，举荐者亦连坐。赵恒还命宰臣誊录内外官员历任功过，编册进呈，以备委任官员时参考。咸平四年(1001)四月，赵恒在崇政殿亲自考核京官，开创了宋代京朝官磨勘引对的先例。

为了广泛选择优秀人材和网罗人士，赵恒把改革科举制和发展学校教育摆在重要位置。在《劝学文》中，曾以"书中自有黄金屋，书中自有颜如玉"如此极端的利禄观作为劝学手段，使众多的读书人趋于科场。学校教育自宋初以来，官学甚少，以书院为主要教学形式的私学逐渐兴盛起来。对此类书院，赵恒也给予了扶持。

赵恒在实行政治改革的同时，也积极寻求经济富强之道。在他即位的当年五月，下诏说："国家大事，足食为先。"以国家未有九年之蓄为忧，令两府大臣讲求丰盈之术。他还对侍臣说："经国之道，必以养民务穑为先。"诏三司每逢岁稔之年，要增广市籴以实仓廪。重申转运使的主要职责之一，就是劝课农桑。咸平二年，命度支郎中裴庄等官员分赴江南、两浙等地，发官廪赈恤受灾饥民，蠲除田赋。诏令有司减罢各种无名力役，暂缓土木营建，以休养民力。又令陕西沿边地区广兴屯田，把士卒戍边和耕种结合起来，还诏令全国，凡民户有能力开荒，准许无田税农户请佃荒田垦种，五年后定纳赋税。为了使民户有能力进行生产，又推广农部判官马元方创制的"预买绢"法。即在每年春季民力乏绝之时，官府借贷户缗给农户安排生产、生活，俟秋收后以绢输官偿债。

赵恒本人也以勤政为要。他制定的工作日程表是：每天清早在前殿接见中书、枢密院、三司、开封府、审刑院各部门的请对官员，听闻奏事，能决定的立即答复。早饭后处理各司奏事，批阅奏章，直至中午。下午看书学习，安排各项例常活动。晚上则多召儒臣进讲，询访为政得失、探讨经史等。他还以刑狱直接关系到国治民安，首先恢复了废置已久的各路提点刑狱官。后又以京师狱讼繁杂，专门设立了"纠察在京刑狱司"的机构。为防止刑狱伪滥，诏命诸州长官亲决狱讼，疏理冤滞。各地县尉司不得私置狱。又命给事中柴成务等人，编集《新定编敕》856条，镂板颁行，与律令格式、刑统并行。

同时，赵恒也下诏严格约束皇亲国戚以及宦官。他的姑母秦国长公主为其子王世隆求官正刺史，赵恒婉辞拒绝，说："正刺史系朝廷公议，不可。"他的妹妹鲁国长公主为翰林医官赵自化求升秩，也被他拒绝。驸马都尉石保吉家中发生家仆偷盗一事，石保吉面请赵恒，乞加重罪，又欲在他家中设刑问罪。赵恒以国家自有常法，不允，命交有司处决。

由于赵恒在即位之初的几年中，能广开言路，锐意兴革，勤政治国，所采取的措施促进了当时社会经济的发展，因而全国人口由他即位初年的400多万户增加到近800万户，出现了后世所称的“咸平之治”的小康局面。

赵恒在加强国内统治的同时，也密切注意同邻邦的关系。当时宋朝的外部威胁主要是北邻的契丹政权和西邻的党项政权。

自太祖以来，契丹政权始终是宋朝北部的主要威胁。太宗曾大举用兵，期望收复宋朝北部的国防重地、在五代石晋时割让给契丹的幽、蓟诸州，结果大败而归。此后宋朝对契丹便主要采取守势，用以险设防的策略，开辟边地河道、水塘，种植水田，作消极防御。

就在此时，契丹方面却先发制人。契丹军疾风暴雨般的进攻，使宋朝廷内部惊慌失措。在这紧要关头，宰相寇准主张积极抗战，力请赵恒北上前线，领兵亲征。赵恒虽惧怕赴河北，但觉得南逃之议也不可取，只好硬着头皮勉从寇准之议。这年十二月，赵恒从京城出发，北上澶州。赵恒在澶州北城门楼，接见众将帅。城下诸军，见皇上亲征，欢声雷动，倍受鼓舞。这时先后集结到澶州周围的宋军达几十万人，将士们只等朝廷发布号令，便驱逐强敌，复仇雪恨。河北前线各地的军民闻听赵恒亲征，也纷纷发动攻势，出击敌人。

契丹军这时深入宋境，数战受挫，给养困难，士气低落。耶律隆绪和萧太后采纳宋朝前降将王继忠（咸平六年望都之战被擒降敌）的建议，派人传信给赵恒，提出罢战议和。这正合赵恒的夙愿，他当即回书表示，宋朝也并非喜欢穷兵黩武，愿双方息战安民，派殿直曹利用为使议和。契丹复派使韩杞面见赵恒，得出以索还后周世宗时收复的关南故地为罢战条件。赵恒深怕割地议和，为后人唾骂，嘱曹利用只要不割地，可不惜重金与之言和。曹利用问到底可允许给契丹多少，赵恒不加思索地说道：“若必不得已，虽百万亦可。”后在寇准的坚持下，双方以宋每年给契丹银绢30万两匹达成协议，罢战言好。

党项政权见契丹与宋罢战言和，也遣使入宋，奉表称臣。赵恒对德明厚加赏赐。为确保宋朝西部边地安全和防止德明反复，赵恒向党项提出归还灵州、派子弟入宋为人质等7项条件，不料遭德明坚决拒绝。赵恒只好再作让步，放弃这些要求，于景德三年（1006）十月，授德明为定难节军节度使，封西平王。又先后开放设置保安军（今陕西志丹县）、延州（今陕西延安市）等榷场，与之开展贸易。此后，每逢岁旦圣节，德明都遣使宋朝，贡献不绝。赵恒对德明，也不断封官加爵，厚与赏赐。

赵恒以巨大的代价，换取了与契丹、党项的和好关系，使宋朝的西部和北部边防暂时平安无事。

抑直任佞　迷信昏聩

澶渊之盟后，赵恒所担忧的外部威胁暂时缓解，但朝廷内部矛盾却日益激化。

战后不久，赵恒把主和派王钦若召回京城，给以资政殿学士的宠遇。王钦若伺机进谗赵恒，说前日澶渊之盟是城下之盟，城下之盟古来为耻。寇准主张皇上亲征，是拿皇上作“孤注”，而“孤注一掷”也是皇帝的奇耻大辱云云。这些话，给赵恒的心头罩上了一层阴影，竟使他接连几天闷闷不乐，寝食不安。

赵恒本不喜欢寇准的耿直，起用寇准，主要是让他帮自己渡过难关。听了王钦若的话后，赵恒便在景德三年（1006）二月，以寇准“过求虚誉，无大臣礼”为借

口，罢其相，出知陕州（今河南三门峡市）。擢参知政事王旦为相，王钦若知枢密院事，并加王钦若资政殿大学士之号，位诸臣之首。

景德五年（1008）正月初三，宰相王旦率群臣入宫早朝，当诸臣奏事完毕，皇城司来人报说，在宫城左承天门南角，发现像书卷一样的黄帛两丈多，黄帛上面隐约有字。赵恒于是对众臣说："去年十一月，我曾梦见神人，说今年正月当降《大中祥符》三篇，想必正是天书下降了。"宰相王旦等即跪拜称贺，说是"天书"降临，应去奉迎。赵恒君臣一行便步至承天门，焚香望拜，取回"天书"，由知枢密院陈尧叟启读。大意是说，赵恒能以至孝至德诏承先业，治理天下，今后更应清静简俭，善始善终，永保宋祚。读毕，赵恒再拜，接过"天书"，藏于金匾。然后大宴文武群臣，京朝官并加恩升爵。令改元大中祥符，改左承天门为左承天祥符门。其后，"天书"不断出现，太宗也忙忙碌碌东封西祀。

赵恒崇奉祥瑞，沉湎于封祀，朝内一班大臣也极意屈奉迎合，希求加官进爵，以固权位。首倡祥瑞封祀之说的王钦若竭尽精思，挟符瑞以邀恩宠，大中祥符五年（1012）被拜为相，兼枢密使，因其状貌短小，项有附疣，被人讥讽为"瘿相"。

不过，这么多的"祥瑞"并未给赵恒和他的帝国带来多少好处，反倒天灾人祸不断。

大中祥符九年（1016）的夏季起，从京畿、河北、陕西、京西、京东以至江淮、两浙、荆湖的大片地区发生蝗灾，各地关于蝗情的奏报不断送进皇宫。为此赵恒忧心忡忡，几次或亲自或遣官分赴各道观，建道场祈祷上天，乞求保佑。又几次下诏灭蝗，灾情不仅没有减轻，反继续扩大。这年七月的一天，赵恒方坐便殿，左右报告有飞蝗经过京城。他出门临轩观望，但见飞蝗遮天掩日，不见首尾。赵恒忧形于色，意甚不怿，命撤膳应灾。自此，忧郁成疾。

久任相位的王旦，自"天书"、封祀之事起，对赵恒即多加迎合，少有谏诤，凡事若少忤赵恒之意，便蹙缩不安，处事决政"务遵法守度，重改作"，洁身自好。这时，以朝政衰败，灾异严重，于天禧元年（101）七月以疾为辞，辞去相位。赵恒即擢王钦若为相。

王钦若拜相后，却首以排除异己为能事。参知政事王曾因为他有前隙，便首先被排挤出朝。参知政事张知白因与他议事多不合，复被排挤，罢知天雄军（今河北大名）。连三司使李士衡前任河北转运使时，因屡献金帛助祀而一直得赵恒青睐，也视为眼中钉，暗进谗言，阻其进用。王钦若的专横引起朝野的不满，遭谏官连章弹劾。复有人上书揭露他卖官鬻爵，王钦若面见赵恒自辩，求让御史台为他辩诬。赵恒为"国家置御史台，非为人辩虚实"为辞，不允。接着，又有人揭露他家藏禁书，被赵恒召问，始不自安，遂罢相，出判杭州。

王钦若罢相后，赵恒想起王旦的举荐，召拜久在朝外的寇准为相，以丁谓为参知政事。丁谓善于揣摩人意，靠对赵恒的逢迎，青云直上。寇准素恶其人，他也对寇准怀恨在心。丁谓曹利用等由此串联一起，合谋伺机排挤寇准。

赵恒自患病后，则日益迷信。他曾经虽说过："古人多言祷神可以延福，恐未必如此。"这时却不断幸谒宫观，拜神求佛，乞求神祇保佑。天禧二年（1019）三月，永兴军巡检使朱能奏报"天书"降于乾祐（今山西柞水）山中，赴京城恭献。赵恒仍深信不疑，备列仪仗，亲自到琼林苑，奉接"天书"入宫，大赦天下，普度道释重行，广建道场祭天祀地。复在天安殿召见来自京城及各地庙观寺院的道尼僧

徒13000余人，赐以药银大钱，让他们为自己祈福延寿。这年八月，再立皇子赵祯为皇太子。从此援引每三、五单日监斩听政的旧制，对诸臣所奏军国大政敷衍应付，余则避居深宫，沉溺丹鼎。皇后刘氏渐渐专权于政。

寇准于是奏请赵恒："皇太子渐已成人，人望所属，愿陛下思社稷之重，付以神器，以固万世根本。丁谓为人奸佞，不可以辅佐少主，请择方正大臣以为羽翼。"赵恒点头答应。不料此事为丁谓侦知，丁谓急找钱惟演等，通谋刘皇后，谗言赵恒，说寇准专权，图谋不轨。赵恒患病后，事多健忘，这时竟不记得与寇准的前番谈话，轻信丁谓等所言，将寇准罢相，擢参知政事李迪为相。

继之，丁谓又与赵恒的亲信宦官、入内副都知周怀政发生矛盾。周怀政与客省使（掌契丹、高丽国信使见辞宴赐及四方进奉、四夷朝觐之事）杨崇勋等人合谋，欲杀掉丁谓，复相寇准，奉赵恒为太上皇，传位太子，废刘皇后。并商定于天禧四年（1020）七月二十五日起事。就在政变发生的前一天晚上，杨崇勋临战畏惧，向丁谓作了告发。丁谓闻变，身穿便服，乘坐妇人轿车急找枢密使曹利用商量对策。次日天亮，曹利用即进宫入奏赵恒。周怀政正欲部署起事，突然闯进一队卫士，将他逮捕，与此同时，周怀政的同谋者也一一被抓。刘皇后亲自审问了周怀政等人，奏告赵恒，将他们斩杀于城西普安寺。丁谓借此大兴冤狱，排除异己。与周怀政有过联系并献"天书"的永兴军巡检使朱能闻丁谓派兵抓他，自缢而死。寇准也被贬为道州（今湖南道县）司马。

此后，丁谓更加专权，凡不阿附自己的人，即被指斥为"寇党"，轻者贬官，重者流放。赵恒的病也日渐危重，不仅喜怒无常，且更健忘、语言错乱。寇准被贬后，他则问左右说："我为什么久不见寇准？"左右慑于丁谓权势，都不敢应答。李迪罢相后，赵恒欲相王钦若。丁谓却矫旨除王钦若使相、西京留守，出判河南府。赵恒只听说了王钦若已除授新官，但任的什么官，他却没有再问。天禧四年十一月，赵恒的病更加严重，不得不命皇太子监国，刘皇后与太子同莅国政。又命在京城景灵宫中建万寿殿，让道尼、僧徒日夜为自己祈祷。

次年（1022）正月，改元乾头。赵恒抱病疾在东华门看灯，回去后即卧床不起，到二月十九日便在延庆殿去世。十月，葬于定陵（在今河南巩县），谥曰"文明章圣元孝皇帝"，庙号真宗。改元五次，在位前后共计26年。庆历七年（1047），加谥号"膺符稽古神功让德文明武定章圣元孝皇帝"。

宋真宗亲征澶渊宫廷斗争秘事

宋真宗亲临澶渊秘事

景德元年（1004年）九月，宋真宗多次得到边报，说契丹正在调动军队，准备粮草，要大举进攻宋朝。一天，真宗把辅臣召进宫中，商议抵御契丹的大计。他对辅臣们说："契丹准备大举南侵，此事至关重大，不可疏忽。朕准备亲征契丹，以决胜负。卿等以为何时进发为好？"

上任才一个月的宰相毕士安说："前些时陛下已经派遣将领率师出征，抗御契丹，只要责成他们务必尽心、守土报国就可以了，陛下用不着亲征。如果陛下认为必须亲征，以暂时驻跸（bì）澶渊（澶 chán 蝉；又名澶州，今河南濮阳）为宜。但是，澶渊城郭不大，陛下亲率大军前去，很多事情不好安排，最好准备一个时

期，然后再向澶渊进发。”和毕士安同一天担任宰相官职的寇准，不同意毕士安的意见。他说：“国家重兵，多在河北，必须有劳圣驾及时亲临澶渊，进发的日期不可延缓。”

两位宰相对于出征的时间意见不一致，真宗拿不定主意。他让辅臣们对这个问题再加仔细研究，提出具体意见。

这一次契丹的进攻，规模空前。辽国萧太后和辽圣宗耶律隆绪亲自出马，率领二十万大军，气势汹汹。宋朝北方州县的告急文书，一封接一封传到都城。九月(闰)间，一天夜里就来了五封告急文书。前线吃紧，真宗非常着急，赶快把寇准和其他大臣召来，商量如何对付。寇准不慌不忙，慢条斯理地说：“只要陛下亲征，前往澶渊，五天就可以打败契丹。”大臣们看到寇准鼓动真宗亲征，那么自己也少不了伴随前往，一些胆小怕死之辈，就想找借口退朝回府。寇准说：“正在商议大事，各位怎能离开？”

真宗害怕像他父亲那样吃败仗，犹豫不决，想回宫再考虑考虑。寇准劝真宗道：“陛下还宫，臣等就见不到您了。军务紧急，刻不容缓，迟疑不决，将误大事。请陛下不要回宫了，立即下令亲征。”事已至此，真宗才勉强决定亲征澶渊。

很多大臣反对御驾亲征契丹。副宰相王钦若是江南人，他私下劝真宗迁都金陵(今江苏南京)，这是躲避逃跑的办法。另一个大臣陈尧叟是蜀人，他请求迁都成都。真宗又没了主意，赶快再召寇准询问迁都好不好。

寇准已经知道这是王钦若、陈尧叟的主意，但他故意装作不知道。他对真宗说：“是谁为陛下出此下策，如此误国，其罪当斩！现在天子神武，将帅和谐，只要圣驾亲征，敌兵自当闻风退去。退一步说，纵然敌兵不退，那我们就出奇兵以阻挠契丹的计谋，坚守壁垒以消耗敌人力量。敌人疲劳，我们安逸，这还不是稳操胜券吗？事情这么明白，为什么要放弃宗庙社稷，去金陵、成都呢？圣驾南迁，人心崩溃，契丹乘胜深入，那时天下还能保得住吗？”听了寇准这一番话，真宗明白了利害，才不再动摇。

契丹军虽然大举深入，但由于宋朝军民坚决反抗，并没有取得多大的胜利，没等真宗率军亲征，便派人向宋朝提出议和。真宗怀疑契丹的诚意，毕士安却相信契丹。毕士安对真宗说：“契丹兵南侵以来，遭到我朝军民坚决抵抗，屡受挫折。进则不能，退则羞耻，这才提出议和，看来不是欺骗。”

真宗说：“卿等但知其一，不知其二。契丹因为军事上不顺利才请求议和，我们答应议和，他们必然提出要求条件。为了安定百姓，给他们一些钱财，那还可以。担心的是他们提出割让土地。如果那样，朕当誓师亲征，一决胜负。”

真宗虽然决定亲征，但是行动却很迟缓，直到十一月才出发。当时，朔风凛冽，天气严寒。内侍让真宗戴上貂皮帽，穿上轻暖的皮衣。真宗说：“将士们都是一样的冷，为什么我一个人要这样的穿戴呢？快拿下去。”真宗一路慢慢腾腾，快走到澶渊南城时，契丹兵前锋已经到达澶渊北城。澶渊有南北两城，相离三十里，中间隔着黄河。河上有用船排列组成的浮桥，是南北通道。越是靠近前线，一些人越害怕，又有不少大臣劝真宗迁都金陵，避一避契丹的兵锋。真宗又动摇了，寇准前来商议。寇准走到门口，听见内侍对真宗说：“敌人已到澶州，群臣还要让皇上前进，他们要把皇上置于何地？为什么不速还京师？”寇准刚进门，真宗就说：“您看南巡好不好？”这里真宗很讲究字眼儿，南迁避敌不好听，所以他用

“南巡”两个字。

寇准激昂慷慨地说：“群臣怯懦无知，简直像乡下佬和老妇人的见识！现在，契丹迫近，人心浮动，陛下只可前进一尺，不可后退一寸。黄河以北的军队，日夜盼望圣驾。只要看到陛下的銮舆，士气就会增长百倍。您说南巡，只要回转向南几步，就会导致万众顷刻瓦解。那时，契丹步步紧追，陛下哪里还能得到金陵呢？”不管寇准怎么说，真宗就是不说一句决断的话。

寇准离开真宗，迎面碰上禁军将领高琼。他知道高琼赤胆忠心，主张抗辽，就对高琼说：“太尉身受国家厚恩，今天准备怎样报答国家？”高琼身子一挺，大声说道：“为了国家，万死不辞！”寇准就把真宗正在犹豫不决的情况告诉他，让他一块儿再去劝说真宗。

寇准对真宗说：“如果陛下对臣说的还有疑虑，那就再问问高琼吧。”高琼不等真宗发问，就高声说道：“寇丞相说得很对。而且随驾军士的父母妻子都在京师，谁愿意丢掉亲人到南方去呢？如果南巡，军士半路上就会散亡。请求陛下立即前往澶渊。臣等决心以死报效陛下，契丹并不难破。”寇准也催促道：“军情瞬息万变，机不可失，请立即起程！”这样真宗才下令向澶渊进发。

真宗到达澶渊南城，众位大臣听说契丹军威很盛，不敢过河，请求真宗就驻在南城。寇准一再请求说：“陛下到了南城而不过黄河，是怯懦的表现，这既不能鼓舞士气，又不能震慑敌人，怎么能显示雄威，打败契丹呢？”高琼也再三请求真宗过河，而且命令卫士立即把真宗乘坐的辇抬来，催促真宗起驾。

真宗走到浮桥上，又想停下来。高琼急了，鞭打辇夫说：“还不快走！已经到了这里，还迟疑什么？”真宗到达北城，在大臣、将领的簇拥下，登上城门楼。当宋军看到真宗的黄龙旗时，齐声高呼“万岁！万岁！”皇上亲临最前线，表明了朝廷抗敌的决心。这个消息传到哪里，哪里就响起了欢呼声。“万岁！万岁！”的呼声，在城外几十里的宋朝军民中响成一片。

看到士气如此高涨，真宗非常高兴。他亲自巡视军营，召见诸将，给以慰问和鼓励，并且赏赐诸军酒食钱物。真宗把军事指挥全权交给寇准。寇准多谋果敢，号令明肃，士卒既畏服，又高兴。真宗看到寇准这么有办法，更加信任他，自己退回行宫，把寇准留在北城坐镇。寇准的确有大将风度，越是军情紧急，越沉着冷静，他故意和一些人饮酒欢歌，以示胜券在握。真宗知道这种情况以后，高兴地说：“寇准饮酒欢歌，我还担心什么呢？”

在此之前，契丹军到达澶渊北城之后，三面围城，颇为嚣张。守城的宋军在李继隆指挥下，严密防守，契丹无机可乘。契丹大将萧达览自恃武艺高强，带领轻骑前来视察地形。宋军张弓猛射，萧达览额头中箭倒地。契丹军急忙抢救，送回寨中，由于伤重，当晚死去。萧达览通晓天文，战功卓著，侵宋之谋，是他首倡。契丹名将战死，全军震动，这才打算同宋议和。

寇准罢相

澶渊议和秘事

十二月，契丹使者韩杞到达真宗行宫。这位使者提出议和，但要求宋朝割让土地。真宗说：“祖宗基业，朕不敢丢掉。要求割地，毫无道理。如果契丹坚持这

中华帝王

个要求，只有决一死战。为了体恤河北百姓战乱之苦，如果契丹要求财物，对朝廷没有大损害，历史上也有先例，倒可以考虑。”

寇准不赞成给契丹财物，而且想趁着军事上的胜利，要求契丹向宋称臣，并归还幽云十六州。寇准对真宗说：“只有这样，才可保今后百年无事。如果以给契丹财物的办法议和，数十年之后，契丹又会提出新的要求。”真宗说：“数十年之后，自会有抵御契丹的人，我不忍看到百姓遭受战争的灾难，姑且同意议和吧！”本来寇准打算坚持自己的意见，但是，反对他的人散布流言蜚语，说他是想利用战争提高自己的权势。这样寇准才不再说什么了。

为了进一步商谈议和问题，真宗派曹利用出使契丹。临行之前，曹利用请示真宗，可以答应契丹多少银绢。真宗回答道：“实在不得已，就是给一百万也可以，只要契丹退兵。”寇准一听，每年给契丹一百万，这还了得！他立即把曹利用叫来，严肃地吩咐他说：“尽管圣上答应百万之数，但你只能答应三十万，超过这个数字，我砍了你的脑袋！”曹利用唯唯而退。

这天，内侍对真宗说，曹利用从契丹回来，要来叩见皇上，报告议和情况。由于真宗正在吃饭，不便召见，就让内侍出去问曹利用许给契丹多少银绢。曹利用答道：“这是机密大事，必须面奏皇上。”真宗急不可待，再次遣内侍去问。内侍对曹利用说：“姑且先说个大略吧。”曹利用仍然不肯明说，只伸出三个指头，放在自己的面颊上。内侍回来对真宗说：“曹利用三指加颊，可能是三百万。”真宗一听，忍不住说：“太多了！”一会儿，又说：“只要契丹退兵，也可以吧。”

这时，曹利用已经来到门口。他先听真宗嫌“太多”，有些惊慌；又听说“也可以”，才放下心来。曹利用给真宗叩头之后，一再口称“有罪”，不住地谢罪说：“臣答应的银绢太多。”真宗着急地说：“到底多少？”曹利用答：“每年给银十万两，绢二十万匹，共三十万。”真宗一听这个数，不由得喜出望外，马上重赏曹利用。

为了庆贺议和，真宗在行宫大宴群臣，然后班师，向京师进发。

澶渊议和以后，寇准的威信大为提高，真宗对他特别信任。有一次朝会，寇准比别的大臣先退下去。他退出时，真宗以亲切的目光相送，这是对功臣很高的礼遇。那个劝真宗迁都金陵的王钦若，问真宗道：“陛下那么尊重寇准，是不是因为他对社稷有功呢？”真宗答道：“是这样。”王钦若说：“澶渊之役，陛下不认为是耻辱，反而认为寇准对社稷有功，臣很不理解。”

听了这话，真宗十分愕然。他想，当初寇准力排众议，劝我亲征；在澶渊坐镇指挥，挫击了契丹的气陷；在同契丹谈判中据理力争，当然是社稷功臣！他对王钦若说：“你为什么说澶渊之役是耻辱呢？”王钦若答道：“敌人兵临城下，被迫缔结盟约，圣人孔夫子修的《春秋》，认为这是耻辱的事情。澶渊之役，陛下以万乘之尊，同契丹订立城下之盟，这是多么耻辱的事啊！”这一番话的确蒙蔽了真宗，他现出满脸的不高兴。王钦若看到自己的话起了作用，就进一步说：“陛下知道赌博吧，那些输急了的赌徒，往往把剩下的全部钱财赌上，这叫‘孤注’。澶渊之役，寇准把陛下当作孤注，真够危险呀！”

当初王钦若劝真宗迁都时，寇准说这是下策，该当杀头，王钦若十分恼火。澶渊议和之后，真宗那么尊重寇准，王钦若非常忌妒。这个人最善于揣摩真宗的心意，看着真宗的脸色说话，经常给真宗灌迷魂汤，因而深得信任，真宗一看见他

就高兴。王钦若琢磨了很久，到底想出了这一番话，加害于寇准。从此，真宗就不那么喜欢寇准了。景德三年(1006年)二月，真宗罢了寇准宰相的官职，命他到陕州(治所在今河南陕县)作知州。

宋真宗秘闻

神人下降

汀州有个人叫做王捷，他说他在南康这个地方遇到一个姓赵的道士，传授给他炼丹术，还给了他一把精制的小神剑。原来这个道士是上天的司命真君，也就是本朝的开国皇帝宋太祖之父。大臣刘承硅把此事奏给真宗皇帝，皇帝一听深信不疑，赐给王捷一个新名字叫王中正，并可到龙图阁上书言事。不久又给他的祖父追加一个封号——司命天尊，又任命王中正为左武卫将军。

真宗对身边的大臣说："我梦见一位神人传达玉皇大帝的旨命。'我原先命令你的祖父赵元明传授给你一部天书，现在还要让他去见你。'第二天又梦见神人传达我祖父的话：'你要摆设六个座位等候我，我的座位要靠在西边。'于是当天就在延恩殿设立道场。到了五更之初，先是闻到一股奇香，接着黄光射满大殿，祖父驾到。我一再在殿下参拜。不一会儿又来了六个人，向祖父作揖，然后各就座位。祖父让我到他跟前去，他说：'我是人皇九人中的一人，是赵家的始祖，第二次降生就是好粮皇帝，后唐时又降生于赵家，现已百年。你作为皇帝要好好保护黎民百姓，我就不详嘱咐了。'说完就离开座位驾云而去。"

王旦等大臣听真宗这样一说，莫不跪拜称贺。于是真宗下诏告谕天下，赦免刑犯，加息于众。又命令丁谓等人撰写《崇本仪注》，记载此事。在这一年的闰月里，真宗给其祖父加封尊号为"圣祖上灵高道九天司命保生天尊大帝"，祖母封号为"元天大圣后"。于是又加封太庙大室尊号。群臣为真宗加的尊号为"崇文广武威天尊道感应佑德上圣钦明仁孝皇帝"。不久，又建造景灵宫以供奉圣祖。因为孔子的谥号犯圣祖的名讳，把孔子"元圣先师"的世号改为"至圣先师"。

令兄改名

大中祥符五年(公元1012年)。宋真宗赵恒立德妃刘氏为皇后。皇后父刘通，官拜虎捷都指挥使，攻打太原，半道死去。皇后是刘通的第二个女儿，皇后在婴儿时就失去双亲，被外祖家所抚养，她很会玩拨浪鼓。蜀地有个叫龚美的人，是个银匠，把她领到京城。十五岁那年，她进入禁王府。真宗即位，入宫任为美人，又想要把她封为贵妃，大臣李沆不同意。不久以"修仪"的身份进封为德妃，在后宫受到皇帝专宠。郭皇后死去，真宗想立德妃为皇后，翰林学士李迪劝阻说："德妃出身贫寒低下，不可以做天下之母。"参知政事赵安仁也说："不如让沈才人做皇后，因为她出身于宰相之家。"真宗没有听他们的话。

真宗想让杨亿草拟进封皇后的诏书，就派丁谓去传达旨意，杨亿感到很为难。丁谓对他说："你勉强草拟成它，不愁不大富大贵！"杨亿回答："像这样求得富贵，可不是我所希望的！"于是只好让别的学士去草拟诏书。

刘氏当了皇后以后，因为没有家族至亲，所以就把龚美当做哥哥，并改其姓为刘。刘后听说李迪说过她的坏话，非常恼恨。刘后性格聪敏机警，通晓书史，

听到朝廷发生什么事，都能原原本本地记住。皇帝退朝之后，要批阅大量奏章，往往要看到半夜，刘后也都参加，提出己见。皇宫中有什么疑难之事需要回答，她总是援引先前的事例、制度来答对，因此，皇帝非常器重她。此后，她逐渐干预朝政，皇帝也情愿同她商量。大臣屡次劝说皇帝。皇帝始终不听，照旧与皇后商议国事。

效唐明皇

宋真宗亲自去参拜奉祀老子的太清宫后，就给老子李又加上封号：太上老君混元上德皇帝。大臣孙文向皇上进言："陛下你事事仿效唐明皇的做法，难道你把唐明皇看做是一个贤明有道的君主吗？"真宗说："我东封泰山、西祀汾阴、参谒皇陵、祭享老子这几件事，都不是从唐明皇那里开头的；况且唐朝开元年间以来的礼制，尚被现在所沿用，不能因为发生'天宝之乱'，就说先前什么也不对。"于是真宗就写了一篇《解疑论》，示给群臣。孙文只好把此文奉做大书，发给京城各色人等，于是尽去拜谒太清宫。大臣丁谓为此奉献一只白鹿，九百五十棵灵芝草。

宫中火灾

荣王赵元怦是宋太宗的第八个儿子。有一天，他的家里起火，蔓延到皇帝的宫殿、楼阁和内库，主管大臣向皇帝揭发此事，肇事者应当处死并牵连许多。大臣王旦对真宗说："陛下，您不是发下诏书说责任在您吗？现在竟想杀掉许多有牵连的人。况且，起火的原因虽有踪迹可寻，但是，怎么能知道不是上天在惩罚我们呢？"真宗欣然采纳了他的意见，结果有几百人被免除了死罪。王旦这句话救活了不少人。

敲鼓女郎强夺人子

从敲鼓女到皇后

宋真宗景德年间，由于对北方辽国达成了"澶渊之盟"，朝廷上下一派和平气象，于是，宋真宗自得其乐地做起了太平天子。先是摆驾泰山大搞封禅，又转道曲阜拜孔庙，然后，出潼关，渡渭河，奔西岳祀奉皇天后土。六宫妃嫔、文武百官浩浩荡荡随驾，折腾了好几年。西行回来后，皇后郭氏因劳累过度，又受了风寒，竟是一病不起，于景德四年四月逝世，终年三十二岁。

过了两三年，真宗召集大臣们开会，商议册立继后的人选。在后宫，真宗最宠爱的有三个人，一是刘德妃，一是杨淑妃，还有一位是沈才人。杨淑妃是天武副指挥使杨知信的侄女，沈才人是宰相沈伦的孙女。三人之中，谁有足够资格当选皇后呢？只听真宗先开口说道：

"刘德妃入宫多年，贤淑宽仁，又为朕生下皇子，朕有意册立她为皇后。"

话音刚落，文官中闪出一位大臣跪下奏道：“不可不可！”

真宗一看，是翰林学士李迪，便问是什么原因。

李迪直言奏道：“刘德妃出身微贱，不配母仪天下！”

真宗听了十分恼怒，厉声说道：“刘妃的祖先曾任大将军之职，父亲刘通乃虎捷都指挥使兼嘉州刺史，怎能说她是微贱之人？”

李迪一时语塞，只得退了下去。

“陛下意欲册立皇后，臣以为沈才人出身相国门第，更为合适。”参知政事赵安仁又提议道。

真宗不加思索，一口拒绝：“刘妃入宫在前，沈才人在后，后不可越先。朕以为刘妃才德俱全，足可正位中宫，朕意已定，众卿不必多言！”说罢，便退朝回内宫去了。

这位刘德妃，为什么能得到宋真宗的一心宠爱呢？

二十多年前，早在宋太宗太平兴国年间，汴京城内传说着一桩新鲜事儿：银匠龚美有个表妹，不但生得艳如桃花，而且善于敲鼓，鼓音抑扬顿挫，动人心弦。于是，惹得一班王孙公子、市井游客纷纷前去龚美家，一睹为快。

原来，龚美本是蜀人，他表妹名叫刘娥，原籍华阳（今四川剑阁一带），是个出身宦家的小姐。她祖父在后晋时做过骁卫大将军，父亲是嘉州刺史，在征战途中不幸病死。当时，刘娥尚在襁褓中，失去了依靠，被送到外祖父家抚养。在她十五岁那年，表哥龚美把她带到了汴京。

刘娥的名声传开后，吸引了少年风流的皇子元侃。他与刘娥同年，当时封襄王，还没有被立为皇太子。一天，元侃带了几名贴身随从，悄悄找到龚美的家。当刘娥知道眼前这位身穿华服的少年的真实身份后，格外殷勤相待，她期望这位少年能改变她的命运。美貌、伶俐、媚人的风情，加上悠扬悦耳的乐鼓声，皇子被深深地迷住了。当天，他就把刘娥召进王府，作为贴身侍女使用。

元侃的乳母秦国夫人，对元侃管束很紧。她见襄王身边突然来了一个美貌妖娆的侍婢，看两人的举动，如漆似胶，一定做出了不轨之事，不由焦急万分，皇子若迷恋女色，不图上进，那怎么得了？她赶快进宫去向太宗告状。太宗听了大怒，把儿子召去狠狠训斥一顿，严令他即速把刘娥赶出襄王府。君命难违，元侃只得忍痛送刘娥出去，但还是偷偷地把她安顿在王府属官张耆的家里。

两情缱恋之中，过了十多年。真宗即位后，立即把刘娥接进皇宫，封为美人。刘娥聪明圆滑，对郭皇后恭敬小心，与众妃嫔和睦相处，人缘很不错，皇帝又对她专宠异常，因此，她步步高升，进为修仪、德妃。

对皇后桂冠早已垂涎三尺的刘娥，在郭皇后死后，便着手实施自己的计划。她想，要超越杨淑妃和沈才人，只有乘真宗还没有子嗣的时候，为他生下长子，自己就有希望立为皇后了。偏偏她的肚皮不争气，日夜祈祷，也没有如愿。后来，她终于想出了一个绝妙的主意。

刘娥身边有个亲信侍女，生得美貌而端庄，她让这个侍女去侍候真宗，为真宗铺床叠被。果然，李氏被真宗看中而召幸，不久就怀了孕。有一天，真宗带领妃嫔游砌台，李氏也在。一不小心，李氏头上的玉钗坠落在地，她不觉吃了一惊，很为心疼。真宗却在心中默默祈祷，假如玉钗落地后完好无损，李氏则生男孩。结果拾起玉钗一看，竟是完好无损。真宗大喜。后来，李氏分娩后，真的生了一个皇子，取名赵受益。真宗中年得子，分外疼爱。

凭借真宗的宠爱，刘妃提出，把受益作为她自己的儿子，亲如抚育。真宗同意了，刘妃还以甜言蜜语哄骗淑妃，要淑妃同她一起抚养受益，将来一定不忘大恩。善良随和的杨淑妃一口答应下来。于是，她下令后宫上下不准泄露，又对外宣布说：皇子受益是她生的。

在大臣会议商量皇后人选之前，刘妃就取得了真宗的允诺，立她为皇后。

做武则天的美梦

宋真宗天禧四年（公元 1020 年），五十三岁的真宗患了风疾，不能处理朝政，皇太子赵祯（即真宗的独子赵受益，立为太子时改名）年方十岁，于是，内外政事多由皇后刘娥裁决。

刘氏自当上皇后之后，更加留心国事，也更努力地博览经史。她悟性很强，从小又读过不少书。每逢真宗批阅奏章时，她陪在一旁帮着浏览，并用心实习，朝廷诸事她都记住不忘，真宗决裁时若有疑问，她便引用史事作比喻，援古论今，颇有道理。因此，越发得到真宗的爱宠。逐渐地，刘皇后便干预起政事来。

妇人干政，自然引起一班以正统派自居的大臣强烈不满，尤其是位居宰辅的寇准。一天，寇准进宫探视真宗，见四下无人，悄悄地对真宗说："为社稷宗庙大计，陛下可令皇太子监国，并选派忠正能干的大臣辅政，则没有后顾之忧了。"真宗点点头表示同意。寇准奉旨，立即密令翰林学士起草命太子监国的诏书。他以为这件事做得万无一失，很是得意，竟在一次酒后失言，让尚书左仆射（相当于左丞相）丁谓知道了。丁谓素来妒忌寇准，怕寇准巴结上皇太子后，会影响他的地位，便勾结宦官，入宫去向刘皇后报告，说寇准这样做的目的是排挤中宫。

刘皇后正怀着唐武则天那样的野心，听到这些自然愤恨异常。她自作主张，以真宗的名义下诏，将寇准免去宰辅之职，改授太子太傅、莱国公这一虚职，而以丁谓取而代之，升任同平章事（宰相）。这一切，病中的真宗全被蒙在鼓里。

刘皇后犹不肯甘休，想再度兴风作恶，设法扳倒寇准，恰逢真宗病体略有好转，她才不敢擅自盲动，于是，又在真宗跟前挑拨是非，胡说皇太子继位心切，鼓动寇准等大臣，妄想逼迫病中的真宗禅位。大臣们竭力为太子辩白，说他十岁的孩童，哪里会做这种事，再说真宗也不忍心加罪于惟一的爱子，只是把寇准贬为太常卿，出任相州刺史。

转眼又是两年过去了。到乾兴元年（公元 1022 年），过了元宵节，真宗旧病

复发，竟是一天比一天沉重，到三月仲春，已是危在旦夕。那天，他把刘皇后召入寝殿，嘱咐道："太子年幼，即使天资聪明，也不懂如何处理国事。大臣中，还是寇准、李迪二人最为忠直，可托大事。"说完这话，便瞑目而逝。刘后哭了几声，密嘱亲信宦官，把丁谓以及参知政事王曾两人召进宫来，向他们口授真宗的遗诏："皇太子即皇帝位，尊皇后为皇太后，淑妃杨氏为皇太妃，并由皇太后处理军国重事。"

遗诏起草完毕的这一天，在文武大臣的簇拥下，皇太子赵祯在真宗的灵柩前登上皇位，即是宋仁宗。那么，皇太后辅政采用怎样的形式呢？王曾奏道，应效法东汉时的做法，请太后坐在皇帝右侧垂帘听政。丁谓不同意，说："皇上年幼，一切大事应由太后处置，皇上只须于每月初一、十五召见群臣两次；遇到军国大事，由太后召集宰臣商议决定。至于一般小事，由押班（宦官中的领班）传奏进去，盖上玉玺颁行下去便可。"

王曾一听，变了脸色，斥道："太后与皇帝不在一起议事，让朝权掌在宦官手里，岂不隐伏危机？"

丁谓撇撇嘴，不以为然。其他大臣也议论不一，一时无法决定下来。

谁知不几天，就有太后手谕颁布下来，说辅政的形式，就按丁谓的意思。原来，在太后的默许下，丁谓串通了押班宦官雷允恭，不管大小政事，必须先经过丁谓，然后通过雷允恭奏报太后，这样，丁、雷二人便可擅权谋私，而把新皇帝架空起来。但幸亏有王曾为首的一班正直大臣，刘太后也还能秉公处理朝政，因此，朝廷内外也没发生什么意外变故。

刘太后辅政十一年，政令严明，恩威并施，基本上能起用忠直之士，贬黜奸佞小人。丁谓和雷允恭也都被她治以不法之罪。王曾尽管处处节制她的权力，还是被她升为宰相。当然，她也有过像武则天那样的奢望，想尝尝做女皇帝的滋味，但又害怕朝内外有人反对。有一次，她试探性地问参知政事鲁宗道：

"唐代武则天是个怎样的皇帝？"

鲁宗道回答说："是个危害唐室社稷的千古罪人！"

她听了默然不语。她熟黯史事，当然怕在青史上留下恶名。因此当后来三司使（管理财政的中央大员）程琳把一幅武则天临朝图献给她，要她效法武后称帝时，她把图狠狠掷于地下，说："我不做这种对不住祖宗之事！"

宋仁宗赵祯

仁宗赵祯

少小继位　太后秉政

仁宗赵祯，初名受益，真宗第六子，母李宸妃也。大中祥符三年四月十四日生。

赵祯降生以后，举宫欢庆。真宗更是喜悦非常，把他视为掌上明珠，因为其前五子相继夭折，所以受益作为真宗的惟一继承人。不满5岁的时候，真宗就采纳朝中大臣的建议，对他封爵建号，以系人望。授命他为左卫上将军，封庆国公，并规定了月给俸钱二百贯。受益7岁时，真宗又为他举行了隆重的加冠礼，再授忠正军节度使兼侍中，进封寿春郡王。制命一下，宋朝各州郡都纷纷上状庆贺。

大中祥符九年(1016)三月，真宗命在皇城内元符观以南，专为受益建造了读书学习的学宫“资善堂”。任命宦官入内押班周怀政为学宫都监，宦官杨怀玉为伴读，任命河北转运使张士逊、左司谏崔遵度为受益的启蒙教师。从此，受益开始接受正规而严格的儒学教育。天禧二年(1018)二月，真宗又采纳宰辅向敏中、王钦若等人的建言，以升州(治今南京市)为江宁府，设建康军，作为受益的封地。同时授受益为建康军节度使，加官太保，封升王。命直昭文馆张士逊、直史馆崔遵度为升王府谘议参军，直史馆晏殊为记室参军。天禧二年八月，真宗在崇政殿召见宰相向敏中等人，出示陈执中的《演要》，决定立皇太子。八月十五日，真宗下诏，立升王受益为皇太子，赐名祯，增月俸为二千贯。同时任命了张士逊、崔遵度等东宫官吏。九月，又举行了隆重的皇太子册封礼，赵祯被正式确立为帝位继承人，这年，他才9岁。

乾兴元年(1022)三月，真宗在延庆殿病逝，赵祯奉遗诏即皇帝位，年仅13岁。

赵祯即位后，奉遗诏尊刘皇后为皇太后，杨淑妃为皇太妃，军国大事则与皇太后一起听奏处理，实际上，军政大权已完全掌握在刘太后手中。宰相丁谓等人对刘太后也极尽奉承之能事。

第二年正月改元，丁谓为取悦刘太后，议改“天圣”(取“天”字析为二人，二圣人同执政之意)，得太后赞同。丁谓既得太后欢心，在朝中也更飞扬跋扈。

丁谓的所作所为很快激起朝野的愤慨。当时京城流传一句话说：“欲得天下宁，当拔眼中钉(丁谓)；欲要天下好，莫如召寇老。”此话传到刘太后的耳朵，开始对丁谓有所不满。不久，王曾借雷允恭擅移真宗陵穴一事，奏明刘太后，说是丁谓与雷允恭相互勾结，包藏祸心，欲为不轨。太后听后大怒，杖杀雷允恭，贬丁谓河南府(今河南洛阳)，又贬崖州(今海南崖县)。丁谓所亲信的参知政事任中正、刑部尚书林特等人，也先后被贬。王曾被擢与冯拯为相，权知开封府吕夷简、龙图阁直学士鲁宗道被擢为参知政事，任副相。赵祯也改为每逢三、五与太后一起御承明殿听政。

对当时朝廷中发生的变动，年幼的赵祯既不过问，也无兴趣，除了陪太后例定的坐朝听政外，仍专心于练他的书法，致使他后来的飞白书，体势遒劲，颇有功力，在宋代皇帝中，勘称首属。

随着日月的流逝，年龄的增长，赵祯逐渐成熟，处事有了自己的主见和思想。从乾兴元年(1022)起，他开始练习处理政事，开始逐渐摆脱太后的约束和管制。15岁时，由太后作主，为他立前勋戚郭崇的孙女郭氏为皇后，他十分不满。因他此时正热恋着与郭氏一起入宫的张才人。他以疏远郭氏，进张氏为才人，又进为美人的办法，来表示对太后专擅的不平。尤其是刘太后掌权既久，百官群臣慑于太后的独断，多不敢言朝政得失，言路闭塞。赵祯借唐代设匦函的故事，与参知政事共商，禀明太后，特诏设置了理检使，由御史中丞兼任，职掌上诉朝廷的冤枉之狱及有关谏奏朝政得失的上书。明道元年(1032)，又诏设置谏院，知院官规定由皇帝亲自任命差遣。凡朝政阙失、大臣至百官任用不当、三省至各官署事有违失等，都可以上书谏正。

明道二年(1033)三月，刘太后病卒，遗诰赵祯尊皇太妃杨氏为皇太后，听政如旧规，军国大政与杨太后一起裁处。最后在宣布刘太后遗诰时，删去了“皇帝与太后裁处军国大事”一语，只存后语。杨太后退居保庆宫，称保庆皇太后。至此，赵祯结束了他的儿皇帝生活，独立主政。

废立息争　赐纳和患

赵祯亲政以后，首先大规模地进行人事调整，首先罢黜内侍罗崇勋等人，接着把被刘太后所亲信的人如枢密使张耆、枢密副使夏竦和范雍、参知政事陈尧佐和晏殊等人，全都贬为外官。宰相吕夷简虽力助赵祯，也因被怀疑曾阿附太后，被罢相，贬出判陈州。重新起用张士逊、李迪为相，任用翰林侍读学士王随、权三司使李谘共参国政。

明道二年(1033)十二月，因为连年旱蝗，有人提出应改元以应天变，导迎和气。还有人提出，明道之前，建元天圣，是当时丁谓为取悦太后所为。后改明道，“明”字日、月并列，义与天圣相同，也应改元。赵祯于是下诏，明年改元“景祐”。赵祯对由刘太后作主，为他立郭皇后一事，始终耿耿于怀。故赵祯最后还是以郭后无子为借口，废郭氏为尼，幽居长宁宫。范仲淹也因谏被贬为外官。

郭后既废，赵祯专宠尚氏、杨氏等人，酒色度日，钟鼓弦乐之声，昼夜不断，闻于宫外，政事渐疏。尚氏等人竟在后宫以“教旨”发号施令，赵祯本人也因酒色无度而病。一时宫廷传言，流布道路，朝议大哗。百官群臣以国是为忧，纷纷上书，要求整肃后宫，杨太后也亲劝赵祯。景祐元年(1034)九月，诏立刚刚入宫的前勋臣曹彬的孙女曹氏为皇后，皇后之争暂时平息。

不料“内忧”刚平，“外患”踵至。这时，宋朝的西邻党项政权迅速发展起来。景祐五年(1038)十月，元昊正式称帝，建国号大夏，改年号“天授礼法延祚”，设官立职，改定兵权，创制文字、礼仪制度，完成了建立西夏国的巨大事业，成为宋朝西邻的强大竞争对手。

宝元二年(1039)四月，元昊派人使宋，要求宋朝承认夏国，册封帝号，打探宋朝动静。赵祯与诸朝中大臣久议不决，直到这年六月，才决定削去宋封元昊官爵，备兵对夏征讨。十一月，元昊却先发制人，率兵入侵保安军(今陕西志丹县)，

分兵 30000 围攻承平寨(今陕西延安西北),并声言攻宋朝西部的边防重地延州(今陕西延安)。

延州之战,宋军损失严重,关辅震动。赵祯忧心忡忡,召诸臣商议对策。不得已,赵祯起用主战的韩琦为陕西方面的统帅。韩琦又举荐了范仲淹。范仲淹奉命知延州,率兵攻打西夏,才得以收复失地。

宋军稍获胜利,赵祯以为元昊惧宋,又派人潜入西夏,挑动西夏自相残杀,希求坐获渔人之利。此举使元昊恼怒非常,于庆历二年九月,又一次大规模出兵侵宋。赵祯命镇戎军守将葛怀敏率军抵御,在定川寨(今宁夏固原西北)被夏军围攻,部伍相失,阵乱溃败,死伤兵士 9400 余人,损失战马 600 余匹。夏军乘胜直驱渭州(今甘肃平凉),幅员数百里,庐舍焚荡,居民遭掳。

经定川一战,夏军声势日振,宋军益衰,赵祯不得不谋求与夏议和,密诏知延州庞籍谕意元昊,说西夏只要息战称臣,其帝号、国号尽可保留。直到庆历四年(1044),元昊迫于辽朝的进攻,急于和宋抗辽,始答应称臣,同时提出巨额"岁赐"。赵祯满足于西夏称臣,连忙回书元昊说:"俯阅来誓,一皆如约。"答应了元昊的求和条件。这年十月,宋夏和约达成,夏对宋保持名义上称臣,宋册封元昊为夏国主,每年"赐"夏绢十三万匹,银五万两,茶二万斤,另加节日"赏赐"。

在宋夏胶着困战的同时,北方契丹政权也对宋朝虎视眈眈,抱有觊觎之心。赵祯亲政后,曾采纳知成德军刘平的建议,密敕河北沿边复建水田、广植树木,以备辽骑突入。景祐元年(1034),契丹以祭天为名,在宋辽边境屯结军队,作出兵侵宋的准备。赵祯闻报,命河北整饬军备,调夫役修治河北沿边城池、关河壕堑。庆历二年(1042)初,契丹大军压境,派人面见赵祯,质问宋朝出兵伐夏和增修边防,要挟宋朝把后周时收复的瓦桥关以南的十县之地割让于契丹。赵祯派右正言富弼出使契丹,提出或和亲或增"岁币"议和。几经交涉,契丹方面答应不割地,只增纳岁币重订和好。富弼力争不可言"纳",契丹方面则坚持或称献,或称贡,或称纳。赵祯最后屈从契丹之意,许称"纳"字而和。这年十月,双方缔结和约,宋朝以后每年增纳契丹银绢二十万两匹。契丹竟趁宋朝困于西夏之际,不费一兵一卒,凭空取得了巨额贡纳,这对宋朝来说,无异又一次"澶渊之盟。"

推行新政　半途而废

景祐二年(1035)二月,知兖州范讽被人弹劾,赵祯命李迪、吕夷简处理此案,吕夷简暗奏赵祯,李迪党庇范讽。赵祯不分青红皂白,即将李迪罢相,复擢枢密使王曾与吕夷简同相,实际上,由吕夷简独揽大权。吕夷简竭力迎合赵祯天下大治的太平心理,极意粉饰,一味奉承,使宋王朝更陷入日益严重的统治危机之中。

赵祯亲政后,效法唐太宗"网天下英雄入我彀中"的作法,广开仕路,每届科举入取额多达千人以上。"殿试不黜落"也从这时起,成为不成文的规矩。取士日多,恩荫无节,加上内臣、外戚之类,进无辍止,使冗官冗吏局面日趋严重。在与西夏的战争中,宋军虽屡屡战败,所任边将却越来越多。为备辽御夏,又不断扩充军队,使军员比真宗时的 40 万,猛增了一倍多。

因此,朝野忧国忧民之士担心着国家的兴亡、宋王朝的前途,他们纷纷上书,要求变革图强。其中的突出人物就是范仲淹。

赵祯亲政后,擢范仲淹任谏职。当时范仲淹就上疏,力请裁抑冗滥,提倡节

俭，主张变法图强。赵祯欣赏范仲淹的为人和胆识，又迁任他为天章阁待制、权知开封府。

严酷的现实使赵祯也隐约地感到了统治危机，开始有意更张政事，革除弊端。他想到了主张变法革新的范仲淹、欧阳修、余靖等人。于是庆历三年(1043年)三月，增加谏官人额，选拔素负众望的集贤校理欧阳修、余靖以及职方员外郎王素等人，供职谏院。四月，又擢任长期被贬外官的范仲淹、韩琦为枢密副使。七月，复迁范仲淹参知政事，以翰林侍读学士富弼为枢密副使。亲赐范仲淹等人手诏，让他们条奏当世急务，并诏谕各地守臣，凡民间疾苦，有利国家之事，务公心咨访奏闻。九月三日，还在天章阁召见范仲淹、富弼诸臣，赐坐和笔札，令他们疏奏革新政事。

范仲淹随即上了《答手诏条陈十事》的奏疏，提出了十项改革主张，即明黜陟、抑侥幸、精贡举、择官长、均公田、厚农桑、修武备、减徭役、覃恩信、重命令。与范仲淹上书的同时，富弼、欧阳修、余靖、韩琦等人也相继提出一些改革建议。赵祯一一采纳，然后颁发诏令，推行这些主张和建议，号称"新政"。

"新政"在赵祯的支持下进行。但是，新政的实施从开始之日起，就遇到朝廷中保守势力的反对。还在谏官王素、欧阳修等人上疏建议改革弊政之时，翰林学士苏绅就指斥他们是"虚哗溃乱"、"谋而僭上者"。尤其是反对派为抵制新法的实施，借赵祯最忌讳、几次下令申禁的"朋党"一事，掀起波澜。在吕夷简罢相后，曾起用判蔡州(今河南汝南)夏竦为枢密使。夏竦任职不久，被谏官余靖、欧阳修等弹劾，赵祯遂罢夏竦，以枢密使杜衍代之。

同时，"新政"也触及了一部分人的既得利益。如实行"明黜陟"、"抑侥幸"便使一大批贪官污吏和高官贵勋的利益受到损害，致其首先发难，毁谤新政，且愈演愈烈。加之朝中"朋党"之论更如雷贯耳，使赵祯对新政由疑虑进而为动摇。而这时京东地区又发生了以王伦为首的兵变起义，陕西地区发生了以张海、郭邈山等领导的农民起义，还有不少地方发生蝗旱之灾，赵祯都与实施新政联系起来，更失去了推行新政的信心，最后竟决意牺牲革新派，妥协反对派。

"庆历新政"似昙花一现，赵祯立志图强的信念也旋踵即逝。宋王朝仍沿着老路子继续走下去。

朝野惊变　无奈立储

正当赵祯为朝廷内部矛盾所困扰的时候，又传来使他更为震惊的消息：庆历七年(1047)十一月二十八日，贝州(今河北清河)宣毅军发生了王则领导的起义。宋军在贝州城下遭到义军的顽强抵抗，损兵折将。赵祯又派宦官携带敕榜招安义军，也为王则拒绝。一个月过去了，义军还没有被平定，赵祯带着十分忧虑的心情慨叹说："大臣无一人为朕了事者，日日上殿何益？"参知政事文彦博要求赴河北镇压起义，才使赵祯焦虑之心略得安慰。

庆历八年(1048)正月初，赵祯命文彦博为河北宣抚使，明镐为副，加紧攻打贝州城。文彦博采纳军校刘遵的建议，以大军急攻北城，乘义军不备，在南城墙下，挖凿地道，选精锐士卒潜入城中，打开了城门，宋军纷涌入城。赵祯下令州郡大搜"妖党"，被逮者不可胜数。

继贝州兵变之后，庆历八年闰正月十八日夜，又发生了宫廷卫士之变，更使

赵祯惊心丧胆。

这天夜里，赵祯正宿于曹皇后宫中。至半夜，崇政侍卫官颜秀、郭逵、王胜和孙利等人，趁夜深人静之时，杀死守宫的军校，夺得了兵器，越过延和殿，直奔赵祯的寝宫。宫女的叫喊声，惊醒了赵祯。他惶恐不安，披衣下床，出门逃避，被曹皇后从后抱住。曹皇后插紧门阖，急呼宫人召侍兵入卫，内侍宦官们也被紧急动员起来。颜秀见势，与郭逵等纵火而撤。逃遁中，被蜂拥而来的宫卫、宦官等围困。颜秀、郭逵等挥刀与之展开激烈的搏战，最后全部战死。

惊恐之余，赵祯大兴狱事。皇城司和入内内侍省的官员人等，以失职罪多遭贬谪。后阁侍女和宦官中被怀疑与颜秀之变有联系的，也一一被处死。仍不放心，每到夜晚就心悸的赵祯又命人把宫中临近屋檐的大树统统伐倒，重新缮治城垣，整修门关。前宫后殿也令养起了狗。

政荒民敝，使赵祯已感困扰不堪，而更令他心焦的还是他的皇位继承人。从15岁，刘太后就为赵祯立皇后郭氏，又选美女充盈后宫，可是此后十几年中，无一嫔妃为他生出皇子。宝元二年(1039)，苗美人又为他生子，满朝喜悦，赵祯亲为儿子起名昕，封爵加官，不料赵昕只活了一年半便夭折。庆历元年(1041)，朱才人再为赵祯生子，赐名曦，封鄂王，但是也不到三岁即夭亡。皇嗣成为当时朝廷内外最关注的大事之一，因而此后就发生了有人冒充皇子的事件。

嘉祐六年(1061)闰八月，知谏院司马光上疏，复以早定继嗣为国家至大至急之务陈言，继之面见赵祯力请。闻听司马光所言，赵祯沉思不语:几年来群臣百官密请建储的奏疏接连不断地送进宫来，不能不慎重对待了。这才对司马光道:“卿所言是不是让朕选宗室为嗣?”司马光没有正面回答，而是说:“臣言此自认为该死，但还望陛下虚怀听纳。”赵祯装作漫不经心地说:“这没有什么，这样的事古来就有。”九月，司马光、殿中侍御史里行陈洙、知江州吕海等人再连章固请，乞选宗室之贤立以为后。赵祯不得已，说:“立嗣之事，朕已有意多时了，只是一直未得其人。”然后环顾左右问道:“究竟谁可为嗣?”韩琦上前奏道:“此事非臣等敢私议，还请陛下自择。”赵祯这才缓慢地说:“朕在宫中尝养二子，小的虽纯不慧，就立大的吧!”韩琦请赵祯指名。赵祯说:“就是宗实。”立嗣之议遂定。

嘉祐八年(1063)三月二十九日晚，赵祯病患加剧，忽急起索药，并召皇后。等曹皇后等人赶到，赵祯已不能说话，仅用手指了指心窝。随之医官入宫，诊脉、投药、灼艾，已无济于事。至夜，赵祯崩于福宁殿，终年54岁。十月，葬永昭陵(在今河南巩县境)，谥曰“神文圣武明孝皇帝”，庙号“仁宗”。计在位42年，改元多至九次，是两宋诸帝中，享国最长的皇帝。

宋仁宗宫廷秘史拾零

天圣三年(公元1025年)夏季四月，宋仁宗赵祯亲自到皇家庄园观看农夫收割麦子。他听到附近的农户有织布的声音，就派人给织布的女人送去茶叶和布匹。不久，仁宗又在后花园建造一座大殿，名为实岐殿，准备每年到这里观看收割麦子的情景。他对宰相说:“我建造此殿，不想种植花卉，每年都要在这里种上麦子，这样才能亲自体会到农民春种秋收之不易啊!”

张贵妃聪明伶俐有心计，善于逢迎，因此深得仁宗皇帝宠爱。其父张尧封也跟着沾光，死后被追封为清河郡王。她的叔父张尧佐也因这层关系，官至太师，

她娘家的人没有不做官为宦的。可是仁宗还是遵守宫中的法令制度，事无大小都交给朝廷大臣商议办理，凡是在宫内要求皇帝办的事情，虽然得到批准，但有时大臣不同意也只好停办。张贵妃虽然特别受宠，可是也不得干扰政事。等到张贵妃死去，皇帝甚为哀悼，以致停期七天，命令京城臣民在一个月之内不得奏曲唱歌。追封张贵妃为皇后。

嘉祐元年（公元1056年）正月初一，宋仁宗到大庆殿接受君臣朝拜，突然感染风寒，头晕目眩，赶忙参加完仪式就回宫去了。第二天，宰相文彦博召来宦官史志聪打听皇帝的病情，志聪说："这是宫中的秘密，我不敢说。"彦博斥责他说："你们出入宫中，不让宰相知道皇帝的起居情况，究竟想干什么？从现在起，皇帝病势是增是减，一定要按时告诉我。不然，当以军法处置！"文彦博又同刘沆、富弼商量，在大庆殿设坛为皇帝祈祷。于是文彦博等夜宿在大殿旁的房子里。志聪对他说："没有什么旧事可谈。"他说："难道我让你讲过去的事吗？"接着文彦博让皇帝赦免犯罪以下的囚犯，并让群臣为皇帝向天地宗庙祈祷。到了二月份皇帝痊愈，到延和殿主事，文彦博等人才回到各自家。

包拯在朝廷上一向以刚强不屈、正直无私著称，贵戚宦官都被他吓得收敛起来。上朝的大臣也都惧怕他，因为他总是一脸正气，严肃得很，有人打比方说，黄河变清他才能笑一笑。京城的妇女儿童都知道他的名字，称呼他为"包待制"。京城里流传一句话："关节不到，有阎罗包老。"有一天他对皇上说："太子空出的位置已经有很长一段时间，天下人都为此担忧。万物都有个根本，而太子就是天下的根本，如果根本不立，祸患就没有比这个再大的了！"仁宗问："你想立谁为太子？"包拯回答说："我没有什么能力为官，所以乞求立太子，是为了后继有人，世代接替。陛下问我想立谁，这是怀疑我有私心。我年已七十，没有儿子，不是想从这里为后代弄到什么好处。"皇上一听就高兴地说："过几天一定好好商议这件事情。"

有一年，宋仁宗看到发生的月蚀很不正常，几乎形成月全蚀，就预感可能有大灾大难，所以就想做点好事，以求上天的怜悯，于是前前后后从宫中放出近五百名宫女。当时后宫受到宠爱的宫女有十个人，称为"十美"。而刘氏和黄氏就在这"十美"之中，她俩尤为骄横凌人。她俩也在放出之列，就想打通关节留在宫中。御史中丞韩绛听到此事，就偷偷地告诉了皇帝。仁宗说："如果不是你说，我还蒙在鼓里。"于是立即审查此事，把这两个人放出宫去。

宋仁宗铲除心腹太监秘闻

梳头太监被逐出宫

宦官为害，在中国历史上是屡见不鲜的。从赵高的指鹿为马说起，称得上巨奸大恶的就有：东汉的十常侍，唐朝的李辅国，明朝的刘谨、魏忠贤，清朝的李莲英，等等。

正因为宦官乱政为害天下，所以，历代帝王都感到杜绝宦官作乱是势在必行而又十分棘手的问题。因为宦官是封建社会不可缺少的角色，这些人日夜围绕在皇帝的身边，由于身份的特殊，他们都练就了察言观色的本领，对皇帝的好恶了如指掌，所以，总能投其所好，使皇帝在不知不觉中把他们当成心腹，就会对他

们的种种恶迹采取姑息迁就的态度，久而久之，他们就有了兴风作浪的条件。所以，宦官专权，屡禁不止。

在这个问题上，宋仁宗的做法是颇值称道的。

有一天，仁宗在朝中处理政事到了掌灯时分还没处理完，就把尚未处理的一份奏折带回宫中，准备稍事休息后再筹思决策。由于一整天都戴着皇冠做事，因而感到头皮痒得厉害。刚回到后宫，连朝服都没来得及脱，就把一名专门负责梳头的太监叫来，对他说："我的头皮极痒，你给我梳理一下。"梳头太监应命为他搔头止痒，才把头发梳理好，仁宗的皇后就来到跟前。皇后看到仁宗怀中还有一纸公文，就问道："皇上，您怀中揣的公文中写着什么大事，以致让您带进宫中来处理？"仁宗说："是御使台呈交的一道奏章。""奏章中说的是什么事能让您这么重视？"皇后又问。仁宗说："奏章中说：'如果我一味地贪恋女色，不事节度，那么，就会被女色所误。现在，皇宫中供我临幸的宫女太多，应该进行适当的裁减。"梳头太监听到这里，不以为然地笑道："现在，京都上下，各王公大臣家都养着许多歌妓舞女，那些仕途顺利的人，还在不停地购买。而您的皇宫中，如今只有这么几个宫女，就有人说宫女太多，需要裁减。难道只让那些人快活就可以了吗？"对于这个心爱太监的话，仁宗虽然对他越权发言的举动极为不满，但是，因为平常用来得心应手，也就没有说什么。过了很长时间，仁宗还没有表示意见，梳头太监以为皇上对他的话动心了，就借机问道："奏章中说的，皇上一定要按照去做吗？"仁宗说："谏官们的话言之有理，我怎敢不去做？"梳头太监又说："如果陛下一定要裁减皇宫中的人，那么就请陛下从老奴我开始吧！"很显然，梳头太监之所以敢这样说话，是因为仁宗皇帝对他青睐有加，不然，即使是借给他一个胆子，他也不敢这样放肆地说话，因为这分明是在将仁宗的军。

听了梳头太监那番不合时宜而且是有恃无恐的话，仁宗皇帝勃然作色，他立刻意识到，这就是宦官乱政的开始，他所仗恃的，不过是我喜欢他。而古往今来，每一个宦官的干扰朝政，都是因为皇帝姑息养奸造成的，如果能防患于未然，那么，一个小小的宦官，又怎么能掀起滔天巨浪？以今天的情形而言，如果我对梳头太监的放肆的言论听之任之，那么，我先前的一切努力都将付之东流，今后，他不知会做出多少无法无天的事来。为了杜绝宦官干扰朝政的路，使天下宦官不敢轻言朝政，今天，我必须忍痛割爱，拿我所宠爱的梳头太监开刀，杀鸡给猴看，让所有宦官不敢轻言朝政。

想到这里，仁宗皇帝一咬牙，就从太师椅上站了起来，并立即传召了宫中的管事人员和掌管后宫花名簿的人。于是，仁宗皇帝就在后花园中决定所要裁减的人数，过了很长时间，仁宗又下了一道圣旨，规定从某人以下三十人立刻放出宫去。其中就有专门负责给仁宗梳头的那名太监，还有虽然没有什么名分，却宠夺后宫的尚氏、杨氏等。做完这些工作后，已到了晚餐时分，但是，仁宗却没有去进晚餐，而是坐在那里静等各有关人员复命。直到各部门都圆满完成任务后，仁宗才开始用晚餐。

吃完晚饭后，在用茶的那段时间里，皇后问道："专门管陛下梳头的太监是您最中意的人，为什么把他作为第一个该裁退的人送出宫去？"仁宗说："不错，在整个皇宫的太监中，我最喜欢他。但是，他不知自重，忘记了自己的身份，竟敢劝我拒绝群臣利国利民的建议，这样的人怎么能留在身边？"皇后听了，深有感触，她

对身边的宫女们说："不要多说话，更不要干预后宫以外的事，因为皇上不允许。你们没看到为皇上梳头的那名太监的下场吗？"就这样，仁宗皇帝舍弃了一个心爱的太监，就使整个皇宫中的太监们再也不敢轻言国事，从而，有效地防止了宦官专权现象的发生。

宋仁宗与郭皇后的恩怨寻踪

皇后为何误打了皇帝

仁宗十三岁登上皇帝宝座，两年之后，册立郭氏为皇后。仁宗贵为皇帝，这场婚姻却并不美满。原来，在为仁宗选皇后时，四川一个姓王的女子，姿色绝好，被送到京城选美。选皇后是大事，仁宗当然在心，可刘太后看了王氏以后，觉得太妖艳了。少年夫妻，控制不住情欲，这样的皇后，不利于少年皇帝的发育成长，太后不同意立王氏为皇后。但太后又认为这样漂亮的女子不多，就把王氏嫁给了自己娘家侄子，然后立郭氏为皇后。正因为这样，郭皇后虽为六宫之主，却得不到仁宗的宠爱。

郭皇后仗着有太后这个靠山，心高气盛，也没有想法儿去改善同仁宗的关系。皇后还有个毛病，忌妒心很强，不让宫中美女同皇上亲近。刘太后去世之后，仁宗没有了限制，这才遍阅后宫，细选娇娘。尚美人和杨美人，不仅容貌娇好，更会撒娇逗情，很快大为仁宗所宠幸。看到两个美人老是和仁宗缠在一起，皇后别提多恼怒了。对于皇上，郭后不敢说什么。尚、杨二氏，她却实在不能容忍，常常摆出皇后的威势，责备两位美人。无奈尚、杨二氏仗着皇上的宠幸，并不十分把郭后放在眼里，有时还敢顶撞几句。

一天，两位美人正在和仁宗嬉戏，不防皇后突然进来。郭后一脸怒气，训斥美人在皇上面前太不庄重。尚美人不仅不收敛，竟然反唇相讥。郭后心想，皇后的威势日渐下降，今后还有我的日子过吗，一定要好好教训这两个狐狸精。她一怒之下，举手就向尚美人的脸上抽去。仁宗知道尚美人胆子再大，也不敢向皇后还手，就赶快趋步向前，来庇护尚美人。皇后没防到皇上这一着，出手又急，缩不回来，竟然一掌扇在仁宗脖子上。

对于皇帝，哪个敢碰一下！这次竟然挨了一巴掌，仁宗当然十分恼怒，从此产生了废掉郭皇后的念头。内侍阎文应早就对皇后不满，乘机劝仁宗早下废后的决心。他说："陛下让执政大臣看看脖颈上的手痕，这样的事还得了吗？"宰相吕夷简早就和皇后有矛盾。还是刘太后刚去世时，吕夷简向仁宗上了一封奏疏，提出八条建议。仁宗很赏识吕夷简的建议，把他作为心腹大臣，仁宗刚刚亲政，担心过去和太后关系亲密的大臣，对自己不忠，就同吕夷简商量，要罢掉那些大臣的官职。回宫之后，仁宗无意中把同吕夷简商量的事情告诉了郭皇后。皇后说："吕夷简何尝不是事事听太后的？只不过他善于察言观色，有机巧应变的本领罢了。"这一句话不当紧，吕夷简宰相的官职就被罢免了。本来皇上同自己商量要罢别人的官，为什么突然自己的官也被罢了呢？吕夷简百思不得其解，就请和自己关系很深的内侍阎文应了解内情，这才知道事情坏在郭后。后来吕夷简再次当上宰相，一直想找机会报复。现在郭后打了皇上，正可出一口恶气，于是他也劝仁宗废掉郭皇后。

废除皇后，不是皇上的私事，而是国家的大变故，仁宗一时还拿不定主意。吕夷简进一步鼓动仁宗说："东汉光武帝，那可是个英明的君主。他的皇后只因为有些怨气，就被废掉了。手扇陛下的脖颈，情况就更严重多了！"和吕夷简关系很深的范讽也劝仁宗道："皇后立了九年也没有为陛下生个儿子，加上这档子事儿，真是该废。"这样仁宗才下了决心。

废后风波

明道二年(1033年)十二月，仁宗下诏说："皇后因为没有儿子，愿意离开后宫修道，特封为净妃、玉京冲妙先师，赐名清悟，居住长宁宫。"吕夷简估计这个诏书一下，谏官和群臣一定会出来规劝仁宗，就事先交待有关部门不得接受谏官和其他大臣的奏疏。因为有这一番部署，诏书颁下以后，规劝仁宗的奏章一份也送不进来。

谏官孔道辅无可奈何，就率领范仲淹、孙祖德等十人前往垂拱殿，跪在门口上奏道："皇后是一国之母，不能轻易废掉。请皇上召见我们，让我们把意见说完。"可是，内侍关了殿门，不给他们往里面传。孔道辅用力扣动门环，大声说道："皇后被废，使圣上落下坏名声，像这样的大事，为什么不让谏官说话呢！"过了一会儿，仁宗传诏出来说："你们到中书省去见吕夷简，他会告诉你们为什么皇后应当废掉。"

孔道辅一行气哼哼地走到中书省，质问吕夷简说："大臣对于皇上和皇后，就像儿子对待父母一样。父母不和，应该规劝，怎么能顺着父亲把母亲赶出去呢？"吕夷简答道："废掉皇后，前朝已有先例，有什么不可呢？"孔道辅和范仲淹反驳说："为人臣的应当引导君主学尧舜，怎能效法汉、唐失德废后呢？你不过引东汉光武帝废掉皇后去劝皇上，这正是光武帝失德之处，何足效法？"其他大臣也一齐质问吕夷简，七嘴八舌，驳得他无话可说。只见吕夷简站起来向大家拱一拱手，说道："请诸君自己去见皇上陈述高见吧。"双方僵持到这地步，再争下去也不会有结果，孔道辅和范仲淹等只好各自回府，相约明天朝会时留下百官同吕夷简当着皇上的面争辩。

吕夷简料到这些大臣不会罢休，立即上奏仁宗道："谏官串通一气跪在殿门口请求召见，这是太平盛世不应有的事情，应该把他们赶出朝廷，以示惩戒。"第二天，孔道辅等走到半路，就听到仁宗下诏，把孔道辅贬到泰州(今江苏泰州)做知府，范仲淹贬到睦州(今浙江淳安)做知府，孙祖德等各罚铜二十斤。诏书还说："谏官、御史，从今以后不许串通起来请求召见，以免惊动内外。"

尽管这样，朝廷内外仍然有人反对废掉皇后。大臣富弼上疏说："本朝自太祖、太宗、真宗三朝没有废后的事。陛下为人子孙，不能守祖宗之训，随便废掉皇后，治家尚且不合规范，怎么能把国家治好？范仲淹身为谏官，极力劝谏，是他的职责，陛下为什么加罪？假设所谏不妥，也要原谅，以招谏诤。何况范仲淹所谏，是说出了大家的话，陛下从私愤出发，不顾公义，以至取笑四方，实在失算！……百姓之家要休妻，也须得到父母允许。陛下废后，不告宗庙，是不敬父母。陛下这一件事犯了两个错误：废无罪之皇后，一也；逐迫忠臣，二也。这两项，都是太平盛世所不应有的，臣实在痛惜！"最后富弼说："如果一定要废掉皇后，至少要追还仲淹，仍让他作谏官，两过减一，这样谏路不绝，才是社稷之福。"仁宗没有接受

富弼等人的意见，不过也没有处罚他们。

宋仁宗与郭皇后两地情思

郭皇后被废之后，尚美人、杨美人更加无所忌惮，天天夜里侍寝仁宗，调笑嬉戏，无所不至其极。没有多久，把仁宗弄得神乏形疲，日见羸弱，常常不能按时上朝，议事时也无精打采。看见这个样子，群臣个个忧惧，可谁也不敢出来劝戒。又过了些时，仁宗因色成病，惊动了杨太后。太后看到仁宗脸色枯黄，瘦得皮包骨头，心中已料到几分，再追问仁宗身边的内侍，一切都明白了。杨太后本来不太管仁宗的事，但到了这个地步，不得不当机立断，立即传下懿旨，命阎文应把尚、杨二氏押出宫去。仁宗虽然舍不得，但是，一则身体的确被搞垮了，二则太后发话，不便违背。第二天，仁宗下诏："美人尚氏为道士，赐居洞真宫；杨氏另外安置，净妃郭氏出居瑶华宫。"

当年仁宗是在一怒之下，又受到吕夷简、阎文应的鼓动，废掉了郭后的。后来想到夫妻九年，自己也有对不住郭后的地方。尚、杨二美人那样放肆，不把皇后放在眼里，皇后怎能不生气。至于脖颈挨打，完全不是皇后有心。因为这件事，就那么决绝地对待皇后，实在太过分了。特别是尚、杨出宫之后，不由得常常想到郭后的好处，越来越觉得心中有愧。于是他几次派内侍到瑶华宫问候郭后，后来又赐郭后诗词。郭后看到仁宗赐给的诗词，回想往事，无限伤感，提起笔来，和诗酬答。仁宗看郭后的诗词凄婉，更加后悔，几次秘密派人去接郭后回宫，郭氏是做过多年皇后的人，很顾忌面子，不愿秘密回宫。她对仁宗派来的人说："若再召我回宫，必须按照礼仪，百官排班，举行册立皇后的大礼才行。"那样做，郭后是能挽回面子，但仁宗的面子往哪里放呢？就这样，帝后一直没能见面。

看到这种情形，阎文应感到大事不好，焦急万分。试想，万一仁宗回心转意，复立郭氏为皇后，皇后能不报复自己嘛！一天，仁宗得到消息，说郭后身体不适，就让阎文应带领太医前去诊视。郭后吃了太医开的药，并不见好，过了几天，突然去世。郭后一死，仁宗更感到对不起她，下诏追复郭氏为皇后，以皇后的礼仪办理了丧事。

郭后之死，很多大臣怀疑是阎文应做了手脚。可是，如此大事，没有抓到确实证据，也不便说什么。这时调到开封府做行政长官的范仲淹，劾奏阎文应的罪状，请仁宗按律治罪。仁宗对阎文应本来就有些怀疑，看到范仲淹的奏疏，立即下诏把阎文应驱逐到岭南。

曹太后听政不贪权位

嘉祐八年（公元1063年），五十四岁的仁宗皇帝已届西山日薄。他自幼身体孱弱，后又纵欲过度（先是好色，后急于"播种"，故后宫多宠），以至未老先衰。到二月，眼看他一病不起，可立储之事，尚未落实。

早些年，仁宗曾听从曹皇后的建议，将四岁的堂侄宗实领进皇宫抚育，以作立储之打算。但是他不甘心让皇位传给旁支，总巴望后宫妃嫔能为他生一个皇子。偏偏天公不作美，曹后以下诸妃嫔，不是生不出皇子，就是生而早夭。

因此，急坏了一班大臣。宰相韩琦、枢密使曾公亮、参知政事欧阳修等一再进言，要仁宗早早考虑立储大事。仁宗这才打定主意，宣召正在淮王府为父亲守

孝的宗实立即进宫。

这一年，宗实已经二十九岁了。听说皇帝宣召，他不肯受命，他对家里人说："我不敢要此福分，倒是想避祸呢！"可是仁宗屡屡传要他进宫，他不敢违命，临行时对家人说："好好看着家，待皇上有了嫡嗣，我立即回来！"

三月初的一天晚上，仁宗驾崩。曹皇后命人将宫门锁上，钥匙收在身边。等到天亮，立即召宗实（此时已改名为赵曙）进宫，并把韩琦、欧阳修等人一并召入，就在仁宗的遗体旁宣读传位遗诏。赵曙一听，惊惶失措地说："我不要做皇帝！"立即返身要走，被韩琦等拦腰抱住，按在御座上。于是赵曙被迫即位，史称宋英宗。曹氏被尊为皇太后。

谁知赵曙刚做皇帝就得了一种暴病，类似痴狂，"虽号呼狂走，不能成礼"，无法处理朝政。韩琦等主张由太后"权同处分军国事"，曹太后勉强同意，就在内东门小殿垂帘听政。曹太后处事，总是援引经史为依据，遇有疑难，就让相臣们去议决，从不把自己意思强加于人。她也有很强的办事能力，每天处理奏章几十件，能一一记住纲要。她对自己的亲戚，或是宫内侍从左右，丝毫不肯徇情。为此，宫廷上下对她肃然起敬。

女人临朝，在一些顽固派大臣眼里，总是"牝鸡司晨"，不管她出于公心，也不管她实际上比英宗更有水平。不久，司马光就上书教育曹太后说："不要学真宗的刘皇后，作为妇人，丈夫的家同父母的家是一样的。何况身为后妃，本与国家休戚相关，赵宋安则百姓安，则曹氏亦安，可世世长享富贵。希望你等皇帝圣体安康之后，赶快还政于他，自己则可退居长乐宫，坐享天下之乐。"

英宗即位的第二年，即治平二年（公元 1065 年）四月，册立嫡妃高氏为皇后。高氏是曹太后胞姐之女，从小被收养在皇宫，与英宗同年，两人青梅竹马。仁宗在世时见宫中一对童男玉女，很是可爱，对曹皇后说："将来让他们配成一对吧！"长大后，便让他俩成了婚。英宗即位时，高氏已生下三子一女。高氏册为皇后，与太后的关系亲如母女一般。

这样看来，英宗同曹太后的关系应是十分融洽亲近的了。谁知到这一年六月，英宗病情又重了，以后时好时坏，举动乖张暴戾，动辄踢打太监，甚至对曹太后无礼。这情形被内部知（宦官的头目）任守忠看在眼里，便想挑拨英宗和曹太后之间的关系。这人居心阴险，巴望曹太后废掉较为明智的英宗，改立其他庸弱之君，好让自己揽权。于是，他在两宫之间积极离间是非。日子一久，不信也得信，由疑生怨，由怨生愤，关系越来越坏。这下子又急坏了一班大臣，纷纷上书调解，可是总不见效。

一天，韩琦偕欧阳修一起入宫去见太后，曹太后伤心地说起英宗的喜怒变态。韩琦劝慰道：

"皇上身体欠安，举动失常，想必病愈后不致如此。太后是皇上的母亲，难道做母亲的就不肯原谅儿子吗？"

太后听了这话，心中更加难过，心想：皇帝毕竟不是我的亲生儿子，才会如此。想着想着，就又流下泪来。欧阳修劝道：

"太后侍奉先皇几十年，仁德温淑，天下共知。从前张贵人恃宠而骄，太后尚能处之泰然，如今母子之间，难道不能相容吗？"

太后这才渐渐收住眼泪。两人继续展开攻心战。欧阳修接着说：

"先皇在位日久，天下共心。今日太后虽是贤明，究竟是一妇人，臣等若非先皇所托，谁肯一心辅佐呢？"

韩琦又进逼一步："臣等在外，宫中之事无法详知，若皇上有什么闪失，太后也是不能推卸责任的！"这话意在逼迫太后，要重视搞好两宫间的关系。

太后一听这话，有些着急，说："这话从哪里说起，我心里也是愁得慌呢！"

韩琦和欧阳修连忙叩头说："太后仁慈，臣等素来钦佩，只是希望您能善始善终。"

几天以后，韩琦单独去见英宗。请过安，君臣略略交谈了几句，英宗叹息道："太后待朕，未免寡情。"看他的心情，好像也在为着同太后的关系发愁。

韩琦乘机进言道："父慈子孝，此为常理，不足称道；但父母不慈，子仍尽孝，才能流芳千古。臣恐怕陛下尚有不尽孝道之处。为人子者，岂可抓住父母的缺点不放呢？"

英宗听了，心中似乎有所触动。韩琦也就不再多说了。

过了一段时间，看看英宗的病好多了，韩琦指示翰林学士刘敞去向英宗讲解《史记》，说了一番尧舜如何因仁孝而得人心的道理，使英宗渐渐回心转意。

一天，英宗主动去向曹太后请安，说自己病中昏乱，得罪母后，请求母后原谅。曹太后十分欣慰，对他说道：

"病中之事，不必多计较了，只要以后我们母子能和睦相处，我高兴都来不及呢。想皇儿四岁入宫，我日夜尽心，把你抚养长大，正是为了今天。难道我会有什么其他心思吗？"说到这里，又流下泪来。

英宗听了，也大为感动，泪流满面地回答道："母后待儿恩重如山，儿若再忤慈命，不配为人，何能治国治天下？"

太后站起身来，亲手把跪着的英宗扶起。于是，母子和好如初。

第二年夏天，英宗的病基本上好了，处理政事，很有头绪。韩琦等便想提请太后撤帘归政，但是又怕曹太后不愿意，考虑再三之后，就去试探曹太后。见了太后，韩琦叩头说道：

"皇上已亲自处理朝政，井井有条，况又有太后辅政，国事毋庸担心。臣年迈力衰，不堪重任，还是告老退休了吧！"

曹太后一听，大吃一惊，忙说道："朝廷大事，全靠相国，怎么可以退休回乡呢？还不如让我退居深宫吧！"

韩琦乘机进言："汉朝的马、邓太后，可算是一代贤后，也不免贪恋权势。今太后盛德，非马、邓诸后所能及，但不知太后何时撤帘归政？"

曹太后说："我并不喜欢干预朝政，只是因为从前皇上有病，不得已而为之。如今要撤帘就可撤帘，何必另选日子呢？"

韩琦听了十分高兴，大声说道："太后有旨，今日撤帘，銮仪司还不遵行！"

当下，銮仪司走上殿，把珠帘撤下。曹太后匆匆转入屏风后面。

英宗在位仅四年，死后由长子赵顼即位，即宋神宗。曹太后被尊为太皇太后。

曹后十九岁入宫，居后位四十五年。死后谥号"慈圣光献皇后"，与仁宗合葬永昭陵。

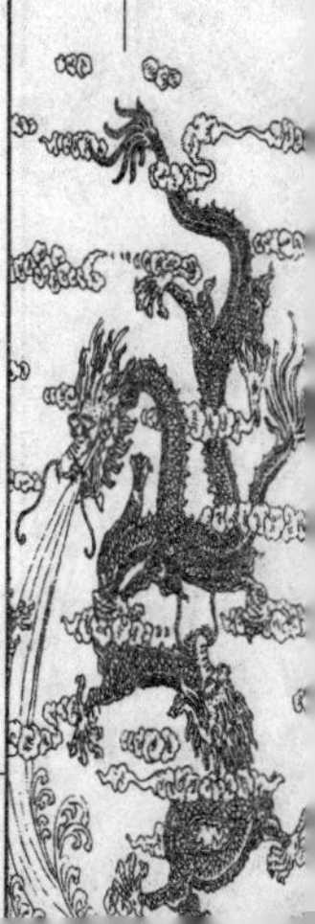

宋神宗赵顼

神宗赵顼

受命即位　立志图新

神宗于庆历八年(1048)四月戊寅生于濮王宫。四个月时,他的祖父仁宗给他取名为仲鍼,授率府副率。嘉祐八年(1063),侍英宗入居庆宁宫。英宗当上皇帝后,授予他安州观察使,封安国公。同年九月,加忠武军节度使、同中书门下平章事,封淮阳郡王,改名为赵顼。治平元年(1064 年),进封颍王。少年时的赵顼,非常好学,喜爱读书,关心天下大事,以致天晚忘记饮食,他父亲英宗曾因此遣内侍劝阻。

治平三年(1066)十二月,英宗病重,一连几十天不能视朝。辅臣入问起居,韩琦奏道:"陛下久不视朝,内外忧疑,宜早立皇太子以安众心。"英宗默默点头。韩琦请英宗亲笔书手诏,英宗写道:"立大王为皇太子。"韩琦说:"立嫡以长,圣意既属颍王,烦请圣上亲自写明!"英宗又在后批上三字:"颍王顼。"韩琦即召内侍高居简,授以御札,命翰林学士起草诏命。于是,正式册立赵顼为皇太子。一个月后,英宗就去世了。

神宗即位之时,社会矛盾已经比较尖锐。宋朝开国至神宗,已有 107 年,宋初以来就出现的冗官、冗兵、冗费三大灾害愈演愈烈。宋初制定的一系列制度,即所谓祖宗之法已出现了一些不适应社会现实的地方,必须自上而下进行较大的调整,在政治、财政、军事等方面进行一些改革,才能有效地维持国家机器的正常运转。这一点事实上仁宗、英宗都已经看到了。但是要改革必然会引起一系列连锁反应,会引起既得利益者、官僚权贵的反感和对抗。由于强大的阻力,仁宗时的庆历新政很快流产了,主持改革的范仲淹也被迫出京。从此以后,宋代的社会矛盾更加尖锐。神宗即位,正风华年少,血气方刚,有一股锐意求治的胆略。他即位之初就下求言诏,广泛听取建议,决心真正有所作为,干一番事业。他急于寻找一个有才识有气魄能够全力襄助他改革的大臣作为臂膀。在这种情况下,怀才多年的王安石就脱颖而出了。

王安石为地方官多年,亲眼看到当时社会问题的严重性。他到京城开封任三司度支判官的第二年春,给当时的皇帝仁宗写了洋洋万言的《上仁宗皇帝言事书》。王安石素与韩绛、韩维及吕公著等人友善。神宗未即位以前,常与侍臣议论天下大事,很赞赏王安石的《上仁宗皇帝言事书》。韩维是颍王府的记室,每有言谈议论受到神宗称赞时就说:"这是我的朋友王安石的观点。"后来韩维任右庶子,又推荐王安石代其为官。神宗于是想见识见识王安石。王安石在金陵守丧期间,英宗屡次召他,他见时局不利于实现他的政治主张,所以每次都谢绝。神宗登极之初,就打算立即起用王安石,颁诏任命王安石为江宁知府。王安石接到诏命,即日赴任。数月后,又召王安石入京,命为翰林学士,兼侍讲。

神宗求治心切,非常好学,经常向大臣们征询改革的意见。他立志要做一个唐太宗那样大有作为的明君,改变真宗、仁宗以来政纲松弛不振的局面。所以他

第一次召见王安石时就问他治国应当先做什么。王安石答道："应当先选择正确的策略。"神宗说："唐太宗何如？"王安石说："陛下当以尧舜为榜样，为什么拿唐太宗作样子呢？尧舜之道，简明而不烦琐，很容易做到而不繁难。但后世学者不知其中道理，认为是高不可攀。"神宗觉得这种议论使人耳目一新。接着，他又问王安石："祖宗守天下，能百年间没有大的变动，使天下太平，是用的什么治道呢？"安石退朝后，经过认真思考，写了《本朝百年无事札子》，上于神宗。大意是说，太祖赵匡胤善于知人，指挥付托，必尽其材。变置施设，必当其务，故能驾驭诸将帅，对外御夷狄，对内平诸侯。去除苛政，禁止酷刑，废除强横的藩镇，诛灭贪残的官吏，并亲自以简明为天下先，其政令全以利民为目的。太宗光义承之以聪武，真宗守之以谦仁，以至仁宗、英宗，无有逸德。所以能够享国百年而天下无事。熙宁二年(1069)，神宗初起用王安石为参知政事(即副相)，并设置了"制置三司条例司"，作为变法的指导机构，让陈升之、王安石负责。王安石素与吕惠卿友善，便对神宗说："惠卿之贤，虽前世儒者也比不上他。学先王之道而能运用的，独有惠卿一人。"于是神宗命吕惠卿任条例司检详文字。事无大小，王安石必与吕惠卿共同谋划，凡有关建议的章奏，皆是惠卿执笔。当时人称王安石为孔子，吕惠卿为颜子。

推行新法　改革制度

在神宗的亲自督促下，王安石提出并推行了一整套新法。这些新法主要分为"富国"、"强兵"和改革科举制度三个部分。富国部分包括均输法、青苗法、农田水利法、免役法、方田均税法。强兵部分包括将兵法、保甲法、保马法。新的科举制度主张以经义取士，应试者不再考试诗赋、帖经、墨义之类，而以诗、书、易、周礼、礼记为本经，以论语、孟子为兼经，企图改变那种"闭门学作诗赋，及其人官，世事皆所不习"的状况。同时，对太学进行了改革，实行"三舍法"。初入学的为外舍生，不限名额。以后经过考试升为内舍生，名额200人。内舍生经过考试升为上舍生，名额100人。上舍生中品行优异者可不经考试直接授以官职。

改革本来就是一件十分困难的事，加上新法本身有许多不足，再加上在某些方面触犯了享有特权的大官僚、大地主、大商人的利益，所以几乎各项新法都遇到了激烈的反对。而反对尤为集中的是侵犯大地主、大商人利益的免役法和市易法。这股反对力量得到太皇太后、皇太后和神宗皇后的支持。神宗有些动摇。对王安石说："取免行钱太重，人情咨怨。近臣以至后族，没有不说不便的。两宫(太皇太后、皇太后)乃至泣下。"王安石对这些目光短浅、只顾眼前小利而不顾国家大局的后族十分反感，他说："皇后的父亲向经从来说'影占行人'，因推行免役新法，依条便收入。向经曾来文交涉，没有被理睬。又如曹后的弟弟曹佾，赊买人家树木不给钱，反而由内臣用假姓名告状，诬告市易司。陛下试看此两事，后族怎么会不反对呢？"但是神宗经不起后族的一再反对，命韩维、孙永检查行人利害。

变法也遇到了正直的大臣的反对。苏辙原是王安石所引用，任三司条例司

检详文字，但极力阻止青苗法的推行。老将韩琦也上书抨击青苗法。此外，新法的科举制度也遭到反对。与王安石为好友的司马光，也反对他的新法。而神宗的思想也开始犹疑起来。

保守大臣们反对新法，王安石早有思想准备，但是改革派内部分裂，给王安石的打击是格外沉重的。而这时的神宗也不像前几年那样对王安石言听计从，有时甚至不重视他的意见。王安石对神宗慨叹道："天下事像煮汤，下一把火，接着又泼一勺水，哪还有烧开的时候呢?"熙宁九年春天，王安石因身体有病，屡次要求辞职。到六月间，王安石的儿子壮年而逝，王安石悲痛欲绝，精神受到极大刺激，已无法集中精力过问政事。神宗只好让王安石辞去相位，出判江宁府。第二年王安石连江宁府的官衔也辞去了，此后直到元祐元年(1086)去世，再也没有回朝。

从王安石再次罢相直到神宗去世，整整十年间，新法由神宗一人力行。这一时期已从前期的理财为主转为主要是改革官制与强化军化保甲。后人称为"神宗改制"。王安石在位时的新法以抑制兼并为中心，神宗的改制则着力于加强宋王朝的国家机器。

王安石辞去相位后，神宗亲自主持变法，当时他 30 岁，正是年轻有为之时，而且经过几年的执政也积累了一些经验，在政治上也比较成熟。他很想通过官制改革，达到富国强兵的目的，以改变长期形成的积贫积弱的政局。经过一系列的改革，新官制更有利于君主专制的中央集权，其基本制度一直实行到宋朝末年未再进行大的变动。宋初设置大量的机构，是为了使宰相和各部的权力分散，并相互牵制，以便皇帝能够大权独揽。到神宗时，宋朝已建立百年之久，统治早已巩固，迫切需要建立较为集中统一的行政体系，使有作为的皇帝有时间和精力去改变积贫积弱的局面。

神宗在推行新法的过程中，其富国强兵的总目的与王安石是一致的。但在抑制兼并这一点上，他没有王安石坚决，遇到强烈反对，往往中途动摇。神宗既想增加财政收入，又不愿损害上层既得利益者，结果，负担只有转嫁到下层人民身上。元丰库收进坊场积剩钱五百万贯，常平钱八百万贯。财税收入的增加，终于扭转了英宗时入不敷出的局面。

雄心未酬　赍志而殁

神宗曾慨叹宋朝自真宗以来对辽国和西夏一味妥协退让，他立志要统一中国。神宗在位时亲自主持了两次大的军事行动，一是对交趾的反击战，一是对西夏的进攻。

交趾位于现今越南北方地区，从宋仁宗末年以来，不断向宋朝边境进行劫掠。熙宁九年(1075)九月，交趾进攻宋广西路的古万寨(今广西扶绥)。十一月，出动六万军队，号称八万，分水陆两路大举进攻宋广西路。

熙宁十年(1076)二月，宋朝任命郭逵为安南道行营都总管、招讨使，率军到达广西前线。但当时邕州已被交趾军队攻占，知州苏缄自焚殉国，军民被杀害者达五万余人。当年夏天，宋军收复邕州、廉州。秋，收复全部失地。十一月，神宗二次下诏解决南征军的军需等问题，一如既往地反击交趾军。十二月，郭逵率宋军进入交趾境内。交趾屯聚重兵于决里隘进行阻击，派有大象组成的军队向宋军进攻。宋军以强弩射象，用刀砍象鼻，打败交趾军，攻占决里隘，缴获了许多船只。交趾王李乾德眼看宋军就要兵临城下，赶忙奉表乞降。从此，交趾再不敢侵扰宋境。

然而神宗对西夏的用兵，形势却大不相同。当时，由党项族建立的西夏已经发展为拥有强大武力的军事联合体，不断进犯宋朝西北部地区。熙宁六年(1037)，王韶率领宋军进军1800里，占领了宕、岷、叠、洮等州，招抚大小蕃族30余万帐。这是自北宋开国以来对辽、夏战争中的空前大胜。

元丰四年(1081)，西夏国王秉常的母后专权，神宗以为这是进攻西夏的好机会，于是出动大军，兵分五路，共20多万兵力深入西夏境内，直抵灵州(今宁夏灵武)城下。西夏军决黄河水将宋军淹没，并切断宋军粮道，宋军大败。第二年，神宗听从徐禧的建议，在银、夏之界修筑永乐城作为屯驻军队的城池，企图困住兴州的西夏军。宋军此役共死亡将校200多人，损失士民及民夫20多万。西北前线的败报传到宋都朝廷，神宗悲痛难忍，竟临朝大哭。从此，神宗彻底丧失了先前的雄心，只好仍旧维持原来对西夏的和议，每年向西夏交纳财物。

元丰八年(1085)三月，雄心大志的宋神宗由于西北边境军事上的失败在精神上受到沉重的打击，一病不起，三月五日去世。葬永裕陵。谥号“体元显道法古立宪常德王功英文烈武钦仁圣孝皇帝”。

宋神宗宫廷秘事

宋神宗请客轶闻

赵顼继承大统后，励精图治，锐意改革，决心整理出一个强大而清明的乾坤世界。因此，他把全部精力都集中在国事上，就连业余生活也不像其他帝王那样，花天酒地、欲海横流。而是另辟蹊径，达到兴而不淫、乐而不欲，既松弛了神经，又增长了见识。

有一年中秋节，月明星稀，万里无云。朝中大臣们都回府赏月去了，只留下王珮在翰林院值班。午夜时分，神宗处理完当天的奏章，走出勤政殿，遥望夜空，月色宜人，这才想起，今天是中秋月圆之日，不可无酒，不可无诗，诗酒相佐，正好与嫔妃们同乐。就向身边的太监问道：“今天的值班学士是谁?”太监们答道：“是王岐公珮。”神宗听了，就命令在小殿里设两桌酒席，把王珮召进来，一方面赐酒慰问臣下的劳苦，另一方面也可借饮酒作乐之机广闻见识。

王珮应命而来，在后宫值班处待命。神宗接到通报后，立刻传命让王珮进殿就坐。王珮启奏道："考察历朝先例，从来也没有君和臣对等就坐的礼节！微臣不敢就这样就坐。"神宗说："没关系。现在没有什么让人烦恼的事发生，又正逢月色朗照，清风徐吹，万籁谐和的中秋之夜，与其陶醉在声色犬马、酒海欲山之中，不如和学士你饮酒论文来得高雅、痛快。因此，我就让你暂时忘记那些正统的、严苛的君臣之礼，放开胸怀，饮酒赋诗，以求雅兴乐事。"

王珮再三请求，神宗都不允许他拘泥在君臣礼节的束缚中，实在没法，就诚惶诚恐地对神宗拜了两拜，然后坐在神宗对面的座位上。

神宗十分高兴，就拿出自作的诗赋让王珮品鉴。王珮极为认真地研究再三，认为神宗的学识笔法，都已超群脱俗。即使放在文人学士中，也是一时的上上之选。

到了深夜三更鼓敲响时，神宗就更加喜形于色了。他让聚集在身边的嫔妃们都拿出各自佩戴的领巾、裙带或团扇、手帕等，请王珮在上面题诗。宦官们抬出状似睡床的书案，拿出镶金边的水晶质料做成的砚台、用珊瑚做笔杆的毛笔、玉客笔等，都是神宗平常用的文具，罗列在王珮面前。

既然退无可退，王珮就索性有求必应。在神宗的御桌上，运笔如飞，不停片刻，字字珠玑，立意翻新，笔下所出，无不切情切景，深合每一个人的心意。嫔妃们得到王珮的诗，都欢天喜地，无不把得到的诗敬献神宗御览。

神宗看完王珮写的每一首诗后，龙颜大悦，对嫔妃们说："应该给学士润笔费。"听了神宗的提议，嫔妃们立即从各自的头上取下佩戴的珠花，放到王珮包头的头巾中，头巾装不了，就装进王珮的衣袖中。

酒席结束时，圆圆的月亮已向西面沉了下去。神宗让人点上金莲形的花烛，才叫宫女扶持着回归深宫别院之中。

当时，京城中盛传着天子请客的事。

曹太后谕帝秘闻

苏轼从徐州调转到湖州担任知州，上表向皇上称谢。他认为当世有许多事情是对老百姓不利的，可是又不敢直说，怎么办？于是他就用诗来寄托讽劝之意，以期于国于民有利。中丞李定、御史舒亶，就把苏轼诗中含有讽刺的语句摘录下来，认定苏轼欺君罔上。于是苏轼就以"自神宗熙宁年间下来，就以诗文怨谤圣上，发展个人势力"的罪名，被投入监狱受审。皇帝下令，让李定和知谏院张亶、御史何正臣、舒亶等审理此案。他们狼狈为奸，陷人以罪，一口认定苏轼诽谤朝政，并多次提审拷问。而且他们还多方拉拢嫉妒苏轼的文人名士攻击苏轼，一心要把苏轼置于死地。

太皇太后此时正在患病，听到这件事情，就对神宗说："我们曾记得仁宗皇帝临时设置考试科目，苏轼兄弟得以考中，仁宗高兴地说：'我给子孙后代得到两个

宰相！'现在听说苏轼因为作诗而入狱，是不是他的仇人故意造谣中伤呢？如果他的罪是从诗中断章取义来的，那么，他的罪过就应该是太小的了！你应该仔细察问这件事情。"神宗听完颇受启发，就说："我一定接受您的教诲。"大臣李充也为苏轼鸣不平，尽力营救，神宗也很动心。此时正赶上皇帝与大臣们一起撰写《起居注》，大臣王安礼从容向皇帝进谏："自古以来，凡是宽宏大度的君主，都不因为臣子说了什么过激的话而给他加罪。苏轼凭自己有才而想干一番大事，以为高官厚禄可立即拿到手。可是他自感如此碌碌无为，心里自难免愤懑不平。现在一旦因冲犯圣上而获罪，恐怕后世之人要以为陛下不能容纳有才能的人。"神宗说："我原来就没想重重地谴责他。你放心，不久我就要为你赦免他，你离开我后，不要泄漏我说的话，苏轼正引起众怒，我恐怕说出去反而把你害了。"大臣王珮向皇帝检举苏轼，说他写了一首《咏桧》诗，发泄对皇帝不满。诗是"根到九泉无曲处，世间唯有蛰龙知。"神宗说："他自己在借机写诗罢了。何干我事？"王珮闹了个无趣。不久，狱案审理结束，苏轼于是得到释放。

宋神宗对待曹太后极为尊敬、孝顺，曹太后对神宗也关怀备至，如同己出。神宗曾有意收复幽燕失地，已同大臣们商定，只待出兵。但须把此一重大决定禀告太后，太后问神宗："出兵所用的粮草和赏赐给将士的东西都准备齐全了吗？武器盔甲、士兵挑选的是否精良？"神宗回答说："这些都早已经操办好了。"太后又说："事关重大，成败荣辱都考虑好了吗？如果出兵成功，你只不过受人朝贺一番而已；万一达不到目的，则要牵连百姓，话就不好再更改了。如果那么容易得到手的话，太祖和太宗早已把失地收复了。"神宗点头说："我怎敢不接受您的指点！"

宋徽宗赵佶

徽宗赵佶

浪子当朝　宠奸任佞

徽宗赵佶，神宗第十一子，母钦慈皇后陈氏。元丰五年十月丁巳生于宫中。

元符三年(1100)正月初八日，哲宗驾崩的当天，向太后(神宗皇后，当时宫中惟她地位最高)垂帘，哭着对宰相大臣们说："国家不幸，大行皇帝没有儿子，谁来即位，事关重大，应尽早确定下来。"向太后说："申王眼有毛病，不便为君。还是立端王佶好。"章惇抬高了嗓门说道："端王轻佻，不可以君天下！"话音未落，知枢密院曾布从旁冷笑着说："章惇未尝与臣等商议，怎么如此独断！皇太后的圣谕极是允当。"尚书左丞蔡卞、中书门下侍郎许将也齐声附和说："合依圣旨！"向太后说："先帝曾经说过端王有福寿，且很是仁孝，不同于其他诸王，老身立他，也是秉承先帝遗意哩。"章惇势单力孤，不敢再争。于是向太后宣旨，召端王赵佶入宫，即位于柩前，权力的交接至此乃告完成。

因赵佶生来健壮的缘故，神宗在次年正月赐名曰"佶"，"四牡既佶"，取其壮健之意。他的母亲陈氏，开封人，出身于平民之家，自幼颖悟庄重，十几岁被选入宫，充当神宗身边的御侍，开始并无什么位号，生了赵佶后才进封为美人。陈氏对神宗的感情极其深厚，神宗死后，不久她就病死，当时赵佶才刚刚 4 岁。

赵佶周岁之时就授为镇宁军节度使，封宁国公。哲宗即位，进封为遂宁郡王。绍圣三年(1096)，以平江、镇江军节度使封端王，并开始出宫就学。

宗室亲王日常学习的主要内容是儒家经典、史籍，但赵佶对这些不很爱好，倒对笔砚、丹青、骑马、射箭、蹴鞠，甚至豢养禽兽、侍弄花草怀有浓厚的兴趣。尤其是在书画方面他显露出了卓越的天赋。

赵佶天资甚高，却并没有从母亲那里继承来端谨庄重的性格，相反，在周围环境的影响下，他逐渐养成了轻佻放浪的脾气。他的密友王诜可以说与他趣味相投。王诜字晋卿，是英宗和宣仁高太后的女儿魏国大长公主的驸马，论理应是赵佶的亲姑夫。此人放荡好色，行为极不检点，家中姬妾成群，还常出入烟花柳巷，公主根本管不住他。公主得重病，他竟当着公主的面和小妾胡来，气得神宗曾两次将他贬官。像这样一个人，赵佶却同他打得火热，一天，王诜派高俅给赵佶送篦，正赶上赵佶在园中蹴鞠，高俅在旁候报之时，连声喝彩，赵佶招呼他对踢，高俅使出浑身解数，卖弄本事。赵佶大喜，即刻吩咐仆人："去向王都尉传话，就说我把篦子和送篦子的人一同留下了。"从此对高俅日渐亲信，颇加重用。

然而赵佶在向太后眼里却是另外一种模样，他对向太后极其敬重孝顺，每天都到向太后居住的慈德宫问安起居。因他聪明伶俐、孝顺有礼，所以向太后对他钟爱的程度远远超过了其他诸王，在哲宗病重期间，向太后对将来立谁为帝的问题早就胸有成竹了。

赵佶被推上权力的顶峰之时，已是 18 岁了。章惇等人可能觉着这位轻佻浮浪的新皇帝未必可靠，就奏请向太后"权同处分军国事"。太后说皇帝年龄不小

了，不便再由母后干政。赵佶对向太后立己本来感激不尽，此时也哭拜在地，乞求不已。向太后只好答应下来。

赵佶对向太后的这些部署起先是言听计从的，这不仅出于对向太后的感激，更重要的是他需要取得各政治派别的广泛支持，稳固自己的地位。向太后听政六个月就还政引退了，赵佶则继续调和两派，改元建中靖国，意思是要"中和立政"，"调一天下"。而且他为了改变一下自己轻佻浮浪的名声，在生活方面也做了些尚俭戒奢的姿态，他退还百姓王怀献给他的玉器，还赶跑自己在内苑豢养的珍禽异兽。元符三年三月，还因即将出现日食下诏求直言，表示要虚心纳谏，俨然有一副励精图治的样子。

建中靖国元年(1101)正月，向太后死后，赵佶的"绍述"意向更加明朗。不久，大奸臣蔡京被召回朝廷，担任了翰林学士承旨，蔡京首先建议，重修神宗朝的历史，为变法张本；恢复绍圣年间根究元祐大臣罪状的章惇、蹇序辰的名誉，为绍圣翻案。1102 年，赵佶改元"崇宁"，即崇尚熙宁之意，正式打出了绍述的招牌。不久，韩忠彦罢相，曾布也被蔡京排挤出朝。七月，赵佶任命蔡京为宰相。

赵佶衡量官员好坏的准则只有一条，就是看他的言行是否顺承符合自己的意旨。尽管他也曾对手下人的忠心有过例外的理解，觉着不一定一味地说好话就是忠臣。大观元年(1107)，赵水使者赵霖从黄河中捕得一只长有两个头的乌龟，献给赵佶说是祥瑞之物。蔡京说："这正是齐小白所说的'象罔'，见之可以成就霸业。"资政殿学士郑居中唱反调说："头岂能有二！别人看了都觉害怕，只有蔡京称庆，其心真不可测！"赵佶命人将龟抛弃，说是"居中爱我"，遂提拔郑居中为同知枢密院事。然而毕竟还是好话听起来顺耳，蔡京就因为会说好话，会顺着他意愿办事，才得到他的格外宠信。赵佶在位 26 年，蔡京任相 24 年，中间虽曾三次被罢，但旋罢即复，表明赵佶离不开这个马屁精。

赵佶倚为股肱的童贯、王黼、朱勔、梁师成等人无一不是极善谀媚的奸佞之徒。赵佶是个昏而不庸的皇帝，他虽然宠信奸臣，但最高决策权却是一直牢牢控制在自己手中的。在这方面，他确实继承并极度扩大了神宗皇帝管理朝政的一些办法，最突出的就是天下之事，无论巨细，全得秉承他的"御笔手诏"处理。原先负责讨论、起草诏令的中书门下、翰林学士被他一脚踢开。蔡京等贵戚近臣要想办什么事情或于求恩泽，也全得先请赵佶亲笔书写，然后颁布执行。有时赵佶自己忙不过来，就让宦官杨球代笔，号曰"书杨"。对"御笔手诏"，百官有司必须无条件地执行，否则便是"违制"，要受到严惩。政和(1111—1118)以后，就连皇宫大内的事务他也要亲自过问，经常像太祖皇帝一样骑马到各司务巡视。

雅好艺术　崇信道教

"太平无事多欢乐"，这正是赵佶的人生哲学，再加上蔡京、蔡攸父子俩，一个说："陛下当享天下之奉。"一个说："皇帝应当以四海为家，太平为娱。岁月蹉跎，韶华易失，何苦操劳忧勤，自寻烦恼？"赵佶更觉着应该及时行乐的好。

蔡京为赵佶提了个口号，叫做"丰亨豫大"。形容的是富足隆盛的太平安乐景象。赵佶认为要丰亨豫大，就必须先把朝廷、宫室以及其他各种场面都搞得富丽堂皇。于是，大内北拱宸门外的新延福宫首先开始破土兴建了。政和四年(1114)，新延福宫正式竣工落成，因由五个小区组成，故称"延福五位"。此宫东

西长，南北短，东到景龙门，西抵天波门，其间殿阁亭台错落相望，鹤庄鹿砦掩映在嘉花名木之间。凿池为湖，疏泉成溪，怪石堆山，小桥流水，花影移墙，峰峦当窗，浓荫蔽日，风送花香，鹤鹿翔跃，鸟鸣啁啾，清幽雅致，不类尘寰。赵佶置身其间，心旷神怡，亲自作文，以记其美。

皇帝既然应享天下之奉，就必须把天下所有美好的东西收罗到皇宫中来，供皇帝受用，赵佶是这样想的，也是这样做的。早在崇宁元年春天，他就派童贯在苏杭设置造作局，役使数千工匠，制作象牙、犀角、金银、玉器，藤竹、织绣等物，无不备极工妙，曲尽其巧。赵佶还嫌不够，崇宁四年(1105)，他又派朱勔在苏州设应奉局，搞起了规模更大的“花石纲”之役。

除花石外，前代的书法、名画、彝器、砚墨，但凡能搞到的，赵佶全都想法不惜重金弄到自己手上。他在宫中专门设立了一个御前书画所，由著名书法家米芾等人掌管，里面收藏了数以千万计的珍品。书法有晋二王的《破羌帖》、《洛神帖》，更多的是唐代颜、欧、虞、褚、薛、李白、白居易的墨迹，光颜真卿的真迹就有八百余幅。丹青名画有三国时曹不兴的《元女授黄帝兵府图》、曹髦的《卞庄子刺虎图》等，不胜枚举。

古代的钟鼎礼器赵佶收集了10000余件，全都是商周秦汉之物。赵佶擅长书画，砚墨自然是少不了的。在他贮藏文房四宝的大砚库中，光端砚就有3000余枚，著名墨工张滋制的墨不下10万斤。

和一般附庸风雅、徒有虚名的收藏家不同，赵佶倒是很能对古书画、彝器潜心研究一番的。为便于保存，他把收集到手的书法名画大多都重新装裱，亲自为之题写标签。装裱时有一定格式，后世称为“宣和装”，至今还可见到。他命人将历代著名书法家、画家的资料加以记录整理，并附上宫中所藏的各家作品的目录，编成《宣和书谱》和《宣和画谱》，为后世留下了美术史研究的珍贵史籍。赵佶还对所藏古彝器进行考证、鉴定，亲自编撰了《宣和殿博古图》。

赵佶还非常迷信道教，他在藩邸时经常翻阅些道教神仙鬼怪的书籍，对神仙的生活十分向往。先是道士郭天信说他将来当有天下，果然不久他就即位；即位之初，他曾因生儿子太少而烦恼，有个茅山道士刘混康对他说，京城东北角风水太低，只要稍微垫高些，便是多子之像，他照刘老道的话一做，果然不长时间连得数子。从此在他眼里道士简直成了活神仙。他下令道士、女冠的地位在和尚、尼姑之上。政和四年，还在他出生的福宁殿东侧建了座玉清和阳宫，供奉道教祖师的画像。

当皇帝的一推崇什么，什么就会立刻应运而生，一些能呼风唤雨、先知先觉的活神仙先后出场。先是王老先，接下来就是大名鼎鼎的林灵素，赵佶一见林灵素，不知怎地竟觉得十分面熟，像在哪儿见过似的。他把这想法和林灵素一说，林灵素灵机一动，信口胡诌起来：“天有九霄，以神霄为最高，其治所叫作府。神霄玉清王，乃是玉帝的长子，主管南方，号称长生大帝君，后来降生人世，就是陛下。长生大帝君有个弟弟，称作青华帝君，主管东方。还有仙官八百余名，如蔡京本是左元仙伯，王黼乃文华使，蔡攸乃园苑宝华使，童贯等人也是仙官成员。我林灵素本是仙卿褚慧，和众仙官一道降临，辅佐陛下求治的，所以才让陛下看了眼熟。”赵佶原是作为人去膜拜神的，这下子自己竟也变成了神仙！连自己宠爱的小刘贵妃据林灵素说也是九华玉真安妃下凡，怎能不喜？遂封林灵素为“通

真达灵先生”，厚加赏赐，还把林灵素的老家温州改名为应道军。后来又进封为“通真达灵玄妙先生，”授予中大夫和冲和殿侍晨的官职。

政和七年(1117)，赵佶执导的崇道之戏演到了高潮。他先和林灵素商量编出了清华帝君白昼显灵于宣和殿、火龙神剑夜间降临内宫的故事，编造出了所谓的帝诰、天书、云篆等物，诏示百官，刻石立碑，以记其事。还集合道士2000余人在上清宝和阳宫由林灵素讲述帝君显灵的过程。接着定期在上清宝和阳宫举办大规模的斋醮，谓之“千道会”。

政和七年四月，赵佶向道录院发了一道密诏，“册立朕为教主道君皇帝。”于是群臣和道录院遂遵诏上表册立赵佶为“教主道君皇帝”。蔡京、童贯等朝廷大臣也都兼任了道教官职。就连朝廷要提拔侍从以上的官员，也得先由算卦的道士推算他的五行休咎，然后再正式任命。一时之间，朝野上下，乌烟瘴气，鬼影憧憧，几乎成了道士的世界。

宣和三年(1121)五月，汴京连遭暴雨，积水成灾，城外积水深达十余丈。赵佶很害怕，忙命林灵素前往作法祛邪。林灵素率领道徒在城上刚刚迈开虚步，防汛的民夫竞相举起锹镢涌将上去向他猛砸，吓得林灵素屁滚尿流，顾不上呼风唤雨，逃了回来。赵佶见自己装神弄鬼的把戏非但不能服人心，反而惹起民怨，很是不乐。正巧太子赵桓来向他告状，说林灵素横行无礼，路上碰到他连躲都不躲。赵佶一气之下，将林灵素赶回了老家。此后赵佶的佞道活动稍有收敛，但其神仙之梦也许做到死才算结束。

沉迷女色　纳妃嫖妓

赵佶性本轻浮，又正值风流年华，除了耽好花木竹石、鸟兽虫鱼、钟鼎书画、神仙道教外，还有两桩要紧的事，这便是女色和游戏。

赵佶是17岁那年正式大婚的，娶的是德州刺史王藻的女儿，王氏比赵佶小一岁，相貌平平，又秉性恭俭，老实端庄，不会施展女人的手段取悦于丈夫。赵佶即位后虽顺理成章地将她立为皇后，却并不很喜欢她。这时，赵佶宠爱的是另外两个女子，一个姓郑，一个姓王，两人本是向太后的押班侍女，生得既美丽又聪慧，懂礼法，善言辞。郑氏兼能识字解文，颇有才气，秀外慧中，很为向太后所看重。向太后也看出些眉目，在赵佶即位后，索性成人之美，将二人赐给了他。赵佶如愿以偿，自然高兴非凡。赵佶自命儒雅，对才貌双全的女子也格外欣赏。郑氏好读书，给皇帝的章疏都是自己捉刀命笔，字体娟秀，文辞藻丽，所以在郑、王二人中间，他更喜欢郑氏。他经常写些情词艳曲赐给郑氏，这些作品传到宫外，人们竞相吟唱，郑氏从此对赵佶更是顺承备至。大观二年(1108)，王皇后驾崩。到政和元年(1111)，赵佶遂册郑氏正位中宫。

除郑皇后和王氏之外，赵佶宠爱的嫔妃还有大小二刘贵妃、乔贵妃、韦贵妃等人，这几个人各领风骚、人人都擅一时之宠。政和二、三年(1112、1113年)间，赵佶最偏爱的是大刘贵妃，她虽出身寒微，却容貌如花，赵佶每逢赏赐宴会，总要将她带在身边，才能食之有味。岂料好命不长，刘贵妃不幸在政和三年(1113)秋，突得急症，侍从奔告于赵佶，赵佶起先以为是小病，不很在意。等随后前往探视时，刘贵妃已香消玉殒了。赵佶后悔不迭，悲痛万分，特加谥号“明达懿文”，并亲自记叙她的一生，命乐府谱曲奏唱，不久又追封为明达皇后。

正当赵佶因此而伤感寡欢之时，宦官杨戬引来一女，赵佶一见竟目迷心醉，瞬间就把丧妃的悲痛抛诸九霄了。此女便是小刘贵妃，她的出身和大刘贵妃一样卑贱，父亲刘宗元是个酒保。小刘贵妃天资颖悟，极善迎合赵佶的旨意，本来已生得仪态万方，轻盈袅娜，姿色动人，再加上每睡醒觉，粉脸之上总像刚喝过酒似的飘着两朵红云，不施脂粉，已赛桃花。她心灵手巧，大概是受了当酒保的父亲的影响，颇善烹饪，时常亲下御厨烧上几盘，无不合赵佶的口味。还极善涂饰，所着衣衫多是自己动手剪裁，标新立异，绮丽奇目，妆扮起来更似天仙一般。然而刘妃毕竟不是神仙，经不起光阴的消磨，在接连生下三男一女四个孩子之后，徐娘半老，难免风韵稍减，她这头渐渐维系不住赵佶那颗浮浪佻达的心了。

李师师，本姓王，染局匠的女儿，四岁丧父，流落街头，被隶属娼籍的李家收养，成了名动京城的歌妓。有一首诗称赞她："远山眉黛长，细柳腰肢袅。妆罢立春风，一笑千金少。归去凤城时，说与青楼道。看遍颍川花，不似师师好。"赵佶不知从哪里得知了李师师的艳名，自政和之后，经常溜出宫门，微服潜行，乘小轿子，由数名内侍导从，前往她家过夜。天子浪迹于青楼妓馆，总非光彩之事，赵佶对此很是忌讳，生怕被人发觉，闹得难堪。然而欲想人不知，除非己莫为。尽管赵佶行动诡秘，他的踪迹终于被人窥破了。秘书省正字曹辅上疏谏道："听说陛下厌居宫禁，不时乘小辇去尘陌郊埛极尽游乐，臣没想到陛下承担宗社重任竟玩安忽危到这等地步！"第二天，曹辅就被发配到了郴州。

赵佶在位 25 年，生活的腐朽糜烂在历代皇帝中是少有其比的。

被迫禅位　异邦偷生

崇宁二年起，在蔡京建议下，赵佶派童贯带兵发动了一连串对西夏的战争，攻占许多地盘，逼得西夏低声下气地奉表谢罪。自从与西夏交兵以来，宋朝确实从未取得过如此赫赫的战果。赵佶洋洋得意起来，他遣官奏告天地、宗庙、社稷，轰轰烈烈地庆祝了一番。

宋夏边境的战火刚刚熄灭，赵佶又打起了辽朝的主意。他和金朝联盟夹击辽，收复燕京。而金留给他的只是一座空城，代价则是 100 万贯的"燕京代税钱"。而金的矛头，接着就掉转来指向了宋。

宣和七年(1125)十月，金兵分两路大举南侵宋，西路军以粘罕为主将，由大同进攻太原；东路军主将是斡离不，由平州(今河北卢龙)攻燕山，两路军计划在汴京会合。

金兵推进得非常迅速，十月，东路军攻下檀州(今北京密云)、蓟州(今河北蓟县)。十二月，郭药师叛变，金兵不战而入燕山，从此金兵命郭药师做先锋，大踏步地南下了。西路军十二月初出兵，连克朔州(今山西朔县)、武州(今山西神池)、代州(今山西代县)等地，十八日到了太原城下开始围攻。

紧急军报像雪片一样飞进汴京，赵佶吓得心惊肉跳。此时的赵佶已经丝毫没有风流洒脱的模样了。他整天愁眉苦脸，动不动就涕泗交流。表面上他好像要改过自新，准备抗金，实际上他不敢担当抗金的责任，只剩下一个"走"字在心中了。为便于逃跑，他任命皇太子赵桓为开封牧，想让儿子以"监国"的名义替他挡住金兵，自己好保着皇位向南逃命。他传旨要"巡幸"淮浙，派户部尚书李棁守建康(今南京)，替他打前站。太常少卿李纲刺破胳膊，以血上疏说："皇太子监

国，本是典礼之常规，但如今大敌入侵，安危存亡在于呼吸之间，怎能仍旧拘泥常规呢？名分不正而当大权，又何以号令天下，指望成功呢？只有让皇太子即位，叫他替陛下守宗社，收人心，以死捍敌，天下才能保住！”

赵佶急于逃命，权衡一番利弊，只好下了禅位的决心。但是他老谋深算，又死要面子，不愿给人留下畏敌避祸的不光彩的印象，就绞尽脑汁找了个自以为体面点的借口。十二月二十三日傍晚，赵佶到玉华阁召见宰执大臣，先传令提拔吴敏为门下侍郎，让他辅佐太子。赵佶接着写道：“皇太子可即皇帝位，予以教主道君的名义退居龙德宫。可呼吴敏来作诏。”不一会，吴敏从外面拿进了草拟好的禅位诏书，赵佶在结尾处写道：“依此，很令我满意。”

第二天，皇太子赵桓在经过一番辞让后即位。上赵佶尊号曰：“教主道君太上皇帝”，居龙德宫；郑皇后尊号曰“道君太上皇后”，居撷景西园。

赵佶在退位的第二天虽曾明确表示说：“除道教教门事外，其余一律不管。”但昔日的权威他和他的宠臣是不会甘心轻易地放弃的。在喘息稍定之后，他们就开始以“太上皇帝圣旨”的名义发号施令了。东南地区发往朝廷的报告被他们截住不得放行；对勤王援兵也要求就地待命，听候他们的指挥；纲运物资也要在镇江府卸纳。他们把持着东南地区的行政、军事、经济大权，准备在镇江重新把赵佶捧上台。汴京的新皇帝赵桓听到此事后，下诏说按照赵佶退位诏办理，剥夺了他们的权力，还将童贯、蔡攸等人贬官。他和儿子赵桓的矛盾却由此激发了。

二月初，金兵从汴京城下撤退，赵桓接连派人请赵佶回京。赵佶表示自己今后愿意“甘心守道，乐处闲寂”，决不再窥伺旧职，重当皇帝了。父子矛盾表面有所缓和。四月三日，赵佶回到汴京，赵桓亲到郊外迎接。只见赵佶头戴并桃冠，身着销金红道袍，飘飘摇摇地从宋门入城，驻进了龙德宫。

此后几个月的太上皇生活赵佶过得并不舒心，他昔日的宠臣一个个或贬或死，十几个跟随多年的贴身内侍都被赶出了京城，连李师师的家财也被赵桓一道命令籍没了充作赔款，他的一举一动无不处在赵桓的严密监视之下。

靖康元年闰十一月二十五日，金兵攻陷汴京。翌年二月六日，又宣布废掉赵佶、赵桓两个皇帝。金兵早就把赵桓扣押在了青城，这时又点名令赵佶前来。

二月七日早晨，赵佶在龙德宫蕊珠殿吃罢素餐，觉得此地离金兵占据的外城太近，很不安全，就搬到了延福宫。刚坐下，只见几个人从门外走了进来，为首的是已做了金兵走狗的李石。李石说：“金人请太上皇到南熏门内一个房子里写拜表，只要拜表送去，金人就会把皇上送回来，没别的意思。皇上还让我们捎话说：‘爹爹、娘娘请快来，免得错过机会’。”虽然还不知道金人已将自己废掉，但几个月来一直心惊胆战的赵佶，听到这话又吓了一跳，他生怕里面另有文章，沉吟了半晌，说：“军前没什么变动吗？卿别隐瞒，朕以后给卿等升官，别再贪眼前小利误了朕的大事，若有变动，朕好早做打算，徒死无益。”李石发誓：“若有不实，甘受万死！”赵佶又怕当今朝廷做什么手脚，就说：“朝廷既不放我南去，围城时又对我封锁消息，所以才弄到这种地步。今天我轻易一动就会招来不是，卿别瞒我。”李石又说：“不敢乱奏。”赵佶这才派人去请郑皇后。不大工夫，郑皇后进来，两人嘀咕了一阵，赵佶穿上道袍，又取过自己平常佩带的佩刀，令内侍丁孚拿着，和郑皇后乘肩舆出了延福宫。走到南熏门，他刚想下轿，护卫的人忽然围拥肩舆向门外跑去。他在轿中跺着脚气急败坏地大叫：“果真有变！丁孚快拿刀来！”扭头一

看，丁孚早就被抓到一边去了。

当年十月，赵佶从燕京被押到了大定府(今辽宁宁城西)，次年七月，被押到了金国都城所在地的上京会宁府(今黑龙江阿城县南)。穿着素衣拜见了阿骨打庙后，又拜见金太宗吴乞买于乾元殿，金太宗封他为“昏德公”。不久，赵佶和赵桓等九百余人，被迁到了韩州，金朝拨给十五顷土地，令他们耕种自给。

在以后的几年里，金人每逢丧祭节令总要赏赐给赵佶一些财物酒食，每赐一次，又总要赵佶写一封谢表。后来，金人把这些谢表集成一册，拿到设在边境的和南宋进行贸易的榷场一直卖了四五十年。

绍兴五年(金天会十三年，1135)四月，赵佶死在金朝。绍兴七年(1137)九月，消息传到南宋，赵构上谥号曰：“圣文仁德显孝皇帝”，后又加上谥号曰“体神合道骏烈逊功圣文仁德宪慈显孝皇帝”，庙号“徽宗”。绍兴十二年(1142)八月，赵佶的梓宫(即棺材)从金朝运到了临安。

宋徽宗与名妓李师师艳事秘闻

宋徽宗初会李师师

李师师这个人，是京城汴梁东二厢永庆坊染匠王寅的女儿。王寅的妻子刚生下女儿就死去了，王寅只好用米汤代替奶水来喂养她，这才得以不死。师师正好四岁时，其父王寅因犯罪死在监狱里，师师没有依靠，有个开妓馆的李姥收养了她。等她长大以后，容貌和技艺都超出一般，于是在京城的妓院里名列榜首。

徽宗皇帝即位，好事奢华玩乐，于是蔡京、章珮、王黼这帮人，就借着继承旧制为名，劝皇帝恢复“青苗”等法令。他们欺上瞒下，粉饰太平，把天下说成一派丰腴快乐的景象。他们横征暴敛，店铺酒肆，每天上税，计有一万串钱之多，金玉绸帛，亦充溢府库，供其挥霍。这还不算，童贯、朱勔等人又引诱徽宗以声色犬马、宫室苑林之乐，大兴土林，凡国内奇花异石，搜罗殆尽。在汴京之北修建离宫，名叫“艮岳”。徽宗于离宫尽情玩乐，玩久了感到厌腻，就想穿上便服上街去玩妓女。内押班张迪，是徽宗宠爱的一个太监，被阉割以前，是京城里的一个嫖客，往来于各个妓院，所以跟李姥挺熟。他向皇帝称赞李师师色艺超群，皇帝非常动心。第二天，皇帝让张迪从宫内府库中取出紫茸二匹、霞毡二端，瑟瑟珠二颗、白金二十镒(一镒为二十四两)，给李姥送去，并要他撒谎说是大商人赵乙给的，愿意到李家里去玩玩。李姥看到这么多值钱之物，就高兴地答应了。到了晚上，皇帝换上衣服混杂在四十多个太监中间，出东华门走二里多路，就到了镇安坊。镇安坊就是李姥居住的里巷。皇帝命令其余的人都停下来，只同张迪徒步而入。房屋矮小，李姥出迎，接待如同常人，但照顾得挺周到，送上几种应时水果，其中有香雪藕、水晶苹果、鲜枣大如鸡蛋，都是大官所没有尝到的，皇帝每样尝一枚。李姥又招待很久，只是没见到师师出来拜客，皇帝只好挨时等待。时间过了很久，李姥才拿着蜡烛领皇帝到卧室，皇帝掀帐而入，只见点着一盏灯，师师并没在屋内。皇帝看到李姥扶持一个姑娘，姗姗而来，淡妆没擦脂粉，穿的是素绸，不是艳丽的衣裳。看来是刚洗完澡，娇艳如同出水荷花，她看皇帝一眼，好像不屑一顾的样子，表现非常傲慢，也不向客人问候致意。李姥贴近皇帝耳边说：“我的女儿性情倔强，请不要怪罪。”皇帝在灯下仔细打量了一番，真是姿色优美，

体态高雅，不禁眼光闪烁现出惊异之状。问她多大年纪，不答；又抢上前去问，她就把凳子搬到别处去坐。李姥又贴近皇帝的耳边说："我的女儿性好静坐，冒犯你，你不要怪罪。"于是替他们放下帐子就出去了。师师这时站起来脱去青色的小袄，穿上轻绸单衣，卷起右边的衣袖，拿下壁上挂的琴，端坐几旁，奏起"平沙落雁"这个曲子，轻拢慢捻，韵味淡远，皇帝不知不觉被琴声吸引住了，竟忘了困倦。等到曲子奏完三遍，已经鸡叫了。皇帝急忙掀起帐幕出去，李姥听到声音也起来了，给皇帝进上杏酥饮、枣糕等点心。皇帝喝了两口杏酥饮，就起身离去。跟来的太监都在外边暗处等候着，看见皇帝出来，就赶忙护卫着皇帝回宫。这是宋徽宗大观三年八月十七日的事情。李姥私下问师师："这位姓赵的礼意不薄，你为什么竟然不搭理他。"师师不高兴地说："他是个臭商人，我是做什么的！"李姥笑着说："我的儿脖颈太硬，可让你干御史这一行当。"不久，京城里纷纷议论，都说皇帝到过李师师家。

宋徽宗和李师师的恋情

第二年正月，徽宗派张迪赐给师师一张琴，名叫蛇跗琴。此琴是一张古琴，是宫内珍藏的稀世珍宝，另外还赏赐师师白金五十两。到了三月，徽宗又换上便衣到师师家，师师仍是淡妆素服，不加修饰，拜伏在门外迎接皇上。皇帝很高兴，握着她的手让她起来，皇帝看见李家的房屋焕然一新，宽敞华丽，以前所去的地方，都用蟠龙锦绣覆盖在上面。李姥跪拜问安之后就领皇帝到了一座大楼。楼刚建成，师师拜伏在地，请求皇帝为楼题名，写匾额。正值楼前杏花怒放，皇帝写了"杏花楼"三字赐给师师。不一会儿，摆上酒来，师师在旁侍奉，李姥匍匐在地捧杯向皇帝祝福。皇帝让师师在旁边坐下，弹奏所赏赐的蛇跗琴，师师弹奏一曲"梅花三弄"，皇帝边饮边听，一再道好。

这次幽会后，皇帝曾亲自到宫中的画院，出些诗句让画匠按意试画，一年之间中意的才有一两个。这一年九月，皇帝以"金勒马嘶芳草地，玉楼人醉杏花天"的题为名画一幅，赐给李师师，又赐给藕丝灯、暖雪灯、芳苡灯、火凤衔珠灯各十盏，鸬鹚杯、琥珀杯、琉璃盏、镂金匾额各十件，月团、凤团、蒙顶等茶叶百斤，馎饦寒具银锬饼数盒，还赐给黄白金各千两。当时宫中已全都知道此事，皇后郑氏听到以后就劝谏徽宗："妓女下贱，不应接待皇上，况且晚上私自出行，难免发生不测，希望陛下自珍自爱。"皇帝点头答应，整整一年再也没出去，可是互通音讯以及赏赐，一直没有断绝。

宣和二年，徽宗又到了李师师家，看见他所赐给的画挂在杏花楼，赏玩很久，忽然回头看到李师师，就开玩笑说："画中人刚一招呼就出来了。"这一天赏给师师辟寒金钿、映月珠环、舞鸾青镜、金虬香鼎等物。第二天又赐给师师端溪凤尾砚、李廷珮墨，玉管宣毫笔、剡溪绫纹纸等书画用品，还赏赐给李姥百千串钱。张迪私下对徽宗说："陛下到李师师那里必得换上衣服夜里去，所以不能经常去。现在艮岳离宫的东边，有一块宫地长约二三里，直接镇安坊，如果在这块地方修个暗道，陛下往那里去是非常方便的。"皇帝说："那你就想办法吧！"于是张迪等人就装模作样在公开场合给皇帝上书，说什么"离宫的警卫人员，一向待在露天的地方，我们愿捐钱若干，在宫地建造几百间房屋，广筑围墙，以便警卫人员食宿"。徽宗当然答应他们的奏请，于是把皇家卫队都布置在镇安坊一带，而过路

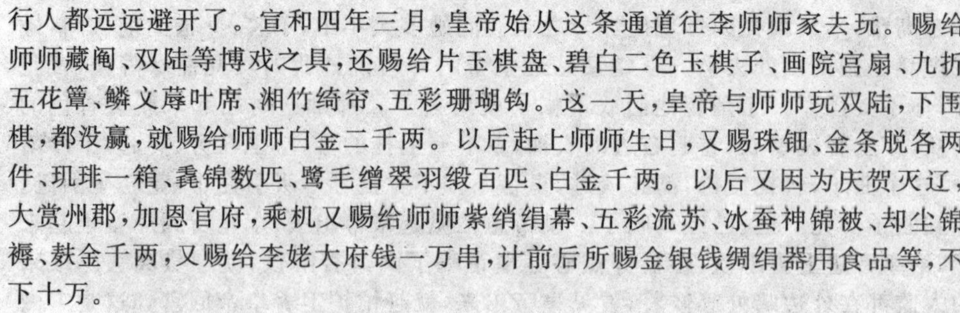

行人都远远避开了。宣和四年三月，皇帝始从这条通道往李师师家去玩。赐给师师藏阄、双陆等博戏之具，还赐给片玉棋盘、碧白二色玉棋子、画院宫扇、九折五花簟、鳞文蓐叶席、湘竹绮帘、五彩珊瑚钩。这一天，皇帝与师师玩双陆，下围棋，都没赢，就赐给师师白金二千两。以后赶上师师生日，又赐珠钿、金条脱各两件、玑琲一箱、毳锦数匹、鹭毛缯翠羽缎百匹、白金千两。以后又因为庆贺灭辽，大赏州郡，加恩官府，乘机又赐给师师紫绡绢幕、五彩流苏、冰蚕神锦被、却尘锦褥、麸金千两，又赐给李姥大府钱一万串，计前后所赐金银钱绸绢器用食品等，不下十万。

李师师结局之谜

徽宗曾经在宫中召集嫔妃等坐在一起吃喝玩乐。韦妃私下里问皇帝："李家那女人是个什么东西，竟让陛下爱到如此地步？"徽宗对她说："也没有别的可说，只让你们这一百多人，去掉艳妆，改换素服，再让这个姑娘混杂在里面，区别非常明显。因为她有一种优雅的姿态，高尚的风度，不单是容貌和打扮的事。"不久，徽宗让位给钦宗，自号为道君教主，退居太乙宫，从此，到外边玩女人的兴致，也就大为减弱了。这时李师师对李姥说："我们母女成天只知欢欢乐乐过日子，岂不知灾祸就要降临头上。"李姥问："那该怎么办？"师师回答说："你什么也不要管，只听我的。"这时金国正在起事端，黄河以北告急，师师就把徽宗以前所给的财物，一一登记好，呈报给开封知府，愿交给公家，作为黄河以北作战军队的军饷，她又贿托张迪等人代为奏请徽宗愿意出家当道士，徽宗答应了她的请求，赐北郊慈云观让她住。不久，金国军队攻进汴梁，主帅闼懒索李师师，他说："金国皇帝知道她的名气，一定要活着抓到她。"可是，搜查多日也没找到。汉奸张邦昌等人根据线索抓到了师师，把她献给金营。李师师破口大骂："我凭着一个下贱的妓女身份，蒙皇帝眷爱，于今只有以死来报答他，别的什么也不想。你们这些家伙得到了高官厚禄，朝廷有什么对不起你们的地方，竟在每件事上危害国家，现在又卖身投敌，想得一个苟活于世的地位，我怎能做你们送给敌人的见面礼呢！"于是拔下金簪就往自己的喉管刺去，没死，就又把金簪折成几段吞下肚里，才壮烈死去。徽宗皇帝当时正被金人囚禁在五国城（今黑龙江依兰附近），听到李师师死时的情景，就情不自禁地大哭了一场。

宋高宗赵构

高宗赵构

求和使者　患难皇帝

宋高宗赵构，为徽宗第九子，钦宗赵桓之弟，母韦氏。大观元年(1107)五月生，百日刚过，宋徽宗便赐名构，授节度使，检校太尉，封蜀公。次年二月，又进封为广平郡王。宣和三年(1121)，再封为康王。次年，赵构正冠于文德殿，赐字德基，出宫住进了自己的王府。北宋灭亡后，他有幸登基称帝，历史上称为宋高宗。

宣和七年(1125)，金兵灭辽以后，立即掉过头来，大举南侵。宋徽宗是个终年沉迷酒色的昏君，得知金兵长驱直入、势如破竹，吓得六神无主，急忙把帝位禅让给皇太子赵桓(宋钦宗)，自己带着嫔妃、宠臣们南逃了。靖康元年(1126)阳历正月七日，金兵逼近东京。次日，便对东京诸城门发起轮番进攻。廷议时，尚书右丞李邦彦以兵弱将寡为由，主张割地请和；太常少卿李纲则主张激励将士，誓死抵抗。钦宗采纳李邦彦的意见，立即召见赵构，授以军前计议使，去金营求和。赵构估计此行不会有生命危险，慷慨答应，请求立即行动。就这样，赵构带着垂头丧气的张邦昌乘坐一只木筏，迎着萧萧北风，渡河到了金营。

金大将斡离不攻京城未下，便想给宋使来个下马威，在谈判桌上得到更多的便宜。只见其营帐内外兵士环列，刀枪林立，一派杀气。见到这般阵势，可把张邦昌吓了个半死。赵构知道这不过是试试自己的胆量，根本没有什么了不起，于是从容不迫地从刀枪下走进了金营。二月七日，钦宗下诏割三镇与金人，由肃王出质代康王。斡离不也觉得目的基本达到，故退兵北去。

赵构返回京城后，钦宗见金兵退去，认为赵构此行劳苦功高，遂任为太傅。就在赵构出质期间，种师道、姚平仲、范琼、马忠等各路兵马相继至京师，援兵已达二十余万，士气稍振。钦宗感到城下之盟有失体面，于是，一面将主和大臣李邦彦等人一一罢免，一面下诏各路勤王部队固守三镇之地，分兵袭击金军。十月，金兵力攻太原，宋朝军民虽英勇作战，终因寡不敌众，太原陷落。十一月，斡离不克真定，攻中山，北方关隘重镇先后失陷。宋钦宗无可奈何，只得再派使者到金营求和。

面对金兵咄咄逼人的气势，宋廷内主和派占据上风。钦宗采纳了王云的意见，立即召见赵构，准备让他再次出使。钦宗答应让耿延禧、高世则随行，还解下了身上的玉带赐给了他。

十一月十六日五更时分，赵构与耿延禧、高世则、王云等人迎着料峭的寒风，踏着朦胧的月色，北去求和。赵构一行日夜奔波，经浚(今河南浚县)、滑(今河南滑县)诸州北上，去真定府找斡离不求和，万万没有想到斡离不又驻军东京城下。这次，斡离不议和的条件不再是割让三镇，而要以黄河为界。不几日，粘罕也来到东京城下，与斡离不分营扎寨，把京师围得水泄不通。

十一月十九日，赵构到达相州(今河南安阳市)，知州汪伯彦说："斡离不已于十四日由大名府(今大名县)魏县渡河南下，追赶恐怕是来不及了，请大王暂留此

地，从长计议。再说，肃王在金营至今未返，大王此去，恐怕也难以顺利回来？”赵构哪里肯信，以为汪伯彦阻止他议和，态度坚决地说道：“我受命于国事危险之际，此次北上议和的任务一定要完成，因此，不能半途而废。”第二天，赵构一行又向磁州（今河北磁县）进发。刚到磁州城外，迎候多时的守臣宗泽立刻迎上前去，激愤地对赵构说：“肃王被骗到金军，看来没有回来的希望了。如今他们又想请大王使金，分明是个骗局，不会有什么好处。请大王千万不要再走肃王那条路了。”赵构不听，坚持前往金营。正在为难之际，忽有两名士卒持汪伯彦所封蜡书求见。书中说：“大王离开相州当晚，本州西火炬相连二三里远，金人铁骑五百余一路追索大王。大王如在此时渡河，那就正好自投罗网。现在斡离不已趋京师，议和已失去时机，不如勤驾返回相州，聚集军队，牵制金军，以付二圣维城之望。”读毕，赵构出了一身冷汗，幸亏汪伯彦此书，要不然自己还会到处奔波，徒劳无功。

没过几天，割地使耿南仲来相州求见赵构，说京城已危在旦夕，皇上令其尽起河北诸郡兵马入援。赵构得了圣旨，立即与耿南仲联名揭榜，招兵买马，组成了勤王军。

十二月一日，康王在相州建立了大元帅府，集合了枢密院官刘浩在相州招募的义士，信德府（今河北邢台县）的勤王兵，大名府派出的救援太原的兵，和由太原、真定府、辽州（今山西昔阳县）等地奔向这里来的一些溃兵，共10000人，分为五军。十四日，赵构领五路兵马出击，攻到大名（今河北大名县东）。到大名后，宗泽、梁扬祖等也先后率兵马来会，兵威稍振。

金兵自闰十一月二十六日攻上东京城墙之后，北宋王朝实际面临着灭亡。斡离不为了彻底剿灭赵氏宗室，逼迫钦宗派人立即召回康王。一天，使臣曹辅带着诏书来见赵构，诏书云：“金兵攻城未下，正在谈判议和。康王和诸帅屯兵原地，不要妄动，以免不测。”这时，赵构失去了出使金营时的勇气，以将寡兵少为由，不敢直趋京师与斡离不较量。他命宗泽率万人进军澶渊驻扎，谎称大元帅在军中，而自己却和汪伯彦等人于十二月二十九日起程，冒着漫天风雪，往东平而去。

宗泽在开进澶渊途中，与金军交战13次，均获胜。而赵构在东平驻扎了一个月，却丝毫没有救援京师的打算。不久，赵构又到济州（今山东巨野）驻扎。这时，大元帅府所属官军和自动聚集起来的抗金军队已有80000之多，号称百万，驻守在济、濮（今河南濮阳）各州府。赵构不敢与金军较量，按兵不动，使各路勤王兵也不得靠近京师，眼睁睁看着金军攻入京城中。

粘罕和斡离不见京城军民已失去抵抗能力，赵构的勤王军又不敢交战，消灭北宋的时机已经成熟，就先后把宋徽宗、宋钦宗拘留在金营，接着金主又下诏废宋徽宗、宋钦宗为庶人。靖康三年（1127）三月七日，金人立张邦昌为伪楚皇帝。北宋王朝就这样灭亡了。金兵退后，“大楚”皇帝张邦昌知道康王拥兵在外，因此不敢贸然行事。一面迎元祐皇后（哲宗皇后孟氏）入居延福宫，遵为宋太后；一面派人送“大宋受命之宝”玉玺于康王。在宗泽等人的请求下，赵构决定移师应天府（即南京，今河南商丘市南）。五月一日，赵构在应天府天治门登坛受命，即皇帝位，下诏改元为“建元”，大赦天下，邦昌及其所辟臣属也概不问罪。大礼完毕，赵构遥望北方被虏的父兄母妻，又痛哭了一场。从赵构登基称帝，历史进入了南

宋时期。

无意抗敌　有心偏安

金兵虽撤出了东京，但仍然控制着河东、河北两路的太原，河中（今山西永济县）、真定（今河北正定县）、磁州、相州、河间等地。刚刚侥幸登上皇帝宝座的赵构也不得不表示一下抗敌复仇的决心，以顺应民意。于是，便以抗金最力的宿将李纲为尚书右仆射兼中书侍郎，但又命黄潜善为中书侍郎，汪伯彦为同知枢密院事。

北方军民心向南宋朝廷，他们自动组织起来，多者数万人，少者也有数千人，神出鬼没地出击敌人。李纲为相后，派马忠、张焕率军一万人袭击河间的金军，取得了胜利。鉴于当时南宋小朝廷刚刚建立，正规军还来不及整编，李纲就在河北河东分设置河北招抚司和河东经制司两大机构，委派官吏，拨给钱钞，招募河北、河东各地奋起的义兵，抗击金军。

南宋小朝廷从诞生那天起，在对金和战的问题上就争论不休。赵构在这个问题上内心也极为矛盾。一方面，他也想利用李纲抗金的威望，振作士气，维护南宋王朝的一点面子。另一方面，又与汪、黄二人一样，幻想用对金朝屈膝投降的办法，来换取金朝对刚建立的南宋政权的承认。他虽然并不真正想让徽宗和钦宗回到南宋，却以探望和迎请被俘北去的二帝为幌子，不断派人带着奇珍异宝去奉献给女真贵族，向金朝试探投降的可能性。

金兵撤离东京后，赵构就一直没有进城。这并非对豪华的故园旧居没有感情，而是害怕像其父兄一样成为阶下囚。因此，只以宗泽留守收拾残局，自己却在应天府做起皇帝来了。实际上，赵构即位之初就决定南逃。即位第二天，赵构就命翁彦国知江宁府，并赐钱钞十万缗，让他在江宁城修缮宫室，以备南逃时使用。经过几次商讨，赵构不顾李纲等人的反对，采纳了黄潜善的意见，下诏曰："巡幸扬州"，并让荆襄、江淮、关陕等处守臣修缮城池，以备作行宫。李纲听了这个消息不由地大吃一惊，他为赵构的糊涂而悲伤，更为国家的前途而忧患。

在此之前，抗金将领岳飞上书赵构，指责黄潜善、汪伯彦奸臣误国，使中原军民大失所望，建议赵构乘金人在北方立足未稳之机，亲率六军北渡，收复失地。赵构不但不敢这样做，而且认为岳飞越职言事，予以削官的处罚。

这种种情况，使李纲感到自己在小朝廷中已不能有所作为，不得不提出辞职要求。宋高宗也顺水推舟，以种种无中生有的罪名，贬李纲为观文殿大学士，至此李纲居相位才75天。

就在赵构决意南逃的时候，北方军民的抗金斗争如火如荼。抗金老将宗泽在李纲为相时被推荐为开封府尹，不久又任东京留守兼开封府尹。两河地区还有红巾军、八字军等著名的义军较频繁的活动，积极抗金。他们谙熟金军的活动，时常进攻被金军占领的城镇。活动在泽、潞地区的红巾军，有一次袭击金军时，几乎活捉了金军将领粘罕。

金朝面对如此活跃的抗击力量，决定再次用兵。可是，赵构不积极备战，却于十月一日乘船离开应天府，经泗州、宝应，向南逃去。京师军民闻此消息，相聚啼哭，深知恢复无望了。

十二月，金军分多路大举南下。一路由粘罕率领自云中（今大同市）出发，沿

太行山由河阳渡河，攻河南；二路由右副元帅宗辅与其弟兀术率领由燕山出发，自沧州渡河，攻山东、淮南；三路由陕西路都统洛索等率领，自同州渡河，攻陕西。

建炎二年(1128)春天，赵构带着六宫宠臣和卫士家属到达扬州。当金军气势凶猛地南下的同时，他和那帮宠臣都过着偷安岁月、醉生梦死的生活。当时，金兵一天天南下，南宋将领张浚认为金兵定会大举进犯，请求赵构做好临战准备。黄潜善、汪伯彦二人在一旁听了哈哈大笑，冷冷地说："还是不必太多虑吧！"建炎三年(1129)正月，金军前锋已攻下徐州，直驱淮东。二月三日，天刚蒙蒙亮，天长军来报：金兵即日趋扬州。内侍邝询急忙跑进卧殿，竟忘记了昔日宫廷的规矩，大声呼喊："金兵到了！"正在搂着美妾熟睡的高宗惊坐而起，不待细问，撇下美妾匆忙穿戴好盔甲，骑马而逃，护驾的只有王渊、张浚和军卒数人。金兵尾追，赵构岂敢在镇江府久留。二月四日，命朱胜非驻守镇江，刘光世控扼江边，杨惟忠驻守江宁府(今南京市)，赵构一行向临安(今杭州市)逃去。黄、汪二人任相以来，把持朝政，嫉害忠良，特别是他们不修军备导致了金人南下，以至宗室播迁，引起了朝野上下的不满。御史中丞张澄勇敢地写下了黄、汪二人的二十大罪状，上书赵构，请求罢免他们。迫于压力，高宗不得不"忍痛割爱"，罢免黄、汪。不久，宋军在陈彦的率领下，渡江打败金军，收复了扬州，赵构的小朝廷才在杭州暂时安顿下来。

苟且偷生　宠奸害忠

金兵虽一度占领了扬州，但并没有从扬州再渡江南犯，就又逐步撤兵北去。因此，赵构复辟后，为了顺应朝野上下的舆情，又迫不得已地慢慢从杭州北进江宁府(今江苏南京)，并改江宁为建康府，作出把行都设在建康的姿态。同年六月，在赵构正接连向金朝最高统治者们上书乞哀的过程中，女真贵族又发动了兵马，以金主四太子兀术为统帅，再次举兵南下，准备捉拿赵构，消灭赵氏王朝。

赵构和将相大臣们商讨对策时，决定只守江而不守淮。赵构本人早已做好了返回杭州的打算，他一方面布置江防，另一方面又升杭州为临安府，以备作为都城所在。当这一切安排就绪后，就慢慢地返回杭州。

不幸的是，金兵一路攻来，赵构闻听临安失陷，逃往明州；随之又逃往昌国县(今浙江定海)，后又被金兵追至海上。最后是金兀术害怕在南方迁延过久对自己不利，才声称"搜山检海已毕"，急忙引兵退回北方。

金兀术退兵时，在镇江遭到韩世忠的顽强阻击。在金山(今江苏镇江市西北)龙王庙，身穿红袍玉带的金兀术和宋军作战时摔下马来，险些被俘虏。双方交战数十回合，守军越战越勇，韩世忠的妻子梁红玉亲执桴鼓助战，金兀术的女婿龙虎大王被生擒。金兀术无奈，采用火攻，突袭宋军的战船，乘机逃回了江北。赵构见金兵撤退，才蹒跚地从温州移至越州，升越州为绍兴府，作为小朝廷的临时所在地。直到绍兴二年(1132)，赵构为首的南宋小朝廷才重回临安。

绍兴十年(1140)五月，金兵分四路南下，河南、陕西诸州纷纷陷入敌手。当兀术率兵10余万抵汴京时，宋留守孟庾率官迎降。金军占领东京后，继续向东南进军。当金军南下的消息传到临安，高宗才从苟且偷生的梦中惊醒，装出一副主战的样子。匆忙调兵遣将，进行抵抗。他下诏让岳飞从襄阳出击，牵制向淮南及陕西进攻的金兵，并恢复京师汴梁。但同时，赵构又同秦桧勾结，加紧进行对

金的议和活动。

岳飞，字鹏举，相州汤阴（今河南汤阴县）人。岳飞奉诏出师北进，先后攻下了颍昌（今河南许昌市东）、蔡州（今河南汝县南）、洛阳等地。接着，他亲自率领50000轻骑驻扎在郾城（今属河南）。兀术带领全军最精锐的拐子马到郾城决战。岳飞指挥将士持刀斧跃入敌阵，上砍敌人，下砍马足，大败金兵，取得了有名的郾城大捷。与此同时，韩世忠、张浚所部分别收复了渔州（今江苏东海县东）、亳州（今安徽亳县）；忠义民兵也收复了不少城池，并相约以"岳"字旗为号，等待岳家军渡过黄河配合进攻金兵。这些胜利，形成了对金军的大包围，切断了敌人的归路。

秦桧知道岳飞不肯从抗金前线撤兵，就先命令张浚、杨沂中等抗金将领率先撤退，然后以"孤军不可久留"为借口，请求赵构给岳飞下达班师的命令。赵构竟一天连下十二道金牌，勒令岳家军立即退兵。岳飞接到班师的命令，心中异常悲愤。他流着眼泪说："十年之功，废于一旦。"他不能违抗朝廷的命令，率军退驻鄂州。前方已经收复的城市，又重新沦入金人之手。

赵构不仅主动放弃了军事反攻的良机，而且对拥重兵在外的将领戒心重重，他害怕苗、刘作乱的事情重演，决心在适当时机收夺兵权，以防止将领们尾大不掉，滋事生非。而今时机终于来了，他以论功行赏为名，诏令韩世忠、张浚、岳飞三大将速回临安。

为讨好金人，赵构、秦桧与张俊谋害岳飞的安排也在有步骤地进行着。秦桧捏造了岳飞"谋反"的罪名。秦桧和张俊策划后，先买通了岳飞的部下王贵、王俊等人，写了"首告状"诬告岳飞最倚重的部将张宪要领兵到襄阳去造反，然后加以逮捕。接着，逼张宪招认，是岳云唆使他这样干的，又把岳云逮捕入狱。秦桧、张俊等人还将各种搜集的证据加以歪曲，送赵构审阅。赵构看到材料中有岳飞指示张宪举兵之辞，顿时大怒。秦桧就借机请求赵构立即把岳飞提来，与张宪、岳云一同对证其事。赵构当即表示同意。

十月的一天，岳飞从庐山到达杭州。秦桧立即向赵构汇报，赵构表示一切听从秦桧办理。秦桧命人将岳飞骗至大理寺，并要他的亲信、御史中丞何铸进行审理。他们一面令狱吏严刑拷打岳飞和岳云，逼他们招供；一面继续罗织岳飞父子"谋反"的罪名。但一连两个月，也没有人愿意出来作证。

绍兴十一年（1141）除夕夜，赵构与秦桧不顾一切地把岳飞父子及张宪定成死罪，把他们杀害。当时，岳飞才39岁。在临刑前，岳飞在狱案上挥笔写下了"天日昭昭！天日昭昭！"八个大字。

甘当儿皇　无奈退位

绍兴十一年（1141）的宋金和议，使南宋成为金王朝的附属国。赵构深感获得金朝对其帝位承认之不易，因此，也安于称臣纳贡，每年除把岁币如数送到泗州（今江苏盱眙县）交纳给金朝外，还要搜刮大量的金银币绢，送给金朝贺正旦及生辰。

宋金战争期间，金兵所到之处，烧杀掳掠，农田荒芜，百姓生活困苦不堪。议和后，宋廷向金朝交纳巨额贡物，这些钱财自然转嫁到老百姓头上。由于赋税沉重，国困民穷，各地农民纷纷起义。赵构不顾人民死活，大兴土木，建造了各种神

殿宫宇，举行盛大典礼，以之粉饰太平。

高宗的美梦没做多久，新当上金国皇帝的完颜亮便准备举兵灭宋了。完颜亮是金朝的第4个皇帝。他发动宫廷政变杀死金熙宗，登上皇帝宝座，整治内政，更葺都城，又想天下一家，不允许南宋存在。

对于完颜亮南侵的企图，南宋的一些有识之士早有所察。绍兴二十六年(1156)，东平进士梁勋上书，言金人有举兵之兆，劝高宗未雨绸缪，以防不测。高宗勃然大怒，竟以诋斥和议、迷惑大众的罪名，将梁勋流放到千里之外。这时秦桧死亡，群臣拍手称快，纷纷上奏章揭露他的罪恶，要求为岳飞平反昭雪。但高宗特意下诏说："和金人讲和之策是我本人之意，秦桧只是赞成我的作法罢了。"并宣布："从今以后有妄议边事者，要处以重刑。"

绍兴三十一年(1161)九月，金主完颜亮率60万大军，分道南下，想一举灭宋。高宗这才慌了手脚，急忙起用患病在身的老将刘琦和王权率军抵挡。王权慑于金军的强大，在庐州(今安徽合肥市)不战而逃，全军溃败。宋高宗一听王权兵败，下诏准备解散官府，让各自逃命，他自己又想走航海避敌的老路。只是由于新任宰相陈康伯坚决劝阻，宋高宗才被迫下诏表示要率军亲征，并派知枢密院事叶义问督视江淮军马，中书舍人虞允文参赞军事，到江淮督战。而此时，刘琦孤军难抵，兵败南撤，整个两淮地区均被金军占领了。

就在这年十月，完颜雍借完颜亮南下侵宋之机，发动宫廷政变，自立为皇帝。正准备举军渡江的完颜亮，听此消息，决定打过江后，回师平定国内叛乱，没想到在采石被虞允文指挥的宋军一举击败。完颜亮恼羞成怒，强迫金军将士冒死渡江，结果激起兵变。一些将领杀死完颜亮，率军北撤。南宋军队乘势收复两淮，大获全胜。

完颜亮南侵的惨败，使南宋抗金热情大振，抗金运动风起云涌。面对这种局面，高宗十分尴尬，再坚持自己的议和主张已不可能，积极抗战又违背初衷，就于次年下诏退位，"认他的养子、宋太祖的七世孙赵昚继位，自己当了太上皇帝，退居德寿宫。其后，孝宗为赵构尊号曰光尧寿圣宪天体道性仁诚德经武纬文绍业兴统明谟盛烈太上皇帝"。淳熙十四年(1187)，赵构死于德寿殿，时年81岁。宋孝宗谥他为"神武文宪孝皇帝"，庙号"高宗"，并葬于会稽(今浙江绍兴市)永思陵。

宋高宗再度复辟内幕

叛乱是怎样发生的

建炎三年(1129年)春天，宋高宗赵构在金人打击下，狼狈逃跑，刚刚到达杭州，喘息未定，便发生了苗傅、刘正彦的叛乱，高宗被迫下台。后来几经周折，才得以重登皇帝宝座。直到这年七月，苗傅、刘正彦伏诛，这场历时四个月之久的叛乱才算结束。

苗傅、刘正彦的叛乱是由高宗用人不公引起的。原来，高宗刚到杭州，便擢升了驻节平江(今江苏苏州)的将领王渊为同佥书枢密院事。这个官职是军队最高负责人枢密使的副手，地位相当于副宰相。而王渊却能力平庸，他驻节平江时，专管江上航船。将领刘光世率军渡江，由于王渊调度不善，竟有几万士兵未

得渡江。刘光世向高宗告发了这件事后，王渊却斩部下将领塞责，引起了广大将士的不满。而高宗不追察究竟，反将他迁升为要职。这一措施，在朝野中引起了更大的波动。

苗傅出身将门，屡立战功，多年不得升迁，见王渊骤然受宠，内心忿忿不平。刺史刘正彦，曾经招降巨盗丁进，但赏赐很薄，心怀怨恨。二人同病相怜，便互相勾结起来。当时宦官康履、蓝珪仗恃受皇帝宠幸，妄作威福，凌辱将领。将领们对他们恨之入骨。高宗南迁浙江，道经吴江（今江苏吴江），宦官以射鸭为乐，百姓敢怒而不敢言。及至到了杭州，大队人马前往钱塘江观潮，宦官到处搭盖帐篷，致使道路阻塞。正在这时，传来了王渊擢升的消息，苗傅、刘正彦等以为是宦官所荐，愈加恼怒，遂与王世修、王钧甫、马柔吉等密谋先斩王渊，然后大杀宦官。

一天，宦官康履手下人献上一卷文书，最后两行文字是"统制官田押，统制官金押"。康履百思不得其解。手下人告诉他说："军队中有人想发动兵变，以此为信号，愿意相从的就在上面签名。"康履不敢怠慢，慌忙禀报给高宗。高宗又让他转告宰相朱胜非，通知王渊要未雨绸缪，早作准备。朱胜非问康履："你知道举行兵变的人的计谋吗？"康履说："略知一二。他们打算明早集中在天竺寺，田统制指苗傅，金统制指刘正彦，他们诈言城外有盗，好把王渊的部队引出去，以便他们在城内动手。"朱胜非把王渊召来，要他小心行事。王渊马上派士兵五百人埋伏在天竺寺旁边。这天夜里，城中居民惊恐万分，闭门不敢外出。苗、刘等知道王渊有准备，便隐而不发。

说来凑巧，第二天正巧是神宗的忌辰，百官照例焚香祝祷。高宗命大将刘光世为殿前都指使，负责百官入朝祝祷事宜。苗傅、刘正彦令王世修伏兵在城北桥下。王渊从朝中回来，路过此桥，猝不及防，便被拉下马来。刘正彦说他勾结宦官谋反，手起刀落，便结果了王渊的性命。然后派兵团团围住康履的住宅，分兵拘捕宦官，凡无胡须的人统统被杀死。苗傅张榜在大街上，公布王渊、康履的恶迹，同时与刘正彦拥兵到高宗行宫门外，中军统制官吴湛与苗傅勾结，戎装披挂，把守宫门。

康履侥幸逃脱重围，前来禀报高宗说："有军士在街上拦截行人，我快马加鞭，才算留下一条性命。"高宗急忙召朱胜非商议。朱胜非问高宗："吴湛在北门下营，专门观察特殊情况，现在有报告吗？"高宗说："没有。"正说之间，吴湛派人口奏："苗傅、刘正彦杀了王渊，领兵前来，声称有要事启奏陛下。"高宗惊愕非常，不觉离开座位站起身来。朱胜非说："既已杀了王渊，苗傅、刘正彦叛乱已明，臣请求前去诘问他们。"

朱胜非刚走到宫门口，正好碰上了吴湛。吴湛摆摆手说："叛兵已经逼近，宫门不能开。"朱胜非等急忙赶到宫城楼上，见苗傅、刘正彦、王世修、王钧甫、马柔吉等全副戎装立在楼下，用竹竿挑着王渊首级。朱胜非厉声问为何擅杀大臣，苗、刘不予理睬。这时杭州地方官员康允之见事情紧急，请高宗登上宫城楼抚谕，不然无法制止叛乱。中午时分，高宗登上城楼。苗傅等望见黄盖，不得不三呼万岁。高宗凭栏问苗傅等为什么发动兵变？苗傅厉声回答说："陛下信任宦官，赏罚不公，士兵有功不赏，结交宦官者无功升迁。臣自陛下即位以来，追随左右，立功不少，如今只是一个边远的郡团练使，未免使人寒心。臣现已将王渊斩首，宦官在宫外的已经全都被杀了。希望圣上斩掉康履、蓝珪、曾择三个宦官，以

谢三军。”高宗说：“黄潜善、汪伯彦等已经降黜，康履、曾择等也将受到责罚，爱卿可与军士回营去吧。”

苗傅见高宗不肯交出宦官，怒火中烧，横戈叫道：“今天的事，全是臣下的主意，与三军无关。如今天下百姓遭难，都是因为宦官擅权所致，今天不斩康履、曾择，臣等定不回营。”高宗无计可施，转身问身边大臣说：“卿等有什么退兵之策？”大臣时希孟说：“宦官之害，已经登峰造极，若不全部除掉，天下的祸患，恐怕不能停止。”另一大臣叶宗谔悄声说：“陛下何必顾惜一个康履呢？慰藉三军要紧。”高宗不得已，命吴湛将康履交给苗傅。苗傅就在宫城楼下腰斩了康履，枭下首级。

高宗以为一场祸患，就此烟消云散了，便传谕令苗傅归营。谁知苗傅出言不逊，抗声说道：“陛下不应登临宝座。天无二日，国无二主嘛，将来渊圣皇帝（指钦宗）归来，又该怎样安置呢！”苗傅又提出，请隆祐太后（即哲宗孟皇后）一同听政，并派遣使者与金议和。不得已，高宗答应了这一要求，当即下了诏书，恭请隆祐太后垂帘听政。谁知苗傅、刘正彦却闻诏不拜，说：“自有皇太子可立，何况道君皇帝（指徽宗）已有先例。”苗傅部将张逵大声喊着说：“民为贵，社稷次之，君为轻。今天的事，请陛下为社稷百姓着想。”众大臣等见此情况无不愕然失色。这时，苗傅等仍不肯领旨。高宗问原因何在，众人互相看看，不敢回答。只有时希孟答道：“现在只有两种办法供陛下选择，一是率百官死于社稷，二是听从三军之言退位。”高宗对朱胜非说：“朕可以退位，但须禀知太后。”朱胜非说：“叛军要挟，便听命退位，哪有这种道理？”大臣颜岐说：“如果太后来此晓谕三军，苗傅等就无话可说了。”于是高宗令颜岐回报太后。一面令吴湛传谕苗傅说：“已请太后商量退位的事了，请三军稍等片刻。”

一会儿，隆祐太后乘着黑色竹舆踽踽而来，后边跟着四个老太监。隆祐太后立在宫城楼前，身后一字儿排着朝中群臣。苗傅、刘正彦向太后行礼后说：“如今生灵涂炭，民不聊生，望太后为天下百姓做主。”太后说：“道君皇帝信任蔡京、王黼，更改祖宗法度；童贯挑起边界纠纷，招致金人入侵，才有今天之祸，和当今的皇帝有何相干？何况皇帝圣孝，并无失德之处，不过为黄潜善、汪伯彦所蒙蔽，如今已经处罚了，你等岂能不知！”苗傅说：“臣等已经议定陛下逊位，岂能犹豫？”太后说：“就依你等所请，暂且一同听政就是了。”苗傅坚持必须立皇太子为帝。太后说：“国家太平之时，此事还不易办到，何况如今强敌压境，皇子幼小，禅让一事，决不能行。实在不得已，可与皇帝共同听政。”刘正彦威胁说：“今天大计已定，不可更改，还望太后早赐许可。”太后高声喊叫说：“统制官是将门之子，岂能不明道理？今日之事，决难听从。”苗傅也愤然厉色地说：“三军将士，从早至此时还没吃饭，事久不决，恐怕发生其他变故！”这时颜岐从高宗处走过来，低声告诉太后说：“皇帝让臣奏知，他已决定听从苗傅之请，乞请太后宣谕众人。”太后仍是不允。苗傅等喧嚷不停，气氛非常紧张，大有一触即发之势。

隆祐太后与高宗商议。高宗见此事已无可挽回，便决计禅位。

高宗禅位　苗、刘手握朝纲

高宗就在座椅上写诏书：“朕自即位以来，强敌侵凌，远至江淮，察其用意，专为朕躬而发。朕恐其兴兵不已，戕害生灵，畏天顺人，退避大位。朕之长子，可即皇帝位，恭请隆祐太后垂帘听政事，以慰人心。”朱胜非拿着退诏书到楼下宣读，

苗傅部将王钧甫对朱胜非说："苗、刘二将忠有余而学不足，请勿见怪。"宣诏完毕，苗、刘方才麾军退去。高宗徒步回归宫中。于是，皇太子旉(fū 敷)即位，太后垂帘决事，高宗移驻显忠寺。不久该寺改为睿圣宫，高宗又被尊为睿圣仁孝皇帝。其实，他已无异于阶下囚了。

苗傅、刘正彦的目的已经达到，志得意满。他们在朝廷上，颐指气使，八面威风。二人的官职也由统制官升为节度使。

宰相朱胜非看到苗、刘二人飞扬跋扈，便上奏太后说："母后垂帘，旧例大臣须二人一同上殿。倘有机密事宜要单独上奏，应该准许。"太后说："如此岂不引起苗傅等人的怀疑?"朱胜非献计说："可从苗傅开始，他就不会怀疑了。"隔了一天，太后便宣召苗傅单独奏事，然后再传宣其他大臣，苗傅果然未加追究。这样，隆祐太后就可以避开苗、刘从容地和大臣们商量高宗复辟的问题了。

苗傅、刘正彦既操纵了朝廷，便宣布改建炎三年为明受元年，并大赦天下。赦书到了平江，大将张浚命守臣秘而不宣。赦书传到江宁(今江苏南京)，大将吕颐浩说："此时忽然改元大赦，莫非朝廷发生了兵变?"他当即派人与张浚联络，张浚知道吕颐浩素有威望，便约他一同起兵，并通知镇江的刘光世派兵前来会合。吕熙浩得书，便径直上书高宗，请他复辟。

苗、刘二人为笼络张浚，封他为礼部尚书，让他带军队前来杭州。张浚知道苗、刘不怀好意，托辞安抚部队，委婉加以拒绝。接着，吕颐浩率兵万人自江宁出发，刘光世和他相会于丹阳(在今江苏省)。大将韩世忠自盐城(在今江苏省)收拾散兵游勇，由海道赴杭州，至常熟会同大将张俊。他们二人又一同到平江见张浚。张浚置酒犒赏韩世忠、张俊的将士，并告诫韩世忠说："投鼠忌器，事不可急，急则有变。你应先去秀州(今浙江嘉兴)占据粮道，以待大军会合。"韩世忠诺诺应命后，带兵行至秀州他就称病不行了，便在那里大修战具。

苗、刘被斩　高宗恢复天子位

这时，张浚派遣冯輵持书至杭州。书信中指责苗傅等说："自古对皇帝出言不逊谓之指斥乘舆，做事逾矩谓之震惊宫阙，阴谋废立谓之大逆不道，大逆不道者应当族诛。现在建炎皇帝并无失德之处，强迫逊位，难道是臣子应该做的事吗?"苗傅等得书信后惊恐万状，一方面连忙擢升韩世忠、张俊为节度使，另一方面诬蔑张浚阴谋危害社稷，把他贬为团练使，安置到郴州(在今湖南)，企图以此分化瓦解勤王队伍。但韩世忠等拒不受使。各路勤王之师迅速会集到平江，传檄中外，声讨苗、刘等叛乱之罪。他们以吕颐浩、张浚主持中军，韩世忠、刘光世分别为先锋和殿后，浩浩荡荡向杭州杀来。

苗傅、刘正彦忧恐得不知道怎么办才好。朱胜非献言说："勤王之师所以进兵不快，是为了保你早日反正，如果等百官请圣驾还宫复辟，你们岂不更尴尬吗?"苗傅沉吟不语。朱胜非说："如能反正，可让太后下诏，不再追究你们以前的过错。"苗傅等见大势已去，便率领百官到睿圣宫去朝见高宗。四月初，太后下诏还政，高宗复辟，恢复建炎年号。

鉴于苗、刘仍手拥重兵，未可轻视。高宗隐而不发，一面任命张浚为枢密院事，一面任命苗、刘分别为淮西制置正、副使。这时，张浚尚未入朝，他与吕颐浩、韩世忠等正一路斩关破隘，攻入杭州。苗傅等迎战不利，急忙向福建逃窜。随

后，韩世忠以拜谒吴湛为名，把他捉住，即日斩首。苗傅的党羽杀的杀、贬的贬，高宗至此才恢复了天子的尊严。到了七月，刘正彦、苗傅先后就擒，解送杭州斩首。这场叛乱才告平定。

宋高宗、秦桧残害岳飞秘谋

宋高宗时的奸相秦桧决心要除掉大将岳飞，就同张俊策划，决定在暗地里诱使岳飞的部下诬告岳飞，谁能诬告，就给谁以重赏，结果没有人来响应。张俊听说岳飞曾经想杀统制王贵，又曾用军棍打过他，于是就诱使他告发岳飞。王贵不肯，他说："作为大将谁也免不了对部下要有赏有罚。如果因为有谁受惩罚就怨恨上司，那怨恨的人可就不胜其多了。"张俊又以抓到他的隐私来相威胁，王贵害怕了，只好勉强答应。秦桧又听说统制王俊好告状陷害人，外号叫雕儿，因为奸诈贪婪，多次被张宪处分过，就派人告诉他"揭发"岳飞，王俊答应了。于是秦桧就打好主意：因为张宪、王俊都是岳飞手下的将官，所以最好让他们互相攻讦揭发，从中抓住岳飞的把柄，再杀掉岳飞父子，这样皇帝就不会有什么怀疑。王俊当时在镇江，秦桧就亲自写了一道命令给王俊，胡说副都统制张宪阴谋占据襄阳，把兵权交还给了岳飞。并令王俊告诉王贵，让王贵抓住张宪关到镇江密府。张宪还没到，王俊就预先设好了刑狱等待他来。张宪被押送来了，有一个官员叫王应求的，对王俊说："枢密府没审讯人的权力。"王俊没听，便亲自去审问拷打张宪，让张宪编造口供，说得到岳飞儿子岳云的手书，让张宪所部回来一起谋反。张宪被打得体无完肤，矢口否认。王俊无法，只好自己动手编造一份口供给秦桧，并把张宪押到临安，投进大理寺监狱。秦桧奏请皇帝，召回岳飞父子同张宪对证，皇帝说："刑法是用来制止作乱犯罪的，不能随便追查证据，动摇人心。"秦桧就假传圣旨，召回岳飞父子。使者到了岳飞的府第，向他说及此事，岳飞哈哈大笑，说："皇天后土，可表此心！"于是同岳云一起被送监狱。秦桧命令中丞何铸、大理寺卿周三畏去审问岳飞父子。何铸让人把岳飞父子带到大厅，问他们为什么谋反，岳飞立即撕开衣服，让何铸看他的后背，何铸一看，背上刺有"精忠报国"四个大字，深入肌肉。接着何铸又去查阅卷宗，都没有什么凭据，知道他俩是受冤屈，就去告诉秦桧。秦桧说："这是陛下的旨意。"何铸说："我怎能陷害岳飞那种人呢！现在强敌未灭，无故杀一大将，定会失去军心，这不是为国家的根本利益着想。"秦桧无可回答，只好改由谏议大夫万俟卨审讯。万俟卨向来与岳飞有仇，于是就捏造材料诬陷岳飞，说岳飞让部下于鹏、孙革写信给张宪、王贵，令他们发送虚假情报，以动摇朝廷。说岳飞给张宪写信让他想办法使岳飞回军临安，并说这些信都被他们烧掉。岳飞坐牢两个月，没法证明他有谋反之意。这时有人教万俟卨凭借过去岳飞给皇帝的奏章中有在淮西停留不前的事，作为证实材料。万俟卨一听很高兴，就去告诉秦桧。秦桧就赶忙派人到岳飞家里收取皇帝给岳飞的诏令，抄录的人见军队在路上行走的日期都有记载，与事相符，于是就把诏令藏起来，用以灭迹。万俟卨又强迫于鹏、孙革等证明岳飞接到皇帝进军的诏令而故意停军不前的事，并让评事官元龟年取出记载行军时日的档案，胡乱加以推定，勉强凑合岳飞的罪证。大理卿薛仁辅、大理寺丞李若朴、何彦猷都说岳飞无罪受冤，宗正卿士㒟请以一百口之家为担保，证明岳飞无罪，并且说："中原没有平定，就加祸于忠义之臣，这是忘记了徽、钦二帝的耻辱，是不想恢复中原

了。”对这些话，秦桧等人根本就听不进去。元帅韩世忠心怀不平，亲自找秦桧诘问岳飞谋反的事实，秦桧说：“岳飞儿子岳云给张宪的信虽然没有弄清楚，但其事恐怕还是有的。”韩世忠说：“‘恐怕还是有的’这种说法，怎么能让天下人信服呢？”等到了年底，岳飞的罪状也没能成立。有一天，秦桧写了一张小纸条交给监狱，狱吏立刻报告岳飞已经死了，时年三十九岁。岳云和张宪都被处死，于鹏等六人也一起被定罪，岳飞家被抄，强令迁到岭南。唉！“出师未捷身先死，常使英雄泪满襟”这样的诗句，很像是为岳飞而写的。岳飞对父母非常孝顺，家里没有姬妾。吴玠一向佩服岳飞，愿同他交朋友，曾经把一个打扮好的漂亮女人送给他。岳飞说：“皇上昼夜为国家操心，大将怎么能贪图安乐呢？”终于没有接受。吴玠更加敬服岳飞。皇帝想为岳飞营造府第，岳飞拒绝说：“金国敌人没有消灭，要家有什么用呢！”有人问他天下什么时候才能太平，他说：“文官不爱钱，武官不惜死，天下就太平了。”有一次，有一个士兵拿老百姓的一缕线麻来捆绑喂马的草，他立刻命斩首以警戒他人。士兵晚上住宿，有些老百姓开门让他们进屋住，没有一个人敢进去。他的军队的口号是：“冻死不拆屋，饿死不抢掠。”士兵如果谁有病，他就亲自调药护理，手下的军官远征，他就派自己的妻子去问候他们的家人。有战死的，他亲自去哀悼，并找人去抚育孤儿寡女，甚至有时让自己的儿子去娶战死者的女儿。凡是国家对他有什么犒劳赏赐，他都分给身边的官吏，一丝一毫也不私自占有。他用兵善于以少数攻击多数，都是谋划周到以后才作战，所以有胜无败。突然遇到敌人，全军镇静不慌，沉着应战。所以敌人为岳家军编了一句话：“撼动一座山是很容易的，而要想动摇岳家军，那的确是难上加难。”张俊曾向岳飞询问用兵的办法，他说：“仁义、威信、智谋、勇敢、严格，缺一样也不行。”他礼贤下士，常看经史，会唱歌，也会玩“投壶”游戏，温雅老成如同书生。每次升官他都表示拒绝，一定要说：“是将士在齐心效力，我有什么功劳！”他忠义刚烈，坚持自己的正确主张，从不随便服人，结果因此招祸。岳飞死时，他的女儿痛感父亲冤屈，怀抱银瓶投井而死，后人因此给那口井起了个名，叫做“孝女井”。

辽太祖耶律阿保机

太祖耶律阿保机

威震四方继位为汗

耶律阿保机出生之时，正是他的祖父匀德实任部落联盟夷离堇之际。匀德实是一位相当能干的人，他掌握着联盟的兵马大权，在对外扩张中屡战屡胜。又主张大力发展农牧业，劝民稼穑，倡导畜养，富民强族，在部落里享有很高的声望。贵族耶律狼德以卑鄙的手法把匀德实杀害，夺取了夷离堇的职位。匀德实的妻子萧月里朵，为逃避狼德的继续迫害，带着自己的四个儿子和几个孙子，逃到了同情匀德实遭遇的突吕不部贵族塔雅克家中躲藏了起来。特别是年幼的阿保机，倍受祖母疼爱。萧月里朵唯恐他有不测，特意把他藏在一个僻静的小帐篷里。

耶律狼德谋害匀德实以后，在联盟内横肆暴虐，为所欲为，很快引起了各部贵族的不满。匀德实的前任夷离堇蒲古只虽已离任很久，却仍是一位有势力、受人尊敬的长者，他联络其他部内贵族，以计诱杀了狼德及其同伙，重新把军马大权夺回，并推举匀德实的次子岩木继任夷离堇。继岩木任夷离堇的是岩木的胞兄、阿保机的父亲撒剌的。

在此前后，契丹不断发动对外战争，主要是俘掠牲畜和奴隶。耶律氏家族越来越处于举足轻重的地位。撒剌的在当时已成为契丹事实上的最高统治者。撒剌的以后，是从兄偶思继任夷离堇。偶思以后，是撒剌的的三哥、阿保机的伯父释鲁继任。

这时的阿保机，已是身长九尺、气度不凡的英俊青年。贵族家庭的优越环境，父祖们的熏陶，使阿保机从幼年起，就表现出“拓落多智、与众不群”的非凡气质。阿保机很早就参加了攻打邻部族的战争活动，这就造就了他超俗的魅力和胆略。

随着契丹社会的发展，契丹族原来的氏族部落组织的旧制度也日益深刻地被破坏、被革新。释鲁开始创立了命名为“挞马”的侍卫亲兵部队，来保护自己的权力。并命阿保机率军北讨南征，扩大对四邻的掠夺战争。阿保机以其出色的军事指挥才能，或强攻，或智取，所到之处，皆胜。阿保机由此声望倍增，被称为“阿主沙里”。

释鲁又创设了一个新的职位“于越”以自任。夷离堇一职则由从弟奄古只继任。按照释鲁的规定，于越的职权是“总知军国事”，握有联盟的军事和行政的实权。这样，可汗的地位进一步被架空，实际上仅仅留联盟首领的名号而已。夷离

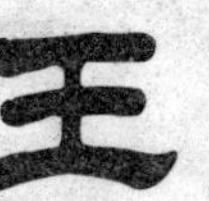

堇的权力也缩小，成为受于越指挥的属职，并由于越释鲁决定其擢任废立。释鲁权势的增强，招致了契丹一部分贵族的强烈反对，他们联合起来，谋取释鲁。

以曾为匀德实复仇的蒲古只的三族子孙为首，勾结了与释鲁争权夺利的耶律辖底、贵族萧台哂，甚至还有释鲁的儿子滑哥，发动了叛乱，把释鲁杀害。蒲古只三族的叛乱，引起了契丹贵族们的不安，契丹痕德堇可汗授命年轻的阿保机平叛。阿保机凭着他所统领的挞马军和卓越的指挥才能，很快便击溃了蒲古只三族。

蒲古只三族叛乱被镇压后，贵族赫底里被推举为于越。阿保机被推举任命为迭剌部夷离堇。一年后，进升为总知军国大事于越兼夷离堇，掌握了契丹联盟的军政实权。此时他年仅 31 岁。

自阿保机被推举为夷离堇后，“受命专事征讨”，担负起对外战争重任。唐天复元年(901)，阿保机率军攻打室韦、于厥、奚霫各部，俘获了众多的奴隶和财富。次年七月，又率大军十余万、号称四十万，攻掠代北(今山西代县以北)地区，先后攻陷九座城池，俘获人口近十万，驼马牛羊不可胜记。天复三年(903)春，又东伐女真，俘获其部族三百帐。九月，南攻河东怀远军(今宁夏银川市)，引兵一直略至蓟北，俘获以还。在多次的征战中，耶律阿保机表现出韬略满腹，善于用兵，使之无往而不胜。

唐天祐元年(904)九月，阿保机率兵大破室韦。阿保机的声名也由此威震中原。

此时唐朝境内，藩镇割据，内战频仍。以太原为割据中心的唐河东节度使李克用野心勃勃，逐鹿中原。天祐二年(905)，李克用派使臣康令德前往契丹，要求订盟修好。阿保机正想寻求外部联系，取得族外支持，当即答应了李克用的要求。并发兵会晋军攻入幽州，大获全胜而归，这更引起了中原地区各藩镇势力对契丹实力的注意。朱全忠派人携带贵重聘礼，要求与阿保机结盟。阿保机亦即应允，派人谢聘，向朱全忠还赠了良马、貂裘等。

在与中原诸汉族强大割据势力结成友好关系后，阿保机着力发展契丹的农业、畜牧业以及冶铁、纺织、制盐等手工业，契丹的社会经济在这一时期迅速发展。阿保机还先后发兵攻打奚霫女真各部，以武力征服了这些地区。阿保机的军事声望和政治声望由此在契丹贵族中日益提高，赢得了众人的崇拜和敬仰。

唐天祐三年(906)十二月，契丹痕德堇可汗去世。痕德堇临死前，以阿保机战功显赫，治军有方，遗意推举阿保机继任汗位。阿保机本人这时虽然已集契丹军、政、财、法大权于一身，但出于两方面的考虑却表示辞而不受。一是部落联盟议事、选举等传统制度还存在，仍然发生着影响，他若继任汗位须形式上取得各部贵族的一致认可。二是正因为旧制度还存在，契丹内部拥有一定势力的贵族，都可利用合法的旗号来争夺汗位。阿保机在没有做好充分准备，争得大多数贵族支持的情形下，避免成为众矢之的。所以阿保机试探地推荐辖底出任契丹新

首领。辖底说:“圣人由天所命,我不敢当。”表示了拥戴阿保机的意思。阿保机的亲信和积极支持者耶律曷鲁等人则同时宣传着阿保机的许多神话,为阿保机出任契丹最高领袖广造舆论。

当阿保机确信族内大多数贵族都拥护他的时候,便不再推辞了。唐天祐四年(907)正月,阿保机通过部落联盟选举的仪式,命设祭坛,燔柴告天,即可汗位,成为契丹族新的首领。

巩固统治　称帝立国

耶律阿保机即任汗位后,首先注重了采取措施调整保持契丹各部贵族之间的势力均衡,以稳固自己的统治。

首先明令宣布不再是可汗家族的遥辇氏,与耶律氏具有同等的地位,给其以荣宠,消除他们的怨忿。任命从弟迭栗底为夷离堇,在自己手下协助掌管军事大权。又任命耶律辖底担任于越,使其满足,不反对自己。次年,阿保机又设立一个新的官职“惕隐”,由族弟撒剌任职,负责掌管迭剌部贵族内部的事务,以确保他们服从自己的领导。最重要的是建立了自己的侍卫亲军“腹心部”(也叫宿卫军),来捍卫阿保机的统治。契丹联盟中的一个小部落涅烈部在阿保机即汗位后发动叛乱,阿保机当即命惕隐撒剌率大军将其讨平,起了警戒其他部族的作用。

阿保机即汗位的当年二月,即率军攻打黑车子室韦,迫其八部降附。次年(908)五月,又命惕隐撒剌率军征服了乌丸等部。继之,亲自率军大规模出征,征服了东、西部各族,使东际海(渤海)、南暨白檀(今北京市密云东北)、西逾松漠(今内蒙古锡林郭勒盟东南部)、北抵潢水(今西拉木伦河)的广大地区,都处在了契丹的统治之下。

阿保机即汗位的第五年(911),阿保机的弟弟剌葛、迭剌、寅底石、安端以及阿保机的养子涅里思、于越辖底、贵族萧实鲁、赫底里、滑哥等,以辖底为主谋共同发动了反对阿保机的叛乱。

战乱爆发前,安端的妻子粘睦姑偶然获得了剌葛等人的阴谋,连夜报告阿保机,阿保机闻变,传命耶律曷鲁带腹心部侍卫军前往平叛。剌葛等因事起仓促,束手就擒。事后,阿保机不予深究,他希望用妥协来换取代表旧势力的反对派贵族们的支持。

次年(912),阿保机亲率大军出征西南术不姑等部族,命夷离堇剌葛分兵攻平州(治今河北卢龙)。十月,剌葛破平州回契丹本部,趁阿保机出征未还之机,再次串联了于越辖底、惕隐滑哥以及诸弟迭剌、安端、寅底石等人,发动了第二次叛乱。阿保机避开剌葛,引兵南移,立即召集诸部贵族首领,举行了传统的燔柴册礼仪式,以此巩固自己的汗位,争取了多数贵族的拥戴和支持。对这次叛乱者,阿保机再次忍让,以宽容的态度不予深究。

剌葛等人并没有因阿保机的宽容而自悔,反而发动更大的叛乱。剌葛联络了契丹乙室部贵族,北走乙室堇淀,准备割据自立。阿保机立即发兵,亲去征剿。由于叛军一时来势甚凶,阿保机不得不借助于臣服契丹的室韦、吐谷浑等属部的兵力,命室韦、吐谷浑诸部酋长率兵阻截剌葛,他自己则率大军,对剌葛实施穷追猛打。

到这年五月，剌葛、辖底等在札堵河（榆河）被擒，叛乱平定。冬天，阿保机再次召集各部贵族长老，举行了燔柴册仪，巩固汗位。任命耶律曷鲁为迭剌部夷离堇，萧忽烈为惕隐。惩办叛乱者。

阿保机继任汗位的第十年(916)初，阿保机接受耶律曷鲁等人所上尊号，称“大圣大明皇帝”，述律平称“应天大明地皇后”，建年号“神册”，国号“契丹”，立长子耶律倍为皇太子，从而宣告了契丹国家的诞生。此后几年，阿保机集中创建契丹国家的各项政治制度。他任命曷鲁为阿庐朵里于越，作为皇帝之下职位最高的大臣，协助执掌国政。任用汉族士人韩延徽为政事令，参与谋划所有军政大事。任用韩知古总知汉儿司事（即管理汉族人民事宜的朝官），并制定契丹新的礼仪制度。又“正班爵”，规定了各级官员的品秩次序，逐渐形成了较完善的统治机构。

契丹原来没有文字，一直刻木契记事。阿保机的三弟迭剌，很善于学习其他民族的语言，学会了回鹘语，还学到了回鹘文字。他借此制成契丹字（称契丹小字），但数量少。于是神册五年(920)，阿保机又命耶律突吕不、耶律鲁不古在汉族士人的参与下，仿照汉字偏旁，创造了数千个契丹新字（称契丹大字）。

长期以来，契丹没有文法。神册初年，阿保机重新设置了决狱法官“夷离毕”，以曾经帮助处决剌葛叛乱分子的左仆射韩知古首任此职。神册六年(921)，阿保机命大臣制定了契丹最早的一部法律“决狱法”，还命制定了各部族法，汉人则依唐律。

以迭剌部、乙室部为核心形成的两大部落集团“北府”和“南府”实行新的行政管理，设北府、南府宰相为其长官，北府宰相由后族贵族担任，神册三年(918)任命阿古只继其父敌鲁任此职。南府宰相则由皇族贵族担任，神册六年(921)始任命皇弟苏任职，南北宰相同时成为皇帝的重要辅臣。另外在各重要地区，还先后设置了节度使、招讨使、防御使等地方官。

为了适应对内统治和对外战争的需要，阿保机大力加强了军队建设，扩大了以腹心部为核心的侍卫军，设立了“宫卫骑军”。各地区则有贵族将领统率的州县部族军镇防。

阿保机初创了颇具规模的契丹政权。

东征西讨　病死军中

契丹政权建立以后，便开始了更大规模的对外扩张。阿保机自己则以“上承天命，下统群生”而自命。他不满足于统治荒芜的北方草原，中原地区的富庶，对他有很强的吸引力。他认为，契丹族是中国人，他要做全中国的皇帝。夺取河北、挺进中原，建立不朽功业是阿保机梦寐以求的夙愿。

神册元年(916)八月，阿保机亲率诸部族兵 30 万、号称百万南侵，攻下朔州（今山西朔县），俘晋振武节度使李嗣本，并向大同防御使李存璋索取财货，被拒绝。便乘兵攻云州（今山西大同市），遇到李存璋的顽强抵抗。又闻李存勖率大军救援云州，遂班师北撤。十一月，复出兵攻下武、蔚、妫、儒四州（今河北宣化、蔚县、怀来、北京市延庆县），自代北至河曲，越阴山，尽有其地。并改武州为归化州，妫州为可汗州。仍与河南的后梁、江南的吴越等政权结为友好，以牵制李存勖。

神册二年(917)二月,晋威塞军防御使李存矩镇守新州(今河北涿鹿),因骄惰不治,人民嗟怨,裨将卢文进率士卒杀存矩发动兵变。卢文进力单不敌,率军及当地居民北走契丹,投靠了阿保机。三月,阿保机派兵合卢文进军攻打新州,新州守将安金全弃城逃走,卢文进派将进驻新州,乘势进攻幽州。周德威见契丹军军幕弥漫山野,闭城坚守。阿保机几次进攻都被击退。八月李存勖所派援兵,由李嗣源等带领至幽州,曷鲁以敌众撤围北退。此次南进受阻,阿保机便命弟弟、大内惕隐安端率军攻打云州及其以南,对晋实施牵制性进攻,自己集中兵力征服契丹以北的乌古、党项诸部。

在北方各部族被降服以后,阿保机再次对晋用兵。神册五年(920)十月,阿保机亲率大军攻打天德军,攻毁其城,俘晋天德节度使宋瑶,迁当地居民往阴山以南。阿保机发兵分别从居庸关、古北口南下,攻打檀、顺以南(今北京密云、顺义以南),直至遂城、望都等地。李存勖亲自督军迎战。阿保机俘掠一番后北还。神册六年(921)十二月,阿保机再发兵两路,分别从居庸关和古北口南侵。神册七年(922)二月,阿保机改元天赞,继续实施夺取河北的计划,第三次亲率大军攻略晋境。

还在神册初年,阿保机就曾率军征讨突厥、吐浑、党项、沙陀诸族,俘各部酋长及居民一万余户,使党项、回鹘、阻卜(鞑靼)诸族在此后几年中不断遣使纳贡,表示臣服。但仍有一些部族如乌古部等,仍不断起兵反抗契丹统治。党项部在神册五年(920)叛离契丹。天赞二年,奚族也发生反叛。阿保机决定彻底征服西部党项、吐浑、阻卜等部和东灭渤海。

天赞三年(924)六月,阿保机决定大举西征。他命皇太子倍监国,留守京城,次子德光从行,誓师出兵。七月,阿保机派大将曷刺率先锋军攻破素昆那山东部族(活动于今内蒙古东部大兴安岭以东的部落)。八月,兵至乌孤山(今蒙古人民共和国肯特山),谕告诸部,继进至古单于国(肯特山以西今乌兰巴托附近)。九月,到达古回鹘城(今杭爱山脉以东、鄂尔浑河上游西北岸),阿保机在这里接受了回鹘、大食等贡献的礼品。十月,遣兵逾流沙(今准噶尔盆地),攻克浮图城(约在今新疆奇台西北),征服了浮图城以西各部。然后东返。次年(925)二月,命德光率军攻打党项,又南攻小蕃诸部。四月,凯旋而归,回到皇都,历时近十个月的西征结束。经过这次军事征服,各部族遣使入贡,表示臣服,归属契丹统治。

西征结束,经过短暂的休整后,阿保机又准备东讨渤海。天赞四年(925)十二月,阿保机下诏征伐渤海,命皇后述律氏、皇太子倍、次子德光皆从行,政事令韩知古、夷离毕康默记、左仆射韩延徽也令率军从征。这年年底,阿保机率军包围了扶余城(今吉林四平市),次年(926)正月初三,攻陷其城,杀扶余守将。渤海国王派军狙击契丹军的进攻,被惕隐安端、阿吉只率军击败,正月十四日,被迫率僚属三百余人献城出降。

二月,阿保机以渤海平,再以青牛、白马祭告天地,大赦,改元天显。改渤海为东丹国(即东契丹之意),改称忽汗城为天福城。册封皇太子倍为东丹王,谓人皇王,称制决事,建元甘露,特赐天子旌旗。又任命以迭刺为首的左、右、大、次四大相及百官,作为东丹王倍的辅臣。渤海旧臣也分别予以录用。之后,高丽、靺鞨、铁骊、濊貊等亦相继投降,归附契丹。

至此,西征东讨两件大事已经顺利实现,阿保机又在内心酝酿着实现夺取河

北、挺进中原的更大愿望了。

三月，阿保机率军从天福班师，返还皇都。七月二十日，途至扶余城驻军，傍晚突染急病，不得已下令暂停进军治病。七天后病逝，终年55岁。天显二年(927)九月，阿保机葬祖陵(位今蒙古巴林左旗右房子村西北山谷中)，谥曰“升天皇帝”，庙号“太祖”。后设祖州天城军为其护陵邑，在其逝世地建升天殿，改命扶余城为黄龙府。

断腕太后述律平

地皇后的由来

述律后名平，小名月理朵，她的祖父是回鹘人；其父婆姑，在遥辇时期做阿扎割只官(位在枢密使下)，其母为匀德恝王女。述律后生于唐乾符五年(878年)契丹右大部；由于她出身名门贵族，受过良好教育，知书达理，是位大家闺秀。她自幼习练骑射，果敢有为，足智多谋，文武双全。太祖南征北战，她随军御敌，出谋献策，既是太祖的得力助手和智囊，又为契丹建国立下襄赞之功。

唐天祐四年(907)春天，太祖阿保机经部落选举，取代遥辇，成为契丹酋领，掌握军政大权后，遂称述律平为地皇后。相传她常到辽河、土河(今老哈河)合流地方去游玩，偶见一着一身紫色服装的老妪，乘着一头青牛缓步向她走来，她本想上前搭话，而老妪却慌张躲开，不一会却不见其踪迹了。此事发生不久，便到处流传童谣说：“青牛妪，曾避路。”此青牛妪即是地皇祇；阿保机即皇位人们称他为天皇王同时，便亲昵地尊述律平为地皇后，到太宗耶律德光时更名为应天皇太后。

自从阿保机当上契丹强大八部首领后，述律后便戎装飒爽，跃马扬鞭，与阿保机并肩缓辔开始南征北战的戎马生涯，在连破室韦、于厥(即乌古部)和奚邻近诸部，南掠河东、代北，攻下九郡，俘获九万余汉人及大批马、牛、羊、驼的同时，协助阿保机平息了他的三个皇弟迭剌、寅底石和安端共同策划的武装叛乱，稳固了新生政权。

珊瑚军的组建

在以鞍马为家的阿保机看来，军队不仅是保卫皇权的强大武器，而且是威振四方，一统天下的制胜法宝。阿保机统一契丹伊始，便精心挑选诸部艺高胆大的勇士千余人，建立一支腹心部队，入则居守，出则扈从，葬则用以守护陵墓，实际上是皇室贵族的特种警卫队。述律后则智高一筹，在阿保机腹心警卫队外，从战争中俘获的各族将领中，挑选出具有各种生产技艺和奇能的人，组建一支号称二十万人的珊瑚军，实际是支独怀绝技，能工能武的工兵部队，战时出列，平时便从事各种手工业生产。在保卫抵御外敌和推动契丹经济和社会进步中发挥了很大的作用。

述律后作战

一年，阿保机率领大军西征党项。出发前把述律后召至跟前说：“明天我将领兵西征了，留你在家守护住象征皇权的旗鼓和祖宗神器，你可要早有防备，以

免措手不及。”阿保机的大军前脚刚走，便被居住在今嫩江流域的黄头和臭泊二室韦得知，他们早就想偷袭阿保机的大本营，便调集大批兵马杀奔而来。在他们看来，阿保机一走，剩下的都是老弱病残、毫无战斗能力的散兵，又听说留守在大本营的是皇后述律平，一个毫无战斗经验的女人，只要他们的人马一到，阿保机的老窠即可唾手可得。二室韦酋领大摇大摆地顺利地通过了头道防线，接近大本营时天色已晚，大队人马依然漫不经心地往前闯。偌大的御帐瞎灯灭火的不见一点光亮，他们心想看来述律后还在睡觉；正当他们临近御帐只有十余丈地，只听见一阵海螺声响，埋伏在四周的契丹兵马，潮水般向二室韦军涌来，又只见从御帐中冲出一员巾帼英雄，手挥长剑，身后簇拥着上千名身着红装的契丹女兵。二室韦军知已遭埋伏，急忙向后撤退，可后路已被截断。为首的巾帼英雄正是述律后，她坐在马上指挥若定，二室韦军前有述律后带领的巾帼军冲杀，后有御林亲军阻截，腹背受敌，不到半个时辰，约有近万名的黄头和臭泊二室韦军，全部被歼灭在早已布置好的包围圈内，活擒二酋长，而且无一生还。从此述律后名声大震，邻近周边的大小部族再也不敢轻举妄动。阿保机远征归来，亲昵地拍着述律后肩膀赞美说：“我还真没想到爱妃用兵如神，用很少兵力全歼二室韦近万名大军，称得上是个军事家了。”述律后嫣然一笑说：“这还不是大王培养的结果吗！”说着两个人会心的笑了。

阻劝皇上使用猛火油

又一年，阿保机率兵三万准备南侵幽州，晋节度使周德威以幽、镇、并、定、魏五州之兵拒于居庸关西，两军对垒，形势十分紧张。不久前南唐吴王李昇曾献给阿保机一种新的攻城武器叫猛火油，燃着这种油越用水浇火势越旺，急于攻克幽州的阿保机，想用一下猛火油，事先征求了述律后的意见，述律后不赞成这一举动，以为这样势必造成重大伤亡，便反问阿保机说：“大王，你可曾耳闻目睹过用猛火油攻城掠地的先例吗？”阿保机默然。述律后指着御帐前一棵葱郁的大树，再问阿保机：“这棵大树若无树皮能活吗。”阿保机回答：“不能。”述律后把脸一沉，提出自已的看法：“幽州城就像这棵大树，而城中的军民和粮草武备犹如这棵树的树皮，只要城中箭尽粮绝，幽州城不攻自破。我想大王只需派出三四千精兵，阻截住外来援军，围而不打，有几个月工夫这座城便垂手可得，何必用这种破坏力很强的猛火油呢？”一席话说得阿保机眉开眼笑，连声说：“好计策！”

述律后断腕揭秘

远征渤海国凯旋归来的辽太祖阿保机，率大军行至扶余府（今吉林农安）西南两河驻地，突然感到浑身发烧，四肢无力，最后病倒。经御医紧急抢救，虽有好转，但终日昏迷不醒，滴水不进。这突如其来的病势，使述律皇后束手无策，不知如何才好。

太祖生病当天夜晚，狂风大作，电闪雷鸣，在伸手不见五指的夜空，有条黄龙径直冲入太祖所居行宫。次日凌晨，当紫黑色烟雾在行宫四周渐渐散去，东方微露晨光时刻，一代英杰戎马一生的阿保机与世长辞，享年55岁。后来在太祖驾

崩处建升天殿，并更名扶余府为黄龙府。

述律后一面派人告诉远在天福城（原渤海忽汗州，今黑龙江宁安东京城）的长子耶律倍，和尚在平息渤海诸州叛乱的次子耶律德光；一面却护卫梓棺，日夜兼程，急速返还京师上京（今内蒙巴林左旗林东镇），料理葬事。

同年（926年）九月，当长子耶律倍、次子耶律德光和小儿子耶律李胡赶到京师，在皇都子城西北举行了隆重的入殡葬礼。文武百官一个个披麻戴孝，耶律倍等三个儿子手持灵幡，跪在太祖灵柩前放声大哭，瞬间，哭声震天，大地为之抖颤。唯有述律后却一滴眼泪没掉，满腹心事地环视四周，把随从太祖南征北战的大臣和妻室召至身边，正言厉声地说："今天我既是国母又是个寡妇，你们都是忠于太祖的王公大臣，为表示你们的忠心，都必须陪葬太祖到阴间，继续效忠皇上，你们可以自尽。"说着命令手下人，将不自刎者割下头颅抛进墓道之中。可怜百余名大将皆被殉葬。

为了表示忠贞，她曾命近侍来割她的头，三个儿子见状一齐赶来，跪在述律后面前同声喊道："母后，父王已经驾崩，国中不可一日无君，你若殉葬父王，这大辽社稷由谁支撑，我等将何以是从！"最受述律后疼爱的大元帅次子德光，箭步抱住她的大腿，声泪俱下陈叙利害道："父王在世时，母后跟随父王东征西讨，而今中原各地藩镇割据，自立为王；而皇族之间勾心斗角，相互倾轧；母后为父王殉葬，不去主持朝政，我等就失去了主心骨。"一席话说动了述律后，她拔出腰刀咔嚓一声将右腕截掉，顺手置于太祖灵柩中说："让它代我服侍你的父王去吧！"后来便传说律后为断腕太后。

金太祖完颜阿骨打

太祖完颜阿骨打

统一女真　抵抗辽朝

女真族是我国东北一个历史悠久的民族。唐末五代，契丹族崛起于中国北方，并且很快建立了辽政权，女真族逐渐为其控制。

公元十世纪中叶，完颜部献祖绥可为部落联盟首领时，女真人定居于按出虎水河畔（今黑龙江省阿城附近阿什河）开始了种植五谷的农耕生活。到景祖乌古乃时期，完颜部已经非常强大，从邻国购进铁器，修弓箭、造器械，军势大振，开始了对生女真各部的统一。到穆宗盈歌时，生女真各部逐渐统一起来，并且形成了一个强大的军事部落联盟。

阿骨打出生于女真族上层贵族家庭。自幼养成尚武精神，十几岁的时候，便以擅长骑射而闻名遐迩。一次，一辽朝使者到完颜氏府上做客，看见阿骨打手拿弓箭，就让他用箭射天空中的飞鸟，阿骨打连射三箭，三发皆中，辽使非常惊奇，连连称赞阿骨打为“奇男子”。阿骨打力大无穷，他射出的箭能达320步之远，连宗室中以射远著名的谩都诃也望尘莫及。阿骨打跟随父兄四处征战，他作战勇猛果敢，先后带兵打败了纥石烈部的麻产，泥庞部的跋黑、播立开，温都部的跋忒等，为完颜部统一生女真各部立下了汗马功劳。辽朝统治者特意授命阿骨打为详稳。世祖劾里钵临死前认为只有阿骨打能够使女真部摆脱契丹人的控制。天庆三年（1113），康宗乌雅束病死，阿骨打继任为都勃极烈。此后，他励精图治，不负众望，担当起了抗辽斗争的重任。

阿骨打曾多次派使者到辽国进行外交活动，暗中刺探军情。他本人也多次朝见辽国皇帝，对辽国财政了如指掌。

阿骨打在完成对生女真各部的统一之后，即着手增强女真族的军事力量，鼓励部族成员从事农业生产，积蓄粮食，同时，建城堡、修戎器，练兵牧马。另外，阿骨打继续维持对辽帝的贡奉，还不时地贿赂契丹权贵，以麻痹辽统治者。

天庆二年（1112）春天，天祚帝来到混同江（今松花江）钓鱼游乐。依照契丹旧俗，天祚帝举行了“头鱼宴”，同时宴请前来朝贡的生女真各部首领。酒至半酣，天祚帝命令各部酋长次第歌舞，当轮到阿骨打时，他端立正视，以不会歌舞拒绝接受天祚帝的命令。事后，天祚帝对枢密使萧奉先说：“在前天的宴会上，阿骨打意气雄豪，我看他不同寻常，应该借故把他杀了，否则必定留下后患。”萧奉先回答说：“阿骨打鄙陋粗俗，不知礼仪，没有什么大的过错就把他杀了，恐怕不妥当。”“头鱼宴事件”是阿骨打揭竿反辽的问路石，它的发生表明双方的矛盾已尖锐到极点。

阿疏是纥石烈部的酋长，他想借助辽统治者的力量，企图重新恢复自己的势力。为此完颜氏几次要求辽帝交还阿疏，双方进行了频繁的交涉。阿骨打继任都勃极烈后，决心解决这个问题，先后派蒲家奴、习古乃、完颜银术可、仆聒剌等

人前往辽朝索取阿疏，都没有成功。阿骨打便以此为借口，打出了起兵反辽的旗帜。

天庆四年(1114)九月，阿骨打起兵反辽，他首先进军辽的北方军事重镇宁江州(今吉林扶余东石头城子)，女真将士2500人集会涞流河(今吉林与黑龙江交界的拉林河)西岸。阿骨打在此祭祖誓师，历数了辽统治者的罪恶，女真将士奋勇杀敌，阿骨打身先士卒，亲手射杀辽军前线大将耶律谢十，士气大振，很快攻下了宁江州，俘获辽防御使大药师奴，取得了反辽战争中具有历史意义的第一个胜利。

攻下宁江州之后，女真军乘胜进击，矛头直接指向辽的另一军事重镇出河店(今黑龙江肇源西北)。在出河店有辽都统萧嗣先、副都统挞不野率领的十万精兵驻屯。阿骨打采取机动灵活的战略战术，给辽军以出其不意的打击，又取得了出河店之战的胜利。出河店之战是反辽战争初期具有决定性意义的一仗，战斗之后，女真势力大增，军队壮大到万人，成为推翻辽朝统治的强大力量，而辽军因连战皆败，士气一蹶不振，只好坐以待毙。

建国灭辽　和睦友邻

随着女真与辽政权之间力量对比的变化，建立一个统一的女真国家已是势在必行。收国元年(1115)正月，吴乞买、撒改、辞不失等率文武百官上书阿骨打建号称帝。阿骨打诏令天下，开始称帝。定国号为金，建元收国，阿骨打就成为金朝的开国皇帝，称金太祖。

金朝建立之后，太祖阿骨打继续进行灭辽战争，开始进攻属于系辽籍女真住地的辽的北边要地。阿骨打计划首先扫除黄龙府周围的城寨，以断绝它的外援，然后集中兵力，攻打黄龙府(今吉林农安)，夺取这个辽朝统治者控制女真族的军事重镇，以实现整个女真族的真正统一。

在很短的时间里，金军迅速夺取了宾、祥二州，占领了咸州，实现了对黄龙府的包围。太祖先抽调完颜娄室的军队，发动了达鲁古战役，彻底解除了围攻黄龙府的后顾之忧。然后，阿骨打便下令金军全线出击，攻打黄龙府。辽军抵挡不住，弃城而逃，金军占领了黄龙府。

金军攻陷黄龙府的消息传来，辽天祚帝大为恐慌，下诏亲征，亲自率领几十万大军进驻驼门。当时金朝初立，正处于兵少将寡的劣势状态。大敌当前，情况十分危急，匆忙中阿骨打搬出了古老风俗，他用刀划破自己的前额，仰天恸哭，与部众诀别。但众将士异口同声地说："事已至此，我们坚决听从命令，与契丹人决一死战。"金军士气高昂，充满了必胜的信心。阿骨打于是亲自率军迎敌，正当这紧要关头，辽先锋都监耶律章奴发动了政变，打算拥立燕王耶律淳为帝，天祚帝得知后，无心恋战，急忙率大队人马从前线西还。金军乘势奋勇追击，辽军大败，天祚帝一日一夜行500里，逃入广平淀行宫，退保长春州。

收国二年(1116)四月，金太祖下令由斡鲁统率内外诸军，与蒲察、迪古乃会同咸州路都统斡鲁古，率大军讨伐高永昌。金军很快占领了辽阳府城，然后开始对东京道各府、州、县的经略，夺取了东京道的系辽籍女真的住地，至此，在反辽战争的同时，阿骨打终于实现了对整个女真族的统一。

天辅四年(1120)四月，阿骨打再次亲自率军伐辽，五月份就占领了上京临潢

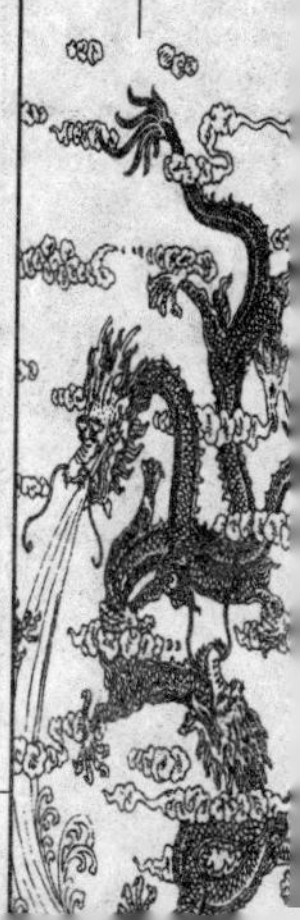

府。第二年，金太祖又以忽鲁勃极烈杲为内外诸军都统，以昱、宗翰、宗干、宗望、宗磐等为副，继续四出攻伐，先后攻占了中京大定府，西京大同府和燕京析津府。辽朝濒临最后灭亡。

随着灭辽战争的胜利进行，各族降服者越来越多，为了对他们实行一视同仁的民族政策，阿骨打多次下诏优恤归附者。天辅二年(1118)，阿骨打又发布诏令，凡是新降附的各族人都要加以安抚，发给他们官粮，使他们安居乐业，不要惊动、骚扰他们。

对于中原地区的北宋政权，金太祖阿骨打采取友善的态度。天辅二年(1118)，宋徽宗遣马政使金，第二年金太祖遣粘木喝等回使北宋，商议联合攻辽问题。天辅四年(1120)，宋再遣赵良嗣等使金，最后商定：宋、金联合夹攻辽国，宋取辽的燕京析津府，金取辽的中京大定府；灭辽之后，宋将以前输辽的岁币转输给金；金将后晋石敬瑭时割给辽的燕京一带汉地归还宋朝，这就是历史上著名的宋、金"海上之盟"。

双方誓盟之后，金军迅速出击，先后攻占了中京、西京；而北宋军队在童贯、种师道统率下，两次围攻燕京都没有破城。天辅六年(1122)四月，金军在宋军的配合下攻占了燕京。此后，为了燕京地区的归属问题，宋金双方进行了多次交涉。最后，金朝只是将燕京及其所属蓟、景、涿、顺、檀、易六州归还北宋，而北宋除了将过去输送给辽的岁币全部输给金外，还要每年向金朝缴纳100万贯钱的燕京代税钱。

励精图治　功成身死

阿骨打称帝后，开始了金朝奴隶主贵族的政权建设，在施政纲领中，阿骨打在基本上不改易旧俗的情况下，依照本国制度，以农为本，发展奴隶制度。

为确立新的奴隶制占有关系，阿骨打首先确立了皇权，即把都勃堇、国相、勃堇发展为中央统治的最高权力机构——勃极烈制。"勃堇"是女真语，是部落酋长的职称，"都勃堇"是指部落联盟首领，"国相"地位很高，是军事部落联盟首领的辅佐，地位仅次于都勃堇。阿骨打统一女真各部是建立在武力征服的基础上的，为了不过分刺激旧日同盟的女真各部的神经，以维护统一，阿骨打准许各部酋长袭用勃堇名称，保留了勃堇制，同时，又赋予它新的含义，发展为新的勃极烈制。在勃极烈制下，原部落联盟的最高军事首领都勃极烈改称皇帝，处于全国最高的统治地位，以下设置各种勃极烈。收国元年(1115)七月，阿骨打开始将国相制与勃堇制结合，确立中央统治机构的官职名称，正式设置各种勃极烈。

阿骨打继任都勃极烈后，首先完善了作为军事编制的猛安谋克，宁江州战役结束后，根据反辽战争的实际需要，阿骨打改编了固有的军队，命令以300户组成1谋克，每10谋克组成1猛安，谋克、猛安分别为百夫长、千夫长。各谋克中又按"什伍制"组成作战小分队，大大增强了军队的机动性和组织纪律性。猛安谋克发展为一种地方行政组织，在新占领区广泛实施，极其有利于金朝统治者巩固自己的统治和加强中央集权。

阿骨打当上皇帝后，积极改革社会弊政，在法律方面，确立了新的法制，规定在法令面前没有贵贱的差别，保留了氏族时期某些平等的东西，旨在防止平民破产和沦为奴隶以致减少和削弱了国家兵力来源；还规定对犯人刑、赎并行。为了

提高女真人的民族素质，革除原始婚俗，天辅元年(1117)五月，阿骨打下诏严禁女真人同姓结婚，凡是在宁江州战役结束后同姓结婚的，必须离异。

阿骨打对于文化事业非常重视，他曾诏令创制了第一种女真文字，建国前，女真人还没有文字，他们记事传令使用“信牌”，作战时有专门的人从事于口头传达命令，称作“阐刺”，非常不方便。立国后，阿骨打马上下令完颜希夷创制文字。完颜希夷是欢都的儿子，他仿照汉人的正楷字，结合本国语言，创制了女真文字，天辅三年(1119)八月，文字制成，阿骨打下令全国颁行，这种文字在历史上称为“女真大字”。阿骨打还注意学习汉族的先进文化，重用汉族知识分子。天辅二年(1118)，就曾经下诏，凡是具有博学雄才的汉族知识分子，一定选送京师。阿骨打还注意收集各种书籍，天辅五年(1121)，在完颜杲等进攻辽中京的前夕，阿骨打就指示他们，如果攻克中京，所得礼乐、仪仗、图书、文籍，一律全部运往京城。

阿骨打在位期间还注意发展生产，采取了许多发展经济的措施，对促进东北地区的开发和女真族社会进步做出了积极贡献。

为了保护和发展生产，在反辽战争中，阿骨打严禁士兵掳掠；对四方降附者多加优恤，减免他们的赋税，以达到安定民心，发展生产的目的。

阿骨打还实行了移民实内政策。天辅六年(1122)，金军在攻下山西诸州后，阿骨打下令迁徙山西部分汉人、契丹人充实内地，由皇弟完颜杲监督，命耶律佛顶统兵押送移民到浑河路(今辽宁清原东)，让他们自己随便挑选住地。

与此同时，阿骨打还强令女真人由内地向外迁徙，进行屯田。天辅五年(1121)，阿骨打挑选10000多女真人猛安谋克户，派婆卢火统领到泰州屯驻，阿骨打还同时赐给婆卢火耕牛50头。

为了保证国家的税收和兵源，阿骨打还采取各种措施，限制奴隶制发展，严禁将平民变为奴隶。收国二年(1116)，阿骨打下诏说：“近年来粮食欠收，人们贫困不堪，许多人依附于豪民，变成奴隶，还有的因为犯法被逼为奴，今后不许私自逼良为奴。”

天辅七年(1123)八月，阿骨打病死于由燕京回师上京的途中，终年56岁。金太宗即位后，尊他为“武元皇帝”，庙号“太祖”，遗体葬和陵，后来改葬大房山睿陵。皇统年间，金熙宗又为他增谥为“应乾兴运昭德定功睿神庄孝仁明大圣武元皇帝”。

阿骨打登基秘闻

银牌天使索要海东青

辽朝末年以来，政治腐败，君主昏庸，对生女真实行了惨无人道的掠夺和压榨，到辽天祚帝时达到了无法忍受的程度。这些对生活在水深火热之中的阿骨打，是看在眼里恨在心头，从小就萌发着推翻辽朝统治，拯救女真民族的强烈愿望和决心。

在辽天祚帝统治下的女真人真是苦不堪言。每年除向辽廷进贡人参、蜜蜡、北珠和生金等贵重物品外，派到这里的契丹官员强取豪夺，不许说个不字，否则就得丧命。辽主每年还要到这里春猎，凿冰钩鱼，大吃大喝，然后放弋为乐，临走

还要贡献麋鹿、野狗、白彘、青鼠和紫貂等珍奇异兽。要求如数届时送到，如有违犯轻者遭到毒打，重者投进监牢，甚至脑袋搬家。尤使女真不堪负担的是，定期要向辽廷贡献产于辽五国部(今黑龙江依兰附近)的珍禽海东青。此名鹰灵巧俊健，既能擒鹅又可捉鹜，尤以洁白利爪者最为珍贵。为猎取海东青，女真人从春至冬一年四季，冒着生命危险到五国部捕捉，为如期将这一珍禽送到辽上京临潢府(今内蒙昭盟林东镇)，还专门修筑了一条鹰路，为此女真人付出了巨大的牺牲和代价。更令女真难以忍受的是，辽廷经常派遣银牌天使到女真各部落巡视，每到一处晚上必须要当地年轻漂亮的女子陪同过夜，不问其有无丈夫或门阀高低，如不从命便满门抄斩。不堪屈辱的女真人，一个个义愤填膺，摩拳擦掌，犹如干焦的柴禾，只要星星之火一点，就成燎原之势。

阿骨打兄长丧事风波

阿骨打在从辽天祚帝头鱼宴归来的第二年，即天庆三年(1113 年)十月，决心高举起义大旗，推翻辽廷统治。同时，正值其兄长康宗乌雅束病故，他决定以此为契机背叛辽廷，在不向辽廷通报丧事，未得到辽廷授予他为生女真节度使之前，便毅然自称为生女真都勃极烈，成为这一部落的军事联盟首领，与国相撒改统帅女真各部，加紧抗御和征服辽廷的各项筹划和策反工作。

辽天祚帝得知康宗病卒的消息，立即派遣北枢密院侍御耶律阿息保，面见阿骨打质问道："听说女真节度使康宗故去，这样重大的丧事你怎么不向辽廷禀报呢?"阿骨打慷慨陈词道："你们既然早知这一丧事却不派人前来吊唁，还有什么脸责怪我们呢?"阿息保碰了一鼻子灰，但他仍不甘心，非执意要参加乌雅束的葬礼；他自以为是辽廷派来的特使，非但不向乌雅束遗体告别，还大模大样地坐在太师椅上，查看送葬的马群，看中平日由阿骨打骑的黄骠马，非要留作自己用不可。阿骨打不等他把话说完，勃然大怒，上前抓住他的领子拔刀就要动手。手疾眼快的宗雄，一把将阿骨打手中的刀夺下，吓得阿息保赶快溜之大吉。

机智的阿骨打知道，他动手要杀阿息保之事辽廷决不会善罢甘休，若不早作叛辽准备必遭灭顶之灾。面对强大的辽朝，光靠完颜部落联盟一支力量是远远不够的。于是他首先想到的，是既有实力而关系十分友好的耶懒路的石土门兄弟，希望能得到他们的赞同和支持。

事很凑巧，就在阿骨打设法与石土门取得联系的过程当中，飞马来报说："耶懒路(今俄罗斯滨海雅兰河一带)完颜部长石土门的弟弟阿斯懑病故，邀请阿骨打前去吊唁。"阿骨打带领多次密谋伐辽的宗干、宗翰和希尹等，到耶懒路参加阿斯懑丧事，寻找机会共商誓师伐辽大计。风和日丽的一天，石土门召集各部酋长在这里举行祭典。阿骨打心想箭术是我的拿手好戏，当面给他们露一手，让他们知道我阿骨打出手不凡，与他们联合伐辽一定会得到支持。正想着，一只黑鹰迎面飞来，阿骨打顺手对准黑鹰猛射一箭，那黑鹰应声坠地。石土门惊叹阿骨打神奇的箭法，拾起黑鹰笑呵呵对阿骨打说："人人都厌恶黑鹰，以为他是不祥之物，老兄一箭把它射了下来，确是吉祥的好兆头，真令人可喜可贺!"

不久宗翰见阿骨打迟迟不肯向石土门兄弟说明来意，急不可耐促他快办正事。有一天阿骨打把掌握军权的石土门弟弟迪古乃叫到跟前，鼓着勇气和盘托出伐辽计划说："我这次千里迢迢来到你这里，一来是参加丧事，但我还有一要事相商，请你帮我拿主意。我们女真完颜部自来就是辽邦的附庸，备受欺凌。辽朝表面上是个大国，其实很虚弱，当今皇上天祚帝骄奢淫逸，腐败无能，辽朝将士胆小如鼠，士无斗志，我想起兵伐辽，你看如何？"迪古乃胸有成竹地表示："主公英明果断，我女真将士乐意为之效命，诚如主公所言，辽天祚帝整日酗酒畋猎，荒于朝政。在主公率领下万众一心，奋勇杀敌，推翻辽廷统治定能成功。"于是，他们又经过周密商讨，迪古乃表示全力相助，使阿骨打更增添必胜的信心。

那时女真虽是奴隶制，但母系社会妇女具有相当权威的残余依然存在。因此阿骨打从耶懒路回来，首先征求婶母肃宗靖宣皇后蒲察氏（因此时其母已去世）的意见。当阿骨打全面禀报了他与撒改、宗干、宗翰和希尹计议伐辽，并得到耶懒路石土门兄弟大力支持时，蒲察氏说："你已继承父兄之志成了部落联盟的酋长，有把握的事就勇敢地去闯去干。我已经老了，望你不必多虑使我担忧。"蒲察氏说着便命手下在院内摆上祭桌，带领阿骨打举杯向东遥拜，祈求皇天后土予以保佑。次日阿骨打又率领诸部落首领及其核心人物撒改、宗干、宗翰和希尹等，向蒲察氏行谢恩跪拜礼。万众一心，一场誓师伐辽的准备工作渐渐拉开了帷幕。

阿骨打起兵得胜陀秘闻

老谋深算的希尹提出，既要起兵叛辽，必得选定名正言顺的原因，作为引发矛盾和冲突的导火线。天庆四年（1114 年）六月，阿骨打在接受辽赐予他女真节度使职官的同时，向辽提出索要叛人阿疏的要求。阿疏是占据星显水（今吉林延边布尔哈通河一带）流域纥石烈部的酋长。当穆宗盈歌任女真节度使时，为穆宗吞并；阿疏畏罪潜逃至辽廷，企图借大辽势力东山再起。阿骨打接替其兄康宗乌雅束为联盟酋长前，曾多次派人与辽交涉，要他们交还阿疏，可一直遭到辽廷的拒绝。

阿骨打先派其弟蒲家奴到辽廷索要阿疏，去了许久音讯皆无；再遣宗室习古乃、完颜银术可继续交涉。临行前阿骨打吩咐他们说："索要阿疏是假，借此机会侦探辽国政事民情是此行的主要目的。"当银术可从那里回来，阿骨打当即听取禀报，得知辽主无心理政，辽廷内相互倾轧，民众困苦不堪、怨声载道的情况，即刻通令各部落增建城堡，制造兵器，准备起兵。

女真起兵前夕，辽统军司方才得到确切情报，急派节度使捏哥询问阿骨打："听说你们筑城堡、造兵器，厉兵秣马防备谁呢？"阿骨打回答说："我们所做一切完全为了自卫，这有啥可怀疑的呢？"辽又派阿息保斥责，阿骨打慷慨激昂申辩道："我女真本是小邦，世代服辽未敢无礼，而今大辽骄奢专横，隐匿我叛人阿疏，屡索不予遣回；倘能归我阿疏，我将一如既往，要不我等岂能束手受制！”阿息保见阿骨打态度强硬，返回辽朝后便令统军肖挞不野调兵遣将，严守宁江州。

在天庆四年(1114年)九月，是稻谷飘香、丰收在望的黄金时节，阿骨打誓师伐辽各项准备工作已经就绪。是时，耶懒路迪古乃部队，斡忽、急塞(今辽宁开原附近)系辽籍女真军队等远道援军相继聚集在誓师地点；阿骨打命令实不迭前往完睹路分别与辽廷鹰官、达鲁古部(今吉林白城地区)副使辞列和宁江州渤海大家奴联系，争取他们的积极赞助和支持。阿骨打亲率二千五百精兵集聚涞流水(今拉林河)畔得胜陀(今吉林扶余石碑崴子)举行气壮山河的伐辽誓师大会。

当时晴空万里，秋高气爽。阿骨打率领国相撒改以及宗干、宗翰和希尹等将领来到得胜陀。这是一个为断崖与涞流水交汇的、高出地表约二米许椭圆形台地，西面为南北走向高达五六十米的弓形断崖，俨若一堵天然屏障，崖下为湍急的涞流河水，东、南、北为低矮连绵的丘陵所环抱，形成既便于隐蔽，而又易守难攻的理想场地。

阿骨打健步登上阅兵台。国相撒改带领宗翰、宗干和希尹等将士举目仰望：今日阿骨打神采奕奕，容光焕发，连他乘坐的骏骑白龙驹都显得格外魁梧高大。他环顾一下四周，声如洪钟般说道：“我女真各族世事辽邦，恪守职责和朝贡，平定乌春、窝谋罕之乱，破肖海里之众。有功不赏，反而掠我财富，侮我民众，无恶不作无一复加。罪人阿疏屡请不归，今天我要问罪辽邦，誓师叛辽西征，愿皇天后土保祐我女真推翻骑在我们头上的辽朝统治者。”一边说着，一边将长矛式的铁铤依次传给诸将，并继续说道：“你们要同心协力，奋勇杀敌。有功的奴婢部曲可以变成自由民，而一般平民可以当官，为官者则可加官进爵。倘要违背誓言，身死铁铤之下，家属无以赦免。”听着阿骨打发自肺腑铿锵有力的誓言，二千五百名女真精兵，一个个群情激奋，斗志昂扬，高高举起铁铤齐声喊道：“我们必胜！辽国必亡！”像滚动的春潮，一浪高过一浪，回荡在得胜陀广阔的山野上空。

金海陵王完颜亮

海陵王完颜亮

胸罗城府　弑侄夺位

海陵自幼聪睿好学，曾拜汉儒张用直为师，学习汉族儒家的经典著作，对于自中原汉地传入的琴棋书画，他也无所不好，和他交往的大都是汉人儒生。其言谈举止俨然是一位汉家少年，而同族之人都与他格格不入。

天眷三年(1140)，海陵18岁时，熙宗授之为奉国上将军，在梁王宗弼军前效命，海陵作战勇猛，身先士卒，再加上他足智多谋，很快就受到宗弼侧目，被授予行军万户，不久又升为骠骑上将军。皇统四年(1144)海陵又被熙宗封为龙虎卫上将军，受命留守中京，并升为光禄大夫。

海陵为人城府极深，对熙宗以太祖嫡孙身份立帝位深为不满，认为自己也是太祖的孙子，也应有继位的机会。在中京留守期间，海陵四处搜罗、培植党徒，萧裕是其中最得力的心腹。

皇统七年(1147)，海陵被召至京城，受命同判大宗正事并加特进。不久，又被提升为尚书左丞。海陵开始致力于扩大权柄，把自己的心腹势力安插到各省台的重要位置上。萧裕先被提拔为兵部侍郎，不久又做了同知北京留守事。到了第二年(皇统八年)海陵被拜为右相，并兼都元帅，掌握了金朝的政治和军事大权，开始从各个方面进行夺权活动。

熙宗皇统末年，宗干、宗弼相继去世，熙宗失去了两位重要辅佐，同时又失去了两位皇子。帝位失嗣，熙宗郁闷不乐，整天酗酒玩乐，不理朝政，政事全部落到擅政的悼平皇后裴满氏手里。悼平皇后独断专行，文武百官对她奉迎巴结。身为右相的海陵也拜倒在悼后的脚下，与她勾结在一起。对此熙宗略有所闻，只是佯装不知。皇统九年(1149)，海陵生日。熙宗下诏赏赐海陵北宋名臣司马光画像及大批的金银珠宝，并委派近侍大兴国前往祝贺。悼平皇后也附带赐给海陵生日礼物，熙宗得知后很不高兴，将大兴国杖打一百，并勒令她追回赐给海陵的礼物，海陵害怕自己会大祸临头，惶恐不安。过了不久，学士张钧在为熙宗起草诏书时违背了皇上的旨意，被赐死。左丞相宗贤乘机弹劾海陵参与其事，熙宗便借此机会将海陵贬职，让他出领行台尚书省事。路过北京时，海陵会见了正任北京留守的萧裕，两人密谋迅速夺取帝位，约定：先由海陵在河南兴兵称帝，占领河南、河北后再举兵北上，萧裕在北方联络各地的猛安谋克起兵响应。到了良乡，海陵意外地接到熙宗的诏令，要他返回京城。海陵忐忑不安地回到京城，仍被授予平章政事，加快了夺权的步伐。

皇统九年(1149)十二月九日，唐括辩妻代国公主为其母悼平皇后作佛事，住在寺中。当晚，海陵、秉德等都聚会到唐括辩家里。入夜，他们闯入皇宫，二更时分，大兴国打开了熙宗寝殿的大门，海陵、秉德、唐括辩、乌带、徒单贞、李老僧等蜂拥而入，熙宗死在乱刀之下。海陵被拥立为帝。

第二天，海陵诈称熙宗要议论册立皇后的事宜，召来文武百官，宣布熙宗无道被诛，由自己继承皇位，改皇统九年为天德元年。

海陵弑君篡位引起了众多女真贵族的反对，其中势力最大者首推太宗诸子。天德二年(1150)四月，海陵以打球为名，召见宗本及文武大臣，杀死了宗本和唐括辩。接着太宗子孙70多人被杀，太宗一系遂绝。

改革政治　发展经济

海陵巩固统治后，颁布"求言诏"，自朝内外公卿大夫至一般平民，均可以上书进言。于是内侍梁汉臣，何卜年等上书，请求迁都燕京。海陵早有迁都意图，于是便接受了他们的建议，命尚书右丞张浩充修大内使，营造燕京。经过三年的时间，燕京营建完毕，燕京都城设计出自孔彦舟之手，完全依照汴京模式建成。

贞元元年(1153)四月十七日，海陵力排众议，率文武百官迁都燕京。进入燕京城时，海陵首次采用汉家仪礼。四月二十一日以迁都诏告天下，并改燕京为中都，析津府改为大兴府，同时改汴京为南京，辽中京大定府为北京，辽阳府为东京，大同府为西京，保留五京之制。

接着，海陵进行了一系列改革。天德二年(1150)正月，海陵颁布诏书以励官守、务农时、慎刑罚、扬侧陋、恤穷民、节财用、审才实七事告示朝野，明确宣布了定国之策，揭开了政治改革的第一页。

首先采取各种措施加强了皇权。天德二年(1150)，为消除女真贵族执掌的权柄，海陵下诏废除中京、东京、临潢、咸平、泰州等路节镇及猛安谋克。取消猛安谋克上中下三等之分，只称"诸猛安谋克"。第二年(天德三年)海陵又废除了守土一方的"万户之官"，移权于千户长。贞元二年(1154)海陵下令重定荫叙法，规定皇族自一品至七品荫各有限，削除八品用荫制度。正隆二年(1157)海陵彻底改订亲王以下封爵等第制度，规定朝廷不再封两字王，过去封为两字王者改为一字王，一字王者除掉王号，高品位的大官也要参酌消降。以后无论公私文书，凡是带有王爵字样的一定要立即除掉，即使是坟墓碑文也不例外。

熙宗末年，金朝内部统治机构臃肿不堪，官吏人浮于事。海陵即位后，运用强硬的政治手腕，迅速精简统治机构，加强了中央集权，大大提高了朝廷的行政效率。为了加强中央对地方的控制，海陵还划定了一整套的地方行政区划系统，将全国分为五大京路和十四个总管府。

海陵是金朝历史上颇有远见卓识的君主，他在位期间勤于政事、察纳雅言、严以律己。他执政后不久，便诏示文武百官直言朝政阙失与治民利害。为了更好地听取臣下的谏诤，海陵还特别挑选廷臣10人组成一个智囊团以备咨询。

海陵用法律约束臣下，严禁官吏耽于民事、苟图自安，并以勤惰与否作为对官吏奖罚的标准。官吏不得无故旷职，只有父母去世才能停假三日。海陵还禁止各级官员妄信神鬼、崇尚佛事。

海陵提倡为官清廉、生活节俭，他自己也身体力行，平日常穿补过的衣服，吃饮只进鱼肉，不进鹅鸭，还除掉宫廷御苑中所养禽兽。正隆五年(1160)十二月，海陵颁布禁酒令，规定朝官不得随便饮酒，只有宋、高丽、夏三国有使来朝方可饮酒。

海陵逐渐完善各项司法制度。正隆年间他颁布行成文公法——《续降制

书》。在中央设立登闻检院，狱事有处理不当的可到登闻检院投状。由检院交付御史台勘察重审。海陵还为外省专设了提刑司，直接过问地方政府的法制和大案要案处理事宜。对于有过大臣的惩罚，海陵只施以臂杖，反对流放发配。

海陵致力于人才的培养和选用。天德三年(1157)，海陵开始设置女真族国子监，招收宗室、外戚、功臣及三品以上官员的子孙受教，年满15岁以上的人词赋经义学，不满15岁的人小学，另外还设置算学、医学等十科，招收各族贵族子弟前来学习。为更好地选择人才，海陵大兴科举之制，最初以经史取士，考试分乡、府、朝三级，儒生在全国各地进行乡试、府试。海陵在迁都燕京之后，特开了殿试，亲自过问选官大事，或者"临轩观试"，或者"御便殿亲览试卷"。海陵还多次为考生出题，如"不贵异物民乃足"、"忠臣犹孝子"、"忧国如饥渴"等。

海陵初年，勤于政事，改革吏治，大大提高了行政办事效率，牢固地建立起了金朝一代强有力的封建中央集权，为后代盛世的出现打下了基础。

海陵也很注意把握国家的财源，重视发展经济。首先，加派诸路劝农使，奖励发展各地农业生产。又派出纥石烈娄室等大臣出访各路，将一些荒闲土地放归无地的佃户耕种，国家向他们收取少量的地租。海陵还注意教育后代重视农业生产。

穷兵黩武　杀人者人杀

海陵说自己平生有三个志向，第一，国家军政大事都由我一人决断；第二，兴师南伐问鼎赵宋；第三，招纳天下之天姿绝色，为我所用。称帝初期，海陵勤于政事、生活俭朴，颇似一位圣明的君主。但是随着时间的推移，海陵逐渐开始放纵自己的各种私欲，纵情声色成为他生活的主要组成部分。他即位之后，充斥后宫的嫔妃与隋炀帝相比，有过之而无不及。他荒淫无度、无视伦理，连自己的亲外甥女及堂姐妹都不放过。还经常召见百官家眷，见有年轻貌美者，一定要想方设法搞到手。

海陵学出汉儒，有着强烈的权力欲，他把统一全国做中国的正统皇帝作为自己一生追求的目标，迁都燕京是他统一全国的第一步。在燕京他排斥宗室勋贵，重建中央统治机构，重用汉族、渤海、契丹等族的有识之士，建立了强有力的皇权，实现了个人独裁，为他南侵赵宋打下了基础。

正隆六年(1161)六月，海陵率文武百官迁都汴京。九月，海陵在汴京誓师南下侵宋，兵分四路，海陵亲自率领32总管兵，进军寿春。

战争一开始，金军出师不利。从海上进攻临安的一路在密州胶西县陈家岛被南宋李宝的水军打得大败。向川陕进攻的金军也受到宋军的痛击。由唐、邓南侵的金军也因宋军有所准备，再加上所积粮草又被焚烧，改去淮东。只有海陵率领的金军主力在宋军毫不设防的情况下，占领卢州、扬州、和州等地，形成与宋军沿江对峙的局面，取得了暂时的胜利。

为了继续南侵，海陵在和州赶造战船，筑台江上，准备渡江攻采石镇。海陵身披金甲登台，亲自指挥渡江。他在长江两岸设置红旗、黄旗，红旗立则进，黄旗立则退。由于金军不习水战，再加宋军的英勇抗战，金军大溃，移军瓜州。海陵又准备从瓜州渡口渡过长江夺取镇江。海陵急欲渡江，军令惨急，下令军中士卒逃亡者杀其猛安；猛安逃亡者杀其总管。军中上下甚为畏惧。加之此时世宗称

帝辽阳，士气涣散，海陵愈来愈陷入孤立。11 月 27 日，兵部尚书兼领浙西道兵马都统制完颜元宜趁此与其子王祥、武胜军总管徒单守、猛安唐括乌野、谋克斡卢保、娄薛、温都长寿等率领将士袭击海陵营帐，海陵被乱箭射死，享年四十岁。

大定二年(1162)金世宗下诏将其降封为海陵郡王，谥曰“炀”，尸体埋葬在大房山鹿门谷诸王的墓地中。大定二十年(1180)世宗又下诏降封他为海陵庶人。

海陵杀母的秘闻

海陵与太后产生隔阂

徒单氏是海陵父宗干的结发妻子，为人宽厚，待人接物很讲礼节，深受众人的敬爱。但是她一生无子；宗干有二个次室，一是李氏生一子为郑王允；另一次室大氏生三子，其长子即海陵。徒单氏膝下无子，却精心培养郑王允和海陵宛如亲生儿子。允好喝酒，徒单氏常加责劝；而特别喜欢聪明伶俐的海陵，而海陵自知其生母大氏并非女真嫡系非正室而为偏房，所以对徒单氏并无亲生骨肉之情。徒单氏十分不满海陵杀熙宗篡夺皇位的卑劣行径，曾对人说：“熙宗虽酗酒荒政，但作为君主总不该惨遭杀戮。”海陵即位后，徒单氏每次入宫朝见海陵却从不称贺，不时流露鄙视不满的神情，因而引起海陵对她的忌恨。

在海陵即位后，尊封嫡母徒单氏和生母大氏为皇太后，徒单氏居东宫号永寿，大氏居西宫号永宁。徒单太后过生日，宗室百官欢宴于武德殿，过生日那天，高朋满座热闹非凡，人们频频举杯为太后祝寿。适当大氏太后向徒单皇太后敬酒时，她正与众位宾客谈话，未来得及即应回敬，被坐在一旁的海陵发现，次日便把与徒单太后交谈的宗妇公主召至一起各打五十大棍。大氏为之请求说太后决非故意，海陵气愤地说：“这事发生在你儿子当皇帝之际，岂能同以往同日而语呢！”这大棍打在别人身上却疼在徒单太后心上，由此海陵与徒单太后隔阂日益加深。

南征中的争执秘事

在正隆六年(1161 年)四月，海陵率文武百官又从中都来到汴京，部署进兵江南的准备工作。

海陵入主汴京，便调集诸路兵马和水兵战船肆意南侵。翰林学士祁宣首先反对，上书道：“国以民为兴邦之本，民富而国兴邦宁。今北有制造军器之烦，南有大兴土木营修汴京大内之困扰，百姓久苦重担疲惫不堪。愿陛下权衡利害，从长计议。倘若兴师动众与大兴土木兼而行之，势必大伤民气也不利行师，望陛下以天下为心，社稷为重，曲从臣请。”海陵不等祁宣申辩，勃然大怒，非要杀他不可。宣坦然说：“臣今已七十，年过古稀，死我倒不怕，唯恐陛下若不听臣忠言，其下场很可能不如臣矣。”虽经多人求情，海陵为了杀一儆百还是把他处死。

这一事件引起皇室诸王的不满。楚王对德王、泽王说：“宦官梁琉说啥陛下就去干啥，其后果是真不堪设想呀！按梁琉的办法，农民种不了地，妇女养不了蚕，没吃没穿钱粮俱乏，民怨天怨，此乃自取灭亡之先兆！”梁琉闻知当即禀报给海陵，并示意他们正在与郑王等人阴谋叛乱。海陵十分恼火，当即召楚王、德王、泽王、和尚技童及其异母弟郑王问罪。他们异口同声地说：“我们议论的仅只国

家安全之计，怎敢有异志谋反呢？”海陵把脸一沉，大声喝道：“你们五个人不是正阴谋杀害朕吗？”下令左右，拉出去处斩。宿王急忙劝道：“这可不行！陛下即位时原有十个亲王，现已被你杀了七个，若把他们杀了岂不会落个一贯拒绝进谏的罪名吗？”海陵虽暂时未下毒手，却一直把他们囚禁起来，有的竟忧愤死去。

海陵异母弟郑王万般无奈，请求海陵嫡母徒单氏从中斡旋。太后闻知海陵执意南下江南，每次见面她总要申明大义，不厌其烦地耐心规劝说，如此南征不仅劳民伤财，有损大金社稷，而且弄不好会得不偿失，甚至酿成大祸。海陵却忌人说此话，而太后出于真诚却唠叨不休，于是起了蓄意杀害太后的坏心。

海陵王派人勒死母亲

太后为了解海陵行动，便把她最贴心的侍婢高福娘留在他身边。可没多久趋炎附势的高福娘反过来却成了海陵监视太后的奸细，太后的一举一动全都及时禀报给海陵。当海陵异母弟郑王允苦诉海陵欲杀楚王、泽王等五人事情时，太后已患病卧床不起。为大金社稷她忙把仆散师恭召到跟前说：“我大金世居上京，海陵却执意迁都中都，今又兴兵伐宋，我劝说不听，而今各地义军已成燎原之势，天下百姓怨声载道，这可如何是好！”福娘如实俱告海陵，海陵以为太后与师恭有异图，伺机报复。

利用海陵探病之机，徒单太后一针见血地指出：“听说陛下又在广筑汴京，签民造船，正准备南下江南。为娘并无他病，皇上大兴土木锐意南侵却是我心头一块大病。这样做就会人心离散，天下大乱。历代无道君主哪一个不是因此而亡国呢！”海陵闻听“无道君主”四字勃然大怒，大声吼道：“你不是朕的母亲，乃是梁宋国王的小妾！”说罢愤然离去。

第二天，海陵策划谋杀嫡母徒单太后，他招点检大怀忠等四十余人杀太后于宁德宫，并具体交代说：“见太后不要吱声，就说圣上有旨令太后跪拜领授，从背后击后脑；太后侍从安待必出狂言，当即处决。”怀忠依照海陵吩咐来到宁德宫，太后刚吃完药，即令太后跪接圣旨，尚衣局使虎特末在背后猛击太后后脑勺，太后当即昏倒，但立即又折起身张了张嘴想说些啥，护卫高福等已把备好的麻绳套着太后的脖子，只见他们用力一拉，忽听哎呀一声大叫气绝身亡。可怜年仅53岁的海陵嫡母徒单太后就这样被他杀害，海陵的昏庸残暴已到极点。

海陵王淫乱秘史

奸人妻女秘事

在中国历史上夏桀、商纣和隋炀帝并称为三大昏主暴君，岂知金主海陵王完颜亮与之相比，有过之而无不及。他当宰相时，只有三五个妻妾；即皇帝位后后宫诸妃嫔，上从一品官元妃下至八品官秀女，计有后妃五名、王嫔九名，加上二十七命妇、八十一御妻，其妃嫔不可胜数。

对于这一切他并不感到满足，肆意施展淫威强男霸女，被称作淫毒狼鳌的天子。

太傅宗本女混同郡莎里古真犹如出水芙蓉，倍受海陵的宠爱。但古真早已

嫁给撒速，为达到夜夜陪伴的目的，海陵把撒速安置在近侍局值夜班，并大言不惭地对撒速说："莎里古真年轻漂亮，你在宫中值宿回不了家，不要叫她一个人在家守空房了，让她到后宫与大氏贵妃住在一起吧！"古真每次进宫，海陵便坐在宗隽女师姑儿大腿上等候。师姑儿说皇上无须这样劳力费神。海陵说："朕一生夙愿之一就是天下美女为朕所占有。古真如花似玉，每次行房都给朕难以名状的快慰和满足，在此等候这么一会又有何妨呢！"每当古真笑盈盈出现在海陵面前时，他高兴得像个孩子，帮她梳妆打扮，然后让她脱光衣服一丝不挂地在地毯上陪他跳舞，正在兴头又搂又抱，颠鸾倒凤进入梦乡……

抢男霸女的海陵，忌恨所霸之女与其旧夫往来。昭媛耶律察八，早年曾许配奚人肖堂古带为妻，他俩快要结婚了，一次偶然被海陵看中，选入宫内封为昭媛。察八思念旧情，曾派侍女习捻拿件金鹌鹑香袋送给时为海陵护卫的古带。此事被海陵发现，召调离宫中在河间驿任职的古带审讯，古带供认全是事实当即被释放。就为这件小事，海陵为杀鸡给猴看，当着众嫔妃的面，亲手将察八在宝昌门楼上砍伤，令人从二楼上扔下活活摔死，连只是传递信物的侍女习捻也未幸免，凶暴残忍令人发指。

一天，海陵听说汴京城（今河南开封）有个年方十八赛过天仙的少女名叫耶律弥勒，立即派礼部侍郎肖拱把弥勒接来中都。返抵京师当天晚上，肖拱之父时为燕京留守的肖仲恭，见弥勒身材微胖，不像个处女，遂问拱详情，拱回答说："我是礼部侍郎，皇上遣我办理此事，去了我就把她护送上路了，一路上还有护从保卫，怎么会有异常？"细心的肖仲恭告诫儿子说："海陵是个怪人，对什么事都好猜忌多疑，办理此事说道很多，只怕是难躲不测大祸。"果然不出所料，弥勒入宫当天，海陵令御医检查她的身体，海陵听说不是处女勃然大怒，立传肖拱审讯，不容肖拱申辩遂以与弥勒通奸罪处斩，令将弥勒贬出宫外，但架不住弥勒美丽容颜的诱惑，没过两月又把她召入宫内封为充媛。

外甥女也不放过

为了满足性欲海陵置伦理道德甚至亲系族属于不顾。义察是海陵姐姐宜庆公主的生女，自幼抚养宫中，论辈属是海陵的外甥女。未成年就许配给左丞相秉德弟弟特里为妻。秉德被杀，义察本应受到株连，海陵生母大氏太后为其外甥孙女求情予以赦免。海陵不顾身为舅父尊位，公然向太后提出要与义察成亲。太后规劝说："义察自幼抚养在宫中，是在你当舅父身边长大成人的。舅父至亲犹如父亲，哪有父亲娶女儿为妻的，这样荒唐令人难以出唇之事可做不得。"海陵表面上听了太后的话，可一直未善罢甘休。义察与宗室安达海之子乙剌补结婚不久，海陵多次派人告诫乙剌补与义察离婚，出于无奈，乙剌补不得不拱手把义察让给海陵。义察纳入宫中后整日闷闷不乐，但又不敢与旧夫联系。后与心上人完颜守诚通奸，事情败露，海陵要杀守诚和义察。守诚被杀而义察又因为太后请

求得以释免，没过多久海陵借口义察家奴上奏，说义察净说皇上坏话，常给冤死的情夫守诚抱不平，引起海陵忌恨，遂将被他霸占的外甥女义察杀死。海陵元妃大氏的妹妹蒲速碗，是同判大宗正阿虎里之妻，有一天，入宫找她姐姐办事，偶被海陵撞见，即被海陵强行引进御寝，吓得蒲速碗从此再也不敢进宫。

满足兽欲残杀自己的胎儿

因为海陵尽纳有夫之妇，为了一个不落地供他寻欢作乐，凡被纳入宫中外面有夫的，将其夫调往上京任事，然后按所编排次序轮流伴宿。每天晚上所有嫔妃围绕着海陵一人鬼混，撤去御寝室内帷帐，令教坊乐队一边奏乐一边嬉戏追逐，海陵想同谁搞就当着众人面搂抱亲吻进行性交。按规定男侍不准侧脸斜视，更不能直愣愣观看，一经发现便受到剜眼处分；男侍不能单独行动，必得四个人结伴而行，必须按照指定的路线行走，稍有越轨轻者受大棍惩罚，重者割耳挖鼻以至处死。

每当海陵兽性发作时，不顾脸面不择手段，甚至残杀尚未出生的小生命。海陵身边一个使女名叫辟懒，是个身上有孕的少妇。有一天海陵非要她伴他过夜，大肚子的辟懒说行房不便，海陵不答应强逼着她打胎；辟懒跪在海陵面前苦苦哀求说："我怀孕快十个月了，眼看着就要分娩，看在我服侍皇上多年的分上，不能让这个小生命夭折。"海陵听不进言，强逼辟懒喝下麝香水，并亲自动手揉搓辟懒腹部，疼的辟懒叫苦连天，最终还是把这个即将出生的小生命活活弄死。海陵若无其事地令人把死婴扔掉了事！

逼死弟媳

私生活极度荒唐糜烂的海陵，对他的皇位却视作命根。他时常揣摩臣子篡弑朝廷的各种心理和途径，权衡再三，感到危及皇位，能与他抗衡的只有一个人，即比他小一岁的葛王完颜雍（金世宗）。更令海陵神魂颠倒的是完颜雍才貌出众的爱妻乌林答氏。

在海陵大杀宗室权贵，随时祸起萧墙之际，机智多谋的乌林答氏，让完颜雍将罕见的辽骨睹犀佩刀，吐鹘良玉茶器等珍贵文物，全部奉献给海陵，使海陵对他产生好感，以为他恭顺畏己。自完颜雍被封葛王，在京师出任会宁牧、判大宗正，后被海陵贬出京师，历任中京留守、燕京留守，而今又调任为济南尹以来，乌林答氏始终守候在他身边，出谋献策排忧解难，成为完颜雍心上明珠和得力帮手。

海陵自迁都中都（今北京）后，完颜雍及其贤内助乌林答氏的形象时常缭绕在他的脑际。济南近临中都，正是金宋边界的军政要地，完颜雍身居济南府尹要职不得不防。如将其爱妻乌林答氏调来中都，一可达到独霸才貌佳人的目的，二是以其爱妻作人质，使完颜雍服服帖帖地听令于朝廷，这真称得上是锦囊妙计，一箭双雕。于是下令调乌林答氏前来京师中都。

这道命令犹如晴天霹雳，熟知世故的乌林答氏立即意识到海陵的险恶用心。怎么办呢？抗旨不去中都，或者自杀于济南，这样势必给完颜雍招来杀身之祸；若去中都，不仅身心肉体必遭海陵的玷污和摧残，而且就此身败名裂，终生难以洗刷趋炎附势的恶名。

在这种保持尊严或领受耻辱的抉择时刻，深明大义的乌林答氏，经过深思熟虑决定舍命保夫。贞元二年(1154 年)六月，她对完颜雍说：“大王不必为我操心，我自会妥善料理好这事。我走后大王好自珍重，卧薪尝胆而定天下。”随后又单独对心腹管家张仅言说：“今宗室大臣多遭不测的皆由奴仆不良，忌恨败坏其主人所致。你是跟随大王多年的贴身家奴，勿忘旧日深情厚谊，更不要趋炎附势或贪功争利危害大王。我这席话你要牢记在心，如有违背，我在九泉之下不会饶过你的。”乌林答氏泪流满面哽咽地说不出话。

乌林答氏告别完颜雍和家奴以后，不多日到达离中都只有七十里的河北良乡固节镇时，觉得固节这个地名，包含有持节不屈的涵义，且与她高尚的心灵、忠贞不渝的情操不谋而合，决定在此以死守节，抗议海陵欲图对她的淫乱和污辱。

夜静更深。乌林答氏辗转床侧久久不能入睡，她想起远在济南的完颜雍，此刻他在干什么呢？披衣下床在摇曳晃动的烛光下，她决定留封遗嘱，题目叫《上世宗书》。

儒家伦理道德是完颜雍信念的基石，也是乌林答氏笃忠的信条，于是开宗明意写道：“尝谓女之事夫犹如臣之事君。臣之事君其心惟一，而后谓之忠；女之事夫其心惟一，而后谓之节。故曰：忠臣不事二君，贞女不更二夫，良以此也。妾自揆蒲柳微躯，草茅贱质，荷蒙殿下不弃，使我得谐琴瑟之欢。”写到这里乌林答氏不觉流出悲痛的泪水。

她想眼下处境，是荒淫无耻的海陵使她时运不济、命运多舛，打散了她与完颜雍这对水面鸳鸯、花间鸾凤。面对进退维艰的困境写道：“妾幼读诗书，颇知义命，非不谅坠楼之可嘉。如采取晋朝绿珠回绝赵王伦的态度，在济南就地自尽，气节虽然可嘉，但必给大王带来杀身之祸，像是亡猿祸延山林，城门失火殃及池鱼一般，投鼠而忌器，使妾处于羝羊触藩，进退两难的困境。为此妾在万不得已的情况下饮恨挥泪而别，此举既可保全大王的人身安全，且表明妾大义凛然，不图个人安危而着眼于大金社稷的雄心壮志。”

写到这里乌林答氏嘴角露出轻蔑的冷笑，心想海陵满以为我之奉旨赴京充当人质，一切都能使他如愿以偿，可“逆亮(即指海陵)不知我意，以为移花就蝶，饥鱼吞饵，此等渺小的燕雀怎能知晓我那鸿鹄之宏志壮举！”

“今至良乡临近京国”，她继续写道，“则妾持节洁身之机已到。妾之死为纲常计，纵偷生忍辱苟延残喘于一旦，必受唾骂于万年；甘心情愿受人指使，还谈得上什么礼义廉耻！妾之一死是对后世为臣不忠，为妇不守贞节之劝诫，是不可与一般轻易自杀之人同日而语的。”

最后乌林答氏断言：“逆亮(指海陵)罪恶滔天，临近灭亡之日为时不远。”为此她嘱咐完颜雍要“修德政，肃纲纪，延揽英雄，务悦民心，以仁易暴。妾死后不必悲伤，因哀毁而伤身，更勿作儿女之态，凄凄惶惶；而应卧薪尝胆以怒而安天下。”这封绝命遗书写成时，天渐渐亮了。她反复看了两遍这封言简意赅、结构谨严，字里行间充满对完颜雍的深情眷恋之情和对海陵的不共戴天之恨的遗书，不觉轻轻叹了口气。趁随行人员不备，便投湖身亡。她的死既是对海陵荒淫无耻的血泪控告，也为海陵灭亡敲响了丧钟。

西夏景宗

景宗元昊

雄怀大志　建国称帝

元昊出生的第二年，他的父亲德明继任了定难军节度使的职位，德明奉行联辽睦宋政策，使党项部落得到了相对安定的环境。在优越的生活条件中成长起来的元昊，却养成了桀骜不驯的性格。

元昊十几岁时，既不理解父亲的睦宋政策，又对父亲这样擅杀使臣非常不满，对德明说："我们党项历来以从事鞍马为业，现在你用自己急需的马匹去换取宋朝的不急之物，已经不是良策，而你又要随便杀人，这样下去，还有谁肯为我们所用呢？"德明听了元昊这番话，觉得儿子小小年纪就有这样的见识，很高兴，从此对元昊格外器重，让他参与一些军机大事。

长大后的元昊，对德明向宋称臣的卑躬屈膝尤其反感。一次，父子俩为此进行了一场争吵。德明觉得有必要开导儿子，使他知道审时度势的重要，就用浅近的话语来激励儿子，说："我们西夏从你祖父起，由于连续多年与宋朝打仗，已很疲乏了。自从停止战争近 30 年来，我们的部属都能穿上宋朝来的锦绮，这是宋朝的恩情呀！"元昊不服，反驳说："穿皮毛做的衣服，放羊牧马，这是我们党项族的本色，何必要按宋朝的习惯来改变我们自己呢？作为英雄人物的一生，应当去追求称王称霸的大事业，何必只看到一点点锦绮呢？"他还劝说德明："我们部落日益繁盛起来，只靠我们自己的，是远远不足的。如果失去了部众，那么靠谁来守卫我们的邦土？不如将从宋朝那里得来的俸赐，来招养我们党项的族众，练习弓矢，这样，小则可以四行征讨，大则可以侵夺疆土，使我们全族上下丰盈富足，这才是最好的策略。"但是德明没有采纳元昊的意见。

明道元年（1032）十月，德明死去，28 岁的元昊顺理成章地继承了父亲的职位。

德明为报杀父之仇，曾一举袭杀吐蕃首领潘罗支，并乘胜收回被潘罗支之弟厮铎督所占的凉州。然而潘罗支兄弟所领六谷部的其他部众却投奔了另一个吐蕃部族唃厮啰。

元昊对吐蕃的河湟地区发动了多次进攻，企图重惩唃厮啰，但是数战均告失利。到景祐三年（1036），元昊最终乘唃厮啰再次内乱，施用离间计诱使吐蕃另一首领郢城俞龙归附，并结为儿女亲家。这样，唃厮啰势力大减，只好迁居历精城。至此，元昊削弱唃厮啰的目的终于达到了。

解决了吐蕃的问题之后，元昊接着就挥师西进，攻取回鹘的瓜州（今甘肃安西）、沙州（今甘肃敦煌）、肃州（今甘肃酒泉），完全控制了河西走廊。

元昊自身的地位相当稳固，他在党项贵族集团中的威信很高。他经常表现出要自立称帝、建国图强的欲望，在族内几乎没有阻碍。元昊新立，就加快称帝的步伐。

元昊的称帝建国措施，与其父德明不同，他不像德明那样一味地依照汉族地

主王朝的制度，而是特别注意保存和发展党项民族本身的文化特色。

首先，元昊在他即位的当年(1032)就下达“秃发令”，规定党项部众一律剃光头顶，穿耳戴重环，并且自己率先实行。这项强制性的命令非常严酷，限期三日，不服者处死。

其次，元昊颁布了自己的年号。本来，党项没有自己的年号，由于他们臣服于宋朝，只用宋朝皇帝的年号，表示奉宋朝正朔。元昊先是借口宋朝的明道年号，犯了其父德明的名讳，于是宣布在党项境内将“明道”改为“显道”。

元昊继位后，亲自谋划创制党项文字，他命令大臣野利仁荣等人参照汉字，加以演绎，编成十二卷“蕃书”。它的特点是类似拼音构字法的反切上下字合成和左右互换字比较丰富，形成了独具一格的党项文字。元昊对党项文字的创制极为重视，在蕃书造成后，即宣布为“国字”。元昊特别设立“蕃字院”和“汉字院”，选拔党项人和汉人入院，负责将国中通行的文告，诰谍都译成“蕃书”。西夏文字的创制，在中国历史文献中起了重要的作用。

此外，元昊还完成了几件大事：(一)建都兴庆府。元昊将德明时代的都城兴州改为兴庆府，作为首都，并仿照唐朝长安、宋都东京加以扩建。(二)定官制。元昊参照宋朝官制设立了文武两班朝官，官职和官名大多模仿宋朝，如中书省、枢密院、三司等分掌政治、军事、财务等大政。中央官员不分党项人和汉人都可担任。不过官职名都有所谓“蕃号”，即党项语的名称，如宁令、谟宁令、丁卢、素赍等等。(三)建军队。元昊在即位后的短短六年中，迅速完成了政治、军事、文化等各方面的准备工作。

和宋睦辽　三足鼎立

元昊大庆三年(1038)十月十一日，在兴庆府南郊筑起了高高的祭坛，在野利仁荣、杨守素等亲信大臣的拥戴下，30 岁的元昊登上了皇帝的宝座，国号为大夏，改元“天授礼法延祚”。同时，大封群臣，追谥祖宗，封妻野利氏为宪成皇后，立子宁明为皇太子。

天授礼法延祚二年(1039)正月，元昊派遣使臣向宋仁宗上了一道表章。表章在名义上虽然还是臣子的身份，但是口气十分强硬。元昊在追述了西夏与宋朝的历史关系和自己的功绩之后，公开宣称自己“称王则不喜，朝帝则是从”，表达了要“建为万乘之邦家”的坚定决心。

宋仁宗的软弱无能，使元昊的南侵野心迅速膨胀，宋夏之战一触而发。

在其后短短四年中使元昊的统治地位更加巩固，在中国北方，宋、辽、夏三足鼎立的局面也就确立起来。宋夏议和的局面也就形成。最后，元昊用“夏国主”的名义向宋称臣，并随送“誓表”接议和。至此，夏、宋议和告一段落，宋朝用每年25 万 5 千两的代价买得了元昊的誓表称臣。

这时，夏与辽之间“甥舅之亲”逐渐冷落，终于在天授礼法延祚七年(1044)十月，双方关系破裂，爆发了战争。

元昊在河曲德胜寺南壁一仗取得大胜之后，就“胜中求和”，立刻遣使与辽谈判。因为元昊知道自己的实力终究是不如辽朝的，如果双方长久处于战争状态，对自己很不利，所以他很明智地决定以和为结局，由于自己居胜利的一方，谈判起来就更加有利。他还破例地免除对被俘的辽国驸马萧胡都施用“割鼻”之刑，

并且释放回辽。对元昊来说，南壁之战取胜的成果，主要在于使辽朝正视西夏的军事实力。

父夺儿媳　子削尊鼻

元昊称帝之后，过着骄奢淫逸的生活。元昊最宠野利氏，曾封为宪成皇后。野利氏美貌妖艳，元昊对他又宠又惧，曾下令任何人不准戴野利氏喜用的金丝编织的“起云冠”。后来元昊中宋朝的离间计，杀掉野利仁荣兄弟，野利后也被囚居别宫，逐渐失宠。

出于党项大族的没藏氏，生得亭亭玉立，美艳动人。元昊本欲为太子宁令哥纳为妻室，因见其貌美，竟然自纳为妃，称为“新皇后”。天授礼法延祚十年(1047)二月六日，元昊正带着没藏氏出猎，行驻两岔河边，没藏氏产下一子，取名宁令两岔，“宁令”是党项语欢喜之意。这就是后来继承元昊为帝的夏毅宗谅祚，谅祚是取两岔的谐音。没藏氏因生子而贵，更加骄宠。

元昊的皇后野利氏曾生三子，长子宁明初封为太子，天资聪明，但生性仁弱，不重荣华富贵，却迷于道家修炼，元昊因此非常不满。后因练术气忤，不能进食而死。第三子锡哩早死。唯有次子宁令哥，相貌酷似元昊，十分得宠，放纵娇惯，任其所为。长子宁明一死，野利氏即请立为太子，更加有恃无恐。

后来，野利氏失宠黜居，太子宁令哥又因元昊将原为自己所纳为妻的没藏氏夺去，气愤难忍。没藏氏之兄没藏讹庞虽居国相之位，仍视哺养宁令谅祚为专利。于是，没藏氏兄妹策划废除太子宁令哥、立谅祚为帝的阴谋。他们得知宁令哥愁恨相交，报仇心切，就采用借刀杀人计，除掉宁令哥。

没藏讹庞派人同宁令哥联系，假意帮助宁令哥发动政变，刺杀元昊。宁令哥竟然轻信，暗中联络野利族人浪烈等人，侍机动手。

天授礼法延祚十一年(1048)，元宵节那天，元昊饮乐至深夜，醉酣回宫，正待进入卧室，突然见宁令哥执剑闯入，一剑挥去，元昊躲避不及，鼻子被整个削掉。这时，没藏讹庞预先埋伏在宫门左右的军士纷纷跃出，救出元昊。宁令哥乘机逃出宫去，直奔没藏讹庞的居所黄芦藏身，正好自投罗网，被没藏讹庞捕获，与其母一起被处死。

元昊被削去鼻子，又惊又气，鼻创发作，过了一夜，即不治而死，就这样死于宫闱内乱之中。终年45岁，在位11年。

李元昊秘闻

元昊杀功臣之谜

夏绥州与宋延州交界的边境上，白天不见行人，黄昏之后，就更加宁静。这天夜里，黑暗笼罩着这黄土高原上的沟壑和山梁。风停了，一点响动也没有，偶尔可以听到巡边的马蹄声，由远而近，由近而远……突然，在一座小山包后面，腾起阵阵的火光。在这黑暗中，显得特别明亮。西夏巡边的骑兵不知出了什么事，急忙策马翻过山包。只见山脚下，有一伙宋兵，似在烧纸设祭。宋兵见夏骑兵冲过来，连忙翻身上马，仓皇逃去。夏兵追了一阵，不见踪影，但勒转马头来到火堆旁，火光中可见宋兵丢下的祭器，还有一把宝刀，一张写满了字的纸。夏兵把这

些东西全都带了回去，交给守边的将官。边将拿过这张纸一看，不禁大吃一惊，原来这是宋将祭奠野利旺荣、野利遇乞的祭文，上面写着野利兄弟如何效忠于大宋，哀其投宋未成，被害身死等等。边将不敢怠慢，立即把这些东西送给元昊。元昊一看宝刀，正是自己心爱之物，因为野利遇乞有大功，元昊把宝刀赠给了他。这把刀怎么会落到宋兵手中了呢？一看祭文，元昊勃然大怒，立即夺去遇乞的兵权，赐其自尽。

这一切本来是宋知州青涧城种世衡设的离间计。种世衡知道元昊与大臣野利兄弟有隙，曾派部将王嵩投书野利旺荣，并在信上画龟与枣，以喻"早归"之意，挑拨其君臣关系。不久前，元昊借故杀了野利旺荣，而野利遇乞仍掌兵权。遇乞多谋善战，对宋朝边境威胁很大，种世衡早想除去他。不久前，世衡重金收买一名蕃人，盗得元昊赠给遇乞的宝刀，又在边境散布元昊已经杀死了野利兄弟的流言；然后佯作祭文，派人在边境上祭奠野利兄弟。

元昊足智多谋，世衡这套并不怎么高明的离间计，怎能轻易骗过元昊呢！其实，元昊不过是借题发挥，实现他早想除去野利兄弟的计划罢了。野利氏是党项族中的一个大族，从李继迁割据夏州到李元昊建国称帝，野利氏立下了许多大功。元昊本来对他们十分宠信，让野利兄弟分掌左右厢兵。又以野利兄弟之妹野利氏为后，生子宁令哥，立为太子。但野利氏势力日盛，元昊担心他们威胁自己的统治，就想削弱他们的势力。后来，元昊又娶大臣没藏皆山的女儿为皇妃。元昊对她十分宠爱，专为她在天都山营造宫室，对皇后野利氏渐渐冷淡了。野利氏兄弟对这件事很不满。遇乞对左右说：元昊贪恋新欢，终日歌舞宴乐，岂能治理好国家。这话传到元昊耳朵里，使元昊感到野利兄弟有反叛之心，于是处心积虑地想除掉他们。旺荣、遇乞相继被杀，元昊倒是除去了一块心病。但野利兄弟俩都有大功，为何轻易被杀？虽然元昊说他俩投宋叛国，但其中真正的原因，不少大臣心中也是明白的。所以，君臣相互猜疑，大臣们人人自危，国力受到削弱。

元昊称帝

经过数年战争，元昊拥有了夏、银、绥、宥、静、灵、兴、盐、会、胜、甘、凉、瓜、沙、肃等州，并把洪（今陕西省靖边县南）、定（今宁夏平罗县南）、威（今宁夏同心县韦州）、怀（今宁夏银川市东南）、龙（今陕西省志丹县北）等镇堡升为州，占据东连黄河、西界玉门、南接萧关（今宁夏同心县南），北控大漠的大片土地，疆域方圆万余里，以兴川为都城，改名为兴庆府。蕃汉官员人才济济，国中积聚大量财物，唯有典章制度还不够完备，不能适应建国的需要。

一天，元昊问计于群臣。策士杨守素道："立国必先创制，创制可仿中原大国。"

元昊宠信的大臣野利仁荣说："一王之兴，必有一代之制。商鞅变法而秦霸，赵武胡服而兵强。"他建议根据蕃族习俗，讲功利，严刑赏，提倡刚劲勇敢的风气，不要像宋朝那样斤斤言礼义。

元昊对宋重文轻武，崇信儒道，也不以为然。尽管如此，但元昊仍然重视学习宋朝的典章制度。他年轻时就喜欢读法律书，又经常向来归附的宋朝文人了

解情况，对宋朝各种典章制度早有自己的看法。

经过与群臣商议，元昊参照宋朝的典章制度，结合蕃族特点，建立了自己的一套制度。同时，改去唐、宋的缛节繁文，简化礼乐制度。又规定了新的服饰，下令秃发，以示与中原的区别。元昊又令野利仁荣整理蕃字十二卷，定为国书，下令国中使用，并设立蕃汉二字院。

党项族多数人以放牧为生，青壮年大都身强力壮，善于骑射。元昊雄心勃勃，特别重视建立兵制。他们规定男十五岁以上为丁，每二丁取正军一人，每四丁抽二人为"抄"，负担军中杂役。士卒号称五十万。在军事要地设立监军司，共设监军司十二个，各监军司都驻有军队。军队基本上是以部落为单位，任命部落首领、豪酋担任军队长官，以便于指挥。

同时，元昊又去掉唐、宋赐姓，改姓"嵬名"。至此，西夏典章制度齐全，兵强马壮。元昊认为称帝立国的条件已经成熟，于是派骑兵用铜牌召集各部落首领前来共议立国大事。

不久，诸首领来到兴庆府附近的贺兰山下，这里是他们经常聚会的地方。打猎之后，大家围火环坐，一边烤肉，一边议事。

元昊把为立国所做的种种准备工作讲了一遍，然后站起来，大声说："如今我疆土辽阔，兵强马壮，粮草充足，制度完备，蕃文也已通行，似可称帝立国了。进则统一中原，退则雄踞一方，此其时也。不知诸公以为如何？"

元昊的话音刚落，诸首领、豪酋一阵欢呼，都说："大王之言，正合蕃众之意。堂堂大夏，岂可长期受制于人。只要大王一声令下，我们就立即点集人马，愿随大王出征。"

元昊听了，十分高兴。正准备歃血盟誓，忽听身后有人说："慢来！"元昊回头一看，原来是山遇惟亮。惟亮是元昊族中叔父，与他的弟弟山遇惟永分掌左右厢兵。他急切地说："中原物产丰富，兵多将广，国力强盛。我若与宋对抗，牛羊无所售，一二年内财用必困，不如臣服于宋，岁岁可得赏赐。这是我蕃众之福，望大王三思。"诸部落首领听了这番话，议论纷纷，一阵骚动。元昊平时就恨主和的人，一听此言，勃然大怒，嗖的一声，拔出剑来，将身边的一棵小树砍成两截。大声说："我意已决，谁敢阻我立国，请看此树！"惟亮再也不敢多言了。于是，大家歃血盟誓，商议称帝事宜。

贺兰山会盟以后，元昊厌恶山遇惟亮不听自己的话，恐为后患，总想除去他。只因惟亮在族中颇有威望，不敢贸然行事。一天，部落中忽然传说山遇惟亮要谋反。惟亮知道这是元昊指使人故意散布的流言，心中不安，就找他的弟弟山遇惟永商议，想投奔宋朝。惟永劝他不要轻举妄动。惟亮说："事已至此，也没有别的路好走了。"遂于这年九月带着妻、子等亲属二十多人，名马数百匹，悄悄投奔宋保安军。宋知延州（今陕西省延安市）郭劝、钤辖李渭不敢接纳山遇。因为自德明臣服于宋以来，宋夏和好，边境平静。宋朝廷曾降诏边境州府，不准接受蕃户

内降，以免引起纠纷。惟亮说明原委，表示决心归宋。郭、李执意不从，竟然令监押韩周押送惟亮父子入夏州。

元昊听说山遇惟亮投宋，十分气愤；又担心惟亮泄露了军事机密，引宋军来犯。就亲自到宥州部署防备。正好在镊移坡遇见韩周一行。元昊假意不愿接受山遇父子，还气势汹汹地责问韩周：“为何诱我大臣？我正要兴师问罪。”韩周再三解释，元昊才接受了。等韩周一走，元昊立即射杀了山遇父子。

在夏大庆三年（宋仁宗宝元元年，公元1038年）十月十一日，兴庆府城筑起一座高坛。坛上吉器仪具，一应俱全。坛下旌旗迎风招展，刀枪剑戟，映日闪光。香烟缭绕，鼓乐齐鸣，元昊在坛上礼天拜地，受册即皇帝位，时年三十六岁，是为景宗。国号大夏，改大庆三年为天授礼法延祚元年，自称“兀卒”（意即天子）。群臣三呼万岁。

元昊礼贤下士

兴州城内的一条大街上，店铺鳞次栉比，人流熙熙攘攘，倒也十分热闹。

在一家顾客盈门的酒楼里，来了两个书生。一看穿戴，就知道不是本地人。店主人连忙过来，招呼他们坐下。酒保端上酒菜，两人边谈边饮，眉飞色舞，旁若无人。

突然，街上一阵喧闹，哒哒的马蹄声由远而近。两人冷眼向街上望去，只见一员蕃将领着几个蕃兵，一路巡查过来。他们交换了一下眼色，继续痛饮。其中的一人忽然高声叫喊：“酒保，拿笔墨来！”这时，蕃兵已快到门口了，店主人听到客人大呼小叫，有些惊慌，忙叫酒保拿来笔墨，并指指蕃兵，暗示他们不要多言。而他们似乎喝醉了，竟毫不理会。其中一人拿起笔来，蘸饱了墨，大笔一挥，在墙上写下一行大字：“张元昊来饮此楼”。然后，把笔一扔，付了酒钱，趔趔趄趄地走出店门，正好与蕃将打了个照面。蕃将看这两个人的衣着与众不同，正上下打量，先进酒店的蕃兵急急地报告说：“大人，快来看，那边墙上有字。”蕃将进了酒楼，抬头一看，不禁吓了一跳：“元”、“昊”两个字分外显眼。有人竟敢妄书王讳，这还了得！

蕃将厉声喝道：“什么人在墙上胡写？！”

“这……这是两个外地客人刚写下的。”店主闻声，躬身答道。

“人呢？”

“刚走。”

“还不快追！”蕃将领着蕃兵，涌出店门，追不多远，就看见那两个书生还在街上慢慢地走着。

这两个书生是宋朝华州（今陕西省华县）人，由于应试屡屡落第，便结伴西游，宋朝守边的将帅也不用他们。他们听说元昊很有作为，就来到兴州。但没有机会见到元昊，就故意题字，以引起蕃将的注意。所以，看见蕃兵追来，一点也不

慌张。

蕃兵追上前去，不由分说，把他们绑了，带到王府，向元昊禀报。元昊一听，大怒道："哪里来的狂徒，竟敢侮辱本王，快带上来！"

蕃兵把张、吴二生推上堂来，二人立而不跪。

元昊拍案喝道："你们知罪吗？"

吴昊从容答道："我俩一介书生，初到兴州，不知有何罪过？"

元昊冷笑一声，说道："既然是读书人，难道不知道入国问讳吗？"

张元也冷笑着说："大王连自己的姓氏都不曾理会，却谈什么避讳，岂不好笑。"

元昊听了，半晌不语。本来，元昊就不乐意用唐、宋的赐姓，听张元这么一说，好像当头一棒。暗想，书生口出此言，似非等闲之辈。忙问："先生有何高见？"

吴昊笑道："我们原来以为大王胸有大志，就该礼贤下士，广纳人才，以图天下；不料慕名而来，却被绳索相加，看来我们不能如人，自当受辱。"

元昊这时才觉得失礼了，连忙走下座来，亲自为二生松绑、让座；并吩咐左右速备酒菜。席间，元昊再次赔礼，请教立国之道。

二生一边开怀痛饮，一边直抒己见。张元说："中原文化悠久，典章完备，应择善而从；但宋朝重文轻武，边备空虚，不堪一击。久闻夏人骁勇善战，大王若能提劲旅，下关中，逐鹿中原，大业可成。"

元昊越听越喜，亲自为二生斟酒，尽欢而散，遂待为上宾。不久，封张元为太师、尚书令兼中书令，吴昊也受到重用。

因为元昊这样礼贤下士，宋朝有些落第举子、失意文人，闻讯前来投奔。元昊量才使用，或授予将帅，或任以公卿。在作战中俘获的将领也以礼相待，肯归顺的，就授予官职。这样一来，元昊左右的人才越来越多了。

元太祖成吉思汗

多灾多难的童年

蒙古高原指东起大兴安岭、西到阿尔泰山的广大地区，包括蒙古共和国和内蒙古自治区。这里是由茫茫戈壁、荒凉的沙漠和一望无边的草原组成的。这里的居民，主要从事游牧生活。

在这一地区，先后有匈奴、鲜卑、柔然、突厥、回纥、契丹等少数民族。到了11—12世纪，蒙古高原上各部落分立，互相争斗。蒙古部、克烈部、篾儿乞部、塔塔儿部、翁吉剌部、乃蛮部、汪古部等是当时众多的游牧民群体中间，力量比较强大的部落。蒙古部原来生活在高原东部的额尔古纳河流域，后来逐年西迁。到12世纪初，游牧于鄂嫩、克鲁伦河与肯特山一带。

古代有一首写蒙古高原的北方民歌："敕勒川，阴山下，天似穹庐，笼盖四野。天苍苍，野茫茫，风吹草低见牛羊。"它给人带来了无限的遐想，无边无际的草原，远远望去，与青天连成一片。阵阵微风吹来，从茂密的草丛中现出了牛羊的身影。在诗人的笔下，草原是宁静的，美丽的。而事实上，草原历来是多灾多难的。特别是金统治时的蒙古，各部首领之间，部落内部家族之间，以及金国与草原各部之间，为了一己私利，不断发生流血冲突。有人回忆当时的生活情况说："星宇团团旋转，各部纷纷作乱。谁能在床铺上安睡！……人们相杀相残。"

当地的人民在动荡的环境中无法从事正常的生产活动。他们迫切要求解除金国的压迫和统治，停止无休止的内部纷争。而一些强大部落的首领也热衷于此，希望统一蒙古高原各部族。正是在这种情势下，成吉思汗出现了。

蒙古部在迁到鄂嫩河、克鲁伦河和肯特山一带之后，逐渐发展起来。蒙古部内的各氏族中，以乞颜氏和泰赤乌氏的势力最为强大，他们的首领经常充当整个部族的首领。成吉思汗出身乞颜氏，他的曾祖合不勒是蒙古部的领袖，据说自他起开始采用"汗"的称号。金国听说合不勒汗势力强盛，便通报他前来朝贡，合不勒汗来金国后，受到金国很好的招待，可是他却不懂金国的礼仪，从而得罪了金国的一些使臣。合不勒走后，金国派使者前去将他追回，他非但不回，反而杀了使者。而在当时，塔塔儿部已归金，因此和金合力攻打合不勒族。从此，蒙古部与金和塔塔儿部都成了仇敌。

合不勒死后，泰赤乌氏的俺巴孩成为蒙古部的领袖。有一次，他欲在塔塔儿部挑选一名姑娘做自己的妻子，却被塔塔儿部捉住，送给金国。金国将之杀死，同时放回一名随从回去报信。消息传来后，蒙古部举行会议，推举乞颜氏的忽图剌为领袖。他是合不勒汗的儿子，成吉思汗的祖父。之后，他马上率部攻打塔塔儿部，双方进行了十多次战斗。后来，他又率部攻入金国境内，掳夺了大批人口、财物。但金国却没有力量打败他，只好与之议和。

忽图剌汗死后，蒙古部各氏族首领为争夺汗位而吵闹不止，在很长的一段时间内没能产生出一致推举的汗来。但忽图剌的三儿子也速该因为作战英勇而受到很多人的拥戴，至少在乞颜氏和接近乞颜氏的氏族中他是公认的汗。

公元1162年秋，也速该率部前去攻打塔塔儿人。这次战争很快结束，蒙古

部大胜，不仅夺回了大量人口、牲口和财物，还俘虏了塔塔儿部的领袖铁木真兀格。而恰巧在这时，他的妻子河额仑生下了一个儿子。真是双喜临门，为了纪念这次战争的胜利，他便给自己的儿子取名铁木真。这个出生在鄂嫩河边帐房中的幼儿，就是后来震惊世界的成吉思汗。传说他生下来时在手中握着一块坚硬如石的血饼，人们都传为奇闻，以为这是一种吉兆，象征他将来会有作为，能与众不同。

当铁木真9岁时，他的父母决定为他订一门亲事。蒙古乞颜氏与翁吉剌部世代通婚，河额仑也是翁吉剌人。其父便带着他前去翁吉剌部，为他物色未婚妻。在途中，他们碰到了翁吉剌部的德薛禅，他问道："也速该亲家，你往哪里去？"也速该说："我往这儿子母舅斡勒忽讷氏索女子去。"德薛禅说："你的儿子眼睛明亮，红光满面；我昨夜梦见一只海东青带着太阳和月亮飞来站在我的手掌上，这是一个吉兆，你儿子应了我的梦。我家有个女子，你去看看。"于是一同到德薛禅家里，看见他的女儿确实长得很美，也速该心里高兴。这女子名叫孛儿帖，这年10岁，比铁木真大1岁。两人便定下亲，也速该将铁木真留下，还留下一匹骏马作聘礼，自己便回去了。

在回家途中，也速该恰巧碰上塔塔儿人举行宴会。按照当地的风俗，对于客人应不问亲疏而加以款待，也速该也被邀入席。因赶路又饥又渴，就大吃大喝起来。但不久，其中一人认出也速该是自己部落的仇人，于是在酒中下毒。吃饱喝足后，上马往回走，越走越觉得不舒服，三天后回到家中，自知不对，马上遣人将铁木真接回。之后便去世了。

也速该的朋友蒙力克到德薛禅后，用谎言将铁木真接回。回到家中，看到父亲已死。从此，在他幼小的心灵中深深埋下了对塔塔儿人的仇恨，同时也开始懂得部落之间斗争的残酷性。

铁木真有三个兄弟，一个姊姊，都是河额仑所生。还有同父异母的兄妹，但年纪都很小。这样，河额仑承担了家庭重担。由于也速该在世时威震四方，但在部族内部有不少人对他心怀不满。现在他一死，于是这些人根本不把铁木真母子放在眼里，而且还处处加以歧视。一次，部族大迁徙，泰赤乌氏族人没有事先通告他们，而且走时还将他们的百姓和奴隶全部带走，只把她母子撇下。河额仑发现以后，亲自骑马去追赶。赶上以后，在她的感召下，有一半人跟她回来了。

在这种情况下，河额仑和她的子女陷入极端困苦的境地。家中仅有一个老奴。除了乘骑的马匹外，几乎没有其他牲口。在草原上，没有成年男子，没有成群的牲口，这对生活和生产都带来极大的不便，但河额仑没有屈服，她奔波在鄂嫩河边，挖一些野菜、草根来代替肉食，孩子们逐渐长大后，便开始学会捕鱼，来维持家族生活。而草原的牧民一般是不吃鱼的，而他们却以鱼为生，足以证明他们的穷困程度了。

有一次，铁木真和他的兄弟在河边钓鱼，他钓到一条金鱼，却被别帖克儿抢去，他十分生气，便和合撒儿合计，乘别帖克儿不注意时，一前一后用箭将别帖克儿射死。事后，他的母亲非常生气，于是用蒙古部族祖先阿阑娘娘以五箭教五子的故事来训导儿子，要他们团结一致。

这事对他和其兄弟们有很大的影响。如果说，艰难困苦的生活磨炼了他们的意志，铸造了他们坚定沉毅的性格，那么，这起不幸的事件和母亲的训谕，使他

们懂得了加强内部团结的重要性和必要性。使他们懂得了，只有一致对外，才能迎接未来的挑战和困难。

在逆境中崛起

铁木真和他的兄弟们一天天长大，泰赤乌部不放心铁木真母子，担心他们长大后起事反对自己。便前来察看，河额仑母子一见他们来到，便知他们不怀好意，于是赶紧将三个小孩子藏在悬崖缝里，谷撒儿则用箭与泰赤乌人对射。泰赤乌人则大叫只要铁木真，不要其他人。铁木真骑马逃到山中，泰赤乌人不敢进入茂林中，只好在外面围着，他在林中藏了九天，由于没有食物吃，只好出来，被泰赤乌人捉住。泰赤乌人将他加上枷板在各帐篷中示众。一天晚上，泰赤乌人举行宴会，让一个年小软弱的人看守他。宴会结束后，人群散了，他趁机用枷板打倒看守，逃到鄂嫩河，藏在水里，只有脸部露在水面，看守的人大喊大叫，散了的人又重聚起来找他。这天是农历四月十六，晚上月光明亮，有个名叫锁儿罕失剌的人发现了他，不但没有抓他，反而加以掩护。搜查的人因而没有捉住他。后来，他从河道中爬出来，找到锁儿罕失剌家中，他们将他藏在堆着羊毛的车子里，才幸免了第二天的挨户搜查。事后，锁儿罕失剌还给了他一匹马、弓箭和粮食，让他回去。为了感谢锁儿罕失剌冒着生命危险给予自己的帮助，他在建国后授予锁儿罕失剌以“达儿罕”的称号。而锁儿罕失剌的儿子赤老温则是铁木真最亲信的将领，成为元朝开国“四杰”之一。

铁木真回去以后，找到母亲和兄弟，迁移到其他地方。不久，不幸又降到他的头上，家中的八匹马被贼偷走了。他跟踪找了三天，在路上碰上一个叫博尔术的青年，他不但指明了盗贼的去向，而且愿意陪他一同去找马。三天后，他们在一处牧民宿营地看到了丢失的马，将马赶了出来，贼追了上来。博尔术要铁木真把弓箭给他，由他来对付盗贼。但铁木真害怕博尔术受伤，坚持要自己与盗贼对射。盗贼见状，不敢上前，这时已近黄昏，两个便赶着马回来了。铁木真要把马分一半给博尔术，但他坚持不要，从此，他们俩结下了深厚的友谊。没多久，博尔术离开自己的家，和铁木真生活在一起。此后，他们二人共患难，一起经历了艰苦的斗争。后来，博尔术在开国“四杰”中名列第一。

铁木真已长大成人，能够支撑门户了。这时，他想起了当年父亲为他定的亲事，他便与弟弟别勒古台一起去找，找到了德薛禅家，德薛禅见到铁木真后十分高兴，马上为他们举办了婚事，并送他们回去。这样，这一家族又逐渐兴旺起来。但不久，灾难又降到他们的头上，一天早上，使大地颤动的马蹄声从远处传来，河额仑知道不好，赶紧叫醒了儿女们。大家各骑着马上了山。只有老女奴和孛儿帖没有骑马，在路上做了俘虏。铁木真知道篾儿乞人退走后，才下山来，他当下发誓，为感谢肯特山的救命之恩，以后世世代代要举行祭山典礼。而在他的胸中，则充满了复仇的怒火。面对这一系列加在他的身上的打击，他决心开始反击了。

他知道自己的势力微弱，要想报仇，必须取得其他部强有力的首领的支持。于是便去寻找克烈部的王汗。

克烈部是蒙古高原的另一支强大力量。王汗世袭父王，成为克烈部首领，后来又受金国的册封，所以称王汗。在他继位后，他残酷地杀害了自己的叔叔和兄

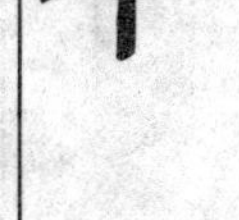

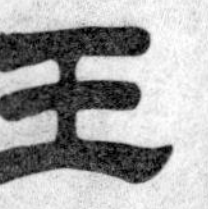

弟。有一个叔叔被迫举兵反抗，将其赶走。王汗只好带着一百人到处流浪。铁木真的父亲也速该收留了他，并同他结成“安答”即义兄弟。不久，也速该出兵赶走吉儿汗，为王汗夺回了土地和奴隶以及百姓。因此，铁木真首先想到了他。当铁木真和孛儿帖成婚后，紧接着带了一件黑貂鼠皮袄，献给王汗，并对王汗说：“这是妻子拜见公姑的礼物，您与我父亲是安答，便同父亲一般，所以拿来献给您。”王汗听了十分受用，同时看到他们兄弟三人身材健壮，有利用价值，便当即许诺：“你离了的百姓，我与你收拾，漫散了的百姓，我与你完聚，我心中好生记着。”这时，孛儿帖被俘，铁木真兄弟便找到王汗，要其出兵为之复仇。王汗当即答应出兵2万，同时还要铁木真去找札木合一起出兵。

札木合是札答兰部的首领。他曾两次和铁木真结为安答，是誓同生死的义兄弟。他也答应出兵2万，并说明了会师的日期与地点。铁木真自己也集合了一批人马，三方人马会齐后对篾儿乞人发动袭击，大败之，并夺回了孛儿帖以及大量牲口、财物等。在孛儿帖回到丈夫身边后不久，便生下了大儿子术赤。这是铁木真的长子，后来立下了赫赫战功。但他的血统却受到怀疑。

得胜之后，王汗则带着自己的队伍回去，铁木真和札木合交换礼物，重叙旧情。二人同住在一处，亲如一家。但这种亲密的关系仅仅维持了一年多。铁木真雄心勃勃，积极发展自己的势力。但这正与札木合称霸草原的意图相冲突，札木合感到铁木真的壮大是对其地位的威胁，在言语中流露出分开的意思。铁木真一听，心中十分疑虑。他的久经磨难的母亲也害怕札木合会吞并自己。于是他在夜间兼程而行，脱离了札木合。从此，两位安答已告破裂，分道扬镳。

铁木真独立后，前来投靠的人越来越多。聚积在他身边的大多是平民百姓和其他部族中逃出来的奴隶。他们归附他以后，就成为铁木真直接管辖的部属。有的成为“那可儿”，平时负责警卫，战时随同出战；有的则为他从事生产，承担各种劳役。另外还有些势力不大或失败的部落首领，他们看到他一天天壮大，想借助他以便取得各种好处。按照草原的风俗，各部联合时，应由首领相互协商，推选出领袖，这次大家公推铁木真为汗，而且各首领都起誓要为铁木真出力出汗。但他并不以此为满足，而是时刻注意加强自己“那可儿”的力量，并指派自己的兄弟和亲信掌管“那可儿”。这样，他便有了一支可以控制联盟的武装力量，并为以后的发展打下牢固的基础。

称汗之后，铁木真遣人向王汗报告，并得到了王汗的认可。接着又派人去告知札木合。札木合知道他与自己分裂是有人挑拨，而且立之为汗也是这些人的阴谋。虽然要派去的人回去“教铁木真安答心里安着”，但事实上，他的不满已经表现得很明显了。

面对铁木真的势力日益壮大，札木合完全到了无法忍受的地步。他一直在寻找机会。有一次，札木合的弟弟给察儿抢走了铁木真部下的马群，这个部下便在晚上赶去将之用箭射死，并夺回了马群。这件事给札木合提供了借口，于是率部众并联合仇视铁木真的泰赤乌部，以及其他一些部的首领共3万多人，分成十多队，前去挑战，铁木真知道后，也召集自己的部属和其他一些部属的力量，也有3万人，分成同样的队数，前去应战。这就是蒙古史上有名的“十三翼之战”。

这次战争在答阑服朱思即七十沼泽展开。这是铁木真和札木合两个草原英雄的首次较量。这时的铁木真，刚开始显山露水，而且其部属的一些首领也并不

真心拥护他，与实力雄厚的札木合相比，显然处于劣势。他虽被打败，退到了鄂嫩河源头狭地，但他却保存了相当的实力，作为胜利者的札木合，将那些敢与之作对的首领残酷镇压后，也回到了自己的营地。

铁木真虽然再次遭到失败，但他并没因此而灰心。相反，却积极展开活动，争取各部对自己的拥护。在草原打围时，他常让自己部下的人把猎物往其他部人面前赶。这样，其他部人可以有较多的收获，他还经常向其他部人赠送礼物。很快，铁木真赢得了人们的尊敬，认为他有君主的度量。所以他虽被打败，而归附他的人反而越来越多，很快就恢复了元气。

草原势力格局的新变动又为他提供了发展的时机。在公元 1195 年，由于呼伦贝尔的一些游牧部落侵扰金国边境。金章宗遣军队进剿，取得了胜利。获得大量战利品，但当他们班师回朝时，却遭到塔塔儿部的抢劫，夺走了金军俘获的羊、马。金军将领要求他们退还，但塔塔儿人坚持不肯，在公元 1196 年，金军便大举进攻塔塔儿部，并大败之。铁木真认为这是自己复仇的大好时机，便约王汗一同出兵，联合金军夹攻塔塔儿部，并取得了巨大的胜利。这次胜利，大大抬高了铁木真的声望。同样，金国也十分欣赏他的协作，于是以皇帝的名义封他为“札兀惕忽里”，即军队统领。因此，这次事件后，铁木真已经成为草原上一股引人注目的势力了。

成就伟业

铁木真在建立蒙古国后的一封诏书中说：“七载之中成大业，六合之内为一统。”蒙古国建立于公元 1206 年，而公元 1200—1206 年间的七年，是铁木真一生中具有重要意义的七年。在这七年中，他经历了一系列艰苦的征战。

首先是与安答札木合的斗争。公元 1201 年，札木合被 11 部的首领拥为“古儿汗”，这个札木合联盟，是以反对铁木真和王汗为共同目的而建立起来的。他们本想秘密从事，但却有人事先告知铁木真。铁木真立即联合王汗，双方在阔亦田相遇。作战以前，札木合军中有两个自称能够用法术招风唤雨，以此来打击铁木真、王汗一方。当他们施行法术时，风雨的确来了，但却刮到了札木合军队一边。自然现象的巧合使札木合军中的士兵完全丧失了勇气，札木合也认为“天不护佑”，在铁木真、王汗的猛烈攻击下，联盟很快溃散了。

阔亦田战后，王汗追击札木合，铁木真则追击泰赤乌部。泰赤乌部首领回到本部，召集人马进行顽强抵抗。战斗直到晚上才停止，各自扎营休息。战斗中铁木真颈部严重受伤，多亏那可儿者勒篾不顾一切，用口吸出了其中的瘀血，又到敌军营中偷马奶，才使他恢复过来。第二天清晨，泰赤乌的军队已经逃散，剩下的百姓大都归附铁木真。其中还有当年救过其性命的锁儿罕失剌和他的女儿，还有一位勇士只儿豁阿歹。

泰赤乌部经过这一战，基本上已不复存在了。铁木真把下一个目标对准了塔塔儿部。在 12 世纪 90 年代金军和铁木真的夹攻下，塔塔儿部早已元气大伤。铁木真看清这种形势，决定给他以毁灭性打击，既为扩大自己的势力，也为复仇。公元 1202 年秋，铁木真发动了对塔塔儿部的战争，并很快结束了战斗，获得了大量的部众，牲口及财物。事后铁木真为了雪耻仇恨，决定杀掉一部分部众，让另一部分成为奴隶，不幸这一消息传了出去，导致了塔塔儿部的拼死抵抗，使铁木

真的军队受到很大的损失。但经过这次战斗，塔塔儿部也从草原上消失了。

铁木真在战胜泰赤乌部以后，便发布军令：作战中不准私自掳掠财物，要等胜利后统一分配；作战时军马退回到原来排阵的地方，要返回去力战，如果不这样则斩。这两条军令的颁布，加强了对军队的集中管理，提高了自己在部盟中的权威。可是在对塔塔儿部一战中，一些首领依旧任意抢掠财物，铁木真就下令把他们抢到的财物没收，分给其他各军。这样，军队的纪律性大大加强了。

塔塔儿部原居住在呼伦贝尔草原，这是一个水草丰美，牲畜众多的好地方，塔塔儿部的强盛，与他们占有这块土地是分不开的。铁木真得到这块草原后，就有了强大的经济后盾。强大军事力量和强大经济力量的结合，使得以他为首的蒙古部在蒙古高原上有了举足轻重的地位。从此，三部鼎足而立，互争雄长的局面在蒙古高原形成，即乃蛮部、克烈部、蒙古部三部。

而蒙古部和克烈部有着十分密切的关系，铁木真的父亲帮王汗恢复权力，王汗又帮铁木真重振家业，铁木真也不止一次帮王汗渡过难关。两人也正式结为父子，并立誓互相帮助，共同对敌。二人的亲密关系维持了相当长一段时间，使他们能够协同作战，打败了一个个竞争对手。但是王汗却一直视铁木真为自己的附庸。铁木真的壮大导致了王汗和他的儿子桑昆的不安。他们无法容忍铁木真和自己平起平坐，更不用说超越自己之上了。在消灭塔塔儿部以后，他便以和桑昆结成儿女亲家为幌子，试探出王汗已开始对自己的行动不满。他们之间的亲密关系难以再继续下去了。

他们之间的矛盾很快被札木合发现，他便勾结那些反对铁木真的部族首领到桑昆那儿，煽动桑昆去消灭铁木真，并表示他们愿意为之卖命，愚蠢的桑昆信以为真，便要求王汗出兵攻打铁木真。起初王汗不允许，但经不住桑昆的再三请求，终于同意攻打铁木真。桑昆与众人商订，以把桑昆的女儿嫁给术赤为由，请铁木真前去赴宴，好抓住铁木真。铁木真信以为真，准备前去赴宴。却遭到老朋友蒙力克的劝阻，恐怕其中有诈，铁木真接受了这一意见，没有前去。

桑昆见计不成，便对之发动突然袭击，出兵捉拿铁木真。可在行动前一夜，这一密谋却泄露了。等第二天桑昆带兵来袭时，铁木真早已严阵以待了，双方在合兰真沙陀展开大战，这一战是铁木真一生中最艰苦的一战。称雄草原多年的克烈部兵强马壮、英勇善战，而且又有札木合等部的支持，对方的兵力也有明显的优势。面对强大的敌人，有的人已是未战心虚了。这时铁木真的安答忽亦勒答儿却挺身而出，将自己的大旗插到了敌人的后方山岗上，这样大大地鼓舞了士气，士兵们奋勇杀敌，王汗的军队眼看支持不住了，恰巧桑昆带着援军赶来，方稳定了大局，又经过一番恶战，但铁木真因寡不敌众而溃败。同样，王汗的军队也遭到重大损失，已无力攻击铁木真。

在败退过程中，铁木真的部众溃散。最后只有十几骑同他一起经过巴勒渚纳河，即黑河。这个地方泉水少，因此他们只好挤饮污泥中的水。很快干粮也吃空了，他们只好四处打猎，以维持生命。这时铁木真对天发誓，说将来成就大业，一定要和大家同享富贵。他的这番话起了稳定军心的作用，因此得到部众的拥戴，这十几人没有再离他而去的了。后来这些人也都成了享受优厚待遇的开国元勋。“歃血饮黑河，剖券著青史。”共饮黑河水，被认为是特殊功勋的标志。

离开黑河以后，他很快集中了旧部。为了壮大自己的力量，他又要求自己的

世代亲家翁吉剌部归附自己，否则便会动武。缺乏战斗力的翁吉剌部只好投降。利用翁吉剌部的人力物力，铁木真马上又恢复了元气。于是他又分别派人到王汗、桑昆、札木合等部族首领那里，对他们说了一些话，说话的内容因人而异。有的是联络感情，有的是晓之以利，有的则是谴责。这样，以王汗为首的反铁木真联盟内部出现了分裂。这样，王汗和铁木真双方也就处于不和亦不战的状态。

合兰真沙陀之战发生在公元1203年的春天。到秋天，铁木真则准备了对王汗的战争，准备反戈一击。铁木真先派使者以合撒儿的名义去向王汗求情，让王汗收留他。王汗正在举行宴会，因此信以为实，派人来接合撒儿。铁木真杀了来人，并带着军队日夜兼程赶去，向王汗发动了突然袭击。克烈部虽措手不及，但仍进行了顽强的抵抗，双方拼战了三天才分出胜负。这一次战争，使一度强盛的克烈部也从草原上消失了。王汗和桑昆在逃亡中被其他部首领杀了。

消灭克烈部以后，铁木真又把目标转移到乃蛮部，这是一个在经济、文化方面都较进步的部落。当他们听说蒙古部已将强大的克烈部消灭后，非常震惊，他们认为蒙古人想当草原君主。掌握乃蛮部实权的太阳汗夫人古儿别速积极主张对蒙古采取军事行动。于是乃蛮部组织人马，准备出征，为了确保万无一失，他们还遣人到汪古部，希望能协同作战，共同对付蒙古部。可汪古部却认为成大业的是蒙古部，于是将来人交给了铁木真。他非常感激，于是将自己的女儿嫁给了汪古部首领，从此结为婚姻关系。

太阳汗虽豪言壮语，但他们的力量却很脆弱。他自己娇生惯养，兄弟不和，而且古儿别速对人严厉，其实内部矛盾很深，人心离散。而刚战胜克烈部的铁木真则势力强大，威信极高，而且军队纪律严明有序。

当铁木真得知乃蛮部即将进攻的消息后，马上招集会议商讨对付的办法。起初有些人犹豫不定，但在他的两个幼弟的豪言壮语的激励下，决心和乃蛮人决一死战。

铁木真于是率军西进，而同时太阳汗则领军东进，最后他们在纳忽山前摆开了阵势。由于太阳汗事先胆怯，而蒙古军又锐不可挡，乃蛮军则步步后退，太阳汗在战斗中受伤，前来帮助太阳汗的札木合也趁乱逃走了。被蒙古军吓破胆的乃蛮士兵，夜里纷纷逃亡。第二天，乃蛮已溃不成军，太阳汗因重伤死去，铁木真也活捉了古儿别速，并把她收为自己的妾。太阳汗的儿子屈出律则逃走了，投奔其伯父不欲鲁汗，公元1205年春，铁木真向打猎的不欲鲁汗发动袭击，捉住并杀死了他。这样，乃蛮部完全灭亡。屈出律则继续西逃，投奔了辽西皇帝。

屡次与铁木真作对的札木合，也到了穷途末路，部众纷纷离散。最后身边只剩5个那可儿，而他们却将他绑了送给铁木真。铁木真处死了这五个不义之徒及其全家，并按札木合的要求让他不出血而死，这样，蒙古高原只剩下一个汗了，那就是铁木真。

建立大蒙古国

公元1206年春，铁木真在他原来生活的鄂嫩河源头召开广泛的“忽里台”。全体与会成员为他献上了“成吉思汗”的称号。很快，这一称号便震动了世界。

“汗”是君主，“成吉思”则是天赐。成吉思汗则意味天赋予他统治百姓的权力。当然还有一些其他说法。

也是从这次忽里台，他们开始采用“大蒙古”国这一名称，他统一了整个蒙古高原，并建立了国家，使高原上各部融合为一个民族共同体即蒙古族。他们还在这次忽里台上，建立了适应游牧生活方式的国家机构，分封了亲族和功臣。

在不断的征战中，草原上的部落氏族编制已基本解体。在忽里台会议上，铁木真将全蒙古的居民划分为95个千户，让千户那颜进行统治。这样，原有的部落、氏族形式已经失去作用，不复存在了。这里的千户既是行政机构，又是军队组织，成吉思汗通过千户制的确立，牢牢地控制着他的国家。

为了进一步扩大自己的权力，成吉思汗扩大了“怯薛”——护卫的人数，他们轮流到成吉思汗身边值班。各人都有一定的职务，而实际上“怯薛”成了他自己掌握的一支精锐部队，平时负责其安全，战时充当主力。而同时还起了人质的作用，以牵制那颜的背叛。“怯薛”队长则由自己最宠信的“四杰”担任。他们的权力都是世袭的，这种制度的建立，对以后的蒙古国和元朝的政治、军事生活都产生了深远的影响。

大蒙古国建立后，成吉思汗继续采取一系列军事行动。先后消灭了蒙古高原以北大森林地里的“林木中百姓”和叶尼塞流域的乞儿吉思部，又派兵追捕乃蛮部的屈出律和篾儿乞部的脱脱，直至将他们全歼。

接着，又有一些西部部族因蒙古的强大而纷纷投奔成吉思汗，如维吾尔人巴尔术、哈剌鲁人首领。他们的归附，为成吉思汗向西发展打开了门户。

1205年，蒙古开始了对蒙古高原西南的西夏发动战争。这年的战争使蒙古得到了许多战利品，特别是大量的骆驼。1207年，成吉思汗又向西夏发动了一次以抢劫财物为目的的战争。1209年春，成吉思汗又对西夏开始新一轮进攻，并连破西夏军队，直到都城中兴府。9月，成吉思汗下令筑堤灌城。不料，12月，河堤决裂，河水四溃，反而淹了蒙军的阵地。在这种情势下，蒙古与西夏议和。西夏王向成吉思汗献出了大量骆驼和礼物，还把一个女儿献给成吉思汗。经过三次战争，西夏最终成为蒙古国的附庸。成吉思汗只剩最后一个难以对付的强大敌人——金国。

出兵金国

成吉思汗建立大蒙古国后，接着又不断向外扩张。金国并没对这股北方新兴的力量给予重视。这也是和金国当时的景况相联系的：这时金国已由盛而衰，内部争权夺利、生活腐化，没有人有远大的目光。

蒙古和金国的关系是复杂的，既有仇，但又接受金国的官职。但成吉思汗并没有忘记仇恨。他这样只是为了掩盖自己的图谋，在等待时机。后来，他曾亲自送贡品到金国，通过接触，发现金国是徒有其表，于是开始对金国表示不屑，并于1208年与金国断绝关系。

公元1211年春，成吉思汗出动了几乎所有的兵力，开始发动对金的战争。与金国靠近的汪古部积极为之提供休养兵马的场所，而且充当向导。这年秋天，成吉思汗兵分两路，分头攻击金国的许多城镇。被蒙古进攻震动的金国，急忙拼凑了约50万大军，准备以绝对优势打败蒙古军队。但成吉思汗发现金军缺乏训练，并不可怕。“四杰”之一的木华黎挺身而出，请求打前锋，他带领一批勇士冲入金军阵中，成吉思汗则率大队跟随。结果大败金军，差不多是遭到毁灭性打

击。野狐岭之战后，者别率一部蒙古军直抵金国首都中都城下。但不久，者别就退走了。

公元1212年，成吉思汗与金军在北部展开了激烈的斗争。者别用计攻下了东京即辽阳。

公元1213年秋，经过休整的蒙古军队又一次对金发起猛攻，这次是直逼中都。但在居庸关受到阻碍，蒙古军却绕道先攻下南口，然后攻下北口，于是中都出现在蒙古军队的面前了。

而恰在此时，金国又发生了政变。常败将领不但不听从指挥，反而杀回王宫，杀死卫王，另立完颜纂为帝即金宣宗。胡沙虎掌握了军政大权。10月，另一常败将军书术高琪杀死胡沙虎，并因此升官。面对强大的敌人，金国不但不能组织有效的抵抗，反而内部政变不断。

而此时，成吉思汗并没有急于向中都发动进攻，而是采用扫荡外围，孤立中都的战略。到年底，除中都以外的地方几乎都被成吉思汗的部队占领。在这种情势下，蒙古的将领纷纷请求攻城，但成吉思汗却采取了和中都议和的措施。宣宗便派完颜福兴作使者，向成吉思汗献上童男童女500人，马3000匹，还有许多黄金和丝织品，以及卫王的女儿岐国公主。这样成吉思汗退出了居庸关。

蒙古军虽已退走，但战争的阴影仍然笼罩在宣宗的心中。公元1214年，宣宗便迁都开封。在宣宗南迁的同时，一部分由契丹组成的军队发动兵变，投降蒙古，而且他的这一行动也激怒了成吉思汗。6月，成吉思汗派兵进攻中都。7月，留守的太子逃到南京。公元1215年5月，掌兵权的抹然尽忠出逃，主持政局的完颜福兴自杀。这样，中都不攻自破。成吉思汗派人接管中都，后来改中都为燕京。成吉思汗还收留了博学多能，有政治抱负的契丹人耶律楚材。

公元1216年，成吉思汗回到克鲁伦河边草原上，留下木华黎继续与金兵作战。不久，他攻占了辽东，成吉思汗封他为太师、国王。这样，成吉思汗把对金作战的全部权力交给了木华黎。不多久，木华黎占领了河北、山东、山西的广大地区，以及关中的部分地区。公元1221年冬，他开始进攻延安，他采用灵活多变的战术，因而节节胜利，对金国形成了巨大的威胁。

公元1221年4月，成吉思汗正在西征中亚花剌子模，金国的使者赶往那里，请求成吉思汗为兄，双方议和。但成吉思汗不满足，他希望金国称臣投降。因此双方仍处于战争状态。

震撼世界的西征

公元1216年回到克鲁伦河以后，成吉思汗把他的注意力转向了西方。

乃蛮部太阳汗的儿子西逃后，到西辽国成为驸马，不久，他趁西辽皇帝直鲁古的昏庸，纠集花剌子模国发动兵变，于公元1211年取得西辽皇帝的宝座。为了发展自己的势力，他又改信佛教，争取西辽贵族的支持，还打击伊斯兰教徒，激起了当地人的不满。

成吉思汗知道屈出律的活动后，于公元1218年出兵攻打辽西，屈出律不敢抵抗，仓皇出逃。约在公元1215年，中亚的花剌子模国派了一个使团到蒙古国探听虚实，受到成吉思汗的友好招待。他还派人回访花剌子模国，并表示希望与之建立友好的关系。但在国书中，成吉思汗却把花剌子模国看成属国，使他们非

常气愤。使团离开后不久，一批蒙古商人到花剌子模国做生意，却遭到杀害。只有一个逃回，并把这件不幸的事告诉了成吉思汗。听到这之后，他非常气愤，发誓要复仇。后来他又派使者前去，谴责花剌子模国的背信弃义，他们又杀了正使，并将副使的胡须剃掉，放他们回来。这一挑衅行动使成吉思汗忍无可忍。

于是在公元 1219 年春，成吉思汗亲自带兵出征花剌子模国。全军大约有 10 万人。这年秋天，蒙古军来到讹答剌城下。这时的花剌子模军有约 40 万人，但他们没有采用战略，而是分散固守。企图以拖延的方式来迫使成吉思汗退兵。鉴于此，成吉思汗便兵分四路，全面出击。留儿子察合台、窝阔台围困讹答剌城，自己和幼子拖雷率主力攻不花剌，其他两路分攻其他城市。讹答剌抵抗了五个月后被攻下。当公元 1220 年 3 月蒙古军来到不花剌时，守军已逃。他们每攻下一座城池，都要烧杀抢掳。

接着成吉思汗又准备进攻花剌子模的新都撒麻耳木，摩诃末宗带 11 万人守城。但各路蒙古军胜利之后，都向这里汇集。对此，摩诃末宗已绝望，蒙古军还未到，他便率一部分军队从这里逃走。于是撒麻耳木也是不攻自破，之后又是一场大屠杀。成吉思汗让者别和速不台去追摩诃末宗，最后，他逃到一个海岛上，公元 1220 年底病死，死前传位儿子札兰丁。

花剌子模的旧都玉龙杰赤有 9 万人防守，札兰丁料理父亲的后事后来到这里。但由于城中将领妒忌他的才干，发动政变。札兰丁只好出走，玉龙杰赤因此陷入混乱。术赤、察合台、窝阔台三兄弟兵临城下，发动猛攻，起初城中军民全力抵抗，又因三兄弟意见不一致，连战七个月，仍未能攻下。成吉思汗对此大为发火，下令由窝阔台指挥，不久，玉龙杰赤失守，全城被洗劫一空。

札兰丁从玉龙杰赤出走后，积极组织力量。公元 1221 年，他率军驻进八鲁湾。在此将一支 3 万人的蒙古军打得大败。后来，成吉思汗和他的儿子们率军前来。这时札兰丁军因内部瓜分战利品产生矛盾，四分五裂。他自知无法与成吉思汗对抗，于是向印度河方向逃走。11 月，蒙古军在河边将札兰丁团团围住，并展开了一场血战。札兰丁最后跳河逃走。公元 1222 年，成吉思汗命一支军队到印度去追击札兰丁，但没有发现其踪迹。同年，追捕摩诃末宗的者别和速不台进入到阿塞拜疆和格鲁吉亚，并击败钦察人。公元 1223 年春，蒙古军继续追击钦察人，钦察人便向俄罗斯求救。由于俄罗斯害怕蒙古的强大，于是和钦察人结成盟军，共同对付蒙古军，但由于俄罗斯王公的分裂，蒙古军长驱直入俄罗斯境内，一直前进到克里米亚半岛。这年年底，者别、速不台东返，经里海、咸海的北部，赶上了成吉思汗的队伍，速不台后来又受命西征，接连击败钦察、俄罗斯、乌札儿，直到亚德里亚海滨。

谱写历史的新章

公元 1224 年，成吉思汗从中亚回军，一年多以后，他回到了自己的草原营地，这年的秋天，他又带兵出征西夏。

本来，按照蒙古的规矩，凡是归附自己的政权，除平时要交纳贡税以外，战时还得出兵助战。成吉思汗出兵花剌子模时曾遣使去要求出兵。西夏的丞相阿沙干不不但不愿出兵，还反唇相讥。而且在他西征时，西夏的政策也摇摆不定，时而助金，时而助蒙。他早已把西夏看成眼中钉。在公元 1224 年秋，孛鲁曾大败

西夏，杀了几万人，抢走了大量牲口和财物。成吉思汗回师并经过一段休整后，便亲自出征了。

可是在出征途中，他却因打猎从马上摔下来，受了伤。军中许多人便建议暂时回师。但他却要遣使讨问西夏的口讯。由于西夏态度坚决，于是他带病出征，连战连胜。西夏王李德胜面对严重的形势，忧郁而死。他的侄儿李服继位。同年 11 月，他开始进攻灵州，西夏军前来营救，他便令军士用箭射敌人的脚，敌人不敢前进，于是蒙古军取得完全胜利。接着又进军西夏首府中兴府。他认为敌人粮草不多，便把攻城任务交给其他将领，自己带兵攻占了金国的一些地盘，然后到六盘山避暑。6 月，西夏表示愿意投降，他同意了这一请求。7 月 5 日，他的病情加重，他自知将不久于人世，于是对身边的遗族、将领们说："我死后，你们不要为我发丧举哀，免得敌人知道我死去。当西夏国国王和百姓从城里出来投降时，你们要将他们一下子全部消灭掉。"同时他还对灭金的战略作了部署："金国的精兵在潼关，潼关南据连山，北倚黄河，难以攻破。如果向宋借道，宋、金是世世代代的仇敌，一定能答应我们的要求。"说完这些话后，他就去世了，享年 66 岁。

成吉思汗死后，蒙古军秘不发丧，并按照他的吩咐将西夏消灭了。直到他们回到草原营地以后，才正式发布他已死的消息。后来他被葬在辇谷，离他的夏季牧场和秋季牧场不远。这块地方是他在打猎时自己选中的，他的后代也大部分葬在此地。

成吉思汗有后妃五百多人，其中一些是按蒙古习俗娶的，而有些则是别人献给他的。而在这些人中，他的结发妻子孛儿帖权力最大，地位最高，被称为大皇后，因此，她生的四个儿子的地位也突出，而且他们也都能征善战，可以独挡一面，又都有赫赫战功。

在他准备西征的时候，汗位的继承问题已经出来了。于是他先问长子术赤，察合台害怕哥哥夺走权力，便说他是篾儿乞杂种，差点又导致家庭悲剧。后来成吉思汗也批评了察合台。他自知理亏，为了不让汗位落到术赤手中，于是建议把汗权交给自己较亲近的窝阔台。术赤也表示赞成，这样继承人的问题就定下了。他还许诺分给各个儿子以大量的土地和百姓，后来在攻打玉龙杰赤时他又让窝阔台做统帅，这样进一步明确了他的特殊地位。

后来西征回师时，术赤不和成吉思汗在一起，他几次召见，术赤都以病推托不见。有人却说看到术赤在打猎，于是准备让窝阔台和察合台去攻打他，就在这时，传来了术赤已死的消息，他非常悲痛。同时感到子孙间矛盾重重，大帝国可能分裂，于是又用折箭的故事和多头蛇的故事教育子孙要团结，要有一个领袖。并重申窝阔台为继承人，并让其他儿子立下文书，不能违背。

草原部落本来是采用推选的办法选举领袖。成吉思汗死后，政务由拖雷代理，两年后，新的忽里台召开，并公推窝阔台为汗的继承人。

成吉思汗虽然去世，但他的继承者却把他的事业进一步发扬光大。一方面兵分三路进军金国，并与南宋联合，消灭了金国。接着又开始了对南宋的战争。另一方面，又进行新一轮"长子西征"，从公元 1236 年春天出兵，再次攻入俄罗斯和钦察草原。公元 1241 年兵分两路，进入匈牙利、波兰，渡过多瑙河，继续攻城掠地，直到公元 1242 年得知窝阔台汗去世的消息才回师。

但后来由于后代过多，相互争吵，规模宏大的大蒙古国在成吉思汗死后不到半个世纪就已四分五裂。到14世纪，都相继走上了没落的道路。

一代天骄成吉思汗

毛泽东同志在率领红军长征时，曾写下了气势宏伟，脍炙人口的《沁园春》，其中说："一代天骄，成吉思汗，只识弯弓射大雕。"在这首词里，他专门提到成吉思汗，称他为："一代天骄"，由此也可见其在历史中的地位之高。

的确，无论是在中国历史上，还是在外国历史上，他都是一个有独特地位的历史英雄人物。在他的领导下，四分五裂的草原各部集结成为统一的共同体。以前虽也兴起过一些共同体，但他们都成为历史陈迹，已不复存在。但蒙古共同体形成以后，却是稳固的、凝聚的，一直到今天仍有很强的生命力，而且一直活跃在蒙古高原。成吉思汗也因此被世世代代的蒙古人看成本民族的英雄。

13世纪的中国，是四分五裂的。宋、金对峙，周边还有维吾尔、西辽、大理、西夏以及吐蕃等地方政权。自唐朝衰弱以后，中国一直没有一个强大的中央集权。蒙古国的兴起，以及它在成吉思汗领导下进军黄河以北的农业区，消灭一些周边政权，这为实现全国的统一打下了基础。而且他的后继者继续了这一使命。而且其后代忽必烈最终统一了中国，其版图之大，是以往任何一个王朝所不曾有的。而且，元朝的版图又是清代大一统局面的先声。成吉思汗对于中国的统一，客观上的重大贡献是不可抹杀的。

他的西征，开辟了东西方交流的时代。道路得以修整，商队得到保护。交通便利，出现了东西方经济文化交流的高潮。而著名的旅行家马可·波罗就是在这种背景下来中国的。欧洲对中国有较多、较正确的理解、认识也是从这时开始的。

虽然，在他进行的一系列征战中，都充满了残酷的屠杀和掠夺。他所到之处，出现了荒无人烟的地方，还对许多地区的经济文化造成了极大的破坏。这也是我们不能忘记的，但是他的丰功伟绩更值得我们牢记、学习。

《元史》曾称赞他："深沉有大略，用兵如神"。而且后来中国和外国的历史学家都称他为军事天才。他善于用兵，而且在军事上有许多发明创造。他领导下的蒙古军的高度组织纪律性则是当时任何国家的军队所不能匹敌的。他战术机动灵活，能出奇制胜：他有远大的战略眼光，既善于争取同盟，又长于利用敌人矛盾，各个击破，他重视先进的生产技术，并注意推广、发挥。他还创造了许多军事史上的奇迹。但是，他并不是常胜将军，在他的征战中，他不止一次吃败仗。更重要的是，他能在失败以后不气馁，善于从失败中学习，每次失败后，他都以坚强的意志，重新振作起来，继续战斗，直到取得最后的胜利。正因为他在艰苦的环境中得到充分的磨练，所以他在走出蒙古高原后，才能所向无敌，成为叱咤风云的一代豪杰。

元世祖忽必烈

弓马少年 身边多儒士

蒙古族是一个强悍善战的游牧民族。公元1206年，蒙古族首领成吉思汗建立起全蒙古各部落的统一政权蒙古国。拖雷是成吉思汗的幼子，按蒙古的惯例，凡正妻所生的幼子在家庭中具有特殊的地位，父亲的位置总是传给幼子。拖雷的正妻唆鲁忽帖尼生有四个儿子，第二个儿子忽必烈便是蒙古国的第五个可汗，也是元王朝的创建者。

忽必烈出生于公元1215年，当时成吉思汗正在进攻西夏和金朝。已经54岁的成吉思汗，虽暂时回到了漠北草原，但勇于进取的心却一直没有安定下来。一天，他接到近卫军送来战报说，骑兵们已经饮马在黄河边上，心中实在得意。正在这时，旁边的蒙古包里又传来了初生婴儿的一阵阵哭声，他跑过去，见到这个在母亲怀中躁动不安的男孩，惊异地说道："我的子孙们初生时个个肤色皆红，唯独这个孙子全身褐黑，像是草原上空飞翔的苍鹰，我一定要用草原上最好的奶妈喂养他，让他日后继承咱们蒙古族的雄心壮志。"可以说，忽必烈从来到世界的第一天起，就成为"天可汗"成吉思汗的骄子。

星移斗转，春去秋来，忽必烈在母亲的抚养和教诲下，已经成长为一个马背上的小少年了。11岁那年，在一次围猎中，小小年纪的忽必烈射到一只野兔，这使成吉思汗大喜。依照蒙古习俗，孩子们第一次射获猎物时，要举行称之为牙黑剌建的隆重仪式，由众望所归的长老将猎物的鲜血擦拭在射猎者大拇指上，以祝愿他在未来的岁月中成长为勇敢的蒙古武士。成吉思汗对忽必烈这个孙子特别喜爱，更主要的是他在众多子孙中，唯独能够背诵出流传于草原上的一首又一首长诗。当时蒙古还没有自己的文字，要记熟这些诗篇是很不容易的。

过了三年，疼爱他的祖父成吉思汗在灭金战争中病逝。随后不久，只当了不到一年监国的父亲拖雷也死去。忽必烈这时才15岁。

忽必烈的母亲是一位倔强而有魄力的女性。在丈夫死后，勇敢地承担起养育幼孤和统帅部队的重任。为了使忽必烈继承其祖其父的遗志，她把目光转向中原文化，经常邀请学识渊博的儒士到漠北，以期通过他们的教化增长儿子们的智慧。

应忽必烈之邀，燕京著名禅学大师海云和尚来到漠北，同行的还有南堂寺年轻和尚子聪。子聪博览群书，上达天文、地理，下至律历、经世，论天下事如数家珍，他就是日后还俗、参赞忽必烈立国的著名儒士刘秉忠。忽必烈亲自到海云和尚下榻处求访。他问："大师，佛诗中有安定天下之诗吗？"海云答："若问古今风云之道，您应当寻求天下的大贤硕儒，他们会告诉您的。不过审视天下古今盛衰得失，莫过于尊王庇民，近贤臣而远小人，然后家可齐、国可治，天下可平。"大师的一番话，仿佛在他心灵深处注入一股甘泉。

在学习和探讨中，不懂汉文的忽必烈感到十分不便，当时的蒙古文还未定型，难于将儒家书籍译成蒙文。忽必烈于是召用兼通蒙汉两文的赵璧，用蒙语译成《大学衍义》。忽必烈如饥似渴地读看它，经常揣在怀中。接着他又挑选了十

余名聪明伶俐者拜赵璧为师。赵璧随后又翻译了《论语》、《大学》、《中庸》、《孟子》等书以飨生徒。从此，忽必烈及周围的蒙古子弟学习汉文化开始由简入繁、由浅入深了。

公元1241年，窝阔台汗死了。保守的蒙古贵族抬头，此后八九年间大蒙古国的贵族之间展开了争权夺利的斗争。至忽必烈的哥哥蒙哥继为汗位以后，情况才稍有改变。也就在这个时候，享有盛名的冀宁交城人张德辉应忽必烈之召来漠北。忽必烈通过与之交谈，意识到先祖基业已安，后人要发扬光大，必须因势利导、顺应潮流，以圣贤之道去改变纷乱的天下。到此，在忽必烈的头脑中，已确立了治理汉地必须采用汉语的基本原则。

仰慕华风　开府金莲川

公元1251年，在忽必烈母亲的精心策划下，蒙哥继承王位。为使一切大权掌握拖雷系宗亲手中，于同年任命忽必烈总领漠南汉地军国庶事。

这天，忽必烈正与宿儒姚枢灯下交谈，忽然接到蒙哥汗特使呈上的一封手谕。他看见兄长的任命书以后，欣喜若狂，拉着姚枢的衣襟高声喊道："今夜我要大宴臣僚！"姚枢严肃而深沉地说："请安静，殿下！今日大汗任命我王为军国庶事，实属可喜可贺，但漠南一带军政困弊，百废待兴，况且拖雷王家族初涉汗位，立足未稳，殿下这样喜不自禁，恐怕有点不妥吧？望三思。"姚枢一席话，使忽必烈心中不由一愣，禁不住问道："依先生之见，该如何呢？"姚枢要忽必烈谨慎从事，并向他提出如下建议：一、广开藩门，招揽天下贤能；二、勤于政务，改革漠南流弊；三、尊孔奉儒，弘扬道德品行。忽必烈听着听着慢慢恢复了先前的平静。就这样，忽必烈带着全家和文臣武将走马上任，在金莲川开藩设府，初次登上政治舞台。这时忽必烈已是36岁。

蒙古对宗教信仰采取宽容政策，让各门宗教信徒们服从于蒙古贵族们的统治。一天，名儒张德辉与著名诗人元好问一同谒见忽必烈，恳请他以漠南新主的身份接受儒教大宗师的称号。忽必烈以学识浅薄为辞再三推托。张德辉、元好问跪在他面前，一边哭泣，一边诉说要以儒学治国的论据。忽必烈沉思片刻，接受了两位儒士的请求。从此，忽必烈俨然以儒教保护神的姿态出现在儒士们面前。接受儒教大宗师的称号后，忽必烈下令免去为孔庙田产耕作的儒户的赋税徭役。接着又传令担任燕京等处行中书省事的达鲁花赤（断事官）牙剌瓦赤修复燕京孔庙。他又对燕京的儒士与官员们表示说："今后，我给你们作主，你们休怕。"忽必烈这些做法，旨在得到更多的人才。于是许多有识之士纷纷投附到他身边，以史天泽为代表的一批汉族干练官僚也倾心相附。至此，在金莲川藩府内聚集了一大批文武兼容的汉人幕僚，这标志着以忽必烈为代表的蒙古贵族派和中原汉族地主阶级的政治结合已初步形成。

当时中原一带，由于地方官员的暴虐、苛捐杂税繁多，使许多地区相继发生人民流散、土地荒芜的现象。一个阴雨的日子，忽必烈及随行骑马来到邢州地区巡视。突然听到前面传来侍卫的喝斥声："大胆！你这贱民竟敢拦藩王马队，看鞭！"忽必烈飞马上前，只见一个衣衫褴褛的老汉躺在泥水之中，奄奄一息，经询问，原来是一个外逃途中饿馁待毙的难民，忽必烈诧异地问道："你们不是分得田地，种粮事桑，怎么会饥饿到此呢？"老人答道："大人不知，小人终年劳作，耕织所

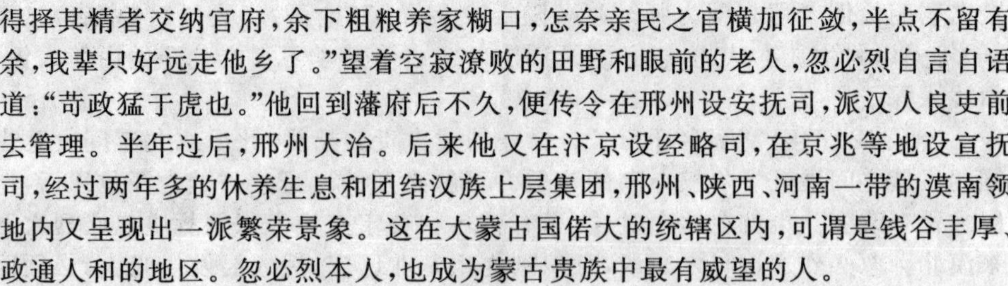

得择其精者交纳官府，余下粗粮养家糊口，怎奈亲民之官横加征敛，半点不留有余，我辈只好远走他乡了。”望着空寂潦败的田野和眼前的老人，忽必烈自言自语道：“苛政猛于虎也。”他回到藩府后不久，便传令在邢州设安抚司，派汉人良吏前去管理。半年过后，邢州大治。后来他又在汴京设经略司，在京兆等地设宣抚司，经过两年多的休养生息和团结汉族上层集团，邢州、陕西、河南一带的漠南领地内又呈现出一派繁荣景象。这在大蒙古国偌大的统辖区内，可谓是钱谷丰厚、政通人和的地区。忽必烈本人，也成为蒙古贵族中最有威望的人。

远征大理　首立军功

公元1253年八月的一天清晨。在黄土高原的尽头，一支万人组成的军队在前进着。这次进军的目的地是云南的大理国(今云南和四川西南部)，跑在队伍最前面的是这次远征的统帅和他的怯薛军(近卫军)。他便是总领漠南汉地军国庶事的藩王忽必烈。

忽必烈日夜兼程地前进，心里充满着必胜的信心。经过两个月的急行军，蒙军到达忒剌(今四川松藩)，稍事休整。忽必烈对随军诸王说：“兵贵神速。现在我们兵分三路，兀良合台、阿术率西路军由旦当(今丽江北部)进发，也只烈、抄合率东路军由白蛮进发，我率领主力为中路。时不待人，各路要力竭所能，谁先抵达大理，谁应立即发起进攻，成吉思汗的子孙是永远不可战胜的！”

十月间，大渡河已横在蒙军眼前。忽必烈立马驻足喊道：“来自草原的士兵们！面对从未见过的湍急河流，我们只能冲过去！”这个命令一下，部队过去了，但不少战士和马匹被急流冲走了。

同年十二月初，忽必烈的三路大军已抵达大理国边境。在攻城器械准备就绪以后，忽必烈把姚枢和刘章忠请来，听取他们的意见。他们向忽必烈进言道：“自古以来，征战总是先礼后兵，我军士气旺盛，定能一战而胜，假若能议和，我军兵不血刃，可以自然进入，如果议和不成，给我军以交战之口实，再发兵攻城亦不迟。”于是忽必烈派遣使臣前往大理国招降。望着虎视眈眈的蒙古使臣，大理国段只智俯首听命，同意讲和。但是掌握实权的高祥、高和兄弟为了维护他们的权力和地位，却选择了战争这条道路。

公元1254年初，随着一声令下，蒙古远征军发起总攻，大理军队一触即溃。不几天，蒙古军攻破龙首关(上关)，高和战死。接着蒙古军围攻大理城。破城之日，段只智和高祥仓皇出逃。忽必烈进入大理城后，马上传令姚枢书写了十几份《禁杀令》告示公布于大街小巷。于是大理城民心安定，秩序井然。接着忽必烈又一鼓作气亲率蒙古军攻破龙尾关(下关)，斩杀了高祥，段只智免于一死，押往和林，接受蒙哥大汗招安。至此，大理国灭亡，忽必烈完成了他人生中第一次创举。当然今后漫长的征途还在等待他去跋涉，他要在奋斗中去迎接命运的挑战。

兵临鄂州　师老竟难成

忽必烈远征大理凯旋班师以后，选择了一个名叫开平(今内蒙古正蓝旗东50里)的驻所营建新的藩邸。忽必烈将其营建为府城，不仅符合身为藩王总领汉地军事庶事一职的需要，而且还有另一层更深的意图，就是将它作为日后向南扩大蒙古国版图的指挥中心，从而实现“大有为于天下”的宏伟抱负。

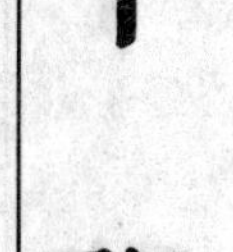

然而，忽必烈平服大理国的战功，虽说赢得了蒙古诸王和贵族们的称誉，却也遭来一些人的不满和怨恨。于是种种流言蜚语不胫而走。蒙哥大汗不明真相，也以为弟弟有不轨行为，便派近臣阿兰答尔、刘玉磁等人以核实钱粮税收之名，暗地进行调查。阿兰答尔他们本来对忽必烈不满，乘机罗列42条罪状，将忽必烈管辖下的大小官员全部定为罪犯。忽必烈得到消息，心中大为忧惧。他暗自叫道："大汗是冲着我来的，这可如何是好！"幕僚姚枢谏道："树大招风，殿下政绩功高盖世，嫉妒小人必在大汗面前谗言陷害。事已如此，不如将亲属送往大汗处作为人质，并亲自面见大汗，表示自己并无二志，才可避免飞来横祸。"忽必烈惊得跳起来说："什么，这不是把我往火里推吗？"姚枢斩钉截铁地说："臣独此一策，望殿下度势而行。"

这天，忽必烈带着妻子和几个儿子经过长途跋涉，终于来到漠北的和林。蒙哥大汗一见自己的亲弟弟携妻子、儿子来见自己，心中的猜忌一下子被兄弟的血水融化了。但是，设在陕西等地的机构还是被撤销，还削去他的兵权，又以他有足疾为由被勒令回家休养。

在忽必烈解职闲居期间，一场大规模的南征南宋王朝的战争开始。公元1258年8月，大蒙古国三路大军包抄南宋王朝。战争初始，三路大军进展颇为顺利，但为时不久，东路军由于纪律涣散而遭到挫折。大汗恼怒地撤了东路军主将之职，准备另外挑选新的主将。

忽必烈听到消息以后，写了一封快信派人迅速送到大汗手中。信中说："愿尽犬马之劳，以赎过错。"没几天，大汗任命忽必烈为东路军主将，要他继续南向鄂州（今武昌）进发。

公元1258年，亲率西路军的蒙哥大汗在攻打钓鱼城的战斗中被石炮击中，不久便死去。这样西路军只好仓皇北撤了。

与此同时，自开城赴任的忽必烈渡过了淮河，攻占了黄陂，顺利来到长江北岸，与鄂州城仅有一江之隔。如果鄂州被克，东路军的战役行动就告完成。但是在攻打鄂州城的几次战役中，蒙古军都没得到多少便宜，鄂州守军不是越战越弱，而是越战越勇。

同年九月的一天，忽必烈接到蒙哥大汗去世的消息，便摆起香案，向西边叩头表示：一定要拿下鄂州城，为死去的大汗报仇！然而情形的发展变化是难以预料的。当忽必烈在鄂州城下处于困难时刻，远在漠北的后方传来一个令人震惊的消息，使他不得不放弃鄂州，日夜兼程地返回开平去了。

捷足先登　开平继汗位

忽必烈为什么要放弃鄂州急急忙忙返回开平呢？

事情经过是这样的：蒙哥大汗战死的消息传到漠北以后，整个漠北骚动起来了，忽必烈的弟弟阿里不哥企图趁机谋夺大汗之位。忽必烈的妻子察必一方面拖延阿里不哥夺权时间，一面写信要忽必烈马上回开平来。忽必烈接信以后，马上意识到问题的严重性，于是结束对南宋的这次鄂州战役，以便回北方去争夺大汗位置。

也就在这时候，贾似道得知蒙哥大汗死去的消息。便遣宋京去和忽必烈秘密谈判，言明只要忽必烈撤军，双方将以长江为界，南宋每年纳银20万两，绢20

万匹给蒙古。这在忽必烈是求之不得的事。于是只留少数偏师退守长江北岸，自己则带领大队人马匆匆拔营北归。

公元1259年底，忽必烈千里迢迢，抵达燕京。先遣散阿里不哥的军队，将燕京控制在自己手中，然后派廉希宪前往开平，馈赠一份厚礼给曾遭蒙哥大汗贬斥的塔察儿，要他拥戴自己。在塔察儿的带动下，许多藩王和勋贵都倒向忽必烈一边。还有一个重要的背景是，忽必烈接受儒家学说，使得大批汉族官僚支持他。但形势对阿里不哥还是极为有利的，他是拖雷正妻生的幼子，又据守和林，控制大蒙古国本土。按蒙古惯例，幼子总是有优先作为继承者的权利，因而受到漠北传统贵族的支持。

转年的年初，忽必烈回到开平。面对错综复杂的形势，对继承汗位之事感到无从下手。廉希宪谏道："按通常习俗，阿里不哥虽有继承大汗的可能，但大蒙古国今天还是无主国，不妨趁其还在犹豫彷徨之时，凭借中原财力、物力及各藩王显贵的支持，早日登基。此事一旦成了事实，阿里不哥就更被动了。"忽必烈毫不掩饰地许诺："真乃天助我也，登基之后，你当为开国元勋！"

几天之后，一个称之为忽邻勒塔的选举大汗的大会，在忽必烈的主持下召开。会上，塔察儿首先提议，由忽必烈继承大汗位，忽必烈推辞再三。其余到会藩王及大臣们奉表劝进，声泪俱下，力陈理由。忽必烈说："事到今日，只好如此吧。"3月24日忽必烈正式继承大汗位。

阿里不哥听到忽必烈自立汗位以后，也于5月纠集一部分力量在按坦（今阿尔泰山）自立为大汗。于是大蒙古国同时出现了两个大汗，这样的矛盾只能用武力来解决了。

5月下旬，阿里不哥抢先发动攻势，分路包抄开平。但由于阿里不哥内部意见不统一，加上他们行动上的犹豫又耽误了宝贵的时间，使得军心动摇，战斗力不强。经过长达四年的较量，阿里不哥不得已于公元1264年7月带领残兵败将到开平向忽必烈投降。不久，阿里不哥在忧郁中死去。

四年大汗位争夺战结束了。战争虽然在忽必烈兄弟之间进行，但实质却是保守势力与革新势力之争。忽必烈是革新势力的代表，敢于"附合汉法"，依照唐宋政治制度改革原有的政治机构，吸收先进的汉文化，大力擢拔汉人充实到新的官僚机构中来，表现出积极进取的政治家的胸怀。内战结束以后，漠北与中原地区连成一片，从而为忽必烈集中力量灭亡南宋奠定了坚实的基础。

锐意改革　建立新体制

忽必烈在开平即大汗位以后，大蒙古国走上了一个新的起点，他提出了"祖达变通"的建国方针，附合汉法，建立一个与中原经济基础大体相适应的中央集权封建专制国家。

进步与守旧势力之间的斗争是始终存在的。公元1262年2月，发生了一场惊人的暴乱——李璮之变。李璮是割据山东的军阀，虽然接收大蒙古国的封赏，但心中自有打算。在忽必烈为争夺汗位大动干戈之时，李璮起兵反叛，但由于孤军作战，势穷力单，投水自杀不成，后来被俘杀了。李璮之变，曾使忽必烈十分震惊，他怎么也想不到给予高官厚禄的汉人官佐会在自己危难之时落井下石。于是忽必烈在平乱之后，一方面稳定局势继续做好安抚的同时，果断采取了新的措

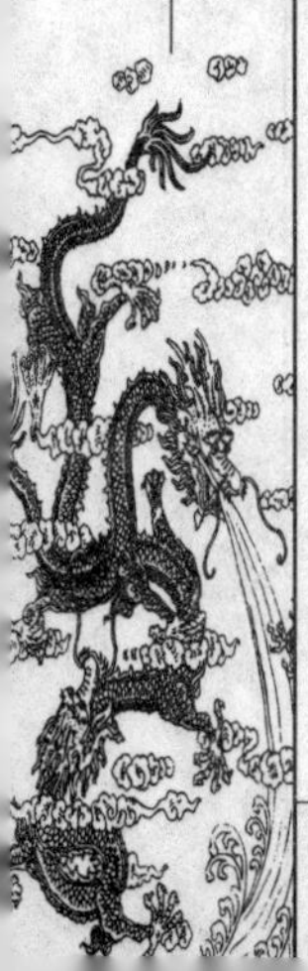

施，即剥夺汉人官佐子孙原有的世袭官职的权力，并在地方上实行军民分治，忽必烈这些做法是对汉人不信任的一种表现。就从这里开始，被称为“色目人”的西域各族的后裔重新被蒙古贵族大批启用。

公元1264年8月，忽必烈下诏改中统五年为至正元年。至公元1271年11月，忽必烈又宣布将大蒙古国号改为大元，这就是中国历史上元王朝的开始。与此同时，又将中都更名为大都。从此今天的北京城，就成为元王朝的都城。大蒙古国向元王朝的过渡基本完成，忽必烈以元王朝的开国皇帝的身份出现在世界东方。

忽必烈要在大蒙古国进行政治体制改革的思想是坚定的。他从少年熟记汉典时起，就一直为汉族王朝国体之坚实、法典之完备、官僚机构之精炼而崇拜不已。同时他还清醒地认识到，行汉法决不是行汉化，否则用不了多久，这支从草原上奔驰而来的蒙古族就有被淹没在汉人海洋中的危险。他以为只有加强蒙古贵族的特权，才能有效维护其统治地位。忽必烈缔造新王朝的基本方针和政策，一方面反映他具有政治家的眼光，要在蒙古贵族统治下的政权实行汉化，不然的话就不适应新形势发展的需要；另一方面他毕竟是蒙古贵族的最高代表，不可能完全抛弃本阶级、本民族的利益，这是历史条件的必然，是不能苛求于他的。

为了防止大权旁落，保持本民族的特有利益，忽必烈有意识地继续保持旧有的斡耳朵制度（后宫制度）和投下制度（维护蒙古族特权制度），扩大怯薛军制度（近卫军制度），与此同时，忽必烈又制定一些具体的政策，专限制诸王勋贵们的不法行为。对于国家官僚机构的建置，忽必烈依据中原历朝历代的宝贵经验进一步加以完善。在中央与地方官员的任命上，为使蒙古贵族牢牢掌握权力，各部门多由本族人员充任正职。

在经济问题上，由于连年战争的破坏，北方地区社会生产濒于绝境，为了使农业得到恢复和发展。忽必烈专门建立了一个叫劝农司的机构。此机构的主要职能是“劝诱百姓，开垦田土，种植桑枣。”另外，经张文谦推荐，当时已闻名遐迩的科学家郭守敬受到忽必烈召见，当即委派郭为诸路河渠的提举之职。郭守敬果然不负众望，整治了不少淤塞多年的古渠，使9万多顷荒地变成了郁郁葱葱的良田。

忽必烈整顿改革的内容是多方面的。除上述的政治、经济措施以外，还涉及到官员考绩、统一钱币以及清理户籍等具体内容。公元1264年忽必烈发布一诏令，“以户口增，天野辟”作为考核官吏的首要标准。并三令五申：禁止军队抢占农田为牧场，禁止毁灭庄稼。同时在重新整理户籍基础上减轻百姓负担，并且也对货币进行整顿，改变多年钱钞价值标准混乱状况，以利于商业正常贸易。

在元王朝建国伊始，忽必烈还在朝廷机构中添改了翰林国史院，组织官员们编修国史。他还采纳了姚枢“立学校以育才”的建议，开设学校，教育勋贵子弟，以许衡为国子祭酒，窦默为侍讲学士。许衡认为：教育的目的在于培育各式各样的人才，不仅要因材施教，而且要根据士人的才能授以不同的官职。应该说，由于忽必烈的支持和倡导，在元代的九十多年中，各朝统治者奉行的仍是儒家学说。

忽必烈对于创建新蒙古文字也作出了贡献。他从政治统治需要出发，希望有一种统一的文字。为此他特命国师八思巴创制蒙古新文字。八思巴经过艰苦

努力，终于创造出新的蒙古文字。忽必烈规定，今后凡是颁发诏书告令，只准使用蒙古新文字。由于朝廷的大力支持，它实际上成为官方文字。随着各路蒙古字学和国子学的开设，新蒙古文在蒙古贵族子弟中得到推广，但在民间仍未能普遍流行。

金戈铁马　初战襄阳城

忽必烈是一位奋发有为的人，他虽然已雄踞半壁江山，但并不满足已有的成就。他要扩展领土，当时在政治上已经腐败的南宋王朝，再一次成为他开拓疆域领土的主要对象。

忽必烈在开平称大汗以后，就派郝径为国信使出使南宋，向南宋王朝宣告自己即位的消息，并要求南宋王朝履行贾似道与自己达成的议和协定。贾似道听说郝径到来，心中大为惊恐。他懂得如果一让郝径入京都临安的城门，自己与之议和称臣，谎报战功之事就要败露。因此为了掩盖他的投降罪行，便下令将郝径等人当成囚犯一样秘密押在真州忠勇营。忽必烈不知其中缘故，又派使臣南下临安，仍得不到回答。不久又逢汗位争夺战和李璮之乱，忽必烈也无暇南顾，便这么一再耽搁下来。随着北方政治的巩固，经济的发展，他的目光又转向亚洲大陆上唯一能与之对峙的敌手——南宋。

公元 1267 年的冬天，北方出奇的冷，但难以遏制的燥热却阵阵涌上忽必烈的心头，他感到自己被南宋王朝欺骗了，认为贾似道拿自己开玩笑，必须挥师南下，找贾似道算账，忽必烈在一阵狂热之后，心境终于冷静了下来。面对天堑长江之隔的南宋究竟从何处下手呢？他想不能以一主之威压折群臣之智，既然全面进攻的决心已定，只有集思广益来制定作战的具体措施。一天，熟悉南宋防务的降臣刘整求见，他向忽必烈献策道："攻宋王略，应是先图襄阳，由襄阳浮汉（汉水）入江（长江），直取临安，南宋可平。"接着刘整又具体分析了南宋的军备状况。忽必烈听罢很是满意。

公元 1268 年，忽必烈任命刘整为镇国上将军都元帅，随蒙古贵族都元帅阿术一道进攻襄阳，但南宋守将吕文焕多次打退蒙军的进攻。转年，老将史天泽等前来助战，彻底完成对襄阳的合围。在对襄阳的围困中，忽必烈有意地设计了水、骑、步、炮诸兵种协同作战的规划。结果，蒙古军多次打退了南宋的援军，使襄阳守军渐渐战力不支。在襄阳之战呈胶着状态时，回回人亦思马因和阿剌瓦丁把创制的一种新型攻城机械——巨石炮，献给忽必烈。这种炮威力很大，忽必烈很快将之送往前线。吕文焕望着城外密密麻麻的蒙古军以及几百门攻城的巨石炮，也不由得胆战心惊。另外贾似道许诺的援军，竟连一兵一卒也未到。突然，一声又一声震耳欲聋的巨响，已把襄阳城楼炸塌了。这时城下一单骑飞至，蒙古将军宣读忽必烈诏谕："尔等拒守孤城，于今五年，然势穷援绝，若能纳降，悉赦无罪，且中迁擢。"吕文焕望着这座苦守了五年的襄阳城，万念俱灰地打开了城门。襄阳战役的胜利，南宋大门已经洞开，为忽必烈的下一步军事行动扫清了道路。

忽必烈举行盛大的宴会，欢迎凯旋的诸将。宴会上，在文武大臣的共同推举下，忽必烈任命伯颜为进攻南宋的统帅。伯颜本为西亚人，因入朝奏事来到中原。忽必烈见此人仪表堂堂，才华出众，便将他挽留为自己的部属，后屡迁为丞

相。几年以后，伯颜兢兢业业，功绩斐然。此时经史天泽等人举荐，忽必烈感到统一四海的重任系于伯颜身上，便授以他军事指挥的全权。这样，一场新的全面对南宋的战争就要开始了。

水陆并进　再战丁家洲

公元 1274 年，年仅 4 岁的宋恭帝继位。这年 8 月，以伯颜、史天泽为正副统帅的 20 万蒙古大军，再一次出现在襄阳附近的汉水和万里长江的北岸。

在伯颜率军出发前夕，忽必烈语重心长地要他在征战中不要狂杀无辜百姓，以图收复民心。在忽必烈看来，江南的数百万生灵，终有一天是大蒙古国的黎民百姓。

公元 1275 年，伯颜率领三军自汉水入江。元军一路过关斩将，先头部队到达战略要地鄂州、汉阳地区，滚滚长江已遥遥在望。南宋沿江制置使夏贵的万艘战舰，匆忙布阵，妄图以长江以北的阳逻堡（黄岗西北）为轴心，阻止元军入江。伯颜考虑到元军兵力大大少于宋军，于是一面派人围住汉口，扬言取汉口渡江，一面趁夏贵增援汉口时传令元军四线出击。当天夜晚元军偷袭成功，夺得汉阳、鄂州，长江中下游的大门已完全敞开。南宋军事防御命脉上的刀口，注定无法弥合了。在整个进军途中，忽必烈一次又一次发出命令："严禁侵暴，违者杀无赦。"伯颜坚决执行。

公元 1275 年，宋元之间的战争再次大规模地展开。一天晚上，贾似道接到前线飞来的战报，说防军在池州附近的陆军连连失利。贾似道心慌意乱，再也不顾南宋诸军，仓皇逃往扬州去了。于是这场丁家洲之战，南宋陆军多已逃散，有的主动组成抗元义军，水军精锐几乎损失殆尽。贾似道本人被朝廷解职，押送途中被正义的差官杀死，除掉了一大害人精。

丁家洲战役之后，南宋官兵的元气大伤。在长江两岸除以扬州为中心的李庭芝还有一支重兵据守以外，其余各地方已陷于一片混乱之中。对于元军来说，通往南宋国都城临安的道路已是一马平川了。不到一个月，伯颜主力突击到作为临安都城门户的建康（今南京）城下。建康城虽有龙盘虎踞的险要地形，但驻建康的留守兼沿江制置使赵溍弃城逃跑，使得元军不用一刀一枪就占领了该城。一时之间，镇江、江阴等军事重镇的守将石祖宗、李世修、戴之泰等人都向伯颜敞开了大门，都城临安已经无险可守了。

恩威兼施　统一全中国

早在丁家洲战役打响以后，忽必烈就展开政治攻势以配合军事行动。公元 1275 年 2 月，他对鄂州、岳州、汉阳、安庆等地归附的官吏百姓僧卒发表诏令说："种田的要继续荷锄下地，经商的要开门做买卖。其余三教九流、五行八作的人都要各安已业，如果镇守官吏有骚扰百姓的不法行为，任何人都可以向中书省控告。"不久忽必烈升湖北制置前使高达为参知政事，并特意写了一封信给他说："过去我大蒙古国出兵征战攻陷城池，洗劫一番之后离去，不曾置兵守卫，所以连年征战不息。要说用兵打仗，不过是夺得土地和百姓，如果有了土地而百姓四处逃散，那又有什么用呢？"信中接着又说："现在南宋崩溃已是时间早晚的问题，如果保住新的城镇，使百姓安居乐业，勤勉耕作，蒙古人还不大知晓，你深深懂得其

中道理,这些事由你去安排吧!"忽必烈的诏令和信件表明,一旦在南宋王朝灭亡之后,他将要保持原来的经济面貌,并保证归降官民的既得利益,这对于加速南宋王朝的覆灭无疑带来了积极影响。

公元1276年正月,元军分三路进逼临安,南宋官员四处逃散,小小年纪的恭帝赵显奉表投降,忽必烈灭亡南宋王朝的计划终于实现了。但南宋朝廷的一些忠贞之士,诸如陈宜中、张世杰、陆秀夫、文天祥等人仍坚持抗元斗争。同时,各地人民也纷纷成立抗元义军。

忽必烈非常清楚,要改变江西、福建、广东等地的形势,平定抗元武装力量,只有更为大胆的起用汉人。否则,必然会加剧民族之间的矛盾。于是他打破以往惯例授汉人将领张弘范以蒙古汉军元帅之职,同时赐宝剑一柄,鼓励道:"剑在如我在,蒙军中如有不从命者,以此剑处之。"张弘范流着热泪接过宝剑。结果元军水陆并进,不断蚕食各路抗元义军。文天祥被俘,张世杰、陆秀夫背着小皇帝逃往海上。公元1279年2月,再次失败的张世杰跳海自杀,陆秀夫则背着小皇帝纵身跳入偎山下的大海。

南宋王朝彻底灭亡了。从维护民族利益立场出发,在抗元斗争中,虽然有很多旧朝官吏归顺了元朝,但仍有一些绝不卖身求荣的爱国志士,张世杰、陆秀夫、文天祥便是其中的佼佼者。文天祥被俘后,张弘范以礼相待,多次劝他投降。文天祥写了一首《过零丁洋》表明心迹。忽必烈特意召见文天祥,对他说:"先生忠义之心,天下可鉴,如果您像侍奉前朝那样侍奉于我,朕就让您做中书宰相。"文天祥回答:"我为宋臣,宋亡,臣只有一死,除此以外,别无他求。"随后不久,文天祥被斩于大都柴市,此时此际,忽必烈在宫中踱来踱去,暗自说道:"忠义之士,天下人杰!"痛惜之情是难以言喻的。

集权中央　创设行省制

在中国历史舞台上,民族团结和国家统一始终是琴弦上的主旋律。忽必烈在灭亡南宋和统一全国以后,面对前所未有的多民族泱泱大国,感到要行之有效地治理它实在是一个棘手的问题。忽必烈广泛征求大臣的意见,决定在全国范围内推广行中书省管理体制,使全国各个行中书省围绕着大汗的政策政令有机地运转。他颁布:中书省自辖河北、山东、山西等三个地区,另外把全国其他地区逐渐定为10个行中书省,简称"行省"或"省",设丞相一员、平章政事一员、后丞左丞各一员及参知政事一员。忽必烈还明令指出:行省统辖范围内,举凡地方诸般小事乃至关系国家税收的大事无所不管。为了防止行省官员职权过重,忽必烈有意识地让行省丞相一职经常空缺。他还再三强调,行省的大小官员皆由朝廷直接任命。这样既加大了地方官的权限,同时又加强了中央的高度集权。

同以往历代相比,元王朝的国土扩大了许多,对于四面八方的边陲地区,忽必烈也迅速建立相应的行政管理机构。如在辽阳行省之下,专门设有机构,以管辖黑龙江下游、乌苏里江两岸和骨嵬。后来元还在岭北行省下设盖兰州,为了进一步加强天山南北的治理,忽必烈在哈剌大州设北庭都护府,后来又设别失八里、和州等处宣慰司、立屯戍,行交铺、征赋税、设站赤。对于边疆各少数民族的管理,忽必烈也改派官员前去代替原来少数民族的酋长,并利用内地的人力、物力去支援和指导当地的经济、改革旧俗,以提高文化素质和防灾救饥。

在民族关系问题上，忽必烈曾经通过拉拢安抚政策，成功笼络各民族上层阶级，建立偌大的元王朝。但是由于蒙古统一四海，实际上是一个少数民族征服了其他民族，元朝统治者当然极力维护蒙古贵族的特权。在官制方面，忽必烈明确指出，中书省枢密院，御史台的首席长官要由蒙古人担任，色目人担任的很少，汉人、南人只能担任副职，同时明文免去各路达鲁花赤中的汉人。汉人、南人只能担任路的部管和州府县的守令。而江南各地的总管、守令，朝廷又往往派遣汉人担任，南人更受排挤压制。

为了加强军事上的控制能力，忽必烈除发展原有的怯薛军以外，又相继改右、左、中、前、后等五卫亲军，并且要求江南归附官员三品以上的人，均遣一子到大都充当皇帝侍卫，表面上是重用，实际上是作为人质。随着国土的增辟，忽必烈将原南宋军队整编为新附军，以表示有别于原有的蒙古军、探马赤军及汉军。按规定：近卫军的主要任务是保卫大都、上都及附近地区，蒙古军和探马赤军则驻在腹地和河南行省地区，汉军多驻在长江以南，新附军一般不驻长江以北。

忽必烈加强集权中央的做法，对于维护国家的统一显然是有利的，也表现出这位开国皇帝的政治抱负。但不能不看到，这些措施都是在民族压迫和民族分化情况下做出来的。

海运漕粮　疏通大运河

随着国家的大一统，恢复和加强南北经济的交流，发展对外经济贸易的事提到议事日程上来。在忽必烈统治元朝的三十五年中，国内各地区的联系进一步加强，国际之间的商业贸易空前繁荣，泉州、抚州、广州、大都等都是当时海外贸易城市，其中，大都成为国际经济、文化中心，是世界最大的城市之一。当年马可·波罗在《游记》中写道："汗八里（即大都）这座城市实为世界罕见，其商业之兴旺，城市之布局，以及宫城之壮丽堪称奇观，有如天上神话，无与伦比。"

在广州、泉州、庆元（宁波）等地，元政府设立市舶提举司（简称市舶司），专门管理海外贸易。当时与中国贸易的国家和地区有140多个，涉及东到日本、高丽，西抵波斯湾、红海和非洲东海岸。外国使臣也大量携带珠宝进献元臣，自然受到蒙古贵族们的欢迎。有一次，一个名叫马合谋沙的使臣携一枚奇世大珠进献给忽必烈，忽必烈及其宗室一见，果然是骇世奇宝，左右纷纷要求收下。忽必烈却指着殿外亲自种植的思俭草对儿女们说："你们知道我为什么种植此草吗？"大家都不回答，忽必烈沉默片刻，接着说："就是时刻警醒自己，牢记太祖以来先人建功立业的艰辛。居安思危，勿骄勿奢，才能治国有成。"说罢，婉言谢绝了那名使臣的贡奉。虽然忽必烈本人躬行位素，但这并不影响国内外贸易的进行。令人欣喜的是通过频繁的贸易往来，中国伟大的科学发明——罗盘针、火药、印刷术等先后辗转传入欧洲，同时国外的天文学、医学、尼泊尔精湛的建筑艺术、日本的染布印花艺术，也都在这时传入我国。

在国内经济建设方面，忽必烈的最大贡献是开展南北海运和重修南北大运河。自隋唐以前，南粮北调的漕运成为历代王朝十分重视的问题。伯颜攻下临安后，曾试图经古运河，把集中在扬州一带的漕粮北运，但由于运河年久失修、河道多处淤泥，于是他上表忽必烈，希望忽必烈暂时改由海运。忽必烈批准了伯颜的请求。海运远比陆运或水运简捷得多，此后海运漕粮逐年成上升趋势，到公元

1290年，海漕运输的粮食已增至150余万石。大规模的海运使元朝朝廷拥有上千艘海船和数以万计的船员，每年都有庞大的船队航行于东海、黄河和渤海海面，这是我国人民征服海洋的第一次壮举。

虽然海运解决了大都皇家和百姓口粮所需，但海运主要依靠风力，并经常受到海浪冲击，航行极不安全。忽必烈决定重新开道南北大运河，以为这样一来南粮北调可以河海两路并举；二来通过运河可派官员经水路南下巡视。于是他颁发告令，征集民夫3万，大修从东阿至通州水道，仅用半年时间，即告完成。忽必烈大喜，赐名会通河。会通河修好以后，从通州到大都还有50里陆路，运输量极大，老百姓苦不堪言。忽必烈于是接受郭守敬提出的在通州和大都之间建一条河道的建议。结果动用军人、工匠2万人，费时一年，终于修成使用。当时忽必烈适从上都回来，看见河面上船只往来如梭，河水清澈见底，十分高兴，赐名为通惠河。至此，从大都到杭州，连接海河、黄河、淮河、长江和钱塘江五大水系的南北大运河又沟通起来。在大运河沿岸一批旧有的城市更趋繁荣，一些新的市镇应运而生。每届漕运之际，帆樯如林，百货会集，市肆栉比，果然是一派兴旺繁荣的景象。

烽烟报警　漠北平叛乱

国家统一、民族融合、经济发达、社会安定，这是大元王朝建立后的大好形势。但忽必烈面临着一切的权威总是受到来自蒙古贵族内部的挑战。随着政治、经济中心由草原转移到中原，忽必烈与北方诸王的矛盾进一步加深了。北方诸王，对于忽必烈附合汉法改革旧制的做法十分不满，从而发动了一次又一次的武装叛乱。

公元1269年，前窝阔台汗的孙子海都，趁忽必烈忙于征服南宋之时，与察合台汗国篡位者八剌，钦察汗国忙哥帖木儿结盟，宣誓反对忽必烈。并自认为是蒙古大汗正统的继承者。

闻听后方诸王的混乱，忽必烈心中很是不安。他忍气吞声，多次请海都入朝，但海都置之不理。为了保障灭南宋战争继续进行，忽必烈只得亲自西巡，同时派皇子那木罕戍守可力麻里，以防海都南下。随后不久，又派右丞相安童前去协助那木罕，加强防御。公元1276年夏天，那木罕、安童正在伊犁河边围猎时，觊觎大汗位已久的诸王昔里吉（蒙哥之子）纠合帖木儿拘捕了那木罕、安童，东犯和林。

忽必烈得到那木罕被拘的消息，真是又惊又恨。这是因为那木罕是正妻察必所生的幼子，按照蒙古旧制，那木罕可能是忽必烈的继承人。如今据传闻，那木罕和安童被劫往钦察汗国，生死不明，这怎么不叫忽必烈心急如焚呢？忽必烈想追，那木罕与右丞相被掳，整个西北边关群龙无首，如果海都、昔里吉与其他心怀不满的诸王合军一处，共同南进，上都和大都就会危在旦夕。于是忽必烈当机立断，命令伯颜带精锐部队归大都，又命驻高丽的蒙古军即刻拔营渡江，听候调遣。时不等人，江南精锐部队按命令迅速北返，驻高丽的一部分部队也奉旨西归。也就在这个严重时刻，忽必烈又得到一个消息，应昌府的蒙古贵族只儿瓦事也起兵响应叛乱，并准备去攻打上都和林。忽必烈认为非同小可，一面传令两都同时戒严，一面委任伯颜为北征统帅，是日率师西征。

伯颜是一位能征善战、足智多谋的统帅。他的前锋别失里过吉在上都和林附近一举尽歼只儿瓦事这股叛军。不久，伯颜挥师东进直捣鄂尔浑河，与昔里吉叛军双方夹水而阵。经过几番较量，昔里吉叛军败北。伯颜乘胜追击，直到阿尔泰山。公元 1279 年，脱黑帖木儿叛军兵犯和林，也被伯颜的部将刘国杰击败。此后数年间，脱黑帖木儿叛军内部分裂，他本人在逃亡途中被杀，余部相继投归忽必烈。昔里吉与部属撒里蛮的争战中，也因一再败北只好归降忽必烈。海都在漠北虽还有强大势力，但迫于忽必烈的政治攻势，只好于公元 1284 年将手中控制下的元朝右丞相安童放回。与此同时，钦察汗国的迭蒙咻汗写信给忽必烈，表示愿意臣服元王朝的统治，并将拘禁多年的忽必烈的幼子那木罕护送回朝。

忽必烈对漠北蒙古诸王进行长达十五年之久的战争，表面是窝阔台系与拖雷系和拖雷系内部抢夺大汗正统之争，而在实质上，却是改革派与保守派之间的斗争的反映。忽必烈由于在名义上取得正统的合法地位，又有强大的物力和兵力作为后盾，因而取得决定性胜利。

投其所好　阿合马擅权

创业是不容易的。从忽必烈在开城设藩置府开始算起，至灭亡南宋王朝为止的 15 年时间里，他真可谓是困难重重，举步维艰。在设藩开府之初，他主要依靠汉人幕僚刘章忠等人管理财政。可是，在汉族官员李璮叛乱以后，由于涉嫌的汉族官员颇多，甚至连身边的大臣王文统也是李璮的同党，这不能不在他思想上产生极大震动。于是在平定李璮叛乱之后，他不再任用汉族官员为财政大臣，而是起用了色目人阿合马。

阿合马是怎样一个人呢？据说他是随察必皇后出嫁的一名媵人(家奴)。由于他善于察言观色，聪明伶俐，很是得忽必烈欢心。这一年，忽必烈与阿里不哥争夺大汗的战事已接近尾声，忽必烈取得绝对优势，但由于巨大的军费开支，已经使得国库空空如也。而当时北方又发生了蝗、旱灾害，许多百姓被迫背井离乡，四处逃散。因此忽必烈当务之急就是要赈救灾民，成立专门机构，加强各种税收的管理。这样，平时在内宫里以善于管理经济开支和懂得生财之道的阿合马，便被忽必烈任命为中书丞兼诸路都转运使，掌握了财赋大权。为了取悦忽必烈，保证自己官运亨通，他决定利用一切可以利用的办法，迅速增加国库收入。为此，他在出任诸路都转运使期间，阳奉阴违巧立名目，迎合忽必烈急需钱的心理要求，搜刮到大量财物，使征伐南宋的战争有了充足的物质供应。

然而，阿合马不择手段盘剥百姓的做法，却使蒙古贵族感到不安，尤为主张以仁政治天下的汉人儒臣所厌恶。他们认为，如果让阿合马之流继续骄横下去，那么已经推行的汉法将遭到彻底破坏，其结果必将陷入“国将不国”的危险境地。

大都暴动　锤击奸臣头

光阴荏苒，岁月无情，曾随忽必烈置藩开府、北讨叛乱、击平南宋的文臣武将老的老、死的死。忽必烈本人到正式统一全国时也 65 岁了。忽必烈在悠悠岁月中，在汉人儒臣的帮助下，建立了不朽的功勋。如果再进一步推行汉法，那么蒙古族旧有的传统就有淹没在汉文化的汪洋大海中的危险，不仅国家统治基础将会动摇，而且北部诸王和反叛也更加猛烈，这是不能不慎重考虑的。为此，他对

儒臣们关于“王道”、“仁政”的高谈阔论和修身养性的陈词滥调感到厌烦，只重追求实实在在的功利和效用。阿合马的钻营实干，以及他为充实国库的权变措施，再次受到忽必烈的赏识，称赞他是真正的相才。

随着阿合马的崛起和“理财派”的得势，朝廷中的“汉法派”越来越弱了，几乎无力与之抗衡。就在这时，“汉法派”一个新的靠山出现了，这人就是忽必烈的皇太子真金。

真金是察必皇后所生的第 2 个儿子。从 9 岁开始，忽必烈让他接受长期的儒家教育，多年以后，真金在思想上已全盘接受儒家文化，成长为一个蒙古血统、汉家风范的彬彬君子。于是，“汉法派”为了对抗阿合马，便竭力支持拥护汉法的真金为皇储，而关键是忽必烈是否同意。

公元 1273 年，忽必烈通过征求汉族官员和蒙古贵族的意见，终于立真金为皇太子。阿合马之流对此当然十分恼火，但也没有什么办法。

公元 1279 年，忽必烈已 65 岁，幼时所患的腿疾旧病复发，行动很不方便。于是，汉人儒臣决定拥戴真金出来亲政，以便打击阿合马的气焰和权势。在汉法派的巧妙活动下，忽必烈终于同意真金可以临决国家庶务，然后向他报告。当然，朝政大权仍掌握在忽必烈手中。

忽必烈退居幕后以后，真金名义上掌握了朝廷庶务，但阿合马及其党徒仍控制着许多实权，因为经过阿合马 20 年来的苦心经营，他的子侄和爪牙遍布天下。这些人依仗着阿合马的权势，陷害忠良，穷凶极恶，正气难申，百姓嗟怨。

公元 1282 年，忽必烈按照往常惯例离开大都去上都，皇太子真金也随同前往，由阿合马和中书平章事兼枢密副使张易等人留守大都，就在这时，罪孽深重、万民痛恨的阿合马被一个名叫王著的千户小官用铜锤击杀了。

原来，王著本是山东益都人，为人轻财重义，胆识过人。他在大都城里不过是个千户，但早有诛杀阿合马为民除害的打算。他听说忽必烈和真金太子去了上都，便秘密联络了高和尚等 80 多人，要趁机暗杀阿合马。他找到一个外貌与太子真金相似的人，将他打扮成太子真金，假称要还京做佛事。3 月 17 日那天，有人矫传太子真金的命令，要阿合马派出官员前去迎接。阿合马不敢怠慢，先吩咐右司郎中脱欢察儿带十几名士卒出城远迎，自己也换上衣服准备到东宫前迎接。王著见脱欢察儿一行人到来，不露声色地将他们全部杀死，然后趁着黑夜杀到东宫门前。这时，阿合马已经在那里迎候。于是“太子”队伍中传出呼喊阿合马前去迎拜的声音。阿合马赶紧走上前去，躲在一旁的王著抽出藏在袖中的铜锤，猛力向阿合马砸去，直到见他脑浆迸裂才住手。就在随从官员不知所措慌作一团的时候，宫中一批近卫赶到。领头官员看出其中有诈，高喊：“太子是假的，叛逆，叛逆！”顿时，乱箭齐发，起事者要王著赶快离开。王著却泰然不动，并高声喊道：“杀贼者是我。”掩护高和尚等逃跑。

忽必烈闻及京中有变，十分震怒，立即传令枢密副使孛罗、司徒和礼霍孙火速前往镇压和调查，自己也带着太子急匆匆返回京城。3 月 22 日，王著、高和尚和枢密副使张易都被处死。临刑前，王著视死如归，慷慨激昂地高喊：“我王著为天下除害，今天虽然死了，但日后定有人记我事迹。”王著死时，年仅 29 岁。

阿合马被杀的消息传开以后，大都市民无不拍手称快，载歌载舞。据说，贫穷的人家情愿典当仅有的衣服，纷纷买酒庆贺，使城里的藏酒五日内卖尽。忽必

烈奇怪地问孛罗，才详细得知阿合马的罪行，不由大怒说："王著杀了阿合马，杀得太好了。"他传令掘墓剖棺，将阿合马戳尸后抛到通玄门外的野地里，并让狗吃他的肉。阿合马的党羽几百人被罢了官，有十几个子侄被处死，家产也全部没收。

父子异趣　真金志难酬

忽必烈自从大都暴动以后，心境久久不能平静下来。他怎么也没想到，被自己称作奇才的阿合马，竟是万民咒骂的奸贼。

也就在这一年，与忽必烈濡沫相处了 40 多年的察必皇后也死了，这对忽必烈来说也是个不小的打击。他在缅怀哀恸之后，按照察必皇后临终前的托咐，将她的侄女南必晋升为皇后，让南必皇后协助太子真金处理朝廷的日常庶务。

真金是一个学识渊博、聪明能干的人，又正是 40 岁左右年纪，可谓年富力强。当时出任右丞相的为翰林学士兼司徒的和礼霍孙，而左丞相则是蒙古国重臣耶律楚材的儿子耶律铸，他俩都是尊从儒学赞成改革的人。在真金主持朝政以后，一方面继续查处阿合马的党羽，另一方面，又大批起用被阿合马排挤打击的汉人儒臣，这样朝廷里的许多部门，都有不少汉人儒臣。

真金对推行汉法的态度是积极的，当他听说原南宋工部侍郎倪坚是一位名儒时，特意派人把他请来京城，问古今成败得失。倪坚说："夏商周三代，以仁得天下，以不仁失天下。至于汉、唐两朝及宋代，前者以外戚阉吏失天下，后者以奸党权臣失天下。"真金听罢，十分佩服倪坚的见识，并决定要向父亲忽必烈奏请开设科举，以便通过考试的途径擢拔更多有用的人才。

然而，真金的继续推行汉法的种种措施，在忽必烈看来是走得太远了和太过份了。忽必烈始终认为，推行汉法应是有限度的，是以不损害蒙古贵族的利益为前提的。如果说忽必烈在灭亡南宋以前，对推行汉法是比较积极的话，那么，在他统一全国以后，则转向消极和保守。他过去之所以一再提升阿合马，其中的一个意图就是要利用色目人去对抗汉人，让色目官员与汉人儒臣相对立和排挤，从而稳固自己作为蒙古贵族最高代表的地位。于是，在忽必烈和太子真金之间，思想感情上明显出现了裂痕，而表现在政治路线上，便成为保守和改革的对抗。忽必烈为了避免使元王朝走上全盘汉化的道路，就决定改组中书省和其他主要机构。

公元 1284 年 11 月，忽必烈下令改组中书省。他在朝廷上亲自主持了一次御前辩论会，辩论会的议题是如何整顿税收以增加国库的收入。结果，曾在阿合马专权时出任江西榷茶运使的卢世荣，以旁征博引和口说大话击败了和礼霍孙，大受忽必烈赏识。于是忽必烈罢免了和礼霍孙、耶律铸、张雄飞、温迪罕等"汉法派"人职务，以卢世荣为右丞，史枢为左丞，故实权旁落到卢世荣手中。这次朝廷改组，对皇太子真金来说真是有苦难言。由于和礼霍孙和张雄飞等人被免职，实际上是削去了左臂右膀，而卢世荣等人的所谓整顿税制，无非是以扰民害民办法去充实国库，必然会带来严重后果。可是，朝廷大权仍然掌握在父皇忽必烈手中，真金纵然有天大的抱负，却也无可奈何！

转年 3 月间，一件奇怪的事情发生了：有人写了封秘密的奏章，说忽必烈年寿已高，请求禅位于皇太子，并要求南必皇后不应干预朝廷政事。皇太子真金得

知以后，吓得不知如何是好，连忙传令将这封奏章扣押下来，但却被阿合马的余党答即古阿散向忽必烈告了密。忽必烈听罢大怒，要求迅速查明此案。亏得一个名叫尚文的都事提出建议，从旧案中找出答即古阿散过去贪赃的罪行，并抢先控告他有贪污和诬告之罪，将他打入监狱。这样，忽必烈才不再提追查秘密奏章的真相。

但他一直在怀疑，这事的背后是否与太子真金有瓜葛，可又想不出任何证据。太子真金呢？也有自己难言的隐衷，怕在父亲的追问下越描越黑。这样，父子之间的关系更加日疏渐远了。一天，忽必烈对真金说："我已经 71 岁，身体一向欠安，腿脚也不方便，你已经有治理天下的经验，我想将帝位让给你，你看呢？"真金听到父亲那缓慢又平静的声音，顿时觉得寒冷刺骨，不知将发生什么变故，赶紧跪地叩首说："父皇功高盖世，孩儿怎配登此宝座，祝父皇万寿无疆！"说罢，马上告退出门而去。望着真金匆匆离去的背影，忽必烈不解地喃喃自语："真金这是怎么了？真金这是怎么了？"

不久，太子真金果然惊吓成疾，一病不起。同年 12 月，真金先忽必烈而亡故，时年仅 43 岁。

八十寿终　功业传千秋

忽必烈是一个不知疲倦的人，他并不以征服南宋王朝统一全国而满足，也不愿意看到漠北蒙古族诸王仍在反叛，而是要建立一个更大的蒙古帝国。为此，忽必烈虽然已近古稀之年，仍然风尘仆仆地坐着象拉的舆车亲征蒙古诸王乃颜的叛乱，派兵去攻打高丽（朝鲜）、日本、安南、占城（今属越南）、缅甸和爪哇（今属印度尼西亚）等国。尽管这些向外扩张的军事行动以失败告终，但他的雄心仍没有磨灭。

在治理国家的策略权谋方面，忽必烈的积极进取精神也是令人鼓舞的。可以说，忽必烈是蒙古族中最有文化教养的人，他对于儒家经典《四书》、《五经》，特别是中国历史方面的知识是比较丰富的，如《贞观政要》、《资治通鉴》等，便是他最为喜爱的书。对于中国历史上的汉高祖唐太宗、金世宗和宋太祖等开国君王，他总是以赞叹的心情去谈论他们的功绩。忽必烈曾向随从们表示，希望自己身边有一个像魏征那样的人，能经常诤谏朝政的得失，说只要是憨直忠言，虽然听起来不悦耳，但自己也会乐于接受。为此，在他执政期间，虽然因民族心理差异难得有耿直的谏臣，却有不少人敢于直言而得到重视。这无疑是应该充分肯定的。

然而，忽必烈毕竟是出身蒙古贵族的封建帝王，所统治的又是人数众多、文化发达和民族意识相当浓厚的汉族。因此，从维护蒙古贵族的最高利益出发，他的统治策略不得不进行调整：一方面起用色目人以消减汉人儒臣的势力，让色目官员和汉族官员经常处于矛盾对抗的境地，另一方面又有意识地将汉族官员分为汉人和南人，让他们的势力相互牵制和抵消。忽必烈的这些做法，是在当时的历史条件下的一种选择。舍此，就无法维护蒙古贵族的统治地位。

在对待汉族百姓的问题上，忽必烈也不得不采用怀柔与镇压相结合的策略。在通常情况下，忽必烈强调官员要为政清廉，不能随便增加苛捐杂税，让百姓们得以安居乐业。特别是在一统全国以后，各地人民起而反抗的武装斗争时有发

生，给元王朝的统治带来严重威胁。为了消弭百姓的愤懑情绪，忽必烈实行了比较宽仁的政策。如在公元1279年，有官员向忽必烈建议征用百姓的牛车运送军粮时，忽必烈责备他们说："百姓的疾苦，你们不闻不问，只知道役使他们。要是将百姓的车和牛都征走，他们用什么去耕田种地呢？必须严加禁止。"公元1290年（至元27年），江阴（今属江苏）地区发生严重水灾，洪水两个月还未退尽，流民高达45万人。他得知消息以后，坐卧不安，马上派人找来尚书省的官僚商量赈济办法。臣僚们说："地方官员的报告还未送到朝廷，不如先派使臣去调查。"忽必烈听罢，恼怒地说："人命关天的这件大事，非同儿戏，岂能拖延时日，应该立即传令行省衙署发放救济。"身为蒙古贵族的忽必烈，能做到这步田地确实是不容易的。

忽必烈毕竟老迈年高了，他不能不考虑皇位的继承人问题。皇太子真金已死，其他几个儿子由于各种原因都不合忽必烈的心意。这样，忽必烈的视线移到皇孙们身上。经过较长时间的观察，他发现真金的第三子铁穆耳是皇孙中的佼佼者，便有意识地培养他。铁穆耳已经20多岁，平时颇习文武，也有胆识，在皇孙中威望较高。但是铁穆耳有个不好的嗜好，经常聚众豪饮。忽必烈为了改变他的坏毛病，不时严加管束，又曾经三次用鞭子抽打他，要他改过自新。另外忽必烈专门派遣侍臣去监督铁穆耳的生活行为，使他终于改掉了好喝酒的习惯。可以看出，忽必烈对于皇位继承人的选择和培养，是非常慎重从不姑息溺爱的。公元1294年正月，刚确立铁穆耳为皇位继承人的忽必烈，终于阖然长逝，享年八十岁，谥称圣德神功文武皇帝，庙号世祖。

忽必烈是以其文治武功在中国大地确立其至高无上地位的。对于忽必烈其人其事，既要从当时的历史环境去分析，又要从中华民族的形成过程和现状去考虑评估。在《元史》中，史学家对忽必烈的评价是："世祖度量弘广，知人善任，信用儒术，能以夏变夷，立经陈纪，所以为一代之制者，规模宏远矣！"当时的史学家从大汉族主义出发，对忽必烈实行汉法说成是"以夏变夷"，实际上是不了解行汉法的必然性、进步性以及它的局限性。在当时历史条件下，不行汉法是无法在广袤的国土上建立元王朝的，也难以巩固元王朝的统治，这是历史发展的必然，任何人包括忽必烈在内是无法改变的。然而，当时的历史家也不得不承认，由于忽必烈有强烈一统天下的政治抱负，初步突破了民族界限，敢于擢拔汉人和起用南人，对保守的蒙古贵族和色目人弃而不用，从而建立起比汉王朝、唐王朝的疆域还要广阔的国家。因此，从中华民族发展史全过程来说，从忽必烈的治国方略和管理才能上看，他不愧是一位积极进取的政治家，一位奋发有为的封建帝王。

元顺帝妥欢帖睦尔

元顺帝孛儿只斤妥欢帖睦尔

阿速吉八是泰定帝也是孙帖木儿的幼子，延祐七年(1320)生。泰定元年(1324)三月，被立为皇太子。致和元年(1328)，泰定帝死，年仅9岁的阿速吉八继位。

泰定帝死后，当时身为左丞相的倒剌沙专权自用，过了一个多月仍不立新君，致使朝野上下一片震动。留守大都的佥枢密院事燕帖木儿借机谋立武宗海山次子怀王图帖睦尔为帝。致和元年(1328)九月，图帖睦尔在大都称帝，这就是元朝历史上的文宗皇帝。

文宗继位之后，消息很快传到了上都。倒剌沙为了达到继续独揽朝政的目的，在宗室诸王脱脱、王禅的支持下，仓忙把阿速吉八抱上了皇帝的宝座，改元天顺，史称天顺帝。天顺帝继位之后，倒剌沙便立即派遣梁王王禅、右丞相答失帖木儿、御史大夫纽泽、太尉不花等分路南犯，破居庸关，进兵昌平，直逼大都。面对上都蒙军的进攻，燕帖木儿急与其弟撒敦、子唐其势等率军迎战，王禅等屡败兵溃。十月，燕帖木儿的叔叔、东部蒙古元帅不花帖木儿伙同齐王月鲁帖木儿兵围上都，倒剌沙屡次出战皆败，被迫捧着皇帝玺出城投降。图帖睦尔兵入上都，仅做了一个月皇帝的天顺帝不知所终，庙号“天顺帝”。

元顺帝宫廷争斗

权臣伯颜其人

妥欢帖睦尔十三岁即帝位，年幼不谙朝廷政事。内制于太皇太后，外制于权臣伯颜，俨然是一个小傀儡。及至年长，始有亲政之志。

伯颜是蒙古蔑儿乞人。十五岁时为武宗海山侍从，从海山北征海都，立有战功，海山为怀宁王，赐伯颜号为“拔都儿”(勇士之意)。武宗即位，拜吏部尚书，官至尚书平章政事，领右卫阿速亲军都指使司达鲁花赤(掌印者，拥有实权)。仁宗即位后，伯颜为周王和世瑓常侍府常侍，后累迁为河南行省平章政事。致和元年(1328)泰定帝死后，燕帖木儿发动政变，迎怀王图帖睦尔于江陵，路过河南，伯颜叹道：“这是我的君主的儿子，过去我一向承蒙武皇帝厚恩，委以重任，如今爵位至此，非觊万一为己富贵计，大义所临，哪敢顾望。”于是召集僚属，倾仓廪、府库中之谷粟、金帛，又募民折输第二年田租，向商人贷款，截江南常赋之经河南者，不遗余力地准备资金，扩军备战，迎接怀王。怀王到达河南，伯颜率百官父老“咸俯伏称万岁，即上前叩头劝进”，随后扈从北行。文宗即位后，以翊戴之功，拜御史大夫、中政院使。文宗复位，以中书左丞相加储政院使，改知枢密事，进封浚宁王，拜太傅。由此可见，伯颜是文宗夺位的第二号大功臣，其地位仅次于燕帖木

儿。妥欢帖睦尔即位时，燕帖木儿已死，伯颜起而代之，拜中书右丞相，进封秦王。获得了“专理国家大事”和独自兼领诸精锐侍卫亲军等特权。屈居左丞相的燕帖木儿之子唐其势对伯颜受重用忿忿不平。他暗中交通漠北宗王，欲发动诛伯颜废顺帝的政变。伯颜闻讯，立即奉皇帝诏令率军拘捕之。伯颜领兵进宫搜杀唐其势、塔剌海，血溅皇后衣裙。又以与兄弟结党谋逆的罪名，逮捕了伯牙吾氏皇后并暗中派人鸩杀之。

伯颜自诛杀唐其势之后，“独秉国钧，专权自恣，变乱祖宗成宪，虐害天下，浙有奸谋。”妥欢帖睦尔对其所请则百依百顺，一切大权委付伯颜，听他决断，朝中不再设中书左丞相，伯颜以中书右丞相的身份独专相权。不久，妥欢帖睦尔授予伯颜世袭的答剌罕封号。按照蒙古惯例，受封者可以随意出入宫禁，并享有许多特权。据记载，他当政期间所得的封号、官衔加在一起长达 246 个字，其权势显赫，为元朝历代宰相中前所未有。他还垄断了怯薛(蒙古宫廷宿卫和侍从组织)各院司和诸侍卫亲军精锐的统领权。伯颜别出心裁地把中书省宰相办公地点分为宫内、中书省两处，每日亲往皇宫处理庶政，以挟制皇帝。

伯颜深得皇帝宠信。皇帝随时赏给他金帛珍宝，及田地房产，甚至把累朝御服亦作为特赐品。仅赐田一项，就达一万多顷。

伯颜擅权秘事

伯颜擅权以来，执行了一系列“变乱祖宗成宪”的政策。忽必烈采用“汉法”，奠定了元朝一代典章制度，以后成宗守成，仁宗、英宗采取加强封建法制、缓和民族矛盾的“新政”，文宗以“文治”见长。伯颜则反其道而行之。他的政策以排斥汉人、加强民族压迫最为显著。据记载：“伯颜家蓄西番师婆，名畀畀，每问来岁吉凶，又问自己事后事当如何，畀畀答道：‘当死南人手。’所以当他秉政时，禁止汉人携带军用器具和短刀，蒙古、色目人殴打汉人、南人时，不得还手等等，皆源于此。”他还禁止汉人、南人学习蒙古、色目文字，以阻止他们入仕为官；当棒胡、朱光卿起义爆发后，他竟提出杀张、王、刘、李、赵五姓汉人；在中书省，汉人、南人遭到前所未有的排斥，后至元二年以来，只有王懋德、许有壬、傅岩起分别担任过左丞和参知政事，其中许有壬为争论废科举事，丢掉了参知政事职务。他破坏死囚不刑旧制，改以严刑峻法对付民众。他手下的一名马夫赶考入仕，脱离其役使。伯颜很恼火，觉得科举制破坏了蒙古族的利益，故强行停罢了实行十几年的科举考试。把各地儒学贡士庄田的田租改拨为宿卫士的衣粮。

伯颜为了维护其特殊的地位，在蒙古统治集团内部尽对异己者竭尽排斥、打击之能事。伯颜出身蔑儿乞部，蔑儿乞人因反抗铁木真，被铁木真击败，部众大多被俘为奴，伯颜的先世大概也是家奴，故年幼时伯颜曾为郯王家奴。郯王彻彻秃系宪宗蒙哥第三子玉龙答失之孙，英宗时出镇北边，泰定三年(1326)封武宁王，至顺二年(1331)进封郯王，立有军功。明宗在和林即位，他往返京师，有诩戴之功；宁宗时改镇辽阳。妥欢帖睦尔即位后，他曾揭露唐其势发动兵变预谋。对皇帝、对伯颜，他都是有功之臣。只因伯颜曾是郯王之家奴，每见郯王仍呼之为“使长”。伯颜非常愤恨地说：“我为太师，位极人臣，岂容犹有使长耶！”于是奏郯

王图谋不轨，杀郯王并杀王子数人，致使其妻女流离。伯颜是在上奏赐死郯王不允时强行传旨行刑的，其专横竟达到如此地步！世祖忽必烈第九子脱欢之孙宣让王帖木儿不花和威顺王宽彻普化，也被伯颜矫旨贬之。妥欢帖睦尔对伯颜的所作所为日益不满，却奈何不了他。

伯颜还大肆聚敛钱财，过着骄侈淫逸的生活。时人说："天下贡赋多入伯颜家。"后来伯颜被贬，有人题诗于壁云："百千万锭犹嫌少，垛积金银北斗边，可惜太师无远智，不将些子到黄泉，"用讽刺挖苦的语言把他贪婪的本性淋漓尽致地刻画出来。

伯颜还与太皇太后卜答失里私通，"数往太皇太后宫，或通宵不出。京师为语曰：'上把君欺，下把民虐，倚恃着太皇太后'。"

伯颜任人唯亲，他的亲信布满朝中，他的民宅，门庭若市，朝廷官员进进出出，好不热闹，每次退朝，他在众臣的簇拥下，趾高气扬地走出宫门，宫内空无一人。他在京城街道上通过，诸卫精兵前呼后拥，挤满街头。相比之下，妥欢帖睦尔的仪卫则寥若晨星。因此，天下只知有伯颜，不知有顺帝。

顺帝对权臣的抗争

起初，顺帝对伯颜的擅权凌上，忍气吞声，一味退让。明宗亲臣阿鲁辉帖木儿曾进言："国家大事非同儿戏，应托付宰相决策处理，陛下只须居上责其成功。如果陛下躬自听断，难免会招来非议和麻烦。"阿鲁辉帖木儿的一番话，自然会引起顺帝对宫廷贵族倾轧残杀的回忆。慑于权臣的淫威，顺帝不敢乾纲独断。然而顺帝一天天长大，又经常听儒臣们讲授君尊臣卑之道。尤其是至元三年(1337年)正月，十七岁的顺帝冲破大臣阻拦，到柳林(今北京市通县南)一带走马行猎三十五天。猎场上，他尽情地领略了成吉思汗子孙驰骋疆场的雄风，又按蒙古围猎习俗享受了大汗优先猎取上等兽禽的特权。此时，他似乎意识到自己主宰天下的崇高地位。但这一切都是短暂的，回到京师还得做傀儡。对这种处境，顺帝越来越难于忍受了。渐渐地，严酷的现实使顺帝被扭曲的性情发生了新的变化。放逐静江时，顺帝和其他幼童一样，天真无邪，甚至连咬他的虱子都不忍伤害。五年后，遇见一个满头雪白、衣衫褴褛的小马夫在道旁啼哭，顺帝遂赐酒赐钞，还洒下几滴同情的眼泪。后来皇室朝廷刀光剑影的权力争斗，自身受挟制当傀儡的尴尬境遇，使顺帝不甘做善良和软弱者了。他似乎领悟到，做人，特别是做一个天下主宰者，单纯的善良就是懦弱，应该用铁的手腕去惩治那些骄横凌上的臣属！

于是，顺帝对伯颜的窃国欺君逐渐有所抵制。至元三年。当伯颜请杀张王刘李赵五姓汉人时，顺帝当即摇头拒绝说："卿言未免太过分。那五姓之人，亦有良莠，安见五姓之中尽是叛逆呢！如何可以一概诛戮。"伯颜诬陷、擅杀皇室郯王彻彻秃，擅贬宣让王帖木儿不花，这些僭越行为，使顺帝又气又怕。欲将伯颜治罪，又恐万一有变，帝位也不能保，只能暂时容忍，徐图对付。顺帝对伯颜诛杀使长郯王家族不敢忘怀。伯颜敢违背奴不叛主的蒙古习俗，任意伤害彻彻秃，怎能担保他不对顺帝起杀机呢！果然，伯颜也觉得顺帝不很听话，暗中勾结太皇太后

图谋废立。顺帝闻讯，决定先下手除掉伯颜。但宫中只有两个人能忠心耿耿地为妥欢帖睦尔效力。一个名叫阿鲁，另一个名叫世杰班。这二人职卑权小，怎能与伯颜相抗衡。顺帝苦于没有得力之人帮助他铲除伯颜，不免时常暗自伤心落泪。

脱脱相助元顺帝揭秘

就在顺帝郁闷不乐之际，来了位救星为他排忧解难。此人叫脱脱，是伯颜的侄子，自幼养于伯父家中，被伯颜视为亲生儿子。他曾率领精兵剿捕唐其势同党，荣立军功。至元元年(1335 年)，顺帝任命脱脱为御史中丞，至元四年(1338年)又提升为御史大夫。脱脱见伯父专横跋扈，日甚一日，担心他盛极而败，贻害自己，就对父亲马札儿台说："伯父骄纵太过分了，万一天子震怒，我们一家可就完蛋了，不如先想办法除掉他。"马札儿台赞成儿子的主意。脱脱又把自己的想法告诉了他幼年时的老师吴直方，征求他的意见。吴直方对他说："古书上有所谓大义灭亲，大夫只知道忠于国家，别的可以不管。"于是，脱脱向顺帝自陈忠忱，立志辅助皇帝清除伯颜。起初，顺帝对脱脱的行动表示怀疑，不敢轻举妄动，他暗中让阿鲁和世杰班与脱脱频繁接触，察看他的言行，证明脱脱确实可靠，这才解除了疑心。脱脱得到皇帝的信任之后，便开始付诸行动，与伯父抗争，伺机动手。至元五年(1339 年)，伯颜授意御史台官员，不能让汉人担任廉访使，脱脱认为汉人出任廉访使，先朝已有，决不可废，就上奏顺帝，请求廉访使不要排斥汉人，得到妥欢帖睦尔允诺。伯颜得知此事，大动肝火，气呼呼地对妥欢帖睦尔说："脱脱虽是臣的儿子，可他一心偏袒汉人，应该治罪！"这些年来顺帝对伯颜言听计从惯了，这会有脱脱撑腰，一反常态，立即反驳说："这是朕的主意，脱脱无罪！"没过多久，伯颜又背着妥欢帖睦尔擅自将宗室宣让王帖木儿不花、威顺王宽彻不花革职法办，这使顺帝忿懑之极。他召见脱脱，历数伯颜欺上罔下的种种罪名，说到伤心处，泣不成声。脱脱深为皇帝的境遇难过，立即与阿鲁、世杰班密谋，决定尽早除掉伯颜。

至元六年(1340 年)二月的一天，伯颜邀请妥欢帖睦尔出游打猎，一向好动的妥欢帖睦尔心存戒心，托词身体不适，不能前去。伯颜就邀了太子燕铁古思出猎柳林。脱脱见时机成熟，急忙与阿鲁、世杰班商讨对策。为避免泄露机密，顺帝隔越伯颜控制的中书省及翰林院，命人直接从街市上购来书诏用纸。还密召近臣馆客杨瑀、范江等入宫，口授伯颜罪状，命其草拟贬黜伯颜的诏书。草毕，呈顺帝阅。顺帝看了"其所领各部，诏书到日，悉还本卫"一句，指责说："从早到晚，都算一日。当易'日'为'时'，以免误事。"杨、范等见皇帝黜伯颜如此急迫，立即遵旨修正。而后，顺帝密遣近侍月赤察儿夜驰柳林接回燕铁古思太子，以防伯颜立之为新帝。又派中书平章只儿戛歹赴柳林宣诏贬伯颜为河南行省左丞相。先收京城门钥，由亲信列布城门下。伯颜闻诏，仍十分骄横，声称"我不在朝，有何诏旨。"但又见燕铁古思已归，担心朝廷有变，于是率随从匆忙回京。没料到城门紧闭，城楼上脱脱高声宣读诏旨："帝贬逐丞相一人，其余从官无罪，可各还本卫。"诸卫军听罢，一哄而散。伯颜又请求入城向顺帝辞行，使者不许，对他说：

"皇帝有令，命丞相立即动身，不必辞行。"伯颜无可奈何，只得俯首听命。

此时的伯颜，一扫昔日威风，狼狈不堪。当他南下途经真定（今河北正定县）时，问当地父老："你们见过儿子杀父亲吗？"父老回答说："儿子杀父亲没见过，只见过奴婢杀使长。"暗指伯颜杀郯王一事，伯颜听罢，面红耳赤，低头不语。伯颜刚到河南，又接到皇帝旨令，命他迁居南恩州（今广东阳江）。伯颜不堪长途跋涉，加上心情郁闷，病死于江西途中。

元顺帝贬杀太后秘闻

近臣向元顺帝说了什么

卜答失里皇后是文宗图帖睦尔之妻，元顺帝妥欢帖睦尔的婶母。文宗死后，卜答失里皇后遵遗诏主立明宗之子妥欢帖睦尔为帝有功，被顺帝敕封为赞天开圣徽懿宣昭贞文慈佑储善衍庆福元太皇太后。卜答失里皇后与权臣伯颜关系甚密，伯颜经常夜间进入皇太后宫中，通宵不出，京城上下议论纷纷。妥欢帖睦尔即位最初几年里，朝政被太后和伯颜所把持，皇帝和其他大臣敢怒不敢言。

妥欢帖睦尔早就对卜答失里太后心怀不满。卜答失里与伯颜勾搭成奸不说，还多次当面指责他整日游玩，不用心治理天下。伯颜被黜病死之后，几名御史台官员揣摩顺帝的心思，上章举奏，专门逢迎顺帝。恰值太子燕铁古思不服顺帝的教训，顺帝心中未免不悦！近臣即乘隙而入，都说燕铁古思的坏话，且奏称燕铁古思为今上之弟，不应立为太子。顺帝因碍着太皇太后的面子，不便贸然废储，所以犹豫不定。这时近臣们又摇唇鼓舌，朝夕怂恿，并且把太皇太后过去所作所为，如何害死继母，以及文宗在世时，为争夺皇位于王忽察都毒死父亲的情形，也都一股脑儿搬将出来，上奏说："太皇太后不是陛下生母，而是陛下婶母，以前她把陛下母亲推入烧羊炉中烧死，杀母之仇不共戴天！"事情原来是这样的。

八不沙皇后被害内幕

明宗暴死之后，文宗为了掩人耳目，同时也难舍手足之情，将明宗后八不沙母子三人迎入大都（今北京）宫中，专门设置宁徽寺，管理明宗皇后的宫事。敕主管官员供币帛二百匹作为资用，并封明宗之次子懿璘质班为鄜王。懿璘质班年方五岁，系明宗嫡子，是八不沙皇后所生。另一子为妥欢帖睦尔，年长些，其母名叫迈来迪。文宗待他们犹如自己的儿子一样，任其出入宫禁，抚养成人。

八不沙皇后自入宫以后，受到文宗的敬意，奈心中不无怨怼，有时暗自流泪，有时对人微言，文宗虽略有所闻，倒也不假理睬。只是文宗后卜答失里与八不沙本不相亲，此时同住宫中，面上似属通融，意中不无芥蒂，彼此相见，免不得暗嘲热讽，冷语交侵。八不沙皇后本来没什么才干，遇到这样尴尬的遭际，又不能处之泰然，每不如意，就迁怒于左右。侍女们得着主宠，便是喜欢，逢着主怨，便是懊恼，没有人肯体贴、奉承她，况且八不沙是个过去的皇后，留居宫中，哪里比得上卜答失里。当时国母节制六宫，所以八不沙一言一动，统由侍女们传报，卜答失里因此无所不知。冤家有孽，这时出了一个太监与八不沙作对。这个太监的

名字叫拜住。有一天，太监拜住在宫中往来，正好遇到八不沙皇后，他也不上前请安，反在旁边站着，指手画脚，与小太监调笑。八不沙皇后不禁气恼，便向他呵叱道："你是一个区区太监，也敢这般无礼，人家欺负我，是我命苦所致，似你这厮，也看我是奴仆一般，罢，罢，你等仗着皇后威势，竟敢无法无天，须知我也是个皇后，不过先帝忠厚，不甚防备，被那狗男女从中暗算，仓促崩逝，难道皇天无眼，作善罹殃，作恶反得降祥！泰山有塌的日子，你等应留着余地，不要有势行尽呀！"说罢，负气竟走。而太监拜住却冷笑了几声，又慢吞吞地走入中宫，见了皇后卜答失里，便跪在地上，呜呜咽咽地哭起来。卜答失里一向宠爱拜住，瞧见这副样子便问道："你受何人委屈，来到我这里诉苦？你尽管讲来，有我为你作主。"拜住便将八不沙皇后所言，转述一遍，并且捏造了几句谗言。卜答失里听后十分气愤，突然离座站起来，准备到八不沙皇后住处与她评理。拜住再三劝阻。卜答失里跺着脚说："我与她势不两立，定要她死在我手，方出我心中恶气。"于是，卜答失里与太监拜住密谋杀害八不沙皇后。上奏文宗说："明宗后潜结内外，谋立鉠王为太子"、"明宗暴崩，淫言蜂起，多说太平王燕帖木儿主谋，连皇上也牵涉在里面，就连明宗后也怀着疑心"，劝皇上早些斩草除根，以防后患。文宗弑兄篡位虽有悔过之意，但经卜答失里婉劝硬逼，思想动摇起来。俗语说得好，枕席之言易入，况且事关父子、夫妇生死，就是铁石心肠也要动心，不由地叹息道："凡事不为已甚，我已为燕帖木儿所惑，做了不仁不义的事情。而如今又被势逼，叫我再做一次，难道不是更厉害了吗？但箭在弦上，一触即发，我只好将错就错了。"便对皇后卜答失里说："据你说来，一定要处死八不沙皇后，但我心实在不忍，宁可由别人去处置她。"于是卜答失里假传密旨，让拜住等人将八不沙皇后带至烧羊炉处，并把她推入炉中烧死，其状惨不忍睹。临死前，八不沙皇后抚胸痛哭道："既杀我先皇，又要我死，我死必做厉鬼以索命。"

八不沙皇后被杀之后，文宗和卜答失里皇后立自己的儿子阿剌忒纳答里为太子。卜答失里视明宗的两个孤儿为眼中钉，欲斩草除根，文宗没有同意。卜答失里并不因此罢手，暗中唆使妥欢帖睦尔的奶妈，让她告知其丈夫，进宫朝见文宗，略言妥欢帖睦尔实非明宗的亲生儿子，编造出一个有关妥欢帖睦尔生身的故事来。说他的母亲叫迈来迪，系北方娼妇，前宋恭宗赵显，被虏至京，受封瀛国公，赵显安居北方，平日无事，未免寻花问柳，适见迈来迪姿容韶丽，遂与她结成外眷，生下一子，便是妥欢帖睦尔。赵显病殁，迈来迪华色未衰，被明宗和世㻋所见，纳为侍妾，载与同归。妥欢帖睦尔随母入侍，子以母贵，居然为明宗长子。于是文宗下诏将妥欢帖睦尔逐出宫门，东戍高丽，幽居大青岛中，不准与外界接触，后又移至广西静江大圆寺软禁。文宗夫妇如此做，实出于私心，一来怕妥欢帖睦尔长大继承皇位，另外又怕暴露其弑兄杀嫂的内情真相。

猴子真能朝拜顺帝吗

妥欢帖睦尔弄明父母双亡真相后，对卜答失里太后恨之入骨，恨不得将她碎尸万段，又暗自为父母如此惨遭毒手而伤心不已。不由得联想起自己自父母死后遭贬、流离颠沛的贬所生活，更是气上加气。

明宗和世㻋暴死那一年，妥欢帖睦尔只有九岁，他出生后不久就丧了生母，从小失去了母爱。但和世㻋在西北之地，他还能得到西北诸王的扶持和照顾，虽处朔漠，日子过得也还算平静。在乳母的照料下，妥欢帖睦尔这位小王子欢快地度过了八、九个年头。天历元年(1328)突如其来的喜讯，使这位小王子的地位陡升了几级，巴结的人群接踵而来，父王要登基做大元皇帝了，小王子将是受人尊敬的皇子了。那种凌驾于众人之上的荣誉感在这位少年的心坎里留下了深深的烙印。在南下的半年多旅途中，父皇受百官庆贺，动辄发号施令，宣谕圣旨，那乘舆服御，多么威风，多么豪华，这位小皇子也享尽了人间的荣华富贵。然而，一夜之间这一切都消失了。父皇惨死的情景、母后受人之逼交出皇帝宝玺，群臣们各找门路，他们母子三人被冷落了。这对妥欢帖睦尔产生了强烈的刺激。继母八不沙皇后被杀后，他被流放到高丽大青岛中，“不与人接”。恐怖的气氛笼罩着他的周围，自知性命朝不保夕。与人隔离的生活，犹如身处囹圄一般。后来又被移于广西静江，受到大圆寺中秋江长老的关怀和培养，祈求恢复失去的天堂。在元末明初的一些文献中记载了这样一个故事：

妥欢帖睦尔南行途中，舟过清江，停泊在刘家山下，忽有三只猢狲拜于岸上，手中若有所献。妥欢帖睦尔命奶妈受之，原来是山果，舟人都觉得奇怪。妥欢帖睦尔呼之上船，猢狲又俯拜如初。于是向它们问道：“你们还有同伙吗？”猢狲手指岸上，妥欢帖睦尔派人随其后，走了三四里路，至一洞，猢狲多至上百，都互相招呼着来到船旁，皆俯伏再拜。妥欢帖睦尔大喜，命船工载之以行。来到寓所大圆寺中，把以上情况告诉寺中诸僧，秋江长老大为惊奇，命放之寺后山上。妥欢帖睦尔命寺中诸僧说：“群猢狲当餐我饭，汝不可以饥之。每天为我设双餐。”从此以后，饭厅云板一响，猢狲们皆负携幼小踊跃而来就餐。由于大圆寺饲养了这么一大群猢狲，当地人称之为猢狲寺。伴从官员哈剌八失曾接受密旨，伺机杀害妥欢帖睦尔，但见到群猴对妥欢帖睦尔如此畏伏，终于不敢动手，以为最终必有天命。两年后，妥欢帖睦尔北上即位。这个故事虽然不可能完全是真实的，但妥欢帖睦尔祈求恢复失去的天堂心情，却是昭然若揭的。当他见到群猴有拜伏时，大脑中有朝一日称帝的反应立即显示出来，因而对群猴百般照料，等待来日如愿以偿。是叔婶剥夺了自己的锦绣前程而遭此磨难，因此更加激起他对卜答失里的仇恨。

顺帝为何贬杀太皇

太后专权且与伯颜勾搭成奸、弑父杀母之仇、自己遭贬流离失所、伪造出身之谜、剥夺自己皇位继承权，凡此种种，新仇旧恨加在一起，妥欢帖睦尔不禁怒火中烧。顺帝虽然相信了近臣的言语，但终因太皇太后力主让自己继承皇位，另外太皇太后威势尚存，一时难于下手。意欲宣召丞相脱脱入宫，商讨解决办法。近臣们恐怕脱脱入宫，打破他们已成之举，便启奏说：“此乃陛下家事，须由宸衷独断，何用相臣参议。况且太皇太后离间骨肉罪恶尤为重大。便是这太皇太后的徽号，也是从古至今所罕有的，名分具在，岂有以婶母为祖母的道理。陛下若不明正其罪，天下后世，将以陛下为何主。”顺帝被这一激，遂不加思索，立即命近臣

缮诏，削除太皇太后的徽号，安置东安州。燕铁古思姑念当日年幼无知，放逐高丽。脱脱谏请收回成命，顺帝反问道："你为国家而逐伯父，朕也为国家而逐婶母，伯父可逐，婶母难道就不可逐吗？"这两句话说得脱脱张口结舌，无词可答。太皇太后被这突如其来一击，好似庙中的泥像一般，任人随意搬弄。当下由顺帝的左右，口称奉了旨意，逼着出宫。太皇太后束手无策，只有面对燕铁古思母子二人失声痛哭！一边哭一边骂："我不立自己的儿子，让他为君，今日他反如此待我，天理何在？良心何在？我没有别的办法，只有到朝堂上面，当着众大臣，评一评这个道理，然后触阶自尽；使这昏君蒙个千古不孝之名。"正欲上朝，被奉命而来的近臣一拥而上，硬生生的把太皇太后和燕铁古思拖入预备下的车子里面，推出宫来，任他母子如何哭喊也不理，等出了宫门，又硬行将其母子分开而行。太后到了东安州，满目凄凉，旧日侍女，也大半离去，只有两三个老妪在旁侍候，但不太听使唤。把太皇太后气得肝胆俱裂，遂即气成一病。临死前，哭着说道："我不听太平王燕帖木儿之言，弄到如此下场，悔已迟了。"说到这里又倚定床栏，向东喊道："我儿！我已死了，你被谗东去，从此以后，母子再无相见之日了。"言毕，痰喘交作，不能作声。过了一会儿双脚一蹬，与世长辞了。燕铁古思被押解官押着东行，这个押解官叫月阔察儿，十分粗暴。燕铁古思年纪尚幼，离开了母亲，已经哭得半死。月阔察儿听到哭声便大加威吓、打骂，他便哭得格外厉害。他自幼便做太子，娇养已惯，说一句话，做一件事，从来无人敢违拗他。如今遇到月阔察儿不是臭骂，就是毒打，哪能经得住，因此不久便被折磨而死。

妥欢帖睦尔逼死太后太子后，余怒仍未平定，又颁诏指斥文宗谋害兄嫂、诬贬亲侄的罪恶。下令撤掉了太庙中文宗的神主。还想杀掉当年为文宗草诏的儒臣马祖常、虞集。幸好马、虞二人呈上文宗御批，脱脱又从旁斡旋，方舍而不问。至此，妥欢帖睦尔总算报了杀父害母之仇。

元顺帝与脱脱关系揭秘

锐志改革，推崇儒学

权臣伯颜被黜后，元顺帝重用脱脱，任命他为中书右丞相，进行改革，废除伯颜旧政，励精图治，重振祖宗大业，大有恢复元朝盛世之志，史称"更化"。

脱脱，字大用。自幼养于伯父伯颜家中，少时就学于名儒吴直方，受其影响较大，立"日记古人嘉言善行，服之终身"的志向。及至年龄稍长，"臂力过人，能挽弓一石"。十五岁时充任泰定帝皇太子阿剌吉八怯怜口怯薛官（皇太子宿卫、护卫官之意）。文宗即位，他渐被擢用，天历二年（1329 年）任内宰司丞兼成制提举司达鲁花赤（掌印的官员），旋命为府正司丞。至顺二年（1331 年）授虎符、忠翊侍卫亲军都指挥使。妥欢帖睦尔即位后，伯父伯颜以翊戴之功独揽大权，他也随之飞黄腾达，元统二年（1334 年）一年内，由同知宣政院事（掌管全国佛教事宜和藏族地区军政事务的机关）兼前职，升为同知枢密院事（掌军事）。至元元年（1335 年）在挫败唐其势余党答里、剌剌等的战斗中，立有战功，拜御史中丞、符符亲军都指挥使，提调左阿速卫，旋进为御史大夫。至元六年（1340 年）二月，脱

脱协助顺帝妥欢帖睦尔智黜伯父伯颜有功，被封为知枢密院事，总领诸卫亲军，其父马札儿台为中书右丞相，弟弟也先帖木儿也被封为御史大夫，马札儿台父子总揽军政大权。

马札儿台上台仅半年，自恃辅佐皇帝铲除伯颜有功，私自在京城附近开酒馆、糟坊，又派人去南方贩卖食盐，热衷于经商敛财。脱脱恐遭非议，祸及自身，暗中让人向妥欢帖睦尔告了一状，迫使马札儿台辞职，“养疾私第”，仍为太师。至元六年(1340 年)三月，脱脱被任命为中书右丞相开始着手改革。

首先恢复科举取士制。脱脱出任中书右丞相后一个多月，即至元六年(1340 年)十二月，即恢复科举。每隔几年亲试进士一次。每次取士达六七十人左右。他重新实施省院台参用汉人、南人的旧制，任命贡师泰、周伯琦等江南名士为监察御史，还为贺惟一改名太平，破例授予以往汉人不得染指的御史大夫之职。这样一来，因停废科举而仕进无望的汉族士大夫又找到了一条出路。民族矛盾在蒙汉地主阶级上层范围内被大大缓和了。接着，脱脱大兴国子监，“蒙古、回回、汉人三监生员，凡三千余”。

其次是推崇儒学。由于在静江大圆寺初步接触汉族儒学的经历，顺帝即位后，对儒学很感兴趣。早文宗天历二年(1329 年)始创奎章阁，一时精英荟萃，文采焕然。文宗死后，伯颜专权，奎章阁无人问津，文士四散，一片凄凉景象。脱脱上台后，立即改奎章阁为宣文阁，改艺文监为崇文监。宣文阁主要任务是宫廷教育，由鉴书博士和授经郎兼经筵。宣文阁的规模和作用不同于以前的奎章阁，在经筵教育、修撰三史、翻译籍、编撰史书等方面起了很大的作用。直到至正九年(1349 年)冬才将宣文阁改为端本堂。

元顺帝是否通晓经史

脱脱非常注重用传统的经史感化皇帝。有一天，丞相脱脱上殿奏言：“陛下自临御以来，天下无事，应留心孔孟圣学。近来臣闻或有怯薛侍从居中阻挠，实属无知。假如经学史传不值得学诵，世祖皇帝怎能以此教授真金太子呢?”说完，又将真金昔日所学经书进献御前。顺帝览毕非常高兴，“钦然有向慕之志”。在脱脱等的奏请下，顺帝重开了儒学进讲经史的经筵。当时，大理学家许衡的弟子康里巎、延祐进士许有壬以及回回人沙剌班等，都担任过顺帝的儒学教师。康里巎经常讲授四书五经的治国之道，引端伸义，感动圣聪。还以天君如父子，天变以示儆的学说告诫顺帝。顺帝对此颇有领会。顺帝欲把巎当作师长对待，巎推辞不敢当。有一天，顺帝想御览图画，他乘机以比干剖心图进并详述商纣无道，以致亡国的原因。顺帝听后很为动心。又有一天，顺帝偶览宋徽宗图画，极口称赞为佳作。巎进言道：“徽宗多能，只有一事不能。”顺帝问是什么事，他回答道：“不能为君。陛下试想，徽宗若能为君，何致国亡家破，被金朝俘虏。可见人君居九五之尊，第一要能尽君道，图画末节，何必精擅。所以除了君道之外，不必留意。”顺帝听了，为之竦然！至正五年(1345 年)三月，各地发生水旱蝗灾，顺帝就战战兢兢降诏罪己。月鲁帖木儿进读，也因引经援史，一心于王道而受赏识。顺帝还懂得隆师重道。一次，翰林院学士沙剌班久侍困倦，小酣于便殿上。顺帝见

了没有责怪，还取来一个坐垫替沙剌班枕于头上。许有壬进讲称旨，顺帝也赐酒赏貂裘。在文臣们的影响下，顺帝粗知了儒学经典要义及史书至重，应法其善鉴其恶的道理。还能吟唱“鸟啼红树里，人在翠微中”之类绝妙佳句。为了表达对儒学正统思想的尊崇，至正二年(1342 年)，妥欢帖睦尔派人到山东曲阜祭祀孔庙，衍圣公也被升秩二品。

为了便利其他蒙古贵族和子弟读书，还下诏将《贞观政要》译成蒙文，以便诵读。平时处理朝政，他也虚怀善纳，注意倾听臣僚的进谏。至正二年，监察御史成遵对顺帝说：“天子应慎起居，节嗜欲。”还抨击监察官杜塞言路，访察不实。执政者闻之动怒。顺帝则称赞道：“成遵所言很好，皆世祖皇帝的风纪旧规呀！”又特赐内廷美酒，以表彰他的忠诚和直率。监察御史李稷弹劾宦官高龙卜侵扰朝政擅作威福。顺帝听后全部采纳，将其流放到高丽。

修撰三史的始末

顺帝还任命脱脱为辽、金、宋三史都总裁设局修史。出于宣扬“祖宗盛德，得天下辽金宋三国之由，垂鉴后世，做一代盛兴”的目的，于至正三年四月开始修撰，四年三月完成《辽史》，四年十一月完成《金史》，五年十月完成《宋史》。三史共七百四十七卷，以二年半时间迅速完成。脱脱虽然没有亲自写史，但他为组织写作班子、解决写史经费，尤其是确定三史为正统的原则上起了很大作用。元初三史未修的重要原因是辽宋金三朝谁是正统的问题一直争论不休。脱脱上任后独断说：“三国各与正统，各系其年号。”争论才趋平息，构成了顺帝执政时期“文治”的重要内容。

顺帝还倚重脱脱，注意纠正伯颜当国时期朝廷政策的某些混乱和失误，以缓和日益尖锐对立的阶级矛盾。他废黜了各地采珠户、船户等劳役。还效仿汉族皇帝亲行借田礼，并重刊《农桑辑要》万余册，以示重视农业。他试图用蠲免税粮五分和盐引减额等方式，减轻受灾百姓的负担，并下令解除汉人、南人不得有寸铁、禁百姓畜马的禁令。即位初期，顺帝比较注重节俭。他曾把一餐五羊的御膳改为四羊，又禁用金银刺花装饰御用靴鞋。每逢皇帝诞辰，还下令禁天下屠宰宴贺，以免扰民。可以说，经历长时间的流亡迁谪，亲政初希企有所作为的元顺帝，尚未过分追求宫廷的奢侈享乐。顺帝恢复世祖仁宗采用的某些汉法制度，努力使朝政比较清明。即位不久，他命康里巎等删定《大元通制》和《至正条格》，颁行天下，使国家有了较完整的成文法规。

针对元朝后期官场吏治败坏，顺帝采取了一系列整顿措施。至正三年，他下令监察御史和行台监察御史分别负责中央、地方官员举劾巡察。第二年，又规定官员的黜陟升降严格视考课优劣而定。在课税、劝农、弭盗等六事中政绩显著者，升等奖励；欠佳者，降等惩处。至正六年，顺帝下诏，犯贪赃罪官员，正常铨选一律不用。七年，又立内外通调之法，选台阁名臣二十六人，出任郡守县令。顺帝对地方守令的选派十分重视，凡择一外官他都要询问以往政绩。还对赴任前的地方官说：“你们守令的职司，就像牧羊一样。羊饥了，喂它草，渴了，喂它水。饥饱劳逸不失其时，羊才会强壮繁息。你们为我管理百姓，不应使他们流离失所

而有饥寒之患。如此，才算良牧善守。”

伯颜擅权以来，礼仪制度多有破坏，此时决定恢复太庙四时祭，一切按规矩办事。至正三年(1343 年)十月，顺帝享于太庙，“拜享于列圣，次第至宁宗前。帝问礼仪使说：‘我兄也，彼弟也，拜合礼否？’礼仪使传旨，问博士刘闻，回答说：‘宁宗皇帝虽是弟，已曾承宗器。而为皇帝时，陛下亦尝做他的臣子来，当拜。’……帝乃拜。”

伯颜专权时，为了自己的私利，迫害打击异己，造成蒙古贵族内部不和。如今正式为郯王昭雪，召还宣让王帖木儿不花、威顺王宽彻普化，让他们各回自己的领地，功臣博尔术四世孙阿鲁图继广平王之位。这些措施对于维护蒙古统治集团内部的团结起了一定的作用。

改革弊政内幕

元顺帝妥欢帖睦尔倚重脱脱改革弊政，略见成效，脱脱因而博得“贤相”的美称。可惜好景不长，自至正三年(1343 年)妥欢帖睦尔起用中书平章别儿怯不花担任中书左丞相后，情况发生了变化。别儿怯不花是元成宗时逆臣阿忽台的儿子，素与脱脱不和，他上台后，多次在元顺帝面前说脱脱的坏话，顺帝本人也觉得脱脱权势太重，恐怕他走上伯颜独揽大权的老路，渐渐地疏远脱脱。至正四年(1344 年)，脱脱被迫称疾家居，辞去相位。这时候，顺帝尚存励精图治之心，任用阿鲁图为中书右丞相。至正五年(1345 年)十月，遣使巡行天下，意在广布圣德，询民疾苦，寻访览能，罢黜地方贪官污吏，规定有罪者四品以上停职，五品以下处决。可是奉命巡行各省的宣抚使不仅不按皇帝旨意秉公办事，反而借此机会敲诈勒索，虐害百姓。江西福建省宣抚使到达后，当地人作歌说：“奉使来时惊天动地，奉使去时乌天黑地，官员都欢天喜地，百姓却啼天哭地。”顺帝一番苦心化为乌有。

脱脱罢相后的几年中，右丞相一职数易其主，朝中大臣彼此倾轧，日甚一日。至正七年(1347 年)六月，顺帝听信谗言，罢免太师马札儿台徙于西宁州后又诏居甘肃，脱脱请求同行。先前，太子爱猷识理达腊降生后，一直养于脱脱家，因而奇氏皇后与脱脱关系甚密。奇氏多次为他在顺帝面前求情。顺帝也觉得脱脱任中书右丞相的四年中，为他出尽了气力，其后任命的丞相远不如脱脱精明能干。左丞相太平也出来为脱脱说情，使顺帝想起了脱脱在云州救皇子的事，甚为感动。原来，有一天，顺帝携皇子驾幸上都，脱脱也扈随圣驾，至云州，突然狂风暴雨，山洪爆发；车马人畜多被湮没冲走，顺帝只顾逃命，哪里还能照料皇子，急急忙忙登山避水。脱脱见顺帝弃了皇子自行脱身，慌忙涉水而行，来到御辇之旁，背起皇子，光着两只脚涉水奔上山来。顺帝登上山之后，方才想到皇子，心中正在着急，非常担心皇子被水所淹，必遭不测。忽见脱脱背着皇子涉水登山，好似半天上落下奇宝一样，急忙跑上前去抱下皇子并抚慰脱脱说：“卿为朕子勤劳若此，朕必不忘今日之举。”有一天，有人进献佛郎国马，顺帝看着膘肥体壮的良马，感慨地说：“人中有脱脱，马中有佛郎国马，都是世上出类拔萃的。”后又召脱脱回京，至正九年(1349 年)七月，复命脱脱为中书右丞相再图振兴祖宗大业。

脱脱复相后，元廷已病入膏肓，朝廷财政近于枯竭，中原连降暴雨，黄河泛滥，吏治败坏，脱脱也无回天之术。当他采取“变钞”、“开河”措施时，却引发了一场以韩山童、刘福通为领袖的大规模农民起义，加速了元朝灭亡的速度。随之，顺帝妥欢帖睦尔本人也变得心灰意冷，怠于朝政了。

脱脱出征不战自乱之谜

至元十二年(1352 年)九月，元顺帝妥欢帖睦尔派丞相脱脱率大军攻陷徐州，平定了芝麻李领导的农民起义。正当红巾军处于劣势，遭受暂时失败之时，至正十三年(1353 年)正月，泰州白驹场(今江苏东台)盐贩张士诚与其弟士义、士德、士信及李伯升等十八人，杀多次窘辱过张士诚的弓兵丘义及诸富户，募集苦于官役的盐丁，起兵反元。四月，攻破泰州，拥兵万余。五月，克兴化，威胁高邮。高邮处在运河之滨，为不影响漕运，元遣高邮知府李齐去兴化招降，“士诚因请降，行省授以民职；且乞从征讨以自效。”但不久又反，攻占高邮。十四年正月，张士诚自称诚王，国号大周，改元天祐，设官分职，把截要冲，南北梗塞。六月，张士诚攻破扬州，切断京杭大运河，江南的岁贡和税粮有断绝的危险。妥欢帖睦尔惊恐万状，决定派脱脱再次出征，去高邮镇压张士诚。至正十四年(1354 年)九月，脱脱率领诸王各省军马，号称百万大军，浩浩荡荡开赴高邮前线。十一月，元朝军队将高邮包围得水泄不通，城中不可支，日议投降事，但又恐罪不能赦，不敢投降，高邮危在旦夕。突然间，元军不战自乱，张士诚乘机出击，大获全胜。这究竟是怎么回事呢？原来却为哈麻进谗所致。

哈麻与脱脱的恩怨寻踪

哈麻，字士廉，康里人。父秃鲁，母为宁宗懿璘质班的乳母，秃鲁因此被封为冀国公，加太尉，进阶金紫光禄大夫。哈麻和母弟雪雪同入宿卫，深得顺帝宠幸。因哈麻的口才很好，能言善辩，尤为顺帝所嬖幸，累次提拔，官至殿中侍御史。

脱脱复相前，哈麻屡次在顺帝面前为其美言。脱脱复相后，与其弟也先帖木儿对哈麻深为感激，升哈麻为中书右丞。在中书省里，脱脱对左司郎中汝中柏十分信任，提拔他为参议中书，平章以下诸宰执对他也是唯唯诺诺，唯独哈麻对之不恭。汝中柏在脱脱面前告了他的状，脱脱改哈麻为宣政院使，且位居第三，于是哈麻对脱脱怀恨在心。原来哈麻作为禁宫宿卫，与顺帝妥欢帖睦尔接触的机会较多，他善于媚上，深得宠幸。于是偷偷引进西天僧教妥欢帖睦尔运气术。哈麻的妹婿集贤大学士秃鲁帖木儿也有宠于帝，妥欢帖睦尔对他言听计从，也推荐西番僧珈璘真，所教者名“大喜乐”，又名双修法，男女双修气功，即房中术。珈璘真对顺帝说：“陛下虽尊居万乘，富有四海，不过保有现世而已。人生能有几何？当受此秘密房中术，及时行乐。”顺帝觉得言之有理，遂每日习事其法，唯淫乱是乐。他下令在清宁殿周围建置“百花宫”，收罗妇女，供其玩乐。上自公卿命妇，下至市井丽配，皆难逃脱。还从中选出美女十六名为十六大魔女，翩翩起舞，弄得顺帝如醉如痴，不能自拔。又招来包括舅父老的沙在内的十名亲信使臣“相与亵狎，甚至男女裸处”，君臣宣淫，无所禁止。时值太平任左丞相，因哈麻在宫中

引导顺帝为淫乐之事，深为不满，遂与御史大夫韩嘉纳商议。意欲驱逐哈麻。韩嘉纳也非常赞成此举，便命监察御史沃呼海寿弹劾哈麻，历诉罪状，第一条是在御幄后僭设帐房，犯上不敬；第二条是出入明宗妃子脱忽思宫闱，越分无礼；还私受馈遗，妄作威福等。不料此事泄露，被哈麻先知，恶人先告状，到顺帝面前哭诉，说是太平、韩嘉纳有意诬陷。顺帝本来宠任哈麻，见他含泪哭诉，口口声声要请罢职，只得温言抚慰，让他不要着急，明日如有奏章，决不批准。果然第二天有弹劾奏折，顺帝不予理睬。太平等数次奏请顺帝，坚持己见不退让，哈麻也不示弱，惹怒顺帝，于是拟了两道诏书：一是免哈麻兄弟官职，出居草地；一道是置左丞相太平为翰林学士承旨等，重新起用脱脱为右丞相并管理端本堂事务。哈麻被黜之后，听说脱脱复任相位，便故意前去辞行，并诉说原委，脱脱听后，也不胜代为扼腕，于是劝慰他："你虽暂时被黜，决不会永久羁滞。此时且出外居住数日，倘有机会，我当在御前保奏，请勿忧虑！"脱脱复相后果然保荐哈麻兄弟，起复重用。当时，顺帝沉湎于酒色，荒淫无度。皇子爱猷识理达腊对父皇行为极为不满，恨不得手刃奸僧淫贼，以泄心头之愤。适值脱脱由保定回京，谈及宫闱近情，脱脱问："那哈麻是我荐拔起来的，查以内事的，如何竟不规谏呢?"皇子冷笑说："太师，你还提那哈麻么？可知宫中之事，多是他引导的。"脱脱闻言，颇为惊诧，气愤地说："哈麻如此胡为，不但有负皇上，并且有负臣的荐拔，臣当即日进谏。"说完后，脱脱又觉得有点怀疑，便去询问汝中柏，汝中柏极陈哈麻罪恶。于是，脱脱面见顺帝，要求革哈麻兄弟之职。多次上疏再劾宫中嬖侍，顺帝耐不过情面，左迁哈麻为宣政使。因此，哈麻对脱脱怀恨在心。

另外，哈麻在奇氏皇后的授意下，多次与脱脱商量授予爱猷识理达腊"皇太子宝玺"。脱脱以爱猷识理达腊不是正宫皇后所生为由，予以拒绝，并且还说"中宫有你哈麻在，何必来找我"，加以推脱。这样一来，二人的隔阂越来越深，脱脱还由此得罪了奇氏和太子。奇氏开始在妥欢帖睦尔面前添油加醋地说脱脱的坏话，加上哈麻从旁作梗，使妥欢帖睦尔与脱脱的君臣关系发生了显著变化，妥欢帖睦尔对脱脱由猜疑发展到不信任的地步。

脱脱受害秘闻

脱脱奉命出师高邮之际，命汝中柏为治书侍御史，以辅佐也先帖木儿代理朝政。汝中柏认定哈麻必为后患，劝脱脱除之，脱脱犹豫不决，命汝中柏与也先帖木儿商议。也先帖木儿认为哈麻曾有功于自己，不同意。哈麻获知此情之后，将脱脱拖延皇太子册宝礼等事，告诉奇皇后，说："皇太子即立，而册宝及郊庙之礼不行者，脱脱兄弟之意也。"奇氏颇为相信。哈麻又与汪家奴之子桑哥实里、也先帖木儿之客明理明古等游说皇太子，以达到挑拨皇后、太子与脱脱关系的目的。

脱脱出兵高邮以后，哈麻凭着三寸不烂之舌，博得了妥欢帖睦尔的信任，乘也先帖木儿患病在家之机，让妥欢帖睦尔命他出任中书平章政事。十二月，指使监察御史袁赛因不花出面，三次奏劾脱脱和也先帖木儿罪恶，说脱脱有不轨之举。指责"脱脱出师三月，略无寸功。倾国家之财以为己用，半朝廷之官以为自随。又其弟也先帖木儿庸材鄙器，玷污清台，纲纪之政不修，贪淫之心益著。"请

求罢免脱脱。妥欢帖睦尔听信谗言，又怕脱脱功高欺主，出现伯颜第二，于是派使臣急赴军中下诏，以脱脱“劳师费财，坐视寇盗”为借口削除其兵权和官爵，将他贬居淮安，改派河南行省左丞相太不花、中书平章政事月阔察儿、知枢密院事雪雪，代统脱脱所部，任前线指挥。消息传开，军心大乱。脱脱的心腹参议龚伯于是对脱脱说：“将在外，君命有所不受！”劝他不奉圣旨，待攻下高邮，谗言自会大白于天下。并且说“且丞相出师时，尝有密旨，今奉密旨一意进讨可也。诏书且勿开，开则大事去矣”。脱脱摇头说：“天子有诏，我如不从，便是抗命，后世将谓我为何种人。”遂不听部下之劝，延诏使入帐，俯伏听宣。将吏听后都非常吃惊，而脱脱却面不改色，叩首谢道：“臣本至愚，受天子宠信，委以军国重务，日夜惶惧，唯恐不克负荷。今得释此重担，真是出于殊恩了。”拜谢而起，送走诏使，召集将士，命他们各率所部，听候后任节制。又命出兵甲名马三千，分赐诸将。诸将垂泪叩谢。客省副使哈剌答奋然而起道：“丞相若去，我辈必死他人手中，宁可死在恩公之前，以报知遇之恩。”说完拔刀刎颈而死。皇帝诏书未到之前，哈麻早已派人先到军中，说“诏书且至，不即散者当族诛！”故诏书一到，“大军百万，一时四散。其散而无所附者，多从红巾军。”临阵轻易换帅，犯了兵家之大忌，其后果不堪设想。百万大军失去主帅，顿时溃散，使走投无路的张士诚抓住战机，反败为胜。从此，元朝失去了军事优势。刘福通乘机于至正十五年(1355 年)二月，迎韩山童之子韩林儿于砀山夹河，在亳州(今安徽亳县)正式建立宋政权，改元龙凤，立林儿为帝，号小明王。刘福通是宋政权的实际领导人。从至正十六年(1356 年)九月开始，刘福通分兵四出，发动了著名的三路北伐，势力迅速壮大，所向披靡，占据了广大地域，至正十八年五月攻下汴梁，元守将竹贞逃遁。宋政权定为都城。这时北方红巾军起义出现了鼎盛的局面。

高邮战役后，南方红巾军也利用这一机会重振旗鼓，再现当年雄风。至正十五年(1355 年)正月，倪文俊攻克两阳，在汉川鸡鸣仪大败元军，威顺王宽彻普化之子报恩奴、接待奴、佛家奴战死。接着，又连克数城，俘威顺王子歹帖木儿及王妃等，震动了元廷。至正十六年(1356 年)正月，天完政权在汉阳重新建都，徐寿辉仍以邹普胜为太师，命倪文俊为丞相，改元太平。天完军扩大战果，两次围攻军事重镇安庆。后为陈友谅篡夺政权。至正十九年(1359 年)九月，陈友谅自称汉王，改元天定，次年杀徐寿辉自称皇帝，改国号大汉，年号大义。这时明玉珍也迅速占领四川大部地区，二十一年七月称陇蜀王，后建立大夏政权，改元天统。势力曾达到陕西、云南、贵州地区。

高邮之战是元末农民起义由衰而盛的转折点。

脱脱被贬后先后安置于淮安路，不久即命移置于亦集乃路(今内蒙古额济纳旗东南)。至正十五年(1355 年)三月，诏流于云南大理宣慰司镇西路(今云南腾冲西)，流也先帖木儿于四川碉门。脱脱的两个儿子也因此受到牵连，分别被放逐兰州、肃州，家产籍没。脱脱奉命前往云南途中，路过大理腾越，当地知府大人高惠对他热情招待，设家宴欢迎。并欲将女儿嫁给他，让他们当即成婚，脱脱再三推辞说：“我是朝廷罪人，怎敢有屈名姝。”说完，不肯久坐，立即起身欲行。高惠再三挽留，脱脱只是不从，甩脱高惠，径自登程。由于脱脱触怒高惠，高惠便派

铁甲军监察行踪。刚到阿轻乞地方，一声呐喊，便将驿舍围住。脱脱已将生死置之度外，虽然被困，并不惊慌。不料兵还未退，朝中又下密诏，原来哈麻矫旨，遣使赐鸩酒一尊，令其自尽。脱脱奉诏服毒而亡，年仅四十二岁。

乱世三凤

所谓三凤即元顺帝妥欢帖睦尔的皇后钦察·答纳失里、弘吉剌·伯颜忽都和奇·完者忽都，元顺帝刚即位时，因皇太后卜答失里的关系，对已死的燕帖木儿推恩备至。先是聘娶燕帖木儿的女儿答纳失里为皇后，又封燕帖木儿的弟弟、左丞相撒敦为荣王，燕帖木儿的儿子唐其势袭爵太平王，进阶金紫光禄大夫。几年后，撒敦病死，右丞相伯颜独揽大权。元顺帝日益信任伯颜，使唐其势愤愤不平。

一天，唐其势同几名亲信在府中密商，想找机会废黜元顺帝，另立新君，并且杀死伯颜，以恢复自己家族的势力，谁知事机不密，走漏了风声。元顺帝立即派人告知伯颜，命他小心防备。

元统二年(公元1334年)六月晦日(月底这一天)，唐其势先派弟弟塔剌海在东郊埋下伏兵，自己率卫士袭击皇宫。谁知当他刚杀入禁城时，只见伏兵四起，伯颜亲自带领大将杀了出来。唐其势毫无思想准备，仓惶应战，而伯颜的军队越来越多，把他和卫士们团团围住，最后终因寡不敌众，被拖下马鞍活捉。

伯颜又带兵去东郊，将塔剌海的军队杀得东逃西窜，溃不成军，连塔剌海也一并活捉，关进了大牢。伯颜押着两名罪犯，进宫请顺帝登殿亲加审讯。

元顺帝说："唐其势兄弟谋反之罪昭然，何必再审，你就按国法严办吧！"

伯颜便命卫士先将唐其势拖出午门斩首。唐其势返身攀住殿上栏杆，大叫道："皇后救我！"坐在顺帝身边的皇后答纳失里虽然又悲又急，但不敢说一句话。唐其势又对顺帝说："陛下当初对臣的父亲有明令，宽恕子孙九死，为何今日违背前言？"

顺帝大怒，斥责道："谋逆之罪不可宽恕！当初你兴兵犯上，怎么不想到今日会身首分家呢？"

两旁武士一拥上前牵扯唐其势，直至扯断栏杆，才把唐其势拖出殿外。这时，塔剌海吓得颤抖不已，毕竟年纪小，一闪身，竟躲到皇后的宝座下面。皇后不忍幼弟遭难，忙用自己的衣裙把他遮掩起来。但是伯颜岂肯放过，他在文宗时与燕帖木儿争权好多年，一直屈燕帖木儿之下，早就窝着一肚子气。只听他一声怒喝，命卫士上前，将塔剌海从皇后的座椅下面拉了出来，拔剑出鞘，把塔剌海劈成两段。鲜血四溅，洒在皇后的衣裙上，吓得皇后面色如土，缩成一团。

伯颜见状，微微冷笑一声，又对顺帝奏道："皇后兄弟谋逆皇后也有罪，何况皇后偏袒兄弟，显然是同谋。请陛下割舍私情，以正国法。"

顺帝听了，尚在犹豫，伯颜已下命令："把皇后拖出去！"

卫士们见顺帝没有表态，不敢动手。伯颜大怒，自己走上前，扯住皇后发髻，一把拖了下来。皇后大声啼哭，哀求顺帝：

"陛下救我，陛下救我！"

这时的顺帝也无可奈何，只是流着眼泪对皇后说："你兄弟身犯大罪，朕亦不能救你！"

几天之后，就有燕京派出的使者，手持顺帝诏书和一瓶鸩酒，来到开平，命皇后立即饮毒自裁。

答纳失里立为皇后不到两年，并无过错，因受父兄牵连，遭到这个下场，实在可怜。元顺帝对她这样无情，除了为报复太后卜答失里和燕帖木儿之外，还有另一层原因。

元顺帝册立答纳失里为后不久，又宠爱一个高丽女子奇氏。奇氏名叫完者忽都，本是侍女，长得极其秀丽，尤擅长调制饮料。顺帝每用膳必定要她侍候，她聪明狡黠，善用心计，很快就博得顺帝欢心，由侍膳变成侍寝。皇后答纳失里知道后，大大吃醋，好几次辱骂甚至责罚她。受了委屈，她不敢发作，但总到顺帝跟前哭诉一番。顺帝嘴上不说，心中颇为不满，渐渐便同皇后疏远起来。假如顺帝一向同皇后情投意合，即使皇后犯了法，也会设法袒护的。

答纳失里死后，顺帝想立奇氏为皇后。当时，奇氏已为顺帝生下皇子爱猷识理达腊，更加得宠。但是伯颜坚决反对，说奇氏是个高丽女子，且出身微贱，不配正位中宫。顺帝没有办法，只好改立弘吉喇·伯颜忽都为皇后。

伯颜忽都是武宗皇后真哥的侄孙女。她同前皇后答纳失里不同，性情温淑，表现得相当宽容大度，生活也很节俭。她从不同奇氏争风吃醋，相反还处处谦让，不时给奇氏一些赏赐。奇氏住兴圣西宫，元顺帝时常宿在那里，很少去中宫。皇后左右的人有些不平，但皇后没有一句怨言，一笑置之。

奇氏生了皇子，更得顺帝宠幸，不免骄矜起来，很想夺取皇后宝座。无奈她同顺帝说了几次，顺帝总是不敢，怕丞相伯颜阻挠。

元顺帝即位之初还略有些作为，以后，渐渐沉湎于酒色与享乐之中，常常不坐朝。凡朝事要政，多由伯颜决定，日子一久，竟是处处受伯颜的钳制。由此，奇氏更加痛恨伯颜，常在顺帝跟前进谗。到元至四年，元顺帝终于忍受不了伯颜的专横无礼，在伯颜侄子脱脱的帮助下，设法铲除了这个权相。伯颜死后，奇氏才得以立为第二皇后。她因伯颜忽都皇后待她不薄，不忍恩将仇报，所以让人替她上奏，要求仿照前代几位皇后并封的先例。顺帝十分高兴地接受下来。

过了几年，皇子爱猷识理达腊渐渐长大，顺帝视若掌上明珠，册为皇太子。他还常命太子陪侍左右，凡有巡幸外出，身边总带着太子，还命太子拜丞相脱脱为老师，加以严格教育。而顺帝自己，则越发追求享乐，不理朝政，甚至请了一些西洋僧人进宫，以学习气功为名，在宫中公然进行淫乱活动。皇太子看在眼里，非常愤恨，只恨手中无权，不能诛灭这班妖人，唯有偷偷出宫，到脱脱府中诉说。

丞相脱脱在当时是个难得的忠直之臣，他不贪财，不好色，忠心为国。当他知道顺帝竟在宫中整天干这种荒唐事时，又惊又气。他告诉太子说，方今天下大乱，警报频传，刘福通、徐寿辉、方国珍、张士诚纷纷起事，盘踞一方，皇帝竟毫不在意，整日里寻欢作乐，大元朝不灭，更待何时？

太子离去后，脱脱连夜闯进宫去，竭力劝谏顺帝，要他亲君子，远小人，崇德远色，拨乱反正，以力挽危局，否则，亡国之日近在眼前！顺帝表面上听从，可是

过了几天，当脱脱亲率大军去高邮同张士诚交战时，忽有朝廷诏书下达，谴责他劳师费财，不胜重任，命削去官爵，安置去淮安。

过片刻工夫，竟又有第二道诏书飞来，命脱脱迁徙去云南，并将他弟弟流放四川，长子充军肃州，次子充军兰州，所有家财一律籍没！不久，这位对元王朝忠心耿耿的脱脱丞相，在充军路上被逼自杀。

至正二十五年(公元1365年)，在各路义军蜂起，元统治岌岌可危之时，伯颜忽都皇后病死，年42岁。伯颜忽都品德修养极好，连荒诞无耻的元顺帝也十分敬重她，她居住坤德殿，整日端坐，行止均按法度。她死后，皇后奇氏见她遗下的衣服十分破旧，好笑地说："身为正宫，怎么穿用这样的衣服！"倒是皇太子尽管不是伯颜忽都所生，却对她相当尊重爱戴。听到她死的消息，特意从外地赶回燕京，吊丧时痛哭流涕，十分伤心。

皇太子见各路变乱迭起，时局越来越困难，而父亲元顺帝终日荒淫无度，一点不管国事，十分忧急，便想自己来做皇帝。他同母亲奇氏商量，想请顺帝禅位。奇氏怕左丞相太平不同意。母子俩想了个办法，把太平接进皇宫，招待好酒好菜，希望太平能帮助成全这件事。可是太平认为，皇帝假如不主动地提出禅让的意思，是万不能这样干的，奇氏怀恨在心，密嘱亲信大臣上本参奏太平。昏头昏脑的元顺帝相信了谗言，把太平发配去吐蕃，又逼他在路上自尽。就这样，无论脱脱还是太平，元末为数极少的几个忠直之臣，不是被皇帝弄死，就是被皇后弄死，元顺帝时的朝政之腐朽，可见一斑。

太子异常急切地想做皇帝，但是元顺帝不肯让位，他对儿子说："朕头未白，齿未冷，怎能说朕已年老？"宦官朴不花与左丞相搠思监见有机可乘，便投靠了皇后与太子，两人借着皇后和太子的势力，排斥异己，残害大臣，触犯了大同镇帅孛罗帖木儿的利益。孛罗帖木儿以"清君侧"为名，率大军进犯燕京。皇太子亲率卫士去抵挡，结果大败而逃。孛罗的军队长驱直入，紧逼城下，元顺帝慌了手脚，一面把朴不花与搠思监两人捆绑起来，送入孛罗的军营处死，一面命令使臣把孛罗请进皇宫，好言抚慰，并封孛罗为右丞相，节制天下兵马。

再说太子逃到统帅河南军队的扩廓帖木儿那里去之后，扩廓以太子名义召集各路军队，向燕京进发，征讨孛罗帖木儿，孛罗闻讯大怒，带剑闯入皇宫，逼顺帝交出皇后奇氏。顺帝不忍，只是发抖不止。孛罗不耐烦了，指挥卫士们把皇后押出宫去，幽禁起来，又亲自出城去，抵挡扩廓的军队。

奇氏虽被幽禁，但仍然积极活动，她设法授意一名亲信宦官，去皇宫里挑选了几名绝色美女，送入孛罗府中，孛罗见了喜笑颜开，对宦官说："难得皇后这样好心，你去代我向她致谢，过几天我马上送她回宫！"

从此，孛罗帖木儿放松了警惕，一味躲在家中同美女们淫乐。在奇皇后的策划下，顺帝下诏把孛罗骗进皇宫杀死，又杀尽孛罗的眷属以及部将。孛罗的军队便不战自溃。

扩廓帖木儿护送太子进京，走在半路上忽然接到奇皇后的密谕，命令率军队拥护太子入城，逼顺帝让位。扩廓不露声色，当走到离燕京30里地时，扩廓就下令部队回去，自己只带了几名卫士，把太子送入皇宫。母子、父子相见，格外高

兴，尤其元顺帝，见了太子欢喜不迭，他还不知道这母子俩正一心谋夺他的皇位呢。

见扩廓帖木儿不肯依附，奇皇后很是怨恨，唆使太子伺机谗害。此时元顺帝任命扩廓为左丞相，加封太傅、河南王，总制关、陕、晋、山东等各地军事，要他南下征讨江淮一带的农民军张士诚、朱元璋和川蜀的明玉珍。但是关中的李思齐和张良弼不肯听扩廓的调遣。扩廓再派兵去攻打李、张，皇太子乘机向元顺帝进谗说："扩廓不听调令，私自出兵打自己人，未免过于跋扈。"顺帝听信了，派使者去传谕，命扩廓立即停止同关陕一带的战事，挥军南下打农民军，并任命皇太子为全国兵马大元帅，统领扩廓、李思齐、张良弼各部。扩廓不肯听从，依然同李、张自相残杀。皇太子请求顺帝撤消扩廓兵权，还命令李、张两面夹击扩廓。扩廓大怒，领兵占领了太原，杀尽元朝设在太原的官吏。元顺帝再派各路军队围剿扩廓。

就这样，元朝的军队你打我，我打你，打了好几年，而这段时期中，占据江、浙一带的吴王朱元璋已是羽翼丰满。他乘元朝军队忙于内战，无暇他顾之际，迅速壮大自己的势力。他先打败占据湖广、江西地区的陈友谅，再讨伐江淮一带的张士诚，又逼降占据温州、庆元海域的方国珍。到元顺帝至正二十七年（公元 1367 年），朱元璋业已扫平群雄，拥有江南的半壁江山了。这一年，他积极准备北上讨元。

朱元璋的北伐军队对付腐败的元军绰绰有余，一路势如破竹，仅仅一年不到的时间，就连连攻下德州、通州，直逼大都。元顺帝手忙脚乱，带了三宫六院及皇太子，匆匆逃出建德门奔向上都开平而去。

至正二十八年（公元 1368 年）八月二十日，朱元璋的北伐军队浩浩荡荡开进大都城，元王朝宣告灭亡。这以后，元顺帝被明军一再追击，从开平逃奔和林（今辽宁省克什克腾旗西达来诺尔附近）。不久，于明太祖洪武三年（公元 1370 年）死在应昌，年 51 岁，皇后奇氏随元顺帝逃到北后，早于顺帝一年病死。继承帝位的皇太子爱猷识理达腊，在应昌被明军攻克后，继续北窜，不知所向。其子买的里八喇及后妃等人被明军俘获，又受朱元璋特赦，封为崇礼侯。

奇氏僭后弄权秘闻

元顺帝为何坐视皇后惨死不救

元顺帝先后立皇后三人：答纳失里皇后、伯颜忽都皇后、完者忽都皇后。其中最爱完者忽都皇后，这位最受宠的皇后，姓奇氏，本是高丽人，出身贫寒，被徽政院使秃满迭儿进为宫女，专侍顺帝，生得品貌美丽，妖娆动人。初入宫时，专司饮料，因此，天天侍奉在顺帝身边，更兼善解顺帝之意，一举一动都能承顺无失。顺帝见她秀外慧中，甚合"圣心"，更加上奇氏的做作百般娇媚，见了顺帝，便眉目传情，暗中勾引，把顺帝的欲念牵惹起来，竟在传递茶汤的瞬间，成就了好事。不料，此事被皇后答纳失里所知，动了醋意，竟宣召奇氏，大加斥辱。一天晚上，命奇氏跪在面前，穷问其罪，烙其肌体，奇氏痛苦万状，顺帝闻知后，痛在心里，对奇

氏更加宠爱，并欲上其为皇后。

奇氏受宠，可以从顺帝对答纳失里皇后的态度印证出来。

答纳失里皇后是功臣土土哈的后裔，权臣燕帖木儿的女儿。其部族，或称钦察氏，或称伯牙吾氏。她的先祖本为武平北折连川按答罕山部族，十二世纪初迁至玉里伯理山（当今在乌拉尔河和伏尔加河之间），与突厥系钦察人混居，因而称钦察氏，而其源族则为蒙古伯牙吾氏。燕帖木儿是武宗宠臣，至和元年（1328年）七月，泰定帝死于上都，他乘机与西安王阿剌忒纳失里等谋立武宗之子，在大都（今北京）发动政变，誓众曰："祖宗正统属在武皇帝之子，敢有不顺者斩！"九月十三日迎怀王图帖睦尔即皇帝位于大都，是为文宗。文宗依靠燕帖木儿等人击溃上都兵后，欲让位给其兄长周王和世㻋，并派人前去迎立，至王所察都（今河北张北北）之地，燕帖木儿与文宗借筵宴之机，鸩杀了明宗。燕帖木儿以皇后命奉皇帝宝玺授文宗，使其重新登上了皇帝宝座。燕帖木儿因翊戴文宗有功，被封为太平王、加开府仪同三司、上柱国录军中重事、中书右丞相等，后又下诏命独为丞相以尊异之。"几号令、刑名、选法、钱粮、造作，一切中书政务、悉听总裁、诸王、公主、驸马、近侍人员，大小诸衙门官员等人敢有隔越闻奏，以违制论。"其功无与伦比。文宗感恩戴德，大封其三代，又命文学家马祖常制文立碑于京城北郊。这大概是蒙元建国以来给功臣头衔最多（计 53 字）、权力最大的一次。燕帖木儿自秉大权以来，挟震主之威，肆意无忌。一宴或宰十三马，娶泰安帝皇后为夫人，前后娶宗室之女四十人，或有交礼三日就遣归者，而后房充斥不能尽识。燕帖木儿每天召集妃妾，列坐饮宴，到了酒酣兴至，不管什么嫌疑，就在大众面前，随便选一美女，裸体交欢，夜间又让数位美女陪伴共寝。巫山十二，任他遍历。其荒淫程度在诸权臣也居榜首，"至是荒淫日甚，体羸溺血而死"。燕帖木儿死后，太后卜答失里因他生前功绩卓著，于是命顺帝将燕帖木儿的女儿答纳失里册立为皇后。顺帝此时尚在太后权力之下，自然不敢违抗，只得奉命而行。又因皇后之故，加恩母族，封撒敦（燕帖木儿之弟）为荣王，食邑卢州；儿子唐其势袭太平王爵位，进阶金紫光禄大夫。这是至顺四年（1333 年）的事情。伯牙吾氏出身显贵，自幼娇生惯养，倚仗父兄权势，根本不把小皇帝放在眼里。她擅传懿旨，径取国家盐利十万充皇后私人奉养。甚至对接近顺帝的其他嫔妃横加捶楚。况且顺帝一向宠爱宫女奇氏，使答纳失里皇后大为不满。另外，顺帝早已对燕帖木儿的所作所为有所闻，加上皇后并非是自己选定的，所以顺帝与答纳失里感情不甚融洽。元统三年（1335 年），其兄唐其势、弟塔剌海等发动兵变，欲杀右丞相伯颜，失败后，塔剌海年少胆怯，竟躲在姐姐答纳失里皇后的座下。皇后此时念手足之情，心中不忍，她用衣裙将弟弟遮蔽住以防外人发现，伯颜率卫士闯进后宫，喝令卫士从皇后座下将其拖出来，亲自拔剑，一刀两段，一股鲜血直溅到皇后的衣裙上，吓得皇后战战兢兢缩做一团。伯颜又启奏道："唐其势兄弟谋逆，皇后也应有罪，况且她袒蔽塔剌海，显系党恶，请陛下割爱正法，为后来之戒。"命令卫士，扯皇后出宫。卫士不敢动，伯颜竟当着顺帝的面，揪住皇后头发，拖倒在地上。皇后大声呼叫："陛下救救我"，顺帝本来就对皇后欺负奇氏不满，回答说："你兄弟为逆谋反，朕也不能救你。"顺帝坐视不救，命迁之出宫，鸩死于上都民舍。

奇氏受宠自有原由

至元三年(1337 年),答纳失里皇后被鸩杀后,顺帝更加宠幸奇氏,欲立奇氏为后,因大丞相伯颜不赞成奇氏,硬行谏阻,只得改变宗旨。至元三年,封伯颜忽都为皇后。她出身弘吉剌氏,因成吉思汗幼年与弘吉剌部特薛禅之女定亲,其后相约"生女为后,生男尚公主,世世不绝",元朝历代皇后多出此族。"后性节俭,不妒忌,动以礼法自持",这就是说她秉性顺善,度量宽宏,整天端坐宫中,从不伴随皇帝游乐,顺帝觉得缺少魅力,很少出入她的宫,宠爱奇氏,她极为宽容。据记载:"奇氏素有宠,居兴圣西宫,顺帝很少巡幸东宫。皇后身边的侍从向皇后谈及此事,皇后几乎一点怨言也没有。随从顺帝巡幸上都,半路上,顺帝派遣内宫传达圣旨:'欲临幸',后推辞说:'暮夜非至尊往来之时,'内宫一连三次传旨,皇后竟然拒绝不接纳。顺帝更觉得她贤慧。生皇子真金,二岁夭折,至正二十五年(1365 年)病逝,年 42 岁。奇氏皇后见其所遗衣服弊坏,大笑着说:"正宫皇后,何至服此等衣耶!"其朴素可知。因此,奇氏仍得专宠。

至元五年(1339)奇氏生子爱猷识理达腊,故更加为妥欢帖睦尔所宠。因宠生骄,因骄成妒,除了皇后弘吉剌氏度量宽宏,没有什么嫌怨,内廷如太皇太后母子,朝中如大丞相伯颜,均视眼中钉一般,常在顺帝面前,说长道短,讲他们的坏话。所以太皇太后母子被逐,伯颜被黜,那些出乎意外之事,时常发生。奇氏逐了太后母子,黜了伯颜,心愿已遂,又慢慢地转念到皇后身上。便与嬖臣沙剌班暗暗商议,意欲废了皇后,自己正位中宫,却因弘吉剌氏待自己很有恩德,不忍下此毒手。沙剌班想出一个计策说:"先代皇后,每朝均有数人,此时娘娘已生育皇子,驾着旧例,奏请一本,乃是名正言顺的事情,更有何人敢生异议。"奇氏听后非常高兴。即依此言上奏,果然得了顺帝的许可,以奇氏为第二皇后。当即诏下册立,行礼之时,奇氏居然像服委佗,安居兴圣西宫。转眼之间,皇子爱猷识理达腊已经渐渐长大。顺帝爱母及子,常令随侍左右,凡有巡幸,亦命皇子同行。其时脱脱正为右丞相,顺帝甚是信任,脱脱得以出入内庭,顺帝曾令皇子拜之为师,脱脱受命之后,对于皇子的一举一动格外注意,有时皇子常驾临脱脱家内,一住数日,遇着疾病,脱脱亲自为他煎药,先尝后喂。于是奇氏皇后与脱脱关系甚密。

奇氏被立为正后密谋

到至正二十五年(1365 年)十二月,伯颜忽都皇后死后,奇氏改为肃良合氏,才立为正后。奇氏好读书,曾取《女儿经》读之,访问历代皇后之有贤行者为法。各地向朝廷进贡之物,只要是珍品,必先派人供奉于太庙后,才敢食用。至正十八年,京城大饥,奇氏命人做粥饭给他们吃。又拿出金银、粟帛,派资政院使朴不花于京城十一门置冢,葬死者遗体十余万。又命僧人建水陆大会,超度他们的亡魂。至正十三年(1353 年)爱猷识理达腊立为皇太子,在端本堂听儒生讲读。二十二年(1362 年),"忽一日,帝师来启太子母后说:'从前太子学佛法,顿觉开悟,今使习孔子之教,恐损太子真性。'母后说:'我虽居于深宫,不知道德,尝闻自古及今治天下者,须用孔子之道,舍此求他,卿为异端。佛法虽好,乃余事耳,不可治天下,安可使太子

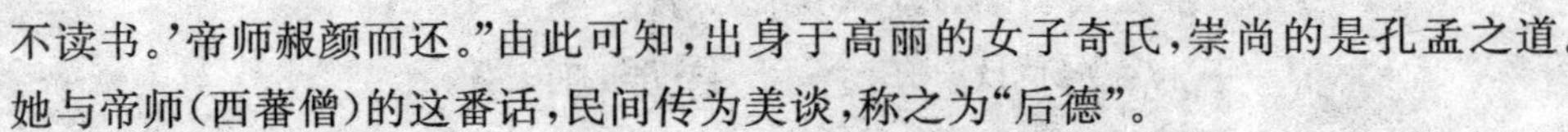

不读书。’帝师赧颜而还。”由此可知，出身于高丽的女子奇氏，崇尚的是孔孟之道。她与帝师（西蕃僧）的这番话，民间传为美谈，称之为“后德”。

奇氏为何成为左右朝政的关键人物

伯颜忽都虽然做了三十多年的正宫皇后，但几乎没有对妥欢帖睦尔产生什么影响。相比之下，二皇后奇氏则出尽风头，成为左右朝政的关键人物。比如，伯颜被黜后，顺帝倚重脱脱励精图治，气象为之一新，怎奈奸臣谗言被贬。在脱脱罢相的日子里，奇氏一再在妥欢帖睦尔面前为他求情。当初，脱脱辞相侍父居甘州，太子爱猷识理达腊与脱脱子加剌张同岁，所以，加剌张独居京城，与帝子一块儿在殿外游戏。爱猷识理达腊让加剌张趴倒驮自己、作老鸦声，绕殿墀三匝，然后又让加剌张作老鸦而自己负之亦三匝。加剌张跪在地上说：“加剌，奴婢也；太子，使长也。奴婢不敢使长负。”太子气愤地打他，加剌张啼哭起来，让顺帝知道了，于是问道：“是谁在哭？”身边的人回答说：“是脱脱的儿子加剌张。”问为什么哭泣？近臣将事情经过陈述一遍。顺帝高兴地说这个孩子真是一个贤智有才能的孩子。奇氏皇后据此启奏说：“脱脱好人，不宜久在外。”奸臣哈麻也在旁附言，并向顺帝推荐脱脱，“其实此人好”。奇氏在大殿屏风后私下窃听，并派人到甘州暗召脱脱回京。一天晚上，脱脱到达京城，乘天黑入城，“未尝见帝”。奇氏看见顺帝有喜色就带加剌张至顺帝面前问：“你想念父亲吗？”加剌张跪在地上回答说：“我很想念爸爸。”顺帝问脱脱现在在哪里，打算让他见面吗？奇氏上前答道，脱脱离京城很久了，想见圣上，现在得知他已经进京城呆在某个地方了。顺帝于是派人让他来见。正色问道：“我派你侍亲甘州，谁把你召来的？”奇氏为之失色。脱脱却慢吞吞地回答道：“圣上让奴婢侍亲，今日幸亲终服阙，故来尔。”顺帝于是抱住脱脱，相互致以问候。脱脱复相，奇氏帮了不少忙。后来由于在立太子的问题上脱脱不力而遭奇氏、哈麻谗言受贬。

随着太子爱猷识理达腊的长大，奇氏干预朝政也越来越严重。一是迫不及待地为皇太子谋内禅。此谋先出于哈麻，哈麻败死后，奇氏则亲自出马进行活动。至正十八年（1358 年）太平为相，奇氏遣宦官、高丽人朴不花谕意太平立内禅，太平没有同意；再申此意，太平又不从，于是与皇太子密谋排挤太平，残害太平的朋友成遵、赵中等，迫使太平称病辞职，之后又诬以非罪，害太平于贬谪途中。对元廷忠心耿耿颇有辅佐之功的太平，最终做了顺帝与奇氏、太子争夺最高统治权的牺牲品。其后又以扩廓帖木儿为外援，百般庇护朴不花、搠思监等，强令扩廓帖木儿拥兵胁迫顺帝让位给儿子等，奇氏在元末政治风云中起了一定的作用。二是干预高丽政事。奇氏既贵，三世均追封王爵，其家族在高丽怙势骄横，强夺田舍民女，高丽王多次劝戒他们仍不悔改。高丽王非常气愤，尽杀奇氏家族。二十三年，奇氏对皇太子说：“你已经长大了，为何不替我报仇？”于是立在京城大都的高丽王思族塔帖木儿为王，以奇氏家族子三宝奴为元子，以将作院同知崔帖木儿为丞相，用兵万人强行送回国夺权。结果兵渡鸭绿江，遭到伏兵，只剩下 17 骑回到京城。直到大都失守，退到上都之后，奇氏还念念不忘旧仇，曾与皇太子商量，何不遣辽阳行省左丞相纳哈出问高丽之罪。皇太子不赞成，遂罢。

自从奇氏干预政事、谋内禅后，与妥欢帖睦尔关系渐渐疏远，甚至两个月不见面。二十五年(1365)12月，奇氏补为正宫，十分勉强。后来，顺帝曾怒责奇氏和皇太子："从前字罗举兵犯阙，今日扩廓总兵天下，尾大不掉，你母子二人误我天下；今天下土疆分裂，坐受危困，皆汝母子所为。"说罢怒气未消，皇太子甚至被打了几拳，吓得逃跑了。二十八年(1368)，奇氏随顺帝北奔。

荒淫房中术秘闻

顺帝对儒学失望之谜

顺帝即位前，元朝统治腐败，奸臣擅权，财政空虚，贫富悬殊，民不聊生，四海动荡。

至元六年(1340年)权臣伯颜被罢黜后，顺帝开始亲自处理朝政。是年他已21岁，正值年少气盛之时。1341年，顺帝改元"至正"，以示拨乱反正之意，"与天下更始"。倚重脱脱进行改革，废除伯颜旧政，重振祖宗大业，大有恢复元朝盛世的向慕之志。社会政治风气为之一新。这是他一生中最有作为的时期。但由于时弊积重难返，犹如"回光返照"一般。脱脱复相后，鉴于朝廷财政十分拮据，加之洪水泛滥，黄河决口，提出"变钞"和"开河"的建议，岂知在社会矛盾日益尖锐的情况下，"变钞"、"开河"成了元末农民起义的导火线。所谓变钞是指脱脱为解决财政危机于至元十年(1350年)发行了一种新的纸币，即"至正宝钞"，用它来代替流通已久的"中统宝钞"和"至元宝钞"。新印的至正中统交钞1贯相当于铜钱千文，折合至元宝钞2贯。而且以纸币为母，铜钱为子。如此以虚代实，本末倒置，主要是便于任意印制钞票，搜刮民财，填补国库亏空。滥印纸钞很快引起票面贬值，物价随之上涨10倍。百姓视交钞如废纸，因变钞而破产者日增。国家财政从根本上遭到破坏，全国出现"米价贵如珠"的局面，搞得民不聊生，怨声载道。

从至正四年(1344年)开始，黄河接连在白茅堤、金堤决口，河水暴溢。河南、山东、安徽、江苏等省受灾严重，有的地方水深达2丈左右。接着又发生旱灾和瘟疫，沿河人民死了一半。山东地方的盐场也被洪水冲毁，直接影响了政府的收入。至正九年(1349年)四月，顺帝和脱脱采用贾鲁疏塞并举，修复旧道，使河东行的建议，征集治沿河民夫军士十七万，治理黄河，这就是所谓"开河"。始料不及的是，"开河"已引起百姓强烈不满。至正十一年(1351年)五月，白莲教会首领韩山童、刘福通等人借机策动起义。他俩暗中凿了一个独眼石人，在其背上镌刻"莫道石人一只眼，此物一出天下反"14个字，预先埋于黄陵岗治河工地，同时散布民谣："石人一只眼，挑动黄河天下反。"果然，石人被挖了出来，河工们议论纷纷，在韩山童、刘福通的鼓动下，三千名河工聚集白鹿庄，杀白马黑牛，誓告天地，以红巾为号，发动起义。尽管后来顺帝派兵镇压了下去，但从此以后，顺帝开始颓废厌政了。

顺帝起初对儒学比较虔诚。他从儒家那里接受了"天人感应"思想。在广西大圆寺读《论语》、儒家名言。如"天何言哉，四时行焉，百物生焉"；"获罪于天，无所祷也"；"死生有命，富贵在天"给他留下了深深的烙印。联系到被贬赴静江途

中，刘家山下猢狲拜于岸，自己不是天生的龙种吗？不到一年，果然登基称帝，真是天命不可违啊！以后读书越多，天命思想越深。但元末宫廷保留蒙古怯薛宿卫制，以蒙古、色目贵族子弟为核心的怯薛人员，对儒学多持抵触态度。他们“恒侍”御前，包围顺帝，朝夕用蒙古、色目文化习俗熏陶浸润，其效力自然是“数日一进讲”、“不逾数刻即罢”的汉儒经筵所无法比拟的。顺帝也开始觉得，自己励精图治而朝政日非。儒学“修身齐家治国平天下”的说教，并不能在腐败的朝政中创造奇迹。以往按照儒士劝告举行的祀天祭地、享太庙等礼仪以及几次罪己诏书，徒增对皇帝个人的精神束缚，而未曾消灭弭患，更不用说带来天地祖宗的洪福祐助了。于是顺帝对儒学渐渐厌倦了，转而尊崇喇嘛教。

尊崇喇嘛教

喇嘛教讲求超脱，追求来世、个性放纵，政治上失意、现实中碰壁的人，极易堕入此精神网络之中而不能自拔。元朝后期诸帝都是既崇佛又尊儒的，如英宗、文宗皆然。顺帝由二者并重到抛弃儒教是元末统治者在蒙古、色目（吐蕃在内）汉族多元文化并存的格局中完全倒向色目——吐蕃一极的重要动向。早在元初，藏传佛教就成了国教。或许是由于和大圆寺秋江长老的一段不寻常交往，顺帝即位后十分尊崇佛教。至元二年（1335）顺帝尊吐蕃喇嘛曩哥星吉为帝师，又照例受佛戒九次。后来幸大承天护圣寺，特赐土地16万顷。大护国仁王寺也受到货钞26万锭规运营利等优待。就教义而言，无论是萨迦教派还是噶玛噶教派，都不禁止娶妻，不甚限制教徒的本俗。这对童年受压抑、亲政后的儒学治国碰壁而渴望自我超脱、自我放纵的顺帝来说，似乎颇有吸引力。所以他最终倒向了喇嘛教。

顺帝还相信天命和迷信。他一度好学，因而善观天文，常用天体星宿运行变化作为其决策的根据。至正十八年底，关先生、破头潘等攻克上都。“己而东行。左右劝帝宜出避之。帝知天象无伤，大言曰：‘毋多言，有福者来，吾何避之有？’”二十二年，“先是，有白气如索，长五百余尺，起危宿，扫太微垣。太史奏山东当大水。帝曰：‘不然，山东必失一良将。’即驰诏戒察罕帖木儿勿轻举，未到而已及于难。”二十九年正月初九日，“是日，有狐数头，入（上都）行殿，直至御座下。御史大夫阿剌不沙见上，极言亡国之兆。上曰：‘天意如此，朕将奈何？’”其深信天命竟至如此地步。

顺帝还从喇嘛处学来一套游皇城的祓灾迎福办法。游皇城每年二月二十五日举行。届时动员万余人，鼓吹大乐，杂扮戏队，浓妆艳服，由皇宫奉佛伞神轿游京城一周，美其名曰“为百姓祈福”。顺帝不仅把喇嘛教当作自己的精神寄托，还强令太子步其后尘，弃儒就佛。起初顺帝立端本堂，聘李好文等教授太子儒学，太子昏昏欲睡。此时却以“儒学乱本性”为辞，改命太子随喇嘛师学佛法，“一夜即能晓焉”。可见喇嘛教对顺帝父子有极大的诱惑力。《草木子》卷一上管窥篇中有一句话，即“天道不以理妄，则归于幻妄耳”，切中顺帝要害。

宠番僧大兴土木建行宫

至元十二年（1352年）九月，脱脱指挥元军攻陷徐州，大肆屠城，芝麻李逃

走。脱脱因徐州虽然平定，但南方各地起义不断发生，造成漕运困难，因此奏请顺帝设立大司农，自领大司农事，分巡各属，西至西山，东至迁民镇，南至保定河间，北至檀顺州，引导水利，立法耕种。不过半年，粮食丰收，积满仓库，无后顾之忧。

妥欢帖睦尔看到中州已被平定，粮储充足。又因亲政改革不见成效，反而招致天下大乱，起义四发，遂产生厌政情绪，追求宫廷享乐，便将脱脱召回京城，将一切国政委托他处理。自己日居宫中，恣意酒色。此时近侍官员哈麻日渐得势。哈麻是康里部人，他与弟弟雪雪是宫中宿卫。哈麻为人圆滑，善于巴结权贵。他为了获取高官厚禄，极尽献媚之能事，想尽办法迎合顺帝喜欢玩乐的心理，暗中向妥欢帖睦尔推荐了一位西天僧（印度和尚）日侍左右。这个番僧，生得碧眼儿虬髯，相貌魁梧，据他所言，曾在西番，受过欢喜佛之戒。传受得这一演揲儿法，非常灵验，人们如果掌握了这个秘术，可以长生不老，一夜之间能够御女数十，采阴补阳，超凡入圣。所以把这演揲儿译成汉语，就是"大喜乐"的意思，实际上是一个运气的房中术。顺帝正要研究个中奥妙，突然得到哈麻引进番僧，如同得了至宝，于是把番僧视为圣师，封其为司徒，让他在宫中讲授，教皇帝学习淫术。这个番僧对顺帝说："欲受大法，必先建筑欢喜佛行宫，塑造欢喜佛像，在佛前建无遮大会，方能有效。"顺帝此时已开始着迷。完全顺从番僧的意思，立刻降旨，命哈麻为建造欢喜佛行宫正使，雪雪为副使，番僧总督工程，指挥一切，动用京师民夫十万余人，连夜赶造。哈麻奉了旨意，派人四处抓壮丁，前来工作。骚扰得京城一带的人家，男女流亡，壮丁逃亡，从前繁华地区，如今连人烟都没有了。大臣们曾联名上章，奏请停止工程，但都似石沉大海，这项工程用了半年时间才告竣工。哈麻奏请顺帝御驾降临，拜佛拈香。顺帝选好了黄道吉日，率领文武百官，排开銮驾，亲至欢喜行宫。这座行宫，建造得金碧辉煌，画栋雕梁十分壮观。通过正门，进去便是大殿，殿上塑着许多欢喜佛像，都放在神龛里面，罩着纯黄绸的帐幔，也看不出是怎样的欢喜佛像。顺帝传旨，将帐幔揭起，不觉地大吃一惊，原来有的是人首兽身，有的是兽头人体，都是雌雄成对，互相偎抱，作交媾之状，并且做出种种姿态，令人看后目眩心迷。御览了一会儿，便由番僧导引来到后殿禅室。那后殿建筑尤为精致巧妙，处处都是纹窗绣轩，琉璃镶嵌，金光闪闪。四壁全是用花纹楠木做成的，隔成小房间，内中家俱床铺一应俱全，陈设富丽。最奇怪的是各个房间用来打隔断的板壁。在正中间的板壁上，装有机关，只要用手一拨，机关便会开动，各室的板壁就会自动地全部折叠起来，许多小禅室便成为一个极大的大房间。如果想要变成小禅室，只须再将机关一拨，四面的板壁仍旧恢复原状，变成小小的房间。顺帝见了，龙心大悦！于是嘉奖哈麻兄弟。当即与番僧商议，行宫已经建成，这就练习演揲儿法。于是在三宫六院许多妃嫔中挑选美貌者拨入行宫，实行演揲儿法。顺帝自得番僧传授，果然学得甚有效验，龙心甚为喜慰！每天在欢喜行宫昼夜交欢，居然不想回宫。

元顺帝迷上了天魔女

这时，哈麻的妹夫，名叫秃鲁帖木儿，官拜集贤院学士，向得顺帝宠幸，出入

宫禁毫无忌惮。现在见哈麻引进番僧，竟使顺帝沉迷不返。深恐自己的宠幸一旦被夺，便找了一个机会，密奏顺帝说："陛下虽贵为天子，富有四海，其实不过保存现世罢了。臣闻黄帝以御女成仙，彭祖以采阴致寿，陛下所习的演揲儿法不过是细小法术，乐取一时。若能研究大道，温柔乡里乐趣无穷，并且可以上升仙界，延年益寿，永无穷期，岂不得好嘛。"顺帝问："哈麻说演揲儿法练习成功也可以飞升仙界，超凡入圣。你如何说是细小法术？难道还有比演揲儿法高妙的吗？"秃鲁帖木儿答道："演揲儿法仅属男子一方的，不足为奇，臣故称之为细小法术。除了演揲儿法以外，还有一个男女双修法，陛下如果能练习双修法，其妙处比演揲儿法要高过千万倍呢。陛下试想房中行乐，阳盛阴衰，上行下不交，哪里还有趣味。"顺帝大悦！于是，秃鲁帖木儿便向顺帝引荐西天僧伽璘真，拜为师，命他传授秘术。伽璘真说："臣的法术非同小可，须要龙凤交修，方能完美。"顺帝回答道："中宫皇后素性迂拘，执守礼法，不便学习。其他后妃，有的可以勉强学习，但一时之间，也恐为难，如何是好？"伽璘真答道："臣有一个办法，可以使陛下随心所欲，并不要动用后妃，以致为难。""普天之下，莫非王土；率土之滨，莫非王臣。陛下只要下道上谕，挑选良家女子入宫演练就是了。"于是顺帝立刻降旨，挑选三十名年轻貌美女子送入宫中，又选出了十个皇亲国戚称为十"倚纳"，其中有妥欢帖睦尔的母舅老的沙，在宫中练习"秘密佛法"。伽璘真为人一团和气，和蔼可亲。入宫数日，宫娥彩女无不欢迎，就连前次传授演揲儿法的番僧见伽璘真深得帝宠，也来结交他，和他十分莫逆，结成知交。顺帝又各赐宫女三四人，以供服侍。两个秃驴互相联络，日授秘法，夜参欢喜，把个六宫禁地弄成无遮大会、肉身布施的场所。每天无拘无束，逍遥自在。他们俩人还觉得不称心，又想出一个寻欢作乐的办法，选美女十六名，为十六天魔舞女。让她们按舞乐起舞，名为十六天魔舞。跳舞的人头上垂挂几股发辫，戴着象牙佛冠，身上披着缨络、穿着大红色镶金丝的长短裙，嵌金五彩短衫、披肩、合袖仙衣，以及丝带鞋袜。各人手里拿着法器、昙花之类，其中一人执铃杵敲奏音乐节拍。另有宫女十一人，用白绢扎束槌状发髻，丝帕束腰，穿平时服饰，或者戴唐时人的帽子，着窄小的上衣。伴奏用的乐器有龙笛、头管、小鼓、筝、蓁、琵琶、笙、胡琴、响板等，用宦官名叫长安迭不花的做指挥。逢到宫中举行赞佛仪式时，就起舞奏乐。宫廷官员只有受过秘密戒律的方可入内，其余的人一概不准参与。十六天魔女，幻化成美貌菩萨，勾魂动魄，迷惑世人。以其娇媚体态和婀娜舞姿，美妙技艺，渲染出超脱尘世、浪漫神秘的氛围境界，舞以天魔被佛降服告终，显示佛法无边。顺帝被舞女们弄得神魂颠倒，如醉如痴。一时兴起，便拥着美女来到密室，试演双修法和演揲儿法。伽璘真为博得顺帝欢心，造一种药酒，名为"疯魔大力酒"，谁喝了，谁就会如着了疯一样，顿时将身上的衣服脱光寻人厮打；而且力大无比。顺帝命宫女喝下此酒，裸体相逐，看得发起兴来，便与番僧伽璘真等亲自下场，左拥右抱，肉身说法。一天，有一个亲王名叫八郎，是顺帝的兄弟辈儿，趁机也来窃玉偷香。秃鲁帖木儿又联结了许多少年无耻的官僚，入宫侍候，常常在大庭广众的地方，便一对一对裸抱起来，以为笑乐！顺帝还赐他们一个美号叫做"倚纳"，共10人，可以任意出入密室中。这密室叫色济克乌格，汉语意思是"事事无碍"。一入密室，便可任意恣肆，不论君臣上下，聚在一处宣淫，男女裸体，

公然相对，艳语淫声直达窗外。番僧又招引许多徒侣，同入禁中，除了正宫皇后外，莫不混在里面，闹得一塌糊涂。

皇帝五日一移宫是元朝的一项定制。为避免大臣援例非议，顺帝特别命人挖掘地道，暗中屡幸天魔舞女处，以昼作夜，尽情淫乐，置朝政于不顾。皇子爱猷识理达腊对父皇的行为十分不满，欲除奸僧淫贼，以泄心头之愤。时值农民起义规模越来越大，丞相脱脱受太子所托并为国家计，立即入宫，盛气来到殿门，大踏步趋入内廷。不料放哨的宦官突然上前阻拦不让入内。脱脱怒气冲冲，甩开宦官，抢步而入。此时顺帝正在室中追欢取乐，忽见秃鲁帖木儿匆匆入内道："不好啦！脱脱闯将进来了。"顺帝大惊，喘息着说："司阍何在！为什么不加阻拦？任他入内。"顺帝无奈只好穿好衣服迎出。对脱脱说："朕思人生如电光石火一般，瞬息即灭，不妨及时行乐。况军国重务，有卿担承，朕可放心，卿且让朕一乐吧！"奇氏皇后有一天扯着顺帝的衣袍劝道："宫中妃嫔足以侍奉陛下，毋须整日为天魔舞女所惑。陛下应该爱惜自己身体呀！"顺帝听罢，勃然大怒，竟说："古今只我一人而已，谁敢管束我呢？"奇氏暗自叫苦，只得广蓄高丽美女，遍赠朝廷大臣，以保皇后之位。顺帝荒淫无度，为元朝诸帝之最！大概也只有隋朝的炀帝可以与他相提并论。他不理政事，拼命行乐，没过多久，就把一个强大的王朝给葬送了！

"鲁班天子"秘事

顺帝还在深宫潜心工巧造作，而且技艺高超。他在内苑制造龙船，委派宦官供奉少监塔思不花做监工。顺帝亲自设计了龙船的图样，船头至船尾共长一百二十尺，宽二十尺，前有竹瓦细帘的凉棚、走道，左右两厢的暖阁，后有自己的高层楼殿。龙身和殿宇用五彩绘饰，金玉镶嵌，前有两副龙爪。船上配备二十四名水手，身穿紫衣，束金荔枝腰带，戴有四根飘带的头巾，在船的两侧下面各拿一根竹篙。把龙船放到从后宫到前宫山下的人工大湖里往返游乐。龙船航行时，龙的头、眼、嘴、爪、尾都会相应活动。

顺帝还亲自设计制造了宫漏，高约六七尺，宽是高度的一半，用木制成柜，漏壶暗藏在木柜里面，水自上而下流动。柜顶有铜制的西方三圣殿模型，柜中央站着捧时刻筹的玉雕仙女，到时，就会浮水而上。左右站着二尊金甲神人，一面挂着钟，一面挂着钲，夜里神人自会按时敲更，分秒不差。钟、钲鸣响时，旁边栩栩如生的狮子、凤凰会翩翩起舞。柜的一方有铜制的日月宫，六尊玉制仙女站立宫前，每逢子时、午时，仙女会自己双双前进，渡过仙桥到达三圣殿，随即又退立到原先位置。这架宫漏的精巧无与伦比，人们认为这是历代所罕见的。

顺帝亲自设计的龙舟，不仅外观华丽堂皇，而且有着性能良好的机械传动装置，很是灵巧绝妙。他设计的漏壶，机械装置复杂，制作难度很大。如此精妙的宫漏，古代文献中罕见。此外，他还喜欢为臣下设计房屋住宅。有时还亲自动手制造模型、桥梁槛槛，一应俱全。比例准确，具体而细微，煞是惹人喜爱。所以史书上戏称元顺帝为"鲁班天子"。

明太祖朱元璋

朱元璋(公元 1328—1398 年),元末农民起义军的领袖,大明王朝的开创者,我国封建社会的著名皇帝之一。

人们常说,明太祖朱元璋是安徽凤阳人。其实,凤阳只是他的成长之地,他出生于泗州,3 岁时随父迁到凤阳。祖籍江苏沛县,关于朱元璋的籍贯与经历,后人在凤阳龙兴寺朱元璋画像左右曾撰有一联,生动形象地作了很好的概括:

系于沛,生于泗,长于濠,凤郡昔钟天子气;

始为僧,继为王,终为帝,龙兴今仰圣人容。

身披袈裟　皇觉寺里讨生活

元朝(公元 1271 年—1368 年)的建立,结束了宋、辽、夏、金对峙混战的局面,使中国又出现了规模空前的统一局面。但是由于元王朝的残酷民族高压政策,不到百年,就被愤怒的人民推翻了。而在人民反元的大起义中,朱元璋就是最杰出的英雄人物。

佃农朱五四,其妻陈氏已经为他生育了三个儿子,两个女儿。元文宗天历元年(公元 1328 年)的九月十八日子丑二时之交,也就是凌晨三时许,又一个男婴降生了,取名重八,他就是朱元璋。八口之家,生活更加艰难,经常穷得揭不开锅。先天不足的朱元璋由于不得温饱,更是瘦得皮包骨头,气息奄奄。幻想神灵保佑的朱五四,便抱着他到皇觉寺(后改为龙兴寺),跪倒在佛像前许愿舍身。然后在老僧高彬法师面前,恳求认幼儿朱元璋作徒弟。当高彬认可后,才抱着朱元璋离寺而回。

也不知是否朱五四的行为起了作用,朱元璋竟一天天长大起来,并开始给地主放牛、打工。随着岁月的流逝,朱元璋的哥哥、姐姐都先后成了家,他满以为凭一家人的拼命劳作,节衣缩食,苦日子就会到头了的,但天并不遂人愿,就在这时,一场大祸降临了。

元顺帝至正四年(公元 1344 年),一场特大的自然灾害发生了,这一年,淮河北岸发生了百年不遇的大旱灾。濠州地区久晴不雨,眼见收获将临,又飞来铺天盖地的蝗虫,将庄稼吃了个精光,接着,瘟疫又流行起来,穷苦的人民饿死、病死的不计其数,人们为了生存不得不纷纷流浪,远近几百里变成一片荒凉。

朱元璋一家也难逃厄运。这一年九月,64 岁的朱五四一病不起,不久就离开了人世,接着母亲陈氏和大哥重四又先后死去。加上前几年相继病死的二嫂、三嫂等人,偌大的一家人只剩下大嫂王大娘、二侄朱文正、二哥重六和朱元璋自己四人了。此时的他们连棺材钱也出不起,而且埋葬尸体的地方都没有,他们的可怜处境和哀伤的哭声感动了好心的邻里刘继祖,主动送了一块坟地给朱家,这才使得朱元璋四人用几片破芦席埋葬了亲人。这就是朱元璋在当上皇帝之后,在原地重建的凤阳城南的明皇陵。

为了活命,在埋葬了亲人后,二哥与大嫂、侄儿就各自奔东西谋生去了,好心

的邻居汪老太太十分可怜17岁的朱元璋，主动收留了他。但汪家也是自身难保，无法照顾朱元璋太久，汪老太太回忆起朱五四抱子皇觉寺舍身的过去，便与朱元璋商量入寺为僧的事情。两人相对落泪，朱元璋含着泪反过来安慰老太太说："大娘，当和尚总比饿死的好，您就放心吧！"于是朱元璋拜别汪老太太的收留之恩后，迈着沉重的脚步向皇觉寺一步步走去。

17岁的朱元璋衣衫褴褛，面容消瘦，可以说是其貌不扬，但他却生得身材高大，有几分力气，所以，高彬大师虽有几分不快，还是答应了他实现幼时舍身，如今决心削发为僧的请求。从此，朱元璋成为一名干杂活的小行僧，他实际上是庙里大和尚的小仆人。虽然发给了朱元璋一件破"衲衣"，但并没有给他受戒，所以，他还不是一个正式的和尚，扫地、上香、击鼓、挑水、烧火、煮饭、洗衣等等就是他每天的"功课"。

朱元璋本是一位要强好胜的乖巧少年，一场天灾使他沦落到这个地步：从早到晚听着枯燥的钟鼓声、木鱼声、念经声，白天不停地干着体力活，还少不了受老和尚的训斥，时时低声下气地陪笑脸。再想想过去，自己是家中最小的，处处有人宠着、让着，在村子里的小伙伴当中，也凭着聪明能干而有些身份，真是越想越不好受，但为了生存下去，又不敢对活人发火，他便对泥菩萨下手来发泄怒气。

有一天，朱元璋打扫佛殿，干了大半天，累得上气不接下气，却不小心绊着佛像的石座跌了一跤，早就窝了一肚子气的朱元璋，这下可找到出气的地方了，不由分说，便操起扫帚痛快地揍了佛像一顿。过了些日子，供桌上的大红蜡烛因为被老鼠啃了一个大缺口，老和尚却怪罪朱元璋的不尽辞责，把他狠狠训斥了一顿。朱元璋心想，不是听说你们佛爷是管庙宇的吗？这个木头东西却连一只老鼠都管不住，害得我受责骂，真是没用。于是他设法找到了一支笔，在佛像的背上写了"发配三千里"，把佛像"充了军"。这在当时，迷信统治着人们的时代，此事倒也算得上不小的反抗精神了。事发后，朱元璋自然少不了挨骂，但由于他是不花钱的杂役，也就不了了之。

寺庙是靠收租过日子的。淮北的特大灾害，也断了皇觉寺的活路，眼看着存粮一天天的减少，高彬等法师只好作出让和尚们出门去云游觅食的决定。朱元璋当了50天行童后，便与师父、师兄一起先后离开皇觉寺。他一不会念经，二不会做佛事，却也只好硬着头皮上路。好在他虽然不通佛道，倒也看惯了别人如何敲木鱼，如何口中念念有词。于是他也就装模作样，走东闯西，壮着胆子，走四方去了。

朱元璋由凤阳南下，先到合肥，再西入固始、信阳，又往北进入汝州、陈州等地，最后回到皇觉寺。这一圈，历时四年（公元1344—1348年），穿城越村，虽说是饥寒交迫，吃尽苦头，却也经了风雨，见了世面，增长了知识，开阔了眼界。特别是这些地区人民高昂的反元活动，给了朱元璋极大的鼓舞，他开始明白只有斗争才能改变现状。这次游历，对于朱元璋以后的成长和发展，奠定了思想基础。

从士兵到大明开国皇帝

朱元璋当游方僧在淮西地区到处行乞的期间，正是江淮人民为反抗元朝统

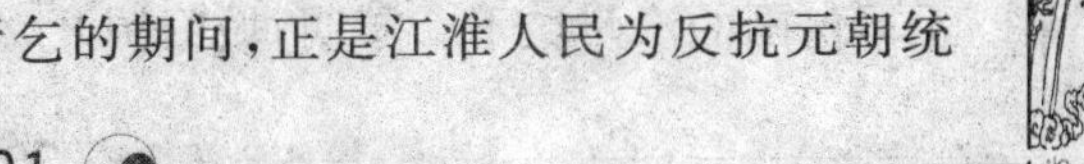

中华帝王

治，在宗教外衣的掩护下进行广泛地组织发动的高潮阶段。

河南与淮西地带，在当时，是南、北两大派白莲教的活动中心地域。

北派白莲教，当时是以祖籍赵州栾城（今河北栾城）人韩山童为首。南派首领则是彭莹玉，他因袁州起义失败，便逃到淮西地区潜伏，秘密宣传“弥勒降生，当为世主”的思想，在他的发展组织下，教徒遍及江淮，积极做着起义准备。朱元璋游方期间，正是南派白莲教进行紧张的宣传和发动民众的时候，朱元璋暗暗地接受了白莲教的教义，寄希望于已经降生的弥勒，以解救受苦受难的淮西民众和自己。于是，回到皇觉寺后，他改变了顽皮的旧习，开始思考将来，并开始认真学习文化，广泛交友，为将来能干一番大事业而积极创造起条件来。

元至正三年（公元 1343 年）五月，黄河在白茅口决口，元王朝的税收遭到很大损失。朝廷决定强征 17 万名民夫，要开河 280 里，把黄河勒回旧道。韩山童认为时机已到，便到处散布童谣，说“石人一只眼，挑动黄河天下反！”并且暗地里雕凿了一个独眼石人，偷偷地埋在黄陵岗旁估计着先要开挖的地方。

后来人们果然挖出了一个独眼石人，一时人们确信弥勒降生，出头翻身的日子已来到了，人人口中念佛，情绪十分激昂。

根据形势的发展，韩山童聚集了 3000 人，在白鹿庄杀白马、乌牛祭告天地。宣称自己是宋徽宗第八代孙，刘福通也宣布是宋将刘光世的后代，是辅佐旧主韩山童的，在一片欢呼声中，韩山童被推为明王。他们定下起兵日子，决定以头包红巾为记号，歃血立誓。不料消息走漏，元军包围了白鹿庄，韩山童遭擒被杀。刘福通则力战而逃，重整队伍，并出敌不意，立即举行起义，先后攻占了颍州、罗山、上蔡、正阳、霍山等地。黄陵岗工地河夫们得了信号，也呐喊而起，杀了监工河官，包上红头巾，与刘福通主力会合，组成了五六万人的大部队。

由于农民起义每个人头包红巾，所以被称为红巾军，以区别于头包青巾的元军。

红巾军所到之处，严守教规，不杀平民，不奸淫，不抢劫，开仓发粮救穷人，深得民众的拥护。有关起义军的消息，不断地传到皇觉寺，传到朱元璋的耳朵里，特别是红巾军檄文中“贫极江南，富夸塞北”这句话，更是深深打动了朱元璋的心，他结合个人的际遇，想到了自己一家人长年辛勤劳作，却只能吃草根树皮，原来是大漠那边的贵族把全国的财富都掠去了，要活命，就得改变当今这个世道，把吃人的朝廷推倒。这样，朱元璋暗下了决心，要参加起义的队伍，达到改变现状的目的。就在这时，郭子兴占领了濠州城。

在城外皇觉寺里的朱元璋，本准备去投奔濠州城，但听说城内五个元帅谁也不服谁，便又踌躇不决了。这时，他接到一封从濠州城里捎来的信。

这封决定了朱元璋前程的信，是他的少年好友写来的，那位好友，就是在死后被朱元璋追封为东瓯王的汤和。当朱元璋远游外地时，汤和也逃荒他乡。在得讯郭子兴定远起事之时，汤和即带领十几位壮汉前来投奔，并立功被提升为千户。他首先想到了仍在皇觉寺受苦的故友朱元璋，便写了封信动员朱元璋入伍。

元至正十二年（公元 1352 年）闰三月初一日夜，朱元璋身着僧衣，来到了被元军包围的濠州城下。黎明，城门洞开，朱元璋急着就要进门。但守门的兵士见

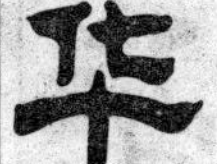

到他是一个衣衫破烂的和尚，便起了疑念，将他捆起来，送交郭子兴帐前请令斩首。但朱元璋此时十分镇定自若，问一句，答一句，不喊冤不叫屈，而是清晰的表达出自己的投军之意。郭子兴见他没有奸细的慌张和畏惧，而且虽长得丑了一点，却是一身正气，身高体壮，确像一条好汉，心底里暗生喜欢他了，再仔细盘问，原来朱元璋是本地孤庄村人，又是千户汤和写信叫他来的，便高兴地收为步卒。

朱元璋入伍后，可以说是如鱼得水，精神振奋，操练刻苦认真，又加上他颇有心计，有体格，仅仅十几天工夫，就成了小队内武艺拔顶的人物。几次出城巡哨，有机谋，又果断，行动沉着，随机应变，次次立功圆满而归，不仅小兵们个个喜欢与他一起执行任务，就是队长也常常与他商议。也许是朱元璋的缘份好，运气佳。有一天郭子兴亲自巡查，因为朱元璋个头高大，站在排头，很是醒目，郭子兴一眼认出他是那位被捆来投军的和尚，便顺口问队长他来队后的表现。队长自然是满口称赞，说他是"千中选一"的人材。一句话令郭子兴大喜，当即宣布朱元璋为亲兵九夫长，调回帅府，在自己身边当差去了。

乖巧能干的朱元璋调到了郭子兴身边服务后，做事小心谨慎，作风果敢利落，完成任务又快又好，打起仗来能身先士卒，且不贪功不贪财。加上他平时没有多话，说出的话字字都有分量，深得上司和同伴的信赖。朱元璋又认识一些字，上司的命令、公告以至士卒们的家信，伙伴们常找他讲解。由于朱元璋勇敢、能干、有见识、有义气，为人大方人缘又好，因此得到了大伙儿的尊重，甚至郭子兴元帅也将他作为心腹体己。

早几年，郭子兴的老友马公病死，将其女儿托付了他，郭子兴视孤女为亲生骨肉，交二夫人张氏扶养成人。郭子兴常在饭后茶余夸奖朱元璋这也好，那也好。张氏认为郭子兴心粗，脾气又不好，与其他四个元帅合不来，急需一位像朱元璋这样能干的人当助手，两人一商量，决定将养女嫁给朱元璋，招为上门女婿，对此朱元璋自是满口应承，择日便成婚。为婚礼上显示身份，郭子兴找人给重八起官名，取名元璋，字国瑞，此后他便更受尊敬，也更有利于施展才能，官阶逐渐上升了。

在红巾军中几个月的生活实践，使朱元璋懂得了要使自己地位牢靠，非要建立自己的队伍不可。于是他趁元军撤围的良机，回到家乡钟离，打出红巾军招兵的大旗。穷乡亲们看见自己的重八招兵，纷纷前来报名，不到 10 天，就招到了 700 多人。其中就有小时的伙伴、以后的大明开国元勋徐达、周德兴、顾时、王志、李新等在《明史》有传的人物近 40 人。朱元璋就以这支贴己的力量为基干发展自己，直至登上皇帝宝座。

朱元璋带着这 700 多人回来，郭子兴大喜，于至正十三年(公元 1353 年)六月，升朱元璋为镇抚，一跃成为带兵的军官了。一年后，又升为总管。而且朱元璋看透了已经称王的彭大、赵均用成不了大气候，便提出自己单独外出发展势力的想法，得到了支持后，便带贴身伙伴徐达、费聚等 24 人，南进定远儒生，占城掠地，扩大队伍。

一天朱元璋得到消息，说张家堡驴牌寨有 3000 人的队伍孤立无援，处境困难。他便亲自前往联合，但其主帅却事后反悔，不肯带兵前来投奔。朱元璋便骗

来主帅，假传命令，然后加以感化，把 3000 人变成了自己的队伍，不久，他又采取软硬兼施的手段得到了从濠州撤围下来的元朝“民兵”20000 人，朱元璋高兴的写道：“赤旗蔽野人盈岗。”

朱元璋羽翼日渐丰满，思考问题的眼光也更远了，首先，他想到了事业要成功，必须要有知识，有文化的人才。他任命前来投奔的定远儒生冯国用、冯国胜兄弟为幕府参谋，国用深沉，有计谋；国胜骁勇，多智略。朱元璋虚心地向他们请教，冯国用提出了夺取有“龙蟠虎踞”美称的集庆路(今江苏南京)，占据有利的地形，以建立巩固的根据地为首要任务，而后拓展地盘，而且要取得民众的支持才能建功立业的建议。这一建议，对于朱元璋的反元建国的成功起到先导作用。接着，在南攻滁州途中，定远地方有名的文人李善长来军门求见，朱元璋高兴地马上接见。朱元璋认为现在反元起义遍地都是，看来要有长期的战争。李善长胸有成竹地说：“您要事业成功，必须学习汉高祖刘邦。”他认为刘邦也出身平民，但为人气量大，眼光远，善用人，不乱杀人，深得军民爱戴，所以只用了五年便平定天下。朱元璋从此暗下决心要学习这位沛县老乡，便将李善长留作幕府掌书记。朱元璋心中不但有了建立根据地的思想，而且有了效仿的榜样，为今后的斗争铺开了道路。

在李善长和冯氏兄弟的辅佐下，朱元璋顺利地攻下滁州城。这时，他的亲侄子朱文正和二姐夫李贞携带他的儿子李文忠闻讯前来投奔，并转告他的二哥已去世的消息。一家所剩的几口人总算团聚了。

至正十五年(公元 1355 年)正月，朱元璋攻克和洲。郭子兴接到捷报，立即指派朱元璋为总兵官，镇守和州，成了一地的最高长官。朱元璋明白自己有了名义上的地位，但由于年龄轻，资历浅，所以又花费了不少心机，整顿军纪，处处严格以身作则，在和州逐渐建立并巩固了自己的地位。

不久，郭子兴病死，军队由其子郭天叙、妻弟张天祐、朱元璋三人同管。

和州都元帅府内的三名元帅，在名义上，郭天叙为主帅，张天祐、朱元璋是副职，应该由郭天叙当家做主。可是，郭天叙年纪轻，又没有军事经验，起不了实际作用，张天祐又无计谋，只是一介武夫，而朱元璋本身有勇有谋有决断，又有一批勇猛得力的幼时贴心伙伴，如徐达、汤和、邵荣等战将，加上收了一批年轻善战的义子，如外甥李文忠、侄子朱文正、同乡沐英外，还有朱文刚、何文辉、徐司马等二十几个干儿子的全力支持；更重要的有自己招来的一支强大的亲军和李善长、冯国用等出谋划策之士，使自己如虎添翼。所以，和州红巾军的实际主帅是朱元璋。和州在他的经营下，日益兴盛起来。

至正十年四月，邓愈、常遇春先后带着自己的军队来投。二人勇猛无比，威震一方。他们的到来令朱元璋十分高兴，立即委任邓为管军总管，常遇春为前锋。不久，巢湖水军廖永安、俞通海又率船来投。至正十五年六月朱元璋得以乘风渡江，攻克太平路，为防止军队抢物，他事先就命李善长起草了禁约，四处张贴，见一兵犯禁立即斩首，因此城内很快平静下来。朱元璋又对全军将士论功行赏，军队上下也是十分欢喜。随着军中威望的提高，朱元璋在太平路建立元帅府，自己当起了元帅。

后来，郭天叙与张天祐二帅战死，郭子兴的旧部完全由朱元璋统管了。至此，他成了名实相符的都元帅，小明王麾下的一方面军的主将。

至正十六年(公元1356年)三月，朱元璋亲自领兵进攻集庆路，在城外，陈兆先战败而降，得兵36000人，再攻城，守将福寿战死，水军元帅康茂才和军民50余万归降。朱元璋入城后立即召开军民大会，公开宣布："我是带兵为你们解除元朝腐败统治，带走你们痛苦的，大家各安本业，不必害怕。有本事的人，欢迎他随我建功立业，元朝种种不利百姓的陋习，统统废除。我们决不允许欺压百姓。"老百姓的心安了，社会秩序建立了，人人欣喜，互相道贺。

朱元璋改元集庆路为应天府，并向小明王报告集庆路大捷。小明王得知后，升朱为枢密院同佥；不久，又升为江南等处行中书省平章镇守应天。朱元璋为了在应天站稳脚跟，首先在应天城内建立了自己的"天兴建康翼大元帅府"。

红巾军主力在中原的浴血奋战，吸引了元朝的军力，使之无暇南顾。朱元璋趁机在应天立足并稳步向外进取，建设并巩固自己的根据地。

针对当时的军事势态，朱元璋担心的就是近靠自己的张士诚、徐寿辉两支反元力量向今苏南、浙西拓展。当务之急，是东取镇江、南占宁国，以防张、徐，确保应天的安全。等应天安顿稍有定当，便派出徐达和邓愈两支大军，分别向镇江和皖南进军。

随着有利形势的发展，胸怀大志的朱元璋，更加懂得了知识的重要性。他自己在繁忙的军政活动中，总是偷闲抓紧读书学习，请李善长等人讲解历代政治的得失，成败的教训。随着自身知识的增长，他也更加敬重有知识的人，每占领一处地方，他都必访寻当地名士为自己作秘书、顾问、参谋一类工作。至正十五年七月，胡大海打下徽州，经邓愈推荐，朱元璋请来隐居的老儒朱升，恭敬地征求应付时局的办法。朱升提出了"高筑墙，广积粮，缓称王"的九字方略。朱元璋对此心领神会，称善不已，对于建立和巩固应天根据地，进而夺取全中国起到了深远的影响。

军队进入浙江后，先取建德路，改名平州府；再得婺州路，置浙东行省，并在省府门外树起两面大黄旗，上书"山河奄有中华地，日月重开大宋天"，公开打出了反元复宋的政治旗帜。由于朱元璋以"打仗占城要靠用兵正确，安定民心要靠切实用仁"通令全军，所以军队所到之处，秋毫无犯，这样，婺州周围的郡县都闻风归附。

婺州是近200年来的理学中心，出了许多著名的学者，朱元璋访得当地13名著名学者，为他讲解经书的历史。其中最有名望的是宋濂，这样，朱元璋开始接触了儒学。

至正十九年五月，小明王提升朱元璋为"仪同三司江南等处行中书省左丞相"。八月，朱元璋的部队攻浙东诸暨、衢州、处州等元军重要据点，与应天为中心的地域连成一片，形成了四邻为：东面和北面是张士诚，西面是陈友谅，东南是方国珍，南面是陈友定的格局。虽说他们均为反元盟军，但各有各的打算，形若敌国。其中以张士诚为最富有，陈友谅力量为最大，方国珍、陈友定则是胸无大志，不求进取。

为巩固应天，谋求进取，朱元璋访知浙东有刘基、叶琛、章溢等名士，便请他们出来。刘基便向朱元璋提出了如何改变四面受敌的局面和进而夺取天下的“十八策”，为朱元璋定下了先西征、再东讨，然后南下、北伐夺取全中国的战略决策。当前，要麻痹住张士诚，全力攻击陈友谅，陈灭张必孤，一举可两得；然后再北向中原，王业必成。朱元璋称赞不已。随后，完全按照这一方略行事。

随着应天根据地的巩固，朱元璋和他建立的应天政权，也就逐渐加快了向封建化的转变。如果说，从李善长、陶安、李彐的参加为朱元璋及其政权变质的开始，那么，到了刘基、叶琛、宋濂、章溢等的加入，便进一步加深了质变的进程。这时尽管陈友谅、张士诚等人早已称王称帝，但朱升“缓称王”的教诲之声仍在朱元璋的耳边回响，他按捺住自己，而未急于称王。

陈友谅在元末群雄中力量最强，疆土最广，野心也最大，他原是徐寿辉的部将，后来杀徐寿辉自立，改国号为汉。至正二十年五月，陈友谅攻下太平路，朱元璋的守将花荣战死，继而又占采石，应天近在咫尺。

面对陈友谅的东下和应天城内的不安情绪，朱元璋与刘基在密室商议对策。刘基还是重申他先灭陈友谅的主张。朱元璋也认为投降或逃走是下策，唯一的出路是坚决抵抗。于是，二人设计了集中实力，后发制人，捕捉有利战机，攻击其薄弱环节，以打乱敌人的阵脚，挫其锐气而胜之的策略。朱元璋部将康茂才是陈友谅的老朋友，便请康茂才施假降计，引诱陈友谅上钩。

康茂才府上的老门房以前曾伺候过陈友谅。康茂才就叫他带着自己的亲笔信去见陈友谅。表示愿意里应外合，并建议陈友谅兵分三路直取应天，与自己在城西江东桥会合，以喊“老康”为暗号。陈友谅高兴万分，并问桥是石桥还是木桥？答是木桥。陈又请老门房转告康将军，他将亲自带领一路军队至江东桥与他会合。

老门房归来，朱元璋在搞清陈友谅的布置后，便在卢龙山（今南京狮子山）顶设指挥部，确定以举黄旗为伏兵出击的信号，除安排守城力量外，分兵两路，以康茂才和徐达带领重兵在江东门外设伏，并连夜将木桥改建为石桥；调胡大海率奇兵进袭广信，捣陈友谅的背后。万事俱备，就等陈友谅自投罗网了。

求胜心切的陈友谅日夜兼程，自带主力赶赴江东桥。到桥头一看，不是木桥而是石桥，始觉受骗，大吃一惊，锐气挫落一大半；连忙高喊“老康”，无人回答。正在胆战心惊犹疑之时，忽见山上黄旗招展，顿时伏兵四起，陈友谅措手不及，主力很快被击溃，还被生俘两万多人。因为退潮，陈友谅水军舰只搁浅，全部做了俘虏。朱元璋乘胜西下，收复太平、安庆、信州、袁州。至正二十一年正月，小明王封朱元璋为吴国公。

陈友谅不服输，决心报应天城下之仇。当年九月，遣将又把安庆攻下，力图再次东下雪耻。朱元璋得讯后大怒，立即召开军事会议，决定西伐，亲自统率大军，一鼓作气攻下安庆、江州。陈友谅为人忌能护短，自从杀徐寿辉夺位后，原徐寿辉的将帅不服，因怕被杀害，纷纷投奔朱元璋；没有投奔的，也心怀异志，出战时不肯出力效死，所以不堪一击。江西全境和东南角，很快便被朱元璋占领。陈友谅自己逃往武昌。这样一来，几年来陈强朱弱的军事形势完全改观，朱元璋

已具备了与陈友谅决一雌雄的实力。

至正二十三年六七月间朱元璋与陈友谅在鄱阳湖展开了大规模水战，双方参战人数总共达 80 万之多，两军苦战 36 天，最后以朱元璋得胜，陈友谅败亡而告结束。

轻敌的陈友谅，以几十条大船用铁链连在一起，迎战朱元璋小船组成的活动船队。而朱元璋恰好凭自己的船小，又能单船行动，操作灵活，进退自由的长处，不断用火攻的办法进攻，令陈友谅难于防备，拙于应付。

陈友谅见朱元璋的小船组成的船队在湖面上零零落落，散布一片，便指挥着舰队如老鹰捉小鸡般地向小船群猛扑过去。朱元璋则不慌不忙的挥动旗子，指挥小船立即四散。这样你来我散，你去我扰数十天，搅得陈友谅又气又急，焦躁万分而又无可奈何。后来，陈友谅改变战法，变一口吞为慢慢吃，改驱赶为炮轰，朱元璋也改激将法为实战法，即当自己占上风时，及时组织火攻。因此，湖面上两军相搏苦战，互有胜负，双方死伤都很大，但陈友谅孤军深入，接济断绝，最后几乎弹尽粮绝。

为此，陈友谅召开了军事会议，在会上，右金吾将军主张烧船登陆，直奔湖南再作打算；左金吾将军则主张继续打下去，认为死里求生必胜，结果已丧失信心的陈友谅同意登陆逃走。左金吾怕被处死，散会后便带领自己的队伍投降了朱元璋，右金吾将军看到陆上已被封锁，前途无望，随后也赶来投降。七月二十一日，陈友谅带领余下的部队在凌晨出发，向湖口方向开去，发现一片白船在前拦截，急掉头后退，后面又是一片白船等着，在前后夹击，四面受敌中，全军溃败，陈友谅也被飞箭射死。败兵载陈的尸体和太子陈理乘黑夜靠岸登陆，连夜护送武昌，从而结束了这场大决战，朱元璋大胜。

二月，朱元璋率大军西征武昌，陈理投降，建立湖广行中书省。到年底，陈友谅的汉国疆土，汉水以南，赣州以西，韶州以北，辰州以东广大地区，尽为朱元璋占领。

朱元璋打败陈友谅后，将攻击的矛头指向了张士诚。

朱元璋战胜张士诚的战略部署，基本上分为三步进行：

第一步的战略目标是夺取张士诚江北淮河流域的地盘，这一步，自至正二十五年（公元 1365 年）十月至二十六年四月，用了半年时间，便攻克了今苏北和皖北的通州、兴化、盐城、泰州、淮安、徐州、宿州、安丰等地。

第二步的战略目标是夺取张士诚在浙西的地盘，这一步，自至正二十六年八月到十一月，用了三个月时间，便先后取得了占领杭州、湖州的胜利，从而实现了三面包围平江的态势。

第三步是夺取平江城，实现消灭张士诚的最终战略目标。

围困平江的战役，自至正二十六年十二月吴元年九月，用了十个月的时间，以胜利结束。张士诚面对外无援兵，内无粮草的状况，组织数次突围又均遭失败，负气斗狠，决心与城同存亡。朱元璋在一次次劝降失败之后，最后下令全面攻城。城破后，张士诚亲自带领亲兵进行巷战，最后见败局已定，便一把火烧死全家大小，然后自己上吊自尽。门外部将见其府中火起，撞门而入，救下了张士

诚。此时，朱元璋的军队也已赶到，便将张士诚活捉，由水路解往应天。在船上，张实行绝食，并且始终一言不发。到应天后，朱元璋问话也不答理，还痛骂李善长，被乱杖当堂打死，吴国彻底解体。

朱元璋雄心勃勃，在灭了张士诚后，马上部署南征、北伐的大计。当时他统治的地区，占有汉水下游和长江下游这块中国领土中最肥沃、物产最丰富、人口最稠密、经济最繁荣的地区。

当时的南中国，军事形势是：浙东为方国珍的势力，以四川为中心的地区为西系红巾军的夏国，明玉珍之子明升占领，其他均为残元势力：云南有元宗室梁王镇守，福建是陈友定，两广也是元朝的势力。

以庆元(今浙江宁波)为根据地，称雄浙东达 20 年之久的方国珍，朱元璋在取得平江一役灭吴国之后，便顺手牵羊，于吴元年九月派汤和、朱亮祖带领大军直取庆元并台州、温州，方国珍败入大海，又被廖永忠水师所败，只好向朱元璋投降，浙东为朱元璋所有。

朱元璋分析了形势，决定再向福建和两广进军。他兵分三路向福建进发。三路大军很快就把延平包围。明洪武元年(公元 1368 年)正月城破，陈友定与同僚诀别，服毒自杀，未死被俘，被解往应天。朱元璋坐堂责问何去何从，陈友定厉声回答："国破家亡，一死而已。有何可说！"朱元璋便下令立斩陈友定及其家口。接着，朱元璋又用了 8 个月的工夫，福建全省就全部占领为己有。

对待两广，朱元璋也用老法，分三路进兵。洪武元年六月，靖江被攻下。七月，广西平定。至此，两广全归入朱元璋的版图。

中国北部，仍为元朝统治区。但情况复杂，在中央，最高统治集团内部矛盾重重，并日趋激化；在地方，军阀割据，火拼不绝，争军权，夺地盘，内战不断。宫廷内阴谋政变频繁与军事将领公开内战形成配合，打得不可开交。朱元璋便乘机开展东征西讨，扩大地盘，增强实力。在解决南方之后，就部署全力北伐了。

1368 年，朱元璋委任徐达为征虏大将军、常遇春为副将军，统领主力 25 万大军北上，渡淮河北取中原。

出发前，朱元璋发布告谕，向全军重申军纪，阐明北伐的意义，号召将士们在行军打仗中要爱护百姓，不许烧杀淫掠，早日消除战乱，平定中原。同时发布文告，指出元气数将终，提出"驱逐胡虏，恢复中华"的政治口号，号召民众切勿逃避，共同推翻元朝统治；打出复兴道统的封建主义政治旗帜，进一步表明朱元璋的政治立场的彻底转变，转变为封建地主阶级的总代表。

这一文告，发生了巨大的作用。北伐军所到之处，大部分州县开城投降，不战而克。首先取得山东的胜利，接着由山东取河南，开封不战而降，进而全省平定。冯胜部奇袭潼关得胜，堵住了关中元军增援大都的门路，完成了东、南、西包围大都的战略部署。

元顺帝知道援军来路已被割断，孤城难守，害怕被俘后落得北宋徽、钦二帝的命运，便乘明军尚未形成包围的良机，于当月二十八日半夜，领着后妃和太子逃出大都，直奔上都(今内蒙古正蓝旗东北)而去。八月初二日，徐达统军进入大都，元朝统治达 97 年的历史结束了。朱元璋下令将大都改为北平府。

徐达根据朱元璋先剪枝叶，再刨树根，后平全国的战略决策，马不停蹄地移兵进取山西、陕西。从洪武元年八月到第二年八月，用了一年时间，便取得了西北的胜利。

元朝虽被推倒，但元顺帝在上都仍保持完整的政府机构和元军的主力。因此，从徐达举行西征后，元军又乘北平空虚，曾先后两度偷袭。常遇春、李文忠率步骑九万直捣上都，元顺帝北入沙漠，北平转危为安。从此元顺帝打消了重回大都的念头，在洪武三年（公元 1370 年）死去。

1368 年，朱元璋在文武百官的拥戴下在应天府称帝，建立明朝，改元洪武。

历经十六年戎马生涯之后，41 岁的朱元璋当上了大明王朝的开国皇帝。摆在他面前的大明天下，是经过长时间战争破坏，千疮百孔的社会现实。为了巩固统治，长治久安，朱元璋竭尽了全力，施展着自己的才能。

首先，他以强有力的手段加强法制，重建起封建的社会秩序。

早在建国前一年，朱元璋就令李善长制定明朝法律《大明律》，要求条文比《唐律》简要，处罚则严于《宋律》。至公元 1367 年正式颁布。全书 460 卷，分吏、户、礼、兵、刑、工六律，在处罚的严酷上大大超过《唐律》。

为了朱明王朝的长治久安，朱元璋对于统治阶级及其领导集团内部的违法乱纪行为也决不手软。曾三次编出《大诰》，汇集了一万多件案例，作为惩治贪官污吏的范例。朱元璋在各种场合，都强调“法不行，无以惩治”的道理，在守法上，他还可以称得上身体力行。建国后，朱元璋仅有的亲侄儿朱文正因散布不满情绪，在外违法乱纪，尽管是自己的义子，也不留情，下令废了他的官职。引导他投奔红巾军的同村好友汤和，有一位姑父，自以为有开国功臣汤和为靠山，隐瞒土地，不向政府纳税，朱元璋查获后坚决处死。他这种对于违法乱纪行为的处治，一扫元末官官相护，腐败的政风，对推动明初法制的贯彻，起了重大的作用。

第二，改革政治体制，加强中央集权的制度。

他撤消了中书省机构，废止丞相一职，结束了我国延续 2000 多年的宰相制度，由皇帝亲自执政。他提高六部的地位，直接对皇帝负责，各自独立处理本职政务。另设五品内阁大学士为皇帝处理公文。在六部之外，另设都察院，进而健全了君主专制的监察制度，

为了进一步加强皇权，公元 1382 年，朱元璋专门建立特务机构锦衣卫，作为自己的军事侍从，下设镇抚司、监狱和法庭，受皇帝指令从事侦察、缉捕、审讯等活动。

第三，采取坚决而严酷的措施，压制富豪，惩办贪污。

经常标榜自己出身贫民的朱元璋，亲身体会到人民抗争是由于官府和地主豪强残酷压迫和剥削所促成。因此，他在坚决镇压农民起义的同时，也多次召集富豪训话，警告他们不要为富不仁，不准胡作非为，同时又要他们支持新朝，充当各地的良长，为新朝服务。苏州巨富沈万三，朱元璋就令他出资修建南京城的南半部。公元 1393 年，因蓝玉案的牵连，沈万三又遭没收家产，充军云南的处治。

朱元璋十分痛恨贪官污吏。有一次他外出视察，查出一个县官的贪赃劣迹，处死后，剥下人皮，体内塞进稻草，把它挂在公堂之上，给下一任县令作镜子，令

其触目惊心，不敢再胡作非为。他还专门下令，老百姓可直接投诉各地贪官，凡贪污在60两银子以上的官员，不论是谁，一律处死剥皮。这一酷刑，的确收到了一时的实效，但仍未能完全解决问题，对此朱元璋也大惑不解。其实，贪赃枉法的现象，是地主阶级和封建社会制度本身的结果，是严酷刑罚所不能尽除的。

第四，继续征战，削平割据的残余实力，实现国家的统一。

新朝虽已建立，但事实上远未实现全国的统一。在北方，元朝残余势力还很强大，在南方，四川明玉珍的夏政权仍然存在，云南为故元梁王把匝剌瓦尔密和大理土著段氏控制并忠于元朝。朱元璋没有满足于登上皇帝宝座，仍继续指挥全军，完成国家的统一大业。

公元1372年，朱元璋派大将汤和率军包抄，实行武力迫降，夏亡，四川归于大明。公元1381年，明朝军队进攻云南势如破竹，梁王自杀，云南平定。朱元璋设布政使司进行统治。

北元势力强大，朱元璋先后派兵与元军征战二十年，收复辽东、漠南、甘肃及哈密地区，减轻了元军对中原的威胁。

人们常说，朱元璋治国的作风是宽、猛结合。这里所指的，是说朱元璋在政治上采取的是以"猛"治国，也就是上面所指的四个方面，而在经济上，他采取的是"宽"的策略。这些，是与他的出身和经历分不开的。

贫寒的出身和战乱的经历，使朱元璋认识到新朝的长治久安，必须以经济繁荣、民众富足为前提，他深知长期战乱之后，不能竭泽而渔的道理，所以决定实行安养生息的方针。

在朱元璋大力推行"安养生息"的国策之下，经过近30年的努力，出现了人心安定，经济繁荣的局面。

铲除异己　维护帝系图万世

大凡帝王多疑心。他们总要为防止有人夺位谋权而倍加警惕，甚至扩大打击面也在所不惜。作为一代明君的朱元璋，也未能逃出这一历史的必然。

朱元璋在16年中由红巾军一名小卒而登上皇帝的宝座，没有善于团结周围人群并得到他们的全力支持，是不可能实现的。但随着队伍的强大、事业的发展，队伍内的权力之争也就日渐展开。本来很能团结人，并以机智、稳重著称的朱元璋，也日渐变得自以为是，独断专行，进而对部属产生疑忌，造成下属不满，祸根蔓延。

朱元璋登上了皇位，对一切问题的思考、认识和判断，都离不开自身皇权的巩固。邵荣、谢再兴的教训，更使得朱元璋不敢委任非嫡系成员为地方镇守官，而决定采取分封诸王的制度。洪武二年（公元1369年），封第2至第10子为亲王。命二子秦王朱樉就镇西安，三子晋王朱㭎就镇太原，四子燕王朱棣就镇北平。26子中除九子、二十六子夭折外，其余均分封至全国各军事战略要地，力图用血亲控制全国。其中以秦、晋、燕三王力量最强。朱元璋满以为把军权托付给儿子，就可以放心了，却万万没有想到正是由于儿子们权力过大，造成了自相残杀。他死后不久，自己亲定的继承者建立政权就为燕王倾覆。

朱元璋在反元战争中，先后形成了支持自己事业的两支得力的势力。分别是以李善长为中心人物的淮人官僚集团，以刘基为领袖的浙东集团。朱元璋处于二者之上，以导演兼仲裁的角色，坐收集权之利。

在朱元璋出巡期间，洪武元年八月，他委托李善长和刘基协助太子朱标处理朝政。刘基认为，只有严肃纪纲，才能保证国家安宁。因此一旦发现违法乱纪的，一律报告太子处之以法。这期间发现了李善长的亲信僚属李彬的犯法事件，刘基不听李善长的求情，在报告太子后将李彬处死。本来就是淮西集团眼中钉的浙东势力，从此更成了铲除的对象。

朱元璋从开封回到南京后，李善长等人广进谗言，诋毁刘基。刘基也就顺水推舟，以老、疾为由告老引退。胡惟庸主持中书省后，仍寻找由头攻击刘基。最后以刘基为在“地有王气”的谈洋地方建墓与平民争地的事，说动朱元璋下令剥夺了刘基的岁禄。刘基赶回南京向朱元璋谢罪，眼见胡惟庸横行，很快便忧愤成疾。胡惟庸伪装关怀，差人送药，刘基服后病情加重，回老家后一月便死去。

明初统治阶级最高层的内部斗争，集中表现在皇权与相权的斗争上。朱元璋与李善长之间的矛盾，朱元璋采取软处理的办法，于洪武四年（公元 1371 年）让他回老家作罢。结束君权与相权的斗争，则是朱元璋对胡惟庸事件的处理。

胡惟庸，是李善长的侄儿李佑的岳父，由于李善长的提携，由帅府奏差起家，一步步升到中书省丞相，随着地位的提高，他便本性暴露，直到窃权乱政，为所欲为，甚至企图内外勾结，颠覆朱元璋的政权。洪武十三年，阴谋被揭发，朱元璋当机立断，不仅处死了几个主谋，而且宣布撤消中书省和丞相，下令永远不准复设，将行政权力全收归皇帝。胡惟庸被杀后，他的乱党、乱政、叛国的罪行不断被揭发，有关系的官员也一一被揭出，朱元璋趁机大开杀戒，送了一批开国元勋上断头台。

如果说胡惟庸事件，是君权战胜相权的斗争，那么蓝玉案件，则是君权与将权的斗争。蓝玉，定远人，开平王常遇春的妻弟，作战勇敢，屡建奇功，被朱元璋封为凉国公。但他慢慢骄横起来，甚至连朱元璋的命令也有所不听。屡受朱元璋斥责后心生异志，串连景川侯曹震等人，企图在朱元璋去先农坛举行“籍田”仪式时举事。洪武二十六年二月，朱元璋的特务机构锦衣卫侦破并告发，朱元璋立即拘捕蓝玉下狱，进行跟踪清查，先后斩决吏部尚书詹徽、户部侍郎傅友文、开国公常升、景川侯曹震等，并著《逆臣亲》诏告天下，株连灭族达 15000 余人。连同胡惟庸一案中所诛杀灭族的 30000 余人在内，二案共杀戮 45000 多人。再加上二案之外先后被杀的功臣，十三年用鞭子打死的永嘉侯朱亮祖父子，十七年以犯禁罪处死的临川侯胡美，二十五年以暧昧罪处死的江夏侯周德兴，甚至连屡建战功的亲侄儿朱文正也因“亲近儒生，胸怀怨望”而被鞭死，至洪武末年，基本上搞光了开国元勋。至此，朱元璋也就放心了，自以为大权不会旁落，他的决策可以贯彻始终了。

洪武三十一年（公元 1398 年）闰五月初十日，“素少疾病”的朱元璋，“临朝决事不倦，如平时。”在会议上突然发病，含笑死去。终年 70 岁。6 日后葬入孝陵。

纵观朱元璋 70 年（公元 1328—1398 年）历史活动的内容及其实质，对朱元

璋其人其事，应该有一个正确的判断。

首先，朱元璋在我国长达2000多年的封建社会中，是唯一的一位出身于真正平民百姓的皇帝。只有他是历经贫困，吃尽人间的苦，甚至出家为僧求得活命的皇帝。

第二，朱元璋之所以会由红巾军的一员反封建斗争的小卒，最后登上皇帝宝座，成为统治全国的封建地主阶级的总代表。这一事实说明，时代和阶级的局限性，不可能有先进阶级的领导，单纯的农民战争不可能完成反封建的任务，只会最终成为改朝换代的工具。

第三，朱元璋是我国古代封建社会中的一位卓越的政治家和军事家。他的军事才能与政治才能并非天生的，而是在长期浴血战斗中锻炼出来的，是时势造就的英雄人物。如果没有在反元战争与群雄角逐中斗智斗勇的磨炼，朱元璋就不会有纵横捭阖的技艺、洞察全局的眼光、决战决胜的本领、治理国政的才能。

朱元璋也有他的黑暗面。他和所有的封建帝王一样，为了确保朱家的天下世代不变，对敢于反抗的人民便进行无情的镇压，对于知识分子则采取严格的思想控制，如推行文字狱等、实行集权政治、特别是猜疑和杀戮大批开国功臣并株连无辜、独裁思想恶性发展等方面也超过了前代君王。

朱元璋的一生是奋斗不息的一生。从元末农民起义军的领袖到大明王朝的开创者，到成为我国封建社会的著名皇帝，真可以说是“忧危积心”，辛劳毕生。

■邓诗萍　主编

第二卷

吉林大学出版社

第二卷　目录

中华帝王

汉桓帝刘志

外戚专权　刘志得位

阳嘉元年(132年),汉顺帝18岁,立贵人梁氏为皇后,皇后的父亲梁商做了大将军,掌握朝中大权。几年后,梁商病死了,他的儿子梁冀又继任大将军,另一个儿子梁不疑做河南尹。从此,东汉历史上时间最久、危害最烈的一支外戚势力形成了,并支配了三个皇帝的遴选,成为汉桓帝刘志荣登皇帝宝座的最直接的促成因素。

梁冀本是一个无德无才的纨绔子弟,长得鸢肩豺耳,两眼直视,说话口吃,从小就架鹰斗鸡,无恶不作。不过依仗显赫的外戚家世,世袭了执政大臣,不但根本不懂如何治理朝政,就连大字也认得不多。他内恃妹妹梁皇后驾驭汉顺帝,外与宦官曹腾等人勾结,仗势欺人,横行枉法。

建康元年(144年),汉顺帝驾崩,其子冲帝年仅两岁,梁太后临朝听政。时隔半年,冲帝病死。顺帝别无子嗣,只得另求旁支,入承大统。于是征清河王刘蒜和渤海王之子刘缵,同入京师。太尉李固等大臣劝梁冀立年长贤明而又有威望的刘蒜,梁冀不同意,与梁太后秘密商定,立8岁的刘缵为帝,即汉质帝。仍由梁太后临朝。

梁冀专权骄横,根本没把小皇帝放在眼里。质帝虽然年幼,却十分聪明。有一天朝会,他当着文武百官的面,翻眼看着梁冀说:"此跋扈将军也!"梁冀听了又恨又怕,暗想这样小小年龄的皇帝,已经如此厉害,如果等到他长大了,如何了得!不如除掉他,另立一人。于是暗中指使内侍,在饼中下毒,送给质帝吃。质帝吃了几块,一会儿就疼痛难忍,烦闷不堪,把太尉李固召来问:"吃了饼以后,肚中闷痛,喝点水还可以活吗?"梁冀在旁边赶快插嘴说:"不能喝水,不然会呕吐。"话还没说完,质帝已捧住胸腹大声直叫,霎时间晕倒在地上,手足青黑,9岁的质帝就这样一命呜呼了。

两年中接连死了三个皇帝,李固怕梁冀又立幼主,从稳定政局考虑,与司徒(即丞相,管理民事)胡广、司空(管理水利和土建工程)赵戒联名写信给梁冀,主张立清河王刘蒜为帝。梁冀没有立即表态。恰巧这时被梁太后和梁冀选为妹夫的蠡吾侯刘志从河间(今河北献县东南)来到京城。刘志长得面貌清秀,前年顺帝驾崩时,曾入都会葬,被梁太后看到,想把妹妹嫁给他,因为国有大丧,不能议婚。过了两年多,刘志已经15岁了,梁太后召他入京商议婚事。正碰上质帝暴亡,议立新主。梁冀就想拥立刘志,自己好做双料国舅,久掌大权,使梁家长保富贵。可是在三公会议时,多数人主张立清河王刘蒜,与梁冀的意见相反,梁冀一时没想出更好的办法,只得闷闷不言。

梁冀吃过夜膳,正在踌躇,突然中常侍曹腾等人求见,劝梁冀拥立蠡吾侯。曹腾说:"将军累代为椒房姻戚,掌理万机,宾客众多,难免会有微小的过失。素闻清河王施政严明,如果立为皇帝,恐怕将军会受到祸害!不如立蠡吾侯,可以长保富贵啊!"梁冀皱着眉头说:"我也有此意,可是公卿大臣不一定赞成,怎么办?"曹腾又劝梁冀说:"将军握有重权,令出必行,什么人敢违抗?"梁冀不等曹腾

说完，奋然离座说："我……我意决了！"曹腾等人高高兴兴地回去了。

第二天早晨，梁冀重新召集公卿大臣，倡议拥立蠡吾侯刘志为帝。他张眉怒目，声严厉色，司徒胡广、司空赵戒以下的官员，都被梁冀的淫威吓住了，齐声回答："一切听大将军的！"

只有太尉（管理全国军事）李固和大鸿胪（掌诸侯及外族使者入朝礼仪）杜乔，坚持拥立清河王。梁冀不让他们多说话，竟厉声喝道："散会！……散会！"说完就进宫去了。李固还希望梁冀能舍刘志立刘蒜，再次写信给梁冀，说明立刘蒜的理由。梁冀收到信，只粗略看了几眼，就顺手扔到地上了。

梁冀先向梁太后请下诏书，免去李固的官职，然后到洛阳西北的城门迎接蠡吾侯刘志，当天晚上即皇帝位，是为桓帝。梁太后仍然临朝听政。

以虐易暴　宦官横行

俗话说，物极必反，盛极必衰。桓帝成年以后，梁太后归政于他，可是梁冀专权，桓帝事事还得看他的脸色，心中难免有几分不快。桓帝皇后梁氏，专宠后宫，仗着姐姐梁太后和哥哥梁冀的荫庇，恣意追求奢华，所用的帷帐服饰，全都光怪陆离，超过以前各代的皇后。梁太后驾崩以后，桓帝对梁皇后的眷爱渐渐衰减。梁皇后没有孩子，妒忌心又特别强，每当听到宫人怀孕，就想方设法陷害，以至于怀孕的宫人很少有能保全的。桓帝心中恼恨，因为畏惧梁冀，不敢发作，就疏远梁皇后，足迹很少到中宫，致使梁皇后郁闷成疾，到延熹二年（159 年）七月，一命归阴。梁冀的靠山又倒了一个。

梁冀专擅朝政，独断专行，无论大小政事，全都归他一人裁决。宫卫近侍，都是梁家的走狗，无不仰其鼻息，趋炎附势。百官升迁，都必须先到梁冀府上谢恩，然后才敢去报到上任，否则就会受到陷害、杀戮。辽东太守侯猛赴任时，没有去向梁冀谢恩，梁冀就以莫须有的罪名，把他腰斩于市。

下邳（今江苏睢宁西北）人吴树，被任命为宛县（今河南南阳）县令，赴任时向梁冀辞行。梁冀的宾客亲戚有很多在宛县，就嘱托吴树给予照顾，遭到拒绝。梁冀怒容满面。吴树到宛县后，依法处治了好几个贻害民间的梁氏宾戚，老百姓无不拍手称快，而梁冀却对吴树仇恨更深。后来吴树迁补荆州刺史，又去梁冀府上谒见辞别，梁冀假意为他设宴饯行，暗地在酒中下毒，吴树喝罢酒出了梁府，不一会儿，就毒发倒毙在车中。

郎中袁著，才 19 岁，看到梁冀日益凶横，实在忍不住心中的愤懑，上书谴责梁冀专权跋扈，要求他退位；又劝桓帝废除诽谤之罪，以开天下人之口。梁冀得知这个奏书的内容，气得几乎要吐血，立刻派属吏去抓袁著。袁著装病诈死，用蒲草编成人的形状，装进棺材里埋葬。梁冀开棺验尸，识破袁著的诈谋，派出爪牙四处侦缉，捉住袁著，用棍棒活活打死。太原人胡武和郝洁，是袁著的好朋友。梁冀打死了袁著还不罢休，竟然屠杀胡武和他的家人，致使 60 多人含冤而死；郝洁知道自己也难逃出梁冀的毒手，服药含恨而亡。

安帝的嫡母耿贵人死后，侄儿耿承袭封为林虑侯。梁冀向耿承索要耿贵人留下的珍宝，耿承没有给，梁冀就杀了耿承家族中的十几个人。涿郡人崔琦，因为写了一篇《外戚箴》规讽梁冀，在回家途中被梁冀派遣的骑士捕杀。

桓帝听说梁冀大肆滥杀无辜，也有些惋惜不平；再加上梁冀气焰嚣张，每次

朝会时，只有梁冀可以胡言乱语，桓帝也不能反对他的意见，桓帝的不满逐渐增加，由害怕转为愤怒。

和熹邓皇后的侄儿邓香，有个女儿叫邓猛，长得秀丽动人。邓香中年病逝，妻子宣改嫁给梁纪。梁纪是梁冀妻子孙寿的舅舅，孙寿见邓猛长得漂亮，就把她送给桓帝，被封为贵人。梁冀想把邓猛认作自己的女儿，让她改姓为梁，怕邓猛的姐夫邴尊泄漏这件事的内情，就派门客刺死邴尊，还想把邓猛的母亲宣也一起刺死，以便灭口。

宣的家和中常侍袁赦相邻，梁冀派遣的刺客夜晚去行刺，想翻越袁赦的房子进入宣家。袁赦听见屋子上面有响声，怀疑是来了盗贼，立即鸣鼓召集众人，经过一番打斗，捉住一名刺客。袁赦一问，才知道是梁冀派来刺杀宣的。袁赦急忙告诉宣家，宣进宫向女儿邓贵人哭诉。贵人随即转告桓帝，求他救命，桓帝听了，怒不可遏，决心要除掉梁冀。

桓帝知道身边的侍从多是梁冀的心腹，不敢轻举妄动。有一天，桓帝上厕所，只有小黄门（宦官，掌侍左右，受尚书事）唐衡相随服侍，看看左右无人，就小声问他："宫里边有哪些人与梁氏不和？"唐衡说："中常侍（宦官，侍奉皇帝左右及顾问应对）单超和小黄门左悺，以前到河南尹（主管京都事宜）梁不疑处稍稍失礼，梁不疑就把他们二人的兄弟抓进洛阳狱中，单超和左悺登门谢罪，两人的兄弟才被释放。中常侍徐璜、黄门令（宦官，管理宦官事务）具瑗，也和梁氏有嫌隙，不过口不敢言，忍在心里。"桓帝不等他说完，就摇摇手说："我知道了！"

桓帝由厕所回到宫中，立即召见单超、左悺，低声对他们说："梁将军兄弟专权多年，胁迫朝廷内外，公卿以下大臣无人敢和他们抗争，朕想把他们除掉，常侍等意下如何？"单超和左悺齐声回答："祸国殃民的奸贼，早就应当诛除，臣等才谋庸劣，还请皇上圣裁！"桓帝又说："常侍等以为梁氏可诛，与朕意相同，可是要秘密商定计划，才不会发生意外的祸患！"单超和左悺回答："如果真想除掉奸贼，也不是太大的难事，只希望陛下不要狐疑！"

桓帝坚定地说："奸臣威胁国家，理应伏法治罪，还有什么疑虑？"

桓帝又把徐璜和具瑗召入内室，在一起商定密议。最后由桓帝亲自用嘴咬破单超的胳膊，歃血为盟。单超又再次叮嘱说："陛下既已定下大计，请不要再跟别人讲，梁家耳目众多，一旦败露，祸将不测！"说罢，5 位宦官就走了。

桓帝和宦官的这次密议，果然有人报告了梁冀，但是不知道谋划了什么事。梁冀心中对单超等人已有了怀疑，急令中黄门（宦官，侍奉皇帝左右）张恽进入皇宫宿卫，防备不测。具瑗令侍卫把张恽抓了起来，说他无故进入皇宫大门，图谋不轨；又立即拥护桓帝上殿，召集宫中的尚书进殿拜见桓帝，告诉他们桓帝的密谋。桓帝派尚书令（主管宫中文书）尹勋持节管束宫中丞郎以下的侍卫，让他们全副武装守住省阁，把调兵的符节全部收缴到禁中。同时派黄门令具瑗召集了1000 多名虎贲、羽林卫士，会同司隶校尉（负责纠察检举郡以上的官员并领京城及附近各郡事务）张彪，前去包围梁冀的府第。光禄勋（掌管宿卫宫殿门户等）袁盱奉旨收缴了梁冀的大将军印绶，把梁冀降为都乡侯。梁冀仓惶失措，自知大势已去，服毒自杀，老婆孙寿也服鸩酒毙命。梁氏宗族姻亲，无论老幼全被处死，弃尸市曹。其余的亲信党徒，有几十人被处死，300 多人被免官，朝廷为之一空。梁冀的家产被变卖充公，合计达 30 多亿。

除掉了外戚梁家，百姓无不拍手称快，欢呼雀跃，还有人把单超等五位宦官的功劳比作西汉诛灭外戚吕氏的周勃、陈平。没想到，桓帝前门拒虎，后门迎狼，"一将军死，五将军出"，大权从外戚手中转入宦官之手，东汉政治更加黑暗腐败。

桓帝下诏酬赏宦官，封单超为新丰侯，食邑 2 万户；徐璜为武原侯，具瑗为东武阳侯，各食邑 1 万 5 千户；左悺为上蔡侯，唐衡为汝阳侯，各食邑 1 万 3 千户，这就是所谓"宦官五侯"。单超又奏称小黄门刘普、赵忠等人也出力诛灭奸孽，应该加以封赏，桓帝又封刘普、赵忠等 8 位宦官为乡侯。中常侍侯览并没有参与诛灭梁冀，仅因为献出了 5000 匹绢，桓帝就封他为关内侯，又把他列进诛灭梁冀的功臣之中，进封高乡侯。桓帝对于故旧私恩不吝爵赏，单超等 5 侯更是格外贵显，恃宠生骄，势倾朝野。对桓帝的这种做法，很多人都不满意，白马令李云上书说："梁冀擅权被杀，是他恶贯满盈，罪有应得，这些宦官并没有什么了不起的功劳，轻而易举被封为万户侯，怎能让西北边境上浴血奋战的将士服气呢？皇上乱赏爵位，贿赂公行，宠信小人，不理朝政，这还像是皇帝的作为吗？"

桓帝最忌讳别人说他不配当皇帝，见了奏章十分震怒，立刻命人把李云逮捕下狱，派中常侍管霸和御史廷尉共同审讯，准备处以极刑。弘农掾杜众，听说李云因为忠谏获罪，不禁激起满腔侠气，上书声援李云，表示愿和李云同死。桓帝更加愤怒，把杜众也关入监狱。陈蕃、杨秉、沐茂、上官资等几位正直的大臣，联名上书替李云和杜众求情。中常侍管霸见人心向着李云、杜众，也跪着向桓帝求情说："李云是草泽中愚蠢的儒生，杜众是郡中的小吏，言词狂放无礼，不值得给他们加罪。"桓帝恼恨李、杜二人说他不配当皇帝，不准众人的请求，令小黄门传旨给狱吏，将李云、杜众处死。就这样，桓帝还觉得不解气，又下诏免去陈蕃和杨秉的官职，将沐茂和上官资的官秩降去二等；还封单超为车骑将军。如此一来，宦官的势力更加嚣张。

不久，单超病死，丧事极其显赫隆重。其余四侯越来越骄横，全都盖起了豪华的宅第、高耸的楼观；还娶来良人家的美女，充作姬妾，衣必绮罗，饰必金玉，几乎和皇宫里的妃嫔相似，家中所有的奴仆婢女，也都乘坐马车出入，狐假虎威。京城里的老百姓给他们四人作了一首短歌说："左回天（权可回天），具独坐（骄贵无双），徐卧虎（无人敢惹），唐两堕（随意所为）。"

四侯权焰熏天，吃喝玩乐，随心所欲，只苦于不能生育，就收养螟蛉义子，希望承袭封爵，兄弟姻戚都攀权附势，出任州郡主宰。单超的弟弟单安任河东太守，侄子单匡任济阴太守，左悺的弟弟左敏任陈留太守，具瑗的哥哥具恭任沛相，徐璜的弟弟徐盛为河内太守，侄子徐宣为下邳令。这些权阉的家属全都是无德无能的家伙，只知道作威作福，欺压无辜百姓。其中下邳令徐宣最为暴虐。

徐宣到任以后，想要什么，就千方百计地设法弄到手，全不顾天理国法。前汝南太守李暠，老家在下邳，离任后回乡定居，有个女儿长得十分漂亮。徐宣早就听说她才貌双全，要娶她做妾，李暠虽已去世，他妻子也不愿把女儿嫁给宦官的子弟为妾，婉言谢绝。徐宣怀恨在心，暗地派吏卒闯进李暠家中，把李暠的女儿抢到家中，强逼成亲，李暠的女儿宁死不从，破口大骂。徐宣兽性大发，指挥奴仆剥去李暠女儿的衣服，赤条条地绑在柱子上，逼她俯首受辱；暠女依然不从。徐宣变怒为笑，取出一张软弓，把暠女当作箭靶，接连射了好几箭，一位名媛的性命就这样断送在恶贼的手中。徐宣毫无人性，射死了人，反而大笑不止。

东海相黄浮刚正廉直，不畏强暴，逮捕徐宣，定为死罪。属官争相劝阻，黄浮慷慨激昂地说："徐宣国贼，淫凶无道，今天杀了他，就是明天要我死，我也瞑目了！"亲自监斩，将徐宣弃尸市曹，百姓无不称快。徐璜得到徐宣的死讯，非常痛恨黄浮，就捏造谎言，向桓帝诬告黄浮，说黄浮私下受人贿赂，害死了自己的侄儿。桓帝也不核查，就信以为真，将黄浮革职问罪。

不久，桓帝又任命左悺的哥哥左胜为河东太守。皮氏县（今山西河津西）县长赵岐，耻于做左胜的下属，左胜到任的当天，赵岐弃官回乡。赵岐是京兆（治今陕西长安）人，以为当个老百姓种田谋生，总不会有什么事了。没想到京兆尹换了一个新官，是唐衡的哥哥唐玹，和赵岐有些过节，诬陷赵岐偷窃官府钱币逃回家乡，令差吏收捕。赵岐事先听到风声，逃往外地隐藏，差吏就把赵岐的家属全都抓进监狱，逼他们交出赵岐。赵岐听说全家人被抓，逃得更远，哪里还敢投案？唐玹竟把赵岐的几十名家属全都杀了。

宦官侯览霸占百姓住宅达 381 所，良田万亩，仿照皇宫修建了 16 座府第，平时收受贿赂以万万计。他的哥哥侯参任益州刺史，贪暴横行，专门诬陷富人，下狱处死，诛灭全家，侵吞财物，累积亿万，全州百姓怨声载道。

这时，杨秉已官至太尉，得知侯参的暴行便按实弹劾。桓帝不得已，下诏把侯参逮捕，押送京城问罪。侯参知道自己作恶多端，难脱法网，在途中自杀。京兆尹袁逢到驿舍检查侯参的行李，共有 300 多车，装的全是金银财宝，古玩奇珍，光华耀眼，立即上书奏报，请示如何处理。杨秉见到袁逢送来的报告，又上书弹劾侯览，请求将他免官送归本郡。

桓帝看罢杨秉的弹劾本章，不忍心罢免侯览。杨秉据理力争，由于证据确凿，桓帝不得已免去侯览的官职。司隶校尉韩縯也上书奏劾左悺和他哥哥太仆（掌管车马）左称的罪恶，二人胆怯心虚，自知不能逃脱惩罚，一起服毒自杀。韩縯又弹劾具瑗的哥哥具恭，历任沛相，接受巨额贿赂，也应治罪，桓帝诏令将具恭关入监狱。具瑗入宫告罪，缴还东乡侯印绶，桓帝免去具瑗官职，贬为都乡侯。单超、唐衡、徐璜已经病死，这就是五侯的结局。五虐虽去，阉祸犹存，一场因反对宦官专权而酿发的政治事件又拉开了帷幕。

宠奸抑贤　党祸初炽

桓帝期间，前期是梁冀专制，后期则五侯横暴，外戚宦官的腐朽黑暗统治，使东汉王朝面临崩溃的边缘。一部分官僚和太学生为了维护地主阶级的长治久安，忧国忧民，奋起与残暴贪婪的外戚宦官抗争。他们反对外戚宦官的直接原因之一是政治出路被堵塞，外戚的党羽，宦官的爪牙，控制了从中央到地方的政权机构，广树党羽，安插亲信，正常的选官和升迁制度被破坏了，选举不实的情况更加严重。权门请托，贿赂公行，这不能不引起社会舆论的抨击。时谚说："举秀才，不知书。察孝廉，父别居。寒素清白浊如泥，高策良将怯如鸡。"选举制度混乱，太学生和郡国生徒不能按正常途径进入政治舞台，引起了他们的强烈不满。他们议论政治，褒贬人物，抨击外戚宦官，当时称这种行为是"清议"。在他们眼中，专横的外戚、宦官及其爪牙都是小人，反对他们的官僚和儒生则是君子；而外戚宦官则攻击他们是"党人"。双方互相攻讦，壁垒分明，斗争激烈。桓帝偏袒外戚宦官，压制进步官僚和太学生与郡国生徒，直至逮捕"党人"，制造了东汉历史

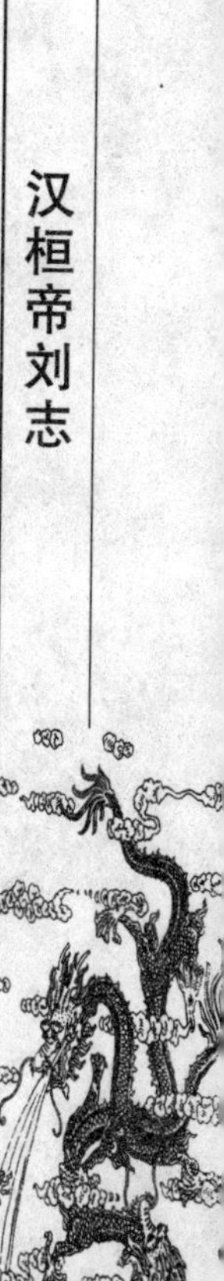

上的第一次“党锢之祸”。

在梁冀被诛之前，有位执法严明的侍御史（负责察举公卿百官违法事件）朱穆被任命为冀州刺史。朱穆还没有到任，那些平时为非作歹的冀州地方官，害怕受到朱穆的惩治，有40多人解印去官。朱穆到任后，纠查弹劾贪官污吏，铁面无私，有几个畏罪自杀，有几个锢死狱中。有人告发宦官赵忠，说他埋葬父亲时，使用了只有皇室才能用的玉衣等葬具。朱穆令人挖墓开棺，取出尸体检查，果然身穿玉衣，当时就陈尸示众，还把赵忠的家属逮捕入狱。赵忠不但不认罪，反而向桓帝哭诉，说朱穆擅自开挖父亲的墓棺，私自逮捕他的家眷。梁冀在一旁也添油加醋，说了朱穆许多坏话。偏听偏信的桓帝不但不治赵忠的罪，反而立即派使者把朱穆抓进京城监狱，罚作苦役。消息传出，舆论哗然，以刘陶为首的几千名太学生愤愤不平，一起来到宫门前上书，要求释放朱穆；否则，他们情愿代朱穆受刑。桓帝一看事情闹大了，怕激起众怒，只得下令赦免朱穆。

大将皇甫规平定羌人的反抗，论功当封。宦官徐璜、左悺趁机勒索贿赂，遭到拒绝，再加上皇甫规又惩处了几位为害羌人的宦官党羽，他们竟然在桓帝面前诬蔑皇甫规拿钱贿赂羌人，让他们假投降，应当下狱论罪。昏庸的桓帝立刻下诏书谴责皇甫规。皇甫规忧愤交加，上书辩解：“说我拿钱诱骗羌人投降，如果是用我个人的钱，我家中没有这么多；如果是用公款，有账可查。请查证核实！”

桓帝看了皇甫规的辩解，仍将他召还京城，降为议郎（备皇帝咨询的人员，也奉诏出使）。中常侍徐璜、左悺还想向皇甫规索求贿赂，皇甫规始终不理，徐璜等宦官恼羞成怒，又将前案提起，逼皇甫规接受审查，罗织罪名，罚作苦役。一些正直的大臣和太学生张凤等300余人，到宫门前上书，替皇甫规鸣冤。恰巧碰上大赦，皇甫规才被释放，免官归家。

前冀州刺史朱穆，又被起用为尚书，目睹宦官专横，不忍坐视，上书桓帝，极力规谏，桓帝不予理睬。朱穆入朝进见，面谏桓帝，请求免去宦官担任的重要官职，整顿朝纲。桓帝听了，沉默不语，怒容满面。朱穆跪在地上不肯起来，桓帝下旨强令他退去。宦官痛恨朱穆正直无私，不断在桓帝面前诋毁他，朱穆有志难伸，忧愤而死。

桓帝后期，宦官集团独霸政权。在这种背景下，涌现出一批以清高自守、敢于抨击宦官势力的反对派人物，最敢于和宦官碰硬的李膺成为著名领袖。李膺出身于衣冠望族，延熹二年（159年），调任河南尹。这时有一个叫羊元群的北海郡守罢官回到家乡。李膺发现他带回了大量金银财宝，甚至连郡府厕所的花窗也被他卸下带回了，经过调查，大部分是贪赃枉法弄来的。李膺上书桓帝，要求严厉惩治这位贪官。羊元群向宫中宦官行了贿，他安然无事，李膺反被加上挟嫌中伤的罪名，罢官下狱，罚作苦役。

这时，廷尉冯绲审讯作恶多端的山阳（治所在今山东金乡）太守单迁，单迁百般狡辩，咆哮公堂，被打死在杖下。单迁是前车骑将军单超的亲弟弟，和宦官关系密切。宦官向桓帝告状，说冯绲滥用刑法，桓帝也将冯绲免官，和李膺一起服苦役。

中常侍苏康和管霸，霸占良田美产，州郡官吏不敢过问，大司农刘祐下公文给州郡，把两个宦官侵占的产业全部没收。苏康、管霸向桓帝哭诉，桓帝大怒，也把刘祐下狱问罪，罚作苦役。

由于陈蕃等大臣一再上书营救，桓帝才将三人免刑。李膺遇赦后，被任命为司隶校尉，他生性刚直，不肯随波逐流，虽然几经挫折，仍然严峻刚毅，执法不阿。这时，宦官张让的弟弟张朔在野王县（治所在今河南沁阳）做县令，一贯贪污勒索，残害人命，甚至杀死孕妇，剖开孕妇的肚子，无恶不作。他深知李膺厉害，一听说李膺担任司隶校尉，就弃官逃往京城，躲在他哥哥家中的一间暗室里。李膺风闻此事，亲自率领吏卒到张让家中搜捕，四处搜寻，不见人影，后来发现房子有复壁，就命令吏卒破壁而入，将张朔搜出，押赴洛阳狱中审讯，得到供词以后，立即把他处死。张让派人去说情，已经来不及了，就去向桓帝哭诉，说李膺专擅不法。桓帝召李膺上殿，责问他为什么不先奏请就杀人。李膺从容回答："孔子在鲁国做司寇，上任 7 天就诛杀了少正卯，如今臣到任已经超过 10 天，担心因办事拖拉而获罪，没想到因欲速而受责，即使臣犯了死罪，也希望陛下宽限 5 天，使臣能够翦除元凶，然后死也甘心了！"桓帝听他讲得理直气壮，再加上张朔已把罪行交代得一清二楚，桓帝也不便再责备李膺。

这时朝政日乱，纲纪废弛，只有李膺不屈不挠，好似中流砥柱，士人能和他交往，就身价倍增，号为"登龙门"。太尉陈蕃引荐议郎王畅，提升为尚书，出任河南太守，清正廉直，不畏强暴，与李膺齐名。太学生 3 万多人，特别推崇陈蕃、李膺、王畅三人，编出三句话称赞他们："天下楷模李元礼，不畏强御陈仲举，天下俊秀王叔茂。"元礼、仲举、叔茂，分别是李膺、陈蕃、王畅的字。

延熹九年（166 年），河内郡（治所在今河南武陟西南）有个叫张成的术士，常吹嘘自己通晓天文星辰，善于占卜吉凶，平素与宦官往来密切，桓帝也曾问过他占卜方面的事。在与桓帝和宦官的交往中，张成得知皇上将要颁布大赦令，就唆使他儿子趁机报怨杀人。司隶校尉李膺拍案大怒，将张成的儿子抓进监狱。第二天皇上下诏大赦，张成之子在被赦之列。张成十分得意，私下对人说："瞧你李膺也不敢违抗诏令，还得乖乖地把人放出来！"李膺气愤极了，援引杀人抵命的旧例，不顾一切地将张成之子处死。宦官早就想除掉李膺，得到机会，当然不肯罢休，侯览唆使张成的弟子牢修上书，诬告李膺等人收买太学生，串联各郡国的学生，结成朋党，诽谤朝廷，扰乱社会风气。

桓帝平时对党人就没有好感，尤其看不惯他们的傲气十足，动不动就指手划脚教训他。现在一听宦官添油加醋地罗列党人的罪行，心底潜藏的怒火腾地一下就窜起来了，于是诏令全国各地，同时逮捕党人，并且把党人的罪行布告天下。

太尉陈蕃一看逮捕党人的名册，都是反对宦官的知名人士，就皱着眉头，捻着胡须说："现在要逮捕的这些党人，全是忧国的忠臣，驰誉四海的名士，本身并没有什么明显的罪过，为什么平白无故就逮捕呢？"说着，就把党人的名册退还，不肯在上面签名。

桓帝闻报，更加愤怒，索性把司隶校尉李膺罢官，送进大牢；太仆杜密、御史中丞（御史台长官，负责察举公卿百官违法事件）陈翔，以及陈实、范滂等 200 余人陆续被捕入狱。

杜密是颍川郡（治所在今河南禹县）人，任北海相时，对宦官子弟有恶必惩；后调任太仆，与李膺齐名，时人号为李杜。李膺被捕，杜密连坐下狱。陈翔是扬州刺史，曾经检举揭发豫章太守王守贿赂宦官，吴郡太守徐参倚仗他哥哥徐璜的权势，贪污受贿，勒索民财。王永和徐参因此被免官，宦官归罪于陈翔，就把他列

入党人案中，逮捕入狱。陈实本来和宦官没什么仇怨，因为名气太大，遭人妒忌，也被罗织罪名逮捕。

桓帝大兴党狱，惹恼了太尉陈蕃，毅然上书极谏。桓帝决意除去党人，信任宵小，看了陈蕃的奏疏，怀疑他也是党人的首领，心中十分不快。宦官又趁机进献谗言，诋毁陈蕃，桓帝一怒之下，免去陈蕃太尉之职。这样一来，其他大臣都不敢再进谏了。

过了一年多，城门校尉（掌管警卫洛阳城门的军队，隶属南军）窦武上书请求赦免党人，又自请罢官，上缴城门校尉和侯爵印绶。因为他是桓帝的老丈人，桓帝没有同意他辞职的请求，将印绶送还。尚书霍□也奏请释放党人，桓帝这才派中常侍王甫到监狱审问党人。李膺等人一面据理力争，一面故意把许多宦官子弟列为同党。宦官也害怕牵连到自己，不敢过分迫害党人，就对桓帝说："现在天时不正，应当大赦天下。"桓帝乐得给老丈人一个面子，顺水推舟，在永康元年（167 年）宣布将狱中的 200 多名党人全部释放，不再治罪，但禁锢终身，永远不能做官。这就是桓帝时期的"党锢之祸"。

主荒政谬　淫欲丧身

有一次，桓帝问侍中（宫内的近侍官，在皇帝左右伺应）爰延："你看我是一位什么样的君主？"爰延回答："陛下是汉室的一位中材之主。""是什么原因呢？"桓帝又问。爰延进一步说："陛下如果专心任用陈蕃等人，天下就会大治；让那些宦官参政，天下就会大乱。所以臣知道陛下是可以为善，也可以为非的中主。"桓帝虽然随口称赞爰延说得好，提升他为五官中郎将（一等侍卫），但始终未能重用陈蕃。

爰延因为有顾虑，对桓帝的评论比较客气含蓄。后人的评论更为直率中肯，诸葛亮就直接劝后主刘禅不要像桓、灵那样亲近小人，使国政倾颓。

桓帝即位以后，政治腐败混乱，社会动荡不安。灾荒频繁，农民破产流亡，饥寒交迫，无以为生；再加上从汉安帝时就已开始的镇压羌族起义的战争，断断续续进行了几十年，为了支付数百亿的庞大军费，榨尽了农民和国库的积蓄。荒淫奢侈的汉桓帝，从不以社稷为念。陈蕃曾上书劝谏他说："陛下从列侯之位，一跃而登上皇帝宝座。平常人积蓄了百万钱的家产，子孙后代还以不能守业为耻辱，丧失了祖业还感到愧对先人。陛下继承的祖业是整个天下，能掉以轻心不精心守护吗？"桓帝听了，虽然觉得刺耳，却不思悔改，不考虑如何振作，依然是花天酒地，醉生梦死。

东汉皇室在洛阳郊外设置西苑、上林苑、平乐苑等游猎场，侵占了大量的肥田沃土。桓帝还不满足，又兴建了鸿德苑、广成苑、显阳苑、鸿池等园林，供他游乐。鸿池修好以后，嫌它太狭窄，又重新扩建。有一次，桓帝去河南广成苑游猎，陈蕃上书谏阻，说当时面临"三空"，不适宜游猎，三空是田野空，朝廷空，仓库空。正因为"三空"，所以出现了停发百官的俸禄，向诸侯王借贷钱粮的现象。然而，桓帝游兴正浓，不肯中止，于是车驾南行，沿途征调索要不可胜数。罢猎回宫，桓帝兴高采烈，百姓怨声载道。

桓帝外出游玩的兴致特别高，从广成苑游猎回来才过一年，游兴又起，借口到章陵（今湖北枣阳境内）祭祖，启驾南巡。随从有一万多人，比上次去广成苑游

猎更加热闹，沿途的征求费用也更加繁重。到章陵祭祖以后，又南行到云梦泽，观赏汉水，再折回新野(今河南新野)，祭祀光武祠，然后返驾回京。一场逸游，骚扰百姓，耗费了无数钱财。

桓帝除了带领大队人马，声势浩大的出游，还喜欢私自出外游玩。梁冀的儿子梁胤，小名胡狗，长相丑陋，京城的人见了他就暗中发笑，而桓帝却特别喜欢他，经常穿便服去找他玩，有时通宵畅饮，就住在梁胤家里。后来宦官取代了梁冀，桓帝外出游玩，就住在宦官的私宅中。

会稽(今浙江绍兴)人杨乔，由城门校尉窦武引荐，到京城做郎官。杨乔长得很英俊，容仪伟丽，拜见桓帝时，对答如流，谈吐不俗。桓帝见他才貌双全，就要把公主许配给他。杨乔见宦官当道，知道将来不会有什么好下场，就上书坚决推辞这门亲事。桓帝不准，一定要把爱女嫁给杨乔做妻子，并且令太史选择吉日，让他们成亲。杨乔以死抗婚，绝食七日而死。

梁冀伏诛后，皇后邓猛专宠后宫，兄弟皆获恩宠，被封为侯。约莫过了六七年，邓皇后容貌渐衰，桓帝移情别爱，另选美女入宫，先后不下五六千人，其中总有几个容貌超过邓皇后的，桓帝得新忘旧，对邓皇后逐渐冷淡。邓皇后不免心怀怨恨，有时发发牢骚，由于桓帝最宠爱的是郭贵人，邓皇后就把不满发泄在她身上，两人互相搬弄是非，成了冤家对头。郭贵人正在受宠，不断在枕头边说邓皇后的坏话，说她如何骄恣，如何妒忌，桓帝一向昏庸，早把昔日对邓皇后的宠爱扔到脑后，听信郭贵人的谗言，一时怒起，在延熹八年(165 年)正月，废掉皇后邓猛，关进暴室狱，活活幽禁而死。邓皇后的兄弟侄子，有的连坐下狱，有的被削夺封爵，财产全部被没收。

郭贵人之后，桓帝最宠爱的是采女田圣。田圣是洛阳人，年才及笄，是宦官徐璜、唐衡选进的。桓帝一见这位绝色美人，不禁龙颜大喜，立即就封为贵人。整日里和田圣等寻欢取乐，不理朝政。田圣为巩固自己的地位，又托人到外地买了 10 个绝色的女子进宫。桓帝得了这 10 个绝世的玉人，更加纵淫无度，不到 3 个月，脾肾两亏，骨瘦如柴，精髓日涸，终到无药可救了。好端端的一个 36 岁的皇帝，竟然在德阳前殿奄卧不起，瞑目归天。桓帝在位 21 年，三立皇后，无一嫡嗣，此外贵人数十，宫女几千，也不曾生一男儿。窦皇后情急失措，选立 12 岁的刘宏为帝，东汉政治更加昏暗。

魏武帝曹操

曹操(公元155—220)即魏武帝,三国时政治家、军事家、诗人。今安徽亳县人,字孟德。

少年时代

公元155年,曹操出生在一个大官僚的地主家庭里。祖父做过宦官常侍,在宫中做事三十多年,好举荐人才,后来还被封为费亭侯。公元229年,魏明帝追封其高祖曹腾为高皇帝,宦官得皇帝的名号,这在中国历史上是绝无仅有的一例。父亲曹嵩,本姓夏侯,因做了曹腾的长子才姓曹,官至太尉。

少年的曹操智勇机警,善权诈应变。他小时候因行为不正,叔父看不惯,曾多次告诉他的父亲,而挨了父亲的训。他因此设法报复他的叔父。一天,他迎面碰见叔父,故意倒在地上,口吐白沫,扭歪嘴脸。他告诉他叔父,他可能中风了。叔父赶紧将此事告知曹嵩。他父亲来看时,他又面貌如故,他父亲很惊奇。他告诉他父亲说:“我根本没有中风,可能是叔父看不惯我,在您面前说我的坏话。”此后,他父亲再也不听他兄弟反映的情况了。自此,曹操更是放纵任性,再也无人管束他了。

东汉末年,宦官专权,朝廷衰弱,国家一片混乱。他便留心国家大事,并在心中暗下拨乱反正的决心。为了实现自己的抱负,曹操注意习武健身、强壮身体,经常围猎比武。当时,汉灵帝身边的宦官常侍头目张让,骄横跋扈,威权显赫,不可一世。他便打算刺杀张让,制造奇闻,引起人们对他的注意。他夜闯张让的卧室,准备下手刺杀张让时被其发现,他于是在房中舞了一通剑,然后翻墙逃走。可见,他负气仗义,胆大艺高。

曹操深知征乱必用武,他因此博览兵书,掌握兵法,并广泛地搜罗和抄写各家兵法,择其精华、汇辑成册,题名为《摘要》。他还旁征博引,为《孙子兵法》十三篇作注,而且自撰《续孙子兵法》二卷。他不仅对古代军事家孙武的兵法战术很有研究,而且通过实践还有创造和发展。

曹操广泛接触社会名流,扩大自己的影响力。汝南人许劭见他后对他说:“汝乃治世之能臣,乱世之奸雄。”他听后非但不怒,反而还大笑。

公元174年,二十岁的曹操被地方举为孝廉,开始正式登上政治舞台。

初入仕途

公元174年,曹操被地方推举为孝廉,后又选为郎,经司马防举荐,他做了洛阳北部尉,负责京城北郊地区的治安。他虽官职小,却很有气度。他一上任,便修缮好他所管的四道城门,并令人做五色棍数十条,并在每道门的左右两边各挂

上十多条，然后出示禁令“有犯禁者，不避豪强，皆棒杀之”。这样一来，数月间没有人敢犯禁令。宦官蹇硕是禁军头目，权大势重。其叔仗势不法，被狱卒捉住，他不把曹操放在眼里，狂妄地说：“你敢把我怎样？”曹操问明情况，立即下令将其打死。消息传出，官绅哄传，京师再没有人敢不伏法。这显示了他的才能和胆识，从此他便出了名。宦官们对他咬牙切齿，但因他做事做在明处，宦官们也无可奈何，只好把他调出洛阳，让他做顿丘县令。

公元177年，有人为曹操鸣不平，朝廷升他为议郎，参与议论时政。公元178年，汉灵帝听信宦官的话，废掉宋皇后，因曹操的堂妹夫宋奇和宋皇后是同宗，也被株连，使他丢掉了官职。

公元180年，朝廷认为曹操“能明古学”，再拜他为议郎。他向汉灵帝上奏反映权臣专权，贵戚横行，贪赃枉法等事，但汉灵帝不仅置之不理，自己还开园卖官，用手中无上的权力，做无本万利的生意。曹操知道，东汉已面临崩溃的局面。

公元184年，黄巾起义，汉灵帝封曹操为骑都尉。他打败了波才领导的黄巾军，因其作战有功，被提升为济南相，管辖十来个县。到任后，他一反前任的为非作歹的作风，着手调查，并把调查的情况上报朝廷，罢免了其中十之八九的官员，有劣迹恶行的大小官员都胆战心惊。经过他的治理，济南的秩序安定了。不久，朝廷调他为东郡太守，他见权臣专朝，不愿同流合污，唯恐长期下去会祸殃其家，便告病回乡，在家过着“春夏习读书传，秋冬弋猎，以自娱乐”的生活。

公元188年，汉灵帝为拱卫京师，直接掌握禁军。8月，又成立了新军统帅部，设置八校尉，曹操被任命为西园八校尉之一的典军校尉，以军职重登汉室风云变幻的历史舞台，开始了他在政治上角逐的新阶段。

独霸一方

曹操到京师后，经历了宦官之祸，何进之变，董卓之乱，他都看在眼里，记在心头。公元189年，曹操改名换姓，离开洛阳，回到陈留，招兵买马，联络四方豪杰，共同起兵讨伐董卓。曹操很快就聚集了五千兵马，后来成为曹魏集团著名首领的夏侯惇、夏侯渊、曹仁、曹洪、乐进等这时都投奔到他帐下。

公元190年，曹操和各路讨伐董卓的大军共计十几万人马，汇集酸枣，组成一支联军，推举袁绍为盟主。消息传到洛阳，董卓惊恐万分，便挟持献帝迁都长安。临行前，他下令吕布焚烧宫庙，发掘帝陵，收其珍宝，同时将洛阳的几百万人都赶到长安。这样洛阳周围二百里一片狼藉，董卓仓惶出逃，溃不成军，踩死的，打死的，尸体遍地都是。联军本应乘胜追击，然而诸侯都为了保存自己的势力，互相观望，不敢去打第一仗。曹操心中大为不满，实在忍无可忍，要求大家齐心协力给董卓以致命一击。可是，各路将领仍无心参战。曹操看出，这些人只想保存实力。于是，他整顿自己的队伍孤军出击，准备只身奋斗。

曹操领兵从酸枣出发，进至荥阳汴水，就与董卓的大将徐荣遭遇。他们在汴

水边展开一场恶战，从早到晚，最后，因徐荣以逸待劳，以多战少，曹操败走。他领兵回到枣阳，见其他联军非但按兵不动，反而整天饮酒作乐。不管曹操怎么说他们，他们仍不吭声。曹操看出，依靠他们难成大事，便率自己的队伍离开了酸枣。不久，联军军粮耗尽，也各自散去。

曹操离开酸枣后，来到扬州。他打着讨伐董卓的旗帜，招募了四千多人。不料，他带着队伍回到龙亢时，发生叛乱，新招的士卒大多叛逃，仅剩五百多人。到铚县和建平县后，他又招了一千多人。这时，曹洪带一支兵马到龙亢与曹操会合。曹操决定，渡过黄河，进驻河内郡，投奔袁绍，继续讨伐董卓。但袁绍为保存自己的实力，争权夺利，根本不讨伐董卓，和韩馥谋划立幽州牧刘虞为皇帝。曹操拒绝了他们的主张。袁绍曾得到一方玉印，从曹操的座席中举到他的肘旁。曹操因此讥笑和厌恶袁绍，他只恨自己力量太小，心有余而力不足。

公元 191 年，盘踞在南阳的袁术命孙坚率军攻打董卓。起初，孙坚被董卓打败，但他很快恢复实力，重振旗鼓，收复洛阳，逼走了董卓。董卓的部将李傕、郭汜等又杀死王允，攻打吕布，吕布战败，向东逃出武关。李傕等把持了朝政。曹操预感到，今后各地势力割据，争夺地盘的斗争将会愈演愈烈。他于是打算自找出路。

这时，河北黑山军于毒、白绕、眭固等领兵十万攻取魏郡和东郡。郡太守无力抵抗，弃城而逃，袁绍命曹操领兵镇压黑山军。曹操进入东郡，经过一场恶战，打败白绕率领的黑山军，占领濮阳。袁绍表奏朝廷，举荐曹操为东郡太守。192 年，他用大规模的军事行动扫除了郡内的黑山军余部，收复东郡。这时，青州黄巾军百万人开进兖州地界，杀了任城国相，后又转入东平郡内。兖州刺史不听济北相国鲍信等人的劝阻，与黄巾军主力硬拼，结果大败。鲍信等人到东郡请曹操任兖州牧。他立即调部进击寿张县东的黄巾军，鲍信奋战而死，才勉强打败黄巾军。但悬赏寻找鲍信的尸体不得，只好用木头刻出鲍信的形象，哭着祭奠他。曹操继续竭尽全力攻打黄巾军，一直到济北。黄巾军投降了，他得降兵三十余万，男女百余万口，收编了其精锐部分，号称“青州兵”。这一仗，扩大了曹操的武装力量，为他割据一方奠定了军事基础。

公元 194 年，他的父亲从华县返回兖州时，被徐州牧陶谦害死。他怒不可遏，立志东征为父复仇。这年夏天，他派荀彧、程昱驻守鄄城，自己率兵征讨陶谦，攻下五座城池，回军途中，他被陶谦的部将曹豹等阻截在郯县东面，曹操打败了他们，又攻克了襄贲，所经之地，无不烧杀抢掳。

这时恰逢曹操的部将张邈和陈宫叛变，迎接吕布为兖州牧，各郡县也纷纷响应，只有荀彧和程昱保住了鄄城，靳允和枣雍坚守范县和东阿。于是曹操领兵撤回，吕布军到，攻鄄城不下，就驻守于濮阳。曹操领兵攻打濮阳，双方多次交锋，互有胜负，在濮阳对峙了一百多天后，发生了蝗灾，双方军中没有粮食，只好各自退兵。

公元 195 年，曹操又攻打吕布部将薛立、李封驻守的钜野。吕布前往救助，被曹操打败，吕布逃走后，又从东缗出发与陈宫率领一万多人来参战。这时曹操兵少，不足千人，而且营盘也不坚固。曹操急中生智，看到西边有一大堤，南边有一大片树林，可以迷惑敌人。他于是命令城中妇女上城防守，自己率军坚守屯营。吕布一见，怀疑曹军有埋伏，不战而退，远离十里扎营。次日，曹操在西堤上设下埋伏，用奇兵袭击，大败吕布。吕布逃走，曹操再次进攻，占据了定陶，并分兵平定了周围各县的叛乱。11 月，攻破雍丘，张邈被自己的部下杀死。在这之前，汉献帝又拜曹操为兖州牧。

曹操以少胜多，击败吕布，从此成为称雄一方的地方割据势力。

挟天子令诸侯

长安之乱后，汉献帝的舅父董承和一批大臣护着献帝迁回洛阳。这里的宫室早被董卓烧尽，到处是一片狼藉。皇帝、大臣们无人援救，困苦不堪。

此时，驻军许都的曹操，迎接献帝，想以此来号令天下。曹操派曹洪率军前去迎献帝，因为国丈董承和袁术的部将苌奴疑曹操有阴谋，凭险抗拒，曹洪不能前进。

公元 196 年 2 月，汝南、颍川二郡的黄巾军依附孙坚，曹操进军讨伐，打败了他们。汉献帝任命曹操为建德将军，6 月，又提升为镇东将军，封为费亭侯。

谋士董昭向曹操献计说，天子身边惟有杨奉兵马最多，而他又朋党甚微，不如向他说明诚意，使其助一臂之力。于是，曹操致书杨奉，向他说明自己迎献帝的诚心。杨奉见书后很高兴。不久，曹操率军进入洛阳，守卫京城，汉献帝封曹操为司隶校尉，并录尚书事。

从此，曹操成为朝中大臣，但洛阳的朝臣并不服他。他于是采纳了董昭的建议迁都许都。顺利完成迁都计划后，他被封为大将军、武平侯。从此，他开始了“挟天子以令诸侯”的政治生涯。

献帝迁都许都时，杨奉打算从梁县出兵拦截，但没能赶上。10 月，曹操征讨杨奉，杨奉投奔袁绍，曹操攻占了杨奉在梁县的营寨。这时，朝廷拜袁绍为太尉，但他不甘位居曹操之下，于是不接受。曹操为了缓和与袁绍的对抗，于是辞去大将军的职务，把它让给袁绍。献帝改任曹操为司空，兼任车骑将军。其实，他这次让位只是权宜之计。反正献帝在自己手中，一旦时机成熟，他什么都可以得到。

许都稳定后，军队的粮食供应又成了问题。为了解决这一问题，曹操采纳了枣祗、韩浩等人的建议，开始实行屯田。曹操发布《置屯田令》，招募流亡的农民，在许都郊外开垦荒地。屯田组织成为独立系统，不属地方管辖，许都郊外当年就获得丰收。几年后，凡是实行屯田的地方，解决了军粮，增加了生产，而且减少了劳役。

迁都许都，曹操以皇帝的名义命令诸侯，实行屯田，为统一天下养精蓄锐。

攻城掠地

曹操割据一方，强兵富民以后，就开始了有计划、有步骤地为谋求统一而进行兼并战争。

公元 197 年正月，曹操把朝中大事安排妥当以后，让尚书令荀彧留守许都。他亲自率军出征宛城，守将张绣不战而降。他在兵不血刃的情况下得到宛城，甚是骄傲，带部分将领进入宛城，置酒宴会。宴席上，当曹操与降将行酒时，他的亲信校尉典韦手持大斧，跟在其后，每到一人面前，典韦则举斧瞪着他，直到席散，张绣和他的部将都不敢抬头看曹操。后来他又把张绣的婶母纳为小妾。张绣大怒，乘其不备，抢先下手，起来叛变，击败曹操，大儿子曹昂被杀死，侄儿曹安民遇害，曹操自己也被乱箭射中。曹操退回舞阴。张绣率兵来包抄他，被他打败，逃奔穰县。

公元 197 年，袁术在寿春称帝，江东的孙策知悉后，主动写信与袁术断绝了关系。曹操得悉后，立即令孙策为讨逆大将军，封吴侯，进攻袁术。袁术无法，只好与吕布联合，于是派使者前往徐州。吕布扣留了使者，把他送往许都，听凭曹操处理。曹操下令将使者斩首示众，并以天子的名义封吕布为左将军。袁术大怒，出兵打吕布，结果大败。袁术又进军陈留，杀了陈相骆俊和陈王刘宠。曹操大怒，于是率军亲征，大败袁术。袁术逃往淮河以南。公元 198 年，袁术屡战屡败，众叛亲离，只好投奔异母兄长袁绍。曹操知悉后，立即派兵去徐州截击袁术，袁术南窜，逃到离寿春还有八十里的江亭，一病不起，吐血身亡。

公元 198 年秋，曹操东征吕布。曹操兵临下邳，吕布亲自率军迎战，结果大败，其勇将成廉被俘虏。吕布逃回邳城，固守不出。曹操又采用荀攸、郭嘉的计策，引泗河、沂河的水淹下邳城。一个多月后，吕布的部将宋宪等人抓了陈宫，献城投降。曹操活捉了吕布、陈宫，把他们都杀了。

公元 199 年，袁绍遣使者去招纳张绣。张绣想与袁绍联合，但他的谋士贾诩认为，曹操挟天子以令诸侯，名正言顺，而且他有志于统一中国，张绣采纳了他的意见，率部投降了曹操。到许都后，曹操又拜张绣为扬武将军、封列侯。

曹操早就看出，将来与之争天下的必然是刘备，所以，他的势力大起来以后，就想灭掉刘备。公元 200 年春，他准备亲征刘备，而诸将却劝他攻袁绍。但最后，他还是率军进攻刘备，攻破徐州，刘备的妻儿全被曹操俘获，又活捉了刘备的部将夏侯博。刘备投奔袁绍。当时刘备的部将关羽驻守下邳，曹操又打败了他。起兵不久，力量弱小的刘备大伤元气，曹操胜利地回到官渡，袁绍终于没有出兵。

经过几年的征战，曹操灭袁术，擒吕布，招降张绣，击走刘备。这时袁绍才发现曹操已是自己的劲敌，于是决心进攻许都。

公元 200 年，袁绍率十万精兵到达黎阳，令大将颜良进攻白马。东郡太守刘

延向曹操告急，曹操鉴于大军压境，抽不出兵力去救援，以致白马被围一个多月。接着他采纳荀攸的建议，声东击西，分散了袁绍的兵力。曹操然后急奔白马，与颜良相遇，大败颜良。这时袁绍渡过黄河追赶曹操，一直追到延津南边。曹操收住部队，在白马山坡下安营，并令骑兵解下马鞍把马放开。不多时，白马乱奔，器械满地。不久，袁军部将文丑追到，他一见满地的白马和器械，认为曹军已逃，便令士兵收拾武器。这时，曹操下令出击，大败袁军，杀死了文丑，然后回军官渡。

袁绍损兵折将，大为震动，士气一落千丈。袁绍大怒，不听谋士的劝阻，下令继续追击曹操，一直追到官渡。袁绍前后扎营，步步推进，还令士兵挖地道，堆土山。曹操也在城内准备迎战。袁军弓箭手向曹营射箭，箭如雨下，营内走动的人都用盾护着身子。曹操马上召谋士商量，设计出一种霹雳车，这种车上装有机钮，扳动机钮，十几斤重的石头就可以飞动三四百步。如此一来，袁军的高台被击垮，许多士兵也被打得头破血流。而且，曹操又守营不战，袁绍无计可施，两军只好对峙以待。

时间一长，曹操的军粮已不多，而袁绍的粮食却源源不断地从后方运来。这时袁绍的谋士许攸的家人因犯法而被收监，许攸得知后，便投奔曹操，并劝曹操攻打袁绍的粮仓乌巢。曹操留曹洪守营，自己带兵进击乌巢。大败守军，并火烧了袁军的一万多车粮食，守将淳于琼被杀。

袁绍获悉后，急遣张郃、高览去攻曹洪。张郃听说淳于琼大败的消息后，就投降了曹操。袁军全面崩溃，袁绍与其子袁谭弃军而逃。不久，袁绍发病，吐血死去。曹操缴获了袁绍的全部资财，并俘虏了许多袁军。这样，聚集在曹操帐下的谋士越来越多。

官渡一役，袁绍主力被歼。曹操以少胜多，势力大增。

征伐扩张

这时，北部少数民族乌桓部乘天下大乱，破幽州，掠取汉人十多万户。他们和袁绍有交情，袁绍死后，他们多次袭击汉郡，想帮袁绍之子袁尚重振旗鼓。

公元 207 年，曹操北征乌桓。5 月，他到了无终县，但因连日下雨，海路又不通，其他各路又被乌桓扼守，大军难以前进。这时田畴主动当向导，领着大军出了卢龙塞，跋涉到鲜卑人的聚居地，向东逼柳城。离柳城还有二百里时，袁尚、袁熙、踏顿、辽西单于楼班、右北平单于能臣抵之等率几万骑兵前来迎战，曹操的部将有些害怕。他却仍镇定自若，登高远眺，发现敌军不整，料定指挥不统一。于是他以张辽为先锋，率军猛击敌军，敌军各部果然自顾自，大败而逃。辽西单于踏顿被斩，乌桓及汉卒二十余万人投降，其他人都投奔辽东。辽东太守公孙康向来害怕袁尚等人，就把袁氏兄弟的首级送到曹营。后来代郡乌桓代理单于普害卢，上郡乌桓代理单于那楼率领各王来朝拜。至此，曹操平定了北部乌桓，消灭了袁绍的残余势力，基本上统一了中国的北方地区。

公元208年，为了统一东南地区，他又率兵南征荆州，进逼东吴，孙权、刘备联盟，抵抗曹军，爆发了历史上有名的赤壁之战。赤壁之战中，曹操因被胜利冲昏头脑，被孙刘联军打败。他于是回军许都。

曹操无法统一东南，关中又成了他的心腹之患。他想征讨关中马超，但当时马超又归顺朝廷，他苦于出师无名。结果，他还是让钟繇前去讨伐，又令夏侯渊等人由河东郡出兵与钟繇会合。于是马超、韩遂、杨秋等人开始举兵反叛。

曹操于是大喜，马上率军亲征，马曹二人隔着潼关对峙。曹操用重兵紧盯住他们，还暗中让徐晃、朱灵等趁夜渡过蒲阪津，占据黄河西岸构筑营垒。他自己从潼关渡过黄河，并沿黄河甬道向南推进。马超见势不好，只好退守渭口。曹操又设置了许多疑兵，迷惑马超，暗中却用船运兵过渭河，架设浮桥，趁夜分兵在渭河南岸扎营。马超获悉后，趁夜攻打曹操，曹操利用伏兵大败马超。这时马超派人向曹操求和，以割让河口为代价。曹操既不答应讲和，也不应战。马超屡次请战不战，又多次去和曹操讲和，并愿让自己儿子作为人质。曹操表面上答应。韩遂请求与曹操相见，他们二人原是好友，于是曹操利用这个关系，在两军阵前，马靠马地和韩遂交谈，但曹操只讲过去的事和老相识，不谈军事，讲到兴头，二人还拍掌大笑。马超见此情景，便对韩遂起了疑心。过了几天，曹操又给韩遂写了一封信，故意涂改了许多，好像是韩遂偷偷改的。马超对他更加怀疑。接着，曹操突然发兵挑战，毫无准备的马超等被迫仓促迎击。打了很久，曹操又派勇猛的骑兵前来夹攻，大败马超。部将成宜、李堪等被杀死，韩遂、马超等逃往凉州。他夺取了关中要地。

历史功过

曹操处在汉末三国乱世时期，以其卓越的智慧和才能创造了非常之业，建立了非常之功，是当时最杰出的人物。

他征战三十余年，最终“削平群雄”，统一了大半个中国，对中国历史的发展做出了巨大的贡献。

他为了建立自己的霸业，“拥戴汉室”，“挟天子以令诸侯”，充分利用天子这块招牌，防止了各地割据势力称帝称王的混乱局面的出现。他自己虽未称帝，但为其子孙代汉称帝奠定了基础。

他自二十岁步入政坛，步步登高。但他深知前途艰难，壮志难酬，故始终能坚持赏罚分明，奖功惩过。他还提出唯才是举的方针，下令求贤，拔举了不少有用之才。他要求各地官吏在举荐人才时，力戒“求全责备”，“勿废偏短”，不断壮大自己的力量，加强中央集权。

他重视发展农业生产，实行“屯田”，逐渐恢复了北方的农业经济，为统一北方打下了雄厚的基础。他减轻农民赋税，抑制豪强兼并土地，这些措施都有利于当时社会生产力的恢复和发展。

他在文学方面的成就也非同凡响，造诣极深。他“外定武功，内兴文学”，广泛地搜罗志士，改革文体；他亲自进行文学创作。他的诗《薤露行》、《蒿里行》，被人誉为“史诗”；他的《短歌行》反映了他实现中国统一的政治理想而想广泛招揽人才的急切心情。他的诗形象鲜明、气魄宏大、音节铿锵、豪迈悲凉、有独特的艺术风格；他的文章也“清峻”、“通脱”，独具风格；他的政令，如《让县自明本志令》，文笔朴素，直抒胸臆，语言明白晓畅，堪称其代表作。鲁迅先生称他“是一个改造文章的祖师”。他还擅长书法、音乐，并精通围棋。

他作为封建地主阶级的代表人物，在历史上也曾犯过一些罪过，如手段奸诈，杀人如麻，特别是那些违背他的意愿的人。但从他的主要活动来看，无论在政治、军事、文化等方面都作出过杰出的贡献，正如著名历史学家吴晗所说“是当时最伟大的军事家，第一流的诗人”。

魏文帝曹丕

文帝曹丕

能文能武角逐嗣位

曹丕，字子恒，中平四年(187)生于沛国谯郡(今安徽亳县)，是著名大政治家曹操的次子。曹丕的青少年时代，正是东汉王朝迅速走向没落，群雄角逐，军阀混战的时期。曹丕 4 岁就开始学骑马射箭，自幼跟随父亲南征北战，过着一种戎马生活。建安二年(197)，曹操遭到张绣围攻。曹操的勇将典韦战死，长子曹昂和侄子曹安民均被射死，而年仅 10 岁的曹丕竟能乘马逃脱，可见此时的曹丕已是一个善于骑射的英俊少年了。

这一时期，正是曹操以汉丞相名义四处征伐，剪灭群雄的时期，曹操在消灭异己的过程中，势力迅速发展，成了中原地区事实上的霸主。战争生活不仅使曹丕兄弟增长文韬武略，也培育了他们政治上统驭江山的雄心。

建安十三年(208)，赤壁之战以后，曹操和孙权、刘备逐渐形成了三分天下的局面。东汉政权已经名存实亡了。东汉建安十八年(213)曹操被封为魏公，加九锡，随后又封为魏王，以丞相领冀州牧。东汉朝廷一切政务，皆出自曹操，魏王与皇帝已经只是名义上的差别。这时，不少文武官吏劝曹操自立为帝，但曹操出于政治上的考虑，没有这样做。他把改刘汉为曹魏的使命留给了自己的后代。

在这种情况下，立谁为将来承续基业的王太子，就是十分重要的问题了。曹操有二十五个儿子。长子曹昂在随曹操南征张绣时被射死。曹昂死后，曹丕在诸兄弟中就是长兄了。在曹丕诸兄弟中，除曹丕、曹彰、曹植、曹熊是被立为正室的卞夫人所生，其他都是庶生。而庶生子一般是没有资格立为太子的。因此，按照嫡长子继承的传统制度，曹丕在争立太子的过程中具有最为优越的条件。同时，曹丕能文能武，在建安十六年(211)时，就被封为五官中郎将、副丞相，按说把曹丕立为太子是自然的。但事实并非如此，曹丕不仅面对的是一个有雄才大略的父亲而且有几位才识卓越亦雄心勃勃的兄弟，太子的桂冠是不会轻易落到他头上的。

最早对曹丕构成威胁的，是他的同父异母小弟曹冲。曹冲聪敏过人，五六岁时，已经有成年人的见识和智慧了。有一次，孙权送给了曹操一头大象。曹操想知道象的重量，于是询问群臣们如何才能得知，众人都想不出办法。这时年幼的曹冲说，可以把大象放到船上，然后在船上靠水面处刻上记号，把象从船上牵出后，将石块等物称过重量放到船上，直到使船上刻的记号下沉到与水面相平，那么船上所载物体的重量就是大象的重量。这就是人们熟知的曹冲称象的故事。

曹冲小小年纪就有如此才智，使曹操十分高兴。当时战乱年代，刑法严峻，不少人因犯了小罪过而被处死。曹冲每见到犯罪受刑的人，就前去探询，了解其中是否有冤情。对于那些平时勤勉而因某一过失触犯刑律的将吏，曹冲经常替他们向曹操陈述，代为请求宽刑。经曹冲辨明冤情而免遭杀戮的有几十人。因此曹操经常对群臣称赞曹冲，说他既才识明达，又有仁爱之心，并且容貌俊美，一表人才，有让曹冲继承事业之心。不过，这位小兄弟的寿命不长，建安十三年(208)，曹冲13岁，便得病死去。曹操十分悲痛，曹丕劝曹操不要过分悲伤，曹操说："这是我的不幸，却是你们兄弟的大幸。"可见，曹冲若在，曹丕能否继位是很成问题的。曹丕当了皇帝后还经常说："假若仓舒(曹冲字)在世的话，我也不会有天下。"

在立太子的问题上，真正使曹丕提心吊胆的是二弟曹植。同曹丕一样，曹植也是能文能武，胸有大志的人物，并且论才思敏捷，比曹丕有过之而无不及。建安十五年(210)，曹操在邺城(河北临漳县)筑铜雀台。曹操率诸子登台，令他们各自作赋。曹植年仅19岁，挥笔立成，文词通达耐读，曹操很是惊异他的才华。曹植平时生活简朴，不尚华丽，每当曹操问以军国大事，都能应声而答，因此特别受到曹操的宠爱。当时杨修、丁仪、贾逵、王凌等人都向曹操进言，劝曹操立曹植为太子。

曹丕见曹植及其同党如此活动，不敢懈怠，也与一帮亲信官吏积极谋划。早在东汉建安十六年(211)，曹丕被封为五官中郎将时，就开始培植自己的势力，一时五官中郎将府第前宾客如云。曹植虽然文才优于曹丕，但在政治斗争方面却不是曹丕的对手，论筹谋夺权、治理国家，曹丕有胜曹植一筹的干才，因此朝廷上许多官吏早已有心依附在曹丕门下。曹丕看重、团结的是那些明于政略而在朝掌握实权的官僚人士，这与支持曹植的多是些文人学士是不相同的。支持曹丕为太子的有贾诩、崔琰、吴质、桓楷、卫臻等。他们根据《春秋》立嫡以长之义，力主立曹丕为魏王太子。

面对曹植争立的威胁，曹丕问深有谋略的太中大夫贾诩，如何才能巩固他的地位。贾诩告诉他要宽厚仁德，奉行仁人志士简约勤勉的精神，朝夕兢兢业业，不要违背做长子的规矩。曹丕听了他的话，时时注意修养，深自砥砺，使曹操对他的看法越来越好。而曹植却正相反，任性而行，饮酒无度，行为不检点，又不注意掩饰，多次犯了曹操的禁忌。有一次曹植乘车行驰，私自打开中门而出，这是违犯禁令的，曹操知道后大为生气，令将赶车的官吏处死，并下令严禁诸侯们违犯制度。曹操说："最初我认为子建(曹植字子建)是诸子中最可以定大事的。""自临淄侯曹植开中门私出后，使我另眼看待此子了。"有一次曹操登高台，恰好看到曹植妻穿得很华丽，曹操是崇尚简朴的，于是以曹妻违犯服饰制度为由将其赐死。

曹植在曹操眼中是越来越失宠了。但曹操仍认为曹植是诸子中最有才华

的，作为善于选拔人才，并且深知人才对于事业成败重要性的曹操，在立太子的问题上仍是举棋不定。一天，曹操屏退左右，就立太子事单独征询贾诩。贾诩只是微笑，并不回答。曹操说："问你问题，你不回答，这是为什么？"贾诩说："我现在正思考着一件事，因此不能马上回答。"曹操问："你想什么？"贾诩答："我正想着袁本初、刘景升父子的事呢。"曹操大笑，于是立谁为太子的事在曹操心中最后定了下来。袁本初即袁绍，刘景升即刘表，贾诩虽然没有明说，实际上是提醒曹操：如果像袁绍、刘表那样废长立幼，难免日后诸子纷争，内乱不休。这正好触及了曹操的心事。如何使自己开创的基业传续下去，并且长治久安，这才是曹操最关心的。至于《春秋》之义，对于不循常规的曹操来说倒并不重要。

东汉建安二十二年(217)，曹丕终于被立为魏王太子，时年 31 岁。曹丕得知立为太子，欢喜异常，情不自禁地抱住丞相长史辛毗的脖子说："辛君知道我有多么高兴吗！"的确，这是他将来登上皇帝宝座的关键一步。

建安二十五年(220)，曹操的头疼宿疾又犯了，不久便在洛阳病逝。朝中文武百官一面派人向太子曹丕等报丧，一面将曹操装殓入椁，恰好这时御史大夫华歆赶来。他之所以晚来是先进皇宫，逼着献帝下诏，封曹丕嗣位为丞相、魏王，领冀州牧。有了皇帝诏书，文武百官有了依据，一天之内就把继位的仪式筹备齐全，扶曹丕即位。

代汉建魏贬抑诸弟

曹丕任魏王兼丞相、领冀州牧后，成了汉王朝的实际主宰。曹丕上任之初，即提拔在拥立自己登上王位的过程中出了力的官吏。他首先提升贾诩为太尉，华歆为相国，王郎为御史大夫，把大权牢牢掌握在自己一党手里。鉴于汉末宦官乱政的教训，决定宦人不能做官，只能做跑腿服侍的杂役。

为了广泛培植势力，曹丕听从吏部尚书陈群的建议，创立九品中正制。九品中正制是对汉代实行的州郡察举选官制度的改革，即州设大中正，亦称都中正，郡设小中正，亦只称中正，以贤能有识鉴的人来担任，即由他们品评本郡的人才，定其高下，分为九品，送入吏部，任命为官。九品中正制本来是要按才能品选人物，最初也确实选拔了一些人才，在当时那种人才流移的时代是起过作用的。但后来却演变成由中正来决定人才的高下，而中正又都是由本州郡的世家名门贵族官僚来担任，因而所定为上品者，无非世族名门。这种选举制度，对于形成后来的门阀政治起了重要作用。

为了建立功名，曹丕在继位当年六月，兴兵南征，想让臣民们知道新的魏王也是一位抱负恢宏能治国将兵的大才。八月，曹丕率领大军浩浩荡荡来到安徽亳县。孙权闻报，忙派遣使者来向曹丕奉献古玩珍宝，求和结好。这正中曹丕下怀，如果真打，还不知道什么样子，先王曹操何等谋略，对孙权也无可奈何，他曹丕现在能否打个平手也难说。现在孙权主动求和，使他既不必交战，又在臣民面

前树起了威信，何乐而不为。既而，又接到报告说，刘备名将孟达领众来降。曹丕继位不过半年，在与孙、刘对抗中接连占了上风，真使曹丕高兴。

权位的巩固，威望的增加，使曹丕取汉而代之的欲望越来越强烈。他一边总揽朝政，裁决万机，一边为代汉做准备。于是，社会上接连传出了象征改朝换代的吉祥之兆。三月，亳县出现黄龙。四月，饶安县又报称出现了白色山鸡。八月，石邑县又云凤凰群集。

东汉延康元年(220)十月，在改朝换代的汹汹舆论下，当了几十年傀儡，整天担惊受怕忍辱偷生的汉献帝，在皇宫里再也混不下去了。这一天，深谙曹丕心意的左中郎将李伏，太史丞许芝与华歆等奏请汉献帝禅位于魏王曹丕，在众臣威逼下，献帝只得让御史大夫张春持节奉玺绶禅位曹丕。曹丕见到玺绶和册告，自然欣喜，但也不得不假意做作谦让一番。然后才举行了禅让典礼，正式登基称帝，国号为魏，改元黄初。这时，曹丕 33 岁。

曹丕虽然在权力争夺中接连获胜，却没有忘记那些曾对自己带来很大威胁的兄弟。尤其三弟曹植，素有才名，身边又有一帮文人推波助澜，实在是一心腹之患。丁仪在帮助曹植争夺太子位时，积极参与谋划，并在曹操和众人面前多次称赞曹植的才干，曹植封临淄侯后，丁仪又时常与曹植在一起饮酒赋诗，过从甚密。因此，曹丕一立为魏王，就将丁仪收捕入狱。曹植知道中领军夏侯尚与曹丕关系密切，就去托夏侯尚向曹丕说情，希望夏侯尚就像少年时救野地里的黄雀那样救出丁仪兄弟，丁仪兄弟也对夏侯尚叩头哀求。但此事犯在曹丕的心病上，尽管夏侯尚再三求情，曹丕还是把他们杀了，并且尽诛其族中所有男人。

接着，曹丕又分遣诸兄弟们回各自的封地。曹彰自以为先王在世时，他攻城掠地，多受重用，希望能得到曹丕的任用，但曹丕却感到他手握重兵对自己是一大威胁，因此也不例外。曹彰见这位老兄铁面无情，十分不高兴，不等他下令，就交出了自己统领的大军，回到封地中牟县去了。曹植更为惶恐，他自知过去对这位兄长多有冒犯，现在密友被斩，自己闹不好也得成为曹丕泄愤的牺牲品，因此更不敢有任何违逆的表示。曹植要求去祭告一下先王再走，曹丕不批准，曹植只得悲悲切切地离开京城，去当他的临淄侯了。

曹丕为了显示新朝福祉，提拔了许多功臣元勋，封赏了大量官衔爵位，对他的亲兄弟也不能不有所表示。曹魏黄初二年(221)，曹丕诸弟：鄢陵侯曹彰、宛侯曹据、鲁阳侯曹宇、谯侯曹林、赞侯曹衮、襄邑侯曹峻、弘农侯曹干、寿春侯曹彪、历城侯曹徽、平舆侯曹茂，一律晋爵为公，只有曹植没有晋封。原来曹植在临淄十分郁闷，过去赋诗唱和的朋友没有了，而朝廷派来监管的官吏管制得又十分厉害，使他动辄违犯规定。他心灰意懒，深感忍活苟且也不容易，于是终日饮酒，借酒浇愁。醉后行为自然疏狂，临淄侯封地的监国官灌均就上奏，说他“醉酒悖慢，劫胁使者”。曹丕不禁大怒，派兵火速到临淄把曹植擒拿到京，想治曹植的罪。曹丕的母亲卞太后急忙出来阻止，卞太后召曹丕来哭着说：“你兄弟曹植平时就

嗜酒疏狂，他自恃胸中有才，行为放纵，但念及你们是同胞兄弟，你就存下他一条命吧。你若宽恕了他的罪过，我死后也就瞑目了。"曹丕说："我也深爱他的才华，只是想惩戒一下他的疏狂脾性，并不杀他。"华歆是曹丕的心腹大臣，他劝曹丕说："子建才智颇高，又有大志，若不早日除掉，必为后患。"曹丕说："母命不可违。"华歆又献策说："人们都说子建出口成章，我不太相信，皇上可召他进来，试试他的才华，如果不能出口成章，就杀他；如果真如此，就贬他。"曹丕认为可以。一会儿曹植进来拜见，他十分惶恐，见到曹丕后就伏拜于地请罪。曹丕说："我和你情分上是兄弟，但道义上是君臣，你竟敢倚仗有才就蔑视礼仪，以前先王在世时，你常常向别人夸耀显示你的文章，我怀疑你是找人代笔写的。现在我限你七步之内作诗一首，如能做到，就免你一死，否则从重治罪，决不宽贷。"曹植说："请出题目。"曹丕说："我和你是兄弟，就以此为题，但不许涉及'兄弟'字样。"曹植连想都没有想一下，即随着曹丕的话音赋诗一首："煮豆燃豆萁，豆在釜中泣。本是同根生，相煎何太急。"曹丕听了，动了骨肉之情，禁不住潸然落泪。他母亲从殿堂后走出来说："你为兄的为什么要对弟弟如此相逼呢？"曹丕慌忙说："我们虽是兄弟，但国法不可废弃。"于是贬曹植为安乡侯，随后迁为鄄城侯。曹植在其母的庇护下，以其超群的文才总算逃过了一次危难。

曹丕为了削弱诸弟的力量，对他们多方限制，处处防范。曹魏黄初三年(222)三月，曹丕立皇子曹叡为平原王，同时也将诸弟进爵为王。四月，总算把曹植也晋爵为鄄城王。然而，他们实际上都是徒有空名而无实地。每个王国只拨给一百余老兵守卫，王国与京都都相隔千里，又不准聚会，诸王外出游猎不得超过三十里。又设官对他们进行监视，这些人几乎天天都向曹丕打小报告，说诸王的坏话。诸王在封地内形同软禁，想当稍微自由些的老百姓也当不成。在这种情况下，曹氏兄弟们人人自危，不敢有少许违逆的举动。北海王曹衮，为人非常谨慎小心，平时专爱研读儒家经典，不参与其他活动。负责监督他的官员们商量说："咱们受诏督察王公的行为，举报他们的错误。他们有过失当然要上奏，但有善行也应让上面知道。"于是共同上表称赞北海王行为端正。曹衮知道后，却十分害怕，责备监防官员说："你们这样做，实在是帮倒忙，突然联名上表称赞我，对我并没有益处。"连表扬他都害怕，可见当时诸王的处境。

任城王曹彰的遭遇就更惨了。曹彰刚毅威猛，武艺过人，并且深谙兵法。连曹操在伐吴蜀时也问曹彰如何行军布阵。当时外地曾献到京都一只猛虎，其虎满身锦斑，异常凶猛，装在铁笼子里，一些身强力壮的人也不敢轻易走近看看。曹彰却上前拽住虎尾缠在臂上，老虎耷拉着耳朵不敢吼一声，众人都佩服曹彰的神勇。南越国献了一头白象，曹彰用手拉象鼻，象伏在地上连动都不能动。曹丕铸了一口千斤重的大铜钟，十多个壮士都抬不动，曹彰搬起来能小跑。各地听到曹彰巡视，都息兵自保，不敢妄动。曹丕说："以任城王的雄壮威武，吞并巴蜀，如苍鹰衔死鼠那样容易。"正因为曹彰如此骁勇，曹丕才很忌恨，万一这位虎弟不听

号令,起兵谋反,那是很伤脑筋的。因此,曹丕决心除掉他。黄初四年(223)六月,曹彰进京朝见,曹丕与他在卞太后宫中下围棋,边下边吃枣。曹丕事先命人在一部分枣中下了毒,自己挑无毒的吃,曹彰不知,随便拿着吃,当即中毒。卞太后到处找水抢救,可是所有瓶罐早已被曹丕预先命人砸毁,卞太后急得光着脚跑到井边,可仍无法打水。就这样,眼看着曹彰被毒死。曹丕本想再害死曹植,卞太后气愤地斥责他:“你已经杀了我的任城王,不许你再杀我的东阿王(当时曹植为东阿王)!”也许是太后的话起了点作用,也许因曹植不掌兵,是个文人,又表现温顺得多,后来总算没有被害。

曹氏诸王的封地和境况如此可怜,但曹丕犹害怕日后尾大不掉。临终前他又改封诸王为县王,诸王的封地由一郡缩小到一县,这种分封已完全是虚应故事了。曹丕分封诸王不是为屏障中央,而是为了防止诸弟争权,这个目的确实达到了。曹魏政权始终没有出现过外藩强盛欺凌中央的局面。但也造成了皇室孤立无援的弊病,使得日后司马懿父子能够较为容易地篡夺曹氏的大权。

争雄三国　一代文豪

曹丕对于治国之术还是颇精通的,而且也知人善任。黄初二年(221),曹丕提升辽东(今辽宁辽阳)郡守公孙恭为车骑将军,使这一鞭长莫及的地区保持稳定。又命张既为凉州刺史,去平息当地胡人的反抗。重新开通了与西域的联系,密切了与西域少数民族的关系,巩固了魏王朝的统治。

黄初二年(221),刘备在成都称帝。鼎立三方中已经有两家正式亮出了旗号,只剩孙吴一家了。刘备当了皇帝后,起兵几十万,沿长江东下攻打孙权,要为他死去的盟弟关羽报仇。在刘备大军压境的严峻形势下,孙权派遣使者面见曹丕,向丕称臣,奏章恭敬卑微,并送于禁返国。文武百官一齐道贺,丕也沾沾自喜。这时,刘晔说:“应乘势出大军,渡江击吴,孙权灭亡了,则蜀国势单力孤,势难久存。这是天赐良机,不可错过。”曹丕却不以为然,说:“别人投降称臣,我们却乘机翻脸,恐怕会阻塞天下英雄归降之心,更何况其两败俱伤于我更为有利。”曹丕终于接受了孙权的降表,并派太常邢贞前往武昌(今湖北鄂城)封孙权为吴王,加九锡。

曹丕听说进攻孙权的蜀军,用树木做栅栏,连营七百多里,于是说蜀军犯了兵家大忌,必败。果然,不久陆逊就在夷陵大败蜀军。曹丕要孙权把儿子送到洛阳,作为两家和好的保证。孙权虚与委蛇,一味推托。曹丕不禁大怒,于是想趁吴蜀刚刚大战完毕、吴军疲倦起军伐吴。刘晔说:“现在讨伐时机已过去了。孙权刚刚获得胜利,上下一心,而且有江河湖川相阻,不可能仓促将他制服。”曹丕不听,仍遣大军南征。

曹丕大军于十月抵达广陵。江岸上,魏国军队十余万,绵延数百里,旌旗招展十分壮观。然而东吴戒备森严,无隙可乘。加上这时刘备已死,诸葛亮怕东吴

中华帝王

为魏所败，以后独木难支，因此派邓芝使吴，吴蜀重新盟好，使东吴解除了后顾之忧。而魏军这时适逢天气寒冷，水道冰封，船舰不得入江，曹丕只得再次下令班师。东吴将领孙邵，派部将高寿，率敢死队五百人在曹军归途隘路上，突然袭击曹丕御营，曹丕大惊。高寿夺得曹丕的备用御车“羽盖”呼啸而退。曹丕生前的最后一次征伐，就这样结束了。

曹丕在位期间，几次对吴用兵，均无功而还，其实也是必然结果。此时鼎立三方经过多年经营，根基均已巩固，吴蜀虽然弱小，但联合起来，足以与曹魏抗衡。曹丕虽然很想建功立业，但当时既不具备灭吴灭蜀的客观条件，曹丕本人也没有曹操那样的雄才大略，在孙权和诸葛亮这样老谋深算的对手面前，他在军事上不可能取得什么大的成就，并不奇怪。

曹丕虽然在与吴蜀争雄中没有什么佳绩可言，但在文学上的造诣是有口皆碑的。在父亲的影响下，曹丕和弟曹植，自青少年时就有很好的文学造诣，以后长期同集合在曹氏政权周围的孔融、王粲、陈琳、刘桢、徐干、杨修、邯郸淳等才华横溢的文人在一起，如鱼得水，诗文大长。

曹操连年在外征伐，常以曹丕留守邺城。曹丕在公务之余，与文友饮宴歌舞，赋诗唱和，隐隐领导着邺城文坛。

东汉建安十六年(211)，曹丕被封为五官中郎将以后的数年间，文学名士之间往来尤其密切。五官将府一时宾客如云，名流如鲫。除孔融因时与曹操龃龉被操所杀，曹丕与“建安七子”中的其余六子王粲、陈琳等经常在一起，赋诗作文，唱和酬答，欣赏奇文，相析异议。

东汉建安二十二年(217)冬天，瘟疫流行，徐干、陈琳等 4 人先后去世。文友作故，曹丕不胜悲痛。他写信给好友吴质说：“徐、陈、应、刘一时俱逝，痛何可言邪!”

这年冬天，曹丕著述的《典论》脱稿了。在《典论·论文》一篇中，曹丕对亡友的文学成就和诗文特色作了公正的评说。他结合自己的创作体会和亡友诗作特点，提出“文以气为主”的论点，在文学理论上作出了重要建树。他提出四科八类的文章分类，各种文体都有自己的体裁特点。同时，在文章中他反对“文人相轻”、“贵远贱近”的倾向，提倡“审己以度人”。末了，曹丕意气昂然地提出，文章是“经国之大业，不朽之盛事”，把文学的地位和价值提到从来没有过的高度。这篇文学理论批评专著，总括了建安时期各位名作家的诗文成就和特点，对文学提出了新认识和新的观点，确是不朽之作。

黄初七年(226)正月，南征归来的魏文帝曹丕，拖着疲惫的身子，在文臣武将的簇拥下，返回许昌。这次伐吴，数千战舰，十万铁骑，旗幡帆幔，遮江蔽日，何等气势。可除了对着咆哮的江水示示威外，仍没有动着东吴一根毫毛，反而在班师时遭到几百吴兵突袭，弄的手脚失措，真是气煞人！曹丕脸色阴沉，心情沉重。眼前就是许昌城，许昌城对曹氏父子来说，总是分外亲切，许多辉煌业绩不都是

在许昌这个地方建立的吗！将要进城了，突然，城南门平白无故地崩塌了。曹丕不由脸色煞白，这可不是吉兆！他心中一惊，命车驾转向洛阳而去。

曹丕到了洛阳就病倒了，弥留之际，曹丕下令立曹叡为太子，并为其选择辅政大臣。也许是神志恍惚的缘故，也许是司马懿平素的干练忠顺给了他良好印象，曹丕在这关键时刻忘了先王曹操的嘱咐："司马懿鹰视狼顾，不可付以兵权，久必为国家大祸。"曹丕选择了中军大将军曹真，镇军大将军陈群，征东大将军曹休，也选择了抚军大将军司马懿为辅政大臣。其实，这时的司马懿并无异志。多年来，曹操对司马懿既使用又限制，时时提防，到曹丕掌权，才渐渐付以实权，令懿独当一面。曹丕的信任，使司马懿倍加勤奋忠诚，加上才智过人，确实为魏王朝办了许多漂亮事，在三国争战的多事之秋，的确是个难得的人才，恐怕曹丕正是看到了这些才做出这一选择的。曹丕并没有错，司马懿毕竟是曹丕死后为曹魏挡住诸葛亮多次攻伐和平定各方叛乱的不二能臣，没有司马懿，魏明帝的日子会更不好过。问题在于明帝临终竟又一次像他父亲那样托孤于司马懿，而没有看到司马懿此时已权重翼丰，从而为曹氏子孙留下后来的祸患。黄初七年(226)五月，曹魏开国皇帝兼一代文豪魏文帝曹丕，在洛阳嘉福殿病逝，终年 40 岁，葬于首阳陵。

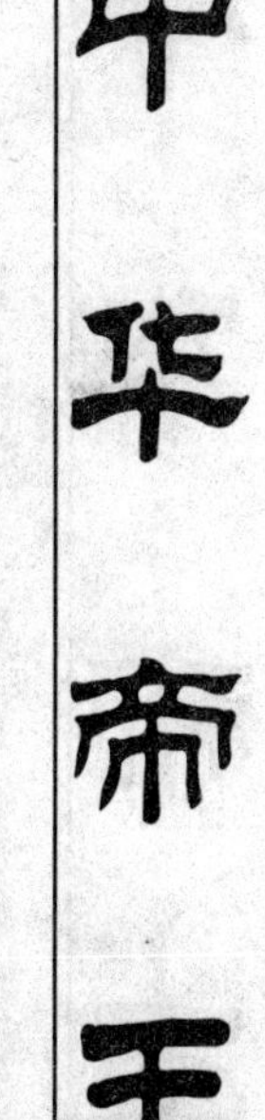

蜀先帝刘备

昭烈帝刘备

乱世起兵　屡仆屡起

刘备从小就怀有大志。他曾和同宗族的儿童们在大桑树底下玩耍，刘备说："我将来一定要乘上有真正篷盖的天子之车。"

东汉灵帝光和七年(184)爆发的黄巾大起义，给刘备发展势力提供了一个机遇。当时，东汉朝廷派大军镇压起义军，各地的军阀豪强也纷纷拉起人马，以镇压义军为名，抢占地盘，扩充实力。刘备也趁机拉起一支乡勇，参加了镇压起义军的行列。这时，河东解县(今山西运城)人关羽，同郡人张飞也来投奔刘备。刘备把关、张两人当成左膀右臂，三人形影不离，晚上睡觉也在一床，像兄弟般亲密。刘备因镇压义军"有功"，被朝廷任命为安喜县(今河北定县东)尉。

不久，朝廷颁布诏书，要考核因军功而提拔任命的官吏，如有不称职，就要淘汰。涿郡太守派督邮巡视各县，督察官吏。督邮来到安喜，因刘备未送贿赂要将他撤职。刘备听说自已将被遣散，十分愤恨，回到自己官署，率领一群吏卒，冲到督邮住处。刘备大声喝到："我奉太守密令，收捕督邮！"说罢，率人将督邮从床上提起，捆绑完毕，便押着他率领自己的人马向外走去。将要出县界，刘备将督邮绑在树上，用马鞭狠狠地抽打了百余下，仍不解气，便要杀了他，吓得督邮求饶不止。刘备便将自己做官的印绶挂在督邮脖子上，率众弃官而去。

后来，刘备投奔早年的同窗好友、幽州军阀公孙瓒，瓒让他试守平原县令，不久，又领平原国相。当时，天下大乱，人民饥寒交迫，流离失所，许多有才能之士也被迫抛弃家园，颠沛流离。刘备尽管官职不高，但他却能对外防御寇难，内部聚集粮物，对一些暂无安身立命之所的人士，刘备与他们同席而坐，同盘而食，推心置腹，肝胆相照。因此，甚得民心，附近民众及各方人士纷纷来投奔依附他。

这时，群雄逐鹿中原，各地军阀混战不已。袁绍攻公孙瓒，曹操又攻徐州牧陶谦。陶谦派人向公孙瓒告急，公孙瓒遂派刘备前往徐州(今苏北鲁东南一带)援救陶谦。这时刘备共有士兵千余人和饥民几千人。陶谦见刘备兵力不多，就给了他四千兵士，又表奏刘备为豫州(今豫东皖北一带)刺史，屯驻小沛(今江苏沛县)。后来，陶谦病重，临终时对部下麋竺说："除了刘备，没有人能使徐州安定。"陶谦一死，麋竺就率领徐州人士前往小沛迎接刘备。刘备再三推让，最后终于接管了徐州，第一次跻身于大军阀之列。刘备占有徐州，近在寿春(今安徽寿县)的袁术十分不满，遣兵进攻刘备。刘备与袁军相持不下，袁术又勾结吕布，指使吕布袭击刘备的后方下邳(今江苏睢宁西北)。这吕布原来和刘备是故交，字奉先，气力过人，弓马娴熟，有万夫不当之勇，号称飞将。他又长得一表人才，骑一匹日行千里的赤兔马，人们都说："人中有吕布，马中有赤兔。"但吕布有勇无谋，反复无常，不过是一介武夫。他起初依附丁原，后又杀丁原而依附董卓，拜董卓为义父。后来，又亲手杀死董卓，拥兵自重。因他暴戾无常，又无良策，不久兵败，依附刘备。吕布极敬重刘备，请刘备端坐在自己妻子的床边，令妻子拜见。

又命人准备酒食，与刘备畅饮。席间吕布口出狂言，呼刘备为弟。刘备知吕布反复无常，见他又出言不逊，表面不露声色而内心十分厌恶。后来，吕布收集余众，引兵他去。吕布现在见有利可取，便不顾前谊，袭取下邳。陶谦故将曹豹，因与督守下邳的张飞不和，听说张飞要杀他，便招来吕布，举城叛降。吕布乘机攻取下邳，张飞败走，吕布掠得刘备妻子家属。刘备听说后方失守，连忙带兵返回，遭吕布截击，兵众溃散，刘备无奈，只得称降，暂时依附吕布。吕布大喜，遂自称徐州刺史，将刘备家属归还，又派刘备进驻小沛。

刘备返回小沛，兵士渐渐增至万余人。这又引起吕布的不安和嫉恨，吕布又亲自带兵攻打刘备，刘备被迫应战，旋即战败，只得投奔曹操。曹操举荐刘备为豫州牧。因而史称刘备为刘豫州。这虽是个虚衔，却给刘备带来了声望。曹操给了刘备许多士兵和军粮，让他再去小沛一带收集余众，出击吕布。吕布又派大将高顺攻打刘备。曹操派夏侯惇救援，都被高顺打败，又把刘备的妻子掠去。于是曹操亲自率领大军前往，将吕布擒住。吕布向曹操告饶说："曹公所怕的不过是吕布，现在我已归顺，天下不必忧虑。您统帅步军，我帮您统率骑兵，何愁天下不平定?"说得曹操也有些心动。刘备说："曹公难道忘了吕布是怎样侍奉丁原和董卓的吗?"曹操点首称是，于是，将吕布缢杀。曹军得胜后，刘备跟随曹操到许昌(今河南许昌东)，曹操又上表推举刘备为左将军。

许昌本来已很残破，自汉献帝建安元年(196)曹操挟持汉献帝至此，作为都城，渐具规模。刘备来许昌后不久，就感觉到一种紧张的气氛。原来，汉献帝及其岳父车骑将军董承，不满曹操专权，正与将军吴子兰、王子服等人密谋诛杀曹操。这些人听说刘备已来许昌，十分高兴，寻找了个机会，邀刘备密谈，刘备是汉帝宗室，自然一拍即合，随即答应参与其事，并从董承手中接过了汉献帝以衣襟书写的手诏。

但刘备处事极其慎重，曹操虽然表面厚待刘备，对他十分尊重，出去同坐一车，居内同座一席，实际上却很不放心，经常派人加以监视。刘备知道曹操提防自己，便深居简出，闭门谢客，不参与其他人的活动。有时，刘备还在院子里刨地种菜，浇水捉虫，乐此不倦，一副悠然自得，胸无大志的样子。一次，曹操请刘备喝酒，谈论天下英雄。刘备说："袁绍或许算是一个英雄吧!"曹操却从容不迫地笑着对刘备说："现在天下英雄只有你和我。袁绍之流，不算英雄。"刘备一听曹操把自己说成是英雄，误以为密谋泄露，不觉大吃一惊，手中筷子惊落在地。恰巧，这时天上响过一阵雷声，刘备灵机一动，俯身拾起筷子，不慌不忙地对曹操说："圣人说：'惊雷烈风会使人惊惶变色'，这话讲得真有道理，雷震之威，想不到如此厉害!"巧妙地将自己的不慎过失掩饰过去了。曹操如此聪明，竟然丝毫也未感到怀疑。

刘备等人也知道曹操不能长期容纳自己，早晚要将自己杀掉，因而也密做准备。正巧，袁术因被曹军打败，想经徐州北上投奔其兄袁绍。曹操不愿他俩联合，准备派兵截击。刘备趁机请求前往。曹操未加考虑，随口答应，刘备立即将兵脱离曹操而去。郭嘉、程昱等人听说此事，连忙来见曹操，大声说道："主公不可放刘备出去! 刘备出去后必然叛变作乱!"曹操一听，不觉后悔起来，马上派人追赶刘备，但刘备已走得无影无踪了。

刘备一到徐州就袭杀了徐州刺史车胄，将献帝诛曹操的诏书公之于世，公开

打起了反曹旗帜。附近几个郡县，也都背叛曹操，归附刘备。曹操随即作出反应，马上派兵攻打刘备，但未能取胜。

汉献帝建安五年(200)，董承等人谋杀曹操的计划泄露，曹操将他们全部杀死。曹操听说刘备也参预了其事，大为恼火。决定亲自带兵征讨刘备。

刘备以为曹操正全力对付袁绍，不会亲自带兵前来，没有防备。听说曹操已来，不太相信，亲自带领数十骑外出观察。望见远处尘雾弥漫，旌旗蔽日，大吃一惊，估计自己没抵抗的实力，便下令退却，投奔袁绍。他的妻子来不及逃跑，又被曹操俘获。镇守下邳的关羽，抵挡不住曹军的猛烈进攻，只得投降。

袁绍听说刘备被曹操打败来投奔自己，十分高兴，以为又添了一个对抗曹操的帮手，马上派军前去迎接。一个多月后，刘备散失的部众渐来会集，力量渐渐恢复。

袁绍依仗优势兵力继续进攻曹操，与曹军相持在官渡(今河南中牟县附近)。袁绍派刘备率部众袭击曹操的后方。这时，关羽离开曹操重新逃归刘备，张飞也回归了。刘备见关、张两将回来，大为高兴，遂率军进攻许昌。后来，听说袁绍在官渡全军溃败，刘备遂南下，投奔荆州太守刘表。

刘表好谋无断，虽然拥兵十万，但无所作为。见刘备前来投奔，表面非常客气，内心却十分猜忌。他让刘备屯驻新野(今河南新野)防备曹军南下。

长期以来，刘备没有固定的地盘，经常寄人篱下，先后依附公孙瓒、陶谦、曹操、袁绍、刘表等人，四处奔波，颠沛流离，十分狼狈。徐州两次得而复失，南北征战接连失败。主要原因是刘备实力不足，无法与势力雄厚的大军阀曹操等人抗衡，再者，刘备知自己虽有关羽、张飞等几员猛将，但缺乏才能出众的军师谋主。因此，刘备渴慕贤才奇士辅佐自己。

后来，徐庶前来投奔刘备。刘备十分器重徐庶，又请徐庶再推荐一位贤士。徐庶说："诸葛亮，乃卧龙先生，主公可愿见他？"刘备听说诸葛亮，忙说："愿意，愿意！请您把他请来！"徐庶说："此人可去拜访，不能请他委屈前来，请主公屈尊去拜访他。"于是，刘备就准备去拜访诸葛亮。

刘备打听到诸葛亮的住地后，便率关羽、张飞等随从前去拜访，众人来到了一处风景宜人的茅舍前，经询问，方知诸葛亮外出未归。关、张二人稍感沮丧，刘备却毫无倦容。

第二次，刘备等人又专程拜见诸葛亮，竟又未见到。关羽、张飞等人颇为不满，刘备却对他们说："此次未见，下次再来。"关、张二人更不高兴，嘴里嘟哝不停。

第三次，刘备终于见到了诸葛亮。这就是有名的三顾茅庐，历来被人们传为礼贤下士的美谈。刘备三顾茅庐，精诚所至，使诸葛亮大为感动。二人一见如故，相见恨晚。刘备虚心请教天下之事，诸葛亮便将自己对时局的精辟见解毫无保留地对刘备倾说。诸葛亮分析了曹、孙、刘当时各自占有的天时、地利与人和因素，提出了占荆襄、夺益州三分天下的战略，这就是历史上有名的《隆中对》。刘备听罢这一分析，心悦诚服，连声说道："讲得好！说得对！"于是，刘备便请诸葛亮一同出山，辅佐他成就大业。诸葛亮一来久闻刘备英名，早知刘备乃成大事之人，二来为刘备的诚恳心意所感动，遂同意出山。

从此，刘备就在诸葛亮的忠心辅佐下，按照《隆中对》的计划，开始了他的占

据荆益二州，复兴汉室的事业。

联孙抗曹　攻占益州

东汉建安十三年(208)，曹操在统一北方之后，率大军南下进攻刘表，企图夺取荆州。这时，刘表已病危，他召来刘备，打算推荐刘备为荆州刺史，治理荆州。刘备推辞不就。

不久刘表病死，其次子刘琮继任荆州牧。琮软弱无能，听说曹操三十万大军将至，吓得魂飞魄散，连忙上表请降，又不敢告诉刘备。刘备听说此事，连忙派人询问。此时曹操已至宛城，刘备连忙召集部属商议对策。诸葛亮等人劝刘备攻刘琮，劫持刘琮及荆州官吏士人南至江陵(今湖北江陵一带)。刘备回答："刘表临死曾将其子托付于我，背信弃义之事，我不能干！否则有何面目见刘表！"于是，刘备率众向江陵撤退。

曹操听说江陵存有大量军械粮草，担心被刘备夺去，就舍弃辎重，轻装赶至襄阳，见刘备已经过去，曹操亲率三千精锐骑兵，昼夜兼驰，一日一夜行 300 多里，于当阳长坂坡(今湖北当阳东北)追上刘备。

刘备没有想到曹军追来如此之速，猝不及防，军队大部被杀散。刘备抛却妻子部属民众，只带领诸葛亮、张飞、赵云等人突围而走。赵云字子龙，常山真定(今河北真定县南)人。举止有度，骁勇异常。他见形势危急，怀抱刘备弱子刘禅，保护着禅母甘夫人，杀出重围。刘禅母子赖赵云得以身免灾祸。刘备令张飞率二十余人断后。张飞见刘备等人已过得河去，将桥拆断，张飞立马横矛，扼住桥头，怒目注视追兵，厉声喝道："我是张翼德，谁敢来与我决一死战！"声若洪雷，震得曹军肝胆俱裂，无人敢前。刘备等人得以退至夏口(今武汉市)。

曹操占据荆州后，收纳了刘琮的水军，又占领了江陵，缴获了大量军资，声势更大。曹军沿江东下，准备消灭刘备，进而吞并孙权，占领江南。

强敌紧逼，刘备力量单薄，不得不考虑寻找盟友，在东吴鲁肃的建议下，便派诸葛亮去见孙权，劝说他联合抗曹。孙权也早已感到曹军的威胁，曹操曾下书给孙权，声称率八十万大军，要与孙权会猎于东吴。东吴群臣噤若寒蝉，纷纷主张投降。只有鲁肃、周瑜主张抵抗。而孙权虽然同意迎战，但仍担心力量不足。听说刘备派诸葛亮联络，十分高兴。二人商谈极为融洽，孙权同意联合抗曹，遂派鲁肃、周瑜、程普等率水军数万，与刘备一起并力抵抗曹操。

孙刘联军到达赤壁(今湖北武昌县西)，与曹军相持。后来，曹操中了周瑜部将黄盖的诈降计，放松了警惕，船只营寨被吴军用火烧毁，孙刘联军乘势进攻，曹军溃败。这就是历史上有名的"赤壁之战"，刘备联合孙权的力量，打败强敌，争取了自己的安全。

赤壁之战后，刘备表奏刘表的另一个儿子刘琦为荆州刺史，利用刘表父子在荆州的势力和影响，招抚长江以南的荆州四郡太守，这四个郡，就是武陵(治所在今湖南常德)、长沙(治所在今长沙)、桂阳(治所在今湖南郴县)和零陵(治所在今湖南零陵)。四郡太守欣然归附，不久，刘琦病死，刘备自称荆州牧，荆州一些文武人才，如黄忠、庞统等人，纷纷聚集在刘备身边。

刘备势力渐增，孙权也不得不另眼看待。孙权想利用刘备对抗曹操，不仅承认了刘备为荆州牧的事实，而且主动将自己的妹妹嫁给了刘备，进一步巩固两人

之间的关系。

刘备占有荆州大部，又当上了荆州牧，有了立足之地，但其实力和地盘与曹、孙相比，仍难抗衡。因此，如何进一步增强势力，扩张地盘，便成了当务之急。

当初，诸葛亮在《隆中对》中，就提出占有荆益二州以成帝王之业，刘备占有荆州后，便着手进取益州。

益州，主要是现在的四川，并包括现在的云、贵、甘、陕等省的一部分。这里地域广阔，物产丰富，号称天府之国。益州牧刘璋，是汉朝宗室，懦弱无能，空有贤才而不能用，手下军队纪律极坏又不能禁止，因此，内部危机四伏，全州上下都盼望贤德之人入主益州。

孙权也早就觊觎益州，他曾写信给刘备，邀备一起攻取益州。刘备早想独吞，岂容别人染指？便回信推脱。权遂派孙瑜率水军进夏口，准备越过荆州而入蜀川。刘备对孙瑜说："你如要取蜀，我当入山隐居。"并立即派关羽守江陵，张飞守秭归，扼住入川之路。孙权看透了刘备的意图，知道难以占先，便将孙瑜召回。

当初曹操打下荆州，刘琮归降，刘璋也极害怕，就想归附曹操，便派张松去荆州拜见曹操，谁知曹操对张松十分冷淡，张松极为恼火。不待深谈，便辞别曹操，去见刘备。刘备对张松诚恳热情，使张松十分感动。张松回到益州，大谈曹操的坏话而极力赞扬刘备，劝刘璋与刘备联络，恰好这时占据汉中的张鲁进攻益州，刘璋便派法正去见刘备。刘备待法正也十分热情，张松和法正见刘备时，刘备向他们询问益州的地理形势、军事力量及其他内部情况，张、法二人都详细陈述，并画了地图送给刘备。这样，刘备对益州的虚实了如指掌。

法正劝刘备说："以将军的英明才略，刘璋的懦弱无能，还有张松作内应，夺取益州易如反掌。"庞统等人也力劝刘备进取益州。于是刘备决定进川。

刘备让诸葛亮、关羽、赵云等人留守荆州，自己带领庞统、法正等数万人，由水道入蜀。刘备率军来到涪县（今四川绵阳），刘璋也从成都赶来迎接，会见时关系十分友好，欢宴达一百多日。刘璋以米二十万斛，战马千匹，战车千辆及其他物资赠与刘备，并将杨怀、高沛之军交刘备指挥，让刘备攻打张鲁。

刘璋日夜盼望刘备为他出击张鲁，刘备却进军至葭萌（今四川广元），便停顿不前，反而做起笼络人心、树立恩德的事来。刘备在葭萌住了一年，借口曹操要进攻孙权和荆州，写信给刘璋，要求回师救荆州，并要刘璋再给一万军队和粮饷。刘璋极不高兴，只给了刘备四千军队，粮草物资也只给了刘备所要数目的一半。刘备借这一事情，激怒其部下说："我们为益州征讨强敌，将士非常辛苦，而刘璋却如此吝啬，不舍得将仓库里的东西赏给将士，这怎能让我们出力死战呢？"张松在成都听到消息，不辨真假，以为刘备真要撤军，连忙写信给刘备及在备营中的法正，说："如今大事马上就要成功了，怎么能放弃而去呢？"张松的哥哥，广汉太守张肃知道其弟的谋划，生怕连累自己，就向刘璋告发了。刘璋下令杀死张松，并令各关隘守将，不要再与刘备联系。

刘备见计划已经暴露，立刻杀了刘璋派在身边的杨怀、高沛二将，收编了他们的军队，进占涪城。接着，刘备又攻占绵竹，包围雒城（今四川广汉），攻了足足一年，方把雒城攻下，军师庞统也在攻城中中箭身亡，攻下雒城后，刘备即率军包围了成都。

这时，诸葛亮也率张飞、赵云等，沿水道入蜀，攻下白帝城、江州（今重庆），前

来与刘备会师。

刘备的军队包围成都几十天，刘璋见内外断绝，坚守无望，只得出城投降。刘备攻下成都后，自称益州牧，论功行赏，将府库中金帛分赐将士，又安抚百姓，取消百姓应交纳的钱粮。刘备以诸葛亮为军师将军兼益州太守，全面处理益州政务，跟随入川的文武官员，也都安排了相应的官职。刘备极力注意笼络刘璋的部下，团结益州士人。

吴懿原是刘璋的亲戚，他的妹妹嫁给刘璋的哥哥刘瑁，刘瑁死后，她成了寡妇。刘备又娶她为妻，和吴懿结为亲戚，加以重用。其余董和、李严及受到刘璋排挤的许多人士，刘备都给以适当官职，让他们发挥才能。因此，益州有才有志之士，无不竞相归附刘备，愿意随备建功立业。这样，刘备在益州就逐渐站稳了脚跟，他在益州的统治很快趋于稳定。

吴蜀决裂　白帝托孤

汉中形势险要，是巴蜀的咽喉门户。刘备占领益州后，想招抚盘踞在汉中的张鲁，不想曹操捷足先登，打破张鲁，于建安二十年(215)攻占汉中。这时，丞相主簿司马懿对曹操说：“刘备靠计谋俘虏刘璋，取得益州，蜀地人民尚未真心归附。现在丞相大军攻克汉中，益州震动，如乘胜进军，巴蜀必然土崩瓦解，唾手可得。”曹操说：“人不能贪得无厌，既得陇(汉中一带)，又望蜀。”谋士刘晔也劝曹操，但曹操未采纳二人意见，令夏侯渊、张郃、徐晃等人镇守汉中，曹操率大军退回。

夏侯渊、张郃等人驻扎汉中，经常侵犯巴郡边界，进可攻蜀，退可扼住刘备北进之路。刘备很是担心。为解除汉中的威胁，并打开北伐攻魏的通路，东汉建安二十三年(218)，刘备亲自率领大军，进兵汉中，留诸葛亮留守成都，负责军需供应。蜀军到达阳平关(今陕西勉县西北)，遭夏侯渊、张郃的顽强抵抗，一时难以取胜，急忙驰书诸葛亮速发援兵。诸葛亮深知汉中对蜀的重要性，于是源源不断地调集军队粮草，增援刘备。

双方相持近一年，曹军虽然有小胜，而蜀军锐气不减，刘备毫不动摇。第二年春天，刘备率军渡过沔水，沿定军山(今陕西勉县东南)扎营。定军山是汉中门户，形势险要，蜀军占据对曹军威胁极大，因此，夏侯渊拚命来争。法正见夏侯渊已不顾一切，对刘备说：“现在可以取胜了。”之后命人设伏，命老将黄忠居高临下冲出。夏侯渊不及提防，被黄忠杀死，曹军大败。

曹操见汉中告急，亲自带兵救援。刘备听说曹操亲来救援，分析战局，对部下诸将说：“曹操虽然亲自前来，也无能为力，我一定能占领汉中。”刘备收拢部众，据险固守，始终不与曹军交战，双方相持一个多月，曹军粮草不继，毫无进展，士兵纷纷逃亡，曹操既无法取胜，又不愿就此放弃汉中，一时犹豫不决。一天，部将前来请示口令，曹操正在吃饭，看到碗中鸡肋，有感于怀，随口说出：“鸡肋。”主簿杨修听到这一口令，就收拾行装，有人吃惊地问：“这是为何？”杨修说：“鸡肋食之无味，弃之可惜，曹公以鸡肋比作汉中，一定是要班师了。”不久，曹操果然放弃

汉中，带兵回长安(今西安附近)去了。

刘备遂乘胜占领汉中，又派刘封、孟达等攻占汉中郡东部的房陵(今湖北房县)、上庸(今湖北竹山西南)等地，扩展了疆域。此后，在部下的拥戴下，刘备自称汉中王。

刘备势力逐渐强大，引起了孙权的不安，双方争夺的焦点，渐渐集中在荆州这一战略要地上。

荆州南郡本来是孙权借与刘备的，孙权借土地给刘备是为了给曹操树敌，谁想刘备羽翼已丰，大有吞并山河之势。于是孙权便在刘备攻占益州的第二年，派人向刘备索要南郡。刘备当时正想进取凉州，就推辞说："等我打下凉州，再归还南郡。"孙权听说后大怒，派大将吕蒙夺取了长沙、零陵、桂阳三郡。刘备得知消息，连忙督令关羽争夺三郡。孙权也赶往前线督战，双方大有一触即发之势。但这时曹操已攻取汉中，刘备担心曹操趁机进攻益州，就主动向孙权求和，双方商定以湘水为界中分荆州：江夏、长沙、桂阳三郡属孙权，南郡、零陵、武陵三郡归刘备。这样，总算避免了一场大战，脆弱的孙刘联盟维持下来。但是，裂痕已无法弥补，对东吴来说，荆州位于其上游，威胁其安全，势在必夺；对刘备来说，荆州是北进中原的捷径，势在必守。因此荆州好似装满火药的铁桶，随时都可能发生爆炸。

东汉建安二十四年(219)，刘备正与曹操在汉中交战时，关羽也配合刘备的攻势，从荆州出兵，进攻曹军驻守的襄阳和樊城。襄樊一带本为曹仁所守，曹仁不敌关羽的猛烈攻势，曹操又派于禁、庞德等将率大军赶来增援。正值秋雨连绵，汉水暴涨，关羽利用水势，水淹七军，擒于禁，杀庞德，败曹仁，势不可挡。附近小股军队或前来归服，或领受关羽颁发的印信称号，为关羽支党。一时间，关羽威振华夏。曹操十分了解关羽智勇兼备，见此时情景，甚至打算迁都以逃避关羽的锐气。这时，司马懿等人劝曹操利用孙权和刘备间的矛盾，答应以江南之地封给孙权，要他袭击关羽的背后，以解除威胁。曹操便按照司马懿计策行事。关羽虽然智勇兼备，却十分骄傲，目中无人。当初，孙权为笼络关羽，加强孙刘联盟，曾派人向关羽请求将关羽三女嫁给自己的儿子，结成秦晋之好。关羽不仅不接受，所而将来使臭骂一阵，赶出城外。孙权听说后，十分恼怒。现在关羽势力膨胀，孙权也感到了他的威胁。接到曹操的来信，孙权十分痛快地表示可以袭击关羽。

于是，孙权以及大将吕蒙、陆逊等人，先以计策麻痹关羽，使他放松警惕，将后方兵力抽调到襄阳前线，然后以吕蒙为前部，偷袭南郡。吕蒙、陆逊等偷袭成功，很快占据南郡大部，关羽见后方出现危险，急忙回师救援，被吴军打败，关羽被俘遭杀害。这一来，荆州就全部落入孙权手中，孙刘联盟彻底破裂。

荆州对于刘备来说，至关重要。按照既定的战略方针，刘备以讨伐曹魏、扶兴汉室的名义，两路进攻中原。一路出汉中，一路出荆州，互相呼应配合。失去

荆州之后，北伐曹魏只剩汉中一路，况且山路多险，粮草难继，取胜希望不大。如不夺回荆州，刘备便被封闭在三峡之内，极难发展。因此，刘备决计进攻东吴，夺回荆州，为关羽报仇。

这时，突然传来曹操已死，其子曹丕已代汉献帝，建立魏国的消息，并有谣言说汉献帝已被害死。刘备是汉朝宗室，现在又占有一隅之地，于是，他决定自称汉帝。继承汉朝正统，以收拢天下人心，然后再进攻东吴。这时，蜀中文武群臣也纷纷上书，向刘备劝进。蜀汉章武元年(221)，刘备在成都称帝，国号汉，一般称为蜀汉，建年号为章武，以诸葛亮为丞相。刘备就是历史上所说的汉昭烈帝，又称先主。

刘备称帝后准备出兵东吴，蜀中群臣大都加以谏阻。镇军将军赵云谏阻道："现在国贼是曹操，而不是孙权。曹操虽然已死，其子曹丕篡汉盗国，应当顺从民心，图取关中，居高临下以讨凶逆之贼，关东义士必然投奔响应王师。不应置曹魏于不顾，先与东吴交战，战衅一开，就难以平息了。"刘备不听。诸葛亮见刘备决心已定，知道劝也无用遂缄口不言。

刘备下令调集全国军队，准备出兵，他派人通知车骑将军张飞，让他率兵万人会师江州。谁知张飞因脾气暴躁，经常打骂将士，帐下部将张达、范疆不堪其苦，临出发前，二人叛变，暗杀了张飞，拿着张飞的首级投奔东吴去了。刘备听说后仰天长叹道："唉！张飞又死去了！"当初，张飞雄壮威武，仅次于关羽，曹魏君臣都说关张二人可敌万人。关羽为人骄傲，善于体恤士卒而蔑视士大夫；张飞脾气暴烈，尊敬士人却不知爱惜士兵。刘备经常劝诫他们。刘备对张飞说："你刑罚太滥，经常鞭打士卒而又让他们在你身边，这样极容易招致灾祸。"张飞仍不注意改正。果然，张飞最终死于部下将卒之手。这样，刘备尚未出兵，先损了一员猛将。

蜀汉章武元年(221)夏，刘备亲自率领七八万大军，出巫峡，沿长江水陆并进，直扑东吴。孙权见刘备来势凶猛，遣使向刘备求和。刘备志在必胜，坚决不许。

蜀军很快打到夷陵(今湖北宜昌东南)，从巫峡到夷陵有六七百里，江岸两侧高山峻岭连绵不断。刘备在江岸南侧，沿路扎营，树立木栅。他又命令水军登陆，也在山林中扎营。刘备拉开了漫长的战线，沿江设了几十处营寨，表面上蜀军声势浩大，实际上兵力分散，实力大为削弱了。

刘备亲率主力屯驻在夷陵猇亭(今湖北宜都北)。他数次派军向东吴挑战。吴军主帅陆逊，虽然年轻，却深谙兵法，老成持重。他节制吴军诸将，不许他们出战。双方在此相持了六七个月之久，蜀军始终找不到机会跟吴军交战，时间一久，斗志逐渐涣散，刘备本人也放松了警惕。

蜀汉章武二年(222)闰六月，陆逊见蜀军已懈怠，便命令吴军火烧蜀营，发动猛攻。这时正是暑热天气，气温极高，再者蜀营多依林木而建，大火一烧，不可收

拾。一时间蜀军营寨和木栅全被烧毁，火光冲天，烈焰熊熊，吴军趁火势，连破蜀军四十余营，杀死蜀军大将冯习和张南。

刘备见大军溃败，知道难以抵抗，遂带残兵败将，退守马鞍山（今湖北宜昌西北），令军士固守，陆逊命吴军四面围攻，蜀军土崩瓦解，又死万余人，尸体顺江而下，几乎遮满江面。各种军械物资船只粮草，几乎损失殆尽。刘备趁着夜色逃遁，命人烧毁铠甲等物堵塞吴军追路，方才逃至白帝城。

刘备从未遭此大败，十分惭愧地说："我竟被陆逊打败，岂不是天意！"其实，刘备的失败，完全是主观指挥的错误。他在山林设立木栅，连营六七百里，不仅分散了兵力，首尾难以相顾，而且给东吴以火攻的机会。他又命水军登陆，放弃了水陆相互配合作战的有利条件，自然难免失败。当时，明眼人早就看出，刘备这样做，必败无疑。曹丕就说："刘备简直不明兵法！哪里有连营七百里和敌方打仗的？刘备在山林险阻之处带兵打仗，犯了兵家大忌。孙权不久就要取胜了。"

这次猇亭大战后，曹魏趁东吴全力对付刘备，也出兵进攻东吴。孙权已取得胜利，不愿再两面受敌，便向刘备请和。刘备经此大败，知道荆州已难夺回，又担心孙权继续进攻，便同意和解。于是，脆弱的吴蜀联盟，重新恢复。

猇亭大败，对于已进入暮年的刘备来说，是一个沉重打击，这次失败使他心情郁闷终致一病不起，后来病势加重，他急召诸葛亮到白帝城以托付后事。

刘备的太子刘禅无政治才能，刘备希望诸葛亮能辅佐刘禅，维持基业不失，纲纪不坠，但又怕刘禅实在担不起治国重任。临终前，刘备流着眼泪，语重心长地对诸葛亮说："你的才能超过曹丕十倍，必然能安定国家，成就大事。如果太子可以辅佐，你就辅佐他；如果他实在不行，你可以替代他自己做皇帝。"诸葛亮一听刘备说出这样的话，心如刀绞，泣不成声地说："我怎敢不尽心尽力，忠贞报国，死而后已！"刘备将刘禅兄弟几人召到床前，告诫他们说："我死了以后，你们要像尊奉父亲那样尊奉丞相，和他共同治理好蜀汉。"这就是历史上所说的白帝托孤，长期被人们视为君臣坦诚相知的典范而津津乐道。

章武三年(223)四月，刘备在白帝城永安宫病亡，享年63岁。

蜀后主刘禅

后主刘禅

阿斗继位　丞相主政

蜀汉章武三年(223)夏四月,刘备东征孙吴,大败而归,暂住白帝城(今四川奉节县境内),一病不起。临终前,刘备将蜀相诸葛亮、太子刘禅及其他几个儿子都召至白帝城,嘱托后事。刘备嘱咐诸子要像尊敬自己一样尊敬诸葛亮,然后,又对诸葛亮说:"你的才能胜曹丕十倍,必能安定国家,成就大事。如太子刘禅尚能辅佐,就辅佐他;如果他实在不行,你可自立为君。"诸葛亮一听,涕泗横流,泣不成声地说:"我怎敢不尽心尽力,忠贞不二,死而后已!"

刘备去世后,刘禅继位为帝,改元建兴。这时,刘禅才17岁。

刘禅倒也有自知之明,他把一切事情都交给诸葛亮处理,自己只管一些礼仪而已。他说:"政由葛氏,祭则寡人。"诸葛亮觉得刘禅少不懂事,也就总揽朝政,无论大小诸事,都由自己决定。

刘禅刚刚即位,就不断传来南中地区(今云南一带)一些蛮夷豪帅起兵反叛的消息。

对付这种困难局面的重担完全落在了诸葛亮的身上,他考虑到,刘备伐吴大败,蜀汉元气大伤,刘禅又刚刚即位,不便立即用兵。因此,决定努力说服急取南中叛酋的大臣。同时,出兵驻守险要,遏止其向蜀中蔓延,待条件成熟后再加以解决。他把整顿内政、发展蜀中经济和与孙权修复联盟作为首先必须解决的几件大事。

蜀汉建兴元年(223)十一月,诸葛亮派尚书郎邓芝出使东吴。邓芝不辱使命,说服孙权和曹魏断绝关系,专与蜀汉联合。

在恢复吴蜀联盟的同时,诸葛亮又集中精力整顿内政,奖励生产,积聚粮草。过了两年,蜀汉的经济情况好转,诸葛亮见条件成熟,遂于建兴三年(225)亲率大军平定南中叛乱。

蜀军经过长期休整,兵精粮足,士气高涨,大军所到之处,节节胜利。不久,就扫清外围地区,深入南中腹地。这时,叛乱首领之间发生内讧,少数民族首领孟获收集各方余部,继续对抗蜀军。孟获不但作战勇敢,而且在当地汉族和少数民族人民中间有一定威望和影响。诸葛亮根据安抚政策,决定收降孟获。他向将士下令,只许生擒孟获,不许加以伤害。

孟获是有勇无谋之人。和蜀军初一交战,就被诸葛亮设计活捉过来。孟获被押解至大营,诸葛亮马上叫人松绑,还陪他到蜀军阵前营中,观看阵势。诸葛亮问孟获说:"你看我这支军队怎样?"孟获很傲慢地说:"以前我没有弄清你们的虚实,所以输了。现在看了你们的阵势,也不过如此,下次再战,我一定能战胜你。"诸葛亮朗声一笑,说道:"既然这样,你就回去再打吧。"

孟获被释放回去,重整队伍,再与蜀军交锋,又失败了。诸葛亮见他不服,又放了他。像这样放了又捉，捉了又放，到第七次活捉孟获，诸葛亮又准备放了他时，孟获感动地说："丞相天威，我口服心服了。南人以后再也不反叛了。"

诸葛亮从南中回师的时候，还把一部分威望较高的少数民族豪帅带回成都，委任他们以适当官职。又把南中地区重新划分，派了可靠的官吏担任地方长官。他又教导少数民族人民发展农业和手工业，派人煮盐、冶铁，使南中地区政治安定，经济也发展起来。此后，南中所产的金银、丹漆、耕牛、战马等，源源不断地运往蜀中，为后来进行的北伐战争提供了大批战略物资。平定南中之后，蜀汉政府还从迁往蜀中的少数民族中间选拔精壮，编为五部，经过严格训练，组成一支精锐部队，号为"飞军"。

经过长期准备，诸葛亮准备北伐曹魏，进军中原。蜀汉建兴五年(227)三月，诸葛亮以张裔为留府长史，与参军蒋琬处置丞相府政事，以侍郎董允管理宫中，把宫中和府内大事安排就绪后，诸葛亮便向蜀帝刘禅上一道表章。在这篇奏表中，诸葛亮苦口婆心地劝告刘禅要亲近贤臣，疏远小人，励精图治。这就是千古流传的《出师表》。这时，刘禅已20多岁。

接到诸葛亮的出师表后，刘禅下一道讨伐曹魏的诏书，以激励士气，诸葛亮遂率领大军出屯汉中，于沔水北岸阳关扎下大营。这次北伐，按诸葛亮的布置，兵分两路：一路以赵云、邓芝为疑军，进据箕谷，扬言从斜谷道去攻打眉县(今陕西眉县北)。另一路则由诸葛亮亲率主力向西北攻打祁山(今甘肃西和县西北)。蜀军经过两年多的训练，纪律严明，士气振作，行动迅速。主力很快到达祁山，继续向西北进攻。自从刘备死后，蜀军多年没有动静，魏国毫无防备。这次蜀军突然在祁山出现，魏国大为震动，原属魏国控制的天水、南安、安定三郡，都望风叛魏归蜀，天水将领姜维向诸葛亮投降。

诸葛亮攻占祁山的消息传到魏都洛阳，朝野一片恐惧。朝廷大臣都不知怎样对待。魏明帝还算镇静，他忙调大将张郃率军五万西上，抵御蜀军主力。为了安定人心，明帝也亲自坐镇长安。

这时，诸葛亮决定选派一支先遣队伍，占领街亭(今甘肃庄浪东南)。在讨论人选时，诸葛亮不顾众议，决定提拔自幼喜欢学习兵法，谈起军事来头头是道的马谡为先锋，另派王平为副将，协助马谡。

马谡、王平带领人马到了街亭。魏将张郃率领魏军也向街亭进发。马谡发现街亭旁边有座山，决心把营寨扎在山上。王平原是军旅出身，虽然缺少文化，但战斗经验丰富。他提醒马谡，这样做会违反丞相的部署。但马谡自以为熟读兵法，根本不听王平的建议，坚持在山上安营。王平无奈，只好向马谡要求拨给他一千人马，驻扎在山下，以便策应。

张郃赶到街亭，发现马谡把营寨安在山上，马上切断山下的水源，把蜀军围困在山上。蜀军在山上断水，时间一长，饥渴难忍，营中大乱，张郃抓住时机，发起猛攻，蜀军纷纷逃散，马谡想禁止也禁止不了，只好自己杀出重围，逃回祁山。

王平在山下发现蜀军溃散，命令士兵拚命擂鼓以疑兵之计止住张郃进攻，得以从容地收集散兵，率将士退回祁山。

街亭失守，打破了诸葛亮的部署，使蜀军失去了进攻的据点。诸葛亮见取胜无望，便带兵及千余家百姓，撤回汉中。

诸葛亮对街亭失守十分痛心，追查责任，首先是马谡违背部署，造成致命的

错误。马谡当先锋，人们本来就不满意，不严办更难使众人心服，诸葛亮便依法处死了马谡。马谡被处死后，诸葛亮亲自设祭，想起与马谡多年的情谊，不禁热泪盈眶，蜀军将士也被感动得个个流泪。接着，诸葛亮又上书刘禅，自请处分。

刘禅接到奏章后，把诸葛亮降职为右将军，代理丞相职务。这种处分当然只是做做样子给人看的，并不影响诸葛亮的实际权力。以后诸葛亮又曾两次率军伐魏，蜀军都取得了局部胜利。后主刘禅认为诸葛亮立了新功，便下诏恢复诸葛亮丞相职务。

就在这年，吴王孙权正式称帝，派使臣到成都，建议和蜀汉互尊为皇帝。刘禅把这件事交给臣下讨论，蜀汉大臣多数认为只有蜀国才能继承汉朝正统，孙权称帝和曹丕一样，都算是僭越，主张与东吴断绝盟好关系。不过，最终还是都同意了诸葛亮以联盟大局为重的主张。于是，刘禅便派使臣到东吴，向吴帝孙权祝贺，并订立了新的盟约，约定互不侵犯，在灭魏之后平分曹魏之地。

建兴十二年(234)春二月，诸葛亮亲率十万大军由斜谷而西出，发动了第五次北伐。这次出兵还派了使者去东吴约孙权东西配合，同时大举进攻。四月，诸葛亮据武功五丈原(今陕西岐山县境内)，与司马懿相持于渭水之南。他鉴于每次北伐都因军粮不继而夭折，这次干脆采取了分兵屯田的办法，作为长久打算，由于诸葛亮治军严明，屯田士兵和当地人民相处得十分融洽。

魏军主将司马懿，久经征战，老谋深算。他深知蜀军远来，利在速战，便坚守不出。诸葛亮心中焦急，百般挑战，又送给司马懿一套妇女服饰来羞辱他，司马懿还是按捺住自己的怒火，想方设法约束住部将，就是拒不出战。这时，配合蜀军进攻的东吴十万大军出师不利，久攻魏军重镇合肥不下，战将孙泰被射杀，吴军便撤退回国了。

吴军这次出兵虎头蛇尾，使诸葛亮的蜀军又成孤军。加上司马懿坚守不战，诸葛亮见难以取胜，心中更加焦急。他平时身体就很虚弱，又事必躬亲，大小事都要亲自处理，因此十分劳累。现在司马懿深沟高垒不出战，诸葛亮进不能战，退不甘心，英雄无用武之地，不禁郁闷致病，积劳成疾。

病倒之后，诸葛亮知道自己这场病来得凶险，就给刘禅上了奏章，报告病情，还附上一份密奏，说“我如有不幸，后事可托付给蒋琬”。诸葛亮又把杨仪和费祎等人叫到身边，把他死后如何退兵的安排细细叮嘱一番。

几天后诸葛亮因病情恶化去世。诸葛亮去世之后，丞相长史杨仪总统军事，指挥蜀军撤退。司马懿得知消息，忙率军追赶，被杨仪用诸葛亮留下的计谋杀退。

北伐大军回到成都后，刘禅为了表彰和纪念诸葛亮生前的品德和功绩，封赐他谥号为忠武侯，又依照诸葛亮的遗愿，将他葬在定军山。

后主无能　亡国之因

刘禅处理完诸葛亮的丧事之后，任命丞相府长史蒋琬为尚书令兼益州刺史，后来又拜大将军，接替了诸葛亮的职位。蒋琬才干出众，老成持重，在新丧丞相群情惶然之际，抑制自己的悲痛，镇静自若地处理政事，有条不紊。于是在朝廷中逐渐树立了威信，形势也逐渐安定下来。

蜀汉建兴十五年(237)正月，刘禅立皇后张氏，大赦天下，改元为延熙，尔后，

又立儿子刘璿为太子，刘瑶为安定王。这时后主已不再有诸葛亮的严格管教，而蒋琬实际上根本约束不了他。因此，其贪图享乐的劣根性日渐发展。他经常带领宫人宦官外出游玩，又令人在内宫广置声乐供自己赏玩娱乐。

蜀汉延熙九年(246)冬十一月，蒋琬病卒，刘禅自摄国事，而以费漼继任大将军辅政。

由于蒋琬、费漼执行稳健政策。加上魏明帝死后曹魏内部政局动荡，司马懿和他的儿子司马师、司马昭杀死曹爽，夺取了魏国实权，他们忙于镇压异己势力，顾不上伐蜀，因此，在十多年间，蜀魏间没有发生规模较大的战争。

蜀汉延熙十二年(249)春天，曹魏右将军夏侯霸惧怕司马氏诛杀，叛魏逃奔蜀国。夏侯霸乃曹魏名将夏侯渊之子，夏侯渊与曹操是连襟，因此是曹魏宗室。当初，夏侯渊守汉中，被刘备率军打败杀死。因此夏侯霸与蜀国有杀父之仇。可夏侯霸又与刘禅有姻亲关系。原来，夏侯霸的从妹嫁给张飞为妻，婚后产下一女，长成之后，嫁给刘禅当了皇后。因此，夏侯霸与刘禅乃是姻亲。这次夏侯霸势窘来投奔蜀汉，刘禅对他十分热情，特地向他解释："你父亲当初是在两军对阵时被人杀死的，不是我父亲亲自杀死的。"然后，又指着自己的儿子说："这都是夏侯氏的外甥。"又对夏侯霸大加赏赐。就这件事来说，刘禅处理得倒算得体。

蜀汉延熙十六年(253)春天，蜀汉又发生了一件大事。魏国降将郭修被姜维俘虏带回成都，刘禅没有弄清此人是否真心归降，便任命他当了左将军。郭修表面感恩戴德，内心却思谋报仇。他几次想刺杀刘禅，都被刘禅的卫士阻拦而没有成功。最后，郭修只得退而求其次，在宴会上将大将军费漼刺杀。费漼一死，姜维继任大将军。姜维掌握军权之后，几乎每年举行北伐，劳民伤财，都无功而返。姜维出兵不利，在朝廷中没有威望。刘禅信任的宦官黄皓趁机掌握了内政大权。黄皓还想撤掉姜维大将军职务，让他的同党来操纵军权。姜维厌恶黄皓专权，便向后主密奏，要求杀掉黄皓。刘禅却回答说："黄皓不过是供我奔走的小臣，你又何必介意!"言下之意，嫌姜维多管闲事。姜维见黄皓党羽众多，又得到刘禅的信任，怕黄皓再来陷害自己，便称说自己虑事不周，辞别刘禅而出。不久，姜维便要求去沓中(今甘肃临潭西南)屯兵种麦，再也不敢回到成都。从此，在刘禅的纵容下，黄皓等人为所欲为，蜀国内政越发不可收拾了。

蜀汉景耀五年(262)，姜维发现魏在关中练兵，有伐蜀的迹象，立即上表报告刘禅，建议派重兵防守阳平关(今陕西勉县西)和阴平(今甘肃文县)。刘禅问黄皓，黄皓假托巫鬼的意旨，说魏军不会进攻，刘禅便对姜维的建议置之不理。朝中大臣对边境的危急情况，竟然毫无所知。

蜀汉景耀六年(263)，魏军果然三路进兵，由于蜀军防守松懈，等刘禅得知消息，赶紧派廖化、张翼等带兵抵御时，钟会大军早已攻下汉中。姜维在沓中得知汉中失守，大为吃惊，急忙集中力量，坚守剑阁。钟会大军到了剑阁，被姜维军挡住。

不料，邓艾突出奇兵，从阳平出发，经过700里荒无人烟的崎岖山地，逢山开路，遇谷搭桥。终于越过剑阁天险，直达江油(今四川江油北)。蜀江油太守不战而降。

这时，诸葛亮之子诸葛瞻率军驻守涪城，邓艾派使者送信给诸葛瞻劝降。说："只要您投降，我一定保举您为王。"诸葛瞻不愧是诸葛亮的后代，他愤怒地撕

毁来信，斩杀魏使，决心与邓艾死战。

在邓艾的优势兵力猛烈进攻下，诸葛瞻经过奋勇搏斗，终于兵败被杀。他的儿子诸葛尚，年仅十几岁。随军作战，听说父亲战死，叹口气说："我父子身受国恩，不能早斩黄皓，以致有现在的祸败，我活着还有什么意思！"说罢，跨上战马，冲入敌阵战死。

涪城失守，诸葛瞻战死，成都已无险可守，无将可战。邓艾长驱直入，兵临成都城下。刘禅急忙召集臣下商议。有人主张投奔东吴，有人主张退往南中。光禄大夫谯周则主张降魏。刘禅左思右想，实无两全之策，只得准备投降邓艾。

刘禅的儿子，北地王刘谌，听说父亲准备听从谯周的劝说，投降邓艾，勃然大怒，对刘禅说道："如果真的没有办法。应当父子君臣背城一战，同社稷国家一起灭亡，我们一同去见先帝。为什么要投降？！"刘禅贪生怕死，拒不采纳刘谌的建议，率领太子、百官缚住双手，抬着棺材，到邓艾军营中投降。司马昭从实现统一的大局出发，对他十分优待，以魏帝名义，封刘禅为安乐县公，食邑万户，又赐绢万匹，奴婢百人和许多其他财物。

刘禅作为亡国之君，受辱敌国，却怡然自得，乐不思归。有一次，司马昭与刘禅宴会，故意命人弹奏蜀国伎乐，想看看刘禅到底有何感受。从蜀国来的人听到蜀国音乐，想起家园故国，无不感伤，而刘禅却喜笑自若。司马昭对贾充说："人没有感情，竟能到这种地步！即使诸葛亮在世，也不能辅佐他长治久安，何况姜维呢！"贾充说："若不是这样，主公如何能吞并蜀国？"又一天，司马昭又问刘禅："你想念蜀国吗？"刘禅回答："这里很快乐，我不思念蜀国。"

西晋泰始七年(271 年)，刘禅在魏国过了将近十年寄人篱下、形同囚徒的屈辱生活之后，死于洛阳，终年 66 岁。

吴大帝孙权

大帝孙权

少年聪慧　继承遗志

孙权少年时期就随父兄转战南北，见多识广。他又十分喜欢读书，不仅阅读了《诗经》、《尚书》、《礼记》、《左传》等儒家经典，而且浏览了许多历史和国事方面的书籍。十岁那年，孙坚因帮袁术争夺荆州而中箭身亡。从此之后，孙权就随长兄孙策寄寓军旅，开始了他的军营生活。丰富的生活经验和系统的文化修养，使孙权很快地成长起来。

孙权虽然年轻，却性格开朗，胸怀宽广，度量恢宏，好侠养士，仁义而有决断，因此名声很快地赶上了他的父兄。孙策出兵江东时，孙权经常帮他出谋划策，孙策十分惊奇，以为自己的智谋也赶不上这位弟弟。因此，每次宴请宾客，孙策总是对孙权说："在座的各位谋臣猛将，将来都会成为你的部下僚佐。"

孙策见孙权确有才能，便委任他为阳羡（今江苏宜兴一带）县长。这时，孙权才 15 岁。不久又担任了仅次于将军的军职。

东汉建安五年（200），孙策遇害，临死之前，将重臣张昭等以及孙权召到床前，先对张昭等人说："现在天下大乱，如果据有吴、越之众，保有三江之固，足以坐观成败，进而兼取天下。请诸君好生照顾吾弟！如果仲谋不长进，公等可自取权位。"孙策的意思，是想用这些话来安张昭等人的心，稳定他们辅佐之意。孙策又将官印授予孙权，对孙权说："若论率江东之众，冲锋陷阵，与天下英雄争高下，你不如我；若论举贤任能，使众人齐心协力保有江东，我不如你，你当善自为之！"当夜，孙策身亡，年仅 26 岁。

孙权继承其父兄的事业之时，虽已拥有会稽、丹阳、吴郡、豫章、庐陵和庐江六郡，但这些地方新占不久，人心并未归服，统治并不巩固。将士新丧主帅，见继位者年轻，放心不下。许多江东英豪和北方侨寓之士，也多徘徊观望，有人甚至想改换门庭，另投新主。在此关键时刻，江东名士周瑜从驻地巴丘率军前来，稳住了军心，与张昭等说服众人齐心辅佐幼主，到处宣传孙权有帝王之相，可以共成大业。于是，江东人心渐安。

已占据北方大部地区的曹操早有统一天下之志，见江东孙策新丧，人心不稳，便欲乘机伐吴。侍御史孙策旧臣张纮劝阻道："乘人之丧进兵，不合古义，有不仁不义之嫌。如果征伐不利，会将好友变成仇敌。不如利用这个机会厚意待之，孙氏必然感恩戴德。"曹操听从其言，上表请封孙权为讨虏将军，领会稽太守。

于是，孙权便名正言顺地行使职权。他待老臣张昭以师傅之礼，以周瑜、程普、吕范等统率军士。同时，招纳名士、聘请俊杰，一批从北方流寓至江南的人士如鲁肃、诸葛瑾等人都成为孙权的座上客，逐渐得到重用。然后，孙权分兵遣将，开始征伐不服从自己的人，巩固在江东的统治。

这时，孙策生前委任的庐江太守李术不肯接受孙权的领导和指挥，并多有招

降纳叛之事。孙权写信给李术，要他交出叛将。李术回答说："有德之人，人们自然归顺他；无德之人，人们肯定背叛他。我不能再把这些人交还与你。"孙权大怒，决定出兵征伐李术。

孙权估计李术受攻，必然要向曹操讨救，就先以李术曾杀掉曹操委派的扬州刺史严象一事作为出兵理由，写信给曹操，说："严刺史从前为您所用，又是州中的长官。但李术为人凶恶，藐视朝廷之法，残害州官，惨无人道，应该速速将其诛灭，以惩罚丑恶之人。现在我要讨伐他，上为朝廷扫除不法之徒，下为州郡报仇雪恨。这是天下通义，更是我夙夜所思之事。只恐怕李术受攻，害怕诛杀，必然捏造情况，向您求救。希望您命令下面执事官员，不要听信李术的一面之辞。"这一来，孙权既为自己造了出兵的舆论，又堵住了李术的求救之路。

接着，孙权便出兵把李术包围在皖城。李术果然向曹操求救，曹操便不肯出兵救援。皖城城中弹尽粮绝，终被攻破。孙权杀了李术，又将李术的部曲军士三万余人徙往别处，除掉了这一心腹之患。

在孙氏家族内部，也有人企图作乱。孙权的叔伯哥哥孙辅担心孙权不能保住江东，便借孙权出行之机，派人拿着书信去邀曹操前来，不想所派之人将书信径直交给了孙权。孙权得到此信，火速返回。回来之后当作不知道，招呼张昭一同去见孙辅。孙权半开玩笑地说："兄长快乐够了，不想活了？为什么呼唤他人来江东？"孙辅心中大惊，可嘴里却矢口否认。孙权便把孙辅写给曹操的信拿出给张昭看。张昭看后十分愤怒，随即扔给孙辅。孙辅满面羞愧，不发一言，于是孙权将孙辅的左右心腹杀个一干二净，将他的部曲军士分给各将，将孙辅迁徙东部，看管起来。

镇压了内外叛乱之后，孙权在江东的统治便逐渐安定下来。

平定诸强　联刘抗曹

立稳脚跟之后，进一步开疆拓土、扩大基业便提上了日程。鲁肃给孙权分析天下形势道："汉室不可复兴，曹操也难以一时扫除。为将军您打算，只有安定后方，成鼎立之势，以观天下之变。再乘北方多变之秋，剿除黄祖，进伐刘表，将长江流经之地全部占有，然后就可以称帝王之号以图天下。这乃是汉高祖的功业啊！"孙权听了十分高兴，决定采纳鲁肃的意见。

孙权统治区内的山越人，大多分布在丹阳、豫章、庐陵一带的深山险地。他们是秦汉时代百越的后裔，为了逃避汉族官府的统治和剥削，隐遁山林，以血缘关系群居。汉末群雄割据，他们拥"宗帅"自立，组成"宗部"、"宗伍"，大者数万家，小者几千户，拒绝向官府纳税服役。山越人强悍好武，勇于阵战，极难战胜。孙权继位之初，即分派各将对他们进行镇抚，但收效不大，他们仍然时常闹事。孙权受到山越的牵制，难以对外进行大规模的军事行动。在对外征讨之前，孙权决心先解决山越问题，便派征虏中郎将吕范率兵平鄱阳（今江西波阳），荡寇中郎将程普率兵讨乐安（今江西德兴）。又派骁勇之将到山越群居难以治理之县镇守，以建昌都尉太史慈领海昏（今江西永修），别部司马韩当为乐安长，周泰为宜春（今江西庐陵）长，吕蒙为广德（今安徽广德）长。这些将领不时出兵，将各地山越的宗帅擒拿斩首，强迫山越人出山定居，将强壮者补为军卒，替政府打仗卖命，老弱妇幼列为编户农民，从事生产，向国家交纳谷帛。经过几次大的剿抚行动之

后，山越的反抗暂时减弱，孙权的内部进一步稳定了。

建安十三年(208)，孙权又率军攻打地处长江上游的江夏太守黄祖。黄祖见孙权来势凶猛，连忙准备迎敌。他命将士把两艘大船横在江上，又以大石系上巨绳沉入江底，船上驻扎军士千余人，以弓弩等阻挡孙权水军前进。

江东水军到了那里，黄祖的水军一齐放箭，一时间万箭齐发，人不得前。孙权部下偏将军董袭和别部司马凌统各领敢死之士百余人，每人身披两重铠甲，乘坐战舰，一直冲到黄祖战船跟前。董袭手执大刀，一连砍断两根巨索，江东水军乘势一齐冲上前去。黄祖见势不妙，忙派都督陈就率水军迎战。孙权大将吕蒙率先锋部队，冲上前将陈就杀死。黄祖军兵溃败，黄祖逃窜，江东军队上前将其追杀，并乘胜占领了夏口。

孙权消灭黄祖后，正想乘胜进取荆州，不料曹操早已抢先一步，进兵荆州，形势又发生了新的变化。

东汉建安十三年(208)荆州牧刘表病死，其子刘琦、刘琮不知所从。鲁肃听说之后，对孙权说："荆州与我相邻，江山险固、沃野万里、士民殷富。如果占据此地，便可为帝王之业，现在刘表新亡，二子不合，军中诸将，各怀异心。刘备乃天下英雄，素与曹操不协，当初暂时依附刘表，刘表嫉其能而不敢加以重用。如果刘备与刘表二子齐心协力，对他们应该加以安抚，与他们结为盟好；如果他们不能和好，应该以别的办法加以夺取。请您派我到荆州吊丧，向刘表二子表示慰问，劝说刘备安抚刘表部众，同心同德，共抗曹操。刘备必然欣然同意。如果事成，天下事便不难了。如不速往，恐为曹操占先。"孙权同意，马上派鲁肃前往荆州。

鲁肃刚到夏口，听说曹操已向荆州进发，便星夜驰往荆州。等到了南郡，听说刘琮已投降曹操，刘备南下。鲁肃在当阳长坂坡截住刘备，与他共论天下大事，并传达了孙权的慰问之意。鲁肃问刘备："刘将军现在打算往哪儿去？"备回答："我与苍梧太守吴巨有旧情，准备投奔他。"肃说："讨虏将军孙权，聪明仁慧，敬贤礼士，江东英雄，从之如云，现在已据有六郡之地，兵精粮广，足以成大事。为您打算，不如遣心腹之人与孙将军结交，共谋大事。如果投奔吴巨，吴巨不过凡夫俗子，又在偏远之地，将来一定为人吞并，怎可值得相托？"刘备听后甚为高兴。鲁肃又对诸葛亮说："我是令兄诸葛瑾的好友。"当时，诸葛瑾为孙权的长史，很受信任。诸葛亮对形势的看法，本来与鲁肃相同，也有联吴抗曹之意，听鲁肃说完之后，遂与鲁肃结为好友。刘备接受鲁肃的建议，不再南下，命军进驻鄂县的樊口，等待时机。

曹操接受了刘琮等人的投降后，自江陵顺流东下。诸葛亮对刘备说："事情很危急了，请您派我向孙权求救。"刘备同意，亮便与鲁肃一同去见孙权。孙权十分焦急，见二人来，连忙迎接。诸葛亮劝说孙权道："现在海内大乱，将军您起兵江东，吾主刘备收散兵于汉南，与曹操共争天下。现在曹操靖平内乱，已破荆州，威震四海。中原已无英雄用武之地，故刘将军逃难至此。请孙将军量力而行：如果您觉得以吴越之兵可与曹操的中原之军抗衡，不如早与曹操绝交；如果觉得力量还不够，为何不偃旗息鼓，卑颜屈膝侍奉曹操？现在将军表面有服从之名而内心怀犹豫之计，事急而不断，恐怕离祸害不远了。"孙权不高兴地说："如果像您说的那样，刘备为什么不投降曹操？"诸葛亮见孙权发火，知道激将法已起了作用，

便更进一步挑拨孙权说:“汉初田横不过是一个壮士,都能舍身取义,不为他人所辱,何况刘将军是汉朝宗室,英才盖世,众士仰慕如百川归海。如果事情不成,此乃天意,又怎能卑身事人呢?”孙权听后大怒道:“我乃一方之主,更不能以三吴之地、十万之众反而受制于人!我志向已定,必与曹操争个高下!当前除了刘将军之外,没人能抗御曹操,可是刘将军新败,他还能担当起这个使命吗?”诸葛亮见孙权心动,遂进一步打消他的顾虑说:“刘将军虽然在长坂坡遭到失败,但尚有关羽水军精锐及陆续归队的将士,不下万人。刘琦聚合江夏战士亦在万人之上,受刘将军指挥。曹操之众,远途而来,疲惫不堪,这正是古人所云‘强弩之末,势不能穿鲁缟’,所以犯了兵家大忌。况且北方将士来到江南,不习水战,不善舟船。另外荆州民众投降曹操,不过是迫于兵势,暂时屈身,并未心服,一旦有事,其中必乱。现在孙将军若能命勇猛之将统兵数万,与刘将军同心协力,破曹操军队必然无疑。曹操兵败,必然北还,这样,荆州、三吴之势必然强盛,鼎足之势便可形成。成败之机,在于今日,请将军速作决断!”孙权听后大为高兴,便与群僚商议筹划。

恰巧,曹操派人送来书信。信中说:“近来我奉天子之命讨伐有罪之人,刚刚挥戈南向刘琮便束手投降。我现在正整顿水陆大军80万,想与孙将军在江南比武嬉戏。”威胁之意,溢于言表。孙权将信给群臣传看,群臣大都惊慌失色,长史张昭等人说:“曹操乃虎狼之人,挟天子以征四方,动辄以朝廷之命为辞,今日如果拒绝他,于事理不顺。况且我们之所以敢于抗拒曹操,就是凭借长江。现在曹操得到荆州,占领其地,刘表所治的水船战舰数千艘都被他夺去。曹操已全部放入江中,准备顺流而下,更兼有巨量步兵,水陆并进,这长江之险岂不是已与我们共同据有了吗?至于力量众寡之悬殊,更不必多说,所以,依我看,不如暂且投降曹操。”群臣议论纷纷,都以为张昭所言甚是。只有鲁肃一言不发。孙权心中实在委决不下。过了一会儿,孙权起身到厕所去,鲁肃追孙权于窗外,孙权知道他的意思,拉着鲁肃的手,问道:“爱卿想说什么?”鲁肃说:“刚才我已观察思虑过,众人之议,都是想贻误将军,不足以成大事。现在我可以投降曹操,而您不能够。为什么这样说呢?我如投降,曹操恐怕会打发我回家乡,回乡之后,按我的才能,也还可以当个诸曹从事之类的官吏,可以乘华车、率吏卒、交结士人及朝廷命官;如果不断升迁,当上州郡长官恐无问题。将军您如降操,曹操会怎样安置您呢?请您三思!希望将军早定大计,不要听从众人之议。”孙权执着鲁肃的手,叹息道:“唉,众人的议论,真使我大失所望!现在爱卿为我筹划大计,甚合我意。”

当时,鲁肃劝孙权将周瑜从鄱阳召回来商量。周瑜,字公瑾,风流儒雅,姿貌出众,东吴之人皆称他为周郎。瑜气度恢宏、胸有大计,文武韬略为东吴诸臣之冠,连老将程普后来也倾心折服,逢人便讲:“与周公瑾相交,好像饮甘醇美酒一样,不觉令人自醉。”江东乔公有两个女儿,都是国色天香。孙策自娶大乔,周瑜娶小乔,因而与孙氏兄弟有姻亲。孙策死后,孙权倚周瑜甚重,以兄长之礼事之。召回周瑜后,孙权又召集群臣商议大计,周瑜说:“曹操虽名为汉朝丞相,其实是乱臣贼子。将军您英雄神武,有雄才大略,兼仗父兄壮烈遗风,割据江东,占地数千里,兵精将广,正应当横行天下,为汉朝清除污秽。现在曹操自来送死,为什么还要投降他?我替将军分析当前的形势:现在北方尚未平静,马超、韩遂等还在关西,是曹操的后方隐患;曹操舍弃车马,倚仗舟船,来与我们争雄,岂不是弃长用短？当前正值盛寒、马无草料，中原之兵又跋涉于江河湖湾之间，不服水土，疲劳过度，必然生病，这些都是用兵者的大忌，而曹操居然敢贸然行之。将军捉拿曹操，正在今日！您如果给我精兵数万，前往夏口迎敌，保证为您取胜！”孙权说：“曹操这个老贼，早就有篡汉自立之心，只不过忌惮袁绍、袁术兄弟，吕布、刘表与我几个人。现在数雄已灭，只有我还在与他抗衡。我与曹操老贼势不两立！公瑾认为应当抵抗，正合我意。这是上天把你授给我啊！”说毕，孙权双目圆睁，拔出佩刀，“嗖”地一声砍去前面案几一角，大声喝道：“诸将吏谁要再说投降曹操，就像这案几一样！”

当晚，孙权在室内来回徘徊，或低头沉思，或仰首长叹。他虽下决心与曹操决一雌雄，可总担心兵力太少，难以取胜。正要派人召来周瑜商议，恰巧周瑜推门而入。原来，周瑜料想到孙权必然心存疑虑，特来打消他的不安。周瑜对孙权说：“众人只见曹操书信上说他有水陆大军 80 万，便惊慌不已，不再细想是否真实。其实，照实细细算来，曹操所带领的中原军队不过十五六万，而且早已疲惫不堪；收降刘琮，得到刘表的军队不过七八万，况且他们都心怀狐疑，不会奋力作战。以疲惫之卒，督率狐疑之众，数量再多，也不值得害怕。我如有精兵 50000 人，便足以制服曹操，请将军不必忧虑！”孙权抚摸着周瑜的脊背，感叹地说：“公瑾所言，正合我心。张昭等人，怀有私心，各顾妻子家业，使我深为失望，仅你与鲁子敬与我同心，这是苍天以二卿赞助我呵。50000 兵一时难以调集，我已选足 30000 人，船粮战具军械已备齐。你与鲁子敬、程普等将便为前部，我当不断续以援兵，多送粮械，作你们的后援。你如能决胜，自可决胜；如不利，就返回我处，我当与曹操决战。”于是，孙权便正式任命周瑜、程普为左、右都督，率军与刘备共进，合力防御曹军。又以鲁肃为赞军校尉，帮助瑜、普筹划方略。

周瑜等率军前进，与曹军在赤壁相遇。当时，曹操兵马已患疾疫。初一交战，曹操军队小有失利，曹操便屯驻江北，周瑜驻扎南岸，二军隔江相望。周瑜苦于无破曹之计。瑜部将黄盖献计道：“现在敌众我寡，难以持久。曹军因不习舟船，已将战舰连在一起，这样行动不便，正利于我们采取火攻。”取得周瑜的同意后，黄盖便先派人送书信给曹操，假称欲降曹操，并定下投降时日。黄盖等便准备战船十艘，船中载满干柴、芦苇、油脂等易燃之物，上面盖上帷幕、插上旌旗，并将小船系于船尾。到了约降之日，恰巧刮起东南大风，黄盖等率军登上引火之船在前，其余战船尾随其后。曹操军将都出营登船观看，指手画脚，说是东吴战将要来投降。到了距离曹军船舰约二里之地，黄盖令军士点火后撤至小船，火船乘风，箭一般直射北岸。曹军船只已连在一起，行动不便，又毫无防备，只得眼睁睁地看着大火烧尽战舰，并延及岸上营寨。那时，火仗风势，风助火威，不一会，烟雾弥漫，火光冲天，大火几乎烧遍曹营各个营寨。曹军见此状况，纷纷逃命，被烧死及落水淹死者不计其数。周瑜等人率精锐之军紧随其后，擂鼓呐喊，杀声震天。曹操等魂飞魄散，急忙率残兵败将从华容道逃跑。此道崎岖不平，恰逢雨后泥泞不堪，曹操只得命令病弱步兵负草铺地，让军骑通过。一时间，士兵被人马踏死及陷入泥中而死者甚多。周瑜、刘备等率大军水陆并进，追歼于后。曹军饥饿疾病及战死者去一多半，曹操乃留曹仁、徐晃守江陵、襄阳，引败军北还。这就是历史上著名的赤壁之战。

三国鼎立　联蜀称帝

赤壁之战后，周瑜等率军经过一年多的战斗，夺取了江陵，控制了江陵以南大片土地。建安十五年(210)，又任命步骘为交州刺史。步骘率一千军卒南下，杀了不肯归顺的苍梧太守吴巨，东吴的势力便一直扩展到了交州(今广州)一带。

孙权把都城从京口(今江苏镇江市)西迁至秣陵，筑石头城，改名建业(今南京市)。同时，他在通往巢湖的濡须口设立夹水坞，控制通长江的水道，以防曹操南下。

东汉建安十八年(213)春，曹操率大军进攻濡须口。曹军号称40万，声势浩大，攻破了孙权在长江西南的大营，俘虏东吴都督公孙阳。孙权带领70000军队前去迎战。曹军制造了一种油船。用牛皮制造，外涂油漆，轻便异常。夜晚，曹操派部分军士乘坐油船，渡到一个沙洲上，准备偷袭。孙权发现，立即派水军将曹军包围，俘虏了三千人，淹死者还有数千人。曹操吃了亏，便坚守营垒，拒不出战，孙权几次派人挑战，曹军不应。

孙权决定亲自前去观察。他带领军队，乘快船，行至曹军营寨附近。曹军将领以为是挑战者前来，准备出击。曹操说："这一定是孙权前来观察动静。"他下令军中严加戒备，弓箭不得乱发。孙权行了五六里路，使调转船头返回，还奏起了鼓乐。曹操见孙权胆略过人，所率战船队伍旗幡鲜明，兵械严整，不觉叹道："生儿子就应该像孙仲谋。若像那刘表的儿子，简直跟猪狗一样。"

过了几天，孙权又到曹营水营乘船观察。曹军弓箭齐发，孙权所乘大船的一边被射满了箭，失去平稳，船身渐渐倾斜，差点儿翻船。孙权忙命令将船转过身来，让另一面受箭。等两边都射满了箭，船身渐渐平稳，孙权方才下令退兵。

双方相持月余，曹军未占优势，曹操虽想退兵，又有犹豫。这时春雨连绵，不便征战，孙权便写信给曹操说："春水方生，公宜速去。"又另外写道："你一日不死，我一日不安。"曹操对诸将说："孙权不欺侮我，他说的是真心话。"便趁机退兵北返。

东汉建安二十年(215)八月，孙权乘曹操出征张鲁之际，调动10万大军，围攻合肥。这一次，孙权吃了大亏。曹军守将张辽、李典、乐进，皆有万夫不挡之勇，虽只有7000守军，临危不惧。张辽、李典乘孙权军新到，立足未稳，连夜招募敢死之士800人，杀牛宰羊，犒赏一顿。第二天天刚放亮，张辽披甲持戟，率敢死队冲入孙权阵内。张辽身先士卒，冲锋陷阵，连斩孙权二员大将，军士数十人，并乘势冲至孙权大帐附近。孙权惊慌失措，连忙逃至高岗，令众军将以长戟围住。张辽自报姓名，呼孙权下来应战。孙权被张辽气势震慑，不敢下来。后来，孙权见张辽兵单力薄，便调兵将张辽等人围住。张辽毫不惧怕，率几十人冲出突围，见尚有余众在重围中，便重入阵中，救出兵将，一同突围而走。孙权军将失魂落魄，无人敢加以阻挡。从日初杀到日中，吴军锐气大减。

孙权围合肥十余日不能取胜，便撤军南返。张辽等见吴军撤退，随即率军追击。等孙权撤到一条河边，却发现桥面上有一丈多长没有桥板，原来张辽早派人撤了桥板，孙权急得不知如何是好，幸亏亲信谷利急中生智，让孙权放松缰绳，谷利在马后猛抽一鞭，骏马疼痛，长嘶一声，跃过断桥，权得以脱险。张辽见有人马已过桥，追问吴军降兵，降兵回答说："正是孙将军。"张辽等人追悔不迭，全军亦顿足叹恨。

孙权进入大船饮酒压惊，大将贺齐流泪道："将军为至尊之人，应谨慎持重。今日之事，几乎丧败，使我们臣下震恐，好像失去天地。愿您以此作为终生之诫！"孙权上前替他抹去眼泪，说道："惭愧！惭愧！我已刻骨铭心，当永世不忘此事。"

此后，孙权与曹操数有征战，双方各有胜负。后来，因孙权和刘备争夺荆州发生尖锐矛盾，孙权为避免两面受敌，便于东汉建安二十二年(217)春，向曹操请降讲和。曹操也知难以战胜孙权，便同意双方结盟修好。此后，孙权便把精力转向荆州。

荆州地富人众，扼南北通道，位置重要。夺取荆州，是孙权的既定国策。赤壁之战后，孙权得益甚微，为共同抵抗曹操，荆州诸郡不得不忍痛借与刘备。权曾遣使告刘备，谋求共取巴蜀。但刘备欲独占益州，不准他人染指。孙权派兵推进，刘备随即派关羽、张飞等将加以阻拦。后来刘备果然独得益州，孙权闻之大怒，说："刘备狡猾至极，竟敢如此奸诈！"

当初，刘备曾至建康见孙权，周瑜建议孙权羁留刘备，挟持关羽、张飞二将。孙权觉得曹操尚在北方，应延揽英雄以树曹操之敌，又担心刘备在身边更为难制，所以未能采纳此计。

东汉建安十九年(214)，孙权见刘备羽翼已丰，便命诸葛瑾向刘备索要荆州诸郡。刘备又推托说："我正在图取凉州，待得了凉州，一定将荆州还吴。"孙权更加恼怒，便设置长沙、零陵、桂阳三郡长官，去强行接管。不料，被荆州守将关羽统统赶了回来。孙权气愤，遂派吕蒙、鲁肃等率兵攻取。吴军很快拿下三郡，刘备急忙从成都领兵下公安(今湖北公安)。双方剑拔弩张，大有一触即发之势。适逢曹军入汉中，刘备怕益州有失，遣使向孙权求和，孙权也因力量不足，同意重结盟好。双方商定瓜分荆州，以长沙、江夏、桂阳东属孙权，南郡、零陵、武陵西归刘备。

起初，鲁肃劝孙权对关羽要加以安抚，以求其抗御曹操。孙权便为其子求关羽女儿结婚。关羽性情骄傲，不但不同意，反而将来使痛骂一通。孙权听后极为愤怒，决心攻取荆州。

孙权计划出兵袭击荆州，担心守军尚多，一时也委决不下。吕蒙献计道："关羽攻打襄樊，正是用兵之时，可他反而留重兵于荆州，主要是害怕我会偷袭他的后方。关羽也知道我常有病，我可以表面请求回建业治病，并带回一部分士兵。

关羽一听，必然相信，而不再防备，会调集大军尽赴襄阳。然后我再率大军星夜沿江而上，袭其空虚，这样，荆州等皆可攻下，关羽可擒杀。”孙权同意，于是吕蒙便佯称有病，孙权也广为张扬，并公开征召吕蒙回建业治病。吕蒙返建业之后，孙权改派毫无名气的年轻书生陆逊督率吴军。陆逊到任以后，立即写信给关羽，信中言辞谦卑恭敬，一再恭维关羽神勇，自己深切仰慕，欲求多加指教。关羽看信之后，大为放心，遂抽调兵力去增樊城之围，不再以后方为虑。

孙权得知荆州兵力空虚，就亲率大军，沿江而上。他派吕蒙为前锋，直驱关羽军队防地，他将精兵藏在船舱之内，使白衣人摇橹撑篙，声称是商旅之人，关羽沿江守备之兵毫不怀疑，未加戒备。待到夜晚，船中精兵悄然上岸，将守江士卒尽数收缚，之后，吕蒙大军昼夜兼行，向荆州腹地进攻，而关羽毫不知晓。

等吴军来到荆州重镇南郡，南郡城守将糜芳、士仁等大吃一惊。二人早就嫌怨关羽轻视自己，近来又因供襄樊军资不力而数受关羽斥责，羽曾扬言回军之后，要惩治二人，故二人毫无斗志，欣然接受了吕蒙的劝降，大开城门，将吕蒙大军迎进城内。

关羽得知南郡已被吕蒙夺取，大惊失色，急忙撤襄樊之围，率军南返。途中，羽几次派使去吕蒙处询问。使者来到城中，吕蒙厚加犒赏，任他周游城中，城内关羽军将家属见使者来，纷纷打听亲人情况，或托他捎带家信。使者回报关羽后，随即被将士包围，七嘴八舌地打听城中情况，使者大声喊到：“各位放心！城内完好无损，各位家中平安无事，还有各位家书带来。”众将士看过家书，知道安然无恙，又见吕蒙照顾下属远胜过关羽，皆无斗志。

关羽见军无斗志，知道大势已去，料想不能夺回南郡，便至麦城（今湖北当阳东南）以图自保。孙权使人劝降，关羽佯称投降。立旗幡、假人等于城墙之上，连夜逃走。兵众都四散而去，随行者仅十余人。孙权先派朱然、潘璋等将扼住关羽逃路，遂将关羽及其子关平活捉。孙权欲不杀关羽，众人一齐劝谏。于是，孙权便杀了关羽父子，将荆州全部夺回。

就在孙权夺回荆州的第二年，曹操病死，其子曹丕代汉称帝，建立魏国。孙权知道自己已夺回荆州，刘备必然出兵再争荆州。为避免两面受敌，必须与魏国暂时搞好关系。因此，他派使节向曹丕祝贺称臣。曹丕封孙权为吴王。

消息传到东吴，孙权召集臣僚商议对策。有人以为孙权不应接受曹魏的封号。孙权考虑再三，对群臣说：“从前汉高祖刘邦也接受项羽的汉王封号，这不过是权宜之计，有何不好？”于是，孙权便接受了吴王封号，并遣使至魏称谢。曹丕乘机索求象牙、夜明珠、犀牛角、玳瑁、孔雀、翡翠、大贝等珍宝异物。东吴群臣又反对。孙权说：“我所钟爱的，是土地人民。曹丕所求的东西，对我来说不过是瓦石之物，有什么可惜的呢？况且，以这些东西换取荆州以至东吴的平安，是以轻代重。我何乐而不为呢？”于是，孙权便不断地遣使纳贡，奉献方物，恭行臣子之礼。曹丕受到迷惑，不再考虑出兵攻吴，孙权避免了魏的攻击，得以全力对付刘

中华帝王

备，不久取得了蜀国倾国来攻的夷陵之战的全胜。

荆州之争和夷陵之战后，吴蜀联盟彻底破裂。孙权因夺荆州、防刘备的需要，表面上向魏国称臣，但并非出于真心。曹丕为加强对东吴的控制，再三要求孙权把儿子孙登送到魏国作人质。孙权当然不肯，推说孙登年幼，不宜入朝，拒绝送入魏国。

东吴黄武元年(222)秋，曹丕以孙权不送子入质，首尾两端，心怀二意为由，派三路大军直攻洞口(在今安徽和县东南)、濡须(在今安徽巢县)和南郡。孙权连忙调兵遣将、抵挡曹军。

这时，孙权意识到如果继续与刘备为敌。将有两面受击的危险，便主动派太中大夫郑泉前往白帝城，向刘备求和。刘备大败之后，也知道荆州已难夺回，如吴军继续进攻，自己也会有危险。同时，刘备又担心魏国灭掉东吴之后，可以全力以赴地对自己，于蜀汉不利。所以，吴蜀联盟重新建立，双方信使往来不绝。

孙权与魏国绝交之后，曹丕十分恼火，他亲自带领大军，到达广陵(今江苏扬州市一带)，准备进攻东吴。孙权见曹丕来势凶猛，遂召集谋臣武将商议对策，徐盛向孙权建议，在长江南岸多树木桩。围上芦苇，涂上泥灰，建造假楼疑城，迷惑魏军，使之不敢轻易渡江进攻。孙权认为此计大善，便加以采纳，命令东吴军民准备材料，连夜动工。一夜之间，长江南岸出现了无数城楼关隘，连绵不断，首尾相接，足有数百里，远远望去，真假难辨。同时，吴军又在江边停泊了大量舰船，多树旗幡，制造声势。

曹丕在长江北岸隔江望去，只见江边战船密布，旗帜招展，岸上城楼连绵，固若金汤，不觉大吃一惊。他叹口气说："江东人才济济，不可轻易夺取。"便无可奈何地撤军北还。

这时，诸葛亮也带领蜀军，对魏国不断发动进攻。曹魏被迫处于守势，已不可能集中兵力对付东吴。这样，孙权建国称帝的时机终于成熟了。

当初，曹丕、刘备相继称帝后，孙权也有称帝之意。但他进一步审时度势，考虑到力量尚微，难以威命众人，感到时机不成熟。所以，他没有急于称帝。东吴黄武二年(223)，群臣又上书孙权，劝孙权即皇帝之位。孙权再次辞让说："汉朝虽气数已尽，衰败灭亡已成定局，但我既然不能相救，也无心去相争。"说得冠冕堂皇。群臣又称符瑞多次出现，天命已显，反复请求孙权称帝。孙权无奈，只好对群臣说出心里话。他说："我何尝不愿早日当皇帝？只是担心过早称帝，会招致魏国征讨。魏蜀如同时进兵，我们将腹背受敌，岂不危险？请诸君理解体谅我暂时低屈的本意。"

东吴黄龙元年(229)，孙权见曹魏幼主临国，不会有大的作为，吴蜀联盟关系融洽，国内统治十分稳固，便正式建立吴国，登上皇帝宝座，改元黄龙。他就是历史上所说的吴大帝。

早期贤明　晚年昏聩

曹魏黄初二年(221),东吴使臣赵咨出使魏国。魏帝曹丕问赵咨:“孙权是什么样的人主?”赵咨回答说:“是聪明、仁智、雄略之主。”丕追问道:“为什么这样说?”咨答道:“吾主孙权纳取鲁肃于凡人之间,是其聪;选拔吕蒙于征战之伍,是其明;获于禁而不加害,是其仁;取荆州兵不血刃,是其智;据荆、扬、交三州,虎视于天下,是其雄;屈身事陛下,是其略。”丕又问:“孙权也知道学习吗?”咨又答道:“吴王带甲百万,战舰万艘,任贤使能,胸有大略,偶有余暇,博览众籍,浏览史书,探索奥秘,不像腐儒那样咬文嚼字,寻章摘句。”说得曹丕不住点头称是。

孙权早期与群臣推诚相处,君臣和睦,上下同心。有人曾告发诸葛瑾里通蜀汉,孙权说:“我与诸葛子瑜,可谓神交,外人流言不能间构。”陆逊坐镇荆州,孙权复刻自己的一枚大印交给他,委他全权处理与蜀汉交往之事。孙权刚刚称帝时,蜀汉有人主张讨伐。丞相诸葛亮说:“东吴贤才良多,将相和睦,不可一朝而定。”

孙权不仅知人善任,而且善抚将士,能得臣下死力,将士都愿以身事主。孙权恩威并著,尤以恩信得众将心。凌统早死,其子尚幼,孙权将其幼子领入宫中抚养,爱如已子。吕蒙患病,孙权将其安置在内殿就近治疗,不惜重金悬赏以购求名医名药,悉心治疗。孙权常来探视,又恐吕蒙伤神劳累,乃在墙壁上穿一小洞,随时看望。看到吕蒙偶有起色,小进饭食,孙权便喜形于色,与左右谈笑。否则就黯然神伤,夜不能寐。蒙病小愈,孙权特地下令群臣祝贺。后来吕蒙病情转重,权亲临榻前探视,又命道士祈祷去灾。蒙终于不起,权哀痛已甚,身心为之大伤。平虏将军周泰,护卫孙权,不顾安危,冲锋陷阵,出生入死,曾于重围之中拼死抢救孙权,泰全身受伤12处。后来,权以周泰统率朱然、徐盛等将,然、盛不服。孙权特意置酒席送到周泰军营之中,大会诸将,孙权亲自为周泰行酒,命周泰解开衣服。孙权亲手指点泰身上斑斑伤痕,询问其来由。周泰一一述说完毕,孙权扶着他的胳臂,流着眼泪说:“周将军,你为我孙氏兄弟出征死战,勇如熊虎,不惜生命,受伤几十处。看您伤痕累累,肤如刻画,我于心何忍!我怎能不把您作为骨肉之亲,授您以兵马之权呢?将军乃东吴之功臣,我要与您休戚与共,同享富贵。”说毕,便将自己所用的御盖赐给周泰。周泰感恩戴德,诸将亦无不心悦诚服。正因为孙权能推贤下士,爱才如命,天下之士才视孙权为圣君明主,望风而归,使东吴贤臣如林,猛将如云,故能保江东几十年基业。

孙权还虚怀若谷,从善如流,对臣下的正确谏诤,勇于采纳。孙权对自己说过:“天下没有纯白的狐狸,而有纯白的狐裘,是集众狐而成的。能用众人之力,则无敌于天下;能用众人之智,则无畏于圣人。”孙权曾在武昌临钓台饮酒,及至群臣皆酩酊大醉。权还醉眼朦胧地说:“今日大家都要畅饮,一醉方休!只有醉倒台中,才能停下!”老臣张昭正色不语,径直走出台外,端坐车中,孙权派人将张昭唤回,对张昭说:“不过是一起作乐,你何必生气?”昭答道:“过去商纣王作酒池

肉林，竟长夜之饮，当时也认为是作乐，而不觉得是作恶。”孙权听后，默然不语，思虑再三，深感惭愧，遂命罢酒。

但孙权到了晚年，刚愎自用，猜忌群臣，信用奸佞，排斥忠良，与前期英雄作为相比，简直判若两人。

东吴嘉禾二年(223)，割据辽东的公孙渊突然遣使向东吴上表称臣。孙权大喜过望，为之大赦天下，并欲派遣太常张弥、执金吾许晏、将军贺达等为使，将兵万人，携带金银珠宝，漂洋过海，授公孙渊为燕王，并赐九锡。满朝文武以张昭、顾雍为首，都痛切谏止，认为公孙渊乃反复小人，不必对他宠遇过厚，只需派兵吏护其使者归返即可。张昭说：“公孙渊背叛曹魏，担心招致讨伐，故远来求援，归顺并非本意。如果他重又投靠曹魏，我国派出的使节不能返回，岂不取笑于天下?”孙权不听。张昭再三谏诤，孙权仍不接受，依然坚持己见，派张弥、许晏等前往辽东。张昭见此，十分气愤，遂称病不朝。孙权恨张昭不从己命，命人用土将张昭家门堵住。张昭一见，来了个针锋相对，又从门内用土封住，再也不出门。

后来，公孙渊果然斩杀吴国使臣，重新倒向曹魏。孙权听说后，勃然大怒，不仅不检讨自己处置不当，反而迁怒于公孙渊，说道：“我已年届 60，世界之事，无所不知。近来却为鼠辈所骗，真令人气愤！若不斩截这鼠子之头掷于海，还有什么面目当皇帝！就算长途跋涉，我也要亲征鼠辈，以雪心头之恨!”说着，就要带兵亲征，幸亏众臣谏止。

随着猜忌心的日益加重，孙权专门设置了校事、察战两职，用以监视文武百官。吕壹为中书校事，诋毁大臣，罗织罪名，构陷无辜，使无罪有功之臣，互相纠举，横受大刑，而孙权对他却十分宠信。丞相顾雍无故被诬陷，遭到软禁。江夏太守刁嘉被陷害，几乎受诛。太子孙登数次劝谏，孙权不听。大将军陆逊见吕壹窃柄弄权，擅作威福，而无人可禁，与太常潘浚等人同心忧思，以至流涕。骠骑将军步骘多次上书，揭露吕壹罪行，请求孙权改变虽有大臣而不能用的状况，重新任用顾雍、陆逊等忠贞股肱之臣，孙权却置若罔闻。潘浚见孙权如此不进忠言，百般无奈，竟想铤而走险，借宴会之机袭杀吕壹。后壹虽因陷害左将军朱据，事情泄露被杀，但校事等官仍然不废。

东吴太元元年(251)冬十一月，孙权出南郊祭天地，回宫之后，即得风疾。十二月，孙权将大将军诸葛恪召回，拜为太子太傅，开始安排后事。东吴太元二年(252)夏四月，孙权病死，年 71 岁。太子孙亮即位，谥孙权曰“大皇帝”。

晋武帝司马炎

武皇帝名炎，字安世，是文帝司马昭的长子。他为人宽容厚道，慈善好施，喜怒不形于色，有容人的气量。魏国嘉平年间，赐爵北平亭侯，历任给事中、奉车都尉、中垒将军，同时还兼任散骑常侍，经过多次提拔后做了中护军、假节。因奉命到东武阳县去迎接常道乡公曹奂，被提升作中抚军，进封爵位为新昌乡侯。到晋王国建立的时候，被确定为王国的继承人，授官抚军大将军、开府，做相国的副手。

起初，文帝因为景帝司马师是宣帝司马懿的直系长子，早年去世，没有后代，便将武帝的弟弟司马攸过继给他，作为子嗣，并特别加以宠爱，自己认为是代司马攸担任相国职位的，今后死了，晋王的王位应当交还给攸。他常常说："这是景王的天下，我怎么能去分享啊。"当议论王国继承人的时候，他便有意让司马攸继承。何曾等人坚决反对说："中抚军聪察明智，神明威武，才华出众，旷世少有。又立发垂地，手长过膝，这不是一般人臣的长相啊。"由于大臣们的坚持，他就定了下来。咸熙二年五月，司马炎被立为晋王的太子。

八月初九，文帝司马昭去世，太子司马炎继承了相国、晋王的职位。他发布命令：放宽刑罚，赦免犯人，安抚百姓，减轻徭役，国内服丧三日。这一月，身材高大的人出现在襄武县境，告诉该县县民王始说："现在天下应当太平了。"

九月初七，任命魏国的司徒何曾担任晋王国的丞相，镇南将军王沈担任御史大夫，中护军贾充担任卫将军，议郎裴秀担任尚书令、光禄大夫；他们都设置办公机构，聘请办事人员。

十一月，设立四护军，来统率京城以外的军队。十一月十五日，下令各郡中正官，按六条标准推荐沉抑在下、不得升进的人员：一是忠诚恭谨，奋不顾身；二是善事尊长，合乎礼仪；三是友爱兄弟，尊敬兄长；四是洁身自好，勤劳谦虚；五是讲究信义，遵守诺言；六是努力学习，陶冶自身。

这时候，晋王的恩德普及，四方归心。于是，魏国的皇帝曹奂知道天命已经有了归属，就派遣太保郑冲送策书说："啊！你这位晋王：我的祖先虞舜受上天的安排，从唐尧处承继了帝位，因天命又禅让给了夏禹。三位君主死后的灵魂上升天庭，配享天帝，都能广布天子恩德。自从夏禹受禅以后，上天又将伟大的使命降落在汉帝身上。因火德而兴起的汉帝已经衰微，于是又选中并授命给我的高祖。媲美于虞夏四代的光明显赫，这不是我一个人知道的，是四海公认的。晋王你的祖辈和父辈，衷心信服贤明的先哲，辅弼光大我曹氏宗族，功业德泽广布四方。至于天地神灵，无不亲善和顺，水土无不得到平治，万物无不得到成长，各方因此得到安宁。你应当接受上天的使命，协调帝王统治天下的中正法则。于是，我虔诚地遵守帝王世系的传递，将帝位恭敬地禅让给你。帝王相继的次序已经落在你身上了。诚实地执行公平合理的原则吧，上天赐予的禄位将得以长久。啊！晋王，你应恭敬地顺从天帝的意旨，一切遵循常规法则，安抚周边国家，用来保持上天赐予的吉祥，不要废弃我武帝、文皇的伟大功业。"武帝开始表示礼貌的谦让，魏国的公卿大臣何曾、王沈等人坚持请求，才接受了魏帝的禅让。

泰始元年冬季十二月十七日，在南郊设置坛场，百官有爵位的，以及匈奴南

单于等四方各国到会的数万人，举行烧柴祭天的仪式，将继承帝位的事报告天帝说："新任皇帝臣司马炎冒昧使用黑色的公牛做祭品，明白地告诉光明而伟大的天帝：魏帝考查了帝位转移的运数，秉承了上天神圣的意旨来命令我：从前的唐尧，发扬光大了崇高的理想，禅让帝位给虞舜，舜又将帝位禅让给夏禹，他们都努力推行德政，留下了光辉的典范，得以世代相传，历年久远。到了汉朝，火德衰微，太祖武皇帝平息动乱，匡时救世，扶持拥戴刘氏，因此接受了汉帝的禅让。就说进入魏朝吧，仍然是几代动乱，几乎到了灭亡的地步，实实在在是依靠晋王匡扶拯救的功德，才得以保存魏国的宗庙祭祀，这都是晋王有大功于魏国啊。广阔的四方，无不恭敬顺从，肃清梁、岷，席卷扬、越，极远的荒外也得到统一。吉祥与符瑞多次出现，天命与人事互相呼应，四方无不服从。于是，我效法尧、舜、禹三帝，接受上天授予的帝位。臣司马炎的威德不足以继承帝统，辞让又得不到准许。在这时候，公卿大臣，百官僚佐，庶民仆隶以及各族酋长，都说：'皇天洞察下方，寻求民间的疾苦，既然授命为贤明的君主，就不是谦让可以拒绝和违背的事情。帝王的世系不可以无人继统，庶民的生计与神灵的祭祀不可以无人主持。'臣虔诚地奉行帝王传递的命运，恭谨地畏惧天命的威严，慎重地选择了吉日良辰，登坛接受魏帝的禅让，举行祭天仪式将登基的事报告天帝，并永久地满足众人的厚望。"禅让典礼结束，武帝就来到洛阳宫，亲临太极前殿，发布诏令说："从前，我的祖父宣王，聪慧明智，敬慎明察，顺应上天的运数，宏扬帝王的功德，开创了宏伟的基业。伯父景王，身行正道，明达事理，兴旺发达了中国。到了父亲文王，思虑精密远大，和洽天地神灵，适应天命，顺从时运，接受了晋王的封爵。仁慈普及四海，功业惊动天地。因此，魏国曹氏借鉴先王的法则，效法唐尧的禅让，访求诸侯公卿，归结天命于我本人。我敬畏上天的成命，因此不敢违背。想到我的威德不足，承担如此宏大的功业，置身在王侯公卿的上面，得以主宰天下，内心不安，十分畏惧，不知该如何治理国家。只有依靠你们这些在我左右的得力助手，忠心耿耿的文武大臣。你们的祖辈父辈，已经辅佐过我的祖先，光大兴隆了我晋国的基业。我打算与天下各方共同享受这美好的岁月。"与此同时，颁布对已判刑囚犯的减免令，更改年号。赏赐天下人爵位，每人五级；赏赐鳏寡孤独生活困难的人以稻谷，每人五斛。免收一年的田租、户调和关市的商税，老账、旧债全部免去。调解过去的嫌隙，废除原来的禁令，撤去官职、削除爵位的人，全都给予恢复。

十八日，武帝派遣太仆刘原到太庙禀告接受禅让的事。分封魏帝曹奂为陈留王，食邑一万户，居住在邺城的王宫中；曹氏诸王都降为县侯。追加尊号：宣王司马懿称宣皇帝，景王司马师称景皇帝，文王司马昭称文皇帝，宣王妃张氏称宣穆皇后。尊称太妃王氏为皇太后，居住的宫名崇化宫。分封叔祖父司马孚为安平王，叔父司马干为平原王、司马亮为扶风王、司马伷为东莞王、司马骏为汝阴王、司马肜为梁王、司马伦为琅邪王，弟弟司马攸为齐王、司马鉴为乐安王、司马机为燕王，堂伯父司马望为义阳王，堂叔父司马辅为渤海王、司马晃为下邳王、司马环为太原王、司马珪为高阳王、司马衡为常山王、司马子文为沛王、司马泰为陇西王、司马权为彭城王、司马绥为范阳王、司马遂为济南王、司马逊为谯王、司马睦为中山王、司马陵为北海王、司马斌为陈王，堂兄司马洪为河间王，堂弟司马楙为东平王。以骠骑将军石苞任大司马，赐爵乐陵公，车骑将军陈骞赐爵高平公，

卫将军贾充任车骑将军、鲁公，尚书令裴秀赐爵钜鹿公，侍中荀勖赐爵济北公，太保郑冲任太傅、寿光公，太尉王祥任太保、睢陵公，王国丞相何曾任太尉、朗陵公，御史大夫王沈任骠骑将军、博陵公，司空荀顗赐爵临淮公，镇北大将军卫瓘赐爵菑阳公。其余人员增加封邑、进封爵位各有不同的等次，文武百官普遍增加爵位二级。改《景初历》名为《泰始历》，腊祭百神用酉日，祭祀社神用丑日。

十九日，武帝下达诏令，大力倡导勤俭节约，拿出皇宫库藏的珍珠玉石、赏玩嗜好这类物品，分赏王公以下人员，按不同等次进行。设置中军将军，用来统领宿卫的左卫、右卫、骁骑、游击、前军、左军、右军等七军。

二十日，武帝诏令陈留王曹奂使用天子的旗帜，备用按东、西、南、北、中方位配置的青、白、红、黑、黄五色侍从车，继续沿用魏国的历法，照常在南郊祭天、北郊祭地，礼乐制度也不改变，上书晋帝不必称臣。赐山阳公刘康、安乐公刘禅的子弟各一人为驸马都尉。二十六日，任命安平王司马孚担任太宰、假黄钺、大都督中外诸军事。又下诏令说："从前，王凌策划废黜齐王曹芳，但曹芳终究未能保住自己的帝位。邓艾虽然自夸功勋，有失臣节，但他没有反抗，接受处罚。现在，彻底赦免他们家属的罪行，各自回到原地并确定他们的直系继承人。使衰败的世家兴旺起来，灭绝的大族后继有人。简化法典，省并刑律，废除曹魏时期对宗室担任官职的禁令。将官佐吏遭遇三年丧期的丧事，准许回家服完丧礼。百姓恢复他们的徭役。停止部曲将领、州郡长吏以下人员的人质制度。减少郡国供给皇宫的征调，禁止主管音乐的部门演出奢侈华丽的散乐、杂技等伎艺，以及雕刻彩饰这类出游、田猎的器具。鼓励众人敢于讲真话，设置谏官来主管这件事情。"

这一月，凤凰六只、青龙三条、白龙二条、麒麟一只，出现在郡国境内。

二年春季正月初七，武帝派遣兼任侍中侯史光等人，给予符节，出使四方，视察民间的风俗，禁止不合礼制的祭祀。初八，有关部门请求建立供奉七代祖先的庙堂，武帝难于为这事征发徭役，没有批准。十一日，罢除宫中在五更的时候主唱鸡歌的卫士。二十二日，尊称景皇帝夫人杨氏为景皇后，居住的宫名弘训宫。二十七日，册立杨氏为皇后。

二月，解除原魏国对汉朝宗室任官的禁令。十一日，常山王司马衡去世。武帝下诏书说："五等爵位的分封，都是选取过去建立了功勋的人。本封为县侯的传爵位给子降为亭侯，乡侯的降为关内侯，亭侯的降为关中侯，都收取他的封户租税的十分之一作为俸禄。"二十九日，郊外祭天，用宣皇帝司马懿配享，在太庙中祭祀祖先，用文皇帝司马昭配天帝。二十二日，诏书说："古代百官，都可以规诫帝王的过失。但是，保氏官特别以直言规劝天子作为自己的职责，现在的侍中、散骑常侍，实际上处在保氏官这样的职位上。挑选那些能够打破情面、矫正过误、匡扶救助、弥补不足的人，来兼任侍中、散骑常侍。"

三年春季正月癸丑，白龙二条，出现在弘农郡的渑池县境。

丁卯，武帝册立长子司马衷做晋国的太子。颁布诏令说："我以不足的德望，被推尊为天子，小心恭谨，心怀畏惧，担心不能安定匡救天下，想同全国上下，共同整饬、发扬王者的政教，从根本上进行变革，对于设置继承人，明确嫡长子，不是最紧迫的事情。加上近代每次建置太子，必定有赦免罪犯、施行恩惠的事，其间往往是不得已才这样做的，都是为顺从王公百官的奏请罢了。当今，盛衰治乱

中华帝王

的更迭变化即将稳定，准备用道德仁义的道理去教化百姓，用真善丑恶的典型去诱导和警戒他们，使他们放弃投机侥幸的念头，笃守终始如一的行为，小恩小惠，所以没有必要采用它了。这样的政策要大家都能明白。”

四年春季正月初三，武帝任命尚书令裴秀担任司空。

十八日，晋国的律令修订完成，参与的人增封爵位、赏赐绢帛，各有不同的等级。光芒四射的慧星出现在轸宿星区。十九日，武帝在用于宗庙祭祀的农田上，举行耕田的仪式。二十日，下诏令说：“古代，设置象征五刑的特异服饰来表示耻辱，但是百姓都不去犯法；如今，虽然有诛灭父族、母族和妻族的酷刑，可是作奸犯科的事不断发生。为什么德化与刑治的差别有这么大呢！文帝十分爱惜百姓，怜悯狱讼，于是命令众大臣参考历代刑典，修订晋朝的法律。我继承父祖留下的基业，想使天下长治久安，愿同各方用德化作为治国的根本。当前，温暖的春天繁殖着万物，春耕刚刚开始，我将亲自带领王公百官，耕种于宗庙祭祀的农田。加上律令已经修订完成，将它颁布于天下，准备采用简化刑律、致力德化，来慈爱抚育境内的百姓。应当从宽处理犯法的人，使他们得到改正过误、重新做人的机会；对天下已经判刑的罪犯，实行免刑或减刑。长吏、郡丞、长史每人赐马一匹。”

六月初一，武帝下达诏书说：“郡国的守相，每三年一次巡视所属的各县，必定在春季，这是古代地方官吏用来陈述职守、传布风化、展示礼仪的方式啊。接见长吏，观察风俗，协调礼律，考查度量；慰问老人，拜访高年；讯视囚徒，受理冤狱，仔细考察政令、刑罚的成功与失败，深入了解百姓所忧虑与痛苦的事情。不分远近，都如同我亲身巡视这些地方。督促教导五常，勉励从事农耕；劝勉求学的人，使他们专心致意于六经，不要学习诸子百家的非根本之学，妨碍了自己的远大前程。士人和庶民中有勤奋学习，遵循道德，孝亲敬兄，诚实守信，廉洁奉公，品行优异的人，推荐并进用他们；有在父母面前不孝敬，在亲族面前不仁爱，违反礼义，抛弃纲常，不遵守法令的人，举发并惩治他们。田地垦辟，生产发展，礼教普及，令行禁止，这是地方官吏的能干啊；百姓穷困，农田荒芜，盗贼四起，狱讼繁多，欺下瞒上，礼教废驰，这是地方官吏的无能啊。如果地方官吏任职期间，有秉公廉洁，不谋私利，刚正不阿，不图虚名的人，以及那些自身贪赃受贿，靠献媚求得安身，公正节操没有树立，但是私家财富却日益增加的人，都要细心考察他们。奖善惩恶，进贤去邪，这正是我垂衣拱手，总揽大纲，督责完成治理天下的任务于贤能的郡国守相的目的啊。唉，你们要警戒啊！”

十二月，武帝向郡国守相颁布五条诏书：一是修养心身；二是厚待百姓；三是体恤孤寡；四是重农抑商；五是杜绝请托。二十八日，武帝到听讼观查阅廷尉府洛阳地区在押囚犯的案卷，并亲自审讯罪犯，进行判决。扶南、林邑国分别派遣使臣来朝，贡献物品。

五年春季正月初一，武帝一再告诫郡国掌管税收、财务的计吏，以及守相、令长，务必使农民充分利用土地资源，禁止他们弃农经商。初四，武帝到听讼观，查阅囚犯的案卷，并亲自审讯，大多从宽释放。青龙二条出现在荥阳郡境内。

六年春季正月初一，武帝不坐正殿而来到殿前，也没有陈列乐队。吴国将领丁奉入侵涡口，扬州刺史牵弘打败并赶走了他。

七年春季正月二十六日，武帝给太子司马衷举行表示成人的加冠典礼，赏赐

王公以下人员分别以不同等次的绢帛。匈奴族酋帅刘猛反叛，出奔塞外。

三月，吴帝孙皓率领兵将进军寿阳，武帝派遣大司马司马望出屯淮北来防御他。初七，司空、钜鹿公裴秀去世。十四日，任命中护军王业担任尚书左仆射、高阳王司马珪担任尚书右仆射。孙秀所部将领何崇带领五千人，前来投降。

八年春季正月，监军何桢出讨匈奴族刘猛，多次打败了他，匈奴左部酋帅李恪杀了刘猛，前来投降。十九日，武帝在用来祭祀宗庙的农田里举行耕田仪式。

九年春季正月二十二日，司空、密陵侯郑袤去世。

十一月初三，武帝来到宣武观，举行盛大的阅兵典礼，初十才结束。

十年春季正月十八日，武帝在用于宗庙祭祀的农田里举行耕田仪式。

闰正月十一日，太傅、寿光公郑冲去世。十七日，高阳王司马珪去世。十八日，太原王司马环去世。

二十五日，武帝下诏书说："嫡子与庶子的区别，用来分辨上下，表明贵贱。但是，近代以来，大多宠爱姬妾，使她们升上了后妃的位置，搞乱了尊卑贵贱的秩序。从现在起以至将来，都不准选用妾媵作为嫡系正妻。"

咸宁元年春季正月初一，颁布对已判刑罪犯的减免令，更改年号。

二月，由于将官、士兵已到结婚年龄应当娶妻的人众多，便规定了凡是养育有五个女儿的人家，就免去他的租调徭役。辛酉，原任郸县县令夏谡做官清廉，名声远扬，赏赐稻谷一百斛。由于官吏的俸禄菲薄，分为不同的等次，赏赐公卿以下人员绢帛。叛虏树机能送来人质，请求归降。

十二月初五，追加尊号：宣帝庙称高祖，景帝庙称世宗，文帝庙称太祖。这一月，发生了严重的瘟疫，洛阳地区的百姓死亡超过了一半。武帝分封裴頠为钜鹿公。

二年春季正月，由于瘟疫流行，停止了元日的朝会。分别不同的等次，赏赐没有固定职事的闲散官吏下至士兵蚕丝。

二月初五，河间王司马洪去世。十三日，武帝下令赦免判处五年以下刑期的囚犯。东方夷族有八国归顺。并州的叛虏侵犯边塞，被监并州诸军事胡奋打败。

起初，敦煌太守尹璩去世，凉州刺史任用敦煌县令梁澄代领太守的职务，议郎令狐丰罢黜梁澄，擅自代领该郡事务。令狐丰死后，弟弟令狐宏又代行郡职。到这时，凉州刺史杨欣杀了令狐宏，通过驿站送宏头到洛阳。

早些时候，武帝患病，到现在病体痊愈，大臣们祝贺平安。武帝下诏书说："每次想到近来遭遇瘟疫死去的人们，心里就为他们十分难过。难道能因我一个人的病体康复，就忘了百姓的苦难吗？凡是来祝贺平安的人，都应该予以谢绝。"

夏季五月，镇西大将军、汝阴王司马骏讨伐北胡，杀了它的渠帅吐敦。创立专门供五品以上官员子弟读书的国子学。二十一日，武帝举行了隆重的求雨祭祀。

六月癸丑，武帝在太庙中进献荔枝。甲戌，慧星出现在氐宿星区。从春季发生旱灾，到这一月才降雨。吴国京下督孙楷率领军队来降，被任命为车骑将军，赐爵丹阳侯。白龙二条出现在新兴郡的井中。

秋季七月，慧星出现在大角星附近。吴国的临平湖自后汉末年淤塞，到这时自行开通。年老的人都在传说："此湖堵塞，天下大乱；此湖畅通，天下太平。"初五，安平王司马隆去世。东方夷族有十七国归附。河南、魏郡洪水泛滥成灾，淹

死了一百多人，武帝诏令赐予棺材。鲜卑族阿罗多等人入侵边境，西域戊己校尉马循征讨鲜卑，杀死四千多人，生俘九千多人。在这种形势下，阿罗多等人来晋投降。

三年春季正月初一，发生日蚀。武帝分封儿子司马裕为始平王、安平穆王司马隆的弟弟司马敦为安平王。又下诏书说："宗族和亲属，都是国家的辅翼，想使他们遵守和奉行道德礼仪的规范，成为天下人们学习的榜样。但是，身处富贵地位又能谨慎行事的人很少，召穆公召集兄弟在一起，歌咏名为《唐棣》的诗篇作为训诫，这是周代姬氏本宗和支庶能够传递百代、不凋残的原因啊。现在任命卫将军、扶风王司马亮担任宗师，所有应当施行的事情，都要在宗师那里征询意见啊。"十五日，始平王司马裕去世。彗星出现在西方。武帝派遣征北大将军卫瓘征讨鲜卑族的力微。

四年春季正月初一，发生日蚀。

冬季十月，武帝调征北大将军卫瓘任尚书令。扬州刺史应绰进攻吴国的皖城，杀敌军五千人，焚毁囤聚的谷米一百八十万斛。

十一月十六日，太医官署的司马程据，进献用雉鸡头部羽毛制成的裘衣。武帝因其为新奇特异的服饰，是被典制礼仪禁止的东西，就在大殿前面焚烧了它。十九日，又敕令中央、地方官吏敢有再违犯的，将惩罚他们。吴国昭武将军刘翻、厉武将军祖始来晋投降。二十六日，调尚书杜预出任都督荆州诸军事；征南大将军羊祜去世。

五年春季正月，叛虏酋帅树机能攻陷凉州。初一，武帝派遣讨虏护军、武威太守马隆讨伐他。

十一月，武帝大规模地征伐吴国，派遣镇军将军、琅邪王司马伷出兵涂中，安东将军王浑出兵长江西岸，建威将军王戎出兵武昌，平南将军胡奋出兵夏口，镇南大将军杜预出兵江陵，龙骧将军王浚、广武将军唐彬率领巴蜀的士兵，顺长江向下游进军，东西共有军队二十多万。任命贾充担任大都督，行冠军将军杨济作他的副手，总领各路军队。

十二月，马隆进攻叛虏树机能，彻底打败了叛虏，杀了树机能，凉州的叛乱平定。肃慎国派遣使臣，前来贡献楛木箭杆，石制箭镞。

太康元年春季正月初一，五色云气覆盖了太阳。二十五日，王浑攻克吴国的寻阳、赖乡等城池，活捉了吴国的武威将军周兴。

二月初一，王浚、唐彬等人攻下了丹阳城。初三，又攻克西陵，杀了吴国的西陵都督、镇军将军留宪，征南将军成璩，西陵监郑广。初五，王浚又攻占夷道、乐乡等城，杀了夷道监陆晏、水军都督陆景。十七日，杜预攻陷江陵，杀了吴国的江陵监伍延；平南将军胡奋攻克江安。在这时候，晋国各路军队同时并进，乐乡、荆门等地的吴国守军，相继前来归降。十八日，武帝任命王浚担任都督益、梁二州诸军事，又下达诏令说："王浚、唐彬向东进军，肃清巴丘以后，与胡奋、王戎共同攻克夏口、武昌，再顺流东下，直达秣陵，与胡奋、王戎审时度势，相机行事。杜预应当稳定零、桂，安抚衡阳。大军既已前进，荆州的南部地区，定当传布檄文就可平定，杜预应分一万人给王浚，七千人给唐彬；夏口既已攻下，胡奋应分七千人给王浚；武昌既已得手，王戎应分六千人增加唐彬的兵力。太尉贾充移驻项城，总管监督各方事宜。"王浚率军向前，攻陷了夏口、武昌，于是率领战舰顺流东下，凡

是到达的地方，没有遇到抵抗就平定了。王浑、周浚在版桥地界，与吴国的丞相张悌交战，大败吴军，杀了张悌以及随同他的吴国将领孙震、沈莹，将他们的人头送往洛阳。孙皓穷困紧迫，请求投降，向琅邪王司马伷送上吴国皇帝的御玺及绶带。

三月十五日，王浚率领水军，直达建邺的石头城，孙皓十分恐惧，反缚双手，载着棺材，在晋军营门前投降。王浚手持符节，代表武帝解开了他的双手，烧毁棺材，送他上京都洛阳。收集吴国的地图户籍，取得四州，四十三郡，三百一十三县，五十二万三千户，三万二千吏，二十三万兵，男女共二百三十万口。吴国原来任命的州牧郡守以下的官吏，都继续留任，废除了孙皓繁琐残酷的政令，宣布了简便易行的措施。吴国百姓十分高兴。

夏季四月二十九日，武帝颁发对已判刑囚犯的减免令，更改年号，特别准许民间举行五天的集会饮宴，来表示欢庆，赈恤孤寡老弱、贫困穷苦的人。河东、高平降下冰雹和雨，伤害了秋季作物。武帝派遣兼侍中张侧、黄门侍郎朱震，分别出使扬、越地区，抚慰刚刚归顺的百姓。白麟出现在顿丘境内。三河、魏郡、弘农降下冰雹和雨，伤害了隔年才成熟的麦苗。

五月二十五日，武帝赐孙皓爵位为归命侯，任命他的太子孙瑾担任中郎，其余的儿子任郎中。吴国德高望重的人，根据他们的才能，任命相应的官职。孙氏在交战中阵亡的高级将领，他们的家属搬迁到寿阳县居住；将吏渡江北来定居的，免除十年的租调徭役，百姓和各种工匠，免除二十年。

六月十一日，武帝来到殿前，举行盛大的朝会，并引孙皓上殿，众大臣都高呼万岁。十二日，在太庙中进献酃渌美酒。有六个郡国遭遇雹灾，伤害了秋季农作物。十五日，武帝诏令凡士兵中年龄在六十岁以上的人，都免去徭役，回归家中。二十五日，任命王浚为辅国大将军、襄阳县侯，杜预为当阳县侯，王戎为安丰县侯，唐彬为上庸县侯，贾充、琅邪王司马伷以下人员，都增加封邑。与此同时，评论功绩，进行封赏，分为不同等次赐予公卿以下人员绢帛。

二年春季二月，淮南、丹阳发生地震。

三月十五日，安平王司马敦去世。分别不同等次，将俘掠的吴国人口赏赐王公以下人员。武帝下令挑选原孙皓的妓妾五千人，进入后宫。东方夷族有五国入朝贡献。

七年春季正月初一，发生日蚀。初二，武帝下诏令说："近几年来，自然灾害和怪异现象多次出现，日蚀发生在正月初一，地壳震动，山崖滑坡。国家治理得不好，责任完全在我一人。公卿大臣每人都密封上书，尽你们所知，讲出灾异多次出现的原因，不要有任何隐瞒或忌讳。"

九年春季正月初一，发生日蚀。武帝下诏书说："振兴教化的根本，在于政治安定清明，讼事平允及时；地方官吏不去多方体恤百姓的疾苦，却任意凭借私人的恩怨，制造扩大狱讼，又大多贪残污浊，扰乱百姓。当敕令刺史、郡守，纠察那些贪赃枉法的人，推荐那些公正清廉的人，由有关部门讨论他们的罢黜或升迁。"又要求中央、地方各级官吏，荐举清廉有才能的人，提拔出身微贱的人。长江东岸的四郡发生地震。

十年夏季四月，由于京兆太守刘霄、阳平太守梁柳办事有方，成效卓著，分别赏赐稻谷一千斛。有八个郡国发生霜灾。太庙改建完成。十一日，迁徙死去祖

先的牌位进入新建的太庙，武帝在道旁亲自迎接，并举行祭祀远祖、近祖的典礼；颁布对已判刑罪犯的减免令，文武百官增加爵位一级，参加修建太庙的增加二级。十三日，尚书右仆射、广兴侯朱整去世。十九日，崇贤殿发生火灾。

这一年，东方夷族僻远的三十多个国家、西南方夷族的二十多个国家，来朝贡献。叛虏奚轲率男女十万人归降。

太熙元年春季正月初一，更改年号。初九，调尚书左仆射王浑任司徒、司空卫瓘任太保。

二月十二日，东方夷族有七国入朝贡献。琅邪王司马觐去世。

三月初五，调右光禄大夫石鉴任司空。

夏季四月十二日，调侍中、车骑将军杨骏任太尉、都督中外诸军、录尚书事。二十日，武帝在含章殿逝世，享年五十五岁，葬在峻阳陵地，庙号世祖。

武帝度量宏大，待人厚道，一切事情都本着仁恕的原则办理；能容纳直言正论，从不以粗暴的态度待人；明智通达，长于谋略，能断大事。因此，得以安定各方，平定天下。继魏国奢侈苛刻的风气之后，百姓怀念过去古朴的风尚，武帝就用恭敬节俭的原则来加以鞭策，用清心寡欲的思想来加以劝导。有关部门曾经上奏宫中的牛青丝鼻绳断了，武帝命令用青麻绳代替它。当朝处理政事能宽容，法令制度有常规。高阳许允被文帝司马昭处死，允的儿子许奇担任太常丞。武帝将要在太庙中行事，朝臣议论因为许奇出身在遭受过打击的家庭，不想要他在行事的时候接近武帝，请求将他调离太常府，出外任长史。武帝追述许允旧日的声誉，称赞许奇的才能，反而提拔他担任了祠部郎，当时的舆论都赞扬武帝这种公正豁达的气度。平定吴国以后，天下太平，于是对施政方略产生了厌倦，沉溺在游荡宴乐的生活之中，放纵偏爱皇后家族，亲近并优待当朝权贵，经验丰富的老臣宿将得不到信任和重用，典章制度遭到破坏，请托徇私公开流行。到了晚年，明知惠帝司马衷不能承担大任，但是仗恃孙子司马遹天资聪颖，智力过人，所以没有另立太子的打算；又考虑到司马遹不是贾后亲生的儿子，担心最终会导致危机与失败，于是便和亲信共同商议死后的保证措施；出主意的人各说不一，长时间又下不了决心，最后采用了王佑的谋划，派遣太子司马衷的弟弟秦王司马柬都督关中，楚王司马玮、淮南王司马允同时出镇要害的地方，来增强皇室司马氏的力量；又担心皇后杨氏的逼迫，再任命王佑作北军中侯，来统率保卫皇帝的禁军。不久，武帝卧病不起，不见好转，渐渐进入危险状态，共同缔造晋国的功臣，都已先期死去，文武百官惶恐不安，也不知该怎么办才好。适逢武帝的病情稍稍缓和过来，诏令任命汝南王司马亮辅佐朝政，又想在朝臣中挑选几位名声好、年纪轻的人协助司马亮辅政；杨骏隐藏诏令，不予公布。武帝转眼间又迷糊错乱，杨皇后趁机拟定诏书，任命杨骏辅佐政务，催逼司马亮马上出发，到镇赴任。武帝一会儿又复苏醒，询问汝南王司马亮来了没有，示意想见到他，有重要的事情向他交代，身边的人回答没有到，武帝便进入了昏迷垂危的地步。朝廷内部的动乱，其实是起于这样的安排啊。

晋惠帝司马衷

惠帝司马衷

白痴登基　外戚专权

司马衷是晋武帝司马炎的第二个儿子，由于老大司马轨2岁夭亡，他成了实际上的长子。

司马衷9岁时被立为皇太子。爱子心切的武帝特地请了敢于弹劾贪官污吏，被视为直臣的李熹来当太子太傅，指望严师出高徒，能把太子培养成才。谁知司马衷天生是个白痴，呆傻愚钝，不堪造就。有一次，他在皇家花园中玩，听到蛤蟆叫，就问左右："它是为官家叫，还是为私家叫？"对于这种令人啼笑皆非的问题，侍从们早已司空见惯，知道如何糊弄他了，当下有人便熟练地回答："在官地里叫的是为官，在私家地里叫的是为私。"白痴很满意。又有一次，听说许多地方百姓因饥荒而饿死，他觉得不可理解，说："为什么不吃肉糜（肉粥）？"诸如此类的笑话，实在是太多了。

太子的德性，武帝当然也有所耳闻，并且成了一块心病。他决定对太子进行一次测试。这一天，武帝将东宫官吏全部召来，设宴招待，然后将尚书省的疑难问题写在纸上，命中使张泓送交太子，并且立等回复。张泓先将题送到了太子妃处，太子妃贾氏看了张泓手里的题，略一皱眉后说："你就代太子好好起草作答，将来和你共享富贵。"张泓向来有点小文才，一会儿便将草稿拟好，再由太子抄写一遍，拿回去交差。武帝见答案写得头头是道，非常高兴，马上递给群臣看。群臣趁机奉承皇上，异口同声地三呼万岁，表示庆贺太子成才。经过这次测试后，武帝心情大有好转，越看越觉得太子真是天天都有进步。

过了些日子，武帝在太子的长子身上，又看到了新的希望。说起来，这个孙子也算是白捡来的。当初，武帝怕太子年幼，不懂房帷之事，便把自己亲幸过的后宫才人谢玖派去东宫侍寝，没想到居然有了身孕，后因贾妃妒忌，谢玖回了西宫，在那儿生下司马遹。一直长到三四岁，司马衷还不知有这么个儿子。后来，司马衷去朝见父皇，碰上司马遹正和其他孩子在一起玩，武帝才告诉他："这是你的儿子。"司马遹和他的白痴父亲完全不同，十分聪明智慧，武帝特别喜欢，经常让他跟在身边。有一次，宫中夜间失火，武帝登楼观望，刚刚5岁的司马遹居然拉着武帝的衣襟要他进屋去，武帝奇怪，问他为什么？遹说："夜间发生突然事故，应该防备有非常事件，不能让火光照见人君。"武帝见他小小年纪，竟有如此见识，不禁大为惊奇。又有一次，司马遹跟着武帝去观看猪圈，对武帝说："猪很肥了，为什么不杀了拿来犒赏将士，还留着浪费粮食？"武帝立即下令将猪宰了，拍拍司马遹的后背，对身边的人说："这孩子将来一定能振兴我家。"武帝甚至还在群臣面前，将他比作司马懿。就这样，武帝觉得儿子虽然不理想，可孙子大有希望，因此，最终还是下定了决心，仍让白痴司马衷当太子，作为法定的继承人。

武帝是个好色之徒，越到晚年越是极意声色。结果，太康十年（289）十一月，这个54岁的皇帝便因纵欲过度而一病不起。为此，他加紧安排后事。用王佑之

谋，以太子同母弟司马柬为秦王，出镇关中，司马玮为楚王，出镇荆州，司马允为淮南王，出镇扬州，三人分别拥重兵镇守要害之地，以为藩卫。由于晚年政事大都委于外戚杨骏，武帝又怕日后杨氏势力太大，威逼天子，便让王佑当了北军中侯，典掌禁兵。又听星相家说广陵（今江苏扬州）有天子气，便封了皇孙司马遹为广陵王，食邑多达五万户，还精心挑选了刘寔等人为其师友，辅佐这位希望之星。

第二年（290）四月，武帝驾崩。当天，32岁的太子，白痴司马衷即位登基，称为晋惠帝，改元永熙。

武帝在世时，皇后杨家权势很大，武帝死后，杨后成为皇太后，由于惠帝为白痴，杨氏家族更加尊贵起来。

杨皇后的父亲家有三个兄弟，杨骏是老大，论名望、才能和器量，比不上老二杨珧和老三杨济，论野心，却数他最大。女儿一进宫，他便交了好运，从小小的将军府司马一下升为镇军将军。女儿立为皇后，他又迁为车骑将军，封了临晋侯，成为朝中要员。对于这位外戚的扶摇直上，许多人深感不安。有些人私下议论说："封建诸侯，是为了藩卫王室。皇后的父亲一封侯便以临晋为名，这可不吉利，恐怕是天下大乱的征兆。"有些人则提醒武帝："杨骏器量很小，不可委以社稷重任。"武帝都不加理睬，反而越来越加以重用。

杨氏三兄弟开始在朝用事，拉关系，走后门，朝廷内外，到处伸手，排斥忠直旧臣，任用阿附新贵，营私弄权，无所不为。天下之人，无不知道"三杨"乃当朝权臣。尚书仆射山涛是个分管选官工作十几年的老臣，多次劝武帝注意这个问题，武帝虽然明白他的好意，却并不采取有力措施。

到太康十一年（290）三月，武帝病重，这时，勋旧之臣多已亡故的亡故，退休的退休，被挤走的挤走，身边只剩下杨骏和他的那帮亲信。武帝略有好转，发现身边尽是杨骏所用新贵，这才觉得问题严重，厉声斥责杨骏："怎么可以这么干法！"又让中书拟写诏令，命汝南王司马亮与杨骏共同辅政，还准备挑选几个有名望的大臣帮助料理政事。然而，为时已经太晚了。朝廷内外上下，已为杨骏所控制。诏令尚未发出，杨骏便从中书省借来观看，而且把诏令藏了起来，中书监亲自去索要，杨骏也不还。恰好武帝又神志不清起来，此事也就无人追究，不了了之。过了几天，武帝稍一清醒，便问："汝南王来了没有？"打算托付后事。他当然不知道在昏迷期间发生的那些事情。左右回答说没有来。武帝大概知道事情已经无可挽回，精神受到打击，病势突然转危，旋即死去。于是，白痴继位，杨骏成了惟一的顾命大臣。

杨骏大摇大摆地住进了太极殿，在昔日武帝上朝的地方办起公来，还配备了上百名虎贲卫队当保镖。五月中旬，武帝遗体安葬完毕，杨骏便以白痴皇帝名义，给自己加了太傅、大都督的头衔，并且赋以假黄钺、录朝政，百官听命于他一人的权力。傅咸劝他："圣上谦恭，把政事委托给你，可是天下人都不以为然，恐怕你的这个差使不容易干吧！周公那样的大圣人辅政，尚且有流言蜚语，何况当今圣上已经32岁，远非周成王那么年幼。我看丧事既然处理完毕，你也该认真考虑一下自己的进退问题了。"杨骏不听。傅咸又再三劝谏，杨骏听烦了，便想打发傅咸出朝去当个郡守，外甥李斌忙劝他："斥逐正派人，会失去人心的！"杨骏才勉强不把傅咸赶走。

杨骏自知一向名声不好，便想用封赏来收买人心。左军将军傅祗写信给他

说:“从来没有帝王刚死,臣下便论功行赏的。”杨骏不听,还是以惠帝名义下诏:中外群臣一律加爵位一等,参与办理武帝丧事的加爵位二等,二千石以上全封关中侯。免征租调一年。尽管如此,似乎也没有人出来赞扬他。

杨骏唯恐政令不行,威名不立,因而事无巨细,都要过问,而且刚愎自用,好用严刑。他本来没有多大才能,也没有多少学问,又不肯费神去熟悉已有的典章制度,因此,许多措施都违背成法。如此无知,不免遭到天下人的耻笑。

杨骏的所作所为,很快为朝廷内外大多数人所不齿,人人都看得很清楚,灭顶之灾正在向他一步步逼近。连他的一些亲朋好友也纷纷劝说他,甚至和他保持距离,害怕日后受到牵连。一向和杨骏交情很深的冯翊太守孙楚劝他说:“从来没有外姓专权而有好结果的,当今宗室强盛,你不和他们共同掌政,反而内怀猜忌,外树私党,我看大祸就要临头了。”杨骏不信。弘训宫少府蒯钦,是杨骏姑姑的儿子,从小和杨骏亲密无间,为人正直,多次直言冒犯杨骏,连杨珧、杨济都为他担心,蒯钦却说:“杨骏虽然昏暗,还知道不可妄杀无罪之人,不过是对我疏远而已。我能和他疏远,才可以免受牵连。否则,不久就会与他一起被灭族了。”大家都明白,只有杨骏自己还蒙在鼓里,不知末日将临。

贾后专政　朝臣除之

皇帝是白痴,可以任由杨骏摆布,可皇后贾氏却不是甘居人下的良善之辈。杨骏虽然知道她不好对付,有所防范,却绝对没有想到,他恰恰就败在这个女人手里。

贾皇后父亲贾充深得武帝信用,官至侍中、尚书令、车骑将军。贾充善于阿谀奉承,和太尉荀顗、侍中、中书监荀勖、越骑校尉等人互相援引,结党营私,本来武帝已为惠帝物色了一个才貌俱佳的太子妃,可是禁不住贾充买通杨皇后不断吹枕头风,加上死党的人帮腔,都极力吹嘘贾充之女是绝代佳人,有德有才,武帝也就同意了纳贾充之女为太子妃。

其实贾妃长得身材短小,皮色青黑,眉后有一疵,其丑无比。可是阴险毒辣,凶狠狡诈,好妒忌,有手腕。把白痴太子治得服服帖帖,对她又害怕又喜欢,以致很少去接近东宫别的女人。有一次,贾妃偶然发现东宫有个姬妾怀了孕,竟拿起戟来就向那个姬妾掷去,使胎儿立刻坠地,姬妾也死于非命。

殿中中郎孟观、李肇,因为杨骏一向对他们粗暴无礼,便在暗中散布流言,说杨骏将要篡夺帝位。贾后发现这两个宝贝,立即派亲信宦官董猛去和他们秘密联络,策划诛杨骏,废杨太后。接着,派李肇去动员汝南王司马亮发兵,汝南王胆小怕事,不愿出头。李肇又去找楚王司马玮,楚王年轻勇锐,欣然答应。

永平元年(291)二月,楚王司马玮与淮南王司马允入朝。经过半个多月秘密准备,于三月初八日发难。按计划,殿中禁军冲出宫城包围封锁了杨府,使府中兵卒一个也出不来。随即冲进杨府,杨骏逃入马厩,被禁军用戟杀死。杨珧、杨济和亲信张劭、段广、李斌等均夷灭三族,被杀的人多达数千。

外边的事情料理得差不多之后,贾后开始对杨太后采取行动。按照贾后的暗示,有人上书要求废太后为庶人,并将其母庞氏处死。白痴照办,杨太后抱住母亲号啕大哭,割发叩头,表示愿为贾后侍妾,求贾氏饶庞氏一命,贾后还是不许。庞氏处死后,过了不到一年,元康二年(292)二月,贾后便对杨太后下了毒

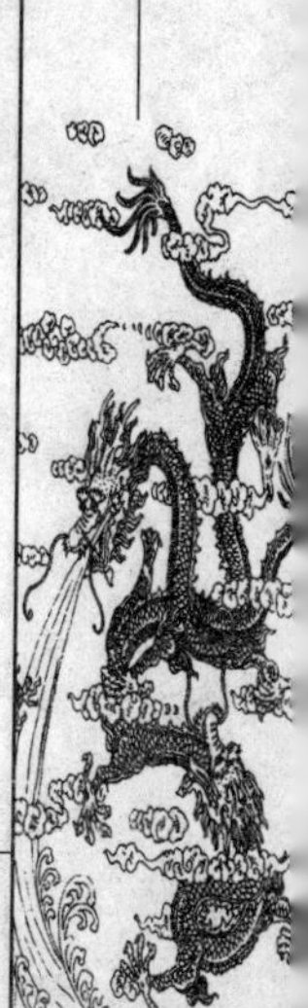

手，将她身边仅剩的十余个侍从全部夺走，断绝其饮食，杨太后连续八天得不到进食，被活活饿死。至此，杨氏一族遂被灭尽。

新的辅政大臣是太宰汝南王司马亮和太保卫瓘，秦王司马柬、楚王司马玮等一批宗室亲王和老臣，贾后族党贾模、郭彰、贾谧等也共同参预国政。这样的安排显然是暂时妥协的结果，新的权力之争立即又开始了。

对于贾后来说，两个辅政大臣暂时还不构成主要危险，因为汝南王软弱无能，卫瓘乃一介文官，都好对付。主要的威胁来自掌握兵权的楚王司马玮和东安王司马繇。

首先被除掉的是东安王司马繇。司马繇很讨厌贾后的凶残，想废掉她，不料尚未行动，便被其兄到汝南王那里诬告一状，说他："滥行诛赏，欲专朝政。"贾后立即利用这条罪状，罢了东安王的官，接着又以他有不满言论，将他废迁到带方（在今朝鲜境内）。

不久，新的机会，使贾后如愿以偿，清除了剩下的对手。汝南王亮和卫瓘见楚王玮刚愎好杀，想夺其兵权，用临海侯裴楷当北军中侯，掌管禁军。楚王玮得知后，大发脾气，吓得裴楷也不敢接受委任。汝南王亮和卫瓘又想打发楚王玮与诸王都回封国去，楚王更加愤怒。有人建议他去投靠贾后，楚王接受了这个建议，果然被贾后留下当了太子少傅。贾后留下楚王的目的，是要利用他来行借刀杀人之计。元康元年（291）六月，贾后叫惠帝下手诏给楚王玮，让他率兵诛杀汝南王亮和卫瓘，等到楚王玮完成任务以后，贾后又以惠帝名义，派殿中将军王宫举着皇帝解散兵卒用的驺虞幡，向兵众宣布："楚王矫诏作乱，大家都不要听从他！"兵卒立即放下武器，一哄而散。楚王玮成了光杆司令，弄得不知所措，随即被捕。临刑，楚王玮从怀中取出用青纸写的惠帝手诏，给监斩官尚书刘颂，流着泪说："我受诏行事，以为是为了国家，如今反倒成了罪恶。我也是先帝子孙，为什么要蒙受此等不白之冤啊！"这位21岁的亲王，一向以果敢勇锐，乐善好施而深得人心，然而他毕竟还是太年轻，太单纯和轻信，光有勇而无谋，难免成为俎上之肉。

一箭双雕，同时除掉太宰、太保和楚王之后，大权就完全落到了贾后手中。

贾后见大权在握，便开始荒淫放恣，为所欲为。这个又黑又矮的丑女人，私生活特别放荡。不光与太医令程据等人乱搞，还经常派人在洛阳城内外物色美貌少年入宫和她鬼混。贾后虽然与许多男人淫乱，却只生了三个女儿，直到四十多岁，还是没有儿子。贾充见女儿无子，劝她好生爱护太子，贾后却根本不听。贾充想把小女儿贾午所生的女儿嫁给太子为妃，太子也很愿意结这门亲事以巩固自己的地位，贾午和贾后两姊妹都不同意。太子听说大臣王衍的大女儿长得十分漂亮，贾后却偏让贾谧娶了她，而为太子聘了个不如老大的小女儿，太子愤愤不平，溢于言表。元康九年（229）十一月，贾充临终，特地拉着贾后的手，叮咛女儿："我死之后，务必尽心扶持太子。赵粲和贾午会扰乱我家大事，别让他们再进宫。你要牢记我的话。"贾后非但没有牢记，反而背其道而行之，和赵粲、贾午等人加紧策划谋害太子。

太子虽然没有出息，却又生就一个倔强性格。贾谧恃宠骄横，常常对太子无礼，太子也以牙还牙，每逢贾谧到东宫去，就避而不见。贾谧觉得将来太子继位对自己不利，便到贾后那儿诬陷太子"多蓄私财，结交小人，准备对付贾氏。一旦

皇上去世，太子上台，就会像我们对付杨骏那样，诛杀我们，废掉太后。不如及早将他除掉，另立顺从听话的。”贾后遂加紧行动，大肆宣扬太子的过失，又假称自己已经怀孕，令人准备生育所需物品，然后偷梁换柱，将贾午的儿子抱来抚养，谎称是白痴的儿子，准备用他来取代司马遹当太子。

元康十年正月，经过精心策划，贾后又逼宦官自首，承认与太子同谋叛逆，并将供词遍示公卿。然后，派东武公司马澹率一千兵把太子押送到许昌囚禁，派治书御史刘振专门负责监视。至此，贾后的权势可谓达到了顶点。不过，死神也开始向她招手了。

贾后废太子，表面上似乎无人敢反对，其实，在平静的局势后面，正在酝酿着一场大台风。

禁军头目司马雅、许超，曾经在东宫侍奉过太子司马遹，并且得到太子的恩宠，见太子被废，心中不平，便与殿中中郎将士猗等密谋废掉贾后，使太子复位。他们分析形势，认为张华、裴頠只想保官，难以依靠，右军将军赵王司马伦自关中调回洛阳后，一直在朝掌握兵权，性又贪婪，可以争取。便去游说赵王的谋臣孙秀，孙秀答应，又和赵王一说，赵王也同意。

临起事，孙秀又给赵王出了一个鬼点子，说：“太子为人刚猛，若回东宫，必定不愿受制于人。您向来是贾后的人，已经路人皆知，如今虽有复主之功，太子却会认为您是为形势所迫，不得已而倒戈的。太子虽能不算旧账，也不会感激您的恩德。您只要略有过失，仍不免被诛杀。不如推迟行动，待贾后害死太子，然后再以谋害太子之罪废掉贾后，非但可以免祸，还能实现您的大志。”赵王向有篡位野心，对孙秀的意见当然十分赞成。

孙秀又进一步施展诡计，派人散布流言，说殿中有人打算废贾后，立太子。贾后得知后很害怕。孙秀和赵王乘机劝贾谧及早除掉太子。贾后便于永康元年(300)三月让太医令程据给毒药，以惠帝名义派宦官孙虑去许昌毒死太子。太子自被废后，一直担心被毒，常常自己动手做饭，孙虑见难以下手，去找负责监视太子的刘振，刘振将太子迁到一个小院内，不给食物，想把他饿死。可是仍有宫人偷偷从院墙上给太子送食物。孙虑无奈，便赤膊上阵，当面逼太子服毒，太子不肯，孙虑竟用药杵将太子槌死。

赵王司马伦和孙秀知道太子已死，便约定于四月初三夜三更起事杀贾后。初三白天，孙秀派司马雅去告诉张华：“赵王打算和你共匡社稷，为天下除害。”张华不同意，司马雅不屑地说：“刀都架到头颈上了，还说这种话！”头也不回就走了。晚上，到了约定时刻，赵王矫诏向三部司马禁军训话说：“贾后与贾谧杀了太子，现在皇上派我入宫废贾后，你们都应当听从我的命令，事完之后一律赐关中侯。不从者，诛灭三族！”众兵自然从命。接着又派齐王率百余人去把惠帝接到东堂，下诏把贾谧召到殿前斩杀。齐王又去抓贾后，贾后见齐王来到，大吃一惊，问道：“你为何来此？”齐王说：“有诏让我抓你。”贾后说：“诏令当从我出，你哪来的诏？”不管怎么说，贾后也只得随齐王到了东堂，老远就朝惠帝大叫：“你废了我，等于把自己也废了！”又问齐王：“为首起事的是谁？”当时担任大将军、录尚书事的梁王司马肜也参预其谋，所以齐王说：“梁王和赵王。”贾后不胜悔恨地说：“系狗当系颈，我反系其尾，怎能不受其害！”她认为当初干掉了楚王和汝南王，而

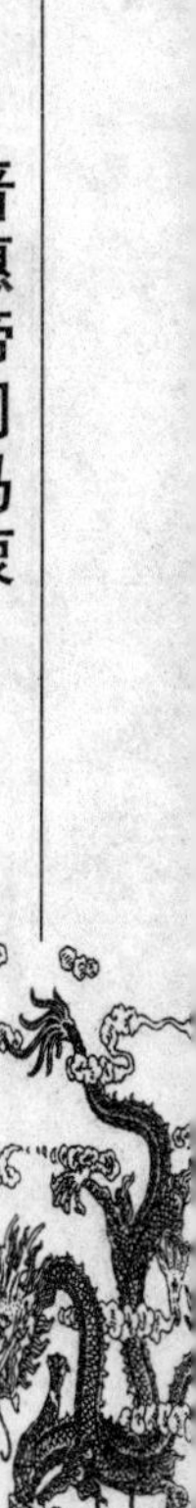

没有干掉梁王和赵王，是没有抓住要害，其实，即使她倒过来干，结局也不会好多少。于是，贾后被废为庶人，贾氏亲族党羽均被灭族。过了几天，又用金屑酒将贾后赐死。

争权夺势　八王作乱

贾后死后，一场新的权力争夺大战，即八王之乱随之揭幕，这次登场的是宗室诸王。由于宗室诸王大多拥有重兵镇守要害之地，军事民政集权于一身，而皇帝却是个白痴，有点野心和实力的宗王难免想入非非，他们身边的文武僚属各求富贵腾达，也纵横捭阖，拨弄是非。这种情况下，一场大乱实在是不可避免的。

八王之中，惠帝总是被势力强者或捷足先登者挟持，成了他们号令天下的旗子，掌中的傀儡。而且都城也忽东忽西，一会儿洛阳，一会儿长安。在这场大乱之中，惠帝苦不堪言，身心均受到危害。

永兴三年(305)，“八王之乱”这场大混战总算结束了。这场历时十六年的大混战，造成了几十万人死亡，上百万人流亡，城市毁坏，土地荒芜，北方经济受到严重的破坏。西晋政权已经丧失了它的实际统治能力，行将灭亡。白痴皇帝这时也走到了生命的尽头。

光熙元年(306)十一月，晋惠帝司马衷突然吃面饼中毒死去。终年48岁，葬于太阳陵。有人说，下毒的凶手是东海王司马越，可是查无实据，像历史上许多帝王之死一样，这也算是一个疑案。

宋武帝刘裕

武帝刘裕

京口起兵　朝中辅政

刘裕的飞黄腾达，当追溯至元兴元年(402)发生的一场大动乱。这年，朝廷以尚书令司马元显为骠骑大将军、征讨大都督、都督十八州诸军事、加黄钺，以刘牢之为前锋都督，发军讨伐荆州都督、桓温之子桓玄。但由于司马元显怯战、刘牢之被收买，桓玄挥师进入建康，从此总揽朝政大权，成了东晋的主宰，而刘牢之这一北府名将，最终也没能逃出桓玄之手。

刘牢之死后，桓玄又先后杀害北府将领吴兴太守高素、辅国将军竺谦之、高平相竺郎之、辅国将军刘袭、彭城内史刘秀武、冀州刺史孙无终等。一时间，北府将领人人自危，惶惶不安。刘裕却镇定自若，他知道自己还不够格，桓玄不但不会杀他，反而会起用他。果然不出所料，桓玄任命从兄桓修为南徐、南衮二州刺史，镇守北府(京口)以后，桓修就以刘裕为中军参军。刘裕后因击破卢循之功，又加官彭城内史，深得桓氏倚重。他不露声色，表面上对桓氏忠心耿耿，暗地里却加紧活动，团结了一大批北府军中下级军官，时刻准备举旗倒桓。

桓玄进入京师之初，罢黜奸佞，提拔贤才，故京师人人欣然，认为从此可平安度日。好景不长，桓玄很快露出了凶相，奢豪纵逸，政令无常，朋党互起，凌侮朝廷，众心失望。

元光二年(403)九月，桓玄加快了篡位的步伐，封楚王，加九锡，离皇位只有一步之遥了。十二月，桓玄正式即皇帝位。刘裕随桓修入朝庆贺。桓玄一见刘裕，便觉他气度不凡，对司徒王谧说："刘裕风骨不俗，看来是个人杰。"以后每当游集，都对刘裕另眼相看，引接殷勤，赠赐厚礼。刘裕见桓玄如此看重他，心中甚觉不安，但表面上一点不露，依然不卑不亢，谦恭有礼与其周旋。桓玄的皇后刘氏对刘裕很不放心，私下劝桓玄："我见刘裕龙行虎步，风度不凡，恐终不能为人下，不如早点除掉他。"桓玄答道："我刚刚平荡中原，眼下正是用人之际，非刘裕无可用者。等关、河平定后，再作打算吧。"

元兴三年正月，刘裕与何无忌同舟返回京口。一路上，二人密谋回京口后立即分头联络各路反桓之士，以恢复晋室之名，兴兵进京，推倒桓玄。

元兴三年(404)二月，刘裕与何无忌、檀凭之等百余人在京口起兵。清早，何无忌身穿传诏服，诈称是朝廷敕使，居前，徒众随其后，一齐冲入，高声大呼，城中吏士惊慌四散，无人敢反抗。桓修毫无防备，当即被斩首。刘裕看着桓修的首级，放声恸哭，下令厚加殡殓。忽然军吏前来报告，桓修司马刁弘得知城中起事，率文武佐吏前来攻城，现已到了城下。刘裕当即登城，高声对城下讲："郭江州已在浔阳奉天子反正，我等受密诏，诛除逆党，桓玄今日想必已经枭首于大航了！诸君难道不是大晋之臣吗？今日前来，想干什么？"因晋安帝司马德宗被逼退位后，居于浔阳，所以刁弘等人听了刘裕的话，也就信以为真，引兵而退。

桓玄闻知刘裕等举兵反，忧惧无计。有人见他这样害怕，很不理解，对他说：

"刘裕等人乃乌合之众，势力微弱，必然不会成功，陛下为何如此忧虑?"桓玄摇摇头，叹道:"刘裕足为一世之雄;刘毅家无斗粮之储，而樗蒲却一掷百万;何无忌酷似其舅;这些人共举大事，怎敢说他不会成功!"说完，仍愁眉苦脸，惶惶不安。

三月，刘裕率军与桓玄手下的骁将吴甫之在江乘相遇。刘裕手执长刀，大呼一声，率先冲入敌阵，士兵见状，人人奋勇，无不以一当十，只一战便斩吴甫之，大获全胜。刘裕乘胜进击，遇到了右卫将军皇甫敷的阻击。刘裕与檀凭之各带一支人马与敌决战。檀凭之战败阵亡，只剩刘裕孤军作战，被敌兵层层包围，只得背倚一棵大树与敌厮杀。面对强敌，他面无惧色，越战越勇。皇甫敷高声呼喊刘裕:"汝欲怎样死法！今日是死定了!"刘裕怒目圆睁，大声叱责，皇甫敷挺戟猛刺，慌乱中竟未刺中。正在危急时刻，刘裕的援军赶到，一箭射中皇甫敷的面额，皇甫敷应弦倒地。刘裕挺刀向前，只见皇甫敷挣扎说道:"君有天命，我死后只求君能照顾我的子孙。"刘裕点头，斩其首，又对其后代厚加抚慰。

刘裕这两仗打出了威风。桓玄听到两将战死的消息大惊，一面继续派将出战，一面悄悄预备舟船，准备形势紧急就溜之大吉。

桓谦率大军迎战刘裕，无奈部下多为北府人，都畏服刘裕，没有斗志。而刘裕兵将斗志正旺，刘裕身先士卒，将士皆殊死而战，喊杀之声惊天动地，鼓噪之音震动京邑，桓谦兵败如山倒，溃不成军。桓玄闻讯，率亲信数千人，诈称出战，坐船逃遁而去。刘裕率军乘胜进入建康城，派刘毅、何无忌追击桓玄，自己坐镇京师。

刘裕进入建康之初，面对百废待兴的局面，应付自如，指挥若定，他以身作则，严以律己，因而政纪肃然，令行禁止，拨乱反正;他的主簿刘穆之鼎立协助，入京后，凡重大处分刘裕都委托于他，他也尽心竭力辅佐刘裕，虽时间仓促，但事事得体，件件有方。又发布命令纠正桓玄时弊病，不过十日，建康风俗顿改，民心安定。

四月，刘毅等在峥嵘州(今湖北鄂城县)击败桓玄军，桓玄败退江陵，不久被杀。次年三月，白痴皇帝司马德宗被迎回建康，重登皇帝宝座。四月，刘裕以南徐、南青二州刺史的身份领北府兵回镇京口，后解南青州刺史，加领南衮州刺史，北府旧兵全掌于刘裕一人手中。

入京辅政　功成自威

义熙四年(408)正月，尚书右丞皮沈来到京口，首先面晤刘穆之，称朝中计议欲以中领军谢混为扬州刺史，还有人建议刘裕在丹徒领扬州刺史一职，朝事实际上交给尚书仆射孟昶处理，朝廷命他来征求刘裕的意见。刘穆之一面听着，心知按功名与实力，本应由刘裕入京继任扬州刺史，而如今却提出了这么两条建议来，分明是刘毅等人不愿让刘裕入京辅政而定的计谋！想到这里，他对皮沈说要上厕所，就急急走了。他匆匆写了一张纸条:"皮沈始至，其言不可从。"刘裕正在与皮沈谈话，从左右手里接过条子看后，就暂令皮沈外出，将刘穆之召进，问:"卿讲皮沈之言不可从，是什么意思呢?"刘穆之便将自己的想法一一陈述:"公兴复晋室皇祚，勋高万古。既有大功，便有大位。仁大勋高，难以持久，公观今形势，岂能居谦自弱，甘心作一守藩之将呢？刘毅、孟昶诸公虽然当初一时推功，却并非宿定的臣主之分。公与他们势均力敌，最终必会互相吞并。扬州为朝廷根本，

不可交给别人。一旦失去权柄，就再难得了。”刘裕听了这一番话，早就动了心，他何尝不想入京辅政，掌握朝廷大权呢！只是自己位高权重，若伸手要扬州刺史一职，怕引起朝野疑心，影响自己的形象。刘穆之好像看出了他的心思，继续说道：“公功高勋重，不能直接要求任扬州刺史，不然，朝廷疑畏交加，异端互起，必引出大祸。现今朝议如此，可先暂且应酬一下，最好的办法是公先回京师共议此事，公一旦入京，他们决不敢越过公而另授他人了。”刘裕听了连连点头。

刘裕进京后，朝廷果然以他为扬州刺史，录尚书事，总掌政事。义熙五年(409)二月，南燕主慕容超派军攻破东晋宿豫(今江苏宿迁县)，不久，南燕又侵扰济南。南燕的侵扰引起了东晋人民的强烈反响，要求讨伐南燕的呼声甚高。刘裕经过分析权衡，认为征伐南燕一来可以满足人民的抗敌要求，二来如果征伐成功，自己的功业声望就可以完全压倒刘毅等人，因此立即下令北伐南燕。

刘裕北伐南燕的打算立刻遭到朝廷一些人的反对，豫州刺史刘毅竭力阻止刘裕亲自带兵北伐，说宰相远出，易倾动根本。刘裕不听，决意亲自出征。四月，刘裕率水军自建康出发，沿淮河、泗水到达下邳(今江苏睢宁县西北)，又沿陆路出发，六月，进围广固(今山东青州市西北)。慕容超慌忙向后秦求救，姚兴不敢轻举妄动。刘裕精神抖擞，指挥大军全力猛攻，次年二月，攻下广固，灭南燕，生擒慕容超，送至建康斩首。

这次北伐南燕的胜利，收复了青、兖广大地区，朝廷内外无不赞颂刘裕的功德。刘裕的功业，此时已经超过祖逖、桓温，他的声望一下子大大提高，朝中再也无人能与他相抗衡了。

此时，突然接到报告，卢循、徐道复反，已攻下长沙、巴陵(今湖南岳阳市)、南康(今江西赣州市)等城，兵锋直指建康。江州刺史何无忌自浔阳(今江西九江市)南下，抵御徐道复，战死于豫章(今江西南昌市)。刘裕听到这一消息，大惊失色，慌忙班师南归，把大队人马甩在后面，只带了几十人，于四月间赶到建康。

刘毅听说卢循、徐道复挥师东下，直指建康，决心率军与其交锋，趁机显示一下自己的能耐。刘裕写信劝阻，并派刘藩前往谕止。刘毅见信大怒，对刘藩说：“当年只是一时推功而已，你就以为我真不如刘裕！”说完，把信狠狠地摔在地上，率舟师二万，从姑孰(今安徽当涂县)溯江而上，阻击卢、徐。五月，二军战于桑落州(今江西九江市东北)，刘毅大败，丢掉全部船只和辎重，只带了几百人狼狈逃回。

刘毅兵败的消息传到建康，顿时人情汹汹，惶惶不安。由刘裕带回的军队，因连续征战，士卒多有创伤，有战斗力的只剩数千人。因此，朝廷里人言藉藉，都欲迁都，认定了刘裕难以抵御卢循，再三恳请迁都。刘裕坚决不同意。

卢循击败刘毅后，从被俘士兵口中得知刘裕已经赶回建康，心里害怕起来，欲退还浔阳，攻取江陵，据江、荆二州以抗朝廷。徐道复力主乘胜进击，卢循犹豫多日，才勉强同意进军建康。这样，刘裕就赢得了周密布置的时间。卢循率大军兵临建康城下时，刘裕已完全做好了防卫准备。经过近两个月的相持，卢循一无所获，终因帅老兵瘦，只好退回浔阳，准备西取荆州。刘裕亲率大军出战，在破冢(今湖北江陵县东南)、大雷(今安徽望县)等地大破卢循军。刘裕得胜后，得意洋洋地回到建康，派遣其他将领继续追击围歼卢循等。义熙七年(411)二月，朝廷军攻克始兴，徐道复战死。四月，卢循在交州(州治龙编，今越南慈山、仙游地区)

兵败投水而死。

刘裕在镇压了卢循、徐道复之后，威望进一步提高，官至太尉，自感羽翼丰满，该进一步采取行动了。

翦除异己 扫清道路

刘毅在桑落州遭惨败以后，威信扫地，后来为了挽回声誉，竭力要求追击卢循，刘裕接受长史王诞的建议，不让刘毅有建功立业的机会，自己亲率大军征讨卢循，以刘毅监太尉留守，总管后方事宜。刘裕得胜而归，威望大增，刘毅却毫无建树，更增添了怨望之情。不久，刘裕下令迁刘毅为荆州刺史。刘毅见刘裕居中掌权，自己只是镇守一方的藩将，心中不服，便欲利用荆州的军事力量，与刘裕决一雌雄。

一日，刘裕接到刘毅的请求，要兼督交、广二州。刘裕虽然知其有野心，但仍然很痛快地答应了。不久，刘毅又提出了新的要求：请以丹阳尹为南蛮校尉后军司马，毛修之为南郡太守。刘裕压住心中的不快，又一次痛快地答应了刘毅的请求。接着，刘裕安插自己的亲信刘穆之任丹阳尹这一重要职务。刘毅又请求到京口为先人扫墓，然后再西下赴任。刘裕欣然同意，并亲自赶往仉塘与刘毅相会。

刘毅到江陵赴任后，独断独行，变易地方守宰，安插亲信，又擅自割豫州文武、江州兵力达万余人自随。对此，刘裕都假作不知。不久，身患重病的刘毅上表朝廷，请求让堂弟、衮州刺史刘藩担任自己的副手。刘裕知时机已到，表面上答应，暗地里迅速作好了讨伐荆州的准备。

刘藩自广陵刚一入朝，就被逮捕，罪名是与刘毅、谢混共谋不轨。刘裕以诏书宣布刘毅等罪状，赐刘藩、谢混死。又亲自率大军讨伐荆州，派手下的两员得力战将王镇恶、蒯恩为前锋，火速出发。

王镇恶与蒯恩都是刘裕一手提拔起来的战将。王镇恶是前秦名相王猛之孙，秦亡后辗转随叔父入晋。他熟读诸子兵书，果决能断，有大将之才。征广固伐南燕时，有人向刘裕推荐王镇恶，刘裕急派人将其召来，二人相见后只交谈了一会儿，刘裕便暗暗称奇，留其在府中住了一夜。第二天，他把王镇恶介绍给诸佐吏："镇恶是王猛之孙，真所谓将门有将啊。"又马上给王镇恶任以官职，留在军中。在以后的征伐中，王镇恶屡立战功。

蒯恩出身贫贱，当年东晋征讨孙恩时，他被县里派往刘裕军中服劳役，充当马士，负责备马料。他身高力大，常背大捆，而心中热切盼望能有冲锋陷阵建立功业的机会，有时把马草扔在地上，怅然叹道："大丈夫弯弓三石，奈何充当马士！"刘裕听说后，立即发给他器仗，令其随军作战。蒯恩以其勇猛忠谨，甚得刘裕的喜爱和信任，成了他的心腹将领。

王镇恶与蒯恩率百舸为前锋，诈称是刘衮州西上，所以荆州方面毫不提防，很快就到了距江陵城 20 里的地方。二人舍船率兵步行，突然出现在江陵城内，经过一天的激战，刘毅兵败自杀。

刘裕率大军来到平定后的江陵，采纳原刘毅府中谘议参军申永的建议，宽租省调，节役原刑，礼辟名士，荆州人大悦。

豫州刺史诸葛长民是与刘裕共谋举事者之一，及刘裕执掌朝政，二人就开始

貌合神离。刘裕征讨刘毅时，明里以诸葛长民监太尉留府事，暗里又特派刘穆之防备他。刘裕自江陵班师还建康，诸葛长民天天与公卿大臣在新亭奉候，都未能迎到。忽听刘裕已乘轻舟于夜里人不知鬼不觉回到东府了，不觉大惊，连忙登门问候。刘裕热情邀请诸葛长民共坐，屏退左右，二人畅谈起来。连平日很少谈到的事都提及了。诸葛长民见刘裕如此推心置腹，无所不谈，心中疑惧尽消，痛快极了。正在这时，刘裕事先安排埋伏于幔中的壮士丁旿突然冲出，于座中将诸葛长民杀死。

义熙十年(414)三月，谯王司马文思擅自捶杀国史。司马文思是荆州刺史司马休之的长子。司马休之在刘毅死后接任荆州刺史，颇得江、汉民心，刘裕对此很不高兴，但又不好无故加罪于人。现在其子犯罪，正是机会。刘裕先诏令诛杀司马文思的爪牙，宽宥司马文思。司马休之闻讯，上疏谢罪，请求解除荆州刺史一职。刘裕不准，却将司马文思送往荆州，让其父处置。司马休之上表请求废掉司马文思的王爵，并又一次写信给刘裕谢罪。刘裕对此大为不满，认为其不亲自杀子，就是包庇儿子，并以此为借口，准备兴兵西讨。

次年正月，刘裕亲率大军征讨司马休之。雍州刺史鲁宗之认为自己早晚难被刘裕所容，与儿子竟陵太守鲁轨起兵应司马休之。司马休之上表罗列刘裕罪状，勒兵严阵以待。

刘裕调兵遣将西进，派女婿徐逵之为前锋，配以精兵利器，欲让其先立大功，待事宁之后任其为荆州刺史。谁知出师不利，前锋部队在破冢遭到鲁轨的猛烈阻击，徐逵之兵败阵亡。刘裕闻知爱婿阵亡，怒不可遏，亲率诸将渡江。鲁轨、司马文思将兵四万，临峭岸布阵，刘裕手下的军士无人能登。刘裕披挂盔甲，要亲自登岸，诸将纷纷劝阻，刘裕不但不听，反而暴怒异常，非上不可。太尉主簿谢晦上前抱住他，使他难以行动。刘裕抽出剑来，指着谢晦说："我斩卿！"谢晦神色不变，死死地抱住他说："天下可无我谢晦，不可无公！"刘裕无奈，只得作罢。他一眼看见建武将军胡藩领游兵在江津，便令其登岸，见胡藩面有难色，便要命人将其抓来斩首。胡藩一急之下，死命攻上陡岸，兵士随后一涌而上，大破敌军，攻克江陵。司马休之、鲁宗之等北逃投奔后秦。王镇恶等追至边境，不敢穷追，只好退兵。

平定江南　攻伐北地

义熙元年(405)，曾州大族谯纵趁东晋衰乱，据有四川，形成一个独立王国，自称成都王，称臣于后秦，常派兵侵扰东晋，威胁荆楚。刘敬宣曾率军征讨，却大败而还。收复益州，统一江南，就成了刘裕经常筹划的大事。

义熙八年(412)十二月，刘裕西征刘毅，攻占江陵后，乘胜进军益州。他从众将中选拔西阳太守朱龄石为元帅，统军征伐。众人皆以为朱龄石资名尚轻，难当重任，刘裕却独具慧眼，认定其既有武干，又练吏职，必能担此重任，所以不为众议所动。宁朔将军臧熹是刘裕的妻弟，位在朱龄石之上，刘裕派他为副将，随军西征。又将猛将蒯恩、下邳太守刘钟等分派给朱龄石。并配给二万大军。毛修之再三请求随军伐蜀，刘裕知当年蜀人杀死毛璩一家，毛氏与蜀人有不共戴天之仇，怕毛修之入蜀后会大肆屠杀，也怕蜀人因此冒死顽强抵抗，对收复益州不利，所以拒绝了毛修之的请求。

朱龄石按照刘裕的精心策划行事，顺利入蜀，经过一番激战，于次年七月攻占成都，谯纵弃城而逃，后自杀身死，余党也全被歼灭。益州被东晋收复。

平定江南后，刘裕开始实践他收复中原的抱负。

义熙十二年(416)正月，后秦派鲁轨引兵入寇襄阳，骚扰荆楚，欲切断东晋长江上、下游及扬、益之间的交通，雍州刺史赵伦之将其击败。后秦不断骚扰，成为东晋大患，北伐呼声渐高。八月，刘裕亲率大军北伐后秦。

北伐大军分四路挺进，一路由王镇恶、檀道济率领步兵自淮、泗进取许昌、洛阳；一路由沈林子、高遵考率领水军，与王镇恶等配合，由汴水经荥阳石门入河；一路由沈田子、傅弘之率领，径取武关；一路由王仲德率领水军，由桓公渎自淮入泗，自泗入清、济，自清入河。刘裕自己率领主力，也走王仲德这条路线。

义熙十三年(417)初，刘裕率主力从彭城至黄河，溯流西上。先下洛阳，又抵潼关，破魏败秦，直逼长安。

刘裕率主力到了潼关，命王镇恶率水军溯渭水西上，直趋长安。王镇恶率军来到渭桥(今陕西西安市东北)，令将士吃饱之后，便弃船登岸，所乘船舰马上随流漂去，转眼踪迹全无。这时后秦后主姚泓屯集在长安城下的兵力犹有数万之众。王镇恶激励将士道："诸位家都在江南，这里是长安城北门外，离家万里，而船只衣粮全已随流而去，岂有求生之计！唯有死战，可以立大功，不然，谁也别想活着回去！"众人听了，莫不踊跃争先，后秦军队一时溃散，姚泓单骑还宫。王镇恶攻陷长安，姚泓率妻子、群臣出降。

九月，刘裕至长安。刘裕下令将姚泓送至建康斩首。又亲自拜谒汉高祖陵，在未央殿大会文武。到十一月，忽传刘穆之病亡。刘裕闻讯，惊恸哀惋，多日不解。刘穆之死后，京师空虚，有大权旁落的危险，再加上将士久役思归，所以刘裕决意东归。

流寓关中的陇右流民，本来盼他继续出兵收复陇右；听说他要收兵南归，都大失所望。三秦父老流泪赶来挽留，向他诉说："残民不沾王化，至今有百年了，今日得见王师，人人相贺。公是汉家子孙，长安十陵，是公家坟墓，咸阳宫殿，是公家室宅，舍弃这些，要到哪里去啊。"刘裕心里有些不忍，忙好言劝慰了一番。

刘裕退兵前，以次子、年仅12岁的刘义真为安西将军，镇守长安；以王修为安西长史，辅佐刘义真；以王镇恶为安西司马，沈田子、毛德祖为安西中军参军，率兵万余留守关中。沈田子、傅弘之多次向他状告王镇恶，但刘裕却对这种危险情绪未加及时引导。

刘裕仓促撤兵后，夏主赫连勃勃迅速调兵遣将，争夺关中。大敌当前，沈田子轻信谣言，杀死了王镇恶。长吏王修责备沈田子专戮节将，征得刘义真同意后杀了沈田子。后来，刘义真又听信左右谗言，杀害了王修。王修一死，晋军军心大乱，刘义真只好调回渭北的所有驻兵，集中防守长安。北伐时收复的关中郡县逐渐被赫连勃勃攻占，长安也被围困。

刘裕在彭城，得知长安被围，急派蒯恩前去保护刘义真东归，又派朱龄石为雍州刺史，代镇长安，嘱其到长安后，要刘义真轻装速发；如陇右不可守，可与刘义真一起回来。

刘义真撤离长安时，将士大肆抢掠，车上满载宝货子女，一天不过行进十里。夏兵追及，蒯恩、傅弘之断后，力战数日，至青泥全军覆没，二将力疲被俘，刘义真

单骑逃出,藏于草丛之中。

刘裕听到青泥大败的消息,不知刘义真死活,急得团团转,下令即日北伐。侍中谢晦劝道:"士卒疲劳,北伐之事可待来年。"刘裕不听。其他大臣也上表劝阻,正好又得知刘义真已逃脱性命,刘裕也就不提再次北伐的事了。

荣登帝位　建朝刘宋

义熙十四年(418)六月,刘裕受命为相国、宋公,加九锡。加九锡是禅位之前的一种荣典,但他此时并不急于马上称帝。因为谶语有"'昌明'之后尚有二帝"之言,所以他想在司马德宗之后再立一帝,以应"二帝"之语。十二月,刘裕指使中书侍郎害死白痴皇帝司马德宗,随后奉司马德宗的同母弟、琅琊王司马德文为帝。

新皇帝即位不久,元熙元年(419)正月,下令刘裕进爵为王。这虽然是刘裕梦寐以求的,但他还是假意推辞。至七月,刘裕始受进爵之命。八月,移镇寿阳。他嫌河南萧条,怕委屈了次子刘义真,特将其以司州刺史任上调任扬州刺史。

十二月,刘裕加殊礼,冕有十二旒,建天子旌旗,出警入跸,乘金银车,驾六马,备五时副车等。刘裕急于受禅,但又不好自己开口,便于元熙二年(420)元月,召集宋国朝臣欢宴。席间,他不慌不忙地说:"桓玄篡位,鼎命已移。我首唱大义,兴复帝室,南征北伐,平定四海,功成业著。遂加九锡。眼看我年事已高,物忌盛满,不可久安。今欲奉还爵位,归老京师。"群臣听了,不解其意,只是争先恐后一个劲赞颂他的功绩。晚上席散之后,中书令傅亮细一琢磨,忽然醒悟,连忙赶回。这时宫门已闭,傅亮叩门请见,刘裕马上开门与他见面。傅亮进门后只说:"臣欲回建康一趟。"刘裕明白他的意思,也不挑明,直接问:"需几人跟随?"答:"数十人就可以了。"说完告辞。

傅亮入京后,授意朝廷召刘裕入京辅政。四月,皇帝下诏,召刘裕入京。刘裕安排儿子刘义康为豫州刺史,镇寿阳,自己于六月入京。傅亮又暗示皇帝司马德文禅位,刘裕荣登皇帝宝座。

即位后,刘裕下令赦免因逃避兵役、租税而流亡,在限期内还家者,可以蠲租布二年;人民拖欠政府的诸种债务,不再收取,这些措施,得到人民的欢迎。

永初三年(422)三月,刘裕病重,群臣请求为他祈祷神祇,刘裕素不信鬼怪神灵之类,所以拒绝大臣的请求,只让侍中谢方明将他的病告诉宗庙而已。

五月,刘裕病危,召太子刘义符到跟前,嘱咐说:"檀道济虽有干略,而无远志,不像其兄檀韶有难御之气。徐羡之、傅亮当无异志。谢晦数从我北伐,颇识机变,日后若有同异,必是此人。"又亲自写诏:"后世若有幼主,朝事一委宰相,母后不烦临朝。"命司空徐羡之、中书令傅亮、领军将军谢晦、镇北将军檀道济为顾命大臣,辅佐幼主。后事安排停当,刘裕于西殿溘然去世,终年60岁。在位首尾3年。七月,葬于建康蒋山初宁陵。庙号"高祖",谥曰"武皇帝"。

宋废帝刘子业

宋废帝刘子业

不为父宠　大肆报复

刘子业是宋孝武帝刘骏的长子，生于元嘉二十六年(449)正月，小字法师。元嘉二十八年(451)，刘骏任江州刺史，出镇浔阳(今江西九江市)，祖母路氏与母亲王氏皆随往，刘子业年仅2岁，被留在京师。这一年，文帝刘义隆杀死了弟弟彭城王刘义康，揭开了刘宋皇室骨肉相残的序幕。元嘉三十年(453)，刘劭杀文帝刘义隆自立为帝。刘骏起兵讨伐刘劭，刘劭将刘子业囚禁在侍中下省，同时关在侍中下省的还有江夏王刘义恭的12个儿子。刘骏的兵马直捣建康，刘劭在慌惧之中几次欲杀刘子业，但最后还是未敢下手。刘子业4岁时，刘义恭单骑出城投奔刘骏，刘劭一怒之下将他的12个儿子全部杀死。及刘骏入京，杀二兄刘劭兄弟及其诸子，后又杀弟刘诞、刘浑等，对敢于谏诤和得罪自己的臣子也大加杀戮。刘子业出生以来的十几年，耳闻目睹的尽是些骨肉相残、君臣仇杀的事情。

刘子业少时爱读书，尤好历史，对历代兴衰替代颇为熟悉。他在孝武帝即位的那年，被立为太子。初因年幼，居于永福省，大明二年(458)入居东宫。他生性急躁，常惹其父不满，生母王皇后也逐渐不得刘骏宠爱。殷淑仪因年轻貌美而宠倾后宫，她的儿子刘子鸾出生后，深得刘骏的喜爱，而刘子业在父亲眼中更变得横竖不顺眼了。一次，刘骏起驾西巡，刘子业写信请安，字迹有些潦草，被刘骏狠狠责备了一通。刘子业心中惶惧，连忙认错请罪，刘骏不满地说："你的字老是不长进，我还听说你平素懈怠，脾气越来越暴躁无常，怎么就如此顽固不化呢!"刘子业听了，心里虽然不高兴，表面上却唯唯听命。后来，刘骏欲废刘子业，另立刘子鸾为皇太子，侍中袁顗极力谏阻，盛称"太子好学，有日新之美"，刘骏也考虑到随意废立太子于社稷不利，于是打消了废掉刘子业的念头。但这一举动对刘子业的震动很大，致使他始终对父亲与八弟刘子鸾耿耿于怀。

刘子业即位不久，即开始了对父亲的报复，他首先下令废掉孝武帝大明五年所立南北二驰道和孝建年间以来所改制度，仍依文帝元嘉时所定制度。不仅如此，他还乘机讥讽父亲孝武帝。有一次，他请人在太庙里为祖宗画像，见到武帝刘裕像，称赞："好一个英雄，生擒数天子!"见文帝刘义隆像，说："这位也不错，但晚年不幸为儿子砍了头去。"见刘骏像，则斥责画工："这位是个酒糟鼻，为何不画上?"并命人立即补上。

接着，刘子业开始清除父皇时的重臣。太监华愿儿深得刘子业喜爱，经常得到大量赏赐，而内臣戴法兴常常加以裁减，所以华愿儿非常痛恨戴法兴。刘子业令华愿儿到宫外察听风谣，华愿儿回来报告说："外面道路皆传言：'宫中有二天子，法兴为真天子，官为赝天子。'而且官深居宫中，与人物不接，法兴与太宰、颜、柳共为一体，家中往来门客恒有数百，内外士庶莫不畏服。法兴是孝武帝左右，久在宫中，恐怕长此下去，此坐席就不是官所有了。"刘子业听了深以为然，立即下诏免去戴法兴的官职，遣还乡间，徙往远郡，后又赐死。巢尚之也被解除了中

书通事舍人之职。

员外散骑侍郎奚显度也是孝武帝刘骏的亲信，他对民众特别苛刻，经常毒打被征服劳役的百姓，人们对他切齿痛恨。刘子业早想将其除掉。一次，他用开玩笑的口吻说："显度为百姓之患，应当除掉他。"左右听后，马上唱诺，宣旨将奚显度斩首。

刘子业初战告捷，但他深知要达到亲政的目的才刚刚开始，下一步需搬掉父亲安排的几位辅政大臣。刘骏临终遗诏，由太宰刘义恭、尚书令柳元景及沈庆之、颜师伯、王玄谟辅政。

颜师伯是刘骏重用的大臣，多年居权要之职。他骄奢淫恣，目空一切，深遭衣冠之族的忌恨。刘子业先拿他开刀，下诏任颜师伯为尚书左仆射，免去其卫尉卿、丹阳尹之职，使其有职无权，以吏部尚书王彧为尚书右仆射，分其权任。颜师伯这才知道小皇上不可小看，心中恐惧起来。刘子业杀掉戴法兴，举朝震慑，诸大臣各不自安。颜师伯与柳元景密谋，欲废掉小皇帝，另立刘义恭。柳元景因久未定谋，便去找沈庆之讨主意。沈庆之送走柳元景后，思忖自己与刘义恭的关系一直不是很亲密，立刘义恭为帝非他所愿；刘骏遗诏中让沈庆之参决大事，而颜师伯却专断朝政，为他所恨。经过考虑，沈庆之断然向刘子业告发了柳、颜二人之谋。接到沈庆之的告发后，刘子业马上亲率羽林军抓获刘义恭，斩其首，断其肢，掏出肠胃，挑取眼球后用蜜汁浸泡，称之为"鬼目粽"，刘义恭的四个儿子也同被杀害。捕杀刘义恭的同时，刘子业又派人诏召柳元景，并派全副武装的士兵随后赶到，柳元景从容受戮，他的八个儿子、六个弟弟及侄也惨遭杀身之祸。颜师伯在道路上被抓，立被斩首，六个儿子也遭受牵连被杀。

看惯仇杀　杀人如麻

刘子业诛杀了几位顾命大臣后，胆壮气粗，改元"景和"，开始亲理政务。此时，他仍有一事放心不下：刘义恭 9 岁的世子伯禽为湘州刺史，不杀恐留后患。于是，他派人前去杀害了伯禽。从此以后，刘子业便肆无忌惮施行暴政，视朝廷公卿大臣皆如奴隶，随意捶打折磨。

新安王刘子鸾当年因生母殷妃而得父亲刘骏宠爱，引得刘子业切齿痛恨。刘子业得势之后，马上派人去赐刘子鸾死。年仅 7 岁的刘子鸾临死时，悲愤地对左右说："愿我来世不要再生于帝王之家。"刘子鸾的同母弟、6 岁的南海王刘子师和同母妹也同时遭害。刘子鸾兄妹 3 人死后，刘子业犹觉不解恨，命人掘殷贵妃墓，又要掘埋葬刘骏的景宁陵，太史以掘景宁陵于他不利为由加以劝阻，方才罢休。当初殷贵妃死后，谢庄为其做诔文，其中有"赞轨尧门"之句，刘子业认为是谢庄有意将殷贵妃比为钩弋夫人，欲下令将其杀害。有人劝道："死对于所有人来说，都是一样的，痛苦也只是瞬间之事。谢庄生而享尽富贵，不知天下之甚苦，今将他关在尚方，使他尝尝天下之苦，然后再杀他也不晚。"刘子业听了这番话，正对了他以折磨人为乐的脾性，于是下令将谢庄关在狱中。谢庄在尚方狱中受尽磨难，直到刘子业被杀后才获释放。

为姐姐淫乱的事情，刘子业杀了她的丈夫宁朔将军何迈。诛杀何迈之后，料定沈庆之必来入谏，便先派人关闭青溪上的几座桥，不让沈庆之进宫。沈庆之听说何迈之事后，果然前去请求面见刘子业，但多处碰壁，只好失望而归。为了彻

底堵住这位好谏诤的老臣的嘴，刘子业派沈庆之的堂侄沈攸之赐给他毒药，让他自尽。沈庆之拒绝饮药，沈攸之将他杀死。他的儿子、侍中沈文叔对弟弟、中书郎文季说："我能死，你能报！"说完拿起赐给沈庆之的药一饮而尽，当场死亡。沈庆之的另一个儿子、秘书郎沈昭明也自缢而死。沈文季见父兄转眼之间相继丧命，大吼一声，挥刀跃马冲出包围，脱身而去。为掩人耳目，刘子业对外诈称沈庆之年老病亡，赠侍中、太尉，谥曰"忠武公"，又为他举行了隆重的葬礼。

领军将军王玄谟也是三世老臣，孝武帝刘骏临终前留下遗诏，要他统领外监。他见刘子业暴戾无常，刑杀过度，便多次流涕谏阻。刘子业大怒，气势汹汹地大声呵斥，王玄谟吓得一声不敢吭，弯腰低头退出。从此，王玄谟终日心惊胆战，神情恍惚，常惊慌地喊："抓我的兵已到门前了！"这时，外间也风传王玄谟被杀害。蔡兴宗见到王玄谟派来的典签包法荣，要他劝王玄谟举事。王玄谟不敢依蔡兴宗之言而行，只是派包法荣转告他："如此大事不易可行，但也请君放心，我决不会泄露君言。"

王公大臣人不自保，整日担惊受怕，而处境最危险的则是刘子业的几个叔叔。刘子业的弟弟均年幼，对他的皇位威胁不大；几位叔叔年富力强，成了他的一块心病。为了防备叔叔们为乱，他把他们调入京城，拘于殿内，并百般侮辱虐待。他常让三王追随身边，不离左右。他欲杀害三王，前后达十次。建安王刘休仁多有心计，每当刘子业起了杀念，便机智地谈笑佞谀取悦于刘子业，才一次次使刘子业打消了杀害三王的念头。三王之中，又数湘东王处境最惨。刘子业曾派人挖一大坑，里面装上泥与水，让他脱光衣服，赤身裸体在坑内爬行，像猪一样用嘴吃槽子里的食物，自己在边上看得甚是开心，不住哈哈大笑。一次，湘东王不慎得罪，他马上下令，将其的衣服剥光，绑起手脚，像抬猪一样抬到太官处，并对左右说："今日屠猪！"建安王刘休仁着急之中，想起刘子业将少府卿刘朦之妾藏于宫中，准备待她生下儿子后立为皇子，于是，便连忙对刘子业笑着说："猪不应死。"刘子业瞪了他一眼，问："为什么？"刘休仁笑嘻嘻地说："待皇子生下后，杀猪取其肝肺。"刘子业听了，这才下令："暂付廷尉。"第二天，又将他释放。

荒诞胡闹惹下杀身祸

有一天，刘子业忽然想起一个新鲜玩法。他下了一道旨意，把所有王妃公主召进宫来赴宴。酒过三巡之后，刘子业突然令左右幸臣各寻自己喜欢的王妃公主结为夫妻。刘子业的幸臣都是一伙无耻之徒，听到命令，纷纷执行。这些王妃公主，有的家中有丈夫，有的儿子已经很大，还有的尚未出嫁，见到这种场面，吓得惊叫起来，夺门而逃。但门已被刘子业派人堵住，并派了武士强行动手，这些柔弱的妇女到了此时，只好听天由命。只有南平王刘铄的妃子江氏任凭怎么威逼，也不肯依从。刘子业以杀死她的三个儿子来威胁，江氏依然不从。刘子业大怒，一边派人绑起江氏，鞭打百下，一边派人即刻前往南平王府杀死江氏的三个儿子。一天之中，江氏及三个幼年的儿子都死于非命。

胡闹完毕后，刘子业余兴未尽。他放走了哭哭啼啼的王妃公主们，又把后宫婢妾尽数召来，列作一队，把自己的亲信随从也列作一队，带进华林园竹林堂中，互相追逐打闹。有不从命的，立即斩首。一时间，清幽的园林被弄得昏天黑地，如同地狱一般。

这两次胡闹后，刘子业兴奋过度，精神上受到刺激。他几次梦见被打死的宫女前来辱骂、索命，醒来后非常恐怖，于是召来一批男女巫师，准备了几百名彩女，在华林园竹林堂作法事驱鬼。这次法事规模很大，山阴公主也赶来看热闹。法事开始时，杀王刘休仁、贼王刘休佑被派作前导，只有猪王刘彧被软禁在秘书省中，不许出来。

为什么不放刘彧出来呢？原来，当时民间流传一个说法，说湘中将出天子。猪王刘彧原是湘东王，刘子业首先怀疑到他。刘子业准备南巡湘东，驱逐湘中王气，并准备南巡前杀死湘东王，然后起程，所以刘彧被软禁起来。刘子业南巡的计划还没有施行，就遇上梦鬼，临时决定改变日程，先来华林园作法事。因为这次巫师众多，刘子业没有带卫士进园。

刘彧几次濒临危境，朝不保夕，他的属官随从们也终日提心吊胆，惟恐自己一同被杀，于是串通起来，密谋杀死刘子业，拥刘彧为帝。他们暗中准备了兵器，趁着黄昏驱鬼时，闯进华林园竹林堂，杀死了刘子业及山阴公主。政变成功后，猪王刘彧被推举作了皇帝，这就是历史上的宋明帝。

刘子业淫乱宫闱秘闻

姐弟淫乱大写真

自宋孝武帝刘骏之后，宋宫中天子妃嫔作风极为败坏。这位刘子业和他的姐姐山阴公主就对这种坏风气起了推波助澜的作用。

山阴公主名叫刘楚玉，长得很美，但很淫荡。她未出嫁时就与胞弟刘子业过从甚密，关系暧昧。后来，山阴公主嫁给驸马都尉何戢为妻，不得已，才与刘子业分手。刘子业七岁时，刘骏曾为他娶过一个妃子，名叫何令婉。五年后，何妃夭折，又娶了一位路妃。路妃长得也很美貌，但不知为什么刘子业对她很不满意，很少到她宫中去。王太后去世后，刘子业的第一件事，就是把姐姐山阴公主召回宫中，重叙旧好。姐弟二人久别重逢，其喜可知，从此两人同餐同宿，形影不离，并且常常一起同车出游。每次出游，都命令朝廷元老沈庆之为骖乘，徐爰为后随，招摇过市，并不避讳。

公主虽与子业相好，但不能长久住在宫中，终于有一天要回家去了。离别前，姐弟二人恋恋不舍。刘子业问山阴公主有什么要求，表示一定尽量满足。山阴公主发牢骚说："我与陛下虽然性别不同，但都是先帝的骨肉，凭什么陛下后宫美女数百人，而我只有驸马一人？世界上的事竟然如此不公平！"刘子业听了，觉得很新奇，笑起来说："这有何难？我让姐姐满意就是了！"他马上从卫士中挑选了三十个美貌魁伟的少年，送给公主，让他们随侍公主左右，号为面首。这里"面"是指貌美，"首"是指发美。公主得了许多面首，心里非常高兴，因为是天子所赐，驸马也无可奈何。

但即使这样，山阴公主还不满足。

一天，公主又入宫陪同刘子业游玩，忽然看见吏部侍郎褚渊风度翩翩，潇洒飘逸，冷峻中透着一股不同寻常的魅力，令人神往。山阴公主从未接触过这种美男子，不觉一见钟情。她求刘子业派褚渊侍奉自己，作自己的面首。刘子业听了一笑，同意了。褚渊不敢违抗，跟山阴公主回到府中，但他任凭公主怎样挑逗威

逼，并不动心。最后无法脱身时，只好以自杀相威胁，公主毫无办法，只得放了他。

侄皇帝为何娶姑姑做妻

刘子业后宫缺少可意的人，颇感寂寞，他忽然想起自己的姑姑新蔡公主。

新蔡公主是宋宫中最美的一位公主，比刘子业稍大，早已嫁给宁朔将军何迈为妻。刘子业做太子时，曾对新蔡公主想入非非，现在重又想起，于是，马上派中使去何迈府中召回公主。公主入宫的当天，就被刘子业占有了。新蔡公主仪态大方，流盼生辉，比起那些妖冶的女子来更令人着迷。刘子业迷上了她，不肯放出宫去。为了遮人耳目，他随便赐死了一个宫女，放在棺材里令人抬到何迈家，报告说公主得暴病去世了。何迈明知不是公主，也不敢争辩。他后来越想越忿忿不平，企图谋杀刘子业，被人告发，丢了性命。

刘子业留下新蔡公主后，诈称是新入宫的谢工，册立她为贵妃，又准备立为皇后。当时，朝中人人惧怕刘子业，都谨缄其口，不愿惹祸，只剩下老臣沈庆之还敢进谏。刘子业预料到沈庆之会来进谏，事先派人堵住了沈庆之上朝路上的各座桥梁，以防他入朝。沈庆之果然来谏，看到桥路已断，才怅然而回，沈庆之当晚收到了刘子业赐的毒酒，被毒死了。

沈庆之死后，刘子业除去了最后一道障碍，决定册谢贵妃为皇后，但由于谢氏自觉名分有亏，再三不肯，只好改册路妃为后。

刘子业生活作风如此荒诞不经，在中国皇帝中实属罕见。

梁武帝萧衍

武帝萧衍

屡立奇功雍州起兵

萧衍出身于贵族之家，其父萧顺之是齐高帝族弟，因功封临乡县侯，历官侍中、卫尉、领军将军等。宋大明八年(464)，萧衍生于秣陵县同夏里三桥宅。

萧衍自幼酷爱读书，博学多通，加上天资聪颖，年纪轻轻就在文学方面展露头角。当时与之交往甚密的有沈约、谢眺、王融、范去等七人，他们经常出入于竟陵王萧子良的西邸，被世人称为“八友”。八友之中文才以沈约最长，有《宋书》、《齐纪》等书传行于世，然而若论胆略才识，却又首推萧衍。

萧衍因出身贵族之家，初入仕途，便当了卫将军王俭的东阁祭酒。王俭一见萧衍立即感到他谈吐不凡，便对他特别器重，请他当上了户曹属官。由于萧衍办事果敏，深得上司同僚敬重，所以不久便当了随王镇西谘义参军。其后三年曾回建康为父守丧，期满后拜太子庶子、给事黄门侍郎等职。

永明十一年(493)，齐武帝病重，王融打算趁武帝去世之机立子良为帝，私下已经准备好了武帝遗诏。后来，王融事败，被下狱赐死。此事萧衍已推知，范云由是益知萧衍才识非浅，不禁对他更加敬佩。

齐朝新皇帝即位后不问政事，只知饮酒作乐，纵欲怙非，不肯从谏。萧鸾气愤不过，决定将其废去，另立新主，遂召萧衍商议。萧鸾首先开言：“现在主上失德，我已决意废旧立新。”萧衍说道：“废旧立新是件大事，恐怕会引起诸王反对。”萧鸾说：“我看诸王大都庸弱无能，不足为虑。只是随王子隆，有文有武，现又据荆州要地，如能将他召回京城，事情就好办了。不过，他不一定肯来，怎么办才好呢?”萧衍答道：“随王虽有美名，其实也是草包一个。他手下没有什么谋士，所依靠的只有司马垣历生、武陵太守卞白龙而已。这两人都是唯利是图之辈，如果能给他们高官厚禄，没有不肯来的！至于随王，届时只须信函一封，便可把他召来了!”萧鸾深以为然，遂依计而行，于隆昌元年(494)夏天废去郁林王，另立新安王，仅隔三月，又自立为帝，是为齐明帝。在齐朝这场宫廷政变中，萧衍因功被封为中书侍郎，接着又迁为黄门侍郎，以其运筹帷幄之才，取得了一定的政治地位。

次年，北魏孝文帝亲率30万大军循淮河东向直攻钟离，齐明帝遣左卫将军崔慧景、宁朔将军裴叔业率兵救钟离，又闻刘昶、王肃率众20万攻义阳，平北将军王广之与萧衍奉命率兵往救义阳。王广之引兵距义阳百余里，众军听说魏军强盛，都不敢前进。萧衍遂自请先进，广之乃将手下精兵拨出一部分给萧衍。萧衍领兵乘黑夜悄悄由小道直抵贤首山，离魏军仅隔数里，将旗帜遍插山上。天明，义阳城中望见援军，勇气倍增，立即出城攻打魏营，并因风纵火，烟焰冲天。萧衍亲自扬麾擂鼓吹角，众军奋勇向前，魏军突遭内外夹击，支持不住，被迫逃窜。萧衍回都，因功拜太子中庶子。

建武四年(487)深秋，魏军再次攻齐，连下新野、南阳，兵锋直达雍州(治所在襄阳，今湖北襄樊市)。齐明帝连派萧衍和左军司马张稷及度支尚书崔慧景等率

兵救援雍州。次年三月，崔慧景与萧衍转战至雍州西北的邓城，恰遇魏军数万铁骑忽然到来，将小城团团围住。萧衍见城中缺粮少械，遂与慧景商议："我军远来，本已饥饿疲惫不堪，如果再知道城中缺粮，一定会发生兵变。依我之见，倒不如趁敌军初到，仗着锐气，冲杀一番，或许能够挽回局面。"慧景心中发怯，但又不好表露，只是敷衍道："北方游虏，从不夜间围城，待天晚自会退去。"不想魏兵愈来愈多，大有拔城之势。崔慧景见形势不妙，竟从南门带其部曲逃走，其余各部见没了总指挥，也都相继逃跑。萧衍禁遏不住，只好令将军刘山阳率领数百人断后，且战且退。过闹沟时，沟上木桥皆被踩断，齐军争着过沟，自相践踏，再加上北魏追兵从后面射箭，齐兵死伤无数，好容易逃至樊城，才得以因城固守。此次战后，齐明帝为加强雍州防务，特选萧衍为辅国将军兼领雍州刺史。萧衍因此有了一块坚实可靠的根据地，为以后夺取萧齐天下奠定了基础。

齐明帝萧鸾在位五年就因病而死，太子宝卷继位，是为东昏侯。东昏侯即位以来，诛杀大臣无数，文武群臣皆不自安，江州刺史陈显达起兵反叛，不过数日即被扫平。豫州刺史裴叔业闻此大为惊疑，便遣亲信马文范潜赴襄阳，问萧衍自安之计，萧衍回复说："如果朝廷确实怀疑将军，我看不妨将家属送至都城，作为人质。万一朝廷意外相逼，可将所部20000兵马直出横江断他后路，则天下事可一举而定。如若将军北投魏主，他必然会派员接收，而另置河北一州给将军，试问河南公还能当得成吗？"裴叔业闻报仍然犹豫不定，一面遣子芬之人质建康，一面又暗地派人与魏相通。后芬之自己逃回寿阳，叔业乃奉表降魏，魏封叔业为兰陵郡公、征南将军，仍领豫州刺史，都督豫雍等五州军事。齐朝闻报，乃遣萧懿为豫州刺史，负责征讨叔业事宜。

萧衍得知萧懿出兵，连忙派亲信虞安福前去游说，让其讨伐昏君，无奈萧懿不听。平定叔业之乱后，齐廷拜萧懿为尚书令，其弟萧融并有威权。时东昏侯经常出宫，游戏无度，有人劝萧懿趁其出门时举兵废之，懿又不听。十月，东昏侯赐药令萧懿自尽。

不久，萧懿凶信传至襄阳，萧衍即于当夜请张弘策、吕僧珍、长史王茂、别驾柳庆远、功曹吉士瞻等来府中商议废昏立明之事，大家闻听，踊跃欢呼，于是当即建牙集众，得甲士千余人，马千余匹，船三千艘，从此便开始了又一场夺皇位的战争。时间是永元二年(500)十一月。

灭齐建梁位登九重

东昏侯知雍州情形后，当即下令辅国将军刘山阳率兵3000至荆州，与南康王宝融会师攻袭襄阳。萧衍探得情报，派参军王天虎由雍州去江陵，沿途与州府书，内容都是"山阳西上，将要攻袭荆雍二州。"时南康王年方13岁，以萧颖胄为长史，大小事皆决于萧颖胄。天虎去后，萧衍对众将佐说："荆州风俗向来惧怕襄阳人，再加有唇亡齿寒之虞，萧颖胄一定会与咱们合作。这样，我们合荆、雍之兵，鼓行而东，就是韩信、白起再生，也不能为建康谋划了！"谁知颖胄得书，却是迟疑不决，萧衍乃复命天虎带书再赴荆州。天虎既行，萧衍密对张弘策"用兵之道，攻心为上。上次派天虎去荆州，沿途州府皆有书。今令天虎急赴荆州，只给颖胄兄弟两封空函，与他人只说'天虎口传'，而人问天虎，天虎却不知所答。天虎是颖胄的心腹，人必以此疑颖胄与天虎共隐其事。刘山阳惑于众口，必然也会

怀疑颖胄，如此仅凭两封空函即可收服荆州了！”

果然萧颖胄杀刘山阳后，将其头给萧衍送去，两人经商议决定即时起兵。

为了号召天下，萧衍上表南康王宝融，要其自上尊号，宝融不许。萧颖胄遂使建康降将托称宣德太后敕令，谓南康王应纂承皇祚。宝融至此才答应等第二年春天受命。

中兴元年(501)春天，南康王宝融称相国，命萧颖胄为左长史，号镇军将军，萧衍为征东将军。萧衍乃兵发襄阳，二月至竟陵(今湖北潜江西北)，命王茂、曹景宗为前军。

三月，南康王宝融即位于江陵(今湖北江陵)，是为和帝，改元中兴。萧颖胄为尚书令，萧衍为左仆射，都督征讨诸军。时萧衍驻于夏口，和帝派御史中丞宗央慰劳衍军。萧衍部下宁朔将军庚域私下对宗央说：“主帅黄钺未加，如何能总率侯伯？还请你代为主帅请命。”宗央还江陵报与和帝，不久和帝即遣颖达来助萧衍，并传敕假衍黄钺。萧衍欣然领命，遂出沔江，命王茂、萧颖达等进逼郢城。郢城守将薛元嗣不敢出战，只是闭城严守，并遣使至建康求援。诸将皆欲取城，萧衍不许。

如此两月，倏忽即过，郢城虽未攻下，但萧衍胸有全图，并不着急，静候时机。

齐王派将军吴子阳等进军武口，救援郢州。消息刚到，萧衍即令将军梁天惠等屯涣湖城，唐修期等屯白阳垒夹岸相对，以待东军到来。子阳见势驻军加湖，距郢城约30里，依山傍水，筑寨自固。萧衍命王茂率师夜袭，子阳不备，败逃而去。鲁山守将房增寄本已有病，闻此消息不日而死。余部推孙乐祖为首，继续防守，无奈粮草已尽。萧衍一面派军截其归路，一面致书劝降，孙乐祖左右无计，只好举城归顺。此时郢城已闭门二百余日，疾病流行，士民男女十万人仅余二、三万人。薛元嗣见援兵已去，鲁山又降，也只好出降。

诸将至此连战数月，皆欲于夏口休整，萧衍反对，说：“我们现在不乘胜直指建康，更待何时！”张弘策、庚域等表示赞同。于是诸军即日上道，由弘策谋划军旅事宜，一切安排极为妥当。

这年十月，萧衍率军抵达建康城下，于朱雀桥南同齐军展开激战，直杀得天昏地暗，日月无光。齐军遂土崩瓦解，衍军乘势入石头城，筑起长围，将齐宫城围得水泄不通。

齐朝当此危急之时，茹法珍等尚不忘进谗：“宫围不解，全是大臣不用心造成，这样的文臣武将真该杀他几个才对。”征虏将军王珍国闻言非常气愤，即密派亲信持一明镜送给萧衍，意为“其心可鉴”；萧衍会意，取“二人同心，其利断金”之意，将一断金交来人报于珍国。珍国即与衮州刺史张稷合谋，于半夜带兵入云龙门，至含德殿，将正在笙歌夜饮的东昏侯宝卷杀死。然后召文武百官，令于降书上署名，又用黄油裹东昏侯头，交国子博士范云送给萧衍。范云为西邸八友之一，一向与萧衍非常友好，此时即留萧衍处谋划。萧衍接到降书，马上派弘策先行入宫，封存府库图籍，并收潘妃及嬖臣茹法珍、梅虫儿等41人。然后萧衍入屯阅武堂，连下三令，其一为大赦天下，“凡昏制谬贼，淫刑滥役外，可详检前原，悉皆除荡”；其二为“东昏时诸诤讼失理，及主者淹停不时施行者，精加讯辩，依事议奏”；其三为“收葬义师，瘗逆徒之死亡者。”

萧衍占领建康后，即派诸将征讨四方，各地刺史、太守相继投降。次年正月，

迎宣德太后入宫，临朝称制，进萧衍为大司马，都督中外诸军事，要以带剑上殿，无需叩拜仪式。其时萧颖胄已经因萧衍战无不克自己却无所建树，忧愧生疾而死，萧衍由此掌握全部军国大权，下一步就要废主宝融，受禅称帝了。

萧衍当上大司马，已是众望所归，登基称帝似乎已经不成问题。但萧衍仍不敢贸然行事，故也不好向臣下提起。一日骠骑司马沈约转弯抹角谈及此事，萧衍装做不明其意，故意含糊其辞，挡了过去。又一日，沈约干脆明白提出其当继承大位。萧衍听了，沉默半晌，才说："且待我三思。"后，应允。沈约出去后，萧衍又召见范云告知此事，范云意思与沈约大致相同，萧衍大喜，即让范云与沈约明早一同来见他。

次日，沈约先至朝殿，见范云尚未到来，竟先行进入。萧衍即令沈约负责筹划代齐事宜，沈约从怀中取出三纸，一为加九锡文，一为封梁王文，第三纸竟是内禅诏书，萧衍大为惊叹，没有更改一字却表示同意。范云来到殿门，不见沈约，乃徘徊于寿光阁外，后经问明殿门卫士，才知沈约已经先入，心中很不是滋味。又过了一会，沈约出来，举手向左，就是将来让范云为左仆射的意思，范云解此意，当然转惊为喜。这时萧衍又将范云召入，将沈约所制三文交给范云，范云亦赞叹不已。

过了几日，即有诏进大司马萧衍位相国，总百揆，领扬州牧，封十郡为梁公，备九锡之礼，置梁国百司。萧衍先是上表不从，至二月见无人出面反对，才欣然接受诏命。此时有湘东王宝晊，早在东昏侯受诛时就冀望能登上帝位，谁知后来只当了个太常，心中很是不满。至萧衍进位相国，更是口吐怨言。事为萧衍所知，当即诬称宝晊谋反，将宝晊及其弟宝贤尽皆杀死。又过数日，和帝再下诏增封梁公十郡，进爵为王，所有梁国要职，皆仿天朝成制。至是萧衍以沈约为吏部尚书兼右仆射，范云为侍中。

范云没当上左仆射，心中怏怏不乐，总想伺机于萧衍受禅时再立一功。谁知迁延几十天，竟不闻萧衍再提受禅之事。细究其因，原来萧衍入宫之后，除东昏侯的潘贵妃被领军王茂诛杀之外，尚有余妃和吴淑媛两个美女，全都据为己有。由是萧衍竟为女色所迷，所有政事一概置之度外了。范云对此非常着急，遂特邀领军王茂一同入殿来见萧衍，向其陈明利害。萧衍听后乃决计篡齐，准备受禅。为清除称帝隐患，萧衍又借口邵陵王宝信、晋熙王宝嵩、桂阳王宝贞三人与湘东王宝晊谋反有关，于一日之内下令自尽。其时三王年龄都不过 10 岁上下。还有庐陵王宝玄，虽软弱无能，也不免忧惧而死。再就是鄱阳王宝寅，年方 16 岁，跳墙逃出，昼伏夜行，最后到达寿阳，被北魏扬州刺史王澄收留。至此，明帝诸子仅剩下晋安王宝义和齐和帝宝融。萧衍这才奉表宝融，请其东归建康。宝融乃诏令萧衍之弟。萧衍为荆州刺史，都督荆、湘等六州军事。萧衍虽年纪不大，但却少年老成。当时荆州正处军旅之后，公私空乏，他励精图治，广屯田，省力役，体问兵死之家，诚接天下贤士，于是人人得尽其意，民心尽归萧氏。及宝融启程以后，东西遥相呼应，声称上天之意，已让萧衍为帝。又作"行中水，为天子"的谶语，让各地儿童传唱，造成舆论攻势。在此态势下，宝融手下中领军夏侯祥接沈约、范云书，教他迫帝禅位。夏侯祥见风使舵，至姑熟(今安徽当涂)逼齐和帝下诏禅位。和帝之诏到了建康，宣德太后亦下令表示同意，萧衍至此反故作谦恭之态，几次抗表谦让，于是豫章王元琳率齐宫 819 人，范云领梁臣 117 人，一并再三

上书称臣，乞请践祚，太史令蒋道秀陈天文符谶64条，萧衍才勉强接受。于是选吉日良辰，即位南郊，祭告天地，登坛受百官朝贺。改齐中兴二年为梁天监元年，大赦天下。时间为公元502年四月。

即位次日，下诏废齐和帝宝融为巴陵王，居姑熟，一切礼遇皆仿齐初。又下诏封诸弟为王，沈约为尚书仆射，范云为吏部尚书，其他文武百官亦各有封赐。封官设职完毕，萧衍即遣亲信郑伯禽赴姑熟，以生金进巴陵王。萧衍托称宝融暴亡，追尊为和帝，按皇帝之礼大殓，将其葬于安陵。又下诏改晋安王宝义为巴陵王，仍奉齐朝宗祀。宝义自幼有废疾，口不能言，故于明帝诸子中独能得全。

无意政治有心入佛

萧衍登基之后，鉴于齐亡教训，总是勤于政务，孜孜不倦。即便寒冬腊月，也是五更即起，批改公文，以至双手破裂。又注重纳谏，特诏令于东府前谤木肺石旁各置一函。凡布衣处士，欲指陈时事，有所建议，可投书于谤木函中；凡功臣材士，如有功劳未达，才不尽用，可投书于肺石函中。萧衍还率先勤俭。“一冠三载，一被二年”，其所用衣物，均已洗濯数次，平常吃饭只以菜蔬豆羹粝食为主。并且每日只吃一餐，遇有事务繁忙，便喝点稀汤充饥。每当简选长吏时，务必求选廉平，并亲自于殿前召见，勉之以为政清廉之道。又特下诏全国，如小县令有才干政绩者，即迁大县；大县令有才干政绩者，即迁二千石。当时朝臣中有二人皆以廉洁著称，遂分别提拔为内史、太守。于是上行下效，吏治有了不少起色。

萧衍和历代君主一样，也对开国元勋大加疑忌。梁朝开国功臣首推张弘策、范云和沈约。张范二人开国之初即相继谢世。唯沈约是萧衍好友，又助萧衍受禅登基。本应好好重用，但事实却非如此。萧衍先是重用徐勉、周舍，又继之以重用谢朏，最后起用寒士朱异，让其执掌权要20余年。沈约不被重用，虽不与计较，但常被呵责，不久即病重而死。

萧衍对开国元勋如此刻薄，对皇室权贵却是恩礼优加，关怀备至，甚至显得愚懦不堪。这突出表现在对其弟萧宏和其子萧综的态度上。

临川王萧宏是萧衍的六弟。萧衍尽管知道萧宏曾藏匿杀人凶犯，欲财聚货，甚至派人刺杀其本人，但对萧宏并不追究，仍封官加职。然而，不久，萧宏变本加厉，肆意妄为，竟与萧衍之长女永兴公主勾搭成奸，而且两人密谋篡逆，派二僮行刺萧衍，不料二僮稍事磨蹭，错过时机，被舆卫捉住斩首。永兴公主自觉无颜再见父亲，回宫即自尽身亡。临川王萧宏闻知事败亦忧惧成疾，不久亦死。

豫章王萧综是萧衍次子，其生母吴淑媛是齐东昏侯宫姬，萧衍纳之为妃后，极为宠爱，仅七月即生萧综。天监三年(504)封为豫章郡王，邑二千户，至普通二年(521)，入朝为侍中、镇右将军。吴淑媛色去宠衰，心怀怨望，便将随萧衍七月生综之事告知萧综。综由此认为自己是东昏侯之子。普通元年(525)，魏元法僧降梁，陈庆之等为之接应，结果被魏所败。萧衍乃命萧综出镇彭城，都督诸军。不久魏调临淮王为东道行台，率兵进逼彭城。萧衍恐怕萧综失利，即召综还朝，综却于此时投奔魏军。魏朝见萧衍次子来降，非常高兴，当即授萧综为侍中、太尉、高平公、丹阳王，邑七千户。萧综这时改名为缵，特地为东昏侯举哀，服斩衰三年。萧衍闻次子投魏，大为惊愕，遂削其爵土，撤除属籍，改其子录为悖氏，并废吴淑媛为庶人。后来陈庆之随元颢伐魏，萧衍听说萧综有南归之意，令吴淑媛

以综儿时衣服让庆之捎去，综却坚决不回。未几吴淑媛病故，萧衍又生怜惜之心，诏赐复综爵，谥吴淑媛为敬，又封综子萧直为永新侯。

萧衍为梁帝初雅重儒术，设国子监，增广生员，立五馆，设五经博士。萧衍本人虽日理万机，犹卷不辍手，燃烛侧光，一看就是半夜。亲撰《春秋答问》、《尚书大义》、《中庸讲疏》、《孔子正言》等计200余卷，王侯朝臣质疑，萧衍皆亲为解释。于是四方郡国，趋学向风，云集于京师者不可胜数。然萧衍进入暮年，尤经萧宏、萧综两次事件打击，竟逐渐看破红尘，转入佛门，成为中国古代皇帝中惟一的在位和尚皇帝。为便于祭拜佛祖，萧衍令于宫城附近修筑同泰寺。寺中供奉莲座，宝相巍峨，殿宇弘敞。为来往便当，又令于宫城中开大通门直对寺门，萧衍早晚即可由此门入寺拜佛参禅。

普通八年(527)三月，萧衍亲临同泰寺，为表忠心事佛，竟舍身入寺，做了三天的住持和尚，然后才返回宫中，并下令改元为大通。萧衍信佛之后，不仅自己断绝女色，不食荤腥，而且下诏全国，今后祭祀宗庙神灵，不许再用牛羊猪等，只能用蔬菜水果。此令一下，朝野为之震动。都说祭祀尚不可杀生，那么肉也不可再吃了。如此群情汹汹，竟引动朝廷商议，拟用大脯代牛。报与萧衍，萧衍坚决拒绝用牲。最后经再三请求，才许用面粉捏成牲像祭祀。臣下无法，只好遵令而行。

当时有南印度僧菩提达摩闻听梁朝重佛，不远万里，由海路乘船至广州。萧衍听有远方高僧到来，立即命令地方官吏马上将其护送入都，亲自于内殿召见，谈论佛理。然而没过多久，达摩见话不投机即告辞出来，后来渡江至嵩山少林寺传经授徒，竟成为中国禅宗第一世祖。

萧衍礼遇高僧不成，于是转尊俗僧慧约为师，亲自受戒，并令太子王公以下，皆以慧约为师。此令一下，朝官权贵受戒者竟达50000人之多。萧衍又把佛经弄来精心研读，这样一来遂使朝纲废驰，宵小弄权。此时贤相周舍、徐勉已相继逝世。只有尚书令何敬容与寒士出身的侍中朱异，表里用事。何敬容久处台阁，详悉旧闻且聪明识治，虽然趋势信佛，但也未妨碍政务。唯朱异善窥人主旨意，能阿谀以承上旨，任官30年，广纳货贿，蒙蔽朝廷，萧衍偏独信用，以致朝政更加昏暗。

大通三年(529)九月，萧衍再幸同泰寺。脱去御衣衮服，于寺中沐浴完毕即换上法衣袈裟。宛如一位入寺多年的老僧，当晚即在寺中僧房居住，素衣瓦器私人执役，与寺中主持相似。次日天明，设四部无遮大会，萧衍着法衣亲自开讲堂法座，为四部大众(僧、尼)讲经。讲毕即再次将肉身舍入寺中，自号三宝奴。如此过了十天，王公大臣聚钱一亿万，请求赎回皇帝菩萨。众僧于其时实在不好说什么，只有木然无语，算是做了答复。又过了一天，文武百官集于同泰寺东门，奉表请皇帝还宫。萧衍答书语意恳切，竟对群臣用“顿首”之辞，声称既已舍身入寺就无返俗之意。群臣连上三表，萧衍才好不情愿地回到宫中。

大同三年(537)，萧衍令修长干寺阿育王塔，发现佛爪发舍利，萧衍以为佛家盛事，亲赴该寺再作法事，并诏令大赦天下。中大同元年(546)春天，萧衍再至同泰寺设四部无遮大会，开讲《金字三慧经》，又舍身寺中，并许以供养三宝。过了一月，王室公卿以钱二亿万奉赎。萧衍又推辞一番才停讲经义，下诏改元并大赦天下。萧衍回宫当晚，同泰寺发生火灾，浮图被毁。萧衍闻报说：“这是妖魔所

为，应广做法事祈禳。”群臣无一反对，都说应该如此。萧衍乃下诏说：“道高魔盛，行善鄣生，应大兴土木，重建浮图倍盛往日！”遂兴造十二级浮图，后因侯景之乱而止。

距上次舍身同泰寺仅一年，萧衍因侯景来降，认为是佛祖保佑，于是又演出一场舍身闹剧。此次舍身入寺至群臣奉赎还宫，历时 37 天。不仅如此，年逾古稀的萧衍此时还刚愎自用，不知纳谏。当时有散骑常侍贺琛上谏书一篇，竟致萧衍大怒，责其空作漫语，徒沽直名。在这种政治形势下，其败亡之状是可想而知的。果然就在萧衍做皇帝后的第 47 个年头，发生了著名的侯景之乱。

侯景作乱 武帝饿毙

侯景本是已经同化于鲜卑的羯族人，曾做过怀朔镇的外兵史，和高欢极为友好。怀朔六镇起义失败后，侯景降于契胡部落的酋长尔朱荣。后在镇压葛荣时为先锋，因功至定州刺史。及高欢灭尔朱氏后，侯景又依附于高欢，并深得赏识，历任尚书左仆射、吏部尚书、司空、司徒等职。

侯景因功自傲，常轻视高欢之子高澄。高欢死后，高澄想将侯景调回夺其兵权。侯景自思素与高澄不睦，心不自安，于是以河南十三州之地降于西魏。西魏对侯景之降态度非常谨慎，除明面给侯景以太傅、上谷公、河南行道台等高官厚爵外，一面分派大军陆续接收侯景所辖州县，一面接连召景入朝长安，也想趁机夺其兵权。侯景看到这种形势，于是决计上表萧衍，请降梁朝。

萧衍接到侯景上表，立即召群臣廷议后，并诏授侯景为大将军，封河南王，都督河南北诸军事。并派司州刺史羊鸦仁等率兵 30000，分赴悬瓠，接应侯景。时有平西将军谘议周弘正，素知侯景性情，及至朝廷受侯景之降，不禁叹道：“乱事就在眼前了！”

太清二年（548）八月，侯景以朱异等人乱政，兴师除奸为名，在寿阳举兵造反。萧衍闻报，毫不惊慌，传旨授台州刺史鄱阳王萧范等人为东西南北四道都督，由侍中、邵陵王萧纶为统帅，持节督军合讨侯景。侯景闻大军将至，即率军东进，连下谯州、历阳，兵锋不日即达江边。

侯景率部众渡过秦淮河后即将台城团团围住，擂鼓鸣角，全力攻城。羊侃诈称得邵陵王书，说援兵不日到来，守城将士内心少安，于是奋力守城。两下相持数日，侯景为号召天下，把萧正德扶为皇帝，自任大丞相。

邵陵王萧纶至钟离，得知侯景已经渡江，便昼夜兼程，回军入援。不料过江时风起，人马淹死十分之一二。乃率步骑精锐 30000，自京口西上。但因迷路迂回 20 多里，至次日拂晓始至钟山立营。侯景见萧纶突然到来，不禁大为惊骇，急忙分兵三路攻击萧纶。萧纶击败侯军，进至爱敬寺。侯景也收兵驻于覆舟山北。到了傍晚，侯景收兵徐退，萧纶部将安南侯萧骏以为侯景怯阵，即带兵追赶，侯景回军反攻，击败萧骏。骏逃入纶营，侯景趁势杀来，竟将萧纶战败。萧纶仅收余部不足千人逃往朱方（今江苏武进县）。

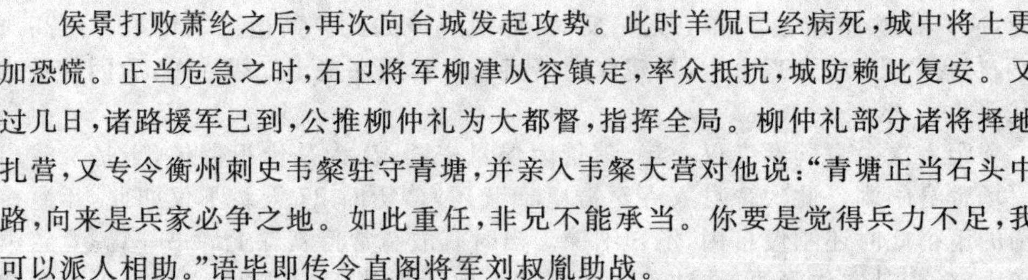

侯景打败萧纶之后，再次向台城发起攻势。此时羊侃已经病死，城中将士更加恐慌。正当危急之时，右卫将军柳津从容镇定，率众抵抗，城防赖此复安。又过几日，诸路援军已到，公推柳仲礼为大都督，指挥全局。柳仲礼部分诸将择地扎营，又专令衡州刺史韦粲驻守青塘，并亲入韦粲大营对他说："青塘正当石头中路，向来是兵家必争之地。如此重任，非兄不能承当。你要是觉得兵力不足，我可以派人相助。"语毕即传令直阁将军刘叔胤助战。

太清三年(549)正月，韦粲遵令出发，恰遇大雪，迷失道路，等到了青塘，夜已过半。寨栅尚未建好，就被侯景发现。侯景率兵来攻，刘叔胤不战而逃，韦粲等力战阵亡。柳仲礼这时已迁营大桁，闻韦粲败讯，当即投箸披甲，率手下百骑往救，大败景军。仲礼正追杀侯景，不防侯景部将支伯仁从后面猛砍一刀，正中仲礼左肩，部将急救回营。从此侯景不敢南渡，仲礼却也气馁，再不谈论战事，整日以饮酒嫖妓为乐。到了三月，侯景见各路援军已无斗志，遂尽力昼夜攻城。城中宋将董勋和熊昙朗见大势已去，暗中接应侯景入城。

不久，景派王伟来见萧衍，萧衍令侯景在太极东堂陛见。其时侯景带500甲士自卫，萧衍神色安详，问话说："你在军中时间很久了，一定很辛苦吧？"侯景不敢仰视，汗流满面。萧衍见了不觉好笑，继续问道："你是哪一州人，怎么敢兴兵犯阙？妻子儿女还在北方吗？"侯景惶恐不知所对，其部将任约在旁边代答说："臣景妻子儿女全被高氏屠杀，今天唯以一身归服陛下。"萧衍又问："刚渡江时有多少人马？"侯景稍缓过劲来，亲自答道："千人。""围台城时呢？""十万。"萧衍再问："现在已有多少人呢？"侯景回答："率土之内，莫非己有。"萧衍用抚慰的口气说道："你既然有忠事我朝之心，就应约束军士，不得骚扰百姓。"侯景允诺而去。

侯景退出后对亲信王僧贵说："我常常跨鞍马征战，矢刃交加，从无怯心。今见萧衍却有惧怕之意，难道果真是天威难犯么？"话虽如此，侯景入城后，还是派军士入值省中，他们或驱驴牵马，或佩剑带刀，出入宫廷，无所顾忌。萧衍见而怪之，左右说是侯丞相的甲士。萧衍大怒说："不就是侯景吗？怎么说是丞相！"此话传到侯景耳中，大怒，立即派私党监视萧衍一举一动，即使平常饮食，也都加以克损。萧衍有所要求，多不能得到满足，因此忧愤成疾，竟至不能起床。勉强延至五月，萧衍卧于净居殿，口中觉苦，索蜜不得，自呼："嗬！嗬！"无人应答，随即瞑目而逝。享年86岁。庙号"高祖"，谥号"武帝"，葬于修陵。

梁武帝篡位前内幕

反心早有

南齐建武五年(公元498年)，雍州刺史萧衍在襄阳起兵反齐。

这一年，萧衍已38岁了。

萧衍是南齐开国之君萧道成的族弟，膂力过人，骁勇善战，且足智多谋，胸怀

韬略。当时他官居雍州刺史。那时的雍州兵多将广，粮草丰足，军旅中的甲杖器械、舟船战舰均居全国各州郡之首。

萧衍对江河日下的齐朝，特别是东昏侯萧宝卷登基后的昏庸无能、荒淫残暴的行为早已恨之入骨。尤其是在出任雍州刺史、掌握了全国的重兵后，对齐朝已有颠覆之心。再加上前不久，其兄萧懿被萧宝卷杀害，愈发激起了他反齐之决心。

不久前，平西将军崔慧景反叛朝廷，攻入建康（今南京）。萧宝卷命当时是豫州刺史的萧懿出师勤王，不费吹灰之力，就把崔慧景的叛乱平定了。为此，宝卷把萧懿擢升为尚书令，留守京城。

萧懿受宠若惊，十分欢喜。

萧衍却认为宝卷昏庸，忠奸不辨，生性多疑，嗜杀成性。而今萧懿威声大震，功盖诸王，以后天长日久，必定为宝卷所忌恨，难免杀身之祸。于是密派心腹，由襄阳连夜赶入都城建康，劝其兄萧懿不要贪图功名。当今之计，或者是一举废宝卷自立为帝，或者是借口拒虏，上表宝卷请求还镇豫州。只有手握重兵，内畏外怀，方可自全。

萧懿没有接受乃弟萧衍的劝告，既没有废宝卷自立，也没有还镇豫州，热衷于一人之下，万人之上的尚书令。不料，萧衍密劝萧懿谋反的消息被宝卷的宠臣茹法珍、梅虫儿得悉，连夜报告了宝卷。宝卷便命茹法珍鸩死萧懿，并派人去襄阳行刺萧衍。

萧衍如何登上皇帝宝座

萧衍一不做，二不休，索性串通萧道成的族弟、行荆州府州事的萧颖胄，一起反叛南齐，拥立都督荆州的南康王宝融为帝，然后率军东下，直接进攻建康。

萧衍大军人多势众，一路上杀气腾腾，不日便到了建康城下。茹法珍、梅虫儿见宝卷仍然醉心于潘贵妃，便假传圣旨，命各州郡兴师，到建康勤王，特命冠军将军、荆州刺史王珍国、衮州刺史张稷入卫建康。

相持月余，守军一再败还，士气大落，茹法珍无奈，跑到后宫，恭请宝卷发库犒赏三军，以振士气。宝卷却说：

“萧衍老贼攻城不就是要取我项上人头吗？为什么跟我要钱？”

又过数十天，茹法珍见军无斗志，陷城已是在所难免，他担心到时被宝卷埋怨守城不力，便与梅虫儿商议，想出一条嫁祸于人的毒计。

一天晚上，茹法珍和梅虫儿来到后宫芳乐殿，对宝卷说：

“守城军之所以久战不胜，全是王珍国和张稷不肯拼死出力效忠皇上造成的，致使叛军气焰嚣张。目前，最主要的就是要杀掉王珍国、张稷两人，方可威震三军。”

他俩企图借宝卷之手杀王、张二人，以逃脱自己的罪责。

宝卷听后，犹豫不决。

不料，此事让王珍国、张稷得知。两人十分害怕。一合计，不如铤而走险。当晚就派人潜出建康城，到石头城和萧衍商议里应外合之计，萧衍当然是很高兴。

第二天夜晚，宝卷在含德殿中与潘贵妃夜饮，依然是笙歌齐奏，环珮成围。深夜，宝卷喝得酩酊大醉，便在殿内留寝。是时，后阁舍人钱强悄悄打开云龙门，放进衮州参军冯翌、张齐，他两人直趋含德殿。

醉卧龙榻的萧宝卷被喊声惊醒，未及逃跑，便被赶上来的张齐和宦官黄泰平手起刀落劈作两段。

这时的萧宝卷刚 19 岁，在位 3 年。

天亮时，王珍国、张稷打开城门揖迎萧衍大军。

入城后，萧衍自率亲信进驻阅武堂，用宣德太后的命令追封宝卷为东昏侯，诛杀潘贵妃、茹法珍、梅虫儿等人。

又假托太后的命令封萧衍为大司马、录尚书事，兼骠骑大将军、扬州刺史，爵建安郡公。

过了两天，又矫宣德太后诏，封萧衍为相国，总百揆，领扬州牧，封十郡为梁公。又过数日之后，复下诏再增封郡邑，进爵为王。

萧衍授昔日"竟陵八友"之一的沈约为吏部尚书，范云为侍中。

沈约与范云共同导演了一出禅让的丑剧。派人去荆州请宝融到姑苏，并与沈约、范云等人接洽。

中兴二年(公元 502 年)四月壬戌日，宣德太后下诏书，命宝融禅位给萧衍。

4 日后，萧衍在南郊继位，祭告天地，登坛受百官朝贺，改齐中兴二年为梁天监元年。

这一年，萧衍年 39 岁了。

陈后主陈叔宝

后主陈叔宝

风流天子　词章出众

陈叔宝即位之初，因脖子剑伤未愈，于承香殿休息治疗，百事庶务，内决于柳太后、外决于长沙王陈叔坚。叔坚因诛叔陵立功，加上大权在握，逐渐骄纵，势倾朝廷。叔宝闻此不免猜忌，但因讨逆之功，兄弟之亲，含忍过去。这时偏偏有都官尚书孔范与中书舍人施文庆，都是东宫旧人，有宠于叔宝，忌恨叔坚，天天在叔宝面前诉说叔坚过失。叔宝乃决定夺叔坚之权。先令叔坚以骠骑将军称号，用三司之仪，出为江州刺史。此为陈至德元年(583)春天事情。到了秋天，叔坚因故尚未赴任，陈叔宝怕叔坚在方镇造反，又改任皇弟叔文为江州刺史，召入叔坚，当面慰留，仍复其司空一职，实已夺取其兵权。叔坚既失叔宝恩宠，内不自安，乃为左道厌媚以求福禄。雕刻成木偶，穿上道士服装，中设机关，能自跪拜，使在日月下，醮祷求福。当年冬天，有人上书叔宝告发其事，叔宝召叔坚，囚于中书省，令内侍宣敕责问。叔坚回答说："臣之本心，实无他意，不过前亲后疏，故求神灵保佑再得亲媚罢了。今既犯天宪，罪当万死。但臣死之后，必然见到叔陵，望陛下先宣明诏，责之于九泉之下。方免为叔陵所侮。"陈叔宝闻此言念及叔坚拥护有功，乃赦其罪，免去官职，仍以王位还第。

陈叔宝自免去陈叔坚朝廷职务，由祠部尚书江总转任吏部尚书，参与朝廷。但江总乃文学之士，每日里饮酒赋诗，故机要全掌于右卫将军兼中书通事舍人司马申之手。司马申有智有谋，一应军国大事，指挥决断，无有滞留。但也未免因才能权势颇作威福，又善揣叔宝心意，凡忤己者，必以微言诋毁；附己者，必因机缘而进之。因此，朝廷内外，都不敢逆其意旨。只有侍中毛喜自恃朝中元老，从不阿从司马申。不久，毛喜被谪为永嘉内史。

自陈叔坚、毛喜等大臣相继被贬谪杀戮，陈朝谏官皆若虚设，无人进言。陈叔宝乃得以恣意妄为，无所顾忌，每日里饮酒赋诗，做些风流韵事。叔宝皇后名沈婺华，是仪同三司蔡贞宪侯沈君理的女儿，母亲乃是陈高祖之女会稽穆公主。公主早亡，时皇后尚年幼，而衰毁过度，如同成年人一样。陈高宗闻其孝行，大为惊异，于太建二年(571)纳为太子妃。其父沈君理逝世，请求居于别殿，日夜哀痛，叔宝不甚高兴。再加沈皇后性格端静，居处俭约，更不合叔宝心意。于是别纳龚、孔二女为贵嫔，将沈皇后全置于脑外。龚贵妃入宫时带一张姓侍女，年仅10岁，娇小玲珑，后被叔宝看中，纳为贵妃，生下一男孩名陈深。张贵妃名张丽华，有天生一头七尺长发，色黑如漆，光可照物，并且脸若桃花，肤如凝脂，两池秋水，含情脉脉，深得叔宝宠幸。当年叔宝在承香阁养病，几乎全靠张贵妃一人服侍。叔宝病愈后又借皇帝之威于民间广采美女，得王、李二美人，张、薛二淑媛及袁昭仪、何婕妤、江修容等七人。陈叔宝因此更加荒耽酒色，无暇过问政事。所有百官奏事，皆由宦官蔡脱儿、李善度进请，陈叔宝倚在"隐囊"之上，将张贵妃抱坐怀中，共决可否。李蔡二人有不能记述的，即由张贵妃逐条裁答，无所遗漏。

因此张贵妃得以干预外政，宠幸冠于后庭。宦官近侍无不与她内外连结，援引宗戚，纵横不法，卖官鬻爵，贿赂公行。陈叔宝反觉张贵妃精明能干，一应赏罚诏命，皆决于贵妃。贵妃因而更加骄纵，凡大臣有不从己者，必于叔宝面前毁谮。群臣害怕，无不从风谄附，张贵妃之权势，因此熏灼四方，使天下人只知有张贵妃，不知有陈叔宝了。

妃嫔宫女之外，还有几个佞臣，竞相谄媚，阿谀迎合。其中都官尚书孔范，与孔贵嫔结为兄妹，深知陈叔宝恶闻过失，所以每遇有谏止叔宝者，必以种种罪名斥退，然后曲为文饰，称颂赞美，把过失全说成美德。叔宝因此转怒为喜，对孔范宠遇优渥，言听计从。又有中书舍人施文庆，聪敏强记，心算口占，非常条理，所以也得叔宝宠幸。文庆又引荐沈客卿、陈惠朗、徐哲、暨惠景等人，叔宝一概录用。客卿为中书舍人兼掌金帛局，因叔宝大兴土木，供亿浩繁，国库大为空虚，客卿便建议军人、文士也应纳关市之税，并将税率提高。叔宝闻言，认为是好计谋，即令阳惠朗为太市令，暨惠景为尚书令、仓都公史，掌管其事。阳、暨两人出身小吏，考核账簿，纤毫不差，但却不识大体，督责苛碎，聚敛无厌，使百姓嗟怨不已。如此一年下来，收入超过往常几十倍。陈叔宝大喜，极称施文庆有知人之才，故更亲信，大小之事，无不委任。孔范又自称其文武之才举朝莫及，曾对叔宝说："朝外诸将，起于行伍，不过一匹夫之力。深谋远虑，难道他们能做到吗？"陈叔宝半信半疑，问于施文庆，文庆畏惧孔范权势，便点头称是，司马申也从旁赞美，陈叔宝遂对孔范信而不疑。自后遇将帅稍有过失，即夺其兵权，交以文吏。其中领军将军任忠，战功卓著，亦被叔宝夺去部卒，交给孔范等人分管，将任忠迁为吴兴内史。于是文武解体，士庶离心。

至德三年(585)春天，又有丰州刺史章大宝据州造反，陈叔宝急忙派兵平叛。章大宝是章昭达的儿子，在州任职时骄纵不法，百姓怨酷，陈叔宝命太仆卿李晕代其职务。章大宝闻李晕将至，派人在半路截杀，起兵反叛，派其部将杨通攻建安。建安内史吴慧觉据郡城抵御，杨通累攻不克。过了不久，朝廷大将陈景祥率兵迫近，叛军人情离异，大宝计穷，与杨通逃入山中。很快被追兵抓获，送往建康，途中病死，传诏夷其亡族。

陈叔宝有太子陈胤，性格聪敏，爱好文学，颇肖乃父，然亦颇有过失。詹事袁宪诤谏不听。沈皇后无宠，经常派亲近随从去东宫看望太子。太子亦常使人入省母后。事为叔宝所闻，遂疑其心怀怨望，很不高兴。张、孔二贵妃又日夜谗构皇后太子，说他往来秘密，恐有异图。孔范等人又助纣为虐，遂使叔宝产生废太子立张贵妃子始安王陈深的念头。

祯明二年(588)五月，将太子陈胤废为吴兴王，立扬州刺史始安王陈深为太子。至是沈皇后亦成为眼中钉，肉中刺。叔宝急欲废去而立张贵妃为皇后，然其事尚未行，亡国之祸就已降临了。

亡国之君　诗酒残生

太建十三年(581)，周被隋所代。隋因国力未厚，采取与陈通好政策，所以隋陈边境虽有小的磨擦，但基本上还是和好的。陈高宗死后，隋朝遣使赴吊，国书中自称姓名，并有"顿首"字样。陈叔宝认为这是隋朝畏怯，不免因而生骄，答书词语多有不逊。隋主杨坚见书不悦，出示朝臣。群臣乃献策伐陈，后因营建新都

与征伐突厥，而将征陈之事暂时搁置。

祯明二年(588)春天，陈叔宝一面派散骑常侍袁雅等出使隋朝，一面又令另一散骑常侍周罗睺率兵出屯峡口，侵隋峡州。隋主杨坚刚派散骑常侍程尚贤来通好于陈，忽闻陈已出兵峡口，勃然大怒，遂决计伐陈。

陈叔宝闻隋将大举伐江南，不免恐慌，忙派散骑常侍许善心赴隋修和。隋主杨坚不再理会，反遣使送陈玺书，历数叔宝二十过恶，并以晋王杨广负责征讨陈军事，以秦王杨俊及清河公杨素为行军元帅，大举伐陈。

这年十一月，杨素率军由三峡至流头滩，陈将军成昕守狼尾滩，不料被其夜袭，全军覆没，只有成昕单身逃走。狼尾滩失守，隋军乘流西下，沿江镇戍，相继奏闻，却被施文庆、沈客卿扣住，不使陈叔宝闻知。这时陈叔宝正忙于明年元会，召南平王陈嶷与永嘉王陈彦入建康，并令沿江船舰尽从二王入都。至是江中竟无一艘战船。

陈叔宝这时尚不知军情紧急，反虑湘州刺史晋熙王陈叔文久踞上流，大得人和，而欲以施文庆率二千精兵前往替代。施文庆非常欢喜，但又怕出朝后有人同陈叔宝说他坏话，故请叔宝许以沈客卿代己在朝执事。护军将军樊毅，闻隋军逼近，对仆射袁宪说："京口、采石都是军事要地，应各出五千精兵、配以二百金翅舟沿江防御，以备不虞。"叔宝不听忠言，不增兵防御，不作战备，奏伎、纵酒、赋诗依旧如故。

祯明三年(529)正月，陈叔宝朝会群臣时大雾弥漫，吸入鼻中，辛酸不堪，叔宝昏睡，日中才醒。这一天，隋将贺若弼已引兵过江，韩擒虎亦渡过采石。第二天，采石守将徐子建派人急赴建康告变。陈叔宝闻报召集公卿商议了一天后颁诏说："犬羊陵纵，侵窃郊畿，蜂虿有毒，宜时扫定。朕当亲御六师，廓清八表，内外并可戒严。"诏以骠骑将军萧摩诃、护军将军樊毅、中领军鲁广达并为大都督，司空司马消难、湘州刺史施文庆并为大监军，派南豫州刺史樊猛率舟师出白下，散骑常侍皋文奏率兵出镇南豫州。并重立赏格，僧、尼、道士，尽令服役。不久，隋将韩擒虎攻破南豫州，虏去樊猛妻子儿女，叔宝恐怕樊猛生有异心，即想以镇东大将军任忠代替樊猛职务，先派萧摩诃晓谕樊猛。樊猛不悦，其事遂罢。又有鲁广达之子世真在新蔡留守，与弟世雄所部同降韩擒虎，派人致书招降广达。广达正屯守建康，将来书呈奏，并自劾赴廷尉请罪。陈叔宝传敕抚慰，加赐黄金，仍使还营督军。

又过了几天，隋军已进据钟山，陈人大惊，降者相继。这时建康尚有十余万甲士，兵多将广，犹可决一雌雄。然而陈叔宝素来怯懦，不懂军事，见此危急情势只知日夜啼哭，台中庶民，尽委施文庆。文庆忌诸将有功，对叔宝说："这些人平常就不听您的，当此危急之时，怎么可以相信呢?"于是诸将凡有启请，皆搁置不行。萧摩诃屡次入内请战，陈叔宝皆不允许。这日，叔宝召萧摩诃与任忠入内殿商议军事。任忠说："兵法有言：'客贵速战，主贵持重。'现在国家兵多粮足，还应固守台城，沿淮立栅，北军虽来，不与交战；但分兵阻截江路，不使其互通音信。再给我精兵一万，金翅舟三百艘，下江径掩六合，且扬言欲往徐州，断他归路。北军前不得进，后不得归，必然自致惊乱，不击自去。待春水上涨，上江周罗睺等众必沿流赴援，表里夹攻，即可破敌。"这一计策虽好，然而叔宝却终不能从。过了一夜，叔宝又突然出殿说："兵人相持，胜负未决，令人心烦，可呼萧郎出战。"任忠

叩头，苦请坚守勿战。孔范在旁边插言说："请让我带兵与北军决一死战，将来定能为陛下刻石于燕然。"叔宝旨召摩诃，说："公可为我决一胜负。"摩诃戚然说道："从来出兵打仗，无非为国为身；今天之事，兼为妻子儿女罢了。"叔宝即多出金帛给予诸军充作赏赐，派鲁广达居于白土岗，在诸军之南，依次有任忠、范毅、孔范、萧摩诃在最北。诸军南北绵延二十里，首尾进退不能相知。

其时形势已十分危急，陈叔宝却又因见萧摩诃妻室年轻美貌，与之通奸。事为萧摩诃所知，遂无战意。唯鲁广达率军力战，打败隋贺若弼军，杀死二百多人。陈军争抢人头，献于建康请功。隋军趁机复出，直冲孔范大营，范部溃走，陈军大乱，萧摩诃也被隋军俘虏。任忠急入台城，对陈叔宝报称败状，并说："陛下保重，臣无所用力了。"叔宝大惊，拿出两滕黄金，使任忠出外募人再战。任忠踌躇了一会，说："陛下只有备舟楫，往就上流诸军，或许可以脱难。臣愿以死奉卫。"叔宝少觉安慰，即令任忠出外准备，自令宫人装束等待。谁知任忠见大势已去，竟自赴石子岗，投降韩擒虎，引隋军入朱雀门。陈军欲战，任忠挥手斥之说："老夫尚降，诸君何必多事。"守城将士闻言一哄而走。城内文武百官也皆逃匿。只有袁宪在殿中，尚书令江总带几个人在省中。贺若弼与鲁广达激战至晚，生俘广达，夜绕北掖门而入，闻韩擒虎已得陈叔宝，即呼令相见。叔宝惶惧异常，汗流浃背，两腿战栗，向若弼拜了两拜。若弼笑说："小国之君，相当大国之卿，拜也属于常礼。但入朝不失作归命侯，何必这样害怕呢？"各处陈军尚与隋师力战，后晋王杨广命陈叔宝作书，诏谕各地，诸城守将大都闻风解甲。有部分不从者，不久亦被隋军扫平。

先前，陈叔宝派散骑常侍周坟，通直散骑常侍袁彦出使于隋，特令袁彦画杨坚像带归。陈叔宝展图观看，大惊失色，说："我不想再见此人！"现在做了俘虏，也无可奈何，于阳广门观拜见隋主。杨坚先宣诏抚慰，又传敕责其君昏臣佞。叔宝惶恐伏地，不敢答置一词。后来听到杨坚发下赦书，竟高兴得舞蹈谢恩，叩拜再三。

过了几日，陈叔宝见隋朝优待有加，便屡次向监守官求一官号。杨坚闻此，脱口说道："叔宝全无心肝！"又问监守叔宝平日做什么。监守回答："日夜饮酒，少有醒时。"杨坚又问："一天能饮多少呢？"监守答说："与其子弟，一天约饮一石。"杨坚大惊，说："一石怎么能行，应让他节饮才好。"过了片刻，杨坚又说："任他去吧，不然叫他如何度日！"

至仁寿四年(604)，陈叔宝病死于隋都洛阳，时年52岁。隋朝皇帝杨广因宠爱其妹宣华夫人，追赠为长城县公，又据叔宝生前行为，追谥曰"炀"。因"炀"字后为杨广本人占用，故史称陈叔宝为陈后主或长城公。

陈后主荒淫奢侈生活揭秘

为何叫做淫曲之王

"烟笼寒水月笼沙，夜泊秦淮近酒家。商女不知亡国恨，隔江犹唱《后庭花》。"这首题为《泊秦淮》的七言绝句诗，是唐代诗人杜牧有感于南朝陈国败亡的史实，借古讽今，借景抒情之作。诗中引用的典故，正是对陈国君臣以及历代封建统治者醉生梦死、奢靡荒淫生活的尖锐揭露和辛辣讽刺。《后庭花》全称《玉树

后庭花》，是南朝陈后主叔宝创制的一阙淫曲。陈后主之流整日沉湎于这些淫曲艳词之中，花天酒地，恣意挥霍，生活极端糜烂腐朽，最终在靡靡之音、酒气花香中葬送了偏安一隅的江左小朝廷。

陈后主，名叔宝，字元秀，小字黄奴，是宣帝的嫡长子，梁承圣二年（公元553年），生于江陵，第二年避难于穰城（今河南邓县），十岁时回到建邺，册立为已是安成王的陈顼的世子。公元569年，慈顺太后黜废帝陈伯宗为洛陵王，立陈顼为帝，陈叔宝以嫡长子的身份立为皇太子。

按理说，陈叔宝是既在宫中，又在战乱中长大的，多少知道一些百姓的疾苦，生活的艰难，理应振作精神，富民强国，励精图治，使弱小的陈国于倾危中强盛起来。遗憾的是，陈叔宝却不思振作，把大部分时间和精力用到吃喝玩乐上去了，把积弱已久的陈氏小王朝推到了悬崖绝路。

公平地说，陈叔宝即位之初，并没有毫无顾忌地奢侈挥霍，对那些无法生活下去的孤老鳏寡，他下令发给他们每人谷五斛、帛二匹。对于那些铺张浪费的现象，他也曾下诏书予以禁止，认为“镂金银薄及庶物化生土木人彩华之属，及布帛幅尺短狭轻疏者，并伤财废业，尤成蠹患”，下令“并皆禁绝”。

陈叔宝前代的几位皇帝在生活上还算是比较节制的。文帝陈蒨起自布衣，了解百姓的疾苦，“国家资用，务从俭约”。宣帝遗诏中，也要求“凡厥终制，事从省约”，不准用金银宝物随葬，“明器皆用瓦”，命令四方州镇、五等诸侯不得到京城奔丧，百司也只需三日一临。有鉴于此，陈叔宝即位登基后，多少得拿出一点姿态，以表示其继承先帝遗风的架势。

但在虚晃一枪、摆摆样子后，陈叔宝早已积蓄在心的奢靡享乐的欲望便压抑不住了。

叔宝爱好文学，尤其擅长于作宫体诗。南朝时间，宫体诗曾风靡一时，为封建统治者和上层贵族所喜爱和推崇。宋齐两代，宫体诗即已萌芽，齐武帝永明年间，作诗讲究声律，词藻追求华丽，诗歌的内容从描写山水风景转向描写色情艳事，专门歌咏女人的容貌、发髻、装饰和体态等。梁陈时期，贵族阶层的生活更加腐朽堕落，描写色情的宫体诗更加受到欢迎，宫体诗的内容也更加闺阁化、庸俗化，风气日盛，泛滥成灾。梁武帝的太子萧纲及萧纶、萧绎都是此中老手，徐陵、庾信之徒更是一流大家，徐陵所编《玉台新咏》可算是宫体文学的总集。

叔宝继承这些人的衣钵，更加迷恋于这种艳情之诗的欣赏和创作，变本加厉，以至于痴迷疯狂。江总、孔范是后主的两名宠臣，又是当时宫体诗人中的代表人物，后主对他们格外垂青，两人都被任为朝廷大官，深受宠遇。他们几乎每天率领十几名长于作宫体诗的文士，与后主一起游宴于后宫，一边饮酒作乐，一边共赋新诗，互相赠答，时人号为“狎客”。

对某种文学形式和体裁的迷恋或偏爱，本无可厚非。但陈叔宝则不同，他非但流连于此，置国家大事于不顾，而且把创作、把玩宫体诗与其荒淫奢靡的宫廷

生活紧紧地联在一起。他每天沉醉在宴乐之中，淫词艳曲是为了给他那纸醉金迷的腐朽生活添兴助乐。他亲制《玉树后庭花》、《金钗两鬓垂》、《临春乐》等曲目，挑选酒席应和诗中特别艳丽的诗歌以入曲，让宫女千余人日夜排练。这些歌曲，都是些盛赞嫔妃美女容色之作，昏君佞臣沉醉其中，通宵达旦，酣饮咏歌，连年累月，乐此不疲。

这种醉生梦死的生活从没间断过。为了取乐，陈叔宝常将其不断翻新。他有所谓“八妇十客”，“八妇”即张贵妃、孔贵嫔等八名宠姬，“十客”即江总、孔范等十名狎客。每次宴会饮乐，几乎都少不了这些人。后主让八妇夹坐在他前后左右，纷纷在彩笺上制成五言宫体诗作，让十客同时继和，谁要是和得迟一些，就要罚酒，狎客们有意无意地在酒宴上出足洋相，后主则高兴得呵呵大笑。

好色之徒如何做

陈叔宝是个荒淫好色之徒，后宫姬妾成群，美女如云，“妇人美貌丽服巧态以从者千余人”。他最宠张贵妃和龚、孔两贵嫔。即使在处理非得应付的政务时，叔宝也把张贵妃抱起，让她坐在自己的大腿上，一手拥美人，一手批公文。张贵妃由宠而骄，常常在后主膝上怀中撒娇，渐渐插手政事，干预朝政。贵妃有所奏请，后主无不从之，因而朝廷内宦对贵妃极力巴结奉承，使其“内外连结，援引宗戚，纵横不法，卖官鬻爵，贿赂公行”。

大兴土木为己乐

大凡奢靡挥霍之君都喜欢大兴土木，兴建宫殿，劳民伤财，极一人之乐。陈叔宝也不例外，毫不逊色。他“盛修宫室，无时休止”，他曾下令兴建齐云观，建筑宏伟，高耸入云。人们吃尽了建观的劳役之苦，因而作歌谣来诅咒道：“齐云观，寇来无际畔。”意思是说陈后主只顾自己享乐，耗尽国力来修造这么个浩大的工程，等到敌军来时，就无力去抵抗了。他不惜花费巨大的人力财力，在湘州砍伐了无数的木料，扎成木筏，不远千里沿江运往南京，但木筏运至牛渚矶时，悉数沉入江底，等到浮出水面时，木筏竟都到了海上。陈叔宝不甘心，又令人到湘州大量砍伐，为建造他的寝室又一次耗费了无数金银。

为了讨取贵妃宠姬们的欢心，后主特地为她们修建了临春、结绮、望仙三阁。三座楼阁各高十丈，门窗栏槛等都用檀木等高级香木料做成，每座楼阁“饰以金玉，间以珠翠，外施珠帘，内有宝床、宝帐，其服玩瑰丽，近古所未有”。其下积石为山，引水为池，山水之间，又广植各种奇花异卉，加上贵妃贵嫔及宫女们身上浓郁的脂粉之气，“每微风暂至，香飘数里”。三阁建成后，后主自居于临春阁，张贵妃独占结绮阁，龚、孔二贵嫔共居望仙阁，三阁之间复道相通，交相往来，后主与贵妃、贵嫔每日置酒宴会，奢侈挥霍，国家大事悉抛于脑后。

陈后主如此荒淫奢侈，荒于朝政，引起一些大臣的忧虑和不安，纷纷上表谏

净，希望后主节俭恤民，戒酒罢乐，正视陈国面临的严峻形势。后主非但不听，还将这些多嘴的大臣或冷落或予以惩罚。顾命大臣毛喜屡谏后主饮酒，后主将他贬出都门；大臣袁宪劝谏后主勤政俭约，受到后主冷遇；中书舍人傅縡性情耿直，被奸臣构陷下狱后仍上书后主："陛下近来酒色过度，亲信小人，疏远大臣，轻慢百姓，后宫姬妾个个绫罗绸缎，厩中马匹也都嚼粮食谷。而百姓饥寒贫困，路有尸骨。若不体恤百姓，远离声色，东南王气，自此尽矣。"自恃"王气在此"的后主览表勃然大怒，即日将傅縡赐死狱中。还有个叫章华的吴兴人，对后主的奢靡生活实在看不下去了，也冒死给后主奏了一章："陛下即位五年来，不思先帝创业之艰难，不知天命人心之可畏，日夜沉湎于酒色之中。再这样下去，国家败亡的日子就不远了。"后主二话不说，下令将章华推出斩首。

与这些还有点良心的忧国忧民的忠臣不同，后主还豢养和培植了一帮专事拍马溜须，曲意奉迎的奸邪之徒，中书舍人施文庆、沈客卿等就是后主宠信和重用的势利小人。后主的无度挥霍，导致国库空虚，入不敷出，施、沈等人便极力施展自己的盘剥本领来讨取后主的欢心。当时关税市税很重，但士人家庭可以免征。沈客卿奏请不问士庶，一律征收，并且还加重了原有的税额，让盘剥老手阳慧朗、暨慧景具体负责。这两个果然深谙搜刮之道，"每岁所得，过于常格数十倍"。后主凭此尽可大肆挥霍，自然十分高兴，而百姓则苦不堪言。在严酷的苛政下，陈朝境内"税江税市，征取百端，刑罚酷滥，牢狱常满"。不仅普通百姓陷身于水深火热之中，即使一般地主士人家庭也受到严重的剥削，社会矛盾日益激化，陈朝统治者失尽了人心。

"此间乐，不思陈"

陈后主的奢侈挥霍，不但在其在位时，也在其亡国后，可谓江山易改，本性难移，积习已久，要改亦难。成为降虏后，隋文帝对叔宝应该说是很宽厚的。隋文帝开皇九年（公元 589 年）三月，陈叔宝及王公百司被隋兵从建邺押送到长安。一路上，车马络绎，陈朝宗室及文武百官在隋军的严密监视下，缓缓而行，"五百里累累不绝"。文帝专门为这些降虏在京城腾出一些住宅，内外修缮，并派人前去迎接慰劳。陈叔宝和陈朝降臣见文帝如此优待，个个欢呼雀跃，赞不绝口，竟把自己亡国君臣的身份都忘到脑后去了。

叔宝等到达长安后，隋文帝先派纳言宣诏劳问，后主觉得文帝不会难为自己，便高兴得把紧张的心情轻松下来；当文帝又派内史令宣诏责备后主，历数其各种罪恶时，他又一下吓瘫了，"屏息不能对"，以为文帝必定要对他严惩。多亏文帝是个宽宏大度的皇帝，既然后主已作阶下之囚，也就不去难为他了。文帝拨给叔宝很多钱物和用品，几次引见叔宝，让他班同三品。即使在一些小事上，文帝也注意不要触到叔宝的痛处，不要伤了他的感情，每次宴会，只要有叔宝参加，文帝都让人不要演奏吴地乐曲，恐怕勾起叔宝的故国之思而黯然神伤。

可叔宝完全是一个没有半点志气的人，江山易主，他却没有一点忧愁悲伤，倒觉得降虏生活也蛮适意，只是没有个职位，觉得似乎少了点什么，于是，他向看守他的隋朝监官说："我没有具体的职位，每次参加宴会或上朝总觉得不便，希望能给我一个官号。"亡国之君想做敌国新贵，这也算是旷古未有、闻所未闻的奇事笑谈。监官把叔宝的话告诉了隋文帝，文帝叹息不已，说："叔宝全无心肝。"

陈叔宝的囚虏生活依然是十分奢侈的，那种贪图享受，吃喝玩乐的恶习并未因为亡国而有所改变。他照旧天天饮酒不辍，寻欢作乐，往往烂醉如泥，"罕有醒时"。隋文帝知道后，想让他少喝一点，但继而又觉得叔宝嗜习难改，只得随他喝去。后来文帝又问监者，叔宝最喜欢吃什么，监者回答，叔宝嗜吃驴肉；又问饮酒多少，答曰："与其子弟日饮一石。"文帝听说，不由大吃一惊。尤其令人嗤笑的是，这位亡国之君还大肆奉承敌国之君。他随文帝东巡，登芒山，侍宴饮，用他那作诗本领写成一首五言绝句，对文帝歌功颂德，大加赞美，还上表奏请封禅。岂料文帝不吃这一套，下优诏谦让不许。

叔宝常常出入文帝的仁寿宫，侍宴饮酒。每逢这种时候，叔宝就显得特别高兴，只要有酒喝，能玩乐，就比什么都重要。隋文帝因此感叹道："叔宝的败亡岂不就是因为酗酒无度，挥霍奢侈所至。如果把他的作诗功夫用到治国安邦上来，也不致落到这步田地。"是的，当初隋将贺若弼偷渡京口时，陈朝将领曾写成密信告急，叔宝拿到密报时正在饮酒，连看都不看。隋将高颎杀入皇宫后，他看见告急文书就扔在床下，连信封都未曾开启。如此荒唐，委实可笑。

陈叔宝被俘后，又在酒坛子里度过了他生命的最后十五个春秋。隋文帝仁寿四年（公元 604 年）十一月（其时文帝刚去世，子杨广继位），叔宝死于洛阳，时年五十二岁。隋炀帝杨广赠他大将军，封长城县公，谥曰"炀"，葬于河南洛阳之芒山。

前秦宣昭帝苻坚

宣昭帝苻坚

咸康三年(337)的一天,苻雄的妻子苟氏怀孕。12个月以后,一个健壮的男孩降生了,他就是苻坚。

少年受宠　继承帝位

苻坚的出生不仅给苟氏、苻雄带来了极大的乐趣,更使当爷爷的苻洪乐得合不拢嘴,一有空闲就逗着小孙子玩。苻洪是氐族首领之一,此时已出任后赵的流民都督,因对独眼孙子苻生极为不满,便把对后代的爱心全部倾注在苻坚身上。

苻坚从小也特别招人喜爱,从会说话开始见了大人张口就叫,年仅7岁就知道给周围的小伙伴一点好处。苻坚人虽小,记忆力却很强,八九岁时,就把苻洪走路的姿势、说话的声音、接见大臣时的神态、批阅公文的认真劲全都学得惟妙惟肖,苻洪很高兴,经常在大臣当中夸奖苻坚说:“我的孙子聪明绝顶,以后肯定会有出息。”永和二年(346)的一天,苻坚突然对爷爷提出请个家庭教师。苻洪看着年仅8岁的孙子,用吃惊和疑惑的口吻说:“我们这个民族从来只知道喝酒吃肉,如今你真的想求学吗?”当苻坚非常认真地作了肯定回答时,苻洪乐得开眼笑,第二天就派人请来了家庭教师,让他好好教育苻坚念书。苻坚学习非常刻苦,学业长进很快。

苻洪死后,苻健继位,苻坚被封为龙骧将军。皇始五年(355),苻健病死,苻生继承帝位,苻生是个天下少有的暴君,把杀人当作儿戏,宗室、功臣几乎全被杀光。在位的大臣官员都怕他恨他,要么以身体多病为由辞职回家,要么暗中巴结苻坚弟兄。苻坚乘机结交了王猛、吕婆楼、强汪、梁平老、权翼等人,把他们当心腹,密谋杀掉苻生。苻坚何尝不想杀掉苻生,夺取帝位呢?但是苻坚深知苻生力大无比,能举千钧,耍刀舞剑是把好手,弄不好会被苻生杀掉,所以迟迟不敢动手。

苻生也许已经听到了风声,感到情况不妙,寿光三年(357)六月的一个深夜苻生突然对侍女说:“阿法弟兄很不可靠,明天我要杀掉他们。”侍女等苻生睡熟后到了苻坚处,把苻生的话告诉了他们,苻坚弟兄商量后立即行动,分两路冲入苻生的宫殿,苻生在酣睡中被吵醒时,苻坚已带士兵进了他的寝室,苻坚令士兵把苻生拉到另一间屋杀掉。

杀死苻生后,由谁来当皇帝?这实在是摆在苻坚弟兄面前的一大难题。从年龄上讲,苻法比苻坚大,就杀苻生所立功劳来说,苻法也明显比苻坚大,但苻法也有三点明显不如苻坚:一是苻坚乃苻雄原配夫人苟氏所生,属嫡生。二是苻坚结识的能人多。三是苻坚才能比苻法强。苻法还算有自知之明,主动让位给苻坚,苻坚也还仁义,一再推让。此时苻坚母苟氏很聪明,见两人推来推去,出面说了句模棱两可但聪明人一听就知道是倾向于苻坚的话:“国家事大,小儿自知不能担负起这一重任,也就算了。不过,如果以后大家再反悔,那么过错就该由大臣们来承担了。”大臣们一听苟氏的弦外之音马上一齐跪下恳求苻坚当皇帝,这

样，苻坚也不推辞，在太极殿即位，把母亲苟氏封为皇太后，妻子苟氏立为皇后，儿子苻宏立为皇太子，成了名正言顺的前秦皇帝。

任用良臣　抑豪强国

在苻坚看来，收拾被苻生折腾得一塌糊涂的烂摊子比杀掉苻生显得更艰难。苻坚在成为皇帝之前心中已经有了夺取帝位，整顿国家，吞灭群雄，统一全国的宏伟计划。不过，这一计划仅凭苻坚个人是无法实现的。苻坚十分清楚地认识到了这一点，他把希望寄托在当时很有影响的谋士王猛身上了。

王猛，字景略，北海剧（今山东寿光东南）人，家境十分贫寒，幼年靠贩卖簸箕挣几个钱维持生活。但是，王猛人穷志不穷，不管是在风天雪地，还是严冬酷暑，只要有时间他就坚持自学，读了不少儒家书籍和兵书，开阔了视野，增长了才干，渐渐地产生了干一番大事业的念头。但是，志向、知识和才干在权贵和富家子女眼里一钱不值，所以，王猛经常受到嘲笑，王猛倒也超脱，一笑了之，东晋大将桓温人关时，王猛穿着破衣烂衫去见桓温，一面与桓温侃侃而谈，一面用手捉虱子，捉到虱子后就用嘴把虱子咯嘣咬碎，接着再谈。恒温听完他对时局的精辟分析，对他突然刮目相看。临回东晋时，再三邀请王猛到东晋去，王猛心中明白，东晋是高门士族的天下，虽有桓温赏识，他也难以施展抱负，故而没有答应。

苻坚听到王猛的大名之后，匆忙让吕婆楼去请王猛。王猛也早就看准了苻坚是个有作为之人，前途无量，跟着他可以干出一番事业，因此，一请就到。苻坚见了王猛就如同见到多年未见的亲人，非常亲切，谈得十分投机。王猛对时局精辟透彻的分析，使苻坚心服口服。

很快，两人情同手足，无话不谈。苻坚杀掉苻生继承帝位后，把王猛提拔成中书侍郎。当时，始平是豪强的老巢。这些豪强横行霸道，无恶不作，光天化日之下肆意抢劫，拦路强奸，百姓大受其害，苻坚感到非要好好治理一下，于是任命王猛为始平令。

王猛风尘仆仆地到了始平，还没有来得及抖掉身上的尘土，就令人用鞭子把一个民愤极大的官吏活活打死。始平的豪强本来就看不起王猛，现在更把王猛当成眼中钉肉中刺，于是联名向苻坚告王猛的状，执法官与豪强臭味相投、狼狈为奸，不问青红皂白就用囚车把王猛押进了监狱。

这事非同小可，惊动了苻坚，苻坚亲自到了监狱，见到王猛后用责备的口吻说他："当官要把仁义道德放在首位，而你才上任没几天就大开杀戒，未免太残酷了吧！"王猛没有半点媚骨，十分坦率地说："陛下只知其一，不知其二。我听说过，对安宁的国家就要用礼来治理，对混乱的国家就要靠法来治理。陛下是因为我有才能，才把我委以重任。就我个人来说，做事情也非常谨慎，很想为陛下剪除豪强。现在才杀了一个奸吏，还有成千上万奸吏在扰乱社会治安。如果您嫌我不能消灭奸吏，整顿社会治安，那么我现在死了也心甘情愿，至于说我太残酷，那也实在太冤枉人了。"苻坚听完，对随行的大臣说："王猛是夷吾、子产一类的人。"当即赦免王猛，对他更加信任。王猛更把消灭不法豪强作为当前自己的首要任务。

贵族樊世出身于氐族豪强之家，根本不买王猛的账，曾当着众人的面对王猛说："我们与先帝共同振兴前秦大业，都不参与朝政，而你没有汗马功劳竟敢操纵

国家大权！难道要让我们去耕种喂养你吗?”王猛的口气也很硬，说：“让你去耕种喂养还算便宜了你，我还想让你去当屠夫！”樊世一听这话肺都快要气炸了，破口大骂道：“好小子，走着瞧吧，如果不把你的头割下来挂到长安城门上，我就不活在世上。”王猛把樊的话转告给苻坚，苻坚勃然大怒，说：“必须杀掉这个老家伙，否则无法整顿国家。”后苻坚终于用事激怒樊世后，当众将其杀掉。

杀掉樊世的第二年，也就是甘露元年(359)八月，王猛又向大贵族强德开刀。强德是苻坚伯父苻健的小舅子。此人喜欢喝酒，每次喝酒都要大发酒疯，胡作非为，抢劫财物，夺人妻女，长安市民非常不满。一天，王猛见到强德又在大街上胡闹，便下车把他绑了起来，没等向苻坚报告，就砍掉了强德的头，把尸体扔在大街上任人们践踏。王猛趁热打铁，和邓羌在几十天之内又接连不断地杀掉了20多个豪强、贵戚。这一招见效很快，豪强、贵戚、不法分子开始老老实实，循规蹈矩，社会风气也大为好转，出现了路不拾遗、夜不闭户的良好秩序。苻坚对这些事情看在眼里、喜在心上，深有感触地说：“现在我才知道了天下有法制的好处，才尝到了当天子受人尊敬的滋味。”

随着前秦社会风气的不断好转，苻坚认识到该以礼治国了，于是一方面通过多种名目奖励那些勤勤恳恳耕作的农民和有孝心的儿女，另一方面又重视和发挥学校的作用，积极培养人才。甘露四年(362)，苻坚广泛招揽满腹经纶的学者到太学教授学生。苻坚还经常亲自到太学考问学生，能对答如流的，苻坚马上予以提拔，答不上来的，勉励他们刻苦学习。苻坚本人学识渊博，经常拿五经考问博士，博士们经常被问得张口结舌。一次，苻坚对博士王猛说：“我准备一个月到太学视察三次，亲自奖励发愤学习的学生，希望能发扬光大孔孟的微言大义。”王猛说：“自从刘渊、石勒扰乱华夏以来，两都杂草丛生，儒生所剩无几，书籍毁灭殆尽，比秦始皇焚书坑儒还要厉害几倍。现在陛下拨乱反正，兴建学校，发扬儒教，使前秦出现了人人爱学习，个个遵法守纪，盗贼销声匿迹，荒地大量开垦，家家丰衣足食的大好局面。”王猛的话并不是溢美之辞，确实说出了苻坚以礼治国的效果。

这种效果如同一块高强度的磁石吸引着其他少数民族首领。匈奴左贤王卫辰、乌桓独孤、鲜卑没奕于相继投入前秦，苻坚乐得手舞足蹈，给了卫辰不少优惠待遇，但是，苻坚的部下贾雍却对匈奴人恨之入骨，擅自派司马徐斌带着骑兵袭击卫辰。苻坚听到这一消息后，暗想，我现在正千方百计在各民族中建立威信，贾雍的行动无疑是在败坏自己的声誉，给自己脸上抹灰。想到这里，苻坚立即派人把贾雍叫到京都。

贾雍一见到苻坚那副怒发冲冠的模样，就吓得瘫痪在地上，苻坚看到他的可怜样子，略微改变了一下怒容，让人把他扶起来，对他说道：“我现在正在他们当中树立威信，希望你们从国家大局着想，无论如何不能见利忘义。如果不注意这点，往往会因为一件小事引起他们的怨恨，这对国家极为不利。既然事情已经发生，我们得挽回影响。事情是你干的，你得亲自去向卫辰道歉，把掠夺到的财产如数归还给卫辰。”贾雍觉得苻坚很宽宏大量，说得也很恳切，连忙起身向苻坚告辞，回到云中，以罪犯身份穿着白色服装到卫辰那里赔礼道歉。卫辰见苻坚对自己很有诚意，对前秦的恼怒顿时烟消云散，和好如初。

建元五年(369)，东晋大将桓温出兵前燕。当东晋大军到达枋头时，前燕国

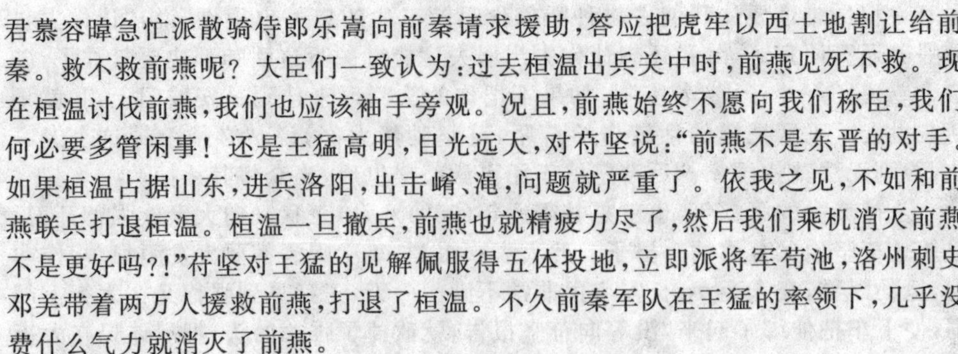

君慕容暐急忙派散骑侍郎乐嵩向前秦请求援助，答应把虎牢以西土地割让给前秦。救不救前燕呢？大臣们一致认为：过去桓温出兵关中时，前燕见死不救。现在桓温讨伐前燕，我们也应该袖手旁观。况且，前燕始终不愿向我们称臣，我们何必要多管闲事！还是王猛高明，目光远大，对苻坚说："前燕不是东晋的对手。如果桓温占据山东，进兵洛阳，出击崤、渑，问题就严重了。依我之见，不如和前燕联兵打退桓温。桓温一旦撤兵，前燕也就精疲力尽了，然后我们乘机消灭前燕不是更好吗？！"苻坚对王猛的见解佩服得五体投地，立即派将军苟池，洛州刺史邓羌带着两万人援救前燕，打退了桓温。不久前秦军队在王猛的率领下，几乎没费什么气力就消灭了前燕。

纵横阖捭　统一北方

在苻坚刚上台时，由于前秦苻生的暴政，国力削弱，前凉国君张天锡派人通知前秦，断绝双方外交关系。与此同时，羌族人敛歧也背叛苻坚，带着洛阳四千多家投靠了反复无常的陇西人李俨。这两件事在苻坚心里掀起了波浪：自己刚继位，谁敢预料不会引起连锁反应？想到这里，苻坚心中不禁一惊，立即派王猛、姜衡、姚苌等将军率领17000人讨伐敛歧。敛歧的士兵原来都是姚苌父亲姚弋仲的部下，见姚苌到来，纷纷放下武器，向姚苌投降，前秦轻易攻取了洛阳。不久恰好张天锡派常据、张统出兵攻打李俨。李俨见来势凶猛，便退到相罕（今甘肃临夏），向前秦求救。苻坚正想收拾张天锡，马上派杨安、王抚率领20000骑兵协助王猛，援救李俨。王猛、杨安先在枹罕城东打败常据，接着在城下与张天锡展开了拉锯战。双方相持了几天，谁都想吃掉对方，但由于力量均衡，谁也无法吃掉对方。王猛见此，想出了一个绝招，便给张天锡写了一封信，信中说："我受前秦国君的命令援救李俨，并不想和你交战，如果我们这样继续打下去，势必会两败俱伤，对谁都没有什么好处。如果你能撤兵，让我活捉李俨，那么我们各奔东西，不是很好吗？"张天锡看不到王猛的真正用意，对大将说："我的目的是讨伐叛乱，并不想和前秦交战，既然李俨由前秦处置，也就省了我们的心。"于是带兵西撤。王猛带着李俨回到了长安，李俨被苻坚封为归安侯。

苻坚从这段往事中把握了张天锡目光短浅，害怕前秦和容易控制的心理特征，于是便派王猛给张天锡去信威胁说："昔日的前凉也算强大，还曾分别向刘曜、石勒称臣，现在前凉的国力远远不如过去，你更没有独立自主的资本。况且，前秦的威德远远超过前赵、后赵，你为何还不赶快放下架子，向前秦称臣呢！你也应该清楚，前秦国家的力量可以使东水向西流去，使长江、黄河向西倾注。我们现已将关东扫平，准备向河右用兵，难道你倾尽全国的兵力能抵抗得了吗？俗话说得好，识时务者为俊杰，希望你能思前虑后，尽早称臣，如果你仍执迷不悟，祖宗建立的功业就会很快毁在你的手里，到那时，就悔之晚矣。"张天锡本来就底气不太足，看完王猛的信，额头沁出了豆大汗珠，浑身颤抖，还没来得及和大臣们商量就急忙派人向前秦俯头认罪，表示愿意称臣。苻坚不动干戈就达到了预期目的，高兴之余，把张天锡封为凉州刺史、西平公。过了半年之后，苻坚派李辩镇守枹罕，把凉州政府所在地迁到金城（今甘肃兰州）。直到这时，张天锡才如梦初醒，明白了前秦要兼并前凉的直正用意。张天锡虽然整天沉湎于酒色之中，但他也深知前凉一旦被前秦吞并，自己就成了囚徒，更谈不上美女加美酒的生活了。

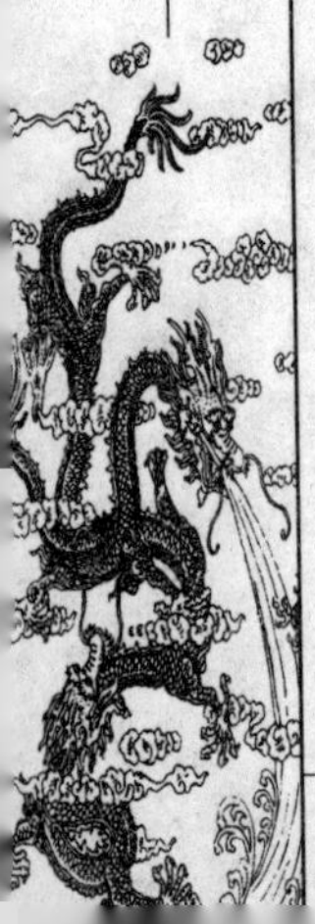

不过，张天锡也有自己的一套想法，尽管前秦会轻易的消灭前燕，但它却没办法消灭东晋，只要能和东晋建立外交关系，把它作为一把保护伞，苻坚就拿我无可奈何！想到这里，张天锡便派从事中郎韩博给东晋大司马桓温送去一封热情洋溢的信和一份与东晋建立同盟关系的誓言。张天锡以为这样做就可以高枕无忧了，殊不知这更加刺激了苻坚。建元十二年(376)，苻坚把武卫将军苟苌、左将军毛盛、中书令梁熙、步兵校尉姚苌叫到跟前，十分严肃地说："张天锡这小子不识好歹，虽向我称臣，又与东晋勾搭，我现在想教训他。你们几位带兵到河西，我再让尚书郎阎负、梁殊把张天锡叫到长安，如果他不肯来，你们就对他不必客气。"

当阎负、梁殊到了姑臧(今甘肃武威)时，张天锡把文武大臣招集到身边，忧心忡忡地说："现在到长安，肯定一去就不复返了。如果不去，前秦的军队肯定会到河西，如何是好呢?"禁中录事席仇主张先让儿子去长安当人质，待前秦撤兵再慢慢想办法。席仇的主张遭到了其他文武大臣的反对，他们一致主张与前秦决一死战，拼个鱼死网破。张天锡被大臣的激昂情绪所感染，把袖子一撸，大喊一声："谁敢说投降我就杀掉谁。"于是把阎负、梁殊吊到军门上，下令士兵把他们用箭射死。

王统、李辩、梁熙等前秦将领听到这一不幸消息，即刻向前凉发起了猛烈的进攻。前凉军队根本不堪一击，死的死、逃的逃，投降的投降，自杀的自杀，张天锡也在国都姑臧被包围后，出城投降。凉州郡县全部成了前秦版图中的组成部分。

这时，苻坚的大脑中却已经在思考着另外一个问题了。鲜卑族拓跋部从沙漠以北迁到盛乐(今内蒙古和林格尔北)以后，于建兴三年(315)建立了代国，占有了今内蒙古中部和山西北端的广大地区。现在前燕、前凉已被消灭，怎能还让代国在北方兴风作浪呢？退一步说，即使代国一时兴不起大浪，如果不把它消灭，后方总是不太稳固，又怎么能向东晋用兵呢！苻坚想到这里，便召集在京的文武大臣研究消灭代国的方案。

建元十二年(376)十月，苻坚命令幽州刺史苻洛率领十万大兵攻打代国，代国国君什翼犍很软弱，刚一交战就被打得一败涂地，先后逃到弱水、阴山，在阴山被他的儿子抓起来送给了苻坚。这样，苻坚基本上统一了北方地区。

淝水惨败　新平被杀

苻坚统一北方后错误地估计形势，认为统一中国的时机已经成熟，建元十八年(382)十月，苻坚把在京的文武大臣召集到太极殿，对他们说："我继承帝位已近 30 年了，现在四方基本平定，只有东南一隅还没有统一。我粗略算了一下，全国总计有 97 万军队，我想亲自率领他们去讨伐东晋，你们以为如何?"

苻坚的话音刚落，秘书监朱彤就站起来说："陛下亲自出征，执行天意，必定不用打仗，东晋皇帝就会不是乖乖投降，便是逃到江海里去死掉。这可是千载难逢的好时机。"

苻坚听了这话笑出了声，说："你说的正合我的心意。"

左仆射权翼却不同意伐晋，慷慨激昂地说："东晋虽然衰弱，但还没有重大的罪恶，君臣和睦，内外同心。谢安、桓冲都是江南的英雄豪杰。以我之见，还不可对东晋用兵。"这时主要谋臣王猛已去世，而参加讨论的大臣意见又极不一致。

苻坚看再讨论下去也无益就宣布散朝了。

大臣们退出太极殿后，苻坚把苻融留下单独商议。苻坚说："自古以来决定大事只有一两个人就行了。大臣们吵吵嚷嚷只会扰乱人心，我想和你商量决定。"苻融虽然在殿上讨论时一直没有说话，其实也不赞成伐晋。这时便说："如今伐晋有三大困难：第一，从星座位置来看，天意不顺；第二，东晋没有挑衅，出师无名；第三，我军连年征战，厌倦打仗，民心也向着敌人。大臣们都劝你不要出兵，都是出于一片忠心，希望陛下能采纳他们的意见……"

苻坚还没等苻融的话说完，脸色已变得很难看，气呼呼地说："没想到你也这样，真使我失望！我有强兵百万，资仗如山。我虽算不上是天才，也不是无能之辈，讨伐一个行将灭亡的国家，岂有不胜之理！怎么可以留着让子孙后代不得太平呢！"

苻融也动了感情，哭着对苻坚说："东晋不能灭，是明摆着的事情。如今兴师动众，不光劳而无功，恐怕还会有更严重的问题。陛下仔细想一想，鲜卑、羌、羯是我们的宿敌，现在已布满京都，你能保证南下之后他们会循规蹈矩吗？他们一旦发难，太子独自带着几万残兵弱将能对付得了吗？当然我的话不一定正确，但是，王猛临终之时，也曾劝陛下说：'东晋地处江南，君臣团结一致，不可轻易出兵。我死之后，希望陛下千万不要打东晋的主意，鲜卑、西羌，是我们的仇敌，最终会发动叛乱，希望陛下逐渐消灭他们。王猛是一代人杰，有超人的远见卓识，难道陛下连他的临终之言也忘了吗！"

苻坚所宠爱的张夫人这些日子心情也很矛盾。从内心讲，她是极力反对苻坚南征的，但作为女人她不便出面劝说，干预朝政。可她作为苻坚的爱妃，又不愿看到身败名裂、客死他乡的事情发生在苻坚身上。尤其看到苻坚固执己见，谁说了也不听，便再也沉不住气了，她柔情地对苻坚说："妾听说天地滋生万物，圣王治理天下，无不顺从自然，所以能够成功。黄帝服牛乘马是顺应了牛马的本性，大禹治水是顺应了地势，后稷播种百谷是顺应了时令，汤、武消灭桀、纣是顺应了民心。由此看来，做任何事情都要有所顺应自然。现在大臣们都说晋不可伐，陛下却一意孤行。不知陛下顺应了哪一点。民谚说：'鸡夜鸣不利出师，犬群吠宫室将空，兵动马惊，军败不归。'今年自秋冬以来，鸡常在夜里鸣，狗不住的哀嚎，厩中的战马老是受惊，兵库中的武器经常自动发出声音，这都不是出师的好征兆。"苻坚勉强听完了张夫人的话，笑着对她说："打仗行军之事，不是你们妇人所应当参预的！"

苻坚的小儿子中山公苻诜一向最受苻坚喜受，以为父亲也许会听自己的劝谏，便对苻坚说："国家兴亡全凭贤人是否支持。阳平公苻融是国家最高明的谋士，而陛下违背他的意见；东晋有谢安、桓冲，而陛下非要伐它。我真想不通。"苻坚只当耳边风，说："天下大事，小孩子懂什么！"在一片反对声中，慕容垂却与众不同，赞成伐晋。他对苻坚说："弱并于强，小并于大，乃是十分自然的事情，并不难懂。以陛下的英明威望，又有雄师百万，良将满朝，小小江南竟敢违抗，怎么可以继续留着它，《诗经》上说：'参谋越多，越拿不定主意'。陛下自己决定就够了，何必广泛征求大家的意见！晋武帝平吴，依靠的不过是张华、杜预二三个大臣而已。要是依从了朝廷众人的意见，怎么能实现统一！"苻坚非常高兴地说："和我一起平定天下的，只有你一人啊！"特此赏给他帛500匹。

转眼之间到了第二年的阳春三月。一个风和日丽的日子，苻坚请大臣们春游。想借春游之机和大臣们交流一下思想，使他们支持自己伐晋，苻坚直截了当地说："轩辕是头号圣人，其仁如天，其智如神，还随时都想征伐不听号令的人。现在天下基本平定，只有东南一隅还在兴风作浪。我每想到桓温北侵，就深感东晋不可不灭。现在我有强兵百万，消灭东晋还不是轻而易举的事情！可人人都说不行，我真不知道是为什么。晋武帝如果听从大臣的意见，不去伐吴，天下怎能统一！我的主意已经决定，不再和你们讨论了。"

这年七月，苻坚下令大举伐晋。百姓每十人出一人当兵，把二十岁以下有力气有胆量的良家子弟都封为羽林郎。慕容垂和羌族人姚苌料到此行必败，暗中都在等待着复国的机会。

一个月之后，苻坚带着步兵六十万，骑兵二十七万，浩浩荡荡离开长安。由于兵马太多，战线拉得很长。苻坚到达项城时，凉州的兵马才到咸阳，蜀汉的官兵才顺流而下，幽、冀州的官兵才到彭城。十月，苻融攻取寿阳，向硖石进攻。当苻融从俘虏口中了解到防守在硖石的胡彬所部的军队已经恐慌时，急忙派人到项城对苻坚说："晋军人数很少，容易生俘，望你火速赶来。"苻坚一听，心中顿时产生了迅速歼敌的意念，于是把大军留在项城，只带着八千名骑兵昼夜兼程地赶到了寿阳。

到了寿阳后，苻坚顾不上喘口气就派尚书朱序去劝谢石尽快投降。朱序原是东晋大将，被俘虏后虽然很受苻坚的器重，但内心却仍念念不忘东晋。朱序见了谢石后说："如果前秦的百万大军全部赶到，我们就很难对付，现在可乘他们还没有聚集之机迅速出击，如果打败前秦的先锋部队，那么前秦军威就会一落千丈，我们就可轻而易举地把他们全部歼灭。"谢石开始还对前秦大军有些胆怯，听了朱序的一番话后顿感精神百倍，于是命令水陆两军相继出发。

再说苻坚到了寿阳，和苻融研究了一下作战方案后，两人便登上寿阳城楼，远望东晋的军事设施。苻坚这一望情不自禁地浑身抖动起来，只见东晋军队排列整齐，精神焕发，斗志昂扬，刹时，苻坚眼前不知不觉的模糊起来，结果把八公山上的草木都当成了晋兵，回头对苻融说："没想到晋会有这么多的劲兵。"但他仍然命令官兵把军队拉到淝水岸边，作好交战准备。东晋谢玄在淝水对岸见秦军壁垒森严，便派人对苻融说："你远道而来是想速战速决，但从你逼水列阵的架势来看又想打持久战。既然我们都想交战，那么请你的部队暂时退却一下，让我的士兵过了淝水，我们再决一死战，这样不是更好吗？"

前秦的各位将领不愿意让晋兵渡过淝水，便对苻坚说："敌寡我众，应当堵住他们，怎能让他们上岸呢！"苻坚在打自己的如意算盘，于是便对将领说："你们怎么这样糊涂，我们先让军队后撤，等他们渡到淝水当中，我们再收拾他们，这样不是更好吗？"于是下令后撤。

苻坚的军队一后撤乱了起来，朱序乘机在后面大叫："秦兵败了！"秦军信以为真纷纷奔逃，一发不可收拾，再也无法使他们稳住。谢玄、谢琰、桓伊见状，立即下令渡过淝水攻打秦军。苻融跃身上马喝令军队停止撤退，不料战马跌倒在地，苻融也被晋军杀死。秦兵见苻融被杀，个个如惊弓之鸟，抱头鼠窜，跑到青冈，又被晋军打败，秦兵自相践踏，满山遍野都是死尸，剩下的昼夜不停，露行野宿，又冻又饿，前后损失了十分之七八。苻坚身中流矢，一个人骑马跑到了淮北。

苻坚脱离了困境，方觉肚子已空，便让人去找东西填补肚子。这时，一个不愿说出自己姓名的平民百姓用篮子提了一盆水泡饭和一只小猪肘子送给苻坚。苻坚狼吞虎咽很快一扫而光，吃完以后，苻坚命身边的人赐给这百姓帛十匹、绵十斤。不想此人却不冷不热地说："陛下放着安乐的日子不过，现在蒙受危险和困难，岂非天意！我们乃是陛下的子民，陛下是臣民的父母，哪有儿子供养父亲而要求报答呢！"说完，提起篮子头也不回的走了。苻坚目送他远去后，心中难受之极，流着泪对张夫人说："当初要是听了大臣们的话，哪会有今天之事！如今我还有何脸面再去治理天下！"

这时，前秦的各路大军都已溃败，只有慕容垂所统帅的三万人没受任何损失。苻坚在淮北稍微休息了一会儿，便带着一千多名骑兵到了慕容垂的军营。慕容垂的儿子慕容宝和弟弟慕容德等劝慕容垂杀掉苻坚，慕容垂却认为这样干并非上策，仍把自己的军队交给了苻坚。从淮北回到长安的途中，慕容垂一直在思索着脱离苻坚、自立门户的办法，走到渑池，已经有了主意，便对苻坚说："北部一些人听说我们出师失利，都蠢蠢欲动，请您让我去安抚他们，并顺便瞻仰一下祖父的陵庙。"苻坚被淝水之战搞得心烦意乱，没有多加思考便答应了慕容垂的要求。权翼感到慕容垂有不可告人的目的，便对苻坚说："慕容垂是个野心家，当初之所以要投奔你，全是为了躲避灾难。他这种人和鹰没有什么两样，饿了就想找个主人吃饭，吃饱了又想对主人反咬一口。所以。陛下应时时刻刻把他关进笼子里，不能轻易让他独立行动，随心所欲。"苻坚叹了一口气，说："你讲的句句在理，但是，我已经答应了，不好食言。"权翼一听，气得几乎要跳起来，粗声粗气地说："陛下只重信用，不顾社稷，他这一去肯定不会再回来，关东之乱从此就开始了。"苻坚不听，仍派将军李蛮、闵亮、尹固把慕容垂送离渑池。慕容垂离开苻坚不久，就与前秦分道扬镳，建立了后燕政权。

建元二十年(384)四月，原前燕国君的弟弟慕容弘听说慕容垂独立，也趁火打劫，纠集了几千鲜卑人反对苻坚。苻坚派将军强水带兵赶去平定，结果被慕容弘打得落花流水。直到这时，苻坚才尝到了被背叛的苦果，心中很不是滋味，便十分内疚地对权翼说："我不听你的话，致使鲜卑到了如此猖獗的地步。"说到这里，苻坚长叹一声，过了许久才接着说："我现在不想和慕容垂那个人面兽心的家伙争夺关东了，但是对慕容弘这小子该怎么办呢？"

苻坚从权翼嘴里掏出锦囊妙计后，便派儿子苻叡带兵五万到华阴讨伐慕容弘，由于苻叡自命不凡，麻痹轻敌，结果被慕容弘打败丧命。羌族姚苌以一个司马的身份参加了这次战斗，苻叡死后，姚苌感到对这次失败自己也有责任，便派参军姜协到苻坚那里去赔礼道歉。苻坚正为儿子被杀而恼羞成怒，一见到姜协就把他送上了西天，姚苌听到这一不幸消息后也毫不犹豫地反叛了苻坚。

正当苻坚在为姚苌反叛气得暴跳如雷的时候，已经发展到十多万人的慕容弘又派人来对苻坚说："前秦无道，灭了我国。苍天有眼，让秦师在淝水大败。慕容垂已定关东，你还不赶快把前燕皇帝、宗室、功臣给我送来。"苻坚一听这话，气得脸色铁青，牙齿咬得嘣嘣响，但又拿慕容弘没有办法。慕容弘了解长安的内部情况后，便向长安进逼。不久，慕容弘被部下所杀，慕容冲自称皇太弟，继续向长安进逼。

苻坚登上城墙远望浩浩荡荡的慕容冲大军，不禁心惊肉跳，待镇定下来后便

指着来敌，大声骂慕容冲："你们这帮奴才只配放牛牧羊，为什么要来送死！"慕容冲站在城下，大声还击说："奴才就是奴才，奴才已经把你厌恶透了，正想取代你呢！"苻坚一听慕容冲的口气不小，突然软了下来，派人给慕容冲送去一件锦袍，并对他说："你远道而来不觉累吗？天气快要冷了，送给你一件锦袍表示对你的关怀。我与你情同手足，密不可分，怎么你突然又要翻脸呢？"

慕容冲把嘴一撇，厉声回答："苻坚，皇太弟明确告诉你，我要夺取天下，根本不会被你的小恩小惠所蒙骗！我倒想劝你一句，及早认清形势，赶快把皇帝位置让给我吧。"苻坚气得浑身颤抖，不住地哀叹："如果听从王猛、苻融的话，哪会落到今天这种地步。"

次年一月，苻坚和慕容冲在长安城西经过一场激烈厮杀，将慕容冲追赶到阿房城。当时，众将都要求乘胜打进阿房城内，但苻坚害怕中计，不声不响的回到长安，让儿子苻晖和慕容冲交战。但是，苻晖根本不是慕容冲的对手，结果多次被慕容冲打得人仰马翻。

恰在这时，长安城内传出了"帝入五将方长久"的谣言。苻坚平时很讨厌此类谣言，但接二连三的失败，又使他想求助这些谣言摆脱困境，于是对太子苻宏说："苍天有意给我指出了一条活路，我准备到五将山躲避一下灾难，你先留在长安，好好防守。"

苻坚怎么也不会想到，自己和张夫人、儿子苻诜、女儿苻宝、苻锦进了五将山后，被姚苌所包围，随从的士兵见势不妙，纷纷逃跑。苻坚似乎已经意识到大难将至，变得异常镇静，一动不动地坐在那里。一会儿，姚苌的部下吴忠赶来，把苻坚捆绑起来押送到新平，关进佛寺。

姚苌厚颜无耻地向苻坚索要玉玺，苻坚瞪大眼睛，骂道："怎么也没想到你这个小儿竟然敢逼迫天子。你也不想想自己在五胡中算老几。玉玺已送给了东晋，有能耐你自己去向他们要。"姚苌很有耐心，遭到苻坚臭骂后又派尹纬劝说苻坚，把帝位让给姚苌，苻坚怒不可遏，把姚苌再次痛骂一顿，不久，就被姚苌杀害。

北魏孝文帝拓跋宏

拓跋宏(公元 467—499 年),改革家,少数民族的杰出政治家,平城紫宫人。

初登皇位

拓跋宏是魏显祖献文帝拓跋弘的儿子。公元 467 年 8 月,生于平城紫宫。公元 470 年,三岁的拓跋宏被立为太子。按照北魏当时的开国习惯,凡立为太子的生母后妃都要被赐死。拓跋宏的生母李氏也不例外,因此拓跋宏很小时便由祖母冯太后抚养。他的父亲拓跋弘献文帝笃信佛教,淡化功名,雅薄富贵,常招引一些佛教徒商讨玄理,颇有几分皈依佛门,超脱尘俗的味道。外加在一些朝政问题上,他又和冯太后意见不和,因此,在公元 471 年,他就将皇位禅让给刚满五周岁的儿子拓跋宏,即孝文帝。他自己则作为太上皇迁入崇光宫居住。但由于孝文帝年纪还十分小,因此,朝廷的实权基本上还掌握在献文帝手中。

拓跋宏的祖母冯太后是一位知书达理,很有才干的妇女。但是她心胸狭窄,喜欢猜疑。公元 476 年 6 月,她竟以献文帝杀死了她的亲信李奕为理由,毒死了献文帝。孝文帝这时还只有十岁,还没有能力掌管朝政,于是冯太后便以祖母太皇太后的身份,临朝主政。

孝文帝自幼在祖母冯太后膝下长大,十岁时,他便身强体壮,有很大的力气。他能用手指头弹碎羊的膊骨,而且善于骑射,拉弓射禽,往往弹无虚发。当孝文帝的年纪稍大了一些的时候,他便开始系统地学习汉族文化,他十分喜欢儒家的经典。他十分喜欢读书,往往是爱不释手。一本书看过一遍便会记诵,跟着老师学习,他经常深究里面的问题。而且他读书的兴趣很广,涉猎史传百家,尤其喜欢谈论庄子、老子的学说,又通晓佛学的经义。孝文帝才思敏捷,擅长写诗作赋。他常常即兴而作,能马上口授,不改动一字,诗文一气呵成。孝文帝从小就十分注意自己的品行修养,而且能宽厚待人。冯太后见他聪明伶俐,害怕他长大后于己不利,因而总是想方设法想除掉这个小皇帝。公元 476 年,在一个隆冬腊月天里,冯太后将穿着单衣的孝文帝关在一间又冷又潮的房子里,连冻带饿,一共关了三天。与此同时,他还召回献文帝的次子拓跋禧,想立他为王。只是因为朝中群臣的极力反对,她的阴谋才没有成功。后来,一个宦官又到冯太后面前告孝文帝的状,冯太后听了,不分青红皂白,立即把孝文帝捉来打了几十大板。尽管如此,孝文帝对冯太后的深情并没有改变。他对别人的小过错,也是从不计较,总是能以诚相待。一次,孝文帝进餐的时候,左右侍从不小心用热汤烫伤了他的手,食物中还发现了虫子等脏物,对此,他一笑了之。孝文帝胸怀大度,能团结人。他自己也常说:“如果能以诚相待,南北各民族,也可以亲如兄弟。”这不难看出,在很小的时候,拓跋宏已具备了较高的政治素质,已表现出伟大政治家的风范。

当五岁的孝文帝继位时,由拓跋皀建立的北魏已有八十多年的历史。拓跋部进入中原以后,太武帝拓跋焘为了适应黄河流域比较发达的封建经济状况,制定了相应的发展政策。原来以狩猎、游牧为主的生产方式、生活方式,朝着分地定居,以农业生产为主的生产方式方向发展。提倡开垦荒地,鼓励农桑。在京师

平城一带还大力提倡有牛户和无牛户变工互助，以发展农业生产。同时，他还按照中原统治者的方式举办太学，用儒学培养官僚，要求官吏举荐州郡有才学的人，并委以重任，发挥汉族儒学家高允、游雅等人的作用，使北魏的国力大大增强。

在北魏统一了北方以后，其统治的疆域扩大。在统一中原的过程中，拓跋氏得到了两晋末年没有南逃的各州郡的汉族世家豪强地主的支持。这些世家大族修筑坞堡，将宗族、部典武装起来占据一方。他们还借机侵占了大量山林、田地、湖泊等。许多逃避战乱的农民拖家带口地投奔到大户豪强的门下，多者上万户，少者数百家。这些人数众多的佃客或部典成为世家大族的“苞荫户”，而世家大都被称为“宗主”，势力大的“宗主”又叫“坞主”或“壁帅”。这样，形成了“宗主督护制”。北魏政府也顺水推船，把这种组织方式作为它的地方基层政权。但时间一长，这种制度的弊端就显露出来了。宗主对佃客或部典残酷地剥削压榨，使阶级矛盾变得尖锐；“苞荫户”因多数没有户籍，国家无法从他们身上征收赋税和调发徭役。北魏初期，实行“九品混通”的赋税制度，即分为“三等九品”。九品是根据财产多少而规定的交纳赋税的品级，三等是按不同等第将赋税送到不同的地方。即“上品户入京师，中三品入他州要仓，下三品入本州”。征收租调时，宗主督户往往“纵富督贫，避强侵弱”。千方百计地将沉重的负担转嫁到广大农民的头上。再加上鲜卑族拓跋部的民族压迫，当时，社会上的各种矛盾不断激化，各地的农民起义连续不断。从孝文帝即位到公元 484 年，在这十三年中，人民暴动的事件多达十余起，甚至在京师平城也暴发了反对北魏统治的斗争。

鲜卑族拓跋部是一个社会经济、文化比较落后的部族。阶级矛盾和民族矛盾交织在一起，这一问题一直困扰着孝文帝和冯太后。他们也深感继续使用原有的制度和办法维持统治是非常困难的，改弦更张，进行社会改革已是势在必行的事。冯太后凭借她多年辅佐献文帝的丰富政治经验，同孝文帝一道，开始了历史上著名的一次改革。

改革田制

孝文帝改革是分两个步骤进行的。第一步是从公元 484 年开始，这一年孝文帝十八岁，他并没有亲政，主要由冯太后主持朝政。改革是围绕着政治、经济问题展开的。

他首先整顿吏治，实行俸禄制。北魏前期，按州、郡、县的行政规划，把地方官吏分为三级：州长官为刺史，郡长官为太守，县长官为县令或是县宰。地方守宰一般任期六年。早期，北魏官吏是没有俸禄的，百官所需要的生活用品主要来源于经常性的战争掠夺，如牲畜、粮食、布帛、奴婢等。将战利品按军功的大小和品爵的高低，分级颁赏。拓跋焘统一北方以前，战争频繁，官吏没有俸禄也可以维持自己的生活。在统一北方之后，战争日渐减少，抢掠的东西也相应地越来越少。因此，官吏想方设法贪污租税，掠夺民财。尽管朝廷下令禁止，但却屡禁不止，反而越来越厉害。有一次，拓跋焘率军出征，命令公孙轨负责向农民征调毛驴驮运军粮。他公然要求每一头毛驴外加一匹绢才能收。当时的老百姓讽刺他说：“驴不分强弱，只要背上驮着绢，就算是壮的。”公孙轨贪婪成性，刚上任时，他是“单马执鞭”，孤身一人，而当他卸任回乡时，却从车百辆，满载资财而归。魏初

以来，百官不领俸禄，廉洁清白的官吏真是凤毛麟角，多数官吏巧取豪夺，贪得无厌，把官物据为己有。北魏从上到下，完全一片混乱。

为了改革这种混乱局面，孝文帝首先从吏治改革。冯太后下令规定，守宰的任期不规定年限，主要根据各人在任期内的政绩的优劣来决定。公元 484 年 6 月，孝文帝下诏，颁布官吏俸禄制度："记增调三匹，谷二斛九斗，以为官司之禄。"于是内外百官，受禄也因官职不同而不同。他规定由国家统一筹集，定期按品级高低把俸禄发给官吏。同时，他还制定了严惩贪官污吏的法令，凡贪污布帛满一匹的官吏即处以死刑。俸禄制的实行增加了人民的负担，但却对不法官吏恣意掠夺百姓有了一定的约束。从此，北魏的吏治有所改善，为政之风也因此而大为好转。

在整顿吏治以后，他又开始着手进行经济改革，实行均田制，发展社会经济。长期以来的战乱给中原地区的社会经济造成严重的破坏，土地大片荒芜，百姓背井离乡，人口四处流亡，世家大族又趁机大肆兼并土地，占领山林湖泊。不少人民为了躲避沉重的赋税和徭役，脱离了户籍，进入了庄园坞堡，成为豪强宗主的私有户口。官府掌管的土地和编民逐渐减少，大量荒地无人耕种，国家的财政因此而日益困难。冯太后、孝文帝面对这种困窘的经济形势，于公元 485 年，采用了大臣李安世的建议，下令在全国实行均田制度。目的在于同豪富之家争夺土地、户口，劝课农桑，兴富民本业。同时，也是为了缓和"富强者占山拥湖，而贫弱的人无立锥之地"的贫富悬殊的社会矛盾。

孝文帝均田制的主要内容有以下几个方面：

(一)十五岁以上的成年男子，受荒田四十亩，桑田二十亩；妇人受荒地二十亩。为了便于休耕轮种，按照各地的具体情况，荒地可以加倍或两倍授给。荒地不允许自由买卖，但是有多出的荒地必须卖出，有不足的则应该买进。死了或是年满七十岁而无力耕种的，可以免除课税，将田地归还官府。而桑田是世业田，可以传给子孙后代，按规定，桑田要种植一定数量的桑树。不适合种桑树的地方，改受麻田，男子十亩，女子五亩。

(二)奴婢和耕牛也是授田的对象，奴婢授田的数量和办法与农民相同。壮耕牛每头授田三十亩，但不给桑田，每户最多限受四头牛。

(三)在地广人稀的地方，可以随便开垦耕种，不受均田制的限制，但住户不能随便迁徙。地窄民稠的地方，允许民户迁徙，可以到任何空荒之地开垦，但是不得逃避赋役。因为人口增加，而授田又不够，但又不愿迁徙，可以用桑田抵应该得到的荒地的数量。如果相抵还不足，便不给休耕的荒田，还要从家人的田中进行减量分给。

(四)地方官吏依职位高低授给公田，刺史为十五顷，太守为十顷，治中、别驾为八顷，县令、县丞六顷。公田是不允许出卖的，官吏在离职时，要把公田如数交给继任者。

均田制实行以后，虽然土地占有不平衡的状况有所扭转，但却肯定了豪强地主拥有大量土地的合法性，保护了他们的切身利益。但均田制公开将无主荒地分给农户，招徕流民，使自耕农增加，耕地面积扩大，同时还规定了民户占田的数量，并且不准买卖土地，在一定时期内限制了世家大族兼并土地，有利于生产的恢复和发展，使国家征收赋税和分发徭役也有了保障。

与此同时，北魏政府还建立了三长制，加强了对地方的控制。北魏建国初期，还没有社会基层的乡党制度。随着世族门阀地主势力的膨胀扩张，原有的宗主督护已严重地阻碍着中央集权的加强，继均田制颁布以后，公元486年，冯太后、孝文帝又采纳大臣李冲的建议，在地方实行三长制，取代宗主督护制。三长制就是五家为一邻，立一邻长；五邻为一里，设一里长；五里又为一党，设一党长。三长则挑选乡里有办事能力和谨守法令的人担任，职责主要是管理乡里的田地户口，征收赋税，派发徭役，维护地方治安等。三长制的建立，完善了北魏的基层统治机构，也确立了户籍制度，巩固了北魏的封建秩序。

三长制实行以后，北魏政府又颁布了新的定额租税制，即一夫一妇的家庭，每年应交纳布帛一匹，粟两石；十五岁以上未成家的男子，四人出一夫一妇之调；从事耕织半年的奴婢，八人出一夫一妇之调；有耕牛二十头，出一夫一妇之调。新的赋税制的推行，废除了按户等征收租调的“九品混通”制，调整了过去赋税征收的混乱状况，大地主的户调有所增加，这在一定程度上减轻了自耕农的负担。这些措施的实行，有力地调动了广大农民的生产积极性，使北方社会经济有了很大的发展，使人民生活得以一定程度的改善。北魏的国力也因此而进一步增强。

迁都洛阳

公元490年，冯太后病逝。第二年，二十四岁的孝文帝亲政。公元494年，在孝文帝的主持下，开始了第二阶段的改革，其主要内容是迁都洛阳，改变鲜卑人的生活习俗，推进北方民族间的融合。

公元494年11月，孝文帝不顾群臣的反对，毅然将都城从平城迁到洛阳。这是他当政后办的第一件震惊朝野的大事，也是孝文帝改革总体方案中的一个有机组成部分。

平城是北魏开国后不久便定下的都城，已历时近百年。拓跋宏统一了北方，进入了黄河流域，生产方式由游牧经济为主逐步过渡到以农业经济为主。而平城地处边塞，气候又不好，每年6月，时常雨雪交加，狂风四起，农业生产条件极差，粮食产量也极低，再加上交通运输又极为不方便，不利于对全国的统治。平城又是鲜卑贵族集中的地方，守旧势力十分的顽固，严重地束缚了鲜卑族封建化的进程。在这种情况下，孝文帝决定迁都洛阳，进一步同汉族地主阶级紧密合作，摆脱保守势力的束缚，移风易俗，实行文治。

孝文帝深知迁都不易，必然会遭到贵族和大臣的反对。他于是先下令太常卿王谌占卜，结果是个十分吉利的“革”字卦。孝文帝于是兴奋地说：“此是汤武革命，顺天应人的好卦。”于是他精心编导了一幕“外示南讨，意在南迁”的“戏剧”。一天，孝文帝召集文武大臣，宣布出兵攻打南齐。不料，任城王拓跋澄率先起来反对，许多官吏也随声附和。退朝后，孝文帝单独留下拓跋澄，坦率地对他说：“今日之行，诚知不易。国家兴于北土，徙居平城，虽富有四海，但文轨未一。此间用武之地，非可文治，移风易俗，倍为甚难。崤函帝宅，河洛王里，因兹大举，光宅中原。任城以为如何？”他意思是说，北魏自北方兴起，建立了国家，但都城却太偏远，不适合于统治中原，因此应南迁，改变过去的习俗，以适应新的形势。经孝文帝一点拨，拓跋澄顿时明白了孝文帝的意图，于是积极拥护南下迁都的主张。孝文帝又问拓跋澄道：“北方的人安于现状，不思进取，怎么办？”拓跋澄说：

“只有非常之人，才能做出非常之事，你就放心干吧！他们敢怎样？”听了拓跋澄的话，孝文帝高兴极了，于是决定马上南征。

公元 493 年 6 月，孝文帝命令在黄河上架桥铺路，准备大举南征。9 月，孝文帝率领二十万大军南下，直奔洛阳。到洛阳后，他巡视了洛阳故宫旧基，目睹残垣断壁，他感慨万千，口中不禁咏起《诗经·黍离》中的：“懂得我的人，说我是心里烦恼；不懂得我的人，说我有什么好追求的呢？”这之后，孝文帝对挺进中原的信心更加坚定了。当时正逢秋季，淫雨霏霏，孝文帝身披铠甲，风雨中，跃马扬鞭，下令部队继续南下。大臣们纷纷跪在御马前，叩头哭劝，请求停止讨伐南齐。孝文帝看到时机已成熟，于是斩钉截铁地说：“如果不继续南征，那么就应该迁都到这里，在中土发扬光大，这是大好时机，不知大家如何看待？”并当众宣布：“立即讨论这事，不得有丝毫迟疑，想迁都的站到左边；反之，则站到右边。”随行的贵族自安定王拓跋休以下，几乎都站到了右边，表示不愿迁都。拓跋澄见此情景不妙，便说：“想成就大业就不必和一般人计较，只有非常之人才能成就非常的事业！”他同意停止南征，迁都中原。上自贵族、大臣，下至鲜卑族士卒，多不愿南迁，但迁都总比南征厮杀要好得多，于是也都勉强同意迁都。公元 494 年 11 月，北魏正式迁都洛阳。

洛阳曾是东周、东汉和西晋的都城，一直是北方政治、文化、经济的中心。迁都洛阳对北魏和拓跋部的发展，无疑具有重大的战略意义。迁都洛阳后，孝文帝于是将改革的重点放在本民族身上，下令改变鲜卑族原有的生活习俗，积极地学习和接受汉族的先进文化、典章制度及生活方式。

到洛阳后，孝文帝随即颁行了一系列汉化措施：

（一）改革士民鲜卑的服装为汉服。公元 494 年 12 月，定都洛阳刚一个月，孝文帝便下令，改革鲜卑族的服饰习惯。以前，为适应游牧的生产和生活，鲜卑人习惯披发，服装左开襟，妇女头戴帽子，穿夹领短袖小袄。进入中原以后，鲜卑人的这套装束与人数众多的汉人很不协调。孝文帝于是禁止鲜卑贵族、士民穿胡服，一律改穿汉族服装。第二年 12 月，孝文帝在光极堂会见群臣时，当场将汉族样式的冠服赏赐给群臣穿戴，把鲜卑官服换为汉族官服。孝文帝出巡时，见到洛阳街上仍有妇女穿着鲜卑族的服饰，当即训斥臣属，要求严加管束。很快，洛阳城内再也见不到鲜卑族的服装了，都改穿了汉服。

（二）朝廷官员改说汉语，禁止使用鲜卑族语言。北魏建国以来，尽管朝廷要求汉官必须讲鲜卑语，但在朝廷上，他们往往鲜卑语和汉语混用。语言障碍很大，为此还专门设立了翻译官——译会使。随着统治地区的扩大，语言不通的矛盾越来越突出。公元 495 年 6 月，孝文帝下诏曰：“不允许在朝廷讲北方土话，如果有违背的，革去官职。”他还强调说要断绝鲜卑语，只允许讲洛阳话。他还作了具体规定：“三十岁以上的鲜卑官吏，因为习性已久，要逐渐地改用汉语。三十岁以下的鲜卑官吏要马上说汉语。假如故意说鲜卑语，即降爵罢官。”他的这一措施促进了汉族和鲜卑族文化事业的发展，鲜卑族兴起了对汉语声韵学的研究。在陆氏家族中，出现了我国一位著名的声韵学家陆法言。鲜卑族的民歌也被译成汉语，收集在《乐府诗集》中的大部分北朝民歌，便是在孝文帝改用汉语后译成的。

（三）改用汉姓，确立门第等级。鲜卑族的姓氏多为复姓，如拓跋、独孤、贺楼

等，公元496年正月，孝文帝下诏说："北方人把'土'说成'拓'，后来又用'跋'代替。魏的祖先也是黄帝，因为拿土尊王，所以称为'拓跋氏'。所谓土，是以黄色为主，是万物的来源，因此，拓跋最好改为元。各位功臣们，如果你们的姓氏重复了，最好也改为单姓。"于是，决定将鲜卑的复姓改为音近的单音汉姓。孝文帝先将自己皇族的拓跋氏改为元氏，定为最高门第。接着将丘穆氏改为穆氏，独孤氏改为刘氏，步六孤氏改为陆氏，贺赖氏改为贺氏，贺楼氏改为楼氏，勿忸氏改为于氏，纥奚氏改为嵇氏，尉迟氏改为尉氏，将这勋臣八姓定为与北方汉族门第的清河崔氏，范阳卢氏，赵郡李氏，荥阳郑氏四大姓同等，其余贵族改姓后和汉族的士族相当，在鲜卑贵族中确立了"以贵袭贵，以贱袭贱"的门阀制度，孝文帝共将鲜卑族的一百多个姓氏改为汉姓。他还鼓励皇族、鲜卑族与汉人士族通婚。孝文帝立汉臣李冲的女儿为皇后，还让他的弟弟娶汉族世家女儿为妃。通过联姻，使鲜卑族贵族同汉族士族地主阶级间的关系更加紧密。

孝文帝大张旗鼓地改革鲜卑族的旧风俗，力图消除民族间的差别，缓和民族矛盾，从而加速了北魏的封建化，巩固了鲜卑族在中原的统治。

巩固改革

自公元484年冯太后、孝文帝改革以来，就遇到了鲜卑族守旧势力的强烈反对和抵制。然而，冯太后、孝文帝并没有因此而却步，他们力排众议，持之以恒，不断深化改革，巩固改革的成果。

百官俸禄制度的制定，使清廉的官员得到了一定的补济，贪官污吏也因此有所收敛，这是改革迈出的第一步。这项措施对那些侵占公物、勒索百姓的贵族、官吏却是一个有力的打击。因而引起了他们的不满和忿恨。淮南王公然提出停止俸禄制，恢复自筹费用的做法。冯太后召集群臣，当众批驳他，坚持施行俸禄制。外戚显贵、秦益二州刺史李洪之，经常搜刮巨额钱财，孝文帝于是将他赐死。在颁布施行俸禄制的当年的秋天，中央政府派官吏巡视各地方政府，先后有四十多名守令因为贪污而被处极刑。

实行三长制，废除了宗主督护制，这是国家有计划、有组织地检括户籍，搜揽苞荫户，扩大编民的一项措施。这对世家大族来说是一次沉重的打击。中书令郑羲等人认为，三长制看似可用，实则难行。冯太后指责他们太保守，太顽固不化。

孝文帝同鲜卑贵族保守势力斗争最激烈的问题，还算是迁都洛阳。以穆氏、陆氏、贺氏等八大家族为代表的达官显贵在国都平城经营了上百年，都是万贯家产，谁也不愿意迁移。另外，从塞外南下中原，风土人情，生活方式乃至气候环境等都不适应。当迁都的消息传到京城时，众人无不震惊，反对南迁的官僚、贵族大有人在。孝文帝又专程返回平城，劝说留守的官员支持南迁。但是保守官员恒州刺史穆泰，不仅对抗迁都，还蓄谋发动叛乱。他与定州刺史陆睿、安乐侯元隆等密商共推朝州刺史阳平王元颐为主，企图推翻孝文帝。孝文帝闻讯后，立即命令拓跋澄发并州、肆州的兵卒讨伐，方才平定了穆泰等人的叛乱，保证了迁都

计划的顺利进行。

在定都洛阳后，这场斗争仍未中止，而出人意料的是太子元恂带头对抗迁都，反对改革。公元493年，十岁的元恂被立为太子。孝文帝本来希望他认真读书，学习好本领，将来好继承帝位。可是，元恂把他父亲的教诲当作耳旁风。他年纪虽小，却身高体胖，一到夏季，洛阳天气燥热，就难以忍受，因而总怀念平城的生活。因此，他经常对父亲表示不满。在禁止穿胡服的命令下达以后，孝文帝送给他一些漂亮的汉装。他往旁边一扔，仍旧穿他的鲜卑服。中庶子高通悦多次劝元恂要听从父皇元宏的话。他根本不理，还怀恨在心。公元496年8月，孝文帝东巡嵩山时，元恂趁机杀死高通悦，还带领部分人马，轻骑逃回平城。孝文帝获悉之后，中途折返洛阳，立即将元恂召回宫内，宣布了他的谋反罪状，废为平民。后来元恂又想叛逃，孝文帝于是将他赐死，这场战争才宣告结束。

孝文帝的改革使北魏国力大增。于是，他试图灭掉南齐，统一全中国。自公元494年12月起，北魏兵分五路大举讨伐南齐。公元497年2月，又发兵二十万再伐，仍是无功而返。公元499年2月，南齐将领陈显达率兵四万围攻北魏马圈城。3月，孝文帝带兵亲征，大败南齐军。班师回朝后不久，孝文帝大病而死，享年三十三岁。

魏孝文帝在位二十八年，亲政八年，他始终励精图治，致力改革，推动了北方社会经济的发展，对各民族的相互融合和我国多民族国家的形成与发展起到了积极作用。他是我国历史上少有的杰出的少数民族政治家、改革家之一。

北魏宣武帝元恪

宣武帝元恪

扩都拓边　踌躇满志

孝文帝迁都以来，五六年间，洛阳已成为当时北中国最为繁华的都市。然而，依然不能忘怀故土的鲜卑旧贵族，在孝文帝死后，又一次萌动重返塞上的欲望。他们向元恪禀称，孝文帝迁都时曾许诺说冬天住在河南新都，夏天则回到代北故乡。元恪起初有些犹豫，最后接受了他们的意见。景明二年(501)，为适应社会经济的发展，元恪采纳辅政亲王元嘉的建议，征发民夫五万多人，扩建汉晋以来的洛阳旧城，在城外四面增建320新坊。景明三年(502)，巍峨壮丽的新宫殿落成，元恪在太极前殿宴飨群臣，他自己格外兴奋。

元恪统治初期的景明年间(500—503)，对峙于江南的南朝正值齐末东昏侯萧宝卷的昏暴统治。齐雍州刺史萧衍勒兵东袭建康(今南京)，并代齐而建立梁政权。南方统治阶级内部矛盾重重，自相攻伐，恰给元魏南侵以可乘之机。曾随孝文帝南征的元澄、元英、邢峦等王公将军大臣，都极力劝说元恪不要犹豫缓图，坐失良机。从景明至正始年间(500—508)，北魏与南朝进行了一系列战争，北魏的疆域大大向南拓展，扬州(治寿春，今安徽寿县)、郢州(治信阳，今属河南)、荆州(治穰城，今河南邓县)及益州(治晋寿，今四川昭化)东西毗连数千里，成为北魏版图的南边重地。北魏的国势盛极一时，元恪为此踌躇满志。

姑息污吏　宠信外戚

然而，此时北魏的机体已为贪官污吏所蛀蚀。元恪的叔父，受孝文帝遗命的辅政亲王咸阳王元禧，虽然身为宰辅之首，却推诿政务，无所是非。在元恪为孝文帝居丧的日子里，元禧即潜受贿赂，阴为威惠。他秉性骄奢，贪淫财色，家中有娇姬美妾数十人，仍然差人四处搜求美女。在远近各地有数百成千的僮隶奴婢为他经营着刻剥黎民的田地及盐铁产业。另一位辅政亲王北海王元详是元恪最小的叔父，他凭借尊崇的地位，大搞起营运贩卖、侵剥远近的“官倒”生意。他修建府邸所费巨万，并且强占民宅，被占人家即使有待葬的棺柩停放在家，也迫令人家立即搬出停放在街巷上，致使死者亲属人人哀嗟，道上行人也多怨愤。

元恪没有及时严厉惩治在他当政之初恶化起来的贪污腐败现象，贵族官僚的贪欲就越发膨胀起来。元恪的弟弟京兆王元愉及广阳王元怀竞慕奢丽，贪纵不法。将军邢峦在南征汉中时掳掠良民美女拥为私有奴婢。元恪的宠臣元晖、卢昶怂恿监察官御史中尉崔亮纠劾邢峦，元、卢并许诺如果纠劾刑峦事成，他们将请皇帝给崔亮升官。邢峦害怕起来，马上挑选掳掠的绝色美女20多人送与元晖。元晖受此美贿，欣喜非常，便又背着卢昶在元恪面前为邢峦开脱，元恪也就听之任之。另一位贵族元丽在镇压秦州、泾州起义民众的过程中，枉掠无辜百姓700多人为奴仆。元恪也因为嘉赏元丽“平贼”的功劳，特别吩咐有关监察机构不要追究元丽枉法贪暴的恶行。

孝文帝在汉化改革中，把汉末魏晋以来并没有积极的社会意义的士族门阀制度也生搬硬套过来，为北魏贵族官宦划定姓族门第等级。魏晋南朝门阀制度是植根于历史形成的文化士族的基础上的，朝廷在选任人物时，虽重门第，但同时也还注重人品才学。即便如此，门阀制度毕竟阻遏了寒门士人施展抱负的门径。而鲜卑族本是没有学术文化传统、刚刚脱离原始状态的民族，孝文帝为使缺乏文化素养的鲜卑贵族的政治社会地位不低于汉族士家大姓，实行只认门第而不重才学人伦的姓族制度。姓族制度为贵族官僚们保障着世袭特权，因而也保障着贪官污吏们谬种遗传。元恪认识到了这一点，但他两下诏书，却互相矛盾，改革门阀制度的动议，竟滑稽地演化成一条巩固门阀制度的政令。

元恪在位的后半期，外戚高肇专权，朝政更加腐败。高肇是元恪母亲文昭皇太后(高夫人)的哥哥，是个不学无术而胸怀邪恶的人。元恪做了皇帝，封高肇为平原郡公，封高肇的弟弟高显为澄城郡公。高肇、高显原先生长在边远地方，受封爵之日，在皇家花园初次拜见外甥皇帝时，神情紧张，举止很不自然。然而转瞬之间，富贵显赫。高肇很快就充任起帝国宰辅重臣。由于首席辅政亲王元禧的谋反，元恪便渐将对亲王们的信赖，转移于舅氏高肇一人。出身卑微的高肇对皇族亲王们满怀嫉恨，他利用外甥皇帝的宠信先进谮言逼杀了位居其上的北海王元详，同时要元恪对诸亲王严加防范。京兆王元愉对高肇的擅权不满。永平元年(508)八月，元愉在冀州刺史任上谋反，他宣称得到密报说高肇要谋杀皇帝，于是便在信都城南举行祭天大礼，宣布自己即位当皇帝。元恪派大兵镇压了弟弟元愉的反叛。在讨伐元愉期间，高肇又收买小人诬构彭城王元勰暗通元愉谋反。九月的一天，元勰也被迫饮下元恪"赐死"的毒酒。

残害皇族　身死皇宫

元勰的无辜被害，使朝廷内外莫不丧气。元恪叔祖亲王元匡指斥高肇凭借权势与夺任己，简直与指鹿为马的赵高相差无几。趋附高肇炎势的朝官们立刻攻击元匡，说元匡"诬毁宰相，讪谤明时"，罪当处死。这一次元恪发慈悲"恕"了祖亲王元匡的"死罪"。清河王元怿是元恪的弟弟，他向元恪慷慨陈词，斥高肇是僭乱朝政的大奸臣。元恪只是笑而不答。曾受孝文帝遗命辅政、也是元恪叔祖的任城王元澄，担心高肇构祸于己，于是整天佯狂昏饮，以表示自己的荒败。

官吏贪暴，政治黑暗，加之连年发生旱涝自然灾害，迫使人民起而抗暴。在元恪统治的16年中。就有十次以上反抗暴政的人民起义。太和二十三年(499)十一月，幽州人王惠定聚众起义，自称"明法皇帝"。正始三年(506)春，秦州民众起义，定年号为"建明"。延昌三年(514)十一月，幽州沙门刘僧绍聚众起义，自号"净居国明法王"。但这些起义均被镇压。

延昌四年(515)正月，元恪在他统治帝国的第十七个年头刚刚开始的时候，病死于皇宫式乾殿。谥号为"宣武皇帝"，庙号"世宗"。

胡承华生皇子免杀内幕

"子贵母死制"的来龙去脉

北魏建立后，形成了一种"子贵母死"的残忍的后妃制度。据说，太祖拓跋珪

鉴于前代母后干政和外戚专权的弊病，便立下一条铁的制度：一俟皇太子确立，即将太子生母杀掉。为了给自己独创的做法找根据，拓跋珪援引汉武帝杀钩弋夫人的故事，表明这一制度古来有之，并非自己独创。其实，这一制度确系拓跋珪发明，因为汉武帝以后没有再坚持这一做法。

在北魏历史上，拓跋珪的刘夫人应该说是第一个"子贵母死"制度的殉葬品。当时，刘夫人很得拓跋珪的宠爱，并想立她为皇后，但又无法调解与其他夫人的关系，为此，他又别出心裁，命各妃子铸金人，铸成者则立为皇后，不成则罢。结果，刘夫人没有铸成金人。但刘夫人虽没有当成皇后，似乎不是她的遗憾，而其最大的遗憾就在于为皇帝生了长子拓跋嗣！尽管拓跋珪对刘夫人难以割舍，但为了子孙不致被妇人挟制，终于将她赐死了事。

太宗拓跋嗣从小痛失生母，应该说是最恨这种残忍的制度了。但当他当了皇帝，却又故伎重演，在他临死前，又将皇长子(拓跋焘)的生母杜贵嫔赐死。其后，已是皇太子而早死的拓跋晃(后追尊景穆皇帝)之母贺夫人、文成帝拓跋浚的生母郁久闾氏、献文帝拓跋弘的生母李夫人、孝文帝元宏母亲李贵人及孝文帝长子、废太子元恂母林氏、宣武帝生母高夫人等，都相继成为"子贵母死"制度的牺牲品。

本来，生个"龙子"是历代后妃们梦寐以求的愿望，这是她们得以出人头地的惟一途径。但现在，生了皇子，特别是生了皇长子，却意味着生母倒霉的日子已到来！这一可怕的现实，曾使多少后妃们为之心惊肉跳！显而易见，这使立法者自以为得意的制度，不但不能从根本上解决君主专制所寄生的弊瘤，反倒生出一系列乱子来：

第一，后妃们都不愿争着做皇太子的母亲。

第二，皇后总想设法不生子——皇帝缺少嫡子。

第三，后妃们愿生女而不愿生男，弄不好，皇帝常有后嗣绝人之危险。

为什么会有如此后果？道理再简单不过。因为立嫡制度使皇后惧怕生子；无嫡立长制又使妃嫔们感到朝不保夕；生女便意味着母亲没有生命危险。而这些矛盾又与万世一系的皇帝世袭制相抵牾。不过，人们暂不必为此而担心皇帝会绝嗣，因为生不生子女取决于皇帝，后妃们身不由己，无法抗拒皇帝临幸；生男育女不取决于自己，只能听天由命。所以，从拓跋珪到孝文帝元宏，历朝皇帝虽算不得儿孙满堂，但每个皇帝至少有 5 个王子长大成人，皇帝不愁没有人接替皇位。

北魏初中期，"子贵母死"制没有产生多大恶果，那些"以身试法"的后妃们，也可谓虽死犹荣：不仅儿子都登上了宝座，而且，生母们死后都享受崇高的荣典，生前虽位卑做妃嫔，但死后在地下却都做了皇后。可是，越到后来，人们就越来越聪明起来：死不能复生，身后享有再多的荣耀又有什么用呢？于是，后妃们都千方百计地避免怀了"龙种"，即使生下皇子，也想方设法弄死他。另外，妃嫔们突然发现，自己一旦当上了皇后，即使不生子，日后也会坐那令人望而生畏的皇太后宝座。所以，"子贵母死"的副产品，即是妃嫔们为争夺皇后位而更加不择手段，宫廷内斗日甚一日。况且，妃嫔们已看得清楚，历朝皇后都不生子，而自己为什么却争着为生子而去死呢？这一恶性循环的结果，从各朝皇子频频夭折的事实中，就足以令后来的皇帝感到为难，他们越来越认识，再顽固坚持这一祖制，就

会走向这一制度的反面了。所以，从孝文帝元宏起，皇帝本人就倾向废除这一野蛮而无益的制度了。孝文帝曾不想将前太子元恂母林氏赐死，只是慑于冯太后的淫威和私心，才不得不违心地处死爱妃。时至孝文帝儿子宣武帝元恪时，一切矛盾全部暴露出来，废除杀太子生母之制，已势在必行。

宣武帝时，正值冯太后临朝称制事隔不久，从皇帝到朝臣，人们在心里已悟出一个道理："子贵母死"的做法，其实并不能杜绝妇人干政，因为母后虽因此不能专权，但如此却恰恰给那些偷奸取巧的皇后日后专权创造了可乘良机。更为严重的是，后妃们都默默抵制这种制度，以致皇子们都相继莫名其妙地死去，这个可怕的现实给当权者什么启示呢？

首先，宣武帝的于皇后因父亲于劲为积有军功的将领，被迎入宫，初封为贵人，旋册封为皇后。这就意味着，于皇后没有必要冒着危险生子，就一定是日后的皇太后了，所以，她虽生了皇长子元昌，但，小元昌 3 岁时却夭折了——准是于皇后杀害了亲生子！不久，于皇后暴死于宫中，传说是觊觎皇后位的高夫人下的毒手。高夫人也出身世宦大族，入宫后封为贵人，也曾生了个皇子，但巧的是，那个皇子没等命名就成了短命鬼！于皇后惨死后，高夫人如愿以偿地登上了皇后宝座，不知有心还是无意，高皇后又生了一位公主，之后再也没有生育！不仅如此，性好妒嫉的高后，硬是把昏愦的宣武帝缠在自己身边，其他妃嫔很难接近皇帝。高后独占皇帝，其目的不一定是想让皇帝绝嗣，但如此下去，元魏大有后继无人之虞！

胡太后，就是在这一背景下闯入宫廷，并进而发迹的。

胡承华"母以子贵"内幕

胡氏的父亲胡国珍，是蒙祖德而成为伯爵贵族的，他的官位原来并不显赫，按道理讲，像他这种人多的是，很少有缘分与皇帝攀上姻亲。据说，胡氏的姑母是个尼姑，很善讲道，而宣武帝也是个颇有佛心的皇帝，曾广招天下僧尼入禁宫讲经，每有兴致，竟连夜谈论。于是，胡尼姑有机会入禁宫，给皇帝讲经说法，日子一长，她就与皇帝左右的人混熟了，进而在这些人面前，大夸侄女貌德双全，胡氏因此而被接进皇宫，初封为品级很低的"承华世妇"。

刚入禁宫的胡承华，还不怎么懂得什么利害关系，只听先进宫的妃嫔们都在窃窃私语，纷纷互相祈祝："但愿以后生王子、公主，千万别生太子！"而胡承华却说："天子岂能没有儿子？为什么大家都怕一人身死而让皇帝绝嗣呢？"听罢她的慷慨陈辞，同伴们都禁不住捂嘴失笑。

胡承华果然有了"龙种"，其他嫔妃们都纷纷给她出主意，劝她要早为之计，不要等生下来再作打算——那样会有危险的。而胡氏却独不以为然，反倒默默发誓："只要所怀的是男，最好是长子。子生身死，没有什么可耻的！"这话如果不是胡氏发迹后伪造的话，我们完全有理由断言，胡氏的确是个不同凡响的聪明人，因为她那时已看得清楚：生了男孩非但不会有危险，还说不定因此而出人头地呢！

天随人愿，胡氏果然生了个男婴！这个被命名为元诩的皇子虽排行第二，但因长子元昌于两年前夭折，所以，他实际处在长子的地位上，就是说，元诩肯定是未来的皇太子乃至皇帝了。照以前惯例，胡氏或早或晚都难免一死。可是，频频

丧子的教训，已使宣武帝明白，如果急于将胡氏处死，后妃们还会如此地抵制下去。于是，他把胡氏从“承华世妇”晋位为“充华嫔”，以给那些惧怕生子们的后妃看：生子到底是福还是祸？当然，对胡氏，皇帝也是放心不下，所以，将元诩育养于别室，以防胡氏牵于顾忌而做手脚。

胡承华喜得贵子，到底是福还是祸？有些人为胡氏捏着一把汗，而一些人则在旁幸灾乐祸：你胡氏不知深浅，又不听人劝，看皇帝日后怎么发落你！不过，直到元诩被立为太子时，胡氏仍安然无祸，这使人们非常惊讶，莫非皇上不遵祖制了？但是，从立皇太子诏书中，明眼人似乎嗅出点味儿来：为什么在告天下诏书中，皇帝特别强调孝子、顺孙、廉夫、节妇这些不相干的事呢？显然，诏书所说是弦外有音。所幸的是，立太子刚两年，宣武帝英年早逝(33岁)，应该说，胡氏到此算是熬出头来了。

胡太后称朕道寡内幕

铲除劲敌先害谁

胡承华虽闯过以惯例赐死的鬼门关，却仍有朝不保夕的危险。当时，一度权势熏天的大将军高肇，拥兵在外，此人是高皇后的伯父。按通常规制，高皇后理当被尊为皇太后，而只有皇太后才有权辅佐只有六岁的小皇帝元诩。这种情势对胡氏进一步专权十分不利，而她岂能甘愿放弃这个机会？在这关键时刻，詹事王显假借高皇后之令，征高肇入京，想任高肇为尚书令，王显自为侍中，这样，朝中亲高氏伯女的势力抬头。更为关键的是，高皇后一伙竟虎视眈眈，步步紧逼，要下令赐死胡承华！

在千钧一发之际，形势急转直下。宦官刘腾探知高皇后的诡计后，将事飞报倾向胡氏的中庶子侯刚，侯刚又密告握有宫中兵权的领军将军于忠，于忠又问计于侍中、中书监、太子少傅崔光。崔光是东宫旧人，早就成为胡氏的党羽，他明白，如高肇继续掌权，自己必然不为其所容。于是，他命人将胡氏置于别所，严加保护起来，这使高皇后一时无下手之机，而这时，高肇还没有赶到京师，形势对高皇后一伙越加不利。

胡氏得到保护，并不意味着没有危险，所以，她立即以儿皇帝之令，把德高望重的高阳王元雍(献文帝之子)和任城王元澄(文成帝之侄)同时召入朝廷，参决庶务，命百官一并听命于二王。元雍、元澄都是皇室近亲，都曾受高肇排挤，尤其是元澄，慑于高肇迫害，正在家狂饮无度，装疯卖傻，此刻，他看到朝廷的航舵将转向，自然乐于出山卖命。如此，胡氏身边很快聚集了些文武干才，并得到了皇族一些人的支持，剿灭高氏伯侄只是时间问题了。

接着，为稳住局势，胡氏通过诏令尊高皇后为“皇太后”；同时，诏令高肇火速回京。高肇听到宣武帝死讯和朝廷的人事变动的消息，感到乘凉大树已倒，大有生命不保之感。但是，他仰仗侄女是皇太后，又自恃手中握有重兵，便大着胆应诏回京，直奔皇宫太极殿哭灵。使高肇万万没有想到的是，元雍和于忠早已将10余名高级刺客埋伏于宫内，还没等他觐见新皇帝时，就身首异处了。朝廷遂下诏追论高肇罪恶，但却谎称：高肇是畏罪自尽的。

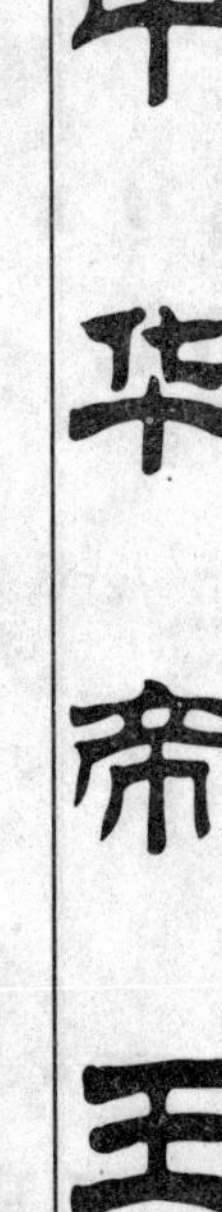

太后专权揭秘

高肇被铲除，胡承华便任元雍为太傅、领太傅，又将原骠骑大将军、广平王元怀和清河王元怿分别任为司空、司徒。她之所以这样做，一者是论功赏位，再者就是她怀有私心了：让皇族支持自己登上皇太后宝座。不过，胡氏并没有心急，她先是混到了“皇太妃”的尊号，然后再将已成笼中鸟的高太后削发为尼，迁居瑶光寺，严令她不逢朝中大事不得入宫（后借天象有变，又将其害死，只以尼姑礼葬之）。主要障碍都清除后，胡氏又先下令宫臣和文武百官分别进官位一级，以堵住群僚的嘴；同时利用拥有兵权的于忠与元雍的矛盾，将元雍免去太傅之职，打发回王府，以防他日后控制小皇帝而于己不利，真是鸟尽弓收的“妙棋”！

终于，胡氏摇身一变，成为堂堂正正的皇太后，入居崇训宫。

胡氏不但保全了性命，而且还登上了皇太后的宝座，政治之船又载她驶向权力的顶峰，这对颇有政治兴趣和欲望的胡氏而言，又是必然的事。为了实现这一目的，她首先对保驾有功的于忠、刘腾、侯刚、崔光分别委以要职，以树立死党；同时，将没有多大政治野心的元怿、元怀、元澄三王分别晋位为“三公”，以在皇族中找到盟友。不久，在王公大臣们的欢呼中，胡太后顺利地从后台走向前台，半推半就地同意群臣的请求，代理朝政。

起初，她并不在乎臣下称她为“殿下”，可是不久，却对此称谓感到不满足了。于是，下令以后群臣上书时，要称自己为“陛下”，下行的政令曰“诏”，自称“朕”。经过这般武装，胡太后倒比当年的冯太后神气多了。

皇太后称朕道寡，可谓空前绝后的咄咄怪事！可以说，胡太后不但是北魏历史上的“母以子贵”的第一人，而且，也是中国历史上惟一一个真正过上皇帝瘾头的专权皇太后。

北齐神武帝高欢

齐高祖神武帝纪

齐高祖神武帝姓高，名欢，字贺六浑，是勃海郡蓨地人。六世祖高隐，晋朝玄菟太守。高隐生高庆，高庆生高泰，高泰生高湖，这三代都在慕容氏那里为官。当慕容宝失败以后，国中大乱，高湖率领部众投奔魏国，当了右将军。高湖生了四个儿子，第三个儿子高谧，出仕魏国，位至侍御史，因犯法而被迁徙到怀朔镇。高谧生下高欢的父亲高树生，高树生性情直率通达，不管家业。他住在白道的南面，家里时常有红光和紫气等怪异现象，邻居都觉得很奇怪，劝他搬家以回避灾祸。高树生却说："怎么能知道这不是吉兆呢？"他仍然住在里面，坦然自若。

当神武帝出生时他母亲韩氏死去，被寄养在神武帝同胞姐姐的丈夫怀朔镇狱队尉景家里。高欢一家已经几代住在北边，所以也习惯了北方的风俗，和鲜卑人没有什么两样。长大以后，他为人深沉而有大器度，轻视钱财敬重士人，被豪侠们奉为宗主。他双目炯炯有神，长头高颧骨，牙齿洁白如玉，从小就有一副豪杰的气概。他家贫困，当聘了武明皇后以后才开始有马骑，因而得以到怀朔镇当了队长。怀朔镇的镇将辽西人段长经常觉得高欢的相貌奇特，便对他说："郎君有安定天下的济世之才，最终不会白白虚度的。"便把子孙托付给他。当高欢显贵之后，追赠段长为司空，提拔他的儿子段宁加以重用。

高欢从队长转为信使。他曾经骑着驿马经过建兴，云遮雾障，白天如同黑夜，雷声随之震响，半天才停歇，仿佛有神灵显护。每次上路往来多远也看不出风尘仆仆的模样。他又曾经梦见踏着众星行走，醒来后内心十分高兴。他当了六年信使，每次到洛阳时，听令史麻祥派遣。麻祥曾经拿肉给高欢吃，高欢一向不站着吃东西，便坐下来吃。麻祥以为高欢有意不敬重他，便鞭打高欢四十下。

从洛阳回来以后，高欢倾其家产结交客人。亲戚故交们都很奇怪，便问他是什么原因，他回答说："我到洛阳时，见宫廷的宿卫羽林军们一起去烧领军张彝的宅院，朝廷害怕引起叛乱，竟然不加过问。当政的已经到这种地步，后事也就可知了。财物岂是可以常守不去的吗？"从此之后便有了安定天下的志向。他跟怀朔省事云中人司马子如和秀容人刘贵、中山人贾显智是来往密切的朋友，怀朔镇户曹史孙腾、外兵史侯景也跟他以朋友相交结。刘贵曾经得到一只白鹰，就跟高欢、尉景、蔡儁、司马子如、贾显智等一起到沃野打猎。发现有一只红色的兔子，每次白鹰快抓住它时又给逃走了，他们一直追了很久，最后来到一处湖泽。泽中有茅屋，正准备进去时，有狗从屋里窜出撕咬，鹰兔都被咬死了。高欢大怒，便用响箭射出，狗被射死了。屋里奔出两个人来，揪住高欢的衣襟，很气愤的样子。他们的母亲双目失明，拖着拐杖，喝斥她的两个儿子说："什么原因触犯了天子！"便拿出瓮里的酒，烹了羊以招待客人。她自己说善于暗中看相，便把众人都摸了一遍，说都是贵人，同时又指着说这都因为高欢的缘故。还说："司马子如历居显位，贾显智不得善终。"他们众人喝完以后，走出几里路远，又回到原地想再访问清楚，却看不到一间房屋，这才知道刚才遇到的不是一般人家。于是，众人对高欢更加敬重和感到惊奇。

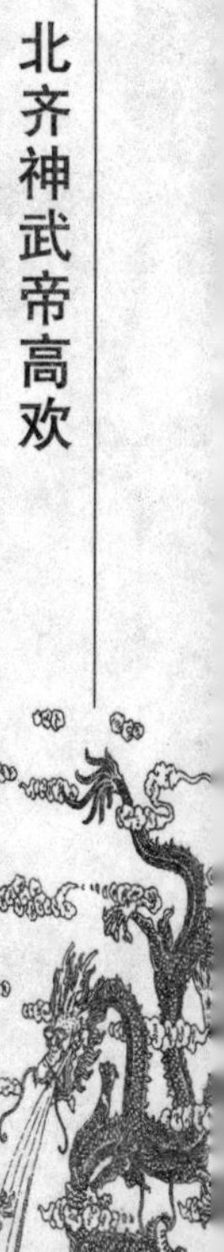

中华帝王

孝昌元年(525),柔玄镇人杜洛周在上谷谋反,高欢就和他的同伴一起投奔杜。可是高欢觉得杜洛周不是个能成大事的人,便私下和尉景、段荣、蔡儁准备杀掉他。事情没有办成只得出逃,被杜洛周的骑兵追赶着。高欢的儿子和女儿都年幼,妻子骑在牛上一个抱着一个背着。儿子好几次从牛上掉下来,高欢弯弓准备射死他,以便一心一意地离开。高欢的妻子向段荣求救,多亏段荣跳下马来把他抱住,这才免死。于是,他们便投奔葛荣,后来又逃跑到秀容,归顺尔朱荣。

早先,刘贵已经侍奉尔朱荣,他极力赞扬高欢的美德才能,到这时尔朱荣才见到高欢。由于一路艰苦,高欢神色憔悴,所以尔朱荣也没有觉得高欢有什么奇特之处。刘贵便让高欢换上好衣服,再次求见尔朱荣。高欢随着尔朱荣来到马厩里,马厩中有一匹很凶的马,尔朱荣让高欢把它杀掉。高欢也不用笼头绳索,就把恶马杀死了,竟然也没有被踢咬。杀完后,高欢站起来说:“对待恶人也就像对这匹马一样。”尔朱荣便让高欢坐在床上,让左右侍从退下后,向他询问时局之事。高欢说:“我听说您有十二山谷的良马,以颜色而分为群,准备派什么用途呢?”尔朱荣说:“你只管直说你的想法。”高欢说:“如今天子昏庸软弱,太后淫乱不堪,奸孽之徒受宠擅权,朝廷政令不行。以明公的雄武大略,乘时奋发,讨伐郑俨、徐纥以清帝侧,霸业便可举鞭而成,这就是我贺六浑的想法啊!”尔朱荣听后大为高兴,从中午和他谈话一直讲到半夜才送出来。从此以后他总是参预军中谋略。

后来,高欢随尔朱荣迁移并占领并州,他到了阳邑人庞苍鹰家,住在圆形草屋中。每当他从外面归来,主人在他还很远的时候就听到传来震动大地的声响。庞苍鹰的母亲多次见到草屋上一道红光十分显目地连接到天上。有一次,庞苍鹰在夜间想进入草屋中,突然有个穿青衣的人拔刀喝斥道:“什么原因来触犯大王?”说完就不见了。庞苍鹰这才觉得奇怪。他暗中偷看,只见有一条红蛇盘在床上,便更加惊奇。于是,他杀牛分肉时,送给高欢的格外丰厚。庞苍鹰的母亲请求高欢给她当义子。当高欢得志以后,将这所宅府作为府第,称为南宅,虽然门巷开得又宽又大,堂宇都高耸华丽,而他所居住的草屋,用白色土涂墙,留住没有拆毁。到文宣帝时,把这里作为宫殿。

不久,尔朱荣便将高欢任命为亲信都督。当时,魏明帝很恨郑俨、徐纥,但迫于灵太后,不敢制约他们,便暗地里让尔朱荣起兵进京。尔朱荣让高欢当先锋。可是军队到达上党时,魏明帝又私下诏令停止进军。当魏明帝突然死去的消息传来时,尔朱荣便领兵入洛阳。于是,尔朱荣便打算篡夺皇位,高欢担心自己劝谏不被采纳,就请尔朱荣铸像以占卜,像没有铸成,这才作罢。孝庄帝即位后,高欢因为参与谋划的功劳而受封为铜鞮伯。当尔朱荣攻打葛荣时,派高欢去说服葛荣部下分别称王的七个首领。后来又跟行台于晖在太山打败了羊侃。不久,又跟元天穆在济南打败了邢杲。多次升迁而被任命为第三镇人的酋长。

有一回在尔朱荣的帐内,尔朱荣问身边的人说:“如果有一天我不在了,谁能主持军队?”众人都说尔朱兆。尔朱荣说:“他大概可以统领三千骑兵归来。真正能够代替我主管军队的,只有贺六浑啊!”于是,他告诫尔朱兆说:“你不是高欢的对手,终将被他所摆布。”他便任命高欢当晋州刺史。高欢就大肆搜刮钱财,通过刘贵贿赂尔朱荣手下的要人,所以他完全清楚尔朱荣的心意。当时,州库里的号角无故自鸣,高欢觉得很奇怪。不久,孝庄帝便杀掉尔朱荣。

当尔朱兆准备从晋阳起兵入洛时，召高欢一同前往，高欢派长史孙腾去向尔朱兆说，绛蜀、汾胡准备谋反，自己没有办法同去。尔朱兆十分恼怒。孙腾回来后把情况报告了高欢。高欢说："尔朱兆起兵犯上，他是国家的大奸贼，我不能长久侍奉他。"于是他开始想谋害尔朱兆。当尔朱兆进入洛阳，捉住庄帝北行时，高欢知道后大惊，便又派孙腾假装祝贺尔朱兆，因而秘密观察孝庄帝的去向，准备劫下孝庄帝以举大义，但事情没能办成。他又写信给尔朱兆，劝说他不应抓了天子而在海内受有恶名。尔朱兆不听，杀了庄帝而跟尔朱世隆等人立长广王晔为帝，改年号为建明，封高欢为平阳郡公。

当费也头纥豆陵步藩进入秀容，又逼困晋阳时，尔朱兆召高欢入救。高欢准备带兵前去，贺拔焉过儿请高欢推迟进军以削弱尔朱兆的力量。高欢便走走停停，说是河上没有桥梁，无法渡河。纥豆陵步藩兵力强盛，尔朱兆被打败逃走。起初，孝庄帝杀尔朱荣时，知道他的余党一定会反叛，曾经暗中送信给纥豆陵步藩，让他出兵袭击尔朱氏的后方。纥豆陵步藩打败了尔朱兆以后，兵势日益兴盛，尔朱兆又向高欢求救。高欢虽内心准备谋害尔朱兆，但又担心纥豆陵步藩强盛之后难以除去，这时便跟尔朱兆全力攻打纥豆陵步藩，把他打败了，纥豆陵步藩死去。尔朱兆十分感激高欢，便盟誓结为兄弟。当时尔朱世隆、尔朱度律、尔朱彦伯共同把持朝政，尔朱天光占领关西地区，尔朱兆占据并州，尔朱仲远占据东郡，各自拥有重兵，横行霸道，天下人都遭受苦难。

葛荣的部众流散进入并州和肆州的有二十多万人，由于受到契胡的欺凌和摧残，都难以生存，被逼造反的有大小二十六起，虽然有半数被讨平杀光，但还不断有坏人乘机掠夺。尔朱兆很感头痛，便向高欢问计。高欢说："六镇反叛的残部，不能全部杀死，应当选拔大王心腹的人，让他统帅起来，假如再有人侵犯，便向统帅问罪，这样承担罪责的人数就很少了。"尔朱兆听后说："很好！谁能担当呢？"这时贺拔允也在座，便请求委派高欢掌管。高欢挥拳殴打贺拔允，打断了他的一颗牙齿，并说道："当年天柱大将军活着的时候，下面人就像鹰犬一样听从他的处置。如今天下大事全由大王安排，你阿鞠泥怎么胆敢诬下以欺上呢？请把他杀了。"尔朱兆见后，以为高欢确实对自己一片真心，便委派他处置这事。高欢因为尔朱兆是在醉酒时委派的，担心他酒醒以后反悔或对自己猜疑，当即辞出，大肆扬言说："我受委派，统帅州镇兵马，可立即到汾水东面集合接受命令。"于是，他在阳曲川树起牙旗，将前来集中的兵士分部排列。有人前来军营求见，身穿红袍，戴红头巾，自称是梗杨的驿卒，愿意充当左右随从。问了以后才知道他力气过人，曾经在并州市内扼死过人。高欢便把他作为自己的亲信。兵士们平时就很厌恶尔朱兆，喜欢高欢，所以全都一齐来报到。

过了没多久，高欢又通过刘贵向尔朱兆请求说，并州、肆州连年遭受霜灾和旱灾，差一点的民户都挖田野上的黄鼠来当食粮，人人面无血色，这样下去会损伤士兵的体质，请让灾队到山东一带就食，等待得到温饱以后再加以使用。尔朱兆答应了这个请求。可是，他的长史慕容绍宗进谏说："不行！如今四方纷纷扰扰，人人心怀异想，何况高欢雄才大略，又手握重兵呢？恐怕会发生意想不到的事情。"尔朱兆说："我和他焚香对天盟誓，还有什么顾虑呢？"慕容绍宗说："亲兄弟还难以信任，更何况结盟兄弟！"当时，尔朱兆身边的随从们都受过高欢的贿赂，便都诬告慕容绍宗跟高欢有旧仇。于是，尔朱兆把慕容绍宗关了起来，派人

催促高欢赶快出发。

高欢便从晋阳出滏口。途中遇到尔朱荣的妻子乡郡长公主从洛阳前来，带有三百匹马。高欢把马全部抢夺过来，换给劣马。尔朱兆听到这个消息后，立即释放慕容绍宗并向他问计。慕容绍宗说："高欢就像掌中之物罢了。"于是，尔朱兆亲自前去追赶高欢，一直追到襄垣。这时，正好漳河水大涨，桥梁冲坏了。高欢隔着河水对尔朱兆礼拜，并说："我所以向公主借马，没有其他原因，只是防备山东的盗贼罢了。如今大王听了公主的话，亲自前来追赶，我就是渡河而死，也决不推辞，只是这些人马就会叛乱了。"尔朱兆这时便自我表白并没有怀疑高欢的念头。于是，他骑着轻快的马渡过河去，跟高欢一起坐在军营内，再三表示歉意，并抽出宝刀交给高欢，伸长脖子让他砍脑袋。高欢大哭着说："自从天柱大将军不幸去世，贺六浑还有谁可以依赖的呢？但愿王爷您能活到千万岁，我能够为您效力。今日受旁人挑拨离间，这样相互猜疑，您又怎么忍心再说这种话呢？"尔朱兆这才把刀扔到地上，于是，两人杀白马对天盟誓，结为兄弟，并留宿军营宴饮。尉景私下埋伏壮士准备抓住尔朱兆，高欢啮臂以阻止他，并说："今日杀了他，他的同党必定奔回纠集人马。我方兵饥马瘦，难以对敌。如果另有英雄崛起，那么必将为害更加严重。不如暂且放过他。尔朱兆虽然强悍敏捷，但凶残狡诈而无谋略，不足以成大事。"第二天早晨，尔朱兆回到营中，又召高欢。高欢准备上马前去，孙腾拉住他的衣服不放，这才止步。尔朱兆在河对面破口大骂，跑回晋阳去了。尔朱兆的心腹念贤带领着一些归降户家室另外组成营垒，高欢装出和他很友善的样子，以观看他的佩刀为借口，取刀杀死了念贤和他的随从，这些人都逃散了。于是，士兵们都很高兴，加倍表示顺从。

起初，魏朝真君年间，内廷学士上奏说上党有天子之气，出在壶关的大王山。太武帝便南巡以厌胜，垒起三大堆石头，又斩断北面的凤凰山以毁坏山形。后来上党人居住在晋阳的地方称为上党坊，高欢确实曾经住在那里。这次出行，便停留在大王山，过了六十天后才进发。准备从滏口出发时，更加严厉约束军队，纤毫细小的东西，都不让有所侵犯。经过麦地时，高欢便步行牵马而过。远近百姓听说之后，都称赞说，高欢统兵军纪严明，民心更加归附。于是便向前出发驻屯于邺城北面，请求相州刺史刘诞供给军粮，刘诞不给。军营有存着收来的租米，高欢便只管去取来食用。

魏节闵帝普泰元年(531)二月，高欢的军队到信都，高乾、封隆之大开城门迎接。于是占据冀州。当月，尔朱度律废了元晔而另立节闵帝。他想笼络住高欢，三月间，尔朱度律向皇帝奏请封高欢为勃海王，征召他入京朝见。高欢辞谢了。四月癸巳，又加封他为东道大行台，第一镇人酋长。庞苍鹰从太原前来投奔，高欢任命他当行台郎，不久又任命为安州刺史。

高欢自从到山东以后，休养士卒，修整甲兵，禁止士兵们侵害掠夺，民众都归附于他。高欢又制作一封假信，说尔朱兆准备把六镇人分配到契胡那里作为部众，兵士们都十分忧愁。他又让人假造并州发来的兵符，征召兵马讨伐步落稽。他便调一万人准备派遣出发，孙腾和尉景假装请求晚走五天，就这样接着挽留了几回。高欢亲自到郊外送别，痛哭流涕，恋恋不舍。这时，人人悲号痛哭，哭声震天动地。高欢便对他们说："我跟你们都是失去故乡的外地人，情义如同一家，想不到上面竟然这样征召你们！你们直接西征肯定死路一条，延缓到达也是死罪，

刺配给国人也是死路，怎么办？”众人说：“只有造反一条路！”高欢说：“事急也只有反，但必须推举一人领头。”众人都愿意听从高欢管辖。高欢说：“你们乡里人难以制约，难道没有见到葛荣吗？他虽然有百万人马，由于没有刑法，最终如同灰飞烟灭。今日推举我当首领，必须和以前不同，不能欺负汉人，不能违犯军令，生死大权在我，这才行。否则，总不能让天下人取笑。”众人都跪拜在地叩头，表示生死服从命令。高欢装出一副不得已而为之的模样。第二天他杀牛大宴士卒，并宣布了讨伐尔朱兆的意图。封隆之接着说：“这是千载难逢的好时机，普天将同庆啊！”高欢说：“讨伐奸贼，是大顺民心；拯救时世，是千秋大业；我虽然不勇武，但以死相继，怎敢退避呢！”

六月初二，在信都举起义旗，但还没有明显表示背叛尔朱氏。当李元忠和高乾讨平殷州斩了尔朱羽生的首级前来拜见时，高欢这才拍着胸脯，对大家说：“今天反定了！”他便任命李元忠当殷州刺史。当时，高欢军威大振，便上表列举尔朱氏的罪状。尔朱世隆把奏表压下来不上奏皇帝。八月，尔朱兆攻陷了殷州，李元忠逃奔前来。

孙腾认为如今和朝廷断绝了关系，如果不暂时立一位皇帝的话，众人的心就没有一个维系的地方。十月初六，立章武王元融的儿子勃海太守元朗为皇帝，年号中兴，这就是废帝。当时，尔朱度律、尔朱仲远军队到达阳平，尔朱兆前来跟他们会兵。高欢采用窦泰的反间计，使尔朱度律跟尔朱仲远不战而回。于是，高欢在广阿打败了尔朱兆。十一月，进攻邺城，相州刺史刘诞据城固守。高欢建造了土山，挖掘地道，中间树起许多大木桩，然后放火焚烧，城墙倒塌陷入地下。麻祥这时是汤阴的县令，高欢称他叫“麻都”，麻祥深感羞愧而逃走。

永熙元年(532)正月十七日，攻克邺城，占领了它。废帝晋封高欢为大丞相、柱国大将军、太师。这时，青州举义兵的大都督崔灵珍、大都督耿翔都派人前来归附，行汾州事刘贵弃城前来归降。

闰三月，尔朱天光从长安，尔朱兆从并州，尔朱度律从洛阳，尔朱仲远从东郡，一齐会兵邺城，号称二十万人，沿着洹水驻扎军队。节闵帝任命长孙承业为大行台，总督各军。高欢命令封隆之守邺城，自己领兵驻守紫陌。当时，高欢骑兵不到两千，步兵不满三万，众寡悬殊。他便在韩陵布置了一个圆形的阵势，把牛驴相互用绳子牵在一起，塞住了军队的退路，于是将士们都准备死战，四面出击。尔朱兆责备高欢背叛自己。高欢说：“我本来和你们同心协力，共同辅佐王室，如今庄帝何在？”尔朱兆说：“庄帝枉杀天柱大将军，我替他报了仇。”高欢说：“我往日曾经亲耳听到天柱大将军的计谋，你当时就站在门前，怎么还敢说不是反叛呢？况且以君杀臣，有什么仇可报？今日和你已经断绝恩义了。”于是两军合战，大败尔朱兆军。尔朱兆对着慕容绍宗说心里话：“悔不听您的话，以至于此。”准备轻身逃走。慕容绍宗反转旗帜，吹响号角，收集散落的士卒，排成队列西退。高季式带着七骑追奔。越过野马岗，跟尔朱兆相遇。高昂望不到高季式的身影，哭着说：“我弟弟丧失了！”深夜，高季式才回来，血流满袖。斛斯椿日夜兼程，先行占据河桥。起初，在普泰元年的十月，岁星、火星、镇星、太白星都集中在觜、参两宿间，十分明亮。太史占卜说，应当有王者兴起。当时，高欢起兵于信都，到这时击败了尔朱兆等。

四月，斛斯椿捉住尔朱天光、尔朱度律，送到洛阳。长孙承业派都督贾显智、

张欢进洛阳，抓了尔朱世隆、尔朱彦伯并把他们斩首。尔朱兆逃往并州。尔朱仲远逃奔梁朝，死于梁。这时，群凶被除，朝廷欢庆。起先，未开战的前一月，章武人张绍夜间忽然被几位骑士带着越过城墙，来到一位大将军跟前，他命令张绍给军队当向导前往邺城，说是去帮助受天命的人除去残贼。张绍回头望时，看不清有多少兵马，军容整齐行动迅速而听不见声响。将到邺城时，才把张绍放了。当作战的时候，尔朱氏的军队看见阵外人马四面合击，分明是神助高欢啊！

接着，高欢到达洛阳，废掉节闵帝和中兴帝，立孝武帝。孝武帝即位后，封高欢为大丞相、天柱大将军、太师，世袭定州刺史，加封的跟从前受封的食邑共十五万户。高欢辞去天柱大将军的封号，减去五万户食邑。二十九日，高欢回邺城，魏孝武帝在乾脯山为他饯行，拉着手告别。

七月初十，高欢带领军队北伐尔朱兆。封隆之对他说，侍中斛斯椿、贺拔胜、贾显智等过去都侍奉尔朱氏，后来都反过来咬他们，如今都在京城受到宠信，必然会造成祸患，高欢十分赞同他的看法。于是把尔朱天光、尔朱度律送到洛阳斩首。自己带兵从滏口进军。尔朱兆在晋阳大举抢掠，然后退向北面据守秀容，并州乱平。高欢因晋阳是四面都有要塞的地方，就在这里建大丞相府，定居晋阳。

尔朱兆退回秀容以后，分兵把守各险要地方，时常进出抢劫掠夺。高欢声言准备起兵征讨。他带兵出发后又半途停止了，这样连续搞了几次，尔朱兆也就不加在意了。高欢估计尔朱兆年初一定要大开宴会，便派窦泰带领精锐骑兵飞驰前往，一天一夜行军三百里，高欢统帅大军在后面跟着前进。

永熙二年(533)正月，窦泰突然来到尔朱兆的王庭。士兵们因为宴会而休息，十分怠惰，忽然见到窦泰的军队，大惊而逃，窦泰紧追不舍，在赤洪岭击败尔朱兆的军队。尔朱兆自缢而死，高欢亲自前往，厚葬了他。慕容绍宗带着尔朱荣的妻子和残余人马占据乌突城自保，投降以后，高欢认为他是讲义气的人，所以加以厚待。

高欢到洛阳以后，尔朱仲远部下的都督桥宁、张子期从滑台归来复命，高欢认为他们帮助尔朱氏作乱，而且几次反复，便把他们全部斩首。斛斯椿因而心中不安，便跟南阳王元宝炬，以及武卫将军元毗、魏光、王思政一起在魏帝面前讲高欢的坏话。舍人元士弼又上奏说，高欢在接受皇帝的旨意时大不敬，因而魏帝便产生疑心而对贺拔岳怀有戒心。起初，还是孝明帝的时候，洛阳有人用两只跋互相敲打，传谣言说："铜跋打铁跋，元家世将末。"喜欢生事的人就说，这两个跋指拓跋和贺拔，说的是他们将要衰败的前兆。

这时司空高乾秘密报告高欢，说魏帝怀有贰心。高欢把来信封好，送给魏帝，魏帝便将高乾杀掉了。接着魏帝又派徐州刺史潘绍业拿着密令给长乐太守庞苍鹰，让他杀掉高乾的弟弟高昂。高昂先已得知哥哥被杀死的消息，他以槊扎入大柱，埋伏壮士在路上抓住了潘绍业，从他的衣袍领子上找到了密令，他便跑来投奔高欢。高欢抱着高昂的头哭着说："天子枉杀了司空了。"他立即派人送白武幡安抚高乾的家属。当时，高乾的二弟高慎在光州，为政严厉，又纵容部下乱收贿赂，魏帝派人去代替他的职位。高慎听说哥哥遇难，准备逃奔梁朝，他的下属说："你们高家功勋很重，朝廷必定不会让兄弟相互牵连的。"于是，他穿着破衣服推着小车回勃海，路上遇到使者，也来投奔高欢。于是魏帝和高欢有了仇隙了。

阿至罗虏在正光以前常常自称为藩国，自从魏朝发生内乱以后，都反叛了。高欢派使者招降他们，使之诚心归顺。开始，魏帝下诏说，各地盗贼均已平定，取消大行台的建制。到这时，又考虑到远方国家归降，重新任命高欢为大行台，根据情况随时处置有关事宜。高欢送给这些藩国粟米布帛，许多人议论说这是徒劳而无益的事情。高欢不听，依然像起初那样安抚他们。这个部落的首领吐陈等很感激高欢的恩德，都听从他的指挥，在救援曹泥，攻取万俟受洛干的时候，大得他们的效力。河西费也头虏纥豆陵伊利居住在苦池河，自恃占据险峻的地势和人数众多，高欢几次派长史侯景前去招降，但都不肯听从。

天平元年(534)正月初九，高欢在河西讨伐费也头虏纥豆陵伊利，灭了他们，把部落的人迁移到河东。

二月，永宁寺的九层佛塔发生火灾。不久有人从东莱到洛阳，说在海上的人都从海里见到火灾的景况，不久大雾弥漫，这才看不到了。有人这样解说，认为是天意，并说："永宁见灾，魏国不宁；飞入东海，勃海应运。"

魏孝武帝有了其他的图谋以后，当时侍中封隆之曾经私下里跟孙腾谈过。封隆之刚死了妻子，魏帝想把堂妹嫁给他。孙腾对封隆之说的话不大相信，存心想害封隆之，就把他私下讲的话泄露给了斛斯椿。斛斯椿又告诉了魏帝。孙腾还带着兵器进入朝廷，擅自杀死御史，逃去投奔高欢，并对他说，魏帝先打过舍人梁续，光禄少卿元子干又伸臂痛打，并对孙腾说："告诉你们那位高王爷，元家人的拳头就是这样的。"领军娄昭也以身体有病而辞职回到晋阳。魏孝武帝便任命斛斯椿兼任领军，分别设置督将以及河南、关西各州刺史。华山王元鸷掌管徐州，高欢便派邸珍去夺了他掌管的钥匙。建州刺史韩贤、济州刺史蔡儁，都是跟高欢一起举大义的，魏帝也对他们有顾忌，便裁去建州，使韩贤离职，又派御史尉綦儁去收集蔡儁的罪证，任命开府贾显智为济州刺史，蔡儁拒不服从。

魏帝更加恼怒，五月下诏说，准备讨伐句吴，便征发河南各州的军队，增设宿卫军，镇守河桥。六月初六，送密诏给高欢说："宇文黑獭自从讨平秦、陇以来，多为非分之求，恐有非常之变，诸事及物品均需筹划处置。但往来表启尚未完全背叛乖戾，欲进讨则过于匆忙。因而召集群臣，商议可否。都说可假称南征，内外戒严，一则防备黑獭的不测之事，二则可对吴楚扬威。"当时魏帝准备讨伐高欢，高欢便部署各路将帅，他们相互疑虑，所以魏帝有这份诏书。高欢收到后，便上表说："荆州连接蛮东，靠近畿服之地，关陇自恃偏远，将有叛逆图谋。臣如今暗勒兵马三万，拟从河东而渡；又派恒州刺史厍狄干、瀛州刺史郭琼、汾州刺史斛律金、前武卫大将军彭乐拟合兵四万从来违津渡河；派领军将军娄昭、相州刺史窦泰、前瀛州刺史尧雄、并州刺史高隆之拟合兵五万征讨荆州；派冀州刺史尉景、前冀州刺史高敖曹、济州刺史蔡儁、前侍中封隆之拟合山东兵七万，突骑五万，以讨伐江东。现皆已约束各部，听候处置。"魏帝感到高欢已经知道变故，便将他送来的奏表，让群臣们商议，想要制止住高欢的各路兵马。

高欢也聚集了在并州的所有臣僚们，让他们广为议论，接着又送来一份奏表，仍然信誓旦旦。自表忠诚，表中说："臣不幸遭受嬖佞之臣的挑拨离间，使陛下一旦产生猜疑，而有猖狂之罪，如尔朱时之计。臣下如果敢不尽心竭力，有负于陛下，则愿身受天灾，子孙绝灭。陛下如仍信我一片赤心，使干戈不动，佞臣一二人，请斟酌黜废以出之。"

二十日，魏帝又将表抄出让在京的文武大臣商议，答复高欢。他让舍人温子升起草诏书，温子升犹豫半天不敢动笔，皇帝坐在胡床上拔剑变了脸色，温子升这才起草一份诏书说：

“前将心血，远示高王，深望彼此相互体谅，而不肖之徒，坐生离间。近孙腾仓猝向北，致使闻者疑有异谋。故派御史中尉綦儁，详述朕之心怀。今得王之来信，言辞誓愿，诚恳凄恻，反复思考，犹有未解之由。以朕眇然之身，遇高王雄武大略，不劳尺刃之力，坐为天子之尊。所谓生我者父母，贵我者高王也！今如无故而背王，规划相互攻讨，则使朕自身以及子孙，还如高王所誓之辞，皇天后土，实听此言。

“近忧虑宇文氏作乱，贺拔胜呼应，故严于管束，要与王互相声援。今日宇文氏使者相望于路，观其所作所为，并无异常。贺拔氏在南方，开拓边境，为国建功，实无可责之处。君如欲分兵征讨，何以为辞？东南不来宾服，为时已久，先朝以来，置之度外。今天下户口减半，不宜穷兵黩武。

“朕既暗昧，不知佞人是谁，可开列姓名，令朕知之。如听厍狄干对王说：(本想立懦弱者为帝，无事立此长君，使之不听驾御。今只须出兵十五日，便可废去，另立其余。)如此议论，自是高王处的功臣，岂是出于佞臣之口？去年封隆之背叛，今年孙腾逃走，高王不治罪不送回，谁不责怪高王？孙腾既是为祸之始，竟无愧惧之心，高王如事君竭尽忠诚，何不斩送二人首级？高王启奏谋图西进，而四路兵马俱发，或要南度洛阳，或要东临江左，言之者应觉自怪，闻之者岂能不疑？高王如谨守忠诚，不怀贰心，安然居于北方，此处虽有百万之众，终无图取之心。高王如听信邪说，背弃信义，举旗南下，这里纵无匹马单轮，犹欲奋举空拳而以死相争。朕本寡德，高王已立之，百姓无知，或以为实可。假如为他人所图取，便彰显朕之恶迹；如果还是被大王所杀，幽禁凌辱，化为粉末，毫无遗恨。何也？高王既然以德推朕为帝，以义而举，一朝背德舍义，便是过失有人承担。

“本望君臣一体，有如符契相合而一，想不到今日，分歧疏离竟至于此。古语说：‘越人射我，笑而道之；吾兄射我，泣而道之。’朕与高王之亲，情如兄弟，所以投笔抚胸，不觉嘘唏。”

起先，高欢从京城北上时，曾经认为洛阳久经丧乱，王气已经衰尽了，虽然有山河的险固，但土地偏小狭窄，不如迁往邺城，因而请求迁都。魏帝说：“高祖在河洛定鼎，是作为永久的帝基。经营制度，直到世宗时才完成。大王既有功于社稷，应当遵守太和年间所立旧规。”高欢遵从了诏令。到这时，他又想重提迁都。他派一千骑兵镇守建兴，增加河东和济州的兵马，在白沟掳掠运粮船，不让驶向洛阳。各州的粮食，让运到邺城。魏帝又下诏给高欢说：“大王如愿顺伏人心，杜绝议论，唯有召回河东之兵，废除建兴之戍，送来相州之粟，追回济州之兵，命令蔡儁接受替代，邸珍让出徐州，停止戈矛，放散马匹，让各人重务旧业家事。如需粮食，另派人运送。这样谗人就无言可说，而疑悔之心不生。大王高枕无忧于太原，朕垂拱而治于洛阳，终身决不举足渡河，以干戈相对。王如马首向南，以问九鼎之轻重，朕虽不习武艺，欲止而不能，必定为保全社稷宗庙，制定万死之策。事取决于大王，非朕所能自定。为山者而怕功亏一篑，故应相互珍惜之。”

这时，魏帝任命任祥为尚书左仆射，加开府。任祥弃官走到河北，占据郡城等候高欢。魏帝便下诏说，文武官员，凡是从北面来京的，来去听其自愿。同时

又下诏历数高欢的罪状，作北伐的准备。高欢也勒马宣告说：“我因为遇到尔朱氏擅权，在四海之内高举义旗，拥戴皇上，义气贯于天地。横遭斛斯椿谗言，造成嫌隙，以忠诚之心变为逆叛之首。昔日赵鞅在晋阳兴兵，驱除国君身边的恶人。今日南下，杀斛斯椿一人而已。”他任命高昂当先锋，并说：“当日如果听从司空的话，怎么会有今天的举动呢！”司马子如回答高欢说：“原来说要立年纪小的，也正因为怕出这种事情啊！”

魏帝征召关西军队，又召贺拔胜来到京城。派遣大行台长孙承业、大都督颍川人王斌之、斛斯椿共同镇守武牢关，汝阳王元暹镇守石济，行台长孙子彦带领前恒农太守元洪略镇守陕州，贾显智率领豫州刺史斛斯元寿攻打蔡儁。高欢派窦泰跟左箱大都督莫多娄贷文迎战贾显智，韩贤迎战元暹。斛斯元寿军队投降了窦泰。莫多娄贷文和贾显智的军队在长寿津相遇，贾显智暗暗派人去约定投降的时间，引军后退。军师元玄发觉了，急忙跑回请魏帝增派军队。魏帝派遣大都督侯几绍前去，两军在滑台东面作战，贾显智带着军队投降，侯几绍战死。

七月，魏帝亲率大军镇守河桥。高欢也来到黄河北岸，离河只有十几里的地方，他再次派人传口信，发誓忠诚于帝室。魏帝不回信。高欢便领军渡过黄河。魏帝向群臣询问计谋，有的说南去依靠贺拔胜，有的说西行到关中，也有的说紧守洛口死战，拿不定主意。这时，元斌之和斛斯椿争权，彼此不和，元斌之扔下斛斯椿自己回兵，欺骗魏帝说，高欢军队已经打到了。当天，魏帝退往长安。

二十九日，高欢进入洛阳，停留在永宁寺。八月初四，高欢召集百官，对他们说：“当臣子的侍奉君主，匡救于危乱之时。如果居于职位却不进谏争议，出行不陪随前往，平时争宠求荣，事急争相逃窜，臣子的节操何在！”便逮捕了开府仪同三司叱列延庆、兼尚书左仆射辛雄、兼吏部尚书崔孝芬、都官尚书刘廞、兼度支尚书杨机、散骑常侍元士弼，把他们全部杀掉，这是因为他们怀有二心。元士弼全家被籍没。

高欢以国家大事不可旷废，便和百官们商议，由清河王亶任大司马，居于尚书下舍代理皇帝处置各种要事。以王的封号而出警入跸，高欢感到很丢脸。高欢随即到达弘农，进而西克潼关，活捉了毛洪宾；又进军长城，龙门都督薛礼出降。高欢退居河东，命令行台尚书长史薛瑜镇守潼关；大都督厍狄温镇守封陵；在蒲津西岸筑城防守华州，任命薛绍宗为华州刺史；高昂行豫州事。高欢从晋阳发兵至这里，共写了四十封信，魏帝全都不回信。

九月初十，高欢回到洛阳，便派僧人道荣送奏表前往关中，魏帝又不回答。他便召集文武百官、僧人、德高望重的老年人，商议推荐人选再立皇帝。大家认为，自从孝明帝孝昌年间以来，朝廷衰弱遭乱，国统中断，神主也不知所依，昭穆排列失去次序，永安时以孝文帝为伯考，而永熙时又把孝明帝迁到夹室去，帝业沦丧，在位时短，由此而导致的。于是商议立清河王的世子元善为帝。议定之后，告诉了清河王。清河王说：“天子是没有父亲的，如果让小儿立为帝，我将不惜自己的余生。”于是便立了善见，这就是孝静帝。魏于是开始分为两国。

高欢因为孝武帝在西面，恐怕会进逼崤关陕州，洛阳又在黄河以南，接近梁朝的辖境，如果迁到晋阳，也势必难以联系全国。因而依照原来的想法，迁往都城。护军祖莹也赞同这一计划，下诏三天之后，车驾便向东出发，四十万户人家，狼狈不堪地走上东道。高欢留在洛阳部署，等事情办完后回晋阳。从此以后，军国大事，都归相府处置。起初有童谣唱道："可怜青雀子，飞来邺城里。羽翮垂欲成，化作鹦鹉子。"那些好事者私下说，雀子说的是清河王的儿子，鹦鹉是指神武帝高欢。

初起时，在孝昌年间，山胡人刘蠡升自称皇帝，年号为神嘉，住在云阳谷，西部边境每年受到侵掠，称之为胡荒。

二年(535)正月，西魏渭州刺史可朱浑道元带着部众前来归顺，高欢接纳了他们。十五日，高欢袭击刘蠡升，大败该部。二十二日，孝静帝下诏嘉奖，任命高欢为相国、假黄钺，剑履上殿，入朝不趋行。高欢坚决辞让。

三月，高欢说要把女儿嫁给刘蠡升的太子，让他们放松戒备。十五日，偷偷派出部队攻打。山胡的北部王斩刘蠡升的首级送来，其余部又立他的儿子南海王为帝。高欢大举进攻，活捉了南海王和他的弟弟西海王、北海王、皇后及公卿以下四百多人，山胡、魏人五万户。二十六日，高欢到邺城朝见皇帝。

四月，高欢请求供给迁入的人口粮食，数量不等。

九月十一日，高欢因为州、郡、县的官员大多违背法令，请求朝廷派使者访问民间疾苦。

三年(536)正月二十三日，高欢带着厍狄干等一万骑兵偷袭西魏夏州。他带头吃凉食，四天到达夏州，他们把槊捆绑起来作为攻城的梯子，夜间进入城内，活捉了夏州刺史费也头斛拔俄弥突，仍然留用他当刺史，留下都督张琼镇守夏州，迁移该部落五千户人回东魏。西魏的灵州刺史曹泥和他的女婿凉州刺史刘丰派使者来表示归顺东魏。宇文泰围困曹泥，引水灌城，没有被淹没的地方只有四尺高。高欢又命令阿至罗发骑兵三万，直出灵州，绕道到西魏军队后面攻击，缴获战马五十匹，西魏军队才退走。高欢带领骑兵迎接曹泥和刘丰，他们带着遗留下来的五千户归内地，东魏恢复了曹泥的官职和爵位。魏帝下诏加赐高欢九锡，高欢坚决辞谢，因而停止。

二月，高欢命令阿至罗进攻西魏秦州刺史建忠王万俟普拨，他自己带领大军应接。六月二十五日，万俟普拨跟他的儿子太宰受洛干、豳州刺史叱干宝乐、右卫将军破六韩常以及督将三百多人，率领部众前来归降。

八月十九日，高欢请求统一斗尺的规格，颁布于天下。

九月十三日，汾州胡人王迢触、曹贰龙聚众谋反，封文武官员，建年号平都，高欢讨平了他们。

十二月十一日，高欢从晋阳西征，派兼仆射行台、汝阳王元暹、司徒高昂等前往上洛，大都督窦泰从潼关进兵。

四年(537)正月十七，窦泰兵败自杀。高欢军队到达蒲泽，由于冰层薄而无法前去救援，便回师。高昂攻克上洛。

二月二十日，高欢因并、肆、汾、建、晋、东雍、南汾、秦、陕九州发生霜旱灾害，民众饥荒而流离失所，请各地开仓赈济。

六月初八，高欢到达天池，得到一块有祥瑞的石头，上面隐现出文字"六王三川"。

十月初一，高欢西征，从蒲津渡河，领军队二十万人。宇文泰把军队陈列在沙苑。高欢因地方狭小而稍微后退，西魏军队大声鼓噪进逼，东魏军大乱，丢弃的武器甲胄十八万件，高欢骑着骆驼，坐船回归。

元象元年(538)三月初三,高欢坚决要求免去丞相职务,魏帝应许了他。

四月初二,高欢到邺城朝见。初四,回到晋阳,请求放开酒的禁令,并赈恤宿卫武官。

七月二十五日,行台侯景、司徒高昂在金墉城围困西魏将军独孤信,西魏皇帝和宇文泰一起前来救援。大都督厍狄干带领众将为先驱,高欢统帅大军后继前进。

八月初四,在河阴交战,大败西魏军队,俘虏了几万人。司徒高昂、大都督李猛、宋显死去。西魏军队失败以后,独孤信首先进关,宇文泰留下都督长孙子彦镇守金墉城,于是烧掉营房逃跑。高欢派兵追赶至崤关,未能追上而回。起先,高欢知道西魏军队入侵,便从晋阳带领军队飞奔前来,到孟津时,军队还未渡河,两军交战,互有胜负。接着高欢渡过黄河,长孙子彦也弃城逃跑。高欢便烧掉金墉城而后回兵。

十一月十五日,高欢到京城朝见皇帝。十二月十日,回归晋阳。

兴和元年(539)七月二十六日,魏帝晋封高欢为相国、录尚书事,高欢坚决推辞,于是停止。

十一月十六日,高欢因新宫殿建成,到邺城朝见。魏帝和高欢宴饮行令。高欢降阶以祝贺。高欢请求辞去勃海王及都督中外诸军事,魏帝下诏不允许。十二月十九日,高欢回晋阳。

二年(540)十二月,阿至罗的别部派使者请求归降,高欢率领军队迎接,出武州塞外,不见踪影,便大举围猎后回军。

三年(541)五月,高欢巡视北方边境,派使者和蠕蠕通和。

四年(542)五月十六日,高欢到邺都朝见,他请求魏帝传令百官,每月当面陈奏政事;公开不足之处,纳谏去邪,亲自审理案件,表扬勤政,废黜懈怠;各地方长官有过失,所辖各级连坐;宫廷之内,进出有序;后园豢养的鹰犬,全部放弃。六月初十,高欢回到晋阳。

九月,高欢西征。十月初六,在玉壁城围困了西魏的仪同三司王思政,想引西魏出兵。西魏不敢出兵。十一月二十一日,高欢因天降大雪,士兵很多人死去,便回师。

武定三年(543)二月十二日,北豫州刺史高慎占据武牢关叛降西魏。三月初二,宇文泰率军队救援高慎,围住河桥南城。十六日,高欢大败西魏军于芒山,活捉西魏督将以下官员四百多人,俘虏和斩首的有六万多人。当时,高欢部下军士有偷杀驴的,按照军法应当处死,高欢不杀他,准备带回并州以后处决。第二天,两军又开战,那个偷杀驴的人投降西魏,告诉了高欢的地方,西魏便集中精锐部队大举进攻。高欢军队溃散,高欢也失去战马。赫连阳顺下了马,把它交给高欢骑,他跟仆从冯文洛把高欢扶上马后,一起步行。跟随高欢的只有步骑兵六七人。西魏追兵赶到了,亲信都督尉兴庆说:“大王快走,兴庆腰间还有百支箭,足以杀死百人。”高欢勉励他说:“事成之后,任命你当怀州刺史,如果战死,就任命你的儿子。”尉兴庆说:“我儿子还小,请用我的哥哥。”高欢答应了。尉兴庆和敌军对战,箭射完后死去。西魏太师贺拔胜带着十三骑追赶高欢,河州刺史刘洪徽射中了其中的两个人。贺拔胜的槊将要刺中高欢,段孝先从侧面射死了贺拔胜的战马,高欢幸免于难。豫、洛二州讨平之后,高欢派刘丰追击扩大地盘,追到恒

中华帝王

农以后才回军。

七月，高欢去信给宇文泰，责备他杀害了孝武帝的罪状。

八月十四日，魏帝下诏任命高欢为相国、录尚书事、大行台，其余职务如故。高欢坚决辞去而止。当月，高欢命令在肆州的北山建城，西起马陵戍，东至土隥，四十天停工。

十二月二十三日，高欢到京城朝见。二十四日，回晋阳。

二年(544)三月初九，高欢巡行冀、定两州，因便到京都朝见。因冬春大旱，请求魏帝免去各县交粮的任务，赈济穷困的民众，赦免死罪以下的囚犯。又请授给老人朝笏和职衔，高低不等。四月初二，高欢回晋阳。

十一月，高欢讨伐山胡，击败和讨平了他们，俘虏了一万多户人，把他们分配到各州。

三年(545)正月十五日，开府仪同三司尔朱文畅、开府司马任胄、都督郑仲礼、中府主簿李世林、前开府参军房子远等人阴谋刺杀高欢，他们趁十五日晚打火把的机会带着利刃进宫。同党人薛季孝把这个阴谋报告了高欢，他们全部被杀。二十八日，高欢请求在并州建晋阳宫，以处置配给各关口事宜。

三月十六日，高欢到邺城朝见。二十七日，回晋阳。

十月二十二日，高欢上奏说，幽、安、定三州北接库莫奚和蠕蠕，请在各险要地方设立城戍加以防备。他亲自前往观察，无不做到严实坚固。闰十月二十日，高欢请求释放在芒山俘虏来的兵士。打开镣铐，把民间的寡妇给他们当配偶。

四年(546)八月二十三日，高欢准备西征，从邺城召集军队到晋阳会合。殿中将军曹魏祖说："不行，今年八月以西方为王气，我们以死气对敌生气，对进攻者不利，如果我们是主方还是可以的。大军如果一定要出征，必定损伤大将。"高欢不愿听从。自从东西魏交战以来，邺城往往先有黄黑蚁群对打。会占卜的人认为黄的是东魏军服的颜色，黑的是西魏军服的颜色，人们便以此来揣测两军作战的胜负。当时，黄蚁全部被黑蚁杀死。

九月，高欢围住玉壁城向西魏军队挑战，西魏不敢应战。西魏晋州刺史韦孝宽坚守不出。城里时常露出遮住铁片的面孔，高欢让元盗射箭，每次都射中眼睛。他采用李业兴的孤立和使之内虚的战术，把军队集中在城北，北面是天险要地。于是在城外筑起土山，凿了十条地道，又在东面凿二十一条地道来攻城。城内没有水，到汾河汲水。高欢让汾河改道，一夜而成。韦孝宽夺占了土山。高欢屯兵城外五十天，城没能攻下，战死的有七万人，把他们集中埋葬成一座大墓。有流星坠入高欢的军营，群驴都嘶叫起来，士兵们都被震聋了，十分恐惧。高欢于是患病。

十一月初一，高欢带病回师。十一日，派太原公高洋镇守邺城。十二日，召世子高澄到晋阳。有恶鸟聚集在亭子的树上，世子让斛律光把鸟射死了。十二月十一日，高欢因为出师无功，上表请求免去都督中外诸军事，魏帝下优诏允许了。当时，西魏传言高欢中了箭，高欢听说以后，便勉强坐起来会见各显贵要人。他让斛律金唱敕勒歌，高欢自己亲和，歌声凄切感人不觉泪下。

侯景一向轻视高欢的世子，曾经对司马子如说："高王在，我不能有异心；高王没有了，我不敢跟鲜卑小儿共事。"司马子如掩住他的嘴。这时，世子代高欢写信，召侯景。侯景事先曾经跟高欢约定，收到信时，信背面有小点，就来。可是信

到以后，没有点，侯景不肯来。他又听说高欢病了，便拥兵自保。高欢对世子说："我虽然有病，但你的脸上还有另外忧愁的颜色，是什么原因?"世子没有回答。高欢又问："莫非是忧虑侯景将叛变?"回答说："是的。"高欢说："侯景专管河南已有十四年了，时常有飞扬跋扈的样子，只有我还能调教他，怎么能听你的驾驭呢?如今四方未定，不要急于发布丧亡的消息。厍狄干鲜卑老公、斛律金敕勒老公，都秉性直朴，终不会有负于你。可朱浑道元、刘丰生从很远的地方跑来投奔我，必然不会有异心。贺拔焉过儿朴实没有什么过错，潘相乐原来是道人，心地宽和厚道，你们兄弟必定得到他尽力相助。韩轨年轻耿直，应当对他宽和，借用他的力量。彭相乐难以揣测他的心思，应当加以防护。略微能够和侯景对抗的，只有慕容绍宗，我故意不让他身居显贵，是想留下来给你们用，应当对他特别礼遇，委任他经略国家大事。"

五年(547)正月初一，日食。高欢说："日食是因为我的缘故吗?虽然死了又有什么可恨的!"初八，送奏书给魏帝。当天，死于晋阳，五十二岁。秘密不对外发丧。六月十七日，魏帝在东堂举哀三天，以缌麻服为他治丧。下诏丧礼依照汉朝大将军霍光、东平王苍的旧例，赠封假黄钺、使持节、相国、都督中外诸军事、赠齐王的玉印、帝王所用的辒辌车、黄屋左纛、前后羽葆鼓吹、轻车介士、兼备九锡的特殊礼遇，谥为献武王。八月二十日，埋葬在邺城西北漳水的西边，魏帝亲自送到紫陌。天保初年(550)，追封为献武帝，庙号"太祖"，陵称号为"义平"。天统元年(565)，改谥为"神武皇帝"，庙号高祖。

高欢生性高深莫测，整天很严肃的样子，难以知道他的心思，机谋权变之时，变化如神。至于军国大事谋略，独自在心中作出决断，文武官员很少有人参预。他掌管军队，法令严明，临阵克敌制胜，策略变化多端。听讼断狱，明察秋毫，难以受骗。知人好士，全力爱护功臣旧交。思虑周到而敏捷，每当涉及礼乐法度、文章教化方面事情，他总是很热情诚恳加以安排。谈论事情以及表达内心感情，不爱用华文丽藻。选拔人才授予职务，全根据其才干，只要能够胜任，甚至能够从地位低贱的厮养户中选拔。那些徒有虚名而无实际才能的，很少被任用。众将出征，实行他的作战方案策略，无不克敌制胜。违背他所制定的计划的，大多败亡。性爱俭朴，所用的刀剑、坐骑的鞍勒，没有以金玉装饰的。年轻时很能喝酒，可是自从担当重任以后，最多不过喝三杯。在家时也如同在官府里一样。仁慈宽恕爱惜士人。原来范阳的卢景裕以善于释经义著称，鲁郡人韩毅因书法超群而有名，他们都以阴谋叛乱罪而被捕，但都得到恩赦并让他们到府中的学馆，教育高欢的几个儿子。所有文武官员，因忠于原来的主人而被抓获的，许多人都不问罪，所以远近人士归附，都愿为他效力。至于南面和梁国交和，北部关心蠕蠕，吐谷浑、阿至罗都被他所招降，得到了他们的大力援助，可见他的谋略确实远大啊!

北齐文宣帝高洋

文宣帝高洋

少年英武　代魏建齐

魏晋南北朝时，独暴昏悖的君主特别多，其中有一位竟狂悖到要出嫁自己的老母，这就是北齐文宣帝高洋。

高洋是北齐开国君主，是高欢的次子，高欢妻娄氏所生。

能够建立国家，必然是一位有为的君主。但高洋小时，和众兄弟比较起来，显得格外迟钝，所以，一直为众人所轻视。

高欢非常喜欢自己的儿子，经常出题目测验他们的优劣。有一次，高欢拿来几团乱丝，让儿子们理，看谁最先找到窍门。他的这些儿子们或手忙脚乱扯来扯去，或仔细观察寻找规律，唯有高洋抽出刀来，把丝斩成几段，一边斩一边说："乱者当斩！"看到高洋如此与众不同，高欢心里暗暗称奇。又一次，高欢让每个儿子带一批人出去巡游，然后布置彭乐率军士假装进攻，准备用这种办法比较一下每个儿子的胆量。这次测验，连高澄这样精明的年轻人都非常惊恐，唯有高洋神色镇定。他指挥手下与彭乐格斗，彭乐不得已，摘下头盔，露出面目，向他说明真相。但高洋并不理睬，一直到把他们全部捉住，带回去献功。于是高欢越发惊奇，他对手下说："这孩子看起来迟钝，想不到比我还能干！"

实际上，高洋并不迟钝，他的迟钝是故意装出来的。高洋是次子，仅次于高澄，处在这种位置，最容易引起高澄的嫉恨，因此，高洋外表装得很傻，并且时时表露出甘居人下的样子，尤其对高澄的指示，从来没有不顺从的。

高澄的妻子是北魏公主，姓元。高洋的妻子是赵郡李家的女儿，无论相貌举止，都比元氏美多了。高澄看到傻弟弟的妻子比自己的美，心里常常为之不平。高洋很疼爱李氏，常给她做些漂亮的衣服，买些贵重的首饰，高澄常常夺去送给自己的妻子。李氏有时生气不给，高洋就笑着跟她说："这种东西哪儿弄不着，哥哥要，就给他吧！"有时高澄倒不好意思了，不要了；高洋就收回来，从不故意谦让。高洋每次回家，都要关上门窗在家静坐。有时妻子在屋里，他也能一天不讲话。但有时他高兴起来，穿着短衣短裤，光着头和脚，在院里又跑又跳。李氏问他为什么这样，他说："哄你高兴呗！"家里家外人看起来，高洋简直是个没出息的傻子。其实，当时高洋已经暗暗用心了。他不敢习练武艺、锻炼身体，怕哥哥怀疑，所以采取这种方法，达到锻炼意志、增强体质的目的。

高欢死后，年轻的高澄代替父亲执掌了东魏政权。两年后，他被膳奴杀死，死时二十九岁。高洋比高澄小九岁，那时只有二十岁。东魏政权是高家拥立的，一直以高家为靠山，可以说，没有高家就没有东魏国家。所以，高澄被刺的消息

传出后，人们无不震惊，一致认为，高家没人了，国家将要大乱了。

很快，令人吃惊的事情发生了：一向被人看不起的高家老二忽然变成了一个英武果敢的指挥者。而且，他的指挥才能比高澄还要高明得多。

原来，事变发生时，高洋正在邺城城东。他听到后一点儿也不惊慌，马上指挥军队包围了现场，亲自拿住了作乱者，把他们杀死并剁成肉酱。然后，高洋不慌不忙地走出来对众人说："没什么，家里奴才作乱，碰伤了大将军(即高澄)，但不碍事。"为了安定余下的乱党，不至发生更大事变，高洋让东魏皇帝下了大赦令，然后，才宣布了高澄的死讯。

随后，高洋回到东魏重兵所在的晋阳，大会文武。晋阳的旧臣宿将向来看不起高洋，认为他只能给高家丢脸。今天看到高洋如此神采飞扬、言辞敏洽，无不大惊。高洋修改或取消了高澄原来一些不得人心的制度，赢得了上下一致拥护。

高洋镇服人心后，回到了邺城。不久，他逼迫东魏皇帝退了位，自己做了皇帝，国号齐。人们看到这时的高洋，外柔内刚，决断果敢，令人莫测高深，无不畏服。此外，他专心处理政事，政策简单明了：既善于用人，又善于用兵，西征北讨，连连获捷。一时，大齐声威震动戎夏。

骁勇善战　威震四方

北齐占据的面积很辽阔，今天的河北、山东、山西、河南、苏北和皖北都在它的版图之内，西临西魏，南傍梁朝，北靠契丹、柔然、山胡、库莫奚等少数民族。

天保元年(550)十一月，高洋即皇位的消息一传到西魏宇文泰耳朵里，宇文泰便亲率大军东进，他想试探试探这位年仅20岁的新皇帝是否像他老对手高欢一样骁勇善战。西魏大军一直推进到建州(今山西绛县东南)，为了显示自己的实力和才能，高洋趁机纠合六州鲜卑，举行了一次规模庞大的军事演习，漫山遍野，刀枪林立，鼓声喧天。宇文泰不由感叹万分："高欢并没有死啊！"说罢急忙班师。宇文泰觉得自己力量不如北齐，所以也一直偃兵息武，不敢轻易东向。高洋时期，东西之间基本趋于平安无事，南北之间却时常烽火遍野。

天保六年(555)，南梁大将王僧辩在内讧中被陈霸先谋杀，王僧辩外甥徐嗣先闻讯后忿忿不平，秘密串通谯州(今安徽蒙城)、秦州(今江苏六合)刺史徐嗣徽和南豫州(今安徽当涂)刺史任约，将所辖各州献给北齐。他们乘陈霸先离开首都建康(今江苏南京市)去义兴(今浙江宜义)的机会，率领五千精兵偷袭建康，血战一天，攻下了建康城郊的石头城，高洋知道后大为高兴，立即派出五千精兵渡过长江，声援徐嗣徽等人，南梁局势一时十分危急。

陈霸先匆忙赶回建康，和群臣商议如何应战。大臣韦载说："建康虽然岌岌可危，但北齐还没有占领建康以东和淮南地区，所以还有取胜的希望。现在应该兵分二路，一路赶紧把守淮南，保卫运河粮道；另一路从北齐部队背后包抄过去，切断他们的粮食运输线。这样，北齐兵就可能不攻自乱。"陈霸先立即按韦载建

议布置兵力。

南梁兵力布置完毕后，陈霸先便对北齐发起了反攻。结果大败北齐。

在高洋的戎马生涯中，还没有遇到过这样悲惨的战绩。高洋一时怒起，将南梁人质陈昙朗杀死，以解心头之怒。平静后又认识到自己实力确实难以制服南梁，因而在位期间再也没有发生过类似的战争。

天保六年(555)，北齐为了加强北疆防御能力，运用数万民工，在西起恒州(今山西大同市)东到幽州(今河北居庸关)绵延900多里的地方，建筑长城。

高洋昏暴淫乱内情大写真

兽性大发污辱妇女

高洋建国后，文功武略，能够实行圣明政治，然而好景不长，五六年后，高洋开始得意忘形起来，自以为天下无敌了。他开始酗酒，酒喝多了，刺激神经，脾气变得非常暴躁，干出一些不近情理的事情。高洋喝得高兴了，有时自己起身敲鼓作歌，继之以舞，直到舞得筋疲力尽，方才罢休；有时干脆把衣服脱掉，光着身子，乱叫乱闹；有时把头发披散开，穿上胡服，结上彩带，挥刀舞剑，一直闹到大街上；有时随意乱走，一会儿去大臣家，一会儿又去勋戚家，搅得人人胆战心惊。高洋喜欢乘鹿车，骑白象、骆驼、牛、驴，为了夸耀本事，他不许施放鞍勒，常常一跃而上，纵其狂奔。疯劲来时，他常在盛暑的炎炎烈日下，光着身子躺在地上晒；或在隆冬的刺骨寒风中，脱掉衣服疾走。他不但自己发狂，还要求随从仿效，弄得随从们苦不堪言，而高洋自己却感到其乐无穷。

发展到最后，高洋的人性泯灭，而兽性大发。他命令手下制作了一些带刺的草马草驴，把邺城中作风败坏的女人都征进宫来，脱掉衣服，强迫她们骑马骑驴，用以取乐，弄得这些妇女遍身血迹，然后杀死肢解，或用火烧掉，或扔入河中。后来，甚至迫害到自家妇女。他把高家妇女都聚到宫中，让自己的部下当众污辱。并且他自己以身作则，去侮辱自己的嫂子、庶母。庶母不从，结果被他当场杀死。

滥杀无辜高洋为哪般

高洋有一个宠妃姓薛，本来是个伎女，在家时曾与清河王高岳相好，后来被高洋看中，迎入宫中，朝夕欢娱，极受宠爱。薛妃有一个姐姐，长得也很妖媚，与高洋关系也很密切。一次，高洋半夜喝醉了酒，带着手下游逛到薛姐家，和薛姐胡混了一阵。薛姐以为高洋喜欢自己，就乘机请求封她的父亲为司徒。薛姐的父亲是个倡人，地位很微贱，根本不是做官的材料。高洋看到薛姐如此不知好歹，立刻大怒，让随从把她吊到梁上，乱抽乱打，最后用锯锯死。

还有一次，高洋在三台摆酒设宴，庆贺三台落成，宫中妃嫔全去陪宴。三台是邺城中有名的建筑，高二十七丈，台间有飞桥连接。台上有木建筑，脊长二百

余尺。工匠在上面施工，都提心吊胆，腰间要拴上绳子，防备失足。但高洋喝醉后，一时心痒难熬，他脱去外衣，跳上屋脊，快步如飞地在上面行走。台上台下的人都惊呆了，一时万头攒动，向空中观看，有摇头的，有惊叫的，也有喝彩的。高洋看到人心激动，越发得意。他走到层脊中间时，索性跳起舞来，前后进退，左右回旋。随着动作的节拍，台下人的惊叹声也时起时落。最后高洋尽了兴，凯旋回座，极为得意。

回到宫中，薛妃看到有机可乘，亲自斟了酒前来讨好，高洋也喜洋洋地来接。蓦地，他想起薛妃曾被高岳占有的往事来，笑容一下凝住，变成了怒容，未等薛妃反应过来，人头已经滚落在地了。

第二天，高洋赴东山与群臣欢宴。酒过三巡，气氛刚刚热烈，突然，高洋从怀中掏出一颗人头，扔在案上，满座的人无不吃惊。一会儿，高洋吩咐手下拖上一个无头女尸，吩咐肢解了，用髀骨做琵琶。大家看到尸体的服饰，才知道被害者是高洋宠爱的薛妃。正在大家胆战心惊、不敢出声的时候，高洋忽然又转怒为悲，把人头抱在怀里，大哭道："佳人难再得呀！"他泣不成声，吩咐手下备棺收敛，然后披散头发，大哭着步行去送葬。

对于高洋的酒后胡为，娄太后曾多次管教。高洋是个孝子，娄太后管教他，他一般都恭顺地听，但喝起酒来有时就忘了，有时喝醉了，连太后都不认得了。

有一次，高洋设宴为娄太后祝寿，醉酒后发狂胡闹，娄太后实在看不过去，拿拐杖打了他几下，一边打一边骂："你父亲如此英雄，想不到生你这种混蛋儿子！"高洋挨了打，也生气了，他一边夺拐杖，一边说："你算什么老娘？早该发去嫁给胡人了，你再打，我马上就把你嫁人！"娄太后顿时大怒，气得扔掉拐杖，坐在榻上，不说也不笑了。高洋急了，他想逗太后高兴，就四肢着地爬到太后坐的榻下，然后往上一拱身子，准备像骆驼一样驮起太后来。但醉后不能掌握平衡，一下把太后掀倒在地，摔了一个四脚朝天，近六十岁的娄太后，被摔得头破血流。高洋一惊，酒也醒了，他看到自己伤了老母，痛彻心髓，马上吩咐手下在殿前堆柴架火，准备投火自焚。太后本来下定决心不再理这个疯子了，一看他要自焚，吓得不顾伤痛，亲自起来拉住，强作欢笑说："你醉中做了错事，我不计较。"高洋不能原谅自己，他在殿前铺上毡席，让平秦王高归彦执棒行杖，自己光着脊背，趴在席上受杖。他一边数说自己的罪恶，一边威胁高归彦说："你打不出血来，就杀了你！"太后不忍看见儿子受苦，又上前抱他起来。高洋苦苦哀求，最后答应用鞭子打脚五十下才肯起来。高洋挨完打，穿戴上衣冠，向太后谢罪，并坚决保证不再重犯。他痛哭流涕，感动得太后及左右侍从都哭了。

第二天，高洋果然戒了酒，但十天后，又恢复了原样，甚至更加厉害了。

高洋乱杀无辜臣下揭秘

对于自己的臣下，高洋也毫不客气，想打就打，想射就射，想杀就杀。

高洋有几个最心爱的大臣，其中一个叫杨愔，一个叫崔季舒。杨愔是高洋的宰相，在大臣里官职最高，但高洋让他兼管厕所。因为杨愔极胖，所以高洋不称他的名字，而叫他“杨大肚”，高兴了，就让他脱光上衣，用马鞭打脊背，直到鲜血淋漓才住手。有一次，他看杨愔的大肚子有趣，就用刀子划着玩，划出一道道口子。正好崔季舒在旁边，看着杨愔的肚子快划破了，他不敢劝，但又不能不管，于是心生一计，假装用戏子的口气说：“你们一老一少玩的什么游戏，还不快快住手！”一边说，一边把刀子夺走了。他知道高洋平时和大臣游戏时混闹惯了，不会在意。这样，崔季舒救了杨愔一命。又有一次，高洋高兴起来，想玩送葬的游戏，他命人抬来一口棺材，把杨愔装进去，放在灵车上，还差点把棺材钉上埋了，又是崔季舒设计相救，才免于一死。

高洋这样残害杨愔，杨愔为什么不离开他呢？这里有一个缘故。原来，杨愔是一个很有政治才能的人，但在尔朱荣、高欢时都曾遭到迫害，不得不长期隐藏。高洋即位后，请他出来从政，把国家大事交由他管理，对他言听计从。也就是说，高洋对他有知遇之恩。后来，高洋虽然昏乱了，但对杨愔还是像从前一样重用，国家大事无不听其处理。杨愔本人在社会上威望极高，一生以国事为重，高洋几次残害他，险些危及生命，但杨愔为了社稷百姓，一直不忍弃之而去。当时的北齐，虽然高洋昏暴残虐，但国家在杨愔的管理下，政治上还是很清明的。

高洋三十岁时，已不能吃饭，他每天只喝几次酒，身体内酒精多了，伤及大脑，终于在昏醉中离开人间。

隋文帝杨坚

猜忌功臣　佞信佛道

杨坚代周建隋，在政治、经济等领域进行一系列成功的改革，北抚突厥、南灭陈，完成全国统一，是一个很有作为的皇帝。同时，杨坚又有非常平庸的一方面，猜疑、苛察、喜怒无常、迷信佛道、不学无术、废除学校等等。

杨坚做皇帝，使用了阴谋诡计，由独揽朝政发展为取周自立。他的经验就是成功地利用了周静帝年龄幼小、宇文氏又没有有效地控制大权的机会。由此，杨坚也把它作为教训，在使宗亲、亲信把持大权的同时，极力加强自己的专制统治，对朝廷百官，特别是功勋卓著的文武大臣，时时保持高度的警惕，对他们的言行密切注意，唯恐他们也走自己的道路，颠覆杨家的天下。杨坚在建国初期成功地排除了曾对他做皇帝立下汗马功劳、但实际没有治国能力的刘昉、郑译等人，使用了高颎、苏威、李德林等一批真正能帮他治理国家的人才。在他巩固统治的同时，他所使用的文臣武将都获得了高官勋爵，但他们又引起了杨坚的猜疑。至杨坚晚年，开国功臣、平定三方武装反抗的地方将领、南平北抚的文武大将、帮他在中央主持一系列改革的重臣，已所剩无几，或遭杀戮，或被废弃，大部分都没有明显的恶迹，只是充当了杨坚猜疑的牺牲品。

梁睿本是北周旧臣，在征讨王谦时有大功，出任益州总管。只因他在益州颇得人心，杨坚便怀疑他有发展地方割据之意。梁睿也深知杨坚怀疑自己，便主动辞去益州总管的职务，到长安去做京官，接受杨坚的直接监督。终因遭致非议，被免官。

王世积也是北周官僚，在平尉迟迥和灭陈时，数有大功，进位上柱国。王世积亲眼看到许多功臣被杀，从此嗜酒如命，不参预任何政事。开皇十九年(599)杨坚征辽东，以王世积为行军元帅。回师后被认命为凉州总管。这时，王世积的一个亲信皇甫孝谐犯罪，被官府缉捕，投奔王世积，王世积没有接受。皇甫孝谐被捕，判以发配，为报复王世积不肯包庇，诬陷王世积谋反，杨坚明知并无任何根据，仍下令处死王世积。

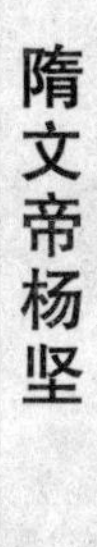

虞庆则也是北周旧官，因在安抚突厥和灭齐中曾立大功，颇受杨坚赏识，位至尚书右仆射，成为除皇帝外的第二号实权人物。开皇十七年(597)，李贤叛乱，杨坚指名要虞庆则为行军总管。在回师途中，虞庆则曾指着一个地方说："若在这里有一个合适的人驻守，只要有足够的粮食，便难以攻破。"杨坚便以谋反罪杀死虞庆则。

高颎是杨坚作为治国之材拉为心腹较早的一个。高颎父本是独孤信的部下，被赐姓独孤氏。杨坚的妻子是独孤信的女儿，故杨坚和高颎的关系一直很融洽。杨坚代周，高颎是高参；杨坚做皇帝，高颎被任命为尚书左仆射，是掌实权协助杨坚治国的第一号人物；政治、经济改革的许多重大决策，杨坚都得之于高颎。高颎是杨坚长期依赖的亲信，也是最得力的助手。杨坚对高颎也非常信任，常把高颎比作镜子，说他可以矫正自己的过失；有人说高颎的坏话，一律不听，甚至治告状者的罪；封官职、爵位都到极限，赏赐的财物更无数。至开皇末，杨坚对长子

杨勇越来越不满意，准备把帝位传给次子杨广，高颎并未领会杨坚的意图，反对废杨勇而立杨广。杨坚为削弱杨勇的力量要从东宫挑选卫士，高颎不同意。因为杨勇的女儿是高颎的儿媳妇，若杨勇继位，高颎则是地位显赫的皇亲国戚。杨坚是以外戚身份谋取帝位的，故对此非常敏感，认为高颎坚持让杨勇做皇帝并为其着想实是想步自己的后尘。后以王世积之事株连高颎，便罢免了他的左仆射职务和上柱国勋衔。有人告高颎有谋反迹象，杨坚没做任何核实，就信以为真，只是不愿落个连续杀戮功臣的名声，才没有杀死高颎，而剥夺了他的全部官职，贬为平民。

杨坚经常使人四处查访，凡稍有过失者，都要加以重惩。刑部侍郎只因迷信穿红裤子有利于升官，在一次上朝时穿上了它，杨坚把它的含义理解为避邪，上朝穿避邪的衣服显然是把皇帝看成了邪，马上下令推出去杀头。当时任大理寺丞的赵绰提出异议，认为根据法律不该杀头。杨坚说："你可惜他就不可惜你自己的生命吗？"又有一次，时值某月初一，在上朝时有个别武官的衣服与佩剑穿戴得不整齐，杨坚认为这是对朝廷的不尊。他没有直接向武官问罪，而是责备专管弹劾大臣的御史为什么没有当场对他们提出弹劾，便命令杀掉御史。谏议大夫毛思祖出来劝阻，也被当场杀头。为禁止官吏受贿，杨坚还派人私下四处行贿，一旦有人接受，便马上处死。

为树立自己的权威，杨坚在宫廷中长期放着杖棒，稍不如意，则当场施以杖刑，有时一天就要打好几个人。杨坚还常嫌持杖者下手过轻，怀疑他们手下留情，便要推出杀头。故宫廷中常有人死于杖下。高颎等人都曾提出"朝堂非杀人之所，殿庭非决罚之地"，建议宫廷不设杖棒设施。杨坚一度废去杖棒，但他想打人时，用马鞭抽打感到不过瘾，很快又把杖棒放入宫廷，百官犯法本应交大理寺审理处置，杨坚却喜欢亲自看人挨打。把宫廷变成公堂，显然是为提高淫威。

杨坚非常迷信，佛道、符瑞、阴阳五行及各种鬼怪，都在杨坚的崇信之列。北周武帝灭佛之后，佛学在北方衰微。杨坚初任丞相，便下令对原来的和尚、道士进行挑选，让他们各操旧业。杨坚称帝之年，更下令听任天下百姓出家做和尚、道士，在全国范围内按人口征钱，在各地营建佛寺，修塑佛像，缮写佛经；大都市则由国家拨专款修复寺庙。佛道之学再度复兴，并很快风靡全国，当时民间的佛经比儒家的六经还要多几十倍。隋唐佛教的繁荣与杨坚的大力提倡是分不开的。

杨坚做皇帝，是通过和平政变的方式取代北周宇文氏的。新朝官僚大多是北周旧臣，在功绩、实力和其他方面杨坚都并不比他们有资格，要有效地控制他们，除镇压、猜疑和苛察外，还需要从心理上征服他们，即把他所以能做皇帝说成是上天的旨意。王劭本是一个学者，靠赞美杨坚有帝王之相做了著作郎。他认准了杨坚的爱好，广泛搜集能为杨坚做皇帝充当理论根据的材料，任意曲解附会，把北周的灭亡、杨坚由专政到称帝以及隋的国号都说成是上天的安排。这是杨坚最希望得到的，王劭因此得到优厚的赏赐。

杨坚不仅提倡佛道，对当时民间流行的各种迷信他都相信，包括山神、土地、河海龙王等等，甚至对各种妖怪也不怀疑。杨坚的妻子独孤氏和杨素的妻子郑氏都得了病，医生认为这是有人故意利用猫妖作怪，杨坚对此专门下了诏书：凡有意饲养、培训并利用猫妖等怪物而害人者，一律流放边境。

杨坚被后世讥为不学无术，他自己也承认，并且看不起那些咬文嚼字的读书人。如杨坚要对北周宗室宇文氏斩尽杀绝，李德林劝他不要这样做，因为这样就显得皇帝过于残忍。杨坚回答说："像你这样的一介书生，没有资格参与这种政治大事。"不听劝告实施了自己的计划。杨坚认为文化无用，便认为不需要建立学校。仁寿元年(601)，杨坚下令全国只保留供王公贵族子弟读书的国子监，废除天下郡县的所有学校。

杨坚做皇帝的第二年，便嫌旧长安城规模太小，且宫中又常闹鬼，下令在旧城西北修筑新都城。同年底完工。因杨坚最早的封爵是大兴郡公，新城便被命名为大兴城(今西安市)，皇宫称大兴宫，主要宫殿称大兴殿。

开皇十三年(593)，杨坚对大兴城又失去了兴趣，便以杨素为总管，宇文恺为主要设计者，在岐州(今峡西凤翔南)营造仁寿宫。通过开山填谷，建成了楼台亭阁宛转相连的豪华宫殿。为讨好杨坚，杨素对民夫督促得非常紧，死者数万人，杨素便随地把他们埋进了宫殿的地基里。用了整整2年的时间，仁寿宫才在民夫的白骨上面完成。开皇十八年(598)，杨坚又在仁寿宫和大兴城之间修筑行宫12座，在往返途中也有了可以娱乐的地方。

杨坚的猜疑和严刑使他失去了大批可以利用的臣僚，崇尚迷信又招来许多专事拍马屁的小人，大兴土木开奢侈之风，"节俭"则苦了老百姓。杨坚的晚年仍是隋朝盛世，但潜在的危机已露出端倪。

废黜诸子　死因不明

独孤信是北周重臣，杨忠追随独孤信起家。从地位和权势上，杨家从属于独孤氏。杨坚和独孤氏的结合，肯定受这种关系的影响。杨坚由专权而称帝，独孤氏家族的地位和影响起了作用，如后来为杨坚出力最大的高颎原来就是独孤信的家客。由此，杨坚对独孤氏一直存在着畏惧的心理。杨坚称帝后，独孤氏直接参预政事。独孤氏实际成为皇帝的皇帝，故宫中把二人合称"二圣"。

独孤氏嫉妒心很强，一般情况下不许杨坚和其他女人接近。虽然当时后宫也有嫔妃数十，但杨坚根本不能与她们亲近。有一天，杨坚在后宫发现尉迟迥的孙女很有姿色，一时心血来潮，便与其亲热一番，独孤氏便暗中派人杀掉了那个姑娘。由于独孤氏喜欢次子杨广，杨坚最后也废除了长子杨勇继承皇位的资格。杨坚做皇帝20余年没有走上荒淫之路，在某种意义上应归功于独孤氏。

杨勇是杨坚的长子，幼时颇得父母喜爱，故在杨坚做隋王时便被立为世子，后来确立为太子。开皇初年，杨坚为提高儿子的地位，凡有军国大事，都要杨勇参预处理。其时，杨勇不过是十来岁的孩子。有一次，杨坚发现杨勇把一副铠甲装饰得很华丽，便严肃地与他谈了一次话，告诫他做皇帝追求奢侈是亡国之道。随着年龄的增长，杨勇越来越迷恋女色，东宫嫔妃多被宠幸。杨勇死时不过30来岁，生的女儿不算，儿子就有10个，且出自五六个母亲。独孤氏最讨厌除妻子外和别的女人生孩子的男人，当然对杨勇的行为也不满意。杨勇的第一个儿子是与尚未选入东宫的云氏在外边生的，即私生子。杨坚对此也大为不满。指责杨勇不应乱搞。但杨勇不服，依然我行我素。从此逐渐失宠。但杨勇既为皇太

子，当然会有一批人为了将来的利益为他出谋划策，在杨勇周围逐渐形成一派势力。而杨勇在父母面前失宠，善于察言观色的杨广便开始策划取而代之，在他周围以当朝重臣杨素为首形成另一派势力。开皇十八年(598)冬至日，朝廷百官都到东宫朝见杨勇，杨勇也大张旗鼓地接受朝贺，实际上是对杨坚的示威。杨坚当然不能容忍，专门为此下诏，严禁以后再有此类事情发生。废除杨勇的意图此时已正式形成。其后，杨坚父子互相猜疑。为防备杨勇，杨坚把东宫警卫的强壮者全部挑走，并与皇宫警卫经常轮换，侍卫以上的官吏全由皇宫卫队统一指挥，不受东宫调遣。杨勇本来就没有雄才大略，依附者在皇帝的再三警告下也不敢妄动，杨勇便束手无策。开皇二十年(600)，杨坚正式废杨勇为平民，并杀掉和罢免一大批臣僚，彻底消灭太子党。

杨广是杨坚的次子，有心术，善于讨好杨坚夫妇。如他知道独孤氏讨厌男人同时与几个女人亲近，便在表面上只宠正妃，而把和其他女人生的孩子全部弄死。又值杨勇和杨坚夫妇的矛盾逐日加深，便乘机谋得太子位，成为隋朝的第二代君主。

杨俊是杨坚的三子，11岁立为秦王，12岁拜上柱国、河南道行台尚书令兼洛州刺史，后转并州总管。杨俊追求生活奢侈，身为皇帝的儿子，还要发放高利贷榨取百姓。营造豪华宫殿，整日在其中歌舞宴饮。杨俊贪好女色，常与其他女人厮混，妻子崔氏却受冷落。崔氏寂寞难挨，图谋报复，便在杨俊吃的瓜中放进药物，杨俊由此得病。杨坚知道后，便把他召回长安，免去官职。开皇二十年(600)，杨俊病死。

杨秀是杨坚的四子，初封越王，后做蜀王，坐镇蜀地。杨秀在追求生活奢侈的同时，又处处效仿父亲的衣食住行，梦想有一天自己做皇帝，拉拢亲信，发展势力，并制造谣言、图谶，为继承皇位编造理论依据。杨勇被废后，杨广恐怕杨秀与自己做对，便鼓动父亲把他召回京师，罗织谋叛罪名，在杨坚临死前贬为平民。

杨谅是杨坚的第五子，初封汉王，后任并州(治太原，今市西南)总管。杨勇被废后，杨谅也想自己做皇帝，便在并州招兵买马，修治兵器，为争夺皇位做准备。杨坚死，杨谅都没有到长安奔丧，而是立即起兵，以讨伐杨素为由，进兵长安。杨谅根本不懂打仗，很快便被杨广的军队击败，自己也做了俘虏。

杨坚的五个儿子同出一母，但也未能避免因争夺皇位而相互火拼的悲剧。杨坚为吸取北周的教训，使儿子们在地方上各掌一方，但他们却辜负了杨坚的厚望。杨坚在晚年，也认识到了儿子们的不可靠，从对儿子开始猜疑到一一废为平民。

仁寿四年(604)正月，杨坚又要到仁寿宫游玩，便把朝廷日常工作全部交给了杨广。四月，杨坚得病；七月，病重，召杨广等入宫侍侯。这时，宫中发生了两件大事。一是杨广为处理杨坚的善后工作，写信征求杨素的意见，但杨素的回信却被人误送到了杨坚手中；杨坚看信后，勃然大怒，显然信中的内容对杨坚是很

大的刺激。二是在独孤氏死后，杨坚最宠爱的宣华夫人陈氏报告说杨广在夜里调戏了她，杨坚一怒之下，埋怨已故的独孤氏怂恿他废杨勇而让杨广做了自己的继承人，便让人赶快召杨勇。杨广听说此事，便派亲信进宫把侍候杨坚的人全部赶出去。同一天，杨坚死，享年64岁。庙号“高祖”，谥号“文皇帝”。

隋文帝夺位秘谋内幕

矫制诏书夺天下揭秘

民间往往把开国皇帝视为真命天子，其实，他们所以能得天下，半是人为，半是机遇，并非有什么天意所嘱。对于隋文帝杨坚来说，他能创建隋朝，并成为一个中国史上有点名气的皇帝，首先是这样一个机遇，周武帝和周宣帝两代皇帝在两年内相继死去，八岁的周静帝身边出现了权力的真空，杨坚得以皇太后之父的外戚身份辅政，在一群野心勃勃的“反覆子”策划下矫诏夺权，得了个轻取天下的便宜。

杨坚的母亲姓吕。据说，杨坚出生时因头上长角，险些被吕氏抛弃，留下一段鲜为人知的秘闻。

吕氏十月怀胎生皇帝于冯翊般若寺内。正巧有个尼姑从河东来，把皇帝抱到别的馆舍亲自抚养。一次，母亲抱起皇帝，忽然见文帝头上长出犄角，浑身起满鱼鳞，大惊失色，把皇帝扔在地上。这时，尼姑从外面进来说道：“你吓着我的儿子了，致使他不能早得天下。”

杨坚活下来了，并成为权贵家族的宠儿。早年周武帝在世时就不放心杨坚，因为他父亲杨忠是西魏府兵大将军，杨忠死后杨坚袭爵随国公，出身是与北周皇室相侔的关陇军事贵族高门，更兼他“为人龙颜”，风骨不凡，不断有人说他相貌非常，貌有反相，劝周武帝及早除掉。杨坚恐惧不安，收敛锋芒，学当年刘备的韬晦之计避祸。

昏暴的周宣帝继位后，杨坚的日子更加难过。他女儿杨皇后曾被赐死，逼令自裁，老伴独孤氏闻讯急忙上殿请罪，叩头流血，苦苦哀求，总算凭她独孤家的面子救下女儿性命。事后周宣帝还狠狠地威胁杨皇后：“必诛灭你家！”有一次又生疑心召杨坚来，事先交代左右，若杨坚脸色不对，立即杀了他。杨坚对质时神色自若，异常镇定，才逃过这次劫难。

杨坚如坐针毡，一心避出京城，托郑译给他谋一地方官的外任。郑译安排他去扬州当总管，还没赴任，当月就有机会来了。荒淫过度掏空了身子的周宣帝突然病倒，说不出话，来不及交待后事就一命呜呼，仅仅二十二岁便离开了人世。时为大象二年(580年)五月。

他的儿子周静帝年方八岁，因为没留遗诏，辅政的大权成为朝臣们争夺的焦点。郑译和刘昉一伙支持杨坚以外戚身份辅政，伪造诏书，以杨坚总知中外兵马事，先夺兵权。周宣帝的亲信大臣颜之仪拼死相争，坚持要由北周宗室年德最长的赵王辅佐静帝，反对以神器假人。颜之仪知道那诏书是假的，不肯在上面签名。刘昉见他严辞拒绝，便代他签上名字。向诸卫禁军发出这道诏令后，兵权顺利夺到杨坚手中。起初刘昉等谋引杨坚辅政时，杨坚还犹豫过，不敢动，刘昉很不客气地宣称：“你要是干就快来，要是不来我自己干了！”这时手中拿到了兵权，心定下来，下一步准备要改朝换代了。

杨坚还想占卜一下未来，夜召庾季才问天时人事。庾季才摸透了他的心思，说："我纵使讲不行，你能够再行箕、颍之事吗？"借喻一个古老的故事：据说尧曾经打算把天下让给一个名叫许由的贤人，许由听到后逃进箕山，还在颍水把耳朵洗了又洗，人远远避开了还不算，还要把听到的话也洗掉。杨坚想了想，沉默许久，才对庾季才说："你讲得很好。"还有那位曾为女儿叩头请命的独孤夫人这时也劝丈夫："事情到了这一步，你已经骑虎难下，只有干下去了！"夫人真是将门虎女，帮助杨坚横下了一条心。

杨坚这时夺取皇权的障碍是三股势力：北周的宗室，官僚中的反对派和在北边虎视眈眈的突厥。杨坚用武力讨平北周旧臣的三方起兵，用和亲与厚赂安抚突厥，同时与北周宗室在宫廷内外展开了争夺皇权的恶斗。

北周宗室中最有地位人望的是以赵王为首的五位亲王，周宣帝死时他们都在封国闲居，颜之仪孤掌难鸣，未能阻止杨坚夺取军政大权。这时杨坚怕他们在外生事，便以嫁千金公主往突厥为名，征他们入朝。六月，五王都到了长安。此后北周宗室谋杀杨坚的案件迭出不穷，最有戏剧性的是赵王为杨坚摆的鸿门宴。

七月一天，赵王邀杨丞相到自己府上赴宴，宴席有意设置在庭院深深的后院寝室内，赵王的儿子和妻弟佩刀站立左右，室内外暗藏兵刃，埋伏壮士。杨坚的侍从都被挡在院外，只有杨弘、元胄两员心腹武将跟随，坐在寝室门外。酒过三巡，赵王亲自用佩刀扎挑甜瓜，一块块送到杨坚嘴边，是在伺机行刺，气氛骤然紧张。元胄见势不好，赶紧跑进屋去，以相府有事不可久留，拉起杨坚要走。赵王斥责道："我和丞相有话说，你这是干什么！"命他退出。元胄瞪着眼睛，气呼呼地不吭声，也不走，留在屋里，持刀侍卫。赵王赐酒给他，缓和口气说："我哪会有恶意，你怎么这样多心？"过一会儿，赵王假装呕吐，往里屋走。元胄猜出他是想溜，伸手拦阻，要赵王回到座上，不让离开。赵王再三假装要吐，都没走成。又称喉干，命元胄去厨房取饮料，想支走元胄，元胄不理睬。

这时滕王到，杨坚走下台阶迎接，元胄上去悄悄耳语，说情形不妙，赶快离开。杨坚还说："他们没兵马，不要紧的。"元胄讲："兵马这里用不上，他们先下手就大事去矣。我不怕死，只怕死了白死。"

重新落座后，元胄听见屋后有动静，是披挂甲胄的声音，立即说："相府事多，你哪能在这里闲坐。"拉杨坚下座，夺门而走。赵王追过来，被元胄用身体挡住出不了屋，眼巴巴望着杨坚离去。

赵王恨自己没有及早下手，气得用手敲案子，指头弹出血来。这情节差不多是重演了八百年前项羽在霸上给刘邦摆鸿门宴的那一幕。

事后杨坚即以谋反罪将赵王、越王和他们的儿子都杀掉，重重赏赐了元胄。当年又杀陈王、代王和滕王。五王全被诛杀，北周宗室的核心力量被击垮了。

朝官中，拒绝签署伪诏的颜子仪一直不妥协地反对杨坚，当他听说杨坚又索取符玺时，去责问说："那是天子之物，丞相索要，是何用心？"杨坚将他逐出朝廷，放逐为外官。而手握重兵的并州总管李穆却命儿子李浑将一只熨斗赠给杨坚，捎话说："愿执威柄以熨安天下"，还送去一副十三环金带，是天子才能用的服饰，表达劝进之意。高颎、李德林也表示不怕灭族，愿以死奉公。这些人成为支持杨坚禅周的中坚力量，并依靠他们的支持，迅速平定了相州（今河南安阳）、郧州（今

湖北郧县)、益州(今四川成都)三方起兵。

翌年二月,在庾季才、卢贲等劝进下,完全控制了局面的杨坚,堂而皇之地登上皇帝宝座,周主履行了下诏退位逊居别宫的程式,命大臣奉诏书和皇帝玺绶禅位于隋。在一场以禅让为名、行篡夺之实的宫廷戏中,新的大隋王朝彬彬有礼地开国了。

周静帝逊位后被封为介公。这个不过十岁大的孩子的存在,仍似乎是对隋王朝的威胁,三个月后,隋文帝就将他暗害,又为之举哀,彻底抹去了北周王朝遗留的影痕。

此刻,举国上下几乎是无声无息地接受了杨坚篡位的既成事实,人们只在三位女性同胞那里听到几声并非微弱的反响。

一位是才嫁到突厥去的赵王女儿千金公主,她为宗室的覆灭,日夜向突厥可汗沙钵略哭诉,请为周室复仇。突厥因而发兵四十万南下,着实给隋文帝找了麻烦。

另一位是新皇帝杨坚的亲生女儿杨丽华,她作为北周的皇太后,起先为其父辅政感到高兴,后来知道父亲有异图,便心中不平,形于言色,最后父亲受禅灭周的做法使她非常愤慨。一个嫁出去的姑娘,哪怕夫君再坏,也不愿意改由父亲当朝,感情立场完全倒向夫家。隋文帝心里也总感到有点愧对这女儿。后来改封她做乐平公主,又要她改嫁,公主发誓不从,要为北周宇文氏守节,父皇拿她真是一点办法也没有。

再一位也是将门虎女,其父上柱国窦毅,其母北周襄阳公主宇文氏。这位窦氏姑娘听到隋主受禅的消息后,倒地痛哭,深深叹息:“恨我不为男子,救舅氏之患!”吓得她爹妈赶快捂住她的嘴说:“别乱讲,要招惹灭族之祸的!”这位血性的女子,后来自己选中武艺高强的李渊为夫婿,是著名的唐太宗李世民的生母。她亡隋的矢志,经由夫君和儿子之手,变成为事实。当时谁也不会想到,窦姑娘的那一句话,竟蕴涵着并有意无意地传递出下一次王朝更迭的第一个消息。隋文帝好不得意地在临光殿登上皇帝宝座时,一个尚不为人所知的女子已代替历史下了要他的新王朝覆灭的决心。

隋文帝宫廷生活秘闻

独孤氏驭夫有方

在封建社会里,专制帝王妻妾成群,实行典型的一夫多妻制。但隋文帝杨坚与众不同,他长期和独孤皇后过着一夫一妻制的生活。原因何也?大概可能就是独孤氏驭夫有方之效吧。

独孤皇后是一个很贤惠的女人。她是北周大司马、河内公独孤信的女儿。独孤信是个很有眼力的人,见杨坚出身豪门大族,身材又长得十分魁梧,相貌堂堂,仪表非凡,武术超群,富于韬略,将来很有可能成就大事,便决定把自己的第七女许配给他。这第七女就是独孤氏,结婚的时候才十四岁。据说,在他们的洞房之夜,独孤氏曾敬杨坚三杯酒,顺便表示了自己的三个心愿,其中有一个心愿,就是无论杨坚宦途如何,此生此世不能再喜爱别的女人。当时,杨坚望着这个比自己小十几岁的豪门闺秀,庄重地表示:绝不再喜欢别的女子。

独孤氏曾熟读《周礼》，在妇德、妇言、妇容、妇功四方面有很好的修养。传说她走路不回头，说话不露齿，坐着不动膝，站着不摇裙，欢喜不大笑，愤怒不高声。独孤氏对杨坚是很柔顺、恭敬的。杨坚退朝归来，在外面遇到不顺心的事，回到家中就表现烦躁不安。每当出现这种情况，独孤氏总能婉言相劝，耐心开导，细心服侍，于是杨坚很快就能平心静气了。一天，杨坚退朝回家，怒气冲冲，大骂上柱国王谦。独孤氏便问究竟是怎么回事。原来，王谦要离开朝廷去益州（今四川成都）当总管，他认为这是杨坚搞的鬼，是杨坚有意排挤他，便利用上朝的机会，当着文武百官的面，和杨坚公开对骂起来。独孤氏听完杨坚的介绍，微笑着说："这有什么值得发怒呢？难道王谦敢不去益州吗？只要今后防范他就是了。"杨坚听后，觉得也有道理，不由得怒气全消了。杨坚称帝后，王谦果然在益州造反了，由于杨坚早有准备，王谦谋叛不但没有成功，最后连自己的脑袋也丢了。

独孤氏不仅在家里很守妇道，而且在朝廷中也享有贤德的盛名。独孤氏的姐姐是北周明帝的皇后，长女又是北周宣帝的皇后，皇亲国戚，位高爵尊，声势显赫，无人可比。但独孤氏并不以此炫耀，在和朝廷大臣们的往来中，也从不盛气凌人，以至在有些人看来，她实在有点过于谦卑了。有一次，周宣帝宴请百官及他们的眷属，酒宴中，大家祝皇帝和皇后万寿无疆。不一会儿，一个大臣又提出，祝皇后的父母杨坚和独孤氏康泰平安。这显然是有意讨好，虽然算不得什么过分，但独孤氏还是委婉地谢绝了。她说："皇帝是天的儿子，皇后是一国之母，我们怎么能和皇帝、皇后相提并论呢？请您还是不要这样提吧。"她的话得到许多大臣的点头赞许，那个提议的人也并没有感到太难为情。宴会散后，大臣及眷属们的车轿各自回府，一时间车水马龙，十分拥挤。有些官员主动地为杨坚和独孤氏的车轿让路，独孤氏却叮嘱车轿夫，不得无礼地超越，要按照先后的顺序行进。从这以后，独孤氏贤德的名声传得更广了。

周宣帝死后，周静帝即位。因为静帝年纪太小，杨坚便以丞相的身份入宫辅政，一时间大权在握。节制百官，总理朝政，回到家中难免有时流露出志满意得的神色。对此，独孤氏感到很不安。一天，她对杨坚说："您是准备登基当皇帝的，如果做个丞相就洋洋得意，那皇帝的宝座恐怕就坐不上了。"杨坚听后，很是感动。从此之后，无论上朝、回家，再也没有流露出那种自得的神色。

独孤氏生在将门，幼年常常听到父亲驰骋沙场的传说，她能以古鉴今，遇事常有独到之见。当她看到丈夫权高震主，年幼的静帝难以维持政权时，便告诫丈夫："大事已然，骑虎之势，必不得下，勉之！"杨坚在妻子的鼓励下，便加快了篡政夺位的步伐。

公元 581 年 2 月，杨坚在刘昉、郑译、高颎等人策划下，迫使静帝退位自立为帝，改周为隋，是为隋文帝。独孤氏便由隋国公夫人晋升为皇后。

杨坚称帝后，对独孤皇后"甚宠禅之"。他每日都要和独孤皇后同乘一辇上朝，文帝在前殿听政，她在后殿等候。文帝如有失信，独孤皇后则随时匡谏，对朝廷大事多有裨益。独孤皇后每次论及政务，往往能正中文帝的心意，宫中称为"二圣"。

在独孤皇后的协助下，隋文帝果断地指挥隋军，迅速消灭南朝最后一个陈朝，从而结束了南北分裂的局面。

隋朝刚建立的时候，在它的北方，有一个强大的少数民族政权，名叫突厥。当时，突厥管辖的地域十分辽阔，突厥贵族的骑兵不断地南下掠夺人口和财富，给初建的隋朝以很大威胁。隋文帝为了阻止突厥贵族骑兵的南下，一方面在北方边境派驻重兵防守，另一方面又和突厥贵族做买卖，互通有无，并以此满足突厥贵族对某些物品的需要。一次，在隋朝和突厥的交易中，突厥贵族有一小匣明珠，要卖八百万枚铜钱。隋朝幽州(今北京市)总管阴寿对独孤皇后说："请您买下这匣明珠吧，装饰在您的身上，会使您更加光彩照人。"独孤皇后对阴寿讲："这匣明珠并不是我所需要的。现在国家边境线上经常发生战斗，那里有许多将士在浴血奋战，保卫国土，还是把这八百万枚铜钱分赏给有功的将士吧。"这件事情后来被朝中的大臣们知道了，大家都前来向独孤皇后祝贺，称赞她贤德。隋文帝由此对独孤皇后更加宠爱，同时也在内心深处感到惶恐，害怕有一天独孤皇后对他的非分行为也会加以干涉。

独孤氏参政过程中做了很多事情，也保护了一些重要人物，其功其过，留给后人很多故事。

独孤皇后的弟弟延州刺史独孤陀，家中有一婢女从事猫鬼活动(猫鬼是古代传说中一种专门害人的鬼灵)，能叫它杀人。当时正赶上独孤皇后与杨素的妻子郑氏都得了病，给他们看病的医生都说："这是猫鬼疾呀。"皇上怀疑是独孤陀捣鬼，令高颎等人调查处理此事，事实俱在，文帝即下令独孤陀夫妇皆赐死。独孤皇后为他的弟弟求情说："陀如果是蛊惑政事祸害百姓的人，我不敢替他说话，现在是为了我，所以才敢请求饶了他们的性命。"独孤陀的弟弟也到皇宫求情，于是文帝免去了独孤陀的死罪。诏令从今以后再有违犯的，流放到四境边荒之地。

关于独孤氏救人故事，还有一则。

隋文帝曾下令杨素在岐州的北面营建仁寿宫，杨素奏请让宇文恺和封德彝做土木监。于是平山填谷在上面修筑宫殿，高台叠榭，宛转相连。为了加快工程的进度，役使严苛，民夫多死，死后就推下去填充坑谷，上面再盖上土石，然后压为平地，死者数以万计，费时两年仁寿宫才建成。隋文帝亲临宫中，文帝见宫殿建得异常豪华壮丽，大怒道："盖这样规模巨大的宫殿，动用了大批民力、物力，是杨素让我和天下百姓结成冤仇啊！"杨素听了之后，怕遭到皇帝的谴责，封德彝说："杨公不用担心，等皇后来了，一定会为你开脱的。"第二天，隋文帝果然召令杨素进宫对话。皇后慰劳他说："你知道我们夫妇年龄大了，没什么用来取乐的，盛装此宫，岂不是对我们的忠孝吗？"对杨素赏赐甚多。

从这两则故事中，我们可以看到独孤氏在隋文帝心中的分量，而这一分量却是文帝恋恋不舍的。

隋文帝每天临朝听政的时候，独孤皇后都要乘辇和他一起前行，直到内阁的地方才停住，并在那里等候他退朝，同时派信得过的宦官前往侍候。独孤皇后对这些宦官说："你们环侍皇帝的左右，如果觉得哪些政务皇帝处理得不当，要回来

和我讲，以便我随时向皇帝提出建议，这样对国家才有益。看到政有所失而不匡谏，这对国家是没有好处的。”隋文帝听政完毕，退朝而回，独孤皇后就又和他一起返回后宫，共同进餐、休息。日复一日，年复一年，总是如此。这样日久天长都习惯了，如果有时独孤皇后生病不能和隋文帝同去同回，这反倒使隋文帝感到非常惆怅。

独孤皇后的父母去世较早，因此，每当她看到百官公卿们的父母，就常常产生感慕的心情，因而总是以礼相待这些老人，有时还赏赐他们一些有趣的物件作为纪念。朝廷负责礼仪的官员看到这些，很受感动，就进一步援引《周礼》上奏皇帝说：“古时候百官之妻，由王后选择，现在也请依照古制，由皇后决定百官之妻吧。”独孤皇后知道这件事以后，特意宣召了那个礼仪官员，对他说：“事情怎么能那样做呢？如果妇人参与了国政，那以后就会出现许多问题，而且会闹到不可收拾的地步，我是绝不能开这个头的。”这个负责礼仪的官员只好又把那个奏章收回去了。独孤皇后还经常对公主讲：“周朝（即北周）的公主们大都缺少妇德，既不讲究礼，又待人非常刻薄，最后哪能不亡国呢？你要以此为戒。”

独孤皇后有个姑表兄弟，名叫崔长仁，在朝中做大都督。崔长仁依仗和独孤皇后的关系，经常为非作歹，欺压百姓。一次，他派部下到民间搜寻美女，不到一个月的时间竟逼死了七个年轻女子。按照隋朝的法令，崔长仁应当立即斩首。但是，隋文帝考虑到崔长仁是皇后的亲戚，想免去他的死罪。独孤皇后知道了这件事，对隋文帝说：“国家的法律涉及到千家万户，关系到每一个人，是最大的事情，任何人都应依法办事，在崔长仁身上怎么就能顾及私人关系呢？”隋文帝觉得独孤皇后的话很对，便把崔长仁判了死刑。

在统一全国以后，独孤皇后帮助文帝减轻农民负担，劝课农桑，奖励农耕，继续推行均田制，核查隐漏的农户，增加财政收入。

公元583年深秋的一个夜晚，皎洁的月光洒满长安城，习习的秋风吹进了皇宫。皇宫中的仁寿殿此时依然灯火通明，隋文帝杨坚正在批阅奏章。他时而抬起头，若有所思；时而伏在案上，挥笔疾书。他的旁边坐着皇后独孤氏。

一会儿，隋文帝像是被什么难住了。只见他拿起一份奏章，慢慢地站起，紧锁着双眉，在殿堂中间踱来踱去。独孤皇后看着他那发愁的样子，连忙问：“出了什么事？”隋文帝晃了晃手中的奏章说：“京城仓库空虚，缺少粮食，怎么办？”独孤皇后想了想，试探着问：“为何不在京城设置官仓，从全国各地调运粮食？”隋文帝听后，猛然醒悟，接连“哦”了几声，紧锁的双眉也舒展开了。第二天，他就下达了在京城建置官仓的诏谕。朝廷于是建造许多粮仓，如洛阳的含嘉仓能储粮48万石，洛口（今河南巩县）的兴洛仓能储粮2400万石，洛阳北的回洛仓能储粮240多万石。据史载，到文帝仁寿年间，储藏的粮食能供好多年食用。

自从杨坚称帝以来，这样的夜晚不知有多少个了。由于诸事草创，政务繁忙，隋文帝常常处理国政到深夜。每当这时，独孤皇后就陪伴着他。对一些不好

处理的问题，隋文帝也常常征求皇后的意见。由于隋文帝的勤政和独孤皇后的协助，再加上文武百官恪尽职守，隋朝初年的社会真有些政通人和、百业兴旺的景象。

不过，隋文帝和独孤皇后也并不总是很融洽的。有人说，这与独孤皇后的品德有关，因为独孤皇后是一个忌妒的女子。

隋文帝和独孤皇后的不融洽，主要表现在后宫的生活中。隋文帝当了皇帝以后，除了皇后外，还有许多嫔妃，那都是些年轻美貌的女子。由于独孤皇后的限制，她们不能侍奉隋文帝；隋文帝碍于独孤皇后，也不能和她们居住在一起。一天，独孤皇后病了，在永安宫中休息。隋文帝退朝回到后宫，心情烦闷，便想到各处走走。他信步来到仁寿宫，偶然间看到一个宫女，长得十分美丽。隋文帝便把她叫到面前，一问才知道是尉迟迥的孙女尉迟氏，已经进宫几年了。隋文帝和尉迟氏说了一会儿话，觉得她不但貌美，而且言语不俗，便对她产生了好感，当晚就在仁寿宫安歇。几天后，独孤皇后的病情有所好转，身体也渐渐地得到了恢复，有人借机把隋文帝宠幸尉迟氏的事情告诉了她，独孤皇后对此非常恼怒。一天，她乘隋文帝上朝听政的机会，派人把尉迟氏秘密杀死。因为这件事情，隋文帝怒气冲天。他退朝回到后宫，连独孤皇后的面也不见，就独自骑着一匹马跑出了御花苑，离开了京城。一气之下，不辨路途，竟在一个山谷间走了二十多里。朝中大臣高颎、杨素很快知道了这件事，立即骑上快马前去追赶，最后终于在山谷里把隋文帝找到。隋文帝气还未消，表示死也不回皇宫。高颎、杨素苦劝，隋文帝才长叹一声，说："我贵为天子，难道连这么一点自由都没有吗？"高颎乘机劝说："您是当今的皇帝，怎么能因为一个妇人而轻视国家大事呢？"隋文帝又长叹一声，在山谷中呆了好长一段时间，才慢慢地跟随高颎、杨素进了长安城，回到皇宫。这时，夜幕早已降临，天空中布满了星星。当隋文帝、高颎、杨素经过内阁的时候，只见独孤皇后正在那里等着他们。独孤皇后看见隋文帝归来，流着眼泪，承认了错误。高颎、杨素又在旁边说了许多和解的话，隋文帝才最终消除了怒气。当夜，隋文帝备置酒宴，款待高颎、杨素。宴席中，隋文帝非常得意，表现出很高兴的样子，而独孤皇后的心情却非常难受。自此以后，独孤皇后的精神越来越不好，好像一下子就衰老了许多。

事情至此并没完结。独孤皇后对高颎劝隋文帝时说的，不要为一妇人而轻天下那句话耿耿于怀，她认为所说的"一妇人"是指自己而不是指尉迟氏，作为贵为母仪天下的皇后，与皇帝平起平坐，被人尊为"二圣"，高颎竟用这样轻亵的语言谈论自己，是她无法忍受的。现在看来这话是杨素递到她耳朵里的，是别有用心的拨弄是非。本来高颎是独孤信在世时她们家的常客，一向关系亲密，现在为忌恨这样一句话，使几十年的老关系破裂了。

当时太子杨勇失宠，隋文帝私下里有废去杨勇另立太子的打算，就从容地对高颎说："有神灵告诉晋王妃，说晋王一定会得到天下，怎么办好？"高颎回答说：

"长幼有次序,怎么可以废长立幼呢?"独孤皇后知道不能轻易地改变高颎的想法,想暗中干掉他。正巧赶上皇帝下令挑选东宫卫士,进入上台。高颎上奏道:"如果尽是挑选强壮的人当卫士,恐怕东宫的宿卫就太差了。"文帝听了变色道:"太子左右需要什么壮士,我对前代的做法很是熟悉,你不要墨守成规。"高颎的儿子表仁娶太子女儿为妻,所以文帝说这种话来防备他。高颎夫人去世,独孤皇后请求皇帝为他续弦,文帝告诉高颎,高颎辞谢说:"臣如今已老了,退朝之后只顾坐在书房里,读读佛经而已,不愿再娶了。"文帝打消了这个念头。不久,高颎的爱妾生下一个男孩,隋文帝知道后非常高兴,独孤皇后不悦地说道:"皇上还信任高颎吗?最初皇上为高颎续娶,而高颎心里只想着他的爱妾,当面欺骗皇上,现在他的诡计露馅了吧。"隋文帝从此疏远高颎。

回过来再说隋文帝的惧内。仁寿二年(602 年)独孤皇后去世,隋文帝在妻管严下得到了解放,后宫制度也作了改变,开始设贵人三员,嫔增为九员,还有世妇二十七员,御女八十一员。其中陈氏、蔡氏两位贵人最受宠幸。陈氏本是陈宣帝的公主,平陈后配入掖庭,后来选入宫为嫔,为贵人,与丹阳(今南京)来的蔡氏分别被加号为宣华夫人和容华夫人。不过两年,皇帝因为沉溺女色,过度放纵,虚弱得病。病危时隋文帝说:"假使皇后在,我不至于到这一步。"又想起独孤氏管束他不许纵欲的好处来了。

宣华夫人侍二帝

宣华夫人是南陈宣帝陈顼之女,陈后主的妹妹。公元 588 年,隋文帝派次子杨广率军沿江而下,攻灭陈朝。陈后主和三个妹妹都成了隋军的俘虏。隋文帝把陈后主的三个妹妹中最漂亮的宣华夫人收入后宫为嫔,日后百般宠幸。另外两个,一个赐给了杨素;一个赐给了贺若弼。宣华夫人纤弱娉婷,色冠南国。然而,她命途多舛,在饱受亡国之痛后,又无可奈何地做了仇人的妃嫔。

宣华夫人入隋宫后,虽得到隋文帝的青睐,但由于独孤皇后对杨坚管束甚严,所以杨坚开始不敢宠幸她。直到独孤皇后打死宫女,杨坚愤然离宫出走之后,宣华夫人才有了与隋文帝单独在一起的机会。在共度良宵之后,她极得文帝的宠爱,并晋升为宣华夫人。晋王杨广阴险狡诈,他深知父亲对宣华夫人的宠爱,曾多次派人给她送金蛇、金驼等贵重礼物,以拉拢取媚于宣华夫人,请她为自己夺取太子之位当内助。后来在废勇立广的过程中,宣华夫人果然起了重要作用。

独孤皇后死后,宣华夫人被文帝晋升为贵人,得到专房之宠。后来,文帝又选了一位姓蔡的美貌佳人侍寝,并封她为容华夫人,不久又封为贵人。这样宣华、容华二贵人轮流陪寝文帝。文帝如此淫乐寻欢,终于经不住色欲的消耗,一年之后,他就重病缠身,一切朝政都让太子杨广代理。

杨坚一病就是三个月,太子杨广常来床榻边探望父亲,宣华、容华二贵人也

在身边。杨广是好色之徒，在宣华夫人这样的美人跟前岂能不动心？

一天清晨，宣华夫人在偏殿更衣，不料被杨广瞥见，见她珠润晶莹，面带愁容，犹如带雨梨花，更觉艳冶夺魂，妩媚动人。杨广直扑上去，抱住宣华夫人就要干伤天害理的事。宣华夫人又急又气，奋力挣脱，跑到文帝床前。文帝睁眼一看，见宣华夫人金钗歪斜，神色慌张，忙问何事，宣华夫人不语，经文帝一再追问，宣华夫人不禁泪如雨下，呜咽着说："太子无礼，调戏于我。"文帝气愤之极，一跃身便坐了起来，用手捶床喊道："这个畜生，怎能把国家大事交给他呢？独孤皇后劝我立他为太子是一个大失误啊！"立即传令兵部尚书柳述召回被废的长子杨勇，重新改立杨勇为太子。杨广便和握有实权的大臣杨素密谋，立即召集自己宫中的卫队逮捕了柳述，并包围了仁寿宫。然后派右庶子张衡向文帝问安，命令宣华、容华二夫人离开。二夫人刚出来不一会儿，就听说文帝驾崩了。

文帝死后，宣华夫人又进后宫，心想文帝肯定是杨广指使张衡害死的，她想看看文帝的尸体，又被看守士兵拦住，不由得泪挂腮边，坐立不安。忽见太监到来，呈上一个杨广赐的金盒子，心想这准是让她自尽，不觉浑身发抖。她大哭道："我自从国家灭亡被掠，已是苟且偷生了，又承蒙先帝错爱，已是不幸中的万幸。今日就从先帝去吧。"她用颤抖的手，打开了密封的盒子，一看装的并不是毒药，而是几个用五彩金线编制的"同心结"，意思是让宣华夫人入宫陪侍。她一想新主就是先帝的儿子，就觉得脸上发烧，便默然无语。在宦官和宫女的催促劝说下，她只好收下"同心结"。

当天晚上，满面春风的杨广来到宣华夫人的寝宫。满腹踌躇的宣华夫人对杨广说："我感激你对我的怜爱，但已身侍先帝，从人伦道义上说，难以侍奉你了。况且你马上就做皇帝了，美女佳人有的是，何必非追求我这个残花败柳呢?！希望你能自重，不要做让宫闱耻笑的事。"可是，杨广欲火难耐，根本不听这一套，他一把拽住宣华夫人的手说："夫人如此风流美貌，我宁愿丢掉富贵，也不能错过佳人。"宣华夫人知道无法逃脱，只好由他恣意凌辱了。

第二天，杨广从宣华夫人宫中出来，就登基当了皇帝（即隋炀帝）。为了掩人耳目，他常密召宣华夫人出居仙都宫，不久又令其入宫中侍寝，这样她正式成了杨广的妃嫔。宣华夫人先后侍奉杨家父子的耻辱，国破家亡的哀伤，终使自己抑郁成疾，在绝望的呻吟声中，她香消黄泉路，年仅 29 岁。

宣华夫人死后，一些史家往往把隋亡罪责加在她这个弱女子身上，说什么她"迟死一年，遗臭千载"，这是极不公正的。宣华夫人的悲惨命运只能告诉后人：她不过是封建夫权制度下的殉葬品。

隋炀帝杨广

杨广（公元569—618年），又名杨英，小字阿麽，隋文帝杨坚的次子，史称隋炀帝。

少年有为

隋炀帝杨广是隋文帝的第二个儿子。在其父杨坚还是北周大臣的时候，他就因父功而被封为雁门郡公。隋朝建立之后，他于公元581年被父封为郡王，并担任并州总管，这时候他才是一个十三岁的少年。公元582年，隋文帝设置河北道行台尚书省于并州，又任命他为河北道行台尚书令。

一个十三岁的翩翩少年，之所以能担任如此重任，主要是因为其父杨坚接受北周因孤弱而灭亡的教训，于是他让他的几个儿子各掌一方，以此来巩固杨家的统治地位。隋文帝也知自己的儿子难以担当如此重任，而且对杨广的行为和成长也不放心，他于是精选朝中真正有才干的大臣王韶等到并州辅佐他的儿子——杨广。

王韶等人也没有辜负隋文帝的委托，对杨广直言匡正，不遗余力。有一次，王韶出巡长城时，杨广趁机在并州凿湖造山。王韶回来之后，马上"自锁而谏"，在他的力谏之下，杨广才停止了这一工程。

本来，杨广也不是一个纨绔子弟，虽然他的门第家世为他提供了奢侈豪华的优越条件，但因他处在一个风云变幻的复杂的政治时代，杨家先代的文治武功，将门之子所受的各种熏陶，塑造了他十分复杂刁钻的秉性：既有专擅威福的豪门习气，又有饰情矫节、希望人称道他的却贤明的虚荣心；既有一个花花公子的低级趣味，又有军事统帅的风度和文武才干。这两种习性一直并存在他的身上，而在他称帝独尊之前，前一种性情一直处在自我抑制的阶段，没有表现出来。

公元588年，隋朝大举进攻陈国，次年春，隋灭掉了陈朝。杨广作为最高统帅，在很大程度上是坐享其成的。实际指挥部署战争的是元帅长史高颎，而亲率三军攻破陈都建康的是大将贺若弼和韩擒虎，沿江而下，扫除陈国残余势力的是大将杨素。但杨广毕竟是最高统帅，进占建康后，他将围绕在陈后主身边的奸臣全部处死，以此答谢三吴人民的支持。接着，他又下令收图籍、封府库、资财尽归国有。这些都表现了杨广的大将气度。同时，隋灭陈，结束了自东晋以来的南北对峙的局面。灭掉陈国以后，杨广被提升为太尉，并继续留任并州总管。

公元590年，江南士族高智慧等人起兵作乱，隋文帝又调杨广为扬州总管，镇守江都一带。

十年后，也即公元600年，北方少数民族突厥进犯北方边境，文帝又命杨广等率军分道出击。杨广部下长孙晟设计大败突厥。

这样，年少的杨广，既曾是灭陈的最高统帅，又曾平定南方士族叛乱，还曾北御突厥族的进犯，在杨坚的几个儿子中，他的功勋也可谓卓著了。

逼宫登基

在隋文帝杨坚的五个儿子中，杨广是老二，他有一个哥哥杨勇，三个弟弟，分

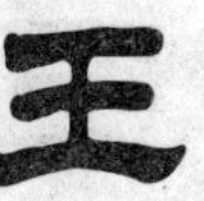

别为秦王杨俊、蜀王杨秀、汉王杨琼。本来，杨坚当皇帝后不久，就立长子杨勇为皇太子，成为法定的皇位继承人。但随着杨广政治资本的增加，越来越滋长了他继承皇位的奢望。

杨广知道，要夺得皇太子的合法地位，首先要讨得皇帝老子的欢心，其次，还必须笼络自己的亲信党羽。按照这两个策略，他同隋文帝杨坚、太子杨勇演出了一幕惊险残酷、精彩而又圆满的篡夺皇位的戏。

太子杨勇是个无心的人，他好我行我素。他既没有觉察到杨广夺位的阴谋，也不愿意虚情假意去讨父母的欢心。他明知母亲独孤皇后最痛恨的便是男子宠爱姬妾，而他却仍明目张胆地喜好女色，把父母为他娶的嫡妻元氏冷落一边，而同其他的姬妾吃喝玩乐，使母后独孤氏大为不满。

隋文帝杨坚是一个比较节俭的皇帝，可杨勇却偏偏喜好华丽铺张，因此，杨坚也不喜欢他的行为。一次杨勇大张旗鼓地接受百官的朝贺，文帝生怕臣子们和太子的关系过密，影响自己的皇权，这样，父子之间渐生猜疑。夫妻俩既然都不喜欢杨勇，于是杨勇的太子地位也便开始动摇了。

本来，杨广就是一个善于耍阴谋权术的人，为了迎合母后独孤氏的癖好，他便只和王妃萧氏住在一起，每当他和其他的姬妾生了孩子之后，就把他们杀掉。父母每次派人来，他总是亲自和萧妃迎到门口，还用丰盛的酒饭招待他们，临走时，还送他们一些礼物。这些人得了好处，于是都在文帝和独孤氏皇后面前称道杨广的仁孝。有时父皇和母后到杨广那儿去，他就把那些年轻貌美的姬妾藏起来，让既老又丑的人穿上粗布衣服服侍父皇和母后。文帝和独孤氏见杨广既节俭又不好色，于是更加宠爱他。同时，杨广也用这一方法来敬待朝中大臣，大臣们也都因此称赞他。这样，在朝廷内外，他获得了极为普遍的好感，声望也因此而越来越高。在这种声势下，杨广于是开始实施自己的阴谋，开始来颠覆哥哥杨勇的皇太子的地位。

杨广在任扬州总管时，趁入宫辞行母后的机会，故意跪在母亲面前痛哭流涕，说皇太子想要加害于他。这如同掷薪救火，促使独孤氏决计要废除皇太子。此后，杨广便更加快了夺位的步伐。寿州刺史宇文述是他的亲信，他献计请重臣杨素向皇上提出废太子的建议。杨素是隋朝著名的大将，他屡建战功，深得文帝杨坚的宠信，是朝中举足轻重的人物。而杨素又十分信任弟弟杨约。为了实现“曲线救国”的目的，杨广让宇文述找到任大理少卿的杨约，整月和他赌博，并故意将金钱输给杨约，还趁机将杨广的意思告诉杨约，后又危言耸听地对他说：“你们兄弟得罪了皇太子，皇帝一死，你们家就会大祸临头的，如今皇太子失宠，主上有废立之意，请立晋王为太子就在你哥哥杨素一句话。”在这种情况下，杨素兄弟于是答应挑唆文帝和独孤皇后废掉皇太子杨勇，拥立杨广为皇太子。

有一次宴会上，杨素很巧妙地试探独孤氏说：“晋王仁孝恭顺，很像当今的圣上。”一句话触到了皇后的心痛事，于是对杨素说了一大通晋王杨广的好处和太子杨勇的不是，两人一唱一和，当下决定要废掉太子杨勇。独孤后还送给杨素一大批金银，作为废立太子的费用。

其实，隋文帝的心里早已有废立太子的意念，只是碍于朝中大臣，一直难于开口。有一次，他还曾暗示尚书仆射、文国公高颎，高颎马上表示反对，文帝对此很不高兴。又有一次，文帝下令选东宫卫士保卫自己，高颎又极力反对。文帝因

此认为这是因为高颎和太子是儿女亲家，是在偏袒太子。因此，他对高颎的积怨也越来越深。最后，他遂贬高颎，削其职，废为平民。这样，太子杨勇失去了朝中最有力的支持者，因此，变得更加势单力薄，只有任人宰割的份了。

这时，杨素担任了一个穿针引线的角色，一面在皇帝、皇后面前称赞杨广，攻击杨勇，催促文帝废勇立广；一面又在朝中大肆活动，广造舆论，煽动更多的人反对太子，诽谤太子。于是，对太子杨勇的流言蜚语接二连三地传到文帝的耳朵里。杨素因而又趁机进谗言道："太子心怀怨愤，恐有他变，应严加防范。"这样，文帝便派人刺探太子的动静，并随时禀告；同时又裁减了一部分东宫卫士，去健壮，留残弱，东宫中有才干的官员也尽数调开。

不久，杨勇被废为庶人。杨广终于如愿以偿，被立为皇太子，取得了皇位继承权。杨广在坐上太子的宝座之后，他又命杨素捏造罪名，将自己的弟弟杨秀废为庶人。事后，杨勇多次请求见文帝申冤，但都被杨广阻止了。这样，杨广便稳坐东宫，只等文帝死了好做皇帝。

公元 604 年，文帝病卧仁寿宫。这时，杨广已急不可待，于是写信给杨素，问他如何处理后事。杨素的回信被错送给文帝，文帝看后非常生气，开始对杨广表示不满。后来，文帝宠幸的宣华夫人陈氏入宫服侍文帝，杨广见了陈氏，不禁欲火烧身，兽性大发，企图逼奸陈氏。文帝得知此事后，大怒道："畜牲何足付大事！"于是对柳述、元岩说："速召我儿。"柳述等便想召杨广前来，文帝连呼："勇也！"柳、元二人便外出起草诏书，召杨勇回来。

这一突变的风云，使形势急转直下，但这时杨广的心腹已布满朝廷内外，他很快得知这一消息，杨广急令心腹宇文述、郭衍率东宫卫士包围皇宫，并撤换文帝的卫士和服侍文帝的人。后来，他一不做二不休，干脆杀了文帝和杨勇。就这样，他登上了皇帝的宝座，即隋炀帝。他改年号为大业，这时他才三十六岁。

杨广继位后，他最小的弟弟并州总管杨琼马上起兵反抗，但因其势单力薄，马上被杨广平定。

改革律制

杨广取得帝位之后，他便做了一些改革旧制度、轻徭薄赋、收揽民心的工作。他刚办完父皇的丧事，就下诏免除妇人、奴婢和部典的课役，男女成丁的年纪也由二十一岁改为二十二岁，以缩短服役的时间。这是自北魏实施均田制以来最大的改变。北魏妇人授田服役的制度也到此中止了。

杨广改革旧制度的主要内容是：

(一)并省州县，改州、县为郡县。

(二)创立进士科，确立科举制。从隋朝到清朝，科举制一直是封建政府选拔官吏的主要途径，对中国社会产生了极大的影响，而且在当时，科举制起到了选拔人才的作用，使下层人民也可以直入官场。

(三)修订法律。公元 606 年，杨广以文帝末年法令严酷，而百姓喜好宽政为由，下令吏部尚书牛弘等修改律令。第二年，新的法律制成，共有十八篇，史称《大业律》。它与文帝的《开皇律》相比，除去了十恶之条，死、流、徙、杖、笞等五刑改重为轻的条款有二百多条。但是，律成后并没有真正被执行，特别是炀帝末年，用刑极为残酷，生杀任其情性。

（四）兴建学校，搜访遗书，整理典籍。他恢复了文帝时一度被废弃的国子监、太学、四门学和州县学。本来，杨广就十分喜欢读书著述。在他任扬州总管的时候，他就曾设王府学士一百多人，帮他修撰书籍。即位不久，又下令写成《长州玉镜》四百卷，《区宇图志》一千二百卷。杨广的这些整理、保存典籍的措施和古书分类的方法，对中国文化遗产的保存起了十分积极的作用。

大兴土木

杨广即位后，他为了进一步巩固隋王朝的统治，下令修建了一系列浩大的工程。

公元605年，杨广令尚书令杨素领营东都大监，纳言杨达、将作大匠宇文恺为副将，每月役使二百万人，大规模地营建东都洛阳。从地理位置上来看，隋都长安地偏西北，政令不易远达四境，尤其不易对东方加以控制。而洛阳古是中州，地处全国的中心，可以控制山东，威慑江南。从经济上看，长安所在地关中物产有限，各地物资若要供应长安，漕运艰难，耗资巨大，而洛阳却四通八达，可以网络天下财富，可以说洛阳是最理想的国都之地。东都洛阳的营建工作，历时一年，到606年完成。城内规划分为宫城、皇城和外廓城，方圆七十多里，同时，杨广又命宇文恺、封德彝在城西营造显仁宫和西苑，可谓华丽之至。此外，他还动辄调发民工几十万，甚至上百万，让他们修御道，筑长城。

在杨广大兴土木的工程中，其中以修建大运河最著名，它可以和秦朝的万里长城相媲美。

公元605年，在他营建东都的同时，杨广又征调河南、河北一百多万民工开凿通济渠。从西苑引谷、洛二水到黄河，再从板渚引黄河水入汴水，再从大梁以东引汴入泗水，最后到达淮水。同时，杨广还征调淮南民工十万余人，整修扩大了自山阳经江都到扬子入长江的山阳河。公元608年，他征调河北一百多万民工，引沁水南至黄河，北到涿郡（今北京）。公元610年，他又调江南十万多民工开凿了从京口到余杭的江南河。这样，以洛阳为中心，北起北京，南到余杭，全长五千里的大运河仅用了六年时间就完成了。

这一系列大规模的土木工程，一方面使国家耗费了大量的资财，给人民带来了沉重的负担，到处堆砌着人民累累的白骨。另一方面，又加强了隋朝对全国范围内的统治，维护了国家的统一。东都的营建和大运河的开凿，为中国经济重心转移到南方后，整个国家的政治布局，各地物资的统一平衡调动，提供了有效的方案，奠定了中国以后一千多年政治、经济的规模和格局，从而进一步促进了江南地区的经济发展。

恣意游乐

杨广为了夺得皇位，他一度曾装出一副仁孝恭俭的假象。一旦天下在手，他便原形毕露，穷极华丽的苑囿宫室，羽仪千里的巡游，轻歌曼舞的宫廷，穷极珍奇的酒宴，陪伴了他的后半生。

杨广本来就是一个好色之徒，只不过是善于在文帝面前掩饰罢了。杨广的后宫里，除了萧皇后和众多的贵人、美人外，还有在西苑的十六院夫人及宫女数千人。公元612年，他又下令江淮各郡每年挑选姿质端丽的童女入宫，不管是在

西都宫苑中，还是在巡游的路上，杨广总要携带大批的宫女，以供自己随时寻欢作乐。

为了创造更多的游玩场所，杨广几乎天天在修建宫室。本来，在京师长安和东都洛阳已有许多苑囿和宫殿。后来，他又在东都洛阳修建了富丽堂皇的里仁宫和广阔的西苑，但他仍不满足，经常让臣子们在各地寻找修宫室的理想场所。于是，一处处豪华宫室在全国各地拔地而起。

杨广生性好动，而且他享乐游玩的兴趣又经常变换。即位后的第一年，即公元 605 年 8 月，他就坐船去游江都，一直到公元 606 年 4 月才回到东都洛阳；公元 607 年，他又北巡至榆林，还到了突厥族启民可汗的帐里；公元 608 年，他又到五原，出长城塞外巡游；公元 609 年，他又西行至张掖，接见了许多西域的使者；公元 610 年，他又二游江都，从公元 611 年到公元 614 年，连续三次亲征高丽（即今朝鲜）；公元 615 年，他再次北巡长城，被突厥始毕可汗围困于雁门，直到很久才解围回来；解围回来的第二年，他又三游江都。从他即位之日到他灭亡之时，他几乎是马不停蹄地到处巡游，在位十四年，而总共在京城的时间，还不足一年。

杨广不仅出巡频繁，而且每次出巡的气派更是大得惊人。他第一次游江都时，造成大小船数千只。他坐的船被称为“龙舟”，高达四层，上层有正殿和东西朝堂。中间两层有一百二十间房屋，每间房屋都用金玉装饰，而且雕刻极为奇丽，船的最下层为内侍宦官的居所。皇后乘的船叫“翔螭舟”，除比龙舟稍小以外，别无他异。嫔妃乘的船则称为“浮景舟”，共有九艘，上下也是三层。贵人、美人和十六院夫人所乘的则称为“漾彩舟”，总共有三十六艘，另外还有随行船只几千艘。一路上舳船相接二百余里，骑兵沿运河两岸而行，旌旗蔽野。所过州县，五百里内都要贡献食物，多者达上百车，都是水陆珍奇。佳肴美馔，多得吃不了，吃不了的就埋掉。

沿途各地方官员竞相刻薄百姓向杨广进贡，以求得升迁。使得百姓剥树皮，采树叶，拔野草，或者煮土而食，甚至还出现了人吃人的现象。杨广的游兴，给各地人民带来了沉重的负担和灾难。

杨广到其他地方巡游，其派头不仅不比游江都有丝毫逊色，还要改换其口味，不断翻新求异。他北巡时，又有一番派头。凿太行山通驰道到并州，又从榆林至涿郡，修长达三千里、宽十余米的御道，还命宇文恺造可容数百人，下装轮轴，可以行走的“飞行殿”。随行甲士五十余万，旌旗辎重千里不绝。

西笼东伐

隋炀帝杨广即位时，隋王朝府库充实、兵马强盛，凭借这一雄厚的经济、军事实力，本来可以成为历史上长治久安的王朝，可是经过炀帝杨广的一番折腾，这些家当全被挥霍殆尽。他四处征伐虽然可以起到巩固边防、发展对外贸易的积极作用，但也成为隋王朝灭亡的致命伤。

公元 605 年，刚即位不久，北方的契丹族便南犯营州。炀帝杨广命通事谒者韦云起发突厥兵讨伐契丹。韦云起偷袭获胜，这一战役加强了炀帝向四处扩张的野心。

杨广大规模地经营西域是从公元 607 年开始的。在这以前，西域各国的人多到张掖同隋朝进行贸易，隋由翰林黄门侍郎裴矩负责。他向炀帝杨广上奏主

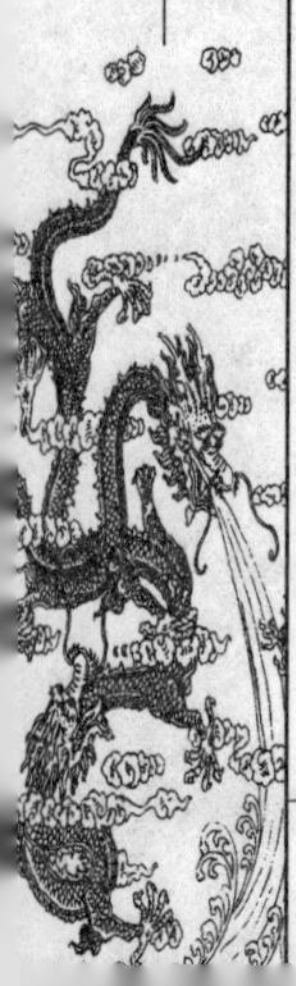

张经营西域，这唤起了杨广追慕秦皇、汉武的雄心。他于是派裴矩回张掖，并用重金引诱西域各国来朝。此后，西域各国往来相继，所经州郡，送往迎来，其花费用度以上万金来计。

公元609年，炀帝纳裴矩的谋略，击败西突厥处罗可汗，为他经营西域扫清了道路。杨广又派军击败中原通往西域的要冲——吐谷浑，并在这里设置西海、河源、鄯善、且末四郡，中原和西域的交通和商业基本上畅通了。

随后，他又出兵西域，派薛世雄率军出玉门关攻打伊吾，伊吾被打得大败，薛世雄在汉朝故伊吾城东筑城，甲卒一千多人戍守。

公元609年，杨广西巡到燕支山，高昌王曲伯雅、伊吾吐屯设和西域二十七国使者同来谒见。其他如焉耆、龟兹、疏勒、于阗、康国、安国、石国、米国、曹国等均遣使者来中国朝圣。

经营西域，开辟了通往西域的通道，保护了对外的商路交通，在客观上促进了中外经济和文化的交流。同时，除少数地区以外，基本上没有动用武力。按说，这不应该给人民带来更大的负担，可实际上恰恰相反，为经营西域所费的资财每年竟高达几亿。裴矩招致西域诸国入朝，都是引以厚利，临行又给予丰厚的赏赐。并让当地人民置办华丽宫室，很多人因此而贫困破产，而朝廷却以此来向西域人夸示中原的富有。杨广的这些劳民伤财的措施造成了天下的穷困，而西北则是首当其冲的地区。

公元609年正月，西域各国酋长云集洛阳，杨广在端门大演百戏，一连折腾了一个月，此后愈演愈烈。为了给那些演员制造锦绣服装，西京的缯锦为之耗空，国家每年仅此项耗费达数亿金。后来，中国元宵节观景行乐，大盛于此，西域人请求到洛阳市内作交易，炀帝又下令排场一番，店肆檐宇，整齐划一，帷帐盛设，珍货积聚，西域商人吃饭不要钱。炀帝要的是万国来朝，天下至尊的尊严，他挥霍巨资来粉饰太平，夸耀富比天下，还不惜和西域人作了赔本生意。为了满足他的虚荣心，国家付出的代价是无可估计的。

隋炀帝向外经营或扩张，规模最大，时间最长，给人民造成灾难最沉重的是对高丽的三次侵略战争。

高丽是隋朝东北最强的邻国，当时它的辖地东至新罗，西过辽河，南接百济，北邻靺鞨。公元598年，高丽曾侵扰过辽西，被隋朝的辽西总管韦冲打退。由于它的领土扩展到辽河，并曾侵扰营州，隋文帝曾派汉王杨琼率军东征高丽，但一败即收兵，没有再次对高丽用兵。

公元607年，当炀帝巡幸东突厥启民可汗帐时，恰巧高丽使者也在。炀帝接受裴矩的建议，于是胁迫高丽王高元入朝，高元拒绝，炀帝便以此为借口，兴师东征。

612年正月，炀帝下诏大举进军。隋军一百三十万人，号称二百万人，分成二十四军，另有炀帝亲帅的六军，共三十军，转运粮饷的民夫更是无以计数，这是进攻高丽的主力军，另有支水军由右翊卫大将军来护儿率领从东莱海口出发，接应陆军。

来护儿的水军进到距平壤六十里的地方，打了一个胜仗，于是乘胜进攻平壤城，纵兵掠虏，被高丽的伏兵击败，四万人只剩下几千人逃回船上，仓皇撤退。陆路军队在大将宇文述、于仲文的率领下，共有三十万五千人渡过鸭绿江。兵士携

带兵器粮饷，负担沉重，疲惫不堪，多将粮食偷偷扔掉。才及中路，粮食已尽，饥困交加，无力再战，不得不回师，三十余万人只有二千多人生还，军资器械丢失殆尽。第一次远征高丽遂告失败，这次出征高丽，给人民带来了无穷的灾难，各地的农民起义风起云涌。但杨广仍我行我素，坚持继续东征。

公元 613 年，隋又发动了对高丽的第二次战争。这次的战争布置和第一次基本相同。炀帝坐阵辽东，由宇文述和大将军杨义臣等进趋平壤，来护儿仍为水军总管，率军从东莱出发。正当陆军刚到前线作战，水军尚未离开东莱时。杨素之子礼部尚书杨玄感在黎阳发动了叛乱，攻围东都。炀帝在前线得知消息后，慌忙回师，回救洛阳。军资器械堆积如山，营垒、帐幕原封不动，全部丢在战场上，二征高丽又以失败告终。

二征高丽的失败和杨玄感的叛乱，使隋王朝的元气大伤。尤其是各地的农民起义，使隋炀帝面临灭顶之灾，但他仍怙恶不悛。于公元 614 年，又发动了第三次对高丽的战争。7 月，来护儿的水军在平壤附近大败高丽军。高丽经过两次战争，也与隋朝一样，元气大伤，于是遣使讲和，炀帝也借此罢兵。

隋炀帝四处经营，屡兴兵甲，耗费了无以计数的财力、物力和人力，他继位时充溢的府库，兵强马盛的局面已不再，隋朝的大厦也面临倒闭坍塌的危机。

专行独断

杨广虽没有雄才大略，但他也有一定的文才武功，只是他没有把他的才能用在治理天下方面，而是让他的才能成为嫉贤妒能、狂妄自大的资本。

古代稍微明智一点的君王，即使不能从谏如流，却也能采纳一些忠言，补救一些过失，而杨广却偏偏反其道而行，他把自己的全部才能用来拒谏饰非。他极端厌恶那些敢言敢谏的人，对肯谏的人，他一定要杀之而后快，朝中那些刚直不阿、直言不讳的大臣，如果不三缄其口，就不会有好下场。尚书仆射高颎便是例证。他本来是隋朝的一位名臣，他不仅辅佐文帝建立隋朝，而且还在杨广南伐陈朝的时候，负责指挥部署，从而成就了杨广的武功。炀帝杨广即位后，拜他为太常。高颎见炀帝杨广穷奢极欲，又连起长城之役，于是对太常丞李懿说："周天元帝以好乐而亡，应接受教训，怎么还可以这样纵情声色呢？"炀帝对突厥启民可汗恩礼太重，高颎深为国家的财政担心，于是对太府卿何稠说："启民可汗深谙中国虚实，山川地形，恐后患无穷。"礼部尚书宇文弼、光禄大夫贺若弼也赞成高颎的意见。三人就因这几句话而招杀身之祸，被炀帝杨广以诽谤朝政的罪名杀掉了。

后来，朝廷又议定新令，过了很长时间还没有定下来，内史侍郎薛道衡对朝士说："如果高颎没有死的话，恐怕新令早就颁布施行了。"炀帝杨广听了，立即把薛道衡交给法司问罪。薛道衡自己觉得所犯的并不是什么大罪，一定会被赦免的，于是他便催促法司早断，还通知家人准备好酒菜，迎候他回家。等炀帝杨广的判决下来，他完全是惊呆了，没想到炀帝竟让他自尽。

御史大夫张衡本来是隋炀帝的幸臣。炀帝杨广夺得太子之位，大都出于张衡的谋划。所以在杨广即位后，张衡也青云直上，在朝中倍受恩宠。后来，杨广要修汾阳宫，便让张衡规划图样。张衡于是偷偷地劝炀帝杨广说："前几年劳役繁多，百姓疲敝，应有所节制。"张衡马上被贬为榆林太守，第二年，炀帝又让他到南方督役江都宫。张衡不敢再劝炀帝，他于是自尽以示反对。

三征高丽后，炀帝杨广又想到东都洛阳游玩，太史令庾质进谏曰："陛下连年东征高丽，百姓疲敝，应镇抚关内，使百姓尽力农桑，让百姓喘口气，然后再去巡游。"结果他也被炀帝杀掉了。其他凡是劝谏炀帝节省民力，停止巡游的，都无一幸免。大臣们见炀帝杨广如此拒不纳谏，也就不敢再拿自己的性命开玩笑，朝中大臣因此都变成了随声附和的应声虫。

与此形成鲜明对比的是，隋炀帝所宠幸的人，不是凶残歹毒，贪得无厌，就是一起阿谀奉承的人。

杨素是炀帝杨广宠信的朝廷重臣，他虽有文才武功，但却专会迎奉主上之意，半点不敢触犯杨广的旨意，且聚敛财富，一再修饰他豪华的住宅，家僮数千，后庭中的妓妾成群，共计上千人。

宇文述也是隋炀帝夺位时的干将，他善于察言观色，随从巡游河右时，敛取无数奇异的珍宝敬献皇上。公元 616 年，他为了迎合炀帝的意旨，劝炀帝幸游江都，因此备受宠爱。其他像内史侍郎虞世基、御史大夫裴蕴、光禄大夫郭衍都以谄谀而受宠。郭衍为讨好炀帝杨广，竟劝杨广隔五日一早朝，以免被政事累着，像这样勾引皇帝不理政事的奸臣，炀帝杨广反以为是忠，说："只有郭衍和我心心相印，了解我的意图。"

朝中大臣，凡是能附和炀帝杨广作威作福享乐腐化的，就可以得到提拔，反之，不是杀就是贬。公元 607 年，炀帝北巡，雁门太守丘和因献食精美，而被内迁为博陵太守；马邑太守杨廓无所献，于是到博陵向丘和学习。此后，上行下效，各地方官争着向炀帝杨广进献精美之食。最后一次巡游江都时，江淮一带的地方官谒见炀帝的，专问礼饷的丰薄，丰则迁，薄则遭贬斥。江都郡丞王世充献铜镜、屏风、迁为太守；历阳郡丞赵元楷因献珍异，而迁为江都郡丞。于是郡县竞相刻剥小民以贡献，官吏却趁机贪污中饱，贿赂公行，隋朝的政治日益腐败。

炀帝末年，农民起义的浪潮席卷全国，这个暴君也被搞得惶惶不可终日。晚上睡觉，要几个妇人摇抚他，才能勉强入睡。但即便是如此，他也仍是自欺欺人。只要臣下说"盗贼"少就喜欢，反之，或贬或杀。

身死兵变

在炀帝杨广统治的十四年中，他掘长堑，筑西苑，建东都，开凿大运河，修筑长城，盛造宫殿，伐木造船，凿山开道等，可以说是百役繁兴。他还四出经营征伐，穷兵黩武，这些无止境、无休止的徭役、兵役，不仅夺去了上百万人的生命，同时还把社会经济推向绝境。他屡次北巡，南游江都以及穷奢极欲的挥霍，使得内外虚竭，百姓困敝，人民无法生存，只好铤而走险了。

公元 611 年，王薄领导农民在长白山首举义旗，起义的口号就是反对远征高丽，王薄作《无向辽东浪死歌》来号召农民起义，逃避兵役、徭役的农民纷纷参加进来。他一起兵，那些备受兵役之苦的人民也纷纷响应。

在人民的力量的冲击下，统治集团内部也发生了分裂。公元 613 年，隋炀帝二征高丽时，杨素之子杨玄感便在京师发动叛乱。他是利用了人民反抗情绪高涨的斗争形势，他在起兵誓师时说："我身为上柱国，家累钜千金，富贵已无所求，今不顾灭门之祸，为解天下倒悬也。"他这一口号，迎合了广大人民的愿望，当时父老争献酒肉，前来参军的每天逾千人。杨玄感的叛乱，在统治阶级内部引起强

烈的震动，许多贵族子弟，如韩擒虎的儿子韩世鄂、来护儿的儿子来渊、裴蕴的儿子裴爽，共计有四十多人一块投降了杨玄感，右武侯大将军李子雄也前来投奔，光禄大夫赵元淑、兵部侍郎斛斯政都和杨玄感同谋。后来，炀帝杨广虽然平定了叛乱，但统治集团内部却从此开始瓦解了。

在这种众叛亲离的情况下，炀帝杨广仍不思悔改，不但继续发动对高丽的战争，而且再次北巡太原、长城。这时，依附隋朝的东突厥始毕可汗见隋朝国力空虚，也脱离了隋朝的控制，趁炀帝出塞，率骑兵十余万，在雁门将炀帝包围，全靠随从兵士坚守，外加各地援兵赶来才得以解围。

经过这次事变，炀帝杨广知道形势已开始恶化。回到东都洛阳后，他就准备南游江都，以避开农民起义的锋芒。已死到临头，杨广仍不思悔过，还继续滥用民力，命在江都重造龙舟送来东都，又在毗陵修离宫十六所。

公元 616 年 7 月，龙舟造成，并送到洛阳，宇文述等人于是劝炀帝赶快到江都去；许多朝臣都认识到，炀帝将会一去不复返，但都不敢说话，建节尉任忠、奉信郎崔民象、王爱仁等舍死相劝，仍未获效，反白白丢了性命。炀帝留下越王侗留守东都，便前往江都巡游。

在江都的一年多时间，农民军杜伏威步步向江淮逼进，打败隋朝大将陈棱，攻克高邮，进据历阳。中原翟让、李密等领导的瓦岗军击溃隋军主力张须陀、裴仁基等。他们传檄周围郡县，揭露炀帝杨广的十大罪状，说杨广罪该万死。炀帝又派王世充率江淮劲军与留守东都的越王侗继续同瓦岗军对抗。河北义军窦建德大败南下攻李密的涿郡留守薛世雄，威震河北。

许多地主见隋朝气数已尽，于是纷纷起兵自保：金城府校尉薛举割据兰州，自称秦帝；鹰扬府司马李轨占据武威，自号河西大凉王；鹰扬府校尉刘武周割据马邑，也称皇帝；鹰扬府郎将梁师都割据翊方，自称大粱皇帝。太原留守李渊起兵攻下长安，立杨广的孙子杨侑为傀儡皇帝，遥尊炀帝为太上皇。隋炀帝这个残害天下，穷困万民的暴君成为一个众叛亲离的独夫。

大势已去的隋炀帝也感到末日的来临，但他还是要及时寻欢作乐，与萧皇后、宠姬等天天寻欢作乐，醉生梦死。他还自我安慰说："现在有许多人想推翻我，然而我不失为长城公，你（萧皇后）也不失为沈后。"他还准备了毒药在身边，准备随时自尽。

公元 618 年 3 月，炀帝杨广见天下大乱，自知已无力回天，便下令修治丹阳宫，准备迁居江左。从驾的卫士共推宇文述的儿子宇文化及为首领，发动了兵变，将炀帝杨广用巾带勒死，终年五十岁，谥号"炀帝"。

炀帝首先是一个暴君，他任意荼毒生灵，残害百姓。但同时，他也为历史的进步作出了一定的贡献。

唐高祖李渊

高祖李渊

出身高门　因功仕隋

李渊祖籍陇西成纪(今甘肃秦安),祖父李虎,为后魏左仆射,封陇西郡公,官至太尉,成为著名的八柱国之一,位极荣贵,死后追封唐国公。父李昞,袭封唐公,北周时任安州(今湖北安陆县)总管、柱国大将军。北周天和元年(566),李渊出生于长安,7岁袭唐国公。

李渊青年时,倜傥豁达,任性直率,宽仁容众,有很高的威望。李渊的妻子窦氏,是隋朝贵族窦毅之女,隋文帝独孤皇后又是李渊的姨母,因此,在朝廷上十分受宠。历任谯州(今安徽亳县)、陇州(今陕西陇县)、岐州(今陕西凤翔县)刺史。史称李氏在陇西"富有龟玉,姻娅帝王",这充分说明李氏家祖是关陇贵族集团之一。

隋大业初年,李渊为荥阳(今河南荥阳县)、楼烦(今山西静乐县)二郡太守,不久,又任命为殿内少监。大业九年(613),升办卫尉少卿。这一年,隋炀帝发动了侵略高丽的战争,李渊受命在怀远镇负责督运粮草。当时,民不堪苦,怨声沸腾,大贵族杨玄感利用人民的不满情绪,起兵反隋。李渊飞书奏闻,隋炀帝命李渊镇守弘化郡(今甘肃庆阳县),兼知关右诸军事,以备御杨玄感。玄感兵败,李渊留守如故。在这期间,他广树恩德,结纳豪杰,因此隋炀帝对他有所猜忌。大业十一年(615),李渊调任山西、河东黜陟讨捕,携家眷至河东,行至龙门,遭到母端儿农民起义军的阻击。李渊率军击溃了这支起义队伍,收降万余人,声威大震。次年,升为右骁卫将军,奉诏为太原道安抚大使。当时,隋炀帝自楼烦巡游雁门,为突厥始毕可汗包围,形势十分危急,依赖李渊的太原兵马才得以解围。不久,炀帝派李渊与马邑郡守王仁恭北备突厥。当时,两军兵马不足5000,李渊选能骑善射者2000余人,饮食居止,一同备突厥,驰骋射猎,以耀威武。有一天,李渊的军队与突厥军相逢,李渊纵兵出击,大败突厥。此后突厥收其所部北移,不敢南下骚扰。

大业十三年(617),李渊为太原留守。太原是军事重镇,不仅兵源充足,而且饷粮丰沛,储粮可供十年之用,因此李渊十分高兴,意欲在太原发展自己的势力,以图大举。

李渊初到太原时,有"历山飞"农民起义军结营于太原之南,上党、西河、京都道路断绝。这支起义军有十几万人,巧于攻城,勇于力战,多次打败隋军。李渊为树立自己的威信,决定讨伐"历山飞"农民起义军。两军相遇于河西雀鼠谷口。起义军有2万余人,布阵齐严,李渊所部步骑仅五六千余,诸将面有惧色,李渊决定智取,乃分所部将兵为二阵:以羸兵居中,扬旗鸣鼓,排成大阵,造成是主力的假象,然后以麾下精兵数百骑,分置左右队为小阵,终于击败义军。

李渊击败义军后,他在太原的统治地位得到巩固。晋阳一带的官僚、地方、豪商也纷纷投靠李渊,李渊又命次子李世民在晋阳密招豪友,倾财赈施,广泛结

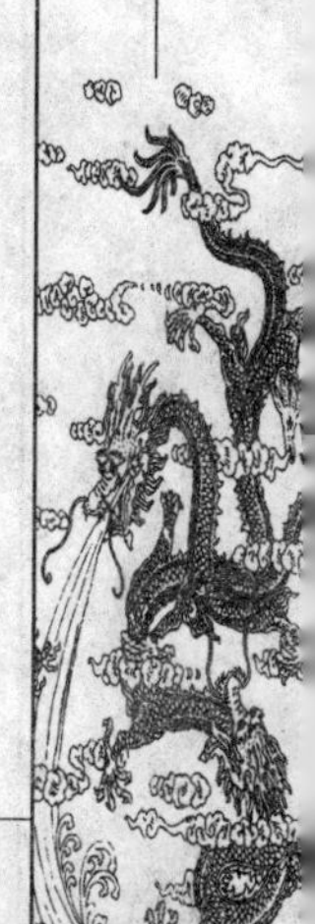

纳。其长子李建成也在河东暗中交结英俊，发展势力，而此时的隋炀帝又远在江都，沉湎声色，鞭长莫及，李渊实际上成为太原的最高统治者。

晋阳起兵　拥立隋主

隋炀帝的残暴统治，使得阶级矛盾十分尖锐。炀帝一即位，就大兴土木，建东都、修长城、开运河、筑驰道，弄得民不堪命。炀帝又好大喜功，巡游江南，北上榆林，以夸耀自己的权势；出兵边塞，侵略高丽，以显赫自己的武威；结果徭役无时，战争频繁，社会生产遭到严重破坏，人民生活痛苦不堪。致使黄河之北，千里无烟；江淮之间，土地荒芜。人民无法生活下去，不得不铤而走险，以武力反抗隋炀帝的残暴统治。

大业七年(611)起，各地农民起义风起云涌，有的隋军将领也割据一方，天下沸腾，群雄蜂起。全国有近200余支反隋武装。他们在反隋斗争中逐渐走向联合，逐渐形成了以李密、翟让领导的瓦岗军，杜伏威领导的江淮义军，窦建德领导的河北义军三支主要力量。在农民起义的冲击下，隋炀帝的统治已岌岌可危，处在风雨飘摇之中。

在农民起义蜂起的同时，统治阶级内部也分崩离析。李渊目睹动荡不安的天下局势，逐渐酝酿了叛隋思想。特别是农民起义的大发展，直接促使了他的叛隋思想付诸行动。

大业十三年(617)二月，马邑人刘武周起兵，杀太守王仁恭，自称天子，国号定阳。李渊遂以讨伐刘武周为名，自行募兵。由于李渊以维护隋朝统治的面目出现，所以远近的地主武装纷纷赴集，不几天就有近万人成为李渊直接控制的军队。

李渊的行动，引起忠于隋炀帝的副留守王威和高君雅的怀疑。李渊设计杀掉王、高二人，宣布自己大举义兵，是为了安定天下，维护封建统治，还宣布与突厥和亲，避免战争。在得到突厥的支持后，李渊便公开打出了反隋的旗子，于大业十三年(617)六月，传檄诸郡，称“义兵”。

李渊晋阳起兵后，即决定进军关中，直取长安，以号令天下，图谋大业。西河郡(今山西汾阳县)丞高德儒表示不服从李渊，李渊便令长子建成、次子世民率军攻取。二人与士兵同甘共苦，所过秋毫无犯，甚得军心和民心，不几天，就攻下西河，擒斩高德儒，在城中又开仓济贫，令百姓各安旧业，名声逐渐传播开来。

西河告捷后，李渊建置大将军府，称大将军。以长子李建成为陇西公、左领军大都督，统率左三军；以次子李世民为敦煌公、右将领大都督，统率右三军。以裴寂、刘文静为大将军府长史司马；殷开山、刘正会、温大雅、唐俭、权弘寿等为掾属、记室参左等官；以鹰扬王长阶、姜宝谊、杨毛、京兆长孙顺德、窦琮、刘弘基等分为左右统军、副统军。初步建立了军事、政治机构。

大业十三年(617)秋七月，李渊率兵西图关中，隋武牙郎将宋老生屯兵霍邑(今山西霍县)，阻挡李渊前进。适逢霖雨连绵，饷粮不给，又流言突厥与刘武周联合欲乘虚袭击太原。有的将领主张先还师太原，再待机以图后举。李渊准备班师。李建成兄弟俩反对，李渊遂决定继续进军。终于击败宋老生。

平定霍邑后，李渊又连取临汾和绛郡(今山西绛县)。九月，李渊率军直逼河东。隋骁骑大将军屈突通镇守河东，断绝津梁，给进军带来一定困难。裴寂主张

以重兵攻克河东，歼灭屈突通，以绝后患。李世民则认为兵贵神速，应避实就虚，直入关中。李渊左右权衡，决定分兵两路，由李世民率军渡河入关，直取长安，同时以相当的兵力对付屈突通。此时，李渊的女儿平阳公主，也率军前来。与李世民会师后，屯兵于阿城。李建成也自新丰至霸上。李渊自率大军自下邽西上，形成了对长安的包围之势。

十月，李渊至霸上，驻军大兴城春明门西北，与李世民、李建成军会师，共 20 余万。李渊令诸军各依垒壁，勿入村舍，不得抢掠。此时，京师留守刑部尚书卫文升，右诩卫将军阴世师，京兆郡丞滑仪，挟代王杨侑守城以拒李渊。李渊遣使招降被拒绝，下令攻城。十一月，隋都长安被李渊攻陷。

李渊进入长安后，下令封府库，收图籍，禁掳掠。遣建成、世民率所统兵守城。城内百姓对李渊军队夹道欢迎，秩序井然。大业十三年(617)十一月，李渊立隋代王杨侑为皇帝，即隋恭帝，改元义宁，遥尊炀帝为太上皇，李渊为假黄钺，使持节、大都督内外军事、大丞相、进封唐王，位在王公上，以武德殿为丞相府，设官治事，独揽军国大权，总理万机。又以陇西公李建成为唐国世子，敦煌公李世民为京兆尹，改封秦王，姑臧公李元吉为齐公。又以裴寂为丞相府长史，刘文静为司马。礼乐征伐，兵马粮仗，事无巨细，悉归丞相府负责，李渊通过丞相府牢牢地控制了长安的局势，隋恭帝实际上成为李渊的傀儡。

李渊为了进一步巩固自己的势力集团，又大封功臣。义宁二年(618)春正月，封丞相长史裴寂为魏国公，司马刘文静为鲁国公，其余诸将，加封有差。

长安称帝　建国大唐

大业十四年(618)五月，炀帝的右屯卫将军宇文化及和司马德勘在江都(今江苏扬州)发动兵变，杀死炀帝，立秦王杨浩，自封为大丞相。旋即率十多万禁卫军北上，扬言要返回关中。在童山(今河南浚县西南)被李密击败。宇文化及率余众走魏县(今河北大名东)，毒杀杨浩，自立为帝，国号许，年号天寿。次年在聊城，被窦建德擒杀。

隋炀帝被杀，隋朝灭亡。李渊便不再需要隋恭帝这个傀儡了，于是，武德元年(618)，首先逼隋恭帝禅位，然后李渊即皇位于太极殿，国号唐，改元武德，大赦天下，都长安。六月，他令李世民为尚书令，相国府长史裴寂为尚书仆射，相国府司马刘文静为纳言，隋民部尚书萧瑀、相国府司录窦威为内史令。不久，又立李建成为皇太子，李世民为秦王，李元吉为齐王。以李渊为首的李氏王朝得以建立起来。

李渊称帝长安时，群雄未靖，许多隋将割据称雄，农民起义军亦称霸一方，全国处在四分五裂状态。具有政治野心的李渊，不愿偏安关中一隅之地，便储粮积粟、厉兵秣马，俟军实充足，即剿抚兼施，开始了统一全国的战争。

李渊的统一行动，首先指向对关中构成威胁的薛举、薛仁杲父子。薛举是隋金城郡(治今甘肃兰州)的富豪，家产钜万，雄于边朔。大业十三年(617)四月，驱逐隋官，自称西秦霸王，年号秦兴。不久称帝，迁都天水(今属甘肃)，封儿子仁杲为齐公，据陇西全境，众至 13 万，成为西北地区的一股大势力。薛举起兵反隋，意在夺取关中。李渊先薛举父子攻占长安，薛举父子便以 10 万兵力进逼关中，对李渊构成严重威胁。李渊派次子李世民率军出击，薛军败归，武德元年(618)

五月，李渊长安称帝时，薛举又率精骑攻扰，关中大乱。唐军则恃兵多将广，有怠敌之意，结果在高墌（今陕西长武县北）之役中，败于薛军。消息传到长安，京师骚动，人心惶惶。薛举得胜后，则趾高气扬，欲乘胜直取长安。就在这时，薛举病死，其子薛仁杲继位。李渊命秦王李世民为元帅，再次率军讨伐，在高墌城外大破薛仁杲军，薛仁杲被迫投降。陇西并入唐境。

与此同时，凉王李轨自称天子，年号安乐，由安修仁掌握枢密。据张掖、敦煌等河西五郡之地。李渊密遣安修仁兄安兴贵入凉，当上了左右卫大将军。武德二年（619），安兴贵与弟安修仁擒李轨，倾覆了李轨的政权，凉亡，河西五郡并入唐境。

李渊的劲敌除薛举、李轨外，还有刘武周。刘武周原是马邑鹰杨府校尉。大业十三年（617），聚兵万余人，自称太守，依附突厥，攻占楼烦（山西静乐县）、雁门、定襄（内蒙古清河县境）等郡，受封为定杨可汗，不久自称皇帝，年号天兴。武德十二年（619），勾结突厥，南侵并州（治晋阳），唐并州总管、齐王李元吉抵挡不住，太原危急。接着，刘武周攻陷平遥、介州，李渊派右仆射裴寂督军抗击，被刘军打败，几乎全军覆没。刘武周乘胜进逼太原，李元吉弃太原逃归长安，关中震骇。李渊准备放弃黄河以东的地区，退保关中。在这紧要关头，李世民主张，太原是我们起兵的地方，决不能放弃，并请求率军讨伐刘武周。李渊遂命李世民率兵自龙门（陕西韩城县境）渡河，进击刘武周。唐军渡河后，休兵秣马，坚壁不战，待敌军粮草不给，气势衰落，一鼓作气，速战速决，刘武周全军溃败，部将尉迟敬德投降。刘武周势穷，率残部北遁突厥，后被突厥杀死。并州归入唐的版图。

薛举、李轨、刘武周被消灭后，关中形势得以稳定。李渊便集中力量争取中原。

李渊争夺中原的劲敌是王世充。王世充本是隋江都通守，炀帝被杀后，他在东都立杨侗为帝，不久，击败瓦岗军，瓦岗军首领李密投降唐朝，其余将帅多归附王世充。武德二年（619），王世充废掉杨侗，自称皇帝，年号开明，国号郑，占据洛阳，成为河南最大的割据势力。武德三年（620）七月，李渊派李世民率军直驱河南，攻打洛阳。王世充所属河南州县，相继降唐，王世充困坐洛阳，遣使向窦建德求援。窦建德欲与王世充合力败唐，然后再寻机消灭王世充，因而接受了王世充的请求，引兵10万进军成皋（河南荥阳县汜水镇）。李世民率唐军抢占武劳重镇，阻击窦建德。窦建德布长阵20里，鼓噪前逼唐阵。唐军坚守不战，以逸待劳。窦建德军粮草供应不畅士卒饥疲，唐军乘机出击，窦建德抵挡不住，败退30里，最后受伤被俘。王世充见大势已去，率群臣2000余人降唐，河北诸县也相继归唐，李渊的势力基本上控制了黄河流域。

与此同时，李渊还派李靖至夔州（今四川奉节县），进攻占据长江中游地区的萧铣。萧铣于武德元年（618）在巴陵称帝，不久迁都江陵，出兵攻夺唐巴、蜀地，有兵40万。武德四年（621），唐将李靖、李孝恭围江陵，萧铣外无援兵，只好投降唐朝，长江中下游地区亦为唐所有。

李渊兼并了割地称雄的一些隋朝贵族后，又把矛头指向在灭亡隋朝中起了重要作用的农民起义军。窦建德被俘后为李渊杀害，其部将于武德四年（621）推刘黑闼为主，在漳南（今山东德州一带）起兵反唐。刘黑闼勇决善战，各地的窦建德残部又闻风而起，不到半年时间，刘黑闼就完全恢复了窦建德故地。

李渊命李世民、李元吉率军东征刘黑闼。刘黑闼率步骑2万人迎战，从午间杀到黄昏，未分胜负。不料，唐军在洛水上游筑坝截水，看到难以取胜，就决水灌敌，刘黑闼兵败，逃奔突厥。两个月后，刘黑闼又卷土重来，重新恢复故地。武德五年(622)，在洺州(今河北永年)自称汉东王。齐王李元吉前往讨伐，被刘黑闼打败。李渊又派皇太子李建成亲征，建成采纳魏征的建议，实行安抚政策，争取民心，以瓦解刘黑闼的部队。武德六年(623)，刘黑闼终于兵败被杀。唐控制了河北、山东地区。

占据江淮地区的杜伏威于大业十三年进据历阳(今安徽和县)，自称总管，进用"士人"。武德元年(618)，移居丹阳，上表隋越王杨侗，被任为东南道大总管，封楚王。唐军围攻洛阳，使人招降杜伏威，杜伏威降唐，被封为吴王，任江、淮以南安抚大使。刘黑闼兵败被杀后，杜伏威使部将辅公祏留守丹阳，自请入朝，被留在长安。武德六年(623)秋，辅公祏率领江淮义军在丹阳反唐，自称宋帝，唐借故杀杜伏威。李渊又派大将军李孝恭、李靖、李世勣等分路进攻，武德七年(624)，辅公祏率军自丹阳出走，被地主武装捕获，送唐营处斩，江南、淮南从此也成为唐朝的辖区。

李渊统一全国过程中，最后消灭的是梁师都。梁师都于隋大业十三年(617)在朔方起兵反隋，攻占雕阳、弘化、延安等郡，自称皇帝，国号梁，年号永隆，依附突厥贵族，受封为"解事天子"，唐贞观二年(628)为唐军消灭。至此，李渊父子兼并了地主割据势力，又打败了农民起义军，夺取了农民起义军的胜利果实，统一了全国。

创立制度　修明政治

李渊称帝后，百废待举，他一面组织力量进行统一全国的战争，一面注意加强政权建设，唐朝前期的政治、经济、军事制度，在李渊时期基本上初具规模。

建立各级统治机构。李渊建唐伊始，一切政权组织皆因隋制，直到武德七年(624)才为适应全国统一后的历史形势，根据前代制度，确定了唐代的政权组织系统。

在中央实行三省六部制。三省即中书省、门下省、尚书省。中书省的长官是中书令，僚属有中书侍郎、中书舍人等，是决策机关，负责草拟有关军国大事的诏敕。门下省的长官是侍中，僚属有黄门侍郎、给事中等，是审议机关，主管审核中书省的决定，并有权驳回。尚书省的长官是尚书令(太宗时废尚书令，另设左右仆射)，僚属有左右丞、左右司郎中等，是执行机关，负责执行中书、门下二省的决定。三省的长官都是宰相，他们共同商讨国家大事，共同对皇帝负责。六部即吏、户、礼、兵、刑、工六部。吏部主掌官吏的考核与升降，户部主掌户籍及赋税，礼部主掌礼仪及科举，兵部主掌军事，刑部主掌刑法诉讼，工部主掌土木工程。各部长官都称尚书，直属于尚书省，每部又领四司，计24司，分别执行中书、门下二省制订的政令。

唐代的监察机关为御史台，长官是御史大夫，负责纠察百官，权力极大。

唐代的地方统治机构，基本上是州县两级制，州设刺史，县设县令。刺史每年一巡属县，考课官吏，访询治安，催督赋役，保举人才。县令主一县之事，县以下有乡，乡以下有里，里是最基层的政权单位，置里正一人，辖百户左右，其职责

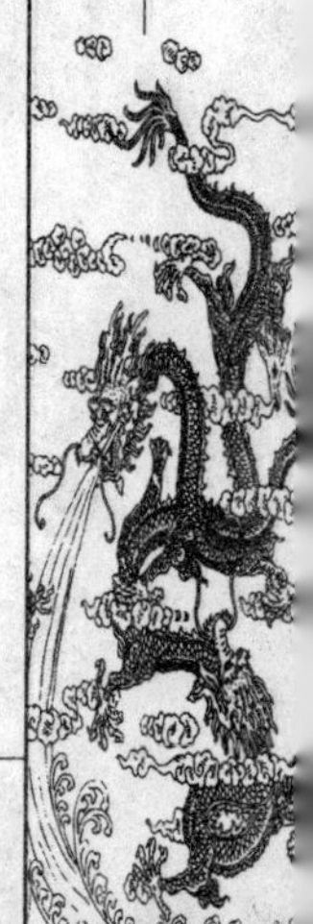

是检查户口、劝课农桑、检查非违、催驱赋役，对人民进行直接统治，是唐朝皇帝的忠实奴才和统治人民的得力工具。

唐代中央和地方各级政权机构的建立，在中国封建社会历史上有着承前启后的重大意义。各级政权组织比较谨严，分工比较明确，和过去相比更有利于皇帝集权。

实行均田制和租庸调制。唐初，经隋末战乱，人口减少。武德初年仅有200余万户，不及隋朝最多时户数的1/4。由于缺乏劳动力，大量土地荒芜，在这种地广人稀的情况下，唐政府要保证赋税收入，稳定政权，就必须把流亡的人口固定在土地上，迅速恢复和发展生产。为此，唐朝继承了北魏、隋朝的均田制和租庸调制，并稍加损益，颁布全国。

武德七年(624)四月，唐高祖李渊颁布均田令，规定：(1)对百姓授田的规定。丁男(21岁至60岁为丁男)和18岁以上的中男(满16岁为中男)各授田一顷，其中口分田80亩，永业田20亩。老男(60岁以上为老男)、笃疾、废疾者授口分田40亩，寡妻妾授口分田30亩，这些人若作户口，则每人授永业田20亩，口分田30亩。尼姑、女冠各授田20亩、工商业者减丁男之半，一般妇女、部曲、奴婢不再授田。(2)对贵族官僚授田的规定。有封爵的贵族按品级的不同授给不同数量的永业田，从亲王到公侯伯子男，授田数量由100顷递降至5顷。在职官员从一品到八、九品，授田数由30顷递降到2顷。有战功的勋官也分别授田30顷至60亩不等。此外，各级官吏还有职分田，其地租作为官俸的补充。官府有公廨田，其地租充作办公费用。(3)对土地买卖的规定。官僚贵族的永业田和赐田，可以自由出卖。百姓在无力丧葬时准许出卖永业田，若百姓从人多地少的狭乡迁往人少地多的宽乡，亦准许出卖。

在地主土地私有制的情况下，要实现真正的“均田”是不可能的。均田令在当时并没有认真地执行。但均田令的颁布，对于唐初农业生产的恢复和发展起了积极的推动作用。

唐初在均田制的基础上，还实行了租庸调制。它初定于武德二年(619)二月，修订于武德七年(624)四月。租庸调制规定：凡是授田的农民，每丁每年向国家纳粟2石，叫做租。又随乡土所产，每年交纳绢2丈、绵3两，或交纳布2.5丈、麻3斤，叫做调。还规定每丁每年要服役20天，如不亲自服役，可每天折绢3尺或布3.75尺，叫做庸。如果政府额外加役，加役15天，免调；加役30天，租调全免。每年的额外加役最多不得超过30天。唐代的租庸调和隋朝相比，以庸代役的条件放宽了，从而使农民有更多的时间从事农业生产。

实行府兵制。府兵制创于西魏宇文泰时期，历北周、隋而至于唐。李渊太原起兵时有兵3万，进军关中后，众达20余万，为了使这支军队归心于唐和解决军粮问题，李渊把军队逐步纳入府兵组织系统，基本具备了府兵制的雏形。武德元年(618)，李渊在长安称帝不久，即置军府，任用功臣和招降军将为卫大将军、将军，完全因袭隋制。当时十二卫所属有骠骑、车骑两将军，是事实上的领兵者，武德二年(619)置十二军，每军有将、副各一人，以督耕战。武德六年(623)，废十二军，武德八年，因突厥入侵，又重设十二军。十二军是唐初关中比较固定的基本禁卫部队。此外，李建成、李世民、李元吉各开府领兵。

府兵制建立在均田制之上，是一种兵农合一的制度。兵士平时在家生产，农

闲时由兵府加以训练。府兵的经常性任务，是轮流到京师宿卫或到边境戍守，称作“番上”；若遇到战争发生，则出征打仗。府兵在服役期间，可免除本身租调，但“番上”、“出征”时的兵器、衣服、粮食均需自备。这种“寓兵于农”的兵制，从均田农民中征兵，保证了兵源，资粮甲杖自备，减少了国家的经费开支。同时，练兵权与将兵权分离，防止了将帅拥兵跋扈，对于加强专制主义中央集权起了一定的作用。

实行科举制。科举制始创于隋朝，到唐朝时更为完备。李渊初即位，就设立京师和地方学校，收揽人士。但同时也恢复了隋朝废除的中正官，以本州高门士人充任。这是对士族的让步，不过大中正只是名誉职务，用人权仍在吏部，而吏部用人的主要途径就是科举。士人仕进不再专凭门第高低，而是主要依据学才德识，从而使唐代的用人比以前有所改进。

唐初，主持科举考试的是吏部考功员外郎。参加科举考试的生员主要有两种，一是国子监所属各学校的学生，称为“生徒”；二是各地私学中由州县保荐的学生，称为“乡贡”。

唐代的科举分常举和制举两种，常举即每年举行的定期考试，考试科目一般为秀才、明经、进士、明法、明算等科，其中明经、进士两科为热门。明经科主要考帖经，重在儒家经典的背诵记忆；进士科主要考诗赋和时务策，需要独立思考，进士科较难考，但一旦考中进士科，就取得了做官的资格，因此，人们称中进士为“登龙门”。所谓制举，就是皇帝根据需要亲自主持的考试，科目多临时设置，考试时间也不固定，录取人数较少，在科举制度中不占重要地位。

科举制的最后确立和进一步完备，有着重要意义。和九品中正制相比，一般的中小地主都有了应试资格，为他们入仕开了绿灯，打破了士族门阀垄断仕途的局面，从而扩大了统治基础。

制订《武德律》。隋朝末年，统治者滥用刑法，民无所措手足。李渊攻下长安后，就学着汉高祖刘邦的样子，约法为十二条，李渊称帝后，宣布废除隋朝的《大业律令》，并令裴寂、刘文静等依隋《开皇律》重新修订法律。在“务在宽简，取便于时”的原则指导下，制订了新律 53 条。到武德七年，正式颁布新律，即《武德律》。从内容上看，《武德律》较隋律用刑有所减轻，但对劳动人民的反抗制裁更严酷了。

被迫退位　古稀寿终

李渊作为一个封建帝王，当然过着封建特权式的宫廷生活。特别是武德后期，多内宠，妃嫔成群。李渊宠妃怠政，必然导致一系列的不良后果。武德二年(619)，李渊听信裴寂的谗言，错杀大将刘文静。刘文静最早参与晋阳起兵之谋，在唐王朝建立过程中，南征北战，屡立战功。李渊称帝后，大封功臣，刘文静对自己位在裴寂之下，甚感不平，遂与裴寂产生矛盾。有一天，刘文静酒后口出怨言，裴寂等乘机陷害，说刘文静欲反朝廷，李渊竟听其言，杀刘文静。李渊赏罚不明，势必加深了统治集团内部的矛盾和斗争。

唐统一全国后，李渊产生了骄傲自满思想。他越来越不关心政事，特别是对武德后期的皇位之争问题没有处理好。他想使太子、秦王、齐王各谋其位，相安

无事，结果相反，太子李建成和秦王李世民为了争夺皇位明争暗斗，展开了你死我活的斗争。武德九年(626)夏，突厥犯边，李建成向李渊推荐齐王李元吉为出征元帅，想借此把秦王府的精兵和骁将掌握在自己手中，然后除掉秦王。不料这一密谋被李世民得知。在这紧要关头，李世民先发制人，密告太子、齐王淫乱后宫，李渊决定次日诘问。次日，李世民在玄武门设下伏兵，当太子、齐王途经玄武门时，李世民及部下将其杀死，并让心腹尉迟敬德带甲入宫报告李渊。此时李渊正和他的臣子萧瑀、裴寂坐在一只小龙船上，荡漾在南海池中，他见尉迟敬德全身武装立在岸边，十分惊骇。尉迟敬德说，太子和齐王造反，秦王已把他们处死，特派我前来保驾。李渊听后惊得目瞪口呆。旁边的萧瑀等赶忙劝李渊把国事都托付给秦王，尉迟敬德也敦促李渊下诏，令诸军悉受秦王节制，以便制止东宫和齐王府军队的骚乱。李渊无奈，被迫写下“手敕”，命令所有军队悉听秦王处置，并于六月一日下诏立世民为皇太子。此时，全国局势基本上已被李世民所控制，李渊无奈，表示愿早些退位。八月，李世民正式即皇帝位，从此李渊徙居太安宫，过着太上皇的生活。

李渊当了太上皇后，自知大权已被李世民掌握，自己心灰意懒，也就不再干预政事，李世民对李渊表面上也隆礼相敬，对李渊的享乐需要尽量满足，并准备在长安城东北修建大明宫，作为李渊的养老享乐之所。李渊也明白李世民的用意，所以也就知趣而退，自乐于过太上皇生活。李渊的这种做法，有利于减少宫廷矛盾，同时也为李世民施展雄才大略创造了良好的环境。

贞观九年(635)五月，李渊病死，时年 71 岁。谥号“神尧大圣大光孝皇帝”，庙号“高祖”。

唐太宗李世民

李世民(公元599—654年),陕西武功人,著名的地主阶级政治家。

随父起兵

公元599年1月(隋开皇十八年十二月)在陕西武功县的一个官僚家庭,生下一个婴儿,其父李渊希望孩子长大后能“济世安民”,故取名“世民”。这就是后来历史上杰出的政治家唐太宗李世民。

李渊和隋炀帝杨广是姨表兄弟,早年他做过几任郡太守,后来被调到中央做殿内少监,管理皇室的衣食住行,后又改任卫尉少卿,负责宫廷保卫。李渊长期周旋在皇帝的周围,李世民自幼聪明能干,颇得父亲的喜爱。李渊宦游各地,李世民常常跟在身边,使他有机会亲眼目睹隋帝国兴盛衰亡的现实。

公元616年(大业十二年)末,李渊被任命为太原留守。次年瓦岗军占领了洛口,上百万大军围困洛阳。隋炀帝逃往扬州再也不敢回去了。各地农民几乎全都参加了起义队伍。隋朝地方官见大势已去,也纷纷自树旗帜,宣布独立。太原是北方重镇,如今成为起义军包围下的孤岛,甚至白天都关闭着城门。李渊心里明白,隋朝的灭亡为期不远了,起兵反隋势在必行。但是一来他怕突厥自北方抄其后路;二来他的家属除李世民外都不在太原,所以他迟迟不敢立即采取行动。大业十一年李世民应征入伍参加“勤王行列”,亲眼看到国家的衰败和人民的怨恨。李世民积极地招兵买马,收揽豪杰,再三督促父亲早日掀起反隋大旗。李渊这时也向突厥称臣,得到突厥的支持。这时他的家属也陆续来到太原。公元617年(大业十三年)李渊把他的军队分为两部,一部由长子李建成统领,另一部由李世民统领,自太原出发,沿汾水而下,渡黄河,直扑长安。沿途农民起义军纷纷加入队伍。李世民的部下马上发展到十三万人。这年11月,长安攻陷,炀帝之孙杨侑被李渊拥立为帝。李渊自己以大丞相掌握国政。次年,炀帝在扬州兵变被杀,李渊废杨侑而自立国号为唐,改元武德。中国进入一个新朝代。

唐政府第一个对手是西部近邻。京城豪族薛举公元617年起兵反隋,攻占周围地区,士兵发展到三十万人,其中有许多隋朝牧场的牧奴。唐建国后,李世民以秦王身份,统兵征讨薛举。经过两次交战,付出巨大代价,才把这一政权消灭。唐政府解除后顾之忧。

但此后不久,东方形势大变,唐帝国面临的局面更加严峻起来。公元618年突厥怂恿占据马邑(山西朔县)的傀儡刘武周统兵南下,席卷今山西地区。李渊见形势严重,主张放弃河东坚守黄河,李世民却极力反对这个意见,主动请战要精兵三万,保证收复太原,李渊同意了。李世民率众在11月份踏着坚冰渡过黄河,进驻柏壁,与刘武周主力宋金刚部相持。次年四月,宋金刚粮尽撤退,李世民全力出击,在介休双方大战,宋金刚大败,与刘武周逃入突厥后被突厥处死。唐帝国收复太原,转危为安。

消灭刘武周后,唐帝国将兵锋指向东方的郑国,公元620年李世民统帅各路人马进攻东都,河南郡县相继降服,洛阳在包围中。占据河北,自称夏王的窦建德为保全自己,接受占据洛阳的隋将王世充的求援,亲率大军十万援救东都。李

世民果断分兵两路：一路继续围攻东都，另一路进驻虎牢，把守要塞，挡住窦建德的路。双方相持两个月左右，窦建德疲沓起来。公元 621 年 5 月李世民利用窦建德召见群臣的间隙，发动猛烈的攻击。窦建德战败被俘，被牵至洛阳城下。王世充绝望了，只好开门迎接李世民。

7 月，李世民凯旋回京。李渊下令将窦建德和其他农民起义军领袖绑赴刑场杀头示众，其他部属发配边疆，同时下令窦建德的部将限期到达长安报到。这就迫使窦建德的部属不得不重新拿起武器进行战斗。他们推举刘黑闼为首领，纠集一百多人突然占领漳南县城，窦建德散在各地的部属也纷纷响应。半年中，全部占领原来的领土。李渊无奈，再派李世民前去镇压。经过几次战役，刘黑闼战败，逃入突厥。等李世民撤军后，刘黑闼依靠突厥的力量又打回老家来，并且再度占领原来的地方。最后李渊改派李建成去镇压，李建成采纳魏征的建议把俘虏全部放回。这些俘虏回到刘黑闼营中散布消息：“你们的家眷都回去了，你们也回去吧！”刘黑闼的士兵果然纷纷离去，甚至捆绑首领投降唐朝。刘黑闼渐渐不能支持。只好向北逃窜，后终被部将所捕，送往唐营被杀。

玄武门事变

全国虽实现了统一，但唐皇室却酝酿着一场尖锐的斗争。

李世民兄弟四人，长兄建成即太子，李世民第二，三弟玄霸，少年早死，四弟元吉封齐王。李世民是太原起兵的策划者，进攻长安的先锋，削平群雄、统一全国的主帅，因此深受父亲的喜爱。但在公元 621 年，父子之间出现了裂痕。这一年李世民率大军出征，一举消灭了王世充和窦建德的两支大的封建割据势力，进入东都后，他采取的许多重大措施未能按李渊的意旨。尤其见他把王世充和窦建德的部属归于麾下，使他的实力威信大大提高，李渊因此而闷闷不乐。

随着天下大定，年近花甲的李渊沉缅于酒色，拒绝进谏，好听一些嫔妃的话，在嫔妃的挑唆下，李渊渐渐疏远了李世民。再加之 624 年全国已统一，作为军事统帅的李世民已渐渐失去作用。建成继承帝位便确定无疑了。但李世民的威望卓著，在他的周围有一大群虎将，形成一个牢固的集团。他像一棵根深蒂固的大树，挡住了李建成通往帝位的道路。

李建成的亲信魏征劝建成早早除掉这棵大树，李建成采取两方面的措施：一是利用太子地位，积极扩张实力，培养亲信，二是挖秦王的墙角，对秦王的幕僚，能拉则拉之，不能拉则铲除。务必把秦王府的一班人瓦解，然后再除去秦王。

公元 622 年刘黑闼第二次起兵，李渊这次派李建成消灭叛匪。建成不费吹灰之力，平定叛乱，并收罗一些爪牙。

公元 624 年，李建成广招武士屯住东宫附近。这年夏天，他利用李渊赴仁智宫避暑，自己留守长安的机会，企图发动兵变，杀死李世民。由于被人告发，李渊几乎废掉他的太子地位，李建成也收敛了些。

公元 626 年的一天夜里，建成召世民饮酒，世民回家后突然心头绞痛，吐出大口大口的鲜血。李渊闻讯，亲自到住所探望，这时他才觉察出他们兄弟之间的斗争十分尖锐。于是决定让李世民驻守洛阳。建成知道洛阳是世民的老巢，李世民回洛阳无异于放虎归山。于是活动李渊的宠臣让李渊改变主意。这时突厥入侵，建成让李元吉带兵，统帅秦府官兵。

6月初的一天，秦王李世民的厅堂里挤满一些人，李世民正中坐，面色阴沉。他的妻兄长孙无忌说："太子率更丞王胫今天来了份密报：齐王元吉要出征突厥。皇上旨意，把秦王府的将领一起拨归齐王部下，太子和齐王约定，在昆明池举行的欢送宴上将你杀死，假报暴病自亡，使人劝说皇上传位太子，将秦府将帅一律斩杀。"尉迟敬德说："人虽不惜死，但如今正是天赐良机，全体官兵愿誓死保卫殿下，大王祸在眼前，无动于衷，纵大王不计个人生死，难道不为国家社稷着想！大王处事犹豫，算不上智；当断不断，算不上勇。如今大王亲信士兵八百多人都已进入王府待命，形势如此还撒手不干吗？大王如不动手，我敬德只能逃往山野，不能坐等杀头。"于是李世民横下一条心，决心大干一场。

6月3日清晨，太白星穿过正空。太史令傅奕奏称："太白星出现在天空秦的分野，秦王当得天下。"李渊乘机试探世民，就把这个奏报给李世民，李世民乘机把建成、元吉如何淫乱后宫，如何搞诡计，全部奏上去，李渊大惊。"明天命人审讯，你可早来见我。"张婕妤正好探知此事告之建成。

6月4日，建成和元吉深信李渊在自己这边，一同入宫打探消息。行至离玄武门不远的湖殿，发现守门的士兵不是原来人马，而是全副武装的秦府人马。两人拨马而逃，元吉准备射杀李世民，仓皇三次拉弓却拉不开弓。李世民一箭将建成射死，元吉被部下射落马下。这时李世民也被树枝所阻坠下马来，元吉夺弓想掐死世民，却被尉迟敬德追杀而死。

玄武门在决斗时，李渊正在后宫划船取乐。当尉迟敬德手持长矛，直奔他身边，李渊才惊问道："今天是谁叛乱？你来干什么？"敬德说是来保卫圣驾。大臣萧瑀、陈叔达说："建成、元吉嫉妒世民，阴谋害之，如今已被秦王杀死。秦王功盖天下，万众归心，陛下立他为太子，托付他国家大事，天下便太平无事了。"李渊无奈，当即答应，命大臣宇文士及在太极殿宣布各府军士归秦王指挥，建成的部属各个罢散。

建成、元吉死了，他们的十几个儿子也被处死。李渊深知如不让位，父子间的矛盾会更加深。因此他诏命天下，军国大事一律由秦王处理。这年八月皇位正式传给李世民，从此唐帝国进入一个新的历史时期。

水能载舟　亦可覆舟

公元628年8月，李世民登上皇位宝座，次年改元"贞观"，但他面临的政治形势却并不是那么美妙。那时候，农民战争刚刚结束，政府对各地区的统治还不稳固，加之连年灾荒，生产萧条，人口流动，许多农民军的头目还隐匿在民间，仍然是革命风暴的沃土。如何避免人民起来暴动，仍然是当务之急，这就牵涉到对人民的看法问题。

李世民即位后，一部隋朝的兴亡史向他提示出：人民好比是水，国君好比是舟。水可以载舟，也可以覆舟。这是一条千真万确的道理。

李世民君臣总结隋朝灭亡的原因是：隋朝对人民"动之也"。怎样避免人民起来造反呢？关键是静止。李世民君臣反复强调，"静之则安，动之则死"。

李世民目睹大规模的营造给人民带来的危害，于是他竭力避免过多的营造。为了减轻物资运输的压力，下令不在洛阳修造宫室。贞观四年他下令修乾阳殿。张玄素上奏说："假如动工修乾阳殿，终究不过是大乱罢了。"于是李世民下令所

有工程一律停止。

李世民执政的二十年中，为避免大规模巡视给人民造成更大的负担，他的活动大都在长安、洛阳一带。

李世民对隋炀帝好大喜功的印象是深刻的。所以他即位以后，对外关系采取十分谨慎的态度。贞观时代，周围有许多强大的敌手，处置不当，就会引起极严重后果。李世民君臣采取的总方针是“务静方内而不求辟土”，行动上就是能谈和就谈和，能和亲就和亲，但决不屈服和投降，而且以坚强的武备为后盾。

李世民君臣反复强调“清静”，务必使天下无事。当然，“清静”的目的和实质是自己长保富贵，但在封建时代，一个统治者能够竭力省事，使人民安心生产，对人民的剥削最大程度的控制在法制范围内，那就难能可贵了。

重视人才　善于纳谏

李世民非常重视人才的选拔。他选拔人才的总原则是“拔人物则不私于党，负志业则咸尽其才”。具体表现在以下几个方面：

一、不计较人才来源于何种政治集团。他的手下有农民起义军官，也有隋朝旧臣。

二、不计较思想亲疏。长孙无忌建国后曾提出辞职，但李世民坚持任用他为宰相；魏征曾跟随建成设计谋害他，但也得到破格任用。

三、不计出身和经历。在唐大臣中有不少小官吏，还有不少少数民族的将领。

四、善于用人之长，不求全责备。他认为：用人如用工具一样，工具各有各的用处。古代的贤君都从当代选才，从不会从别代选才。

五、注意官员品德，防止佞臣得逞。他要求大臣们正派，他自己首先以身作则。

李世民身边最著名的谏臣是魏征。“居安思危”、“善始克终”是魏征要求李世民时刻不忘的座右铭。凡是影响居安思危、善始克终的言行，魏征总是尽力谏止。

唐制，男女十八岁成丁，开始服徭役和兵役。李世民即位的当年，李世民听取封德彝的建议征兵从十六岁以上身体健壮的人中征集，但魏征坚决反对，他连举了一连串的例子说李世民说话不守信用。李世民听后不仅不恼反而奖赏金瓮一个送给魏征。

魏征针对李世民怕亡国的心理，时时用隋炀帝的失败教训来提醒李世民，使他从奢纵的道路上猛醒过来。

李世民的可贵之处就在于，虽然他是一个封建皇帝，但他从来不把自己看作是神秘的超人，也不把自己当作一个永不犯错误的圣贤。他深知，作为一国之君，一言之不当就会招致万众解体，人民造反。所以他愿意常常自我反省，唯恐上不合天意，下不符民心。把“纳谏”看作关系国衰人亡的大事。由于他虚心纳谏，收到了兼听则明的效果。

赏不避仇敌　罚不庇亲戚

唐太宗主张:“国家纲纪,唯赏与罚。”唐代政府颁布的文书约四种:律、格、式、令,令、格、式虽有定义,但它的内容大致是政府组织各部门职责以及办事章程等。把国家章程和人的行为规范概括为法典化、条文化,并规定惩罚的尺度,那便是“律”。李世民继位后,根据武德时期的法律,删繁就简,将刑罚变重为轻,重新整理成新律。到其子李治统治时代,又加以详尽的解释,就是流传到今天的《唐律疏义》。

制定法律是一回事,执行法律又是另一回事,李世民深知他的亲族会钻法律的空子,于是对自己的亲族严加管制。贞观十七年,姐姐长广公主的儿子赵节参与了谋反集团,公主的后夫杨师道是宰相之职,暗中为赵节活动。李世民除将赵节按律处死,还将杨师道降为吏部尚书。

贞观三年,濮州刺吏宠相寿因贪污被解除职务,宠声称自己是秦府幕僚,李世民便打算恢复其职务,但因魏征劝谏而不授其职。

贞观二年唐太宗任命瀛州刺史卢祖尚任交州都督,卢接受新印拜谢而出,但拒不赴任,太宗派宰相劝说仍拒不答应,唐太宗盛怒之下将卢斩首朝堂,事后,太宗后悔不迭,向群臣公开道歉。

贞观初年,国家经过十年的动乱,破坏惨重,急需一个安定的局面,让人民休养生息,以缓和矛盾,恢复生产。但专制主义的严刑峻法是与这种形势不相容的,李世民懂得要把德治贯彻到法律的推行中,他常说:“人命至重,一死不能再生,用法务必要宽简,要谨慎。”他下命令:凡属死罪,都要经过中书、门下两省四品以上官员及尚书、九卿共同讨论,才能决定,这开创了后代所谓的“九卿议罪”的先例。他又主张,死刑在处决前,要经过五次呈报审议才能执行。有案件,据法应判刑,但情有可原处,也要详细上报,重新审理。李世民又深信人心是善良的,是可以改恶从善的。贞观六年十二月他下令:全国死刑犯一律暂时释放,回归家乡,从事春耕,约定来年秋天到长安报到。第二年九月,全部囚犯二百九十人都如期到达,李世民下令全部赦免。

由于李世民执行“赏不避仇敌,罚不庇亲戚”的原则,那些王公大臣皇亲国戚,都不得不收敛手脚,不敢过分压迫佃民。曾经在贞观六年皇帝的宴会上口骂国舅,拳打五爷的尉迟敬德,后来也关起大门,修饰楼台,弄些歌儿舞女,静享清福,不和外人来往达十六年之久,终于安然度过了他的晚年。

“天可汗”

突厥是北方强大的游牧汗国。隋朝末年,全国陷入分裂状态,突厥利用这个机会,纵横捭阖,使北方的割据势力无不向它称臣。李渊也不例外,唐建国后,突厥可汗求取无厌,他的使节在长安飞扬跋扈。李世民即位后,可汗亲率大军十

万，直抵长安外围，京师戒严，李世民被迫在渭水便桥订立盟约，赠送大量财物，颉利可汗才返回塞外。

便桥结盟后，李世民卧薪尝胆，立志消灭北方入侵的威胁。这时的突厥忽遇大雪，出现衰败的景象。贞观四年，颉利可汗被唐军俘虏，突厥宣布灭亡。

这时投降唐朝的突厥人十万。唐王如何处置？最后唐太宗采纳中书令温彦博的意见：

一、把大部分突厥降民安置在今西北部和内蒙古南部地带，其余部分散居在今北京到宁夏一线的草原地区，任突厥首领来做都督，他们仍过着游牧生活。

二、大量提拔突厥贵族到唐朝做官。一方面来淡漠他们的亡国之痛，反抗情绪，一方面可以作为人质扣在长安。

三、医治战争创伤。突厥灭亡后，一些战士尸骨未寒，李世民派人到边境以酒肉致祭，一一掩埋，和家人悲歌哭泣，又用国库钱帛赎回被抢去的汉族人口，使他们回归故里。

四、优待颉利可汗。颉利到长安后，李世民把他们安置在太仆寺，厚加款待，但颉利仍郁郁不乐，和家人悲歌哭泣，以后改任几次，但颉利终不愿前往，于贞观八年死于长安，太宗下旨厚葬并按突厥风俗火葬。后又筑大坟墓作为纪念。

突厥灭亡之后，北方各族君长都到长安来，称李世民是“天可汗”，处理少数民族事务。

李世民对突厥的妥善处理，大大加强了周边各民族的向心力。在处理民族关系方面李世民采取的措施主要有：

一、对归附或被征服的民族和地区设置羁縻州府。府州的督都、刺史、县令都由兄弟民族自己的首领担任，并可世袭。定期向朝廷纳贡，但保持本民族的风俗习惯和组织结构，不腐故土；

二、大力推行和亲政策。唐朝以前，由于诸王朝虚弱往往被迫嫁女，但李世民却不是这样。他深知“北狄风俗，政治是由后妃操纵。公主出嫁，生了儿子，就是我的外孙。外孙做可汗，可保证我三十年边疆无事”，他曾将妹妹衡阳公主嫁于原突厥可汗处罗之子阿史那杜尔，将文成公主嫁给吐蕃赞曹松赞干布；

三、开驿站、通市场、接纳客使、兼收并蓄。

649年，李世民去世，留居长安的各族使者和官员放声大哭。松赞干布来信说“先皇晏驾天子新立，臣子有不忠者，我帅兵赴难”。

将“中华”与“夷狄”等同看待，爱之如一是大唐帝国富强的原因之一。

晚年的变化

贞观初年，战乱刚刚结束，人心不稳，外面又有强敌压境，李世民深恐重蹈隋炀帝的覆辙，不得不小心谨慎从事各项活动。贞观四年，国家开始大有转机，李世民便开始松起劲来。他下令重修洛阳宫，由于张玄素的劝止而作罢，但终于又

修整了九成宫，并修治了洛阳宫。贞观十一年，又在洛阳附近修飞山，贞观十二年又造翠微宫、玉华宫，李世民甚至说“百姓无事则骄逸，劳役则易使”。

李世民的治国原则是首先安定国内，所以对外非不得已不发动战争，但到公元 643 年后，他沉不住气了。那时候，朝鲜半岛北部和西南部的两个国家高丽和百济不断侵犯东南部的新罗，新罗向唐太宗请求声援，李世民再三派使者向高丽劝说，但高丽拒绝不听。于是李世民决定进军高丽。公元 644 年经过认真的准备，次年大举入侵，但后来由于天气渐冷，士兵和战马不能久留，只好下令撤退。

贞观初年，李世民因为怕亡国唯恐臣子不提意见。中年以后，臣子提反对的意见，他已不能接受，到了贞观晚年起义军早已成为历史陈迹，隋炀帝灭亡的印象也越来越淡漠了，于是除了政事上比较多的为所欲为以外，对臣子的态度也大不相同了，臣子上书不合己意，就当众训斥，刚强傲慢的性格日益暴露。

贞观初年，对臣大开诚心，布公道，非不得已，不处分大臣。到了晚年，心胸就不那么开阔了，特别在贞观十七年，因为太子的事，统治集团内部发生了一件大事故。因此事被牵连的大臣有数家被杀。

贞观十九年，李世民出师高丽回来，身上长了一个疮。第二年又去灵武接受北方的降民，疲顿劳累，又受了些风寒。公元 647 年又得了风病，病情加重。公元 649 年听说印度僧人会配长生不老药，他信以为真，服药后，拉痢不止。五月，这个大唐帝国的皇帝，各族人民的“天可汗”与世长辞了，终年五十三岁。

唐太宗李世民利用农民战争开拓的局面，开创了一个昌盛的大唐帝国。他的许多政策措施为后代的帝王所继承；他的所作所为，为后代人称道；他的许多见解，甚至到今天还有借鉴意义。他的比较开明的民族政策，加强了各民族间的和睦关系。他的开阔胸怀，泱泱大国的风度，为他的子孙们作出榜样，使大唐帝国成为中外文化交流的中心。他是我国历史上有作为的政治家之一。

周皇帝武则天

武则天(公元624—705年),又名武媚、武曌。我国历史上的唯一一位女皇帝。

受召入宫

武则天的父亲叫武士彟,乃并州文水县人。他本是个木材商,后来随高祖李渊起兵,推翻隋朝后,被封为应国公。李世民继位以后,他又被任命为工部尚书、利州和荆州都督。他取过两个妻子,第一个妻子姓相里,生有两个儿子,但去世很早。高祖知悉后对他早年丧妻深表同情,并让他娶隋朝皇族杨达的女儿为妻。公元624年,杨氏为他生下一个女儿——武则天。当武则天九岁时,她的父亲病逝。随后,武则天母子便从荆州搬回长安居住。在家中,杨氏虽为一家之长,但武则天的两个哥哥并不把她放在眼里,对她十分不尊重,时常为一些小事和杨氏争吵,家庭的不和,在武则天幼小的心灵里打下深深的烙印。

公元637年,十四岁的武则天因为漂亮而被唐太宗李世民召进宫中。在宫里,她言谈高雅,举止大方,因而深受唐太宗的宠爱,赐给她一个名字——武媚。此后,武则天跟随唐太宗生活了整整十二年,在这十二年中,她深受唐太宗言谈举止的影响。

公元649年,唐太宗病逝,他的儿子李治继位,即唐高宗。按照当时的规矩,皇帝死了,没有生过孩子的宫人,都要到寺庙或道观当尼姑。武则天和一些宫女被送到感业寺当尼姑。但没过多久,唐高宗李治又把她召进宫去,封为"昭仪"。

武则天的受宠,引起了皇后和肖淑妃的妒忌,二人于是常在高宗面前说武则天的坏话。没想到,她们的言论不但不能将她置于死地,反而使她更受高宗的宠爱,并引起了高宗对她们的不满和厌恶。于是,武则天便收买高宗、皇后、肖淑妃身边的人,随时了解她们的过错,并向高宗汇报。由于她的情报有根有据,使高宗对皇后和肖淑妃产生疑心,感情也因此而日益疏远。

不久,她又为高宗生了一个女儿,甚得高宗的喜爱。一天,武则天从外边回来,走到宫门口,看见王皇后正俯在床边逗小女孩玩,便心生一计,回身躲了起来。待王皇后和宫女们走开后,她又马上回到房中,看到周围没有任何人,便将小孩子活活掐死了。之后,又用被子将其盖好,然后自己又躲了出去。不久,高宗散朝回来,掀开被子一看,自己的心肝小女儿已死,因此大怒,于是责问宫女,得知王皇后刚才来过,便不分青红皂白,遣人把王皇后找来,王后一再申诉,高宗自己也苦于没有证据,只得将皇后狠狠骂了一顿,喝令退下。这一事件后,高宗便产生了废掉王皇后的念头。

临朝听政

公元655年,高宗准备废掉王皇后,立武则天为皇后。立皇后,看起来好像是皇帝的私事,但因皇后大都出生于官宦之家,和朝中的大臣们有着千丝万缕的联系,因此,皇后的废立,必然会牵涉到和她们亲近的那些朝臣们的仕途,关系到太子的更换。因而,皇后的废立问题,是朝中的一件政治大事。因为武则天出生

“新贵”，所以遭到许多大贵族和元老重臣长孙无忌、褚遂良等人的反对，引起朝廷大臣的激烈争辩，支持武则天当皇后的人物是李勣、崔义玄、许敬宗和李义府等人。李勣不仅是当时参与朝政的宰相之一，而且还是一名著名的将帅，论战功、论能力，都和长孙无忌等人相当，在文武诸臣中有很大的影响。高宗见有了他的支持，于是决定废王皇后，立武则天为皇后。

这年的10月，高宗下诏废王皇后、肖淑妃为庶人，11月，他又下诏立武则天为皇后。不久，武则天四岁的儿子李弘也代替原来的太子李忠，登上太子宝座。

因为许敬宗、李义府等人曾全力支持武则天做皇后，并曾为此出谋划策，劝说高宗。因此武则天当上皇后之后，对他们宠爱有加，倍加信任和重用，并把他们一个个都提拔到重要的位置上来。在武则天的支持和唆使下，许敬宗、李义府等人更加有恃无恐，大肆制造谗言，用各种罪名陷害长孙无忌和褚遂良等人。于是，在短短的两年内，高宗先贬褚遂良，后又逼迫长孙无忌自尽，罢免了二十多名反对武则天的官员。从此，朝中大臣，站在武则天一边的越来越多，朝中的政权渐渐落到她的手中。

公元660年冬天，高宗染上了一种“风眩病”，当这种病发作时，便会头晕眼花，看不见东西。这样，朝中的大事，常常让武则天代他处理。武则天本来就精明能干，读过许多文学、历史方面的书籍，再加上十几岁便追随君王左右，积累了不少从政的经验，因此，她处理起政务来是又快又好，深得高宗的信任和赞赏。随着自己势力一天天地膨胀，地位一天天地巩固，武则天对高宗的尊重越来越差，高宗想做什么事情，不经过她的同意，往往就办不成。当高宗发现大权已落在武则天手中，自己反成了傀儡时，感到十分不快，于是，他便把宰相上官仪召到宫中，商量废掉武则天的事。但此事马上被武则天探知，她迅速采取了对策，指使许敬宗等诬告上官仪，说他与前太子李忠合伙谋反，不久，她便把上官仪和李忠杀了。而且朝中与上官仪有来往的人，也纷纷遭到贬职和流放。从此，高宗对武则天更是言听计从。每次高宗上朝，武则天都坐在帘子后面，参与决策朝政。因此，在当时，无论是国内臣民，还是边远的少数民族，都称他们为“二圣”。这时，出头露面的虽然还是高宗，但事实上，这时的决策人却是武则天，高宗成了一个名副其实的傀儡皇帝。

武则天的“垂帘听政”，一开始遭到不少朝臣的强烈反对。675年，高宗因为“风眩病”加重，打算让武则天出来公开主持朝政。宰相郝处俊首先反对，他说：“天子处理国家大事，皇后管理宫内事务，这些是亘古不变的常理，以前魏文帝就下令给子孙后代，不允许皇后临朝听政，这是为了防止祸乱的发生。如今唐朝的天下是高祖、太宗打下来的，陛下怎么能不传给子孙，而传给皇后呢?”一个名叫李义琰的人也附和着说：“这话的确很正确，他若不是忠臣一定不会说出这样的话来。圣上如果能真正听从他的意见，就是国家的幸运，人民的幸福啊!”这件事使武则天进一步认识到，要想掌握全部大权，实现自己的梦想，就必须不断削弱这些宰相和大臣的权势，而且首先要防止太子和其他皇子起来夺取政权。鉴于此，她首先展开了对太子和皇子的斗争。高宗为了保住李家的江山，想传位给太子李弦。而且太子李弦和宰相、大臣的关系十分密切。在高宗和武则天的矛盾斗争中，他也是站在高宗的一边，不赞成母后掌握朝中的大权。本来，武则天早就对他的这种行为表示不满，这时对他则更为痛恨。不久，她就用毒酒药死了太

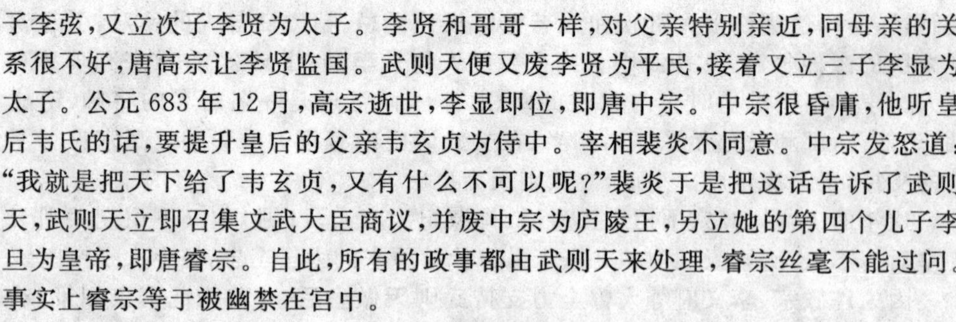

子李弦，又立次子李贤为太子。李贤和哥哥一样，对父亲特别亲近，同母亲的关系很不好，唐高宗让李贤监国。武则天便又废李贤为平民，接着又立三子李显为太子。公元683年12月，高宗逝世，李显即位，即唐中宗。中宗很昏庸，他听皇后韦氏的话，要提升皇后的父亲韦玄贞为侍中。宰相裴炎不同意。中宗发怒道："我就是把天下给了韦玄贞，又有什么不可以呢？"裴炎于是把这话告诉了武则天，武则天立即召集文武大臣商议，并废中宗为庐陵王，另立她的第四个儿子李旦为皇帝，即唐睿宗。自此，所有的政事都由武则天来处理，睿宗丝毫不能过问。事实上睿宗等于被幽禁在宫中。

登基称帝

武则天把朝中大权全部掌握在自己的手里以后，便开始着手改朝换代，为做女皇帝做准备工作。她首先将东都洛阳改为神都，接着又改换了许多官职、宫殿的名称、旗帜的形状以及朝中官员的服饰颜色等等。不久，她又接受武承嗣的建议，着手为她的祖宗七代建立祠庙，对她的七代祖宗进行追封。这等于她已做了只有皇帝才有资格做的事。事实上，她已借她的行动向天下宣布，她就要做女皇帝了。这样一来，立即引起了以宰相裴炎为首的朝臣的坚决反对，但她并没有因此而却步，而是采取铁一样的手腕，毫不迟疑地干了起来。时隔不久，她便对自己的五世祖宗一一进行追封，还在家乡文水建立了五代祠庙。继而又将自己的一些家人安排在重要的官职上，把反对他的徐敬业、唐之奇等贬了官。

在她的一手策划下，她的权势一天天地扩大、加强，唐朝宗室和一些出身名门望族的达官贵人，受到了严重的威胁。他们一面感到惶惑不安，一面又对此万分的愤怒。从而，一场激烈的权力斗争公开化了。最先起来反抗的是"皇唐旧臣"徐敬业等人。他们互相串联，秘密活动，悄悄从各地来到当时的水陆交通要冲扬州聚会。商议起兵伐武，会后，他们决定以恢复庐陵王李显的皇位为名，发动反对武则天的武装政变。公元684年，徐敬业等在扬州起兵，他自称匡复府上将、扬州大都督，任命唐之奇、杜求仁为左右长史，李宗臣、薛仲璋为左右司马，魏思温为军师，骆宾王为记室，十几天内便招集了十几万人马，准备向朝廷发动进攻，并由骆宾王写了一篇讨伐武则天的战斗檄文。徐敬业起兵叛乱的消息和骆宾王的檄文很快传到京城。宰相裴炎和李冲在博州，越王李贞在豫州相继起兵，武则天立即和群臣商议，并派大军前往镇压。最终，徐敬业支持了七天，裴炎等支持了二十天后，便被武则天镇压下去了。徐敬业、李冲、李贞的叛乱，迅速遭到覆灭，这说明他们的行动违背了历史发展的趋势，背离了广大人民的希望和平安定、反对战乱的强烈愿望；同时，也说明武则天推行的一些较开明的政治措施，得到了广大人民的拥护。

从平定叛乱的事件中，武则天更加看清楚了豪门贵族的强大势力。要想自己牢牢掌握政权，政令能够顺利实行，就必须对这些豪门贵族的反对进行残酷的镇压。为确保自己耳聪目明，她首先大开告密之门，鼓励各种各样的人，包括贫苦百姓都可以到京都面见皇帝，并提出控告。她下令，凡告密的事，任何人都不可阻拦。她还规定，外地人来京都告密，官府供给驿马使用，沿途享受五品官的待遇，到京城后，可以住在官家客馆，供给食物。如果揭发的事属实，可以破格提拔，并授给官职。如果揭发的事情不真实，也不予以追究。因此，告密的蜂拥而

至。接着,她又任用索元礼、周兴、来俊臣等酷吏,对付有反抗意识的唐宗室贵戚数百人,还处死反对她的大臣几百家。至于所杀的中下级官员,就多得无法统计了。

通过平乱,铲除异己等一系列活动,武则天彻底扫清了登基的障碍。公元690年,武则天把国号由唐改为周,正式登基当上了皇帝。她是我国历史上唯一的有正式称号的女皇帝。这时她已六十七岁了。她给自己取名为曌(即照)。不过,到这时,她参加决议政事已有三十多年了。

贞观遗风

作为一个皇帝,武则天是很有成就的。她像唐太宗一样,十分重视农业生产。早在公元674年,她就曾向高宗提出十二条施政建议,其中五条是:

一、奖励农桑,减轻人民的劳役负担;

二、建议高宗以道德教化天下,而少用武力镇压;

三、免除京城地区人民的劳役;

四、减少土木建筑等耗费民力的事;

五、政府和地方的手工作坊,不得生产奢侈品。

公元684年,她再次下令奖励农桑,并明确指出,所有的地方官吏,只要能够不断扩大耕地面积,使农民有余粮的,就可以提升;相反,如果政治腐败,农业生产搞不好,农民有逃荒讨饭、流落外地的,就要受到免官或是降职的处分。另外,她还下令边远地区的军队施行屯田。在她的号召下,各地驻军大量屯田,连年获得丰收,所积的军粮够数十年食用。同时,她还大力兴修水利工程,这些水利工程,促进了农业的丰收。公元686年,她为了进一步发展农业,还特地编了一本《兆人本业》用以指导农业生产。她的这些措施,大大推动了农业的发展,使广大人民能丰衣足食。

在她当上皇后以后,还十分注重节俭。682年,高宗在一封诏书中说:"天后,是我的配偶,可是她却经常穿着旧裙子,难道她不知道华丽的衣服好看吗?当然不是。她这样做,只不过是让天下臣民都崇尚节俭罢了。"

她为了巩固自己的统治,便大力扶持新兴的地主官僚分子,注意抬高他们的社会地位。高宗还在位时,她就曾重修《氏族志》,并把它更名为《姓氏录》,她把士族列为第一等,其余一律以官职高低为标准,分成九等,官职达到五品的,可以提升为士族。这样,士兵出身,因立军功而官至五品的,也可以跟过去的世家大族并列在一个等级中间。《姓氏录》完全打破了士族和庶族的界线,抬高了出身地位低的人。这表明她尊重人才。

为了广纳贤才,武则天注重破格用人,她同时还鼓励各级官吏推荐人才,而且还允许他们自荐。她在洛阳铸了四个铜匦,其中一个叫"延恩"。要求做官的人,可以把自己的诗赋文章投进去自荐。被荐或自荐的人,只要有才能,便可以获得提升或任用。相反,对于那些不称职的官员,则毫不客气地罢斥降免,甚至处死。她听说王及善很有才干,想让他做滑州刺史,去防卫契丹的骚扰。但当她和王及善谈话以后,发现王及善很有政治眼光,可以做更重要的事,她就立刻改变了主意,留他在朝廷中任内史。后来王及善向她提了许多建议,而且大都被她采纳。狄仁杰也是一个普通官僚出身的科举之士。高宗的时候,他曾做过大理

丞，曾在一年内判理了积压下来的一万七千多项案件，而且断得十分公正，武则天执政后，认为他很有才能，曾两度让他做宰相。在职期间，他向武则天提出了不少建议和批评，武则天大都采纳。而且她晚年提拔起来的姚崇、宋璟等，到玄宗时都成了名相。初唐四杰中的骆宾王，在《为徐敬业讨武曌檄文》中，对她进行了强烈的人身攻击。但当她看到骆宾王的诗文后，却盛赞骆宾王的才学，并说："有这样的人才，让他疏落，这是宰相的过错。"武则天还以修书为名，广召文词之士入宫中，让他们参议朝政，处理各类奏章，以分宰相之权，被当时的人称为"北门学士"。她在任期间，真正做到了知人善任。

武则天在加强封建国家的边防，改善和边境各族的关系方面，也做了不少工作。高宗时，吐蕃贵族吞并吐谷浑，攻占安西四镇。武则天一面派王孝杰领兵前去收复安西四镇，一面恢复和亲，使双方关系缓和下来，再设置安西都护府于龟兹。为了进一步巩固西北边疆，公元702年，武则天在庭州设置了北庭都护府。

在武则天执政半个世纪中，由于隋末农民起义的作用及唐太宗"贞观之治"奠定的基础，也由于武则天沉重打击了旧士族和大贵族大官僚集团，执行了一系列开明政策，所以周朝的社会经济呈现出发展的趋势，人口也由三百八十万户猛增到六百一十五万户。武则天上承"贞观之治"，下启"开元盛世"，史家称她的统治有贞观遗风。她在长达半个世纪的统治中，做到了郭沫若所说的"政启开元，治宏贞观"。

一方面，她表现为一个有卓越才干的封建政治家；另一方面，她也表现了她自身的残暴与贪婪。在她当权期间，她对唐宗室和一些异己势力进行残酷的镇压。她还任用来俊臣、周兴、索元礼等历史上闻名的酷吏。她为了一己利益，常常把毫无罪过的人罗织成罪。酷吏来俊臣和他的爪牙还写了一本《罗织经》，讲述他罗织的"心得体会"。他们使用的酷刑名目繁多，被捕的人看了刑具，就愿承认罪名，以求免刑。武则天后期的名相狄仁杰、魏元忠都曾因谋反的罪名而下狱，险遭诛杀。名将百济人黑齿常之、高丽人泉献诚都与政局毫无干涉，也被周兴陷害而诛杀。这些人后来杀人越来越起劲，甚至要杀武氏亲族权贵，因而成为众矢之的，这才被武则天罢免。武则天便杀了他们以平息众怒维护自己的利益。

佛教历来宣扬忍，要求人们忍受今天的痛苦，以修炼来生的幸福。佛教的这种教义很符合封建统治者剥削、压迫人民的需要。武则天为了坐上龙座，当上皇帝，她先让一个名叫法明的和尚编造了一本《大云经》，说她是如来佛托生，要代管唐朝江山，接着，她又让一个酷吏傅游艺纠合几百个人"劝进"。于是宗室、外戚、百官、在京的各少数民族首领以及和尚道士等六万多人大都前去，表示拥护改唐为周。另外，她还大造佛寺佛像，度人做和尚尼姑。寺院占去大量土地，为此耗费了大量的财帛，造成国库空虚。她建造了一座"明堂"，高近三十丈，又造"天堂"，存放大佛像，比明堂还高。为了表示虔诚，她还下令禁屠，禁止捕鱼捉虾。这条禁令实行了七八年之久，严重地影响了老百姓的生计。

在她统治期间，她还放纵武氏亲族集团，侄儿梁王武三思，把朝政搞得混浊不堪。她的女儿太平公主想学母亲的样子，勾心斗角，争权夺势。武氏亲族集团和一批新贵族权门在她的纵容下，胡作非为，最终导致了武氏统治的覆灭。

悲惨的晚年

武则天为了夺取和巩固政权，一方面重用男宠、酷吏和娘家的人，使他们有

的成了宰相，有的当了统兵大将，大都参与国家大事，掌握着一部分重要权力；另一方面，她倚重狄仁杰、李昭德、魏元忠、姚崇、宋璟、张柬之等宰相和大臣。这些人有才有识，又富有统治经验。对他们，武则天一方面给以严密的监视和控制；一方面又委以重任，让他们在治理国家中充分发挥自己的才干。因而，她以太后身份，杀太子、废皇帝、诛大臣，甚至改朝换代，当了皇帝，政局始终保持稳定，没有发生大的动乱，使百姓大致过上近半个世纪的和平、安定的生活。这在很大程度上是依赖她的知人善任。

到了武则天晚年，太子李显的地位已经确定，武则天本人又衰老多病，因而，政治大权便逐渐集中在朝中的那些大臣们手中。但是，她的男宠张易之、张昌宗兄弟，还有他们的党羽，依然掌握着一部分权力。他们经常出入宫廷，不离武则天左右。同时，武则天过去的铁血政策，还使一些大臣心怀畏惧。因此，这些大臣们都希望能早日剔除张氏兄弟，夺掉他们所掌握的那些权力，让李显早日恢复帝位，以便恢复李唐王朝，使他们的权力得到保障。于是，一场争权夺利的宫廷战斗在宫廷中拉开序幕。

长安四年，武则天一病不起，她在洛阳宫长生殿养病，宰相一连好几个月见不到她的面。可是张氏兄弟却日夜守在她的身边，许多朝中大事，都由他们来决断，诸大臣却不能近前。于是，张柬之、崔玄暐、敬晖、桓彦范、袁恕己等，偷偷在一起商议，打算把张氏兄弟处死，以迫使武则天立即传位给太子李显。为了实现这一目的，张柬之首先去做羽林军的工作，他先找到羽林军大将军李多祚，二人经过一番秘密计议之后，指天为誓，定下了杀掉张氏兄弟的初步计划。

然后，张柬之又去找右羽林军大将军杨元琰，二人本来关系较好，又都有恢复李唐江山的心意，因此一拍即合。随后，张柬之用桓彦范、敬晖和李湛为左右羽林将军，让他们统帅禁卫军，为杀掉张氏兄弟做好了武装方面的准备。

张易之等见张柬之在羽林军中安插自己的亲信，心中异常怀疑，张柬之为了暂时遮人耳目，稳住张氏兄弟，于是又将张易之的党羽武信宜提拔为右羽林军将军。

不久，灵武道大总管姚崇因事来到洛阳，张柬之、桓彦范等听说姚崇来到洛阳，心中异常兴奋，急忙前去联络他，并同时偷偷把这一消息告知太子并征得了太子的同意。

公元705年，张柬之、崔玄暐、桓彦范、薛思行等，率领羽林军五百多人来到玄武门，会同太子，破门而入，一直奔向武则天所住的迎仙宫。这时，张氏兄弟看见众人气势汹汹，直扑而来，知道大势不妙，心里恐慌不已，但自己又毫无准备，既无法抵抗，又无处躲藏，只好硬着头皮来迎接。张柬之等看见他们出来，不容分说，挥起大刀立即将他们兄弟二人砍死，然后率众进入武则天的寝宫长生殿。

这时武则天正卧在床上闭目养神，突然听到外面一阵吵嚷，又见一大群人蜂拥而入，来到自己面前，她大吃一惊，慌忙坐起来问道："是谁在制造乱子？"张柬之等回答说："张氏兄弟谋反，我们奉太子的命令，已经将他们二人处死。因害怕走漏消息，因而没有事先奏知陛下，请陛下原谅我们的罪过。"武则天见太子站在一旁，于是对他说："这事是你指使的么？既然把那两个叛徒处死了，你可以回到东宫里去了。"桓彦范赶紧上前奏道："太子怎么能老是住在东宫呢？以前先帝把爱子托付给陛下，现在，太子已长大成人，况且，天意人心都是思念李氏，群臣不

忘太宗、天皇的恩德，所以奉太子之命诛杀奸臣，希望陛下传位给太子，以上合天意，下顺民心。”武则天见已无力挽回局面，只好就此作罢。

随后，张柬之等又将张昌期、张昌仪、张同休等处死，与张氏兄弟一起示众，同时，还将张氏兄弟的党羽逮捕处办。一时，李宗室和朝中大臣们都扬眉吐气，兴奋不已。

政变后的几天，武则天被迫传位给太子李显，他就是唐中宗。中宗复位后，首先下诏给那些受陷害的官吏平反昭雪。皇族也都恢复了原来的身份，依旧给以高官厚禄。武则天也被迫迁到上阳宫居住，由李湛负责宿卫。每隔几天，皇帝便亲自前去请安一次。不久，中宗又恢复了唐的国号。

武则天平时很注意保养和装饰自己，八十岁左右的她还看不出衰老。但是，到上阳宫后，她的病情越来越严重，再加上又失去了权势，成天闷闷不乐，再也无心修饰自己了。一次，中宗前去问安，见她容颜憔悴，面色苍白，大吃一惊。武则天见他进来，流着泪说：“我把你从房陵召回来，立为太子，就是让你继承帝位的，想不到张柬之等人领功生事，把我弄成这个样子。”说罢老泪纵横，泣不成声。

公元 705 年 11 月，武则天终于在孤独寂寞中离开人世，享年八十二岁。

武则天在她参政与当政的五十多年中，贞观以来的经济发展趋势仍在持续，为后来唐玄宗的“开元盛世”奠定了基础。在处理高宗去世前后的复杂局势中，她表现出了非凡的个人才干。她还能知人善任，广纳贤才，并能从谏如流。她对历史的发展做出了卓越的贡献，她开创了一个新时代，为后世妇女保护自己的权益做出了光辉的榜样。但同时，她也任用酷吏，滥杀无辜，崇信佛教，奢侈浪费，后期统治腐败。但总的来说，她还是功大于过的，是一个开明的女皇帝，是我国历史上少有的明君之一。

唐玄宗李隆基

李隆基(公元685—762年),女皇武则天的嫡孙,睿宗李旦的第三子,号唐玄宗,又称唐明皇。

角逐宫廷　夺权登基

李隆基生于公元685年,那时正是武周天下,等待他的并不是名正言顺轻而易举可得的皇位,而是宫廷内部激荡多变的风风雨雨的磨炼。他从小就有大志,在宫中常以"陈瞒"自诩,但武氏家族根本不拿正眼瞧他。七岁那年,他例行到朝堂举行祭祀仪式,金吾将军武懿宗对他的随从大声喝斥,隆基立刻声色俱厉斥之曰:"吾家朝堂,干你何事?敢胁迫我的随从?"武则天知道了这件事后,便对他另眼相看了。第二年,李隆基被封为临淄郡王。公元705年,张柬之逼迫武则天退位,拥立中宗李显。这时隆基曾一度兼任潞州别驾。

武则天死后,唐中宗昏慵懦弱,大权操于妻子韦皇后、女儿安乐公主之手。张柬之等功臣均遭贬谪,太子李崇俊等被杀,武三思等沉滓余孽迅速泛起。韦皇后又擢用其从兄韦温等掌握政权,纵容安乐公主卖官鬻爵,又大肆建筑寺院道观,奴役人民,朝政日非。公元710年,中宗被妻女毒死。韦后准备效法她的婆婆武则天做历史上的第二个女皇帝。这时,武则天的第四子李旦还很有势力,李旦的第三子李隆基也在悄悄地积蓄力量,身边已聚积大批文臣武将。这是韦后专权的主要障碍,韦后决定将他们二人置于死地。韦后还没有来得及动手,李隆基便和姑母太平公主合谋发动政变,率羽林军万余人抢先攻入皇宫,将韦后及其党羽一网打尽。后由太平公主出面,恢复了睿宗李旦的帝位。李隆基也因此被立为太子。

睿宗也是一个昏慵的帝王,他心甘情愿地听任太平公主的调停。太平公主恃拥戴睿宗有功,大树私人势力,左右朝政,朝中的七个宰相中,有四个是她的亲信,文武之臣,多半依附于她。她开始认为李隆基年幼,所以不以为意,后来,她看到李隆基十分英武,对自己专权十分不利,她于是把进攻的目标转向李隆基。她造舆论说,现在的太子不是长子,不应被立为太子,立了必有后忧。公元712年,睿宗让位给太子李隆基,隆基即位,即玄宗。但朝中三品以上官员的任免和重大军国行政仍由睿宗决定。这时,玄宗和太平公主间的关系极为紧张,可谓剑拔弩张,各自磨刀霍霍,暗藏杀机,双方的决斗已是利箭在弦,一触即发。

公元713年7月3日,玄宗抢先下手,率厩牧兵马杀死太平公主及其党羽数十人,依附太平公主的官员也尽数被削为民。这一年,他改国号为开元。

开元盛世

玄宗的皇位来之不易,亲政后所面临的局势也异常严峻,长期的宫廷政变,削弱了中央政权的力量,吏治腐败,官吏冗滥。亲政两年后,他宣布:"官不滥升,才不虚受。"他注意任人唯贤,所用的宰相,大都成了有名的政治家。

姚崇是当时有名的贤相。入相前,他就曾向玄宗提了十项建议,大意是要皇上不要贪小功,而应广开言路,奖擢谏臣,除租税外不得接受馈赠,不能让皇亲国

戚专权，勿使宦官专权等。玄宗样样依允，从而奠定了开元施政的方针，为创造“开元盛世”的局面奠定了基础。

当时，一些富家往往用出家做和尚的办法来逃避赋税。姚崇一次就查出一千二百多人，勒令还俗。他还禁止百官和僧尼、道士来往，抑制武、韦时发展起来的寺院地主势力。御弟薛王李业的舅父王仙童侵暴百姓，他不讲情面，请玄宗批准，依法加以惩办。

开元初，黄河南北连年发生蝗灾。蝗虫飞来如云遮日，所过之处苗草罄尽。前朝也曾遭遇蝗灾，因为捕杀不力，以致造成赤地千里，横尸遍野的惨景，以致物价飞涨，民心大乱，政局动荡不安。姚崇对此十分关注，力主诏令各郡县及时捕杀，并由官府奖励治蝗。结果，蝗灾被有效地制止了，尽管蝗灾连年，灾区也未发生大的饥荒。

宋璟是继姚崇之后为宰相，他也很注意选拔人才，官吏都能称其职。有一次吏部选人，他的远房叔父宋元超说明自己与宋璟的关系，想得到一个好差使。他获悉后，特地关照吏部，不给宋元超任何职务。

张九龄是广东人，当时岭南被看成是蛮荒之地，那边的人很难做大官，但由于他很有才能，玄宗于是让他做宰相。他建议选用人才要慎重，在吏部议论人才时，其态度极为公允。他做宰相时，已在开元后期，但每见玄宗有什么过失，总是竭力劝谏。

玄宗隆基下令重用贤相，他还十分重视刷新吏治，整顿官僚队伍，其主要内容是：

(一)裁汰冗员，精简机构。他针对武后以后官吏冗滥之弊，一举裁汰了员外官、试官、检校官几千人，大大精简了官僚机构，提高了办事效率，也节约了财政开支。

(二)恢复谏官、史官参加宰相议事的制度。唐太宗时期，皇帝与宰相议事，允许谏官与史官参加，“有失则匡正，美恶必记之。”这可以减少朝政的弊端，有它的积极作用；但是武则天参与朝政以后，许敬宗、李义府担任宰相，“政多私弊”，不敢把朝政公开，取消了谏官与史官参加朝政议事的制度。玄宗下令恢复贞观年间的制度。

(三)重视县令的选择。玄宗说：“郡县是一个国家的根本，县令是百政令的直接执行者……”玄宗有时还亲自出题考查县官，以此了解县令是否通晓治国之道。凡是考试成绩优秀的都被重用，拙劣者则被罢免。

(四)实行严格的考核制度，来检查地方官的政绩，以此作为黜升的根据。规定每年 10 月，委派按察使到全国各地巡省风俗，观察得失，把地方官的政绩分为五等，然后上报吏部长官详查，以减少地方官的贪赃枉法。

(五)严明赏罚。玄宗认为，有赏必有罚，赏罚分明。开元年间，他基本上贯彻了这一精神。

玄宗的改革措施，主要是依赖下级官员去贯彻执行，玄宗能注意用人，这是“开元之治”得以出现的一个很重要的原因。

玄宗在位的前半期，不仅文治取得了非凡的成就，而且武功也赫然可纪。在玄宗继位以前，唐朝边防危机十分严重。公元 696 年，契丹奴隶主李尽忠利用民族矛盾，煽动其部众举兵反唐，攻占了营州。接着，营州都府所管辖的连昌、师、

鲜等十二州也相继失守。武则天派王孝杰等组织反击，结果大败，几乎全军覆没。此后，契丹贵族更是嚣张，经常疯狂地掠夺土地，残害北方人民。

公元703年，突厥奴隶主贵族乌质勤攻占安西四镇之一的碎叶镇，从此，安西道被堵死。乌质勤挥军十四万，接着，他又开始向北庭都护府进攻，并且强占了北庭西部的一些地方。这不仅破坏了国家的统一，同时也堵塞了“丝绸之路”，使唐朝的对外贸易遭到严重的威胁。

在北方地区，唐初战胜突厥，统一了大漠南北，设置单于、安北都护府，分别管辖长城内外到贝加尔湖的广大地区。此后，长城以北保持了数十年的相对安定局面，但是到了7世纪末叶，唐朝北方门户云州被突厥攻占，从此长城南已无险可守。公元683年，突厥族又攻占蔚州、定州，由于长城以北大片领土失守，唐朝于公元685年把安北都护府迁至同城，一直到开元初。

到玄宗即位时，西域的碎叶、庭州、北方的云州以北以及辽西十二州，都已被突厥、契丹奴隶主贵族占领，陇右及河北人民经常惨遭劫掠和屠杀，唐朝统一的局面被破坏了。

玄宗执政以后，为彻底解决边区问题，以巩固唐政权，维护国家统一，采取了一系列措施：为了提高军队的战斗力，玄宗对府兵制进行了改革。高武以后，尚武风气逐渐消失，府兵多不按时更换。故宰相张说遂建议雇佣募兵，玄宗即下令实行，从关内召募军士达12万人，充作卫士，名“长从宿卫”，或称“长征健儿”，从而代替了唐以来的府兵轮番宿卫制度。这是军制由兵募到雇佣的重大改革。经过十余年的实践，于公元737年推行全国。从此，各地民丁再无须上戍边之苦。雇佣兵既可吸收社会上的失业人口，缓和社会矛盾，又可常驻各地，加强训练，对改善军队素质，提高战斗力是起积极作用的。

玄宗还通过各种措施整顿军旅。他颁布《练兵诏》，令西北军镇增加兵员，并加以精选，加强军事训练，不得供其他役使。还派兵部侍郎裴琰、太常卿姜皎，往军州督促检查诏令的执行情况，处理具体事宜。

7世纪末年，军马不足，玄宗即位时，只剩二十四万匹，玄宗任用太仆卿王毛仲为内外闲厩使，专门主管这项工作。到公元725年，军马增至四十三万余匹，牛羊也相应增加了。为了解决军粮问题，玄宗又下令扩大屯田区。在西北万里的边防线上及黄河以北的部分地区，设置庞大的屯田区。

经过以上准备，公元717年，唐军把沦陷十七年的营州等十三州全部收复，玄宗派宋庆礼任都督，重建营州防务。长城以北的拔也古、同罗、回纥等地也宣布取消割据称号，与唐政府合作，唐政府重新设置了安北都护府，统一了长城以北的广大地区。

玄宗把解决西域的问题分两阶段进行。第一阶段从公元738年开始，玄宗派碛西节度使盖嘉运打败了突厥。唐军猛攻碎叶，突厥可汗出战，在贺逻岭被唐军俘获，从而使沦陷了三十七年的碎叶镇又回归唐朝管辖。第二阶段是击败吐蕃、小勃律，重新打通“丝绸之路”的门户。开元初年，西域小勃律可汗曾到唐朝请降，唐政府在那里置绥远军。后来，小勃律王娶吐蕃王女，依附了吐蕃，与唐为敌。玄宗派安西副都护高仙芝打败吐蕃，俘虏了小勃律王，被遣送长安。这使唐朝国威大振。这一仗胜利后，罗马、伊朗诸胡七十二国都为之震恐，都来朝拜唐朝，唐朝重新打通了中亚的通道，这不仅维护了国家的统一，也有利于对外经济

文化的交流和发展。

唐玄宗在开元年间，注重发展社会经济，采取了一系列措施，经济出现了前所未有的繁荣景象。

在玄宗隆基即位之前，由于政府的勒索和豪族的兼并，使均田农民的负担越来越重，常常无力维持其自身的生存和简单的再生产，从而出现了天下户口逃亡过半的严重危机。玄宗即位后，不得不和荫庇劳动人员、破坏均田制度的豪强大族进行斗争，从他们的手中争取土地和劳动人口。

开元初，玄宗虽然惩治了一些豪族，但打击的对象还是很小，在全国范围内，还有许多土地和人口被豪强大族霸占。他们还把逃户变成“私属”，不向国家交税，严重地影响了国家的财政收入。而对这种情况，玄宗便下令，在全国范围内开展一次检田括户的运动。玄宗任命宇文融为全国覆田劝农使，下设十道劝农使和劝农判官。分头到全国各地检查黑地和豪强荫庇的农户。把检括出来的土地全部没收，按均田制分给其他无地的农民。对于那些“账外”人口，一律登记注册，就地入籍，经过四年的奋斗，中央政府增户八十八万，田亦是如此，公元725年，征得户钱几百万两。

自武周以来，佛教在全国恶性发展，全国各州，都设置大支寺。寺院僧侣，不仅兼并土地，而且逃避税收，造寺不止，枉费财者数百亿。度人不休，免租庸的有几十万，使国家耗资很多。于是玄宗于开元二年下令裁减天下僧尼，当时全国各地还俗的有一万多人。接着，玄宗又下令禁止新造佛寺，禁铸佛像，禁抄佛经。同时又禁止官员和僧尼交往，使佛教势力受到很大的打击。

玄宗即位之初，在生活上以节俭自励。他还裁汰宫女，又毁掉了武周所造的天枢台、韦后所立的石台，以示与弊政决裂。

开元年间玄宗君臣的文治武功，造成了比较清明的政治局面，出现了“开元盛世”的盛况。

安史之乱

开元盛世的太平景象，逐渐使唐玄宗陶醉了，锐意进取的治理精神丧失殆尽。到公元742年，他已做了三十年的皇帝，日渐奢欲，纵情声色，怠于政事，也不能像开元时那样听取忠言直谏了。“尚直”的张九龄、韩休相继被罢，奸佞的李林甫任中书令。他独揽大权，使恶势力在朝廷中开始占了上风。公元752年，李林甫死，杨国忠任宰相，朝政更加黑暗。玄宗由选贤治国到宠信奸佞，国家形势也自此由盛而衰。

李林甫善于迎合玄宗的旨意，玄宗想干什么，他便附和，他终于做了宰相。他做了宰相以后，便杜绝言路，而且妒贤嫉能。在朝中，他的权势一天盛似一天，同时，朝政也一天坏似一天。玄宗不识其奸，反信其能，还想委国于他。

公元736年，玄宗宠爱的武惠妃死去，整天郁郁寡欢，宫中红颜数千，无一中意者。有一天，他听说寿王妃杨氏体态丰艳，绝世无双，他即令太监将其接进宫来侍酒。寿王妃生性聪颖，晓音律，长歌舞，尤善迎逢，玄宗如获至宝，愁怀顿开，遂借酒寻欢，无所顾及。

寿王李瑁，是玄宗的儿子，武惠妃的亲生子。五十六岁的皇帝同二十二岁的儿媳的这种私衷，显然悖于伦理，是一大丑闻。玄宗遂让寿王妃自请为女官，入居南宫，赐名太真，南宫改名为太真宫。玄宗夺了儿媳，又给儿子娶了个姓韦的姑娘做妃子，以示慰藉。

杨太真人得宫来，恩宠与日俱增，不到一年，仪态已过之于皇后。玄宗从此无心于政事。天宝四年(745)杨太真被册封为贵妃。贵妃的地位仅次于皇后，可这时并没有皇后，她就是实际上的皇后了。玄宗视贵妃为心肝，赞其为“解语之花”，连她的家族都得到了封赏。

贵妃善治装，专为她服务的织绣之工就达七百人之多。贵妃乘马，权宦高力士亲为之执辔授鞍。贵妃生在南国，喜食鲜荔枝。荔枝易败，离枝四五日则色味俱变。为了速贡新鲜荔枝，玄宗下令特开辟了从岭南通往长安数千里的贡道，沿途设有驿站，备下快马，使荔枝运至长安，色味不变。

君王宠幸，朝臣官吏也无不倍加逢迎，争献奇珍异味，器物珍玩。有时一次送的美食就达几千盘，一盘的价值抵得过十户中等人家的财产。宫中还特设检查食品的官员，评比各种食品的精美程度，真是精益求精。岭南军政长官的贡献得到贵妃的欢心，遂连升三级。广陵的长官起而仿效，也被擢升为朝廷大臣。于是文臣武将瞩目后宫，全国风靡。

一人得道，鸡犬升天。杨氏兄妹飞黄腾达，沐猴而冠。贵妃的大姐封为韩国夫人，二姐封虢国夫人，三姐封秦国夫人，从兄杨锜被封为位当四品的朝廷高官，杨锜娶了公主，封驸马，杨国忠官至宰相，领四十余职，权倾天下。

玄宗乐不思治，日益昏聩。李林甫死后，杨国忠独揽大权，他和李林甫一样，顺着玄宗的心思行事。玄宗好战，他即发动征伐南诏的战争，丧师二十万。一年大雨成灾，玄宗查问灾情，他叫人弄了一些大的粟穗给玄宗看，说雨虽大，收成却好，玄宗竟也相信。他不准下面报灾，扶风太守房琯报灾求救，他大怒，下令将其交司法机关惩处。杨国忠除做宰相外，还兼顾四十余使，又专判度支、吏部，整天发号施令，胡乱处理政事，结党营私，贿赂公行，选任官吏都在私策暗定。因此，唐朝的政治更加昏暗。

从开元二十四年(公元736年)，到天宝年间，奸相专权，贵妃专宠，玄宗日益昏聩，政治愈加腐败，繁荣背后的危机也就加剧了。首先是均田制瓦解了，负担租赋的居户在缩减，而朝廷的费用却在加大，财政危机日甚一日。朝廷就派员横征暴敛，甚至一次预征三十年的租赋，加速了人民的贫困化。唐王朝赖以生存的社会基础动摇了。其次是府兵制破坏后，募兵制也日益腐败。京师所募之兵多是无赖子弟，市井小贩，毫无战斗力。中原承平已久，社会风尚耻于当兵，几乎无兵可用。

尽管如此，玄宗却发动了一系列不义的战争。边将权奸为了升官加爵也不惜推波助澜，挑起事端。这些战争，伤亡了大量的各族人口，消耗了大量的社会

财富，大大加深了阶级矛盾和民族矛盾。

开元二十五年（公元 737 年），唐政府迫使河西节度使崔希逸在青海袭击吐蕃，打破了唐蕃和好的局面，也破坏了汉藏两族人民的和平生活。天宝初年，名将王嗣宗兼任河西、陇右、朔房、河东四镇节度使，威望极高。玄宗命他进攻吐蕃的石堡城，他不肯，结果被免了官。继任的哥舒翰攻下了石堡城，城里守兵只有几百，唐兵却损失数万之众。汉藏两族人民是战争的受害者。

西南也在流血。南诏王阁罗风带着妻子参见唐官，边将张虔陀乘机侮辱，并勒索财物。阁罗风忍无可忍，愤恨起兵，杀死张虔陀，要求停战。鲜于仲通不听。阁罗风只得带兵迎击，大败唐兵，又与吐蕃联盟，鲜于仲通与杨国忠素有勾结，因此，杨国忠便派官兵抓人，连枷送到军队里去。从天宝十年到十三年，唐兵战死和病死的有二十多万人。

天宝十年（公元 751 年），唐军还有两次大败，一是安禄山领兵六万攻契丹，所部死伤大半。二是高仙芝中亚罗斯城之败。而在此后，国内又发生特大叛乱“安史之乱”。

开元后期，府兵制破坏，募兵制产生。在府兵制下，卫士轮番服役。将不得专兵，实行募兵制后，边镇兵力扩大，京城周围兵力减缩，唐初内重外轻的局面转变为外重内轻，地方边镇势力强大。

在唐初，边将皆用忠厚名臣，不久任，不遥领或兼任别职，功名显著者往往入为宰相，如李靖、李勣、刘仁规等。开元前期，薛讷、郭元振、张嘉贞、张说、萧高等也是边将入相。“胡”将虽忠勇皆具，也不能就大将之任，远征时皆以大臣为使制之。这对于防止军阀割据是必要的。开元后期，由于形势发生了变化，边帅往往连任多年，有的还兼任几镇节度使。他们既有其土地，又有其人民，又有其兵甲，又有其财赋。但“胡”将权势的强大，主要是李林甫为相后蛊惑玄宗造成的。

玄宗曾考虑过把兵权交给谁最可靠的问题。王嗣宗兼任四镇节度使，被人诬告欲拥兵尊奉太子，玄宗即罢了王嗣宗的官，交司法机关惩处。与王嗣宗有瓜葛的人，有了兵权，玄宗便放心不下，深怕他们结成朋党，危及自己的皇位。正在玄宗为难的时候，李林甫出了一个主意：用“胡人”做边帅。理由是“胡”人勇敢善战，在中原也没有复杂的社会关系，孤立无党，不懂汉文，比汉将可靠。可他心里另有打算。他认为，“胡”将文化水平不高，不能做宰相，他自己的地位就更牢固了。玄宗陆续提拔安禄山、安思顺、哥舒翰、高仙芝等做大将。到了天宝六年，节度使大都是“胡”将了。

安禄山是柳城（今辽宁朝阳）“胡”人，由于英勇善战，逐渐做到高级将领。天宝元年，任平卢节度使，到天宝十年兼领平卢、范阳、河东三镇。他用欺骗、献媚、贿赂等手段逐渐取得了玄宗的信任。表面上对唐玄宗非常忠诚，实际上却野心勃勃，心怀觊觎，以图一逞。

安禄山在范阳积极扩充势力，有失意的汉族文痞严庆、高尚做谋士；对投降

或俘虏的兄弟民族战士进行抚慰，使其愿为之效力。安禄山挑选精锐八千人，作为其军队的主力。天宝十三年（公元754年），他为了收买人心，培植心腹，提拔奚、契丹、九姓、同罗等族升将军者五百人，中郎将二百余人。第二年，又以“胡”将三十二人代替汉将。这样一来，其军队的将领基本上都是“胡”人了。他还积屯粮草，养战马数万匹。所统领的军队在数量上已超过唐中央所在地的军队。

唐玄宗和杨国忠等沉溺在荒淫的酒色中，歌舞升平，毫无应变的准备。玄宗在腐朽的生活里到了迷不知返的程度。当时也有人提醒玄宗，张九龄曾说，将来乱幽州者必此胡雏。安禄山犯了法，玄宗包庇他。张九龄反对，指出安禄山此人狼子野心，不杀必生后患。玄宗不听，反而提拔他，使他羽毛渐丰。玄宗的儿子李亨也说安禄山必反，玄宗仍不信，刚愎自用到此地步。在对安禄山的问题上，充分暴露了玄宗的昏聩。

天宝十四年（公元755年）十一月九日，安禄山在范阳起兵，发动叛乱，兵锋指向唐的都城长安。中原武备久驰，精兵猛将都放在东北、西北各镇，叛军兵锋所至，中原郡县毫无准备，大都望风而逃。安禄山率兵十五万，尘灰蔽天，鼓噪震地，一路上几乎没有人敢抵抗。十二月初二，叛军已在灵昌（今河南滑县西南），渡过了黄河。

安禄山叛乱的消息传到长安，玄宗还认为是谣言。得到确讯以后，满朝文武无不惊慌失措。杨国忠却夸口叛军必生内变，不过十天，安禄山定为部下所杀。玄宗惊慌之中，不禁欣然。

当时安西节度使封常清正在长安，玄宗便派他赶往洛阳，募兵抵御。接着又在长安招了一些兵，连同原来的禁军，凑了五万人马，交给高仙芝带领，屯驻陕州，同时派使者到朔方、河西、陇右各镇调兵。然而形势急转直下，封常清虽足智多谋，高仙芝虽能征善战，他们所统领的都是些乌合之众，无法抵御叛军的进攻。不久，唐军即被迫退出洛阳。封常清退至陕州，高仙芝退守潼关，以防叛军突入关中。玄宗下令将二人斩首。

玄宗杀了封常清和高仙芝，在朝将领，只有原河西陇右节度使哥舒翰素有威名，于是便派他去守潼关。哥舒翰熟悉军事，有勇有谋，又和安禄山有仇，在当时是适当的人选。西北各镇的军队也相继开到潼关。河南前线出现了相持的局面。

这时候，叛军长驱直入的势头停止了，安禄山的处境开始变坏。常山（今河北正栗）太守颜杲卿和堂弟平原（今山东平原东北）太守颜真卿起兵，联络河北十七郡，切断了叛军前线和范阳的联系。至德元年（公元756年）正月，安禄山在洛阳自称大燕皇帝，他所占的地方，在河北只有六个郡，在河南也只潼关以东一片土地。叛将史思明虽然攻陷常山俘虏颜杲卿，把他送到洛阳杀害，但不久，朔方军大将郭子仪、李光弼率军收复了常山，屡败史思明。河南民间自行集结的武装，群起响应。河南南阳太守鲁灵，睢阳太守许远，真源令张巡等，也起兵抗击叛

兵，扼住了叛军南下的道路。安禄山进退两难。

形势对唐政府有利，但唐玄宗不仅不能发展有利形势，反而自己拆自己的台。潼关天险，道路狭窄，易守难攻。唐军在关外挖了三道壕沟，各有二丈宽，一丈深。叛将崔乾祐屯兵陕州，徘徊半年，只能望关兴叹，无法进攻。哥舒翰决心守险待机，郭子仪、李光弼也说潼关只宜坚守，主张用朔方兵先打范阳，捉住叛军家属，致其瓦解。从当时河南战局的形势看，这是可能做到的，可是玄宗竟听信了杨国忠的谗言，认为哥舒翰按兵不动，坐失良机。因而连续不断地逼哥舒翰出兵。至德元年（公元 756 年）6 月，哥舒翰被迫出兵，与叛军会战，结果大败。部将火拔仁等捉了哥舒翰，哥舒翰投降了叛军。

唐玄宗只得委任了京城留守官吏，宣示御驾亲征。同贵妃姐妹，皇子皇孙，宫中近侍及朝中几个大臣，由千名禁军护从，悄然向西南而去，欲逃往蜀郡避难。当走到马嵬驿（今陕西兴平西）时，将士鼓噪，要消灭祸国殃民的杨家豪门。杨国忠被将士杀死，将士又要求杀贵妃以息天下怒，可怜“三千宠爱在一身”的杨贵妃，竟被缢杀于逃亡途中。

长安在大约十几天之后陷落了。玄宗正在向西逃命。乡民父老遮道请留，玄宗不听，百姓无法，又转请皇太子留下。但玄宗还是逃到蜀郡去了。皇太子李亨北上到了灵武（今宁夏灵武西南），即位称帝，是为唐肃宗，重新集聚力量，开始对安禄山进行反攻。

安禄山自天宝十四年叛乱，先后攻陷两京，第三年，被他的儿子安庆绪杀死。安庆绪在至德二年称帝。不久长安、洛阳为唐军收复。第三年，安庆绪又被安禄山的副将史思明杀死。史思明在乾元二年（公元 759 年）先称燕王，后称皇帝。第三年，他也被儿子史朝义杀死。史朝义在上元二年（公元 761 年）称帝，两年后，兵败势穷，上吊自杀了。

悲惨晚年

至德二年（公元 758 年），当唐军收复了两京后，玄宗由成都返回长安。路过马嵬驿时，触景生情，黯然神伤，祭拜了杨贵妃墓。到达长安后，玄宗就住在兴庆宫里。肃宗不时来问候他，他有时也到大明宫去看肃宗。左龙武大将军陈玄礼，宦官高力士一直保卫、侍候着玄宗。肃宗又叫梨园子弟天天奏乐、唱歌、跳舞以供他消遣，可这种生活并没有持续到底。玄宗经常在楼上徘徊观望，百姓经过这里，一看到玄宗，往往跪拜，并高呼“万岁”。玄宗常在楼下安排酒食招待客人，并在楼上宴请将军郭子仪和王锐等人，还送给他们好多东西。玄宗并没有东山再起的用意，但却引起了肃宗的猜忌。由此，父子间的矛盾便尖锐起来了。

玄宗活了七十七岁，当了四十四年皇帝，有三十个儿子，三十个女儿。在这么多儿女中，他是有偏爱的。他宠爱武惠妃，早就想废掉太子李瑛，立武惠妃所生子寿王李瑁。开元二十五年（公元 737 年）四月，武惠妃的女婿杨洄诬告李瑛、

李瑶、李琚等在一起商量异谋，玄宗把这三个儿子赐死了。太子李瑛是玄宗的第二子，在他死后，论资排辈，第一个是长子庆王李琮，但他曾在打猎时被野兽抓破了脸，当皇帝不雅观，而且德才平常。接下来就轮到第三子肃宗李亨了。在朝臣们的争取下，玄宗经过一年多的再三考虑，才勉强立了李亨做太子。以后李林甫为了迎合玄宗和武惠妃，总想把肃宗废掉，立寿王李瑁为太子。无奈，肃宗非常谨慎，没有大错误，并有一些朝臣积极保护，屡次转危为安。太子地位才算保住了。因此，他早对玄宗积怨在心。肃宗被立为太子后，做皇帝愿望日益强烈。后来，在宦官李辅国等的支持下，在灵武私自称帝。此后，他和玄宗面和心不和。玄宗从四川归来后，在兴庆宫的所作所为，早已引起肃宗的猜疑：玄宗是不是想恢复帝位？他想采取相应的对策，又怕有人说他不孝，心里非常着急。正在此时，李辅国向他献了一计。

李辅国知道肃宗的复杂心理，想立奇功来巩固肃宗对他的宠爱。他对肃宗说："皇上住在兴庆宫，天天和外人来往，而且陈玄礼、高力士密谋对陛下不利。如今六军将士都是灵武功臣，都坐卧不安。"肃宗假装哭着道："圣皇仁慈，哪会有别的想法呢？"李辅国就说："即使皇上没有别的想法，怎奈有班小人天天在他周围怂恿。陛下是天下的主人，应当为社稷着想，防患于未然……"李辅国的这番话正中肃宗下怀，便默许了。公元 760 年 7 月，李辅国传旨，请玄宗游览太极宫，但当玄宗从兴庆宫走到睿武门时，预先埋伏好的士兵突然冲了过来，把他簇拥到了太极宫，住进甘露殿。肃宗对玄宗还是放心不下，又把高力士流放到巫州，命令陈玄礼退休，给玄宗只留下几十名卫士，而且尽是老弱病残。

处在这样的逆境中，玄宗更觉寂寞、凄凉、郁郁寡欢，连饭也吃不进，变得憔悴不堪。公元 762 年四月五日，玄宗死于太极宫神龙殿，享年七十七岁。死后葬在泰陵，谥为"大圣大明孝皇帝"，庙号"玄宗"。

唐德宗李适

德宗李适

两税新法　三臣党争

德宗即位之初，对前朝的许多弊政进行了改革。他下令禁止岁贡。生活方面也注意节俭，出宫女100多人，停梨园使及伶官300人，留者皆归太常。禁止官吏经商。对贪污受贿者严加惩办。

德宗即位任用崔祐甫和杨炎为相，在杨炎的主持下对赋税制度进行了改革，废除租庸调制，推行了“两税法”。

唐初的赋税，分租、庸、调三项，这是建立在均田制基础上按丁征收赋税的办法。随着均田制的瓦解，农民纷纷逃亡，沦为地主的佃户，租庸调法便日益行不通了。

两税法的主要内容是：取消租庸调及一切杂税。不分主户（本土地著户）、客户（外来户），一律以现居住地为准登入户籍纳税。放弃按丁征税的办法，改为按照资产和田亩征税，即根据资产定出户等，确定应纳户税税额；根据田亩多少，征收地税。没有固定住处的行商，也要负担赋税。每年分夏秋两季征税，夏税不过六月，秋税不过十一月。两税之名即由此而来。

实行两税法，扩大了纳税面，有利于减轻人民的负担。纳税的人多了，也增加了政府的收入。两税法按照资产和田亩征税，与租庸调法按丁征税相比，是比较合理的，有其进步性。但以德宗为首的统治者并没有认真贯彻执行。苛捐杂税不断增加，人民负担日益沉重。

德宗即位时，朝廷内的党争十分激烈。杨炎和刘晏之间的相争，即其突出的表现。原来，凡度支出纳事宜，令吏部尚书刘晏兼辖，并授刘晏为左仆射。刘晏有才能，多机智，变通有无，曲尽微妙，历任转运盐铁租庸等使，是唐朝最有名的理财家。杨炎是代宗时宰相元载的余党，代宗杀元载，刘晏曾参与密谋。当时，元载被杀，杨炎也被贬为远州司马。后来杨炎取得了德宗的信任，独任大权，便利用自己的地位替元载和自己报仇，谋害了刘晏。

刘晏无罪被杀，朝野纷纷为他喊冤。割据淄青镇（治青州，山东青州）的李正己接连上表请问杀刘晏的原因，德宗无话可对，陷于窘境。对此，杨炎不免心虚，密遣私人到各镇，为自己辩白，说刘晏的被杀是德宗决定的，与自己无关。德宗了解到这一情况后，非常憎恶杨炎，就起用卢杞为宰相，准备杀杨炎。

卢杞非常阴险狡猾，是李林甫、元载后的又一个著名奸相。害人的伎俩，比杨炎更阴险。他知道德宗的心思，乐得投井下石，上任不久，就给杨炎罗织了好多罪名。结果，德宗把杨炎贬为崖州司马，还没有走到贬所，就被德宗派去的人在半路上杀死了。

削平割据　数度用兵

建中二年，成德镇节度使（治恒州，今河北正定）李宝臣死。李宝臣曾和李正

己、田承嗣等议定，要在本镇确立传子制。大历十四年(779)，田承嗣死了后，田悦继位，李宝臣要求朝廷加以任命，承认田悦的继承权，得到了代宗的允许。现在李宝臣的儿子李惟岳继位，请朝廷认可。德宗想革除旧弊，回绝了李惟岳的要求。田悦替李惟岳代请，也不得允许。于是，田悦、李正己、李惟岳联合起来，为争取传子制，出兵与朝廷作战。德宗调京西12000人守关东，又任命李怀光兼朔方节度使，大发各路兵讨伐叛军。这是一次带有决定性意义的战争，可是德宗并没有制定好切实可行的用兵计划，也不设统兵元帅，诸将由朝廷亲自指挥。结果，接连失败，战争规模越来越大。

建中二年(778)，田悦进攻邢州(今河北邢台县)和临伾县(今河北永年县西)。唐将河东节度使马燧、昭义节度使李抱真、神策将李晟大破田悦军，田悦夜遁，退屯洹水县(今河北大名西南)，淄青军在东，成德军在西，首尾相接，互相呼应。唐将唐朝臣大破魏博、淄青军于徐州，江、淮漕运又通。建中三年，马燧、李抱真、李晟又大破田悦军，田悦只带领残兵败将1000多人逃回魏州，守城自保。淄青镇李正已死，他儿子李纳袭位，继续与朝廷为敌，结果，被唐军打败，逃回濮州(今山东鄄城县)，唐德宗令卢龙节度使朱滔攻成德李惟岳军，李惟岳军大败逃回恒州。李惟岳部将王武俊杀李惟岳，投降朝廷。但这一时的胜利，并不能改变割据者的野心，也不能改变分裂已久的形势。这一战争还没有结束，立即又发生了又一次战争。

德宗任命成德降将张孝忠为易、定、沧三州节度使，王武俊为恒、冀二州都团练使。分给朱滔德、棣(今山东惠民东南)二州。这个措施，目的是分散旧成德镇的力量。王武俊自以为功劳最大，地位反比张孝忠低，不肯接受朝命。朱滔要得深州而未得到，心怀不满，于是仍在深州驻兵，拒绝将深州交给康日知。王武俊、朱滔反叛，并与田悦、李纳联合，叛军的声势又振。朱滔遣人密约朱泚同反，这件事被马燧知道后报告了德宗。朱泚当时镇守凤翔，德宗把他召回长安，派宦官监视。马燧等攻魏州，朱滔、王武俊救魏州，德宗命朔方节度使李怀光前往助战。李怀光击破朱滔军，王武俊又击败李怀光军，唐政府军被迫撤至魏县(在魏州城西)。唐军与叛军出现了相持的局面。不久，朱滔称冀王，田悦称魏王，王武俊称赵王，李纳称齐王，朱滔为盟主。诸王约定相互支援，以求永保其占据的土地。朱滔等向淮西节度使(驻蔡州，今河南汝南)李希烈劝进，李希烈接受推戴，先自称天下都元帅。李希烈的军队四处掠夺，其小股军队一直打到洛阳附近，战事从河北一直蔓延到河南。

建中四年，李希烈围襄城(今河南襄城)。德宗命宣武军节度使李勉率将兵10000人救襄城，并亲派3000人助战。李勉上奏德宗说，李希烈的精兵都在襄城，而李希烈驻在许州(今河南许昌)，许州兵力空虚，使两部救兵袭许州，襄城围自解，据此，李勉并作了兵力部署。德宗认为违反诏书，派宦官去斥责李勉。两部救兵离许州数十里，奉诏狼狈退回。许州守兵追击，唐军大败，死伤过半。李勉分兵4000助守东都，被李希烈截断后路，不得退回。这都是德宗亲自指挥失误的结果。宣武军本来是对抗李希烈叛军的主要力量，从此不振。襄城愈益危急，德宗抽调关内诸镇兵救襄城，结果又爆发了泾原之变。

建中四年十月，德宗发泾原之兵，东救襄城。泾原兵5000被调路过京师，士兵们冒雨前来，冻馁交迫，到了京师，满以为能得到厚赐，遣归家属，没想到只给

他们粗饭菜羹，一点赏物也没有。士兵们哗变攻入京城。德宗急率少数家属仓皇出走，有人提醒德宗说："朱泚曾是泾原军帅，因弟弟朱滔叛乱，被召到京师，今乱兵入京，若奉他为主，势必难制，不如把他召来一块走。"德宗只顾逃命。路上遇到郭曙、令狐建二人，率所部约500人随行。唐德宗在这些人保护下，逃到奉天县(今陕西乾县)。过了几天，左金吾大将军浑瑊来到奉天。唐朝的一部分官员也陆续来到。浑瑊是郭子仪部下的大将，一向有威望。由于他的到来，人心才安定下来。附近诸镇援兵入城，德宗便命浑瑊统率。

这时，京师中的朱泚，已被叛兵拥立为主。诸镇救襄城兵，有些还没有出潼关，又叛变回西京，投顺朱泚。不久，朱泚便自称大秦皇帝，唐百官大都做了秦官，只有司农卿段秀实等少数官员不和朱泚同流合污，并准备诛杀朱泚，结果事情败露，段秀实等反被杀害。朱泚立朱滔为皇太弟，与河北诸叛镇遥相呼应。

德宗派人到魏县行营告急，李怀光率朔方军回救奉天，李晟也沿路收兵来救，马燧等各归本镇，李抱真仍留河北，这一行动是唐朝的转机，浑瑊坚守危城，使这个转机能够实现。

朱泚决心攻克奉天城，亲自督战，用全力围攻1个月，仍不能攻克。这时，城中的粮食都用光了，德宗自己也只能吃些野菜和粗米，浑瑊每日泣谕将士，晓以大义，众虽饥寒交迫，尚无变志。不久李怀光率兵5万来到长安附近，李晟率兵万余也赶到，其余各路援军也分别到达。朱泚集中兵力进攻，浑瑊率守兵力战，朱泚大败，李怀光又击败朱泚别军，朱泚率兵退守长安。

李怀光性粗暴，从魏县来，一路上说卢杞等人奸邪，应该诛杀。卢杞知道后，便对德宗进言，急下令要李怀光速收复长安。李怀光自以为有大功，但竟连皇帝也见不上一面，于是接连上表揭发卢杞等的罪恶。朝臣们也议论纷纭，斥责卢杞。兴元元年(784)，德宗被迫将卢杞贬为南方远州司马。李怀光逼走卢杞后，仍屯兵咸阳，并与朱泚通谋，准备帮助朱泚再次进攻奉天。德宗知道后，仓皇离开奉天，避往汉中。李怀光反叛，唐朝形势进一步恶化。幸亏李晟的正确指挥，才挽救了危局。

时李晟率孤军守东渭桥(在长安东北50里)，夹在朱泚、李怀光两强敌中间，处境极为危险。他用忠义激励将士，在困境中保持锐气。驻泚宁、奉天、昭应(今陕西临潼县)、蓝田的唐军，都愿接受他的指挥，军威大振。李怀光被迫逃往河中，其士兵或投降唐军，或路上逃散，势力大大削弱了。

在李怀光逼走卢杞，将要叛变时，唐德宗派人去吐蕃求救兵，允许割安西、北庭地给吐蕃。这二镇一直在抗击吐蕃，德宗竟私自割让。他请吐蕃兵来帮助平叛，是怕唐将帅立大功后不好对付。他命浑瑊率诸军自汉中出击，吐蕃兵20000来会师。浑瑊击败朱泚兵，进驻奉天，与李晟东西相应。吐蕃兵大掠武功县，又受朱泚厚赂，全军退去。唐德宗想用吐蕃兵取长安，听说吐蕃兵退兵，非常忧愁。大臣陆贽劝他要相信将帅，用吐蕃有害无益，又劝他不要干涉前线将士的指挥权。这样德宗才勉强让李晟等自主兵权。是年，李晟率兵攻入了长安城，朱泚败走，被部下刺死。是年七月，流亡10个月的德宗又回到了长安。

德宗回到长安后，吐蕃来求安西、北庭两镇。德宗想召回安西四镇留后郭昕和北庭节度使李元忠，割两镇给吐蕃。因李泌等大臣极力劝阻，两镇才得以保存下来。

猜忌功臣　贪婪财货

德宗本来就猜忌功臣，返回长安后，其猜忌之心更不可抑制。吐蕃入寇，多次被李晟击败。吐蕃认为，要取得唐国，必须去掉唐良将李晟、马燧、浑瑊三人。贞元二年，吐蕃派兵20000到凤翔城下，声称李晟叫我们来的。对这十分拙劣的离间计，德宗却信以为真，怀疑李晟。张延赏乘机毁谤李晟。贞元三年，吐蕃派人向马燧求和，马燧对李晟有嫌怨，附和张延赏，力主求和。德宗乃以和吐蕃为借口，削去了李晟的兵权。又令浑瑊为会盟使，前去会盟。浑瑊到平凉结盟，吐蕃伏兵四起，浑瑊夺马逃回。马燧虽未被治罪，但已被德宗憎恶，失去副元帅、河东节度使等职。

李晟遭猜忌，被解除兵权，这件事对武将们打击很大，宰相张延赏辞职，承担议和吐蕃的责任，但君臣相疑，内外分解的状况仍无法消除。德宗任命李泌为宰相后，才使局面稍稍稳定。

李泌已经历玄、肃、代三朝，对昏君的心理已经摸得够清楚了，因此能够诱导德宗做一些好的事情，使得有些祸乱受到阻止，李泌上任后，与德宗约定，要德宗不要害功臣。

由于李泌说理透彻，态度和顺，又办了许多有利于国家的事情，得到了德宗的器重。在这个基础上，李泌提出了北和回纥、南通云南（南诏国）、西结大食、天竺，以困吐蕃的计划。贞元四年，回纥可汗得唐许婚，愿为唐牵制吐蕃。贞元九年，南诏国也脱离吐蕃，与唐恢复亲善关系。从此，吐蕃势力削弱，不能为害于唐，唐朝的政局稍稍稳定。

在国内政局比较稳定的形势下，德宗不仅没有做出什么政绩来，其恶政却在发展着。

兴元元年（784），德宗使宦官窦文场、霍仙鸣监左、右神策军。贞元七年（791），神策大将军柏良器招募精壮代替挂名军籍的商贩，监军窦文场认为可疑，就上报德宗，德宗便撤销了柏良器的职务。贞元十二年（796），德宗任窦文场、霍仙鸣为左、右神策护军中尉。从此宦官便掌握了禁军，宦官掌典禁军成为定制这对唐后来的政局影响极大。

德宗在奉天之难中倍受穷困，但并没有取得任何有益的教训独取得贪财的经验。回到长安后，便专心搜刮民财。德宗贪财，地方官便以进奉的名义讨得他的欢心。有的每月进奉，称月进；有的每天进奉，称日进。谁进奉的财物多，谁就会得到更高的官位。这实际上是在鼓励地方官加紧对劳动人民的剥削，而德宗坐地分赃。贞元末年，宫中需要的物品都由德宗委派的宦官到长安市场上直接采办，这些宦官称为宫市使。宫市使手下有数百人，专在市场上抢掠货物。

贞元二十一年（805），德宗去世。死后葬崇陵（今陕西泾阳西北40里的嵯峨山），谥为“神武孝文皇帝”，庙号“德宗”。

德宗宫廷斗争内幕

女婿为何成哑巴

德宗皇帝即位以来，有意在宫廷里倡导一种俭约克己的风气。于是，皇室贵

族乃至整个上流社会的，风流无羁之风终于不再成为一种时尚。

贞元三年(787年)，皇帝的姑母、太子妃的母亲郜国大长公主和几位现任官员的私情被人揭发。有人向皇帝密告，说是在彭州司马李万做了长公主的情夫之后，又有太子詹事李升、蜀州别驾萧鼎和丰阳令韦恪，相继和长公主有染。这件事着实气坏了生性刻板的德宗皇帝，盛怒之下，他先派人把长公主带回皇宫幽禁起来。然后，又把皇太子李诵从少阳院叫到他的寝殿当面训斥。更严重的是，皇帝几乎为这事下了废储的决心。

事实上，有关郜国大长公主私生活方面的种种传闻，早在一个多月前，宰相张延赏已经悄悄地和皇帝说起过。当时，张延赏的密告只涉及了李升一人，而皇帝却无论如何也想不出，年老的姑母何以会同这年轻的禁卫军官有什么瓜葛。因此，德宗便委托李泌对李升和郜国大长公主的关系进行调查。李泌知道李升的父亲李叔明曾经是张延赏的政敌，所以断定，张延赏的密告是对李升的有意中伤。尽管如此，李泌还是把李升调离了禁卫军，改任他为太子詹事。看得出，李升的那次调任，其实是李泌出于保护东宫的考虑而做的安排，目的在于尽量使皇储远离一些重大的是非。

然而，当长公主的风流官司再度引起德宗的注意时，皇太子作为长公主的女婿，纵然再不知情，恐怕也很难摆脱干系了。就在皇帝得到密告的同一天，李泌受召匆匆来到紫宸殿。德宗把长公主的事告诉李泌之后，忽然又提出舒王李谊的近况。言语间，明显地流露出另立舒王做太子的意思。

舒王李谊是德宗的弟弟昭靖太子李邈的长子。大历初年，李适把李谊认作自己的长子。那时，李泌刚从恒山返回代皇帝身边做谋士，住在大明宫内的蓬莱书院，所以对皇帝的家事，甚至于其中的一些细节，都知道得十分清楚。不知德宗是忘记了这一点，还是被太子妃娘家的丑闻气昏了头，当李泌表示对他废子立侄的念头感到极为震惊时，皇帝竟勃然大怒地反问他："你怎么胆敢离间我们父子！谁告诉你说舒王是我的侄子？"李泌诧异道："这不是陛下自己对臣说过的么？"接着，李泌继续说："从贞元元年起，太子基本上一直住在少阳院，就在陛下您的身边。三年来，他深居简出，从不和外人来往，也从不过问别人的事情，可见他不曾有过什么阴谋祸心。臣敢以家族的性命担保，太子对他岳母的事是毫不知情的。如今陛下对自己的亲生骨肉尚存疑虑之心，一旦改立舒王为皇储，只怕会添更多的猜疑。如此猜疑下去，不是要重演建宁王和太子瑛的悲剧么？"李泌声泪俱下，苦劝德宗放弃废立的念头。这时，情绪激动的德宗皇帝总算渐渐地平静下来。他答应李泌说，废立的事暂不做最后的决定，等他仔细考虑一天之后再说。

太子在浴堂殿受训时，虽然当场表示过要和太子妃萧氏离婚，但他同时也已经预感到自己处境的不妙。很快，他得知皇帝召李泌去了紫宸殿，似乎是在商议和自己有关的重大事情。于是，他更加惶惶不安地等待着命运的判决。李泌刚一离开皇宫，太子立即派人驱车直奔光福坊，到李泌的私第去探听消息；而李诵本人，似乎已做好了饮药赴死的准备。

派到李宅去的使者没有给太子带来什么坏消息。接下来的一天里，大明宫内的气氛也一如往常。到了第三天，皇帝一早便降下宣头，吩咐在西阁门值班的宦官打开延英殿的殿门，准备按照议政的规矩，在那里单独召见李泌。德宗见了

李泌，泪涟涟地抚着他的背脊叹道："若非你前日恳辞劝朕，朕今日必定悔之无极了！"

八月十四日，御史台根据皇帝的诏令，对李万等人进行了判决，宣布将李万杖死，李升、萧鼎、韦恪以及长公主的五个儿子，统统流放岭南及各边远地区。三年后，唐肃宗最小的一个女儿郜国大长公主，在禁中幽禁她的居所抑郁而死。

此后的十几年间，皇宫里一直比较平静。贞元四年（788 年）被立为贤妃的韦氏，以其极合规矩礼法的言行，在后宫树立了一种典范；太子也以他的仁孝谨慎，未使储位再临风险。然而，出人意料的是，在贞元二十年（804 年）的仲秋，皇宫里发生了一件非常不幸的事——四十四岁的皇太子李诵突然患了风疾，从此卧病失音。

第二年的正月初一，宫中像往年一样举行元旦朝贺大典。包括亲王和其他姻亲在内的所有皇室成员，都按时入宫向皇帝恭贺致礼，人群里独独少了皇太子李诵。德宗皇帝在一片欢呼声中想起了病榻上的皇太子，不禁悲从中来，一时间老泪纵横，不住地欷嘘长叹。元旦庆典结束后，六十四岁的德宗皇帝也一病不起。

没有人向外界通报皇帝的病情，东宫的情形也几乎无人知晓。内廷的宦官们约好了似的，对两宫的健康状况讳莫如深。一连二十日，皇宫里隐隐笼罩着一种不祥的神秘气氛。

正月二十三日，德宗在会宁殿崩逝。有人随即想在遗诏上做文章。奉召到金銮殿起草遗诏的翰林学士卫次公，以强硬的口气坚持按皇长子为嗣皇帝的原则拟定遗诏，于是，有关遗诏的阴谋没有成功。

正当卫次公和郑絪在金銮殿讨论遗诏的事情时，穿着紫衣麻鞋的皇太子，突然出现在大明宫的西北宫门九仙门外，召见右神策军、右羽林军和右龙武军各军使，向众人昭示嗣皇帝地位的不可动摇。

德宗的灵柩迁到西太极殿后，正月二十六日，皇太子于柩前即位。远处的侍卫们纷纷企足引颈向他望去，然后喃喃自语道："真天子也！"

唐宪宗李纯

宪宗李纯

削平藩镇　一统全境

唐宪宗刚即位，就一反对藩镇迁就姑息的常态。西川节度使韦皋死了，其节度副使刘辟自为留后，并上书朝廷，请求代韦皋为节度使。宪宗马上命袁滋为西川节度使，征刘辟入朝为给事中。

自唐中期以来，地方藩镇各拥强兵，表面上尊奉朝廷，但法令、官爵都自搞一套，赋税也不入中央。节度使的职位也往往父死子继，或由部下拥立，朝廷只能顺从，事后追认，而不能更改，否则便联兵反叛朝廷。朝中宰相杜黄裳分析这一形势，力主振举纲纪，制裁藩镇，宪宗十分赞同他的意见。刘辟未当上节度使，便发兵攻围梓州。宪宗力排众议，采取杜黄裳的建议，先拿刘辟开刀。

元和元年(806)，宪宗命左神策军节度使高崇文等率军讨蜀。高崇文是唐将中名位较浅，有勇有谋的将领。他率军自斜谷出兵，一路严申军纪，斩关夺隘，所向皆捷。自正月出兵，至九月唐军便攻克成都，生擒刘辟，平定了叛乱。

就在宪宗讨蜀之际，夏绥节度使韩全义入朝致仕，留自己的外甥杨惠琳为知夏绥留后，不肯交出兵权，勒兵阻止朝廷派去接任的节度使。宪宗果断地命令河东、天德军出击杨惠琳，平息了杨惠琳的反叛，传首京师。这样，宪宗上台的当年，初试锋芒，取得了同藩镇斗争的初步胜利。

蜀、夏二地的平定，产生了强大的震慑力量，许多藩镇纷纷请求入朝。镇海节度使李锜迫不得已，也请求入朝。宪宗应允，遣使慰抚，并讯问行期。李锜原只想随便表示一下，便一再推延。宪宗果断下诏，征李锜为左仆射，以御史大夫李元素为镇海节度使，李锜遂举兵反叛。宪宗早有准备，随即下诏削去李锜的官爵及唐宗室的属籍，发兵平叛，不到一个月，叛乱就被平息了。

然而，平定藩镇势力，的确不是件容易事。尤其是以河朔三镇为代表的河北藩镇，已有几十年不奉唐朝的诏令了。这次见朝廷的威信日益提高，都在寻找时机，再同朝廷一决胜负。

元和四年(809)，成德节度使王士真死了，其子副大使王承宗自为留后。河北三镇纷纷仿效王士真，以自己的嫡长子为副大使，父死即代领军务。王承宗为了使朝廷册封他为节度使，假意献出德、棣二州，可当朝廷正式任命他为节度使之后，又将德、棣二州据为己有。宪宗遂决定出师征讨。

许多朝臣见宪宗西取蜀地刘辟，东取吴地李锜，不由得忘乎所以，纷纷劝宪宗举兵河北。宰相裴垍、翰林学士李绛头脑十分清醒，都力阻宪宗出兵。然而宪宗由于前几次平叛连连得手，急于平灭藩镇，低估了河朔势力，没有采纳李绛的意见。元和四年，宪宗下诏，削夺王承宗官爵，以宦官吐突承璀讨伐王承宗。

唐宪宗是由宦官的拥戴当上皇帝的，所以他对宦官颇有好感。轻率出兵已是失策，任命宦官为军事统帅则更不合事宜。以翰林学士白居易为代表的朝廷大臣都极力反对，但宪宗仍不以为然。

当时，河北的形势是，成德王承宗在北，魏博田季安在南，卢龙镇刘济又在成德之北，淄青李师道在东。他们都权衡利弊，或虚张声势，响应朝廷，实则逗留不前；或拥兵观望，看风使舵。刘济引全军攻乐寿（今河北献县），相持不攻；李师道、田季安均引军各攻一县，即停兵不进，表面上参加平叛，而一有时机，马上可出手援救王承宗，袭击官军。

吐突承璀来到前线，威令不振，屡战屡败，损兵折将。连左神策军大将军郦定进都战死。郦定进曾参加过平定西川刘辟的战争，擒刘辟，在军中以骁勇闻名。他一死，使官军损失惨重，士气十分低落。到这时候宪宗才明白，河北势力竟是这样错综复杂，强大难制，这场战争已不能自拔，无法再打下去了。宰相裴垍在危急时刻，设计擒灭卢从史，平定了昭义，清除了内患，才使形势稍有好转。王承宗见昭义覆灭，失去内应，上书向朝廷请罪，假意表示愿输纳贡献，请派官吏。朝廷官军在河北旷日持久，力难支敌，宪宗正好趁坡下驴，赶忙下诏罢兵。

讨伐王承宗的失败，并没有使宪宗改变制服藩镇的决心，但改变了以前一味出兵征讨的办法，转而使用恩威并济的策略。

元和七年(821)，魏博节度使田季安死了，按照惯例，其 11 岁的幼子田怀谏为副大使，总揽军务。可宪宗要改变这种局面，不允许有这种不经中央，自立节度使的割据行为。朝中宰相李吉甫等人力主宪宗再次出师征伐。宰相李绛却不主张出兵，他分析：河北藩镇节度使，恐部将权力太重，都分兵以隶诸将，互相牵制。当节度使为严明主帅时，能控制住这种局面。田怀谏是个 11 岁的幼童，其军权必将由别人代理。分兵之策，适足为今日祸乱。田氏必为部下诸将所杀。而杀田怀谏代为主帅者，必遭邻道所攻。因为其他藩镇也怕部将以灭自己，对杀主帅者决不容忍。故杀田氏者如不归依朝廷为援，马上会被别的藩镇吃掉。所以，朝廷不须出兵，只须训练士马，以观其变。如有魏博部将来效命朝廷，当不吝啬爵禄，厚加赏赐，使其他藩镇得知，也怕部下将领效法，以取朝廷重赏，都惊恐不安，他们就会恭顺朝廷了。这一番切中要害的言语，说得宪宗心花怒放，连连点头称善。

后来事势的发展确如李绛所料。田季安的部将田兴举兵擒田怀谏，归附朝廷，并愿守朝廷法令，输纳贡赋，请中央委派官吏。宪宗派使者前去抚慰，以观其变。李绛劝宪宗直接下诏，封田兴为节度使。田兴感念宪宗的恩德，对朝廷忠心不二，河北各镇屡遣游客前来，要他背叛朝廷，遵河朔旧约，田兴终不为所动。终田兴之世，魏博镇一直是朝廷倚重的力量。河朔三镇终于打开了一个缺口。

元和九年，宪宗一朝最有成效的一次讨伐藩镇的斗争又开始了。原来，淮西镇（亦称彰仪）节度使吴少阳在蔡州（今河南汝南），积极积蓄力量蓄意谋反朝廷。宪宗早就有意征取蔡州，因忙于讨伐王承宗，一时抽不出手来。这年，吴少阳死，其子吴元济自领军务，更加跋扈，四出攻掠，关东为其驱掠千余里，甚至搔扰到东都洛阳附近。宪宗派严绶督诸道兵讨吴元济。

成德王承宗数次上书为吴元济说情，均遭宪宗拒绝。后又派人游说朝中主持军事的宰相武元衡，被元衡叱退。遂又上书诽谤元衡，并派兵四出攻掠，以向中央示威。淄青的李师道更是个阴险狡猾且十分毒辣的家伙。他见上书为吴元济求情无效，便施展阴谋诡计，暗助吴元济。本来朝廷征兵没有淄青，他也派将领率 2000 人去寿春，声言助官军讨元济，实则待机而动，支援淮西。又派刺客奸

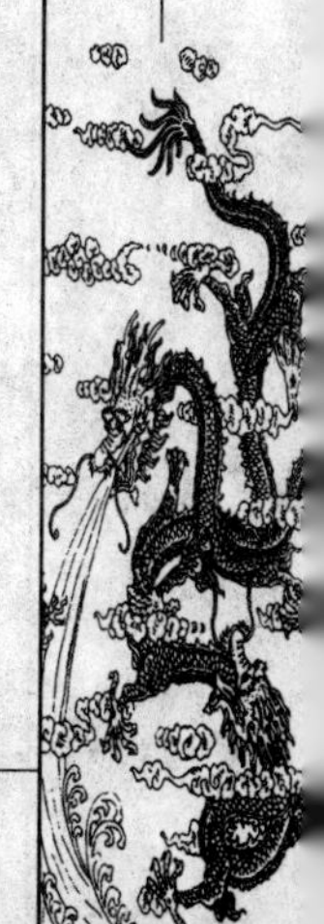

人在洛阳、长安四下活动，制造恐怖。于是，群盗并起，一件件触目惊心的消息不断传来。宰相武元衡在上朝途中被杀，宰相裴度被刺客击伤。一系列恐怖事件，搞得朝野内外，人心恐惶，草木皆兵。许多大臣劝宪宗罢兵。

还有个宣武镇节度使韩弘，依仗兵力，10 年不入朝，宪宗以他为讨伐淮西诸军都统，他却故意拖延。在讨淮西的诸军将领中，只有陈州刺史李光颜战功卓著。

前线统帅严绶懦弱无能，又有宦官作监军，对诸将加以监视，打了胜仗归功于自己，打了败仗过错全落在诸将头上，弄得将帅谁也不肯出力，军心涣散，士气低落，出师 3 年，仍不能奏效。

唐宪宗在这种复杂的局面下，表现了明断精神。先撤掉严绶，以右羽林大将军高霞寓为唐、随、邓节度使，专事攻战。高霞寓大败于钱城，许多大臣都准备人劝宪宗，宪宗先堵住他们的口说："胜负兵家之常。"宰相裴度因遇刺卧病，许多人都请求免裴度之官，以讨好藩镇，宪宗坚决地说："若罢度官，使奸谋得逞，用度一人，足以破贼！"对前线作战不利的将帅，坚决撤掉。高霞寓战败后，又以荆南节度使袁滋为彰仪节度使，申、光、蔡、随、邓等州观察使，后又以名将李愬为唐、随、邓州节度使，率军进讨淮西。

到元和十二年，讨伐淮西的战役已有 4 年之久，国家馈运疲蔽，宰相裴度自请往前线督战。宪宗任他为淮西宣慰处置使，负责指挥全军。为了使裴度能顺利平定淮西，对裴度言听计从。裴度来到淮西前线，奏请取消了监军的宦官，使将领能够独立处理军事，很快便扭转了被动局面。又信用李愬、李光颜等一批名将，整顿前线军务，改变了以前军令不统一的混乱局面。

元和十二年冬，在一个风雪弥漫的夜里，唐将李愬率领 9000 士卒，突袭淮西镇治所蔡州城，一举活捉了叛乱头子吴元济。淮西自吴少诚以来，唐官军不至蔡州 32 年，宪宗经过 4 年的艰苦平叛，终于复将淮西收归中央。

吴元济的平定，使河北藩镇对朝廷刮目相看，纷纷上书朝廷，表示愿意归顺。横海节度使程权，割据沧景三世，共传四任，举族入朝；成德王承宗一扫过去的嚣张气焰，也赶忙派使送二子入朝为质，并献德、棣二州图印至京师；卢龙镇刘济已死，其子刘综代之，亦专一归顺。

淄青镇的李师道在平定淮西时，为吴元济出了大力，闹得朝野不得安宁。淮西灭亡后，李师道仍负隅顽抗。元和十三年五月，宪宗下诏征讨李师道。这次今非昔比了。李师道孤立无援，没有一个藩镇敢帮他的忙，孤军顽抗。在官军万众一心的攻击下，李师道很快就被破灭了。

自安史之乱后，以河朔三镇为代表的地方割据势力，历经肃宗、代宗、德宗、顺宗、宪宗，曾同中央进行了反复激烈的较量，最后终于一一相继被平定，唐朝重新创造了一统天下的局面。

人和政通　励精图治

唐宪宗不仅在同藩镇斗争中显示出卓越的胆识和坚韧不拔的气魄，在用人纳谏方面也颇具选才任贤的眼光和采纳忠言的大度。

宪宗即位后，急于渴求帮助他治国平天下的贤才，而不喜欢奇珍异兽，更不喜欢以此来博取他欢心的佞臣。

宪宗一朝，十分注意选择和任用宰相。在他当太子时就留心这个问题。上台后，经常和群臣一起讨论历代择用宰相的利弊得失。选择了像杜黄裳、裴垍、李绛、裴度、崔群等一大批正直且有经国大略的名相。

杜黄裳为宪宗首开削平藩镇之略，当西川刘辟叛乱时，公卿皆以蜀道险远，不宜出兵。杜黄裳力主讨蜀，并推荐高崇文为军事统帅。高崇文不仅勇敢善战，而且正直无私。对藩镇首战告捷。

李绛不仅有谋略，熟悉天下藩镇形势，而且刚正不阿，直言敢谏。凡朝臣对宪宗进谗言，陷害忠良，李绛都加以辩解，匡正了宪宗不少过失。

李绛敢于直言，不肯巴结皇帝，宪宗反倒更加器重他。元和六年，择他为宰相。李绛又劝宪宗，国家艰难，府库空虚，应节衣缩食，不可纵恣声色。宪宗听了很高兴，称他为"真宰相也！"就在这一年，江淮发生大灾荒，可当地御史却谎报丰年。李绛奏请，制裁弄虚作假的御史，免江淮租赋。又奏请宪宗在振武、天德两地开置营田。4 年间开田 4800 顷，获谷 4000 余万斛。像这类有关国计民生的大计，宪宗都一一采纳。在李绛为相期间，为宪宗平定藩镇，整顿吏治，纠正弊政，成为当时一代贤相。

宪宗时，也有的宰相，唯唯诺诺，每逢大事，不置可否，只知随声附和。如权德舆就属于这一类。李绛与李吉甫常在宪宗面前争论，权德舆居中不发一言，谁也不得罪。宪宗非常鄙视他，不久就免了他的宰相。

宪宗一朝，无论是同藩镇的斗争，还是国家的政治、经济等方面都有转机，虽不能同前期相提并论，但在唐后期算得上是最好的局面，这与他任用李绛、裴度等一代名相有很大关系。

在其他官员的选用上，宪宗也注意不拘一格，任人唯贤。在宪宗的臣下中，左拾遗元稹善指陈朝廷得失，宪宗嘉纳其言，时常召见他；白居易作诗规讽时事，传入禁中，宪宗大为赏识，召为翰林学士；给事中李藩知无不言，皇帝的制敕有错误也敢指正，宪宗择他为宰相；翰林学士崔群说直无隐，受到宪宗高度信任。

由于宪宗能知人善任，在当时可以说是人才济济一朝，杜黄裳、李绛、裴度为其运筹划谋，总举大纲；李愬、高崇文、李光颜等为其南征北战，平定各地；杜佑、白居易、韩愈为其舞文弄墨，草制诏敕。唐后期人才之盛，莫过于宪宗。

由于宪宗注意随时采纳众言，避免了许多过失。如元和二年(807)，有人在宪宗面前进谗言说，大臣郑絪与昭义节度使卢从史互相勾结，泄露朝廷机密。宪宗很气愤，但他没鲁莽行事，而是先让李绛谈谈自己的看法。李绛知郑絪佳士，劝宪宗不要听信奸臣挑唆，详细查明原委，避免了一大冤案。

在宪宗的鼓励下，甚至有的大臣敢于据理力争，抗旨不遵。元和八年，有一僧人鉴虚，以财货结交权贵，受藩镇贿赂，横行不法。御史中丞薛存诚将其拘禁。权贵宦官们都争着为他求情，宪宗也因得过他的好处，欲释放他，遭存诚拒绝。后宪宗又派宦官到御史台宣旨，存诚坚持不放人。他回答宪宗说："陛下一定要释放此僧，请先杀臣，不然，臣期不奉诏！"宪宗不仅不怒，相反嘉奖了薛存诚。罪大恶极的鉴虚终被杀死。

由于宪宗能够采纳众言，择善而从，尤其是在一些重大问题上能以兼听而不偏信，明辨是非，大臣也敢于直陈己见，不仅使宪宗成功地完成了一统藩镇的事业，而且沟通了君臣之间的感情交往，激发了他们为国效力的忠心，使当时的政

治比较清明，大有中兴唐朝的气势。

唐后期有许多帝王，或昏庸无能，受人左右；或聚敛财富，纵恣声色。真正勤于政事，励精图治者，也要算得上宪宗。在他前期，没有心思寻欢作乐，而是致力于收拾当时天下残局，为恢复唐朝的一统江山运筹谋划，召见群臣，处理万机。

在一班朝臣的辅佐下，宪宗改革了一些弊政，使当时的政治初步走上轨道。如唐后期，诸道官吏进京，都要送财物给皇帝，以巴结皇帝，求得升迁。元和三年，宪宗下令，诸道官吏来京，不得进奉。知枢密使刘光琦奏请派使者到各地颁布这个诏令，想去分割这些进奉，翰林学士裴垍、李绛反对派使，主张通过驿站传递。刘光琦说这是以前的旧例。宪宗也看透了他的心思，不耐烦地说："以前旧例对，就照着做，不对，为什么不改过来！"

对各地因战乱、灾荒而造成人民的灾难，宪宗也表示一定程度的关心。即位之初，曾派度支、盐铁转运副使潘孟阳宣慰江淮，行视租赋，察官吏贼否，百姓疾苦。结果潘孟阳到处游宴纳贿。宪宗马上免去了他的度支、盐铁副使之职，并把这件事时刻记在心里。元和四年，南方旱饥，宪宗命左司郎中郑敬德等为江、淮、荆、湖、襄、鄂等道宣慰使，赈恤贫民。临行时告诫他们说："朕宫中用帛一匹，皆有账簿，惟救济百姓则不吝啬。卿等应深识朕意，勿效潘孟阳专事饮酒游玩。"

后来，又批准李绛、白居易的奏请，诏令天下：降天下系囚，蠲租税，出宫人，绝进奉，禁掠卖。从而缓和了社会矛盾，安定了民主。在同藩镇的斗争中，对受藩镇残害的百姓一概进行安抚。诛灭镇海李锜后，有司请求籍灭李锜的家财，以输京师。宪宗从李绛奏请，以李锜家财，代替浙西百姓当年的租赋。

宪宗前期，国家没有统一，政府财政困难，为筹措军费，宪宗也曾聚敛财货，但他并没有用于供自己挥霍。

宪宗前期，也比较务实，对臣下漫无边际的吹捧一概拒绝。

宪宗宫廷生活秘闻

宪宗宫廷斗争内幕

元和元年(806年)正月的一个夜晚，皇宫中的宣政殿灯光闪烁，继承帝位已经四个多月的唐宪宗李纯，正在用心地读着祖宗的实录。当他看到贞观、开元年间的记载时，心情非常激动。他想到，太宗创业，玄宗治国，社会所以出现盛世，不仅在于帝王的勤政，更在于大臣的同心辅助。他又想到，德宗不委政于宰相，事无巨细，亲自处理，结果使得奸佞之臣，乘虚而进，宰相只是有名无实，闹得弊政丛生，朝事杂乱。这一正一反的经验教训，使宪宗顿时悟出了许多道理。

宪宗李纯是顺宗的长子，即位时已经二十七岁。据说，李纯小时候就很聪明，在他六岁时，一次，德宗把他抱在膝上问："你是谁的儿子，坐在我的怀里？"李纯回答："我是第三天子。"德宗听了，很感惊异。宪宗即位以后，很想有一番作为，特别是针对藩镇力量过大，时刻危及中央朝廷这一情况，想方设法削藩，以图唐室中兴。曾有过这样一件事：宪宗即位的第二天，升平公主送十五个美女进宫，被他婉言拒绝。他说："太上皇都不受献，我怎么能违背祖训呢？"还有过一件事：宪宗即位刚刚一个月，荆南地方的官吏就进献了两只龟，宪宗不仅没有接受，而且还特地颁布一道诏旨，内容大体是：我认为最贵重的是贤才，而不是奇禽异

兽，以后这类东西停止进献。最后，还应当提及这样一件事：那是宪宗即位两个月以后，一天，他问宰相杜黄裳："前代帝王，或懈怠听政，或躬决繁务，到底怎样处理才算适合呢？"杜黄裳回答说："作为一个帝王，他的职责主要是择贤委任，要时时刻刻考虑民情，舍己从人，厚待属下，所以贪图安逸是不对的。过去秦始皇大权独揽，一切事情都自己处理，受到前代贤哲耻笑；诸葛亮辅佐刘备，二十棍以上的惩罚都要亲自考虑决定，也受到了敌国的非议。由此看来，作为一个帝王，代行下司之职也是不对的。他必须善于择人委任，督促检查，赏罚分明。如果这样做，谁还能不尽心呢？"停了一会儿，杜黄裳又说："作为帝王，容易出现的毛病是待下不能以诚；作为臣子，最应当避免的是不能竭心尽力。如果出现了这两种情况，君臣之间就要上疑下诈。想以此治好国家，当然是不可能的。"宪宗认为他说得很对，并思考了很长时间。

正是在这种情况下，宪宗即位四个月后，决定重用宰相，打击割据一方的藩镇。当时，处于割据状态的藩镇主要有两个地区，一个是河朔三镇，一个是淮西地区。宪宗对河朔用兵是从元和四年（809 年）开始的，那时他即位已经四年。尽管酝酿了这么长的时间，最初的进展仍然是很不顺利。当时，成德节度使王士真病死，他的儿子王承宗要求宪宗允许他继任，宪宗表示王承宗必须交出德、棣二州（今山东省陵县、惠民东南）为条件，才能同意他的要求。王承宗不肯，宪宗决定出兵征讨。这一仗整整打了一年，最后不了了之。正当宪宗无计可施的时候，元和七年（812 年），魏博节度使田季安病死，将士们拥立他的侄儿田兴继任，田兴表示拥护宪宗。这样，田兴当节度使以后，魏博地区就归属了中央朝廷管辖。这一变化对宪宗很有利。元和九年（814 年）冬天，宪宗决定乘势出兵讨伐淮西地区的吴元济。淮西辖有三个州，即申、光、蔡（今河南省信阳市、潢川县、汝南地区）三州。这一战事进展得也不顺利，断断续续直到元和十二年（817 年）。那年十月，大将李愬率领精兵九千人，在一个风雪交加的夜晚，偷袭蔡州城，最后解决了吴元济的抵抗。元和十四年（819 年），卢龙、成德两镇自行归顺了朝廷。这样，自安史之乱以来一直威胁中央的藩镇割据才在表面上结束。它耗费了宪宗整整十四年的时光，而且，中间还死伤了两个宰相。

宪宗任用的宰相主要是杜黄裳、李吉甫、武元衡、裴垍（jì 音计）、李绛、裴度等人。李吉甫为了保证宪宗在用兵期间经济物资能充分供应，早在元和二年（807 年）十二月就撰写成《元和国计簿》一书，共十卷，书中对全国的方镇、州府县、道的户口、赋役进行了详细的统计。遗憾的是，元和九年冬天，正是讨伐淮西最紧张的时刻，李吉甫突然得暴病而死，宪宗不得不更换宰相。武元衡就在这种情况下进入了内阁。

武元衡的曾祖是则天皇后的叔伯弟弟，当过湖州刺史。他自己在元和二年正月拜门下侍郎，兼判户部事。李吉甫病死后，宪宗把平定淮西的重任托付给他。当时，成德节度使王承宗派遣使者来朝奏事，使者在会见武元衡时，言词傲慢，受到武元衡斥责。王承宗借此上书宪宗，大肆诋毁武元衡。由此，武元衡和成德节度使王承宗之间结了仇。武元衡住宅在长安静安里。元和九年（814 年）六月初三日，王承宗派刺客深夜埋伏在武元衡住宅附近，等武元衡早晨上朝出里东门时，刺客们在暗中吹灭了烛灯，乘机用木棍打断了武元衡的左腿，驱散了武元衡的随从，然后，刺客们牵住武元衡的马，向前走了十几步，才把他的头砍下带

走。等到众人呼喊持火把前来照看时,武元衡已倒在血泊中。当时,夜色还没有退尽,路上有许多上朝的官员和行人。人们连呼带喊,都说强盗杀了宰相。消息传到皇宫,到朝的文武官员十分不安,不知道谁被杀死。不一会儿。武元衡的马跑到皇宫前,有人认了出来。天亮以后,宪宗在紫宸门排好仪仗,官员把武元衡被害的情况上奏。宪宗感到极为震惊,低声啜泣了许久,以致午饭也没有吃下。最后,宪宗派人给武元衡家中送去布帛五百匹,粟四百石,并停朝五天,以表示哀悼之情。

据说,李吉甫死的时间是武元衡的生月,武元衡死的时间是李吉甫的生月,他们的死仅仅相差半年。民间传说,在武元衡死之前,长安城里流传着这样一句话:"打麦麦打三三三",有人还旋转自己的袖子说:"舞了也。"许多人不知道这些是什么意思,有人解释说:"打麦"指打麦的时候;"麦打"说的是突然袭击;"三三三"提的是六月三日;"舞了也"是说武元衡要死。也许这一谣传正是王承宗派人散布的。

王承宗派人刺杀武元衡的同时,也派人去谋害宰相裴度。那一天,裴度刚走出通化里就遇上了强盗。强盗用剑砍杀他三次,第一次砍断了靴带,第二次砍中了背,刚好透过外面的罩服,第三次才碰到头部。裴度从马上摔了下来。因为裴度戴的是毡帽,所以才伤得不厉害。强盗见裴度从马上掉下,又挥剑追赶,被裴度的随从王义挡住。强盗砍断了王义的双手,发现裴度掉进沟中,一动不动,猜想他已死,才走了。裴度就这样活了下来。

由于武元衡和裴度被谋害,京师长安充满了恐怖气氛。宪宗为了确保朝廷大臣的安全,采取了紧急措施:从皇宫到各门加派卫兵,宰相的卫从增加了金吾骑士,规定出入朝门可以佩带兵刃,进出里门的人要经过严格搜查,其他官员们也可以有家兵护从。武元衡死后数日,因为一直没有抓到凶手,兵部侍郎许孟容请见宪宗,陈奏说:"岂有国相横尸路边,而捉不到凶手呢?"说完热泪滚滚。宪宗也感到无限愤慨和伤感,于是颁布诏书,凡是京城诸道能捕获杀人强盗的赏钱万贯,给五品官;敢有窝藏的全家抄斩。几天以后,神策将士王士则、王士平捉到了凶手张晏等八人,在长安正法。此后,人们不安的心情才稍稍有所平静。

宪宗不仅重用宰相,最终平定了藩镇的割据势力,而且,他还很注意节俭治国,尽量不增加百姓负担。左司郎中郑敬奉命出使江淮一带,行前向宪宗辞别。宪宗告诫他说:"我在宫中的费用,一匹以上的布帛都要登记,只有赈济贫民没有计算。"大臣李翛(xiāo 音消)当京兆尹时,正赶上宪宗的母亲庄宪后去世。李翛被任命为山陵桥道置顿使,负责修路。庄宪太后埋葬的日子,送灵的队伍到达渭城(今陕西省咸阳县东)北门时,北门已经损坏。在此之前,桥道司曾经建议改造一个新门,计划用钱三万贯,李翛以费用太多,没有批准。因为这件事,山陵使李逢吉请宪宗罢免李翛官职。但是,宪宗却认为平定藩镇用兵,必须集中使用钱财,李翛并没有错。宪宗不但没有罢李翛的官,反而提升他为浙西观察使。

宪宗在位十五年,尽管有许多可以称颂的地方,但是,他还是没有实现中兴唐室的愿望。

原来,宪宗虽然重视发挥宰相的作用,去平定割据的藩镇,但同时,他对宦官也非常宠信。这方面突出的例子,是包庇宦官吐突承璀。吐突承璀年幼时以小黄门的身份侍奉东宫,和当时还是太子的宪宗关系密切。宪宗即位后,命吐突承

璀为内常侍，管理内省事务，并授为左监门将军，不久，又提升为左军中尉、功德使。元和四年(809年)在平定王承宗叛乱时，宪宗任吐突承璀为河中、河南、浙西、宣歙等道赴镇州营兵马招讨使。对此，朝廷谏官向宪宗指出，自古以来还没有人用宦官做军事出征兵马元帅的。宪宗没能听取这些意见，当吐突承璀率领禁军出征上路的时候，还亲临通化门楼送行，再三勉励。吐突承璀出师一年没有任何功绩，便秘密派人暗通王承宗，劝他上疏请罪，作为罢兵和解的条件。王承宗照办了，朝廷的军事行动遂告结束。事后，有人揭发吐突承璀的通敌行为。宪宗只是把吐突承璀降为军器使。不久，又升他为左卫上将军，管理内侍省事务。

宪宗不仅包庇宦官，而且在后宫里也多内嬖(bì音闭)，还企图长生不老。宪宗生前没有册封过皇后，王妃郭氏的父亲是驸马都尉郭暧、母亲是代宗的长女升平公主。宪宗广陵王时，纳郭氏为妃；元和元年八月，册封为贵妃。元和八年(813年)十二月，百官上表三次请立贵妃为皇后，宪宗都以种种借口而没有允许。其实，宪宗所考虑的，主要是郭氏为名门望族，怕立为皇后对自己约束过紧，影响和其他嫔妃的往来。直到元和十五年(820年)闰正月，穆宗即位以后，郭氏才被封为懿安皇太后。至于宪宗的孝明皇后郑氏，更是后来宣宗即位后才正式追封的。宪宗在位十五年中，虽然一直没有册封皇后，但他的儿子竟有二十个之多，由此也可以看出他后宫生活的多宠。宪宗还希望自己长生不老。元和五年(810年)八月，他问大臣李藩：神仙的事是否可信？李藩给了否定的解释。对此，宪宗虽然口头上表示同意，但心里却始终有别的考虑。不久，他就开始服用方士们献的金丹。当起居舍人裴潾上表劝阻时，他还大发脾气，把裴潾贬为江陵令。

元和十五年(820年)正月，宪宗因为服用金丹中毒，身体感到不适。就在宪宗病重时，宦官王守澄、陈弘庆等人将他杀害，死时四十三岁。宪宗终为所宠信的宦官杀死，这大概是他生前所没有料到的吧？

唐武宗李炎

武宗李炎

被拥登位　廷揽干臣

长庆元年(821)三月，唐穆宗封诸皇子为王，李炎受封为颍王，与同时被封王的诸兄弟景王湛(唐敬宗)、江王涵(唐文宗)、漳王瀍、安王溶等，同住在皇宫之外的十六宅。

住在十六宅中的诸王，大多无所事事，整日声色犬马，醉生梦死。颍王却不同，他不为侈靡生活所诱惑，有心计，善谋划，史称他“沉毅有断，喜愠不形于色”。两位兄长敬宗、文宗先后当了皇帝，对他刺激很大。这时期，人们对嫡长子嗣位观念已经淡漠，颍王心里亦萌生了“做天子”的欲望。

开成三年(838)十月，皇太子永抑郁而死，次年十月，文宗立侄儿、敬宗第六子陈王成美为皇太子，等待册礼。次年正月二日，文宗突然病倒，奄奄一息。朝廷形势顿时紧张起来，焦点都集中到继承人的安排上。

文宗病倒的当天夜里(正月二日)，两军中尉仇士良、鱼弘志假传圣旨，率领神策军来到十六宅，迎接颍王赴少阳院受旨。文宗无奈，只得诏立颍王为皇太弟，临时执掌军国政事。皇太子成美复封为陈王。皇太弟李炎赴东宫思贤殿接受百官朝拜。

正月四日，文宗崩，遗诏皇太弟于柩前即皇帝位。十四日，27 岁的唐武宗正式登基。武宗一即位，立即将同自己争夺皇位的陈王成美、安王溶及杨贵妃赐死于府第。接着论功行赏，拥有援立之功的右军中尉仇士良被封为楚国公，左军中尉鱼弘志被封为韩国公，太常卿崔郸为户部尚书判度支，同中书门下平章事，升为宰相。册宫人刘氏、王氏为妃。八月十七日，武宗派遣知枢密刘弘逸、薛季棱率禁军护送文宗灵驾赴章陵。刘、薛二人素与仇士良不和，在立储之争中，二人拥立皇太子和安王失败，更加仇视仇士良。这次安葬文宗，武宗让他们率领禁军，是举事的极好机会。于是二人密谋，准备率军倒戈，诛杀仇士良、鱼弘志。这一阴谋被卤簿使、兵部尚书王起和山陵使崔棱发觉，立刻率卤簿诸军先发制人，杀死了刘弘逸、薛季棱。

与薛季棱、刘弘逸伏诛的同时，宰相杨嗣复、李珏也被罢相。贬杨嗣复为检校吏部尚书、潭州刺史，充湖南都团练观察使，李珏为检校兵部尚书、桂州刺史，充桂管防御观察使。仇士良等劝武宗将他们处斩，宰相崔郸、崔珙等以国朝先例，非恶逆显著，不杀大臣为由力谏，杨、李乃幸免于死，但又再贬嗣复为潮州刺史。

经过这一赏一贬，朝廷中反对力量基本消除。但是，武宗最讨厌并曾发誓要清除的宦官仇士良等借援立之功仍把持朝政，控制自己。他强烈地意识到，要尽快摆脱自己的被动地位。而这就需要有一位才能卓越的宰相统领南衙，以便逐渐取代宦官势力，控制朝廷大权。经过慎重选择，武宗把这一愿望寄托给了久负盛望的李德裕，并把他从淮南节度使任上擢为宰相，入朝秉政。

李德裕是河北赵州人，出身士族之家。父亲李吉甫是唐宪宗倚重的宰相。李德裕不屑参加科举，从门荫入仕。穆宗初，擢翰林学士、中书舍人，开始参预朝廷机要，后被牛僧孺排挤，离开朝廷，出任浙西观察使、西川节度使等地方官职，前后历17年之久。文宗、武宗期间，当了7年宰相。宣宗大中四年(850)，被贬死崖州。李德裕从事政治活动40年，是唐后期才能卓越的人物。

外拒边患　内平藩镇

会昌二年(842)七月，回纥乌介可汗以为唐朝软弱可欺，公然提出要唐给牛、羊、粮食，借驻天德城等无理要求，武宗予以严词拒绝。八月，乌介可汗领兵悍然越过把头峰(今包头市附近)，南入大同川，掠牛马数以万计，直逼云州城(今山西大同市)。

面对回纥乌介可汗的入侵，朝廷之中议论纷纭，牛僧孺等保守势力主张固守边防，不可出击。宰相李德裕全面分析了敌我力量对比，认为回纥正趋衰势，击之必胜。武宗采纳李德裕的意见，立即诏调许、蔡、汴、渭等六镇之兵，驰援天德、振武，任命太原节度使刘沔为回纥南面招讨使，张仲武为东面招讨使，李思忠为西南面招讨使，各路大军会师太原，待机讨伐。

与此同时，武宗赐给乌介可汗诏书，列数其罪状，并警告他要“速择良图，无怡后悔”，尽可能争取招抚。然而，乌介可汗一意孤行，会昌三年(843)正月，悍然发兵进攻振武。

刘沔遣麟州刺史石雄、都知兵马使王逢率3千骑兵为前锋，刘沔殿后。石雄挖地道攻入乌介可汗的牙帐(指挥所)，各路大军配合猛攻，在东胡山大败回纥军队，俘虏了2万余人，乌介可汗中箭逃往黑车子旗。唐军取得反击战的彻底胜利。

外患甫定，内乱继起。会昌三年(843)，昭义镇节度使刘稹又发动了叛乱。昭义镇辖有5州31县，节度使驻潞州，为临近两京的战略要地。事件发生后，朝廷哗然。对藩镇之乱心有余悸的朝廷大臣们大都主张姑息妥协，答应刘稹的要求，授予节钺，同意为留后。只有李德裕等少数大臣坚决主张对刘稹用兵平叛。武宗力排众议，独纳李德裕的意见，决定利用藩镇之间的矛盾，用藩镇之兵讨伐刘稹。

五月，武宗下诏，削夺刘从谏和刘稹官爵，任命成德节度使王元逵为泽、潞北面招讨使，魏博节度使何弘敬为泽、潞南面招讨使，与河东节度使刘沔、河中节度使陈夷行、河阳节度使王茂元等合力讨伐刘稹。随后又调武宁节度使李彦佐任晋绛节度使，配合各路兵马。

诏令一下，各路大军进展迅速，唯独李彦佐行动迟缓，并且上表请求在绛州休整。武宗立即调整部署，从天德军方面调石雄任晋绛行营节度副使，准备取代李彦佐。同时对各路讨伐军提出了明确具体的要求。严明军纪，禁止部队焚烧庐舍，挖坟掘墓，侵扰百姓，从而取得了沿途百姓的支持。至会昌四年(844)七月，邢州刺史裴向、刺史王钊、磁州刺史安玉等抵不住王元逵、何弘敬的压力，各率部开城投降。八月，三州投降的消息传到泽、潞二州，叛军内部分崩离析，刘稹亲信，潞州大将郭谊等取刘稹首级，迎接讨伐军进城。历时13个月的昭义之乱，至此彻底平定，收复5州31县。昭义镇的收复，削弱了藩镇割据势力，巩固了唐

王朝的统一。

病革前弊　排抑宦官

由于平叛的胜利，整个朝廷都被武宗突如而来的威力震慑住了。武宗与李德裕君臣二人配合得如此默契，令群臣瞠目结舌，甚至连身历多朝权势显赫且具援立之功的大宦官仇士良等也不得不另眼相看，重新审时度势。正当宦官们狐疑、观望、等待之际，武宗君臣立刻推出了限制宦官的方略。

他首先稳住仇士良、鱼弘志等。加封仇士良为楚国公，鱼弘志为韩国公，也权作对他们援立之功的“报答”。随后即调在淮南节度使任上的李德裕入朝秉政。武宗采纳李德裕的意见，有步骤有分寸地开始对宦官的权力进行剥夺。首先向宦官头子仇士良开刀。武宗自即位之初便对仇士良进行种种限制，不准他参预政事。开成五年(840)八月，仇士良奏请武宗以自己从一品的开府仪同三司的职务荫补其子为千牛官。千牛又名千牛备身，为中央禁军左右千牛卫的属官，专掌护卫天子。官位虽低，但选择极为严格。对他的请求，唐武宗置之不理。

会昌二年(842)四月，武宗令中书省起草诏书，削减禁军的粮饷。在此之前，天子的诏令是由大宦官传递经办的，而今仇士良等却不能参预。仇士良恼怒地说：“果真如此，我将率领禁军兴乱示威。”武宗得悉，气愤地说：“纯为奸人之词。”当面斥责仇士良“削减粮饷之事，纯属朕意，且尚未实行，你何必出此狂言？”一向骄横的仇士良竟诚惶诚恐，俯首请罪。仇士良的权势受到很大限制。会昌三年(843)，仇士良无奈，被迫退休，不久死去。一年后，武宗下诏，追削仇士良生前所受官爵，并籍没其家产。

同年，唐武宗不同枢密使商量，直接任命崔铉为宰相。唐中后期，由宦官出掌的枢密使出纳王命，控制禁军，掌握国家机密，取代了中书省的权力，权势极为显赫。武宗架空他们，无疑是对其权限的极大限制。

宦官势力不仅把持朝政，也控制着兵权，并利用兵权扩大势力。李德裕当宰相后，上书武宗，总结了德宗以来中央与藩镇作战失败的原因有三：一是由于宦官军权太大，战时诏令从宫廷直接发到前线，宰相却不能参预决策。二是宦官监军，随意指挥，束缚了将帅的手脚，使军队不能灵活作战。三是每军各有宦官作监使，他们选军中最强壮的士兵作为牙队(卫队)，让老弱士兵出阵作战。开战后，监军率牙队在远处观战，见势不妙，便策马先逃，阵上士兵随之溃退。武宗接受李德裕的建议，诏令监军不准干预军政，监使选牙队每千人中只准抽 10 人。由于牙队人数少了，监使便不敢到前线观战，由此加强了将帅的指挥权，使他们能机动灵活地在前线作战。

武宗对宦官势力的打击尽管是有限的，但对唐王朝来说却是受益匪浅，唐武宗能摒绝近宠，在历史上也不多见。

灭佛崇道　饮丹毙命

佛教传入中土，本来是好事。但是，它往往被教内外的别有用心者引上歧途，蠹耗生灵。会昌二年(842)三月，李德裕下令禁止置童子沙弥。十月，又下令，凡僧人违犯戒条，擅自娶妻者，一律责其还俗归乡，没收其钱粮田地。欠债者，还俗后充为徭役。当时还俗的和尚达 3 千余人。随后，武宗下诏，限定寺院

奴婢人数,规定每僧只准用一个奴婢,尼姑用二婢。会昌三年(843),又废除了摩尼寺,斩杀摩尼师,籍没其财产。翌年四月,下令禁止寺院供奉佛牙,并拆毁了一部分山房兰若(较小的寺院)。

从会昌元年到会昌四年(841—844),武宗经过4年的调查准备,为全国规模的灭佛运动创造了条件。

会昌五年(845),武宗根据中书门下的奏疏,发布了灭佛诏书。三月,武宗诏令对全国各地寺院的财产进行调查登记;五月,勒令50岁以下的僧尼,不论有无度牒,一律令其还俗,遣送还乡,参加生产。武宗还批准了宰相的奏请,规定:上州每州只准留一所佛寺,下州的佛寺全部废毁。上都(指京师长安)、东都(指洛阳)每地各留两所寺院,每寺留僧30人。到会昌五年底,全国共销毁寺院、兰若4万6千6百余所,僧尼还俗20余万人,解放奴婢15万人,没收土地数10万顷。收缴的铜像、钟磬送归盐铁使铸钱,铁佛像由各州收缴,铸造农器。还俗的僧尼,一律遣送回原籍充为两税产。这就是历史上著名的"会昌灭佛"。

武宗在强行灭佛取得战功同时,自己却又误入了歧途。他企图恢复国教(道教)的权威,用道教压制佛教,因而大力提倡道教。

早在未执政前武宗就颇好道术修炼之事。即位后,在诏调李德裕入朝的同时,又召道士赵归真等81人来朝廷,向他们询求道术,并在三殿修建金录道场,武宗亲临九天坛接受法录。当时谏官上疏谏止,武宗置之不理。六月,又封衡山道士刘玄靖为银青光禄大夫,充崇文馆学士,赐号"广成先生",与道士赵归真住在宫廷,撰修法录。赵、刘两位道士在武宗面前极力诋毁佛教,这正中武宗下怀,因此,灭佛运动愈演愈烈。

自此而后,武宗对道士倍加崇信,渴望赵归真、刘玄靖等道士能够炼出长生不老的仙丹,服后成仙。对这种愚蠢的行为,当时谏官刘彦谟曾上书切谏,反被武宗贬出朝廷。

会昌三年(843)五月,正值昭义镇发动叛乱之际,武宗竟在禁中建造望仙楼,企望步入仙境。会昌五年(845)正月,又在南郊建造望仙台,并诏令神策军重修望仙楼及廊舍539间。

第二年(846)三月,丹药炼成,武宗迫不及待地吞服而下。药服下后,武宗顿感不适,继而狂躁不安,喜怒失常,旬日间便丧失了说话能力。二十三日,武宗在长安大明宫驾崩,终年33岁。八月,葬于端陵,庙号为"武宗"。

武宗宫廷斗争秘闻

会昌五年(845年)八月的一天上午,京城长安皇宫正殿里一片肃穆。唐武宗李炎端坐在大殿正中,文武百官分别在殿的两旁,中官正高声宣读皇帝诏旨,声音清越有力:"佛教败坏国风,蛊惑人心;佛寺耗费人力,浪费人财;一个农夫不种地,就要忍饥挨饿,一个农妇不养蚕,就要挨冷受冻。现在天下僧尼,多不可

数。为革除积弊，自今以后，拆毁佛寺，僧尼还俗。”中官宣读完毕，大臣们交头接耳，有的摇头叹气，有的点首称是，散朝后，几匹快马立即离开长安，分赴各地，把武宗的这一旨意传到全国各府道。不久，一场大规模的抑佛运动开始了。全国许多寺庙被拆毁，很多僧尼遭驱逐。一时间社会沸腾，人人惊恐。

事情还要从武宗称帝说起。本来，武宗是没有资格当皇帝的。最初，敬宗有五个儿子，长子晋王李普，次子梁王李休复，三子襄王李执中，四子纪王李言杨，五子陈王李成美。文宗在位时，因为他考虑到帝位是从长兄那里继承来的，最好还是还给长兄的儿子，所以，就想立李普为太子。不料，大和二年(828 年)李普病死。在内宫妃嫔们的怂恿下，大和六年(832 年)十月，文宗册立了自己的儿子鲁王李永为太子。李永的母亲是王昭仪，被封为德妃，因为后来逐渐失宠，郁闷而死。与此同时，杨昭容贤妃越来越受文宗的喜爱。杨贤妃害怕李永将来即位对自己不利，便常常在文宗面前说太子的坏话。李永不能辩解，心情非常烦躁。开成三年(838 年)九月一天夜里，李永回到东宫少阳院，又听说杨贤妃唆使父亲废他，便一气之下，杀死了几十个宫人。不久，他也得暴病而亡。李永死时文宗曾前去察看，见他五官流血，四肢青紫，认为是被人毒死，但考虑到没有证据，又害怕杨贤妃乘机闹事，就只好不作声，把太子李永埋葬了事。开成四年(839 年)，文宗又和大臣讨论立储问题，在宰相李珏支持下，决定立陈王李成美为皇太子。一天，文宗在会宁殿宴请百官，演剧作乐，有个杂技节目是“小儿爬杆”。只见一个儿童爬杆而上，一个中年男子在杆下走动，神情极为惊惶。文宗不知道是什么原因，便向左右大臣询问。大臣们告诉文宗，那个中年男子是孩子的父亲，担心孩子掉下来，所以表现紧张。文宗听后，想起了自己死去的儿子李永，非常感慨，哭着对大臣们说：“我贵为天子，还不能保全一个儿子。”宴会散后，文宗越想越心烦，便命人把乐官刘楚材、宫人张十十等召来，斥责他们陷害太子，并且把他们杖杀。开成五年(840 年)正月初二日，文宗得了暴病，宰相李珏、知枢密刘弘逸奉密旨，以皇太子李成美监国。但是，左右神策军中尉仇士良、鱼弘志却假传圣旨，迎立穆宗第五子颖王李炎为皇太弟，李成美仍为陈王，并在一天夜里，仇士良等人带领军队到颖王住处十六宅，把李炎迎进少阳院。四日，文宗被害，仇士良等拥立李炎继承了帝位，随后又把陈王李成美杀害。李炎就是唐武宗，当皇帝时二十七岁，他改年号为会昌。武宗即位后，为了报答拥立之功，立即封仇士良为楚国公，鱼弘志为韩国公。

因为武宗李炎当皇帝是在很偶然的情况下被仇士良、鱼弘志拥戴实现的，所以，他称帝以后，就想永远保住皇位，而不被别人夺去。可是，怎样才能永远保住皇位呢？他想，那就只有长生不死，而要长生不死就只有成仙才行。就这样，修道成仙成了武宗日夜向往的目标。为此，他开始和道士密切接触。

道教是在中国大地上土生土长的，它追尊老子为教祖，而老子姓李名耳，正好和唐朝的皇帝同姓，因而唐朝无论哪个皇帝，都很尊崇道教。唐高祖李渊在武德年间就曾立老君庙。高宗封禅，途经亳州，也专程到老君庙，尊老子为太上玄元皇帝。则天武后专政，追尊老子母为先天太后。玄宗时也托言梦见老子，而画老子像颁布天下，还在京城长安修建道观三十多所。武宗想到祖宗对道教的尊重，那祈求长生不老、得道成仙的心情就更加迫切。

开成五年(840 年)九月，武宗即位刚八个月，就把道士赵归真等八十一人召入宫中，在三蓼修金箓(lù 音路)道场。他还亲自到三殿，在九天坛亲受法箓。当时，左拾遗王哲上疏，认为王业之初，对道教不应当崇信过分。然而武宗不听，甚至对王哲的上疏看也不看。会昌元年(841 年)三月，武宗在龙首池(今陕西省长安县北)修造灵符应圣院；六月，又以衡山道士刘玄靖为银青光禄大夫、充崇玄馆学士，赐号广成先生，和道士赵归真等一起在宫中修法箓。后来，武宗又拜赵归真为师，认真地向他学习神仙之道，听他讲道法。赵归真命手下的小道士们为武宗修炼长生不老仙药。武宗每次服后，都感到精神振奋。但时间长了，他的身体日渐枯瘦。对此，武宗才人王氏曾劝他："皇上日服丹药，无非是想求得长生不老，现在却日益消瘦，形似枯槁，应当小心谨慎，少服才好。"武宗回答她说："我要的就是换骨。"会昌五年正月，武宗又颁布诏旨，命在长安南郊建造望仙台，还以罗浮道士邓元起有长生之术把他迎入宫中。这样，赵归真、刘玄靖、邓元起日夜在武宗周围大讲佛教的坏话，说它不是中国教，白白地蠹耗生灵，应当排斥、铲除。武宗听后很以为是。

原来，武宗临朝掌政的时候，除道教之外，全国还流行着景教、摩尼教、祆(xiān 音先)教、伊斯兰教、佛教五种。景教是基督教的一个教派，后来也称也里可温教，贞观九年(635 年)由波斯(今伊朗)传入，贞观十二年(638 年)长安义宁坊建成第一座景教寺庙，有教徒二十一人。到武宗时期，宽敞精致的景教寺已遍及全国，景教徒的人数也非常多。摩尼教于延载元年(694 年)经波斯传入，贞元年间，京城长安已经有了摩尼寺。元和年间，回纥人提出请求，要在河南府和太原府建置摩尼寺，宪宗同意了他们的请求。祆教又名拜火教，唐朝以前就已由波斯传入中国，唐朝时进入了兴盛时期，仅长安城内就有胡祆祠、祆祠、西祆祠、南祆祠四所。伊斯兰教是永徽二年(651 年)由大食传入的，后来随着某些大食人留居唐朝，伊斯兰教也传播开来，许多地方都有它的礼拜寺，信教的人数也不少。佛教是在西汉时期经印度传入中国的，贞观三年(629 年)僧人玄奘去印度取经，贞观十九年(645 年)回到长安，带回了大量的佛经，从此，佛教的流传进入全盛时期。太宗和高宗都热心地宣扬过佛教。则天太后还为佛教建造过大像。中宗时期也广建佛寺，修饰庙宇，使寺庙建筑更加华丽无比。肃宗、代宗时期，都在皇宫内设立过道场，还养了几百个和尚在里面早晚念佛。宪宗还命中使杜英奇到凤翔法门寺去迎回佛骨。到武宗时，上自京师长安，下至穷乡僻壤，佛寺无处不在，信佛的人也遍及全国。正是在这种情况下，赵归真、刘玄靖、邓元起等人劝武宗排斥佛教。

会昌五年(845 年)七月，武宗颁布敕谕，命令裁减全国佛寺。废除的寺庙中铜像、钟磬委托盐铁使铸钱，铁像委托本州铸为农器，金、银等像销毁后上交户部。武宗的敕谕中还特别强调，佛教既然已经革废，其他的一些邪教也不应保留，它们的教徒也应勒令还俗，使其回归原籍；如果是外国人，则要送回本国收管。八月，武宗又极其庄重地颁布了抑佛的命令。于是，全国各地到处都是拆毁寺庙、驱赶僧人的景象。据后来户部统计，这次总计拆除寺庙四千六百多所，还俗僧民二十六万零五百人，拆除招提、兰若四万多间，朝廷收回良田数千万顷，没收奴婢十五万人。同时，景教寺、摩尼寺、祆祠等也一并拆毁，景教徒、摩尼教徒有三千人还俗，京城长安有女摩尼七十二人无处安身，自杀身亡。

武宗抑佛，而他却笃信道教。会昌六年(846 年)三月，由于他吃金丹中毒日深，损害了中枢神经，得了神经错乱症，口吐白沫，不能说话。当月二十三日，武宗身死，年仅三十三岁。宦官立宪宗的第十三子兴王李忱即位，他就是宣宗。宣宗李忱是武宗的叔叔，即位时三十七岁。

大中元年(847 年)闰二月，宣宗颁布敕令，其中有这样内容：会昌末年，裁减寺宇，并不妥当。佛教和其他教虽说是它国之教，中国人久行其道，压抑过分，有失民心。今后灵山胜境，天下州府，凡在会昌末年所废寺庙，有原来名僧能够修复的，即任他们住持修复，各级官吏不得禁止。同时，宣宗还处死了刘玄靖等十二名道士。就这样，被武宗压抑的佛教和其他教，又恢复和发展起来了。

后梁太祖朱温

太祖朱温

降唐封疆　渐成强藩

三个孩子壮年之后，性情各异。老大朱昱老实本分，尽心于刘家农田；老二朱存与老三朱温都十分健壮有力，但却不安于劳作，尤其是朱温。

进入乾符年间(874—879)后，河南、山东地区经常有人揭竿而起，反抗唐王朝，其中以王仙芝与黄巢最为强盛，他们频频在曹、沂、徐、宋、汝、邓一带活动，吸引着许多人前去投奔，朱温也十分向往。一天，朱温决计出走。他约着二兄朱存，辞别母亲与长兄，前去投奔了黄巢。

朱温与兄长朱存加入起义军后，随军南征北战，多立战功。其间，朱存战死江南。朱温则因临阵骁勇，被提拔为队长、偏将军，黄巢攻入长安后，他已成为一员重要将领。

中和二年(882)九月，经过一番权衡后，朱温杀监军严实，投降唐王朝。远在成都的僖宗闻讯大喜，立即下诏授朱温为左金吾卫大将军，河中行营副招讨使，并赐名全忠。自此，朱全忠率军加入了镇压起义军的行列，所至大行杀掠，毫不手软，为唐王朝立下一个又一个战功。

中和三年(883)二月，朱全忠因作战有功，被唐王朝任命为宣武节度使(治汴州，今河南开封)，有了自己的势力范围。其后，朱全忠软硬兼施，逐渐兼并群雄，成为势力最强的一个藩镇。

挟持天子　自立为帝

势力强盛后，朱全忠便想直接控制朝廷，甚至还想模仿曹操，“挟天子以令诸侯”。唐朝此时虽然无地无兵，但内部斗争依然尖锐，尤其是朝官与宦官间的“南衙北司”之争更是连绵不断，愈演愈烈。各派力量都向藩镇寻找依附与支持。头号藩镇朱全忠自然也成了他们的首要目标。宰相崔胤一直与昭宗皇帝计议诛杀宦官一事。崔胤主张杀尽宦官，宫内事务由宫女执掌。但当时京城的禁军由宦官掌握，权阉韩全诲洞悉崔胤密谋后，教唆禁军喧闹，上诉崔胤克扣冬衣，要求皇帝解除他兼任的三司使一职。崔胤知道事情泄露，马上致书朱全忠，声称接到密诏，要全忠率军前来迎驾。有了这一借口，朱全忠即由汴州出兵西上。天复一年(901)十一月，韩全诲率禁军劫昭宗奔往凤翔。朱全忠入关，乘势收取华州韩建，继续西去。

天祐元年(904)正月初，全忠上表昭宗，称宰相崔胤专权乱国，离间君臣，理应诛除。昭宗接到上表，罢崔胤宰相，降为太子少傅。朱全忠密令朱友谅将崔胤杀于家中。率大军进屯河中，派牙将寇彦卿向昭宗上表，请求迁都洛阳。接着，又致书宰相裴枢，要他率百官东行。二十七日，昭宗由长安出发，朱全忠令原留在长安的部将张廷范为御营使，率部护卫昭宗。

闰四月，昭宗至洛阳，全忠以部将朱友恭、族叔朱瑔分别为左右龙武统军，负

责宿卫，其他重要位置也都换上自己的人。五月，昭宗在崇勋殿宴请全忠及百官，宴罢，又召全忠入便殿，继续宴饮，朱全忠怕有埋伏不敢入内。不久，全忠回到汴州，密令朱友恭、族叔朱琮等人杀掉昭宗，立 13 岁的辉王为帝。八月，朱友恭等杀昭宗，假称皇太后令，使辉王祚即帝位。

朱全忠听到昭宗遇害的消息，装作大吃一惊，伏地痛哭，十月三日，赶到洛阳，又伏在昭宗柩前痛哭不已，并一本正经地朝见新帝。次日，为灭口，朱全忠借故朱友恭、族叔朱琮治军不严，所部士卒扰乱市肆，将友恭贬崔州司户，叔琮贬白州司户，接着，都令其自尽。友恭临死大骂全忠："卖我以塞天下之谤！"

新帝年少，不通政事，朱全忠这才放心地返回汴州。为防万一，次年二月，他又令人将昭宗诸子全部杀掉。六月，又将原朝中重臣 30 余人押到白马驿（今河南滑县境内），杀掉后投入黄河。

朱全忠经过几年的经营，唐朝廷可以说已成了朱氏朝廷。即使这样，朱全忠仍急不可耐地要登基称帝，他命枢密使杨玄晖与宰相柳璨措置此事。杨、柳二人虽然也倾心于朱全忠登基称帝，但他们总想让全忠按传统习惯一步一步地受禅，合乎礼法，又名正言顺。因此，准备按魏晋以来受禅的礼仪逐步进行。

天祐二年(905)十月，先授朱全忠天下兵马元帅，下一步准备封为魏王，然后再加九锡、受禅。

第二年，朱全忠平定了魏博藩镇的叛乱，回到汴州，御史大夫薛贻矩代表哀帝前来劳问。贻矩见朱全忠，请行臣礼，全忠不肯，但贻矩还是像参见皇帝那样拜了一通，朱全忠也未执意阻止。贻矩回洛阳后，对哀帝及众大臣道"元帅有受禅之意矣"。得到这一消息，大臣们立即急急进行受禅的各种准备，哀帝也下了诏书，称二月禅位，朱全忠象征性地加以推辞。

二月，唐大臣共同请哀帝退位，宰相率百官向全忠劝进，朱全忠所控制的其他藩镇以及湖南马殷、岭南赵隐也遣使劝进。朱全忠名义上又推让了一番，经过几次往复，到三月二十七日，哀帝正式退位。百官以宰相张文蔚为首，携带玉玺，备起仪仗，浩浩荡荡开赴汴州。还未等百官来到，全忠便迫不及待地在汴州新修成的金祥殿理事。不过，因为还未正式称帝，朱全忠只是自称寡人，各种笺、表都匆匆去掉唐朝年号，新年号要等称帝后才有，都暂时只标月日，不写某年。第三天，张文蔚率百官来到汴州。

四月五日，朱全忠改名朱晃，完成了称帝前的最后一项准备工作。四月七日，张文蔚等人乘辂车带着玉玺前来；诸司诸部门都备起仪仗来到金祥殿前，献上玉玺，为全忠加冕。然后，张文蔚宣读哀帝让位文书，百官群臣在殿前舞蹈庆贺，大呼万岁。全忠正式即帝位，建梁朝，定年号为开平。

仪式完毕，朱全忠在玄德殿大宴群臣，举酒对群臣道："朕辅政不久，此次称帝多赖诸公推戴。"群臣多唯唯诺诺，不敢发言。只有薛贻矩等人顺着他的话，颂扬其功德卓著，理应应天顺人，登基称帝。朱全忠十分满意。

宫闱惊变　被刺身亡

梁朝的建立，使黄河流域实现了局部统一，而且，朱全忠在称帝之初，也能实行一些宽松政策，比较注重农业生产，这即使是表象，但比起军阀混战，毕竟强了些，这使梁朝社会有了一些起色。

开平元年(907)正月,河东节度使、晋王李克用病死,李存勖即位。这年九月,朱全忠亲自率军渡河北上,但河东之兵都坚壁不出。十一月,全忠退还洛阳,郁疾致病。

乾化二年(912)初,河东兵大举攻讨幽州,刘守光向梁求救。二月,朱全忠病情稍缓和了些,决定再次率军北上,但遭到河东军偷袭大败,朱全忠羞愧交加,病情加剧。四月,返回洛阳,全忠病情急剧恶化,梁朝上下都在议论嗣君问题。

全忠长子友裕已死,另有二子友珪、三子友贞与养子友文,还有幼子友敬等人。此时友文与友贞均在汴州,友珪在洛阳。这三个子嗣中,全忠对养子友文更看重一些。

朱全忠夫人张氏已于天祐元年(904)病死。此后,朱全忠即放纵淫佚,纵情声色,常常召几位儿子的夫人入宫服侍,视作妃嫔。友文之妻王氏容貌出众,尤受朱全忠宠爱。这也是他看重友文的重要原因。

五月末,朱全忠自知已不久于人世,命王氏去汴州召友文。当时友珪之妻张氏也在旁边,马上出宫将此事报告友珪。友珪本以为在全忠嫡子中自己年龄最长,理应立为太子,对全忠中意友文,一直不肯立自己做太子一事愤愤不平。得到这一消息,知道父亲要将帝位传付友文,急急与左右随从进行策划。六月一日,宫中传下诏令,贬友珪为莱州刺史。按当时惯例,凡被贬官员,多于途中被赐死。友珪见情况紧急,加快了活动步伐。次日,悄悄进入禁军左龙虎军营,要统军韩勍发禁军相助。当晚,韩勍派牙兵五百人跟随友珪进入皇宫,突入全忠歇息的寝殿。全忠强撑着起身问道:“反者为谁?”友珪答:“非他人也。”全忠见是友珪,责骂道:“汝悖逆如此,天地岂容汝乎?”友珪反骂:“老贼万段。”命仆夫冯廷谔向前刺杀全忠。友珪用破旧毯子将全忠裹起,秘不发丧。马上派供奉官去汴州,令友贞杀友文。

六月三日,假称全忠旨意,命友珪权主军国之务。六月五日,供奉官返回,称友文已死,友珪方宣布全忠病终,自己即帝位。

友珪将朱全忠葬于河南伊阙县(今河南伊川西南),陵称“宣陵”,为朱全忠加谥号“神武元圣孝皇帝”,庙号“高祖”。全忠死时61岁。

朱温宫廷生活秘闻

贤德之妻的秘闻

张惠是后梁开国皇帝朱温的妻子,开平二年被追册为贤妃,乾化二年又追谥为元贞皇后。

张惠家住宋州砀山县(今安徽砀山县)梁亭里。她是宋州刺史张蕤的女儿。她身材窈窕,脸庞清秀,脂粉轻施,衣着素雅,特别是在眉宇间露出一种脱俗的英气。有一次,她随母到庙里进香,被朱温瞧见,简直呆了,只是嘴里喃喃道:“阴丽

华、阴丽华……”他把她的出现惊呼为阴丽华再世。

说起朱温，他排行第三，小名叫朱阿三，与张惠同乡，是砀山干沟人。世家为儒，祖父叫朱信，父亲叫朱诚，皆以教书为业。其父早死，仅有的家产很快荡尽。寡母王氏不得已携三子投奔肖县地主刘崇家，母为佣媪，三子为佣工。

朱温少年时喜欢弄枪舞棒，次兄朱存与他相似，也是个淘气鬼。朱温在刘家，不愿耕作，每日游手好闲，以雄勇自负，乡里人都很讨厌他。成人后，仍劣性不改，时常闯祸。刘家无可奈何，只好由着他的性子胡来。

朱温善于骑射，经常与朱存背上弓，带上箭，上山打猎，以此取乐。有一天，兄弟二人逐鹿来到宋州（今河南商丘）郊外，此时已是春暖花开，鸟语花香，景致令人赏心悦目。二人刚想坐下来休息，忽见两辆香车在绿荫红墙旁边停了下来。车里走出母女二人，来寺拈香，随行的士卫大声叱道："刺史张大人的夫人和小姐前来拜佛，不准外人入内。"朱温一听是同乡富家张蕤的女儿，不由好奇，待那母女从寺里出来，朱温仔细端详那刺史的千金，直看得眼睛出神，忘记了眨眼，只是喃喃道："阴丽华，阴丽华……"

"谁是阴丽华？"站在一旁的朱存不解地问道。这时朱温才缓过神来，反问道："二哥，你可记得父亲在世时，讲过汉光武帝在未做皇帝时曾发誓道：'为官当做执金吾，娶妻当得阴丽华'的故事吗？阴丽华就是当时天下无双的美人，日后果如所愿。今日见此美女，恐怕就是阴丽华再世了。你说我配做东汉光武帝吗？"

没等朱温说完，朱存便哈哈大笑起来："你可真是癞蛤蟆想吃天鹅肉啊！"

朱温红着脸争辩道："时势造英雄嘛！刘秀还不是平地升天，做了皇帝，娶了阴丽华为皇后，你怎么知道我就不行？"

朱存见他生了气，便低声说："要出人头地，总得找个靠山啊。现在我们寄人篱下，怎能成大事呢？"

朱温眼睛一转，说道："现在唐室已乱，兵戈四起，前日闻王仙芝起兵濮州，黄巢在曹州响应。我们何不去投奔他们，说不定能混出个样子来。"于是二人前往曹州，投奔黄巢去了。

在起义军里，由于朱温身强力壮，敢于冲锋陷阵，勇往直前，很快被提拔为队长，不久又升为大将。此时，朱温仍惦记着"阴丽华"，立誓非她莫娶。

唐广明二年（881年）底，黄巢攻下长安，僖宗逃往四川。黄巢号称大齐皇帝，改元金统。任命朱温为同州（今陕西大荔）防御史，负责守卫长安。

朱温进驻同州，居民夹道相迎，朱温骑在马上十分得意。突然，一张熟悉的面孔出现在他的眼前，这不就是朝思暮想的那个张氏女吗？这时，虽然她穿着破烂，他还是一眼认出了她。

朱温连忙下马，走到面前，问道："请问姑娘家住哪里？"那女子答道："宋州砀山县梁亭里。"朱温心里一喜，径直问道："你就是前宋州刺史的女公子吗？"张女

低声称是。朱温连连道："公子是我的同乡。"遂吩咐用轿子送至军营中。他详细地询问她父母的情况，张女泪汪汪地说道："我叫张惠，父亲已去世了，我和母亲从家乡逃出来，不久也散了。我跟着一帮乡民，才流落至此。"朱温望着眼眶充满泪水的张惠，更感到她楚楚动人，让人怜爱。朱温上前抓住她纤弱的手，动情地说："自从在宋州郊外，得睹芳姿，便倾心已久。近年来我东奔西跑，总忘不了你，到处打听你的消息，也一无所获。我立下誓言：非你不娶。今日乃天赐良缘，竟把你送到我的面前，真乃三生有幸矣！"

张惠听得心里明白，却低头不语。朱温即命婢仆，领张惠到别室休息，遂择吉日良辰，拜堂成亲。张惠一经梳洗，容光焕发，婀娜多姿。朱温得此美人，洞房花烛，喜不自禁。

朱温生性奸狡、善变、凶悍，生就一副强盗心肠。婚后不久，由于黄巢对朱温有误会，他便背巢归唐。唐僖宗大喜，下诏授他为右金吾大将军，后又拜他为汴州（今开封）刺史，兼宣武军节度使、东北面都招讨使。

朱温自从离家投奔黄巢以后，已历时五载，从未想到要回家探望一下寄人篱下的老母。张惠贤慧，硬逼朱温回家把老母接来。朱温无奈，只好派兵役百人，带着车马，去迎老母来汴。朱母来到汴州，见到朱温和贤慧的儿媳，不禁喜出望外，但朱温对母亲却不热情。

唐景福二年，朱温派长子彬王朱友裕攻徐州，破朱瑾于石佛山，朱瑾逃走，朱友裕没有乘胜追击。朱温大怒，遂夺其兵权。友裕恐怕性命难保，便率十余骑逃到深山躲了起来。张夫人知道后，私自派人叫友裕先回家请罪，然后再设法救他。友裕听从母亲的教诲，一大早就赶回汴州，在庭中跪下，请求父亲恕罪。谁知朱温一见儿子，仍怒气大发，二话没说，就令左右推出斩首。张夫人在屋里听见，连鞋也来不及穿，跑到庭中拉着儿子说："我儿啊，你大早回来束手请罪，难道你是不想改好吗？"说着母子抱头大哭。朱温知道夫人话里有话，仔细一想，夫人说的也对，只好摆摆手，令左右退下，才保住了友裕的小命。

不久，朱瑾的妻子落入朱温的手里，为了报复，朱温强令瑾妻侍寝，并挈归汴梁。张夫人闻讯，马上去见瑾妻，跪在地上声泪俱下地说："我们都是同姓本家兄弟，因小事而大动干戈，才使姐姐至此地步，若不是汴州失守，妾也将遭受同样下场啊！"朱温在一旁为之感动，后来便让瑾妻去当尼姑了，张夫人仍把她当姐姐看待，时常去看她，并送去衣食。

朱温与张惠在一起生活20多年，不但内政靠夫人主持，就是外事也多请她参谋。有时出师途中，来使忽报张夫人命召还大王，朱温立即班师回朝，并如期而归，不敢延误。

朱温在贤妻的协助下，基本上统一了黄河流域。接着又入关拥唐昭宗还长安，大杀宦官，结束了中唐以来宦官专政的局面。所以朱温被进封梁王，其妻张惠也被封为王妃。

天祐元年(904年),张妃突然得病,身体日益消瘦。此时,朱温正准备篡夺唐昭宣帝的帝位。一日忽报张妃病危,朱温便策马赶回汴梁。见爱妻骨瘦如柴,奄奄一息,不禁泪如泉涌。张妃闻有泣声,睁开双眼,见朱温立在床前,便气喘吁吁地说:"妾在死以前,有一言相赠,不知当讲不当讲。"朱温点头让讲。但此时张妃痰喘发作,她仍挣扎着说:"要……戒杀、远色……",话未说完,头一歪,便气绝了。朱温拥尸嚎哭,非常哀恸。营中凡听讲张妃病逝的无不挥泪,因为朱温生性暴虐,杀人如麻,部下将士,无人敢谏,唯独张妃能出言谏阻,军中靠她救下性命的不可胜数。

古代杰出的思想家王夫之说:"朱温乃贪色、唤色、嗜杀、蔑伦、一恣而已矣。"然而,他得自民间的妻子张惠却是一位秉性严毅、重理通达的贤妇。她能以柔婉之德,制其豺狼之心,使朱温也敬畏她三分。朱温身边妻妾成群,他也不敢贪得无厌。张妃死后,朱温废唐昭宣帝,自立为帝,他追封张惠为贤妃,后又追谥为元贞皇后。后来待朱温死后,与她合葬于宣陵(今河南伊川县西南)。

赠人爱姬

朱温好色失伦,后终因色而丧生。但这样一个好色之徒,却能将自己的爱姬赠于有功之人,以此来笼络部下,为其效命。

早在景福二年(893年)四月,汴军攻占徐州,歼灭感化军节度使时溥,时溥内室有一位美妾刘氏,其父本蓝田县令,黄巢入长安,刘氏时尚年幼,被黄巢大将尚让选为夫人,尚让降时溥后被诛杀,刘氏又被时溥收入内室为姬妾。朱温入徐州,见其秀雅美艳,又召来侍寝,风韵意味甚令朱温难忘,颇有相遇恨晚之感,于是收为内室。

敬翔是朱温的第一幕僚,深受敬重。不久,敬翔妻子丧亡,多时闷闷不乐。朱温知其孤寂,特设宴安慰,又召刘氏出来为敬翔劝酒。敬翔见刘氏美艳酷似亡妻,惊喜失色,心甚爱慕。当时朱温与刘氏正如胶似漆,见敬翔颇有爱意,即告刘氏说:

"敬翔是我的左右手,才智人品俱佳,你能得此人为夫,可谓终身有靠!"

复又笑对敬翔说:"老弟妻室新丧,为兄知你孤夜难眠,今将刘氏送与相伴,以遣苦闷!"

敬翔连忙离座叩拜,惊慌说道:"敬翔何人,敢夺汴帅所爱!敬翔绝不敢受命。"

说罢叩头不止。朱温上前一把拉起敬翔,装作生气道:"才气通贯古今,智谋能助霸业,何为一个女人惊恐至此!真是一个没用的书生。"

说罢,又厉声传令道:"速速备轿,今夜就把刘氏送到敬先生房中。"

众亲兵知道朱温自入徐州以来,对刘氏极为宠爱,闻听要送到敬翔房中,一时成了丈二和尚,你看看我,我瞧瞧你,都有些摸不着头脑,半天没有动静。朱温顿时恼怒起来,众亲兵这才忙去备轿。朱温望着亲兵惊慌而去的样子,转身又看到敬翔呆立一旁惊慌失措的神情,再看到刘氏局促不安满脸羞涩的面容,突然放声大笑起来,斟满两杯酒送到二人手中,笑着说道:

"郎才女貌,天配佳偶。朱某祝你们早生贵子,白头偕老!喝了这杯酒!"

说着一仰脖,把自己的满杯酒一饮而尽。敬翔、刘氏相互交换了几次目光,可谁也不敢喝。敬翔深知朱温极为好色,见到美艳的女人就欲占有,他怎敢轻易接受这个朱温正在宠爱的秀女!刘氏虽不知朱温的特点,但素闻朱温大名,相交以来深感他是一位刚烈威武的男子汉,颇为敬服,加上女人的矜持,也不肯轻易喝下这杯酒。朱温一见二人这般样子,不觉性急起来,上前把住就来硬灌,就这样二人半推半就地喝下了自己的酒。这时轿已抬到厅堂外面,有亲兵进来报告,朱温一手抓住一位,一齐推出室外,又把刘氏推进轿中,命轿夫抬上就走,回身又把敬翔交给两名亲兵,命他们把敬翔送回他的房中。

就这样,刘氏被朱温当作一件礼物赏赐给了敬翔。从此,敬翔对朱温更是尽心竭力,深感他知遇之恩。后来刘氏与朱温虽然有些藕断丝连,可敬翔仍能以死报答朱温。

淫乱色迷

历代帝王多好色,而且因色乱政,最后导致国破家亡者比比皆是。然朱温之淫乱更为龌龊卑鄙。朝堂之上,信重莫过敬翔、张全义,而朱温却淫其妻室,奸其女儿。宫廷之内,至亲莫过亲子,而朱温却与儿媳乱伦。

起初,朱温夫人张氏严正端庄,聪慧多智,朱温既敬重她又惧怕她,故而淫色之心尚能控制。自张氏谢世、他篡唐称帝后,宫内的昭仪陈氏,昭容李氏,美人段氏,这是史书记传有名的姬妾,皆以美色得进,此外后宫无名的妃嫔姬妾尚不知有多少,而且不时诏选增补,四方进献,皆国色天姿,这在封建时代的帝王生活中本属正常,可那朱温虽有后宫成群的姬妾,偏要另辟蹊径,做出许多淫乱荒唐之事。

先是与敬翔之妻通奸。敬翔是朱温称霸中原、称帝建国的第一文臣,深得朱温信重,建梁后官拜金銮殿大学士、知崇政院事,封平阳郡侯。敬翔早年丧妻,在唐景福二年(893年)攻下徐州时,朱温将刘氏赐给敬翔后,可对刘氏仍难忘怀,便与之藕断丝连,常以各种借口召入卧室。后敬翔日渐显贵,刘氏仍出入于朱温内廷,敬翔敢怒不敢言,但对待刘氏情礼甚薄。刘氏始为黄巢大将、宰相尚让之妻,再为时溥之妾,见敬翔待其情寡礼薄,自知其中缘故,曾和敬翔大吵大闹道:"你鄙弃我曾失身于贼!如以成败论之,尚让身为黄巢的宰相,时溥乃一方镇帅国之忠臣,你与之相比不过是一个无用的书生,我今嫁给你真是有辱家门!从今以后和你一刀两断,互不相干。"

敬翔惧怕朱温,只好小心谢罪。刘氏依仗朱温的势力和宠幸,骄横跋扈,出入往来车服奢华,随侍婢妇皆头饰珠翠,史称其"别置爪牙,典谒书币聘使,结交藩镇,近代妇人之盛无出其右,权贵皆相附丽,宠信言事不下于(敬)翔。当时贵达之家,从而效之,败俗之甚也"。

这是朱温与臣下之妻相通之一例,使世风为之败坏,朝纲为之丧乱。

朱温与张全义女眷的淫情,就更为龌龊。

张全义前面已经多次详述,朱温称帝后赐名宗奭,官拜河南尹,判禁军六军诸卫事,兼忠武、河阳等节度使,封魏王。朱温迁都洛阳后,每离京出巡,任命张全义为西京留守,总掌京师政事防务。朱温晚年龙体不健,时常抱病,可淫色之

心尤甚。且说乾化元年(911 年)七月间,洛阳连日酷暑,皇宫炎热异常,朱温心中烦闷,素闻张全义经营洛阳 20 余年,府第修建得极有风韵,园池流溪,浓荫疏密,清凉幽静,名之曰“会节园”,是府中的小桃园,当即传诏起驾张府小住避暑。张全义闻诏立刻精心准备,殷勤侍奉,凡合家男女皆得奉诏朝拜。朱温不见则已,一见女眷多有倾城姿色,顿时色心荡漾,一住便是数日,凡全义的姬妾、儿媳、女儿皆令昼夜伴侍左右,尽情戏谑挑逗,姿美色艳者皆逐令侍寝,试想天子淫威,谁人敢拒,也有乐得皇帝甘露者,史称朱温奸淫张全义的“妇女殆遍”。

且说全义之子张继祚不能忍受耻辱,愤恨地拿刀要夜入园杀死朱温,张全义苦言劝阻道:“我家早年在河阳时,李罕之兵围多日,城中粮尽,军兵每日以木屑为食,时身边仅有的一匹战马也欲宰杀以饷军,死在旦夕。幸得朱温发兵相救,我家才有今日,此恩终生难忘。人若性命不存,何求其他!我几十年谨慎行事,尽心侍奉,惟求保全合家上下,你现在怎可自取灭亡呢?”

张继祚流泪而止。不想此事已被人奏报朱温,当即传召张全义。全义闻罢吓得心惊肉跳,浑身乱抖,其继妻储氏明敏能干,虽徐娘半老风韵尚存,素与朱温有旧情,曲意侍奉,颇得宠爱,见老夫张全义如此惶恐,便与全义同往朝见,面对朱温不惊不怕,却厉声说道:“家夫不过是一个种田的,深受陛下厚恩,一心为陛下经营河南 30 年,开荒掘土,敛聚财富尽付陛下用作军需国用,从无二心,今年朽齿衰,已是无能之老翁!张家合府上下尽受陛下恩惠雨露,感恩图报尚且不及,何敢怀有其他!今陛下信人谗言,意欲如何?”

储氏先入为主的一番辩言,使朱温想到全义的许多好处,也恋起与储氏的风流,当即微笑道:“朕无恶意,你不必多言。”

储氏妇夫谢恩而出,朱温也有些心惊,不便再住,即日起驾还宫。

朱温长子朱友裕早死,次子朱友文虽为养子,可朱温喜其多才艺,爱如己出,朱温称帝建梁后爵封博王,迁都西京洛阳后,以友文为东都开封留守兼建昌宫使。三子郢王朱友珪,其生母本亳州军营一军妓,梁开平四年(910 年),官拜左右控鹤军都指挥使,总掌皇宫侍卫亲军,又进充诸军都虞侯,开始参掌朝廷诸军兵马,其虽非嫡出,生母卑贱,可在朱温亲子中年最长,朱温待之也不可谓不厚,职掌也极为要害。四子均王朱友贞,其母即朱温爱妻张氏,是为嫡生长子,朱温迁都洛阳后,以其为东都开封马步军都指挥使。朱温称帝时爱妻张氏已亡,可他爱恋张氏始终不肯另外册立皇后,可也不曾册立太子。这其中的隐情又与朱温的淫乱有关。原来朱温虽钟爱张氏所生的嫡长子均王朱友贞,可与郢王朱友珪的王妃张氏、博王朱友文的王妃王氏皆有私情,淫乱日久。故而一时难于决断立他三人谁为太子,只好日拖一日。

郢王朱友珪的王妃张氏,朱温最先与之淫乱,曾一度专宠,故而朱温虽不甚爱此子,但因与其王妃张氏的关系,待之也不可谓不厚。张妃虽妖艳有姿色,可与博王妃王氏相比却略逊一筹,自朱温与王氏淫乱后对张氏逐渐冷淡,迁都洛阳后朱温对王氏颇难割舍,竟然将其从开封召来洛阳夜夜侍伴,王氏也是全身心地侍奉,极尽缠绵。

血溅宫闱

梁太祖乾化二年(912 年)三月上旬,晋将李存审、史建瑭、李嗣肱用奇兵妙

计仅以数百轻骑，在河北蓨县惊溃朱温及梁朝近10万大军，使抱病亲征的朱温病情再次加剧，梁军上下无心再战，杨师厚奉命留守河北魏州，余皆随朱温还师中原。朱温沿途一边治疗休养，一边断断续续地撤还，从贝州至洛阳约千余里的路程走了近两个月的时间，途经开封，直到五月初六才到达洛阳。朱温途经开封时，东都留守博王朱友文新建一殿名曰“食殿”，特此上奏，又献上内宴钱三千多贯及各种银器1500两。朱温在开封休养了9天，身体渐有好转，特在食殿赐宴随行文官武将，当其离开开封时，朱友文心领神会，又特使其妃王氏随驾再赴洛阳亲侍左右，朱温十分高兴，回到洛阳后特下诏晋升褒奖朱友文。

朱温在洛阳经过一段疗养，龙体大有起色。这年是闰五月，时正夏日，艳阳高照，朱温便在宫中设宴招待朝中大臣，一时兴起，传令泛舟九曲池，舟至池中，竟然御船倾覆，朱温落入水中，这真是古今少有的怪事，幸亏侍从竭力救护方免溺死。朱温受此惊吓，本已好转的病情突然加剧，整夜惊悸不定，通宵难眠。时晋军在河北猛攻幽州，刘守光屡次遣使乞援，竟也无力顾及。闰五月十五日，朱温病情越发严重，忽对近臣十分悲伤地说道：

“我经营天下已30年，想不到太原余孽竟能死灰复燃如此猖狂！我看他李存勖的志向不小，上天却又欲夺我余年，几个儿子皆非其敌手，我将死无葬身之地了！”

说着老泪横流，哭泣失声，后竟昏死过去，近臣一面失声呼叫，一面急传御医，待其渐渐苏醒过来，御医也火速来到，急忙诊脉用药，病情这才稍稍缓解。

朱温自知天年不多，更知几个亲子不能成用，只有博王朱友文尚可成器，可他又不是自己亲子，近日来在病榻上多为此事忧虑，幸得博王妃王氏昼夜陪侍左右，尽心照料，使朱温从中得到很大安慰，在这种心理和感情的作用下，使他最后下决心传位于养子朱友文。郢王朱友珪久有嗣位之志，见朱温在情感上明显亲近博王妃，倾心于博王，心中早已忿忿不平，恰在这时，又因过失被朱温鞭挞，使郢王夫妇更感不安。时郢王妃张氏也日夜侍奉宫中，又暗中收买皇帝左右宫女，密切注意王氏与朱温的一举一动。闰五月末，朱温病情日渐恶化，便密命博王妃王氏秘召博王来洛阳，委以后事，且将皇帝的传国玉玺交给王氏，让她带到开封交给博王。复又对敬翔说：“朱友珪可使其居守一州，速传诏命其及早离京赴任。”

这些都被人报知郢王妃，她急又转告郢王，最后哭泣道：“皇上已将玉玺交给王氏，要她带往开封，我们就要死无葬身之地了……”

说至此已是泣不成声，郢王也是呆若木鸡，泪流不止。郢王身边的亲信冯廷谔等力劝道：“事情急迫，良策自生！依人不如靠己。殿下久掌侍卫禁宫的控鹤军，何不早日谋图自立？机不可失，悔之莫及。”

于是，郢王夫妇便开始谋求自立。次日便是六月初一，崇政院使敬翔奉朱温谕旨，拟诏贬郢王出京为莱州刺史，令其立刻动身，只是诏书还没有颁下。当时，凡被贬官者大多随即就赐死，郢王更加恐惧，事情万急，决心铤而走险，以求一逞。

六月初二，天色微明，郢王朱友珪便改装偷偷进入左龙虎军营，会见左龙虎军统军韩勍，把自己的处境如实相告，求其相助。韩勍见朝中功臣宿将每每因小过而被处死，正每日担心自己不知哪天也会遭祸，当即二人一拍即合，共谋起事。

韩勍派亲兵500人，郢王将其杂入自己掌管的控鹤军带入皇营分别潜伏。夜半时分，伏兵齐出，破内宫门突入皇帝寝殿，侍候朱温的宫人、近卫，忽见群兵荷枪执刀突然到来，情知不妙，慌忙四散奔逃，有几个忠勇不怕死的也被一一砍杀。朱温知道有变，急切之间惊起喝问道："何人敢来谋反？"

郢王挺身进前冷笑道："不是别人，是我！"

朱温怒视骂道："我早就怀疑你这逆子，恨没有及早将你杀死。你敢弑君害父，天地岂能容你！？"

郢王又冷笑怒视道："唐朝二帝（昭宗、哀帝）是怎么死的？你也敢谈弑君二字！你这老贼，正当碎尸万段。"

此言一出，冯廷谔即刻挥剑上前，朱温绕柱避逃，冯廷谔挥臂连砍三剑不中，怎耐朱温年迈大病，已是头昏眼花，力不能支，一头晕倒床上，冯廷谔跨步上前对准腹部猛刺一剑，力透腹背。朱温哀嚎狂叫不止，郢王亲自用一块地毯将朱温卷起，不待其断气便在寝殿内挖坑埋上。

一代枭雄，一朝天子，就这样悲惨地被其亲生的儿子以如此残忍的方式结果了他威武显赫的一生。

朱温生于唐宣宗大中六年（852年）十月二十一日，死于梁乾化二年（912年）六月初二，享年60周岁。

朱温自唐僖宗乾符四年（877年）中投奔黄巢，至开平元年（907年）四月称帝，戎马征战约满30周年。

朱温自唐僖宗中和二年（882年）九月降唐为节度使，至此经营天下也约满30周年。

郢王朱友珪杀死其父朱温后，再杀博王朱友文，然后矫诏自立为皇帝。可其弑君杀父的恶行也不胫而走，朝廷内外人心惶惶，朱温养子冀王朱友谦据河中反，藩镇乘机举事者纷起，刚刚建立仅5年的大梁王朝立刻陷入一片混乱之中。越年，均王朱友贞在开封谋除朱友珪，得逞后即皇帝位于开封。龙德三年（923年）梁朝被后唐所灭。

邓诗萍 主编

第四卷

吉林大学出版社

第四卷　目　录

明成祖朱棣

成祖朱棣

少年英杰　靖难夺位

朱元璋一生得子26个，其中相貌奇伟，聪明伶俐的朱棣在众兄弟中自小就倍受父亲的钟爱。朱元璋常常自豪地对朝臣们夸赞，棣儿酷似自己。在小朱棣刚长满十岁的时候，父亲就封他为燕王。洪武十一年（1378年），宫廷要为朱棣诸兄弟确定宫城制式，朱元璋特别关照说，除燕王宫殿按元朝皇宫制式外，其他各王府均不得引以为式。由此可见少年的朱棣已经成了父亲朱元璋心中的明珠。

从洪武十一年（1378）开始，朱元璋陆续将各亲王派到他们自己的封国去。洪武十三年（1380），20岁的朱棣也进驻了北平封国。当时徐达奉命镇守北平，朱棣有了这样的军事家做老师，因此军事理论与武艺都迅速提高。

徐达不仅是朱棣的师长，也是他的岳父。这月下老人正是皇上朱元璋。徐达的长女自幼贞静，尤好读书。朱元璋听说后，便将徐达叫到跟前说，咱们是布衣之交了，过去君臣相契的方式为婚姻，现在令女就同我的四子相配吧。徐达当然求之不得，也就欣然应下了这门亲事。洪武九年（1376），徐氏册为燕王妃。

朱棣在徐达的严格教授下，练得一身好武艺，逐渐显露出其杰出的军事才能。后来明王朝胡惟庸、蓝玉案发生后，当年跟随朱元璋开创大明朝的开国元勋宿将几乎全给株连杀光了。这样北部防御蒙古侵扰的任务，朱元璋就只能交给二子秦王、三子晋王和四子燕王承担了，时称他们为“塞王”。但是，秦、晋二王都先后死于父亲之前，这样只有燕王朱棣的军事实权最大。朱棣还得到父亲的特许，军队中小事立断，大事方报知朝廷。由此可见朱元璋对他的器重与其权力之大。

当然，朱棣也没有辜负父亲的期望，他不但武艺高强，而且智勇有大略。在同入侵的蒙古军队交战中，屡建战功。后来，朱棣多次受命北征元兵，多有战功，军权日重，威名大振。

朱棣权力愈盛，兵马愈强。尤其是太子朱标早死，朱元璋有意立朱棣为太子，而为众大臣所阻后，不仅使其恨恨不平，更滋长了他夺取皇位的欲望和野心。

就在朱棣对不能当太子继承皇位愤愤不平时，71岁的朱元璋撒手抛开了他紧握了31年的皇权，离开了忧心忡忡的皇太孙，长辞人世。

22岁的朱允炆于洪武三十一年（1398），登上大明朝第二代皇帝的御座。同时，身居元都北平的叔叔燕王朱棣，也正日夕窥伺着侄儿的皇位。这样，朱姓皇族中一场争夺皇权的血战就一触即发了。

惠帝朱允炆对于藩王叔叔们的权力过大，不是没有警觉。早在祖父朱元璋活着的时候，就已经意识到这个问题的严重性。有一天朱元璋非常自信地对惠帝说：“我把防御蒙古的任务交给诸王，边防既有保障，你就可以做个太平皇帝了。”惠帝沉思后说：“边境不安定有诸王抵御，诸王不守本分，由谁来抵御呢？”朱

元璋反问说:“你的意见如何?”惠帝坚定地回答:“用德来怀柔他们,用礼来制约他们。这两条不灵,就削去他们的地盘,更换他们的封地。到再不行的时候,就只好用武力讨伐。”朱元璋闻言有理,便高兴地说:“对,再没有其他更好的办法了。”但惠帝是个有识无胆优柔寡断的年轻天子。即位后为了应付这个局面,他首先起用了齐泰和黄子澄两个亲信。一天晚上,惠帝把黄子澄叫到密室中说:“诸叔父各就封国,拥兵自固,若有事变,我该如何对付呢?”黄子澄引用汉平七国的例子,为惠帝出谋划策。惠帝又与黄子澄商量先拿谁开刀呢?齐泰主张先收拾燕王朱棣,认为以免打草惊蛇。但黄子澄则认为,周、齐、湘、代、岷王过去就有犯法行为,先削五王名正言顺。并且周王还是燕王的同母弟,削去周王的封国,就等于砍去燕王的手足。惠帝同意按此法办,即下令将周王朱橚抓起来,削去王爵,降为平民。同时岷王朱梗、代王朱桂、齐王朱本的王爵也先后被削去,湘王朱柏则自焚而死。

朱棣虽远离京都,身居北平,但京中发生的事情,他却无不知晓。听到前五王的命运,左右权衡,觉得与其束手就擒,不如举兵造反。

建文元年(1399)七月五日。朱棣以“清君侧”为借口,说朝廷出了齐泰、黄子澄等坏人,必须起兵诛杀他们。于是,燕王削去建文年号,自置官属,布告天下,下令讨伐。历史上著名的“靖难之役”爆发。

朱棣起兵后,以闪电战术连拔怀来、密云、蓟州、遵化数州县,抢先攻占了北平北面和东面的一些军事重镇,补充了兵源,排除了后顾之忧。接着集中兵力对付朝廷的问罪之师。

当时朝廷中的元勋宿将在“胡蓝”大案中,已经诛杀得差不多了,侥幸活着的也寥若星晨。战事爆发,闻报朝廷,惠帝几经斟酌,只好命令年已古稀的老将耿炳文,带兵30万北伐燕军。两军交战不久,南军先锋部队全军覆没。八月南军主力部队又再败于滹沱河北岸。

这样惠帝只好以李景隆代炳文为大将军。李景隆本来是个膏粱子弟,素不知兵。朱棣设计撤去芦沟桥防线,诱敌深入。他把固守北平的重任交给儿子朱高炽,自己领兵直趋永平大宁,逼宁王交出精锐部队,包括朵颜三卫的蒙古骑兵收归己有,由此增添了几万精锐兵力。

无勇少谋的李景隆,果然上了朱棣的圈套。他听说燕王出师救永平,便于十月驱兵直指北平。南军中唯有都督瞿能勇敢善战。他率领自己的儿子及前锋部队,直杀入张掖门。正当胜利在望的关键时刻,心胸狭窄的李景隆怕瞿能得了头功,竟然命令暂停进攻,命大军全到了一起发动总攻。这样就给燕军以喘息的机会。当时正值隆冬寒天,气温骤然下降。朱高炽命令将士连夜向城墙泼水,瞬时便结下厚厚的一层冰。待李景隆率大兵赶来,早已失去了战机。南军久攻不下,反而被从大宁永平胜利回师的朱棣,大败于城下。李景隆率先逃遁,连夜奔回德州。南军士兵见主帅已逃,也都潮水一般一泻千里,落荒而逃。

不久李景隆又纠集60万大军北上,与朱棣大战于白沟河,复又大败。南军将士被杀死的溺死的有十几万人。又经过几番苦斗,1402年,朱棣率领大军,从馆陶渡过黄河,在击败阻击的南军后,一路不计城池得失,挥兵直取扬州。

明帝见势不妙,急忙派使臣到燕军营中议和,答应割地休战,但此举被朱棣拒绝。

1402年六月初三，朱棣挥师渡江。燕兵舳舻相接，旌旗蔽天，金鼓如雷。南岸的守兵见状吓得魂飞胆破，一经交战，即全线崩溃。明帝又派人议和，朱棣根本不予理睬，驱兵直逼南京城下。据守金川门的谷王朱橞和李景隆，见燕兵杀来，便开门迎降，京师遂破。惠帝去向不明。建文朝亡，历时三年之久的朱姓皇族内的夺权之战，终于以朱棣的胜利而告终。

建文四年(1402)，43岁的燕王朱棣终于在文武群臣的拥戴下登上了皇帝的御座，以明年为永乐元年。

整顿国政　传扬国威

靖难之役告捷，朱棣终于登上皇帝宝座。即位初，全国上下局势严峻，朱棣审时度势，采取了镇压和怀柔并用的两手政策，以稳定动荡危急的政治局势，巩固皇位。

朱棣将朱允炆的旧臣陆续捕获后，稍有不屈，就备受杀戮。不是击齿，就是割舌，甚至截断手足，有的被杀死后，还要诛灭三族。

左佥都御史景清，平时倜傥尚大节。朱棣即位后，令他继续旧任，景清也受命不辞。有人见他这般行为，说他偷生怕死，有愧先帝。对此，他毫不介意。两月后的一天，他偷藏匕首上朝，刺杀朱棣未成。朱棣将他剥皮，悬于城门。事发后不仅景清全家诛杀，而且顺藤摸瓜，株连左邻右舍，甚至连他出生的村子也都斩尽杀绝。这种空前绝后的大清洗，史书称之为“瓜蔓抄”，先后被杀的人达数万之多。

朱棣在严厉镇压建文前朝部分反抗的旧臣的同时，对跟随他“靖难”夺位的文武功臣，都给予提拔重用，并给予丰厚的奖赏；对战死的将士，也尽行追封。周、齐、代、岷四王，全予恢复原爵，各令归国。对朱允炆的故吏，只要能够真正归附新朝，朱棣也有选择地量才施用。

朱棣是以藩王起兵“靖难”而夺取皇权的，他自然深知藩王拥兵过重对中央皇权所造成的威胁。他当了皇帝之后，为掩人耳目，稳定当时的局势，曾一度恢复了周、齐、代、岷四位亲王的封藩。但几个月之后，他就寻找罪名，首先削夺了代王和岷王的护卫军队，接着他又将齐王废为庶人。永乐十年(1412)，辽王的护卫军队被削除；拥有护卫军队最多的宁王，也早于永乐二年(1420)被改封南昌。永乐十八年，周王被指控企图谋反。朱棣召他入京，把揭发他的状纸拿给他看。周王慌忙跪下请罪，并主动献出了自己的护卫兵。

这样经过几年的努力，威胁最大的几位藩王的护卫军全部都被解除了，进一步加强了中央集权的封建统治。

削藩之后，如何加强北方的军事力量，以防外寇入侵？朱棣经过深思熟虑，决定迁都北平。北平是朱棣的发祥地，且距北面边防很近且屯集有重兵。天子居中，正所谓可以居重御轻。

永乐四年(1406)，朱棣在不惜杀掉反对迁都的某大臣后，下令修建北京宫殿，并重新改造北平旧城。

永乐十八年(1420)工程竣工。就在这一年，朱棣宣布自明年起，以北京为京师，改南京为留都。永乐十九年(1421)春，朱棣正式车驾北迁。

首都北迁后，南京为留都，并称南北两直隶。这样南京除了没有皇帝外，其

中华帝王

他各种官僚机构以及设置和首都北京几乎完全一样。朱棣任命自己的亲信驻守留都，掌管着南京的一切留守、防护事务。

其实，朱棣夺位之初，即打定了要迁都的主意。永乐元年(1403)，他钦定了北平为北京，并着手组织力量修京杭大运河，以沟通北京与南方各地的联系。永乐九年(1411)，朱棣又命令工部尚书宋礼疏浚会通河，并沿运河建闸 38 座，以提高水位。至此，京杭大运河开始真正畅通，使南方的粮米和丝帛等物资通过漕运源源输往北京，北方物产也通过运河南下，大大增强了南北经济的交流，为迁都北京准备了条件。

朱棣即位后，在加强皇权，创造安定团结的政治局面的同时，在经济上继续推行朱元璋休养生息，移民屯田和奖励垦荒的政策，努力恢复和发展遭受战争破坏的社会生产。

长达三年的"靖难"之役。淮河以北的广大田地，杂草丛生，荒凉衰败。再加上蝗虫灾害，使刚刚发展起来的农业生产，开始出现大幅度的滑坡。朱棣对此采取了一系列措施，努力振兴农业经济。首先是迁移苏州等十郡和浙江等九省的灾民充实这一地区。不久又先后迁移山西、山东、湖广等地少地的农民和无业流民到北京及北方地区屯垦。在"靖难"战争中遭受破坏严重的地区，政府还发给耕牛、农具，帮助他们尽快恢复生产。同时，朱棣还采取严厉措施，惩处贪官污吏，限制僧道发展，赈济灾民。

由于这些措施得到了有力的推行，使永乐朝的农业经济比洪武时代又有了新的发展。各地每年上缴京师的赋粮达数百万石以上。全国府县的仓库里还积存着大量的粮食，陈陈相因，以至红腐不可食。

随着农业的繁荣，手工业和商业也有了长足的进步和发展。遵化冶铁厂是明永乐时所建的最大的手工业工厂。永乐时代的造船业也有了相当大的发展，所修造的航海宝船，最大的长 44 丈，宽 18 丈，可乘载 1000 多人，并备有航海图和罗盘针等先进航海设备，成为当时世界上最先进的造船国家。

在长期的实践中，朱棣渐渐体会到：金玉之利是有限的，而书籍之利则是无穷的。所以在他执政期间，特别重视科学文化事业的发展，注意文化典籍的搜集整理工作。

永乐元年(1403)七月，朱棣授命解缙组织编纂《永乐大典》。他要求："书的内容要务求详备，凡有文字以来的经、史、子、集百家之言，以至天文、地志、阴阳、医卜、僧道、技艺之言都要收罗进去，毋厌繁浩。"根据朱棣的旨令，解缙于永乐二年(1404)十一月，类书初稿编纂好。朱棣审阅后，认为取材不够完备，下令重修。同时加派人员与解缙一起监修。同时降旨礼部，选择内外官员、全国宿学老儒及著名学者充任纂修，选派生员充当缮抄员。这样，先后调集了 3000 多人，用了 4 年的时间，终于完成了这部拥有 22937 卷，约 3 亿 7 千万字的世界当时最大的类书的编纂任务。朱棣审阅后十分满意，赐名《永乐大典》，并亲自作序命人抄写了两部。可惜后来八国联军入侵北京时，此书大部遭焚毁，剩下的也多被劫走。

在对外关系上，朱棣一面广泛吸引外国使臣来中国贸易，一面派出自己的使团走出国门，出访外国。永乐年间，郑和七下西洋的伟大壮举，就是在朱棣亲自授命下，组织的一项规模最大、影响最深远的外交活动。

对这次大规模的外交活动，朱棣做了多方面的周密的准备工作。永乐五年

(1407)，朱棣下令在翰林院开设“八馆”训练培养通晓外国语言和国内少数民族语言的人才，同时朱棣还命令福建沿海修造大批海船，仅永乐元年(1403)，福建造船厂就建造海船137艘，永乐五年(1407)又改造海运船249艘。同时，考察选拔了一批忠于职守，才貌出众，能够执行外交政策的人才。

永乐三年(1405)，朱棣经过多方考察，终于选定了宫廷内官兼太监郑和为出使西洋各国的外交使节。郑和是明朝初年云南昆阳(今昆明市普宁县)回族人。原姓马，后因随燕王朱棣参加靖难之役有功，赐姓郑。明洪武十五年(1382)，他12岁被明军俘获至军营，因他的祖父和父亲生前都先后到麦加朝拜过克尔白(一块被称为伊斯兰教圣物的黑色陨石)。这样，郑和从小就了解到西洋的一些风土人情。

永乐三年(1405)七月，郑和率领27800多人的远航队伍，带着大量的丝织品、瓷器、铁器、布帛和充足的口粮、日用品等，分乘62艘宝船，自刘家港(今江苏太仓浏河镇)集合启航。

郑和的船队首航直抵占城(今越南)，然后往南到达爪哇、苏门答腊(今印度尼西亚)，再往西航行到满剌加(今马来西亚)、古里(今印度南部)等国。

自此之后，郑和历经永乐、洪熙、宣德三朝，先后29年，7次下西洋，行踪遍及今东南亚、印度洋沿岸和非洲东海岸等三十几个国家和地区。他们每到一个国家，都以明朝使节的身份，向当地的国王或首脑赠送皇帝朱棣的礼品，表示建立邦交，发展两国友好关系的诚意，并邀请他们来中国访问。并同当地官府进行贸易，从各国收购了许多象牙、珍珠、珊瑚、香料等物品，受到当地人们的热情欢迎，人们称大明船队为“宝船”。

郑和遵照朱棣的命令，远航西洋，不仅大大促进了我国和亚洲、非洲国家的政治、经济、文化交流，增进了各国人民的友谊，而且把我国古代的航海事业推向了一个新的高峰。

在郑和下西洋之后，许多国家的国王、首脑或使臣，纷纷来到中国访问，建立了邦交和贸易关系。中国到东南亚去的侨民，也迅速增加，他们带去了先进生产技术和文化知识，为南洋的开发做出了重大的贡献。

发展生产　巩固边防

朱棣虽是以非传统方式登上皇帝御座的皇帝，但他确是一位治国安邦的民族英雄。当他雄心勃勃从朱允炆手中夺过大明御玺的时候，他面临的不仅是前朝旧臣的激烈反抗，而且还要对明朝周边少数民族的侵扰作出及时的恰如其分的反应。朱棣即位后，继承父亲朱元璋的未竟之业，以通好和防御两种策略巩固和发展了大明朝多民族国家的统一事业。自古以来就居住在白山黑水之间的女真族，是一个古老的民族，为我国满族人民的祖先。在秦以前，女真叫肃慎，隋唐又叫靺鞨，辽代后始称女真。明朝建立，朱棣继位，于永乐元年(1403)，即派刑枢等使臣前往奴儿干地区诏谕。女真各部的首领相继归附，甚至连一些元朝故臣也入京，进贡马匹。对此，朱棣下令，在开原设立马市，同海西、建州两部进行交易。同时，发给女真酋长许可证，每年都可到指定的地点做买卖。对于前来参加马市贸易的女真族首领，朱棣还命当地官员赏以猪羊酒席，以资鼓励。因此，在整个永乐时期，女真族都按时入贡，奉职唯谨。明朝有所征调，每调必赴。各族

人民和睦相处，友好往来。

后来，朱棣继父亲在辽阳建立了辽东部指挥使司后，又下令设立了奴儿干都指挥使司，在当地先后设置了370卫，20所，任命当地部族酋长担任卫所官员，且代代承袭。建州卫指挥阿哈出还以军功被朱棣赐姓名李思诚，其兄弟子侄也一个个当上了明朝的官。

为了便利运输军需、贡赋物品和传递公文，朱棣下令在元代驿站的基础上，扩建、新建驿站，延长或新辟线路。当时从辽东通往东北各地区有6条交通干线，开原为6条干线的起点。这些干线东至朝鲜，西达今蒙古，东北抵达满泾站，西北通向今满洲里以北，形成了四通八达的交通网。

奴儿干都司设置后，宦官亦失哈等人曾多次奉命到此地，对当地少数民族进行宣谕抚慰。永乐十一年(1413)，亦失哈第三次到奴儿干时，在都司城的西南，黑龙江河口对岸的山上建永宁寺，记述设置奴儿干都司的经过和亦失哈等屡次宣谕镇抚其地的情况。它记载了我国各族人民共同开发黑龙江、乌苏里江流域的历史业绩。

尽管朱棣在发展大明同周边各民族关系中做出了积极的贡献，但真正展示朱棣雄才大略的是他五次远征漠北的战绩。

元顺帝逃往漠北以后，于洪武三年(1370)死于应昌(今内蒙多伦县东北)。春去秋来，几代逝去，蒙古贵族内部逐步分裂成鞑靼、瓦剌和兀良哈三部，其中鞑靼部最为强盛。三部之间经常仇杀，但更时常南入侵扰明朝边境。朱棣仍然采取父亲朱元璋“威德兼施”的对蒙政策。一面与之修好，封各蒙古部落酋长为王，赐予金银、布帛、粮食等物品；另一方面积极防御，从嘉峪关起沿着长城进入辽东至鸭绿江一线，先后建立了9个边防重镇，即所谓九边。这九个军事要塞都配有精锐军队，以抵御蒙古贵族的南下侵扰。

永乐七年(1409)四月，朱棣遣都督指挥金塔卜歹、给事中郭骥带着大量绢币前往蒙古各部招抚。其中，瓦剌接受招抚，朱棣即敕封其首领马哈木、太平、把秃孛罗为顺宁王、贤义王和安乐王。而鞑靼可汗本雅失里，不但拒不归附，还杀了使臣郭骥，发兵进攻明朝边境。

朱棣闻讯即授淇国公邱福为征虏大将军，统兵十万，北征鞑靼。临行前，朱棣叮嘱邱福，“毋失机，毋轻犯，毋为所殆。一举未捷，俟再举。尔等慎之。”但邱福却有负众望，轻敌妄进，全军覆没于胪朐河(今蒙古人民共和国境内的克鲁伦河)。恶讯传到京师，朱棣怒不可遏，追夺邱福的封爵，以书谕皇太子监国，决意立即选练兵马，来春亲征。

永乐八年(1410)春，朱棣率师北征，命户部尚书夏元吉留守北京，接运军饷。自领武将文官，督师50万出塞。五月，人马行至胪朐河，本雅失里不敢接战，北逃斡难河。朱棣挥师追杀，两军遂大战于斡难河畔。朱棣率军冲锋掩杀，大败敌众。本雅失里丢弃辎重牲畜，只带着7骑渡河逃走。

朱棣首次北征鞑靼告捷后，又先后于永乐十二年(1414)、永乐二十年(1422)、永乐二十一年(1423)，四次亲征漠北。朱棣数次发动对蒙古贵族的征战，一方面有效地防御和打击了其侵扰，但也确实耗费了大量的人财物力。第三次出征，仅运输粮草一项，就用驴34万匹，车177500辆，民夫235000多人，计运粮37000石。户部尚书夏元吉、兵部尚书方宾等廷臣，力谏罢兵，休养兵民，严敕边将守备。但朱棣不

听，且把反对北征的朝臣逮捕入狱，有的迫害致死。朱棣在力排众议的情势下，于永乐二十二年(1424)，又发动了第五次亲征阿鲁台的战争。

征伐大军在漫漫荒漠日夜兼程，但放眼百里不见敌人的踪影。以后根据闻报又多次扑空，将士死伤疲惫，劳而无功。朱棣方知边报不实，心里不免怅然。他望着漠漠荒沙，懊恼不已。但终因军粮将尽，不敢久呆，只好下令班师回京。大军行至一处叫清水源的地方，朱棣见路旁有一石崖陡峭数十丈，便命大学士杨荣、金幼孜刻石纪功，刻石纪功后，朱棣突感身体少有不适，几日之后，病情猛然加重，永乐二十二年(1424)七月下旬，朱棣率师达到榆木川(今内蒙古乌珠穆沁附近)已是气息奄奄，不可救药。他知道自己不能再亲理朝政了，便召英国公张辅入内，嘱咐后命：传位皇太子朱高炽，丧礼一律照父亲朱元璋的遗制办理。言毕，当即与世长辞。

噩耗降临，张辅、杨荣、金幼孜含泪议定，六师在外，不便发丧，严密封锁消息，载着遗体，仍然是翠华宝盖，亲兵侍臣拥护前行。暗中派太监海寿，驰赴京师急报太子。太子朱高炽闻报，含恸迎入仁智殿，加殓纳棺，举丧如仪。葬于长陵。

朱棣卒年 65 岁，在位历 22 年。尊谥“文皇帝”，初庙号“太宗”。至嘉靖十七年(1539)改庙号“成祖”。

朱棣宫闱秘闻

徐皇后颁《内训》

成祖朱棣高高的个子，相貌堂堂，在明代皇帝中是不可多得的英主。成祖宫中的徐皇后也非比寻常。徐皇后是开国元勋徐达的长女，自幼娴静端庄，喜好读书。太祖朱元璋和徐家十分熟悉，特别喜欢此女，便召见其父徐达：

“朕与卿家，布衣贫贱之交。自古以来君臣默契，大都结成儿女亲家。卿有淑女，就与朕子朱棣做配偶如何？”

徐达满心应允。太祖高皇后也从心里喜欢这个儿媳妇。

成祖自年轻时起，对徐皇后就是既敬又爱。徐皇后对成祖的脾气秉性也是了如指掌，不时循循规谏。宫中的妃嫔、侍女，徐皇后对她们的要求也很严格，常常劝谕宫人说：

“古往今来，妇人侍奉丈夫，不应当只是馈食衣服，更要随时规劝。朋友的言谈话语，有从有违，夫妇之间，则须委婉使其接受。我早晚侍奉皇帝，从来以黎民百姓为重，尔等也要努力遵行才是。”当初，皇后弟弟徐增寿，被建文帝所杀。成祖即位，要追赠位给徐增寿，皇后不同意，皇帝不听，到底还是封了，让徐增寿儿子袭封，并把这事告诉皇后。皇后说：“这不是我的意思。”说啥也不谢皇帝。皇后住在宫中，常穿布衣，以此为六宫做出榜样。

徐皇后文字功夫也好，她收集历代《女宪》、《女诫》，写成《内训》二十篇，颁行天下。

永乐五年十一月，将《内训》颁赐群臣，让群臣用于家教。当初，皇后在宫中阅览古代典籍，写作这本书作为女人的行为规范。书的类目分德性，修身，慎言，谨行，勤励，警戒，节俭，积善，迁善，崇圣训，谨贤范，事父母，事君，事舅姑(公婆)，奉祭祀，母仪，睦亲，慈幼，逮下(关怀厚待下人)，待外戚，共二十篇，名为《内训》。

皇后的妹妹为何做了尼姑

永乐五年(公元1407年)七月,徐皇后一病不起,去世时只有四十六岁。成祖中年丧妻,万分悲悼。群臣为了继立皇后的事情费尽了心机,推荐的人选,成祖百般推脱。倒不是成祖无意立后,只是他担心意中之人未必能轻易到手。

徐皇后有个小妹名唤妙锦,名门闺秀,年轻貌美,成祖早已倾心,只是皇后在世时不好提起。如今继立皇后,成祖的心愿,非此小姨不立。

中山王徐达这时已作古多年,府中大小事情都由徐老夫人主持。小女能进御皇宫陪王伴驾,老夫人倒是乐得应允。连日来王府内张灯结彩,热闹非凡。宫中女官出出进进,妙锦虽然深居闺中,自大姐去世后,她对于有关自己的婚姻大事也略有耳闻。眼看府中的这般动静,她已料定是为自己婚事而来。妙锦素来对姐姐、姐夫的宫中生活就不羡慕;更厌恶深宫内院里的明争暗斗,互相倾轧;再说对自己的姐夫——成祖皇帝,她也没有什么好感。妙锦下定决心拒绝成婚。她紧紧关闭闺门,整日不出。宫女家人只道她情知大婚临近,女儿家羞于见人,所以不断前来劝慰。

南京城中,朝野上下,早已传开皇帝不日将迎徐府小姐的消息,成祖也满心喜悦地等待着婚期的到来。徐府内的气氛偏偏一日紧似一日,妙锦姑娘坚持闭门不纳,徐府上下苦口婆心地围在门前,劝说小姐接受皇命,成就好事。宫中女官手捧锦盒,恭立门外,敦请小姐接受聘礼,更换服饰。

妙锦缓缓推开闺门,愁容满面,冷冷地对宫女们说:

“请代我奏明皇上,就说妙锦无德无能,不配六宫之选。请皇上另择贤媛。”

说完,妙锦返身再次闭紧房门。宫女见状,只得回宫禀告皇上。成祖素知妙锦性情清高,也不以为意,心想好事多磨,暂且放一放,日后慢慢再议也不为迟。

数日之后,徐府匆匆来人奏上,妙锦姑娘已经潜出王府,在南京郊外的庵堂中削发为尼了。好端端的一个女子,不想竟然遁入空门,厮守青灯古佛去了。成祖懊丧得很,决意不再继立皇后,只命王贵妃摄行六宫事宜。

成祖建功立业,所向披靡,惟有宫中事令他郁郁寡欢。

明成祖与朝鲜女子恋情揭秘

永乐七年(公元1409年),邻国朝鲜进贡数名美女,个个能歌善舞,楚楚动人。在金殿猩红的毡毯上,几位朝鲜姑娘长袖舞飞,舒展歌喉。成祖和大臣们看得眼花缭乱,突然,鼓声骤停,歌舞戛然而止,偌大的殿堂上静寂无声。成祖目不转睛,还在凝神观望,帷幕后传来悠扬的萧笛声,只闻其声,不见其人,犹如少女在云雾中婉转歌唱。帷幕微微飘拂,一位妙龄女子,口含玉萧,缓缓而出,那婀娜的身影飘然而至,成祖如遇天仙一般。

一曲终了,吹萧女权氏款款移到御前,深施一礼。成祖仔细端详,姑娘肌肤莹洁,面容娇艳,当下诏选入宫,册封贤妃。贤妃之父授封光禄卿。

成祖对朝鲜女子一见倾心,爱慕至深,也许是天缘巧合,史书大都记载成祖是太祖高皇后亲生。其实不然。当年太祖朱元璋的妃嫔之中,有一位朝鲜进贡的养女碽氏,生下一子,即后来的成祖朱棣,由高皇后一手抚养长大,而碽妃不知出于什么原因被赐死。成祖朱棣深知此事,因此在他做了皇帝之后,特意在南京

大兴土木，修建了报恩寺和报恩塔，纪念生母碽氏。报恩寺大门终年紧闭，外人很少知道内幕。

成祖为朝鲜母亲所生，如今又与朝鲜女子形影不离。过了一年光景，成祖率军北征，权妃执意请求随驾同行，这可正中成祖下怀。权妃是北国女子，一朝卸去红装，头戴金盔，身披银甲，跨上战马，气度非凡。不仅成祖精神振奋，就连三军将士也无不欢呼雀跃。

战事顺利结束，大军挥师凯旋。途中，权妃偶感风寒，为了不使成祖分心扫兴，她支撑病体继续随军前进。人马到达山西临城，如花似玉的权妃，一病不起，告别了人世。

成祖痛失权妃，终日闷闷不乐，不知不觉走到东裕库，值班的女官，忽然发现圣驾临幸，慌忙跪迎出来。施礼之间，成祖痴痴愣住：这女官面貌酷似权妃，勾引得成祖几乎不能自持。女官名唤王嬬妹，家住海南，才艺双全，现在宫中充作司彩，掌管聚藏缎匹，成祖怜玉之心难掩，执意将她召幸内寝。不承想王姑娘毫不动心，词意恳切地请求道：

“妾身自幼生长村野之家，不敢充斥后宫，万望陛下收回成命，赐妾返回家乡！”

成祖胸中刚刚涌起热情，恰似被一盆冷水浇过，尴尬了好一阵儿，他才长舒一口气，对身边的管事太监说：

“将她放还归家吧！”

说完，成祖蹒跚地折身回宫去了。

朱棣做龙靴秘事

燕王朱棣夺了侄儿的皇位，当上皇帝，改年号为永乐。朱棣虽登上皇帝宝座，心里却七上八下地直翻腾，想起自己以武力和阴谋手段篡夺了帝位，又接二连三地杀了许多功臣名将，沾满了鲜血的一双手便不由自主地颤抖起来，杀的人越多，心里越觉得空虚。

为了填补心里的空虚，永乐和近侍大臣密议，准备迁都北京，派大臣宋礼到四川、湖广、江西、浙江、山西等地采木备料，征召二十多万工匠和上百万民夫和士兵，在北京大兴宫室，以显示自己当皇帝的威风。

历时十五年，富丽堂皇的宫殿终于建成了，永乐皇帝身着龙袍玉带，威风凛凛地登上金銮殿，可是，低头一看，脚上穿的鞋子却大煞风采，底薄，帮浅，走起路来软绵绵地使不上劲，皇帝的威风自然也摆不起来了。

一天早朝时，皇帝下诏，让文武群臣讨论一下关于皇帝的靴鞋问题。决定在全国征召技艺高超的鞋匠，设计一批鞋样进献宫中。永乐把样鞋一试，都不合意，一生气，前后斩杀、关押了数千名鞋匠，但是，由于民间的鞋匠谁也想象不出皇帝想穿什么样的鞋，抓得人再多，永乐皇帝还是没有穿上可意的鞋子。

这一年正月十五日元宵佳节，家家张灯结彩，满城灯如星海。永乐皇帝微服出访，他信步走到宫外一条小街上，见家家门上贴着喜庆的红纸对联，上前仔细一看，竟都是奉承当今皇上的，顿时喜上眉梢，心里甜丝丝的。忽然，他发现前边一家小店却冷冷清清，在昏黄的灯光下，连一副对联也没有贴，心里很不是滋味，气呼呼地令太监上前责问，太监三步两步来到店门前，说：

“在这大吉大利的日子里，你们门前竟敢这么冷落，是对当今圣上的大不敬！”

店主人见来人气魄很大，便毕恭毕敬地回答道：

“不敢！不敢！只因连年应征服劳役，上百万人修宫殿，误农时，废蚕业，苦不堪言。小店以做鞋为业，生意很不景气，家中无米下锅，哪来的钱请先生写对子呢？”

太监回禀了皇帝，永乐一听是一家鞋店，便动了心，啊！是做鞋的，说不定能做出一双新式样的鞋呢？边想边走到店门口说：

“把纸墨拿来，我给你写对联！”

不一会儿，店主人铺开了大红纸，捧来笔砚。永乐提笔疾书，说话的工夫，一副对联写成了。大家围拢来吟诵，对联是：

“粗麻绳细麻绳麻绳捆进财神来

大楦头小楦头楦头掀出穷鬼去”

横批是：

“双双走俏”

且不说“捆神”“掀鬼”用词吉利不吉利，单就皇帝亲手写的对子贴在门上，很快就轰动了京城。文武大臣也不管鞋店的鞋好不好，合适不合适，不管是缺鞋穿和不缺鞋穿的，为了给皇上捧场，每个人都三五双十来双地去买鞋，一时间小鞋店生意兴隆，财源茂盛。

店主人一看生意越做越好，便请来了不少能工巧匠，互相切磋琢磨，更新鞋样，提高质量。“一个巧皮匠，没有好鞋样，两个笨皮匠，彼此好商量，三个臭皮匠，顶个诸葛亮。”经过集思广益，鞋样果然翻新了，昔日的穷小店主，一下子成了家有万贯的财主。

正当鞋店生意越做越大的时候，忽然接到圣旨，要他为皇帝做龙靴。鞋店主人一听，吓了一身冷汗，心想，过去不少鞋匠做的龙靴不合皇帝心意，不是被杀，就是押起来了，这一次自己要大祸临头。又一想，是福不是祸，是祸躲不过，皇帝是金口玉言，小民无法违抗，只有横下一条心，冒死为皇帝做龙靴。

店主人连夜把店里的有名鞋匠找来，大家一起研究皇帝的龙靴做成什么样子。

经过多次商议，他们决定做一双不讲究轻便，只讲究式样美观、典雅，走起路来雄姿威武的龙靴。这样的鞋，鞋底要厚，鞋帮要深，面料要好，刺绣图案不仅要精巧，还要有金龙腾飞、松鹤延年等图样，表现出江山永固、唯我独尊、圣祖万岁的含义。

鞋样设计出来了，他们不惜花费材料和人力，终于制成一双龙靴，这双龙靴用千层布堆积的鞋底，周围涂上白银粉，鞋底之高足有二寸，鞋帮是用金丝绒料绣上跃跃欲试的飞龙舞凤，五彩缤纷，鞋帮之深足有三寸，看上去既庄重又大方。龙靴送进宫里，永乐皇帝试穿以后，赞不绝口，连声说：

“这种样式的高底靴穿上很有气魄！很有气魄！文武大臣都可以穿。”

立即下旨，重赏店主和鞋匠。

皇帝一句话，满朝文武立即奉行，每人都买了一双，上朝时一个个都迈着方步，一走路发出格登格登的响声。

明英宗朱祁镇

英宗朱祁镇

宠信宦官　土木惊变

朱祁镇虽然做了皇帝，但仍是一个玩童。宣宗也知道，9 岁的儿子即便登上皇位，也没有能力行使皇权、管理国家，因而他在临终前留下了一道遗诏，命令大臣，凡是国家的一切大事，都必须请示他的母亲太后张氏。这时，有人请太皇太后垂帘听政，遭到了她的拒绝。但实际上，凡是朝廷大事，都要先告知张氏，再送往内阁议决实行。由于张氏的把持，再加上大学士杨士奇、杨荣、杨博等一班仁、宣时期富有经验的老臣主持着政务，正统初期，基本上继承了仁宣时期的各项政策，保持了社会的稳定，朝政在以往的轨道上正常运行。

然而，在这平静的表面之下，宦官王振却在悄悄地窃取权力，干预朝政，并终于酿成大祸，导致英宗为北方的瓦剌所俘。

王振是山西蔚州（今蔚县）人。他非常善于逢迎，因而深得朱祁镇的欢心，两人几乎形影不离。朱祁镇登上了皇位，便把王振提拔为司礼监太监。司礼监是明朝宫廷中 24 个宦官衙门中最重要的一个。它掌管皇城里的一切礼仪、刑事和各种杂役，更为重要的是替皇帝管理奏章，代皇帝批答大小臣子上奏的一切公文。皇帝口述的命令也由司礼监的秉笔太监用朱笔记录，再交内阁撰成诏谕颁发。野心勃勃的王振掌握了这样重要的部门，便处心积虑地加以利用，以图达到自已的目的。

明朝从朱元璋开国一直到宣宗，对宦官的管束都十分严厉，这一点王振十分清楚。因此，为了巩固自己的地位，他一面讨好英宗，一面故作姿态，骗取阁臣的好感。王振每次到内阁传旨，都装出毕恭毕敬的样子，但暗地里却拼命拉帮结派。朱祁镇当皇帝不久，太皇太后命王振偕文武大臣在朝阳门外阅兵。隆庆右卫指挥佥事纪广与王振交往甚密，王振竟骗过所有大臣，谎报纪广为骑射第一，并越级提拔他为都督佥事。

渐渐地，王振便有所放肆了。太皇太后常派他到内阁问事。有几次杨士奇尚未决断，王振便自作主张，杨士奇甚为恼怒，一连三日不上朝。太皇太后张氏知道后，立即召人到便殿，指着五个大臣对英宗说："他们都是历经几朝的重臣、忠臣，所有的政策法令都必须与他们商议，如非五人赞成，便不可实行。"她又命人传来了王振，历数了他的种种不规行为，下令赐死。话音还没落，几个女官的刀已经搁在了王振的脖子上。王振立刻面如土灰，浑身发颤。英宗也没见过这样的阵势，他又惊、又怕、又怜，赶忙跪下为王振求情。五位大臣虽然对王振的所作所为不满，但王振得宠于幼帝，为了取悦于皇帝、为了自己的后路，也都跪了下去。太后经众人求情才缓和了脸色，沉痛地说，皇帝年少，决不可用这样的人祸国，今天看在你们的面上先饶了他。从此，每隔几天，张太后都要派人到内阁查问，王振有没有不通过内阁而自作主张的事，一旦发现，即加痛责。

英宗并不把张太后的话放在心上，对王振更加宠信。朝内外的一些人见此

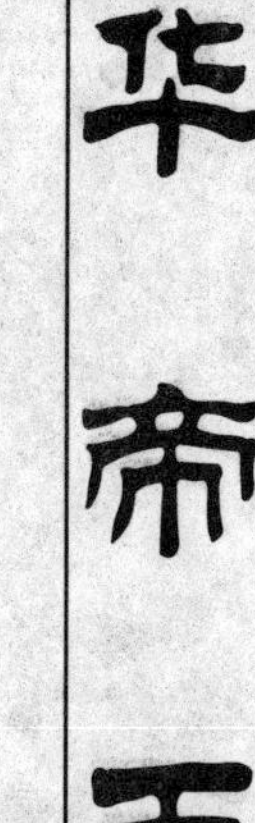

情景，或畏服于王振，或趋炎附势，投靠他的门下，使得王振权势日重。

正统七年(1442)太皇太后张氏病故。在这之前，杨荣也已去世，杨士奇则因为儿子杀人，早已不理朝事。“三杨”中只剩下一个杨博，但已年老势孤。王振再也没有什么可顾忌的了。

明初，朱元璋见历代宦官利用亲近皇帝的有利地位，干预朝政，酿成祸乱，便对宦官立了许多规矩，诸如不许读书识字，不许兼外臣，不许超过四品等等，并在宫门挂了一块铁匾，上写“内臣(即宦官)不得干预政事，预者斩”。王振每当看见这块铁牌，总觉得后背冷嗖嗖的。张太后一死，王振便立即打着英宗的旗号摘去了这块牌子，破了明朝的戒律，去了他的一块心病。

张太后死后英宗也更加无拘无束了。他在王振的怂恿下只管游玩享乐，哪里还管什么铁牌、什么祖宗训戒，朝事全交给了王振。一旦大权独揽，王振便明目张胆地广植私党，打击异己。他的两个侄子，一个升为锦衣卫指挥同知，一个升为锦衣卫指挥佥事。凡是触犯他的，稍不如意，就横加迫害。御史李锋碰到王振不跪，被贬谪铁岭。驸马都尉石璟仅仅因为骂了自己家里的阉人，王振便恨他伤害自己的同类，把他逮入狱中。在王振的淫威之下，公侯勋戚常呼王振为翁父，畏惧灾祸的也都争相攀附于他。有的甚至蓄了须又剃去，拜王振为父，并发誓要学王振终身不蓄胡须。而王振这时不过30多岁。

朝官的谄媚，王振的专横，英宗不仅视而不见、无动于衷，反而认为王振忠心耿耿，是难得的人才，于是对他宠眷益深。正统十一年(1446)英宗赏给王振白金、珍宝等物品，作为对他的奖励，并特赐敕一道，称王振“性资忠孝，度量弘深”，“夙夜在侧，寝食弗违，保护赞辅，克尽乃心，正言忠告，裨益实至”，为王振唱了一曲赞歌。

英宗的昏庸，王振的擅权，终于酿成了一场大祸。

就在王振弄权的同时，北方蒙古瓦剌部的脱欢及其儿子也先逐渐强盛起来，正统四年(1439)脱欢死去，也先嗣位，执掌了瓦剌的实权。也先上台后，开始扩张势力。他先是向西北方向发展，到正统九年(1444)设置了甘肃行省。第二年又率兵攻打明朝所封的忠顺王倒瓦塔失里，并逐步控制了西域要道哈密。与此同时，他又向东发展，攻击兀良哈三卫。面对这一系列的扩张、侵扰，朱祁镇和王振不但不谴责、反击，就是遇到求救也从不派兵。渐渐地也先的势力向东扩展到了辽东地区，向西伸展到今天的新疆、青海等地，从而构成了对明王朝的威胁。对此，明朝有识之士纷纷向英宗上疏，提醒他警惕瓦剌的崛起。正统八年，侍讲学士刘球针对当时的弊政提出了10件应该改革的事，其中第一件就是防范瓦剌。然而，王振看后，认为这是对他的谴责，竟将刘球逮捕，并私自派锦衣卫指挥马顺将其杀害在狱中。从正统四年以后，瓦剌每年都向明朝进贡，也许这也是英宗放松警惕的一个原因。瓦剌每年来进贡的贡使一般都在2000人左右，但常常虚报人数，冒领赏赐。王振总是睁一只眼闭一只眼，加以庇护。

正统十四年(1449)这一年也先再次向明朝进贡马匹，像往常一样实派贡使2000却谎称3000。不知为什么，王振突然心血来潮，一面让礼部按实有贡使人数给予赏赐，一面自作主张将马价减去了五分之四。贡使回到瓦剌，也先勃然大怒，以明朝曾答应将公主嫁给他的儿子失信为借口，于这年七月起兵，分四路向内地进攻。

由于多年战备荒废，塞外明军不堪一击，城堡很快一一陷落，只剩下一座大同城孤零零地被也先围了个水泄不通。前线战败、告急的报告频频传到北京，有时一天多达数十次。英宗顿时慌了手脚，他先是匆忙派驸马都尉井源等四将率兵万人前去迎敌，但很快全军覆灭。英宗不得不又找来王振和群臣商量对策。

贪鄙的王振为了讨功邀宠，动起了劝驾亲征的念头，极力劝说英宗亲率兵马抗击也先。英宗仍像过去一样，只要王振说了话，他就谁的话也不再听信了。他当即传下命令，让太监金英辅佐成王朱祁钰留守京城，兵部侍郎于谦留京代理部务。英国公张辅、兵部尚书邝野、户部尚书王佐及内阁学士曹鼐、张益等文武官员扈驾随征。

如此大规模的军事行动，英宗和王振却视若儿戏，仅通过两三天的筹备，就于七月十六日仓促率领五十万大军，踏上了艰难的征程。随征的文武大臣只不过是为英宗壮威的摆设，一切军政事务均由王振一人专断。

也先得知英宗亲征便佯装败退，诱使明军深入。

英宗率领大军并未遇到什么抵抗。出居庸关，过怀来、至宣府。八月初一，英宗率领部队进入大同。他还想继续北进，追击也先。这时，王振的同党，曾藏在草丛里捡了一条命的大同镇守太监郭敬，把前线惨败的真情密告了王振。英宗和王振又吓得异常恐慌，不知所措，便匆匆决定班师回京。开始，他们准备从紫荆关（今河北易县西北）撤退。这样就可经过王振老家蔚州，从不放过耀武扬威的机会的王振，更想借机邀请皇帝“临幸”他的家乡以光宗耀祖。然而走着走着，他忽然想到，如此众多的兵马经过蔚州一定会将家乡田里的庄稼踏坏，因而遭到乡人的唾骂。这时大军已走了 40 多里，王振却让英宗下令改变行军路线，掉头向东奔向宣府。大同参将郭登得知这一情况，建议英宗仍按原定路线走，这样可确保安全撤回，可英宗没有采纳。

也先闻知英宗退兵，立即派大队骑兵日夜追袭。明军本来有较充裕的时间从容撤退，但由于改变行军路线耽误了时间，很快就被瓦剌骑兵追上。明军殿后部队虽一再力战，但难以抗敌，很快便溃散。

十三日，英宗在明军且战且退的护卫下来到土木堡。这里离怀来城仅 20 里，正确的指挥应当赶紧进城里驻守。王振却因为自己的千余部辎重车辆未到而让英宗在土木堡扎营等候。兵部尚书邝野一再上奏要英宗立即疾驰入居庸关，并组织精锐部队断后。王振却将奏章截留不报。眼见形势十分危急，邝野直接闯进行殿力请英宗迅速入关。王振大声斥骂说：“腐儒哪里懂得军事，再敢胡说就砍掉你的脑袋！”喝令士兵把邝野架了出去。英宗无动于衷，听凭王振施威。就这样，英宗坐失了最后一次机会。第二天，土木堡就被赶上的瓦剌大军重重包围了。

土木堡地势高，无水源，士兵下挖二丈多仍见不到一点水。一连两天人马没有喝上水，士兵一个个饥渴难耐。十五日，也先设计，先是假意派人讲和，并指挥军队诈退。在这种情况下，讲和是英宗求之不得的，他立即派通事二人随瓦剌使者去也先营中议和。王振见瓦剌退兵信以为真，立即下令移营取水。干渴极了的明军一听移营命令蜂拥而奔，马上乱了队形，这时已预有准备的瓦剌骑兵像是从天而降，从四面八方向明军冲来。早已疲困不堪而又完全放松了警惕的明军立即溃不成军，争相逃窜。

英宗亲带亲兵冲了几次都没有成功，眼看突围无望，索性下马面南盘膝而坐。一个瓦剌士兵抓住了他要剥他的衣甲，但看到朱祁镇衣着与众不同，就推搡着他去见也先的弟弟赛利王。堂堂的明朝皇帝就这样窝窝囊囊地做了俘虏。

英宗被俘后，护卫将军樊忠把怒火集中到了王振身上，他猛喊一声，"我为天下诛此贼"，用铁锤猛击王振，王振一声惨叫摔死到马下。

这一仗，随英宗出征的大臣英国公张辅，邝野，户部尚书王佐，内阁学士曹鼐、张益，侍郎丁铭、王永和等五十多位高级官员全部战死。英宗所率五十万军队，几乎是明朝的全部精锐，也差不多全部被葬送。

这次事变就是明史上有名的"土木之变"。它成为明王朝的转折点。

被俘受辱　南归复辟

英宗朱祁镇被俘后，瓦剌士兵开始只是看他的穿戴非同一般，并没有想到抓到了明朝的皇帝。英宗先是被送到了赛利王的营地。赛利王盘问他是什么人，他却反问对方是也先，还是伯颜帖木儿·赛利王。赛利王听他说话的口气很大，非常吃惊，便立即告诉也先说，"我的部下俘获了一人非常奇异，莫非是大明的天子?"也先听后马上让还留在瓦剌营中的明朝议和使者前去辨认，果然是朱祁镇。也先欣喜若狂，他做梦也没有想到竟然能抓到明朝的皇帝，于是认为谋求大元一统天下的时机到了。他把英宗关押起来，准备用他向明朝政府要挟。

英宗被俘曾使明朝上下一度出现混乱，但在太皇太后和大臣于谦等人的坚持下，顶住了朝中一部分人的逃跑主张，紧张而有序地建起了新的运行机制。他们先立了英宗年仅两岁的长子朱见深为太子，让英宗的弟弟成王朱祁钰监国，总理国政。不久清除了王振的死党，加强了北京的保卫，迅速做好迎击瓦剌的准备。接着，为了抵销英宗在瓦剌手中的作用，文武百官又联名上书太皇太后，请立成王为皇帝。九月六日，朱祁钰登基做了皇帝，并改年号为景泰。为了照顾英宗的面子，遥尊他为太上皇。

这一招果然使也先有所失望，但他仍不死心。过了一个月，也就是土木之变后的三个月，瓦剌经过充分准备，挟持英宗，以送英宗回京为名，大军直逼北京。十月十一日，瓦剌军队列阵西直门外，朱祁镇则被放在了德胜门外的一座空房内。

与此同时，明军在于谦的率领下，英勇出击，经过7天的激烈战斗，迫使也先于十五日拔营北遁。英宗也被裹挟而去，他不得不继续留在瓦剌，过着俘虏的生活。

也先本想在抓获英宗后可以挟天子以令诸侯，达到霸取中原的目的。现在看到明朝已立新君，手上的朱祁镇这张王牌已失去了价值。这时瓦剌内部也产生矛盾，可汗脱脱不花私下派使者向明朝献马议和。同时连年的征战也使瓦剌的人民死伤惨重不得安生，于是在这种情况下也先提出与明朝讲和。

朱祁镇的弟弟、已经做了景帝的朱祁钰已不愿放弃皇位，因而内心很不愿哥哥回来。朝议时，于谦劝景帝说天位已定，派使者前往瓦剌迎回太上皇，有利于消除边患。景帝听到皇位不会再改动，才放了心。遂决定升礼科都给事中李实为礼部右侍郎任正使，升大理寺丞罗绮为少卿任副使，率领随行人员于七月一日出发前去瓦剌议和。

朱祁镇见到明朝使者，迫不及待地说，你们回去上复当今皇帝和内外大臣，赶快派人来迎，并表示回去后愿看守祖宗陵寝，或者就做一名普通百姓。

李实回到北京后，也先又两次派使者到北京，双方经过反复谈判，在明王朝在经济上做出许多让步后，也先终于决定放归英宗，十五日，朱祁镇到达北京，景帝与百官集结在东安门迎接，二人相见后执手相泣，寒暄了一番后英宗被送进了南宫（今北京南池子），由也先的俘虏，变为被弟弟幽禁的“囚徒”。

被软禁起来的朱祁镇，在南宫一住就是将近 8 年，这期间，眼看着自己的儿子太子朱见深被景帝的儿子所取代，看着弟弟的皇位日益巩固，他只有哀叹的份儿。心想这一生只能这样渡过了。但谁曾想，天遂人愿，一夜之间，他忽然又登上了皇帝的宝座。

原来，景帝在景泰三年废除了原来的太子朱见深，立自己的儿子朱见济为太子。然而只过了一年多，朱见济却夭折了。景帝只有这么一个儿子，他又不愿传位给朱祁镇的儿子，因而对立太子一事一直不露声色。这时他才 20 多岁，或许是想以后自己还会有儿子。不料到了景帝八年(1457)正月，他却病倒了。当时，一年一度的极为隆重的大典郊祀的日期即将临近，他支撑着病体来到南郊斋宫，把武清侯石亨召到榻前，要他代行郊祀礼。

心怀二心的石亨看出景帝已经病入膏肓，毫无康复的希望。从斋宫一出来，即找到同党都督张軏、左都御史杨善和太监曹吉祥密谋，请太上皇朱祁镇复位，以便得功邀赏。主意一定，他们又跑到太常卿许彬那里商议，许彬认为办成这件事有盖世之功。但他又称自己年纪太大，无能为力，让他们找常有奇策的徐有贞商量。十四日晚上，石亨等人聚集在徐有贞家里，商量如何行动。约定十六日夜举事，石亨等在前一天将计划密报了朱祁镇，得到朱祁镇的默许，于是便分头准备起事。

这时，恰好边吏报警，徐有贞便决计以加强戒备以防不测为名，调一部分军队进入大内，然后直扑囚禁英宗的南宫。军队冲到南宫后，由于门紧锁着，很牢固，徐有贞命令军士抬来巨木，几十个人一起用力抬木撞门，但仍不奏效，他又命令一些士兵爬墙进去，内外合力毁墙，终于很快墙坏门开，他们冲进了南宫。

朱祁镇自从得到了密报，他不知是福是祸，他期待着幸运之神的降临，在忐忑不安中焦急地等待着。听到撞门声，他立即在灯烛之下单独出见。徐有贞等人冲入后，见到英宗立即跪伏在地上，齐声请他复出登位。朱祁镇用力压抑住心头的惊喜与慌乱答应了他们。

军士拥着英宗来到了东华门，守门的卫士喝令他们停止前进，朱祁镇大声喊道：“我是太上皇。”门卫见状，不敢阻拦。众人一直来到皇帝听朝的地方奉天殿。当朱祁镇重新坐在了告别八九年之久的座位上，他激动得近乎于木然。徐有贞等见大事已成，率众军士立即高呼万岁。

十六日，景帝曾通知群臣第二天上早朝，十七日清晨，大臣们一大早就等在朝房中准备景帝临朝。忽然听到宫殿之中传来高呼万岁声，正在惊疑之时，又听钟鼓齐鸣，接着诸门大开，徐有贞出来大声宣布太上皇帝已复位，催促大家赶快去朝贺。事情来得非常突然，官员们一时反应不及，十分惶恐，又见大殿上果真坐的是太上皇，只得列班朝贺。朱祁镇又摆出了皇帝的威严，宣谕复位，并狡称卿等因为景帝有疾，迎朕复位，望仍各司其职。一场宫廷政变出乎意料地平平静

静地成功了。这件事史称“夺门之变”，又称“南宫复辟”。

宠信奸臣　被迫平叛

英宗复辟后，废景帝仍为成王，并把这一年改为天顺元年。病中的景帝被迁往西宫，没过几天就病死了（也有说是被害死的），年仅30岁。他被以亲王的礼仪葬于西山，他的妃嫔也被赐死殉葬。与此同时，英宗将在抗击瓦剌保卫北京、治理国家中立下汗马功劳的少保于谦等一大批官员逮捕入狱。

为了借机报仇，徐有贞与石亨等几个串通一气，唆使同党弹劾于谦、王文阴谋迎立英宗的叔父的儿子为皇帝。廷审时，王文辩白说，召亲王进京须用金牌信符，派人须用马牌，只要查一下内府、兵部就可以真相大白。于谦在一旁冷笑说，这是石亨等人的主意，辩白又有什么用处？果然，经过查对，金牌、信符全在内府。但徐有贞却说虽然没有明显迹象，但用意是有的。这时主审的都御史萧维桢阿附徐、石，竟以“意欲”二字成罪，判于谦等人谋逆罪，处死刑。

开始，英宗十分宠用徐有贞，认为他很有才能。徐有贞便趁机排挤异己，意欲独揽大权。他看到曹吉祥和石亨招权纳贿的劣迹太露骨，英宗对此亦流露出厌恶的神情，便有意与曹、石二人拉开距离。英宗因而对他更为信任，经常屏退左右，与徐有贞一起秘密议事。

在这之前，曹吉祥与石亨在权力争夺中也有矛盾和斗争，但当他们感到受到威胁时，两人又联合起来，密谋对付徐有贞。一次，英宗又与徐有贞议事，曹吉祥让一个小太监悄悄在外窃听。过了不久，曹吉祥在和英宗谈话时，故意将偷听到的内容泄露出来。朱祁镇大吃一惊，连忙问他是从哪里听说的，曹吉祥谎说是徐有贞告诉他的，这使英宗对徐有贞产生了怀疑。就这样，在曹吉祥的不断离间下，朱祁镇渐渐疏远了徐有贞。之后不久，曹吉祥、石亨又唆使言官弹劾徐有贞“图擅威权，排斥勋旧”。于是，徐有贞被关进了诏狱，并被谪戍边，直到天顺四年（1460）才被释放回原籍苏州。

天顺元年十二月，英宗重新审议奖励在“夺门之变”中的有功人员。由于这时的政局已基本上被曹吉祥、石亨所操纵，结果，曹吉祥的养子被加封为昭武伯，他的三个侄子被任命为都督，他门下豢养的士卒因夺门冒功得官的竟多达千人。石亨也不甘落后，他以迎复功最高自居，不仅本人进爵，而且他的侄儿石彪也封为定远侯，他的弟弟、侄子家人冒功而授指挥、千户、百户的50多人，他的部属、亲朋故旧冒名夺门而得官的达4000多人。

由于英宗的宠信放纵，石亨借机培植党羽，扩充实力。他摸透了英宗的心理，常常带几个爪牙到英宗跟前对他说，这几个人是我的心腹，迎复陛下时他们出了很多力。昏庸的英宗只要一听说为他复位出过力，就立即按石亨的要求授予官职。到后来，石亨、石彪叔侄两家养有官员、猛士数万人，将帅中有一半出自他们的门下。

随着权势的扩大，石亨更加胡作非为，横行朝中，他大肆排斥异己，将两京大臣斥逐殆尽。他还屡兴大狱，构陷纠劾他不法行为的言官，使得朝中官员大都十分畏惧他的权势。

直到这时，朱祁镇对石亨才有所认识。起因是石亨在皇城中建造了豪华府第300余间。

一次，朱祁镇在官员的陪同下登上翔凤楼，他遥指石亨的府第明知故问身边的官员说："这是谁家的住宅如此宏丽。"官员们没有一个敢如实相告，大都推说不知，个别的则含混其辞，说那一定是座王府。英宗一笑说"不是这样"，官员们假装惊诧地问"不是王府，谁敢盖这么宏伟的房子"。英宗恍有所悟地长叹了一口气，自言自语道"都是害怕石亨，不敢说他"。从此英宗对石亨叔侄内外拥有重兵的疑虑越来越重。为了削弱他们的兵权，天顺三年(1459)七月，英宗召石彪人京。石彪不肯从命，暗地里指使千户杨斌等50余人到京师奏保，乞令石彪留在大同镇守。这更引起了英宗的怀疑，他命人将杨斌等人收入狱中严刑拷问，杨斌供出了是受石彪的指使。英宗立即严令石彪疾驰入京。石彪一到北京立即被关进了锦衣卫狱。

石亨措手不及，只好上章待罪，请求尽削弟侄官爵，放归田里。英宗没有准许。很快石彪的供词牵涉到了石亨，在朝的一些大臣也上章弹劾石亨招权纳贿、肆行无忌、图谋不轨等罪行，说石亨不可轻宥。于是，石亨也被关进了监狱。第二年二月，石亨在狱中死去，紧接着石彪等人也被处死。

石亨叔侄的下场使曹吉祥等惊恐不已。他们清楚地知道自己的命运与石亨等人是紧密相连的，石亨的结局也许就是他们明天的命运。他们认为与其坐以待毙，不如孤注一掷，发动军事政变。

英宗得悉曹吉祥等人的不法行为后，加强了对他们的控制，派锦衣卫暗中进行监视。曹慌了手脚。天顺五年(1461)七月，恰巧甘州(今甘肃张掖)、凉州(今甘肃武威)告警，英宗下令怀宁侯孙镗统领京军西征，部队正整装待发。曹吉祥等秘密商定在七月初二由其侄曹钦率人袭杀孙镗，夺取兵权，曹吉祥则在宫中率领所属禁卫军为内应。计议已定，曹钦设宴招待他的党徒等待起事。夜至二鼓，酒吃到一半，叛乱军官之一的都指挥马亮怕万一事情不能成功而遭杀身之祸，悄悄溜出来，到皇宫朝房告发，恰好孙镗和另两个军官住在里面，他们急忙草成奏疏从长安门缝隙中投了进去。英宗接到这份报告，便下令火速逮捕了曹吉祥，并严令坚闭皇城各门及京城九门。

曹钦发现马亮去而不归，察觉到走漏了消息，慌忙率领他的几个死党和几百士卒直扑长安门，但一到宫门看已紧闭，便冲到朝房砍杀了几个官员，并纵火焚烧东西长安门。这时孙镗已集合起征西部队攻击曹钦，曹钦不敢恋战，想外逃出城，但各城门已依照英宗命令关闭，没有办法他只好奔回家中，孙镗部队很快冲进来，曹钦走投无路，投井自杀了。三天之后，曹吉祥被凌迟处死。

英宗宠信曹、石，酿成了曹石之乱。在这之后，他虽然也想任用贤臣重治国家，然而，这时的国力已遭到极大削弱，英宗的身体也日渐衰弱多病。天顺八年正月(1464)，年仅38岁的朱祁镇死去。临终前，他命太监草书遗诏，废除了自成祖、仁宗、宣宗以来的宫妃殉葬制度。最后终算办了件明白事。朱祁镇死后被葬于裕陵，庙号为"英宗"。

南宫复辟内幕曝光

英宗复辟秘谋

英宗被俘以后，消息传到京师，朝野震惊。但是，国一日不可无君，在群臣的

督促下，太后降旨，由成王朱祁钰继承皇位，是为景帝。

景帝继位之后，大臣于谦等人在国难当头之时，决心报国雪耻，指挥各路大军展开急攻，取得节节胜利，蒙古部也先一败涂地，只得无条件送还英宗。

英宗返回京师，还不断做着皇帝梦，总想着其弟朱祁钰会主动把皇位让出来。没料到朱祁钰却把英宗视为眼中钉、肉中刺，名义上把他尊为太上皇，实际上软禁在南宫，不许他召见百官，不许他过问朝政，不许他和宫外联系，甚至昼夜派人看守，不许他走出南宫宫门半步。

英宗面对此情，只好忍气吞声地过着“富贵囚徒”的生活。

一转眼，六年过去了，英宗再也按捺不住胸中怒火，暗地里使尽伎俩，决心筹划政变，除掉景帝，自己重登皇位。景泰八年（公元 1457 年），景帝重病缠身，英宗朱祁镇感到时机成熟，立即举行政变。

正月十四日夜，一年一度的元宵佳节到了，北京城里灯山火海，全城沉浸在一片狂欢之中，朱祁镇偷偷地溜出了南宫，躲开一道道封锁线，来到了奉天殿，登上了皇帝龙座，按照事前策划好的，由亲信太监假传圣旨，把文武百官召集到大殿前，随即钟声齐鸣，司礼太监宣布：

“太上皇重登金殿，文武百官进殿朝拜。”

莫名其妙而又惊恐万状的群臣，只好向朱祁镇行了三拜九叩的大礼，“万岁”之声传进一舍。卧病在床的景帝朱祁钰，惊闻钟鼓齐鸣，还不知道发生了什么事，正在百思不解之时，朱祁镇派来的亲兵闯进内宫，把朱祁钰带走，被幽禁在西宫。

景帝朱祁钰一夜之间失去皇位，成了阶下囚，心中闷闷不乐，加上病魔缠身，身体一天不如一天。

英宗虽然幽禁了朱祁钰，心里总是不踏实。想起自己被幽禁六年，最后还是夺了皇位，朱祁钰会不会也这样干呢？如果自己百年之后，皇太子的皇位保住保不住呢？想到这里，下决心彻底消除这个隐患。

这时，景帝朱祁钰还在生病，卧床不起，虽不见好，可也不见坏。于是，英宗就想了个主意，在重登帝位的第三天，召来司礼太监，下了一道圣旨，废除朱祁钰景帝帝号，恢复其成王封号。太监到朱祁钰幽禁的西宫，传达了圣旨，一下把朱祁钰气得口吐鲜血，四肢疲软，头晕目眩，病情加重，生命危在旦夕。但是，经过御医诊治，贴身太监精心调养、服侍，过了一段时间，景帝不但没有死，反倒慢慢好起来了，开始吃些流食，并能起身坐在床上。

景帝被害揭秘

英宗看自己“废帝复王”的手段没能把朱祁钰置于死地，便变本加厉地施展出更加狠毒的另一招。

一天，早朝散了之后，英宗叫来贴身太监，附耳轻声交待了一番，只见那个太监疯子似地向殿外厢房跑去。不多一会儿，和一个四十开外的男子急步走进殿来。原来这人叫蒋安，是英宗的心腹太监。他进殿后急忙拜见叩头。口称：

“皇上万福金安！奴才奉旨前来，请皇上吩咐！”

英宗忙说：

“平身！进上前来，待朕细说于你听。”

蒋安立即站起身向英宗走去，英宗顺手把他的耳朵一拉，咕嘟了几句，又严肃地说："切记，要见机行事，不可妄动！"

"遵旨！"蒋安立即回答，并叩着头拜退。

蒋安奉了英宗的旨意，经过一番周密安排，便伙同御医来到西宫。他以给朱祁钰看病为名，经过一番装模作样的望闻问切之后，对景帝说：

"大王的病情看来似乎有些好转，实则五脏六腑病变的更加厉害！"

景帝听了不禁失声惊叹。

这时，蒋安顺势说了声：

"请王爷多喝白开水，宽宽胃为好。"

说着，转身示意身边侍奉的太监去倒杯水来。那侍奉太监转身刚走出房门，蒋安这边就下了毒手，从衣襟里抽出一条早已准备好了的麻绳，从景帝身后往脖子上一套，用力狠拉，景帝还没寻思过味来，就一命呜呼了。

蒋安同御医收藏了绳索，慌慌张张地夺门而出。刚走到门口，正同倒水去的侍奉太监撞了个满怀，蒋安大声训斥道：

"成王因没及时喝上一口水，干咳了几声，一口痰没上来便断了气！你们先在这门外守候，我等速去禀报皇上定夺！"

说着，二人径直朝后宫去了。

英宗得知景帝已死，心腹之患根除了，便喜出望外地给蒋安和御医分别升了官、赐了宝物。

景帝被害以后，英宗下诏，只让以王礼治丧，不许埋进早已修好的景帝陵，而让埋在京西的金山。

就在埋葬景帝时，有个太监叫王应顺的，曾建议让给已死的景帝穿上笨重的靴子，以防止来世步履轻盈作乱朝廷。英宗是个非常迷信怕鬼的人，听了点头赞成。于是便给景帝换上了一双笨重的靴子，并将两只脚紧紧绑住，以免他的鬼魂跑出来。一切搞好之后，英宗才批准下葬。

葬后的第二年春天，一个漆黑的夜晚，英宗批阅完了奏折，倒在床上就睡着了。他刚睡下不久，朦胧中似乎自己和妃子一起，在御花园中游玩，正玩的高兴，猛然发现有个穿着大皮靴的人，从一个大匣子中走了出来，也在御花园中漫游，大皮靴发出"咚咚"的响声。这时，这个穿着大皮靴的人发现了英宗，一个箭步冲上来，用手解下自己的腰带，冷不防套在英宗脖子上，越勒越紧，起初英宗还大声喊叫"救命"！喊着喊着就出不了声了。

皇后听见英宗在叫，急忙唤醒他，问及何事梦中叫喊？英宗把梦中情形讲了一遍。皇后说：

"皇上忙了一天，太疲劳，思想够紧张的啦，还是好好休息一下吧！待明天我去烧个香，许个愿，祭奠一下菩萨和列祖列宗，让神和祖宗保佑皇上安宁吧！"

说来也真巧，天顺三年（公元 1459 年）的某一天，英宗真的发现有个穿皮靴的人在宫中出没，正待差人过问，这个人却不见了踪影，让太监到处寻找也没有找着。于是，英宗发出一道敕令，严禁民间穿皮靴，发现者严惩不贷。一时间，锦衣卫在城中四处搜查，把穿皮靴的人全都逮捕，关进了监狱。

这样，英宗才算心神安定了许多。

明武宗朱厚照

武宗朱厚照

懒于朝政　除正扶邪

朱厚照的童年是无忧无虑的，他惟一的弟弟朱厚炜三岁时就夭折了，因此他在当太子期间不像前几朝那样，宫廷中充满了争夺储位的尔虞我诈，刀光血影。

朱厚照刚入学时的表现还相当不错。诸儒臣更番进讲子史经籍，时间安排得也很紧，他常常一听就是一天，非常入迷。讲官下课时，他必要拱身致敬，作揖告别。次日，掩卷朗读所学功课甚为流畅。

出于对太子学业的关心，孝宗余暇也爱到学宫去走走看看，提一些问题让朱厚照回答。朱厚照每次听说父亲来了，都立即率宫僚趋前迎接，按照学过的礼节，恭恭敬敬地行事，用心回答父亲的提问。对此孝宗感到很满意。为了使这个嫡出独子增长见识，孝宗外出的时候，总爱将他带上。但谁知这一良好的愿望并没有带来良好的结果。频繁的外出给朱厚照提供了认识皇宫之外世界的机会，使他顿感宫中学屋一方天地的狭小，慢慢书屋失去了往日的吸引力，讲官们的妙语连珠也变得枯燥无味。他就像飞出樊笼的小鸟，再也不愿回到笼中去了。朱厚照心辕意马，于学业上开始疏懒起来。本来太子的游戏时间和种类是不少的，像踢线球、蟋蟀、角抵、百戏这些，都是朱厚照熟悉的消遣方式，但这与置身于皇家林苑之中放鹰犬、泛舟逐流，其中滋味毕竟不大一样，况且朱厚照已经不是牙牙学语的孩子，他需要更多、更新鲜、更富刺激性的游戏方式。也许侍卫在孝宗身边的那些赳赳武夫给他的印象太深，朱厚照对兵器愈来愈感兴趣，进而发展到喜欢骑马弓射。在热心的太监们教习下，打马飞奔、挽弓疾射对朱厚照很快就不是一件难事了。有人将朱厚照的新变化告诉了张皇后，张皇后有些忧虑，但孝宗对此不以为然，说："他这是在学习军事知识，小小年纪就知居安思危，这是件好事，不要多加干预。"

弘治十八年(1505)，一个没有经过很好教育且心已玩疯了的孩子，陡然做了皇帝，终日跟繁复的朝廷礼仪，枯燥的群臣奏疏，繁乱如麻的国家大事打交道，自在惯了的朱厚照，哪里招架得了？于是每日早朝成了他一天最难捱过的时光。他向往太子时期的欢乐，想念在东宫里陪他玩乐的太监们，心情变得浮躁起来。

朱厚照的身边，有个非常阴险的人物刘瑾。这人生于陕西，早年自阉进宫，孝宗时，并没有得势，有次还因为犯了罪要被处死，后来被宽宥，入东宫服侍太子，直到朱厚照即位时，在太监中的地位也不高。刘瑾品性恶劣，狡诈多端，他善于揣摩朱厚照的心理，极力迎合主子的癖好，他知道朱厚照爱玩，因此千方百计经常弄来鹰犬、歌伎、角抵之类供朱厚照玩乐，以后还带他出宫兜风，因此取得了朱厚照的信任和宠爱。不久刘瑾收罗了马永成、高风、罗祥、魏彬、丘聚、谷大用、张永七个太监，他们都有媚上欺下的手段，他们几人相互勾结往来密切恣意横行，人称"八党"、"八虎"，是朱厚照的"私爱"。

在刘瑾等人的引导下，朱厚照即位没多长时间，对朝事就由厌烦发展到不管

不问。大臣们尽心写好的疏奏，他只是划上“闻知”两字，往下便没了结果。他常由持刀拖棍的太监簇拥着，拍马驰驱宫禁，整日泛舟南海。他还不顾皇帝的威仪追逐宫女，三天两头与张永溜出皇宫，或在秦楼楚馆中厮混，或于醉眼朦胧中误认良家妇女为娼妓，任意闯入民宅，纵情笑乐丑态百出。为了掩饰淫荡行为，他先是吩咐专记皇上寝所、幸临宫妃的太监免于记注，后来干脆去掉了尚寝司这一官职。由于朱厚照纵欲胡为，造成精神困倦，所以早朝的时间往往是一拖再拖，经常要等到日高数丈。侍卫执役人及朝中大臣等不能久立，纵横坐卧、弃仗满地的景象屡屡可见，四方朝见官员、外国使臣疲于久候，皆苦不堪言。

弘治朝的一批正直大臣见到这种情况非常痛心，但他们屡谏不听，有些人开始心灰意冷。正德元年(1506)四月，吏部尚书马文升上疏要求退休。朱厚照即位以来，马文升像以前那样，孜孜不倦地处理职责范围内的各项政务，为了汰除传奉官，不惜得罪当权的太监。太监们对他十分怨恨，这时见到他的乞休奏疏，就劝说朱厚照下旨，允其归。朱厚照听从了太监们的主意，非常客气地将马文升打发回家。被朱厚照打发回家的重臣，还有兵部尚书刘大夏。在排斥正直臣僚的同时，朱厚照在刘瑾等太监的怂恿下任用了一些投其所好的小人。如代替马文升职务的焦芳，因他心术邪恶、一心向上爬，被刘健、谢迁所看穿，一直不得重用。一次户部尚书韩文报告财政吃紧，大臣们在廷上议论，认为“理财无奇术，唯劝上节俭”。朱厚照出于对这件事的关心，找了心腹在大臣中间观察。当时的吏部左传郎焦芳参加了这次讨论，他知道朱厚照安排了耳目，故意大声说：“就是老百姓家也要有所花销，何况国家、君主！现在拒租匿税成风，你们不去认真查处，反过来倒说皇上的不是，究竟是为什么？”一言即出，朱厚照对焦芳自然另眼相看，加上刘瑾吹风，很快就让他升任吏部尚书。

眼见“八党”胡作非为，朝政日非，正直的朝臣忍无可忍，正德元年十月，户部尚书韩文愤然联合其他大臣上疏。他们历数“八党”的罪行，规劝朱厚照以国事为重，勤政讲学，远离小人，以肃纲纪，要求将“八党”明正典刑。朱厚照接到疏奏，思前想后，因事关众怒不得不把奏疏交给内阁讨论，但提出从轻发落刘瑾，让他到南京去服苦役。内阁大臣表示不同意这样做，坚持要杀掉刘瑾。到内阁中传达、商讨意见的司礼监太监王岳、范亨平时也非常憎恨刘瑾，回来向朱厚照报信说：“大臣们的态度非常坚决，没有商量余地了，内阁首辅刘健还推案大哭，说‘先帝临终前要我辅佐太子，治理天下，现在他陵墓上的土还没有干，不杀八党，我没有脸去见先帝！’他们的意见是正确的。”在咄咄逼人的形势面前，朱厚照无奈只得同意对刘瑾等人处以死刑，当他做出这个决定之后，忍不住泪如泉涌，心里有说不尽的委屈。

刘瑾死党焦芳得知这一消息后，连夜告诉了尚蒙在鼓里的刘瑾。刘瑾大惊失色，困急之中带上另外7个人，急赴朱厚照寝宫，围着他放声大哭，乞求皇上饶命。朱厚照心中老大不忍，脸上现出悔意。刘瑾看中机会，为其八党百般解脱，并挑拨说：“这件事情全怪王岳这个恶贼，他勾结朝廷命官想限制皇上外出宫门，故意先除掉我们，使其能控制皇上。退一步说，富有四海的皇上，玩几只鹰又有什么？如果司礼监有一个皇上信赖的人，阁臣们难道敢这样逼迫陛下吗?!”

朱厚照听后连连点头，他认为刘健等人太过分了，越想越气，不仅改变了杀刘瑾的计划，反而当即任命刘瑾为司礼监太监，执掌司礼监，马永成为东厂提督，

谷大用为西厂提督(西厂成化十八年罢,这时又设),将宫廷权力几乎全交给了刘瑾。刘瑾有了权力,连夜派人把王岳、范亭逮捕,押往南京。

一夜之间,局势逆转。第二天早朝宣读的圣旨,对充满信心、准备伏阙力争的大臣们,不啻是当头一棒。刘健、李东阳、谢迁万没想到,一夜工夫,乾坤颠倒,刘瑾等人不仅活着,而且升了官,控制了朱厚照身边的要害部门。他们对朱厚照失望到极点,许多大臣提出辞职回家。朱厚照没有客气,在他们的辞呈上挥笔写了“钦准”。

贬斥顾命大臣的决定遭到了言官、大臣们的激烈反对。许多人冒着生命危险向朱厚照进言,请留刘健、谢迁。朱厚照认为这是对皇威的冒犯和轻蔑。他下令对谏争的官员们施以杖刑,削职降级。那几日宫廷内哭号震天,血肉飞溅,京城外落叶翻卷的土路上,不时有载着遭贬官员及家眷的马车匆匆驶过。兵部主事王阳明,为保护言官当面怒斥刘瑾,结果也被处以杖刑,贬为贵州龙场驿丞。他在赴任途中,发现有刘瑾派来的杀手追踪,只好夜中将鞋、帽投入钱塘江中,造成投水自尽的假象,才得幸免一死。

明武宗荒唐秘史

建“豹房”荒淫秘事

明武宗十五岁登极后,举行大婚典礼,选都督同知夏儒长的女儿册立为皇后,又立沈氏、吴氏为妃。朝廷上下好生热闹了一番,满望正德皇帝能继承弘治皇帝的中兴大业有所作为。不曾想一帮太监、佞臣利用小皇帝年轻好动的性格,引诱他胡作非为,一发而不可收拾。

按常人的理解,贵为天子生活在富丽堂皇的宫殿里,应该说是惬意的、自由的。事实上并非如此。皇帝住在深宫内院,一举一动都有随行的中官记录在案,历代皇帝的起居都有严格的记载。就说皇帝的起居生活吧,也要由敬事太监执掌。每天皇帝用完晚膳,太监托上一盏银盘,上面密密麻麻摆放着十几张绿头牌子,牌上书写着嫔妃的姓名,皇帝随意选一张翻转过来。御前太监捡出这张绿头牌,径直送到皇后那里,如果皇后应允便在绿头牌上按下印章;若皇后认为这位妃嫔不可以迎奉皇帝,不按印章,那么她就进不得皇帝的寝宫。皇帝选中的妃嫔香汤沐浴后,太监将其背到寝中,敬事太监仍然留在宫外守候,并记录在簿,为的是日后妃嫔怀孕将有案可查。正德皇帝不耐烦这种限制,尽管朝中官员多次进言,希望勤政讲学,但小皇帝日夜由刘瑾等一班披甲带刀的太监左右拥戴着,遍游宫中,四出击球走马、放鹰逐犬。欢愉过后,皇帝随处安息。武宗下令撤消宫廷内尚寝请司职事,皇帝在哪里寝息,宫嫔什么时候侍御,都不得记录,内廷的起居注成为一片空白。

武宗羡慕市井生活,起初还不敢轻易走出皇宫。明宫内坐落在戎政街上有宝和、和远、顺宁、福德、福吉、宝延六店,经营各处客商贩来的杂货。六店都由太监掌管。武宗一时高兴,令内侍们将店里货物摊投门外,随身人等都扮成商人模样,戎政街上熙熙攘攘,算盘吆喝声闹不已。太监们装扮成市正官前来调解贸易争执。武宗穿行摊床店肆之间。永巷酒店当垆妇坐堂接客,看见武宗来到都争先恐后抢出店门,牵衣把臂,将皇帝拥入酒肆。酒足耳热皇帝便由当垆妇女陪

伴，夜宿店中。宫中后妃日渐冷落，武宗涉足东西二宫，一月只不过四五天而已。

宫中游乐仍然不能满足逍遥皇帝的心愿。正德二年（公元 1507 年），别出心裁地在西安门外大兴土木，修筑宫殿，殿堂两厢勾连排列建造密室，远远望去，殿宇廊厦鳞次栉比，犹如斑纹一样，故而称为“豹房”。武宗日日留连豹房，不思回宫，自称“新宅”。朝中一批献媚取宠的小人陆陆续续聚集而来，有人乘兴进言，说锦衣卫都督同知于永擅长房中术。武宗急不可耐召于永至豹房。于永乃是回人，与武宗相交甚欢，白日陪驾寻欢作乐，晚上同床并寝。于永趁便大谈回人妇女皮肤白皙，姿质生辉，远远胜过中土。直说得武宗垂涎欲滴。隔日，于永献上十名能歌善舞的回人女子，通宵达旦伺候君王。于永为了进一步取悦皇上，又想出主意，请武宗传旨令各诸侯王公将家中的回人妇女以教授歌舞为名搜罗入豹房，任皇帝挑选姿色美丽者留在身边享用。有这么多美貌的回人女子聚集豹房，无拘无束恣意逸乐，比起宫廷中枯燥无味的生活更令武宗乐而忘返。一天，武宗醉意浓浓，忽然想起曾有人提及于永的女儿艳丽绝伦，就令于永将女儿择日带进宫来一见。于永万万没有想到祸事会降到自家头上，耍了个花招藏匿起女儿，又骗得邻家白姓女子打扮一番送入豹房。武宗见到白氏女子十分钟爱。于永一时蒙混过去，又恐怕天长日久真情败露落个欺君之罪，于是诈称中风偏瘫，乞求致仕回乡。武宗不知真相，还难割难舍执意挽留，最后赐命于永的儿子承袭父职作为报答。于永的这招儿坑苦了有女儿的回人家庭，家家切齿痛恨于永寡廉鲜耻。

武宗不仅耽于声色犬马，还留恋张灯结彩。每逢喜庆节日，宫中灯火通明，五光十色花样翻新。皇家府库的黄蜡都消耗殆尽，仅此一项所费黄金数十万。图谋不轨的宁王朱宸濠投其所好，进宫献上四时花灯数百盏，穷极奇巧，令武宗目不暇接。宫人奉命燃灯张挂，花灯攀柱附壁，熠熠生辉。武宗率群小、宫人徜徉灯海，竟夜遨游。

笑看乾清宫大火

正德九年春正月，乾清宫着大火，几乎烧个精光。造成火灾的原因，是因为皇帝每年在宫中张挂灯笼，白白浪费数十万钱。到了这一次，宸濠别出心裁造了一个奇异精巧的灯献上，叫他所打发的人进宫悬挂起来。紧贴在柱子上，又靠房檐贮存火药，结果失了火，把宫殿挨排烧光。火烧得旺时，皇帝正在去豹房的途中，回头一看，火焰把天照得通亮，皇帝笑着对左右的人说：“好大一场火呀！”左右急请皇帝躲避殿下，下罪己诏，皇帝仍然不知反省。

皇帝抢百姓妻子奇闻

宸濠造反，皇帝亲自率领各镇边兵征讨。车驾将到扬州时，太监吴经先期到达扬州，选择百姓住的好房子，改为提督府，将要在此驻兵。而且假借皇帝的旨意，到民间选取处女和寡妇，老百姓怨声载道。有女儿的家庭抢男光棍作配偶，一个晚上抢光了，抢不到的乘夜夺门而逃，然后找地方藏起来，把城门的禁止不住。知府蒋瑶拜见吴经恳求免了吧，吴经大怒道：“你这个小芝麻官，竟敢如此抗命，你的脑袋不愁搬家啦！”蒋瑶不管怎么说也不动怒，不慌不忙地说：“小官违抗上级命令，理应被处死，但百姓是朝廷的百姓，倘若激起事变，恐怕要有人吃不了兜着走。所以好心地告诉你，哪敢违抗。”吴经听了，稍消点气，挥手让蒋瑶出去。

事后，吴经秘密侦察寡妇和艺妓的家，半夜派一队骑兵催促把门的打开城门，大声呼叫皇帝驾到，传令大街上点燃蜡烛，照耀如同白昼。吴经率领官兵径直闯进白天探听好的百姓家，把妇人揪出来，有隐藏起来的，破墙毁壁，一定要搜出来方才罢休，没一个能逃脱得了的，哭声震天动地。

内臣身穿蟒袍秘事

内臣于喜，由钟鼓司选入宫廷。旧时入这一行的，成例没有从别处选的，称之为东衙门，各监局都不把他们当人看。于喜因身高马大，偶尔被选中，改为伞扇长随，每日侍候在雉扇（古代仪仗的一种。上圆小文，四周都用雉羽装饰。乘舆外出时，由一个人擎举随行）之间，也是一种下贱人干的活。一天外出，和伴侣一起坐到玉河桥时，旁边走过一人，细看了于喜半天，问："您贵姓？不曾想转眼之间成了大贵人啦。"于喜听了非常高兴，起身询问，那人说："从此你就能身穿莽袍玉带，执掌内外权柄，大富大贵十年。但是好运到此为止，过了这个期限，又该回到老样子。"众人起哄耍戏于喜。那人说："三天之内，我的话若灵验，当来领赏钱，在场的各位都是证人。"于喜回到内廷，正值端午节，武宗射柳，命令宦官们在宛中比赛打猎。摆下高丽阵，仍设莫离支为夷将，挨排建立御营，皇上在帅旗下面，亲自发号施令，用唐兵去突破它，败下阵来的以军法论处，能冲入阵中的赏给莽袍玉带。内侍健壮有力的，纷纷扬鞭策马，几次都冲不进。左右人说："于喜人高马大，说不定能胜此任。"皇帝回头看他，点头称是。让人抬来头盔、铠甲，于喜戴上假胡须扮作小秦王（李世民）的装束，样子颇雄伟可观，甚合帝意，叫人把御龙驹借他骑乘。于喜手按马鞍，挥舞马鞭，马见了于喜那副模样，过去从来没见过，大惊狂奔，直朝莫离支冲去。中军各营，望风披靡，四处逃散。武宗龙颜大悦，说话算数，立即赏给于喜莽袍玉带。从玉河桥回宫，正好是三天。

负伤军人何以成了宠臣

自从于永溜回老家后，武宗朝朝暮暮沉迷于豹房之中，但身边缺少得意的伴当，总感觉怏怏不快。正德六年（公元 1511 年）京畿附近几股农民起义军势力颇大，京师军队弹压不住，朝廷急召大同、宣府边兵进京镇压。战斗中，大同将领江彬身中一箭，他大喝一声拔出箭来，血流如注继续参战。武宗阅读战报，至此拍案称赞，非要立即宣召江彬进殿当面奖励。这江彬是宣府人氏，身躯壮大，勇武有力，射骑精通。他大步跨阶上殿，武宗生性好武，见了这样的赳赳武夫好生欢喜。江彬更有一番口才，当着皇帝的面夸夸其谈，大讲排兵布阵。武宗自以为遇到了天下奇才，执意将江彬留在京师认作义子，提升都督佥事。当晚江彬陪伴武宗在豹房尽情娱乐，同床共寝。江彬枕边密语皇帝，吹嘘大同、宣府边军骁勇善战。武宗不顾臣僚的反对，调辽东、宣府、大同、延绥四镇边军队驻扎京师。江彬陡然进京，又有了四镇边军做靠山，地位愈加稳固。

江彬的同乡延绥总兵官马昂因罪革职，听说江彬一步登天，找上门来请求他在皇帝面前美言几句。江彬素知马昂的妹妹是美貌佳人，早先江彬存心据为己有，无奈马氏嫁给了指挥使毕春。江彬出于报复心理，要挟马昂将已怀有身孕的妹妹送进豹房，供皇帝消遣受用。马昂一心要开脱罪责求得升迁，连哄带骗地把马氏献入豹房，果然博得武宗的宠幸。马昂不但官复原职，就连马昂的两个弟弟

也蒙赐蟒衣。武宗时时光顾马昂的私第。从此江彬、马昂等一班武夫成为朝中炙手可热的人物。

江彬一伙军人的得宠搅乱了紫禁城内宁静肃穆的气氛，武宗热血沸腾，跨上战马率领长于骑射的太监，打出“中军”的旗号，个个铠甲在身，系明黄色的围巾，遮阳帽上插着高高的天鹅翎毛，在阳光的照射下熠熠发光。江彬从四镇边军中挑选壮精武士与之对垒，皇宫内院空地上顿时摆开战场。清晨，傍晚，两军战马驰逐，人喊马嘶声震屋瓦，直达九门。江彬还频频引诱皇帝驾幸南海子皇家猎场狩猎，花费了巨万资财，仿照宫殿形制，营造了毛毡帐房一百余间，供武宗巡游歇息。南海子地势平坦，草木繁茂，周围三十余里麋鹿成群。武宗只与江彬等少数亲从游猎嬉戏，朝臣往往数日见不到皇帝的踪影。

正德帝边塞巡游秘事

豹房和狩猎仍然不能满足武宗的要求，江彬看皇帝的兴致渐渐衰减，又蛊惑武宗远走关外，声言宣府一带的乐工中美人众多，况且边地无垠，可以驰骋千里，胜似皇宫内院，更可免受群臣的制约。这些话，正中武宗下怀。

正德十二年（公元 1517 年）八月，武宗和江彬改扮成百姓模样，月色朦胧之中，悄悄潜出德胜门，踏上北去的大道，天色微明，大臣们齐集朝房静候皇帝临朝执政。日上三竿，午门之内悄无声息。武宗微服远去的消息渐渐传出，引起朝班的一阵骚动。大学士梁储、蒋冕等，驾上轻车马不停蹄地追赶圣驾，直到沙河才隐隐望见武宗等人的身影。梁储等苦谏圣驾还宫，武宗游兴正浓，掉头不顾，继续往居庸关方向进发。梁储等无计可施，只好随驾而行。

巡关御史张钦得知皇帝的音信，严令指挥孙玺紧闭关门，没有命令任何人不准妄自开关。圣驾前驱走报关下，指挥孙玺站在城头，婉言回绝说：

“臣奉御史命令紧闭关门，不能私自开启！”

御史张钦料知前驱回报，武宗必不甘心，索性身负官印，仗剑坐于关门之上，号令守关将士：“有言开关者斩！”

皇帝几次派遣使者叫关，都碰壁而回。武宗恨不得一时将张钦拿下，可是身边人马不济，奈何不得。居庸关前，君臣相持不下，眼看暮色低沉，京中劝驾还朝的奏疏雪片般地飞来。江彬也怕惹起众怒，假惺惺劝慰武宗说：

“请皇上暂且息怒，返转京师再作计较吧！”

武宗愤愤不已返回京城。隔了几日，武宗按江彬的主意，传命张钦往白关口巡防，调出居庸关，又派心腹太监谷大用代行守关。安排停当，武宗和江彬再次变易服装混出德胜门，乘轻便小车，星夜赶往居庸关。

谷大用迎送君臣二人出了居庸关，即日到达江彬的家乡——宣府。江彬通知家属亲信，预先建造镇国府第，高楼深院，廊檐环抱，与皇城宫阙相较，别有一番情趣。京师豹房中的美女、珍宝车载肩挑陆续运到宣府。武宗以此为家，全然丢下朝政。夜暮低垂时分，江彬陪伴武宗穿街过巷，秦楼酒肆自不待言，只要见到高门大户，武宗便直闯而入。有钱人家不免供奉酒食，一旦遇到姿质美丽的妇人，武宗就强宿人家，同床共寝。宣府美人勾摄风流皇帝的七情六魄，尽管京师官员万分焦虑，吁请皇帝摆驾还宫的奏疏连篇而至，武宗不理不睬，我行我素，依然滞留宣府。

直到转年立春时节，由于皇帝的驻跸，宣府热闹非凡，破天荒地举办了游街庆典。街衢人山人海，彩车招摇过市，四方云集的戏班载歌载舞。不知是武宗的戏谑，还是出于江彬一伙的花招，几辆花车上僧人竟与妇女杂陈，车盖上悬垂着数十个彩球，一个个对准僧人的头皮，随着车辆的颠簸前进，彩球摇来晃去，不时撞在僧人光秃秃的头顶上，窘态百出，武宗拊掌大笑，连连赞叹："有趣！有趣！"

武宗巡游边塞历时四个月之久，几乎与朝廷失去了联系。大臣们急于知道皇帝的消息，但是武宗有令在前，无论大小官员的书报奏章一律由司礼太监谷大用截留居庸关内，极少有音信传回京师。

居庸关外并非风平浪静，鞑靼小王子率五万之众直犯大同。警报纷传而至，武宗不以为忧，反以为喜，非要率部亲征不可。江彬也知事关重大，怕担干系，一再劝阻：

"敌寇入境自有总兵官迎战，皇上不必亲犯戎锋。"

谁想此话反而触恼了皇帝，武宗火气冲天地说：

"难道朕就不能做总兵官么？"

武宗自称"威武大将军总兵官朱寿"，镌金印一枚，调集军队迎战敌寇。鞑靼王子骤然得到皇帝御驾亲征的报告，也摸不清虚实就里，掉头北窜，武宗催促部下舍命紧追，到了应州地界，与鞑靼的殿后部队遭遇，双方一阵混战。明军死伤六百余名，斩杀敌人仅十六名。武宗战场初试身手，自以为旗开得胜，十分得意，这才决定凯旋班师。

皇帝得胜回朝，引起京师一阵躁动。遵照宣府方面传回的皇帝手谕，宦官打开仓库遍赏百官绫罗绸缎，并命令他们必须按照皇上设计的最新式样连夜裁制新的朝服冠戴。第二天，夜幕未降，德胜门外的大道两厢，密密麻麻排列着穿戴各色各样奇形怪状服饰的官员们。天公又不作美，雨雪霏霏，春寒料峭，迎候圣驾的官员们翘首以待。冷风掀动着歌功颂德的标语布幔，奇怪的是横幅上款称："威武大将军朱寿"，下款空白一片。为什么呢？因为武宗自称将军，作为臣子的，不知怎样具名为妥。只好什么都不写。熬到深夜，远远地火把通明，武宗坐下一匹红鬃骏马，在江彬一伙的簇拥下姗姗驾到。百官踏着泥泞拥上前来，既不敢跪拜施礼，又不能山呼万岁。皇帝只饮了首辅大臣奉上的一杯接风酒，头也不回地直奔豹房去了。

第一次出塞北巡游并且亲临前线，武宗皇帝兴奋不已，多次向臣下吹嘘自己横刀立马冲入敌阵，还亲手斩杀一名敌军。此后，武宗又有两次出关北游，可惜都没有遇到敌情，扫兴而归。

南游宠幸刘美人奇闻

正德十四年(公元1519年)春天，武宗一意孤行又要巡行南方，临行前又加上几个显赫的头衔，总称：总督军务威武大将军太师镇国公朱寿。这个消息如石击水，在朝廷上掀起了轩然大波。以翰林院修撰舒芳为首的大臣们集合阙下，谏阻皇帝远行。武宗不胜恼怒，令江彬传出旨意，舒芳等一百零七名官员午门之外跪罚五日。江彬忌恨朝廷官员中有人指责他佞幸，又进言武宗，将这一百零七名大臣统统痛打三十廷杖，其中十一人惨死于棍棒之下。

正当京师上下为皇帝巡游南方剧烈争斗之际，江西南昌的宁王朱宸濠兴兵

叛乱。武宗有了借口，决意以总兵官的身份统率各镇边兵征剿叛王。这年的秋天，大队人马浩浩荡荡开到山东临清已是暮色沉沉，部队安营扎寨暂时歇息。第二天，随军将校帐前谒见皇帝，忽然发现武宗早已不知去向，就连江彬也蓦地惊出一身冷汗。

晨色熹微中，号称南北交通动脉的大运河上，武宗独乘一叶方舟溯流而上。心急如焚的皇帝不断催舟子奋力驶船。究竟是何等军国大事令武宗弃数万军队于不顾，无言而别呢？说来话长。武宗关外巡游曾驾幸太原。那里乐户聚集，歌妓众多，武宗沉湎秦楼艺馆。一位太原巡抚招来全城歌伎献舞御前，最后出场的一位女人，天生丽质，姿色可人。武宗见过无数美色，从没有这样怦然心动过。待歌女乐工尽行退去，武宗独召妇人御前，方知她是乐户刘良之女，晋府乐工杨腾之妻。刘氏当场献技，舒展歌喉专为皇帝献上一曲。武宗不禁赞叹："此曲只应天上有，人间难得几回闻。"欣喜地收留刘氏伴宿身边。武宗对刘氏宠幸无比，饮食起居须臾不离。但凡左右人等触怒了皇帝，只要私下向刘美人求得宽容，在君王面前莞尔一笑，任凭什么事情都能得到武宗的谅解。江彬一伙媚称她为"刘娘娘"。

偏巧武宗南巡即将出发，刘娘娘身体不爽。武宗安置她在运河北端的通州，自已先行启程。惜别之际，刘美人含情脉脉地从乌云般的发鬓上摘下一支玉簪，亲手插在武宗头上，叮嘱说：

"好生珍存，日后玉簪为凭遣使迎接。"

出得京城，卢沟桥遥遥在望，武宗心旷神怡，信马由缰飞驰踏过大桥。行不数里，武宗突然紧扣丝缰，骏马骤然停住。紧紧追随的从人团团围住，看着皇帝茫然若失的神情，都不知发生了什么事情。武宗周身上下摸索一遍，刘美人赠别的玉簪不见了。侍从们跟在武宗身后循原路返回，仔细搜寻。南征的人马辎重暂时屯集在宛平城外。三四天过去了，刘娘娘的信物踪影皆无。

南巡路上，武宗日夜思念刘美人，专程派使者赶赴张家湾迎接刘美人。驻扎临清的当夜，使者急如星火地回报，刘娘娘有言：不见信物，难离通州。武宗自思刘美人嗔怪下来，只有亲自出马才可挽回。于是，他来不及告知亲随人等，丢下临清营帐，单身独骑奔向大运河。

等张家湾迎来刘娘娘，时间已然过去一个多月了。南昌方面捷报频传，宁王朱宸濠已被擒获。南赣都御史王守仁押解叛王朱宸濠等正准备北上北京献俘。江彬极力取悦皇上，急急忙忙中道拦截，命令王守仁把朱宸濠一伙叛匪释放于鄱阳湖上，等待武宗亲率南征军队，亲自与叛匪遭遇，再行围捕擒拿。都御史王守仁不敢接受这种形同儿戏的主张，乘夜幕降临押解囚车转道杭州，将朱宸濠等一干人交付太监张永。

武宗迷恋江南的湖光山色、美女娇娃，更何况爱姬刘美人朝夕相伴，故而盘桓江南不思北归，不觉时光已经过去了一年有余。

逐出翰林又进翰林

按照明朝旧制，凡是在庶常馆学习的人，在学习期满后，都要参加翰林院组织的严格考试，成绩突出的人，可以由此进入翰林院供职，或者分到各部门去做官。

明武宗戊辰年的庶常馆期满后，照例举行了一次会考。当时有一个人叫林吉士，福建人，成绩优异，满以为可因此步入仕途。出乎意料之外，这一年是武宗亲自抽查试卷，其中就有林吉士的试卷。武宗在审核林吉士的试卷时，发现其中有许多字难以辨认。如“烁”字，武宗费尽心思，也琢磨不透这个字到底应该念什么，就找来林吉士当面询问，林吉士说念“秋”。武宗又问“秋”字为什么要写成“烁”，林吉士引经据典，说是在古代，像“秋”这类字是可以交叉换位的。武宗听罢，信笔写了一个“吥”字让林吉士辨认，林吉士殚精竭虑，始终认不出。武宗说：“‘秋’可以写作‘烁’，难道只有‘和’不能写成‘吥’吗？你读的书太少了，不适合在翰林院供职，还是回乡读三年书，然后再来应试吧！”林吉士听了，如哑巴吃黄莲，有苦说不出，只好向武宗叩首谢恩，离开了翰林院。

林吉士的同乡好友以及在京的亲戚们，都知道林吉士被武宗驱逐出翰林院，所以都同林吉士断绝了一切交往。林吉士本来就清苦异常，到这时，离家时带来的金钱已全部花完，想回家缺少路费，想留下来又没有旅费，想做人师，人们又认为他没有真才实学，因而不敢用他，怕他耽误了子弟的学业。在无可奈何之中，他只好丢掉书生的清高，在正阳门外摆了一个地摊，以卖字维持生计。这样，在不知不觉中度过了一年。幸好他的字写得漂亮，在这一带赢得了很好的声誉。

有一天，武宗下来微服私访，路过他的摊点，发现这里人头攒动，堵住交通，而且不断爆发出一阵阵喝彩声。武宗不知道这里发生了什么事，连忙挤进人群，看见一位青年人伏在书桌上奋笔疾书，毫无停歇。他写出的字兼具了钟繇和王羲之书法的神韵，而且写出的文辞既切情贴景，又古朴典雅，武宗顿生羡慕之情。因为只见过一面，时间太久也已忘记林吉士其人，他就走到书桌边问道：“我看你不但字写得好，文章也超凡脱俗，当今正逢文明盛世，为什么不走科举取士的路，而心安理得地做这种下贱的工作呢？”

林吉士听到问话，抬头一看，此人相貌不凡，就一拱手请武宗坐下说话。林吉士说：“去年庶常馆期满曾应试过，因为不识皇上写的字，只好尊奉皇上的旨意回乡读书。”

武宗又问：“既然奉旨回家，为什么还待在这里？”

林吉士说：“我是闽人，叫林吉士，因为出身贫寒，筹集不到回家用的路费，迫不得已做这种营生。”

武宗又说：“词林本是清高显贵的地方，你不应该像商人那样唯利是图，这样有辱词林的清白。读书人有读书人的谋生之道，你怎么不设馆授徒呢？”

林吉士说：“人们都知道我是被皇上驱赶出来的人，没有人敢请我。”

武宗听罢，慢慢地说道：“我把你推荐到邻省去做一名幕宾，不比你现在做的这事要好吗？”林吉士听了，心花怒放，倒头就拜。武宗说：“不用拜了，明天你就在这里等信吧！”

第二天，林吉士果真拿到了推荐信，信封上写道：“亲投山东巡按开拆”。林吉士按要求，风驰电掣地赶到山东巡抚衙门，山东地方官打开推荐信一看，上面写着：“山东巡按缺出，即着林某署理。”林吉士直到这时才知道那天所见，竟是当今皇上。因此，立即上表谢恩。不久，武宗就下了一道旨意，写道：“我看你的才能可以担当这个职务，所以才有这道命令，你要小心办事，不要有愧于你的职位，三年后再到京城来交差吧！”

林吉士做了三年山东巡按，任满后回到京都，晋见了武宗。武宗说：“现在，你有钱读书了，给你按编修的待遇，仍然到翰林院读书，三年再看你的学业如何。”

武宗算卦打赌

正德二年(1507)秋是明朝科举考试的大考之年。当时，天下各地的读书人为了能金榜题名，纷纷告别父母、妻子和儿女，从五湖四海汇聚京师，企盼能把自己学成的文才武艺售于帝王家。而京城中那些以星相、占卜为业的人也不约而同地出现在市面上，他们在考生的必由之路上设摊摆点，准备随时给那些躁动不安的学士一些廉价的安慰，以赚取些许定金。为了招揽生意，这些人无不标榜自己有许负、管辂之能，声称只要是在朝为官的人微服问卜，他们能一眼就看出其现在的官职、从什么时候、什么地方发迹，而且是屡试屡中。因此，每个摊点都应接不暇。

正德皇帝听说京都出了那么多的星相占卜的高人，他那贪玩和恶作剧的品行立刻就表现出来。他想，我何不化装到市井中游玩一番，借机看看众举子的慌乱神态和占卜者是如何哗众取宠的，同时，乘便给那些文人举子和卖弄唇舌的人一个小小惩罚，这不也是一件很开心的事吗？想到这里，正德帝仿佛看到了那些被他捉弄得狼狈不堪的人的滑稽样子，不由地从内心发出一丝得意的微笑。

农历八月初八的正午时分，正德皇帝把自己打扮成书生模样，带着几个人一声不响地停在一个卦摊前。

正当正德皇帝津津有味地听着口若悬河的占卜者自我吹嘘的时候，突然，一声声嘶力竭的愤怒吼声传了过来，接着就看见一个人拼命地闯进卦摊中，便不由分说地狠狠地揪住算卦的人，激愤地吼道：“你耽误了我的功名，我非和你拼命不可！”

围观的、急于求神问卜的人对他的莽撞而粗野的行为极其不满，认为他耽误了问卜的时间，纷纷上前排解。当然，他们的内心也有一线疑惑，即：该生为何这样说？由于内心深处有了这样的想法，所以，排解就不那么卖力，很长时间还没有把二人分开。

正德皇帝看到这里，心里很不高兴，觉得那名考生有伤大雅，决心给他一点颜色看。于是，不再以书生身份自居，而是公然地让卫士分开二人，进前问道：“为什么这样争吵不休？”算命的人说道：“这个人前几天曾到我这里问取功名的事，我把今年的解元功名许给了他，可是，他自己不进考场，反过来诬赖我耽误了他的功名，真是一个书呆子。”那个考生说：“因为你说我在这场科考中能高中解元，亲朋好友都来给我祝贺，一时间没把握住，进入醉乡，家人叫醒我时，考场的大门已经关了，岂有考场外面能中解元的道理？不是你误我是谁？”二人各执一词，争论不下。

正德帝听了，很不耐烦，说道：“不要吵了！假如有人送他进考场，而他没有得到你许的功名，你愿受什么处罚？”算命的人说：“可以挖去我的双眼、割去我的舌头。”正德帝说：“说出的话不要反悔！当场就叫人从摊桌上拿来纸笔，写了一张便条，同时，用随身携带的小玉玺盖上印迹。之后，就命令卫士送考生进考场。

考生走后，正德皇帝对算命的说：“半月后再来验证你的话。”说完后便打道

回宫。在正德帝的心中是这样想的：科举考试是国家大事，岂是一个江湖术士所能轻许的？你许他解元，我偏不准，看你还有何话说。再则，那个考生也太狂妄，把博取功名看得也太容易了，仅凭占卜者的一席话就认为解元是他的，足可看出他的不学无术。现在，我给他提供一个机会，看他考不好还有何面目去见家乡父老？届时，即使他考取了功名，我也不点批他，看他今后还敢不敢求神问卜？正德皇帝正是基于上述想法，才自动送考生进考场的。

然而正德皇帝这一次是大错特错了。他只知道手中有无上的权力，却忽略了社会上势利眼的存在。由于有了势利眼，因而使得事情的发展出乎他的意料之外。他忽略了人心势态的因素，但是，算命的人却没有忽略，算命先生根据正德皇帝的态度，已经预知了考生的命运，他认为，如不出意外，那么，考生必将名落孙山。可是，事前把话说得太满，已丧失了回旋的余地，因此，只得打肿脸充胖子，不得不和皇帝打那个赌。正因为看透了这一切，所以，正德皇帝一行人刚离去，他也就收摊遁亡了。

再说考生。卫士根据皇帝的旨意，直接把考生送到考场外，到了那里，立刻用鼓声传召主考官，宣称圣旨到。守门人在此情形下，立即揭去门上的封条，打开门锁，让考场内的负责人立刻开门，并亲自把考生和携带圣旨的卫士带到主考官那里。到了考场，主考官跪接圣旨，卫士宣读圣旨后，就回正德皇帝那里交差了。主考官呢，对这位圣旨送来的考生非常关心，亲自把考卷挑捡出来，恭恭敬敬地送考生到指定的地方。

这时，宫廷内外，纷纷传言皇帝送朋友进考场的事，主考官也对此事深信不疑。因此，特别留意考生的考卷。考完后，主考官亲自把那个考生的答案挑出来，自已动手批阅。通过批卷，发现那个考生并无特别之处，行文只不过能够称上稳妥二字，按理根本不能录取，但是，他是皇上送进考场的，关系泛泛，皇上绝不会这样做。因此，就和各考官商量说："这个考生是皇上选拔来的，不能让他做第二名去违背皇上的心愿。"众考官都认为只好这样，竟然真的让那个考生中了解元。

判完卷发榜后，主考官向正德皇帝复命，竭尽阿谀奉承之能事，说那个考生如何如何才华超群，卓越不凡，并煞有介事地恭贺皇帝获得栋梁之材。正德皇帝听了主考官的谄媚之词，哈哈大笑，连声说："这是命啊，是命啊！"

虽然说主考官听得莫名其妙，但是正德皇帝自已心里明白。他想：你们知道什么！那个考生跟我没有丝毫关系，我所以要把他送进考场，是因为我要捉弄算命的，同时也教训一下考生。根本就没打算让他考上！谁知阴差阳错，在这几天里，我的豹房中新进了一位绝色美人，使我分不出手来过问科考的事，不然的话，就算是那个考生有真才实学，我在这次考试中也绝不能让他考中。到如今竟然歪打正着，他真中了解元，这不是命是什么？想到这里，正德皇帝觉得那个算命的很了不起，竟然有未卜先知之能。因此，派锦衣卫士到摊点去寻找，哪里还觅得着他的影子。

临死始悟荒唐梦

正德十五年（公元 1520 年）八月，武宗惟恐久滞南疆朝廷生变，北归返京之际又生发奇想，下令将叛乱罪犯提解出狱。

初八这天，朱宸濠等罪犯被押至南京郊外的一片广场上，打开桎梏，一字排开。只见南京城门洞开，鼓声大作，绣有“威武大将军总兵官朱寿”字样的大旗率先冲出。武宗全身披挂，四镇边军尾随其后，临近广场，武宗令旗一扬，飞驰的骑兵队伍分成左右两翼，把俘虏团团围住。武宗又一声令下，朱宸濠一干人犯重新披枷上锁打入囚车。一阵忙乱之后，再次重整军容凯旋入城。至此，武宗的锐意南征暂告结束。

一年多的南征总算平定无事。圣驾返京来到清江浦太监张阳的宅第。张阳备下沉舸大船邀请皇帝泛舟观鱼。武宗看到渔民张网拉罟也心动手痒。第二天，悄悄带上几名小太监，亲自划着小船驶入积水池。水波粼粼，秋风习习，武宗站立船头，学着渔民的样子张手撒网，船身一歪，武宗扑通一声连人带网落入水中，在冰冷的池水中挣扎了一阵子，待被太监们救扶上岸，早已不省人事了。

武宗经不起这番溺水惊吓，一下子病倒了。随行的臣僚们加快了返京的行程，于十二月二十日，车驾到达北京。北京城举行了盛大的仪式，文武百官穿戴齐整在正阳门桥南恭请圣驾还朝。武宗强撑病体，顶盔冠甲端坐马上。辇道东西，数千名叛逆俘虏和他们的妻室儿女，活着的五花大绑，后背插上白旗，标写姓名，长竿上的一幅幅白旗下悬挂着颗颗人头。从正阳门直到东安门，连绵数里一片缟素。京师臣民偷偷议论，这乃是不祥之兆。果然，武宗连庆祝胜利的宴礼都没能出席。正德十六年（公元 1521 年）三月十二日，武宗呕血死于豹房，年仅三十六岁。

临死前一天，他说：“我这一生，缺点极多，不足为人表率。请转告太后，天下事，应以朝政为主，临政天下，应与阁臣们谋定而后动。过去的林林总总，责任在我，与别人无关。”

明世宗朱厚熜

世宗朱厚熜

初治国政　朝争仪礼

明正德十六年时朱厚熜只有15岁，他的父亲朱祐杬前年刚刚去世，按照明朝的礼法，朱厚熜13岁时就以世子经理王府事务，不久前又被特命承袭王位，小小年纪就已拥有了一个亲王的种种特权。

对于明武宗朱厚照驾崩的消息，朱厚熜知道的不算太早，三月的最后几天，朱厚照已死的邸报传来，王府上下按照惯例举行了十分铺张的哀悼，此外他根本不曾想过这件事与自己还有什么关联。

替朱厚熜想到继承关系，并力主由他登极的，是远在京城的朝廷内阁首辅杨廷和。朱厚照死后，因为无子可继皇位，慈寿皇太后张氏命令内阁议所当立。早有准备的杨廷和第一个发言说："兄终弟及，按序厚熜当立。"皇太后对杨廷和的建议没有提出异议，批准写进大行皇帝遗诏，立即执行。

四月二十二日，风尘仆仆的朱厚熜由安陆来到了京城郊外。内阁用对待皇太子的礼仪迎接他，但朱厚熜凭借掌握的礼仪知识，拒绝参加这个仪式，他责问叩问缘故的众臣说："遗诏写得很清楚，我遵照兄终弟及的祖训嗣皇帝位，你们按照太子礼的方式迎接我，难道我是来做太子的吗?!"新君的机敏和强硬态度，出乎大臣们的意料，大学士们只好重新做出安排，改由皇太后率文武百官上表劝进。劝进表上了三次，朱厚熜感到名正言顺后，才于中午时分起身，自大明门进入宫中。他先是派官员代表去祭告宗庙、社稷，然后谒拜列祖神位，然后去问候皇太后。即位典礼当日就在奉天殿举行，朱厚熜为自己选择的年号是嘉靖，意在平乱求治，力除弊政，繁荣帝国。

世宗年龄不大，不乏求治之心。他在安陆管理弹丸大的封地，积累了一些统治经验。朱厚照留给他的是一个烂摊子，内外交困，百废待兴，人心极不稳定。他明白治理朝政需要的是什么，由此他赏识和重用杨廷和。在杨廷和的辅佐下，世宗对武宗时期的弊政进行了一番改革：诛杀了武宗的佞臣江彬、钱宁，将太监谷大用、邱聚降职去司守孝陵，迫使太监魏彬、张永交出权力闲住；两次裁汰了锦衣卫及内监局的冒滥军校、匠役共18万余人；提拔了一些正直官员，委以重任；放走内苑的珍禽异兽，明令各地不许再献；减少漕粮1532000石。对即位之前杨廷和调边军还镇、关闭不成体统的皇店、送还全国进献美女等举动，给予了肯定。当杨廷和因为从宫中驱逐朱厚照的义子、裁汰冗员引起失职之徒的仇恨，扬言要报复时，世宗的反应极其迅速，下令调拨了百余名军士，日夜对其进行特殊保护。元年十月，有大臣上疏，指出宦官出镇不足取，说他们平日里安享尊荣，肆毒百姓，遇变则心怀顾望，极不可靠。世宗非常赞同这一看法，不久就下诏将派驻在各州府的宦官召回京城，并且一直没有复派，时间长达40余年。在不长的时间里，世宗以世人眼花缭乱的果敢举动，显示了他的威仪，缓和了社会矛盾，天下臣民盛称新天子圣明，歌颂杨廷和功高，这种令人鼓舞的局面，持续到嘉靖元年

(1522)。

世宗是因明武宗朱厚照无子，兄终弟及，作为其伯父、孝宗朱祐樘的继承人当上皇帝的，他的父亲是兴献王朱祐杬。那么，即位后的世宗是要称自己的父亲为“皇考”呢？还是称孝宗为“皇考”？问题的核心就是当皇帝后还能不能承认生父为父亲。如果能，按封建礼制，就有套礼仪问题。世宗的本意，当然是要尊奉生父。在即位典礼后的第 5 天，为了给死去的父亲一个比较高的封号，世宗下诏给群臣讨论这个问题，朝臣的意见发生了分歧。杨廷和恪守礼法，认为世宗既是以宗藩入统，就应称孝宗为“皇考”，而改称兴献王为皇叔父，他让礼部尚书毛澄将这个意见告诉世宗，并用坚决的口吻对左右的人说：“异议者即奸谀决当诛。”世宗对“移易”父母非常不满，要求重议，但因群臣的反对，加上他的皇位还不巩固，只能搁下。但使事情起变化的是世宗的母亲蒋氏。大约过了 4 个月，蒋氏自安陆进京，听到朝中大臣们的意见，大发脾气，对陪同的朝使说：“你们受职为官，父母都得到了宠诰，我儿子当了皇帝，却成了别人的儿子，那我还到京去做什么？！”说完即停在通州，不肯再走。世宗闻报，哭着入禀张太后，说：“您另选别人做皇帝好了，我要与母亲一同回安陆，仍旧做献王。”张太后一面慰留，一面饬阁臣妥议。杨廷和无奈，只好代世宗草敕下礼部，尊朱祐杬为兴献帝，蒋氏为兴献后。

礼官据此安排蒋氏由东安门入宫，奏报送上，世宗不待瞧毕就掷还，礼官又建议改进大明东门，世宗意仍未怿，竟奋笔批示道：“圣母至京，应从中门入，谒见太庙。”蒋氏听到这个决定后，才继续前进。蒋氏进京后，杨廷和利用手中的权力，授意吏部将迎合世宗想法的观政进士张璁贬为南京刑部主事，又把跟随自己发表“兴献王不宜称考”意见的官员，安排到吏部和工部。世宗对此没有干预，但他也没有放弃原来的主张。可惜的是与杨廷和的这场分歧，在世宗心里留下了芥蒂，他由此开始排挤、削弱反对派官员。

到了嘉靖三年(1524)正月，被贬到南京的张璁和南京吏部主事桂萼，看到世宗立足已稳，揣测帝意，又上书重提旧案，要求“速下诏旨，循名考实，称兴献帝为皇考。”世宗见到疏奏，连连点头，叹赏说：“此疏太重要了，天理纲常，要仗它来维持了。”下诏廷臣集议。杨廷和见他故态复萌，料自己也无回天之力，决意辞职，与他一同要求辞职的，还有礼部尚书毛澄。世宗在辞呈上写了“听之去”三个字，言官们向他请求留下二人，世宗一言不发，用沉默表示了自己的强硬态度。最后杨廷和为此被削职为民。

杨廷和去职后，礼仪之争达到了白热化程度。新任礼部尚书汪俊，对来自南京的疏奏坚决反对，但世宗再不肯放过这一机会，直逼到汪俊同意将兴献帝改为兴献皇帝仍不罢休，又下令让张璁、桂萼进京官复原职。张璁、桂萼动身之前又上一疏，提出“礼仪不在皇与不皇，而在考与不考。”世宗于是敕谕礼部，追尊兴献皇帝为本生皇考恭穆献皇帝，令礼部在奉先殿侧另建一室，安放皇考神主。汪俊不肯从命辞职还家。世宗令席书继任。大学士蒋冕见世宗撇开内阁，一意孤行，也学了杨廷和愤然去职。世宗不为所动，让石瑶担任文渊阁大学士，石瑶不事阿谀，上任后即奏请世宗停召张璁、桂萼。张、桂这时正在半路，风闻让他们回任，再次上疏，说：“从邸报上看到尊号上仍带有‘本生’二字，此与皇叔无异，礼官有意欺君，愿来京当面质询”云云。世宗看后急召二人火速入京。二人入京后立即

被任命为翰林学士，专门负责仪礼事宜。七月，世宗根据二人的奏报，传谕内阁除去父母尊号中的“本生”二字，大学士毛纪等人力言不可，世宗怒气冲冲找到毛纪，责备道：“你们眼里没有我，难道还让我眼里没有父亲吗?!”接着将百官召到左顺门，颁示手敕，限四日恭上册宝。朝臣们从世宗不容置疑的口吻中，感到事态到了最后关头。七月十五日早朝后，修撰杨慎说：“国家养士百余年，节仗死义，正在今日!”当下得到许多大臣赞同，他与吏部侍郎何孟春等九卿以下237人，一齐跪在左顺门下，高呼孝宗皇帝。内阁大学士毛纪、石瑶听说后，也加入了跪伏的行列。世宗劝过两次后，不见收敛，大怒，遣锦衣卫逮捕了为首者8人，杨慎见此情景撼门大哭，众人也一起大放悲声，声震阙廷。世宗愈发恼怒，又指使厂卫抓了134人。两天后，他下令将为首者发配到边地，其余四品以上者夺俸，五品以下杖之，有16人因受刑过重，先后毙命。毛纪上疏营救，世宗毫不客气地斥责了他，说他要结朋奸，背君报私。毛纪受辱不过，负气辞职。就在一片棒打声中，朱祐杬的神主自安陆迎到北京，摆放进奉先殿旁新建的观德殿内，上册宝，尊号曰“皇考恭穆献皇帝”。至此，历时三年、震动朝野的“礼仪”一案以世宗的胜利而告一段落。

礼仪之事的后果是非常坏的。自此世宗动辄就将不如意的大臣下狱廷杖，开了顺昌逆亡的滥觞。支持世宗的张璁、桂萼，分别被授予礼部尚书兼文渊阁大学士和吏部尚书兼武英殿大学士，入主内阁，执掌大权。自此正直之士缄口，而一些侥幸之徒看到张璁等因顺世宗而升迁，也纷纷进言，极尽巴结。从此朝风骤变，勾心斗角之事层出不穷，这种后果，是世宗始料不及的。

迷信僧道 纵欲宫变

嘉靖二年(1523)天公不作美，夏季西北大旱，秋季南方大水，反常的气象变化，搅得世宗心神不定，寝食不安。这种失态，是因为他过于迷信，认为老天反复无常，大概要有灾难降临。太监崔文瞅准这个献媚的机会，告诉他修斋建醮祭告上天，可以避祸。世宗对这番鬼话深信不疑，于是下令在宫中设立醮坛。他亲自选了年轻的太监20人，穿上道服，学诵经忏，所有乾清宫、坤宁宫、汉经厂、五花宫、西暖阁等，次第建醮。自此皇宫内香花灯烛，日夕不绝，锣钹幢幡，沸沸扬扬，把紫禁城变作了修真道院。当时的内阁首辅杨廷和与吏部尚书乔宇实在看不下去这种闹剧，苦苦劝谏世宗停止建醮，远离僧道，但世宗先是置若罔闻，后是疏远他们，对其他劝阻的职位较低官员则分别给予处罚。在杨廷和等一批重臣被罢免后，世宗崇奉僧道更是肆无忌惮，尤其登位几年后更是一心只想长寿，从此终日礼佛拜道，而将朝政几乎全部搁到一边。

嘉靖三年冬，世宗听说江西道士邵元节有长生之术，下诏将他召进皇宫，交谈后大加宠信，敕封其为“至一真人”，为他在京城中建了真人府，总领道教。邵元节将宫中原设的斋醮，重新整理了一番，上上下下跟着这个方士，忙得一塌糊涂。

斋醮仪式上，需用写给“大神”的奏章表文，一般为骈丽体，因用朱笔写在青藤纸上，故称为“青词”。世宗把能否写好青词作为衡量文臣学识高下的标准，许多大臣为了取得他的青睐，终日琢磨青词的写法。醮事不断，青词也就花样翻新，满朝之中，形成了攀比撰写青词高下之风。

嘉靖十八年(1539)邵元节病死，世宗这时正在安陆谒墓，听到这一消息，哀恸不已，亲书手谕，派太监及锦衣卫护丧归籍。邵元节死前曾给世宗介绍了方士陶仲文。陶仲文教唆世宗用童女初至的经血做原料，制作“元性纯红丹”，说服食后可以长生不老。世宗信以为真，传谕各处的地方官，挑选了三百余童女入宫，为制药做准备。在不太长的时间里，陶仲文又赢得了世宗的宠信，平步青云，官至少保、礼部尚书，又兼少傅，食一品俸，总领道教之事，后来又加封为少师。陶仲文的子孙，徒弟也大批被录用在朝廷做官。

世宗信奉道教，努力尝试各种成仙之术，自我感觉不错，从中获得了极大的乐趣。但他并没有遵循道家“清心寡欲”的教规，而是频频派人到民间挑选淑女，为数超过数千。进宫的女子兼有供他淫乐和奴婢的双重身份，备受欺凌侮辱。于是，爆发了一起宫女造反的事件。嘉靖二十一年(1542)十月二十一日，世宗在端妃处寻欢作乐，过后精神不支，倒头大睡。趁端妃不在的当儿，宫女杨金英招呼了十几个姐妹，一拥而上，一个人用黄绫抹布蒙住他的脸，余下的将他捺住。然后，杨金英用绳子系住他的脖子，由两个宫女各执一端，使劲地拉。但杨金英在结绳时误拴成死扣，因此几个宫女勒了半天只是把他勒昏，并没勒死。皇后方氏得到消息带了太监火急赶到，从宫女手中抢出了他。造反的宫女第二天就被处死，端妃曹氏和宁嫔王氏因受牵涉，也在宫中被处死。

宫婢造反给世宗敲了一记警钟，不过他并未觉悟，甚至认为大难不死也是尊崇天神的结果。但从此以后，他再也不敢住在乾清宫，并宣称自己是尘世外的人，郊庙不亲，朝讲尽废，专心奉玄修道，不与任何妃子和宫女见面，也不跟大臣们见面。满朝文武，也就是知道有这么一位皇帝罢了。

宠信严嵩　靖边无方

严嵩本是礼部右侍郎，嘉靖七年曾奉世宗之命去安陆祭告兴献帝陵墓，事毕献媚说：“我走了一路，先祖家乡处处应时细雨霁霁，当载神主的船过河时，连河水都陡然高涨，真是天意啊。”世宗因此对他很赏识。这以后严嵩一边巴结当时的内阁首辅夏言，一边又在世宗面前讲夏言的坏话，终于博得了世宗对他的充分信任，渐渐地铺平了进入内阁的道路。

严嵩入阁前，大权由夏言执掌，夏言得宠的原因是由于祭醮青词写得好，祷祀的事情肯卖力气。但是夏言以后逐渐厌倦此事，并时有抵忤，世宗对此甚为不满。如世宗常常戴香叶道冠，打扮成道士模样，还命人刻制了五顶香冠赐给夏言、严嵩等五位大臣。夏言不肯戴，还对他密疏讽劝，而严嵩则在世宗召对时，每每戴上，世宗自然更对夏言不满。世宗经常派太监到大臣府邸宣诏达事，夏言自恃位高，说话从不客气，待之如奴仆，严嵩则必敛手请坐，塞给来人黄金若干，于是这些人回来后争着向世宗说严嵩的好话。世宗觉着这样还不能说明两人的高下，又专门派人趁晚上到两人家里察看，结果发觉夏言往往是在家中睡觉，而严嵩却在灯下审看自己写的青词。世宗几次将两人送来的青词做了比较，发现夏言的多为僚属代写，有时还把用过的又拿来充数，而严嵩写的却越来越精彩。世宗心里有了底数，对夏言的印象直落千丈。他多次将夏言送入西苑的青词掷于地上，愤愤地说：“你就用这种玩艺来胡弄我，真是有负我的重用！”有负重用的人自然不能久留，嘉靖二十三年(1544)夏言下了台，代之以严嵩主政。到嘉靖二十

五年，在严嵩的挑拨下，夏言最终被砍了头。

世宗把内阁首辅换成了严嵩，但他并不认为严嵩有治世之才，而是赏识严嵩的顺从。世宗在西苑修炼，不想与朝臣见面，严嵩就住在西苑内，朝夕相伴，随时等候召见，连洗沐都顾不上。世宗对他的评价是“忠勤敏达”。正当世宗做着成仙的梦时，无能的严嵩内阁却没能让他如意。多年松弛的边防在崛起的北方民族的冲击下，终于溃散开来，蒙古慓悍的马队长啸着疾驰直入，京师宫阙为之震撼。

嘉靖二十九年(1550)六月，北方鞑靼部首领俺答率军进攻大同，总兵张达和副总兵林椿皆在血战中丧生，守军全军覆没。八月，俺答移兵东去，由蓟镇攻破古北口，明军仓促迎战，又是一触即溃。俺答挥军前进，越过通州、密云，直抵北京城下。胜利者在安定门外扎下大营，大肆掠夺村落居民，焚烧庐舍，火光日夜不绝。世宗不理朝事，因此有关俺答进犯的消息，以前他一无所知。兵临城下后，经礼部尚书徐坚一再督请，他才到御天殿召集文武百官议事。大臣禀报实情后，他才意识到灾难已经降临，慌乱之中，竟记不起兵部尚书是哪位，当着兵部尚书丁汝夔的面，惊呼道：“兵部尚书在哪里？赶快传旨出去，让他马上来见我啊！”京城的防务落到了丁汝夔的肩上。他点阅京军册籍时，发现多系虚数，只有四五万老弱残兵拼成临时队伍，以应守城之急。幸好这时赶来了援军，世宗命令带兵而来的仇鸾为平虏大将军，统帅各路援军。仇鸾率领的10余万兵马，眼睁睁看着俺答纵兵大肆掠夺，没人出阵发射一矢一弹。原因不是士兵怯战，而是他们接到了十分荒唐的避战命令。丁汝夔在援军抵达后，找到了严嵩，询问是主战还是主守。严嵩说：“在边防上打了败仗，还可以隐瞒，在这里打败了，谁人不晓？当然是坚壁勿战，保存实力，等敌人掠夺够了，自然就会退走。”丁汝夔依计而行。俺答率军杀掠了8天，开始退军。临行前俺答差人送给世宗一封信，要求互通贸易，开放马市，通篇是威胁恫吓之词。世宗接到信后，误以为俺答攻城在即，急令礼部准备大量的皮币珠玉，打算屈膝求和。俺答不知明朝中虚实，拔寨早了一些，没有得到这份丰厚的礼物，以后俺答又曾两次兵临京师城下，纵兵饱掠，世宗仍是听之任之，使京郊百姓饱受了兵贫之苦。

北部的边防漏洞百出，烽烟常起，南方也不那么平静，从辽东经山东到广东漫长的海岸线上，时时传来警号，弄得人心惶惶。给堂堂天朝带来麻烦的是隔海相望的日本浪人。日本在明初恰是诸侯争战时期，藩侯们在兼并战争中大打出手，互有胜负，因失败而失掉军职的武士，演变为萍踪无迹的“浪人”。藩侯为了满足自已的奢侈欲望，并解决财政困难，常常组织商人和浪人到中国大陆走私贸易和掠夺。落魄武士掠夺财富的欲望，一点也不比北方的俺答逊色。中国人把这些身材矮小，专干打家掠舍营生的不速之客，叫做“倭寇”。

明初朝廷曾在沿海设置防倭卫所，添造战船，所以倭寇未酿成大患。到了嘉靖时，海防糟到了不能再糟的地步，浙、闽沿海卫所，战船十存一二，士兵也只剩原先的十分之四。日本人对朝廷的畏惧之心，已一扫无余。世宗对日益猖獗的倭患，缺少有效的打击措施。他认为平患的最好方法，就是关闭官方向海外进行贸易的大门，实行海禁。这个貌似决断，实则愚蠢的政策，从嘉靖二年起，就被沿海官吏实施，但收效适得其反，不同的是他们有的依靠“浪人”组成武装走私集团，能贸易就贸易，有机会就无本万利地大肆抢劫一把。还有的与中国沿海的奸

徒勾结，抢掠地方大发横财。

嘉靖三十一年(1552)，世宗同意了内阁的意见，在沿海一带设巡视大臣，对加强海防起到一些作用。一年多之后，世宗又派南京兵部尚书张经总督沿海军务，委以平倭重任。张经到任后，积极筹划军事行动，准备一显身手。这时却来了工部右侍郎赵文华，问题变得复杂起来。赵文华是严嵩的义子，赵文华上任后，向世宗提出了七条平倭建议，第一条就是“请遣官祭告海神，以求平安。”世宗看后，立即批准，并让赵文华去办理此事。张经的职务比赵文华要高，不大把新来的祭神官放在眼中，赵文华就一头扎到浙江巡按胡宗宪之处。赵文华屡次催张经出兵，张经因准备不足没有理睬他，于是世宗就接到了赵文华写来的密疏，诬告张经畏贼失机，应予惩处。世宗看后，召见严嵩征求意见，自然严嵩不会讲张经的好话，世宗就下令逮捕张经。这时已到了嘉靖三十四年(1555)五月。就在逮捕令即将发出的时候，张经的军事部署已经妥当，他指挥士兵向倭寇的巢穴石塘湾攻击，获得大胜，并截杀了大量逃敌，将倭寇驱向了大海。捷报传来，世宗竟不肯收回命令，他斥退了劝说的言官，说：“张经的罪过是不忠。他所以打这一仗，完全是听到赵文华揭发了他，想表现一下。”不久，张经被押到北京，十月份被斩首。赵文华见杀掉张经，上疏冒功，说此次胜利来自自己和胡宗宪的“督师”，世宗就升其为工部尚书，加太子少保，升胡宗宪为巡抚。与赵文华相比，胡宗宪要好一些，赵文华先后两次出任浙江、福建，仗着提督军务的身份，凌胁百官、搜刮库藏，将两浙、江淮、闽、广间的征饷，大半揣入自己的腰包，胡宗宪则在上任后，接连诱杀了几个里通外国的海盗，使倭寇的凶焰有些收敛，尽管这并不能从根本上解决问题。

正当倭寇长期不得平定的时候，明军里出现了名将戚继光，他与俞大猷、刘显等军事将领一道，精心组织战斗，终于解决了倭患。戚继光于嘉靖三十四年(1555)调任浙江，第二年升为参将，他感到海防士兵的战斗力太差，就在义乌招募了新军。戚继光对这支军队进行了严格的训练，创造了“鸳鸯阵”战术，使其成为能打硬仗的精锐之师，屡立战功，被誉为“戚家军”。“戚家军”在短短几年中，由浙东打到福建，几经征战，倭寇闻之丧胆。嘉靖四十二年(1563)，为了彻底解决福建的倭患，朝廷调俞大猷为福建总兵官，调戚继光为副总兵。戚继光再度由浙入闽，与俞大猷以及驰援的广东总兵官刘显，兵分三路进攻平海。戚家军首先登上敌垒，刘、俞的部队相继突入，“斩首2200”。戚继光因战功升都督同知，世荫千户，并代俞大猷为总兵官。第二年春，戚继光又相继败寇于仙游、王仓坪、蔡丕岭等地，斩获甚多。福建平定之后，广东东部还有2万多倭寇，朝廷又命俞大猷为广东总兵，在两广提督吴桂芳的支持下，明军奋力掩杀，击败倭寇于海丰等地，将之擒斩殆尽。至此，倭寇一蹶不振，渐渐地退出了沿海一带，不足以构成倭患，南方趋于平安。

罢除奸相　热衷瑞祥

沿海一带战事仍频，在将士们浴血奋战的这段漫长时间里，朝廷中无形的战场也在大力厮杀，血腥味十足。首辅严嵩虽然手段高明，掌权的时间也比较长，但最终败给了徐阶。徐阶也以善于炮制青词见长，世宗对他比较信任。由于夏言生前曾向世宗推荐过徐阶，严嵩对此人十分警惕。徐阶觉出了这一危险，要了

一个手腕，对严嵩假意逢迎，不露半点锋芒。时间久了，严嵩也就麻痹大意，不再事事监视这个潜在的敌手，让他顺利地升到了礼部尚书兼东阁大学士，参与机务。徐阶职务高了，自然与世宗接触也多了，因此，有可能对他加以影响。

世宗对严嵩的看法渐渐有了变化。严嵩掌权之时，正是"南倭北虏"最严重的时期，由于俺答的进攻，从嘉靖二十九年到四十二年，京师出现过3次戒严，倭寇的骚扰则遍及东南沿海各省，国家财政日益危机。嘉靖二十三年(1544)户部报告：财政赤字达147万两，三十二年(1553)赤字又上升到373万两。这个责任，首辅是不可推卸的。另外，严嵩的淫威能让朝臣侧目，却缄不住道士之口。有一个名叫蓝道行的道士很博世宗喜欢，信以为神。一日，召道士扶乩，卜问神仙是否会降临，又问长生的诀窍，道士用乩笔胡写了几句话，无非是清心养性、恭默无为等等。世宗又问现在辅臣何人最贤，道士口中念念有词，乩笔写出严嵩是妨贤的大蠹，大蠹不除，何以有贤？世宗不相信，又问："真如上仙讲的那样，何不降灾诛之？"道士又写："留待皇帝正法。"世宗不便再问，内心微有所动。

嘉靖四十年(1561)，严嵩妻欧阳氏病死了，按理应由其子严世藩护丧归故，可严嵩却一日离不开他，此时严嵩已80有余，记忆和反应都很成问题，皇上的御札，还有诸司的请裁，如果没有严世藩替他奏答、批改，则不可想象。于是，他硬起头皮向世宗请求将严世藩留京"侍养"自己，以孙子代替，世宗表示同意。严世藩平日里就好声色犬马，其母管束颇严，不敢放肆。母亲既已去世，正好寻欢作乐，门面上孝服在身，内庭里却红颜留连，关起门来尽意胡闹。严嵩在西苑值日，世宗有时下旨问事情，严嵩就派人飞马告世藩拿主意。世藩只顾与侍姬调笑滥饮，哪有心思管这些，见有来札，草草应答，马虎了事。世宗看了，多不如意。一些急要的御札，太监就在值房立取，严嵩无奈，只好硬撑着应对，往往语意模糊，前后矛盾百出，世宗看了，则大惑不解。在世宗的眼里，从前那善解人意、巧写青词的严嵩已不复存在了。

也就在这一年，世宗居住的永寿宫发生火灾，不得已移居到玉熙殿去住。玉熙殿又小又矮，世宗住不下去，就想再营建永寿宫。他把严嵩找来，询问意见。严嵩不摸底细，说可以暂居南城宫。南城宫是英宗失帝位时住的地方，世宗因此而不高兴。又问大学士徐阶，徐阶则请修永寿宫。不久永寿宫就拔地而起，且比原先愈发漂亮，改名万寿宫。万寿宫的营造，标志着严嵩政治生涯的结束，从此，世宗遇事就不再找严嵩了。

严嵩已经失宠，朝廷中想要扳倒严嵩的官员们就加紧行动起来。有一次天下大雨，御史邹应龙就便到一个太监家中躲避，两人闲聊之中，太监不觉提到了蓝道行的乩言以及皇上对严嵩的种种不满。邹应龙摸到底细，写了一个奏文弹劾严嵩父子，次日就送了上去。世宗展开来看，大抵是弹劾严世藩假父亲权势，贪赃枉法，干乱朝政，不敬不孝，等等，连带着也奏严嵩溺子之过，疏奏最后写道"如有不实之辞，宁愿被斩首以谢严家父子。"世宗读罢奏疏，即召徐阶商议如何处理。徐阶将左右的宦官赶走，小心翼翼地对他说："严家父子罪恶昭彰，陛下要果断处置，不然可能发生事变。"世宗于是发锦衣卫驰入严府，宣读诏书，勒令严嵩致仕回乡，并逮严世藩入狱，其后谪戍雷州(今广东雷州半岛)。严嵩布在朝中的心腹，尽被弹劾，陆陆续续被罢了官职。

严嵩倒台之后，徐阶代为首辅。世宗将严嵩值班用的房子赐给了徐阶。徐

阶对世宗感恩不尽，研墨挥毫写了三句话，让人装裱起来挂在值房里面：以威福还主上，以政务还诸司，以刑赏还公论。他依照这三句话主持政务，做了一些好事，使嘉靖一朝在最后的5年里稍许有点像样，朝臣们推他为“名相”。世宗对他感到很满意，其信任程度，超过了严嵩。

世宗自嘉靖中年之后，于热衷方士方术的同时，又添了新的喜好，就是喜欢谈瑞祥。他的这一喜好，一直到了垂暮之年，仍乐此不倦。嘉靖三十七年(1558)，总督浙闽的胡宗宪因平倭不见大效，受到内阁的指责，就将在舟山捕获的一只白鹿，献给世宗。世宗见此转怒为喜，在玄极宝殿、太庙举行了隆重的告庙礼，百官也都纷纷称贺。胡宗宪听到消息，又将两只白龟献进宫来，还一同带来了5棵奇大无比的灵芝，世宗高兴地将这两样东西命名为“玉龟仙芝”。作为回报，他给胡宗宪提拔了官职，赐给若干银币，并赐金鹤衣一袭。献瑞祥既可讨好，百官何乐不为？

世宗醉心于瑞祥感应，晚年尤甚，督抚大吏争上符瑞，礼官动辄表贺，举朝重臣包括徐阶皆莫敢言半个“不”字。倒是小小户部主事海瑞，斗胆独自上了一疏，给世宗泼了一记凉水。嘉靖四十五年(1566)二月，海瑞上长疏建言，说：“陛下竭民脂膏，滥修土木，20余年不视朝，法纪坏到了顶点。由于你猜疑戮辱忠臣，使得贪官污吏横行，百姓困苦之极。虽然陛下处置了严嵩等坏人，但社会政治仍然不清明，老百姓说‘嘉者，家也；靖者，尽也。’意思是民穷财尽。陛下试思今日之天下，是个什么样的天下？……人君自古就有犯错误的，但因有大臣匡正，不至一错再错。陛下如今仍修斋建醮，工部尽力经营，户部四处购香，竟无人指出陛下的错误，这也是大臣的失职。陛下的过错很多，其最大的在于求长生。陛下跟陶仲文求仙，连他都不能长生，何况陛下。陛下误信受骗，真是大错特错。”海瑞上疏之后，自知触忤了龙颜，命仆人买了棺材在家待罪，与妻儿留下遗言，并将僮仆一一遣散。世宗见到疏奏，大发雷霆，他将疏奏扔在地上，环顾左右咆哮说：“此人大胆妄言，立即逮捕，不准他逃掉！”宦官黄锦对他说，海瑞为人素有直名，且根本不打算逃走，而是在家等候降罪。世宗听完略有所思，又取疏奏看了一遍。怒气稍平后，他把徐阶找来，说：“海瑞说人不能长生，也可能是正确的。但我长时间生病，不能视事，吃点仙药有什么不可以？”又说：“这也怪我平时不注意爱惜身体，若能出御上殿，何至被他如此毁谤呢?!”徐阶答道：“海瑞虽然言过了，但心是好的，请陛下宽恕他吧。”世宗这时也不愿意多杀谏臣，命徐阶将海瑞下到诏狱，虽不治罪，但也不准放出，让其在狱中反省自责。世宗一生毫不留情地惩治了许多大臣，其中既有奸臣，也有孤直之士，对海瑞的惩罚，是他晚年在用人上犯下的最后一个大错误。

世宗服食的丹药，有不少是用水银制成的剧毒品，吃下去之后，造成的后果十分可怕。世宗的身体本来就不健康，长期的慢性中毒，使他四肢麻木，脸上呈暗灰色，走路摇摇晃晃，说话也变得相当困难。大臣们见到他，莫不从内心替他感到担忧，特别是徐阶。为了让方士们有所收敛，徐阶动用权力，杀掉了向世宗提供剧毒丹药的方士蓝田玉，并力劝世宗不要服食水银。世宗对徐阶没有责备，但也没听徐阶的苦劝。嘉靖四十四年(1565)正月，陕西方士王金等人，伪造了《诸品仙方》、《养老新书》与炮制的金石药一起献给世宗。这些药成分不明，世宗吃下之后，顿时感到头晕目眩，鼻孔中流出鲜血，很快就不省人事了。经太医的

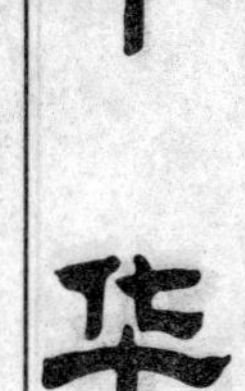

救治，世宗才苏醒过来。此后，他一直卧床不起。嘉靖四十五年（1566）十二月十四日清晨，世宗突然变得精神饱满起来，周身不再觉得疼痛。日夜守候在他身边的徐阶，感到大事不好，连忙下令将他从西苑搬出，抬回乾清宫。没有多久，世宗就咽了气，时年 60 岁。

世宗的陵墓称永陵，跟他前面的几个明代皇帝一样，选在北京昌平县的天寿山，庙号为“世宗”。

奸相严嵩专擅朝政秘闻

参倒夏言幕后寻踪

嘉靖初年，朝廷上围绕世宗尊崇亲生父母为皇考，掀起了议礼风波，执掌朝政的大臣因为不遵从世宗的意旨，有的被疏远，有的倒了台。礼部尚书夏言渐渐受到重用，步入内阁。夏言为了培植自己的势力，有意提携同乡严嵩，便从史馆调回严嵩接替自己，当了礼部尚书。

严嵩执掌礼部不久，遇到了一件麻烦事，世宗进一步要将自己的生父兴献皇帝称宗，奉进太庙。严嵩作为礼部的长官，态度本来十分明朗，坚决反对这样做，但是当嘉靖帝为此事而惩办不听话的大臣时，严嵩却来个一百八十度大转弯，诚惶诚恐地向皇帝表白自己完全改变了观点，并详细周到地制定了祭祀兴献皇帝的礼节仪式，协助皇帝圆满地举行了祭祀大典。接着，又呈上《庆云赋》、《大礼告成颂》，力促嘉靖帝为生父加上皇帝称号。这样，嘉靖帝视严嵩为心腹，加封为太子太保，使他跨入辅佐大臣的行列。

官场得意的严嵩，再也不是那个手不释卷的谦谦君子了。礼部衙门前车水马龙，皇室宗亲、各路藩王出出进进，为了向皇帝讨封请赏，都重金贿赂打通严嵩的关节。他的儿子严世蕃依仗父亲的权势，在京师内外敲诈各部官府的钱财。

严嵩仕途通达，深得皇帝的欢心，按说该心满意足了。可是，夏言仍然高居首辅的位置，严嵩如鲠在喉，终日不快。夏言与严嵩有同乡之谊，严嵩又经他一手提拔，表面上严嵩十分尊重夏言，内心深处对他既恨又怕。

有一次严嵩在府第设宴招待宾客，亲朋好友齐集如云，唯独主宾夏言，虽然早经发出邀请，却迟迟不见出席。严嵩不好收场，亲自打轿直趋夏言府第。夏言一点面子也不给，闭门不纳。严嵩忍气吞声跪倒在门外，双手展开请帖，装出一副诚心诚意的面孔高声朗读。夏言似乎得到了满足，误认为严嵩知恩能报，忠诚可靠，漫不经心地踱出府门，接受了严嵩的邀请。

严嵩遭此奇耻大辱，愈加怀恨在心，外表依然如故，对夏言毕恭毕敬，暗中却千方百计谋划报复。

世宗崇信道术，炼丹服食外常常举行各种仪式，其中重要的一项是诵念祷文。当时的祷告文字通常是用朱笔书写在青藤纸上，称为“青词”。道士陶典真危言耸听，吹嘘祷念青词可以上达天廷，十分灵验。世宗醉心于青词，命朝中大臣都来书写，写得好，皇帝自然要提拔他的官职。严嵩文字功夫深，又善于揣摸皇上的心思，写出来的青词往往词藻华美，符合世宗的心意。夏言却不善此道，渐渐被严嵩占了上风。

世宗自诩为“飞玄真君”，他独出心裁地令人制作了一顶道士的香叶冠戴在

头上。这样，他还嫌不够，又制作了五顶，分别赐给五位辅佐大臣。夏言没有把这事放在心上，对皇帝的赏赐弃置一边，依然冠戴朝服进谒皇帝。世宗尽管心中不悦，也不便出言指责。严嵩接到皇帝的御赐，诚惶诚恐，沐浴更冠，临上殿堂还扯过一幅薄纱，罩在香叶冠上。世宗在庙堂之上，远远望见严嵩头顶香叶冠进殿好生高兴，近至前来，又见冠上笼罩轻纱，一时不解其意。严嵩上前跪拜启奏道：

"圣上亲赐香叶冠，臣恐风沙侵损，故以轻纱遮盖。"

世宗心里热呼呼的，冲口说出：

"难得爱卿如此珍重。为何夏爱卿偏偏不肯冠戴呢？"

严嵩等的就是皇帝的这句问话，他阴阳怪气地接上说：

"夏辅宰声言香叶冠不伦不类，不能穿戴它抛头露面。"

世宗虽然恼怒夏言，但对夏、严二人素日不和亦有耳闻，所以还有些将信将疑：

"夏爱卿还不至于如此吧！"

严嵩生怕失去搬掉夏言的机会，扑通一声跪倒在地，泪流满面地向世宗哭诉夏言如何欺辱大臣，如何无视皇帝的种种罪状。世宗早已倾心严嵩，经他这一番搬弄也不由得不信，于是下决心请走夏言。

不久，出现了日全食，世宗认定这是因为臣子侵犯了君主而显现的天象，立即罢免了夏言的职务，令他回乡闲住去了。

嘉靖为何再用夏言

严嵩扫除了仕途上的障碍，终于成为一人之下、万人之上的当朝宰相。这时候，他虽然满头白发六十有三了，但依旧精神饱满。那时皇帝躲进西内，专心修炼不问国事。严嵩从早到晚在西苑的班房内值班，朝中大小事情都要向他请示，俨然皇帝一般。世宗乐得有人替代繁琐的朝政，特意镌刻银牌一块褒奖严嵩，上书"忠勤敏达"四字，各部大臣无缘见到皇帝，只好到西苑听从严嵩发号施令。

渐渐地有关严嵩父子独断专行、随心所欲的风言风语也传到了世宗的耳朵里，世宗也提高了警惕。夏言自从削职赋闲，每逢喜庆节日，必然不顾千里迢迢上表称贺。世宗常常念起夏言秉政时的种种功绩。为了制约严嵩排除异己，独揽朝纲的局面，嘉靖二十四年(公元 1545 年)十二月，世宗突然召回夏言，官复原职。

夏言重新秉政，毫不客气，以首辅之尊的地位排挤严嵩，军国大事都由夏言一手做主，从不许严嵩过问。严嵩提拔的大小官员一律斥逐而去，害得严嵩敢怒而不敢言。

严嵩忍气吞声格外小心谨慎，但是夏言仍然抓住了他的把柄。严嵩的儿子严世藩在尚宝司少卿的肥缺上，横行无忌。他假借代理朝廷收缴钱谷，勒索了无数钱粮。夏言的耳目搜集了许多情报、证据，正谋划写成表章上奏朝廷。夏言自以为把严氏父子攥在了手心里，只等时机成熟一举除掉宿怨。

严世藩察觉到夏言的动向，十分恐慌，六神无主地跑到老子面前，请求设法解救。严嵩预感到事态严重，顿足斥骂儿子：

"今番被夏言抓住，只恐我这条老命也要丧到你手了。"只骂得严世藩涕泪交流。事到如今，老奸巨滑的严嵩也顾不得什么面皮了。为了儿子更为了他自己，

牵住儿子的手直奔夏言的府第而去。

夏言正在府中闲坐，门人报上，严嵩父子叩门求见。这突如其来的造访，到底为什么呢？夏言不知所措，摆摆手，令门人传告严嵩父子，只说宰相身体不舒服无法接客。

严世藩听了门人传话心里凉了半截。严嵩手捻胡须怔了一下，微微一笑，从袍袖中摸出一锭银子，递到门人眼前，说：

“我父子专为探病而来，别无他事，烦劳带路引进。这些许薄银不成敬意。”

门人不由自主地接过银子，还未答话，严嵩父子径自跨过了门槛往后堂走去。门人不得已紧追几步，头前引路去了。

夏言没想到严嵩父子闯上堂来，慌忙躲入内室躺倒床上，拉过衾被装作卧病。严嵩蹑手蹑脚走至榻前，低声探问：

“少师贵体如何？”

夏言拥被呻吟，严嵩连问数声他都听而不闻。严嵩实在无法，扯动儿子衣襟，父子双双跪倒床前。夏言只好掀被起身，扶住严嵩。严嵩执意不起，泪流满面连连叩首。严世藩边磕头边哀求。平日盛气凌人的夏言也感到于心不安，他长叹一声，说：

“唉！世藩的事我就既往不究了。你父子快请起回府吧！”

严嵩父子千恩万谢走出夏府。过了几天，朝中果然没有丝毫追究的迹象，严嵩这才放下心来。凶险化解之后，严嵩感觉受到夏言莫大的侮辱，非要和他彻底较量一番不可。

夏言被处死之谜

世宗深居西内，对夏言、严嵩二人也是放心不下，他派人暗中伺察他们的言行。夏言官气十足傲视一切，明知宫人负有特殊的使命，照样把他们当作奴隶般的呼来唤去。宫人来到严嵩面前就大不一样了。严嵩客客气气地邀宫人入座，嘘寒问暖，和颜悦色像朋友一样。临走的时候，严嵩亲热地拉住宫人的手，袍袖之间还递上一锭沉甸甸的银子。俗话说钱能通神，宫人在世宗面前替严嵩说尽好话，对夏言不免捕风捉影，添油加醋地说上一通坏话。日久天长皇帝哪能不受影响。

世宗嗜青词如命，常常命夏言、严嵩二人写来进奉。夏言不把它当作正经事来做，总是令幕宾食客捉刀代笔，有时皇帝催促紧了，夏言就将以前的青词草稿抄写一遍，敷衍塞责，气得世宗将青词扔到了地上。严嵩尽管年纪老了才思迟钝，但他的儿子除了精于搜刮钱财外，更善于揣摸皇帝的好恶。他操笔替父亲撰写的青词，字字句句都能打动皇帝的心扉。世宗不知就里，认为严嵩宝刀不老文思横溢，更加宠幸他了。

自从嘉靖二十五年（公元 1546 年）起，朝廷上又因“收复河套”问题争议不止。明初蒙古贵族势力逃往漠北，内部发生分裂一度衰落。嘉靖年间，蒙古势力又有所抬头，其中一部占据河套地区直接危及关中以及京师的安全。当时总督陕西三边军务的兵部侍郎曾铣上书皇帝，力请收复河套，以保国家长治久安。夏言坚决支持曾铣的建议，严嵩则竭力反对收复河套，双方争执不下。严嵩暗中指使都督陆炳等攻击夏言、曾铣互相勾结，谎报军情，导致边境局势紧张。世宗听

信诬告，下令逮捕了曾铣。尽管如此严嵩仍不解心头之恨，他假借蒙古骑兵侵犯居庸关边境告急之机，唆使亲信仇鸾捏造曾铣隐匿军情，克扣军饷，向夏言行贿，欺骗朝廷等罪状。世宗对夏言早存戒心，接到仇鸾的诬告，马上将曾铣开刀问斩。夏言于嘉靖二十七年（公元1548年）正月，再次被削官夺职。

夏言刚刚出京，严嵩又策划党羽散布流言，说夏言衔怨出京，沿路诽谤朝廷不肯认罪。世宗闻报勃然大怒，派兵追捕，又将夏言押回京师，终于被斩于西市。

嫁祸徐阶的密谋

嘉靖二十八年（公元1549年）以后，礼部尚书徐阶渐渐显露头角，受到世宗的重视。徐阶明知严嵩不会容忍他，表面上处处恭敬尊重严嵩，事事依从他，甚至将自己的孙女嫁给严世藩的儿子，两家缔结了姻亲关系。暗中，徐阶施展才华，青词越写越好，取得了皇帝的欢心。他更以谦恭随和的气度赢得了文武官员和太监们的爱戴，地位稳固上升。到了嘉靖三十年（公元1551年）三月，徐阶步入内阁。

严嵩看到徐阶的威胁日益迫近，决心趁其羽翼未丰及早除掉。嘉靖三十一年（公元1552年）六月，平虏大将军仇鸾通敌的内幕渐渐揭开。世宗很恼怒，秘密下令给大学士徐阶，列举仇鸾罪状公布于众。严嵩闻听仇鸾事发，一面极力逃脱干系，另一方面还想利用这件事谋害徐阶。当年徐阶与仇鸾同在西苑值班，有过交往，严嵩妄图参上一本，告发徐、仇沆瀣一气同谋不轨，达到借刀杀人的目的。严嵩的诬陷计谋尚在酝酿，宫中的亲信透露消息，说仇鸾败露是徐阶得到皇帝的授意首先发动的。严嵩闻讯，跌坐在椅子上半天说不出话来，铲除心腹之患的良机就这样失掉了。更使严嵩愤愤不平的是，处理仇鸾事件徐阶得到皇帝的器重，自已身为堂堂的首辅，却被搁置一边，毫不知情。

从此，严嵩与徐阶之间的斗争由暗转明，一日比一日激烈。不久，朝中又掀起了弹劾严嵩的浪潮。兵部尚书杨继盛上疏指控严嵩的十大罪状，五项奸情，言辞十分激烈。结果，上疏官员统统被逮捕下狱。严嵩当然对揭发他的人恨之入骨，要求皇帝严惩不贷。徐阶则公开主张示以薄罚。严嵩认定这股倒严逆流的策动者就是徐阶，背地里支使锦衣卫都督陆炳，示意他严刑拷问杨继盛，非要他供出指使人是徐阶才肯罢休。杨继盛被折磨的遍体鳞伤，筋骨折断，但他正义凛然，高声宣言：

“奏疏是我亲笔所写，尽忠锄奸是我报国之心，何必等待别人指使！”

锦衣卫押解披枷带锁的杨继盛行进在通往刑部大堂的道路上，两旁挤满了围观的百姓。眼看着忠义之士遭受毒刑，百姓都不禁叹息，有人公然指责：

“杨尚书乃天下义士，为什么遭受这种毒害？”

更有人手指枷锁，愤然呼喊：

“为什么不将这种刑具，戴在奸相头上，反来加害好人！”

严嵩对汹汹的舆论也有所顾忌，可他的儿子严世藩手毒心狠，坚决要杀掉杨继盛，免留后患，于是，严嵩一伙在杨继盛头上又构陷新罪，终于将杨杀害。

严嵩陷害徐阶没有得手，世宗反倒一天天更加依重徐阶。嘉靖三十二年（公元1553年），东南边境倭寇骚扰频繁。世宗同徐阶商议对策，徐阶力主用兵征剿，结果倭乱日渐缓解。当北方边境军事吃紧时，徐阶又设计从北京筹集米麦数

十万石，有力地支持了边防的巩固。世宗越来越感到身边不能离开徐阶这样有谋有略的臣子，相反对严嵩的劣迹也有所察觉，渐渐地对他疏远冷落了。

奸相是怎样被打倒的

嘉靖四十年(公元1561年)十一月，西苑万寿宫突然失火，世宗暂且移居玉熙宫。这所宫殿低矮狭小不合皇帝的心意，就与辅佐大臣们商议重建万寿宫。严嵩考虑重建耗资太大，贸然建议皇帝迁回紫禁城，或者干脆搬进清幽僻静的南内居住。世宗最烦恼大内的繁文缛礼根本不会移驾回宫，南内曾经软禁过太上皇宪宗，这不明明是侮辱当今皇帝吗？严嵩触犯了世宗忌讳，皇帝更加厌恶他了。徐阶沉思了一会儿，附会皇帝的意旨，支持重修万寿宫。他指挥工部，搬用修建别处宫殿的剩余材料，加紧施工，不到一百天，新殿就奇迹般地建成了。世宗皇帝欣喜异常，对徐阶更加另眼看待。

老于世故的严嵩也看出势头不妙，为了摆脱困境，他在家中摆设酒宴，款待徐阶。徐阶恭恭敬敬趋府赴宴。席间，严嵩端起酒杯，语重心长地对徐阶说："我已经到了朝不保夕的年纪了，膝下的儿孙今后多多拜托徐公照顾了！"

徐阶也高高擎杯，恭维严嵩老当益壮，并且满口应承照拂严氏子孙，请严阁老不必多虑。

严嵩父子危如朝露的境况，道士蓝道行全看在眼里。有一天他向世宗夸口，说自己能驱动鬼神判断忠奸。世宗这些天来正苦苦思索如何对待严嵩父子，经蓝道行一提醒，马上接过话茬儿，请蓝道士即刻占卜辅臣中谁忠心耿耿，哪个奸邪不轨。蓝道行仗剑掐指鼓弄一番后，说：

"严嵩父子专权，危害社稷。"

此言正合世宗所思所想，又问：

"玄玄上天，为何不及早处置呢？"

蓝道行诡秘地回答：

"上天正是要留待皇帝亲自将他正法！"

世宗对蓝道行的言语深信不疑，决心适时除掉严嵩。

有个叫邹应龙的御史，外出时遇到了瓢泼大雨，他就近到一位太监家中避雨闲坐。从太监口中邹应龙探知世宗有意搬掉严嵩。雨过天晴，邹应龙赶到徐阶家中通报了这件事，并打算上疏给皇帝，指控严氏父子的罪行。徐阶认为时机成熟了，便点头认可了这件事。

邹应龙得到徐阶的默许，立即上书皇帝告发严氏父子种种不法罪状，尤其是在奏疏末尾写道：

"如臣有一言不实，请即斩臣首以谢严嵩父子！"

世宗读罢心情为之一振，看在君臣二十多年的情分上，只令严嵩离职致仕，罪恶深重的严世藩逮捕下狱。

严嵩下野后，昔日熙熙攘攘的府第冷冷清清门可罗雀。新上任的首辅徐阶却亲自登门拜访。严嵩惊魂未定，不知徐阶来府到底是什么意思。徐阶一见面拉住严嵩的手，口口声声称呼"前辈"，再三安慰他多多保重身体。严嵩深受感动，唤出严世藩和儿媳，一家人跪倒在徐阶面前，恳求首辅在皇帝驾前多方回护。徐阶一一将他们扶起，满口应承一定设法美言。

徐阶回到家。他儿子徐璠站在庭院里，劈头责问父亲：

“父亲大人，您受严嵩的欺侮还嫌少吗？这种时候还去恭身拜访他！”

徐阶装出嗔怪的样子，当着满院的从人们训斥儿子说：

“没有严嵩的知遇，哪有我徐阶的今天！我不能做违背良心的事情，那样岂不被人耻笑！”

不出徐阶所料，这番话很快传进严府。不仅严嵩被迷惑住了，就连素称狡诈的严世蕃也信以为真，他放心大胆地说：

“连徐阁老都不敢伤害我，别人就更不用担心了！”

严世蕃入狱后，他的爪牙四出活动，经过一番周折改判了东雷州卫充军。充军的路上，严世蕃设法逃回了江西老家。

严氏父子落魄回乡，严世蕃继续为非作歹竟然干起聚众谋反的勾当。嘉靖四十三年（公元 1564 年）十月，世宗接到密报重新将严世蕃逮捕归案。

严氏父子虽然受到了惩罚，但是严府的心腹、爪牙遍布京师，如不除恶净尽，等到有一天世宗皇帝回心转意，说不定还要招致更大的祸患呢。朝中文武官员聚会一堂，有人主张集体上疏揭发严氏父子的奸贪罪状之外，再指控他们害死杨继盛、沈练等人的罪行，也许能激起皇帝除奸的决心。官员们齐声赞同，正要动手起草奏稿。徐阶摇摇手，拦住众位，说：

“举发杨、沈一案不是上策，这件案子是皇帝亲自裁夺的，岂能轻易推翻？弄不好皇帝怪罪下来反而不美。”

官员们恍然醒悟，感到此举着实不妙，目光全集中在徐阶身上。徐阶不慌不忙，从袖中取出事先拟好的疏稿，朗朗而读。奏稿中，不仅指控严世蕃聚众谋反，而且揭发他东投日本，北引“大虏”，妄想推翻朝廷自立为帝。寥寥数语像刀剑一般锋利。末尾缀上“事已勘实”、“俱有实证”等语。在场的官员无不心悦诚服，还是首辅高人一招呵。

世宗捧起奏章果然大怒，谕令严嵩削籍为民，严世蕃立斩不赦。严嵩遭受这次打击后一蹶不振，终于在隆庆元年（公元 1567 年）病死家乡，时年八十八岁。

嘉靖沉溺道术秘闻

焚毁佛像轶事

明代皇帝大都与佛教有缘，偏偏明世宗不信佛却崇道。

世宗初进皇宫时孤立无援，诸事又不遂愿，终日郁郁寡欢，暖殿太监崔文成了世宗的贴心人。崔文投其所好，在乾清宫、坤宁宫、西暖阁、东次阁等处建道坛，摆设香案奉斋膳。皓月当空的夜晚，崔文常常和十几名小太监身披道袍，蓬头散发在乾清宫道坛上指手划脚，口中念念有词，世宗俨然行家里手，端坐一旁指挥他们演练布道。夜深人静，皇宫内静悄悄毫无声息，偶尔传来几声报时的梆鼓，世宗也渐渐忘情仙境，好似身轻如羽月夜升飞一般，白日里宫廷上政事的烦扰，个人的苦闷，豁然得到了解脱。

在崇信道教同时，嘉靖又有毁佛之举。

皇宫城有座大善佛殿，里面供奉金银佛像，并用金银匣子贮存佛骨、佛头、佛牙等物。皇帝想撤掉它们，夏言命令官吏把佛骨埋在野地里。皇帝说：“朕思念

这些东西，智者以为邪秽，必定不想看它；愚者以为奇异，必定要尊奉它。今天虽然把它埋了，将来怎能免得了被人盗发呢？”于是就在十字路口焚烧，销毁金银佛像共一百六十九座，佛像一万余斤。

宠幸道士邵元节秘事

嘉靖二年（公元1523年）的夏季，酷暑炎炎，西北数省滴水未下，河道干涸，土地龟裂；到了秋天，长江以南阴雨连绵，大水泛滥。上台伊始全国南北就遭受如此严重的旱涝灾害，世宗惊魂不定，不知如何是好。太监崔文建议，邀请得道高人，建坛祈祷免除祸患。世宗久闻江西贵溪上清宫道人邵元节道法高妙，只是无缘相见，如今正好召入北京做主坛大师。于是千里迢迢请邵元节即刻入京。

邵元节进京，在乾清宫觐见皇帝。他年事虽高，但鹤发童颜，精神矍铄，世宗一见之下便生好感。邵元节口若悬河，言称自幼深得异人的真传，能呼风唤雨，驱鬼通仙，世宗不觉肃然起敬。邵元节故弄玄虚，大讲仙术，世宗听得津津有味，当下敕封他为真人。

邵元节兴师动众，在皇宫内院摆下道场，香花灯烛昼夜不息，钟鼓锣钹不绝于耳。世宗率领太监宫人张扬幢幡，口呼法号，把一个肃穆的紫禁城搞成了道院。

邵元节粉墨登场，大肆演出的祈天闹剧，激起了朝中大臣们的抗议。大学士杨廷和、吏部尚书乔宇连续上书，要求停止斋醮。给事中刘最指名道姓地弹劾崔文招引左道旁门，虚耗国库，惑乱朝政。世宗迷恋道法正在兴头之上，哪里容得下做臣子的前来干涉。为了惩一儆百，将刘最降职处分，远配广德。太监崔文难解心头之恨，不久又诬奏刘最丢官离京后，依然打着给事中的旗号招摇撞骗。世宗不问青红皂白，立刻又将刘最拿获回京，投入了监狱。

祈天风波后，世宗很长一段时间不自在，做道场的兴致也减弱了。旱涝之后，饥馑流行，各地告急文书飞报入京，皇帝一时应接不暇，给事中郑一鹏眼看情势危急，冒死上书，痛陈道士欺君罔上，亟请皇帝立即停止斋祀，采取措施拯救水深火热中的黎民百姓。世宗这才稍稍安静下来，顾不得等待邵元节的法术显灵生效，草草传下圣旨：

“天时饥馑，斋祀暂且停止。”

嘉靖皇帝婚后十年，尽管三宫六院后妃成群，但一直没有生下儿子。按说，这也没有什么奇怪的，但世宗盼子心切，又去求助邵元节。

邵元节还是那老一套，在御花园内的钦安殿上虚张声势设下醮坛。给事中夏言充任醮坛临礼使，侍郎湛若水、顾鼎臣充当迎嗣导引官，文武百官轮流进香祈拜，隆重的祈子法式中，世宗早、晚亲自出席，虔诚行礼。对邵元节更是唯恐礼数不周，特封号致一真人，二品官俸，御赐玉、金、银、象牙印信各一枚。邵真人煞有介事地登坛仗法主持坛事，两厢徒众早晚诵经念咒，足足闹腾了一、两年时间，妃嫔群中仍然没有一个男孩诞生。

邵元节为皇帝祈求后嗣，迟迟不能奏效，官员中屡屡上书揭发。邵元节自己也觉着无趣，又担心皇帝怪罪下来性命不保，当面向世宗乞求暂还贵溪山中修炼。他看世宗有些心灰意冷，故意装出成竹在胸的口气说：

"圣上求嗣心意如此虔诚，贫道回得贵溪上清宫遥祈神灵。不出二年，定得圣嗣。"

这番说词哄得世宗眉开眼笑，愈加赞赏邵元节的忠心。特派太监中官先行赶赴贵溪山中，加紧督造仙源宫，静候真人的归山。仙源宫不日告成，邵元节入朝辞行。世宗依依不舍，设宴饯别。席间，世宗拉住邵元节的袍袖，凄然说道：

"真人此去，何日再得相见？"

邵元节扳起手指，掐算说：

"陛下多福多寿，命中多有男儿，来日方长，草莽下臣进谒圣躬，当不止一二次呢！"世宗掩饰不住内心的激动，低声说：

"朕年近三十，尚且无子，如蒙神祐，诞育一二男儿便心满意足了，哪敢奢望多求呢！"邵元节只想尽快脱离京城，敷衍说：

"陛下请放宽心，日后喜得皇子，方知所言不谬了。"

邵元节忐忑不安回到龙虎山，仙源宫果然修建得金碧辉煌，他哪有什么心思修身养性，只怕世宗皇帝一旦清醒，大祸就要临头了，仙源宫仿佛成了邵元节的待罪牢笼了。

数月之后，山门外传报朝廷锦衣卫千户孙经造访。邵元节脸色苍白，暗暗惊叹大事不好，不知是祸是福，只好硬着头皮迎出门外。孙经捧出圣旨：召邵真人即刻进京，祈祷皇嗣降生。听到这意外的消息，邵元节转忧为喜。千户孙经拜上真人，当面吹嘘他是得道天师，并说，自从真人出京归山，不出数十日后宫阎贵妃果然有孕。世宗迫不及待邀请邵真人再度出山，祈祷阎妃早生贵子。

邵元节得意扬扬登程出发。船队行至距京城不远的潞河，皇宫中使列队，迎接真人登岸，仪仗人马簇拥着直入皇城。

便殿上，世宗热情召见邵元节，极口赞誉并赐予他五彩蟒衣一套。第二天，邵元节披服登坛，世宗提前沐浴斋戒亲临祈祷，钦安殿上香烟缭绕灯火熠熠。世宗虔恭地端立坛前默默祷告，亲随太监人等齐声附和，说是皇帝周身庆云环绕，此乃大瑞大吉的征兆。世宗信以为真，只等时日一到天赐皇子了。

三日之后，阎贵妃分娩，果然是个白白胖胖的男儿。群臣喜气洋洋，涌上金殿排班入贺。世宗全不在意，一味赞叹说：

"这都是致一真人的功劳！"

朝廷官员个个都觉没趣，哭笑不得地退出皇宫。世宗又传旨，加授邵元节礼部尚书之职，享受一品官员的俸禄。邵元节踌躇满志，文武百官目瞪口呆。

世宗喜得皇嗣，取名朱载基。皇宫内又热热闹闹地做了七日七夜的道场，保佑皇子，酬谢神灵。还没等邵元节风头出尽，仅仅两个月，小皇子偏偏夭逝了。

中华帝王

事过之后，灰溜溜的邵元节渐渐有所收敛，世宗也没有追究此事。

嘉靖十八年（公元1539年）八月，世宗正在南巡路上，邵元节染病在身，没有跟随皇帝左右。一天，邵元节自知大限已到，病榻前对门徒邵启为说：

"我快不行了，不能再赴行再见皇上一面了。烦你转奏皇上，我死之后，陶典真可代我行事。"

世宗得到邵元节的死讯十分悲痛，传诏回京，命礼部按照侯爵的礼仪隆重安葬。同时，道士陶典真接诏令，即刻离京，速发河南卫辉扈驾南巡。

宠幸道士陶典真秘事

陶典真，一名陶仲文，湖北黄冈人。原是个不务正业的小县吏，喜欢神仙方术，平日里装神弄鬼，与邵元节气味相投常有来往。邵元节被召入宫时，恰巧陶典真也来到了京师。传说宫中泛有一股恶臭的黑气，邵元节受命驱除。他花费了不少精力，一点儿效果也没有，正在进退两难之际，陶典真找上门来。邵元节正好脱身，他寻个借口，推荐陶典真攘除黑气。也不知是什么原因，陶典真试了几次，宫中的黑气竟然慢慢消退了。陶典真的法术如此灵验，给世宗留下了很好的印象。

追赶銮驾的路上，陶典真仔细盘算，熬到今天，总算有出头之日，一定做成几件大事，博得世宗的宠幸。卫辉行宫，世宗正愁肠满腹郁郁不乐。陶典真拜见皇帝，世宗来不及寒暄，劈头就问：

"陶爱卿，白日车驾行至路上，突然飞沙走石一般旋风包裹追随，请问这是什么缘故啊？"

陶典真灵机一动，急忙应对：

"白昼旋风扰驾，恐是大火的先兆。"

世宗显出几分慌恐，嘱意陶典真施展法术攘除此灾。陶典真摇摇手，神秘地说：

"火灾之势已成，恐怕不能避免。不过，救驾之人上天已有安排，请圣上放心。"

话是这么说，可世宗躺在御榻上辗转反侧，总是无法安眠。夜半时分，嘈杂的人声惊醒了尚未熟睡的皇帝。行宫周围烧成一片火网，浓烟滚滚，宫人太监东奔西跑乱作一团。世宗呆坐着，眼看大火逼近窗棂，越发不知所措。惊慌之中，只见一名校尉军官破门而入，反身背上世宗向门外冲去。世宗也顾不上看清来人面目，只觉热浪滚滚，索性紧闭双目，死死搂住来人肩头，是吉是凶任凭天意安排了。

世宗逃出火海，盘坐在行宫外的一片空旷土地上。熊熊的火焰映照着他那苍白的脸色，胸口一起一伏，独自喘息不定。借着火光皇帝才看清救驾的是一位身穿锦衣卫官服的军官，衣服烧得焦烂不堪，跪倒地上口称：

"锦衣卫指挥使陆炳，拜上皇帝。"

担惊受怕之余，世宗深深赞叹陶典真料事如神，似乎比邵元节更胜一筹。能有这等道术高妙之人随驾侍奉，可保万事无虞了。想到这里，世宗不由得又转惊为喜。正在想入非非之际，陶典真也闯到这里。看到皇帝安然无恙，也长长舒了

一口气，向着世宗倒头便拜。世宗连忙伸手扶起，陶典真抬起面孔，眼见他须眉烧得焦黄，道袍破烂十分狼狈，皇帝不禁脱口说道：

“爱卿法术惊天，如何也烧得这等模样？”

陶典真尴尬地摸了摸脸上的须眉，转瞬间又摆出一副漫不经心的样子说：

“据臣推算，圣上命数合该遭此小灾。火势骤起臣即祈告苍天以身相代，舍此须眉保全圣体无虞，倒是大事化小呢！”

世宗听罢肃然起敬，连连称道：

“难得爱卿忠心耿耿！”

谁也没料到这场围宫的大火，竟是陶典真勾结太监蓄意施放的。他们原打算在行宫外围点着几间草棚，不承想，火借风势越烧越旺，把整个行宫烧成了一片瓦砾。那救驾的锦衣卫也是陶典真收买来，装模作样哄骗世宗皇帝的。陶典真这一招术果然高明，不明真相的世宗一纸敕书，立即封他为神霄保国宣教高士。

世宗南巡返回京师后，异想天开地提出，让三岁的皇子监国，他自己躲起来修身养性，一二年以后再亲自理政。三岁的小孩子怎么能监理军国大事呢？满朝官员自然竭力反对。太仆卿杨最上书，言词十分激烈，惹起世宗大怒，当即把杨最抓进镇抚司严刑拷打。杨最一介书生，吃不住棍棒毒打，竟然惨死狱中。

上有所好，下必趋之。世宗醉心道术，天下的道人方士纷沓而来。有个叫段朝用的术士千里迢迢从安徽合肥跑到北京，自吹自擂有点石成金之术，他手捧黄金、白银敲开了武定侯郭勋的府门，声称是同朱砂点化烧炼而成。郭勋认为段朝用奇货可居，极力推荐，吹嘘段朝用烧炼的饮食器具，可以招引神仙，祐护皇帝延年益寿，长生不老。世宗如获至宝，传段朝用进宫，把他点化的白银供奉在太庙，祭祀祖宗。段朝用当庭夸下海口，资助雷坛工程白银一万两。世宗喜上眉梢，授封他为紫府宣忠高士。

段朝用正做着飞黄腾达的美梦，却被他的徒弟王子严告发了。宫中派人查验，他贡奉的白银、器具，统统都是事先做好的。事情败露后，段朝用连同郭勋一起被投入了监狱。

世宗抛开朝政静心修炼的心思，经朝臣们的扰乱后，也暂时平复了下来。

明光宗朱常洛

光宗朱常洛

偶然得生　侥幸得立

万历九年(1581),是个平常的年份,但它对朱常洛却至关重要。正是这一年的一个偶然时刻,才衍生了他以及他近40年莫可名状的荣辱悲欢。

对这个时刻的到来,他那当时年仅16岁的生母王氏毫无精神准备。那时她是慈宁宫里侍奉皇太后的一名默默无闻的宫女,18岁的神宗常去母亲那儿请安,也未对她特别注意。但是这一天,神宗却不知怎么要洗手,王氏就端过一盆水凑近皇上,于是被临幸。一段时间后,王氏的身孕逐渐显了出来,这令盼孙心切的皇太后欣喜异常,便借神宗陪宴的机会,问起这件事。谁知,神宗却态度冷漠地说不曾有过。太后这才明白,这皇帝儿子根本没把她的宫女和孙子放在心上。无奈,只好令人取出详细记载了这件事发生的时间和神宗赏赐何物的"起居注",当面验对。神宗一时面红耳赤,只好承认确有那么一次冲动。太后趁机安慰说:"我老了,还没见过孙子。这次若生个皇子,也是宗社的福分。"神宗无话可说,便认下了这个还未出世的孩子,并照太后旨意,先将王氏封为才人,数月后,又封为恭妃。

按照明王朝有关宫廷规矩,如皇帝不承认宫女的身孕与自己有关,轻者宫女腹中的孩子得打掉,重者宫女就得丧命。因此万历如果一念之差就是不承认,或不是皇太后有心,朱常洛根本就不可能来到这个世上。

朱常洛在万历十年(1582)八月十一日出生,便有了皇长子的名分。那时,神宗虽有王皇后和刘昭妃,终因二人都终生不生养而无子嗣,常洛出生,皇太后与廷臣们都想到了立储问题。按"有嫡立嫡,无嫡立长"的惯例,以后的太子就是常洛了。所以,常洛在祖母皇太后面前格外得宠。他聪明活泼,无忧无虑,平稳地生活到万历十四年(1586)他的弟弟、皇三子常洵降生。

常洵的降生给他的命运带来了重大变化。常洵是郑贵妃的儿子。郑贵妃极受神宗的宠幸,因此,常洵出生后,神宗借机将其母封为皇贵妃,并为常洵大办庆宴,表现出超乎寻常的热情。

有些大臣怕"子以母贵",神宗会"废长立爱",顺此就上奏要求早立太子,而一批揣摩神宗意思,成为郑贵妃朋党的就极力阻挠,因此朝中开始了长达15年的建储之争。守正的廷臣、言官们为维护"礼法"和他们的党帮利益,坚持要把常洛立为太子,奏疏雪片般地向神宗飞去,神宗对立朱常洛为太子的请求十分反感,于是上疏的大臣大多因此获罪被贬。然而能左右万历的皇太后却支持"立长"。一天,神宗去请安时,太后问为什么不尽快册立常洛,神宗吭哧了半天说:"他是宫女的儿子。"太后一听勃然大怒,斥责道:"你也是宫女的儿子!"吓得神宗从此才不敢再公开反对立长子。但他采用拖计,不反对立长子可就是不立,名义上是皇后还年轻,还有可能生出嫡子。

到了万历二十年,嫡皇子还未出生,朱常洛已11岁,却还没有接受正规教

育。廷臣们见短期内册立无望，便纷纷疏请对常洛能按太子预教的祖制，配备一套东宫官属，教他读书，并学习为君之道。这是一种迂回的对策，他们希望造成常洛就是未来太子的声势。不过，万历二十年的预教之请很快就被神宗扑灭了。他抓住礼科给事中李献可联合六科诸臣所进的疏请将弘治年号写错了这一小节，痛斥其欺君罔上，同时，株连贬斥了大学士赵志皋、户科左给事中孟养浩等疏请预教最为激烈的11个人，使满朝文武惊骇感叹不已。

但大臣们仍不甘心，仍有不少人拚死上书，加上朱常洛确实也该启蒙教育了，因此神宗才在万历二十一年不得不下令举行预教典礼，一切仪注都与东宫讲学一样。

对这个来之不易的机会，常洛很珍惜。他深知父皇对他必定多有刁难。上学后，神宗对常洛的要求，果然无礼而苛刻。按惯例，皇子的“经筵”、“日讲”，以一天的上午9点到11点开始，如遇天气过冷或过热，即传免。但常洛却必须从早上3点到5点就开始，无论多冷、多热，也不得停讲。冬天天寒地冻，神宗却常常故意不传赐暖耳、烤火炉等用具。这一切，常洛都默不作声地忍受了。在还没有被册立为太子的时候，他不想因小失大。不仅这样，他还相当注意表现自己的才华，争取人心。一次，讲官董其昌问：“如何理解‘择可劳而劳之’这句话？”常洛回答：“就是‘不轻用民力’的意思。”讲官们都为年龄不大的皇长子能做如此准确、机智的解答，感到十分高兴，到处赞颂他勤于苦读，聪颖不凡；勤于思考，旁通大旨。守正的廷臣、言官们听说了，便更加认为“立长”的正确；神宗得知了，竟追忆起自己6岁时由张居正等大臣预教时的情景。他无可奈何地想，难道真的非册立常洛为太子不可吗？

7年之后。朱常洛终于被册为太子，他的几个皇弟也同一天受封为王。此后不久，常洛又举行了冠婚礼，至此命运之神终于向他微笑了。

地位初定，朱常洛松了口气。然而不久他就发现太子的生活与想象的相距很大，他的磨难还远没有结束。

那时候，他被安排住在条件非常差的慈庆宫，并规定未奉召不得入见。慈庆宫的供奉很淡薄，不要说跟祖制的太子俸禄无法相比，就是与其他皇子比也让人感到羞涩。而更令常洛难以忍受的，是神宗其实并不维护他作为太子的地位和尊严。出阁讲学，他有浓厚的兴趣和求知欲望，但刚刚开始不到一年，便莫名其妙地给停了。册为太子后，他曾明里暗里几次表示愿意接续下来，神宗却一概不予理睬。万历四十四年(1616)，由于廷臣们连疏数百封，神宗下令，在辍讲已经十一年后再重新举行。这次常洛格外恭敬用心，对侍班、讲读官员一律尊称先生，赏赐酒馔。听讲回答，敏捷精妙，博得内宫外廷一片赞誉。然而一讲之后，又是莫名其妙地令停，此后再未举行过。万历三十三年(1605)十一月，常洛的选侍王氏生了皇长孙朱由校。神宗得知，反应淡漠，给了兴奋得有点失态的常洛兜头一瓢凉水。万历三十九年(1611)九月，常洛生母王恭妃长年抑郁，终于病重。常洛请求再三，才被准许探望。来到宫前，却见大门上着锁，常洛很为母亲门庭冷落而难过。此时，王恭妃患眼疾已双目失明，她用颤抖的手上下摸着常洛，哭着说：“你长这么大了，我死而无憾！”母子俩抱头痛哭。王恭妃死后，大学士叶向高上疏说：“皇太子母妃病故，丧礼应从厚。”神宗未表态。众臣又上疏，这才赐谥肃靖皇贵妃。这件事，常洛一直耿耿于怀。他即位后，立即尊谥母亲为“孝靖皇太

后”，并归葬定陵。

在经历了这许多事后，常洛知道自己的地位还很不稳固。而更大的危险，则在于以郑贵妃为首的反对势力，一天都没有放弃使自己的儿子福王取代他而为太子的努力。甚至连郑贵妃的父亲郑成宪、伯父郑承恩、哥哥郑国泰也都行动起来，组织人力造谣鼓吹，一心想把常洛废掉。这些活动愈演愈烈，于是就发生了明末“三案”中的头一案“梃击案”，从而使常洛的命运又一次出现了重大转折。

万历四十三年(1615)五月初四傍晚，紫禁城高大建筑的屋顶上，隐隐地还有一抹夕阳的余辉。常洛已用过晚膳。明天是端午节，宫中这阵子正为节日用度做准备，他闲着无聊，想出门看看。这时，门外忽然传来了一声惨叫和一阵喊打撕扭声。宫内立刻乱作一团。又过了好一阵子，他才知道事情的经过。原来，刚才有一个汉子，手持枣木棍棒，悄悄闯进了他居住的慈庆宫。那时慈庆宫侍卫很少，整个宫门只有内侍李鉴一一人把守。那汉子潜进来之后，先手起一棍，将李鉴一击倒，迅即向前殿扑去。李鉴一看此人有对太子行凶的企图，于是没命地喊了起来。内侍韩本用闻声立刻带众役赶来，七手八脚将其擒获，并押送到驻守东华门的守卫指挥朱雄那儿，由他们暂为看管。常洛听说那汉子是想来谋害他的，禁不住一阵惊然，额角渗出细密的汗珠来。

终于查清这是一桩谋害案。由于案子牵扯到了郑贵妃的两个内侍庞保、刘成，所以举朝上下，议论汹汹，都指责郑贵妃一家是此案的主谋，要求查办，这意外的结果，又令常洛大吃一惊。他知道郑贵妃为“立储”的事对他十分忌恨，却没料到这忌恨竟到了要致他于死地的程度。他忿忿然。不过他清楚，也仅能止于忿然而已，郑贵妃朋党成群，不能不令人有所顾忌。

常洛对在以自己为漩涡中心的这桩案子里所应取的态度和做法，想了很多，却唯独没有想到郑贵妃会来求他。那时情势的发展，对郑贵妃十分不利，不仅群臣们纷纷弹劾，而且庞保、刘成也都随时可能彻底地出卖她。她接二连三跑去向神宗哭诉，但此案事出有因，干系太大，神宗也没办法，只好对她说：“到了这个地步，朕也不便硬保你，你可速去找皇太子，让他为你解脱吧！”郑贵妃无奈，只好来到慈庆宫。一见常洛，跪倒便拜，慌得常洛手足无措，自己也忙跪了下来。贵妃拜罢，便哭诉冤枉，求太子救她。常洛生性怯弱，见平日不可一世的郑贵妃这副样子，十分惊恐，极想此案能早点有个了结。于是，便命伴其读书的内侍王安代他起草令旨，要诸臣别再纠缠不休；同时启奏父皇，请令法司尽速结案，不要再株连。

他的这种做法，令神宗顾虑全消，于是在辍朝25年之后亲自出面了断此案。五月二十九日神宗下令，凶手处死；十多天后，庞保、刘成也被秘密杖死；其余有关人犯被发配边地。神宗和郑贵妃了却了一桩心事，常洛也松了一口气。

梃击案后，常洛作为太子的地位，算是彻底稳固了。由于他关键时候帮了大忙，神宗开始对他另眼相待，一应生活用度也着令大为增加。而郑贵妃，眼看废立不成，常洛继承帝位大局已定，心中十分恐惧。她深知自己对常洛多有得罪，为了将来不遭报复，便一反常态，对其加倍逢迎。她借口感激常洛的解救，不仅好话说尽，而且经常赠以钱财、珠宝，还从她的宫女中挑选了八名最美的送给常洛。这时的常洛，境况已大为改观，再也不受压抑、冷遇，所到之处，满目喜风，不觉踌躇满志起来。他将一往的屈辱全抛在脑后，恣意放纵，耽于享乐；酒色财气，

无所不沾。那境况如饥似渴，真有久旱甘霖、一下子要补足30多年亏空之势。

登极治国　红丸丧命

万历四十八年(1620)七月，明神宗朱翊钧病情加重，半个月几乎饮食不进。熬到二十一日，终于一命归西。

泰昌(朱常洛的年号)元年(万历四十八年，1620)八月初一，朱常洛终于黄袍加身，当上了大明皇帝。但由于他在太子地位巩固后，为弥补以前的损失，极力纵情酒色，有时一夜竟临幸几个女子，因此在登上皇位之前身体就早已空虚不堪，所以在登基大典上脸色苍白，浑身微颤，只能勉强支撑到仪式结束。

朱常洛在当太子期间对于万历时期的弊政看的还是清楚的，因此上台后在群臣的帮助下，主要是办了以下几件事：

第一件事是罢矿税使。他以传谕神宗遗诏的方式，下令罢免全国境内的矿监、税使和中使衙门里的中官，停止任何形式的采榷活动。诏令说："过去兴矿税，是因为被烧毁的'三殿'、'三宫'无钱修建，才采用的权宜之计，从现在起全部立即停止。各处管税的内官一律撤回加派的钱粮，今年七月以前已征的就算了，没征的一律豁免。"这矿税早为人们所深恶痛绝，所以诏书一颁，朝野欢腾。

第二件事是饷边防。他下令由大内银库调拨二百万两银子，发给辽东经略熊廷弼和九边抚按官，让他们犒赏军士，并拨给运费五千两白银沿途支用。他还专门强调，银子解到后，立刻派人下发，不得擅自入库挪作他用。

第三件事是补官缺。常洛即位之初，内阁仅有方从哲一人，其余官职也缺很多。他先命吏部右侍郎史继偕、南京礼部侍郎沈深信为礼部尚书兼内阁大学士。随之，同意方从哲的催请，将何宗彦、朱国祥等四个升为礼部尚书兼内阁大学士；启用卸官归田的旧辅臣叶向高。又根据吏部尚书周嘉谟的奏疏，同意将为"立储"上疏获罪的王德完等33人和为矿税等事获罪的几十人，一概录用，其中，邹元标升为大理寺卿、王德完升为太仆一寺少卿，那时每个寺里大的配备寺卿二至十多人，各寺都满了额数。因此有人感慨常洛矫枉过正，又造成了前所未有的"官满为患"。

八月初十，朱常洛觉得精神不错，听朝回来后，就命人在内廷摆开筵席，酒席闹至很晚，他又乘兴连幸数女，当夜就一下病倒。第二天，是常洛三十九岁生日，也只好传免。

到八月十四日，召内侍御医崔文升诊治。崔文升草草地看过之后，用了一剂泄药。服下不久，常洛便觉不适，一昼夜支离床第，竟腹泻了三四十次，顿时觉得委瘁不堪。此时宫内一片混乱。急召内阁首辅方从哲入宫，在交待了一些后事后，朱常洛问方从哲，听太监说鸿胪寺官员李可灼要进呈一种仙药，能治他的病。方说听说过这事，但不敢相信，朱常洛这时病急乱投医，一听真有其事，立即令中使宣李可灼进殿临榻诊视，并让他赶紧进药。李可灼马上用人乳调药，给常洛服了一枚红色药丸，就是所谓"红丸"。服药之初，常洛感觉很舒服，一个劲夸李是"忠臣"，并传谕众臣："朕用药后自觉身心舒畅，也想吃饭了，卿等放心。"被召见而未离朝的诸臣这才欢跃而退，只留下李可灼与几个御医。入夜，朱常洛担心药力不足，令再进一枚红丸，这次却感觉十分不好。五更时分，内侍急召诸臣入见最后一面。九月初一，东方泛白的时候，这位年仅39岁、登极只有30天的皇帝，

就带着一腔遗憾，撒手归西了。

由于朱常洛是服用“红丸”后，才病情急剧恶化故去的，所以廷臣们觉得差不多是李可灼断送了皇上的性命，于是演绎起来。人们首先觉得这“红丸”是个疑点，它是个什么药呢？那时，有说是春药的，有说是金丹药的，也有说是补药的，但有一点可以肯定，这药性大燥，对于虚衰日久的常洛，是断不该用的。常洛先是有崔文升下泄药一损在前，这“红丸”又燥益在后，一损一益，都是追魂断命的劫剂。所以，就有人说崔、李都是弑逆，主张处以极刑，同时，查明谁是幕后人。由此引起已有衰歇之象的党争又热热闹闹地兴了起来。

此后的一段时间里，由于明末“三案”中最后一案“移宫案”已发，吸引了人们的注意力，“红丸案”才不了了之。

备受冷遇的皇子之谜

神宗为何以认皇子为耻

朱常洛是大明王朝第十五个皇帝，也是在位时间最短的一个皇帝。可以说，他还没来得及品味皇帝的颐指气使的生活，就带着满腔的遗憾，一肚子的凄凉，匆匆地告别了人世。他这一生，活得窝囊，活得凄苦；三十九年的人生旅途几乎都是在“秋风秋雨愁煞人”的环境中度过的，虽然是尊贵的龙种、显赫的太子，但是，皇宫之大，“无处话凄凉”，只能独自品尝被冷落、受歧视的滋味。

以常情而言，皇子是王权的象征，他的身边是绝不会少了吹喇叭、抬轿子的人。然而，事情往往有出人意料者，朱常洛就是这意料之外的一个。

朱常洛是万历皇帝的长子，在“有嫡立嫡、无嫡立长”的封建社会中，身为皇长子，其优越性是显而易见的。可是，这种优越性降到朱常洛身上，就完全走样子，无可名状的苦涩与阴冷几乎成了他的影子，其原因是他的出身的差异。

朱常洛的生母姓王，是皇太后身边的一名宫女。在美女如云的皇宫之中，她实在太平庸了，没有莺声燕语，没有婀娜身体，没有花容月貌，作为女人，她几乎没有一点值得炫耀的资本。谁能想到，就是这样一名普普通通的女子，竟能使皇帝青眼有加。万历九年(1581年)，万历皇帝进后宫探望太后，洗手时，一名宫女为他端来了一盆水，当时，万历皇帝并没注意这名宫女的姿色如何，只是觉得端盆的那双小手玲珑剔透，于是，春意荡漾，欲血沸腾，当时就来个霸王硬上弓，从而结束了这名宫女的少女岁月。由于事先并没准备临幸，所以就没有带什么赏赐的物品，匆忙间，只好赏给这位宫女一副头面。宫女接过皇上的赏赐品，心花怒放，情不自禁地展颜一笑。这时，万历才认真地打量该女的相貌。不看不知道，一看吓一跳，他万万没有想到，和自己春风一度的女人竟然毫无姿色可言，他真后悔方才的孟浪，然而，生米煮成了熟饭，后悔也无济于事，只好将后悔揣在心里，怅然离去，从此，再也没和这位宫女同床共枕。这个有幸接受万历皇帝阳光雨露的宫女，就是朱常洛的母亲。

更令万历皇帝悔恨的是，他这偶一为之的荒唐，竟然为朱氏王朝种下了根苗。有一天，万历皇帝又一次进后宫陪母亲——慈圣皇太后谈心，说话间太后就问起了他与宫女王氏之间的事，万历认为这是对他荒唐的讽刺，满地都是春兰秋菊，我偏偏摘取了那朵狗尾巴花，真叫人笑掉了大牙，听了母后的问话，立刻面红

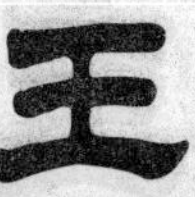

耳赤，冷冷地、又十分坚决地予以否认。当太后十分兴奋地告诉他，那位宫女有了身孕时，万历除了感到极为震惊外，一点欢悦的色彩也没有，矢口否认了他与宫女间已发生的暧昧关系。太后看到这种情形，知道万历没有将王宫女和即将临世的孙子放在心上，以为他是嫌宫女的身份低，却不知道万历不动心的原因在于姓王的宫女缺乏女人应有的魅力。太后对万历皇帝说："你不要嫌弃王氏的宫女身份，母以子贵，只要你给她个封号，问题不就解决了吗？再说，我也老了，到现在还没抱上孙子，这次王氏如果生了皇子，这不是社稷的福分吗？"同时，太后拿出皇帝《起居注》，把万历同宫女苟合的时间、地点以及赏赐的物品一一指给万历看，使万历再也无可否认，在这种退无可退的情况下，万历只好予以承认，而且封王氏宫女为才人。

因为朱常洛是万历视为奇耻大辱的种子，因此，他对这位皇长子没有一点怜爱之心，简直视同路人。对于朱常洛是否享受到皇长子所应有的待遇，是否受到皇长子应受到的教育以及其他方面的问题不闻不问。到了他宠爱的女人郑氏生了朱常洵后，朱常洛的处境更艰难了，不但朱常洵的各种待遇都远非朱常洛可比，就是朱常洵的母亲的待遇也远远超过了朱常洛的母亲。郑氏一生朱常洵，就立刻封为贵妃，而生了皇长子的王氏，却仅仅得了才人的封号，而且还是皇太后为她争取来的。万历皇帝这一冷热不均的态度立刻被宫中那些善于察颜观色的势利小人所觉察，他们见风使舵，以万历的眼色为轴心，对于朱常洵，大家像众星捧月一样，问寒问暖，无微不至，生怕侍候不周。对于朱常洛，却是视而不见，朱常洛的皇子府中，到了门可罗雀的程度。除了皇太后和朱常洛的生母，简直就没有一个人还想到这位皇长子。按照千古惯例，有嫡立嫡，无嫡立长。由于万历的皇后没有一男半女问世，所以，朱常洛理所当然的是立皇太子的惟一人选。但是，因为万历皇帝对朱常洛没有一点父子之情，他的太子名位也就受到了严重威胁。朱常洛自己也深切地感受到太子封号的遥远。

这时，万历皇帝和郑贵妃之间，如胶似漆，二人深宫言欢，郑贵妃常常拿他和朱常洛母亲间的偶发事件取笑，将此视为心病的万历听了也并不恼怒，仍是照爱不误。郑贵妃所以了无忌讳，是因为她长得柔纤适度，仪态万方，回眸一笑，万种风情齐聚眉梢，万历皇帝一见到她那娇美面容，立刻就会忘记人世间的一切烦恼；因此，爱屋及乌，对郑贵妃的爱子朱常洵高看一眼自是情理中的事。后宫的势利眼们明察秋毫，断定皇帝有立朱常洵做太子的意图，于是，推波助澜，鼓动郑贵妃出面争太子名位，并向外散布：万历皇帝和郑贵妃已到大高元殿盟过誓，万历皇帝表示要设法立朱常洵为太子，并且把盟约装到玉盒之中，这就是轰动一时的"玉盒之约"。朝廷的大臣们听到这个传言，觉得事态极为严重，分析万历皇帝的言行举止，认为这不是空穴来风。原来，朱常洵刚出生不久，首辅大臣申时行曾上书，请万历皇帝尽快立朱常洛为太子以定名分，万历却说："长子幼弱，以后再说吧。"朱常洵的母亲郑氏因为生了朱常洵立刻就被封为贵妃，而生了皇长子的王氏却只封做了才人，郑氏得了贵妃称号后，才封王氏为恭妃。这种"废长立

爱”的意图是相当明显的，因此，一些操守严正的大臣们开始上疏，要求立刻立朱常洛为太子，而这些上疏的大臣们全都被万历皇帝贬到外地去。

立太子的宫廷斗争内幕

有一天，万历皇帝进宫给皇太后请安，太后责问他为什么还不册立朱常洛，但是，万历答道："他是宫女的儿子。"太后听了火冒三丈严厉地斥责道："你也是宫女的儿子。"这时朱常洛已经九岁了，万历皇帝在这个年纪已经做了皇帝。由于太后的强硬态度，万历皇帝"废长立爱"的念头不得不有所收敛。但是，却迁怒到朱常洛身上，他把申时行召进宫中，说道："我不喜欢你们纷纷扬扬议论立太子的事，这是离间我们父子的感情。所以，要把这些奏章全部扣下，如果明年你们不再谈论此事，就在后年册立，不然，就等到皇长子十五岁时再举行！"

在压制群臣的同时，万历皇帝对朱常洛的态度更加冷淡了。朱常洛长到十一岁时，还没有为他安排正规教育，连大臣们请求先为朱常洛进行太子式的教育也没有批准。直到万历二十二年，才迫不得已地安排朱常洛接受太子式的教育，但是那种苛刻是大臣们想不到的。按惯例，皇子出阁受课，每天都是从上午的九点或者是十一点开始的。如果天气太冷或是太热，皇上就会传旨减免，而朱常洛却不能减免，不管酷暑还是严寒，都必须严格遵守时间。夏天还好说，到了冬天，北京天寒地冻，滴水成冰，平民百姓也很少在凌晨三点就出门的，可是皇长子朱常洛却不敢稍有耽搁。有一天，北京城刀子似的西北风嗷嗷呼啸，飘飘洒洒的雪花在料峭的寒风中坚硬如铁，打到人的脸上像刀扎似的，疼痛钻心，凉入骨髓，在这"火烤胸前暖，风吹背后寒"的严寒时刻，朱常洛不得不按时向听课处艰难迈进。以常情衡量，不必说龙子龙孙，就是寻常的殷实人家的子弟，也有充足的御寒物资，而身为皇长子的朱常洛，竟然连一副暖耳用的帽子也没有。当他在踉踉跄跄中赶到听课处时，整个身体都有些僵硬了，可是，厅堂上连取暖用的火盆都没有，侍讲大臣看到这种情形，愤愤不平，对朱常洛说："殿下是宗庙社稷的主人，应万分珍重，天冷如冰，您竟然没有足够的御寒衣物，一旦受了风寒，将如何向天下人交待？应赶快弄火取暖！"而这时，负责朱常洛生活起居的太监们竟然齐聚密室中烤火，没有人想到皇长子的冷暖，听到侍讲学士的激愤言词，这才抬出火炉。当侍讲学士把此事上奏给万历皇帝时，万历皇帝连一点惊讶的表情也没有，更没有惩治宦官们侍候不周之罪。不但是朱常洛，就是侍讲大学士们也为之感到齿冷。

这种情形，对朱常洛来说司空见惯，属于比较客气的待遇，还有更严酷的，简直让人触目惊心。

神宗为什么不怕得罪母后和大臣们，坚持不册立朱常洛呢？原因还在郑贵妃身上。郑贵妃不仅希望自己久宠不衰，更希望自己的亲生儿子朱常洵继承皇位。神宗爱母及子，但又不能公开废长立幼，破坏祖宗规矩。于是故意拖延时日，待多病的王皇后去世，立即册封郑贵妃为皇后，再名正言顺地立朱常洵为太子。

万历二十九年(公元 1601 年)八月，大学士沈一贯上书，引经据典，希望神宗多子多孙，早封太子，然后封诸子为王，子复生子，根深叶茂。沈一贯的奏疏打动了神宗。这年的十月十五日，册立朱常洛为太子，朱常洵为福王。

朱常洛贵为太子，却不知生身之母在哪里，自幼孤立无援，郁郁寡欢。万历三十九年（公元 1611 年）的九月，一名小太监慌慌张张跑到东宫，十分神秘地引领太子往哕鸾宫直奔而去。两扇宫门紧紧锁住，太监从身上摸索出钥匙，打开大门。黑洞洞的殿堂静寂无声，太子不寒而栗。小太监悄悄告诉朱常洛，躺在床榻上的就是你的生母王恭妃。太子颓然扑倒在床前痛哭失声。王恭妃双目失明，听说儿子来了，伸出枯瘦的双手，扯住儿子的衣角，泣不成声地说：

“我儿已长大成人，为娘的死而无憾了！”

太子万万想不到这竟是他和母亲见上的最后一面。

朱常洵受封福王后在郑贵妃的庇护下，迟迟不去封地，赖在京师不走。皇宫内院怪事连连，不断揭发出妖人诅咒太子、东宫侍卫带刀行刺等事件，而且这些都与郑贵妃、福王有干涉。神宗明知就里，装做不见，一概不予追究。

“梃击案”揭秘

万历四十三年（1615 年）五月的一天傍晚，紫禁城内外，人们都在为端午节做准备，历经磨难、终于取得太子封号的朱常洛的太子府也在为第二天的节日忙碌着。闲着无事的朱常洛正想到外面散心，突然，从门外传进来撕裂人心的叫喊和一阵激烈的扭打声，常年如履薄冰的朱常洛顿时感到从心底升起了一股恐惧的寒意，直觉告诉他，有人在对他下手了。厮打声平息后，他才知道，刚才，有一名彪形大汉，手持枣木棍，偷偷闯进了他住的慈庆宫，由于太子府的侍卫太少，竟使这个大汉长驱直入，径直闯到慈庆宫外。守卫在门口的，只有一人，名叫李鉴一。那人潜进之后，一棍将李鉴一击倒，毫不停留地向宫中闯进，李鉴一知道这是在图谋太子，因此拼命喊叫起来，这才引来其他侍卫，将大汉制住，并立即押送东华门守卫那里。第二天一早，朱常洛就把谋杀情形向万历皇帝做了汇报，万历却要他不要管这件事，然后，就轻描淡写地让距离最近的法司审理。

经巡视皇城御史刘廷元提审后，报告说人犯名叫张差，蓟州井儿峪村民，言语颠三倒四，像是个疯子，但又不时吐露出“吃斋讨封”等语无伦次的言语。等到刑部郎中胡士相等再审时，张差又明明白白供认，自家柴草被李自强、李万仓烧毁，出于气愤于四月内来至京城，想要到朝廷上申冤告状。由于不认识路迷失了方向，恰好遇到两名男子，告诉他：

“你没有凭据，如何告状！你手拿一条杆子，就可以作为喊冤的证据。”

张差信以为真，初四这天手持木棍进了皇城，从东直门径直闯入了慈庆宫。

胡士相等建议，将人犯立即斩首处死。可是，到了五月十一日，案情又发生了变化。这天刑部提牢主事王之寀到狱中发放饭食，最后轮到张差领饭，见他年青力壮，行动敏捷，根本不像疯颠之人。王之寀灵机一动，正言厉色地告诫张差，你若如实招供便送饭给你，如若扯谎隐瞒就将你活活饿死牢中。张差看着摆在眼前的饭食低头不语，发了一会呆，慢慢抬起头，低声说：

“我不敢说实话。”

王之寀支开身旁的狱吏，再次询问，张差一五一十地交代了事情的来龙去脉。

张差小名张五儿，他的父亲病故后，家中无依无靠生计成了问题。马三舅、李外父二人，叫他随一位不肯说出姓名的太监去办件事，答应他事成之后送给几

亩田地耕种。李外父骑上马，张差后面跟着，初三那天在燕角铺歇息了一晚，初四来到京城，糊里糊涂走进一座深宅大院。院中的一位老公公一边送饭，一边吩咐：

"你冲进皇城，碰见一个，打杀一个，出了事我们再去救你。"

说着递给他一根枣木棍子，领着张差由厚载门进入皇城。接到王之寀的奏报，神宗指令刑部司会集十八位官员开堂复审。张差一进大门，就被刑部大堂的森严气氛吓得魂不附体，胡士相一声喝问：

"张差，还不从实招来！难道你非要吃我大刑不可！"

堂下张差磕头如捣蒜，一古脑招认出来：

马三舅叫马三道，李外父名叫李守才，都是井儿峪老乡。他的姐夫孔道住在蓟州城内。那位不知姓名的老公公叫庞保，在蓟州监修铁瓦殿。张差去的那所宅院是朝阳门外刘成的住所。马三道、李守才经常往庞保那里送炭，庞保、刘成在王皇殿商量，让马三道、李守才逼迫张差打进皇宫，谋杀小爷（指皇太子朱常洛）。

胡士相等本是郑贵妃的死党，他费尽心机妄图掩盖事件真相，但大庭广众下，张差供认不讳，案情终于大白天下。马三道、李守才从蓟州缉拿进京，太监庞保、刘成也逮捕入狱。究竟谁是谋杀太子的幕后指使呢？

郑贵妃的哥哥郑国泰心怀鬼胎，一时慌了手脚，急忙进宫与郑贵妃商议对策。本来，梃击太子一案，全是郑国泰一手策划的。郑贵妃眼看露出了马脚，便跑到神宗面前，使尽浑身解数，央求皇帝为她做主。神宗也被梃击一案搅得十分恼火，事情闹到这种地步，文武大臣哪能善罢甘休，干脆撒手让郑贵妃自己想办法妥善解决。郑贵妃忍了又忍，硬着头皮屈尊去慈庆宫向皇太子求情。神宗也施加压力，令太子朱常洛亲自和廷臣交代。太子本来就软弱无能，哪里经受得了贵妃和皇帝两方面的挟制，采取了息事宁人的态度，亲自颁发令旨，说张差一案与郑贵妃无关，不要株连。

神宗很满意太子通情达理的做法，于是亲自驾临慈宁宫召见百官，特意让太子朱常洛站立身旁，拉起儿子的手，冲着阶下的大臣们说：

"我这个儿子十分孝顺，我从心里喜欢他，你们做臣子的不要妄发议论，离间我父子的关系。"

说着神宗又令内侍带领三位皇孙走到石阶上，请大臣们认识认识：

"我的几个孙子都已长大，你们不必再说三道四，扰乱人心了！"

神宗侧过身子，对太子说：

"你还有什么要说的，趁大臣们都在场全部讲出来。"

太子朱常洛不敢怠慢，责备大臣们说：

"那张差本是个疯颠之人，快快斩首。我父子亲密无间，你等议论纷纷是无视君主的举动，他使我陷于不孝的窘境。"

神宗像演戏般地再三喝斥群臣：

"太子说的话，你们都听清楚了吗！"

在神宗皇帝的调护下，郑贵妃一伙幕后操纵者安然无恙，只是把张差开刀问斩，庞保、刘成二人秘密处死，以此封住了朝廷上下官员们的嘴。

明熹宗朱由校

熹宗朱由校

闯宫立帝　东林治政

朱由校的父亲光宗朱常洛不为其父神宗所喜。虽为皇长子，但长期遭受歧视，直到20岁才勉勉强强被立为东宫太子。

万历三十三年(1605)十一月十四日深夜，选侍王氏生下常洛的第一个儿子由校。常洛在困境中得子，心中非常高兴，可是一想到父皇又有些心寒，不知他高兴不高兴？常洛灵机一动想出个办法来，他令人分头将喜讯报知奶奶慈圣老太后和父皇。只要奶奶高兴，父皇大概不会怎么样，报喜的太监走后，朱常洛长久地徘徊在院子里，等待着父亲那边的讯息。老太后听到第一个曾孙子出生，又是大明江山社稷的继承人，觉得是天大的喜事。老太后一高兴就往儿子那里跑，待她到了乾清宫，神宗已得了消息。看到母亲喜得合不拢嘴，神宗也笑了，传令封王氏为才人，常洛才放下心来。

常洛由于长时期受压抑，脾气很坏，动不动就发火，一发火就打骂太监、宫女以及选侍。选侍当中只有李选侍比较能得到常洛的欢心，因此，她在东宫比其他人地位高、受宠，平时也就霸道，其他选侍难免与她发生些争执。王氏因生了朱由校在选侍中名分最高，看不惯李选侍的泼横，两人经常口角相拌，李选侍仗着常洛喜欢她，竟敢动手打王氏。万历四十七年(1619)，王氏病死。有一种说法就是被李选侍打了，气愤而死。王氏死时，由校已14岁。常洛请示神宗后让李选侍照管由校。由检的母亲死后，也由李选侍照管，直到由校即位。

万历四十八年(1620)对明朝来说是一个多事的年头。七月二十一日，明朝在位最长的君主神宗去世，临死还关照及时册立皇长孙。八月初一常洛即位，然而常洛福分太薄，在位一个月，于九月初一早晨死去。时年39岁。

常洛死前，旨传内阁大臣方从哲、刘一燝、吏部尚书周嘉谟及科道杨涟等人入宫。谁知这几个人刚走到宫门口时，光宗已经驾崩了。杨涟说："皇上晏驾，嗣君年幼，他又没有嫡亲母亲或亲生母亲在身旁，万一出现什么变故，我等就是天下罪人了。现在我们只好闯进宫去，拥皇长子即刻接受群臣朝见，安定天下人心，杜绝事故发生。"大家都认为只有这样办了。

商议已妥，杨涟就带头闯宫。守门的太监乱棍交下，不让他进去。杨涟将手一挥，大吼道："我们是皇上召来的。现在皇上驾崩，嗣君年幼，你们阻止大臣入宫扶保幼主的目的何在？"太监被杨涟的气势镇住了，杨涟"哼"了一声，带领群臣进了宫门。

杨涟一行进了乾清宫，哭倒在常洛的灵前。磕头完毕。杨涟请皇长子朱由校出见群臣。这时朱由校正被李选侍拦在西暖阁内不得脱身。刘一燝大呼道："皇长子应当在灵柩前即位，今天却不在灵前，哪里去了？"太监们都不回答。这时，常洛的东宫侍奉、老太监王安走来，告诉刘一燝说："皇长子为李选侍所匿。"

刘一燝大声吼道:“谁如此大胆,敢匿新天子。”王安说:“你等着,我去一趟。”王安说罢,大步走进西暖阁。他正言厉色向李选侍说明了外朝的情况,以不容违拗的口吻请求皇长子立即出见群臣。李选侍到底是妇人家,没见过这种场面,心中不免有些发毛,稍一迟疑。王安立刻抱起由校跑出来。刘一燝、杨涟等人立即跪倒高呼“万岁”。刘一燝看事不宜迟,挥一挥手,大家一拥上前,刘一燝架起由校的左胳膊,英国公张惟贤架起右胳膊,王安在后面拥着就把由校架上了步辇。这时,李选侍有些后悔,慌忙上前拽由校的衣服。杨涟吼道:“殿下是天下之主,群臣之君,谁敢阻拦。”大家连拖带拉将由校拥入文华殿,群臣礼拜,由校即了东宫太子之位,议定九月六日即皇帝之位。

九月初六日,正式举行了登极大典。由校即了皇帝之位,群臣舞蹈山呼。由校在高高的龙墩上看到了杨涟几天之间像是变了一个人,满头黑发和须眉都变成了白色,这是他几天来心力交瘁所致。由校非常感动,数次称他为“忠臣”。由校的即位,是东林党人的巨大胜利。

东林党人自万历中期便自树高明之帜,讽议朝政,裁量人物,认为自己肩负天下兴亡的重任,是朝臣中最清白最忠直的大臣。正由于东林党人绳人过刻,引起了某些官僚集团的不满。万历末年与东林作对的主要有齐党、楚党、浙党、昆党等士大夫集团。光宗即位后,时间不长主张顺应神宗意旨,保护郑贵妃的党派都被清除了,东林派官如日行中天,气焰趋于极盛。短短几个月间,被排斥的原东林派官僚皆披挂出山,冠盖满京华。

由校即位后,在东林党人的主持下,革除了神宗末年一些弊政。如停罢了杭州织造、革除了南京的鲜品进贡。对发生重灾的地方进行了赈济。明令免除了天下带征钱粮及北畿地区的加派,减轻了某些地区的赋税。再就是对历史上的一些大案重新作了结论,恢复了张居正的官荫,肯定了张居正对国家的重大贡献。另外给建文时期的方孝孺等人平了反,恢复了名誉,肯定他们是国家的忠臣,对他们的后代免除了奴籍,恢复了平民地位。但是,东林党人在国家大政方针的决定,大弊大利的革兴方面毫无作为,神宗末年的状况没有根本的改变,对国家亦无明显建树。

昏君病重　贤后定计

由校的身体本来是很好的,他喜爱户外活动,兴趣广泛,爱玩善玩,精神与身体一直非常健康。天启六年(1626)春他划船落水以后身体大不如前,常常闹些毛病。按说才二十出头,身体是不应当如此脆弱的,朱由校不知什么原因日益虚弱起来,脸和身上都出现了浮肿。到天启七年(1627)六月间又一次病倒,这次更是严重。惧热怕冷,时发高烧,浮肿也更加厉害。脸色黄里透青,吃饭也越来越少,说话也没有力气。这下忙坏了御医们,也吓坏了魏忠贤一伙。由校的饭原来是魏忠贤、客氏、王体乾、李永贞四家轮流办的,不吃尚膳监的饭。四家为讨由校的高兴,饭菜一个比一个精美,尤其是客氏所做的御膳更是精美绝伦,由校特爱吃,称做“老太家膳”。由校病倒后,四家都在吃上下功夫,想补一下他虚弱的身体。阉党分子霍维华向由校进献了“仙方灵露饮”。其法用银锅蒸馏五谷,取其精华制为饮料,甘洌异常。由校喝后觉得很好,但喝了几天也就没有兴趣了。待到七月间,由校的病明显恶化。客、魏二人不免心中焦愁,他们依靠由校这个大

靠山，原认为一世尊荣是不成问题的，而今年轻的君王眼看要命归天府，怎不使他们惶惶不可终日。这时候，京师传出了魏忠贤欲谋篡位的谣言，一传十，十传百，满城风雨。人们心中惴惴不安，皇后张氏更是焦虑。

张皇后是河南生员张国纪之女，天启元年(1621)四月二十七日选为皇后，与由校完婚。张氏丰姿绰约，美色天成。成婚之初她与由校感情还算好。然而，他们二人的性格悬殊太大，时间久了产生摩擦。由校好动爱玩，张氏喜静厌游；由校不谙事理、不明大义，不懂得自己的职责，一副纨绔子弟的性格，张氏通达事理、深明大义，对国事家事都有一定的看法。这样水火不容的性格凑合在一起，难免要造成双方感情的破裂。

张氏平时喜欢静静地在房中干些杂活，或者看看书，写写字。由校去玩时总是来叫她，她多是托病不去。实在推不掉就去一会儿，很快就回来，脸上也无高兴之色。时间久了由校也厌烦了，不再叫她。显然，他不乐意与这个不会玩的妻子在一块活受罪。

张皇后看到客氏、魏忠贤横行霸道乱国乱政，心中十分气愤，但她给由校说由校根本不听。有一次，张氏在读《史记》，由校玩得满脸是汗跑进来了，问张氏读的是什么，张氏说“赵高传”。“赵高？谁是赵高?”由校问。“大奸似忠，毒如蛇蝎，指鹿为马，颠倒黑白，坏秦家锦绣天下的小人!”张氏气愤地说。由校才不管他赵高是何方神圣呢，他似懂非懂地朝张氏一笑，又玩他的去了。

客氏最担心张氏控制由校，所以时时处处对张氏提防和限制。客氏在宫内大摆威风，以由校的母亲自居，根本不把嫔妃看在眼里，对张皇后也是如此。客氏对由校既像母亲对于儿子，又像少妇对于情人，一种与生俱来的嫉妒心使她不能容忍任何女人占据朱由校的心。对客氏的横暴，张氏非常反感，她曾当面斥责过客氏，因此，客氏、魏忠贤与张氏结下冤仇，必欲铲除而后快。天启三年(1623)，张皇后怀了孕，客氏将张皇后宫中下人一律换成她的心腹，在侍候张氏时粗手粗脚。终于有一天，一个宫女给张氏捶背用劲过猛造成张氏流产。由校的其他妃子也有生育。范贵妃生悼怀太子慈焴，容妃任氏生献怀太子慈炅，皆殇。由校嫔妃如云，但他不好色，晚上一般看戏看到很晚，倒头便睡，一觉大天亮。客氏又故意限制他与嫔妃接触，故此外再无生育。由校一心在玩上，对有没有儿子并不在意，而张氏对由校子嗣问题却是很焦急。

由校的重病和外间的传言使张皇后忧心忡忡，她最担心的是皇位的嗣继问题。张皇后首先想到的是由校的同父异母的弟弟信王朱由检。由校无子，信王又是他惟一的弟弟，遵照“兄终弟及”的原则，信王是皇位当然的继承人。信王当时已 17 岁，与由校即位时的年龄差不多大。信王沉毅冷静、通达情理、深明大义、素有贤名，张后早有耳闻，因此，她看中了由检。张皇后虽然被由校冷落，但中宫名号尚在，万一朱由校突然死去，未留下遗嘱，她可以用中宫的名义发布关于继承人的谕旨的。但张后还是希望在由校活着时就把此事确定下来。

自从生病之后，长时间辗转于床第，朱由校有了反思自己一生的时间。大概出于良知的发现，自天启七年朱由校性格发生了某些细微的变化。他开始注意他周围的人，对张后也渐渐转变了，张氏因此可以经常陪伴在他的床边。就在八月初，张氏对由校提起了信王，说信王可以托付大事。由校表示同意。到八月八、九日间，由校病情加重。魏忠贤等人时刻守在宫殿内外以防不测。张后劝由

校召见信王一次，由于客、魏防范太严未成。十一日，魏忠贤休沐。张后借这个机会，传旨召进了信王。

信王来到乾清宫，见到了他的哥哥。看到由校全身浮肿、气息奄奄，由检很难过。由校强打起精神说："我弟将来要成为尧舜一样的君主，你要好好照顾你的嫂子。"又说："魏忠贤、王体乾皆是忠臣，可以信任，可以大用。"信王只是伏地叩头不敢回声。接见结束后，张皇后叮嘱他多加保重，随时注意事态变化。由校昏昏庸庸过了20余年，只有接见信王确定继位人是他做的惟一明白事。但至死他对客氏、魏忠贤的眷恋丝毫未变。天启七年(1627)八月二十二日下午申时，统治天下7年，将大明元气践毁殆尽的朱由校撒手离开了尘世，时年23岁。

魏忠贤闹乱宫闱

在移宫案中扮何角色

熹宗即位前后发生的"移宫"案件中，李选侍的死党李进忠表演得十分充分。他究竟是一个什么样的人呢？

李进忠是万历年间河北肃宁的一名游手好闲的无赖，目不识丁但却狡猾奸诈，又好酒贪色。他结交赌徒，出入赌场，有一次竟然输个精光，情急之下他夺路逃出赌场，背后讨债的人穷追不舍，赶到街上，拳打脚踢一顿臭揍，扒光衣服当众羞辱一番。李进忠又羞又恨，回到家中抄起菜刀自己动手割阉，只身进了北京。不知他走了什么门子投靠了总管太监王安属下的魏朝。魏朝极力吹嘘他，渐渐地王安也对李进忠产生了好感。

李进忠做饭的手艺不错，进宫后在熹宗的生母王才人那里做厨子，王才人生病死去后拨派到李选侍门下。李进忠知道李选侍得宠于皇帝，竭尽全力巴结讨好，很快成为李选侍的心腹和帮凶。

移宫案一结束，李选侍被打入冷宫，李进忠惟恐熹宗怀恨责罚，改换了姓名，冒姓魏，改名忠贤。熹宗年幼时，魏忠贤正做王才人的厨子，经常哄着熹宗四出玩耍，熹宗并没有忘记他。即位后不仅没有深究，还任命魏忠贤做了典膳，留在皇帝左右。

魏忠贤与客氏勾搭成奸

熹宗继位不久，特封乳母客氏为"奉圣夫人"，移住咸安宫。客氏，河北定兴人。原是本乡民人侯二的妻子，熹宗诞生那年，客氏刚刚生下儿子侯国兴，年仅十八岁就被召入宫做了熹宗的乳母。两年后，侯二死了，客氏成了寡妇。客氏不是个安分的女人。熹宗十六岁登基那年，三十四五岁的寡妇客氏便勾引皇帝初试云雨，熹宗开始懂得男女之情，对客氏自然也就不同于一般乳母了。

客氏进宫后，按照宫中旧习，与太监魏朝配成一对假夫妻，当时称"对食"。这一对真真假假的夫妻打得一团火热。自从魏忠贤做了皇帝的典膳，与客氏的交往越来越多。魏忠贤净身不彻底，不是个真太监，客氏一旦与魏忠贤勾搭成奸，便难舍难分了。魏朝是魏忠贤进宫的举荐人，两人曾结拜为兄弟。魏忠贤与客氏的关系最初还瞒着魏朝。日久天长，魏朝发觉他二人偷偷摸摸，不禁妒意大发。二人酒醉之后，竟然在乾清宫的暖阁中为争夺客氏破口对骂。熹宗刚刚入

睡，吵骂声越闹越大，搅得皇帝焦躁不安，喝令二魏跪在床前，狠狠地把他们训斥了一顿。从此，魏忠贤与客氏公开成双成对出入宫闱。魏朝久已不能满足客氏的欲求，而魏忠贤深受客氏钟爱。客氏在熹宗面前诉告魏朝无能，皇帝也颇能心领神会，下令将魏朝赶出皇宫，发配到凤阳打扫皇陵去了。魏忠贤一不做二不休，暗中派人到凤阳用绳索勒死了魏朝，踏踏实实地和客氏做夫妻了。

太监总管王安秉性正直，保护熹宗登基立了大功，熹宗对他十分信任。王安看不惯魏忠贤与客氏在皇宫内院胡作非为，几次想惩戒他们，告到皇帝面前都没有引起皇帝的重视。天启元年(公元 1621 年)，御史王心上奏本章，揭露魏忠贤和客氏的丑行，引起朝廷上下的震惊。随后，御史方震孺等相继上书，极力主张驱逐客氏，严惩魏忠贤。熹宗在臣子们的压力下赶走了客氏后，又割舍不得，整日坐卧不安，饮食不进，不久又下令把客氏请回皇宫。将魏忠贤交给总管太监王安发落。王安心慈面软，念其出自门下，从轻处置，狠狠斥责了一顿。事过之后，魏忠贤不但不悔过自新，反而与客氏更加紧密勾搭。王安自然成了他们的眼中钉，肉中刺。

熹宗为了提高王安的地位，任命他做司礼太监。王安觉得自己能力不够，婉言谢绝了皇帝的任命。魏忠贤抓住时机，鼓动御膳房太监王体乾、兵部给事中霍维华弹劾王安。客氏在熹宗面前一个劲儿地说王安的坏话。两下夹击，皇帝信以为真，革去王安的总管太监之职，发落南海子充当劳役。南海子在永定门南苑，是宫廷射猎、蓄养禽兽的地方。王安在南海子立足未定，魏忠贤从监狱中放出太监刘朝，提升他做南海子提督。刘朝一到任就大发淫威，罚王安做苦役，百般折磨，不准王安吃饭。刘朝为什么这样对待王安呢？一来他是受了魏忠贤的指使，二来他是借机泄愤。刘朝在宫中供职时犯了偷盗罪。事发之后，刘朝几次向总管太监王安求情，王安没有徇情，将他投入了监狱。如今，刘朝反过来做了王安的顶头上司，怎能轻易放过他呢？王安被关进草棚，饥饿难耐，连滚带爬，到篱笆边抓几把芦苇下肚，整整挣扎了三天，竟然活了下来。刘朝一计未成，恼羞成怒，狠下毒手。他唤人用装满泥土的麻袋压在王安身上，直到活活压死。

魏忠贤做秉笔太监

除掉王安以后，魏忠贤和客氏更加为所欲为。目不识丁的魏忠贤堂而皇之地做起秉笔太监来了。他笼络了王体乾、李永贞等心腹太监，把持住朝政。大臣们的奏章文书必须先送到魏忠贤手里，他认可之后方能执行。熹宗平日召集太监在宽敞的皇宫内院亲操斧刨制作木器，一心想当个精工细作的工匠。他花费全部心思制作的家具和仿真宫殿，精致无比。每当皇帝短衣薄衫、大汗淋漓地开木锯榫时，魏忠贤都不失时机地出现在面前，貌似郑重地奏上几件机密大事，恭请定夺。嘉宗最讨厌干活时别人插入搅乱，往往不耐烦地打断说：

“我已经知道了，你们自己去办吧！”

魏忠贤如获至宝，任意去发号施令。魏忠贤的侄子重孙，一时也鸡犬升天。他的侄子魏良栋、重孙魏翼鹏，都不过是乳臭未干的小儿，一个受封东安侯加太子太保，一个赐安平伯加少师，做起皇太子的师傅了。另一个侄子魏良卿，封为肃宁伯，代替皇帝出席祭祖天地的大典。魏忠贤浊乱朝政有恃无恐，全靠客氏终日缠住熹宗，左右皇帝的言行。客氏拥有自己的私第，每天盛装艳服，大批护卫

拥载，宫人侍女前后左右扶持，大摇大摆出入宫廷，就是到了乾清宫大门前也不停车下舆。傍晚时分，客氏返回私宅，仪仗队伍张灯结彩，照得通衢大道如同白昼一般。客氏以皇帝的“八母”之一自居，比起皇帝的嫔妃选侍不知显赫多少倍。回到宅第，客氏更加威风凛凛。周围的侍从，朝中阿谀奉承的官员涌上来，“老祖”“太太”“千岁”的叫声不绝于口。客氏的儿子侯国兴也做了锦衣卫指挥。

赵选侍悬梁自尽

客氏为了控制熹宗，保持专宠的地位，勾结魏忠贤疯狂迫害后宫嫔妃和皇后。

天启三年（公元1623年）秋天，紫禁城内一座偏僻的庭院中，一位年青貌美的女子跪倒在地，凉风掀动着她满头的秀发，泪水涟涟湿透了她的衣襟。她面西朝向乾清宫的方向连连拜倒，桌案上错错落落摆满了珍奇玩物。这位女子就是熹宗十分钟爱的赵选侍。她刚刚接到客氏和魏忠贤矫发的圣旨，勒令赵选侍自裁。赵选侍怨愤地将熹宗平日赠送的礼物器具一一陈列出来，睹物思人放声痛哭了一阵，回到内室悬梁自尽了。客、魏串通一气害死赵选侍有什么特殊原因吗？没有。只因为赵选侍年青貌美，赢得了皇帝的喜爱。

裕妃活活被饿死

裕妃张氏是个心直口快的人，看不惯客氏和魏忠贤狼狈为奸，曾经当面训斥过客氏。客氏衔恨在心，听说张氏有孕在身就在熹宗面前摇唇鼓舌，硬栽赃说张氏素有外遇，所怀身孕不是龙种。愚蠢的皇帝听信谗言，从此冷遇裕妃。客氏更加阴险毒辣，将裕妃身边的宫人一个不留，统统赶走，幽禁别宫。接连几天几夜不准裕妃进食，饿得张氏连站都站不起来了。这一夜风雨大作，屋檐下水流如注，裕妃口干舌燥，耳听窗外流水哗哗实在无法忍耐，拖着沉重的身子爬出门外，仰头接喝着檐头的雨水。疾风暴雨袭击着杨裕孱弱的身体，她费力地抬起头，一下子又栽了下去，在雷击电闪中含恨告别了人世。客氏害死裕妃还不解恨，背着皇帝将裕妃遗体拖出西直门外，像宫人侍女一般地投入炉火焚化了。

李成妃侥幸逃过一难

熹宗的妃嫔中也有侥幸逃脱客氏、魏忠贤的虎口的，这就是李成妃。熹宗的慧妃范氏原来很得皇帝的喜爱，生下皇次子朱慈然。皇子的诞生使熹宗兴奋了好一阵子。可是好景不长，朱慈然不幸患病夭折了。懊恼之余，熹宗迁怒慧妃，常常无缘无故折磨范氏。李成妃有些看不过去，乘着侍寝的机会劝解熹宗，说了慧妃不少好话。谁料，隔墙有耳，皇帝和妃子说的悄悄话很快就传到客氏和魏忠贤那里去了。惹得客氏大为光火，恨透了李成妃。客氏假传圣旨，废黜了李成妃的封号，把她打入冷宫软禁起来，不许宫人送水送饭，想活活饿死李成妃。李成妃对客氏早有防备，偷偷带进食物藏在宫内，支持了半个月光景。这件事对客氏本没有什么危害，时间一长她也就不放在心上了，又听说李成妃无吃无喝竟然活了半个月，也感到惊异。客氏怕事情做得太露骨，皇帝万一追究下来也不好交代，于是把成妃降为宫人，长期禁锢在大内西北的乾西所。

崇祯帝剪除阉党秘谋

天启七年(公元1627年)八月,正当客氏、魏忠贤紧锣密鼓阴谋篡夺皇位的时候,熹宗病情加剧,在乾清宫召见皇弟信王朱由检,信王含泪受命继承了皇位。八月二十二日,熹宗在懋勤殿晏驾,年仅二十三岁。

朱由检继位,改年号崇祯,谥毅宗(南明谥思宗,后改毅宗)。熹宗临死还执迷不悟。嘱咐皇弟说:

"魏忠贤、王体乾,都是恪谨忠贞之人,可任大事。"

崇祯虽然刚刚即位,但他心中有数,只是不露声色。魏忠贤的爪牙、江西巡抚杨邦实趁新皇登基又一次上疏请求为魏忠贤等建祠颂德。崇祯帝阅读奏疏后微微一笑,随手将奏折搁置一旁。皇帝的一举一动魏忠贤都探知得清清楚楚,他预感到事情不妙,假惺惺地上书,请求免建生祠。崇祯顺水推舟地传下旨意:

"是否建祠颂德,舆论自有公道。魏爱卿不居功自傲,足见谦逊勤勉的美德。卿家的美意不好违背,建祠的事暂且放一放吧!"为了不使魏忠贤狗急跳墙,铤而走险,崇祯采取了欲擒故纵的策略,不但对魏忠贤重用如旧,而且优待有加。

对于崇祯的继位,魏忠贤万分紧张,他每时每刻都在窥测着崇祯的一举一动,随时准备根据崇祯的态度决定进退。但是,崇祯继位后,微波不兴,声色皆无,使他无法看得崇祯的内心世界,进而也就无法对自己的下一步行动作出明确的安排。

为了弄清新皇帝崇祯的真实意图,魏忠贤放出了一个颇有分量的政治探测气球:即向崇祯提出辞呈,要崇祯批准他辞去东西两厂首领的请求。崇祯知道,这是魏忠贤欲进反退的伎俩,一旦照批,皇宫之中将会血溅五步,宗庙社稷将会因此而改变颜色。因此,崇祯决定继续让魏忠贤对皇帝莫测高深。他不但没有批准魏忠贤的请求,反而更加优待,给魏忠贤死党魏良卿、魏翼鹏颁发铁券丹书。

后来,宦官集团另一个首脑客氏提出要离开皇宫,崇祯马上批准,因为客氏留在皇宫中的主要理由是她做过朱由校的乳母,现在朱由校已死,她没有理由再住下去。崇祯认为客氏要求出宫,既是剪除魏忠贤党羽的千载难逢之机,也能做到顺水推舟,不露痕迹。

客氏出宫不久,人们发现客氏管理的后宫中,竟有八名宫女怀孕,对此,人们议论纷纷,有的说这是客氏一家进出皇宫如履平地带来的结果,也有人说这是魏忠贤蓄意妄为,因为他自己想做皇帝,但是,在中国历史上,从来就没有一个宦官当皇帝的先例,他不敢公然冒天下之大不韪,因此,想出李代桃僵之计,想学吕不韦旧事,有计划地让魏氏根苗权代朱家后裔。崇祯不管是哪种说法,他只是借机行事,将客氏、客光光(客氏的弟兄)、侯国兴(客氏的儿子)一并处死,接着,又解散了朱由校时在魏忠贤的唆使下建立起来的上万人的太监军队,从根本上消除了魏忠贤对皇宫的威慑力量。

崇祯的这一系列看似行云流水的行动使朝廷内外的正义与邪恶的力量对比发生了微妙的变化。魏忠贤的死对头东林党人无不拍手称快,他们在崇祯这大匠运斤式的手段中看到了中兴的希望,原来进退两难的人停止了向魏党靠拢,宦官集团中,也发生了分化,原来属于外围的人开始从魏党中退了出来。

魏党的核心人物对此是惊怒交加,但是,崇祯的这一系列行动都是水到渠成

的结果，从行动本身根本看不出是有所为而来。因此，他们感到原先处于孤家寡人境地的崇祯有着无比强大的力量和不可侵犯的正气，他的可怕之处在于老谋深算，谋定而后动。为了留得青山在，他们打出了丢卒保车的牌，推出了死党崔呈秀做替罪羊，以图蒙混过关，但是，崇祯不为所动，还在静观待变。

到了十月下旬，一些久被宦官集团压制的下层官员纷纷行动起来，工部主事陆澄源上疏参劾崔呈秀，并词连魏忠贤建造生祠问题。后来，又有人直接弹劾魏忠贤，贡生钱嘉征上疏将魏忠贤罪行列成十条，即：并帝、蔑后、弄兵、无君、无圣、克剥藩封、滥爵、朘民、掩边功、通关节，并要求将魏忠贤明正典刑。

崇祯看了奏折，非常高兴，命人念给魏忠贤听，魏忠贤一边听，一边从心里冒凉气，凭直觉，他知道崇祯就要对他下手了，可是，在城府极深的崇祯面前，他觉得自己已失去了反抗的力量，于是，他向崇祯告病还乡，这次崇祯没有再客气，当时就让他离开皇宫。魏忠贤前脚走，他跟着就解散了魏忠贤聚结在宫中的军队。

自崇祯入宫时起，一直威胁皇权的武装力量瓦解后，崇祯对根除宦官势力胸有成竹了。首先，他亲自点了魏忠贤死党的主要人物的名，令吏部追查，接着公布了魏忠贤的罪行，撤回魏忠贤安排到全国各地的监军太监，废除了魏客集团冒封的官职，没收了魏客二家的财产。十一月六日，魏忠贤在穷途末路的情况下自杀，十一月七日，客氏在浣衣局被处死。然后，崇祯御笔判处了二百四十四名罪大恶极的魏党分子的死刑。同时，崇祯下令为受魏忠贤迫害的人平反昭雪，到此，为害大明江山的脓肿被彻底剜除了。

崇祯是八月中旬登基的，到十一月中旬，正好是三个月。在这不到百天的时间里，在没有一个帮手的情况下，崇祯孤军奋战，取得全胜，显示出一个政治家的非凡胆略和卓绝气势。因此，时人把崇祯看成是大有作为的中兴之主。

然而，崇祯不是女娲，尽管他在即位之初就表现出一往无前、超群拔俗的政治才干，却无法修补被糟蹋的千疮百孔的大明江山。崇祯十七年三月十八日晚，农民起义军开始攻打北京，崇祯眼看着“落花流水春去也”，无可奈何地自杀于煤山，时年三十四岁。临死前，他在自己的衣服上写道：“朕登极十七年，致敌入内地四次，逆贼直逼京师。虽朕薄德匪躬，上干天咎，然皆诸臣之误朕也。朕死，无面目见祖宗于地下，去朕冠冕，以发覆面，任贼分裂朕尸，勿伤百姓一人。”

明思宗朱由检

思宗朱由检

治国除奸　抵御满清

朱由检对天命的降临是有些思想准备的。他的父亲虽然生了 5 个儿子，但长大成人的只有由校和他两个。由校嫔妃成群，却无子嗣。这样，皇位的惟一继承人就是由检了。

朱由检从他哥哥手中接下的是一个烂摊子，一个只保留着强大躯壳的腐朽政权。满目疮痍、百废待兴，可以说是当时情况的真实写照。千头万绪，从何做起？朱由检心里早已有打算，第一个应当解决的是天怒人怨的“客魏集团”。

朱由检要清除魏忠贤也没有那么容易。朝廷中都是魏忠贤的人，他没有一个帮手，操之过急只能逼魏忠贤孤注一掷、狗急跳墙。力量的对比是不利于朱由检的，他要谨慎地、耐心地等待时机。

他首先将全部精力都投入到治理国政中去。这时的明王朝像一个垂死的老人四肢麻痹、行动不便、指挥失灵。国家的财政经过魏忠贤时期的破坏已濒临绝境。每年固定的财政收入不能如数收缴国库，各地都有拖欠，而国家用项却越来越多。一是军费开支，当时已较 30 年前增加 3 倍多，如果满足军方需要，就要用掉年收入的 97%。二是皇室费用、百官俸禄都成倍增加。由此造成年年入不敷出，寅吃卯粮。天启以来，全国灾荒不断，大量人口逃亡，转死沟壑，土地荒芜，社会动荡，这已在许多有识之士中间引起了深深的恐慌。尤其是陕西，连年大旱、赤地千里，已经传来了人吃人的消息。陕西已经成了一个火药桶，随时都可能爆炸。在东北，建州女真自万历末年起兵发难，建立了后金政权，目前已经羽翼丰满，不断侵掠明边。明朝将大量兵力财力抛到辽东，而辽东局势根本没有缓和。这些问题使由检心乱如麻。为了尽快使帝国起死回生，登基后，他只得夜以继日地工作。

自天启七年八月始，一道诏谕传遍天下。由检罢除了为皇室服务的织造、烧造、采办等一切不急之役，与民休息。停止了皇宫的一切土木营造，削减自己和后妃们的吃用开支。撤回了天下镇守太监，严禁宦官干政。严禁官僚结交太监。向边镇发去银两，安定军心，戒谕官僚结党，建立完备的监察制度。明令提高政府的工作效率。下诏免除了许多受灾地方的赋税。这一道道诏令又重新在帝国臣民心中唤起了希望。

朱由检把解决“辽事”，即后金问题作为继位后要办的大事之一，这一方面有恢复故土，重振帝国之威的意义，另一方面可以尽快结束战争状态，节约大量军费，解决国家财政困难。自上台后，他就积极地物色能担负这一重任的重臣。朝廷许多大员推荐了前任辽东巡抚袁崇焕。对袁崇焕，由检是有所耳闻的，袁崇焕天启年间久镇辽东，熟知敌我情势、山川险易，胸有韬略，屡建大功，由下吏而渐升至巡抚。天启七年的宁锦之役，他固守宁远，挫败了努尔哈赤的凶锋，在崩溃的边缘挽回了整个辽东战局。但他在举国如狂为魏忠贤建生祠的热潮中不随流

俗，被太监告到魏忠贤那里，魏忠贤很不高兴。为了国家，为了辽东，袁崇焕最后还是屈服了，但他留给魏忠贤的印象却改变不了。宁锦大捷使朝中高官显宦、太监阉党都一一加官晋级，封爵加荫，而袁崇焕仅仅是加了一级。在这种情况下，袁崇焕只得请求解甲归田，回到广东老家。粉碎魏党之后，东林党许多人因袁崇焕有颂美活动将他看作阉党。虽然侥幸未入逆案，东林人私下却称为漏网小人。由检权衡了一番，决心不顾东林党人的反对，起用袁崇焕。任命他为兵部尚书兼右副都御史督师蓟、辽兼督登、莱、天津军务，实际上将整个对金防务交给了他。崇祯元年(1628)七月，袁崇焕从广东赶回北京。十四日，由检在建极殿东面的高台上(俗称平台)召见了他。

由检看着这个黑瘦精干的中年人，对他忠心为国，长途赶来表示赞赏。袁崇焕非常激动，他表示，我受皇帝陛下特殊眷顾，刻骨铭心。倘若假我以便宜，我五年便可恢复全辽疆土。由检很是高兴，说："你能五年复辽，朕决不吝惜封侯之赏。"

在对国政进行了初步治理，他的皇位初步巩固后，朱由检开始集中精力解决客魏集团。他准备采用先稳住他们，然后再逐个击破的方式将客魏集团消灭。由于朱由检继位后，对魏忠贤不冷不热，魏忠贤深怕前景不妙。九月一日，魏忠贤提出辞去东厂职务来试探由检的态度，由检没有批准。次日，客氏提出出宫，由检马上表示同意。第二天，天还未明，客氏素服到由校的灵前将她保存的由校胎发、指甲焚化，痛哭一场，离开了紫禁城，住进由校赐给她的府第里。魏忠贤的主要爪牙王体乾、李永贞照样得到由检的信任，九、十两个月的登极恩赏照样给予他们。只不过，朱由检新重用的太监徐应元、曹化淳比魏忠贤更加得意。

朝廷大臣中那些魏忠贤党羽也心神不定，他们预感到形势将要变化，许多聪明人开始寻找退路。魏党的分化使形势开始明朗。九月十六日，南京通政使杨所修疏奏宦党崔呈秀父丧不奔，夺情视事非制，请放他归籍丁忧守制，由检不允。十月十四日，魏党首恶分子杨维垣丢卒保车，主动疏劾崔呈秀专权乱政，说魏忠贤是听信了崔呈秀，被他所误。崔呈秀慌了，要求守制，由检还是不放他走。十月十八日，杨维垣再劾崔呈秀通内，连累了魏忠贤，并颂扬魏忠贤一心为公，矢忠体国。杨维垣疏中还弹劾了其他几个魏党人物，由检继续保持沉默。

十月二十三日，独立于魏党之外的下级官员也行动了起来。工部主事陆澄源参劾崔呈秀，词中涉及魏忠贤建造生祠问题。由检薄责陆澄源越位擅言，但心里高兴，遂将崔呈秀放归。二十五日，兵部主事钱元悫直接弹劾魏忠贤，言词激烈，天下震动。二十七日，海盐贡生钱嘉征上疏，将魏忠贤罪行列为十项，要求将魏忠贤明正典刑，以泄天下之愤。由检拿这本奏章让人读给魏忠贤听，魏忠贤知道事不好，马上以患病为由提出辞去东厂职务。由检令他出宫调理，随后传令将魏忠贤集中在宫中的军士解散。

接着，由检又点了几个魏党首要分子的名，下令吏部调查崔呈秀等人的罪行。

十一月一日，由检下诏，公布了魏忠贤的罪行，宣布本应将魏忠贤寸磔以谢天下，念先帝还未出殡，姑且安置于凤阳。客魏二犯家产籍没，冒封的爵位革除，子孙人等俱到烟瘴之地充军。

魏忠贤离京，带了许多人和车辆。由检以此为理由，令兵部差人将魏忠贤押

往凤阳。十一月六日，魏忠贤一行走到阜城县，闻知了由检的命令，知道末日到了，魏忠贤当晚上吊自杀于旅舍。崔呈秀在蓟州家里听到魏忠贤的死信也自缢身亡。十一月七日，客氏被押往浣衣局打死。随后，客魏两家子孙人等皆被斩首。

朱由检在剪除客魏集团的斗争中大获全胜，为大明帝国清除了最大的隐患，显示了他不可低估的行政才能。

魏忠贤除掉了，但把持朝政的魏党羽翼其势力仍然庞大。当时，内阁、六部，各院寺首脑都是魏的死党，身居要职者都与魏忠贤有瓜葛。杨所修、杨维垣、安伸、贾继春等人以弹劾魏忠贤的功臣自居，上蹿下跳，他们的目的就是保护同党，使由检不再追究他们，从而达到维护现状、继续压抑东林党人的目的。

朱由检深知，魏忠贤如果没有朝廷中这些寡廉鲜耻之徒的帮助是不会造成这么严重的危害的。朱由检当然不会放过他们，让他们继续把持朝政。十一月份，他下令逮捕了魏忠贤的主要爪牙"五虎"和"五彪"，交法司议罪。从十二月到崇祯元年(1628)五月，朱由检亲自主持选拔了4批共132个给事中、御史。这些新进言官除个别人依附魏忠贤，此外，皆是与魏党无关联之人。他们以清除魏党为己任，言路渐趋清明，由检因此了解到更多的真实情况。对被魏忠贤害死、削夺的官员，该平反的平反，该起用的起用。

但朱由检这时也犯了一个大错。原来，袁崇焕出关后，整顿兵马，修缮城池，使山海关一线的防务稳定下来，清帝皇太极一看在山海关无机可趁，决定从别处入关，一者骚扰内地，再者找机会设计除掉袁崇焕，以去掉这一危险对手。

崇祯二年十月，秋高马肥之时。后金十数万精兵分道由龙井关、大安口入犯，连下遵化等名城。山海关总兵赵率教回师救援，全军覆没。正在宁远的袁崇焕闻警兼程回救，屯于通州。但金兵绕开袁崇焕，直扑北京。

面对气势汹汹的金兵，京师守卫益显薄弱，由检心中忐忑不安。待闻袁崇焕率师赶来才放下了颗悬着的心。他任命大将满桂为武经略，总理各镇援兵、保卫京师。满桂与袁崇焕分屯于安定门和广渠门，打败了敌人的数次进攻，由检为此召见了袁崇焕。他向袁崇焕表示慰劳，并解下自己的貂裘赐给他，袁部下将领皆得到赏赐。袁崇焕向由检表示一定要尽快赶走敌人。十一月底，东便门之战，袁崇焕大破金兵，自己的兵力也损失过半，又因补给不及时，袁兵疲劳已极，要求入城稍做休整。就在这时，情况突变，由检中了皇太极的反间计。

皇太极曾在北京城下俘获两个太监，他让营中广泛宣传与袁督师有约在先，袁督师让路让我们来打北京。故意让两个太监听到，然后放了他们。太监回到宫内便把这个消息报告了由检。本来由检对袁已心中有气，倡言五年复辽击败金兵，现在辽东未复却把金兵引到了家门口，听太监一说，心中不免起疑，是不是与金真有勾结？由检越想越觉得有可能，就在十二月一日召对时逮捕了袁崇焕，袁部在城外遂大溃，后为孙承宗收抚。孙承宗接替袁崇焕的职务。十二月中旬满桂战死，孙承宗督率各镇援兵力战克敌，解了京师之围。后金兵在畿内大肆抢掠，到次年四五月间，金兵才退出关外。

后金兵退走后，崇祯愈感袁崇焕有负他的厚望，怒气难消，于是下令将袁崇焕凌迟处死，从而自毁了长城。

镇压起义　损兵折将

明末农民起义军自天启中期大规模爆发后，规模越来越大。在袁崇焕出关抗御清兵，边防形势好转后，崇祯任命洪承畴任三边总督，加紧了对农民军的镇压，陕西义军王嘉胤、张献忠、李自成、罗汝才等部在明军的压力下先后离开了陕西，东渡黄河、进入山西。山西饥民群起响应，全省震动。洪承畴迅速派悍将曹文诏、马科、曹变蛟等人统兵追入山西。起义军闻讯东越太行进入畿辅平原地带，所向披靡，直接威胁到京师的安全。为解畿南之危，明廷调集大军 3 万余人，在崇祯六年冬天将义军包围在豫北。为了摆脱困境，起义军诈降明廷，使明军停止了进攻。待十月底，黄河结冰，义军遂出其不意溃围而出，南渡黄河进入中原，分道直扑安徽、湖广、四川。农民起义从局部问题变成了明廷的心腹之患。

怎么对付这种形势，朱由检一筹莫展。大臣们提出，农民军之所以没有被消灭于畿南就是因为事权不一，明军各自为战、步调不一致，各怀观望，不肯用命。建议朝廷设立总督，统一指挥。由检同意这个意见。可是，这个总督让谁当呢？洪承畴这时已调防辽东肩负边防重任，“未可轻易”。过了数月，有人推荐了延绥巡抚陈奇瑜总督陕西、山西、河南、湖广、四川五省军务，总办剿灭义军军事。

崇祯七年(1634)，陈奇瑜集中各路明军在湖北打了几个胜仗，将义军赶回陕西。义军在向陕西退却的路上误入汉中栈道险区，被明军包围在车厢峡，进入死地。义军又采用伪降手段，派人以重金贿赂陈奇瑜手下将领，陈奇瑜认为可以不费吹灰之力收服义军，主张招抚，得到由检批准。义军走出死地后，立刻又砍杀官军重举义旗。朱由检羞恼成怒，下令将陈奇瑜下狱治罪，调洪承畴接任五省总督。崇祯七年底义军返回河南，次年正月打下朱元璋的老家凤阳，掘了朱家的祖坟。

凤阳失陷的消息传到北京，朱由检在群臣面前痛哭流涕，他觉得自己对不起苍天，对不起祖宗。一连几天，他布衣避殿办公以表示自己的痛苦，亲赴太庙，祭告祖宗，同时发布《罪己诏》引咎认罪。由检不甘心失败，他严令吏兵二部追查凤阳失陷的原因，凤阳巡抚杨一鹏被逮捕处死，一大批有责任官员被遣戍。随之，又调发拼凑了 7 万官兵，拨军费 100 多万两，限洪承畴 6 个月之内荡平义军。

洪承畴在皇上的催督下提兵入河南。义军避开明军又回到陕西，消灭了明军艾万年、柳国镇部。李自成在真宁消灭了明军精锐曹文诏部，高迎祥等则继续在中原活动。为了应付这种局面，由检又起用卢象升总督直隶、河南、山东、四川、湖广等处军务，与洪承畴一个西北，一个东南，分区剿灭义军。到崇祯九年(1636)正月，六个月期限将过，东南、西北两路皆无捷报。朱由检一面给洪、卢二人施加压力，一面下达大赦令，表示赦免起义农民，企图分化瓦解农民军。

崇祯九年(1636)五月，卢象升会合洪承畴在周至地区击败高迎祥所部，生俘了高迎祥。明军乘胜收降了张妙手、蝎子块等部。李自成也在明军追击下离开陕西进入宁夏、甘肃。一时间，出现了天下将平的征兆。可是，好景不长，只不过几个月时间李自成又死灰复燃，领兵从甘肃直扑四川，烽烟再起，张献忠、罗汝才复又驰骋于中原，天下骚乱如故。

崇祯十年(1637)三月，朱由检起用宣大总督杨嗣昌为兵部尚书，委他负责内外军政。对于剿灭农民起义，杨嗣昌提出“四正六隅”十面张网的战略。由总督和总理分别统兵，各负其责。总督由洪承畴担任，总理则是杨嗣昌推荐的两广总

督熊文灿，嗣昌居中调度。整饬兵马，期以三月消灭全国农民起义。

增兵就要增饷，根据杨嗣昌的计划，增兵12万，增饷280万两。280万出自何方，当然还是百姓。想到再次加派，由检不禁大费踌躇。正在这时，有一个在京考选的知县在召对时慷慨陈词，说百姓之困，皆由吏之不廉，不在于加派与否。守令只要廉，再加一些也无妨，这个知县深知由检最恨贪污，最急兵饷，因此投由检所好，以求大用，由检果然龙心大悦，认为此人来自地方，知地方弊病，加派还是可行的。过了几天，朱由检便发下诏令，说："不集兵无以平寇，不增饷无以养兵，着勉从廷议，暂累吾民一年。"这就是剿饷的加派。崇祯十二年(1639)，杨嗣昌又以兵弱不可用，请增练边兵以成劲旅，于是又加练饷，剿饷练饷总共1000万两，加上辽饷，加派达1700余万两。远远超过正赋之数，民间由此私自呼崇祯为"重征"。这更给燎原的农民起义火上浇油。

本来明军在首辅杨嗣昌的调动下，崇祯十一年在剿灭农民军方面取得了很大进展。在江淮地区，总理熊文灿招降了张献忠，小股农民军投诚者颇多。西北方面，总督洪承畴、陕西巡抚孙传庭穷追猛打李自成。在十一年底将李自成部荡平，李自成捡了一条性命逃进了深山。

但在重重加征之下，人民水深火热无法生存，崇祯十二年(1639)五月，张献忠不得不再叛于谷城，一时诸降明农民军皆云起响应，攻城掠地，天下又趋大乱。

崇祯万般无奈无将可派，只好对杨嗣昌寄与厚望，让他亲临前线督师，以遏制农民起义军的燎原之势。

杨嗣昌到达军中，在襄阳建起大本营，积蓄粮草兵仗，整顿士卒，誓师扑灭张献忠。杨的"剿贼"实际上是"赶贼"。他想把张献忠赶到四川去，然后封闭四川加以围攻，因此他督军跟在张献忠屁股后面鼓噪，却不积极进攻。四川的军队又被杨嗣昌调了出来，张献忠乘虚入川，连下重庆等几十个州县，由检急令嗣昌跟踪剿灭。待嗣昌赶到四川，张献忠却虚晃一枪返头又折回湖广，直奔襄阳。就在这个时候，李自成在陕西复起，率领18骑出现在河南，饥民从者如流，旬日众至10万。崇祯十四年(1641)正月李自成打下洛阳，杀由检亲叔福王，其子由赵逃往江淮。朱由检刚得到洛阳失陷之报，张献忠又已攻下襄阳，活捉了襄王。张献忠端起一杯酒对襄王说："请亲王痛快地喝下这杯酒。我要借殿下的人头杀掉杨嗣昌。"遂杀襄王，一个月中间连失两个亲藩。洛阳福王聚敛金银无数，襄阳杨嗣昌积蓄的军马兵仗又全被农民军缴获。时谓"洛阳国帑，襄阳军资"全归了张李。杨嗣昌知道自己的死期就要到了，由检不会饶过他，与其被诛于西市，不如自裁，遂在军中服毒自尽。崇祯十四年(1641)九月，明原兵部尚书、陕西总督付宗龙在与李自成起义军作战中又兵败被杀于项城，明军精锐人马损失净尽，河南的州县也几乎全部被农民军攻占。到崇祯十五年(1642)二月，继任的陕督汪乔年也被李自成打败杀死。这时张献忠起义军攻占了湖广四川绝大部分地区。在辽东方面，洪承畴13万大军在朝廷一味催战下又陷入清军重围，到崇祯十六年(1643)二月，坚持一年的明军全军覆灭，明王朝山海关外军事要地尽失，清军又将兵锋指向关内。

大厦将倾。崇祯十六年(1643)春，李自成在襄阳建立了他的政权，准备加紧夺取全国政权。同年，张献忠在武昌建立了大西政权。接着挥师挺进四川，崇祯十六年九月，潼关之战，孙传庭兵败身死，亡检手中最后一支生力军也丢掉了。

李自成又乘胜夺取西安，建立大顺国，据有了明王朝的半壁江山。

崇祯十七年(1644)正月初一，李自成誓师伐明，亲率40万大军渡河东征，直扑北京。面对天下的四分五裂、李自成的猛烈进攻，朱由检已经无能为力了。

回天无术　上吊煤山

严重的内忧外患把朱由检搞的焦头烂额，精疲力竭。眼看着满朝文武结党营私，全不以帝国的命运为重，他非常苦闷。自崇祯十五年后，宫中人等都感到朱由检的性格越来越多疑乖僻、暴躁、易怒，常常表现出不可控制的神经质，他快要支持不住了。皇冠给别人带来的是权势、荣誉、享乐，而给他带来的却是痛苦和劳碌。

朱由检自奉节俭，由于国家财政困难，他多次减少皇室的开支。皇帝和后妃的衣服本来是穿一次就要换，后宫库内堆积如山的箱子里盛的就是历代帝后的衣物。由检觉得这样太浪费，他自己带头穿经过浆洗的旧衣。周皇后有时还亲自动手洗衣。为他讲课的大臣曾看到过他衬衣袖口磨烂，吊着线头。宫中旧有的金银器皿皆摒而不用，也不再制造新的，到最后，许多金银制品都拿到银作局化掉充饷了。由检当政17年，宫中没有进行过任何营建，节省了大量经费。他有时晚上看奏章到深夜，肚子饿了就让太监拿几个零钱去买点宵夜。宫中原有的大批宫女，由检亦大批遣出宫去。

由检的勤政超过任何帝王，工作起来不分昼夜。平时，白天在文华殿批阅章奏，接见群臣，晚上在乾清宫看章奏，军情紧急时他连续几昼夜不休息。

由检没有特殊的嗜好，吃穿用住，概不讲究，狗马声色统不沾身。他登基之后，有天晚上他在文华殿批奏章，忽然闻到一股特殊的香味，随之觉得血液沸腾，阳兴思春。他觉得奇怪，仔细搜索殿内，最后发现一个小太监坐在大殿角落里，香味是从他手中的那柱香中发出的。经过盘问，才知道这是宫中旧规，那香是特殊秘方配制的。由检感叹父兄皆为此香所误，立斥内侍毁掉秘方，再也不许制造使用。由检的嫔妃很少，这与历代君王夺天下女儿以自奉的情况比较起来，堪称天壤之别。

崇祯十七年(1644)正月初一，京城大风，黄雾满天、黑气沉沉，凤阳祖陵又发生了地震，京师人心惶惶，人们都预感到明帝国的末日来到了，朝中有的官僚大多为自己谋求后路了。

正月初十，李自成逼近京师的消息传到了京城。由检手拿奏疏，浑身颤抖，痛哭流涕地说："朕非亡国之君，事事皆亡国之象。祖宗天下一旦失之，何面目见祖宗于地下。朕愿督师亲决一战，身死沙场无恨，但死不瞑目耳！"听到由检要亲自出马，陈演等大学士一个个报名请替，李建泰尤其迫切。李家住山西曲江，为地方巨富，他表示愿出私财饷军，在山西建立武装，抵挡李自成的进攻。朱由检大喜，当即决定李建泰以督师辅臣身份"代朕亲征"。

正月二十六日，朱由检行隆重的遣将礼，然后在正阳门城楼上摆上宴席为李建泰饯行，朱由检亲自用金杯赐李三杯酒，过后又拿出自己亲笔书写的《钦赐督辅手敕》交给李建泰，在敕书里授给李建泰莫大的权力——"行间一切调度赏罚俱不遥制。不论何人，只要不服从李建泰便可以尚方剑从事。"李建泰分外感激，誓以死报。饯别后，由检站在城楼上久久地望着李建泰远去的征尘，他把天下安

危之重任寄托在李的身上。

可是，李建泰刚出京，轿框就折了，朝野上下皆以为不吉利。此时，北京城外好像已不是明朝的天下，李建泰处处受阻，沿途州县根本不供给吃用。到了河北定兴，县令竟不许进城。待闻知李自成的大顺军已过黄河时，李建泰慌忙撤退，带领几百名亲军进了保定，不久就在保定投降了大顺军。

李建泰出师山西后，北京城守怎么办？全国已无兵力可抽，只好抽调在宁远的总兵吴三桂了。正月十九日，由检指示调吴三桂回来。但吴三桂一撤，就等于将关外之地拱手送给了清王朝。大学士们深知弃地意味着什么，也深知由检思想易反复，爱诿过，故都不敢承担责任。首辅陈演以各种借口拖延，多次召集大臣会议，研究吴三桂内撤后，边民怎么安顿，费用怎么出？山海关怎么守？一直拖拉到二月底，吴三桂还没撤。三月初，大顺军已经拿下山西，逼近北京。朱由检急了，才下令封吴三桂为平西伯，率军入关拱卫京师，但这时已缓不济急了。随着京师日益危急，朱由检拼尽气力支撑局面。崇祯十七年(1644)二月，户部便告称国库已经空空，为了应付眼前的困难，朱由检下令勋戚、在京的百官捐助，以纳银3万两为等。朱由检派太监去找皇后的父亲周奎，让他拿12万，为百官做个榜样。周奎不答应，只拿1万，太监含泪而去。朱由检听了再次派人让他拿2万。周奎暗中向女儿求救，周后给了他5000两，他扣下2000两，只上交了3000两，可后来大顺军从他家抄出现银50多万两。由检嫂子张皇后的父亲张国纪拿了2万，晋封侯爵。文武百官捐助的只不过几十两、几百两而已。由检看收不上来，便实行摊派，按衙门收。后来又按籍贯收，规定8000、4000、3000不等。太监也奉命捐助，平时最富的太监如王之心等人此时也大大哭穷。折腾了一个月，共得银20余万两。而大顺军进城后从文武百官、太监贵族那儿共得到两千余万两金银。

在这种急转直下的形势下，朱由检两次发表《罪已诏》，向天向臣下百姓表示承担一切罪责，下令停征一切加派，企图稳定民心，鼓舞士气，作困兽斗。但是，这时候的空言已经毫无意义。

三月十五日，大顺军进攻居庸关，守关的唐通和太监社之秩投降。三月十六日打下昌平，当天便有部队到达北京城下。

此时的北京城乱成了一锅粥。京军在城外溃败，城上守者有太监亦有官军，号令不一，兵部、五军都督府，还有太监各自为政，谁也管不了谁，没有个统一指挥。城上兵士吃不上，喝不上，士气低落。太监们回报由检，由检也没有办法。

三月十八日，李自成派投降的太监杜勋去与由检谈判，提出双方中分天下，由检拿出800万两白银犒军，双方罢兵言和。守城太监曹化淳、王德化将杜勋带上城来，杜勋对由检说明了来意。由检当时未表示意见。他根本不想投降，但又不想放弃这个拖延时间的机会，于是令亲信太监与杜谈判，希望拖到各地勤王兵到来解围。可是，李自成不想再等了。三月十八日晚上，农民军大举攻城，曹化淳打开城门迎降，李自成占领了外城。

由检听到外城陷落的消息，知道大势已去，他率领宫内一群太监在城内无目的的转了一圈，回到宫内，登上了煤山。看到外城烽火连天，由检长叹一声，潸然泪下。他默默地站了一会，便回宫去处理后事。

由检首先让人叫来了太子和永、定二王。看着16岁的太子和一个11岁，一个9岁的皇子，由检心里非常痛苦。他告诉他们，北京就要失陷，国破家亡了。

你们要逃出去，将来有时机为我报仇。又令人拿来破旧的衣服给三个儿子穿上，由检说："今天你们是太子和王子，明天就是普通百姓。出去后，见到老者叫伯伯，年青的叫先生。你们要学会保护自己，快快逃命吧。"由检说到这里哽咽了，三个孩子也哭作一团。由检挥手让太监分别将弟兄三个送到周、田二位皇亲家中，并随手写了一张诏谕，令百官"俱赴东宫行在"，让人送到内阁，这时内阁已经没有人了。

送走了三个皇子，由检让太监王承恩给他拿来了酒，他自斟自饮，不多时便醉了。他走出宫门，怅望黑压压的紫禁城，内心百感交集。17年的呕心沥血，17年的惨淡经营，如今毁于一旦，他只能以死向祖宗之灵赎罪，向万民赎罪了。他要壮烈地像英雄一样地死去，自己及家庭不能受到任何侮辱。由检令身边的太监向各宫传旨，皇后嫔妃速速自裁。少顷，由检来坤宁宫，周后哭得泪人一般，看到由检进来她止住哭声，二人泪眼相望，眼睁睁地看着爱妻自缢身亡，由检感到一阵晕眩，随即"哈哈"狂笑起来，提剑走出坤宁宫。

由检从坤宁宫到了袁妃的西宫，几个嫔妃都惊慌地躲在这里。由检看到袁妃已自缢，但从凳子上摔了下来，口中尚有呼吸。他抽出宝剑咬着牙向袁妃砍去，袁妃血流如注。由检似乎疯了，他挥动宝剑又连砍了几位嫔妃。然后直奔寿宁宫。

他的次女，16岁的长平公主住在寿宁宫，16岁，正是如花似玉的年龄，由检很喜欢她。去年，他就在贵族子弟中替她物色驸马的人选，初步选定了一位周姓贵族的公子，由于形势的突变，此事放了下来。此时，国将亡了，明天乱贼将要入宫，一个少女怎么逃命？由检不敢想象爱女的命运。他宁愿让她去死也不愿她落入贼手苟活。由检到寿宁宫时，长平公主已准备自缢。看到爹爹浑身血迹，手提宝剑，长平公主大叫一声"父皇"，就朝由检扑过来。由检心如刀搅，怕爱女扑进怀中后他再也举不起宝剑，便声嘶力竭地大喊一声："你为什么要生在我家！"一剑砍去，长平公主顿时倒在血泊中。杀了长平公主，由检又去昭仁殿杀了三女昭仁公主。

干了这些后，他在宫中稍稍停留，便由太监王承恩架着出宫登上煤山。他跑掉了一只鞋子，沾有血迹的长袍也脱掉了，只穿着一件宽松的内袍。进了寿皇殿，他让王承恩在梁上搭上一根白绫，吩咐自己死后，王承恩可以逃命去。王承恩涕泪交流；表示要随皇上去死，由检心中稍觉宽慰。他最后望了一眼宫城，望了一眼远处农民军点起的熊熊篝火，心中产生了一种解脱感，自己将白绫套上了脖子。王承恩眼看着君主死后自己也吊死在他的对面。历经16帝276年的大明王朝终结。此时，正是1644年四月二十五日的黎明。

由检死后，与周后一起由清方用柳木棺成殓，寄于寺庙。多尔衮下令以礼安葬他，允许明朝遗老遗少哭临祭典。祭典完后，决定将由检夫妻殡入田妃的陵墓。开掘墓道，建立碑亭，估工价约3000两白银。清廷从十三陵陵租中拨给1500两，其余由曹化淳等太监和明朝遗老遗少自筹。曹化淳为此多次上奏，多尔衮也数次责成有司速速完工。直拖到当年十一月二十九日，开掘墓道的工作方才开始。到了年底，才将墓道修好，打开了田妃陵墓。凑巧的是，安放棺木的陵床非常宽大，放三具棺材没问题。于是由检与他的周后、田妃便安息于此了。

南明建立后，谥由检为烈皇帝，庙号思宗。清谥为"庄烈愍皇帝"，无庙号，陵曰"思陵"。

清太祖努尔哈赤

太祖爱新觉罗·努尔哈赤

少年坎坷 乱世立志

努尔哈赤所属的女真族是我国东北最古老的民族之一。在中国古代，她先后被称为肃慎、挹娄、勿吉、靺鞨。到五代时，始有女真之称。公元 1127 年，女真族完颜部首领阿骨打建立金朝，统治淮河以北广大地区长达百余年，直到 1234 年被南宋与蒙古的联军所灭，才又重新返归东北故土，散居在白山黑水之间。

松花江下游的依兰地区，是努尔哈赤的祖先世代居住的地方。元朝统治时期，在这里设了三个万户府。努尔哈赤的祖先充任斡朵里万户府的万户。这是一个可以世袭的官职，从这时开始，努尔哈赤的先人便世代为官。元明交替之际，女真部族之间纷争不已，东北地区的局势动荡不安。面对这种局面，努尔哈赤的六世祖猛哥帖木儿为避战乱，于洪武年间率领部众迁徙到图们江下游斡木河畔(今朝鲜会宁)定居下来。与此同时，胡里改万户府的万户阿哈出也率族人南迁，在辉发江上游的凤州安家落户。永乐元年(1403)，阿哈出到南京朝贡，明朝当即设“建州卫军民指挥使司”，任命他为建州卫指挥使。永乐三年(1405)，猛哥帖木儿随明钦差千户王教化到南京入朝。明成祖也委任他为建州卫指挥使，仍然管辖斡朵里部。永乐十年，猛哥帖木儿再次入朝，明成祖赏识他的忠诚和勇武，特增设建州左卫，任命他为建州左卫指挥使。由于猛哥帖木儿为明朝忠心守边，功绩卓著，先后荣升都督佥事和右都督的职位，在努尔哈赤的家族史上留下了显赫兴隆的一页。从猛哥帖木儿算起，到努尔哈赤的父亲塔克世已是第六代了。200 年来，这个家族作为明朝的臣民，世代承袭建州官职，虽然称得上家世显赫，但也历尽坎坷，几经兴衰。当努尔哈赤降临人世，女真人内部仍在进行着激烈的纷争，被兼并消灭的危险依然在威胁着他的家族。但也正是这样的历史环境为努尔哈赤建功立业提供了广阔的舞台和良好的时机。

同所有贵族一样，努尔哈赤的父亲塔克世也把众多的妻子视为其尊贵身份的一个象征，他先后娶了 3 个妻子。努尔哈赤的生母姓喜塔喇氏，名字叫额穆齐，是建州卫首领王杲的女儿。喜塔喇氏生了努尔哈赤、舒尔哈齐和雅尔哈齐 3 个儿子及 1 个女儿。作为长子，努尔哈赤倍受父母宠爱，从小过着幸福快乐的生活。然而在他 10 岁的时候，他的母亲喜塔喇氏突然与世长辞。这个重大的变故从根本上改变了努尔哈赤的生活，他告别了昔日骄子的优越地位，开始在继母制造的阴影中度日。他的继母纳喇氏是一个为人刻薄狠毒的女人，自从她主持家事后，努尔哈赤兄弟便失去了往日家庭的温暖，受尽了她的挑剔和冷遇。受了妻子的挑唆和影响，努尔哈赤的父亲对努尔哈赤兄弟也变得冷若冰霜。由于生活所迫，少年时代的努尔哈赤就开始用自己的双手谋生，他常常翻山越岭，出入于莽莽林海，挖人参，采松子，拣榛子，采蘑菇，然后把这些山货带到集市上换钱，用以维持自己的生活。

努尔哈赤常去的是生意兴隆的抚顺马市，除了进行贸易之外，他更感兴趣的

是通过贸易同汉人广泛接触和交往，学习各方面的知识。天长日久，他学会了说汉语，识汉字。在抚顺马市这所学校里，聪明好学、胸怀大志的努尔哈赤广采博收，学习了知识，增长了才干，开拓了视野。

强烈的求知欲望驱使努尔哈赤通过结识的汉人读了不少汉文书籍。《三国演义》和《水浒传》是他最感兴趣的两部书。书中的刘备、诸葛亮、宋江等英雄人物的智谋和作为，激荡着少年努尔哈赤渴望建功立业的心灵。每每读到精彩之处，他就会情不自禁地拍手赞叹，对英雄的向往溢于言表。

15 岁那年，无情的生活之鞭迫使努尔哈赤带着 10 岁的弟弟舒尔哈齐离家出走，投奔到外祖父王杲门下。

王杲是个汉化较深的女真人，他凭借着自己的智慧和才干在动乱的年代中发迹，成为建州女真中的著名首领。明中期后，他自以为力量雄厚，便无视朝廷边将的政令，常常扰边作乱。万历三年(1574 年)明辽东总兵李成梁率军攻破王杲屯寨，王杲及亲属全部被杀。此时正在王杲家中的努尔哈赤兄弟也双双作了俘虏，聪明、机敏的努尔哈赤当即跪在李成梁马前，痛哭流涕，用汉语请赐一死。李成梁见他聪明伶俐、乖敏可怜，不仅赦免了他而且把他留在帐下做了书童，专门伺候自己。努尔哈赤从七八岁就开始练习骑射，到这时十六七岁，已是弓马娴熟、武艺高强。因而在李成梁帐下，每逢征战，他总是勇猛冲杀，屡立战功。李成梁对他非常赏识，让他作了自己的随从和侍卫。两人形影不离，关系密切，情同父子。

在李成梁麾下，努尔哈赤接触汉人的机会更多了，他对汉文化有了进一步的了解，经常参战的实践，又使他的军事才能得以提高和发挥，他对自己的谋略也越来越增强了自信心。李成梁还带他去北京朝觐，繁华的街市、辉煌的宫殿，使他的眼界大开。这一切都孕育了他创立功业的勃勃雄心。

然而，努尔哈赤对李成梁的恭顺和效忠，仅仅限于表面。他对外祖父的被杀始终怀恨在心，耿耿于怀，只是当时慑于李成梁的威名，不敢轻举妄动。私下里他早已另有打算，只待有朝一日时机成熟再采取行动。

在李成梁帐下生活了 3 年左右，努尔哈赤以父亲捎信让他回家成亲为由，借机离开李成梁，回到了阔别已久的故乡。遵照父命，19 岁的努尔哈赤与佟佳氏结了婚。按女真习俗，男儿成年就要另立门户。心肠歹毒的继母纳喇氏也正是以此为借口，唆使塔克世把新婚的儿子赶出了家门，只分给他非常可怜的一点家产。对于这些，努尔哈赤并未过于伤心和计较。他相信以自己的聪明才智和辛勤劳动，完全可以创造出崭新的幸福的生活。

独立生活后，他经常到长白山一带采集、狩猎，往来于抚顺马市和女真地区，换取生产和生活用品。有时他又辗转各地，为人佣工。有时则听从明廷的征调，从征参战。经过几年的闯荡，努尔哈赤有了更丰富的阅历。他对各民族的语言风俗、中原地区的形势以及宫廷、官场、官军等各方面的情况都有了进一步的了解，这为他日后的发展奠定了良好的基础。

报仇起兵　统一女真

努尔哈赤 25 岁时，女真部族之间和部族内部，为了争雄称霸，常常互相攻伐，互相残杀。建州女真有两个坚固城寨：一个是古勒城，城主是阿台；另一个是沙济城，城主是阿亥。阿台是努尔哈赤外祖父王杲的儿子，阿台的妻子是努尔哈赤伯父礼敦的女儿。王杲被杀后，阿台发誓要为父报仇，他凭借古勒城易守难攻的地理优势，依山筑城，设置壕堑，并屡犯明边，纵兵饱掠。这可激怒了明朝总兵李成梁，他决意发兵攻取古勒城，欲将阿台一部置于死地而后快。

建州女真还有个图伦城，城主叫尼堪外兰。他的兵马不多，却野心勃勃，总想吞并周围部族，称雄建州女真。为此他便极力讨好明朝边吏，并挑拨阿台、阿亥与明的关系。他向李成梁表示，自己愿意为明朝征服古勒和沙济两城做向导。李成梁决定立即出兵，攻伐古勒、沙济两城，并许诺尼堪外兰城下之日，便是他荣升建州部首领之时。

李成梁的大队人马分两路杀来，一路直逼沙济城，一路由他亲自率领，兵临古勒城下。沙济城主阿亥对官军的突然出击毫无防备，城寨不战而下，阿亥被杀。而古勒城由于阿台加意修筑，城池坚固，难以攻取。李成梁亲临督战两昼夜，仍未攻下。努尔哈赤的祖父觉昌安听说古勒城被围，便同儿子塔克世一同前去劝解，官军放父子俩进城后阿台拒降，父子俩便都被围在城里。

再说古勒城久攻不下，使李成梁极为恼火，他责怪尼堪外兰出了歪主意，要拿他治罪。为了保全自己，狡猾的尼堪外兰又想出一条诡计。他欺骗守城官兵说，谁能杀死城主归降，就让谁做古勒城城主。阿台的部下听信了尼堪外兰的谎言，便杀死阿台，献城投降。李成梁进城后大肆杀戮2000多人，努尔哈赤的父祖也于混乱中被杀。

噩耗传来，努尔哈赤悲痛欲绝。他愤然来到辽东都司，义正辞严地质问明廷边吏，为何杀他一向忠顺于朝廷的祖父和父亲。明朝边吏自觉理亏，一再解释这是误杀，并马上找出觉昌安和塔克世的遗体，交给努尔哈赤安葬。后来，又赐予努尔哈赤敕书30道、战马10匹，让他袭任祖父之职，当了建州左卫都指挥使。努尔哈赤表面上接受了明朝抚慰，但内心发誓要报杀祖杀父之仇。

为了报仇，努尔哈赤决定先举兵攻打尼堪外兰。但他势单力薄，处境又非常困难。但努尔哈赤坚信自己的举动是正义的，决不退缩。他整点出父祖的十三副遗甲，率领不足百人的部众，向尼堪外兰居住的图伦城进发。尼堪外兰表面上神气十足，实际上胆小如鼠，听说努尔哈赤率兵打来了，他丢下部众，只身带着老婆孩子狼狈出逃到浑河部的嘉班去了。图伦城不攻自下，努尔哈赤凯旋而归。

不久，努尔哈赤又乘胜追击逃到嘉班的尼堪外兰。尼堪外兰闻讯后朝抚顺城南的河口守台狂奔，遭到守台官军的阻拦后，他慌不择路，又转向鹅尔浑城。万历十四年(1586)，努尔哈赤再次发兵进攻。尼堪外兰再次闻讯出逃，希图在抚顺关得到边吏的保护。边吏将他拒于边台之外，暗中通告努尔哈赤的人，努尔哈赤的人赶到将尼堪外兰砍死在边台之下。努尔哈赤除掉了自己不共戴天的仇敌，了却了一桩心愿。

当时女真各部林立，建州女真也不例外。在努尔哈赤以十三副遗甲起兵的两年内，就相继大败了建州女真界凡、萨尔浒、董佳、巴尔达四城联军和漠河、章佳、巴尔达、萨尔浒、界凡五城联军，并攻破了安图瓜尔佳、克贝欢和托漠河城。在斩杀了尼堪外兰之后，又乘胜平定了哲陈部，攻取了完颜部。在努尔哈赤日益强大的攻势面前，苏完部和董鄂部自动前来归附。到万历十六年(1588)，除长白山诸部外，建州女真各部基本上被努尔哈赤统一了。5年之后，他又先后攻取了

长白山讷殷、朱舍里和鸭绿江三部，整个建州女真统一在努尔哈赤的麾下。

为了扩展势力，兴立基业，在统一建州女真过程中，努尔哈赤于万历十五年(1587)在烟筒山下建赫图阿拉城称王。为显示为王的尊严，他制定出一套初具规模的礼仪。每当他出入栅城，乐队便恭立在城门两侧吹打奏乐。赫图阿拉城遂成为当时建州女真政治、经济和军事的中心，后来又成为努尔哈赤统一女真各部的基地。

随着建州女真各部统一的完成，海西女真便成为努尔哈赤攻取的又一个目标。

“海西女真”居住在开原以东和松花江中游一带，主要有叶赫、哈达、辉发和乌拉回部，又叫扈伦回部。叶赫和哈达两部势力较强，邻近经济发达的汉族城市开原，并有控制贡道的地理优势，使他们具有得天独厚的条件来争雄扩展。努尔哈赤在统一建州女真中的节节胜利被他们视为心腹大患。万历十九年(1591)，叶赫部首领派了两个使者气势汹汹地找到努尔哈赤说：“乌拉、哈达、叶赫、辉发、建州，言语相通，势同一国，哪有五王分建的道理？现在的国土，你们建州的多，我们的少，你们应该从额尔敏、扎库木两地中任选一地给我们。”对于这种蓄意挑衅，努尔哈赤用严辞相斥，叶赫的两个使者只好悻悻而归。

叶赫首领讹诈遭到失败后，便通过诉诸武力来达到自己制服建州、称雄女真的目的。万历二十一年(1593)六月，叶赫先纠合海西其他三部对建州进行试探性的进攻，结果以失败告终。但叶赫并未吸取教训，同年九月，叶赫贝勒布斋、纳林布禄再次纠合海西女真的哈达、乌达、辉发三部、长白山朱舍里、讷殷二部和蒙古的科尔沁、锡伯、卦尔察三部，共九部三万兵马，分三路向建州进攻。努尔哈赤闻讯，当即进行军事部署，埋伏精兵，设置障碍，待一切就绪，便十分安然地回家睡觉。

翌日拂晓，努尔哈赤为了鼓舞士气，先率诸将祭拜了天神，然后带着大队人马踏上征途。这时，努尔哈赤派出的侦骑来报，从一个投诚的叶赫人口中得知九部联军有 3 万多人。众将听后都面露惊惧之色。努尔哈赤环顾四周，泰然自若地对众人说：“九部联军号称 3 万，但不过是些乌合之众；我们尽管人少，却心齐志坚，又能立险扼要，以一当十。只要先击杀他们的头目，其部属必会不战自溃。”听了这番鼓动，将士们顿时信心倍增，努尔哈赤又令兵士们去掉手上和脖子上的护套，轻装上阵。他分析了九部联军的阵容后，率军趁九部联兵全力进攻他的一个城堡赫济格城之机，抢占了古勒山。古勒山易守难攻，努尔哈赤居高临下，地理形势对他十分有利。再说努尔哈赤早在赫济格城严密布防，九部联兵连攻了两天也没能攻下，见努尔哈赤占领了古勒山，便转锋来攻。努尔哈赤身先士卒，率军居高临下冲锋，他一路砍杀，连斩叶赫部九名士卒。见此情景，布斋气急败坏地冲上来，不料战马被木墩撞倒，将他掀倒在地。努尔哈赤的士兵赶上前去，一刀结束了他的性命。众兵士见首领丧命，顿时乱了方寸，无心再战，仓皇而逃。努尔哈赤率兵乘胜追击，直至哈达境内。这一仗俘获了乌拉首领布占泰和大批兵士，还斩敌 4000 余人，缴获三千匹马、近千副盔甲。

万历二十七年(1599)九月，叶赫与哈达发生冲突。哈达首领孟格布禄自知不是对手，便把自己的三个儿子送到赫图阿拉城作人质，请求努尔哈赤派兵相助。这无疑给了努尔哈赤一个出兵的良机。他即刻派费英东、噶盖率领两千兵

马前去救援。叶赫得知哈达引来了努尔哈赤的援兵，顿时慌了手脚。经过一番斟酌，叶赫决定设法诱使哈达反戈一击，以便摆脱困境。叶赫部派人给孟格布禄送去一封信，信中极尽威胁利诱之能事，并声言如果哈达能捕捉建州派来的两员大将，叶赫将与哈达重修前好。孟格布禄还真上了叶赫的圈套，答应按其主意行事。闻知此事，努尔哈赤简直气炸了肺，他当即命令弟弟舒尔哈齐作先锋，率兵1000人去征伐出尔反尔、恩将仇报的哈达。舒尔哈齐率军赶到哈达城下，见敌军气势正盛，不敢交战，便在城下按兵不动。随即赶到的努尔哈赤冒着矢石带头猛攻。经过七天七夜的激战努尔哈赤终于攻下了哈达城，生擒了孟格布禄。

哈达一向与明朝关系密切，如今受到努尔哈赤的兼并，自然引起明朝的重视。更使明朝警觉的，还是努尔哈赤日益独立的行为冒犯了天朝圣威，因此命令他恢复哈达部。努尔哈赤觉得自己还没有足够的力量同明朝抗衡，就把自己的女儿嫁给孟格布禄之子吴尔古代为妻送他回哈达为王。但哈达部实质上已是有名无实了。1601年，建州乘哈达发生大饥荒，将其灭亡。建州自此也更加强盛起来，其势发展迅猛，已非明朝的力量所能控制。随之，辉发部又成为努尔哈赤攻取的目标。万历三十五年(1607)，努尔哈赤先派精兵数十人装扮成商人混入辉发城，作为内应。随后，他亲率兵马逼近辉发城下，里应外合，一举灭亡了辉发。

辉发灭亡之后，努尔哈赤的目光又转向了乌拉部。乌拉可不同于哈达和辉发，它城池坚固，人多地广，努尔哈赤对其一直采取了招抚的策略。古勒山之战俘虏了布占泰后，努尔哈赤非但不杀他，反而将他奉养起来，礼遇有加。后来乌拉部首领满泰被杀，努尔哈赤又把布占泰送回去继位。努尔哈赤还先后将侄女和女儿嫁给布占泰，希冀用联姻来笼络他。

万历四十年九月，借乌拉骚扰建州和未及时进贡为名，努尔哈赤又亲率大军征讨乌拉。建州兵人强马壮，以迅雷不及掩耳之势连下乌拉六城。惊慌失措的布占泰乘小船逃到乌拉河上，他装出一副可怜相哀求努尔哈赤手下留情。努尔哈赤历数了他忘恩负义、屡背盟约的罪行，看在往日的情分上，赦他不死。努尔哈赤命令布占泰将人质送到建州，留下军士千人驻戍，遂率大军撤回。

第二年，努尔哈赤以布占泰再次背约为由，又一次兵临城下。在来势凶猛的建州大军面前，布占泰丢盔弃甲，只身逃往叶赫。建州军击溃敌兵3万，斩杀1万，获甲7000副，灭亡了乌拉。至此，海西扈伦四部仅剩下叶赫一部了。

1619年努尔哈赤发动了攻取叶赫的战争。战前，他将诸王贝勒召集起来，商讨攻打叶赫的作战计划，并发誓不荡平叶赫，决不回师。万历四十七年(1619)八月二十一日夜，代善、皇太极率部来到叶赫。当时叶赫有东西两座坚固的城堡，分别由两个首领金台石和布扬古坚守。叶赫军队勇猛善战，精于骑射，但久经沙场、训练有素的建州兵士更是锐不可挡。叶赫兵战了几个回合，见不是建州的对手，不得不退入城内坚守。他们在城上发射箭矢，投放巨石，抛掷火器，建州兵死伤惨重。经过反复搏杀，在东城被炸塌后，建州兵冲入东城，但叶赫人据家死守。在这种情况下努尔哈赤采用攻心战术，传下命令：凡城内军民，投降者一概不杀。此法果然奏效，叶赫军民闻讯后，纷纷放弃抵抗投降。只有首领金台石继续带着家眷、近臣躲在堡楼上负隅顽抗。他的外甥皇太极和投降的儿子德尔格勒在楼下大声喊话，劝他投降，他却无动于衷。在无可奈何的情况下，努尔哈

赤的兵士准备用斧子砍毁石楼，金台石见走投无路，又想放火自焚，结果建州兵士一拥而上将他俘获。金台石如此顽抗，努尔哈赤便下令绞死了他。

闻知东城被攻克，西城也乱了阵脚。布扬古的堂弟打开城门投降，代善最后将布扬古的住所围了个水泄不通。为了保全性命，在得到降后不杀的许诺后，布扬古被迫向建州兵投降。努尔哈赤对布扬古以礼相待，用金杯斟酒为他压惊，以示宽大之意。但布扬古见了努尔哈赤却立而不跪，并无丝毫感激之情。努尔哈赤恐怕留下他终将成为后患，第二天便下令绞死了他。努尔哈赤对其他降民一律宽大，允许他们随身带着弓箭衣物，迁移到建州。

在统一建州和海西四部的同时，努尔哈赤对东海女真诸部也采取了征伐与招抚两手并用的策略。从万历二十六年开始，努尔哈赤从东海女真瓦尔喀部、窝集部和虎尔哈部先后向建州迁入5万多人。到万历末年，所有女真部落都被统一了。

建国整顿　雄心伐明

万历四十四年(1616)正月初一，是努尔哈赤建国称汗的日子。赫图阿拉城热闹非凡，内城正在举行隆重的登基仪式。努尔哈赤的儿子们和八旗首领及文武百官按八旗的顺序站立在“尊号台”两旁。当努尔哈赤登上宝座时，八大臣手捧劝进表章，一字排开跪倒，众臣紧随其后跪拜在地。努尔哈赤的侍卫巴克什额尔德尼接过八大臣呈上的表章，高声朗读。表章中为努尔哈赤上尊号为“奉天覆育列国英明汗”。读罢表文，努尔哈赤起身离开宝座，焚香祷告，率众臣行三跪九叩礼。随后又登上宝座，接受各旗大臣的贺礼。礼毕，努尔哈赤宣告建立“大金国”，年号为天命。这就是我国历史上的“后金”。

仪式结束后，众大臣举杯畅饮，举城一片欢腾。然而，此时此刻努尔哈赤并没有被欢乐所陶醉，他若有所思的神情中略带几分疲倦之意。自25岁起兵，到如今登基称汗已经58岁了。他于花甲之年登上多年来梦寐以求的汗位，30多年来为建立女真国所进行的浴血奋战和苦心经营，此刻都历历在目，萦绕在他的心中。

努尔哈赤深知要建立国家必须有雄厚的物质基础，因此他着力发展农业、手工业和商业。

在农业方面，努尔哈赤采取的主要措施是组织屯田和扩大农耕范围。建州的谷地平原都开垦，就连难以耕种的山地也有许多地方种上了庄稼。每攻取一地，努尔哈赤便根据当地条件安排耕种、放牧或屯种。攻取哈达后，他在这里大力提倡耕垦土地，放牧马牛。灭掉辉发后，他又在当地安置了千余户居民进行屯种。

建州地区的手工业本来很落后，铁制农具和布匹、丝绸等大量生活用品都要依赖从汉族地区输入。努尔哈赤力图改变这个局面。他很重视工匠，认为他们远比金银珠宝贵重，是真正的无价之宝。由于他的倡导，建州地区的手工业很快初具规模，能炼铁、采矿并制造精良的军械。赫图阿拉城就有连接数里的作坊，专门制造各式各样的兵器。

努尔哈赤一方面积极发展建州地区的经济，一方面致力于发展与汉族地区的贸易，以此来弥补建州经济上的欠缺。他用当地出产的人参、貂皮、东珠、马匹

等特产换回所需要的物品。为了解决湿人参容易腐烂的问题，努尔哈赤还创造了煮晒法，即把人参煮熟晒干，然后保存起来待价而沽。由此汉商故意拖延时间以便压价收买的企图便无法得逞了。由此一项，仅在抚顺一市，努尔哈赤每年就获利高达几万两。

创建八旗制度，也是努尔哈赤的一大功绩。八旗制度的雏形是女真氏族公社末期的狩猎组织。那时，每逢出师行猎，氏族成员便每人出一支箭，以10人为一单位，称“牛录”，是汉语箭或大箭的意思。10人中立一总领，称“牛录额真”。额真，是主的意思。牛录额真即大箭主。在女真社会生产不断发展的同时，牛录组织也日益扩大，并演变成奴隶主贵族发动掠夺战争和进行军事防御的工具，但它的突出特点是具有显著的临时性。努尔哈赤把它改造为常设的社会组织形式。1601年，他把每个牛录扩充到300人，分别以黄白红蓝四色旗作为标志。由于兵力不断增加，1615年努尔哈赤又在牛录之上设立甲喇和固山，以5牛录为1甲喇，5甲喇为1固山。甲喇设甲喇额真统领，固山由固山额真统辖。每个固山还设梅勒额真2人，作为固山额真的助手。这样，原来的4大牛录遂扩大为4大固山，仍以四色旗为标志，又称四旗。后来又增编镶黄、镶红、镶蓝、镶白四旗，与前面四旗合称八旗。八旗制度是“以旗统人即以旗统兵”的兵民一体、军政合一的社会组织形式。八旗兵丁平时耕垦狩猎，战时则披甲出征。八旗旗主即8个固山额真都由努尔哈赤的子孙担任，他们集军事统帅和政治首领的身份于一身。努尔哈赤则是八旗的家长和最高统帅，他为八旗军队制定了严密的纪律。八旗制度的实行，提高了女真的军事战斗力，也促进了满族社会的发展。

创制和颁行满文，是努尔哈赤在满族文化发展史上建立的一个里程碑。努尔哈赤兴起后，建州与明朝和朝鲜时常有公文来往，但因没有女真文字，只能由汉人用汉文书写。每逢向女真人发布政令，则先用汉文起草，然后再译成蒙古文。女真人讲的是女真语，书写却用蒙古语，这种语言与文字的矛盾，促使努尔哈赤决意创制记录满族语言的符号——满文。他命额尔德尼和噶盖承担了创制满文的任务。但他们俩都觉得女真人使用蒙古文由来已久，现在要创造自己的文字，困难太大，简直不知从何处下手。努尔哈赤便让他们参照蒙文字母，结合女真语言拼读成句，再撰制成满文。噶盖后来因罪被杀，就由额尔德尼完成了创制满文的任务。满文的创制和颁行，加强了满族人民内部和满汉之间的思想文化交流，也加速了满族社会的封建化。

建国称汗后，努尔哈赤花了很大精力整顿内部。与此同时，他将兵锋公然指向了明朝。而明朝当时政治腐败与军备废弛，又是导致努尔哈赤实行战略转移的催化剂。

天命三年（万历四十六年，1618）春天，一切准备停当，努尔哈赤率领众臣众兵，祭祖告天，宣读了“七大恨”伐明誓词。誓词说：

“我的父祖未曾损害明的一草一木，明却无端起衅将我的父祖杀害，恨一也；明先挑起事端，但我仍想与明修好，划界立碑，共立誓言，互不侵扰，但明军践踏盟约，越我边界，出兵帮助叶赫，恨二也；清河两岸明人，年年入我境内劫夺，我遵照两国盟约，捕杀越界汉人，明朝却诬我擅杀，扣我使臣刚古里等11人为人质，逼我杀10人换取，恨三也；叶赫之女本来已经许配于我，但因得到明朝的支持，叶赫又将已聘之女改嫁给蒙古，恨四也；柴河、三岔、抚安等三地，历代属我部所

统，明却不让三地民众种田收割，发兵驱逐，恨五也；我奉天意征讨叶赫，明却偏听叶赫之言，遣使对我谩骂凌辱，恨六也；明朝逼我把所俘哈达之人退还，结果被叶赫所掠取，恨七也。明朝欺人太甚，情理难容。因这七大恨之故，誓师伐明！”

与此同时，努尔哈赤又颁布兵法，申明军纪。他告谕众兵说：“今日发兵，征讨的是明军。对沿途民众，不许欺凌蹂躏；对抗拒我军者，格杀勿论；对于归顺者，切不可妄加诛杀。”

第二天，努尔哈赤率领着千军万马浩浩荡荡向抚顺进发。濒临浑河的抚顺城是明朝设防的要塞，又是明与建州互市的重要场所。青年时代的努尔哈赤经常出入这里进行贸易，因而对抚顺的山川形势和各方情况了如指掌。他决定以计智取，辅以力攻。他先派一人到抚顺，声言明日有3000女真人要来做生意。第二天，扮作商人的后金先遣部队就来到抚顺城内；诱使当地商人和军民与之贸易。抚顺守军做梦也没有想到，后金兵士已遍布集市，后金主力又接踵而至，乘机突入城内，与先遣部队里应外合，一举攻取了抚顺城。抚顺守将李永芳在毫无防备的情况下束手就擒。辽东总兵张承胤闻讯率兵万人仓促来援，这时努尔哈赤已经撤出抚顺，在中途设下埋伏，全歼了张承胤的援军，缴获了大批武器辎重满载而归。

努尔哈赤起兵伐明，初战便大获全胜，兴奋不已，但他并未被胜利冲昏了头脑。他深知明朝现在虽然江河日下，但毕竟还是一个庞然大物，还有相当的实力，不能贸然大举进犯。因此，他对明朝不断进行试探性的进攻。攻陷抚顺城3个月后，他又用计智取了清河城，杀死守将及兵民万余人。随着接连不断的胜利，努尔哈赤的胆子也愈来愈壮。明朝派来使者求和，努尔哈赤借机向明朝提出一系列要求。经济上，他要求给他和众贝勒、大臣加缎3000匹、金300两、银3000两。政治上，他要求明朝尊他为王，承认他的所作所为是合法的，撤回明朝派驻叶赫的官兵，当时努尔哈赤还未灭掉叶赫。他声言只有满足了这些条件，方可罢兵谈和。显然，堂堂“天朝”是不会接受这样的要求的，双方的一场更大规模的战争已是箭在弦上、一触即发了。

大战萨尔浒　攻占辽沈

努尔哈赤相继攻陷抚顺、清河，明朝震动，告急文件如雪片般飞向京师，一向置国家大事于不顾的昏庸皇帝万历坐立不安了。他想，一个小小异族之邦竟敢如此猖狂，实在是不能容忍，他认为努尔哈赤的一系列要求纯粹是非分之想，坚决予以拒绝，并决定调兵遣将，犁庭扫穴，全力消灭后金。他亲自颁布圣旨，交九卿科道会议辽事，并立即起用杨镐为兵部右侍郎兼辽东经略。为了进攻后金，明朝在全国加派辽饷，转输粮秣，以应军需；还咨文朝鲜，胁迫其出兵，合力征讨；明王朝还颁布全军晓谕天下：擒斩努尔哈赤者，奖赏万金。明王朝迅速调集各地官兵8.8万多人，加上来自叶赫、朝鲜的援兵，共十几万人，准备分兵四路合击努尔哈赤的中心赫图阿拉城。

明东、北两路军由于山路崎岖等各种原因，拖延了进军的时间。唯独杜松一路昼夜兼程，日行百里，于三月一日来到萨尔浒。他们兵分两部：一部在萨尔浒山下扎营，另一部由杜松亲自率领向东北方向的女真的要塞吉林崖进军。努尔哈赤统帅八旗军近6万人前来迎战。他对代善等人说：“明兵依仗人多势众，可

以分散作战；我们要集中优势兵力逐路击破明军。吉林崖明军只派小股兵去监视就行，萨尔浒的明军一定要好好对付，千万不能掉以轻心。只要打败了萨尔浒的明军，吉林崖的就会不战自溃。”布置之后他亲率六旗兵力包围萨尔浒，派四贝勒皇太极率领其余两旗前往吉林崖，监视明军的动静。

奉命在萨尔浒扎寨的明军，初至萨尔浒谷口便遭后金 400 名埋伏者的袭击，兵伤马毙，锐气大挫。而对冲杀而至的六旗铁军，他们慌忙列阵，仓促迎战。开始，明军施放的火炮使没有火器的后金六旗兵暂时受阻。但精于骑射的六旗兵随之仰面扣射，顿时矢箭如雨，铁甲骑兵又乘机奋力冲击，打得明军四处逃窜，方阵大乱。在震天的呐喊声中，后金兵冲进明营，歼灭了驻守萨尔浒山的全部明军。

随之，努尔哈赤挥师前往吉林崖。原来坚守吉林崖的后金军队见杜松率部抵达山脚，便从山上冲下来迎击。此时，皇太极率领的两旗兵马正好赶到。杜松军腹背受敌，眼看就要招架不住，萨尔浒大营已破的消息又在这时传到，顿时军心动摇。杜松正待收拾残兵撤退，努尔哈赤的六旗军似从天而降，挡住了明军的去路。士气颓落的明军乱作一团，后金兵乘胜而战，士气高昂，杀得明军尸首遍野。明军主将杜松左右冲击，也未能杀出重围，最后矢尽力竭，落马而死。明朝四路大军中的一支主力就这样毁于一旦。

接着，努尔哈赤马不停蹄，率师北上，去迎击马林的北路军。马林一部得知杜松惨败的消息后，将士哗然，士气低落，滞留在萨尔浒西北 30 里处的尚间崖消极防守。

努尔哈赤急驰至尚间崖，他登高远眺，见马林的营壕内外防守严整，便下令军士绕道而行抢占尚间崖顶，以便居高临下，杀明军个措手不及。代善、阿敏和莽古尔泰抢占有利地形后，各率部属直冲敌阵，奋力拼杀。仓猝之中明军用枪炮还击，但后金来势迅猛，锐不可挡，明军扔下火器争相逃命，死伤惨重，仅总兵马林等少数人策马而逃。

努尔哈赤连胜明朝西路和北路两支大军后，又得消息：另外两路明军正从东、南两个方向逼近都城赫图阿拉。他当即班师回京。为了避免与两支明军同时交战，努尔哈赤心生一计。他把缴获的杜松令箭交给明军降卒，让其假扮为杜松的使者去催促刘綎前来会战。刘綎一部这时正从宽甸向赫图阿拉行进，道路艰险，又受后金砍倒的树木阻碍，行军速度很慢。接到杜松的令箭，刘綎不知其中有诈，他唯恐杜松独占头功，遂加快速度，向赫图阿拉孤军深入。努尔哈赤令代善、莽古尔泰和皇太极率主力迎战刘綎。皇太极抢先占领了山头，埋伏起来。待明军进入伏击后，后金的攻势似山洪暴发，打得明军晕头转向。刘綎奋战了几十个回合，两臂都受了重伤，最后力竭身亡。明朝士兵被杀者无数，尸横遍野，惨不忍睹。努尔哈赤自己带 4000 兵士守城，准备对付李如柏的南路军。

在沈阳坐镇的辽东经略杨镐，派遣四路大军出师后，自以为胜券在握，只等着部将报捷，哪里料到，不过几天工夫，三路大军相继败北。他料定幸存的李如柏更不是后金的对手，便急命李如柏回兵。胆小怯弱的李如柏，出师最晚，且行动迟缓，所以还没同后金交手。接到杨镐的命令，他就像得到了大赦，率部落荒而逃。

在这次著名的萨尔浒大战中，努尔哈赤仅用 5 天时间，就大败明朝十几万大

军，称得上是他军事指挥艺术的一次精湛表演。他以集中兵力、各个击破为原则，以铁骑驰突、速战速决为法宝，以诱敌深入、以静制动为手段，以亲临战阵、身先士卒为表率，终于取得了以少胜多的辉煌战绩。

萨尔浒大战之后，明朝在东北的统治日趋崩溃，而已经立住了脚跟的努尔哈赤，则开始由防御转入进攻。

万历四十八年(1620)，万历皇帝病死，一个月后，刚刚继位的太子朱常洛又吞红丸死于乾清宫。朱常洛的长子朱由校继承了皇位，是为熹宗天启帝。从此，宦官专权，宦党与东林党之间的党争愈演愈烈。大臣之间结党营私，排斥异己，互相攻讦。熊廷弼虽然身居千里之外的边陲，但由于他性情刚直，不受贿徇私，不巴结权贵，得罪了一些奸佞之人，遂成为被攻讦的对象。忌恨他的权贵们屡次上书，以莫须有的罪名弹劾熊廷弼。他先后5次上疏自辩，针砭弊政要害，并请求圣上信任边吏，用而不疑。但是，明廷气数将尽，已经不辨忠奸，到底自毁长城，罢免了熊廷弼，改派袁应泰任辽东经略。

袁应泰走马上任后，宽娇属下，随意撤换武将，很快造成了军纪松弛、军纪混乱的局面。他又不分良莠，收纳了许多蒙古和女真的降兵，大量敌探乘机混入，成了后金的内应。刚刚由熊廷弼恢复巩固起来的辽东防务，被袁应泰搞得一塌糊涂。

一直在拭目以待的努尔哈赤见时机已到，于天命六年(1621)春，发动了辽沈之战。

沈阳在明代是辽东重镇之一，它被作为辽阳的“屏障”而受到重视。这里精心构筑了坚固的防御体系。努尔哈赤的大军在城东七里处安营驻扎。他几次派少量兵士诱明军出战，每次都让他们佯装败退，以便麻痹明军。

当努尔哈赤认为决战的时机成熟之后，便派后金的精锐骑兵设下埋伏，然后又派兵到沈阳城下挑战。贪功轻敌、有勇无谋的明总兵贺世贤果真中了圈套。他率万余兵丁出城迎战。后金兵假装败逃，贺世贤紧追不舍，进入了埋伏圈。当他发现自己中计时，为时已晚，身中数箭坠马，被后金兵杀死。之后努尔哈赤统军奋力攻击城的东北角。开始明军在城上使用火炮，重创后金兵。但火炮连发使炮身炽热，必须使其降温后才能再射。后金兵利用这个间隙，进逼城下，猛攻东门。激战之中，一些原先混入城内的女真降民突然将吊桥绳砍断，放下吊桥，后金兵一拥而入，攻占了沈阳城。这次战役，使明朝7万兵民丧生。

攻占沈阳不久，努尔哈赤又召集诸贝勒大臣，宣布了向辽阳进军的重大军事决定。

辽阳当时是东北政治、经济、军事和文化的中心，明朝对其极为重视，将城池修建得异常坚固，并有严密的防御体系。

在经过几番野战大大削弱了明军之后，三月二十一日，后金军在努尔哈赤率领下向辽阳发起总攻。守城军士乱作一团。各城门相继失守，正在镇远楼督战的袁应泰见大势已去，城池难保，遂焚楼身亡。监军崔儒秀上吊自杀。几经奋战之后，后金终于占领了辽阳。接着，努尔哈赤将后金的国都迁到了辽阳。以后努尔哈赤率军几经征战又攻占了整个辽西地区，兵锋直指山海关下。

计丁授田　迁都抚蒙

进占辽河流域、迁都辽阳之后，如何治理和巩固这个幅员辽阔、人口繁盛的

地区，成了摆在努尔哈赤面前的重大课题。

辽沈地区汉族人口众多，由于明朝在这里长期实行军屯制度，农业比较发达。后金进入辽沈后，激烈的战争使生产受到严重破坏，不少汉族地主官僚非死即逃，大片的土地荒废了。新迁入的八旗军民和当地汉民，都急需恢复生产以安定社会。天命六年(1621)，努尔哈赤颁布了"计丁授田"之令，将辽沈地区的闲废田地30万日(日是当时辽东计算土地的单位，1日约合6亩)，分给后金士兵。后来，他又令辽东五卫及海州、盖州、复州、金州四卫共交出无主田地30万日，实行"计丁授田"。

继"计丁授田"之后，努尔哈赤又于天命十年(1625)发布了"按丁编庄"令。八旗军进入辽沈后，大量汉人被俘后没为奴隶，编入奴隶制田庄。但他们生活困苦难以聊生，叛亡殆尽。鉴于这一情况，努尔哈赤颁行的"按丁编庄"令规定：所有被俘获的奴隶均编入田庄，从而使庄田转变为官田，使原来为奴隶主服务的田庄过渡为封建制田庄。以"计丁授田"和"按丁编庄"为标志，后金初步完成了由奴隶制向封建制的转变。

迁都辽阳一年后，因辽阳城年久失修，且面积过大不宜防守，努尔哈赤便想另筑新城。他说服了众贝勒、大臣，调集上万名民工在辽阳城东的太子河边破土动工。民工们昼夜不停地营造，新城很快建成了，城方圆约6里，城墙高达12米，开设了8个城门。努尔哈赤对新城十分满意，命名为"东京"。他率领众贝勒举家迁居东京，还将景祖、显祖的陵墓也迁到附近的鲁阳山上。

在东京住了不过3年，努尔哈赤又决定把都城迁到沈阳。诸王大臣一听就急了，他们七嘴八舌地劝阻说，东京刚建就舍弃太可惜，迁都劳民伤财，民不堪苦。听了这些话，努尔哈赤顿露不悦之色，说："你辈哪里晓得我迁都沈阳的用意？沈阳乃战略要津，西可征明，北可攻蒙古，南可伐朝鲜。再说，附近有浑河和苏克苏护河，可以顺流而下运来木材，建造宫殿又有何难？此事我已拿定主意，你们不必多言。"众人见努尔哈赤动了肝火，也就不再言语了。

天命十年(1625)，征明心切的努尔哈赤，未等兴建新宫室完毕，就迁都沈阳。此后，他大兴土木，改建了沈阳城，使之成为后金新的统治中心。

明后期，蒙古逐渐形成了漠西厄鲁特蒙古、漠北喀尔喀蒙古和漠南蒙古三大部。其中漠南蒙古与后金接壤。努尔哈赤深知，降服蒙古既能解除同明作战的后顾之忧，又可解决后金兵力不足的困难。因此，他对蒙古采取了攻抚结合以抚为主的策略。漠南蒙古的科尔沁部，曾参加以叶赫为首的九部联军，大败而逃，后来又同乌拉合兵抵抗建州兵。随着后金的强盛，科尔沁自知不是对手，便遣使请盟，联姻结好，努尔哈赤尽弃前嫌，欣然与科尔沁部通婚。他先后以科尔沁两贝勒的女儿为妃，他的儿子也相继纳蒙古王公之女为妻。1614年，他的次子代善、五子莽古尔泰、八子皇太极和十子德格类全都娶了科尔沁蒙古女子。尔后，蒙古又同他的十二子阿济格和十四子多尔衮联姻。努尔哈赤也不断将建州女子嫁给蒙古王公为妻。1614年喀尔喀蒙古巴岳特贝勒的儿子恩格德尔归顺建州女真，努尔哈赤十分高兴，立即将弟弟舒尔哈齐的第四女嫁给他为妻。后来恩格德尔与妻子来朝，受到努尔哈赤的特殊礼遇。朝拜时，努尔哈赤让恩格德尔率众蒙古贝勒在贝勒代善之后叩头，而二贝勒阿敏、三贝勒莽古尔泰、四贝勒皇太极等都在恩格德尔之后。恩格德尔对努尔哈赤自然感恩戴德。朝觐后，他要求偕

公主留居建州，努尔哈赤允其所请，发誓对他要像对待自己的亲生儿子一样，还赐给他4处田庄，20个满汉奴仆。努尔哈赤这些具有策略性的举动，对蒙古诸部首领产生了极大的吸引力，很多人相继投奔后金。科尔沁、喀尔喀等部先后成为后金的政治同盟。

但是，努尔哈赤以抚为主、联姻结好的策略并非对所有蒙古部落都能奏效，以察哈尔部林丹汗为首的蒙古诸部，一直联合明朝，与后金为敌。林丹汗占据漠南蒙古的大片地域，他野心勃勃，力图称雄蒙古。为了对付后金，明朝极力笼络林丹汗，每年赠银4000两，后来又增至4万两。林丹汗兵强马壮，又有明朝作靠山，对后金的态度非常骄横。万历四十七年(1619)十月，他派使给后金送了一封书信。他在信中自称为"蒙古国统40万众的英主成吉思汗"，称努尔哈赤为"水滨三万人的英主"，同时还威吓努尔哈赤：若取向广宁发动进攻，绝无好下场。林丹汗如此狂妄，努尔哈赤气愤至极。第二年他派遣使者送去了笔锋犀利的复信，他在信中历数林丹汗败于明朝之辱，想以此激起林丹汗的旧恨，拆散他与明朝的联盟，并极力夸耀八旗的军威，拉拢林丹汗归附后金，共同抗明。但这一切都未能奏效，林丹汗囚禁了努尔哈赤的使者，以此作为对努尔哈赤的回答。

由于林丹汗势力较强大，加上有明王朝支持，努尔哈赤几次想对他动兵而又作罢，但后来林丹汗暴虐无道、穷奢极欲，大失人心，内部开始分崩离析。他属下的一些部落将领暗中与后金来往，就连他的两个孙子也跑到后金，向努尔哈赤叩首行礼。努尔哈赤对林丹汗始终采取孤立、打击的策略。天启五年(1625)，林丹汗率兵攻打后金的姻盟科尔沁部，努尔哈赤立即出兵援助，打败了林丹汗的进攻。

努尔哈赤以抚为主的对蒙政策，为日后满族统一蒙古诸部奠定了基础。与蒙古交好成为满清一代的基本政策。

宁远兵败　抑郁而死

辽西地区失陷后，明政府深感形势严重，又一次征调全国各地的军队会集山海关，全力固守，并将积极主张抗击后金的大学士孙承宗、兵部主事袁崇焕派往关外考察军务。

袁崇焕来到边关果然不负深望，很有作为，他首先向孙承宗提出要固守山海关必须先守宁远的建议，要求重新修建宁远城。宁远(今辽兴城)地处辽西走廊中段，它依山傍海，形势险要，是由沈阳通往山海关的咽喉要塞。孙承宗采纳了袁崇焕的建议，加意修筑宁远。按照袁崇焕的设计，宁远城新建的城墙高3.2丈，底宽3丈，顶宽2.4丈，宁远遂成为关外的军事重镇，孙承宗又修缮了锦州、松山、杏山、右屯及大小凌河等地的城池，遣兵分守。一条以宁远和锦州为中心的防线迅速建成了，辽西的局势重新稳定下来。

努尔哈赤此时正忙于迁都，探知孙承宗在辽西严阵以待，他一直没有贸然进攻。但不久明朝内部的党争再起，孙承宗尽管满腹韬略、守边有方，却因秉性忠直遭到魏忠贤一伙的忌恨和排挤。继任孙承宗的是魏忠贤的同党高第，他精于投机钻营，对打仗却是一窍不通。他对后金怕得要死，认为关外必不可守，只想躲在山海关内苟全性命。因此，他不顾袁崇焕等人的强烈反对，尽撤锦州等地的防务，将各城兵力强行调入山海关。孙承宗苦心经营的"宁锦防线"就这样被破

坏了。只有袁崇焕坚决不撤，他斩钉截铁地说："我在宁远做官，就要在这里死守，决不撤退！"

努尔哈赤迁都完成后一直在寻找征伐明朝的时机，得知明军更换主帅全线撤防的消息，他喜出望外，决定立即出兵。天命十一年(明天启六年，1626)正月十四日，努尔哈赤亲率10余万八旗大军向辽西杀来。

一路上，后金军队长驱直入，不费吹灰之力就占据了锦州、松山等大小城池，只剩下宁远这座孤城还由袁崇焕固守着。努尔哈赤认为，后金大军压境，宁远一座孤城已是唾手可取，便派人给袁崇焕送去招降信，用高官厚禄引诱他献城投降。袁崇焕毅然拒绝了后金的招降，全力准备迎战，与宁远共存亡。

当时，袁崇焕的兵马还不到3万，要战胜努尔哈赤的13万军队，谈何容易！他将城外的所有明兵调入城内，将武器兵力集中起来。又将城外的百姓动员进城，把城郊一定范围内的房屋粮食全部烧毁，使后金兵在宁远城外一无所获，袁崇焕用佩刀刺破手指，写下血书，表示要誓死守住宁远。宁远军民为他的爱国热情所感动，全城同仇敌忾，决心同后金军队决一死战：将士们分别据守，老百姓也带着自备的武器登城防守，体弱的就帮助供应饮食，捉拿奸细。

努尔哈赤见袁崇焕誓死不降，亲自指挥千军万马齐攻宁远城。后金的战车、骑兵、步兵铺天盖地，向宁远压来。努尔哈赤采用战车同步骑结合的战术几乎是所向披靡，不知攻下过明军多少城堡，但是在宁远城下，他们的战术失效了。袁崇焕指挥城上的大炮待后金兵冲至城下时一齐开炮，随着一声声巨响，后金兵成片倒地，连专门对付明军火器的循车也被炸得粉碎。强攻失败了，后金兵又躲在加了厚板遮蔽的战车下靠近城墙，想凿洞进城。宁远的城墙本来就修筑得特别厚实坚固，又加上天寒地冻，凿城的进度很慢，但这毕竟是对宁远的一大威胁。袁崇焕又采用了火烧的新法子，来对付凿城的后金兵。他命令将全城贡献的被褥一卷卷扔下城墙，后金兵不知其中厉害，蜂拥而上，你抢我夺。正在这时，明军投下的火把点燃了裹在被褥中的火药，霎时间烧成一片，不少凿城的后金兵葬身火海。

努尔哈赤指挥后金军队整整攻了三天三夜，部下死伤无数，他自己也负了伤，但宁远城依然固若金汤，巍然屹立。努尔哈赤不得不承认自己无计可施。在凛冽的寒风中，他带着残存的兵力撤回沈阳。

努尔哈赤大概到底没有搞清自己失败的真正原因：袁崇焕指挥有方，固然是战胜后金的重要因素，而宁远百姓不堪后金的暴虐统治，在袁崇焕的号召下，一呼百应，毁家相从，与宁远守军结成了坚不可摧的铜墙铁壁，更决定后金此次战败的命运。一系列的军事胜利使努尔哈赤头脑发热，难以进行冷静的思考，他本想在宁远重演当年轻下辽沈的一幕，并未进行认真的准备，便大举进兵，终于在众志成城的明朝军民面前败下阵来。

宁远战败给努尔哈赤造成了巨大的精神创伤，为此努尔哈赤的心情一直忧郁不安，加上已近七旬高龄，又要连续多日征战，这些都严重损伤了他的身体健康。

天命十一年(1626，明天启六年)，努尔哈赤终因痈疽突发离开了人世，享年68岁。

清世祖福临

世祖爱新觉罗·福临

幼年登基　叔父摄政

崇德八年(1673)八月十四日黎明,后金皇宫内纷纷嚷嚷,门外,两黄旗精兵张弓挟矢,层层设防,一派兵戎相见之势。五天前,清太宗皇太极突然病死,此时,诸王大臣们正为王位继承一事僵持不下。

竞争主要在皇太极的长子肃亲王豪格和皇太极的弟弟睿亲王多尔衮之间展开。

拥有皇长子地位又具有实力的豪格一派剑拔弩张、咄咄逼人,势在必得。多尔衮、多铎、阿济格三兄弟战功卓著又拥有两白旗实力,更是轮番上阵、毫不示弱,一场流血冲突眼看就要发生。在这千钧一发之际,多尔衮提出拥立皇太极的第九子福临继位,由郑亲王济尔哈朗和自己共辅国政。这一招确实厉害,选福临做幼主,堵住了要求立皇子的两黄旗大臣的嘴;提议济尔哈朗作辅政,又拢住了其统辖的镶蓝旗人的心;据有两红旗的礼亲王代善本没有参加角逐的打算,自然顺水推舟地表示赞同。多尔衮的折衷方案被各方通过了。

福临就这样被推上了皇位。从表面上看,他的登基很有些偶然性。但是,多尔衮自然有他的考虑:只有立幼帝,他才能真正掌握辅政大权,这样,具有执政能力的皇长子豪格和年龄较大的皇子叶布舒、硕塞就均被排除在外。几个年幼的皇子中,福临的生母——永福宫庄妃是皇太极晚年最得宠的皇妃,子以母贵,福临承继皇位当最合先帝心意,诸王大臣对此自然也没有异议。

崇德八年(1643)八月二十六日,福临在沈阳正式即位,第二年改元顺治。此时,正值明朝李自成领导的农民起义军攻占了北京城,崇祯皇帝用一根绳索在景山结束了自己的生命。在这历史转折的紧要关头,降清汉人范文程上书为多尔衮出谋划策,力劝他要趁明朝崩溃而农民军立足未稳之时,不失时机地攻取北京,取明朝而代之。遇事一向敏捷果断的多尔衮,也觉察到此乃千载难逢的天赐良机,因此打起为崇祯帝报仇的旗号,数日之内便聚集起大批兵马,日夜兼程向山海关进发。

三天之后,进军的清军正遇山海关总兵吴三桂迎降,清军顺利进入山海关。不久在古长城的山海关一带,李自成的农民军与多尔衮率领的清军和吴三桂军展开了一场殊死搏斗。在清兵和吴军的夹击下,农民军大败退回北京,由于所剩兵力已难以据守,旋即仓皇撤离。大顺军来去匆匆,在北京城仅仅停留了四十余天,在历史舞台上留下了一幕令人深思的悲剧。由于清军进占北京的最大障碍已不复存在,各地官绅又由于仇恨农民军,因此对清军望风而降,多尔衮的大队人马便长驱直入开进了紫禁城。

顺治元年(1644)九月,顺治在济尔哈朗护送下由沈阳来到北京。十月初一,举行了隆重的庆祝开国大典。清晨,在诸王及文武百官的护卫下,顺治亲至天坛宣读告天礼文,正式宣告清王朝对全国的统治。随之是大封开国功臣,顺治命令

将多尔衮兴邦建国的伟业刻于石碑以传告后世，还封他为叔父摄政王。可以说，尽管在隆重的大典上即位告天的是幼帝福临，但由此而威权并加的却是摄政王多尔衮。

多尔衮清楚地知道：顺治在北京登基，远非真正的中原平定、全国统一。此时，大顺军尚有几十万兵马，各地农民武装更是出没无常、防不胜防。在南京，明朝遗臣奉福王朱由崧建立的南明弘光政权也是威胁清廷的另一支力量。为了清除心腹之患，十月十九日，多尔衮封英亲王阿济格为靖远大将军率部下征讨大顺军。紧接着，又命定国大将军豫亲王多铎挥师南下，征讨南明。在清军的剿杀下，大顺军也曾一度进行反攻，但终于丢弃西安，于次年二月进入湖北，阿济格率清军紧追不舍。五月，李自成在湖北九宫山殉难。此后，坚持抗清的大顺军便大势已去了。偏安江南一隅的弘光政权，空有富庶的土地和明朝遗留的几十万人马，却君昏臣奸，大敌当前，还在醉生梦死、自相残杀。多铎的大军几乎是兵不血刃，就于顺治二年四月迫近江南重镇扬州。在顽强抵抗城陷后，面对异族的屠刀，督师扬州的史可法高呼“吾意早决，城亡与亡”，从容就义。由于守城兵士和百姓给清军以重创，多铎遂下令屠城十日以示报复，至五月初二日“封刀”，扬州百姓死亡人数超过了 80 万，血流成河，惨不忍睹。这就是历史上血腥的“扬州十日”。攻克扬州后，清军很快攻下镇江，兵临南京城下。此时，弘光帝已仓皇出走，南明大臣多人冒雨迎降清军。弘光帝几天后被俘，在百姓的唾骂声中被解回南京。

平定江南的告捷文书传入京师，这时又传来了李自成遇难的消息，清廷上下欣喜若狂，似乎天下已尽入清军之手。多尔衮显然被迅速得来的胜利冲昏了头脑，他于六月初五日下达了“剃发令”，命令江南各处军民尽行剃发，“倘有不从，以军法从事”。“剃发令”犹如火上浇油，激起了江南人民奋起抗清的斗争。“头可断，发不可丢！”各阶层人民纷纷揭竿而起，打出恢复明朝的旗号。江阴、嘉定先后爆发了规模浩大的反剃发斗争，市民和四乡农民群情激愤，守城抗清，在重创清军后，先后遭清军血洗。清满统治者的民族高压政策激起了反剃发斗争，又进而引燃了遍及全国的抗清斗争，这的确是多尔衮和满清贵族所始料未及的。

直到多尔衮去世，他所期待的天下大一统的局面也没有出现。但是，清朝入主中原、天下初定的首功的确是非他莫属。随着地位愈加尊崇，他也愈加擅权专断，有恃无恐。他肆无忌惮地排除异己：豪格到底被罗织的罪名置于死地，济尔哈朗也因“擅谋大事”被削夺了辅政大权。一切政令皆出自多尔衮之手，他甚至将大内的“信符”贮于自己府中。每当他入朝时，诸臣皆下跪行礼，多尔衮是大清国实际上的皇帝，已成为当时朝野皆知的事情。而福临不过是“惟拱手以承祭祀”而已，甚至有记载说为了保全自己儿子的皇位，顺治的母亲孝庄皇太后曾下嫁给了多尔衮。如果说这一点有疑问的话，那么多尔衮被加封为叔父摄政王则是确凿无疑的。

少年亲政　治国有方

几年过去了，福临步入了少年。他不仅骑射之术日精，更关心治国用兵之道。但是，顺治的叔父、摄政王多尔衮并没有丝毫归政的意思。历史常常因偶然的事件而改写。顺治七年(1650)十一月，多尔衮出猎坠马受伤。这次受伤后他

卧床不起，于十二月初九日在喀喇城去世，享年39岁。多尔衮虽中年早逝，但他生前威比天子，富过君王，死后恩义兼隆，荣哀备至，可以称得上是善始善终、结局圆满了。但是，形势很快便出人意料地急转直下。多尔衮死后两个月，苏克萨哈、詹岱首告多尔衮曾“谋篡大位”。以郑亲王济哈朗为首的诸王大臣也纷纷上奏，追论多尔衮独擅威权、挟制皇帝、逼死豪格、纳其妃子等一系列罪行。顺治皇帝下诏削夺了多尔衮的爵位，没收他的财产，又命令毁掉他的陵墓。人们挖出他的尸体，棍打鞭抽，然后砍掉脑袋，暴尸示众。通过这些处置，顺治感到出了一口闷气，多年来他容忍多尔衮的僭妄之举所郁积的种种不快，一下子发泄出来。同时，安抚了诸王大臣的愤怒情绪，并给予那些想继续预政的诸王大臣们一个暗示：想觊觎皇位、欺逼圣上是没有好下场的！

十四岁的顺治此时才成了真正的一国之主。顺治八年(1651)正月十二日，他御太和殿亲政。

由于宫廷中良好的学习条件，顺治六岁时就对读书颇具兴趣，为了学习中国历代帝王的治国修身之道以提高自己的水平，亲政后更发奋攻读。他以少年人所特有的热情和勤勉，阅读了大量汉文书籍，左史庄骚、先秦两汉、唐宋八大家、宋元著述。后来，他还曾回忆起这段读书生活。他说，那时除了处理军国大事，便是读书，但因当时顽心尚在，多不能记牢，就五更起来再读，到天大明时便能背诵了。勤奋读书使他摆脱了先辈那种落后民族的草莽之气，而颇具文人学士之风，给他的政策以十分深刻的影响。从此，他不再像自己的先辈一样单靠“武功”治天下，转而以“文教”作为治国之本。

针对多尔衮摄政时期实行的一些弊政，经过与大臣们反复商讨，顺治决定首先采取一些措施缓和民族矛盾，在军事上，他决定首先采取以抚为主的怀柔政策和先西南后东南的战略措施。顺治当时，江苏、浙、闽、粤一带有郑成功的水师出没，滇、桂、川、黔的大部分又被李定国等分据，清军穷于应付，疲于奔命。因此，集中兵力于一隅，改变两个战场同时作战的被动局面，是尽快结束战争再造一统的上策。八旗劲旅娴于骑射，“固习于陆战”。郑成功指挥的三千多艘船只云集在厦门附近的港湾河口，令清军望而生畏。因此惟有采取先西南后东南的战略才为适宜。为了实现这一战略部署，顺治采取了两项措施：一方面极力争取招抚郑成功，以便集中兵力对付西南战场；一方面任命洪承畴为五省经略，直接负责西南的战争。他还谕令兵部，对各地小股农民武装，不管人数多寡，罪行大小，只要能真心改悔，主动投诚，全部赦免其罪，由当地政府安置。命各级官吏将文告遍布通衢要道，使之家喻户晓。

顺治十年(1653)五月，洪承畴出任湖广、广东、广西、云南、贵州五省经略，总督军务，兼理粮饷。顺治给予他节制升迁地方文武官员、决定进兵时机的大权，特令他遇到紧急情况，可以“便宜行事，然后知会”。这种知人善任、事权划一的作法，有利于指挥者主动灵活地捕捉战机，为西南战局的根本改观提供了重要保证。洪承畴对皇帝的意图自然心领神会，他谋略很深，又十分熟悉西南的山川形势，到任不久便有了起色。他先是控制了湖广，在南下时机业已成熟之际，适逢孙可望为权欲所驱袭击李定国，后来又走投无路投靠清军。孙可望“开列云贵形势机宜”作为进见之礼，使洪承畴尽知义军内情，遂大举向西南进军。清军相继攻克贵阳、重庆、遵义等地，于顺治十六年(1659)一月进入云南，在永昌磨盘山一

带歼灭了李定国主力，桂王朱由榔逃入缅甸。至此，最后一个维系明朝遗民的南明政权已经名存实亡。

西南形势出现根本好转后，郑成功仍在坚持抗清拒不受抚。这时，顺治的态度开始强硬起来。顺治十四年（1657）三月，他下令对郑成功“当一意捕剿，毋复姑待”，一个月后又将其父郑芝龙及其亲属子弟等“俱流徙宁古塔地方，家产籍没”。在顺治的招抚下，郑氏部将黄梧、施琅、苏明相继降清，抗清形势趋于低潮。在这种情况下，郑成功率师东渡，驱逐荷兰殖民者，收复了台湾。持续了年近20的大规模武装反清斗争已接近尾声，一个统一的多民族的封建王朝终于在刀光剑影中完成了草创。

顺治深知“帝王临御天下，必以国计民生为首务”，为了迅速改变国穷民匮的局面，他十分重视恢复正常的社会经济秩序。顺治十年（1653），他采纳了范文程等人的建议，设立兴屯道厅，在北方推行屯田开荒。在四川等地，则实行由政府贷给牛犋种银，任兵民开垦的鼓励政策。由于当时清政府自身财政困难，无力筹措大量牛种银两，因此收效不大，也未能推行全国。此后，他先后颁发了督垦荒地劝惩则例和官员垦荒考成则例等，鼓励垦荒。顺治十四年（1657），清政府以明代万历年间的赋役额为准，免除天启、崇祯年间繁重的杂派，不久又编成《赋役全书》颁行天下。政府还向税户发放“易知单”作为缴纳赋税的凭据，以防止各级官吏的加征和私派。第二年，河南巡抚贾汉复奏上了清查垦荒地九万余顷、每年可增收赋银4080000余两的报告。鼓励垦荒的措施立见成效，使顺治十分喜悦，他对贾汉复大为称赞，并立即加以提拔重用。

圈地，这是多尔衮摄政时期一项很大的弊政。这一时期曾进行了两次大规模的圈地。开始声称只圈无主荒地和明朝勋贵的土地分给满族官兵，实际上随意将民地指为官庄，把私人熟田硬说成是无主荒地，后来索性不论土地有主无主，一律圈占。田地一旦被圈，田主也马上被驱逐，家中一切财物都被占有。许多百姓被搞得倾家荡产，无以为生。被圈的土地中只有少量分给了八旗旗丁，大部分落入皇室王公和八旗官员之手。由于兵役繁重，旗丁的土地往往抛荒不能耕种，由此造成生产的极大破坏。鉴于圈地所造成的严重后果，顺治亲政后便下了严禁圈地的谕令。他认为，田野小民全仰赖土地为生。听说各地都在圈占土地作为打猎、放鹰的往返住所，便迅速令地方官将以前所圈土地全部退还原主，使其抓住时机耕种。后来，他再三重申，永远不许圈占民间房屋和土地。以后，虽然零星圈占土地的行为时有发生，但在顺治期间再没有进行大规模的圈地，这种危及千家万户的滋扰总算暂时中止了。

清朝初年，多尔衮对文武官员的烧杀掳掠、贪污行贿多持放纵态度，造成吏治腐败。这些人奸淫劫掠、刻剥民财、强买强卖、占产索食、私受民词、草菅人命……可谓无恶不作。吏治惊人的腐败威胁着清政权的巩固和稳定，也影响着与南明的对峙。顺治十分了解这个问题的严重性，他说，朝廷要治理国家、安抚百姓，首要任务就是惩处贪官污吏。他下达了惩治贪官的谕令，明示臣下。谕令督抚对所属官员严加甄别，对那些扰民的官吏立行参劾。他又派出权力很大的监察御史巡视各地，对违法的总督、巡抚、总兵进行纠举。临行前，顺治亲自召见了他们，对注意事项一一作了指点。不久，漕运总督吴惟华、江宁巡抚王国宝、云南巡抚林天擎等人就因贪污不法苛派累民被革职。巡按御史顾仁辜负圣上重

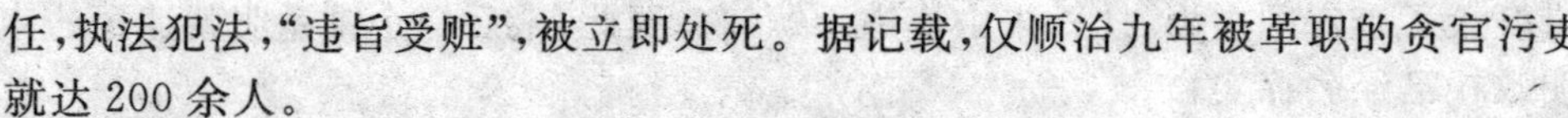

任，执法犯法，“违旨受赃”，被立即处死。据记载，仅顺治九年被革职的贪官污吏就达200余人。

顺治的这些努力，虽没有从根本上革除封建官僚机构的弊病，但对稳定清朝初年的统治确有作用，使之在与南明的争战中占据了优势地位。

重用汉官　礼遇洋人

顺治很明白，要加速统一中原的进程，巩固大清江山，就必须依靠汉官。在他亲政后，清廷中汉官的地位和作用发生了明显的变化。原来清廷有一条旧规，汉官在各衙门中不能掌印，即当家不能做主。顺治亲政后不久规定，谁的官衔在前，谁就掌印。顺治十二年(1655)八月，都察院署承政事固山额真卓罗奉命出征，顺治即命汉官承政龚鼎孳掌管部院印信。龚鼎孳闻命后，诚惶诚恐，战战兢兢，以一向以满臣掌印上疏推辞，但顺治仍坚持让他掌印。从此以后，汉官掌印才正式作为一种制度确定下来。内阁大学士，起初满人是一品，汉人只是二品，顺治十五年(1658)改为全是一品。六部尚书起初满人一品，汉人二品，顺治十六年(1659)也全部改为二品。

汉族大学士洪承畴、范文程、金之俊等，既熟悉典章制度，又老谋深算、富有政治斗争经验。顺治对他们都很信任和重用。亲政不久，他就任范文程为原先全由满人出任的议政大臣，使之得到了汉人从未得到的宠遇。他与范文程常在一起探讨如何治理国家的问题。范文程告诉他统治者所实行的政策，要顺乎民心、合乎潮流，并提出兴屯田，招抚流民，举人才不论满汉亲旧、不拘资格大小、不避亲疏恩怨等重要建议，大多被他采纳。他与范文程过从甚密，常在其陪同下“频临三院”，“出入无常”，宫廷内院几乎成了他的“起居之所”，连朝中一些汉官也为之不满，顺治却毫不在意。范文程在他手下屡屡加官进爵，当范文程年老体衰、上疏乞休时，顺治仍然恋恋不舍，命他养好病后再加召用。

顺治重用和宠遇汉官，就是要“图贤求治”，使清王朝长治久安。但是，在他内心深处，仍存在着满州贵族对汉人本能的一种猜忌心理。他最担心汉官结党，因此时时加以防范。顺治十年(1653)四月，大学士陈名夏、户部尚书陈之遴、左都御史金之俊等二十七名汉官联名上疏，要求重治杀害妻妾的总兵任珍。顺治立即警觉起来，认为陈名夏等人是党同伐异，便令各部七品以上官员云集在午门外，对陈名夏等人议罪，结果，陈名夏等人分别受到降级、罚俸的处分。后来，大学士宁完我又以痛恨剃发、鄙视满族衣冠、结党营私、包藏祸心的罪名弹劾陈名夏，使他终被处决。类似的猜忌、防范乃至加害汉官的事时有发生，但总起来看，顺治对汉官还是信任和重用的，也正是这些人在他统治期间助他一臂之力，使这位年轻的皇帝尚能有所作为。

顺治八年(1651)，由大学士范文程引见，福临与汤若望相识了，这位年已59岁、学识高深的外国传教士很快就博得了年轻皇帝的好感和敬仰。这一年，汤若望被诰封为通议大夫，他的父亲、祖父被封为通奉大夫，母亲和祖母被封为二品夫人，并将诰命绢轴寄往德国。不久他加封太仆寺卿，接着又改为太常寺卿。顺治十年(1653)三月，又赐名“通玄教师”。顺治皇帝不仅使他生前尊贵荣耀，连他的身后之事也打算到了。顺治十一年(1654)三月，就将阜城门外利玛窦墓地旁的土地赐给汤若望，作为他百年后的墓穴之所。后来，顺治亲笔书写“通微佳境”

的堂额赐给他悬于宣武门内的教堂内，还撰写碑文一篇，刻于教堂门前，赞扬他“事神尽虔，事君尽职”。在顺治的恩宠下，汤若望可谓是爵位连进，尊荣有加。因顺治的母亲孝庄皇太后认汤若望为义父，他便按满族习惯尊称汤若望为玛法，即汉语的爷爷。

顺治对汤若望这种不同寻常的恩宠，究竟原因何在？他曾经对左右大臣这样说过：“汝曹只语我大志虚荣，若望则不然，其奏疏语皆慈祥，读之不觉泪下。”又说：“玛法为人无比，他人爱我，惟因利禄而仕，时常求恩；朕常命玛法乞恩，彼仅以宠眷自足，此所谓不爱利禄而爱君亲者矣！”

对皇帝的知遇之恩，汤若望感激涕零。因而，他常常直言以谏，为顺治执政出谋划策，充当着心腹顾问的角色。顺治皇帝临终时议立皇嗣，专门征求汤若望的意见。汤若望以玄烨出过天花为由，主张立玄烨为皇位继承人，顺治最后一次遵从了他的意见。

顺治宠遇汤若望，使天主教也得以在华风靡一时。汤若望在中国与西方传教士之间架起了一座桥梁，使大批传教士涌入中国，获得了传教的自由。自顺治亲政到康熙初年的十几年中，全国至少有10万人领洗入教，而在此之前的70多年中，总共才有15万人入教。

崇尚佛事　废后宠妃

如果说，顺治对天主教的兴趣主要是缘于对其“玛法”汤若望的尊宠的话，那么，顺治对佛事的崇尚，的确是心向往之。

清初，临济宗著名禅僧玉林琇年仅23岁就做了湖州报恩寺住持，这在禅门实属罕见，遂为佛子们看重。顺治耳闻玉林琇的大名后，便诏请他入京说法。不料，玉林琇竟然摆起清高的架子来，接到诏书后，他先是卧床不起，后来又以先母未葬为借口婉言谢绝。直到第二年，在几经催请下，他好不容易启程赴京，谁知走到天津又称病不行。直到顺治应允他问道完毕立即送归，玉林琇才终于到了北京，得到顺治十分优厚的礼遇。顺治将他以禅门师长相待，请他为自己取法名为“行痴”，自称弟子，还时常亲临玉林琇的馆舍请教佛道。玉林琇也极力以佛教影响顺治，经常讲得皇帝喜悦异常，并因此授给他黄衣、紫缰、银印、金印等，还先后赐予他“大觉禅师”和“大觉普济禅师”的称号。玉林琇的目的在于提高自己的威望，并借助皇权扩大自己宗派的势力，而顺治则从佛教中找到了某种慰藉自己心灵的意念。尽管目的不同，却殊途同归，皇帝和禅僧被佛教紧密联系在一起。

顺治刚满十四岁时，皇太后根据当时摄政王多尔衮之意，选定科尔沁卓礼克图亲王吴克善之女博尔济吉特氏为皇后。顺治八年(1651)八月十三日举行了隆重的大婚礼，奉迎皇后入宫。这一天，京城内外一派万民同庆的景象。宫内各处御路用红毡铺地，各宫门双喜大字高悬。但是，隆重热闹非凡的婚礼，并没有给皇帝带来美满的婚姻。皇后天生丽质，乖巧聪慧，但是婚后不久，就与皇帝产生了裂痕。顺治对皇后的所作所为很快就发展到不能容忍的地步。两年后将其废黜，降为静妃，改居侧室。博尔济吉特氏为什么被打入冷宫？顺治本人认为她处心不端，非常刻毒，妒忌之心很重，见到容貌稍微出众的人就十分憎恶，就欲置之于死地。对皇帝的一举一动，她无不猜防，以致皇帝不得不别居他处，不与之相见。皇帝一向爱慕简朴，她却癖好奢侈，所穿服装皆以珠玉绮绣缀饰，不知珍惜，

进膳时，有一件器具不是金制的，便十分不高兴。对她的所作所为，皇帝忍无可忍，忧郁成疾。皇太后得知其中原由之后就让他酌情裁夺，皇帝由此决定废黜皇后。但是，废后一事并非一帆风顺。顺治虽居一国之尊，但受礼法约束，也不能轻易行废立皇后之举。当废后的打算为大臣们所知后，大学士冯铨、陈名夏等人先后上奏，请皇帝深思熟虑、慎重行事。他们认为皇后正位以来没有什么明显过失，这样轻易废黜，不能服皇后之心，也不能服天下后世之心。假若皇后确实不合皇帝心意，可仿效旧制选立东西二宫。但顺治决心已下，难以更改，经过一番周折后，最终还是废了皇后。从诸大臣当时的奏书看，皇后也未必就如顺治所斥责的那样狠毒不仁，或许就是人们常说的，两个人没有缘分吧。

顺治一生共有后妃 19 人，但他最宠爱的大概就是董鄂氏了。据说，董鄂氏原本是顺治的异母兄弟襄亲王博穆博果尔之妻，却受到顺治狂热的爱恋。博穆博果尔为此对董鄂氏大加申斥。顺治闻知此事后，竟打了弟弟一个耳光。不久，博穆博果尔怨愤而死，年仅 16 岁。等董鄂氏二十七天丧期服满，顺治便册立她为贤妃，时为顺治十三年，皇帝 19 岁，董鄂氏 18 岁。一个月后又被晋为皇贵妃，颁诏天下。清朝册封妃嫔原来并不颁诏天下，顺治的破例之举足以证明他对董鄂氏的宠爱。皇贵妃之父也极受宠遇，连升三级，并得到大量的赏赐，死后被追封为侯。

董鄂氏曾为顺治生了个儿子，即皇四子，子因母贵，据说皇帝曾准备将他立为皇太子。但不幸的是，他生下三个月后还未命名就夭亡了。事过不久，皇帝眷之特厚、宠冠后宫的皇贵妃也因忧伤过度玉殒香消，时值顺治十七年(1660)。她仅仅陪伴了顺治四年就匆匆离去了。董鄂氏之死使顺治陷入了无法摆脱的痛苦之中。皇贵妃死后，皇帝用蓝笔批本达 4 个多月，而清朝定制，皇帝及太后之丧，蓝笔批本也仅以 27 天为限。顺治既然不能与他心爱的贵妃共享永年，只好以这些殊遇来表达和寄托自己对她的无限爱恋和怀念。他亲自为董鄂妃书制的《董妃行状》洋洋洒洒数千言，追念两人朝夕相处的恩恩爱爱。为了抚慰顺治，太后同意追封董鄂氏为皇后，即孝献皇后。

尽管顺治以种种特殊待遇对待死去的宠妃，却没有使他哀痛至极的心情得到慰藉。此后，他的情绪日益消沉，本来就很孱弱的身体，越发显得力不能支了。

顺治十八年(1661)正月初二，顺治亲往悯忠寺观看亲信太监吴良辅的削发出家仪式，回宫后便卧床不起，染上了可怕的天花。立嗣顿时成了当务之急。孝庄文皇太后一向对皇三子玄烨刻意培养，寄予厚望，坚持立他为皇太子。顺治派人征询汤若望的意见，他的意见与太后相同，本想立次子福全的顺治只好同意了这个意见。自知死期将近，顺治召诸王贝勒和众臣前来宣布遗诏，在遗诏中他宣布由八岁的玄烨继承皇位，由异姓功臣索尼、苏克萨哈、遏必隆、鳌拜四人辅政。

遗诏念罢，顺治也一命归天，年仅 24 岁，他在位 18 年，亲政 11 年。颇具个性的顺治被谥为“章皇帝”，庙号“世祖”。

幼年登基的内幕

叔侄争斗为哪般

崇德八年(1643 年)八月九日夜，清宁宫中突然传来一声惊呼，紧接着便是一阵杂乱的脚步声和女人、孩子的号啕声，大清一国之主皇太极突然去世了！

皇太极生前未立太子，死得突然，也未及留下任何有关继承人的遗言。在人们从忙乱和哀痛中清醒过来，如何确立王位继承人的问题便提到议程上来了。

论资格和实力，当时有权问鼎的有代善、阿济格、多尔衮、多铎和豪格。

代善是太祖第二子，皇太极之兄，是太祖时四大和硕贝勒之一，早年即参与军国大事，随从太祖南征北战，屡立功绩，是太祖生前有意定立的继承人之一。皇太极继位后，又忠心翊戴，崇德二年，被封为和硕礼亲王，他一直掌有两红旗，无论是从资望还是实力上都是竞争王位的强者。但是代善的性格一向宽厚，不受争权夺势，此时他已年过花甲，更加暮气沉沉，无心于王位之争了。

阿济格、多尔衮、多铎三兄弟，都是大妃乌拉纳拉氏所生，大妃有宠于太祖努尔哈赤，太祖死后被逼生殉，相传即于汗位继承有关，说明太祖时三兄弟就有任继承人的可能。其中多尔衮尤其聪慧过人，才能出众，深得努尔哈赤喜爱，在他很小的时候，就让他掌管全旗，有临终嘱立多尔衮为汗，让代善摄政，待多尔衮长大归政之说。皇太极做了汗王皇帝后，对这个幼弟一直恩赍有加，封为和硕睿亲王，命掌吏部事。多尔衮则文韬武略，尽显才能，为后金、大清在关外的发展壮大立下了许多战功，在处理军政大事方面则英明果断，被公认为宗室中的最强者。多尔衮兄弟握有两白旗的实力，加之历史上遗留问题舆论的影响，不仅两白旗，就是红旗、蓝旗和黄旗中也有暗中支持多尔衮继承皇位的。多尔衮兄弟自太祖去世，生母被逼殉死之后，顿失所恃。尽管皇太极对他们不薄，毕竟是寄人篱下，个中滋味难以言表。如今，皇太极死了，多尔衮要把本来属于他的王位夺回来。

豪格，是太宗长子，早在太祖时期就已崭露头角，天聪年间即以卓著战功奠定了一旗之主的领导地位。崇德元年，封和硕肃亲王，之后掌管户部事多年，积累了不少治国的经验，在崇德末年的山东和松锦大战中又立下了大功，这些都是他竞争皇位的有利条件。皇太极统治后期，大清的封建化程度日深，兄终弟继的原始继承法已不太为人们所接受，父死子继则被认为理所当然。皇太极死时，除豪格外，诸子最大的不过十一二岁，且均为庶妃所生，又无甚功绩。在这种情况下，豪格自认继承皇位，舍我取谁，也就不足为怪了。

于是，在皇太极死后短短数天里，为争夺皇位的一系列活动紧锣密鼓地展开了：

肃亲王豪格家，两黄旗大臣们聚集在这里，图尔格、索尼、图赖、锡翰、巩阿贷、鳌拜、谭泰、塔瞻八人积极倡议立豪格为君。经过一番谋划，豪格派人找握有镶蓝一旗实力的郑亲王济尔哈朗，争取这个倾向举足轻重的郑亲王的支持，对他说："两黄旗大臣已决定立肃亲王为君，当然还需要和您商量一下。"济尔哈朗心中略有犹豫，但马上表示同意。由于皇太极死前曾命他与多尔衮负责主管国务政事，他特别提醒使者：此事需与睿亲王商量一下，才好决定。

睿亲王多尔衮府中，阿济格、多铎心急如焚，他们齐齐地跪在多尔衮面前，切切地追问："你不答应继位，莫非是怕两黄旗大臣么？舅舅阿布泰和固山额真阿山都说了：两黄旗大臣中愿意皇子即位的不过是几个人，我们在两黄旗的亲戚都愿你继承皇位啊！"

多尔衮没有轻易表态，但已视而不见地听任阿济格、多铎到处煽动，调兵遣将了。

两白旗势力的蠢蠢欲动，引起了两黄旗大臣的警惕。图尔格因自己首先提议拥立豪格，怕两白旗恨而杀之，下令以所辖三牛录下的护军披挂甲胄，手持弓矢，在自己的家门严密守卫，以防万一。

幼童何以能登基

崇德八年八月十四日，这是个决定大清国前途命运的关键日子，诸王大臣要齐集崇政殿公开会议，决定皇位的继承人了。

明争暗斗仍然在继续。

这一天天刚亮，多尔衮就匆匆赶到宫中三宫庙，询问索尼对皇位继承人的意见，欲在会前摸清两黄旗大臣的最后态度。索尼回答得直言不讳："先帝有许多皇子在，肯定要拥立其中的一个，别的我就不知道了。"

多尔衮向会议处走去，只见两黄旗护军已弯弓搭箭，将崇政殿团团包围！不一会儿，索尼、图赖、鳌拜等两黄旗大臣也手扶腰剑，气势汹汹地闯入殿中。多尔衮预感到他若欲登位称帝，定要遭到坚定的抵制，弄不好，就是剑拔弩张，一场格杀！

果然，会议一开始，索尼、鳌拜便挺身而出，倡立皇子；多尔衮针锋相对，以诸王尚未发言，大臣还没有说话的资格为由将二人斥退。

阿济格、多铎见状，马上出来劝多尔衮即位，多尔衮顾虑两黄旗大臣没有立即应允。多铎急不可耐地说："如果你不同意，应该立我为帝，我的名字本来就是列入太祖遗诏里的！"多尔衮原想立己，未想立弟，于是一箭双雕，反驳多铎："肃亲王的名字也是太祖遗诏中提到了的，不只有你的名字！"意思是并不是太祖遗诏提到名字的就可继位，你与豪格均不能以此为条件。

多铎又提议："不立我，就立年长的，应该立礼亲王代善。"

谁知代善避之尚恐不及，怎肯掺乎其中？一直未作声的他忙开口道："睿亲王如答应即位，当然是国家的福分；不然的话，豪格是先帝的长子，应当继承大统；至于我，年老体衰，力难胜任。"

豪格目睹多尔衮兄弟的表演，十分气愤，深知自己要被白旗大臣所坚拒，便赌气自嘲："我福小德薄，哪能担当此任？"说罢悻悻离座而去。豪格本想以此相胁，激发两黄旗大臣起事。果然，两黄旗大臣见主子离席，纷纷离座，拔剑向前，齐声说："我们这些人，吃的是先皇的饭，穿的是先皇的衣，先帝的养育之恩比天大，比海深，如果不立先帝的儿子，我们宁可一死，跟随先帝！"

代善、阿济格见状相继离去，多铎沉默不语。殿中只剩下两黄旗大臣多尔衮、多铎、济尔哈朗三人。

多尔衮意识到，自立，两黄旗大臣必发兵变，自己身家性命也要受到威胁，决不能迎锋而上。但也绝不能立豪格为帝，因为那样将意味着自己再也不可能有操纵朝政之机。怎么办？"先帝有皇子在，必立其一！"两黄旗大臣的誓言突然给多尔衮以启迪：皇子！就立皇子！不过不是豪格，也不能是立成年知事者。九皇子不是太宗西宫侧福晋之子么？他才 6 岁，什么都不懂，立他，我辅政，不，再拉住一个叔王的儿子，济尔哈朗共同辅政，他不是太祖嫡系，无力与我争权夺利……于是一个不得已而求其次的最佳方案形成了。多尔衮在冷战的静寂中缓缓开口道："诸位所言极是，既然肃亲王谦让退出，没有即位之意，就立先帝之子福临吧！不过他还年幼，最好由郑亲王和我左右辅政，共管八旗事务，待福临长大，当即归政。”

这种表态，实在大出乎与会者的意料之外。两黄旗大臣无言了：立的是皇子，两黄旗仍是天子自将之旗；豪格至此知道退席是弄巧成拙，但自己拒绝在先，如今要立的又是皇弟，有苦难言；代善惟怕火并，立谁无可无不可的，如今立了皇子，由两王辅政，认为有理；济尔哈朗虽然同意拥立豪格，但尚未表态，立了皇九子，自己可做辅政王，自然没有异议。

一场狂烈的政治风暴就这样平息了。

一场恶性的厮杀格斗就这样避免了。

一个年仅 6 岁的幼童永福宫庄妃与皇太极所生的皇九子福临就这样戏剧性地被扶上了皇帝的宝座。

崇德八年二十六日，大清国举行新主登基大典，六龄童福临当上了大清国皇帝，但实权则归辅政二王。

顺治帝出家之谜

“佛心天子”的由来

顺治帝被人称为“佛心天子”，但其礼佛的思想发展，也有一个过程，即是沿着孔孟——庄子——释迦的轨道发展的。

顺治帝起初苦读儒书，完全是为了统治需要，但久而久之，孔孟学说虽可用来“治国平天下”，却无法医治他沉重的精神痼疾。在顺治看来，世道人心如此浅薄！他幼年失父，宗室们奚落、睿王欺凌、朝内倾轧不休、天下战乱频仍、连生身母亲也那样冷酷无情，偌大个中国就像一个“有了你，没了我；有了我，没了你（木陈忞语）”的拼死厮杀的流血之地。因此，他坐在太和殿上发号施令虽也能杀伐决断，但返跸后宫时清夜扪心，却又多生恻隐，董鄂妃“与其失入，毋宁失出”的宽大思想所以很容易被接受，正是他这种矛盾遑遽的心理反映。他既无法弄懂和解释当今社会的“诸种苦恼”，只得一头钻人老庄那些“洸洋自恣以适己”，即逍遥自适和超然物外的言论中，以寻求自我解脱之路。庄子不但鼓吹人生要超然，甚至认为死亡也是一种“乐”，“死，无君于上，无臣于下，亦无四时之事，从然以天地为春秋，虽南面王乐（即帝王之乐），不能过也。”意即做一个逍遥于生、超然于死的“快乐”之人，其幸福远在帝王之上，这些思想无疑深深打动了正苦于无法自拔的顺治皇帝。而当顺治大量接触了佛学理论后，又觉得老庄不如释迦更彻底，于是转而问津佛门，完成了他人生历程上的最后一次重大思想转变。

顺治十年（公元 1653 年），北京地区的佛教徒为了振兴佛教，聚资重葺毁于明嘉靖年间的城南郊海会寺，并特意请来憨璞聪和尚主持新刹，一时“禅众川趋，宗风大振”。海会寺坐落在皇宫至南苑的途中，为皇帝往来的必经之地。翌年，顺治帝至南苑狩猎，偶见新寺落成，便人寺驻足休息，并召憨璞聪谈话。憨璞聪是临济宗龙池派四世法师费隐容的法孙，又是木陈忞和尚的侄孙。他和木陈忞先师承密云园悟（龙池派三世法师）禅师。憨璞聪巧于辞令，与顺治帝相谈甚洽，顺治帝突然遇到知音，便召他人宫问佛法大意。从此，佛教打开了清宫之门。

顺治帝初见憨璞聪时，对佛教似乎茫然无知，曾问：“从古治天下皆以祖祖相

传，日对万机，不得闲暇。如今好学佛法，从谁而传？”憨和尚答道：“皇上即是金轮王转世，夙植大善根、大智慧，天然种性，故信佛法，不化而自善，不学而自明，所以天下至尊也。”这几句阿谀奉承的瞎话，竟然讨得顺治皇帝的极大欢心，憨璞聪又暗中结交了一班皇帝身边的太监，从此出入禁宫十分自由。

随着福临文化程度的提高，他已不满足仅与憨和尚谈禅。顺治十四年（1657年）十月初四日，憨璞聪被召入西苑万善殿，顺治仔细询问了当今佛界的宗门耆旧，并让他详细开列名单呈奏。憨璞聪见时机成熟，便将玉林琇、茆溪森、木陈忞、玄水杲等南方名僧逐一举列。自此，临济宗僧人们一批批来到北京，遍布宫内外大小寺宇，佛教竟征服了这位年轻的皇帝。顺治也承认：“朕初虽尊崇象教（印度为佛教发源地，产象，故佛教亦称象教），而未知有宗门耆旧。知有宗门耆旧，则自憨璞始，憨璞固大有造于祖庭者也。”

顺治帝遁入禅关，憨璞聪可称之引荐者，玉林琇是启蒙师，而真正使他步入佛门堂奥者，却是木陈忞和尚。木陈忞法名道忞，又号山翁，晚号梦隐道人，俗姓林，名莅。他是广东茶阳（今大浦）人，二十七岁弃科举入禅，先后辗转于江西、浙江、广东、山东等处寺院，顺治十四年（公元 1657 年）主持宁波天童寺。木陈忞精于外学（即世俗之学，诸如诗词、诸子、戏曲、书法等），因此深得顺治器重，特为其指定西苑、悯忠寺和广济寺三处“结冬（居住过冬）”伴君达九个月之久。

顺治帝结识木陈忞不久，便在一次谈话中问道：“老庄悟处，与佛祖为同为别？”答曰：“此中大有淆伪，佛祖明心见性，老庄所说，未免心外有法，所以古人判他为无因，滥同外道（非佛道）。”再问：“孔孟之学，又且如何？”师答：“《中庸》说心性而归之大命，与老庄所见大段皆同。然佛祖随机示现，或为外道，或为天人，远公有言，‘诸王君子不知为谁？’如陛下身为帝王，乾乾留心此道，即不可以帝王定陛下品位也。非但帝王，即如来示现成佛，亦是脱珍御服，著敝垢衣，佛亦不住佛位也。”

木陈忞心怀叵测，意欲将皇帝引入佛门，因此指斥庄子“心外有法”，“无因”入道，而孔孟又与老庄“大段皆同”，总之都不如佛教更为彻底。他更巧妙之处，在于向顺治皇帝灌输“诸王君子不知为谁？”这就是说，每人身上都有“佛性”，但有人能成佛做祖，有人只能终生庸碌。人们往往连自己也“不知为谁”，惟凭借禅师们揣摩“骨相”、判定“因果”、引诱“佛性”，才能“见性成佛”，达到自我完善的目的，就像顺治皇帝不可以“帝王定品位”、如来佛“亦不住佛位”一样。此寥寥数语，木陈忞使自己身价陡增百倍，可谓乖巧！顺治皇帝也正是在这些玄奥诡秘的说教之中，逐渐醉心佛典、潜心向化的。

木陈忞极尽阿谀吹捧之能事，称顺治“夙世为僧”，是禅师转世为帝，故能“尊崇象教，使态与天下僧侣得安泉石”。甚至劝皇帝在开科取士时“但悬一格”，“若有人悟得祖师禅定（禅家名句），即与他今科状元”。可笑之甚！古往今来何曾有过“和尚状元”？但顺治帝对他却推崇备至，相识不久就差点儿“随老和尚出家去”，并嘱“勿以天子视朕，当如门弟子旅庵（木陈忞弟子）相待。”玉林琇曾为顺治取过“行痴”等法号，顺治帝再请木陈忞取印名“慧橐”、“山臆”为字，“幼（或称幻）庵”作号，“师尧堂”为堂名，并将字号刻成玉章，凡御制书画辄用此钤印。顺治十七年（公元 1660 年）四月，南苑德寿寺竣工，顺治特旨于玄灵宫备端宴请木陈忞，一席竟费金五百三十两，并对其所作《敕建德寿寺记》一文大加赞赏，馈赠之物难

以数计。直至顺治帝临终前数月，还将唐人岑参《春梦诗》抄赠木陈忞，时木陈忞已南还天童寺，可见二人交情之深。

从皇宫步出西华门，入西苑门，便是被称为"人间蓬莱"的西苑。这里一直是顺治皇帝避痘(天花)和处理政务的经常住所。自从他着迷佛教后，西苑内好端端的一座万善殿，被这位"佛心天子(佛教徒们对他的谀称)"弄得仙风道气十足，成了他礼佛参禅的神仙地。殿内正中高悬顺治御笔亲书"敬佛"大字，左右对悬着两副楹联：一联是"万象证圆能，金轮妙转；三乘皈定慧，华海长涵"，另一联是"了悟彻声闻，花拈妙谛；净因空色相，月印明心"。有趣的是，第一联上阙那"金轮妙转"四字，这是据禅师们揣摩"骨相"，说顺治皇帝乃是"金轮王转世"，他竟信以为真，便亲笔将"金轮"字样恭楷联内，可见他走火入魔之深。万善殿后面便是圆盖穹窿的千圣殿，内供七级千佛浮屠一座，左右配殿也都挂满了神仙味儿十足的楹联或条幅，终日烟缠雾绕，颂经声不绝于耳。西配殿后边有僧寮五间，居住着一群顺治帝特意从南方迎请来的禅宗临济派高僧，供张优渥，以备垂询。

顺治皇帝潜心学佛，为人表率，使世风为之一变。京师内外添建新寺，原有大小寺宇内的香火骤然旺盛起来。江浙一带的礼佛修寺之风更是蔚为大观，玉林琇开法于浙江西天目山，自称"狮子(得正传法嗣的僧人称"狮子儿")正宗禅寺"，四方佛子闻风竞趋，时人称其寺为"法窟"。木陈忞南返的一路上，瞻拜皈依者竟"倾市井"，回山即在天童寺旁建奎焕阁，平阳寺建奎焕楼，"与当道(地方官吏)酬酢，气焰烜赫，从者如云"。茆溪森在浙江仁和县主持的龙溪庵，庙门上高悬顺治皇帝御书大字"敕赐圆照禅寺"，进香者摩肩接踵，从此改名"圆照禅寺"。杭州武林山灵隐寺的大雄宝殿，也因之得以重修翻新。大雄宝殿"规制宏敞，丹雘精丽，为九州名山之冠"，乃至"灵隐门庭甲天下，学众满数万指，不减南宋佛海时"。

在福临的影响下，不但使董鄂妃"崇敬三宝、栖心禅学"，连孝庄皇太后也几次派近侍到万善殿，请和尚们开示参禅要领。宫内太监宫女参禅拜佛更是人数众多，暗中与和尚们诗文酬答，和尚们也借此获得更多接近皇帝的机会，甚至不惜败坏"道品"，吹捧太监们是"全身已作擎天柱，杰立时时在御前"。佛界更是盛传顺治皇帝曾自作一偈，云"吾本西方一衲子，为何落入帝王家?"顺治帝是否说过这话，尚难以指实，但这种思想在他最后几年中确实是存在的。

顺治帝出家的曲折风波

董鄂爱妃死后，顺治帝万念皆灰，"要死寻活，不顾一切。"后虽经多方劝阻，未能殉妃，但他却坚决要摆脱红尘，出家为僧。

其实，此念并非始于今日，从顺治十四年始识憨璞聪和尚起，十五年召玉林琇，十六年召木陈忞、茆溪森，四五年间，他常与高僧参禅学佛，早已倾心佛法。顺治十七年(公元1660)春夏之间的一天，顺治帝与木陈忞和尚对坐谈禅。顺治面带倦色，突然叹道："朕再与人同睡不得，凡临睡时，一切诸人俱命他出去，方睡得著(着)，若闻有一些气息，则通夕为之不寐矣。"当时，福临刚刚过完二十四岁(周岁二十三)生日，正应血气方刚、精力充沛才是，何至衰颓如此？木陈忞借机奉承道："皇上夙世为僧，盖习气不忘耳。"顺治帝心绪黯然地点头答道："朕想前身的确是僧，今每常到寺，见僧家明窗净几，辄低回不能去。"沉吟半晌，又说："财

宝妻孥，人生最贪恋摆搂不下底(的)。朕于财宝固然不在意中，即妻孥觉亦风云聚散，没甚关情。若非皇太后一人罣念，便可随老和尚出家云。"木陈忞闻言暗吃一惊，他远比那位后来亲手为皇帝剃发的茆和尚更世故，生怕担上"勾引皇帝出家"的罪名，忙劝道："剃发染衣，乃声闻缘觉羊鹿等机，大乘菩萨要且不然，或示作天王、人王、神王及宰辅，保持国土，护卫生民。不厌拖泥带水，行诸大悲大愿之行。如祇(只)图清净无为，自私自利，任他尘劫修行，也到不得诸佛田地。即今皇上不现身帝王，则此番召请耆年，光扬法化，谁行此事？故出家修寺，愿我皇万勿萌此念头。"俗谚曰："说得出的不是禅"，木陈忞的这一番大议论，禅机玄奥，难作透解，大意是说：出家事关因缘玄机，不可轻举妄动，菩萨们也往往变幻现身为天王、人王、神王或者宰辅，保国护民，济利众生。如果只图洁身自好而出家，即使修行几劫也不能成佛作祖，比如你福临不现身帝王，怎么会有请来诸多和尚光扬法事的善行呢？所以，请皇帝千万不要萌生出家的念头。

此时福临只有二十三岁，正当青年血气方刚之时，他又怀有治国安邦以明君自期的雄心壮志，当时已平定云贵五省，打败郑成功，全国基本统一，富强盛世即将到来，又有红颜知己董鄂妃，事业、爱情皆有，正是称心如意之时，何故有此出家之念？看来原因可能有二。首先是，他虽正值年轻有为之时，可身体却很坏，坏到了令人难以想象的地步。据《北游集》记载：有一次顺治帝与木陈忞和尚说："老和尚许朕三十岁来祝寿，庶或可待。报恩和尚(玉林琇)来祝四十，朕决候他不得矣。"玉林琇曾与顺治相约来京祝四十寿辰，木陈忞吃惊地问道："皇上当应有千岁，何出此言？"福临抚摸着自己的削瘦面颊，反问道："老和尚相朕面孔略好看？"见木陈忞不敢回答，便叹道："此骨已瘦如柴，似此病躯，如何挨得长久？"木陈忞劝道："皇上劳心太甚，幸拨置诸缘(冗事)，以早睡安神为妙。"福临摇头道："朕若早睡，则终宵反侧，愈觉不安，必谯楼四鼓(后半夜)，倦极而眠，始得安枕耳。"二十二三岁之青年，竟骨瘦如柴，长夜难眠，可见其体之弱，其病不轻。

福临之体弱及病，既与少年放荡有关，又与操劳国事相联。他亲政十年，适值多事之秋，民穷国困，国库如洗，岁缺巨万兵饷，各地"盗贼"盛行，两王战死，江宁被围，军情紧急，出现了多少个令他惊恐万状坐卧不安的日日夜夜，当然大伤身体。

兼之，自顺治十五年正月皇四子百日而殇以后，董鄂妃痛子心切，又要应付各种复杂尖锐的人际关系，心力交瘁，染病在身，时有仙逝之可能，帝妃心心相印，生死与共，怎不令帝担忧受怕。几种因素集合于一身，致帝病日重体日弱，故有出家之念。

在这样的形势下，顺治十七年八月十九日董鄂妃去世，福临悲痛欲绝，欲死不能，遂决定出家为僧。此讯一出，举朝震动，太后再三规劝，帝坚不从，召茆溪森为他举行剃发修行仪式。

正当太后束手群臣无策之时，玉林琇奉诏，于顺治十七年十月十五日至京，闻听弟子茆溪森为帝净发，"即命众聚薪烧森"。帝闻听此事，立即谕告玉林琇。"许蓄发"，茆溪森始免于死。当天玉林琇到皇城内西苑万善殿，"世祖就见丈室，相视而笑"，盖一为老和尚，一为已削去头发之年轻光头皇帝。福临仍想出家，问玉林琇："朕思上古，惟释迦如来舍王宫而成正觉，达摩亦舍国位而为禅祖，朕欲效之如何？"

顺治的确提出了一个十分棘手难答的问题，这也正是他闹着出家的主要理论根据。相传释迦牟尼是古印度北部迦毗罗卫国（今尼泊尔南部提罗拉科特附近）净饭王的太子，其母分娩后七日死去。他幼时受传统的婆罗门教育，二十九岁（一说十九岁）时有感于人世间的诸种苦恼，并对当时盛行的婆罗门教不满，便毅然舍弃王族生活和继承皇位的机会而出家修道。他在伽耶（菩提伽耶）毕波罗树下坐思四谛、十二因缘之理，终于达到大觉大悟之境；而被尊奉为“东土（中国）禅宗初祖”的菩提达摩，也同样出身于王室，据说是南天竺国香至王的三儿子，后经二十七祖般若多罗的点化，遂舍弃国位皈依佛门。达摩约在中国南朝宋末时渡海到广州，后入河南嵩山少林寺，“面壁默坐”九年之久，最后修成正果。顺治帝认为自己的情况与如来、达摩皆相类似，为何不能舍弃“王位”和“国位”而去效法佛祖们“拈花”、“面壁”呢？他为自己出家行为“证道”的理由可谓充足，大有“当仁不让于师”的架势。

玉林琇不愧是二十三岁便“悟道出世”的著名禅师，他圆滑地答道：“若以世法论，皇上宜永居正位，上以安圣母之心，下以乐万民之业；若以出世法论，皇上宜永做国王帝主，外以护持诸佛正法之轮，内住一切大权菩萨智所住处。”巧妙的答非所问！他避开了难以驳倒的释迦和达摩的问题，改以“世法”和“出世法”来论证“皇帝只能永远当皇帝”的观点。玉林琇的妙答非常成功，顺治帝闻其言“颔首称善，欣然听决”。

玉林琇深知顺治帝反复无常的性格，生怕他再萌出家之念，特意安排了一连串的收场戏。他先是授意顺治帝选派一千五百名僧众，在阜成门外的慈寿寺从其受菩萨戒，再由太监吴良辅在悯忠寺（今法源寺）带发出家，以此作为皇帝出家意愿的“替身”。另外，他还为顺治帝安排了去五台山朝佛进香的计划，因为五台山被中国佛界拟称为释迦牟尼居住说法的灵鹫山（即耆阇崛山），其用意大概是想让顺治体尝一下入圣超凡的滋味儿。凡此种种，皆有力地阻止了顺治帝再生邪念，博得了孝庄皇太后和朝廷重臣的极大欢心，也为他自己赢得了“大觉普济能仁国师”的崇高礼号。

两个多月后，玉林琇已煞费苦心地将一切安排妥贴，五台山之行指日可待，不料顺治帝却突然染上了可怕的天花，猝逝于养心殿内，带着成佛作祖未遂的一腔遗憾离开了人间。由于顺治帝有削发要出家的历史，加上后来康熙帝几次上五台山朝拜，于是民间又有顺治帝并未病死，而是出家到五台山当了和尚，康熙帝几次上五台山，都是为了看望出家在那里的父亲的传闻。这些都是民间故事演绎的结果。

顺治帝与董鄂妃的生死之恋

兄爱弟媳之秘闻

二月初八日，是孝庄皇太后的寿诞之日，以往每年的这一天，差不多都要举行盛大庆典，外而诸王贝勒文武百官，内而后妃福晋郡主命妇纷纷进宫祝寿，外藩蒙古、朝鲜等也要修来贺表。此时，因为京畿痘疫流行，皇太后特谕免行庆贺礼。

但自己家人小规模的庆祝还是必不可免的，福临特制万寿七言律诗 30 首献

中华帝王

给母后，以表达他对母后的感念之情。

这天一大早，福临身着全新的便礼服，来到慈宁宫给母后行礼问安，在他起身站立的时候，突然发现坐在母后旁边的皇考懿靖大贵妃的身后有一个从未见过的妇眷，此妇明目皓齿，亭亭玉立，温柔祥和中隐露出聪颖和刚毅，福临不觉心中一动：啊，她是谁，这不正是我梦中思盼的伴侣，难道是上天让她突然降临人间！

可是，福临很快失望了，原来，那个女眷已是有夫之妇，她就是皇考懿靖大贵妃的儿媳，小弟和硕襄亲王博穆博果尔新婚不久的妻子、正福晋董鄂妃。

福临怒叹老天太不公平，为什么董鄂氏会在宫中选择秀女时未被自己发现，却指配到襄王府中？

福临失恋了，白天坐立不宁，夜晚辗转反侧。

福临近乎疯狂了，他想方设法地以各种原因召董鄂到母后身边，而他则找种种的理由频繁出入后宫，接触董鄂，直至有一天，在只有两人在场的时候，福临向董鄂倾诉了难以压抑的爱慕之情。

这件事被襄亲王博穆博果尔发觉了，单纯年轻的亲王怒气冲冲地跑来要与九阿哥评理。亲王忘记了阿哥是个皇上，斥他丧失伦理；福临忘记自己是个阿哥，竟狠狠地打了襄亲王一个响亮的耳光，骂他大胆侮辱君王。

孝庄太后也觉皇儿太不像话，便命礼部抓紧为皇上册立妃嫔，以免相继落成的宫殿"久虚"，太后甚至决定了册定南王孔有德女孔四贞为东宫妃，谕旨已下，怎奈孔四贞早有所归，只好作罢。

这边福临则表示了非董鄂不娶的决心。

顺治十二年七月初三日，襄亲王博穆博果尔愤而自杀，时年16岁。

事情闹到如此地步，福临也深觉惭愧和不安。朝廷为襄亲王举行了隆重的葬礼，特命由工部监造坟祠，并于定例外每年加祭一次。

紧接着，礼部已择吉日于八月十九日册妃。福临伤感地说："和硕襄亲王所丧，不便举行，等八月以后再定吧。"

可是福临到底没耐心等到八月以后，八月二十五日，他即谕礼部说，他已于二十二日征得皇太后的同意，纳鄂硕之女董鄂氏为贤妃，让礼部速择吉日具奏。

大概是为了说声"对不起"，同一天，福临派内大臣道巴图鲁公鳌拜带着丰厚的祭品拜祭了襄亲王。

顺治帝与董鄂妃的爱情故事

在宫内外的一片訾议声中，董鄂妃进入掖庭，来到了顺治皇帝身边。仅四个月，她就升到了仅次于皇后的皇贵妃地位，而且将皇帝对众多妃嫔的宠爱集于一身。在后宫这片危如虎穴的天地中双宿双飞，共浴爱河，沉浸于人间的挚爱真情之中。

对于董鄂妃这个人，除了入宫前与顺治帝的桃色绯闻确实影响她的清誉，成为她一生中的疵点外，入宫后的所作所为却往往令人敬佩不已，在后宫之中颇有口碑。顺治皇帝曾这样描述她："宽仁待下，无丝毫之嫉意。宫中之人做了好事她立刻上奏，有了过失则竭力为之掩盖，从不打小报告。为朕所深深喜爱，太后对她也宛若亲子。即使有了些许美味之食，也要让大家共享，方觉心安。宫中眷

属，无论大小都一视同仁，年长的称为婆婆，年少的则以姐妹相待，从无非礼之处。所以凡是见到她的，没有不喜欢的。……”“虽然未晋皇后之名，实际上则司皇后之职。”其中虽也有夸张之词，但却也不为过。

董鄂妃深知自己是在何种境况下，以何种身份进的宫，而且仅入宫短短四个月就晋封为皇贵妃，大有取代皇后之势，更易遭人妒嫉怨恨，她必须同时应付与处理来自三方面的压力：一是以孝庄皇太后和皇后为首的蒙古后党；二是人数众多、关系复杂的妃嫔姻党，她们往往是朝中不同政治势力派别在内宫中的代表人物；三是虽然地位卑微，却早已于后宫中扎根筑巢颇能兴风作浪的太监大军。而她所凭借的仅是自己的才智和顺治帝那点儿可怜的爱，这爱是柔弱无力的，是冰清玉洁的，是无法与宫廷之中那野蛮而又残酷的政治斗争相抗衡的。因此，董鄂妃在后宫这片土地上如履薄冰，不得不谨小慎微，四处小心，稍不留意会遗人把柄，酿成祸事。尽管此时的她虽颇有昔日杨贵妃“后宫佳丽三千人，三千宠爱在一身”的味道，但却毫无杨贵妃那种矫揉造作的酸味儿，更没有“贵妃出浴”的狎邪事情。在个人的生活上她从不奢华，平时穿着“绝去华彩，即簪珥之属不用金玉，惟以骨角者充饰。”与那位食器之中有一不为金者，即大发雷霆的第一位废后形成了鲜明的对比。在办理后宫庶务上，无不尽心尽力，又把握适当的尺度，赢得了姻党戚谊们的一片赞誉。对待后宫之中的太监与宫女，则宽厚抚绥，每遇有太监宫女犯了过错，她总是为之求情，以他们以往的功绩来劝谏皇帝息怒，使太监宫女们感激涕零。皇帝的赏赐，她也分给下面的宫女太监，从不吝惜，以至封为贵妃至死却“绝无储蓄”。

在与顺治皇帝的爱情生活中，他们形影不离，相濡以沫，每次福临下朝休息，董鄂妃总是亲自安排饮食，斟酒劝饭，问寒问暖，忙得不亦乐乎。顺治大有一日不见如隔三秋之感。而且，两人之间的情感已超出了卿卿我我的小夫妻之间的恩爱，她不仅是顺治帝的精神支柱，还是他患难与共、撑家立业的贤内助。顺治帝性格复杂，脾气暴躁，时常与大臣们闹得面红耳赤，不欢而散。一次下朝之后，顺治对忙碌不已的董鄂妃深感过意不去，让她与他共同进餐，董鄂妃却借机劝道：“陛下厚爱，我感到非常荣幸。然而您为什么不多与大臣们共食，谈说笑乐，让他们也享受到皇上的恩惠呢？”自此之后，顺治帝与“诸大臣共食”的次数多了起来，脾气也和缓了许多，大家都以为皇上翻然悔悟，革心洗面了，却不知这是董鄂妃妙劝的结果。每次顺治批阅奏章至深夜，她都亲自作陪，每见顺治因心烦意乱草率处理文章奏折时，都轻声劝道：“这难道不重要吗？陛下为何要轻易处置呢？”顺治帝总是漫不经心地回答：“无用，都是老一套呀！”但在董鄂妃的反复劝说下，他也总是重新审视，细心批阅。这一时期也是顺治帝最为勤政，治国最有卓效的时期。有时夜深人静时，顺治帝提出让她同阅，她却起身致谢，说道：“我听说宫中女子不得过问宫外之事，又怎能干预国政呢？请陛下斟酌明察。”清代，为了防止外戚专权，严禁宫中后妃干政，否则视为违制。董鄂妃不是专权擅政的人，在她的心中总有一根无形的尺，举止言行皆止于可止之时，绝不逾制。由于吏治不整、明臣大量入朝使新旧矛盾层出不穷，惩处降谪是经常之事，而在处理这种事时顺治帝总是大伤脑筋，闷闷不乐。董鄂妃知其原委后，劝道：“这种事情确实非我所敢干预的，但依我愚见，以为诸大臣虽都有过失，但都为国事，并非为一己之私，陛下为何不息怒详察，以服其心。不然，大臣们不服，又怎能服天下之

心呢?”她的这些建议与思想,切中肯綮,允妥恰当,成为指导顺治帝整饬吏治的重要方针。可见在顺治帝所取得的功绩之中,不能不说有着董鄂妃的一份功劳。

“御案上的一点墨,便是民间千滴血。”有多少君王就是轻点朱墨,而被民间所聚集成的血河所淹没,成为亡国之君的。因此,在死刑的裁决上必须慎而又慎。一天晚上,顺治帝审阅一批报斩罪犯的卷宗,思虑良久还是犹豫不决。董鄂妃见状,起身问道:“不知是什么事,竟使陛下如此心神不安,忧虑重重。”顺治沉吟道:“这是秋天正法犯人的卷宗,这里面的十个人,只要我说可斩,就将被正法啊。”听罢,董鄂妃潸然泪下,劝道:“这些该杀头的人,都是愚昧无知,又不是陛下亲自审理。我知道陛下的心意,即使是亲自审理,也难免有失误之处,况且刑部审案,又怎能全无冤枉呢?陛下应该慎重处理,尽量减轻他们的处罚,存其性命,以示好生之德,仁人之心呀!”对此,顺治帝深为赞同,从此之后,福临审案极为谨慎,而董鄂妃对刑部的案卷也格外留意,一再劝诫福临:“人命关天,死而不可复生,陛下要多留意,仔细考虑。不然,百姓还能依靠谁呢?”在处置死刑犯人的指导思想上,她提出:“与其失人,毋宁失出。”即与其因误判而错杀,还不如误将罪人减罪等或释放,因为误杀无法改正,而误释却可复判。这种法制与量刑思想,在清初吏治混乱、草菅人命的情况下显得尤为重要,对顺治也影响极深,使他的治国之策由“重剿”转为“重抚”,对于稳固统治,缓和社会矛盾起到了积极作用。在董鄂妃入宫后的短短四年间,“杀头被免死,监押的被减罪之人很多,吏治也大为改变,”这不能不说与董鄂妃的劝谏有很大的关系。就连顺治帝也承认,由于自己的多次重审而少杀了不少无辜者,此皆“亦多出后(指董鄂妃死后被尊为皇后)规劝之力”。

顺治帝在冗繁的政务之余,还得听“日讲(上课)”,主要内容是四书五经,也兼及历史、文学等内容。每次听讲回来,董鄂妃便像个老大姐一样让他复述课业。答对了则高兴,“间有遗忘不能悉”之时,她竟如训一位顽皮的小弟弟似的,生气道:“妾闻圣贤之道,备于载籍,陛下服膺默识之,始有裨政治,否则讲习奚益焉?”福临非但不生气,反而洗耳恭听。这时,二人之间全无皇与妃的等级隔阂,而是两颗互爱之心在感情上的平等交流,除了孝庄皇太后之外,普天之下大概也只有董鄂妃敢用这种口气对皇帝讲话。顺治帝酷爱狩猎,每次回来总向她炫耀打猎中的趣闻险事,而董鄂妃则“忪然于色”,为丈夫的安危提心吊胆。也许,妻子的这种表现恰是丈夫的自豪和骄傲——他已完全赢得了爱妻的心。

俗谚有“伴君如伴虎”的说法,但对于董鄂妃来说,如何处理与孝庄皇太后之间的婆媳关系,是比伴君更为棘手之事。董鄂妃不仅天生仪容,而且谙熟宫中的各种礼节,进止有度,言行得体,无论对上对下,都和蔼可亲,无丝毫之骄态,使人难以挑剔。就在董鄂妃被册封为皇贵妃不久,孝惠章皇后可能也感觉到了自己地位所受到的威胁,“憔悴忧念”大病一场,几乎丧命。在孝庄皇太后看来这正是董鄂妃专宠的天赐良机,出人意料地是她端茶奉药,亲临榻前服侍,宫中侍御还乘此机稍事休息,而董鄂妃却五天五夜没有合眼,“为皇后诵读诗书,或闲谈解闷。”皇后病愈之后,她仍然早晚侍候,照顾起居,根本不像皇贵妃,倒像一个下等侍婢,就连皇后本人也颇受感动。对于孝庄皇太后本人,她更是伺候得无微不至,“曲意承欢”。正如顺治所说的那样:“事皇太后,奉养甚至,伺颜色如子女,左右趋走,无异女侍。”即使在皇帝离宫时也是如此,绝非做做样子以讨圣欢,孝庄

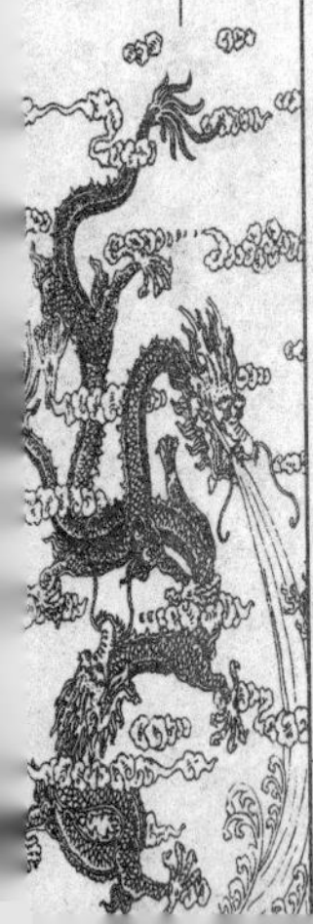

皇太后对此也大感吃惊，不知董鄂妃为何要如此对待自己。

爱情的力量是惊人的，而得之不易的爱情更令人甘之如饴。董鄂妃在与各种势力的斡旋斗争中，在妥善处理方方面面的关系中，将自己和顺治帝的爱情推上了一个更高的层次。

然而，顺治帝与董鄂妃的爱情生活仅仅持续了四年，残酷的宫廷斗争，把年轻的董鄂妃早早地送上了黄泉之路。而这一切，皆是顺治帝的亲生母亲——孝庄皇太后——一手造成的。

董鄂妃死因探源

联姻是满蒙联合的主要纽带之一，是清王朝贯彻始终的既定国策。在清初国基未稳的情况下，满蒙之间的关系则显得至关重要，可说是关系到国家命脉。因此，在清太宗的五宫后妃（有封号者）中，几无例外地全是蒙古博尔济吉特氏女人，而顺治帝后来的九位晋封号后妃之中，亦有五位是蒙古博尔济吉特氏。在蒙古王公世系中，博尔济吉特氏（亦译作孛儿只斤）是元太祖成吉思汗的姓氏，其直系后裔分居于东至吉林，西抵贺兰山，南倚长城，北界瀚海的广大漠南蒙古地区。清王朝开国时首先征服的就是漠南蒙古诸部，所以满蒙贵族之间互为姻亲，则成为武力征服之后必不可少的抚绥措施，并且一直持续到清朝灭亡。

然而，满清后宫蒙古血统贵妇人执牛耳的地位却遭受到顺治帝的冲击。顺治十四年十二月，董鄂氏被正式册立为皇贵妃，并按照册封皇后的大礼“颁诏天下”。这种异乎常格的礼典，是顺治帝对母后的第一次宣战——他发誓要再度废后而改立董鄂妃，而董鄂氏是内大臣鄂硕之女，鄂硕为满族正白旗籍。董鄂妃的入宫与晋封，使孝庄皇太后感到了一种威胁，并不是对她个人而是对整个蒙古后党利益的威胁。使孝庄皇太后更难以忍受的是，顺治十四年元月廿五日，顺治帝公然下令：“太庙牌匾停书蒙古文，只书满汉文。”

太庙是清廷供祀祖宗神位的圣地，中殿供奉着太祖努尔哈赤和太宗皇太极的牌位（以后清帝牌位也置于此），后殿则有太祖以前的肇祖、兴祖、景祖、显祖等列位祖先及列后的牌位。由于满蒙之间的姻亲关系，尤其清太宗皇太极的五宫后妃均是蒙古人，从而确定了蒙古女人在后宫之中的特殊统治地位。因此，在太庙的牌匾上书写蒙文，不仅仅是一种尊崇，还是蒙古王公贵族在后宫统治地位的象征。而现在，顺治帝悍然下令太庙牌匾之上停书蒙文，这无疑意味着将结束蒙古女人于后宫之中的独尊地位。这是蒙古姻党，也是孝庄皇太后无论如何也不能接受的。她知道要保住蒙古王公贵族的地位与利益，她不得不与自己的儿子展开一场较量。虽然在表现上她对此不置一词，可却在暗中等待适当的反击时机。

在现实利益当中，无论董鄂妃有心无心，她都已成为蒙古王公贵族在宫中独尊地位的严重威胁；而孝庄皇太后却是蒙古后党的代表和他们利益的维护者，两者之间的冲突已注定不可避免。这种冲突说到底其实是孝庄皇太后与顺治帝为争夺宫廷的控制权而进行的争斗，只不过董鄂妃却成为这场斗争的冲突点，因此她也便成了这场宫廷斗争的牺牲品。

顺治十四年（1657 年）十月七日，承乾宫内传出喜讯：皇贵妃喜生贵子。顺治帝欣喜若狂，更想将董鄂妃扶立为正宫皇后，于名于情，两全其美，朝内外的大

臣们也一致认为皇上是一定会将这位新生的皇子立为太子的。而这对于孝庄皇后来说，又不啻于一声晴天惊雷，使她心惊肉跳，立刻意识到问题的严重性。直至今日，年轻体壮的皇后依然寡居后宫，难得见皇上一面，更不要说承恩受孕了，以董鄂妃所受的恩宠与地位来说，未来的皇位必将是她的儿子的，而未来的皇太后也非她莫属，那时，博尔济吉特氏一脉将被挤出后宫政治舞台，或者只能扮演着一个无足轻重的角色。政治斗争中没有感情，只有利益。于是，一切都由于新生儿的降生而变得更加残酷，更加现实。孝庄皇太后知道倘若再不反击，那么一切都将为时太晚了。"量小非君子，无毒不丈夫。"在宫廷利益的驱使下，她开始反击，而且冷酷无情，一出手便是那么地狠。

入冬后，孝庄皇太后突然移住京郊南苑，有意避开了即将临产的董鄂妃。就在董鄂妃产后不久，喜获麟儿，南苑中却传出皇太后"违和"（身体欠安）的消息，并谕令后宫妃嫔及亲王大臣们前去问安省视，而且告谕也如往常一样送到了承乾宫中，似乎无人知道董鄂妃刚刚生产，是个身体衰弱、急需休养恢复的产妇。

这一年京畿一带夏季连降大雨冰雹，灾情不断，秋天水灾成患，到了初冬就异常的寒冷，甚于往年。太后所居的南苑也叫南海子，元朝称为飞放海，在永定门外二十余里处，是皇家春冬狩猎、讲武阅兵之处。从皇宫到南苑路程并不太远，但十冬腊月里让一位产后不久、体弱身衰的产妇坐二十余里的车轿，确实也太不近人情了。省视完后，众人皆回，只有董鄂妃却被留了下来侍奉寝食，以尽孝道。白天得奉茶送药，侍奉饮食，夜里仍执劳病榻，守夜熬神，竭力服侍，太后也无只言片语之抚慰，似乎毫不知晓她刚刚生产。而此时的皇后却安居暖宫，非但不去南苑探视，而且也未派人前去问安，似乎根本不知太后生病。两下相照不难看出，这其中必有隐情，太后真病了么？或许病了，但决不是身病，而是心病。这一切都是孝庄皇太后所一手策划的：从心理上不能消灭的，那么就从肉体上消灭。自此之后，董鄂妃一蹶不振，"容瘁身癯，形销骨立"，有人估计是得了严重的月子病，只在人间勉强挣扎了三年便含冤辞世。

对于太后得病的内中真情，顺治皇帝自然知道，却无法过问，只有静观而待。看到爱妃被折磨成如此模样，他悲恨不已，却又无法将斗争的矛头直接指向母后，只好将一腔愤恨转移到了皇后的身上。十二月二十九日，太后"贵恙"刚愈，顺治帝颁诏大赦天下。四天之后，他再也压制不住心中的怒火，对皇后兴师问罪，大造声势，发废后为首例，指责皇后在太后"有病"期间"礼节疏阙，有违孝道"，下令停进皇后的中宫笺表，谕议政王大臣等议罪，意欲再度废后，作为对太后的反击。对此，孝庄皇太后置之不理，一言不发，既不为皇后说情，也不阻止顺治的举动。因为无论是在朝中，还是在宫中，孝庄皇太后都有极大的权威与影响力，没有她的首肯与赞同，废后谈何容易，根本就不可能。尽管她置之不理，但不理睬本身就是反对。于是，皇帝的盛怒与太后的冷漠使一切都隐入了僵局，无人敢劝，无人敢议，只是沉默地等待着。倒是董鄂妃从太后冷漠的态度中意识到了问题的可怕，她知道只要婆婆一息尚存，皇后与皇贵妃之间就有一道无法逾越的天堑，坚持废后只能导致悲剧的提前发生，他们是决不可能成功的。她哭劝道："陛下若遽废皇后，妾必不敢生。"与其说是劝，倒不如说是指出了坚持废后的严重后果。她不计较什么名分，只想与丈夫爱子静静地走完这段路就心满意足了，因为她知道自己很难逃脱死亡的厄运。

三个月后，新生的皇子原因不明地死去。董鄂妃在这无情的打击下，再也撑不住了，她病倒了，而且病得很重。顺治在这妻病子亡的情况下，意志已经接近崩溃的边缘了，他认输了，已经再无力发动攻势了，惟一还能做的收场戏，就是破例封这位仅活了一百零四天的儿子为荣亲王。有人说这位新生的皇子是孝庄皇太后派人害死的，并非没有这种可能，但也只能是猜测。不论孝庄皇太后是否这样做了，但这幕人间悲剧却是由她所一手编导的。就在那位新生皇子仙逝、顺治帝心力交瘁的时候，孝庄皇太后下谕停止对皇后的一切惩罚，中宫笺表如旧制封进，一切似乎又恢复了正常，她成功了，带着胜利者的喜悦，每日在慈宁宫后的佛堂里参禅礼佛，默诵经卷，她已十分放心——董鄂妃已不可能再次受孕生子，死神在向她招手！

顺治十七年(1660 年)八月十九日，董鄂妃已无力在这痛苦的人世间挣扎，病逝于承乾宫内，时年仅二十二岁。消息传出，孝庄皇太后重重地松了口气，她一直都在等待着这一天的到来，直到现在她才真正地放心，可以无忧无虑地吃斋、念经、礼佛了。而顺治皇帝却彻底崩溃了，无论是精神上，还是意志上，他聚集起最后一丝力气，凭借自己的万乘之尊，在董鄂妃的丧事上导演了一场“奇特的葬礼”作为这场悲剧的收场，也是自己对母后淫威的最后反抗。

奇特葬礼之剖析

就在董鄂妃弥留之际，顺治皇帝也已因哀痛过甚而陷于精神恍惚、举措茫然的状态。自从八月十九日董鄂妃死后，朝政几乎陷于瘫痪。奏事衙门内的急件奏章早已堆积盈案，办事大臣们急如镬上之蚁，却又都望着寥寥几件批复的文件心生疑窦。按照清制，平日呈审的题本奏章均由皇帝以朱笔批复，谓之“朱批”。每遇有皇帝或皇太后“殡天”之时，由临时理政者改以蓝笔批答，谓之“蓝批”。但“蓝批”仅限于守制的二十七日之内，逾期仍复朱批。董鄂妃死时仅是皇贵妃，其丧礼规格本不在“蓝批”之例，可朝中“蓝批”文件居然在她死前即已出现，并一直持续到顺治帝死前七日才停止，竟然长达四个月之久。

董鄂妃初丧的几天中，顺治皇帝“陡为哀痛所攻，竟致寻死觅活，不顾一切，人们不得不昼夜看守他，使他不得自杀。”从八月十九日至九月初一日景山寿椿殿设灵堂完毕，董鄂妃的尸榷一直停在宫中，福临几乎从未离开爱妃生前居住的承乾宫。及至移榷之日，他已渐趋平静，于是将一腔哀恸之情转为巨大的怒火，亲自组织指挥了一场清代历史上罕见的奇特丧礼。

董鄂妃生前虽未晋封为皇后，但在顺治帝的心目中她早已是皇后，“也必须是皇后”。因此她死后顺治所做的第一件事情就是册封爱妃为“端敬皇后”，并谕令大臣们拟奏谥号。谥号是对于死者一生功过的评价，字数皆有定制，大臣们以皇贵妃等级拟四字。顺治帝不允一直增加至十字为止，再加上应有的“端敬”二字，共十二字，其谥曰：“孝献庄和至德宣仁温惠端敬皇后”已大大逾制，就是清太宗皇太极的初谥也仅有十五字，尽管如此，顺治帝却依然对谥号内无“天圣”二字最荣崇的字大发雷霆。按照清例，只有皇后才有“承天辅圣”字样，如果妃嫔生子而为帝后，谥有“育圣”等字。董鄂妃生前未封为皇后，也无子嗣为帝，这种要求确实显悖情理，大违礼制，诸大臣合力相劝，才得以平息圣怒。随后，命令词臣拟撰《端敬皇后祭文》，连写三稿均不合圣意，最后倒是中书舍人张宸根据顺治帝与

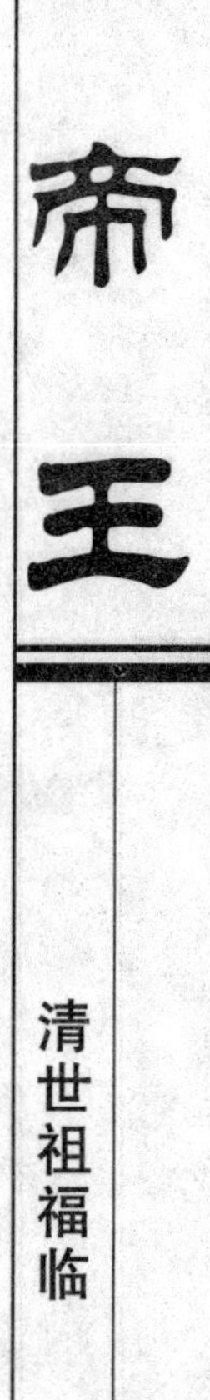

董鄂妃的生前生活细节写成祭文，哀情溢于词间，使顺治读罢泪如泉涌，立刻下令升张宸为兵部督捕主事。

八月廿三日，在茆溪森和尚主持下举行了颇有佛教气息的盛大葬礼。从皇宫内的承乾宫到景山寿椿殿的路上，哀乐声声，佛号连天。和尚指挥，皇上亲临督阵，而抬棺者却都是位居极品的八旗显贵，更有甚者，顺治帝下令诸王大臣的命妇皆须哭丧，而且特谕“内大臣命妇哭临不哀者议处”。一时间，宫内宫外哭成了一片，一个皇贵妃去世，竟如此兴师动众，侵扰勋贵，诸位命妇早已吓得魂飞魄散。这哪里是为一个皇贵妃发丧，分明是顺治皇帝借机恣意发泄一种刻骨铭心的丧妻失子的仇恨。正在佛堂中静修的孝庄皇太后，早已料到自己的儿子会在这场丧礼上尽情宣泄的，但她并不打算过多地干预，因为她知道以此时顺治帝的心境是不会听她只言片语而且还可能引起他们母子之间的直接冲突，面对面的争斗。因此，对于谥号的逾制，花费之巨大，仪礼之隆重她均不闻不问，但当皇上竟然命二三品的旗籍大臣抬棺，命妇哭丧不哀者议处，宫议汹汹，群情激荡，王公大臣们哀怨不已时，她终于再也坐不住了，倘若再如此下去，难免不会影响国家的尊严，激起众怒。于是，她匆匆赶到景山大道场亲自谏阻，才平息了一场古今罕见的“痛哭大竞赛”。毕竟她是皇太后，但福临丝毫不理会母后的态度和所作所为，依然我行我素，在做满隆重的二十一天法事后，于寿椿殿前举行了盛大的火葬仪式，皇后的尸体连同棺椁和两座供做法事僧徒歇息的宫殿，及其中珍贵陈设，俱被焚烧。之后，又将三十名太监与宫中女官悉行赐死陪葬并下令全国均须服丧，官吏一月，百姓三日。这场奇特而又盛大的葬礼断断续续地持续着，直至顺治帝去世，才算完全地平息。

这场宫廷斗争，以顺治帝的失败，孝庄皇太后的获胜而告终。在这悲剧之中，孝庄皇太后则扮演了一个并不光彩的角色，这有其历史条件的限制，但也有其不可推卸的个人责任，这不能不说也是孝庄皇太后一生中极不光彩之处。她一手制造了福临与董鄂妃的爱情悲剧，同时也制造了母子成仇逼子走上绝路的家庭惨剧，也品尝到了“始作俑者”的悲哀。

董鄂妃死了，孝庄皇太后也达到了她维护蒙古王公贵族于后宫利益的目的，但悲剧似乎并未停止，这场新的悲剧也可以看成是顺治与董鄂妃爱情悲剧的延续，那就是顺治帝的礼佛出家。

英俊天子痴情君

长期以来，人们对顺治帝福临的评价并不高，认为其是普通的一个皇帝，没有什么建树，且在亲政后期，设立十三衙门，崇信佛教，更系谬误。这种说法，与历史事实颇有出入，对顺治帝来讲，评价也欠公允。

顺治帝冲龄登基，少年亲政，却值国家多事之秋，守成又兼创业之日，困难重重。归纳起来，约有五大难题摆在他的面前：大西军“两蹶明王，天下震动”，“国姓爷”围攻江宁，“东南大震”，反清烽火延绵多年；国库如洗，岁缺巨万兵饷，财政异常困难，群臣束手无策，征调繁兴，水旱连年，兵民穷苦至极；五万满丁，对付亿万汉人，多寡悬殊，胜负难卜，长治久安谈何容易；诸王势大，满臣守旧，力排贤能汉官，君威不振，难行新政，治国缺才少计。这对于历朝的众多中庸之君苟安之帝来说，无异于是一叶扁舟漂浮于波涛汹涌无际的大海之中，时有覆没丧生的危

险，他们早就吓得魂飞魄散，不敢上船远航了。然而，虽在个别时刻有些惊慌失措（江宁被围初期），但总的说来，他继承了太祖、太宗力御强敌、遇危不惊、以寡败众、勇往直前的大无畏精神，集中体现了正在兴起的满族勇于进取善于学习的族风，以明君自期，胸怀斗志，决心要做出一番事业，“力图治安”，排除万难，勇攀高峰，其志可嘉，精神堪佩。

在其亲政的十年中，顺治帝批阅了数以万计的奏疏，下达谕旨上千道，处理了大事军政要务，特别是抓住了四件大事。一是力排障碍，倾心汉化，擢用饱学之士和贤能汉臣分任要职，参预机要，提高汉官职权的地位，使他们献计献策，辅理国政。二是任用将帅贤人，竭力筹措兵饷，咬紧牙关负起财政困难重担，把统一全国的战争进行到底。三是免除睿王筑城加派，痛斥言利之徒，坚不增赋，并力求革弊省费，减赋免税，以略减黎民之苦。四是察吏安民，惩贪除霸，选罪婪臣，赃银十两革职籍没，诛杀元凶巨恶黄膘李三。这些方针、政策、措施及具体贯彻执行，取得了很好的效果。

顺治皇帝亲政的时间虽然仅仅十年，但在群臣的佐理和将士奋勇征战与兵民辛勤劳动下，做了很多事，取得了很大成就。除福建厦门、金门一带及川东一小块地区外，全国绝大多数府厅州县已经隶于清政府管辖之下，驱逐了侵入黑龙江地区的沙俄殖民军，保障了东北地区的安全，增强了蒙藏地区与中央的联系，明清之际二十多年战火纷飞动荡不安的局面已经基本结束，初步形成了统一、稳定的局面。相应而来的是，垦田顷亩增加了一倍，户口陆续增多，社会经济有所恢复，国赋收入逐渐增加，培养了大量军政人才。这就为“康乾盛世”的出现，在政治、军事、经济、文化等方面，奠定了相当坚实的基础。否则，四分五裂，南北对峙，干戈频仍，征调繁兴，横尸遍野，国无宁日，民何以安，田何以垦，赋焉能增，“盛世”怎么形成！

当然，世祖福临也犯了不少错误，他不该厉行祸国殃民的“逃人法”，设立十三衙门，对少数大臣的任免降赏罚也不尽妥，科场案之株连亦太过分，等等。然而总的看来，他能在十分艰难的条件下，做出了一番事业，取得了很大成就，对国家的统一和中华民族的前进，做出了重大贡献，还是难能可贵的，不失为一位颇有作为的守成兼创业之明君。

至于少年天子对董鄂妃的痴情，更是历朝帝君中罕有的楷模。唐朝大诗人白居易的千古绝唱《长恨歌》，对唐明皇与杨贵妃相亲相爱之爱情悲剧，给予了深切的同情和高度赞扬。诗中之“回眸一笑百媚生，六宫粉黛无颜色”，“后宫佳丽三千人，三千宠爱在一身”，“宛转娥眉马前死”，“君王掩面救不得”，“孤灯挑尽未成眠，迟迟钟鼓初长夜”，“七月七日长生殿，夜半无人私语时。在天愿作比翼鸟，在地愿为连理枝。天长地久有时尽，此恨绵绵无绝期”，等等，皆系流传万代之佳句，唐明皇与杨贵妃也因此而成为秦汉以来两千年里最有名的爱情帝妃。

但是，假若将顺治帝与唐明皇作一比较，可以肯定，唐明皇将大为逊色，甘居于福临之下。姑且不谈唐明皇李隆基逼娶皇十八子寿王李瑁之妃杨玉环这一父纳儿媳的败坏人伦之丑行，至少有三个方面，唐玄宗李隆基远远不如晚于他九百多年的清世祖福临。第一，唐明皇与杨贵妃之间，双方并非忠贞不二，而是各有情人，常做私通之事。唐玄宗身为天下共主，后宫佳丽三千人，他当然可以随时召幸，何况为了广生皇子，有利社稷，也应与其他妃嫔欢聚，此举无可非议。但

是，他不应该既与杨贵妃在长生殿七七之夕对天发誓，“在天愿作比翼鸟，在地愿为连理枝”，同时又勾引利诱，和杨玉环贵妃之大姐韩国夫人、三姐虢国夫人、八姐秦国夫人多次苟合，而杨玉环也暗中私通安禄山，“芙蓉帐里度春宵”，这能说二人是互相痴情忠贞不二吗？顺治帝福临与董鄂妃可没有这些风流艳事！

第二，唐明皇宠幸杨贵妃后，“春宵苦短日高起，从此君王不早朝”，花天酒地，荒废政务，并且，“姊妹弟兄皆列土”，大封杨氏父兄子位，追赠玉环之父为太尉、齐国公，母封凉国夫人，玉环之二位堂兄，一任鸿胪卿，一任御史，“遂令天下父母心，不重生男重生女”。更为荒谬的是，唐玄宗竟擢用宠信玉环之远房堂兄杨国忠，任其为右丞相，封魏国公，纵其专权纳贿，败坏国政，致安禄山得以起兵，天下大乱，宗庙蒙尘，国都失陷，唐明皇不得不离京外逃，远遁四川，唐朝几乎寿终正寝。而顺治帝虽极其宠爱董鄂妃，但仅对其父官阶二品的护军统领鄂硕擢任内大臣（一品），自一等子晋三等伯，卒后赠三等侯，其子费扬古袭封三等伯，后因在康熙中年大败噶尔丹汗，建树特大功勋，才晋为一等公。董鄂妃之亲叔叔罗硕，在妃入宫前已任至工部侍郎，妃得宠时，未晋官职，只是在妃死之后追册为端敬皇后时，才授予一等男世职。董鄂妃之家族没有因妃为帝宠而擢任要职，更谈不上恃妃之宠而弄权坏政祸国殃民了。

第三，唐玄宗与杨玉环发誓要生死与共，可是，当安史之乱，唐玄宗逃到马嵬坡时，从行将士义愤填膺，杀死杨国忠，光武大将军陈玄礼面见玄宗，代表将士，要求诛杀杨贵妃，玄宗遂令内监高力士将玉环缢死。以往人们皆认为，玄宗别无他法，玉环只有一死，然而，若细加分析，上述说法并不一定无懈可击，玄宗还是可以找出另外的解决方案，杨贵妃并非必然要死。原因之一是，杨玉环与杨国忠不是亲兄妹，不是叔伯兄妹，也不是堂兄堂妹，而只是同一曾祖之远房兄妹，关系并不密切，她不必非要为杨国忠报仇，而和文武百官三军将士敌对到底。只要杨玉环当面向陈玄礼说明与杨国忠之疏无族兄妹关系，表明不必为此怀恨在心，玄宗从旁担保，将士不一定非要逼死杨玉环。原因之二，也是决定性的原因是，玄宗完全可以当众宣布退位，让太子李亨登基，掌握军政大权，以此来换取杨贵妃的生命。将士之所以要杀死杨玉环，不过是怕她将来唆使皇上为杨家报仇，而残害此次兵谏之将帅士卒，如果玄宗成了一个无权力之养老的太上皇，新君又恨杨贵妃，感谢将士拥戴之功，杨玉环也就成了普通一妃，无力害人，将士便会放心了，也会接受玄宗的要求，免玉环一死，以便新君指挥大军，平定安史之乱。然而玄宗身居帝位四十五年，享尽了皇帝之乐，热恋皇位，而计不出此，谕令贵妃自尽，这能说是对爱妃忠贞不二生死与共吗？与此成鲜明对比的是，清世祖福临经过亲政十年的努力奋斗，全国统一，君威无比，君臣拥戴，文治武功兼有，正是大展宏图之时，却因红颜知己董鄂妃仙逝，而“寻死觅活”，当自杀难成之时，又剃掉头发，坚欲出家，后虽被阻止，但忧思不减，终因哀悼，加速了死亡，二十三岁便离开了人间，这样纯真无私至死不移的“痴情”，唐明皇怎堪与比！

总结以上政治与爱情，看来可以对被尊上庙号为世祖，人们习惯称为顺治皇帝的爱新觉罗·福临，做出这样七个字的总结论了，即：“英俊天子痴情君”。

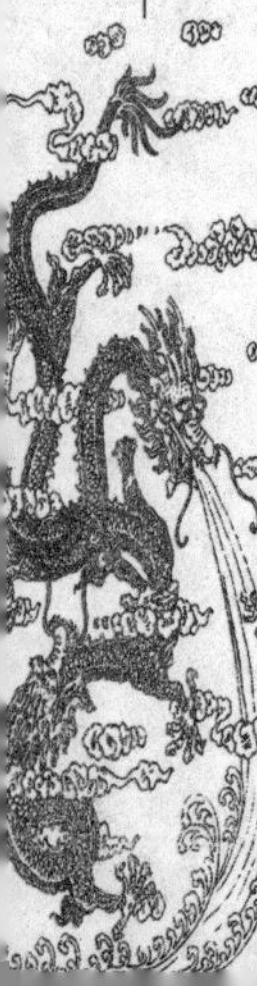

清圣祖玄烨

清圣祖爱新觉罗·玄烨

少年老成　智除权奸

玄烨是顺治皇帝的第三个儿子，生于顺治十一年(1645)三月十八日。他的生母叫佟氏。佟氏的祖父佟养真跟随清太祖努尔哈赤兴兵抗明，是清朝的开国功臣。她的父亲佟国赖是汉军正蓝旗人，也屡建战功。佟氏家族也因此成为八旗汉军中显赫一时的名门大族。顺治皇帝为了缓和民族矛盾，改变在蒙古贵族中选妃的习俗，开始在汉军中选妃后，佟氏被选入清宫。但佟氏不受顺治宠爱，因此，玄烨也遭顺治帝的冷落。

值得庆幸的是，玄烨的祖母孝庄皇太后对玄烨母子格外钟爱。她派自己的侍女苏麻喇姑协助保姆照看玄烨，教他读书写字。她还经常亲自对玄烨加以教诲。祖母的教诲犹如春风化雨滴入幼年玄烨的心田，这不仅在一定程度上补偿了他所渴望的父爱，更重要的是培育了他日后作为帝王不可缺少的品质。

尽管孝庄皇太后一直在用未来君主的标准培养玄烨，但顺治却一心一意要让宠妃董鄂妃所生的四皇子做太子。但谁曾想，皇四子福薄命浅，才3个月便夭亡了。从此，玄烨的处境才有了好转。玄烨6岁时，同哥哥福全、弟弟常宁一同进宫拜见顺治。向父皇请安完毕，顺治便问儿子们有何志向。常宁年仅3岁，不会回答。福全为庶妃所生，年纪长但地位低，他答道："愿意做一个贤王。"而玄烨则高声回答："效法皇父，勤勉尽力。"顺治知道这是太后的授意，开始有了由玄烨继承皇位的想法。两年后，年轻的顺治皇帝一病不起，在孝庄皇太后的坚持下，顺治立下了以玄烨为皇太子的遗诏。

顺治十八年(1661年)正月初九，玄烨在孝庄皇太后的亲自主持下，登上皇位，改次年为康熙元年。孝庄皇太后由此又担负起辅佐第二代幼主——康熙的重任。康熙即位第5天，她便向王室宗亲、文武大臣发出谕旨：要报答我的儿子顺治皇帝的恩情，就要偕四大臣尽心协力共辅幼主，这样才能名垂青史。太后的威严与对皇孙的深情溢于言表。四大臣辅政，也是孝庄皇太后同顺治反复考虑后采取的新体制。按清代旧制，由宗室诸王辅佐幼主处理政务。但太后对顺治初年睿亲王多尔衮摄政后独断擅权的往事记忆犹新，所以一改旧制，让元老重臣佐理政务，而把决策权抓在自己手中。除此之外，太后把更多的精力放在指导康熙学习执政上。她谆谆教导康熙，不要辜负百姓的期望，宽裕慈仁，慎言谨行，继承祖先基业。

康熙即位时，还不满8岁。他尽管在祖母悉心培育下大器早成，但担负管理国家的重任还为时过早。好在顺治在遗诏中已作安排，委托索尼、苏克萨哈、遏必隆和鳌拜辅政。四大臣在顺治帝的灵位前曾立下誓言：要竭尽忠诚，不谋私利，不结党羽，不受贿赂，忠心仰报皇恩，全力辅佐君主。四大臣中的索尼、鳌拜和遏必隆都是两黄旗人，是跟随清太宗南征北战的元老勋臣，后来又拥立年幼的顺治皇帝即位。多尔衮擅权时，由于他们忠于顺治，被视为眼中钉，先后被革职、

削爵并籍没家产。直到顺治亲政，他们才复了职，并且进一步受到重用。四大臣中的苏克萨哈虽是多尔衮属下的近侍，但他在多尔衮去世后，检举多尔衮殡葬服色违背祖制并企图谋反的罪行，深得顺治帝和太后的信赖。长期以来，他们对顺治和太后忠心耿耿，所以能以异姓臣子的身份位居宗诸王贝勒之上，担起辅佐幼帝康熙的大任。

辅政之初，四大臣遇事协商，凡欲奏事，一同进谒皇帝或太后，待太后决策后，再由他们以皇帝或太后的名义发布谕旨。辅政大臣虽无决策权，但他们可以入直、票拟并代幼帝御批，后来鳌拜专权乱政就钻了这个空子。

鳌拜是镶黄旗人，是清朝开国元勋费英东的侄子。显赫的门第和卓著的战功使他青云直上，位至公爵。鳌拜野心勃勃，善于玩弄权术，骄横跋扈，人多惮之。身为四朝元老的索尼尽管德高望重，这时已年老体弱，力不从心了。遏必隆为人怯懦，没有主见，又加上与鳌拜同属一旗，利害相关，所以总是随声附和。苏克哈萨虽然在四大臣中仅居索尼之次，但他资望浅，又与索尼素有嫌隙，与姻亲鳌拜也时常反目，常常在辅臣中处于孤立无援的境地。这样，协商辅政的局面不久便被打破了，大权逐渐落到了一心独揽朝政的鳌拜手中。他任人唯亲，广置党羽，不断扩大自己的势力。大学士班布尔善、吏部尚书噶诸哈、工部尚书济世都是他安插在要害位置的亲信。遇到政事，他们常常私定对策，然后才上奏皇帝，甚至拦截奏章，阻塞康熙同臣下的直接联系，以便把持朝政，架空幼帝。

康熙六年(1666 年)，鳌拜为对自己的镶黄旗有利，执意调圈已耕作了几十年的旗地，引起土地荒芜和民怨沸腾。户部尚书苏纳海、总督朱昌祚、巡抚王登联名上书反对，鳌拜大怒，硬逼康熙同意处死三人，但未能得逞后，竟矫旨将三人绞死。

索尼看到鳌拜如此跋扈，深感愧对先帝的重托而又无能为力。因此在康熙14 岁时就多次上书要求康熙亲政，以削夺鳌拜的权力。

康熙得到祖母太皇太后的允许，按照祖制遂于康熙六年七月初七举行亲政大典。康熙亲政前，索尼已去世，鳌拜的野心进一步膨胀，想越过苏克萨哈和遏必隆，占据索尼的位置，进而成为宰相，更加大权独揽。于是，他拉拢苏克萨哈推荐他，遭到拒绝。旧恨新仇使鳌拜执意除掉苏克萨哈。苏克萨哈自知斗不过鳌拜一伙，为了免除杀身之祸，欲激流勇退，故上书请求去守候先帝陵寝。康熙不理解苏克萨哈的行动，一面派人去询问原因，一面请议政王大臣会议议处。鳌拜怕苏克萨哈的要求一旦获准，自己也要效仿他交出辅政大权，便给苏克萨哈罗织了“心有怨恨”等 24 条罪状，必欲处以极刑。议政王大臣会议在鳌拜的操纵下，奏请将苏克萨哈凌迟处死。收到奏章，康熙十分震惊。他认为苏克萨哈是前朝重臣，勤勤恳恳辅佐七载，理应酬报，又何罪之有？他当即召见议政王杰书和鳌拜、遏必隆等人，指出复奏有误。鳌拜先发制人，强词夺理地说：“我同苏克萨哈本来没有什么怨仇，只是他欺君罔上，才秉公而断，要对他重重治罪。不然，再有人学他的样子就不好办了。”康熙说：“欺君罔上的人眼下不是没有，苏克萨哈还是守规矩的。”康熙不允鳌拜所请，鳌拜恼羞成怒，嗔目挥臂，连日在金殿上强奏，他的党羽们也亦步亦趋，为虎作伥，终于威逼年少的康熙下了绞死苏克萨哈的命令。面对鳌拜的步步进逼，康熙已经忍无可忍了。但康熙深知鳌拜党羽众多，势力很大，加上他是武将出身，有一身好武艺，不是轻易能制服的，如果稍有不慎就

会祸及自身，因此，他在暗中加紧了除掉这个权奸的筹划。由于现有的侍卫大多受鳌拜控制，不甚可靠，康熙第一步先从各王府中挑选了上百名亲王子弟做他的侍卫，组成善扑营，整天让他们摔跤弄拳，不出一年，便个个练得武艺高强。鳌拜听说此事，以为皇帝年少贪玩，并未放在心上。第二步康熙又封鳌拜为一等公，鳌拜更觉得平安无事了。第三步任命索额图为一等侍卫。索额图是索尼的儿子、康熙的叔丈人，他同康熙以下棋为名，制定了擒拿鳌拜的整体方案。为了保证行动万无一失，康熙事前把鳌拜的党羽先后差遣出京办事，他又召集善扑营成员进行动员。康熙问大家："你们惧怕皇上还是鳌拜?"侍卫们齐声答道："独畏皇上!"这一天，康熙召鳌拜单独进宫议事，鳌拜像往常一样大摇大摆地走进宫内，只见康熙端坐中间，两旁是威风凛凛的少年侍卫。鳌拜见势不妙，还想故伎重演，大发淫威，不料康熙一声令下，少年侍卫们一拥而上，七手八脚便拿下了鳌拜。这个横行数年、权倾朝野的权奸顿时成了阶下囚。康亲王杰书奉康熙的命令审讯了鳌拜。不久，便公布了鳌拜结党专政的30条罪状。最后念其当年搭救清太宗皇太极有功，赦免了他的死罪，让他在监禁中度完了余生。康熙还依据罪行轻重惩处了鳌拜的党羽，罪大恶极的济世等人被处死，其余的被革职降级。与此同时，受鳌拜诬陷的苏克萨哈等人得到了昭雪，苏克萨哈的后人承袭了他的爵位和世职。康熙对各级官员大规模进行了调换，并下达了《圣谕十六条》，意在刷新朝政，彻底清除鳌拜的恶劣影响。

年仅16岁的康熙在战胜鳌拜集团的斗争中，显示出惊人的魄力和才智。从此，他便将朝政大权牢牢掌握在自己手中，开始充分施展自己的政治才能。

力平三藩　收复台湾

康熙亲政后，经过一番考虑，将当务之急的治国大事列出，然后亲自书写了"三藩、河务、漕运"的条幅悬挂在宫中柱子上，以随时提醒自己。由此可见解决三藩是康熙朝夕不忘的首要大事。三藩，是指明朝降将吴三桂、尚可喜、耿仲明三个藩王，他们分别盘踞在云南、广东、福建三个省区。三藩王在明末清初先后降清，为清兵入关立下了汗马功劳。吴三桂被封为平西王，尚可喜和耿仲明也分别被授予平南王和靖南王的封号。

尚可喜因为年老多病，已把藩事交给儿子尚之信主持。尚之信残忍狂暴，酗酒嗜杀，连老子也不放在眼里。他曾经割下行人的肉喂狗，甚至无故刺死尚可喜派来送信的宫监取乐。尚可喜担心儿子早晚会闹出事来，同时也不甘心受他的挟制，便在康熙十二年(1673)春上书，请求回辽东老家养老，早已有撤藩打算的康熙遂命令撤掉尚藩，将其全部兵士撤回原籍。消息传来，吴三桂和已承袭靖南王爵号的耿精忠(耿仲明之孙)都惊恐不安，他们也上书假意要求撤藩，来试探朝廷的动向。

康熙召集了众臣议定撤藩之事。大部分人持反对意见。他们提出了种种理由：有的认为移藩后要派军队去原藩地镇守，劳费太大；有的为吴三桂说情，说他镇守边关，地方安定，没有谋乱的征兆。议政王贝勒大臣们也议论纷纷，莫衷一是。只有兵部尚书明珠、户部尚书米思翰、刑部尚书莫洛等少数人坚决主张撤藩。二十岁的康熙皇帝力排众议，做出了最后裁决："从其所请，将三藩全部迁到山海关外。"他指出，三藩王手中都握有重兵，已形成了尾大不掉之势，吴三桂等

人怀有野心，蓄谋已久，如果不及早除掉三藩，势必养虎成患，危害天下。于是，康熙派侍郎折尔肯、学士傅达礼赴云南，户部尚书梁清标赴广东，吏部侍郎陈一炳赴福建，催促办理撤藩事宜。

吴三桂当年为报家仇勾引清军入关屠杀农民起义军，使清兵得以长驱直入。他事明叛明，降清又心怀异志。镇守云南后，吴三桂利用独占一方的特权，招降纳叛，横征暴敛，不断扩充实力，在三藩中势力最大。他的野心也随之膨胀起来。他以藩府名义任命的官员，吏、兵二部不得干预，他推荐的被称为"西选"的官员遍及天下。凡要害地方，他都千方百计安插进自己的死党。他的儿子吴应熊被召为皇太极之女的额驸（即驸马），从而成为吴三桂安插在京城的耳目。吴三桂属下有 53 佐领、士兵 1.2 万多人。每年朝廷向吴藩支储的俸饷就达 900 多万两白银。吴三桂还自行征税、开矿、铸钱，与西藏互市茶马，聚敛财富，秣马厉兵。诡计多端的吴三桂在加紧准备叛乱的同时怕露出马脚，遂大兴土木，搜罗美女，做出安于享乐、胸无大志的样子来麻痹视听，暗中加紧操练，待机而动。

康熙十二年（1673）冬，吴三桂认为时机已到，遂自封为"天下都招讨兵马大元帅"，举起"兴明讨虏"的旗帜，公开叛乱。

吴三桂公开叛乱后，他分布在各地的党羽纷纷响应。各地的告急文书频频传至京城，举朝震惊。原来反对撤藩的人乘机诋毁，认为吴氏叛乱是撤藩引发的。大学士索额图竟要求杀主张撤藩的明珠等人以谢叛逆。年轻的康熙皇帝临危不惧，严厉驳斥了这些护藩的论调。他说："三藩势焰日炽，撤亦反，不撤亦反，因此决不仿效汉景帝诛晁错以平七国之乱的做法。"随后，康熙下达了武装平叛的命令。

这时其他两藩也举起了反旗，一时战火燃遍了大半个中国。康熙认为吴三桂是三藩之乱的祸首，灭掉吴三桂，其他叛军就会不打自散，于是他确定了重点打击吴三桂的策略。康熙任命勒尔锦为靖寇大将军，命令他由湖南进剿叛军，严防叛军东犯湖广；又派将军瓦尔洛进驻四川，断绝叛军入蜀之路；同时命莫洛率兵驻扎西安，阻止叛军进兵西北。

曾经嚣张一时的吴三桂在康熙周密的部署和接连打击之下，见大势已去，还想垂死挣扎，急急忙忙演出了登基称帝的丑剧。康熙十七年（1678）三月，吴三桂派人在衡阳草草修建了百余间庐舍，用黄漆涂刷房顶权做皇宫。三月十八日，吴三桂匆匆登上了临时搭成的祭坛祭祀天地，改国号为周，但是，吴三桂彻底扔掉"复明"的遮羞布，将自己的狼子野心大白于天下，处境不仅没有好转，反而更加孤立。此时，清军的攻势更加锐不可挡，吴氏小王朝日益陷入内外交困的境地。年已 67 岁的吴三桂惶惶不可终日，突患中风噎嗝症死去，仅仅做了不到 5 个月的"皇帝"。吴三桂死后，由孙子吴世璠继皇位。

康熙十九年（1680 年），康熙下令清军分三路进军吴三桂的老巢云南，向叛军发起总攻。不久清军攻入云南，将叛军的老巢昆明包围得水泄不通，守军大都投降，吴世璠走投无路，最后只好穿戴着皇帝衣冠服毒自杀。康熙二十年（1681），历时八年、祸及大半个中国的三藩之乱终于被平定了。

三藩之乱被平定后，康熙决意收复台湾。当时统治台湾的是郑成功 12 岁的孙子郑克塽。

明末国势衰败，兵备废弛，台湾岛遂被乘虚而入的荷兰殖民者占领。康熙元

年(1662)二月一日,仍在坚持抗清的郑成功收复了被侵略者霸占38年的台湾。就在这一年,郑成功之子郑经在属下的拥立下自称为王,统兵反对郑成功。年仅39岁的郑成功在病中突然遭受如此沉重的打击,忧愤而死。三藩之乱中,郑经曾与耿精忠合谋进攻广东,约定事成后平分秋色。耿藩降清之后,郑经仍旧纠合部属骚扰沿海一带,烧杀抢掠,一派海盗行径。郑经这时已经背弃了郑成功据台抗清复明的初衷。以后在清军的打击下,郑经很快在东南沿海失去了立足之地,率部回到台湾。康熙二十年(1681)郑经死后,他的长子即位,但不久就被侍卫冯锡范等人绞杀。冯锡范又拥立自己的女婿、郑经的幼子郑克塽为王,篡夺了大权。此时,郑氏集团已经失去了人心,台湾政局动荡不安。

三藩基本平定后,康熙接受了福建总督姚启圣的建议,决定乘郑氏集团内乱的时机用武力收复台湾。康熙用武力收复台湾的决心已下,任用得力的军事将领便成了当务之急。姚启圣曾经多次保举郑成功旧部施琅任福建水师提督,后来施琅又得到别的大臣的大力推荐。但由于施琅为降将,遭到不少非议,康熙力排众议,于康熙二十年(1681)七月向议政大臣们郑重宣布:任命施琅为福建水师提督,加封太子少保。

施琅走马上任后,立即着手调整兵力,训练水师。为了等待适当的时机,出师时间一拖再拖,转眼到了康熙二十一年(1682),一时群言四起。这期间,施琅与姚启圣又在进剿安排上意见相左,施琅三次上书要求授予他专征权,由他统领军队自行进剿。尽管康熙对一再推迟出兵也有不满,但他没有被舆论左右,考虑到海战须蹈不测风浪,事先很难猜度,他采取了十分慎重的态度。他用人不疑,为了确保战斗胜利,同意了施琅的请求,给予他专征大权。

康熙二十二年(1683)七月,施琅率领两万多名官兵,分乘230多艘战船,直捣澎湖。清军战舰云集海面,争先恐后进攻,反而影响了攻势,又赶上潮落风逆,施琅的指挥船顺流而下,陷入重围。提督衙署右营游击蓝理奋不顾身地冲入重围,与施琅合力攻打,四艘敌船被打沉。激战中,蓝理被炮火击中,肠子流出,但稍加包扎,又投入了战斗。施琅也不顾自己血流满面,仍然指挥着战船突围。初战失利后,施琅对水师进行了短期整顿,遂与郑军展开了决战。清军船队以5只船为1个作战单位,称为"五梅花"战术,相互配合默契,以5打1造成局部优势进击敌船。战斗从清晨一直持续到傍晚,矢石如密集的雨点,炮火遮住了天空。经此一战郑军主力几乎全军覆没,台湾的门户被打开了。因守孤岛的郑克塽见大势已去,不得不派人向清军送上降表。收到降表,康熙认为:如果不准许其投诚,郑军残部还可能流窜他处制造事端,不如招抚为善。他还决定对归降的郑氏大小官员加恩予以安置。康熙的谕旨打消了郑克塽最后的疑虑。八月十三日,施琅率领的清军在鼓乐声中登上台湾岛,郑克塽率属下列队恭迎。至此,台湾又回到了祖国的怀抱。

台湾回归后,围绕台湾的弃守朝廷中又出现分歧。有人以台湾孤悬海外为理由,主张把台湾人全部迁进内地,放弃台湾。有人竟然主张把台湾赐给荷兰人,令其世守输贡,以示圣朝天威。施琅为此专门在台湾进行了实地考察,据实据理驳斥了弃台的论调。他上书康熙,力陈台湾为江、浙、闽、粤四省安全的要害,为东南之保障,弃之必酿成大祸,留之则永固边防。因此,台湾不仅不能放弃,还必须加强防务。康熙接受了施琅的建议,以台湾设立台湾府和台湾、凤山、

诸罗三县，并向台湾派遣了8000名驻兵，向澎湖派遣了2000名驻兵。这样就大大增强了东南海防，并且促进了台湾经济文化的发展。

激战雅克萨　平定噶尔丹

东北地区一直被满族视为祖先的发祥地。十七世纪，沙俄将侵略魔爪伸向了这块肥沃的土地。沙俄的侵略，是康熙的心腹大患。亲政以后，他便密切注视着沙俄的侵略活动，多次派人了解东北地区的地形、交通及风土人情等各方面的情况。但由于当时先是明末农民起义未平，后又有三藩之乱，康熙对沙俄侵略的反击还顾不上。康熙二十一年(1682)春，三藩之乱刚被平定，康熙率文武大臣赴盛京告祭祖陵。大典之后，他立即巡视了乌喇地区(今吉林市)，并率属下围猎习武；还泛舟检阅了水师。开始了武装抗俄的准备，同时他也没有放弃和平解决中俄边界争端的努力。

但几经接触，沙俄政府无意进行和谈，反而趁清政府全力平定三藩、收复台湾等用兵之际，扩大了对中国北方领土的侵略。在沙俄无意和谈而且侵略活动日益扩大的情况下，康熙决定进行武装反击，驱逐沙俄侵略者。康熙二十一年(1682)，康熙派郎谈、彭春以捕鹿的名义到前线实地勘察地形，调查沙俄的侵略活动。次年，康熙又决定派兵于第二年秋天到黑龙江流域永久驻守。开赴黑龙江地区的清军受到当地各族人民的欢迎和支持。军民共同打击沙俄侵略者，到康熙二十二年(1683)，黑龙江流域中下游地区的沙俄侵略者基本被肃清，只有雅克萨还被沙俄侵略者盘踞着。

在黑龙江地区各族人民的支持下，清军为收复雅克萨做了大量准备。在清军进攻雅克萨前遵照康熙的谕旨，向沙俄一再表示和平解决边界问题的愿望，但沙俄方面置之不理，仍然继续在雅克萨进行战争准备。康熙二十四年(1685)六月，清军兵临雅克萨城下。

六月二十四日，彭春率领的3000大军分水陆两路夹击雅克萨城。第二天清晨，清军派出林兴珠的藤牌兵阻击来自黑龙江上游的哥萨克援兵。藤牌兵头顶藤牌，裸身入水，手持大刀前进。由于有藤牌遮蔽，敌人的刀枪无法施展威风，清兵的大刀却所向无敌。敌人见状，又惊又怕，大喊着“大帽子鞑子来了”竞相逃命。大部分援敌就这样被藤牌兵击溃了。当晚，清军发动了猛烈的攻势。他们在城南佯攻，牵制敌人的兵力；又在城北架起红衣大炮进行主攻。经过一夜激战，雅克萨的塔楼、城墙全部被摧毁，还击毙了100多名敌人。城内还聚集了一小撮顽敌，于是清军在城下三面堆积柴草，准备焚城。走投无路的侵略者被迫向清军投降，他们的头目托尔布津还向清军统帅立誓，永远不再来雅克萨捣乱。遵循康熙的旨意，清军统帅彭春接受了敌人的投降，将他们免死放归。有45人自愿留在中国，也得到了准许。这些曾经在中国的土地上横行多年、杀人越货的“罗刹”，如今在中国军民的打击下，一个个赤身露体，光着脚狼狈逃离了雅克萨。降敌离去后，清朝将雅克萨城堡彻底摧毁，撤回了瑷珲。

但是战火刚刚平息，托尔布津等残匪便纠合了尼布楚方面的援军卷土重来，又窜回雅克萨。他们在原城堡的附近重新构筑了工事，妄图永久霸占这块中国的领土。消息传到北京，康熙立即命令清军速备战船再攻雅克萨。他又亲自召见郎谈，作了战斗的具体部署，要求清军全部彻底地消灭雅克萨守敌，然后在雅

克萨驻兵把守。

康熙二十五年(1686)七月,第二次雅克萨之战开始了。清黑龙江将军萨布素率领2000大军,从水陆两路向雅克萨发起猛攻。与此同时,康熙皇帝继续向俄方提出举行谈判的建议。清军在雅克萨城外挖掘工事、建立堡垒围困敌人。城中出击的敌人多次被清军击溃。经过两个月的激烈战斗,敌人遭到了毁灭性的打击,城中只剩了100多个残兵败将,托尔布津也被击毙。清军在城的南北两面修筑炮台,准备炮轰雅克萨。此时,清军的胜利已是指日可待了。迫于清军的强大攻势,俄方不得不同意通过谈判和平解决边界问题。清军遂于这年的十二月十日解围,等待两国的谈判。

双方全权代表在经过多次谈判,中国做出了一些让步之后,康熙二十八年(1689)九月七日,中俄双方达成了和平解决边界问题的协议,这就是历史上著名的《尼布楚条约》。《条约》明确规定,以外兴安岭至海格尔必齐河和额尔古纳河为中俄两国的国界,确认了黑龙江和乌苏里江流域都是中国的领土。中国将尼布楚割让给俄国。条约的其他条款还就两国贸易、边民等事宜做了规定。条约的内容,曾用满、汉、蒙、俄、拉丁文五种文字刻成界碑,高高竖立在中俄边界上。他带来了中俄东部边境100多年的和平,也成为康熙抵御沙皇侵略、维护和平和国家主权的历史记录。

康熙收复雅克萨之后,立即着手平定噶尔丹分裂祖国的叛乱。噶尔丹是漠西厄鲁特蒙古准噶尔部的头领。康熙十年(1671),噶尔丹夺取了准噶尔部的统治权后,又用武力并吞了厄鲁特蒙古的其他各部,占领了青海和新疆天山以南的广大地区。当时,我国蒙古族除了漠西厄鲁特蒙古外,还有漠南蒙古和漠北喀尔喀蒙古。漠南、漠北蒙古分别居住在内蒙和外蒙,早就归顺了清朝。为了吞并喀尔喀蒙古,噶尔丹自康熙十三年(1674)起,便经常派人到沙俄进行秘密活动,寻找靠山。长期以来,沙俄就伺机将侵略魔爪伸进厄鲁特各部,但是他们的武装入侵和诈骗活动一直未能得逞。这时,他们与噶尔丹的叛变活动一拍即合,相互勾结起来,准备攻打喀尔喀蒙古。

康熙二十七年(1688),噶尔丹向喀尔喀蒙古发动了突然袭击。他配合沙俄侵略军,击溃了土谢尔汗的蒙军,将库伦城化作一片废墟。在追击喀尔喀蒙古的途中,噶尔丹叛军大肆烧杀抢掠,人们丢下帐篷器具、马驼牛羊,昼夜不停地向南逃命,一时死者相枕,道路为之堵塞。这时沙俄乘机胁迫喀尔喀蒙古的上层人物叛国投降,遭到了宗教首领哲布尊丹巴等人的坚决抵制。在哲布尊巴丹的率领下,喀尔喀蒙古归附了清朝。康熙派人抚慰了来归的喀尔喀部,发给他们生活用品,将他们暂时安置在科尔沁草原。康熙二十九年(1690),噶尔丹以追击喀尔喀蒙古为名,再次发动武装进攻。他带领的两万名叛军自呼伦池南下,杀进了内蒙古地区。叛军的前锋一直打到距离北京仅九百里的乌珠穆沁,京师震动,许多店铺停止了营业。

对噶尔丹的叛乱,康熙曾经给予多次规劝,要求他罢兵息战,归还喀尔喀蒙古的故地。同时也加强了塞外的兵力,做了武装平叛的准备。面对更加严峻的局势,康熙决定亲征噶尔丹,捣毁叛军的巢穴。当时朝中多数大臣主张同噶尔丹妥协。他们认为噶尔丹地处僻壤,他的叛乱无碍大局,应当治以不治,任其自然,同时大军远征茫茫沙漠,胜负很难预料,因此反对康熙亲征。康熙则认为噶尔丹一日不除，边陲就一日不宁，只有平定叛乱，才是万年之计。他排除了各种干扰，为保天下大一统的局面，毅然率军亲征。

康熙二十九年(1690)六月，康熙亲临塞北，指挥大军迎战噶尔丹。八月，清军在乌兰布通与叛军交战。噶尔丹依山面水布下“驼城”，用来抵挡清军的攻势。“驼城”是将骆驼捆绑卧地，以驼背上堆放箱垛，再加盖湿布布置而成的。叛军满以为“驼城”坚不可摧，易守难攻。可是在清军猛烈的炮火攻击下，骆驼非死即伤，反而成了叛军逃跑的障碍。驼阵被攻破了，清军大队人马掩杀过来，直杀得叛军横尸遍野，大败而逃。噶尔丹带着残兵败将，好不容易才突出重围。以后康熙又经过两次亲征，终于平定了为时 10 年的噶尔丹叛乱，粉碎了沙俄分裂中国的阴谋，巩固了西北边疆。

整饬吏治　广揽人才

康熙深知，贪官污吏的勒索和压榨是激起民变的直接原因。为了清王朝的长治久安，他十分重视整饬吏治。他采纳了“民生安危视吏治，吏治贪廉视督抚”的建议，特别注意处置腐败的高级官吏。

山西巡抚穆尔赛一贯贪酷不法，康熙对他的劣迹也时有所闻。一天，康熙向大学士勒满洪等人查询穆尔赛为官是否清正，他们竟徇私包庇，欺骗圣听，妄图掩盖穆尔赛的丑行。康熙对外官与京官相互勾结、贪赃枉法的现象早已深恶痛绝。所以在查明穆尔赛的罪行后，不仅将他革职收审，判处绞刑，还给勒满洪等人连降两级的处分。

湖广总督蔡毓荣在平定三藩时任绥远将军。接受攻打吴氏巢穴昆明的命令之后，他按兵不动；等他人攻破城池，他反而大肆抢掠本应充公的吴氏财物，然后对贵戚重臣广行重贿，将他人战功贪为已有，由此竟然升官进爵。蔡毓荣的罪行败露后，也受到了严惩。

在惩治贪官的同时，康熙多方扶持清官廉吏，大加褒扬，以起到移风易俗、扶正抑邪的作用。但在当时贪风盛行的官场上，为政清廉者实属凤毛麟角，因此康熙一朝大树廉吏的榜样。被康熙誉为“天下廉吏第一”的于成龙就是一个受百姓爱戴的清官。早在顺治朝任广西罗城知县时，于成龙便插棘为门，累土为几，他清贫的生活和卓著的政绩一时传为佳话。康熙十四年秋天，黄州发生了严重的自然灾害，于成龙发放的赈济粮救活了几万灾民的性命。后来他离开黄州赴福建按察使任所时，几万黄州百姓送行到九江，哭声与江涛声连成一片。于成龙的廉能勤政，深得康熙赞许。康熙二十年，他特地在懋勤殿召见于成龙，称他为“当今清官第一”，还赏赐白金、良马、御诗等，勉励他始终如一，保持气节。于成龙自此为政更加勤勉，常常通宵达旦。他善于微服私访，升任两江总督后，属下官吏不敢为非作歹，不久江南风气大为改观。但是，深受康熙信任、政绩卓著的于成龙后来受挟私报复者陷害，被迫离任。康熙又特下诏令留任。他去世后，遗物只有一袭棉袍和一些盐豉。康熙始知于成龙的确一生廉洁，所谓后来变更素行的说法纯系欺罔之语。为官清正反遭非议，康熙感慨不已。为了使廉风发扬光大，他特地为于成龙题了“高行清粹”四个大字。

康熙对于成龙的去世十分痛心，他询问廷臣：“当今像于成龙这样清廉的还有几人？”廷臣当堂举荐了张鹏翮等七人。康熙南巡经过张鹏翮的任所兖州府，

发现果然名不虚传，从此一再提拔重用。陈瑸是康熙晚年时出现的清官。他认为，贪取一钱与取千百万金没有什么差别。因此，他的衣食住行都十分俭朴，对不义之财分文不取。他独自骑马带着行李到山东首府济南赴任，官吏们谁也没有认出他就是新任巡抚。康熙称他为苦行老僧，并说："陈瑸出身非世家大族，又没有门生故旧，天下人对他的清操交口称誉，不是确有实事，哪能名闻遐迩？"因此，康熙在他病故后追授礼部尚书，荫一子入监读书，以表示对清廉之臣优礼有加。

由于康熙对整饬吏治坚持不懈，不断清除贪官，褒扬清官，在一定程度上保证了国家机器的正常运转。但是当时的官吏日渐腐败，加上俸禄也确实偏低，已经积重难返，康熙费尽苦心进行的察吏，也只能是小修小补，并不能从根本上扭转当时的政风。

康熙统治初期，尽管各地的反清斗争已经被基本镇压下去，但是民族矛盾仍然相当尖锐。三藩之乱就带有明显的民族色彩。尤其还有相当多的汉族知识分子采取不合作态度，这一切都构成了对清王朝的潜在威胁。康熙认为，士为四民之首，要争取民心，扭转汉族人民的反清情绪，关键在于促使汉族知识分子转变反清立场。于是，康熙采取了种种措施争取和笼络汉族知识分子。

他首先从尊重汉族历史传统与儒家文化开始。例如在他南巡时，曾多次亲自拜谒明太祖的陵墓，并亲笔写了"治隆唐宋"的匾额，悬挂在陵殿前。他还提出要查访明室后代，授予官职，让其看守陵墓。后来没有查到，便改派清朝官员按时致祭。他还亲临孔庙祭祀，对孔子的后裔大施恩宠，从感情上对汉族士大夫进行笼络。

除了进行传统的科举考试外，康熙还于康熙十七年(1678)特设"博学鸿词科"，千方百计吸引明代遗老及各种人才参政。康熙还要求各级官员都要将自己知道的学行兼优之士举荐给朝廷，以便他亲自考察录用。经各地官吏推举，有143人参加了康熙十八年(1679)的体仁阁考试。清政府给了应试者十分优厚的待遇，除了发给往返路费、衣食费、柴炭银外，康熙还亲自赐与了丰盛的筵席加以款待。表面上考试进行得郑重其事，康熙还亲自阅了卷，但实际上对应试者十分迁就，百般照顾。严绳孙只做了一首诗，潘耒、施闰章的诗不合韵律，都被录用。彭孙遹故意将词写得言词不通，也被录为一等。可见，为了广泛招揽人才，康熙不拘一格，确实花费了一番苦心。这次考试录用的50人都被授予了翰林院的官职，奉旨编修明史。高官厚禄和种种特权使这些人逐渐放弃或动摇了反清立场，落第的文人学士也无颜再以明代遗老自居了。博学鸿词科的设立确实起到了一箭双雕的作用。

但是应试的只是当时汉族学者的二、三流人物，而顾炎武、黄宗羲、李颙等著名学者始终拒绝应试，康熙对他们也采取了宽容的态度。关中大儒李颙以身体有病为理由拒不应试，被强行从家乡抬到西安，李颙便绝食抗议，连续六天汤水不进。清朝官员无可奈何，只好又派人将他送回。后来，康熙来到西安，指名要见李颙，李颙托病推辞。康熙不仅没有怪罪他，还亲题了"志操高洁"的匾额赐给他的儿子以示褒扬。太原的傅山被役夫用床抬到京城外30里的地方，他誓死不入城，京中的王公大臣们慕名纷纷前来看望，傅山大模大样躺在床上，既不迎送，也不施礼。结果地方官员只得以傅山老病为由奏请免试，得到康熙的准许。康

熙所以能够容忍这些人抵制考试的种种大不敬行为，一方面是因为他们名满天下，影响极大，不愿意轻易触动他们，另一方面他们拒绝出仕，只是退居家中讲学著书，还没有直接触犯清王朝的统治。

不过，康熙朝也发生了十几次文字狱。如果说发生在康熙亲政前的庄廷钺一案与他没有直接关系，那么发生在康熙五十年至五十二年(1711—1713)的戴名世一案，便确系康熙所为了。戴名世是安徽桐城人，自幼聪颖好学，喜读史学。晚年他身居故里，整理了《南山集》一书。书中记载了南明诸王的史事，并采用了同乡方孝标的《滇黔纪闻》中的一些史料。戴名世还主张以桂王死后的第一年作为清的定鼎之年。戴名世 57 岁才考中进士，担任了翰林院编修。谁想到 59 岁这年便大祸临头，他的《南山集》被左都御史赵中乔告发为诽谤朝廷之书。结果戴名世被判凌迟处死，戴氏、方氏家族 16 岁以上的男子全部被判处斩，女子及 15 岁以下的男子被没为家奴。族人的所有职衔全部被剥夺。到结案时，经“宽大处理”，戴名世才免遭凌迟，改判为处斩，方孝标这时已死，还被剉尸。只有族人方苞幸免于难，他原也被判处斩，只因其文章早已名满天下，康熙怕引起众怒，才下令“免治”，但仍然一度被编进汉军旗中受到管制。平时与戴名世有交往的官员，有 30 多人被降职，受到案件牵连的，多达 300 多人。

由此可以看出，出于巩固统治的需要，康熙确实笼络了一大批人才为清王朝所用，但他对汉人的猜疑也是根深蒂固的。

重农贵粟　勤勉好学

清入关以后，在多尔衮执政时曾大规模地进行圈地，把落后的农奴制生产方式强加在中原人民头上，严重阻碍了生产力的发展。顺治亲政后虽有所缓和，但由于当时大规模的战争尚未结束，因此，到康熙时，广大农村还是满目疮痍，农民不得温饱，国家财政入不敷出。于是，康熙采取了一系列措施恢复和发展农业生产。

康熙即位后，便下令停止圈地。但由于鳌拜一伙人从中作梗，圈地仍禁而不止，有时规模还相当大。清除鳌拜后，康熙重申了永远停止圈地的命令，并要求将已圈土地还给农民。康熙二十四年(1685)，康熙再次明确规定不许圈种民间新开垦的土地。这样，阻碍农业生产的圈地活动才逐渐被制止。直隶各省修建寺庙，侵占了大片农田，康熙也明令禁止。

鼓励垦荒是康熙采取的又一项重要措施。明末农民战争期间，许多藩王的土地被农民耕种了。康熙承认了这一既成事实，下令各地督抚正式将这些土地给予原来耕种的农民，并禁止作价转让部分土地。这些被称为更名田的土地，约计有 16.6 万多顷，而且多是肥沃的良田，一经正式属于农民，大大激发了农民的生产积极性。康熙十二年(1673)，为了鼓励在更大范围内垦荒，康熙宣布：各省今后开垦的土地，耕种 10 年后再交税。同时用授予官职的办法鼓励地主招民垦荒。规定开荒 20 顷以上，又通晓文义者，授予县丞，不通文义者，授予百总；开荒 100 顷以上，通晓文义者，授予知县，不通者，授予守备。这些措施对地主和贫苦农民都很有吸引力，于是河南、山东、直隶的老百姓纷纷前往东北垦荒，湖广人民也踊跃去四川垦荒。垦荒农民的汗水不久便换来了丰硕的成果。到康熙三十年左右，清王朝田亩达到了高峰，比清初翻了近一倍。到了康熙五十一年(1712)，

边远省份的荒地大多已经变成良田。无怪康熙颇为自负地说:"云南、贵州、广西、四川等省,人民渐增,开垦无遗……"此时,除了无法耕种的不毛之地,可以称得上是"四海无闲田"了。

蠲免地丁钱粮,是康熙为了恢复生产采取的又一项重要措施。统一台湾后,康熙认为,国家已经安定,要使百姓安居乐业生活富裕,蠲免钱粮势在必行。康熙二十六年(1687),康熙下令免去江宁等七府及陕西全省600多万两钱粮,后来又先后蠲免过各省的钱粮。随着农业生产的发展,国库充裕了,蠲免钱粮的数额也随之增多。康熙四十一年(1702),因云、贵、川、粤四省没有经常得到蠲免,康熙下令宽免四省四十三年钱粮。以后康熙常下令全国各省轮免。据统计,自康熙元年到康熙四十四年,蠲免钱粮的总额达9000多万两白银。尽管得到蠲免政策实惠最多的是钱多地广的富户,贫苦农民相比之下获利甚微,但是不能否认,蠲免在一定程度上减轻了农民的负担。这种与民休息的政策,对于全面恢复和发展农业生产起到了积极作用。

清初的赋役制度沿袭明制,随着农业生产的发展和人口的增多,已经不能适应实际情况。康熙先是下令修改赋役制度,于康熙26年(1687)完成了《简明赋役全书》。到了康熙51年(1712),康熙又对赋役制度进行了重大改革,以清除旧赋役制度的弊端。康熙宣布:以康熙50年的全国丁银数为标准,以后永不增减,此后到达成丁年龄的人一律不再承担丁银。这项被称作"滋生人丁,永不加赋"的措施成了清代地丁制度的基础。后来,康熙又在广东试行了"摊丁入亩"的征税方法,即把全省丁税统统归入田赋,实行征收田赋带征丁银的方法。这样就在一定程度上改变了赋役不均的现象,使无地的逃亡农民免于丁银之苦,重新回到土地上来,也使负担向土地占有多者转移了一些。

治河和漕运都是康熙十分重视的大事,而漕运的恢复又大于治河的成功,因此康熙在兴修水利上倾注了许多心血。康熙执政期间治理的河流主要是黄河、淮河和运河。由于频繁的战争,黄河长年失修,形成了严重的水患。在康熙即位后的最初16年中,黄河竟决口67次。当时黄河下游的部分河道与淮河、运河汇合,黄淮泛滥后,洪水便倒灌运河,切断南北漕运。为了根治黄河,变水害为水利,康熙任命水利专家靳辅为河道总督,另一位专家陈潢做他的助手,开始了大规模的治河工程。当时正是三藩之战进行得非常激烈的时候,足见康熙对治河是十分重视的。靳辅采用了明代潘季训"以堤束水、借水攻沙"的方法,又用开中河、修堤坡等方法作辅助,一年之后,饱受水患之苦的7个州县的土地便能够重新耕种了。又经过十几年的努力,水归故道,漕运无阻。对治河取得的巨大成绩,康熙曾在第一次南巡时,赐诗给靳辅加以嘉奖。康熙的6次南巡都以巡视治河工程为重点,对治河是很大的推动。他对治河的具体措施认真研究,提出了一些很有见地的意见。第三次南巡时,他沿途亲自用水平仪进行测量,发现黄河河床高于两岸田地,指出这是产生灾害的根源,要根治水患,必须深挖河道。他提出用木制的立体治河模型代替平面图纸,以便制定更切合实际的治河方案。他乘坐小舟,不避风浪,亲自察看水情。康熙还亲自主持了浑河的修治工程。浑河素有"小黄河"之称,经常改道,危害沿岸百姓的生命安全,有时还直接威胁京城。康熙曾经13次巡视浑河,经过试验确定了治河方案。在康熙的督促下,浑河治理工程于康熙四十年(1701)竣工,浑河遂改名为永定河。治理后的浑河堤岸坚

固，两岸是百姓新盖的房屋和茂盛的庄稼，出现了一派繁荣景象。对治河这件关系国计民生的大事，康熙抓得很有成效。他的名字，将不仅作为治河的组织倡导者而且作为一个颇有建树的水利专家被载入史册。

康熙采取的一系列措施促进了农业生产的恢复和发展。到康熙末年，耕地面积和人口都有了大幅度的增长。国库收入十分充裕，年年有余。国库存粮达到几千万石，京城的国库爆满，只得将漕粮另储在运河沿岸的苏杭等地。国库中有些粮食存放时间过长竟变质作了肥料。

有感于明代奢侈败国的历史教训，康熙很注意节俭。南巡路过南京，他曾做《过金陵论》表达自己的这种心情。康熙初年，宫中所有人员合计才 800 余人，这与明宫廷汉宫女动辄几千、太监动辄几万相比确实是大大减少了。因此宫廷的费用与明代相比也大大节省了。明代仅光禄寺每年用银即达 100 万，康熙时只用 10 万；明代工部每年宫廷修造用银最少约 200 万，而康熙时只用二三十万；明代的宫中建筑都要用楠木料、临清砖，而康熙时除特殊需要，宫中一概用普通砖瓦。据康熙自己说，他的所有行宫都不进行特别装饰，每年花费不过一二万金，只占每年治河费用的 1%。康熙还说，明代一日之费，可抵今一年之用。这话显然有些夸张，但也能说明康熙反对奢侈、提倡节俭的效果是很显著的。

“满招损，谦受益”是康熙常说的名言。他为政讲求实效，一贯反对浮夸虚饰。因此，他多次拒绝了臣下为他上尊号的请求。平定三藩之后，朝臣请上尊号，康熙拒绝说：“乱贼虽已削平，疮痍尚未全复。如果政事不能修举，上尊号又有什么益处？朕不能接受这样的虚名。”讨平噶尔丹之后的康熙三十六年(1697)，诸王、贝勒、贝子、文武官员及远近士民来到畅春园，搞了一次更大规模的请上尊号的活动。这已是第五次为康熙请上尊号了。康熙仍然坚决拒绝，他说：“天视天听，视乎民生，后人自有公论。若夸耀功德，取一时虚名，大非朕意，不必敷陈。”后来，借他的生日等机会，臣下又多次请上尊号，直到去世康熙也没有答应这些请求。他还一再拒收朝臣进献的生日贺礼，不准为他举行大规模的祝寿活动。他 50 岁生日时，朝廷官员献上了鞍马缎匹和“庆祝万寿无疆屏”等生日贺礼，他婉言谢绝道：“我的诞辰，你们这样进献，各督府也一定会仿效，所以我决不能接受。”在他去世前不久，他最后一次拒绝了群臣为他第二年举行“万寿七旬”贺礼的要求。康熙六十一年(1722)十一月七日，康熙病逝，庙号“圣祖”。

少年天子如何除掉鳌拜的

少帝心中的烦忧

顺治十八年(1662 年)正月初七日，清顺治帝福临病故，遗诏由八岁的皇三子玄烨即位。因年幼，故由索尼、苏克萨哈、遏必隆、鳌拜四大臣辅政。康熙六年(1667 年)七月初七日康熙正式开始御门听政。年仅十四岁的康熙，虽然亲政，但毕竟是个孩子，只有虚名而无其实。一切大权仍然掌握在辅政大臣鳌拜手中。鳌拜，瓜尔佳氏，满洲镶黄旗人。他骁勇善战，因军功卓著而步步高升。早在崇德三年(1638 年)，就得到“巴图鲁”的称号(满语勇士的意思)。嗣后，又被封为议政大臣，领侍卫内大臣，二等公少傅兼太子太傅等一大串的头衔。除少傅兼太子太傅是没有实权的荣誉称号外，议政大臣和领侍卫内大臣都是了不得的重要

位置。前者参与中枢机要决定国家大事，后者负责皇宫禁卫，直接掌握皇帝的安全。一般人不可能担任此职的。按清朝的规定，只有上三旗出身的人才有资格担任。

四人中排在首位的是索尼，赫舍里氏，满洲正黄旗人。索尼是从努尔哈赤时起就任一等侍卫，是“三朝元老”，德高望重，深得孝庄皇太后的信任和赏识，鳌拜不敢与索尼争上下。遏必隆是钮祜禄氏，与鳌拜同属镶黄旗人，是勋臣之后。他虽然也是顺治朝的议政大臣，领侍卫内大臣加太子太傅衔，但没有主见，经常附和鳌拜，所以他两人关系较好。苏克萨哈，纳喇氏，满洲正白旗人，也是领侍卫大臣，但不是议政大臣，官位比鳌拜低，却排位在第二，仅次于索尼。鳌拜想到，年老的索尼一旦病逝，若依次递补，则首辅大臣的位置就要由苏克萨哈来顶替了。鳌拜看不起苏克萨哈，对自己屈居其后，心中更有说不出的恼怒。苏克萨哈则看不惯鳌拜“意气凌铄”、作威作福的样子。自己虽然资望不高，但却不买鳌拜的账，有时甚至和鳌拜唱对台戏。

索尼由于年老多病，渐渐地不大问事，遏必隆庸碌无能，缺乏主见。苏克萨哈不过是纠纠武夫，亦非对手。因此，鳌拜逐渐把大权抓在自己的手里，恣意妄为，排斥异己，根本不把皇帝看在眼里。

例如，康熙身边的四个侍卫：倭赫、西住、折克图、觉罗塞尔弼，平时对鳌拜没有表示特别恭敬。加之倭赫的父亲内大臣费扬古，与鳌拜有矛盾。于是在康熙三年(1664 年)四月的一天，鳌拜突然下令把倭赫等四人从皇宫里抓走。康熙听到这个消息，很生气，在上朝听政时问道：“倭赫、西住他们在朕御前当差，一向不错，不知辅臣何故将他们拿了？”

一般说来，皇帝未亲政时，委托辅政大臣全权处理政务。皇帝每日会奏、听政，不过是一个学习的机会，听听罢了，从不过问。现在康熙突然查询此事，跪在下面的辅政们觉得很意外。遏必隆先是一怔，随后叩头答道：“启奏皇上，倭赫、西住、折克图、觉罗塞尔弼擅骑御马，在御苑里用御用弓箭射鹿，犯了大不敬罪。昨日臣等会议，将其四人革职拿问，现关在内务府。臣等尚未议定作何处分。”

鳌拜不甚满意遏必隆的回答，他抬起头来冷冷地说道：“皇上尚在幼冲，此等政事当照先帝遗制，由臣等裁定施行。”“难道朕连问都问不得？”康熙满腔怒火，厉声责问。

跪在地下的大臣，面面相觑，个个倒抽冷气。鳌拜心中盘算：“这次若不堵回去，以后他事事都要过问，有许多事就不好办了。”思计一定，鳌拜即刻缓缓地说道：“照祖训，皇上尚未亲政，是不用过问的，不过此次事关内宫，不妨破例。”

康熙当然听出来了，这是“下不为例”的意思。他按捺了一下心里的火气，向鳌拜道：“那好吧！我想听听，这次是怎么回事？”

“倭赫紫禁城中擅骑御马，是欺君之罪，应该弃市；乃父费扬古纵子不法，口出怨言，咆哮公堂，应一并弃市！”

“弃市”即杀头。康熙不禁吓了一跳。“倭赫四人是先帝随行侍卫，费扬古乃朝廷重臣，素来谨慎，并无大错。仅仅因为骑了御马就办死罪，太过分了吧！朕以为权杖也就够了。”他缓缓地说。

鳌拜回奏道：“晚了！国典不可因私而废，古有明训。费扬古和倭赫四人已于昨日下午行刑了！”

遏必隆和苏克萨哈都大吃一惊，他们相互看了一眼，苏克萨哈立即叩头奏道："倭赫之事，臣等尚未议定，鳌拜中堂擅诛天子近臣，殊为不妥。"

康熙也被气得浑身打颤，他正想问罪鳌拜，只见孝庄太后来了。她十分不满地说道："擅到皇宫内院拿人，不奏而斩，这在我大清朝开国以来还从未有过，你们眼中还有皇帝吗？事情已到了如此地步，再说这些还有什么用？你们回去好好想想在先帝灵前的誓言吧！"说罢拉着康熙向后宫走去。

回到后宫，康熙想着多年在自己身边，朝朝暮暮相随的四个亲信侍卫，如今都成了无头鬼，他眼泪直往下掉："皇祖母，不是说皇上的话是圣旨，无论是谁都要听皇上的吗？鳌拜为何如此放肆，我真想立即诛鳌拜，才能解朕心头之恨。"

孝庄太后叹了口气道："皇上，你还年幼，不懂事。有些国家朝政大事，还得靠他们处理。你再看看宫中的侍卫，多数已是鳌拜的心腹党羽了，外廷六部尚书，地方的封疆大吏中，也有好些是他的人，要除掉鳌拜，还不是时候！"

为了拉拢两黄旗大臣，打击属于正白旗的苏克萨哈，康熙五年（公元 1666 年），鳌拜挑起了换地事件。

顺治初年圈地时，多尔衮利用权势将本应划归镶黄旗的土地，划给了自己的正白旗。事隔 20 余年，两旗军民已安生立业，鳌拜却重提此事，"立意更换"。

户部尚书、正白旗大臣苏纳海上疏：

"土地分拨已久，且康熙三年奉有民间土地不许再圈之旨，不便更换，请将八旗移文驳回。"

鳌拜为达到自己的目的，于三月矫旨开始硬行勘换地亩，在顺治初年圈地恶政平息 20 余年之后，重掀圈地狂潮。

旗民汹惧，消息渐传禁中。十一月，康熙问安之时向祖母报了四辅圈地扰民之事，遭到"太皇太后切责"，"事将中止"。恰在此时，直隶、山东、河南总督朱昌祚，直隶巡抚王登联同时上疏，"请罢圈地"。

他们痛切指出：

京东各州县一闻圈地，自本年秋后五百里尽抛弃不耕，所谓"民地之待圈者，寸壤未耕，旗地之待圈者，半犁未下"，荒凉极目。且因"知旧业难守"，"有米粮者已粜卖矣，无积蓄者将转徙矣"，"目前霜雪载途，俱填沟壑，将往奔他境，而逃人令严，谁容栖止？仍僦集本土，而人稠地窄，难以赁居。又有谓丁地相依，地去而丁不除，赋免而徭尚在，糊口无资，必亏课额。"妇子老幼，环泣马前，无论旗民，怨声鼎沸，士人千百，上书请停。现"京东各州县旗民失业者不下数十万人，田荒粮竭，无以资生，岂无铤而走险者?!"

他们更加痛切指出：

换地之令"若果出自庙谟，臣何敢越职陈奏?"这完全是鳌拜矫旨背主所为！

与此同时，户部尚书苏纳海以屯地难于丈量，正白旗不肯指出地界，镶黄旗不肯受地等原因，决定撤换官员，"候明旨进止"。

鳌拜震惊暴怒，他深感事态的严重。虽然也许他并不知晓他本从个人恩怨、利益、权欲、野心出发，却已不自觉地站到了历史潮流的对面，成为本民族守旧势力、分权势力、落后生产方式的代表。然而，他只有走下去。

鳌拜再次矫旨，将苏纳海、朱昌祚、王登联三人革职禁守，交刑部议处。罪名是苏拨地迟误，朱王纷更妄奏，三人结党抗旨，违背祖制。俱论死。

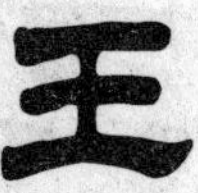

其时康熙年仅 13 岁，他清楚鳌拜因“苏纳海始终不阿其意，朱昌祚、王登联疏奏旗民不愿圈换地亩，坚守不移，阻挠其意，必欲置之死地。”特召四辅臣赐坐询问，企图亲自调停。不料，鳌拜根本不把康熙放在眼里，他厉声咆哮，以至攘臂伸拳，坚奏三人应置重典。索尼、遏必隆附合，唯苏克萨哈忿忿独坐，不发一语。三人竟至坐绞。

涉及十余州县、三十一万四千八百余饷耕地的两旗换地，被强制推行，灾难奇惨。苏纳海、朱昌祚、王登联成为为民请命的英雄，被直隶百姓祀以地方名宦。康熙受到了极大的刺激和伤害。直到 40 年后提起此事，还痛心疾首道：“至于巴图鲁公鳌拜、遏必隆为圈地事杀尚书苏纳海、总督朱昌祚、巡抚王登联，冤抑殊甚。此等事皆朕所不忍行者。朱昌祚等不但不当杀，并不当治罪也！”

更严重的是，四辅臣协商一致，得到皇帝准许方可行事的原则已被打破。自此鳌拜愈益专横跋扈，在朝廷内外广植党羽，欲使“文武各官，尽出伊门”，事事凌驾于其他辅臣之上。部臣办事“稍有拂意”，动辄叱喝辱骂，随意治罪。甚至在康熙面前“嗔目起立”，“张以老拳”，“施威震众”。

鳌拜的专横跋扈已成为少年天子最大的一块心病。

康熙帝是如何智除权奸的

康熙七年（公元 1668 年）三月，辅臣索尼在百官的推动下，以“世祖章皇帝（顺治）亦十四岁亲政，今上年德相符”为由，奏请亲政。六月，索尼病故，七月初七，康熙御太和殿行亲政大典。亲政大典后，康熙就开始了“御门听政”，即康熙帝在乾清门的宫殿内接见臣下，处理日常政务。乾清门是离皇帝居住的内廷最近的正门。人们往往有个错觉，以为皇帝上朝处理国家大事，总是在太和殿——也就是我们通常所说的金銮宝殿上。其实只有每月的初五、十五、二十五这三日才在太和殿，表示比较隆重。一般商讨国家大事，并不在太和殿，而在乾清门的宫殿内。康熙自亲政以后每天必在乾清门“御门听政”。但是鳌拜擅权的问题并未因他亲政就可以立即解决。

七月十三日，势单力薄的苏克萨哈上疏请辞辅臣之职。在他看来，皇上亲政了，辅政理应废除。长期以来他早已对鳌拜擅权感到心忧，他名列辅政第二，他想通过自己带头退出辅政之位，从而逼迫鳌拜、遏必隆也同样退出辅政之位，解除对皇上的威胁。苏克萨哈的做法激起了鳌拜的恐惧和憎恶。因此一幕诬陷苏克萨哈趁机将其消灭的悲剧产生了。鳌拜把持议政王大臣会议，加以“不愿归政”、“怨望”、“有异志”等二十四款大罪，议将苏克萨哈及其长子内大臣查克旦“皆磔死”，余子六人、孙一人、兄弟之子二人，无论已成年未成年，皆斩决籍没。族人白尔赫吐等，亦皆斩决。康熙以“核议未当”，“坚持不允所请”。鳌拜竟捶胸挥拳，疾言厉色，气势汹汹与康熙强争累日。最后，仅将苏克萨哈从磔改为绞，其他仍维持原判。

苏克萨哈被处绞，灭族。

康熙不动声色。

鳌拜变本加厉、肆无忌惮。与其弟镶黄旗都统穆里玛、侄侍卫赛本得、纳莫、大学士班布尔善、吏部尚书阿思哈、侍郎泰壁图、户部尚书马尔赛、兵部尚书噶褚哈、侍郎迈音达、都统济世哈、总督莫洛等结党营私。凡政事先在私家议定，部院

启奏官员，先需向他报告，往他私门商酌，再呈康熙，“逼勒依允”；常于御前拦截章奏，呵斥部院大臣，将康熙已发科抄的朱批红本擅自取回改批，甚或公然抗旨不遵。

康熙不动声色。

康熙八年(公元1669年)，有云鳌拜竟身着黄袍，俨然皇帝。有云鳌拜尝托病不朝，要康熙移驾亲往探视。康熙临其府第，随行侍卫忽见康熙神色有异，急行上前，猛地掀开鳌拜所卧床席，只见席下是一把寒光闪闪的匕首。空气仿佛凝结。鳌拜额上渗出点点冷汗。

“刀不离身乃我满洲故俗，不足异也。”

康熙不动声色。

不知从何时起，肃穆的大内之中来了一群憨头虎脑的半大小子。他们一色的跤服，练把式，竖蜻蜓，举石锁，跳跤步，冲拳踢腿，推压扯拉，嬉戏顽笑，热闹非凡。

人人皆知这是奉旨从侍卫及拜唐诃(执事人)中选出陪皇帝“作扑击之戏”，亦称摔跤的布库少年。

到底是乳臭未干的小孩子。鳌拜从鼻子哼了一声。

一日，鳌拜上朝。他像往常一样目空一切地仰着脸，迈着方步。

忽然一声唿哨，正做布库之戏的十数小童扭转身形，如猛虎下山般同时扑向鳌拜，将其摔倒在地，压在身下，七手八脚捆了起来。

鳌拜挣扎着厉声叫骂。但他触到康熙那轻蔑、锐利、威严的目光时，一下全明白了，不由瘫倒在地。

不动声色的后面，康熙早已在胸有成竹地进行着部署。

一方面，他欲擒故纵。康熙六年加赐鳌拜一等公，以其子那摩佛袭二等公公爵。七年，又加鳌拜太师，加其子那摩佛太子少师。在侍读熊赐履上疏：“朝政积习未除，国计隐忧可虑”，以“天下治乱系宰相”暗劾鳌拜时，斥其“妄行冒奏，心沽虚名”，使鳌拜放松了警惕。

一方面，他借题发挥，偶示锋芒，向群臣展现自己坚定的立场、清醒的头脑、高超的水平与深藏的韬略。一次，有司误赦一人。大学士李霨以既已赦，误即误矣。康熙意味深长地说：“赦人可听其误，若杀人，亦可听其误吗?!”一次，鳌拜在康熙与辅臣共听读本时闲谈，康熙又意味深长地说：“此内有关系民命者，尤不可不慎。伊等皆行间效力，不以杀人为意，朕心慎焉。”这等于是在说，对于鳌拜矫旨换地、杀人，他决不会置之不理！群臣有如振聋发聩。

为了瞒过鳌拜党羽耳目，他以习布库之戏为名，挑选绝对忠实可靠的少年侍卫，组成了一支贴身卫队——善扑营(后为正式建制)。在时机成熟之时，果断地将已任吏部右侍郎的近臣索额图调回内廷复为一等侍卫，将鳌拜党羽以各种名义差遣出京。而后，康熙八年(公元1669年)五月十六日，亲临善扑营，面问之：

“汝等皆朕股肱耆旧，既如此，汝等畏朕，还是畏鳌拜呢?”

“独畏皇上!”众人齐答。

于是，鳌拜栽在了众小童手下。

康熙向议政王大臣义正辞严地宣布了鳌拜的罪状，谕令议政王大臣严勘鳌拜及其同党。议政王大臣会议审实鳌拜大罪三十款，议将鳌拜革职立斩，其亲子

兄弟亦斩，妻并孙为奴，家产籍没。族人有官职及在护军者，均应革职，各鞭一百，披甲当差。其侄赛本得以“凡事首恶”，即行凌迟处死，其同党大学士班布尔善、尚书阿思哈以下数十人革职立斩，妻子为奴，家产籍没。

康熙复召鳌拜，鳌拜无言可对唯解衣袒露搭救太宗时留下的一身伤疤。康熙动容。

康熙有感情，但决不感情用事。正因为如此，他可能考虑得更深，更远，处理问题更富于感情。

五月二十五日，康熙颁布谕旨。下令因鳌拜累朝效力年久，立有战功，不忍加诛，免死革职，籍没拘禁。遏必隆“免其重罪”，仅削太师及公爵（数月之后“特为宽宥，仍以公爵宿卫内廷”）。鳌拜死党，除七人已杀之外，仅以九人处绞，其余人等一律免死从轻治罪。至于内外各官畏其权势或苟图幸进而依附者及嘱托行贿者，俱从宽不咎。

十天。自擒鳌拜至此只有短短的十天。

声色不动而除巨匿，权力更迭而不株连；为苏克萨哈以下被鳌拜处死革职降级者一一平反昭雪；废除辅政大臣；收回批红大权；整顿议政王大臣会议制度……一切犹如快刀斩乱麻般地进行。

其时康熙年仅十六岁。

康熙掌握实权后，紧紧依靠宿臣老将，如索额图、杰书、图海等人，采取好一系列革新朝政的措施，深得人心。医治战争的创伤，逐步恢复和发展社会经济，改变了生产倒退、民生凋敝的不安局面，使久困于战乱和饥荒的人民得以休养生息。

康熙帝废立嗣的内幕

康熙帝立嗣的内幕

康熙熟读经史，每顾及前朝皇室为争登大统，父子兄弟骨肉相残，总不免为之浩叹。朝朝代代仿佛是在劫难逃，就连叱咤风云的一代英主也不例外。

一代英主唐太宗李世民，在玄武门之变的刀光血影中，踏着兄弟的血迹登上了皇帝的宝座，而自己又为储位问题苦恼。他曾立承乾为太子。因他偏爱李泰，承乾恐有废立之意，欲杀李泰谋反，事发被废。李世民答应立李泰为太子，李泰又欲谋害晋王李治。李世民痛苦得拔出佩刀，恨不能自刎。后依妻舅长孙无忌之议，囚禁李泰，策立李治，方才无事。

康熙感慨而不屑：

“定储问于长孙无忌，朕每觉此，深为耻之。”

他万万没有想到，同样的厄运会降临到自己头上。

康熙一生有四位皇后、51 位妃嫔。众多的妻子，使他拥有子、孙、曾孙 150 余人的大家庭。除 11 个儿子早殇外，长大成人的共 22 子。

英雄气短，儿女情长。康熙是个充满了慈爱之心的父亲。他亲自挑选最博学的老师教导他们。康熙身边的外国传教士记载：这些老师“都是全国公认最有才学的人。尽管如此，皇上还要亲自逐个检查幼年皇子们的学习情况，了解他们的细微末节，甚至批阅他们的作文，令他们在御前讲解书籍的内容。”每至五鼓，

百官尚未早朝，有先至者残睡未醒、在黑暗中倚柱假寐时，即有白纱灯一盏入隆宗门，引导诸皇子赴上书房读书了。无分寒暑雨晴，天天如此。每个皇子都精通四书五经、满语汉语。诗文书画无一不擅其妙，上下千古成败治乱全都了然于胸。又有骑射、游泳、火器等军事、体育课目和随驾出巡、行围狩猎、奉旨出京统兵办事等实际锻炼的机会。22个儿子几乎全部成为文武全才。传教士白晋曾惊奇赞叹地写道："十四个皇子中有十个都长得仪表堂堂，才华横溢。"

康熙即为龙文化的代表，自然而然地采用了前朝汉室立嫡立长的建储方法。康熙十四年(公元1657年)十二月十三日，立嫡长子(皇二子)、正宫孝诚皇后所生允礽(原名胤礽，雍正即位后改名胤礽)为皇太子。其时允礽不满两岁。

康熙复设顺治时裁撤的詹事府，为东宫僚属，司太子讲读，辅佐太子；亲自择理学名臣汤斌授礼部尚书兼管詹事府事；命大学士张英、李光地及熊赐履等老成硕儒朝夕纳诲；亲自培养皇太子，在繁忙政务中抽身为皇太子讲授四书五经，有一时期几乎"每天在临朝御政之先，令太子将前一日所授的书背诵、复讲一遍，达到熟记和融会贯通才告结束"。手把手地向他们传授治国之道："告以祖宗典型，守成当若何，用兵当若何。又教之以经史，凡往古成败，人心向背，事事精详指示。"亲征之时还往往命太子留京，代理政务，以资历练。企望早定国是，避免诸皇子觊觎皇位，祸起萧墙。以"系四海之心"，"重万年之统"。

皇太子名爱新觉罗胤礽，生母是康熙皇帝爱后孝诚仁皇后赫舍里氏。胤礽出生前，康熙已有一子，即惠妃纳拉氏所生大阿哥胤禔，但胤礽系元后嫡子，因此当他于康熙十三年(1647年)五月初三诞生时，康熙大喜过望。不料胤礽出生当天下午皇后即因难产而崩，皇帝的撕心裂肺般的痛楚且不去说，从这时起，在皇帝的内心深处便牢牢潜伏下了对胤礽的极为复杂微妙的感情既怜且爱又恨。康熙幼失怙恃，从小失去父母之爱有切肤之痛，而胤礽未及在母亲怀抱中生活一日，这是何等的可怜呵！皇后赫舍里氏自康熙四年册立为后，一对少年夫妻十分恩爱，皇后遽逝，康熙很自然地把对结发妻子的爱移情于皇后留下的这惟一骨血胤礽身上。似乎正缘于此，康熙在日后对胤礽的爱有时竟到了溺爱的地步。然而，皇后的崩逝又不能说与胤礽无关，皇后难产，当母子不可兼顾时，皇后自然要力保皇帝的嫡子，而没有任何责任的胤礽也就难免被人指责"生而克母"，康熙未尝没有这样想过。胤礽的命运是由皇父康熙决定的，从他降临人间的这一时刻开始，大概就已注定了这位不平凡的皇子，将在大故迭起的政治动荡中走完自己的人生旅途。

康熙十四年十二月，二阿哥胤礽被册立为皇太子，这个被视为"国本"的皇太子不过是个刚刚一岁半的婴儿，他只能在乳母怀中怯生生地接受那莫名其妙地皇太子册封。康熙皇帝这时不过22岁，按说是没有必要如此急切地册立太子，但皇帝自有他的想法。在册立皇太子的《诏书》中，康熙摆出了两条理由：其一，"恪遵太皇太后、皇太后慈命"；其二，"以重万年之统，以系四海之心"。前者是说尽孝，这理由在当时不能不说是很庄重的，祖母太皇太后(即孝庄文皇后博尔济吉特氏)亦可能确有此意，而康熙又是称得上"纯孝"的儿子；后者则明说册立皇太子是为了维系人心。当时"三藩"之乱刚起，四海惊扰，民无固志，迫使康熙对汉族士大夫要有所表示，举行经筵日讲，诏开博学鸿词，都是重大举措，而效法汉族传统，明立皇太子以固国本更是当务之急。清朝两位开国皇帝——努尔哈赤

和皇太极并未立太子，顺治皇帝也只是在临终前指定皇三子玄烨（即康熙）为皇太子，可见不立太子倒是满族皇室的传统，康熙毅然抛弃祖宗家法，皈依汉制，确如《诏书》所言，为的是“系四海之心”。

除此之外，也不应忽略了康熙心中的隐痛。康熙以顺治皇帝的庶子而入主神器，多亏了祖母皇太后的提携呵护，其中的甘苦他体会良深，他不愿在嫡长子之外考虑皇储人选，而必欲及早确定“万年之统”，使嫡长子二阿哥胤礽能够顺利地完成皇位过渡。为此，康熙日后也苦心孤诣地作了安排。孝诚皇后去世后，康熙先册立遏必隆之女钮祜禄氏为后，是为孝昭皇后，孝昭无子女，于康熙十七年二月崩逝；继为皇后的是佟国维之女佟佳氏。康熙二十八年七月初九病危，始册立为后，翌日崩逝，这位仅做了一天皇后的佟佳氏，只有一女，且早殇。此后，康熙未再册立皇后。因此，终康熙之世，仅有嫡子胤礽一人而已，其他阿哥俱为庶出。

康熙为维护胤礽嫡子地位煞费苦心，而对他的培养更不遗余力。胤礽六岁启蒙就傅，皇帝为他选择了名儒张英、李光地、熊赐履为师，及稍长，又特命江宁巡抚、著名理学家汤斌为詹事府詹事，负责对皇太子的教育。胤礽在名师辅导下学业进步很快，他能熟练地使用满、汉、蒙三种语言，马上功夫出众，能左右开弓，儒家基本经典亦能粗通。康熙二十三年十一月，皇帝首次南巡，驻跸江宁时，仍十分惦记千里之外的皇太子，一天凌晨打开邮筒，见有太子一封问安的信，真是喜出望外，不禁赋诗云：

昨者来江东，相距三千里。
迢遥蓟北云，念之不能已。
凌晨发邮筒，开缄字满纸。
语语皆天真，读书毕《四子》。
龄年识进修，兹意良足喜。

这时胤礽年方十龄，此后，各方面更有长进，康熙后来说他“骑射、言词、文学，无不及人之处”，可见皇父对他十分满意。

太子的长进，首先应归之于皇父严厉的教导。据康熙时曾官翰林的王士禛所记：“闻上在宫中，亲为太子讲授四书、五经，每日御门之前，必令将前一日所授书背诵复讲一遍，务精熟贯通乃已。”王士禛深有感慨地说，康熙对太子学习要求之严，“士大夫家不及也”。当然，太子师傅们朝夕相随，悉心教诲，也是胤礽迅速成长起来的重要原因。李光地曾记下了张英授课时太子与师傅的一节问答语，读来颇发人深思：

太子：“《史记·殷纪》祖甲、祖乙之下许多年代不载一事，只有帝名而已，想是年代久远，无所稽考的缘故吧？”

张英对曰：“诚然如此。但许多年代无一事可纪，此天下所以太平也。”

太子思考良久，深深点头然之。

有千古名君康熙以及如汤斌、张英等醇儒为严师，皇太子的长进怎能不快呢？年轻太子的盛名不但在宫廷内外传播，而且远扬海外。

康熙二十一年朝鲜使臣向国王报告时曾提及“清太子年八岁，能左右射，通《四书》云。”供奉内廷的法国耶稣传教士白晋向路易十四提供的一份秘密报告中也说：

皇帝主要的培养对象是他曾宣布为皇太子的第二个皇子，即皇帝的继承者，因为他是第一个皇后所生的长子，所以我认为皇帝最注意于对他的培养，为了使他将来能更好地治理这个帝国，皇帝一方面指定一个特别府专门教给他那些作为一个同他的帝国相称的伟大君主应有的知识；另一方面，皇帝还十分重视有关皇太子教育的一切情况，要求有关人员如实地汇报皇太子的全部活动，以便亲自及早培养他的统治才能。可以说，此刻年已二十三岁的皇太子，他那英俊端正的仪表在北京宫廷里同年龄的皇族中是最完美无缺的。他是一个十全十美的皇太子，以致在皇族中、宫廷中没有一个人不称赞他，都相信有朝一日，他像他父亲一样，成为中华帝国前所未有的伟大皇帝之一。

白晋是康熙三十二年离开北京回法国的，他说皇太子 23 岁不够准确；他对皇太子的称誉似乎也有些过分。正是这个法国传教士离开中国前后，皇帝与皇太子之间出现了最早的、不可小视的一些隔阂。

第一次废嗣之探悉

胤礽天资聪明，条件优越，迅速成长起来。他通达义理，知晓满汉文字，诗书棋画无所不能。且娴熟弓马，八岁即能左右开弓；精明干练，20 岁即能代父处理朝政。“骑射、言词、文学，无不及人之处。”而群臣以索额图为首，为希图将来的荣利，自然而然地趋赴太子门下，结党营私，形成了第二个权力中心。索额图等制东宫服用仪仗与康熙相差无几。每年三大节，太子在主敬殿接受百官朝贺，行二跪六叩礼。在这种环境长大并形成自己势力的皇太子，权力欲日益膨胀，日益骄横，抢班夺权的急迫心情时有表露，他曾口出怨言：

“古今天下，岂有四十年天子乎？”

人到暮年，即使是大丈夫，也往往生出一段温柔似水的舐犊情深。这其中实际包括了人们对自己一生最美好时光的无限眷恋和对未来梦幻般的希望。如果这种感情受到了伤害，特别是受到了自己的儿孙——被舐之犊的伤害，那么人们心灵上受到的沉重打击便无可比拟了。

康熙二十九年夏天，强劲的准噶尔蒙古侵入内蒙古乌珠穆秦境内，七月，康熙调遣各路大军出师迎击，随即以“巡幸边塞”为名，亲往督战。十八日出古北口即感不适，随从大臣奏请移驻内地调养，康熙不以为然。二十二日夜晚病情加重，“夜间身热心烦，至黎明始得成寐”，臣下合词跪请即日回銮，康熙仍未答应。二十四日御营进驻古鲁富尔坚嘉浑噶山，皇太子胤礽、皇三子胤祉闻讯已从京中兼程前来探病请安。康熙病中，心情烦闷，本欲有亲人前来温语慰问，不想胤礽兄弟却很漠然，于是令其二人即回京师。

美好温馨的一切都破碎了。康熙极其失落。

康熙三十三年（公元 1694 年）春季，草长莺飞，清明节眼看着就到了。按惯例，每年清明节，皇家在皇帝的率领下，都要去奉先殿举行祭祖仪式。与冬至天坛祭天一样，这也是皇帝每年都要恭行的一个大礼。

既然祖上有惯例，事情本来应该很简单。按照原来的老样子重新备办一番，然后等到那天所有繁文缛节全部演示一遍，便告完事大吉，虽然未必得到皇帝的嘉奖，但也绝对不会受到无端的呵斥。礼部司员的公务就是这样，做什么事都有窠臼，都必须一丝不苟地按窠臼去办，否则那就是破坏国家的礼法、无视祖先的

遗训，犯有杀头之罪。

然而今年的苗头似乎有些不对。

按照索额图的吩咐，礼部向皇帝奏报今年祭祀奉先殿时的仪注安排，提及把皇太子胤礽的拜祷也放在大殿的门槛之内。无疑，这是对康熙皇帝的一种提醒、试探和暗示。因为从常规上说，皇家祭祖的时候，总是只有皇帝一人可以进入大殿跪拜，其他任何人则都不得入内。现在臣下把这种非分的要求当面向他提出，自然是在将他的军，套他的话，确乎是在告诉他：太子已经大了，成人了，可以接你的班了；而你也当急流勇退，交出权印。

岂有此理！

同意吗？这等于是自己拱手让位，承认这种事实了；不同意吗？如此一来，他和太子的矛盾就等于是公开化。这两种结果都是他所非常不愿看到的，尤其是前者。

他有些恼羞成怒。是谁把他逼到这样一个让他进退维谷的死胡同里，非此即彼，二者必居其一，无法选择！

他狠了狠心，谕礼部尚书沙穆哈，命他将太子拜祷仍然移到殿外安置。他实在不得不如此，没有别的办法。至于他与太子之间暴露出来的这点儿裂痕，他想，只好以后再想办法找机会补救了。亡羊补牢，为时未晚，或许还有恢复的希望和可能。

然而，被夹在皇帝和太子胤礽、内大臣索额图之间的沙穆哈对此，却说什么也担待不起。圣旨自然不敢违拗，但是在太子胤礽和索额图那里便容易交待了吗？于是，他请求皇帝允许把他们的话全部记到档案里，以期为自己找到一个开脱。可是，这又恰恰正触到了康熙皇帝那根最敏感的神经。康熙急欲淡化对这件事的处理犹恐不及，偏偏这厮步步紧逼，竟要把它写进档案，实在混蛋到了极点！正好，怒不可遏又无处撒气的皇帝终于找到了现成的替罪之羊，拿沙穆哈出气，同时，也是顺手敲山震虎。

事情就这样过去了，没人敢再提起。过了一年，当康熙认为去年的风波已经在人们的心中平息，人们不再把它同其他的事联系起来看之后，他不无缘由地宣布，册立石氏为太子妃。

这毫无疑问是那位煞费苦心的皇帝所作出的一个姿态，它的含义不外是在告诉大家，太子在他心中的地位依然如故，未曾动摇。

事实上，这件事对康熙帝的刺激很大，使他不能不正视冷酷的现实。

“昔梁武帝亦开创英雄，后至老年被侯景所逼，遂有台城之祸。隋文帝亦开创之主，不能预知其子炀帝之恶，卒致不令克终。又如丹毒自杀，服食吞饼，宋太祖之遥见烛影之类，种种所载疑案，岂非前辙？……朕一息尚存，岂可容此辈乎？”

康熙开始有计划地消弱、剪除太子势力。

康熙三十六年（公元 1697 年）九月，康熙将“私在太子处行走、甚属悖乱”的内务府属膳房人花喇、德柱、花房人雅头处死，额楚圈禁。

康熙三十七年（公元 1698 年）三月，康熙封皇长子胤禔为直郡王，皇三子胤祉为诚郡王，皇四子胤禛、皇五子胤祺、皇七子胤祐、皇八子胤禩俱为贝勒，分拨佐领，参与国家政事，抬高了诸皇子的地位。

康熙四十二年(公元1703年),康熙以“背后怨尤,议论国事”,“结党妄行,威吓众人”的罪名,拘囚了太子党的首领索额图,直斥“朕若不先发,尔必先之”。之后,又囚禁了索额图诸子和党附索额图的大臣麻尔图、额库扎、温代、邵甘、佟宝等。这些人“同祖子孙在部院者,皆夺官。江横以家有索额图私书,下刑部论死。”索额图被囚死多年,康熙还恨犹未消,说:“索额图诚本朝第一罪人也。”

康熙四十七年(公元1708年),康熙出巡,皇太子、皇长子、皇十三子、十四子、十五子、十六子、十七子、十八子同行。

途中,皇十八了一病不起,日益恶化。康熙十分忧戚。但皇太了对弟之将死却无动于衷。康熙痛心地责备他:“你是他亲哥哥,怎么毫无兄弟情谊?!”皇太子反“忿然发怒”,挞辱随行侍卫诸大臣出气。

其间,皇太子党羽窥伺康熙,起居动作无不探听。更可异可骇的是,康熙发现每至夜晚,皇太子便逼近康熙所居幔城,从帏幄缝隙向内窃视康熙的动静。

康熙断定:“从前索额图助伊潜谋大事,朕悉知情,将索额图处死。今胤礽欲为索额图复仇,结成党羽。”康熙感到:两个权力中心的斗争已到了你死我活的白热化状态。他“未卜今日被鸠,明日遇害,昼夜戎慎不宁”,他敏锐地觉察到一场弑君流血的政变就在眼前,遂立即起程回銮。

似乎事态确已十分严重和急迫,康熙等不及回到京师诏告天地祖宗,在中途便迫不及待地宣布废掉皇太子,将太子党羽索额图的两个儿子格尔芬、阿尔吉善及二格、苏尔特、哈什太、萨尔邦阿等六人“立行正法”,其余人等充军盛京。

他召集诸官,“垂泪而谕”,说皇太子“不法祖德,不遵祖训,惟肆恶虐众,暴戾淫乱”,已包容他20年矣,“若以此不仁不孝之人为君”,“必至败坏我国家,戕残我万民而后已!”“太祖、太宗、世祖之缔造勤劳,与朕治平之天下,断不可以付此人。俟回京昭告于天地宗庙,将胤礽废斥!”谕毕,“痛哭仆地”。

就在同一天,皇十八子病逝。

康熙精神上受到了极大打击,悲愤交集,六天六夜未曾安寝。对诸臣说起时,“涕泣不已”。

在潜意识上,康熙此时对儿子怜爱、痛惜、负疚的亲情更为突出。正由于此,康熙愤恨、伤感、失望。这种亲情有如毒蛇啮噬着他的心。他精神恍惚,夜里梦见死去的祖母孝庄太皇太后远远默坐,“颜色殊不乐”,与平日所梦不同;梦见生下允礽当日而亡的孝诚仁皇后飘然而至,垂泪不语。他回想宣布废太子那天,仿佛天地一下昏暗了;进京前一天,有大风旋绕马前。他命人将自己的御馔赐与废太子;伤心而细致地观察到:儿子“近日行事,与人大有不同,昼多沉睡,夜半方食,饮酒数十巨觥不醉。每对神明,则惊惧不能成礼,遇阴雨雷电,则畏沮不知所措。居处失常,语言颠倒,竟类狂易之疾,似有鬼物凭之者。”

一副慈父柔肠几将寸断。

他不愿意父子势同仇敌、水火。

正式废太子后,他列举了太祖努尔哈赤杀其长子褚英;太宗皇太极幽禁阿敏;礼亲王代善劾其子孙之例,谕诸皇子和满洲文武大臣:

“今胤礽事已完结,诸阿哥中倘有借此邀结人心,树党相倾者,朕决不姑容!”

他心力交瘁,经常喃喃而谕,几乎是在哀求诸皇子:

“本月内十八阿哥故去,又有胤礽事,朕心伤不已,你们仰体朕心,守分而行,

不要再生事了！”

“朕今已年老，愈加畏惧，尝念有幸在众心胥戴、万国咸宁之时，得终天年，于愿足矣。你们仰体朕心，守分而行，不要再生事了！”

然而，相反。

储位虚悬，诸皇子更加疯狂结党，上蹿下跳，互相排陷，把储位之争推向了新的高潮。

皇子争储内幕

皇太子胤礽的废立，使储位虚悬起来，从而激发了众皇子对太子之位的追逐，更多的皇子被卷入权力斗争的漩涡之中。

九月二十四日，长时间奔走于诸王府第的相面人张明德，因涉嫌储位之争被拿获。张犯因顺承王府长史阿禄之荐，出入于顺承郡王布穆巴府第（代善第三子萨哈廉之曾孙），在顺承王府得识公普奇（褚英长子杜度曾孙）、公赖士（褚英第三子尼堪之孙），旋经普奇之荐又得识直郡王胤禔及贝勒胤禩（康熙第八子）。张明德在为胤禩看相时，言其“丰神清逸，仁毅敦厚，福寿绵长，诚贵相也”。在胤礽被废之前，曾被胤礽殴打过的普奇向张明德言及“皇太子甚恶”，张明德则与普奇谋划行刺胤礽，且邀亦被太子打过的顺承郡王入伙，顺承郡王遂将张犯之言告之直郡王胤禔，胤禔嘱顺承郡王“勿先发此事”。胤禔遂抢先告发张明德，康熙得悉此事大为震惊，立即谕令刑部尚书巢可托、都察院左都御史穆和伦等会同大学士温达亲审此案。鉴于张犯“曾为胤禩看相，又散帖招聚人众”，“此案甚大，干连多人”，康熙一再告诫办案人“慎毋滋蔓，但坐张明德一人审结可也”。张明德一案已然将康熙长子直郡王胤禔、康熙第八子胤禩牵连在内，刚刚经历废储风波的皇帝并不想因此而兴大案，再把胤禔胤禩卷入其中。

九月二十八日，大学士温达等将审讯口供呈递御览。

据张明德供认，“由顺承郡王，荐于直郡王，我信口妄言‘皇太子暴戾，若遇我，当刺杀之’，又捏造大言：‘我有异能者十六人，当招致两人见王’”，“彼言有飞贼十六人，已招致二人在此”，“又言得新满洲一半方可行事”等等。

张明德“于皇太子未废之前，谋欲行刺”，孰敢保其不会有乘乱行刺皇帝之谋？正像康熙分析的：“其时但知逞其凶恶，岂暇计于朕躬有碍否耶？”“势将渐及朕躬”。

近 20 年来，康熙的注意力一直集中在太子党上，大大忽视了对诸王结党的防范。张明德一案已然暴露出胤禩“党羽早相要结”。“胤礽闻张明德如许妄言，竟不奏闻”，且将张明德为其相面所言以及欲行刺皇太子胤礽之言告知皇九子胤禟、皇十四子胤禵。显而易见权欲勃勃的胤禩在胤礽被废之前就有夺储之念，故与欲行刺胤礽的张明德沆瀣一气。

胤禩时年 28 岁，系良妃卫氏所生，卫氏出自辛者库（先人因罪籍没入侍宫中），但其母在生子之前即已晋封为妃，在康熙众多妃嫔中还是比较得宠的。胤禩之妻系安亲王岳乐（努尔哈赤第七子阿巴泰之子）的外孙女。既非嫡子又非长子的胤禩何以对“谋为皇太子”如此不遗余力、孜孜以求？胤禩在诸皇子中颇具令名，在皇亲国戚、满洲权贵、宗室以及汉族官僚集团中都有很大的影响。康熙的哥哥裕亲王福全在世时就曾盛赞胤禩之贤；既是皇帝舅父又系岳父的佟国维

（其一女系康熙第三位皇后，另一女系皇贵妃）以及佟氏之子隆科多、侄鄂伦岱均对八阿哥深怀好感；康熙另一位皇后钮祜禄氏之弟阿灵阿（其祖父系清开国五大臣之一额亦都，其父系康熙初年四辅巨大臣之一遏必隆）以及宗室中的普奇、苏努（褚英曾孙）都同胤禩来往密切；直郡王胤禔、皇九子胤禟、皇十四子胤禵也都同八阿哥脾气相投；满洲世家中的揆叙（明珠之子）、马齐均系胤禩最得力的支持者；在汉族官员中胤禩亦不乏党羽，王鸿绪、王九龄弟兄以及被破格重用的学者何焯（何屡试不第，经李光地之荐，特准参加殿试，中进士，参与武英殿修书）都同胤禩有非同寻常的关系。皇八子党是个并非虚幻的实体，胤禩本人具有很大的吸引力自不待言，但他本人也的确在方方面面颇有一番礼贤下士的表现以及穿梭般的秘密活动，才可能得到如此多的赞誉与支持。在胤礽被废之前，这个皇八子党就已形成，王鸿绪在密折中所言"有从中窥探至尊动静者"，曾使得康熙与皇太子胤礽的关系进一步恶化，在废太子这件事情上，王鸿绪的作用不容低估。

相面人张明德的一番恭维之言，愈发使得胤禩对谋为皇太子充满自信。胤禩的曾祖父皇太极，在努尔哈赤诸子中排行第八，在努尔哈赤驾崩后，身为第八子的皇太极就是在兄弟子侄的拥戴下入承大统的。也许正是这种排行上的偶合，使得本无立储之望的胤禩以惊人的毅力从零开始，朝着既定的目标一步一步小心攀登。

胤礽的被废排除了胤禩实现既定目标的最大障碍。九月初七在回京路上康熙即任命胤禩代理内务府总管，以替代原总管凌普，并令其清查凌普家产。胤禩为施恩于众，并未将凌普家产查尽，以至康熙在九月二十八日看到胤禩关于清查凌普家产的启奏时勃然大怒，厉声责道：

"凌普贪婪巨富，众皆知之，所查未尽，如此欺罔，朕必斩尔等之首。八阿哥到处妄博虚名。凡朕所宽宥及所旋恩泽处俱归功于己，人皆称之，朕何为者？是又出一皇太子矣！"

康熙的怒斥，对于胤禩不啻当头一棒。九月二十九日康熙又将诸子召入乾清宫，再降谕令：

当废胤礽之时，朕已有旨，诸阿哥中，如有钻营谋为皇太子者，即国之贼，法断不容。废皇太子后，胤禔曾奏称胤禩好。春秋之义，人臣无将，将则必诛。大宝岂人可妄行窥伺者耶？胤禩柔奸性成，妄蓄大志，朕素所深知。其党羽早相要结，谋害胤礽，着将胤禩锁拿，交与议政处审理。

张明德一案实际已断送了胤禩多年的政治图谋。十月初二，康熙又向诸皇子、议政大臣、大学士、九卿等满汉官员谈及胤禩偏听乳母之夫的挑拨擅责御史雍泰以及因此与胤礽交恶的往事。胤禩乳母之夫雅齐布的叔叔吴达理，曾与御史雍泰"同出关差，因雍泰少与银两，雅齐布诉之胤禩，胤禩借端将雍泰痛责"。在康熙追问此事时，胤禩多方文饰，胤礽在回奏中言道："八阿哥责雍泰，皆其乳母之夫谮毁所致。"康熙得悉事情真相后，令将雅齐布发往翁牛特，"自此胤禩与皇太子遂成仇隙。"因而当张明德表示要对皇太子胤礽行刺时，胤禩既不制止，亦不上奏，显然有借助张明德除掉太子之意。这种不择手段谋求皇太子的做法，自然也要使胤禩付出沉重的代价。当张明德被凌迟处死时，康熙下达"行刑之时，可令事内干连诸人往视之"的谕令，所谓事内干连诸人即指因此案被革去爵位的胤禩、普奇。

一波刚平，一波复起。

对皇太子位置怀有强烈野心的人中，庶出的皇长子胤禔也是其中一个。这位大阿哥与其他皇子相比，自有优于其他诸弟的资本。早在康熙三十七年（1698年）胤禔就被封为直郡王，此时正是皇太子胤礽明显失宠的开始。鉴于皇太子失宠的现实，大阿哥的雄心当然会有所激发。直至康熙四十七年（1708年），胤禔是康熙诸子中惟一封王者，其地位仅次于皇太子胤礽。当康熙因对胤礽猜忌日深、防范日甚，密嘱胤禔"善护"保驾时，其取代胤礽之念也就因之而萌生。更何况这位大阿哥的母亲惠妃出自门第高贵的叶赫那拉氏家族，系叶赫部贝勒杨吉砮之后裔，杨吉砮之女即皇太极之生母——孝慈高皇后。惠妃的兄长是权倾一时的大学士明珠。明珠因其自身具有相当高的文化素质，同汉族士大夫广为交往，徐乾学、王鸿绪、王顼龄等名士在入仕后均成为明珠家的座上客。明珠是撤藩政策的倡议者，且与索额图屡屡意见相左，因之特别受到康熙的器重，成为牵制索额图的得力人物。虽然明珠因有结党之嫌在康熙二十七年（1688年）被免掉大学士之职，但其一直保住内大臣之职。明珠次子揆叙从康熙四十二年起（1703年）即受任翰林院掌院学士，不久前又奉命兼任工部右侍郎。

大阿哥的这种天然条件，的确优于其他阿哥。为了谋得储位，他同相面人张明德来往密切，企图借助张手下的异能者除掉胤礽；为了加速胤礽的垮台，他不仅密遣喇嘛对胤礽施以咒术，还屡屡在父皇前相机进言，讦告皇太子及其属下的不轨行径，"所播扬诸事，其中多属虚诬"。

在皇太子被废后，循例而继为皇储的当然应该是胤禔。然而党羽颇众的八阿哥却又虎视眈眈，赤膊上阵。当胤禔得知张明德在给胤禩相面后言其"后必大贵"，便抢先告讦张明德图谋不轨，从而使胤禩陷入被动，受到革爵的惩处，除掉了储位竞争中的一个最危险的对手。胤禔深知康熙对"钻营谋为皇太子者"深恶痛绝，在奏对中有意称赞胤禩，甚至提议"立胤禩为皇太子"、自己以大阿哥身份"辅之"，就像当年代善推举皇太极一样，从而把皇帝的防犯目光引向胤禩。然而，适得其反。胤禔的告发，证实了胤禔心术不端，"气质暴戾"，"其行事比废太子胤礽更甚"。

康熙四十七年（1708年）十月初五，继张明德谋刺皇太子胤礽大案之后，又发生胤禔指使喇嘛"镇厌"胤礽一案。前一案的告发者是胤禔，而后一案的被告恰恰也是胤禔。据康熙朝实录所载：十月丁巳，"多罗贝勒胤祉奏'臣牧马厂蒙古喇嘛巴汉格隆自幼习医，能为咒人之术，大阿哥知之，传伊到彼，同喇嘛明佳噶卜楚、马星噶卜楚时常行走。'上命将明佳噶卜楚、马星噶卜楚、巴汉格隆并直郡王府护卫啚楞、雅突等锁拿，交侍郎满都、侍卫拉锡查审。巴汉格隆等供：'直郡王欲咒诅废皇太子，令我等用木镇厌是实。'随差侍卫纳拉善等，掘出镇厌物十余处，命交和硕显亲王衍潢等严拟具奏。"

魔魅胤礽诸物，于十月十七日在废太子居处附近被查获，当上述罪证被起获时，淤积在胤礽心底的愤怒始如决堤之水，狂奔怒吼。生活在阴谋之中的胤礽，被暗杀、镇厌、告密所包围的胤礽，沦为阶下囚朝不虑夕的胤礽，如疯如癫，"几至自尽"。胤礽实在活得不耐其烦，当他位居皇储时有防不胜防的暗箭，当他沦为阶下囚后又有躲不胜躲的明枪。胤禔一直负责看守胤礽，居然假公济私，"将胤礽处所有匠人，尽行收去，又加以苦刑，以致匠人逃遁，且有自缢者"。胤禔还杀

气腾腾地向康熙言道："今欲诛胤礽，不必出自父皇之手。"；佟国维在奏陈中亦有"或日后难于措处，亦祈速赐睿断，总之将原定主意，熟虑施行为善"之语。佟国维虽然未像胤禔那样明白直言，但其所言"难于措处"、"速赐睿断"就是以较为含蓄的言辞，力劝皇帝速诛废太子，"将原定主意""施行为善"。与其死于陷害，何如死于自裁！然而对一个阶下囚来说，要想结束生命也不是一件容易的事，当看管诸宦侍"抱持环守"时，胤礽便无计可施。

胤禔串通喇嘛镇厌胤礽，对康熙是一个极大的刺激。九月初四，当康熙在布尔哈苏台颁布废皇太子胤礽的谕令时，就特别提到"并无欲立胤禔为皇太子之意"，明确提出："胤禔秉性躁急愚顽，岂可立为皇太子？"胤禔告发张明德后，康熙再次向诸皇子言及"胤禔为人凶顽愚昧，不知礼义"，"不谙君臣大义，不念父子至情"。九月二十八日，康熙在告诫诸子"应将各属下人，严行禁止，勿令生事，守分而行"之时，又一次向胤禔发出警告：

胤禔之太监三四人，护卫一二人，妄探消息，恃强无忌，朕悉知其姓名。况胤禔之人，见杀于人及因罪充发者亦复不少，宜自知分量，速行更改。且皇太子之人有干犯国宪者，尚不宽宥，尔等之人，又何论焉！

前召尔等面谕时，胤禔奏伊弟兄等，嗣后同心合意，在皇父膝下安然度日。似此亦非善言，假使尔等内，有不肖人，行非礼事，亦可众人一心助之而行乎？

胤禔既将人毁谤，欲致之死地，今又为和好之言，谁其信之！且胤禔于朕之侍卫、执事人等擅自责打者不少，今被打之人尚在乎。其看守胤礽时，将胤礽处所有匠人，尽行收去，又加以苦刑，以致匠人逃遁，且有自缢者，如此行事，何以服众？

不难看出，康熙绝无立储胤禔之意，十一月十四日在畅春园所召开的议储之会，特向与会的满汉大臣讲明"大阿哥所行甚谬，虐戾不堪"，不在举奏之列。

胤禔请喇嘛用巫术诅咒镇厌废立太子的事情暴露后，康熙震怒，痛斥胤禔"素行不端，气质暴戾"，厌咒亲弟杀人之事尽皆显露。胤禔母惠妃亦奏称允禔不孝，请置于法，康熙不忍杀亲生儿子，命将其严加看守。不久革去王爵，"幽禁于其府内，凡上三旗所分佐领，可尽撤回，给与胤禵，将镶蓝旗所分佐领给与弘王，其包衣佐领及浑托和人口均分，一半给与胤禵，一半给与弘王。"胤禔落得比后胤礽更悲惨的下场——终身幽禁，夺所属佐领。

皇三子、四子、五子、九子、十子、十四子等，也都在暗中积极活动，相互树党，窥测时机，无所不用其极。

康熙痛苦、厌恶、悲愤。

他时而回忆往事，流涕伤怀，召见皇二子胤礽，又召见皇八子胤禩。令内侍传谕：

"自此以后不许再提往事。废太子现安养咸宁宫中，朕想他即可见他，心中也就好受一点。"

不久复封皇八子胤禩为贝勒。

他时而发出严厉警告：

"诸阿哥中如有钻营为皇太子者"，"即国之贼，法断不容！"

他时而几乎声泪俱下地晓之以理，动之以情：

"众阿哥当思朕为君父。朕如何降旨，尔等即如何遵行，始是为臣子之正理。

难道等朕死时，你们要向齐桓公身后那样，将朕躬停尸乾清宫，束甲相争吗？”

然无人动心。

康熙四十七年（公元1708年）十一月十四日，康熙召满汉文武大臣齐集畅春园，命从诸皇子中举奏一名堪任皇太子者。表示：“除大阿哥外，众议是谁，朕即从之。”

群臣分班列坐，纷言道：

“此事关系重大，非人臣所当言，我等如何可以推举？”

皇八子胤禩党羽则交头结耳，紧张活动。他们各自在手心写一“八”字，与诸大臣暗通消息。于是满朝文武皆保荐皇八子胤禩。因书“八阿哥”于纸，交内侍转奏。

不久，内侍传谕：

“立皇太子之事关系甚大，尔等各宜尽心详议，八阿哥未曾经历政务，近又罹罪，且其母出身微贱。尔等其再思之。”

群臣面面相觑，他们从表面平静的谕旨中，隐隐感到了康熙对所议不称旨的愠怒而诚惶诚恐、汗流浃背。

康熙岂止是愠怒，他简直是怒火中烧！

他不止一次说过：“八阿哥胤禩向来奸诈”，“八阿哥到处妄博虚名”，“朕何为者，是又出一皇太子矣！”如有一人称道八阿哥好，“朕即斩之！”

但满朝文武竟还是保荐八阿哥，甚至他尚在拘禁当中！康熙不能想象八阿哥如何钻营，如何卑鄙险恶地进行了争位活动。

直到七年以后，胤禩一次极其无礼于康熙之时，康熙才将这股怒水倾泄了出来。他“心悸几危”，对诸皇子说：“八阿哥系辛者库贱妇所生，自私心高阴险，听相面人张明德之言，即找人谋杀二阿哥。他想杀二阿哥，未必不想杀朕！他与乱臣贼子结成党羽，密行险奸，见朕年老，岁月无多，或者逼宫篡位，或者等朕死后因曾有群臣所保，谁敢争执，而自以为万无一失了！朕深知其不孝不义行为，自此朕与胤禩父子之义绝矣！朕只怕日后必有行同狗彘之阿哥，为之兴兵构难，逼朕逊位，而立胤禩者。若果如此，朕只有含笑而殁已耳！朕深为愤怒，特谕尔等众阿哥，俱当念朕慈恩，遵朕之旨，始合子臣之理，不然，朕日后临终时，必有将朕身置乾清宫，而你等执刀急夺之事也。胤禩因不得立为皇太子，恨朕切骨……此人之险，实百倍于二阿哥也！”

于是，胤禩再一次地从通往皇太子的路上被清除掉了。

皇太子被废之谜

父慈、子孝、兄友、弟恭，是康熙齐家治国的准绳。多年来康熙一直以诚挚的亲亲之行为诸皇子作表率，18年前当康熙组织对噶尔丹等一次征讨时，负责调度各路人马的裕亲王福全与康熙长子发生矛盾，在处理此事前，康熙对拟在御前申辩的胤禔严厉警告说：“裕亲王系汝伯父，议政王大臣取供时，汝若与裕亲王稍有异同，朕必置汝于法，断不宽容。”本来裕亲王亦收集胤禔在军中种种过失准备自辩，在听完胤禔“我与伯父裕亲王供同”的表态后，这位伯父颇为感动，声泪俱下，全部承担指挥不力的责任。然而胤禔并未从康熙处理子与兄的矛盾中吸取有益的作法，竟然为了谋求储位“厌咒亲弟”，哪里有一丝一毫的孝悌之念！

接连发生的变故——废皇太子、张明德谋刺案、胤禔镇厌案以及胤禩结党的种种迹象，使得心绪不宁的康熙既惊且怒，终于大病一场，以至元旦“不能诣堂子行礼，于宫中拜神”。

康熙的病，因暴怒而起，怒则伤肝，侵犯脾胃，以致屡屡不能进膳。张明德欲行刺皇太子，而胤禩竟知而不报，康熙焉得不怒！康熙斥责胤禩结交党羽“谋害胤礽”，九阿哥胤禟、十四阿哥胤禵竟然为胤禩辩解，云“八阿哥无此心，臣等愿保之”，康熙焉得不怒！当康熙怒斥胤禟、胤禵党比胤禩时，胤禵竟信誓旦旦，急不择言，康熙焉得不怒！震怒的康熙“出所佩刀”，掷与胤禵，厉声吼道：“你要死，如今就死！”在众皇子的苦苦哀求下，怒不可遏的康熙令将胤禵责打20大板……

上述所有令康熙发怒的事件，均缘于胤礽一再令康熙失望，正像康熙在十一月十六日的上谕所言：

朕初次中路出师，留皇太子办理朝事，举朝皆称皇太子之善。及朕出师夏后，皇太子听信匪人之言，素行遂变，自此朕心眷爱稍衰，置数人于法。因而外人窃议皇太子不孝及所行不善者，遂自此始。其后皇太子不知改悔，有类狂易，朕特命拘系之。

储位的丧失，带给胤礽的不仅是痛苦，也是一种解脱，一种精神上的解脱。康熙在废斥太子之后，以父亲的立场去审视胤礽时，种种不满也就烟消云散。

十月十九日康熙去南苑行猎，“忆昔皇太子及诸阿哥随行之时，不禁伤怀”，以至“圣躬违和”，于二十三日回宫。在回宫的当天即“召废太子一见”，并令废太子居咸安宫，朕念之，复可召见”。“自有废太子一事”，康熙“无日不流涕”，“每念前事，不释于心”，食不甘味，夜不安寝，接连梦见太皇太后与孝诚皇后。康熙同祖母感情殊深，祖母去世时，时时梦见祖母。在康熙决定第一次亲征噶尔丹时，曾梦见祖母劝阻“慎勿出兵，出恐无益”；当康熙决定第二次亲征噶尔丹时，又梦见太皇太后言道：“尔此番出兵，克奏大勋，但非尔亲获其俘耳。”而当康熙废太子后，再次梦见太皇太后，“梦中见太皇太后颜色殊不乐，但隔远默坐，与平时不同”。胤礽之母孝诚皇后，“亦以皇太子被冤见梦”。康熙在病中，一次次传废太子入见，“召见一次，胸中疏快一次”，“胸中亦不更有郁结矣”。

胤礽在搬进咸安宫后百感交集。康熙在病中一次次传见，使被孤独、苦闷、冷漠所笼罩的被废太子又重新感受到人间的温情，这温情恰恰来自使他遭受厄运的父亲。多年来父亲对他是那样冷漠、严厉，让他望而生畏，如今他失去了储位，却得到久违的父爱，胤礽的思绪不禁回到30年前：

那是康熙十七年(1678年)冬至后的第八天，五岁的胤礽染上天花，高烧不退。当年康熙的父亲顺治帝在生天花后第四天晏驾，康熙正是由于幼年时出过花，才在顺治病危时被立为皇太子。因而对胤礽出花，康熙的内心相当矛盾，他既希望胤礽能像自己一样化险为夷，度过出花这一大劫难，又惟恐胤礽像顺治一样躲不过无常性命，重伤太皇太后之心。为了照顾皇太子出花，“自二十七日起至十二月初九日止，各都院衙门章奏，俱命送内阁”。在胤礽病情最险恶的12天里，康熙目不交睫，衣不解带，对太医所开出的每一副药方都要反复推敲，以求对症下药，化险为夷。十二月十五日，当康熙看到胤礽脸上的痘痂已经开始脱落，特为此在太和殿、中和殿、太庙、方泽(即地坛)、社稷坛“行告祭礼”，次日又为此“颁诏天下”庆贺皇太子出花痊愈。

胤礽终于被父亲的拳拳之情所感动，自十一月六日被释放后，即与“三阿哥、四阿哥、五阿哥、七阿哥昼夜侍奉”患病的康熙。对此，康熙颇为动情地对满汉诸臣言道：“皇太子虽缧绁幽禁，并不怨恨，乃谆切以朕躬为念。”“皇太子胤礽累月以来，昼夜在朕前。”

20年来，所形成的不满、不安、猜疑、防犯，终于被父慈子孝的骨肉之情所融化。在康熙的心目中复立胤礽为皇太子势在必行，不如此就不能解决储位空虚所酿成的政治危机，就不能遏制诸王结党、营私的趋势。

康熙四十八年(1709年)三月初十，康熙派遣大学士温达、李光地，持节授胤礽册立，复立为皇太子。翌日，又封皇三子胤祉、皇四子胤禛、皇五子胤祺为亲王；皇七子胤祐、皇十一子胤禌为郡王；皇九子胤禟、皇十二子胤祹、皇十四子胤禵为贝子(皇八子胤禩已复封贝勒)。在此之前，康熙四十七年(公元1708年)十一月十六日康熙释放胤礽时即曾语重心长地告诫过他：

“朕今释汝，汝当念朕恩。人言汝恶者，勿以为仇。”“凡规汝过之人，即汝恩人，顺汝行事之人，即陷汝之人。”“四阿哥能体朕意，爱朕之心殷勤恳切，有谓诚孝。五阿哥心性甚善，为人淳厚。七阿哥心好，举止蔼然可亲。就是八阿哥之为人，诸臣奏称其贤，裕亲王生前也曾奏言八阿哥心性好，不务矜夸。汝若能亲近他们，使之左右辅导，诸事就都好办了。”

此时，康熙强调是在“复立皇太子大庆之日”，册封诸子，意欲促进皇子们的团结。

但是，康熙之举并未如愿以偿。

太子周围很快又聚集起一批党羽和亲贵大臣。政出多门，为非作歹。

诸皇子更是对此恨之入骨，加紧了倒太子的活动。

康熙忍无可忍，于康熙五十一年(公元1717年)再废太子。

意大利人马国贤记载：

“当我们到达畅春园，我们惊恐地看到花园里，有八个到十个官员和两个太监跪在那里，光着头，双手背绑着。不远处，皇子们一排站立，也光着头，双手绑在胸前。不久，皇帝乘坐肩舆从房间里出来，到皇子们面前，爆发出虎吼一样的愤怒，责骂太子，把他关在宫内，公开宣布废掉这个不幸的皇子。”

康熙精疲力尽，不再提立太子的事。

有群臣请立。他开始还表示：

“建储大事，朕岂忘怀？但关系甚重，有未可轻立者。”

还耐心解释立储之弊：

“宋仁宗三十年未立太子，我太祖皇帝并未预立皇太子，太宗皇帝也未预立皇太子。汉唐以来太子幼者，尚保无事，若太子年长，其左右群小结党营私，鲜有能无事者。”“今众皇子学问见识不后于人，但年俱长成，已经分封，其所属人员未有不各庇其主者，即使立之，能保将来无事乎？”“今欲立皇太子，必能以朕之心为心方可立之。”

翰林院编修朱天保等奏请复立胤礽为皇太子，康熙怒令用九条锁链锁拿，亲自严讯，将之处斩。

大学士王掞等多次请立皇太子，遭康熙严斥：

“你等奏请分权理事，天下之事，岂可分理乎？”

“你们以朕衰迈，谓宜建储，借此邀荣。凶顽愚昧，一无所知，不顾身命宗族，干犯叛逆之罪而行。王掞以其祖王锡爵在明神宗时力奏建储之事为荣，常夸耀于人，不知羞耻！王锡爵请明神宗立泰昌为太子，泰昌在位未及两月而亡，致天启即位，魏忠贤擅权，天下大乱，而明遂亡。亡国之贼，王锡爵不能辞其罪！王锡爵已灭明朝，王掞以朕为神宗，意欲摇动清朝，如此奸贼，朕隐而不发可乎？朕并无诛戮大臣之意，大臣自取其死，朕亦没有办法！朕御极六十年，庆贺典礼不是没有理由举行，因深知此等事，所以坚辞不受。朕衰老，中心愤懑，你们虚情假意请行庆典，朕难道屑于买你们的账吗？”

王掞等侥幸没有送命，被康熙发往军前效力（王掞年已 77 岁，由其子代往），举朝文武向其拜贺，可见当时事态严重的程度。

群臣只得姑且以康熙以前说过的一句话安定自己：

“即使朕躬如有不讳，朕宁敢不慎重祖宗弘业，置之磐石之安乎？待到那时，你等自知有所依赖也。”

无人知道康熙心中真正的打算。

他似乎中意于皇四子胤禛。

康熙诸子多令人视养。如大阿哥养于内务府总管噶禄处，三阿哥养于内大臣绰尔济处，唯四阿哥是康熙亲自抚育。康熙称赞他“能体朕意”，“可谓诚孝”。常令他代替康熙参与祭祖活动、处理政务和宫中事务。据载，胤禛代表康熙参与大祭 22 次，为其他皇子所无。晚年，康熙经常临幸胤禛花园，由胤禛陪同散心解闷，表现了不同寻常的情感。康熙并独钟爱胤禛之子弘历（后来的乾隆帝），称其母为“有福之人”。

然而“国之大事在祀于戎”。胤禛并未得到过康熙军事上的重用。

他似乎中意于皇十四子胤禵。

康熙五十七年（公元 1718 年），破格任命贝子胤禵为抚远大将军，用正黄旗纛，亲王体制，称大将军王，率师西征。出师典礼极其隆重。康熙亲谕青海厄鲁特各部：“大将军是我皇子。确系良将，带领大军，深知有带兵才能，故令掌生杀重任，尔等或军务，或巨细事项均应谨遵大将军指示……与我当面训示无异。”

然而，并不能排除康熙以胤禵为“行同狗彘之阿哥”，为分散胤禵势力，减少身边威胁，将其调进京师，同时麻痹胤禵之党，缓和争位紧张形势的用意。

他似乎并未中意任何人。

只是在难言的孤寂、凄梦中，在难解的困惑、痛苦中，徘徊倘佯，一日日老迈病衰。一直到死，康熙帝都未确立皇太子。当后来雍正帝依据遗诏登上皇权后，民间就有了雍正帝是“矫诏篡位”或“弑父篡位”的人。尽管事实并不是如此。

康熙六十一年（1722 年）十一月初七日，康熙帝发病，十三日逝于畅春园，年六十有九，谥“仁皇帝”，庙号“圣祖”，葬景陵（今遵化县马兰峪清东陵）

清世宗胤禛

设军机处

胤禛，圣祖第四子。母孝恭仁皇后乌雅氏。

设立军机处是雍正帝改革前清政治统治机构的一项力举。自此，历经二百余年的军机处，代替了议政五大臣会议，实际上相当于清以前各朝代的宰相，悉数听命于皇上一人，君权至上达到了一个无以复加的高峰……

雍正七年二月，世宗即发出上谕，历数准噶尔罪恶，兴兵讨伐准噶尔，但因路途遥远，军需粮秣，急需专门班子承办，且军报频繁紧急，急须迅速处理，尤应慎密。为使战争顺利进行，世宗于七年六月发出上谕，设立军机房，并命怡亲王允祥、大学士张廷玉、蒋廷锡主持办理军需一应事宜，办公地点即在隆宗门内、乾清门外西边小平房内。雍正八年，改名为办理军机处。雍正十年春，世宗命大学士等议定军机处印信。三月初三，大学士遵旨议奏用“办理军机处印信”字样，雍正即命交礼部铸造，并将印信保存于军机处，派专员管理，同时将印文通知各省及西北两路军营。从此，军机处正式成为定制。

军机处设立之初，主要办理战事。雍正九年，世宗认为山东登州是滨海重镇，所辖地方辽阔，只有六千兵丁，怕不够用，遂命军机大臣详细讨论，是否酌量增添兵额。雍正十年，西路军大本营要移驻穆垒，雍正择定六月初四启行，于四月十三命军机大臣通知岳钟琪，将一切事宜须先留心备办，但军营切宜慎密，以防漏泄。随着时间的推移，军机处的办事范围扩大到所有的机要政事。

雍正每天召见军机大臣。寅时（三～五点）军机大臣、章京进入值房，辰时（七～九点）皇帝召见或有紧急事务，提前召见，每天召一次，有时几次。军机大臣退出后，按皇上旨意，书写事件，基本内容为告诫臣工、指授兵略、查核政事、责问刑罚不当等军国大事。撰批抄写后，密封发出，叫做“寄信上谕”，因由内廷直接寄出，故又称“廷寄”。后经张廷玉规划，形成一套制度。凡给经略大将军、钦差大臣、参赞大臣、都统、副都统、办事领队大臣、总督、巡抚、学政的，叫“军机大臣字寄”；凡给盐政、关差、布政使、按察使的，叫“军机大臣传谕”。字寄、传谕的封函表面都注明“某处某官开拆”，封口处盖有军机处印信，保密程度较高，且传递速度快捷。面奉谕旨，草拟缮发是军机处的主要任务。军机处根据函件内容决定递送速度，函件封后交兵部，由驿站传送。凡标有“马上飞递”字样的，日行三百里；如遇紧急，则另写日行数于函面，或四五百里，甚至有八百里的。它既保证了中央政令的严格贯彻，速度又较其他公文快，从而提高了清朝政府的行政效率。另外，官员所上奏折，皇帝亲自阅览之后，每日寅、卯二时发往军机处录副存档。

军机处设有军机大臣，世宗从大学士、尚书、侍郎等官员中指定充任，正式名称为“军机处大臣上行走”，初入者，通常加“学习”二字，如“军机大臣上学习行走”，经正式试用一段时间后，不合格者除去，合格者除去学习二字。军机大臣之下的办事官员为军机章京，由内阁、翰林院、六部、理藩院、议政处等衙门官员中选择充任，负责满汉、蒙古诸种文字工作。不论是军机大臣或军机章京，雍正时

期均无定员，亦无正式衙门，只设值房，离雍正寝宫养心殿很近。至嘉庆四年(1799年)，军机处章京才定为满汉官员各十六人，满汉各八人为一班，各有“领班”一人，轮流执掌。

军机大臣的任用，主要取决于同皇帝的私人关系，不问出身，惟用亲信。雍正年间，担当过军机大臣的有怡亲王允祥、大学士张廷玉、蒋廷锡、鄂尔泰、马尔赛、平郡王福彭、贵州提督哈元生、领侍卫内大臣马兰泰、兵部尚书性桂、内阁学士双喜、理藩院侍郎班弟、銮仪使讷亲、都统莽鹄立、丰盛额等。他们的官职，由正一品至从四品，地位相差悬殊，但他们都是深得雍正信任的宠臣。军机大臣中，常以品崇、资深者为“领班”，而被誉为首席、首揆、揆席，其实并无首长，互不为属，各自办理皇帝交办的事宜并单独向皇帝负责。军机处地处宫禁，近在君侧，为皇帝办理军国政要，地位特殊。为防止对皇帝形成尾大不掉之势，军机处不设正式官员，军机大臣、军机章京均为各衙门官员的临时差遣兼任，他们人虽在军机处，但编制和归属仍旧属于原来衙门。他们之间虽有上下级关系，但后者不是前者的绝对属吏，很难结成死党，况一旦有专擅越权之举，随时都可被皇帝开去军机大臣。因此，他们只能绝对秉命于君主。军机大臣奉旨撰拟机务和用兵大事，削弱了内阁权力，使内阁只能草写寻常事务的文件。因此内阁的职权大大降低。军机处从一开始就是为办理军务而设，雍正在任命满人军机章京时又大多从议政处调来，因此使清初以来专门负责军务的议政处也逐渐名存实亡。可见，军机处的设立，大大加强了君主专制的权力。

雍正死后，乾隆继位。守丧期间，一度改军机处为总理处，至乾隆二年复设军机处。乾隆初年，军机大臣傅恒开创了一人不敢承旨、个人不作书谕、改“独见”皇帝为“同见”的作风，更加强了封建君主的绝对权力。

清代军机处，是清王朝最高统治者在无意之中发现了军机房这一临时机构，并有意识地加强与发展这一机构，使之成为清代特殊的政治机构。它直接秉承皇帝旨意，经办一切重大政务。随着军机处的确立，整个国家的施政渠道做了彻底的改变，官员奏事，原来的制度分题、奏二途，“公事”用“题本”，“一己之私”用奏本，均由内阁承办。军机处设立后，皇帝亲自书谕或面授谕旨，军机处密寄各处，扩大奏折的使用范围，使题本成为例行公事的赘文。至光绪二十七年(1901年)改题为奏，取消题本，从而把军机处变为中央的主要政府机关之一，实际上是皇帝内廷的办公厅或机要室。

由于军机处地处宫禁，近在君侧，其一切活动均在皇帝的直接授意和严密监视之下进行，因而更便于君权的发挥。因此军机处一经确立，便受到雍正以后各朝皇帝的赏识，沿用不废，并逐渐发展其保密措施，成为即使是王公大臣非奉特旨，也不得擅入的严密之地。皇帝召见军机大臣，太监不得在侧；王公大臣有奉特旨到军机处恭听谕旨、恭读朱笔或阅看各处奏折者，只得在军机处帘堂内拱立，其他官员一律不得擅入，其帘前、窗外、阶下亦不许闲人窥视；军机处章京的值房也是如此，承撰谕旨，必须在军机处而且必须当日写完，其他事务均不许在军机处处理。都察院派出满汉御史各一名，每天在军机处值房处巡察。军机处的印信也特别注意严加防范。钥匙均为领班之军机大臣佩带，如果有事，值日章京即向奏事处请示，并以金牌为验。金牌宽五分，厚一分，长约二寸，镌刻“军机处”字样。在这种严密监视之下，军机大臣只能兢兢业业、小心谨慎地完全听命

于皇帝。这种君主集权的局面使封建皇帝甚为满意。嘉庆年间，御史何元粮以“军务经久告蒇”为由，请求更改军机处名目，遭到嘉庆皇帝的严厉训斥。即使在清末大改官制的高潮中，军机处亦在不议之例，成为有清一代的制度。

整顿吏治

贪污是封建王朝官场上的通病，“康乾盛世”亦不例外，在清圣祖康熙末年，吏治松弛，财政混乱，各级官吏贪污成风，从康熙四十九年(1710年)到康熙五十八年(1719年)共发生贪污纳贿案件三十次，平均每年三次，致使各省藩库钱粮亏空共达九百一十三万余两，米谷二百四十二万余石，严重影响了清朝政府的国库收入。清廷中央户部存银，康熙四十八年为五千多万两，到康熙六十一年则降为八百多万两。财政危机严重影响着清政权的巩固。地方官以“耗羡”为名，私征加派，收取陋规。耗羡，亦称“火耗”，起自明代。由于田赋由征粮改为征银，各省上缴国库时，需将碎银再加铸造，熔炼成一定数量的银锭，方能起解。因此，销熔时的损耗，即在州县催征田赋时追加出来，取盈以补，追加多少，全由州县自行掌握，成为地方的一项习惯性的主要收入。清军入关之初，为笼络人心，曾宣布禁征耗羡，但事实上办不到，至康熙年间，耗羡又得朝廷默许，征收日益严重，致使税轻耗重，数倍于正额。加上各级官吏恃势加派各种名目的附加税，使民间每年于正项钱粮一两之外，有多纳至三两、四两、五六两以至十两者。私征耗羡，加派繁多，致使百姓负担过重，民怨沸腾。康熙中叶以后，黄河上下，大江南北，农民反加派斗争时有发生。而清初官俸微薄，经费不足，又使官吏贪污、收取陋规之风愈演愈烈。清廷一品大员仅岁银一百八十两，禄米九十石；七品官仅岁银四十五两，禄米二十二余石。而清廷各级官员的家庭开支远远超过原俸数十倍，入不敷出；且各级行政机构办公经费又极少。康熙二十年规定：各衙门官员每月公费，左右宗人、大学士、尚书、左都御史、总管銮仪卫事内大臣各五两；侍郎、学士、通政、各正卿、内各府总管、詹事、宗人府府丞、佥都、銮仪使各四两；以下各官递次为三两、二两二钱、一两五钱、一两。且外官治理地方，私人支出费用甚多，许多虽系因公所致，但照例亦不得动用正项报销，如宴请幕宾、置办府邸用器、丁忧回乡盘费等，于是各级官吏只好加征耗羡，从中提取费用。连被康熙誉为本朝不可多得的清官陆陇其，在任嘉定知县时，也不得不于每两田赋中加征四分火耗。尽管如此，其属下胥吏仍去者过半，或“退为耕贩以自活”。因此，清廷禁征耗羡非但不可能，反而愈演愈烈。

上述这些弊端严重威胁着清政权的进一步巩固和发展。而耗羡私征，一使官吏贪污有据，州县藉以滥行加派，侵蚀正赋；二使吏治败坏，州县私征以奉上司，上司收受以庇下属。因此，解决耗羡私征实际上是解决财政亏空、整顿吏治的一个关键。因此雍正即位之初，即针对此弊进行改革，提耗羡，设养廉，以解决康熙末年出现的财政与社会危机。

耗羡部分归公建议，始自川陕总督年羹尧。康熙六十一年(1722年)，年羹尧与陕西巡抚噶什图同向朝廷上疏，指出秦省火耗有每两加至二三钱及四五钱者，遂请酌留各官用度，其余捐出，以弥补亏空。康熙皇帝怕担当加赋之名，即批断不可行。雍正元年(1723年)五月，湖广总督杨宗仁奏请雍正皇帝，提出令州县官在原有耗羡银内节省出二成，交布政司库房，以充一切公事之用，此外丝毫

不许派捐，雍正立即加以支持，并鼓励他好好实行。同年，山西巡抚诺岷因该省耗羡问题严重，遂上疏奏请将通省一年的耗银提存布政司库，以二十万两留补无着亏空，其余分给各官养廉，比较完整地向朝廷提出了实行耗羡归公和养廉银制度的建议，雍正即批准其在山西实行。雍正二年正月，河南巡抚石文焯折奏：该省共有耗羡银四十万两，给全省各官养廉银若干，下留十五六万两解存藩库，弥补亏空，将办公费用亦出于耗羡之内。雍正认为此法说得通，行得去，遂批准实行。在雍正支持下，山西、河南首先实行耗羡归公的改革。

雍正二年六月，山西布政使高成龄奏请将耗羡归公之法令各省通行，世宗即命总理事务王公大臣、九卿詹事科道官员会议。吏部右侍郎沈近思认为耗羡归公使火耗与正赋无异，不是善法，指出今日于正项之外又添正项，他日必于耗羡之外又添耗羡。左都御史、吏部尚书朱轼及御史刘灿也都反对提解耗羡。雍正见讨论不得统一，遂于二年七月初六发出上谕，指出：州县火耗，本非应有之项，但由于官俸微薄和经费不足，耗羡一时难以避免；但历来火耗，均由州县掌握，加派横征，侵蚀国帑，又以火耗分送上司，各上司日用之资也取于州县，于是上下徇情，吏治不清。为清除此弊，必须实行耗羡归公，把耗羡银两的控制权由州县转到各省督抚手中，改过去由州县存火耗以养上司为上司拨火耗以养州县，从而达到澄清吏治、消降亏空的目的。于是，雍正决定推行提解耗羡制度，各省督抚纷纷响应。从雍正二年到雍正七年，浙江、甘肃、贵州、四川、陕西、广东、云南、江西、江苏、广西、安徽、福建、奉天等地先后实行。由于耗羡归公，事属草创，办法还不完善，有的州县在起解银两时，擅自多留地方公用的火耗银，因此雍正要求州县官把耗羡银尽数提交藩库，然后再由省里酌情分发，这样就避免了州县官的擅自扣留。耗羡银尽数提解，使州县官意识到多征未必对自己有好处，于是许多地方的耗羡率均有所下降，康熙末期的狂征滥派现象也有所减轻。

实行耗羡提解后，雍正又大力倡导取缔陋规。清代，地方官中的下属对上司馈送礼金是一种普遍现象，如果上司身兼数职，还要奉送几份礼物，因此地方官为完成规礼，横征加派十分严重。雍正继位之后，即注意革除这一弊病。雍正元年，世宗发出上谕：禁止钦差接受地方官馈赠，督抚也不得以此向州县摊派。雍正二年，河南巡抚石文焯在计议耗羡归公时认为若规礼不除，州县官还会在耗羡外再行加派以奉上司。因此请将巡抚衙门所有司道规例、府州县节礼及通省上下各衙门一切节寿规礼尽行革除。得到雍正的赞许与支持，于是取缔规礼活动在全国展开。有些官员对规礼贪恋不放，雍正即将其严加处理，以示取缔陋规的决心。雍正五年，御史博济到江南，勒索驿站规礼，江南总督范时绎即行参奏，雍正遂将博济革职，并交当地大员严审具奏。雍正六年，山东蒲台知县朱成元馈送规礼事发，雍正命河东总督田文镜等对其进行审查。田文镜认为：欲禁州县加耗加派，必先禁上司，欲禁上司，必先革除陋规，遂请清廷严行整饬。雍正九年，世宗发出上谕，通令全国，严禁收受规礼；倘有再私受规礼者，不仅该员置之重典，其所在省之督抚，亦从重治罪。

耗羡私征本是地方官吏半合法的一项重要额外财源。提解耗羡归公，等于断绝了地方官的一条财路，国家又不增加薪俸，如不另辟财源，官员枵腹从公，必致苛索于百姓，重新导致吏治混乱。于是，清廷决定从耗羡银中提取一部分，发给从总督巡抚到知县巡检等各级官员一定数量的银两，以充养廉之资，名曰养廉

银，即是给官员生活、办公的补助费，以此不许他们贪污，保持廉洁奉公。各官养廉数目，主要依据官职高低、事务繁简、地方冲僻和耗羡多少等标准确定。一般说来，雍正年间总督每年的养廉银为两万两左右，巡抚为一万五千两左右，布政使为一万两左右，按察使为八千两左右，道府为五千两左右，州县为一二千两。这样，地方官员的养廉银额超过了他们各自俸银的数倍、数十倍乃至一百多倍，收入有了明显增加。

地方文官养廉问题的解决，使八旗、京官、武职薪俸微薄的现象更加突出。因此，雍正五年，世宗谕令动用两浙、两淮盐课余银四万四千余两，分给旗下大臣及八旗都统以下至参领各官为养廉银两。雍正六年，又下令吏、户、兵、刑、工五部尚书、侍郎俸银、俸米双倍给予。但双俸仍满足不了京官的需求，于是雍正十一年，又谕令将直省应解饭银九万四千余两分给户部各级官员养廉之用。至乾隆初年，又陆续赐于各部官员养廉银，但其数额远少于地方，最多者不超过五千两。

武官养廉，起于吃兵丁空额，顺治年间即准武将各招随身亲丁若干发给名粮，并不问实额，于是武官纷借亲丁粮食之名任意虚冒。康熙四十二年（1703年），议准提督以下，千总、把总以上各定亲丁名粮数目，作为养用家口仆从之需。虽有定额，但各官仍开造虚名上册，于定额之外贪污更多的兵丁名粮。雍正十一年（1733年），世宗始命将亲丁名粮裁去勿庸开造，武职随粮亦改为养廉名粮。至乾隆八年（1743年），正式批准武职俱照文职之例支食养廉名粮，遂为定制。到乾隆四十七年，确定武官养廉数额，提督二千两，总兵一千五百两，副将八百两，参将五百两，游击四百两，都司二百六十两，守备二百两，千总一百二十两，把总九十两，至此，地方各级文武官员均享受了养廉银。

清廷规定，无论是中央官还是地方官，一般都按季支取养廉银，其用途主要是供大小官员养赡家口，对于督抚来说，还要从中抽出一部分作为宴请幕宾、犒劳兵丁和公出盘费之用。

提耗羡、设养廉的财政改革实行后，清廷的一些旧官员仍力图破坏。有的主张将耗羡提解到户部，企图以此纳入正式银粮，再以地方公用无着为由，重开私征。为了进一步控制提至省司库的耗羡使用，雍正十三年（1735年），世宗命户部查明各省公费养廉银两，并未造册咨送及笼统开造者，限期造清册上报，从该省议定公费养廉年份起，将额征公费，完欠杂支、余剩未给数目，按年归款；各官养廉起止日月、应得份数、扣除空缺等等，一一注明，以后按年分类造册，随同奏销钱粮咨送户部核销。至此，提耗羡、设养廉的改革大体完成。

耗羡归公和设立养廉银制度，使原先被侵蚀的国赋，用本来为地方官私有的耗羡加以补充，以此保证清朝政府的赋税收入，使国库充盈，财政情况有所好转。清朝的财政经济开始走上正常的发展轨道，出现了国库日渐充裕、国家财用充足的好前景，为乾隆时期的经济繁荣奠定了基础。提解耗羡后，地方官自知多征对自己并无多大好处，还要落下不好的名声，再加上取缔陋规的实行，基本扭转了康熙后期狂征滥派的现象，多少减轻了一些人民的负担；同时用提解耗羡的部分银两作为官员养廉之用，增加了大小官员的薪俸收入和地方的财政经费，从而打掉了他们恣意贪污苛索的种种借口，在雍正帝的威严执政和妥善管理下，清初官吏贪污纳贿之风被缓和下来，吏治状况有所好转。耗羡私征本是州县把持的地

方私权，长期以来，中央政府不予过问，致使侵蚀正赋，国库空虚。改革之后将耗羡提至省里掌握，朝廷以年终造册进行监督。至乾隆五年又将耗羡公开掌于户部湖广司，使耗羡取之有定数，用之有定款，从而加强了中央对地方的财政领导。但耗羡归公和养廉银制度的确立，把附加税变成实质上的正税，对非法的盘剥加以承认，对官员的额外搜求亦给予有限度的认可。它的出现，使加赋、贪污和丑行部分地公开化和合法化，因此，我们在肯定其积极作用的同时，也要看到其改革的不彻底性和弱点所在，以全面认识雍正所实行的提耗羡、设养廉的改革。

巧驭臣子

雍正帝在位时，施展心计巧驭臣下可谓游刃有余。他刚即位，特别留意军队情况，每有武官军绩突出，他都几乎让其人到内庭觐见，不失时机地施加教训，从而起到笼络军心之目的。参将张耀祖受到雍正三次接见，人们都引以为荣。

张耀祖在江南淮安守城参将任上成绩显著，于雍正元年三月考选军政列卓异优等。为此，漕运总督张大有行文兵部，张耀祖因此于五月初二日抵京，十二日便到乾清门请求皇上接见，当即得到允许。

雍正接受请安，听完张氏的简历后，对张耀祖说道："你是陕西人，如今在江南做官，想是在江南升的官了？"

"奴才在云南做了六年游击，是奉兵部命令调到江南的。"

"你曾出兵打过仗吗？"雍正问。

张耀祖回奏道："奴才出过兵，曾随原任云南提督桑格进征云南，荡平吴三桂叛军。"

"你既是那时节的人，也可以说是老人了。"雍正高兴地说道。

仅此对话，雍正便降旨准张耀祖列等"卓异"。三日后，张耀祖奉旨官加一级，升任副将。

五月十九日，张耀祖与新任参将闵文绣奉旨来到乾清门。不想接待他们的是奏事官张文彬，等张、闵二人接过谕旨后，却发现这样一段话："琼州镇总兵、碣石镇总兵是水师，还是陆路？着兵部查奏。张耀祖、闵文绣还没起身到任，告诉他们不可钻营门路，以防被人愚弄诓骗。"

张耀祖、闵文绣连忙叩头"谢恩"教训，还是张耀祖机灵世故，赶忙对奏事官张文彬说："奴才蒙主子天恩，已赏副将职，有什么不满足，去求别人钻营门路！"显然，张耀祖既是表忠，又是在自我辩白。看来，雍正似乎抓住了张、闵在京的一些把柄，或者借此招以考验一下张、闵。那么，张耀祖的回话到底能起些什么作用呢？

张文彬立即回养心殿复命。很奇怪，张文彬再出乾清门，传令张、闵二人入养心殿，说皇上要见二位。

二人入内跪请圣安后，只见雍正脸色很和悦。

"总漕张大有做官极好，实心办事，所以推荐你们二人，朕看来他举荐不差。"雍正先给他们一颗"定心丸"。随后对着张耀祖说："昨天授给你副将衔，尚不足朕任用之意。看你的才干，还可大用，今就授你为琼州镇总兵官。"然后，又转向闵文绣："徐州副将就赏给你补授吧！"

张、闵二人喜出望外，真是做梦也想不到的美事！所以，他们赶忙叩谢皇恩。

起初，雍正做出不接见的样子，只是叫人传出令张、闵迷惑不解的谕旨，然后很快接见二人，这倒不是张耀祖的那段话完全管用了，而是雍正让二人先惊后喜，与二人捉了一阵迷藏。

“你们二人，是朕破格推用的。到任后，务要谨慎供职，恤兵爱民，文武和衷，不可稍分彼此。总是要做好官，为国家出力。倘若辜负朕的擢用之恩，则国法俱在，断不宽容。你们做武官的，倒没有其他短处，只是小器些。如把小器去了，自然前程远大。”雍正连连训诫道。

张、闵二人齐奏道：“奴才一介庸愚武夫，历任以来，从无半点功劳报效皇恩。幸蒙圣上天恩，训诲谆笃，只有益励冰兢，抚宁地方，整饬营伍，以报皇上厚恩于万一。”

雍正听后自然高兴。随后，命赏赐二人各貂皮两张、龙缎二匹。张、闵一一跪领后谢恩退出。这是张耀祖受雍正第二次不寻常的接见。

张耀祖第三次觐见是在五月二十九日。

“看你是个老练之人，所以，无烦再多降谕旨。你到任后，要时时以做好官为念。你是朕特用之人，如果居官不好，岂不负朕擢用之恩？更何况国法森严，就是你犯了罪，法律也在所不容。世上多有年老的人，贪得无厌，你当以此为戒！”雍正恩威并用地说道。

张耀祖知道皇帝让自己说什么话，遂道：“奴才受主子深恩，还敢要钱？”

张耀祖回答极为得体。雍正听到了他要听的话，便将话题岔开，说：“你路经江南时，就向总督张大有传我的旨：朕本想将你放在他的标下，只因他标下只有副将之缺，而他既然奏请一人办理粮务，朕自应允其所请。不过，你效力多年，总不能滞留在副将任上。就让他再另推举一人，无论此人合例与否，朕自然会酌量准行。”

且看张耀祖回答道：“总漕张大有因今年漕粮水师似觉来迟，心甚焦急。他除办漕运外，还看兵丁射箭操练。”张耀祖显然替“伯乐”张大有多说几句好话，这也正投雍正的口径，因雍正对张大有既熟悉又宠信。

“他还操兵么？”雍正很感兴趣地说。

“他还操兵。清晨操练兵卒，早饭后就盘查钱粮，晚间则办明日之事。张大有急欲押船过淮河，以便赶到通州交卸后，赴京给圣主请安。这两日到山东八闸，因河水浅而船受阻，心甚着急。”张耀祖道。

雍正听后嘱咐张耀祖：“你向他传旨，不必着急。上年有水闸缝未清，漕船尚且难行，今年连遭山东干旱，运河水浅，他虽着急，也于事无补。就等有水之时，再紧些赶催上行。朕另有密旨，但只可就你和张大有知道，此外绝不可泄露。将来漕船抵通州误了期限，总漕和催漕文武官员都会有处罚，待参罚到日，朕自然宽恕不纠。这个意思也不可向催漕文武官员泄漏，那是因为他们事先预知此事，将来必至懈弛废事。”雍正的心计从此可见一斑。

“奴才知道，只传旨意让张大有钦遵。”张耀祖叩首回答。

雍正又拉开话题：“广东总督杨琳按才智尚可大用；巡抚年希尧，也是朕委用之人。你又蒙朕特拔，自然会用心协力。广东有些小的窃贼，已经拿获归案。如果尽行正法，恐伤上天好生之仁；若曲加宽宥，又为百姓之害。所以加以抽其脚筋之命，以全其性命。你到后，要下朕的旨意给杨琳等，就说：这一桩事甚合朕的心。”

张耀祖顺势向皇上表示忠心道：“奴才到广东一定传旨意给杨琳、年希尧。但奴才此去琼州，离主子膝前万里之遥，不知哪一年才能回来给主子请安，犬马下情，实在依恋啊！”

雍正听后，不禁笑道：“你到任之后，若想来京陛见，不拘一年二年，到时写来折子奏请就是了。”

“奴才还有下情。圣祖、皇太后一连两件大事(指圣祖、皇太后刚去世)，主子悲哀太过，天下文武百官和兵民百姓都仰望着圣主一人，恳祈圣主节哀。”张耀祖说。

雍正点头称是，不免客套一番。又说：“你们若能仰体朕心，做一个好官，保全地方，大事化小，小事化了，使兵民受福，这较之劝朕不更好吗？”说完，将孔雀翎子、香饼赐一些给张耀祖。并补加一句：“香饼是内庭所造之物，广东地方湿热，可将此饼时时携带，就能避瘴气。朕想多加赏赐你一些，因皇太后大事，朕心甚是悲戚，故不暇及此，等他日再说吧。”

张耀祖感恩戴德，第二天就赶赴北方人向来畏惧的广东新任了。

在笼络臣下方面，雍正是个出色的能手，在挑选心腹方面，他亦是毫不逊色，而且一经发现“宝贝”，常常破格提拔。

这又是个极不寻常的君臣对白纪实。

雍正元年(1723年)八月十三日，新任云南临元镇总兵官杨天纵被传至养心殿陛见。他一进养心殿，就诚惶诚恐地在御榻前跪伏，赶忙向新君请安。

“以前在哪做官？”其实雍正对杨天纵很熟悉，却明知故问。

“臣于康熙十五年(1676年)因吴三桂变乱从戎，曾随原任广西提督孙吉略救援湖广郧襄等地，并攻取四川巫山旱抨铺。后来拔补把总、千总，一度跟随四川提督唐希顺攻取打箭炉。事后屡蒙圣祖隆恩，特任为都司、游击、参将。又于康熙五十三年(1714年)特援山东沂州协副将。三任十载，寸功未报，不思今蒙皇恩授臣为临元镇总兵。回想圣祖天恩……”说到这，杨天纵不觉鼻子一酸，竟呜咽不语了。

雍正见状，劝道：“你不必垂泪，朕也心慕皇父难过。”还是雍正肚里能盛得下“悲痛”，他就此岔转话题：“你多大年纪了？”

“臣今年六十七岁。”杨天纵知趣地抹抹泪痕道。

“看你不过五十多岁。”雍正随便说道。

“臣于康熙十五年从戎时已二十岁，今年确实六十七岁。做武官的只有把年纪说少，不敢多说的。臣是顺治十三年(1656年)生的，今年实在是六十七岁。”不想杨天纵对皇上随便拈来的话倒认真起来了。

雍正不愿再讨论这个问题，遂言归正传：“你在山东做副将时表现很好。今放你到云南临元镇，是极边之地，到任后须要和辑兵民，训练士卒。”

“皇上设兵以为民，民以养兵，兵民都是皇上的，岂敢偏视？自古道：‘兵以民为食，民以兵为本’。”杨天纵卖弄起学问来了。

雍正听着很高兴，问道：“你读过书？”

“臣幼年读过书，只是从戎久了，读书便少了。”杨天纵说道。

雍正听后心喜，随口道：“你那里有个鲁魁山，尽是倮倮(彝族的旧称)，要好

生抚绥才是。”

“虽是倮倮，也在人教化。尚乞皇上赏臣御书，臣到那里就盖起御书楼，使兵民蛮倮瞻仰，臣好教化。”杨天纵倒不含糊。

雍正一听很高兴，说：“这两日不得闲，日后或督、抚之人，或称上折时，朕再写上给你带去。”

杨天纵又放大了胆子请道：“临元蛮多汉少，还恳乞皇上天恩，有个三等侍卫名叫马成林，昨见其弓箭很好；又有一巡捕千总吴秀，原是巨标下把总，请将此二人赏臣一同带去任上。”

雍正当即应允，马上传旨：“着管侍卫大臣将马成林、兵部将巡捕营千总吴秀交与临元总兵，明日带来引见。”并随手把康熙帝用过的素珠、小刀等六种遗物赏给杨天纵，并说：“这是先皇的东西，你带去如同见了父皇一样，就叫子孙世代供奉罢！”

杨天纵得意外赏赐，顿时声泪俱下：“臣何德何能，敢蒙圣上殊恩！今后当竭尽犬马之力，恤兵爱民，以报效皇上于万一。”

至此，雍正几乎将恋眷前朝旧恩的杨天纵完全争取过来了。接着，又赐给他一些诸如金翎子宝刀等物，杨天纵千恩万谢地领赐品退出。第二天，马成林、吴秀被杨天纵领到养心殿陛见，雍正对二人很满意，当即传令两人各升一级，赏给杨天纵带去。

八月十六日，杨天纵来乾清宫面请扈驾送康熙棺椁赴陵，这显然是个费心不讨好的举动，因为雍正对他恋眷先皇的忠心并不感兴趣，他只关心杨天纵这样感恩于老皇帝的人忠于自己！

“你已经拜谒过陵寝，所以不必再送了。到了十八日，你只随九卿们一起送过，拿了官凭就起身上路，也不必等候朕回銮后再起程。”雍正有意无意地扫了杨天纵的兴致。

“臣还有事要奏。”杨天纵似乎已感到有点不对劲了。

得到允准后，杨天纵说：“云南现有两个缺位，恳请让马成林、吴秀补上。”

“临元有个游击缺，朕已补放了曹登云。”雍正说。

杨天纵乘机提议：“元江协有个守备缺，恳请让吴秀补上；永顺镇右营有个游击缺，恳请让马成林补上。”

雍正先是一愣，然后问：“你讨的官，为何补到别的部队去？”

杨天纵毕竟老成有谋略，随口说道：“反正都是皇上的地方。”

雍正听后自是高兴，立即传令兵部按杨天纵的提议办理，并对杨天纵表示：你到云南后，就对总督说，如马、吴二人做官好，可各升一级！

雍正对自己特命的官员，都要亲自接见训戒一番。

雍正二年七月二十一日，对翰林院编修曹友夏、刑部陕西司郎中张无咎来说，是值得庆贺的日子。这天，有旨传给二人：曹友夏著补福建邵武府知府；张无咎补授福建泉州府知府！为什么京官放了知府外任，倒高兴呢？殊不知当时小京官清苦，他们都希望到地方多捞点肥水！

八月初三日，曹友夏、张无咎一起遵旨来到乾清门，请求谢恩训示。不久便得旨传见于养心殿。二人分别跪请圣安、谢恩、自陈履历。

“臣曹友夏，江南镇江府金坛县人，年五十九岁。康熙五十四年进士，蒙圣祖

钦点为翰林院庶吉士，后授职为翰林院编修。今年七月二十一日拣选引见后，蒙皇上特恩补授福建邵武府知府。”曹友夏首先说。

张无咎接着奏道：“臣张无咎，山东人，四十八岁。由贡生捐官典簿并主事，于康熙六十年升授刑部陕西司郎中。今年七月二十一日拣选引见，蒙皇上特恩补授福建泉州府知府。”显然，买官做的人比不上科班进士出身的人，张无咎学着曹友夏的话自陈履历。

“你们都是朕特点的知府，如今出去做官，要存朕的脸面。你们平日窗下读书，自然想要做个好官，切不可忘记了。你们要做好官，为地方造福，就是为你们的子孙造福了。你们出去做了官，外面的总督、巡抚必定说圣主用的人不错，那么，你们就是朕的忠臣了。你们果然实心办事，不沽名钓誉，朕自然会知道。就看张楷吧。他做官好，只用两年朕就连升他到布政使高官。他做官好，朕为什么不升他？你们一定要勉力，朕希望你们将来成为名臣，务必记着朕的训旨。”雍正滔滔不绝地训示道。

曹、张二人像背好了台词：“臣敬记于心，时加策励。”

“张无咎，你在刑部时做事很尽力，也顾惜脸面。如今出去，仍要像在部里所做那样。”雍正开始逐个训示了。

张无咎表决心说：“臣凛遵圣训，洁己率属，爱养百姓，竭尽犬马之力，以上报皇恩！”

“曹友夏，你是翰林，更要存朕的脸面。人说翰林只会写写诗文，不懂吏治。朕说不然，哪里有先学养子而后嫁人的道理呢？事在人为嘛。翰林若只会饮酒赋诗，便无用了。”雍正又转向曹友夏，说的极为实在。

“臣蒙皇上授为知府，就把翰林两字放在一边了。要做清官，这才是分内的事。还要实心爱民，实心办事，才可回报皇上的天恩。臣今后不但不敢饮酒，就是赋诗也可能无暇顾及了。”曹友夏很会表白，但虽然想丢下翰林的架子，却也不时露出一点“酸”气来。

雍正听了曹友夏做了地方官都不想饮酒作诗了，不禁连连点头，很赞成他丢掉读书人的脾气，实心做个好官。说：“很是，很是！你们都要记着朕的训旨，用心办事去吧。”

后来，曹张二人真的没有给皇帝“丢脸”。

清高宗弘历

高宗爱新觉罗·弘历

驭臣有术　威柄独操

乾隆帝刚即位时,还是个 20 余岁的青年。当时,朝中大臣分为鄂尔泰和张廷玉两个帮派,这已成了公开的秘密。鄂、张都是先朝重臣,党羽甚多,朝野臣僚要么投在鄂尔泰门下,要么求张廷玉庇荫。两派明争暗斗,互相倾轧,连刚毅果断的雍正帝都感到束手无策。因为这两人都有大功于国,所以雍正帝特许二人死后附太庙配享。太庙是皇帝家族的祖庙,臣僚能得到配享的待遇,那是极高的和十分罕见的荣宠。这两大派系朋党的存在,给乾隆帝提出一个突出的难题,即能否妥善处理两派的关系,这成为朝政能否正常运行的关键。

乾隆帝继位后明确表示痛恨私立朋党,同时,对两派臣僚一视同仁,有功即赏,无功即罚,决不少贷。如果要起用哪一个人,不只询问一方,而是令各人直陈,同时还要询问许多其他的人。被询问的人都需直言直语,倘被发现故意掩盖或美化,轻则被训斥,重则被解职回籍。于是,朝中虽有门户对立,但双方都兢兢业业地为朝廷尽力,任何一派都不敢骄横。在乾隆朝,这种门户对立不但没有明显影响朝政的运行,有时反而促使双方都争相为国立功。

乾隆帝对臣下恩威并施,凡是为国立功者,可以顿升公侯。如出征将领凯旋归来,乾隆帝通常在紫光阁宴劳。后来,乾隆帝命画工为功臣画像,挂在紫光阁中,以示荣宠。因平定准噶尔和南疆大小和卓的叛乱,功臣 100 人画像入阁,其中以大学士傅恒为第一。以平定大小金川的叛乱,又画功臣 100 人像入阁,以大学士阿桂为第一。后又因平台湾的叛乱,绘功臣 20 人像入阁。阿桂虽未至军中,但图像仍为第一。最后因击退廓尔喀进犯,绘功臣 10 人像入阁,阿桂以自己未亲自参与战斗,恳让福康安为第一,阿桂列第二。乾隆年间,将领在外多能用事,战争都以胜利告终,这与乾隆帝不吝褒奖是有关系的。

乾隆帝虽然儒雅风流,但权柄从不稍假予人。自雍正以后,军机处就成了皇帝下面的最高权力机构。乾隆帝每天早上都到军机处理政。夏天,他到军机处时天也就明了;冬天,他到军机处时也就是五更时分。军机处一般有十几个人,每天晚上要留一个人值班,以备有急事,候乾隆帝临时召见。又怕事情多一个人处理不了,每天还要有一个人早早地到军机处相助,当时称之为"早班"。乾隆帝从寝宫出来,每过一道门就放一声爆竹。听到爆竹声由远至近,军机处官员就知道皇帝要来了。一般情况下,乾隆帝到军机处后,蜡烛还要点一寸多天才明。军机处的官员每五六天轮一早班,尚感到很辛苦,乾隆帝却天天如此。这使得军机处官员不敢稍有懈怠。倘如边疆用兵,只要有军报送来,就是在半夜里,乾隆帝也要立即亲自观览,随时召军机处官员面授机宜。军机处官员按照他的口授拟好文,再交给他过目。这中间往往需要一二个时辰,而乾隆帝还披着衣服等待。军机大臣都可以专折奏事,最后均听乾隆皇帝决断。

乾隆帝鉴于明代宦官多通文墨,故能够弄权,把明代政治搞得一塌糊涂,所

以他一改旧制，将原来教习宦官读书识字的内书堂废掉。乾隆帝说："内监的职责就是供命令，只要略识几个字就行了，何必派词臣给他们讲文义呢？明代宦官弄权，原因就在这里。"自乾隆三十四年(1769)以后，内宫便再也不派词臣教习宦官了。

乾隆帝还有一个禁止宦官弄权的措施，那就是凡当差奏事的宦官，一律都要改姓为王。这样，外廷官员就难以分辩，避免了他们之间的勾引。有一个叫高云的贴身宦官，他向乾隆帝说了几句外廷臣僚的事，涉及朝廷事务，乾隆帝立命将这个宦官处死。

清代的宦官由内务大臣管辖，不许宦官到外边胡作非为。乾隆二十二年(1757)四月，直隶总督方观成上疏，弹劾巡检张若瀛，说他竟敢擅自杖责内监，这是一种目无皇上的大不敬行为，乾隆帝览疏，不但未准奏，反而斥责方观成不识大体。没过几天，那个被弹劾的张若瀛却连升七级。为了这事，乾隆帝特发了一道谕旨，凡内监在外边滋扰生事者，许外廷官员随时惩治。更有趣的是，有一个在御前听用的太监，乾隆帝直呼他为"秦赵高"。实际上这个宦官并没干什么坏事，乾隆帝这样称呼他，只是为了向他示警。正因为清前期对宦官管理较严，所以清代没出现过像明代那样的宦官之祸。

乾隆帝接受了历史上外戚为乱的教训，对后宫的管理也很严格。皇后只能管理六宫事，不得干预外廷政事。他还用历史上著名的有德行的后妃为例，作"宫训图"十二帧，每到年节就在后宫张挂，作为后妃们学习的榜样。例如，其中有"徐妃直谏"、"曹后重农"、"樊姬谏猎"、"马后练衣"、"西陵教蚕"等等。在宫中举行宴席时，乾隆帝还让后妃们以"宫训图"中的人物为内容，联句赋诗。后妃母家人虽不时蒙得赏赉，也不乏高官显宦，但都不敢过于弄权。

平靖边疆　谨守国门

雍正年间曾大规模地"改土归流"，将许多世袭的土司改为流官。雍正末年，由于某些善后工作不妥，贵州云南等地的少数民族苗族又发生叛乱，清廷派刑部尚书张照前往平叛。他反对鄂尔泰所推行的"改土归流"的政策，密奏"改流非策"，甚至提出要将大片西南土地放弃。他不懂军事，混乱纷更，故虽大兵云集，却旷日无功，苗族西南叛乱的规模越来越大。乾隆帝即位不久，听到这种不好的消息，颇为震怒，决心调整布置平定叛乱。他断然下令将张照逮治下狱，另派张广泗经营苗疆。

张广泗是治苗的老手，经过通盘筹算后，制定了"暂抚熟苗，力剿生苗"的策略。乾隆帝很赞赏他的计划，命他照计划行事。张广泗号令严明，对苗众先分首恶、次恶、协从三等惩治，因此进军所向克捷。张广泗的捷报传来，乾隆帝笑容满面，立命张广泗为贵州总督，兼管巡抚事。乾隆为照顾苗民的习俗和安抚他们，又规定苗民诉讼，仍按苗俗审理，不拘律例。初次用兵即获大胜，这使得乾隆帝对用兵增强了信心。他在位期间，多次对边疆用兵，虽损失惨重，但都取得了胜利。他在晚年自诩"十全武功"，就表现了他对用兵胜利的沾沾自喜的心情。

在乾隆帝在位的60年间，他多次对边疆和属国进行征讨，这成了他政治生涯中极为重要的内容。

乾隆十二年(1747)，大金川首领莎罗奔公开叛乱。乾隆帝命张广泗为四川

总督，全力进剿。莎罗奔负险顽抗，清军多次失利。乾隆帝又派大学士讷亲前往督师。讷亲趾高气扬，一到前线，就严令三天攻下叛军核心据点刮耳崖，否则以军法从事。结果是损兵折将，讷亲自感失误，从此不敢自出一令。张广泗受了讷亲的斥责，对讷亲不知兵而事权反出己上感到不满，故负气推诿。过了半年，银饷花费不计其数，而战功却无。乾隆帝大怒，立命将张广泗逮治来京，说他"负恩忘国"，按律斩首。接着传旨，命讷亲回奏。讷亲尽把责任推给张广泗。乾隆帝将讷亲的奏折掷到地下，命传侍卫到讷亲家，取出讷亲祖父遏必隆的遗剑，派人送往军前，令讷亲自裁。之后，乾隆帝另派大学士傅恒为经略，增派军队，和岳钟琪分两路进剿。莎罗奔乞降，大小金川遂告平定。乾隆帝十分高兴，对傅恒优诏褒奖，把他比作平蛮的诸葛武侯，封他为一等忠勇公，岳钟琪封为三等威信公。在凯旋时，乾隆帝命皇长子和诸王大臣郊劳，他亲自在紫光阁行饮至礼，并在丰泽园赐宴随征将士。

乾隆三十一年(1766)，大金川再次叛乱。乾隆帝命四川总督阿尔泰率军往剿，多年无功。乾隆帝下令杀了阿尔泰，另派大学士温福督师，以尚书桂林为总督再征大小金川。用兵数年，劳师靡饷，清兵接连受挫。乾隆三十八年(1773)，乾隆帝因温福已战死，桂林无功，遂以阿桂为定西将军，严令剿灭叛匪。乾隆四十一年(1776)，阿桂攻克了大金川的最后据点噶尔崖，叛乱被平息。叛乱头目索诺木和莎罗奔率家族 20 余人出降。阿桂献俘京师，乾隆帝御午门受俘。索诺木和莎罗奔被凌迟处死，其家族人等有的被杀，有的被监禁，有的被发边为奴。乾隆帝封阿桂为一等诚谋英勇公，并画像入紫光阁。此役后，改大金川为阿尔古厅，小金川为美诺厅。

乾隆二十年(1755)，乾隆帝派兵平定准噶尔部的叛乱。康熙帝和雍正帝对准部多次用兵，但未根本解决问题。准部时服时叛，成为清廷的一块很大的心病。在厄鲁特蒙古内附后，乾隆帝感到形势有利，遂命班第为定北将军，以归附的阿睦尔撒纳为定边左副将军，分两路向准噶尔部进攻。准噶尔军纷纷投降，接应清军。清军兵不血刃进入伊犁。叛乱头目达瓦齐见势不妙，率数十人往南疆逃窜。南疆维吾尔族各部纷纷响应清军，摆脱准噶尔的统治。达瓦齐逃到乌什，被维吾尔人民擒获，押送清营，继而被解送北京。乾隆帝痛斥了达瓦齐叛国的罪行，但为了照顾民族关系，赦免了他的罪过，还封他为亲王，让他住在北京，受到很好的待遇。

乾隆帝在平定了达瓦齐的割据势力后，为了削弱准噶尔部的割据势力，把厄鲁特四部封为四汗，使各管所属。但是，阿睦尔撒纳自恃平叛有功，一心想当四部的总汗。乾隆未答应他的这种要求，但给了他特殊的荣宠，晋封他为双亲王，食双俸。他仍不满足，制造分裂的野心恶性膨胀起来。他不穿清朝官服，不挂清朝官印，行文各部"以总汗自处"，积极准备叛乱。乾隆二十年(1755)九月，乾隆帝命他到避暑山庄入觐，想调虎离山，消患于未然。阿睦尔撒纳看出了清廷的用意，在半路上逃回，公开打出了叛乱的旗帜。

叛乱迅速扩大，驻守伊犁的班第兵败被杀。乾隆二十二年(1757)，乾隆帝命衮札布为定边将军，出北路；命兆惠为伊犁将军，出西路。清军长驱直入，锐不可挡。阿睦尔撒纳仓皇逃入俄国。后来，他因患天花病死，俄国把他的尸体送给清廷。

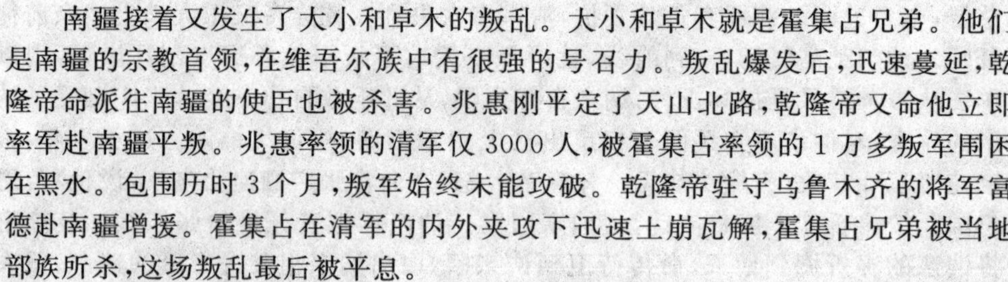

南疆接着又发生了大小和卓木的叛乱。大小和卓木就是霍集占兄弟。他们是南疆的宗教首领，在维吾尔族中有很强的号召力。叛乱爆发后，迅速蔓延，乾隆帝命派往南疆的使臣也被杀害。兆惠刚平定了天山北路，乾隆帝又命他立即率军赴南疆平叛。兆惠率领的清军仅 3000 人，被霍集占率领的 1 万多叛军围困在黑水。包围历时 3 个月，叛军始终未能攻破。乾隆帝驻守乌鲁木齐的将军富德赴南疆增援。霍集占在清军的内外夹攻下迅速土崩瓦解，霍集占兄弟被当地部族所杀，这场叛乱最后被平息。

乾隆帝鉴于准噶尔部屡次发生叛乱，便于乾隆二十七年（1762）在惠远城设伊犁将军，总辖新疆南北两路事务，从而加强了中央政府对新疆的统治。

乾隆年间，清廷与周边国家也时有战事发生。乾隆帝在平定了大小金川的叛乱后，又命阿桂赴云南，与云贵总督李侍尧勘定中缅边界。因叛乱者有不少人逃往缅甸，乾隆帝命他们整修战备，向缅甸索要叛人。缅王孟驳闻讯十分恐慌，马上遣使奉表入贡，表示愿意献还俘虏，只请求开关互市。乾隆帝答应了缅甸的要求，但缅人只将叛人放回了一半。乾隆帝遣使切责，缅甸新王孟云慑于中国的军威，便遣使奉金塔一座，驯象八只和宝石、番毡等物求贡，并将叛人全部送回。乾隆帝十分高兴，乃颁诏封孟云为缅甸国王，并谕暹罗，不可与缅甸继续构兵。从此以后，缅甸和暹罗二国都臣服清朝，不敢轻易发动战争。

乾隆二十六年（1761）八月，廓尔喀侵略军进犯西藏，深入到日喀则，占领了札什伦布寺，将六世班禅遗留的金银财物、法器珍宝抢劫一空，并到处烧杀抢掠，使西藏僧俗人民遭受了极大的灾难。乾隆帝闻讯后，即派福康安为将军，海兰察为参赞，调兵入藏，迎击入侵的敌军。清军所到之处，受到西藏人民的支持和欢迎，达赖喇嘛还亲自带领僧俗人等协助作战。清军很快将廓尔喀侵略军逐出西藏，并越过喜马拉雅山，到达距加德满都仅 20 英里的纳瓦科特。廓尔喀统治者遣使求和，表示今后永不侵犯西藏，并归还抢夺的金银宝物。福康安奏请乾隆帝谕示，乾隆帝接受了廓尔喀的停战条件，命福康安撤兵返回西藏。

乾隆帝感到西藏地方政府太腐朽，无力阻止外来侵略，行政体制也存在着不少弊端，遂命福康安与达赖、班禅共定西藏善后章程，这就是著名的《钦定西藏章程》。它成了中央政府为西藏地方政府制定的最高法律。乾隆还提高了驻藏大臣的权力，对防止西藏农奴主贵族搞分裂割据有重要意义。还密切了中原与西藏人民的关系，加强了清朝中央政府对西藏地区的管辖。乾隆皇帝为迅速击退廓尔喀的侵犯，为西藏问题的妥善解决感到十分高兴，特晋封福康安为武英殿大学士，封为贝子。

乾隆帝对自己的武功很得意，亲自撰写了《十全武功记》。乾隆五十七年（1792）十月，他命人建造碑亭，以满、汉、蒙、藏四种文字铭刻碑上，以昭示他的武功。所谓“十全”，是指两平准噶尔，定回部，两定大小金川，靖台湾，服缅甸、安南，两服廓尔喀，合计为十。他自诩为“十全老人”，并镌刻了“十全老人之宝”。他凭借清初发展起来的国力，东征西讨，使清朝的国势在乾隆年间达到极盛时期。

乾隆在注意巩固边疆与周边国家关系时，对这时已来到东方，进而叩响中国大门的西方殖民主义者也给以了足够警惕。

清朝在康熙帝统一台湾后，开四口与外国通商，中外贸易一时呈现出兴盛状态。乾隆初年，英国商人来华贸易的越来越多，他们与中国的行商相勾结，经常干一些违犯中国法律的事。乾隆二十二年(1757)十一月十日，因英商洪任辉“屡次抗违禁令”，乾隆帝传谕外国商人，以后只准在广州一口通商，禁止外商再往厦门、泉州、宁波三地贸易。两年后，乾隆帝命臣下制定了《防范外夷规条》，史称“防夷五事”。其大体内容是：禁止外商在广州过冬；外商必须接受中国行商管束稽查；禁止外商雇用役使中国人；外商不得雇人传递信息；外商不得在广州自由出入等等。同时，在广州设立保商制度，保商都由官府派遣，凡外来人员、船只、货物和纳税等事，都由保商担保。还规定，金银、五谷、丝绸等物一律不得出洋。后世人们所常说的清代的“闭关政策”，主要就是指乾隆帝所颁行的这些法令和措施。

当时，英人在对华贸易中居于主导地位，贸易额也最大，广州的中国行商欠英商债款的纠纷不断发生，乾隆帝颇为恼火，命广东地方官对外商和中国行商严加控制。外商在中国发展贸易愈加困难。为了发展对中国的贸易，英国决定派高级使臣来华，这就出现了历史上有名的马戈尔尼来华事件。

乾隆五十八年(1793)，以为乾隆皇帝祝寿为名，英王遣马戈尔尼出使中国。此人富有外交经验，曾出使过俄国，并且在印度任过长官。为了显示英国文明程度高，所带贡品都经过精心选择，主要是天文、地理仪器、钟表、图象、军器、音乐、器皿等物，共19件，价值1.3万英镑。为了显示马戈尔尼地位隆崇，除了东印度公司派有两艘船以外，另派兵船一艘。在启程来华之前，东印度公司先期通知两广总督，由总督奏达乾隆皇帝。乾隆帝听说大英帝国遣使为自己祝寿，满心欢喜，传旨准英使由天津入京朝觐。

马戈尔尼一行由广州经舟山，到达山东登州海面。当地官员上船迎接，并向英使宣读乾隆帝的谕旨。因为这时正值夏季，乾隆帝正在承德避暑山庄，马戈尔尼则表示，他愿意“敬赴山庄叩祝”。

马戈尔尼八月初到热河，但关于觐见礼仪问题却颇费周折。乾隆帝要臣下导英使行“三跪九叩”礼，马戈尔尼认为不合英国礼俗，拒绝接受。为此，乾隆帝大为不快，要臣下传谕英使，既然来中国，就要遵守中国法度和礼仪。乾隆帝认为英使“妄自骄矜”，下令“全减其供给”，实际上是向英使施加压力，预示着这次朝觐有夭折之势。最后达成折衷办法，许英使跪一膝行礼。

农历八月十日正式觐见。马戈尔尼向乾隆帝呈递了表文，奉献了礼品。乾隆帝回赠英王的礼物也很多，对马戈尔尼本人也厚加赏赉，并赐予一道敕书。马戈尔尼虽然在热河一个多月，但关于商务问题却一直未得表达。回北京以后，马戈尔尼书面提出六项要求，其主要内容是扩大贸易，增加通商港口，允许英人在广州居住，请允许占用一小岛贮存货物，允许传教士在各省传教。乾隆帝回复了英王来书，断然拒绝了英人要求。特别是对英人想占用中国岛屿之事，乾隆帝更是严词申谕：“天朝尺土，俱归版籍，疆址森然。即岛屿沙洲，亦必画界封疆，各有专属。”乾隆帝在敕谕中反问道，倘若别的国家纷纷效尤，也要中国赏给岛屿以住买卖之人，怎么都能答应它们的要求呢？

对英国殖民者的领土要求，乾隆帝作出如此严正的回答，维护了中国的主权和尊严。马戈尔尼感到所求无望，遂于九月三日离京返国，颇有怨望。

乾隆年间，西方国家中除了英国遣使来华外，其他不少国家也都曾遣使来

华。乾隆十八年(1753),葡萄牙使臣巴哲格来中国。乾隆帝对葡使颇为优遇,特令沿途供应“量从丰厚,以示怀远之意”。乾隆帝还特派内务府郎中和德人钦天监监正一起到广州迎接。乾隆帝在回复给葡王的“敕谕”中,除了表达友好的语言以外,有关通商诸事全未涉及。

乾隆六十年(1795),荷兰以祝贺乾隆御极六十周年为名,派德胜为正使来华。乾隆帝认为“此系好事”,特令广东地方官派人沿途护送,妥为照料。军机处官员验礼品后,颇嫌菲薄,认为都不是贵重之物。乾隆帝未予计较,仍照常予以赏赐,还赐予使臣一个亲笔写的“福”字。

风流天子　香妃殉节

乾隆帝边疆用兵,连传捷报,再加上连年风调雨顺,海内升平,他俨然感到自己是个太平天子。因此纵情享乐,干出了不少风流韵事。康熙时曾修建了一处畅春园,赐给了当时还是藩王的雍正帝,后赐名为圆明园。雍正帝即位后,对圆明园大加扩建,添了不少的楼台亭榭。现在轮到了乾隆帝,他拨出库中大量白银,命工部规划大规模扩建。一时集中了大批的能工巧匠,费了无数心血,在什么地方植树,什么地方栽花,某处凿池,某处叠石,点缀得优雅别致,不论春夏秋冬,都感到相宜。乾隆又责成各省督抚,搜集了无数的珍禽异卉,古鼎文彝,一齐陈列园中,供皇家人员玩赏。园林告成后,乾隆帝陪太后到园中游玩。他还发了一道圣旨,自后妃以下,凡公主、宗室、命妇以及近属,都准入园游玩。

这一天,时值春季,风和日丽,乾隆帝护着皇太后在前,后妃公主等在后随行,两旁迎驾的人统已站定,妇女个个都打扮得花枝招展。其中一位命妇,鸭蛋脸,弯弯的眉毛,鼻子丰润,粉腮上还有两点酒窝,鬓边插着一朵红花,娇楚动人。乾隆帝看到这个美貌妇人,心神飘荡,正不知怎样是好。因当着众人,不便细问,只呆呆地看着。一会儿,皇后到那丽人跟前,称她为“嫂嫂”,乾隆帝这才忽然想到,那个丽人正是内务府大臣傅恒的妻子。在随意闲游时,傅夫人跟在皇后后面,乾隆帝不时回头。傅夫人也有意无意地瞻仰御容。回宫后,乾隆帝的眼前常常现出傅夫人那妩媚的面容来,因而连朝政也懒得去处理,整天无精打采。

在皇后生辰那天,乾隆帝的精神忽然振奋起来,因为傅夫人这天要进宫为皇后祝寿。这天在坤宁宫开宴,为皇后庆贺千秋节。乾隆帝早早地退了朝,到坤宁宫入席,与傅夫人又是联诗,又是让酒。自此以后,傅夫人常常被召入宫,陪皇后散心。日子一久,傅夫人就常留在宫中歇息。其间,乾隆帝不时与傅夫人偷偷寻欢作乐。一些宫女虽然心里明白,但不敢声张。

乾隆帝为了与傅夫人可以经常偷情,多次派遣傅恒至边疆统兵作战。后来,傅夫人生下一子,满月时抱入宫中,请乾隆帝赐名。乾隆帝看这个孩子肥硕强壮,面容很像自己,故十分宠爱,赐名叫福康安。以后福康安8岁时,乾隆帝即让他在御书房和皇子们一起读书,12岁时便被封为贝子。长大后被封为大将军,多次受命出征,终乾隆一朝受到乾隆无微不至的呵护。

时间长了,皇后渐渐悟出了其中的蹊跷,但为顾全面子,又因傅夫人是他的嫂子,不好说破,只得把苦水咽在肚里,加上立为太子的儿子和另一个儿子先后夭折,更是整日里闷闷不乐,面容也显得一天天地憔悴起来。

乾隆帝与富察皇后原本十分恩爱,只为了傅夫人的事,二人才稍稍乖离。乾

隆帝为了给这位富察皇后解闷，便下旨东巡，谒孔陵，祭泰山，游览了不少名胜。尽管景色宜人，但富察皇后总打不起精神，时时忘不掉死去的儿子。在旅游中受了一些风寒，遂一病不起。随行的御医无论怎样用药，总不见皇后的病情好转，反倒一天天加重起来。乾隆帝感到很焦急，立命回銮。沿途又找山东的一些名医诊治，都无效验。刚到德州，皇后就死了。乾隆帝感到十分悲痛，扶棺大哭。回京后治理了丧事，谥号孝贤皇后。

富察氏虽然身为皇后，但平时很节俭，穿衣从来不挂珠翠。后宫中人大都有用金银线缀成的荷包，她认为已属奢侈。她每年送给乾隆帝的佩囊只是用鹿皮制成，其用意在于清人起身于关外，寓有不可忘本的意思。因此，乾隆帝对这位皇后格外敬重，之所以谥号“孝贤”二字，正是为了褒奖她的贤淑。

因孝贤皇后早逝，乾隆帝对皇后母家格外恩遇。皇后的兄弟不是封侯，就是封伯，皇后全家有14人得到爵位。几乎达到了“外家恩泽古无伦”的地步。

有关乾隆帝的风流佳话中，传闻最多的莫过于香妃了。乾隆二十三年(1758)，南疆发生了霍集占兄弟的叛乱，乾隆帝派兆惠等人前往镇压。第二年叛乱被平息。兆惠俘获了霍集占的妃子香妃。她身上生来就有一种异香，不用涂脂抹粉，香气袭人，人们因而称她为香妃。乾隆帝的后宫虽说嫔妃成群，但却没一个有这种天然香味的。兆惠俘获香妃后，为了取得乾隆帝的欢心，立即派人密折奏闻。乾隆帝闻报大喜，命兆惠尽快送往京师。因路途遥远，怕长时间风霜跋涉有损香妃的容颜，命兆惠派可靠的人好生护送，并谕示沿途地方官，要好生安排香妃一行的食宿起居。

香妃到京后，宫监将她引入内宫，觐见乾隆帝。果然是玉容未近，芳气先来，这种芳气既不是花香，也不是粉香，而是一种奇芬异馥，沁人心脾。宫监让她到御座前行礼，但她全然不睬，只是泪眼汪汪，令人十分怜爱。乾隆帝说她生长在边远地区，不懂朝中礼仪，遂命不必苛求。按照乾隆帝的意思，宫监将香妃领入西苑居住。之后多次派能言善辩的宫女劝说，但香妃或面若冰霜或只是垂泪。再到后来，香妃对前来劝她的宫女说，如果皇帝逼她，她就用匕首自杀。甚至还说，她还不想白白地死去，即使自杀，也要再杀一个足以抵得上她的前夫的人。

乾隆帝本人也不时到西苑小坐，希望时间一久，她那思念前夫之心就会消失。一遇到什么节日，香妃就暗暗地落泪。乾隆帝见此情状，回来与和珅计议，以后香妃的饮食起居，完全按照回族人民的传统格式，吃回式蔬菜，穿回式衣服，另选派回族妇女对她好生侍候。按照乾隆帝的命令，在西苑为香妃建起回式的房屋，还修建了回教礼拜堂，想以此取悦于香妃。有时，乾隆帝还派人领着香妃到风光秀丽处去游玩。可以说，凡是想得出来的办法都用上了。但是，尽管乾隆帝百般劝诱，但香妃始终不肯屈从。

皇太后听说了这件事，生怕香妃在深更半夜里刺杀了自己的儿子，便把乾隆帝召入内宫，对他说：“这位妃子既然不肯屈服，你就不如杀了她以成全其志向了，要不然的话，就干脆把她放归乡里，还让她住在宫中干什么呢？”乾隆帝明知香妃志不可屈，但总舍不得杀了她，也不愿意让她回乡。

这样停了几年，倒也无事。有一年冬至，乾隆帝去大坛举行圜丘大祀，皇太后趁机派人把香妃召入慈宁宫。香妃入宫后，皇太后命人把大门上了锁，即使皇帝来也不得入内。皇太后把香妃召至跟前说：“你志终不肯屈，那么你到底想怎

么着呢?”香妃答道:“只愿一死!”皇太后见她说得坚决,就说:“那么我今天就赐你一死,行吗?”香妃马上跪下叩头说:“太后遂了我的这个志向,恩德比天地还大。”说着说着,泪流满面。皇太后一时也感到非常难过,遂命人将香妃引入旁边一间小屋,梁上系着细绳,让香妃自缢而死。

这时乾隆帝正在天坛大祭,忽听下人飞马来报,说香妃被皇太后锁在慈宁宫,生死不知。乾隆帝闻报大惊,大礼还未做完,即命驾匆忙回宫。因宫门已上锁,无法进入,乾隆帝遂在宫门外大哭。不大会儿宫门开启,皇太后命人领乾隆帝进入,这时香妃已经气绝。但她肤色仍像活时一样,脸上似乎还含着笑容。乾隆帝见状十分悲痛,命人置备棺木,以妃礼厚葬。

宠信和珅　笼络文人

和珅是乾隆第一权臣,从后来被查抄的财产来看,也是中国第一大贪污犯。他之所以能骄横跋扈,自然是因为深受乾隆帝宠信所致。但是,乾隆并不昏庸,而是一个非常老练刚毅的皇帝,怎么能对和珅的奸贪毫无觉察呢?更何况,即使不算和珅当侍卫小官的年月,仅从进入权力核心算起,和珅弄权亦有20余年,如果说乾隆帝毫无觉察,那是不可能的。奇怪的是,乾隆帝对和珅却一直宠信不衰,其中必有极深的原因。

据某些野史记载,原来,雍正帝有一个妃子,长得十分娇艳美貌。那时,乾隆帝是个年近20的皇子,一次因事进宫,从这个妃子身边经过。这个妃子正在对着镜子梳发,乾隆帝忽地从后面将她的头抱住,用两手捂住她的两眼。其实,乾隆帝只是与她开玩笑,说不上有什么不正的心术。这个妃子不知道是乾隆帝,一时惊慌,用梳子向后击去,正打在乾隆帝的额头上,还留下了一个小伤痕。第二天,乾隆帝进宫去看她的母亲。他母亲即雍正帝的皇后,见他额头上有个伤痕,问是怎么回事,乾隆帝支支吾吾地不想说,但经不住皇后的再三盘问,就把事情的经过说了出来。皇后一听大怒,怀疑这个妃子调戏太子,立命将妃子赐死。乾隆帝十分惊慌,想坦白承认是自己的过错,不能责怪这个妃子,但又未敢直说。踌躇了半天,未想出好法。当他跑到妃子住所的时候,这个妃子已经上梁自尽。乾隆帝非常悲痛,用手指在妃子颈上按上硃印,默默地说:“是我害了你,魂如有灵,等20年以后再来与我相聚。”说罢,满怀悲痛回到自己的住所。

乾隆中期,出身于满洲正红旗的和珅在銮仪卫当差役,即为乾隆帝抬轿子,地位很低。有一天,乾隆帝到圆明园中去闲逛,起初天气有些阴,不觉得炎热。但是到了中午,云开日出,遍地阳光,顿感炎热起来,仓猝间却找不到黄盖。乾隆很生气。正在这时有人马上送上了黄盖。乾隆一看来人,是个美貌少年,唇红齿白,就问:“你是何人?”来人应道:“奴才名叫和珅,是满洲官学生,现充銮仪卫差役。”乾隆觉得此人面熟,似乎在什么地方见过,但又一时记不起来。回宫以后还一直惦念着这件事。他忽然想到,和珅的面貌与那个妃子相似。于是,便密召和珅入宫,令跪在跟前,反复端详,果然相似。再看和珅的颈上,也有一个痣,宛如手指的印痕。这时,乾隆帝便认定和珅是那妃子的后身,倍加怜爱。经询问,知道和珅颇通文墨,于是立即提升他为宫中总管。

和珅骤升要职,自然十分感激,侍奉乾隆帝十分尽心;乾隆帝常令他跟在身边,有问必答,句句称旨,乾隆帝心里也格外高兴。和珅日受宠任,乾隆帝似乎日

夜少他不得。乾隆帝似乎感到，对和珅宠爱一分，就能减轻一分自己对那位妃子的负罪感。原来，身为皇帝的乾隆帝信奉佛教，很迷信佛家生死轮回的学说。他既然把和珅看成了那妃子后身，那么他觉得在和珅身上多施恩德，就等于是对那妃子的报答。在这种心理的支配下，和珅便直步青云，后来更为所欲为。

和珅本来只是一侍卫，乾隆帝不久就把他提为户部侍郎。和珅口齿伶俐，办事干练，处处合乾隆帝的意，只是贪婪成性，要他去掌管户部，侵渔货财十分方便，所以不久就遭到御史们的弹劾。你一本，我一本，说和珅如何贪赃，如何欺君，但乾隆帝全当成耳边风。乾隆帝甚至还对和珅说："你我是一家人，你喜欢多要几个钱，也无妨，那些御史们说，就让他们说去。"得了乾隆帝这话，和珅的胆子就更大了。外廷臣僚见参劾和珅不但无效，反而见他和皇帝越发亲热，甚至晚上他还陪乾隆帝在御书房睡觉。这样一来，任凭和珅如何贪墨，如何弄权，也没人敢弹劾他了。

和珅很快被提升为军机大臣，在乾隆后期执政达 20 余年，累官至文华殿大学士，封一等公。和珅的弟弟和琳也迅速飞黄腾达，由一个生员升为兵部侍郎，不久又升为工部尚书，乾隆末年还曾代福康安为主帅。在外人眼中，和珅一家与乾隆皇帝简直就是一家人，由此谁还敢再说半个不字。

乾隆帝无论到哪里去，总要把和珅带在身边。后来，乾隆帝把自己的第十个女儿和孝公主嫁给和珅的儿子丰绅殷德。和孝公主最受乾隆帝喜爱，乾隆帝出猎或微行时，常把和孝公主带上。和孝公主好穿男子的服装，骑马射箭也是好样的，又伶牙俐齿，遇到乾隆帝有什么烦恼事，她三言两语就使乾隆帝转愁为喜。乾隆帝把自己最喜爱的女儿嫁到和珅家，使和珅更加有恃无恐。有一次他们同行市中，衣铺中挂着一件大红呢夹衣，和孝公主很喜欢，说了一句好，和珅便立即买了下来，花了 28 两银子，双手捧给和孝公主。乾隆帝微微一笑说："你又要大人破费了。"和孝公主高兴，和珅比他还高兴。

和珅与乾隆帝做了儿女亲家，更加横行无忌。朝中大臣，多是和珅党羽。他家中的积蓄，比皇帝家里还多。他的一些家奴在京师横冲直撞，无人敢惹。有一个叫刘全的家奴，仗着和珅的威势四处勒索，家资万贯。御史曹锡宝上了一本。未敢直接弹劾，只是弹劾他的这个家奴。乾隆帝命廷臣勘查，廷臣怕得罪和珅，也不仔细查问，就说曹锡宝风闻无据，反而加给他一个妄言的罪名。像和珅的一个家奴都参劾不倒，谁还敢对和珅怎么样呢！

直到乾隆晚年，和珅一直受宠不衰。乾隆六十年(1795)，要禅位给嘉庆皇帝，这使和珅吃了一惊。和珅极力劝阻说："内禅的大礼，前史上虽有所闻，但也并没有多少荣誉。现在皇上精神矍铄，身体康健，再过上一二十年禅位不迟。皇上多在位一日，百姓也多感戴一天，我等奴才也愿皇上永远庇护。"话说得面面俱到，十分恳切。以前，和珅怎么说，乾隆帝便怎么行，但这次却坚执不从。乾隆帝对他说："我这次决心已定，不用再多说了。我和你有缘分，所以能这样长久相处。如果换别的人，恐怕就不许你这样了。以后你检点一些为好。"在乾隆帝当太上皇的 4 年间，嘉庆未处治和珅。等乾隆帝一死，嘉庆帝立即将和珅抄家，和珅被赐死。和珅被抄家产达 8 亿多两白银，包括嘉庆帝在内，朝野上下无不吃惊。所以当时流行一句谚语说："和珅跌倒，嘉庆吃饱。"

乾隆帝在这时也搞文字狱，但他更多的是对汉族知识分子采取一系列笼络

的政策。其中主要手段之一就是编书：一是开“三通馆”，编纂了大型的典志书《续通典》、《续通志》、《续文献通考》。二是开“四库全书馆”，历时 15 年，编成了我国历史上最大的一部丛书——《四库全书》。集中了当时大批名流学者，其中最著名的有：纪昀、于敏中、王念孙等。《四库全书》在我国文化史上占有很重要的地位，保存下来许多有价值的典籍。后人在利用这套大型图书时，自然会联想到乾隆帝对中国文化的贡献。但是，乾隆帝也正是在编这套图书的同时，对中国古代文化典籍进行了一次大规模的清查和销毁。

据记载经他批准销毁的书籍“将近 3000 余种，6.7 万卷以上，种数几与四库全书相埒。”像顾炎武、黄宗羲、黄道周、张煌言等人的著作都在违禁之列。

乾隆帝把大批著名文人集中到京师，与他们中间的某些人建立了密切的来往。作为二十四史之一的《明史》，经康熙、雍正两朝的编纂，乾隆初年已基本完成。在刊印时，乾隆帝常亲自校勘。明史馆的人员便故意在明显处错写几字，待乾隆帝去改正。乾隆帝也为自己校出错字而高兴。但是，经他一过目，就成为“钦定”，其中有些故意写错的字未被校正过来，只好将错就错。现在《明史》清宫刻本常有错字，原因就在这里。

乾隆通过编书一方面密切了与知识分子的往来，笼络了一批知名文人，另一方面又使他们皓首穷经，整日埋头于故纸堆中，从而达到了一箭双雕的目的。

乾隆帝在位的 60 年间，无论文治还是武功，都有数端功绩可述，况且在位时间之长古来罕见，他对此十分得意。乾隆四十五年(1780)，他 70 高龄，自称“古稀老人”，并镌刻了“古稀天子之宝”。又因五世同居，所以又刻了“五福五代堂古稀天子宝”。乾隆五十年(1785)，为庆祝自己御极 50 周年，特在宫廷举办“千叟宴”，特邀请朝野 1000 名年过古稀的人入宴，以粉饰升平。当他 80 高龄时，又镌刻了“八征耄念之宝”。他自称在中国历代帝王中，自己的年岁之高，在位时间之长，为自古以来所未有的。到乾隆末年，中国人口达到了 3 亿多，这也是中国自古以来所未有。但乾隆帝却感到，这正是在他统治下中国进入了太平盛世的表现。

乾隆六十年(1795)，有一天乾隆帝把诸王大臣召入内廷，说自己准备把皇位传给太子，自己称太上皇。各位大臣极力劝阻。乾隆帝执意不允，为此专颁谕旨，说明自己决心要禅位的原因：“我 25 岁即位，当时曾对天发誓，如能在位 60 年，就将传位给嗣子，不敢上同皇祖 61 年的在位年数相同。现在初愿已偿，怎么还敢再生奢望呢？现立皇十五子颙琰为皇太子，命他嗣位。我自应随时训政，不劳你等忧虑。”遂确定明年为嘉庆元年，命礼部制定禅位大典。因内禅为创例，清代未实行过，礼部只有参酌古制，定得冠冕堂皇，乾隆帝立批照行。

嘉庆元年的第一天举行内禅大典，乾隆帝在太和殿亲自将御宝授予嘉庆帝。诸臣先恭贺太上皇乾隆帝后，太上皇还宫。嘉庆帝遂登帝位，接受众臣朝贺，颁行太上皇传位诏书，普免全国钱粮，并下诏大赦。

乾隆帝退位后称太上皇 4 年。嘉庆帝每遇有军国重事，都要亲到内廷请乾隆帝裁决。

当时，由于社会矛盾激化，以湖北、四川为中心，爆发了全国性的白莲教大起义。乾隆帝留下来的实际上是一个掏空了的烂摊子。嘉庆四年(1799)，乾隆帝寿终正寝，享年 89 岁。

乾隆如何提高自己的权威

乾隆十八年二月以后，伪孙嘉淦奏稿案虽因卢鲁生之被杀而草草收场，但是，乾隆皇帝心中很清楚：卢鲁生不过是一个遮天下人耳目的替罪羊，真正的伪稿炮制者并未被缉获。当然，他也决不肯因此而善罢甘休。在他看来，伪稿的作者多半是受过打击的失意官僚。而对伪稿内容进行分析，其中有替张广泗鸣冤之处。张广泗是汉军镶红旗人，原任贵州恩州知州；雍正年间，受鄂尔泰赏识，超擢为贵州巡抚。张广泗被杀，为他鸣冤的自然是文化素养较高而又熟谙朝廷内幕的鄂党官僚。而且，伪稿首先发现于南疆一带，并且在云、贵、湘、赣、川等省传播最广，这和鄂尔泰、张广泗相继担任云贵总督、贵州总督、湖广总督和川陕总督似非偶然的巧合。这正说明，伪稿案发前后在上述地区任职的鄂党分子是炮制伪稿的主要怀疑对象。循此线索，乾隆皇帝反复思考，终于把目标集中到了伪稿案发时担任江西巡抚的鄂尔泰的侄子鄂昌和鄂尔泰的门生——连任广西、湖南学政的胡中藻身上。不过，有鉴于上次追查伪稿兴师动众，不但给整个社会造成了动荡和不安，而且也从反面扩大了伪稿的流传，并不利于自己的统治，因而这次，乾隆皇帝一不露声色，二不重提伪稿旧案，而是另辟蹊径。从乾隆十八年二月开始，他利用两年的时间对他们二人及其著作进行秘密调查。乾隆二十年三月，将二人押解京师并向廷臣公布了他们的罪状，从而一手制造了著名的胡中藻“坚磨生诗抄案”。

由于先有成见在胸，故而乾隆皇帝在胡中藻所著《坚磨生诗抄》一书中发现了许多“大逆不道”的重要罪证。一是诽谤、反对清朝统治。如他针对胡中藻诗集取名《坚磨生诗抄》，指出“磨”字出自《论语》，系指春秋末年在鲁国作乱的家臣佛肸而言，“而胡中藻以此自号，是诚何心?”此外，他对胡诗中的许多诗句看来看去，越看问题越严重。如胡诗称“一世无日月”、“又降一世夏秋冬”，日、月两字相合，不是“明”吗？只有“夏秋冬”而无“春”，不正是怀念明朝、攻击清朝吗？又如胡诗称“一把心肠论浊清”，在他看来，也是有意加“浊”字于国号之上，肆行攻击清朝统治的罪证。还有如“虽然北风好，难用可如何”“斯文欲被蛮”等，也都认为是在有意攻击起自边塞之北的满洲统治者。二是反对乾隆皇帝。在发现这方面的罪证时，他发明了一个摆入法，即把自己摆入胡诗吟诵的帝王之列。这样一来，罪证便多得不胜枚举。如胡诗《照景石诗》中有周穆王车马走不停之语，便是在攻击自己巡幸无度；胡诗中有武皇为失倾城色之句，不用解释，便可看出是在攻击自己贪恋女色等；循此思路，一些字词的谐音他也反复推敲并成为入罪的根据。如胡诗集中有考试生童所出之经义题，题目是“乾三爻不像龙”，在他看来，“乾”者，“乾隆”也；“龙”者，“真龙天子”也。连起来读，正是自己不配做皇帝。罪过既然如此重大，处理岂可从宽，乾隆皇帝当即下令将其处斩，家产籍没。另一个同案犯鄂昌本是出身满洲，竟也追随胡中藻之后于所作《塞上吟》中称蒙古为“胡儿”，乾隆皇帝大怒，赐令自尽。在此同时，还将鄂尔泰的一个儿子鄂乐舜处死，家产籍没，其幼女也没入宫禁。其他鄂党分子不是拿解问罪，就是革任降级，甚至已死十年之久的鄂尔泰也被他下令撤出贤良祠，以此“为大官植党者戒”。

如上所述，乾隆皇帝掀起胡案，其本意原是追查伪奏稿案的炮制者，尽管打击范围已经很大，但是是否确实击中了目标，他本人并无把握。对此，几年之中，他一直耿耿于怀，反复算计推敲：伪奏疏稿究竟是出自哪一派系的失意官僚之手。乾隆二十二年正月，他二次南巡途中，驻跸徐州行宫。这时，沿途现任、休致官员纷纷前来迎驾，并借此机会向他报告地方政务，就在处理这些文件之时，一纸章疏上的官员署名映入他的眼帘。顿时，他心中为之一动。这个官员不是别人，就是在籍养病的原任江苏布政使彭家屏。他记得，这个人在雍正间曾与李卫一起在云南供职，二人深相结纳，专以攻讦鄂尔泰为能事，隐若与鄂、张两大势力鼎足而三。为了防止其自成派系，曾将他们调来调去，尽管如此，李、彭二人仍然暗中往来不绝。而且，乾隆初年，在李卫任直隶总督期间，直隶便曾发生过托名孙嘉淦所作的奏疏稿传播事件。当时正值乾隆皇帝亲政之初，事绪繁多，追查一通，没有结果，便将此事放下。而后，彭家屏也因其弟彭家植在家致死佃户、倚势抗欠官粮而受到乾隆皇帝的严厉斥责。对此，彭家屏心怀怏怏，不无怨望，长期告病在家。伪奏疏稿会不会是出自此人之手？既可以此陷害鄂党，又可借此攻击乾隆，以发泄自己的怨愤。乾隆皇帝对此不无怀疑。索性一不做二不休，将他也打入网中。这样，乾隆皇帝又一手炮制了有名的彭家屏私藏禁书案。

为了搜索彭家屏的具体罪证，乾隆有意摆布圈套，挑起他和河南巡抚图勒炳阿的矛盾。当时，彭家屏原籍河南夏邑县邻近的不少地区遭受水灾，而河南巡抚图勒炳阿却匿灾不报，催征钱粮如故。彭家屏即为此事而于迎驾徐州时向乾隆皇帝作了汇报。乾隆皇帝得知此事，虽对图勒炳阿进行斥责，但却仍派他和彭家屏一起返豫调查灾情、办理赈务。为此，图勒炳阿对彭家屏恨之入骨，并在办赈中进行报复，对其原籍夏邑县赈务大搞“管卡压”，什么“散赈多有未实，所有实在极贫户口，有造报遗漏者，有任意删除者。”而彭家屏则利用灾区人民的不满情绪，唆使夏邑县生员段昌绪、刘东震等指使当地民人张钦、刘元德直接向乾隆皇帝控告。因其所控与乾隆皇帝派人调查的情况大体相符，乾隆皇帝只好以“玩视民瘼”将图勒炳阿革职。但是，因为前来告状的都是夏邑县民人，乾隆皇帝也怀疑其中有后台指使，因而命令将张、刘二人押回原籍交巡抚审讯，把矛头指向彭家屏本人。图勒炳阿心领意会，在严刑之下，使张、刘说出了彭家屏从中唆使的全部情况，同时，还意外地从段昌绪卧室中抄出了吴三桂叛乱时发布的反清檄文，段昌绪还在檄文上“圈点加批，赞赏称快”。吴三桂叛乱失败后半个多世纪，竟然还有人敢于传抄和保存这样的文件，显然又是一起极为严重的政治事件。这样，乾隆皇帝师出有名，除严令追问段昌绪抄自何处之外，还怀疑曾在吴三桂叛乱老巢云南任职的彭家屏也藏有类似文字。经过严词诘问，彭家屏被迫交代出家中藏有《潞河纪闻》、《日本乞师记》、《豫变纪略》、《酌中志》、《南迁录》以及抄本天启、崇祯年间政事等明末野史数种。这样，案情的性质发生了变化。乾隆皇帝以为，图勒炳阿“今经办出逆檄一事，是缉邪之功大，讳灾之罪小”，因而决定将其仍留原任。彭家屏则因收藏禁书和身为地方乡绅挟私妄奏等罪而被革职拿问，并派人抄没其家。在清查抄家时，又发现了彭家屏不少新的罪证。如其所刻族谱，取名《大彭统记》，几与累朝国号称谓相同；又称彭姓之始，本于黄帝、昌意和颛顼，附会荒诞，自居帝王苗裔；而且书中凡遇明神宗万历年号，皆不避乾隆御名，“足见目无君上，为人类中所不可容”。为此，他下令赐彭家屏自尽，将其家产

全部籍没。收藏、传抄吴三桂反清檄文的段昌绪、司淑信等也都被处以极刑。至此，这场轰动一时的彭家屏私藏禁书案才告结束。

在此之前，乾隆皇帝已经进行过打击鄂、张朋党的斗争，但是，限于当时的具体环境，乾隆皇帝的重点打击对象是张廷玉及其党羽，鄂尔泰及其党羽虽然也受到了一些限制和打击，但在中央和地方都还有着一定的势力，李卫一党则根本没有触及。这次乾隆皇帝利用胡、彭两案向鄂、李两党开刀，其本意原是追查伪奏稿的炮制者。限于史料缺乏，我们无法确知他是否击中了目标。但是经此一击，鄂尔泰一党全然瓦解，李卫一党也扫荡一空，政治上的异己势力被清洗殆尽。

谋划文字狱的幕后

乾隆皇帝在不断掀起统治集团内部斗争以加强自己统治的同时，还采取措施加强对全国臣民的控制。其中，一个重要的表现是文字狱案件的大量出现。这些活动，使他的专制统治强化到了有史以来无以复加的地步。

乾隆皇帝制造文字狱，始于乾隆十六年发生的伪孙嘉淦奏稿案。这一奏稿措词之尖锐、传播范围之广泛都大大地超出了他自己的想象。因而，这一事件的发生也使得他感到风声鹤唳、草木皆兵、甚为孤立，并对当时形势作出了完全错误的估计。他开始感到，不但在各级官吏中有着一支和自己相对立的势力，而且由于长期以来固有的满汉民族矛盾，这支势力还有着极其深刻的历史背景和社会基础。为了进一步巩固清朝政权和加强自己的专制统治，他除动用全国力量追查伪稿作者并寻找时机对各级官员中的异己势力进行严厉打击之外，还以清查“悖逆”著作为借口，在全国范围内掀起了制造文字狱案件的高潮。顷刻之间，这股寒流吹遍了中国大地。

清查“悖逆”著作发动之初，虽然来势甚为凶猛，数量也相当众多，但就涉及人员而言，不是神智混乱、满口胡言的疯人，就是不安本分、热中躁进的下层士人，而真正反清、反乾隆皇帝本人的几乎没有。如王肇基、丁文彬、刘裕后、杨淮震等案便都是疯人惹祸，而刘震宇、李冠春等案又全是士人不安本分而自投罗网。乾隆皇帝为此而兴师动众，很难说对加强自己专制统治和巩固清朝政权有什么意义。尽管如此，为了造成声势，乾隆皇帝还是像煞有介事，各予严惩。他亲自出马，先后制造了胡中藻《坚磨生诗抄》案和彭家屏私藏禁书案，以此对全国各地官员进行煽风点火。在他的策动下，各地官员望风承旨，将他制造胡、彭两案时所使用的强拉硬扯、穿凿附会、深文周纳各种方法照抄不误，一时之间，全国各地的文字狱案件出现了高潮。据统计，从乾隆二十年春胡中藻案开始至乾隆三十八年纂修《四库全书》之前，各种文字狱案件不下50余起。因文字而罹祸的人员，除中下层封建儒生外，尚有宗室贵族、政府官员和不少平民百姓。对涉及人员的处理，不是凌迟处死，籍没家产；就是革职拿问，遣戍边远。在文字狱的高潮期间，又有经办官吏的断章取义扩大案情和民间的告密诬陷以泄私忿，都大大加重了对人民和社会的危害程度。当时全国求学的士子、坊肆的书贾、种田的农

夫、甚至供职的官吏无不人人自危，整个社会处于一片恐怖气氛之中。这里对两种类型的文字狱案例略作概述，以见当时文字狱之大致情况：

疯人惹祸占去了当时文字狱案件中的颇大部分。在当时社会条件下，全国各地一些士人因科场不遇而发疯，或因丧亲至痛而癫狂，甚而胡言乱语或涂抹成文，实为一些在所难免的社会现象，文字狱发动之初，有些地方官员为了向乾隆皇帝邀功请赏，这些不幸的士人便首先成了他们向上爬的牺牲品。而乾隆皇帝也不查就里，一概予以严惩。比如乾隆二十一年四月，山东日照县一个疯人刘德照胡乱涂抹了“兴明兴汉及削发拧绳”之语，地方官立刻视为大案要案上奏乾隆皇帝，而他看过之后，竟对其是否疯也表示怀疑。他说，“当此光天化日之下，如此肆行狂吠，岂疯癫人语耶。”因此，刘德照被处死，而其并不知情又居他县的亲属，也被发往黑龙江给披甲人为奴。乾隆二十六年，又先后发生了三起疯人惹祸事件。其中，江西李雍和、甘肃王寂元皆于科场考试时向考官投掷吴词，大骂糊涂官，因为李雍和吴词中有“怨天、怨孔子、指斥乘舆之语”，而王寂元投词中有“大逆之语”，结果都被乾隆皇帝下令凌迟处死，两人亲属也分别受到株连，或处斩立决，或处斩监候。浙江疯人林志功虽无“悖逆之句”，也因“妄称诸葛，自比关王”而发遣边远。因为这类案情过多，不作处理无法向乾隆皇帝交待，皆作处理又妨碍公务，且无意义。乾隆二十八年时，一个地方官员上奏乾隆皇帝，要求将各地疯人通行锁锢，免得他们“播弄笔墨，滋生事端”，给政府找麻烦。旋即经乾隆皇帝批准执行。这样一来，全国疯人便都成了专政对象。

还有一些案例是下层士人不安本分、热中躁进而自投罗网。当时，有一些迂腐儒生如李超海、安敬能等，古书读得入迷，总以为乾隆皇帝是求贤若渴的旷古明君，而自己则是管仲、乐毅、诸葛亮一类的命世之才。为了实现“朝为田舍郎，暮登天子堂”出人头地的企图，或者著书立说，干求当道，或乘科举考试时于试卷上痛快淋漓地写上一通自己的见解，抨击权贵，将古比今，以求自炫。什么制衣冠、定乐章、改正朔，五花八门，无奇不有。谁知这些也都正触到乾隆皇帝痛处，官未捞成，反而一个个都成了刀下之鬼。这些人也许至死都不明白，他们是犯的什么罪过。

乾隆前期的各起文字狱，虽然数量众多，而且罪名也定得吓人，但是核其实际案情，大多都是毛举细故，真正意图反清的几乎没有，至多不过是对乾隆皇帝的一些具体政策和个别地方官员有不满情绪，而乾隆皇帝却不分青红皂白，概予严惩。因而，这一活动在全国的蔓延造成了相当严重的后果。广大人民重足而立，侧目而视，整个社会也因此而动荡不安。为了维护正常的封建统治秩序，一些官员上疏乾隆皇帝，对当时各级政府机构“遇有造作妖言、收藏野史之类多例逆案”的作法提出了批评，要求对于此类案件“宜坐以所犯罪名，不必视为大案，极意搜罗”。然而，这时乾隆皇帝搞文字狱搞得正带劲，哪里听得进去这些逆耳之言。对于谏言者，严词训斥之外，往往还以革职降级处罚。这样一来，谁也不

敢说话了。倒是有一些臣下，迎合他的意旨，大扯顺风旗。这样，由乾隆皇帝掀起的这股制造文字狱的歪风愈演愈烈，并且一直延续到了乾隆皇帝在位之末。

乾隆后期，随着乾隆皇帝专制统治强化到了顶点和查缴禁书在全国的普遍开展，各种类型的文字狱又进入了一个新的高潮。据统计，从乾隆三十八年开馆纂修《四库全书》至其归政前，文字狱案件又有50多起。对于当时的文化事业和18世纪下半叶中国政局的发展，都产生了极其恶劣的影响。

成为康熙"宠孙"的内幕

乾隆是汉人的儿子还是满人的儿子

康熙五十年(公元1711年)八月十三日夜半子时，在北京城内千家万户进入梦乡之时，康熙皇帝的第四子雍亲王胤禛府里(也就是今天的雍和宫)，伴随着一阵脆亮的哭声，一个男婴来到世间。"胤"字辈之下是"弘"字辈，第二个字用"日"字偏旁，于是宗人府循例为其取名弘历(曆)，这便是后来声名显赫的乾隆皇帝。按玉牒上的记载，弘历的母亲是格格钮祜禄氏。格格是钮祜禄氏在胤禛府中的位号，她是开国元勋弘毅公额亦都的曾孙女，时年20岁。由于钮祜禄氏位分不高，秋天，胤禛又正在远离京城四五百里外的木兰围场随从康熙皇帝打猎，因而，在连年得子的雍亲王府邸中，这个新生婴儿并未引起全府上下人等的特别重视。很长一段时间中，包括他的父母在内，谁也不曾想到，这个属兔的孩子日后竟有九五之尊，并且临御天下达60余年!

"闲云淡影空悠悠，物换星移几度秋"。转眼之间，1/4个世纪过去，康熙老皇帝和并不太老的雍正皇帝相继驾崩，一向鲜为人知的弘历登上皇帝宝座。从此，先是那些满头银丝的旧时宫女和两鬓苍苍的年长太监，开始绘声绘色地私下向人们述说这位当朝天子的早年轶事；而后，随着漫长的乾隆时代的结束，众多臣民也怀着诸般动机参加到了这一行列。最初，这些轶闻还只是口耳相传，后来，渐由一些好事文人载诸笔端。在其传扬过程中，内容越来越多，情节越来越曲折，并且由民间又传回宫禁。在这些引人入胜的轶闻中，流传较广的一个是乾隆皇帝到底是谁的儿子？有关传闻不仅关系到乾隆皇帝的生母，而且也关系到乾隆皇帝的生父。既然乾隆皇帝诞生于避暑山庄，因而也就稀里糊涂、人云亦云，在自己所作的御制诗篇注解中两次提到"高宗纯皇帝以辛卯岁诞生于山庄都福之廷"(《清宣宗实录》卷四)。而且还将此大量刊印，颁赐群臣和天下学宫。这样一来，乾隆皇帝诞生避暑山庄的说法更是推波助澜，风靡全国，从而导致了嘉庆皇帝死后因遗诏内容而发生的一场政治风波。

嘉庆二十五年七月二十五日，嘉庆皇帝病死在避暑山庄的"烟波致爽"。嘉庆皇帝第二子智亲王旻宁于灵前即位，这便是道光皇帝。这时，军机大臣托津、戴均元、卢荫博、文孚受命为嘉庆皇帝撰拟遗诏，颁布中外，以为道光皇帝继位为君的合法依据。因为嘉庆皇帝死地和当时人们习惯上认为的乾隆皇帝生地都在避暑山庄，为了表彰孝道，几个军机大臣绞尽脑汁，舞文弄墨，生拉硬扯，在遗诏中以嘉庆皇帝口气提到自己虽死，但死在父亲诞生之地而无遗憾这类的话。时年39岁的道光皇帝在审查定稿时，竟未加注意，当即下令颁发全国。与此同时，

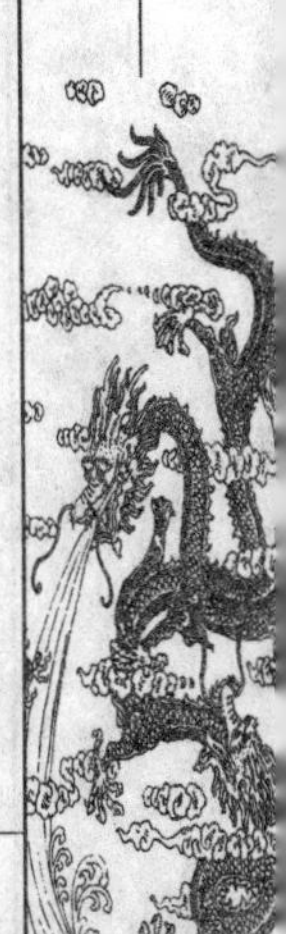

还指派专使，分发琉球、安南、朝鲜、缅甸等邻近藩属。一个多月后，国丧告一段落。为了理政，道光皇帝开始阅读乾隆皇帝实录、圣训，方才看到乾隆皇帝诞生于雍和宫的正统记载。直至这时，他才如梦方醒：实录、圣训皆载乾隆皇祖生于雍和宫而遗诏却称诞生于避暑山庄，岂不是说实录不实、圣训不足为训？即使撇开实录、圣训所记真伪不论，宣传此说，岂不是说皇祖生母另有其人？这不是在给祖宗和自己脸上抹黑又是什么？想到这些，道光皇帝又气又羞，立即传旨诘问。谁知几个军机大臣一时转不过弯子，竟然很不服气地举出嘉庆皇帝御制诗注解为据进行申辩。这使道光皇帝愈加恼火，当即下令追回前颁所有遗诏并下令重新撰拟，再行颁发中外。与此同时，还对几个军机大臣严加处分：托津、戴均元二人均被轰出军机处，仍回本衙门，降四级留任，六年无过，方准开复；另外两个军机大臣虽然未被撤职，也都给予了各降五级留任，六年无过，方准开复的处分。至此，这场因遗诏内容而掀起的风波才算平静下来。

康熙为何喜爱乾隆

康熙六十一年正月，年届 69 岁的康熙老皇帝在紫禁城内的乾清宫再摆千叟宴。在这个宴会上，刚刚 12 岁的弘历第一次见到了自己的祖父康熙皇帝，并遵命和其他皇孙们一起向与宴老臣“执爵献酬”。三月间，在康熙皇帝 69 岁生辰到来之际，康熙皇帝又应皇四子胤禛之请，四天之中连续两次临幸雍亲王胤禛的赐园“圆明园”赏花，并在那里的镂月开云殿见到了孙子弘历。欢愉兴奋的弘历同腼腆拘束的弟弟弘昼拜见完毕，老皇帝便开始考学业、问国语、讲天算。小弘历神态自若、应对得体，表现出了令人惊异的智慧和胆量。眼见这个天庭饱满、身材修长、仪表堂堂、聪颖慧敏、活泼可爱的孙子，康熙皇帝满心欢喜，当即提出要将弘历至宫中养育。看到自己的儿子获得老皇帝的喜爱，胤禛也自然受宠若惊，满口应允。小弘历就这样来到了祖父的身边，由康熙亲自教书授课，胤禧教其学射，胤禄教其火器(胤禧是弘历的“二十一叔”，胤禄是弘历的“十六叔”)。

一个多月后，康熙皇帝巡幸塞外，携弘历同行。到了避暑山庄，康熙皇帝指定他在万壑松风读书。这万壑松风据冈背湖，一面是数百株枝叶茂盛的黑皮松，一面是险峻的岩壁，临湖有个晴碧亭，真是读书的好地方。在此期间，祖孙二人朝夕不离，寝食与共，相互间的感情日益增进。老皇帝进膳时，总要拣几样孩子们爱吃的菜肴、点心赏给小弘历；老皇帝读书时，看到小弘历在旁边玩耍，有时把他叫到跟前，教他几个字或让他背诵学过书籍中的一些段落；若是老皇帝聚精会神地批阅奏章或接见臣下时，弘历则连大气也不敢出一声，非常懂事地侍立在祖父身后。逢到练习射箭的日子，轮到弘历射靶时，看到他非常认真地拉开弓弦，一下子射中了靶心，老皇帝又不由地捋着长长的胡子，露出了笑容。闲暇时，祖孙俩漫步月下，“凡三十六景之地，无不周览”。有时，祖孙俩又饶有兴致地来到湖边钓鱼。钓到鱼后，老皇帝则命弘历拣出几条送给近在咫尺的狮子园里的胤禛夫妇。夏天刚过，康熙皇帝携同弘历自避暑山庄启行秋弥木兰。初入围场时，康熙皇帝便用虎枪射倒一头大熊。康熙皇帝以为熊已被打死，便命御前侍卫领着弘历到距熊更近一些的地方去射上一箭，以便使侍卫教给他狩猎的方法。岂料弘历刚刚爬上马背，那只大熊竟忽地从地下站起。发疯似地朝弘历扑了过来。见此险状，侍卫们一时都慌了手脚。多亏在后面的老皇帝手疾眼快，端起虎枪向

大熊又射一枪，大熊应声倒地，弘历方才脱险。打猎归来后，康熙皇帝心有余悸地对温惠皇太妃等人说，这个孩子命真大，差点儿让大熊把他吃掉，“是命贵重，福将过予。”有了这次教训，以后凡是碰到围猎的日子，康熙皇帝就不让弘历参加，而只允许他在营帐外面向胤禄、胤禧两个小叔叔学习骑马和使用火器。然而，刚刚看到过千军万马围猎野兽惊险而又欢快场面的弘历，却怎么也按捺不住自己的心情，常常跪在老皇帝面前要求参加围猎。而看到弘历那股初生牛犊不畏虎的犟劲儿，康熙皇帝打心眼里高兴，并更加喜欢这个孩子。康熙半年的塞外避暑和巡幸生活转瞬即逝。这年九月底，康熙皇帝携带弘历回到了北京。此后一个多月，年迈的康熙皇帝便因病去世，弘历永远失去了自己敬爱的祖父，但是初游塞外的各种经历和祖父对自己的爱怜，却在弘历的记忆中留下了极为深刻的印象。直到50多年后，在他本人已须眉斑白、孙辈绕膝之时，对于童年时期的这些往事，还历历如昨。为了感念祖父对自己的爱怜，他除在圆明园建纪恩堂“纪受恩之迹”外，又在避暑山庄万壑松风建了一处纪恩堂“纪受恩之迹”，以表示他对自己祖父的最深切的怀念。

康熙皇帝晚年对弘历的关怀和爱怜，最初只是祖孙之间感情的自然流露，并没有什么政治上的深意。但是在康熙晚年因为争夺储位而导致的康熙皇帝和诸子之间互相猜忌、隔阂极深的情况下，弘历之受到乃祖宠爱却对缓和康熙皇帝和胤禛父子之间的紧张关系起了一定的作用，同时也在一定程度上影响了康熙末年政局的发展。胤禛有这样一个儿子，也可真是气数。根据朝鲜方面史料记载，康熙皇帝病重时，曾“召阁老马齐言曰：第四子雍亲王最贤，我死后立为嗣皇。胤禛第二子有英雄气象，必封为太子”。不管其中关于指定胤禛嗣位是真是假，但是可以肯定，直到康熙皇帝弥留之际，还在眷念着和他共同生活半年之久的这个可爱的孙子，并把他视作清帝国的未来和希望。

内定储君的内幕寻踪

康熙皇帝死后，弘历的父亲胤禛嗣位为君。雍正皇帝的上台使得弘历的生活环境和政治地位都发生了巨大的变化：一是他的居住地由原来的雍王府搬进了紫禁城，二是由一个普通的皇孙一下子变成了国家的储君。

如所周知，胤禛是在康熙末年诸王争夺最高权力的斗争中登上皇位的。即位伊始，他即对昔日的那些对手大打出手。那些对手，由于失去了康熙皇帝的庇护，几乎毫无反抗能力地引颈就戮。这样，在不长时间内，胤禛即将争夺皇位的政敌清除殆尽。在此同时，雍正有鉴于康熙朝建储制度不完善所造成的诸王争夺储位斗争的情况，为了巩固自己的统治，在建储上采取了一个重要举动。雍正元年八月十七日，他将诸王和满汉文武大臣召至乾清宫，当着他们的面将储君名单装入密封锦匣，置放于乾清宫正中最高之处清世祖御书的“正大光明”匾额之后，并且规定，他死之后，才允许开拆。而后，又另书与之相同的密旨一道存放圆明园，以资异日勘对。在他看来，这一决定，对全国臣民而言，解除了因为储位空缺而产生的危机感；对储君而言，因为并不知道自己已是内定储君，当然就不会因此而骄横不法，更谈不上敢和皇帝争权；对其他皇子而言，一不知道自己是否储君，二不知道储君是谁，想要对其进行攻击也无的可发；对宗室近臣而言，也无法寻找对象攀龙附凤，进行政治投机。而皇帝本人却通过这一决定在生前可以

不受任何干扰地处理各种国家政务，死后也能够按照自己的意旨实现国家最高权力的顺利过渡。由胤禛创立的这种秘密建储制度，解决了自清太祖努尔哈赤到清圣祖康熙皇帝没能解决的立嗣问题，对于延续爱新觉罗家族的大清江山是个极为重要的贡献，对于两千多年以来中国传统建储制度是一次重大改革。而在这次改革中，雍正皇帝内定的储君不是别人，正是本书中的主人公——弘历。

虽然秘密建储之时雍正皇帝已有弘时、弘历、弘昼、福惠等四个儿子，但是对当时情况加以分析，将弘历内定为储君却仍属必然之势。一是因为弘历随同康熙老皇帝居住达半载之久，又受到了特别的宠爱，多少年后，都将是继位合法的一个很充分的理由。二是弘历既聪颖又大胆，在非常注重清语、骑射的满族统治者看来，弘历具备了储君所应有的基本素质。三是弘历母家出身满族，并是开国功臣额亦都之后。虽然至康、雍之际，由于家道沦落，弘历的外祖父仅任四品典仪，职位并不显赫，但是，凭借血缘上的联系，却可以使其日后不费多大气力就能得到满族旧臣的支持，有利于统治的巩固。除弘历母家出身满族外，弘时母家李氏、弘昼母家耿氏、福惠母家年氏都是汉姓。其中，李氏、耿氏极有可能还是内府三旗汉人包衣。在统治集团核心都是满人的情况下，将她们所生之子立为储君，日后很容易被满族权贵所轻视。秘密建储半年之前，满族贵族中就盛传弘历将被立为储君的流言，而且还传到了在京的朝鲜使者的耳中，这正反映了满族权贵的普遍要求。作为满族贵族的最高统治者，雍正皇帝虽然反对他们对建储进行干预，但是，对于他们的这些要求，却是不能不加考虑的。

对秘密建储后的一些史实进行分析可以看出，秘密建储制度仅对储君的权力有所限制，但是，并没有像雍正皇帝所预期的那样从根本上杜绝皇室内部争夺储位的斗争。尽管他郑重其事地宣布储位密建，不允许任何人看到密旨的内容，但是，接近皇帝的大臣和皇帝的几个妃嫔、儿子，仍可以从他的日常生活中的言谈话语和行为举止中的好恶倾向，对为数有限的几个皇子各方面的条件进行分析比较，从中八九不离十地估计出谁是他的内定储君来。仅以秘密建储后成年皇子们所参加的各种礼仪活动而言，据《清世宗实录》所载，雍正 13 年中，雍正皇帝派遣弘历参加的各种礼仪活动即达 20 次之多，其内容也遍及祭祀康熙皇帝和孝恭仁皇后的景陵（六次）、祭奉先殿（一次）、享太庙（四次）、祭孔（一次）、祭太岁之神（二次）、夏至祭天地（二次）、祭大社、大稷（一次）、祭关圣帝君（一次）、视大臣疾及死后往奠茶酒（二次）等许多方面。在此同时，派弘昼参加的各种礼仪活动仅有七次，即祭大社、大稷四次，祭孔二次和祭都城隍庙一次，数量和活动内容都大大少于弘历，而且还都是在雍正八年十一月其成人之后。更为可怪的是，年龄比弘历和弘昼都大的弘时竟一次也没有。这种情况，后人根据资料统计尚可看出秘密建储后各皇子间的待遇并不相同，时人尤其是当事的几个皇子对此感受当更为深切。正是在这样的情况下，导致了雍正皇帝为维护弘历的内定储君的地位而和弘时进行的一场斗争。

弘时生于康熙四十三年，由于三个兄长相继夭折，遂在排行居长。其生母李氏，约在康熙三十五年便已进入当时为皇子的胤禛府邸。胤禛封王后，晋为侧妃，仅次于元妃乌喇纳拉氏而在其他妃嫔之上。雍正皇帝即位后，大封后妃，李氏晋封齐妃。在这次宫中权力再分配中，年羹尧的妹妹年氏跃过李氏封为贵妃，原居其下的弘历的生母钮祜禄氏则和李氏一样晋封为熹妃。相比之下，李氏地

位相对下降。她在妃嫔中的地位下降也影响了弘时在兄弟中的地位。因而，在一些礼仪活动中，雍正皇帝隔过他而连续派年龄较他幼小的弘历参加。这无异是对弘时的歧视，使他非常不满并有所流露。雍正皇帝当然不能容忍而“特加严惩”，及后竟革除宗籍，圈禁至死。在雍正时期的政治斗争中，只有在打击昔日与之争夺储位的阿其那、塞思黑等人时，才极其严厉地将其本人及其子孙革除宗籍。这次，雍正皇帝对自己的儿子也照此办理，这就说明，弘时的罪错显然不像乾隆皇帝后来所说的“性情放纵，行为不谨”，而是因参与康熙末年诸皇子谋夺储位的一场政治斗争。对于这场父子骨肉间的斗争，大约是怕政敌幸灾乐祸之故，雍正皇帝一直未曾公布，以致后人无法得知其详。但据《清世宗实录》记载，雍正四年九月弘时 23 岁时，雍正皇帝曾召皇子、诸王文武大臣共 94 人至乾清宫赋柏梁体诗。在与会诸皇子中，仅有弘历、弘昼二人而无弘时。这就说明，至少在雍正四年秋天时，这场斗争已经发生，弘时也在此后不久死去。直到弘历即位之后，念及往日兄弟之谊，才将他的名字重新收入玉牒。弘时之母李氏，也因其子被圈禁之故而独处冷宫，一直到乾隆二年三月 60 岁左右的时候，方才默默无闻地死去。

在将弘历内定为储君的同时，为了使他日后挑起管理国家的重任，雍正皇帝也加强了对弘历的教育。雍正元年，除原来的师傅之外，又特旨选任朱轼、张廷玉、徐元梦、稽曾筠、蔡世远等为诸皇子师傅。雍正八年，又加派鄂尔泰、蒋廷锡、邵基、胡煦、顾成天等名臣硕儒侍皇子读书。为了防止他们将弘历培养成为仅会“寻章摘句，记诵文词”的腐儒，雍正皇帝指示在教学中当以“立身行己进德修业”为重。在此同时，大兴文字狱，发生了庄廷钺《明史》案等，雍正宣谕中外：伪稿正犯已经缉获，所有传抄各犯俱加恩宽免。对于传抄伪稿的官员，则照例治罪。除此之外，审理不力的官员如江西巡抚鄂昌、按察使丁廷让、知府戚振鹭等俱革职拿问，交刑部治罪。两江总督尹继善、闽浙总督喀尔吉善则因失察而交刑部严议。至此，这场轰动全国的伪孙嘉淦奏稿案，才算告一段落，草草收场。

清宣宗旻宁

宣宗爱新觉罗·旻宁

躬行节俭　力戒奢靡

嘉庆二十五年(1820)夏秋之交,京城气候格外闷热,令人烦躁难忍。旻宁侍奉年过花甲的父皇巡幸热河避暑山庄。嘉庆皇帝年老多病,原想巡幸热河,暂避朝廷繁重公务和京城燥热的天气,好好静养一番,待秋凉后回京。不意到了避暑山庄,竟是头晕眼花,浑身发热,生起病来。旻宁日夜衣不解带,寸步不离,小心服侍,诚心祷告上苍保佑父皇早日康复。无奈天限难过,七月二十五日,嘉庆皇帝不顾皇子及随扈王大臣们呼天抢地悲哭嚎啕,离开了人世。

国不可一日无主,嘉庆皇帝病危时晓谕众臣谓:"朕早于嘉庆四年遵照祖制,亲书'立皇次子旻宁为皇太子'字样,装匣密封,藏于京城乾清宫'正大光明'匾额之后,现朕疾势将不起,着即传位于皇太子旻宁。"嘉庆归天后,热河随扈王大臣们即遵旨拥立旻宁即皇帝位。旻宁以恭奉大行皇帝梓棺回京,暂缓登极,直至回到京师,一切安顿就绪,始于八月二十七日在太和殿即皇帝位,颁诏天下,以第二年为道光元年。

道光登极君临天下,很想有一番作为,以规复"康乾盛世"旧观。可此时的大清王朝百弊丛生,要振兴祖业,当从何人手?思来想去,念及乾、嘉两朝东征西讨,南巡北幸,耗尽了资财,而宗室贵族、皇亲国戚,率皆腐化奢靡,祖宗人关前的淳朴节俭习俗,早已丧失殆尽。于是,道光断然决定先从矫正人心风俗入手,倡行节俭,力戒奢靡,企望不数年,整个满族臣民尽皆"返本还淳",恢复入关前淳朴节俭的旧俗,大小文武臣僚及天下百姓竞以俭朴为荣,从而使仓廪充溢,国库丰赡,以规复祖宗盛世旧观。

为了实施他的思想主张,道光即位后以新帝诏旨形式颁发了其著名的"声色货利论",着力阐明声色货利为害之大,关系到大清王朝的生死存亡,指出声色"常人惑之害及一身,人君惑之害及天下",要求为官从政者不为声色货利所诱,严格"俭束身心,屏除声色",力崇节俭,一切"概从朴实,勿尚虚文"。终道光之世,朝廷治国方略虽然不同时期各有侧重,但道光一直把倡节俭、杜奢靡放在十分重要的地位,对大小文官武吏要求更是严格,谆谆告诫他们要懂得"一丝一粟皆出于民脂民膏",应是格外珍惜,处处要"务存俭约之心",千万不可为声色所迷惑。

道光倡节俭、杜奢靡,并非是说在嘴上,写在纸上,而是采取措施,见诸行动。他的倡行节俭的谕旨和措施,尽管在整个统治阶级中收效甚微,但他自己确乎是躬亲实践,身体力行。

在饮食上,一般情况下皇帝照例每餐至少有二十几样菜肴,道光觉得这样过于浪费，常年每天多者准令做四样菜，有时则只要一碗豆腐烧猪肝，闹得管御膳房的官员们叫苦不迭，因为皇帝越是铺张，他们才越有机可乘，有油水可捞，只一碗豆腐烧猪肝，实在是无法虚报冒领。道光如此节省，朝廷文武初时将信将疑。道光初年两次大宴群臣，凡赴宴文武官员，无不瞠目咂舌才始信其真。一次是皇后千秋节（生日），道光设宴赏赐内廷诸臣，有缘赴宴文武都以为皇后生日，皇帝不会马虎潦草，定可一饱口福。谁知道光早已谕令备宴官员，皇后千秋庆宴，只准宰猪两只，用打卤面招待群臣，其余概行裁减，搞得赴宴文武哭笑不得。另一次是大学士长龄平定回疆叛乱，监押叛乱首领张格尔班师回朝，道光亲御午门受俘，随后在万寿山玉澜堂摆宴庆功。此次文武百官以为平定回疆，皇上心里高兴，该会好好庆祝一番。结果开宴后，群臣谁也不敢动筷，原来每张桌上只摆了几样小菜，质低量少，若一齐动手，立时就会菜光盘净，无奈只好陪着皇帝喝两盅酒了事。此后文武百官始信皇帝节俭不虚，上朝时个个都装出节俭的样子，以致颇受宠信的大学士曹振镛，当道光问其在家吃鸡子要花多少银子时，他竟谎称自幼患有腹胀气满的毛病，生平从未吃过鸡子！

道光服饰上的节俭，在历代君王中也属罕见。其改制罩衣和补缀套裤两事，为晚清士大夫广为传诵，影响颇大。清代皇帝冬季常穿珍贵毛皮罩衣，道光登极后，内务府上衣监为他准备了一件黑色狐皮罩衣。这种罩衣外皮内缎，用料内阔外狭，四周缎子衬里显露其外，称为“出风”。黑色的毛皮缀在上好的缎子面料上，显得雍容华贵，典雅庄重。道光以为狐皮是猎获野物所得，缎子为百姓辛勤制作而成，是缎子当比狐皮贵重，况且“出风”部分纯系装点好看，毫无实用。于是，他在见到那件狐皮罩衣后，即传令内务府改制，谕以四周不许显露多余缎面。清代内务府贪污中饱是尽人皆知的，道光的节俭使内务府的官员们大为沮丧，此次奉旨改制罩衣，以为可趁机捞点油水，遂上奏说“改制罩衣，需银千两”。不料弄巧成拙，道光听说改制件罩衣竟要如许银子，当即改变主意，传谕谓：“改制花费既多，著暂免，此后新制，概勿出风。”随后又将此事谕知入值的军机大臣，致使京城大小官员，从此冬季穿着毛皮罩衣，十几年间不敢有“出风”者。

道光服饰不但不求华美，而且少穿新衣，特别是不显眼的衣物，更是多穿一日是一日。清人服饰以袍褂罩身，裤子极少外露。为了节省，道光长年多穿旧裤，日久膝盖处先行磨破，就令内务府差人补上一块圆形补丁。朝廷官员历经多次亲身所验，已深知皇帝节俭是实。于是，内廷大小臣王为了显示自己不负圣望，也在尽力“节俭”，不管裤子真破了还是假破了，纷纷在膝盖处打起补丁来，一时套裤打掌之风大盛。

除饮食服饰外，道光在内廷后宫及外出一应所需用品方面，亦概行节省俭朴，力戒奢靡浮华。道光登极后，内务府按向来惯例为他准备了御用砚台四十方，每方背面都镌刻“道光御用”四字。道光在见到内务府奏报所备御用品清单时，觉得一人如何能用四十方砚台，放置不用，未免可惜，当即传谕留下两方，其余分赐内廷诸臣，并诏令此后有关地方勿须再常年备制贡品砚台，笔砚为中国古

代公务不可或缺之物,御用砚台有专门地方常年备制,御用毛笔也历来都是特制紫毫笔,笔管上均加镌"天章"、"云汉"等字样。所谓紫毫,即刚锐的紫色兔毛,为世所罕见。白居易有《紫毫笔》诗,曰:"江南石上有老兔,吃竹饮泉生紫毫。宣城工人采为笔,千万毛中选一毫。"极言紫毫之珍奇贵重。道光觉得紫毫笔既然如此珍贵难得,即命此后不再征用,御用笔改换为普通臣民常用的纯羊毛或羊毛与一般兔毛相间合制而成的毛笔,同时以御用毛笔"笔杆镌字,每多虚饰",谕令以后也一律同民间毛笔一样,只据情标明其系"纯羊毫"或"羊毫兼兔毫"即可。如此俭朴,在历代封建帝王中,可谓如同笔中紫毫,"千万毛中选一毫"了。

道光躬行节俭,力戒奢靡,表面上也能在一定程度上影响了统治阶级上层的一部分人,多少遏制了奢侈腐化之风的恶性发展,但终究难以实现其令满洲臣民"返本还淳"、规复祖宗盛世旧观的愿望。况且时势业已大变,传统的节俭观丝毫无助于起弊振衰,大清王朝不可避免地在衰败的道路上越走越远。

整顿吏治　努力禁烟

道光登极承继大统后,面对"四海秋色"的清王朝,在躬行节俭、力戒奢靡的同时,多方设法,孜孜求治,试图起弊振衰,企望能早日归复祖宗盛世旧观。为此,他朝思暮想并采取了一些措施整顿吏治,力图做个明君;有时也能顺应时势,支持进行些小改革;终生不忘严禁鸦片,以杜白银外流之源。但可惜的是,道光之世的大清王朝,整个官僚阶层腐朽堕落,寡廉鲜耻,大多苟安其位,以保身家利禄,极少有人顾及国家安危和百姓死活;神州大地,内里是"大乱起,悲风骤至",外部则西方资产阶级乘坚船携利炮,频频叩关,终于破门而入。

中国历代封建王朝,自古就有所谓捐纳制度,即有钱便可买得官做,小官则可花钱买大官。清袭古制,不过最初规定花钱买官者只给虚衔,不予实授,捐官者单有官之名号,并无官之职责,当然也无俸禄,其实是花钱买个荣誉虚衔。自嘉庆朝起,国库空虚日甚一日,而庞大的官僚机构、军需费用及治河、赈灾等处处需要开销,于是捐例大开,朝廷把卖官鬻爵看作是一大可靠财源,虚衔实缺兼卖,以广招徕。捐纳实缺和科甲出身为官者在职权、俸禄方面一般无二,只是出身不同而已。渐渐实缺不够,则又创出"候补"名号,每月在吏部抽签一次,分发到中央各部或各省听候委用。由是,凡有足够的钱,无论其人德行才智如何,均可买得官做。官既是花钱买来的,一旦走马上任,便如狼似虎,捞本赚利,极大地加剧了清王朝吏治的败坏。道光身为皇子之时,对此就有所了解,认为官场贪污中饱,贿赂公行,皆与捐纳制度有关,称帝后即决心除此祸患。但是,在与朝廷重臣筹商废除捐纳制度时,朝臣皆以为"军需、河工、赈灾,处处需费浩繁,时下国库收支赤字甚多,其捐纳一项,未便全废"。

面对朝廷诸臣的一致反对,道光只好作出让步,但废除捐纳的初衷未改,于道光二年(1822)颁诏谕令天下,要各地嗣后严格捐纳制度,毋得滥开捐例,"其现任官员,一概不准加捐职衔,永为定例"。道光对花钱买得官做的人,始终感到厌恶,总是放心不下。每当京官外放或地方官因故觐见,临行前他都不厌其烦地嘱

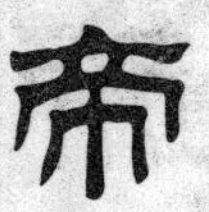

令其要对捐纳出身的官员多加注意，谓“捐班之员，素不读书，将本求利，廉之一字，诚有难言。有钱不作他图，倾其所有以求为官者，居心可知。此等人物，朕实是放心不下，到任后务须从严究查，多加防范”。

在设法整顿吏治，企望起弊振衰的过程中，道光逐步认识到，“官官相护”、“贿赂公行”等官场之恶，在很大程度上与上头有关，因而警告官职显赫的重臣和宗室贵族，要他们时时记着乾隆朝的贪相和珅，晓谕鼓励天下臣民大胆告发侵公扰民之官，从重惩治上层不法官员。道光七年(1827)，有人控告协办大学士、理藩院尚书英和的家人张天成，依仗主人权势，勾结地方官，私自抬高租息，欺压无辜百姓，肆意勒索民财。道光对此十分重视，认为张天成之所以敢横行不法，其根在英和，因此除对张天成及有关地方官依法惩处外，谕令将英和“革去协办大学士和理藩院尚书之职，夺回紫缰”(紫色的马缰，系清代皇帝赏赐宗室和勋臣的一种特殊荣誉标志)。随后又令“交部严加议处”。对中央朝廷重臣如此，对地方上一些官吏的违法行为，道光也往往追究其上司的责任。道光十五年(1835)，湖南湘潭县知县灵秀，听说手下捕役有个女儿生得花容月貌，遂不择手段诱娶此女为妾，满足兽欲后，又复辗转售卖，捞获重利。后经人告发，道光大为震怒，谕令将灵秀革职，发往伊犁充当苦役，终生不许放还。此事本与省里大员无关，但道光怀疑属下不法，即是上司查审不力甚或有意包庇的结果，而上司所以如是，少不了是平时收受贿赂。于是，传谕将湖广总督、湖南巡抚及布政使、按察使，一并交部议处。

澄清吏治，侧重于上层，道光一直坚守不渝，即使宗室贵族、皇亲国戚亦不例外。

道光三弟惇亲王绵恺，年过而立之年，膝下无子，不知何故(或求子心切，欲探求子之方)，竟与宫内太监张明德私相往来，违犯皇室家法，道光七年(1827)因此被降为郡王衔，革除一切职务，并受到严厉训斥。后来谨慎从事，循规蹈矩，一度又复亲王衔，得授“内廷行走”及宗人府宗令等头衔。谁知时过境迁，绵恺又旧念复萌，将宫内太监私藏于王府。消息走漏，道光闻讯查实后，当即谕令再行将绵恺降为郡王，革除一切职务，并罚俸3年。绵恺壮年无子，过继儿奕缵业已去世，家庭生活颇不愉快，加之此次打击，不久即郁闷而逝。

皇侄奕纪，道光中期曾一度备受恩荣，先后晋二等镇国将军，赏给紫缰，擢户部尚书，总管内务府大臣、御前大臣兼管理藩院事务，显赫一时，渐渐志满意得，遇事不知自忌，一些趋时附势的内外官员也纷纷巴结逢迎。道光二十年(1840)，道光以理藩院行使职权不当，决计借机惩戒奕纪，以使其有所顾忌，恪尽职守，谕令将理藩院尚书赛尚阿降为二品顶戴，与管院大臣奕纪一并交部严议。随后，他又通过多方查讯，得知奕纪有收受属下司员馈送银两情事，遂谕令夺回奕纪紫缰，革去其御前大臣、户部尚书、总管内务府大臣职务。不久，道光觉得奕纪在天子脚下竟敢私自收取下级司员礼品，如此处分恐还不足以警来者，于是再颁谕旨，令将奕纪捉拿问罪，遣戍黑龙江。奕纪以所管理藩院行使职权稍有不当和收

受一位下级官员馈送银两而遭此重处，廷臣无不惊然。

另外道光继位后，一直大力禁绝鸦片。鸦片最初由葡萄牙人当作药材输入。早期葡萄牙作为药材向中国输入鸦片时，虽有人开始食用，但数量极少，未对整个社会造成多大危害。后来，英国人东来，在印度半岛建立了庞大的殖民贸易垄断公司——东印度公司，实行对印度乃至对整个亚洲的殖民掠夺贸易和侵略扩张活动。在早期同中国的贸易中，中国的丝、茶、陶瓷、大黄以及糖等土特产品受到当时西方人欢迎，出品量逐年递增，而作为英国主要输华商品的各种贵重毛纺织品，由于中国官僚士绅穿的是绫罗绸缎，老百姓则穿自制的土布，因而长期滞销，致使英国在正常中英贸易中连年亏本，每年不得不运来大批白银，以补亏空。

为了既得到中国的丝、茶等土特产品，又不用往中国输送白银，英国资产阶级费尽心机，寻求良策。在用炮舰暂时还打不开中国大门，其他商品也难以打入中国市场的时候，他们找到了鸦片这种特殊商品。鸦片既可弥补英国对华贸易逆差，又可以在精神和肉体上摧残中国人民，为最终打开中国大门奠定基础。于是，英国自公元1773年起，排挤了葡萄牙、荷兰等国，逐步确立了对中国鸦片贸易的垄断权，开始有组织地向中国输入毒品鸦片。

自鸦片吸食之法传入中国后，烟毒就日益泛滥起来，逐渐引起中国统治者的重视。早在雍正七年(1729)，清廷即颁发禁烟令，严禁贩卖、吸食鸦片。嘉庆五年(1800)，清廷首次禁止从外洋进口鸦片(以前作药材进口合法)，以后又多次颁发禁令，制订禁烟章程，发布贩卖吸食鸦片治罪条例，意在清除烟毒祸害。结果是鸦片由合法纳税进口变为违法偷运走私，烟价大涨。广东海关及其他文武官员，甚至于朝廷重臣，都直接间接地从鸦片走私中捞到好处，以至无视朝廷禁令，帮同或袒护中外鸦片贩子进行走私活动，致使烟毒迅速弥漫全国，白银源源流向国外。

道光对鸦片烟毒的危害有着深刻的了解，御极后决心根除此患。道光元年，他即匆匆发布谕旨，严申鸦片禁令。两广总督阮元，借助新帝即位之威，查出十三行总商伍敦元默许外国进口商船夹带鸦片，随即请旨严加惩办，并制定了严格的外船进口检验程序和对贩卖、吸食鸦片及开办烟馆者的惩处条例。一时间，夹带鸦片的外国进口船只被纷纷查获，驱逐出口，澳门的一些囤积贩卖鸦片大户也先后落入法网。查禁鸦片，初见成效，道光喜出望外，决心再接再厉，于道光二年(1822)，谕令沿海各省督抚严拿烟贩，翌年又饬廷臣议定地方官查禁鸦片烟不力及失察处分条例，同时诏令严禁民间私自种植制造鸦片。

道光根除鸦片祸患的决心不可谓不大，查禁鸦片烟毒的诏令不可谓不严。然而，英国政府既已确定了鸦片侵华政策，鸦片贸易业已给英国及英印政府和东印度公司带来了巨大利润，那他们就决不会善罢甘休。在广东方面查缉日严，广州、澳门既不能进口也不便囤积鸦片之后，外国鸦片贩子们便在珠江口大鱼山洋面一带的伶仃岛周围停置大船，存放鸦片。这些停置的大船，每只约可装载鸦片50余万斤，称为"趸船"。凡装载鸦片的船只均先驶往趸船卸下鸦片，然后载着

合法货物并夹带极不易发现的少量鸦片样品进口，与内地鸦片贩子看样订货，在广州借交易货物之名把一切手续办理完毕，然后雇佣组织亡命之徒，乘坐特制的武装快船到趸船取货，黑夜偷运走私，分发各地。于是，尽管道光再三颁发"杜绝鸦片来源，以求净尽根株"的谕令，但随着他整饬吏治的失败和全国军备的愈益废弛，国内则走私网遍布天下，国外则先是英国，继而是美国，公然以武力保护走私，或建立庞大的舰队直接组织走私，致使鸦片输入量激增。道光元年，输入中国鸦片不足 6000 箱，道光十三年(1833)时增至 2 万余箱，至道光十八年(1838)则翻番为 4 万余箱。

鸦片的不断输入和烟毒的日益泛滥，不但严重摧残了中国人民的身心健康，而且造成白银大量外流，清政府国库空虚，银价飞速上涨，国计民生穷蹙日甚一日，从而引起中国朝野的极大关注，道光作为一国之主，更是忧心忡忡，无奈禁令屡颁，鸦片烟毒焰日张，苦寻良策而不可得。

道光十八年(1838)闰四月，鸿胪寺卿黄爵滋上疏道光，指出断绝鸦片的根本之计在于根绝吸食，"无吸食，自无兴贩；无兴贩，则外夷之烟不禁亦自不来。"认为以往禁烟之所以未著成效，是由于刑法过轻，提出吸烟论死之说，请求道光颁诏晓谕天下，所有吸食鸦片烟者，限令一年为期戒绝，到期未戒或未全戒者，则一律处以死刑；如有为官之人知法犯法，一经发现，本人处死之外，其子孙永远不得参加科举考试。

黄爵滋吸烟论死的奏疏，对道光是个严峻的考验。平民吸烟论死，倒还好说，官员论死，已觉难办，而皇亲国戚、宗室贵族中若有人被告发出来，将如何处治？经反复权衡，他觉得保国保民保住皇帝尊位才是头等大事，鸦片烟毒继续泛滥，迟早要毁大清江山。于是，他一面谕令各将军、督抚就黄爵滋吸烟论死之说各抒己见，详细议复，一面采取严厉措施，从上头做起，以向天下诏示自己的禁烟决心。在接到黄爵滋奏疏不到两月时间里，道光先行将一批查有确据的吸烟官吏革职，其中庄亲王、辅国公因常到僧尼庙内偷食鸦片，分别被革去王爵和公爵；同时将两年前上奏请放宽烟禁的许乃济，降为六品顶戴，勒令退休返乡，诏令在两湖地区禁烟卓有成效的林则徐进京觐见，商讨禁烟大计。

林则徐进京后，道光赏其紫禁城骑马殊荣，接连 8 次单独召见，共议禁烟事宜，经过反复商讨，道光决定双管齐下，一面于道光十八年(1838)十月十五日命林则徐驰赴广东"查办海口事件"，意在杜绝鸦片进口。为表示他对林则徐的信任和器重，特颁给铁差大臣关防，谕令所有该省水师兼归节制。一面则命朝臣严定禁烟章程，以求根绝吸食。新定禁烟章程明确规定："凡吸烟之人，均限一年半时间戒除，限满不知痛改前非者，无论官民，概拟绞监候。"新定章程经道光审阅批准后，名为《钦定严禁鸦片烟条例》，颁发全国遵照施行。

自黄爵滋吸烟论死之疏上达朝廷始，在道光亲自主持下，经过各有关方面约半年时间的讨论准备，神州大地除西藏地区以外，掀起了一个轰轰烈烈的全面查禁鸦片烟毒的热潮。各地查拿鸦片贩子，缴烟土，收烟具，封烟馆，惩治大小吸烟

官吏，通令鸦片烟鬼限期戒烟，可谓如火如荼，雷厉风行。鸦片烟毒似乎从此真的要在华夏神州净尽根除了。

抵御侵略　力不从心

面对举国一致的禁烟热潮，道光欣喜异常，心想多年痼疾，一旦扫荡净尽，规复祖宗盛世旧观有望，总可以告慰列祖列宗在天之灵了。可他做梦也没有想到，英国资产阶级为了维护罪恶的鸦片贸易，悍然发动了大规模的侵华战争，结果不仅使他根除鸦片烟毒的全部方案措施尽皆落空，而且把他推到了清朝有史以来初次蒙受外国资本主义列强的深重打击，并被迫屈辱求和的被动境地。这还得从林则徐到广州禁烟谈起。

道光十九年(1839)初春，林则徐携钦差大臣关防到达广州后，与两广总督邓廷桢、广东巡抚怡良、水师提督关天培等和衷共济，内则查办收受贿赂、包庇鸦片走私之文臣武将，惩治贩毒奸商，劝戒吸毒兵民；外则晓谕各国来粤商人，限期缴出囤放于外洋趸船的全部鸦片。

为预防万一，林则徐于查禁鸦片的同时，一面饬人搜集翻译外国书报，了解西洋国情及来粤商人动静，力求知己知彼；一面招募水勇，整顿水师，加固增修炮台，购买西洋大炮、战船，积极整军备战。

面对林则徐雷厉风行的禁烟措施，以英国为主的外国鸦片贩子们有些着慌，纷纷找英国在华商务监督义律商量办法。义律鉴于中国官方禁烟向来虎头蛇尾，一阵风过去便万事大吉，一切照旧，认为此次也不过是做做样子，吓唬胆小的，抓几个倒霉的罢了，约定众洋商拒缴鸦片。林则徐看看限期将过，外国鸦片贩子们毫无动静，便传令四处张贴告示，告谕中外，谓“本大臣奉旨来粤查禁鸦片烟毒，若鸦片一日未绝，本大臣一日不回，誓与此事相始终，断无中止之理”。表示此次禁烟势在必行的决心。随后，他即采取断然措施，将黄埔港所有外国商船统统封仓，不准装卸货物，同时下令撤出广州商馆里的全部中国雇员，派兵围困商馆，断绝了水陆交通。至此，聚居商馆里的外国商人们纷纷抱怨义律毁了他们的生意，龟缩在这里的鸦片贩子们更是慌了手脚，急请义律寻求解救之策。此时义律已无良策可寻，心中暗暗计谋报复行动，表面上不得不派人请林则徐解围，答应劝说鸦片贩子们缴出全部鸦片。

道光十九年(1839 年)三月，以英国为主的鸦片贩子先后缴出鸦片 1.9187 万箱又 2119 袋，共计 237.6 万多斤。林则徐收缴完毕，即奏报朝廷请示处理办法，同时下令解围开舱，恢复中外贸易。道光闻报大喜，传谕林则徐等将所缴鸦片烟土，“即在虎门外当众销毁，无需解往京师验看，俾令沿海商民及在粤夷人，共见共闻，咸知震骇，永杜后患。”是年四月二十二日至五月十五日，林则徐遵旨偕邓廷桢等率广东文武员弁，在虎门海滩将收缴鸦片全部彻底销毁净尽。斯时沿海居民及外国商人、传教士等观者如堵，百姓欢呼，烟贩们震恐痛心不已。是为历史上有名的“虎门销烟”。

虎门销烟后，林则徐传令各国进口贸易商船具结声明：“嗣后来船永不敢夹

带鸦片，如有带来，一经查出，货尽没官，人即正法，情甘服罪。”凡从事正当贸易的外国商人，无不遵令具结进口，惟英国商务监督义律，蓄意挑起事端，纠集兵船拦截其本国商船，不准进口具结，并多次袭击中国水师。林则徐一面下令严惩来犯英国兵船，一面奏报朝廷，建议对包括英国在内的所有外国商船，实行“奉法者来之，抗法者去之”的策略方针，以集中力量打击不遵中国法度或敢于来犯之敌。此时道光正陶醉于销毁鸦片的喜悦中，自思多年流毒，一旦扫除净尽，从此白银不再外流，国库渐可充裕。闻报义律胆敢犯顺天朝，当即怒火中烧，传谕沿海加强防御，切令林则徐等万勿示以柔弱，谓“朕不虑卿等孟浪，但戒卿等不可畏葸，所有英吉利大小船只，尽行驱逐出海，嗣后片帆不得人口贸易”。道光二十年(1840)一月，林则徐遵旨断绝了中英贸易。

道光原想以天朝声威慑服英夷，岂知英国为了保护鸦片贸易，已决定发动大规模的侵华战争。道光二十年(1840)五月，英国兵船 40 余艘到达中国海面，先行封锁珠江口，正式挑起了第一次鸦片战争。

英军在广东滞留月余，北犯福建，未能得手，当即兵进浙江，攻陷定海，随后又移师北进，兵至天津白河口，投送英国外交大臣巴麦尊给清政府的照会，无理要求中国皇帝为英人昭雪在粤蒙受的“冤屈”，偿赔鸦片烟价，并割地通商。按惯例，清王朝地方大员不能擅自接收外国照会，更不敢向皇帝呈递外人照会。无奈英国船大炮猛，而且除广东、福建预做防备之外，各省既无坚实战船能够御敌于大洋之外，又无阻敌登岸之可用大炮和能战之兵。直隶总督琦善此时已顾不得成例所碍，径直接受照会，允为代达朝廷，并上奏道光说：“英夷船坚炮利，无可与敌。夷船不来则已，夷船若来，则天津等各大海口断不能守。”朝廷内外一些平时安逸享乐的行家里手，均害怕战争打扰其安乐生活，而果真英国人登岸，奉命拒敌，又不知这仗到底是如何打法。他们为英国坚船利炮所吓倒，只求早早结束战争，纷纷散布流言，有人谓林则徐广东缴鸦片，原是先许重价收买，而后食言负约，以致激变；英人兴兵，实是请求天朝大皇帝给个公道，开恩恢复通商。有人则说邓廷桢调赴闽浙总督，毫无作为，英人未攻厦门，硬是上奏朝廷，谎报战功。一时间，朝廷上下，乱哄哄吵作一团。

道光获悉前敌败耗，耳听各种流言，翻阅琦善奏章和巴麦尊照会，不觉对林则徐等产生怀疑，暗思英军威逼京师，孰是孰非，一时真伪难辨，不妨颁旨诘问林则徐，看其何词以对；诏令琦善与英人交涉，虚与周旋，试看结果如何，再作定夺。其诘责林则徐的谕旨，措词激烈，大略谓：“命你赴粤查办海口事件，业经一年有半，然外而断绝通商，并未断绝；内而查拿犯法，亦不能净尽，无非空言搪塞，不但终无实济，反生出许多波澜！思之曷胜愤懑，看汝何词以对朕也?”在给琦善的诏旨中，则令其转告义律说：“天朝皇帝抚绥四海，恩布中外，凡外藩来中国贸易者，稍有冤抑，自会立即查办。上年林则徐等查禁鸦片烟土，未能仰体大公至正之意，以致受人欺蒙，措置失当。兹所求昭雪前冤，大皇帝早有所闻，必当逐细查明，重治其罪。”竟想以此先令英军退去，然后从长计议。

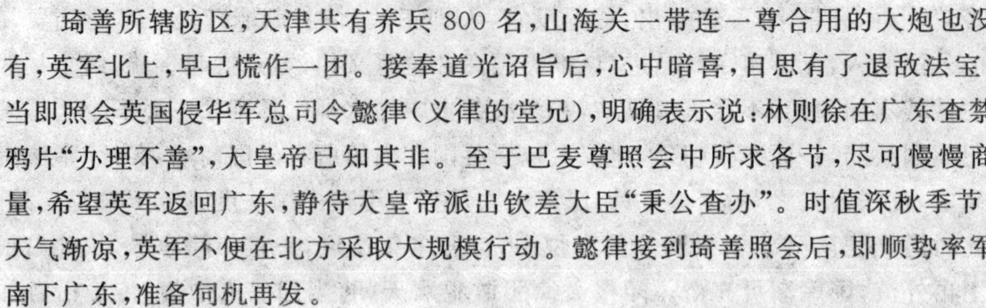

琦善所辖防区，天津共有养兵 800 名，山海关一带连一尊合用的大炮也没有，英军北上，早已慌作一团。接奉道光诏旨后，心中暗喜，自思有了退敌法宝，当即照会英国侵华军总司令懿律(义律的堂兄)，明确表示说：林则徐在广东查禁鸦片“办理不善”，大皇帝已知其非。至于巴麦尊照会中所求各节，尽可慢慢商量，希望英军返回广东，静待大皇帝派出钦差大臣“秉公查办”。时值深秋季节，天气渐凉，英军不便在北方采取大规模行动。懿律接到琦善照会后，即顺势率军南下广东，准备伺机再发。

英军南下，琦善上奏朝廷大肆渲染自己“退敌”有方。道光接报后，觉得这英夷原来并非桀骜，那林则徐等恐是有负朕意，确乎办理不善。于是降旨命琦善为钦差大臣，前赴广东继续办理中英交涉，同时令将林则徐、邓廷桢等革职查办。

琦善奉旨到广东后，一意媚外求和，实指望退出英兵，报功邀赏。岂知英军南下本是缓兵之计，一面在广州与清交涉提出更为苛刻的侵略要求，一面暗中调兵遣将，琦善毫无战守准备，步步退让，答应了英国侵略者几乎全部无理要求，只是关于割让香港一事，不敢做主，准备上奏朝廷请示后再做明确答复。英军调兵遣将停当，不待琦善答复，即发兵攻占大角、沙角炮台，进而威逼虎门，并单方面发布未经议定签字的所谓《川鼻草约》，强占了香港。

道光派琦善赴广东时，原想引英军南下，姑允恢复通商，惩办林则徐，以换得英国全部撤军，消除战祸，免得大动干戈，劳师靡饷。不过，那时他既不认为英国坚船利炮威不可挡，也不完全相信英人会轻易就抚，因此谕令琦善到广州后，要“一面与之论说，力争折服英夷，一面妥为预备，如其桀骜难驯，毋得示弱，有失天朝体面。所需御剿兵丁，可一面飞调，一面奏闻，不必先行请旨，以误戎机”。英军在广州再次发难，攻占沙角、大角炮台消息传至京师，道光因事先已有所预料，并不惊慌，当即传旨责令琦善“赶紧团练兵勇，奖励士卒，并储备军需粮饷枪炮火药，严惩英夷”。同时，诏令对英开战，命御前大臣宗室弈山为靖逆将军，户部尚书隆文、湖南提督杨芳为参赞大臣，征集各路大军共计 1.7 万余人开赴广东前线，意欲一举荡平入侵之敌。不料琦善毫无战心，竟上奏说广东“地势无要可把，军械无利可恃，兵力不固，民情不坚，若与英夷交锋，实无把握，不如暂示羁縻……”道光览奏不觉动怒，心想如此懦夫，如何堪当前敌？正思降旨斥革，又接广东巡抚怡良等密折，参奏琦善一意孤行，不听众文武劝说，私允割让香港。怡良密折真是火上浇油，道光阅后直气得手足冰冷，两眼昏花。稍待镇静，提笔在琦善奏折上批道：“汝被人恐吓，甘为此遗臭万年之举，今又摘举数端，恐吓于朕，朕不惧焉。”随即传谕，令将琦善革职拿问，锁解进京，并将其全部家产悉数抄没入官；命奕山、隆文等星夜兼程，迅赴广东，整兵旅，歼丑类，收失地，惩汉奸，务期大伸天讨，而张国威。

英军获悉清廷派将增兵，遂先发制人，大举进攻，道光二十一年(1841)二月初攻陷虎门。广东水师提督关天培及数百守军力战不敌，壮烈殉国。三月，参赞大臣杨芳先至广州，一战又失乌涌炮台，英船驶入省河，广州城危在旦夕。

奕山等在道光圣旨再三催促下，于道光二十一年(1841)三月底到达广州。闻听英军船坚炮利，本无战心；若不战而和，又恐遭重咎，遂召同来新任粤督祁贡及参赞、巡抚人等计议发兵攻剿。四月初一日，奕山兵分三路，夜袭英军，希冀一战而胜。不意英军早有准备，激战五昼夜，所有炮台要塞尽失，清军兵困广州城，不时发炮轰击。奕山攻守无术，慌了手脚，急命高悬白旗示降，令广州知府余保纯出城乞和，签定了屈辱的《广州和约》，议定双方停战，赔偿英国军费600万元，英军退出虎门，奕山等撤出广州城，率军屯驻离城60里以外。

奕山战败求和，自知如实上奏朝廷，吃罪不起，于是谎称广州停战，系因他率大军屡次"焚剿痛击，而大挫其锋……英夷穷蹙乞抚"。至于赔款，则是因为英夷战败，无路可走，"其头目投伏于地，向城作礼，乞还商欠，并恳请拨库钱280万，否则，年余未能通商，货物不能流通，资本折耗，非但商欠无以偿还，而且生计无以维持"。因此，经广州文武共同商量，为表天朝怀柔远人之意、奖励外夷向化之诚，议定允其所请。

道光接阅奕山瞒天过海的奏报后，非但毫无察觉，还真以为是英夷慑于"天威"，倾心向化，从此中外和好，免去刀兵之苦，不觉转怒为喜，竟颁旨"准令通商"，同时传谕沿海各省，酌量裁撤调防官兵，以节縻费。至此，他越发怀疑林则徐等在广州的行为，相信英夷兴兵构难，是由林则徐"办理不善"、"操之过急"所致，自思年余来寝食难安自不必论，其劳师靡饷，国无宁日，沿海生灵涂炭，不罪林则徐、邓廷桢，又由谁来任其咎？念及此，遂发谕一道，令将林则徐、邓廷桢从重发往伊犁，遣戍赎"罪"。

正当道光误信奕山谎报军情，认为夷乱已平而令沿海各省裁军撤防之际，英国政府换将增兵，准备进一步扩大侵略战火。道光二十一年(1841)六月，英国新任特命全权公使璞鼎查、侵华英军总司令巴加聚会于香港，经过一番密谋策划，月余后率军北犯厦门。总兵江继芸等力战牺牲，厦门陷落。随后，璞鼎查和巴加调集大队，北犯浙江，仅两月时间连陷定海、镇海、宁波三镇。定海总兵葛云飞、郑国鸿、王锡朋等率军英勇抵抗，全部以身殉国；两江总督裕谦亲自登城督战，而浙江提督余步云未战先逃，以致镇海、宁波失守，裕谦自杀谢罪。总督死，提督逃，三总兵殉国难，整个浙东地区风声鹤唳，侵略军恣意烧杀淫掠，千千万万无辜百姓在铁蹄下呻吟。

为阻止英军的进攻，道光于道光二十一年(1841)九月初四日诏令宗室协办大学士吏部尚书奕经为扬武将军，侍郎文蔚、副都统特依顺为参赞大臣，调集江西、湖北、四川、陕西、甘肃数省马步各军，驰赴浙江，哪知奕经一出京师即把皇帝谕旨置诸脑后，一路游山玩水，广纳贡献，道光二十二年(1842)正月始到绍兴，并且视战争如儿戏，仓猝之间并未认真了解敌情即兵分三路，幻想一举夺回浙东三镇。结果是三路大军相继败北，奕经一口气逃到杭州，不敢再战，一面屯兵与英军对峙，一面上奏败绩，自请处分。

道光接到奕经败报，深感局势严重。这时他想到可以信赖的重臣及可以调

拨的精兵基本已和盘托出，而夷焰非但未能消戢，反而日见鸱张，足证英夷之凶狠。因此已心灰意冷，赶紧诏令盛京将军耆英署杭州将军，颁给钦差大臣关防，授以“便宜行事”之权；起用以前因主和革职的伊里布，赏给七品顶戴。使二人赶赴浙江前线，办理对英交涉事宜，做出了准备停止抵抗，实行所谓“招抚”方略的姿态。

耆英、伊里布到浙江后，即开始策划“羁康”之策，试图“招抚英夷”，可他们怎么也没想到英夷竟不肯就“抚”。道光二十二年(1842)三月，英国侵略者为了迫使清政府彻底屈服，决定按预定计划，集中优势兵力，攻取清政府南北交通的咽喉之地镇江，进而控制长江下游，切断清廷漕粮运输。

道光二十二年(1842)四月初至六月底止两个多月的时间，英军相继攻取乍浦、宝山、上海、镇江。江南提督陈化成率部抗击，壮烈牺牲，镇江副统海岭统驻防旗兵拼死抵抗，全部殉难，两江总督牛鉴则闻风逃匿，英国侵略者兵锋直抵南京城下。至此，道光自觉已别无良策可寻，急命耆英、伊里布迅赴南京设法议和。

道光二十二年(1842)七月二十四日，经道光批准耆英、伊里布等在南京城下江面上的一艘英国侵略者的军舰上，签订了中国近代历史上第一个屈辱的不平等条约，内中规定主要为：(一)清政府赔偿英国在广东缴出销毁的鸦片烟费 600 万元，商行“积欠”300 万元，军费开支 1200 万元，合计 2100 万元；(二)将香港割让给英国；(三)开放广州、福州、厦门、宁波、上海等五处为通商口岸；(四)实行协定关税，嗣后进出口货物应纳关税等项，均应“秉公议定”，不能由中国自己做主；(五)废除公行制度，凡来中国贸易的英商，不论与何人交易买卖，均听自便。这就是后来人们所说的《南京条约》，时人称之为《江宁条约》。

历时两年多的对外战争，清朝政府支出战费 7000 万两，战后赔款 2100 万元，加上战争期间英国侵略军的无耻抢劫和战后鸦片的继续大量涌入，清王朝本已十分拮据的国库开支，濒于崩溃。为了偿还赔款，弥补亏空，道光在战后已顾不了许多，只有默认各级官吏尽情搜刮民脂民膏了。结果是“天下贪官甚于强盗，衙门污吏无异虎狼。民之财尽矣！民之苦极矣！”

官逼反，民不得不反。鸦片战争后，清王朝内地十八省和台湾、伊犁、西宁等地区，反清起义连年不断。自道光二十二年至三十年(1842—850)，各地各种起义暴动，令清政府手忙脚乱，损兵折将而载于史册的就有 92 次之多。道光历经两年多对外战争的磨难和美、法等相继遣兵船来华威逼签约，已是心力交瘁，不觉老之将至。面对风起云涌的起义暴动，他只知频颁谕旨，限令各地将军督抚及提镇大员加意弹压，尽力兜剿，再也无力无心去设法根治起义暴动之源，规复祖宗盛世之业了。

道光三十年(1850)正月十四日，节俭一生的道光，外耻未雪，内忧未除，饱含一腔恨和愁，悄然长逝。死后谥号曰“成”，庙号“宣宗”。葬地在河北易县北宁山慕陵。

称帝前的秘闻寻踪

鲜为人知的连中三元之谜

乾隆五十四年(1789年),乾隆皇帝率领众皇子、皇孙和他一起前往木兰围场行围射猎。这天,大队人马驻在张三营行宫。乾隆心血来潮,想看看皇子、皇孙们的艺业武功,就来到了较射场地,端坐台上,令诸皇子、皇孙依次较射,比个高低。这年,绵宁才年仅八岁。轮到绵宁较射时,绵宁从容不迫,拉开小弓,搭上小箭,一箭射出,正中靶心。紧接着第二箭,再发再中。乾隆喜动天颜,大为高兴,当场谕令:绵宁如能再中一箭,即赏穿黄马褂。绵宁遵照老皇祖谕令,不慌不忙,拉开架势,又搭上一箭,一箭射出,又中箭靶。然后,绵宁收起弓箭,跪倒在乾隆面前,等候听赏。乾隆心中大喜过望,却故意装做不解地问道:"你想要什么?"绵宁不答,仍长跪不起,乾隆终于忍不住大笑起来,命随行人员速取黄马褂,赏赐绵宁。但因事出仓促,一时找不到小马褂,乾隆不得不将一件大马褂取过,将八岁的绵宁裹住,一抱而起,亲近异常。

按说,一个八岁儿童,较射弓箭,连中三元,已不是容易之事,特别是三发三中后,长跪不起,请赏黄马褂,逼迫其皇祖兑现这份当时人们很难得到的殊荣,足见其年纪不大,却心计不小。

十岁儿童何以能文武双全

清朝,作为少数民族入主中原的王朝,为了适应和改变文化落后的少数民族与文化先进的中原民族的巨大反差,实行有效的统治,格外重视皇子的教育和培养,为历代皇子制定了一套完整的课读制度。

按照清朝祖制,皇子读书一事,比历代都严格。根据与道光同时代的史学家赵翼的记述,皇子们到六岁就要入学,上学的地方称上书房。每天五鼓时分,天还未亮,就必须进入书房,开始学习。除夏至到立秋这段时间,因天气炎热,可于中午散学外,其余均为全日制,至薄暮时,方能散学。为防止皇子逃学和师傅懈怠,管门太监还要对教学时间,按时登记,以备察核。学习课程,上午为儒家经典、政治、史事、诗词文章,下午为满文、蒙文、骑射、技勇。

绵宁于乾隆五十二年(1787年),在由钦天监择定的良辰吉日里,由宫内府太监手提白沙灯导引,进入上书房。

上书房的师傅都是皇帝从翰林院里挑选才学兼优者充当。绵宁的老师先后有四位。先是编修秦承业和检讨万承风,后是礼部右侍郎汪廷珍和翰林院侍读学士徐颋。这四人都是乾隆和嘉庆年间进士,满腹经纶,可谓名士宿儒。

绵宁聪明好学,颇有天赋。史书说他能"一目十行",恐有溢美。在上书房里,绵宁先后学习了四书、五经等典籍,还阅读了《资治通鉴》、《通鉴揽要》、《纲鉴撮要》、《贞观政要》等著作,同时还对《圣祖圣训》、《庭训格言》、《三帝实录》、《开国方略》等进行了系统的学习,从中培养帝王之基,吸取统治之道。此外,诗词文章、也日见精进。从收集绵宁登基以前所写诗文的《养正书屋诗文全集》看,全集共四十卷,其中诗词部分二十八卷,收作品共二千七百五十五首;文章十二卷,收文一百七十篇。绵宁诗作,大都是有关政事典仪、较晴量雨、望捷勤民、治河转薄

一类的记事之作，而留连景物者，不到十分之一。绵宁的诗文，就整体格调和韵律而言，虽谈不上有什么传世佳作，但大都朴实无华，自然流畅。

绵宁之父嘉庆皇帝一再强调：八旗满洲，以骑射为本，要以弧矢威天下。所以，绵宁在习文的同时，还要进行刻苦的武功训练。至于有关绵宁武功训练的具体情形，史书没有明确记载，不好揣度。仅从上文所介绍的八岁较射等事上，我们便可了解绵宁武功的大概情况。

下面，我们再举一个例子。道光二年(1822 年)正月，道光和署陕甘总督朱熏就士兵训练和军队素质问题，有过一段比较详细的奏批。

朱熏奏道："向来绿营兵丁，步箭三四力弓居多；马弓则不过两力。临阵不能杀贼，即技艺娴习，亦属无益。"

道光批示："现在，除东三省外，皆染此习，可恶之至。"

朱熏奏道："臣所属的骑兵和步兵训练，均以六力弓为标准。"

道光批示："人之气力，强弱不一，以六力为准，原属旧制。如果马上、步下均能达到四五力弓，且能有准，就可制胜。"

朱熏奏道："绿营鸟枪兵，虽施放娴熟，但临阵时，往往枪口过高，实在是因为射击时前、后手不稳造成的。"

道光批示："此乃绿营通病，不是手不稳，而是技艺生疏的缘故。"

朱熏奏道："请皇上批准另外制造每支十五斤重的枪，发给士兵操练。"

道光批示："鸟枪并不是炮，不必弃轻从重。我从小就开始练习鸟枪，深知此法。每支五斤至七八斤重都可以，关键在于士兵的技艺如何。如果都以每支十五斤重为标准，反而显得笨重，并不适用。打枪之法，全在随机智巧，并不是靠臂力的大小决定的。你所说的道理，近于迂腐。"

上述君臣奏、批，谁是谁非，姑且不论。但从中不难看出，绵宁对军器的性能、使用和操练还是颇有见地的。

通过严格的培养和训练，绵宁已被塑造成为文武兼备的准帝王形象了。

道光受封亲王的秘闻

嘉庆登基之后，大清王朝由盛转衰，农民起义连绵不绝，此起彼伏。特别是嘉庆十八年(1813 年)九月发生的天理教农民大起义，在京城近畿的直隶、山东、河南等地，攻城掠地，闹得天翻地覆。由林清率领的北路义军竟然图谋京城，攻入紫禁城内，直接震撼了清廷的统治，史书称之为"禁门之变"。因为这年是癸酉年，又称为"癸酉之变"。

这年八月，嘉庆皇帝依照祖制，前往木兰围场，举行秋狝大典。长期从事秘密反清活动的天理教首领李文成、林清决定，乘嘉庆离京之际，于九月十五日，在河南、直隶两省同时举事。先由林清率领少数义军潜入京城，事发后，抢先攻占紫禁皇城，随后，由李文成率大队义军北上应援。

嘉庆前往木兰秋狝，本来绵宁随行。九月初，木兰一带秋雨连绵，嘉庆被迫减围，并命绵宁先期回京。所以，林清义军进攻紫禁城时，绵宁已在京城，正逢其变。

九月十五日，义军二百人，手持白旗，腰缠白布，兵分两路，向紫禁城逼进。一路由祝现、屈五率领，直奔东华门；一路由李五、宋进才率领，扑向西华门。东

华门一路虽有太监刘金、刘得才(该两人均为天理教徒)接应,但因事机不密,被护军发觉,所以,只有十余人进入东华门,其余逃散。西华门一路在太监杨进忠(天理教徒)的导引下,八十余人顺利进入西华门。义军全部入宫后,将看守杀死,关闭了西华门,一路入内,闯进尚衣监、文颖馆,汇集于隆宗门外(大门已关)。直到这时,正在上书房读书的绵宁才接到义军闯宫的报告。绵宁急命内监速取鸟枪、撒袋、腰刀,匆匆出门临敌。只见义军战士手执白旗,正由门外廊房攀上高墙,企图进入养心殿内。绵宁见状,在养心殿阶下,忙举枪射击,连续击毙两名义军战士。另有一种说法,说宫内太监与天理教义军相通,递给绵宁的枪弹并不是实弹,绵宁举枪射击,没有命中,发现鸟枪中装的是空弹,慌急之中,取下衣服上的铜扣,充作子弹击出,才将义军战士击毙。其余义军只好退下,不再翻墙。这时,闻讯赶来的清军禁旅陆续云集,宫内才得以暂时安定。绵宁又果断地采取如下几项紧急措施:一、急草奏章,飞报远在围场的嘉庆皇帝,奏报事变情形。二、严命关闭禁城四门,令各路官军入宫"捕贼"。三、至储秀宫安抚皇母,嘱皇三子绵恺小心守护。四、亲自率领兵丁前往西长街、西厂一带访查。五、派谙达侍卫在储秀宫、东长街布置,以防不测。由于绵宁的精心部署,举措有力,经过两天一夜,义军这次攻打皇宫的起义才被镇压下去。

九月十九日,嘉庆回京,见顺利"平叛",龙心大悦,盛赞绵宁有胆有识,忠孝兼备,可嘉之处,达到了"笔不能宣"的程度。遂发恩旨,封绵宁为智亲王,每年增加俸银一万二千两,并命名绵宁所用鸟枪为"威烈"。以此,绵宁的地位已与其他皇子明显地拉开了距离。

立为储君的幕后寻踪

嘉庆四年(1799 年)正月,已经禅位给嘉庆皇帝的太上皇帝乾隆去世。又过了三个月,经过长期的培养和观察,嘉庆皇帝决定将未来的大清江山托付绵宁。四月初十日,嘉庆遵照秘密建储的家法,手书一道硃谕,将绵宁立为储君,并将硃谕封入鐍匣,悬置于乾清宫"正大光明"匾额之后。从此,绵宁成了嘉庆的秘密接班人了。

这时的绵宁已是十八岁的一个勇武青年。嘉庆将其秘密立为储君之后,培养和教育更加精心。这主要体现在三个方面:第一,督促学业。为激励绵宁勤学苦读,嘉庆为绵宁园中读书之处亲题"养正书屋"匾额,并在闲暇之时,至养正书屋考课。春天一到,则命绵宁前往南苑行围射猎,夏季炎热,又命绵宁到凉爽怡人的瀛台攻读诗书,以使绵宁早日具备帝王之学。第二,历代封建帝王大都为立储继统而煞费苦心,宫廷内部,为争当太子,争夺皇位,往往勾心斗角,内乱不已,清代也不例外。嘉庆为防微杜渐,避免内争,采取了"防止窥测,杜绝猜疑"等诸多办法,使绵宁的皇太子地位顺理成章地得到稳定。嘉庆十三年(1808 年),绵宁的嫡福晋(后封为孝穆成皇后)死去,嘉庆特命使用金黄色座罩,以与其他皇子福晋相区别,这一不同寻常的举动,无疑为绵宁的地位罩上了金色的光环。嘉庆十八年(1813 年),绵宁与其弟共同镇压了林清发动的禁门之变。绵宁受封智亲王,每年加俸一万二千两;三弟绵恺则仅被传谕褒奖;贝勒绵志也仅晋升郡王衔,每年加俸一千两。这样,绵宁的地位得到了明显的提高。第三,让绵宁直接参与重大的国务活动。清代的不少国务活动是象征性的,并没有多大的实际意义,但

其重要性是不可低估的。绵宁被立为储君后，嘉庆前往寿皇殿展拜列祖列宗，命绵宁随行；前往高宗乾隆的裕陵举行敷士大礼，本该嘉庆亲临，也让绵宁“恭代”；郊、坛的祈年、祈雨等祁报活动，亦多由绵宁代之；有关陵、庙的祭祀活动，概由绵宁代行。嘉庆二十三年(1818 年)，嘉庆皇帝已到晚年，最后一次出巡盛京，参拜清祖三陵(即清先祖的永陵、努尔哈赤的福陵、皇太极的昭陵)，又命绵宁随行，在列祖列宗面前，意味深长地对绵宁进行传统教育，令其牢记大清江山缔造艰难，守成不易的道理。

在嘉庆的循循善诱和精心塑造之下，绵宁日渐成熟，只待历史为其提供君临天下的机会了。

道光即位谜中之谜

按史书记载，绵宁即位，确实没有遇到什么麻烦。但仔细推敲，也还有一些令人迷惑不解之处：

第一，嘉庆二十五年(1820 年)七月十八日，嘉庆皇帝前往木兰举行秋狝大典。七月二十四日到达避暑山庄，也就在这一天，嘉庆皇帝感到身体不适。二十五日白天，嘉庆帝批阅奏章，接见群臣，还“治事如常”。晚八时左右，嘉庆皇帝于避暑山庄行殿寝宫中死去。从发病到崩逝，不满二日，事情来得过于突然，以致令人难以相信。对此，嘉庆自己也不能解释，他在临终遗诏中说：“我的身体素来强壮，还未曾得过病。虽然年过六十，行路登山，仍不觉得劳累。这次秋狝途中，只是偶感中暑，昨天还骑马翻越过广仁岭。”绵宁在嘉庆崩逝后的第六天，即八月初二日的一道谕旨中也证实：嘉庆“虽年过六十，身体康健，精神强固。这次秋狝，我一直跟随左右，父皇行走健步如常。途中虽偶感中暑，登山仍不觉疲倦。”那么，身体健康的嘉庆为什么只经一天多就由发病而崩逝呢？可能绵宁也觉得原来说的二十四日“圣躬不愈”，二十五日“宾天”，过于急促了些，于是又改口说，嘉庆是“遘疾三日，遂至大渐”，即病了三天，才病情加重的。到底是一日多，还是三日，不得而知。

第二，按照正史记载，七月二十五日傍晚，嘉庆病情转重，召集御前八大臣，公启鐍匣，宣示嘉庆御书，立绵宁为皇太子的。问题是，雍正亲定的秘密建储法规定，皇帝立储的御书，封入鐍匣后，照例应悬置于乾清宫“正大光明”匾额之后，嘉庆皇帝立绵宁为储君的御书自然也不能例外。那么，在避暑山庄公启的鐍匣是哪一个呢？当然不会是“正大光明”匾额之后的那一个。如果是另外还有一个鐍匣(这种可能性是存在的)，身体素来强壮，未曾得过疾病的嘉庆皇帝是否有必要将这一绝密文件随身携带呢？即使嘉庆皇帝的立储御书确实封存在两个鐍匣里，分别存储，按照清制，“正大光明”匾额之后的那个鐍匣无疑是最具权威性的圣旨。然而，所有正史均只记载了避暑山庄公启的鐍匣，而只字未提乾清宫“正大光明”匾额之后的鐍匣，不知道绵宁及其群臣在悲喜交替中忘记了“正大光明”匾额之后的鐍匣呢，还是有了避暑山庄的御书，无须再验证“正大光明”匾额之后的御书呢，或者在“正大光明”匾额之后干脆就没有什么鐍匣呢！难怪台湾学者陶希圣、沈廷远指出：“据传，嘉庆帝在位时曾密立太子，但未放置正大光明匾上。嘉庆死时，既无明令，也无储君。诸大臣多方搜寻，始找到密存的文件。”

第三，嘉庆死后第三天，即八月二十七日，绵宁尊嘉庆皇后钮祜禄氏为皇太后（绵宁生母孝淑睿皇后喜塔腊氏，死于嘉庆二年），并派御前侍卫吉伦泰带领两名太监，急驰回京，向皇太后禀报嘉庆之死。事隔一天，即八月二十九日，绵宁接到皇太后传来的懿旨：“嘉庆皇帝归天，自应由智亲王绵宁即位，但恐怕仓猝之中，嘉庆皇帝未曾明白晓谕，而绵宁又一向谦虚，特降懿旨，命留京诸王大臣，请绵宁即位。”从这道懿旨看，皇太后显然不知道发生在避暑山庄的八大臣已公启鐍匣之事，事实也确是如此，所以绵宁在接到皇太后的懿旨后，马上“复奏”二十五日嘉庆临终前八大臣公启鐍匣的过程，并将匣内所藏嘉庆立绵宁为皇太子的鐍谕，恭呈给皇太后。既然皇太后当时并不知道嘉庆所立何人，她又无权擅自取下“正大光明”匾额之后的鐍匣，为什么特降懿旨，让绵宁不要谦让，当即即位呢？

第四，《清史逸闻》等书记载：绵宁自小聪明神武，十岁即引弓获鹿，深得乾隆宠爱，嘉庆十八年，又以大智大勇平定林清起义有功，“积此二原因，遂缄各金匾（鐍匣）。”那么，绵宁被立为储究竟是嘉庆四年，还是嘉庆十八年以后呢？

第五，绵宁继位不到十天，宫廷内部发生了一场重大的人事变动。事情的经过是这样的：七月二十五日，嘉庆皇帝临终时，军机大臣敬拟遗诏，其中有“高宗乾隆降生在避暑山庄”一句话。这份遗诏拟出后，曾经绵宁看过，绵宁也承认当时“未曾看出错误之处”。事隔一个多月的九月六日，绵宁又重新审阅遗诏副本，这回发现了问题，绵宁认为高宗乾隆的降生地是雍和宫，不是避暑山庄，且有高宗实录等为证。于是，传旨诘问军机大臣。军机大臣解释说：“乾隆降生于避暑山庄的说法是根据嘉庆御制诗的第十四卷和第六卷的诗注得来的。”按说，判断乾隆降生地，乾隆之子嘉庆的诗注，也算得上是权威资料了。遗诏即使有错，也主要是错在嘉庆，其次则是错在绵宁本人，因为绵宁也审阅过遗诏的初稿。但绵宁仍然不依不饶。九月初七日，绵宁降旨，命军机大臣托津、戴均元退出军机处，军机大臣卢荫博、文孚留任，四人一并交刑部严议。九月八日，绵宁再颁谕旨，将托津原来管辖的咸安宫蒙古学、托忒学、唐古特学，令赛冲阿管理；宗人府银库，改由英和管理；御药房、大医院，则由和世泰管理。八月九日，命托津、戴均元退出军机后，各降四级，卢荫博、文孚各降五级，留军机处行走。到道光元年，卢荫博、文孚也被调离军机处。军机处是当时清廷中央政权机构中权势最重的部门，“掌军国大事”。托津、戴均元、卢荫博、文孚四人，是嘉庆二十五年军机处的全部班底，特别是托津、卢荫博，资历最深。托津连续十五年，入值军机，卢荫博也连任军机大臣达九年之久。没想到，嘉庆的这班老臣，在新皇登基后数日，竟全部逐出军机处。这四人是嘉庆遗诏的撰写者，也是公启鐍匣的见证人，这四人的厄运和绵宁的即位有没有微妙的关系呢？

尽管绵宁的即位存在某些疑点，但是这次宫廷的权力交接毕竟是平稳的、和平的。

八月十日，遵照高宗乾隆关于“绵”字为民生衣被用品的经常用字，难以回避，将来承继大统的皇帝，要将“绵”字改为不常用的“旻”字的成命，绵宁改为旻宁，并按御名缺笔常例，“旻”写作“旻”，“寧”写作“寧”。

八月二十七日黎明，大驾卤薄全设，百官齐集于朝，内大臣、执事各官行罢朝贺礼，绵宁御太和殿，即皇帝位，告祭天地、太庙、社稷，颁诏天下，以明年为道光元年。

清德宗载湉

德宗爱新觉罗·载湉

冲龄践祚　聪颖好学

同治十年(1871)六月二十八日,北京宣武门内太平湖边的醇王府,一派节日气氛,豪华庄严的大院更加富有生机,随着一个婴儿的啼哭声,一个小生命来到了人世,给醇王府带来了新的欢悦和喜庆。这个孩子就是后来的光绪帝载湉。

说起来,小载湉的家世是显赫的。他的祖父是清代第六位皇帝道光皇帝,父亲是道光皇帝的第七子醇亲王奕譞,他的母亲是慈禧太后的胞妹叶赫那拉氏。

载湉年幼的时候,聪明漂亮,很讨人喜欢,加上他的大哥和三弟、四弟早殇,其他几个弟弟尚未出生,所以载湉深得父母的钟爱,被奕譞夫妇视为掌上明珠。在这样优越的环境和家庭中,载湉本可以无忧无虑的生活,然而,一个偶然的事件,改变了他的生活道路。

同治十三年(1874)十二月五日,做了 13 年傀儡皇帝的同治帝病死,这在清廷中引起了巨大的震动,当然反应最为强烈的是同治帝的母亲西太后。西太后以子而贵,现在儿子死去,给她带来了极大的难题。因为同治帝早死,没有儿子,按照清王朝的家法,在同治帝死后就应从晚辈近亲中选出一个人,为同治帝立嗣并继承皇位。当时同治帝载字辈之下的是溥字辈,按惯例,应从溥字辈中选出一人,继嗣给同治帝并称帝。但是,如果这样做的话,那么西太后将因孙字辈为帝而晋尊为太皇太后,太皇太后固然也很尊贵,但从血缘关系看却疏远了很多,无法继续控制清王朝的大权。这对权欲熏心的西太后来说,确实是一件难以接受的大事。西太后不甘心就此罢休,苦思冥想,终于想出了一个办法,那就是让醇亲王的儿子载湉继位。载湉年幼,又与同治帝载淳同辈,自己仍可保持皇太后的身份,执掌朝政,再说,就亲属关系而立,载湉既是自己的侄子,又是自己的外甥,关系密切,利于控制。拿定主意后,西太后立即在养心殿西暖阁召开了御前会议,西太后向到场的宗室贵族、军机大臣等群臣说:"皇上的身体很虚弱,若有不测,宗室中谁可继大统?"话音刚落,内务府大臣文锡就说:"请择溥字辈中贤能者立为皇帝。"这是西太后最害怕的,她按捺不住心中的怒火,脸色陡变,她不再想兜圈子,因此厉声说:"溥字辈中没有可立为皇帝的。奕譞的儿子(载湉)已经 4 岁,且是至亲,我想让他继位。"随后,西太后突然宣布同治帝已死的消息,群臣惊惑不已,一个个呆若木鸡,失声大哭,闹成一团。在这样的情况下,没有人提出异议,于是西太后的阴谋得逞。就在当天,刚刚 4 岁的小孩子载湉被迎到宫中,正式继为皇帝,改明年为光绪元年。

光绪入宫以后,离开了亲生父母,也失去了欢乐幸福的生活。西太后为了把光绪培养成自己的驯服工具,便从多方面对小皇帝进行精心塑造和训化。光绪小皇帝刚入宫的时候,年仅 4 岁,生活尚需要别人照料,说句公道话,西太后对光绪帝还是比较关心的。西太后有时让光绪帝睡在她的寝榻上,爱护光绪帝的身体,照料光绪帝的饮食,并根据季节的变化为他加减衣服,高兴的时候,还口授光

绪帝念四书五经。西太后想，只要关心光绪帝，那么就能在她和光绪帝之间建立起“母子”关系，就可以用封建孝道来加强对光绪帝的控制和约束。西太后为了达到这个目的，在关心光绪帝的同时，不近人情地切断了他与其亲生父母的关系，连醇亲王夫妇都不敢给光绪食物吃。西太后还精心选拔了一些宫内太监侍候光绪帝，并嘱咐他们，要经常告诉光绪帝，他不是醇亲王的儿子，太后才是他惟一的母亲。

西太后也明白，只靠关心爱护是不行的，还要有必要的规矩和制度，这样才能树立自己的权威和尊严，才能永久地控制光绪帝。为此，她为光绪帝制定了一些不可违背的条规。每天早晨，光绪帝必须到西太后的住处，给西太后问好请安。随着光绪帝年龄的增大，西太后对光绪帝的要求也更加苛刻。在光绪帝磕头请安的时候，没有西太后的命令，光绪帝是不敢起来的，如果遇上西太后不高兴，那么光绪只得长跪，还不敢表示什么不满。每逢西太后乘舆外出，光绪帝必须亲自随从，即便是炎风烈日的夏天，或是北风凛冽的冬天，也不能例外。就这样，年少的光绪帝没有一点人身自由，整日生活在西太后的淫威之下，给光绪帝幼小的心灵留下极大的阴影和创伤，致使光绪帝陷入无法言语的痛苦之中。正因这样，光绪帝十分害怕见到西太后，每见到西太后总像见到狮虎一般，战战兢兢，生怕惹怒西太后。这一惧怕心理在一定程度上影响了他的一生。

值得庆幸的是，光绪帝的师傅们尤其是翁同龢还是十分爱护这位“学生”的。他曾经任过同治帝载淳的师傅，这次又出任光绪帝的师傅，他希望能把光绪帝培养成一个治国安邦的明君。在教书的过程中，翁同龢给光绪帝反复讲解列圣遗训，古今治乱之道，并指出作为皇帝，要勤政爱民，善于纳谏。光绪帝听着师傅的讲解，十分认真，虽然有些问题是几岁的孩子尚无法理解的，但光绪帝还是用心地听着、记着。翁同龢不仅教书，而且在生活上也相当关心光绪帝，以长辈的厚爱温暖了光绪帝那颗受到创伤的心灵，虽然他们之间有君臣的名分，然而他们的关系十分融洽。翁同龢得到光绪帝的尊敬和信任，成为以后光绪帝倚重的重要人物。光绪帝天性聪敏，记忆力很强，又酷爱读书，勤思好问，所以学业上进步很快。每当翁同龢提出问题，或者让他背诵已念过的书，他都能应付自如。

功夫不负有心人。到光绪十二年(1886)，16 岁的光绪皇帝已经经历了整整十年的学习生涯，不仅对传统的六经诸史有了较深的了解，而且也有了一定的披阅奏章、论断古今、剖析是非的能力，较好地完成了学习任务。这时的光绪帝已不是一个毫无知识的孩子了，他开始有了自己的思想，开始有了参政意识，对朝政表现出越来越大的兴趣，正在冲击着西太后一手遮天的局面。

光绪十三年(1887)，光绪帝已经是 17 岁的人了，在那个时代，已经到了结婚的年龄。按照清王朝的惯例，幼帝一经大婚(指结婚)，便要亲政即独立执掌朝政。这又一次给西太后出了难题。

西太后权力欲极强，让她归政于光绪，当然不是她的本意。但她心中明白，一直拖下去也不是个办法，那样会引起一些人的不满和非议。更何况她早已许下诺言，即一旦光绪帝典学有成，即行归政，她也不愿落一个言而无信的恶名。想来想去，她找到了办法。光绪十二年(1886)六月十日，西太后发布懿旨，公开宣称明年举行亲政典礼，让光绪帝亲政。对西太后这种虚伪的表示，其亲信心神领会，赶忙出来圆场。几天后，醇亲王奕譞、礼亲王世铎等人上了一个奏折，请求西太后再训政数年。西太后顺水推舟，装出无可奈何的样子，说皇帝年幼，不能不遇事提携，诸王大臣多次恳请，只好再训政几年。十月二十六日，西太后和其亲信一起，又制定了一个《训政细则》，其中规定凡军政大事、任免二品以上官员以及考试命题等大政，都要禀承西太后的旨意，方可实行。这实际上是用法律的手段肯定了西太后的统治地位，仅仅是让光绪帝举行了一个所谓的"亲政"仪式，这样，"垂帘听政"改为"训政"，但实际权力并未移到光绪帝手中。

因光绪已 18 岁，就是一般老百姓家也该婚娶了。因此在光绪十四年(1888)六月十九日，西太后颁发懿旨宣称，明年为光绪帝举行大婚，并让他亲裁大政。在封建社会里，婚姻往往成为统治者争权夺利的工具，后妃对皇帝有重大影响，妃子出身的西太后是很清楚的。因此，她对光绪帝的大婚尤其是选择皇后的问题格外重视。十月五日，在皇宫的体和殿为光绪帝选择后、妃。当时备选的女子有 5 人，首列是都统桂祥之女，她也是西太后的侄女；次为江西巡抚德馨的两个女儿；末为礼部左侍郎长叙的两个女儿。按清朝传统，选中皇后者给予如意，选为妃者给予荷包，作为选定的信物。以西太后的心愿，她当然希望自己的侄女被选为皇后，以便通过皇后进一步加强对光绪帝的控制。但也不能做得太露骨，为了作一下姿态，她面对光绪帝，指着站成一行的五位女子说："皇帝，谁能中选，你自己裁决，合意者即授以如意。"说着就把如意递给了光绪帝。光绪帝当然希望按照自己的喜爱选择自己的皇后，为自己找一个温柔的妻子，但却不敢表示出来，就谦让说："此大事当由皇爸爸(光绪帝对西太后的称呼)主持，子臣不敢自主。"西太后坚持让光绪帝自选，光绪帝只好答应。他面对眼前的几位女子，逐一寻视了一遍，略一沉思，就走到德馨的女儿面前，想把如意给予她，选她做自己的皇后。这时，西太后大叫一声"皇帝"，光绪帝猛地一惊，但他立刻明白了西太后的用意，心中虽不痛快，但却无可奈何，只好把如意交给了桂祥的女儿。经过上面的举动，西太后看出光绪帝喜爱德馨的女儿。她想，若把德馨的女儿选为妃子，将来也有与自己的侄女争宠之忧，于是她一不做，二不休，匆匆命人把一对荷包交给了长叙的两个女儿。选后活动在西太后的蛮横干涉下草草收场。光绪帝虽然名义上是一国之君，但却连选择自己后妃的权力都没有，这样造成了又一桩不幸的婚姻悲剧。

皇后、妃子选定以后，接着就该是大婚。光绪帝的婚礼场面隆重宏大，花费也相当惊人，据不完全估计，光绪帝大婚共用黄金 4126.935 两，白银 482.4183 万，制钱 2758 串，皇家的奢侈可见一斑。

结婚后不几天，按照西太后的旨意，在太和殿为光绪帝举行了正式的"亲政"典礼。西太后时断时续地住进颐和园，做出让位的样子。光绪帝正式亲裁大政了。

大婚、亲政过后，光绪帝的境遇并不令人满意，小皇帝光绪也没有成为清王朝的真正主宰者。当时，西太后的势力已经形成，有些大臣紧跟西太后，唯西太后的旨意行事，根本没把光绪帝当做一回事。清王朝一切用人行政都由西太后及其亲信把持，朝中有重大事件，光绪帝无权裁决，必须向西太后请示。因此，光绪帝仍然是一个挂名皇帝。

抵御外辱　力不从心

光绪帝在位的 30 年，正是清王朝的多事之秋。列强步步进逼，加紧侵略中国，中国半殖民地程度急剧加深。面对列强的入侵，血气方刚的年轻皇帝从其统治和江山社稷的利益出发，怀着极大的激愤之情，积极主战，表现出满腔的民族义愤和忧国之情。

中法战争期间，光绪帝还是上书房的小学生，由于年龄的关系还不可能对中法战局有全面的了解，当然也不可能提出有价值的策略，但小皇帝表现出年青人所具有的锐气，鲜明地表明自己的抗战态度。他在和师傅翁同龢交谈中，对中国的前景表示担忧，坚决支持两广总督张树声、山西巡抚张之洞（后调任两广总督）等人的抗战主张。战争开始以后，西太后等人总想议和，法方提出，中国必须赔款，光绪帝听到以后，认为坚决不能赔款。马尾海战惨败（光绪十年七月）后，光绪帝更加激愤，态度更加坚决，主张向镇南关外加兵，痛击法国侵略者。可是，令小皇帝失望的是，中国最终还是与法国签订了屈辱的条约。这给小皇帝极大的刺激，他在想，大清王朝怎么总是屈服于洋人呢？

光绪帝亲政不久，清王朝又面临着更加严重的危机。日本自明治维新以后，建立起地主资产阶级联合专政，狂妄地想称霸世界，走向了对外侵略扩张的道路，与它一衣带水的邻邦中国成为它的首要侵略目标。

光绪二十年（1894）春，朝鲜爆发了农民起义，由于历史上形成的中朝之间的宗属关系，清政府应朝鲜政府之邀，于五月派兵入朝，帮助朝鲜政府镇压农民起义。清军出兵之时，按照光绪十一年（1885）签定的《中日天津条约》的有关规定，主动通知了日本。可是日本却借此机会大作文章，在朝鲜国内起义已被镇压下去，中国通知日本准备撤军之时，日本反借口保护日本侨民，大量向朝鲜运兵蓄意发动战争。清政府为平息事态，提出中日两国同时撤兵的建议，日本不但不接受，相反一再增兵，并向中国驻军挑衅，中日战争迫在眉睫。

在这种情况下，清政府内部出现了两种截然不同的主张。以西太后和李鸿章为代表的妥协派，为一己私利主张妥协退让。在国家御敌备战，需款紧急之际，西太后却为了准备自己的60大寿，在颐和园等处地段装点景物，肆意挥霍钱财，在她看来，没有什么事比她的60大寿更重要。手握重兵的李鸿章，怕损失自己苦心经营的实力，所以在西太后的支持下，“口衅不自我开”，一味因循玩误。与此相反，以光绪帝等人为代表的主战派，则以国家民族利益为重，坚持备战抗敌的方针。在日本已露侵略端倪的时候，光绪帝毫不犹豫地表明了自己的抗战态度，一力主战，并且积极支持朝野官员的备战抗敌呼声，不断发布谕旨，责令李鸿章加紧备战。

自光绪二十五年五月中日关系紧张加剧，到八月一日清政府正式对日宣战止，光绪帝在抵抗派的支持下，以极大的热情和努力，筹备抗战事宜。首先，光绪帝坚持依靠自己的力量，反对李鸿章等人寄希望于列强调停的错误方针。甲午战争正式爆发前，各国列强为了自己的利益，表示为中日调停。对这种虚伪的表示，李鸿章等人深信不疑，视为救命法宝，同各国公使频频往来，不注重备战，而把全部的希望寄托在列强的调停上。光绪帝对此十分反感，强调抗战要靠自己的力量，不能依靠他国。五月下旬到六月初，光绪帝连续几次下令给李鸿章，要他认清日本蓄意挑起战争的严酷现实，应抓紧调派兵丁，准备军火粮饷，作好迎战准备。并明确指出，各国列强的调停是靠不住的，他们都有自己的企图，不要麻痹上当。光绪帝之所以不同意利用列强调停的政策，一方面是由于光绪帝怀

疑列强的诚意,另一方面也不愿借助他邦,示弱于人。可是,李鸿章在西太后的支持下,置光绪帝的指责于不顾,我行我素,继续寄希望于列强的调停。六月下旬,日军在朝鲜丰岛海面突袭中国的运兵船,致使中国上千名官兵壮烈牺牲。李鸿章兴高采烈,因为被击毁的运兵船是李鸿章雇用的英轮——高升号,他认为英国必会勒令日本妥协。光绪帝对此十分愤怒,又连续几次谕示李鸿章,不要坐失时机,观望不前,要立即整军奋击,否则,一定要严惩不贷。其次,光绪帝积极筹措款项,为备战提供物质准备。战事紧迫,需要大批物资供应,然而当时清政府财政吃紧,这使光绪十分为难。可是,西太后却为了自己的寿典,修建颐和园,动用大批经费,置战事于脑后。光绪帝为了集中国力备战,冒着被西太后痛骂的风险,请求西太后停止营建颐和园,把钱财用到军费上。对此西太后十分恼怒,痛骂光绪不仁不孝,可是迫于形势,不得不忍痛发布懿旨,同意光绪帝的请求,并同意简化万寿庆典的准备活动。光绪帝督促户部、海军事务衙门,从盐课、海关税、各省地丁银等项中抽出300多万两,交给李鸿章做军费。光绪帝虽然受到西太后的压制和李鸿章等人的抵制,但却为备战付出了很大的努力和心血。

光绪二十年(1894)六月下旬,日军不宣而战,向朝鲜牙山中国驻军发动进攻,中日战争拉开序幕,这在中国社会中引起了极大的反响,社会上的抗战呼声更加高涨,主战派也更加活跃。人们纷纷揭露日本的侵略行径,斥责李鸿章等人欺骗朝廷、抵制圣意、屡失战机的误国行为。主战派的中坚人物礼部右侍郎志锐、侍读学士文廷式等人,请求光绪帝乾纲独断,严明赏罚,扩充海军,审视邦交,挽救抗战大局。在抗战呼声的激励下,光绪帝的抗战态度更为坚决。这年八月一日,光绪帝正式颁布上谕,向日本宣战。在这个上谕中,光绪帝猛烈抨击了日本威迫朝鲜、伤我兵船的侵略行为,严正指出,日本的行为不仅不合情理,简直就是不遵条约、不守公法的强盗主义;命令李鸿章立即派出军队,迅速进剿,还击自卫;并命令沿海各地的将军督抚,要严守各口,加紧备战,随时准备痛击日军。

在封建社会里,皇帝的谕旨应具有绝对的权威,臣子只有执行的义务,而没有提出一点异议的权力,然而这一常规却在光绪帝这里行不通,因为光绪帝有名无实,没有真正的权威。所以,虽然光绪帝心急如焚,措词严厉,但手握实权的主和派却置若罔闻,无动于衷。光绪只能利用他手中有限的权力,以李鸿章指挥无方,旅顺失守,给予他革职留任、摘去顶戴的处分,对主和派进行了力所能及的督促和处罚。

光绪二十一年(1895)正月,威海卫海战失败,北洋海军全军覆没。日本侵略者认为时机已到,向清政府透露,如果派位望甚尊、声名素著、并有让地之权者来日本,中日便可议和。当时,主和派固然成为惊弓之鸟,乱作一团,即便是光绪帝等主战派也拿不出良策。西太后根据日本的要求,主张派李鸿章去日本求和,光绪帝表示异议。但西太后单独召见朝廷枢臣,命让李鸿章来京请训,奕䜣小心地说:“皇上的意思不令其来京。”西太后大怒,蛮横地说:“我可做一半主张!”在西太后的指使下,军机大臣孙毓汶草拟谕旨,正式任命李鸿章为头等全权大臣,并宣告,光绪帝在此以前给李鸿章的一切处分均免,赏还翎顶、黄马褂,开复革职留任处分。

李鸿章到日本后,于三月二十三日与日本签订了《马关条约》,三月二十九日,条约文本送到北京。光绪帝看到条约中的苛刻内容,心中十分愤慨,百感交

集，痛心地说："割台湾则天下人心皆去，朕何以为天下主？"主战派人物翁同龢，军机大臣李鸿藻等人也坚持不能承认这个条约，国内舆论也纷纷要求废约再战，并提出迁都持久抗战的策略。所以，虽然孙毓汶等一再逼迫光绪帝批准条约，但光绪帝没有答应，拒绝签字。光绪帝想，要想废约再战，也只有迁都一条路了，所以光绪帝亲自到颐和园，力争西太后的允准，西太后淡淡地说"大可不必"，这样，光绪帝惟一的希望也破灭了。四月初八日，光绪帝在无可奈何的情况下，被西太后等强词逼迫，顿足流涕地在条约上签了字，批准了《马关条约》。

锐意维新　千古遗恨

甲午战争的惨败，《马关条约》的签订，使民族危机更加严重，举国震惊，人们愤慨悲痛，为堂堂天朝而叹息，形成了"四万万人齐下泪"的悲壮局面。在时代的逼迫下，救亡图存的呼声逐渐高涨，这不仅表现在一部分统治者掀起了追求富强之术的热潮，更重要的是以康有为为代表的资产阶级维新派登上了历史舞台。在时代波涛的冲击下，光绪帝也进入了他一生中最富有生机的时期。

光绪帝在无可奈何的情况下，批准了《马关条约》，割地赔款、开埠通商等不平等内容使大清王朝的权益大量丧失，这使光绪帝陷入极度的痛苦和郁闷之中。他想，祖宗之地在自己手中丧失，自己不就成了不忠不孝的千古罪人了吗？痛定思痛，他苦苦思索，素以天朝自居的大清王朝为什么竟会败于"弹丸小国"之手？这一问题始终困扰着他，使他寝食难安，坐卧不宁。

中国的出路何在，何以自强？对此，光绪帝虽有满腔热忱，但却不知从何下手。这时，翁同龢再一次充当了光绪帝的指路导师。翁同龢自任光绪帝的师傅之日起，就立志把光绪帝培养成"明君"。在甲午战争期间，翁同龢积极主战，同孙毓汶等主和派进行了坚决的斗争。甲午战争的惨败，使翁同龢十分震惊，他认识到，光靠祖先的遗训是无法挽救清王朝的。他思想变化较快，从一个尊王攘夷的封建正统人物变为颇具维新思想的开明人物了。翁同龢思想的变化，直接影响到光绪帝。翁同龢多次在光绪帝面前陈述西方的长处，指出向西方学习的必要，并多次向光绪帝推荐康有为及其主张。事实上，光绪帝最初就是通过翁同龢等人多少了解了外部世界的一些情况，翁同龢等人的开导和启发，使愁闷苦恼的光绪帝茅塞顿开，如梦初醒，看到了希望，一条救国的道路隐隐约约地展示在他的面前。这使光绪帝异常兴奋，他开始对外部世界的形势产生了兴趣，也喜欢读新书了。

为了更多的了解外洋形势，光绪帝通过各种途径搜寻有关国外情形的书。光绪帝向翁同龢等人索要了黄遵宪的《日本国志》，详加阅览，对日本的情形有了大致了解。光绪二十四年(1898)春天，通过翁同龢的"代呈"，得到了康有为的《日本变政考》、《俄彼得变政记》及英人李提摩太编译的《泰西新史揽要》、《列国变通兴盛记》等书。光绪帝得到这些书后，如获至宝，如饥似渴地阅读学习，有时伏案苦读，有时沉思不已，读到精彩处更是兴奋之情溢于言表，拍手称绝。虽然由于种种条件的限制，光绪帝所看的书有很大的片面性，对西方各国的了解还是十分肤浅的。然而他毕竟知道了一些前所未闻的新事物和新思想，明白了一些新道理。到这时候，光绪帝的思想更加豁朗，他开始认识到，中国许多地方都落后于洋人，很多事情都无法与列强相比，怎么能不被动挨打呢？承认自己的不

足，敢于正视现实，使光绪帝心目中的“天朝至上”的虚渺观念开始破灭，对传统思想和先祖遗训开始怀疑，甚至唾弃。光绪帝对那些夜郎自大、顽固愚昧的封建官僚开始露出厌恶的情绪，甚至把原先奉为治国之宝的经典之书视为无用之物，只不过是一堆废纸，命手下的人焚之。到此时，光绪帝不仅有救国的热诚，而且找到了救国的道路，那就是变法维新、决心要仿照外国来革故鼎新，励精图治。

但这时候，光绪帝仍然是个有名无实的皇帝，没有封建帝王所具有的独断的决策权。上有西太后的控制和束缚，下有众多顽固派的阻挠和抵制。光绪帝要想在这种情况下变法改革，谈何容易！为了支持康有为等人的变法活动，把变法愿望付诸事实，光绪帝在光绪二十四年(1898)春、夏之际，做了一些力所能及的工作。首先，光绪帝冲破顽固派的阻挠，打通同康有为等人的联系。前此，由于顽固派的干扰，康有为的“公车上书”以及前几次上清帝书，光绪均未看到。光绪二十一年(1895)，光绪帝间接见到康有为的《上清帝第四书》，便十分赞赏。以后，在《上清帝第五书》中，康有为以极其沉重忧伤的语调指出，如果因循守旧，不思进取，恐怕日后“皇上与诸臣求为长安布衣而不可得”，意思是说不改革就有可能重演崇祯帝吊死煤山的悲剧。康有为的论断在光绪帝心中引起了强烈的共鸣，光绪帝赞赏康有为的忠肝义胆，更激起了他变法图强的信念和决心。他立即给总署诸臣下令，以后康有为如有条陈，要即日呈递，不得阻隔。这就初步打通了光绪帝和康有为等维新派的联系。其次，光绪帝支持康有为等人的变法行动，帮助他们迎击顽固派的破坏。面对康有为等人的变法活动，顽固派如丧考妣，既恨又怕，大肆叫嚣“祖宗之法不可变”。针对顽固派的进攻，光绪帝鲜明地站在康有为等人一边，他说：“今祖宗之地都保不住，何有于祖宗之法呢？”光绪二十四年(1898)春，康有为等人在北京成立了“保国会”，提出了“保国、保种、保教”的口号，以便组织变法力量。封建顽固派官僚纷纷起来攻击，御史文梯上了一个奏折，污蔑康有为是招诱党羽，犯上作乱，名为保国，实则乱国。在这危急时刻，光绪帝针锋相对，质问顽固派说：“会能保国，岂不甚善！”及时地支持了保国会。最后，争取西太后的许可，取得变法决策权。光绪帝心中明白，不争取决策权，换句话说，不取得西太后的许可，所谓变法最终是一句空话。光绪帝拿出自己最大的勇气，公开向西太后要权了。光绪帝曾召见西太后的亲信庆亲王奕劻，要他转告西太后，“我不愿做亡国之君，如仍不给我事权，宁可退位。”奕劻找到西太后去说了，西太后暴跳如雷，立即就说：“他不愿坐此位？我早不愿让他坐了。”可沉思了一会，西太后想现在还不到时候，于是她让奕劻转告光绪帝，“皇上办事，太后不会阻拦。”光绪帝听到此话，长长出了一口闷气，心中也踏实了许多。就这样，光绪帝总算争得了一点变法的权力，虽然这种权力是暂时的、有限的、很不稳定的，但它却是变法付诸实施的重要前提。

光绪二十四年(1898)6 月 11 日，光绪帝断然颁布了《明定国是》诏，正式宣布，进行变法革新。在这个诏书中，光绪帝尖锐鞭挞了那些墨守陈规、阻挠变革的守旧势力；沉痛地指出了中外悬殊，国势颓衰的严酷时局；明确指出了革新的合理性，肯定了变法是不可抗拒的必然趋势。诏令中外大小诸臣，上自王公，下至士庶，都要努力，发愤为雄。自《明定国是》诏拉开维新变法的序幕，到 9 月 21 日变法夭折，共计 103 天。在这一段时间内，光绪帝共发布改革谕旨 180 条左右，最多的一天竟发布 11 条谕旨。从所发布谕旨的内容来看，几乎涉及国家生活各个重要的方面，主要有：选拔、任用通达时务和有志维新的人才；开办学堂、发展近代教育；鼓励士民上书言事；提倡办报、译书和出国留学；发展近代工商农业及交通运输业；奖励发明创造；整顿民事，改革财政；整顿海陆军，加强国防力量等。

《明定国是》诏的颁布，犹如一声炸雷，在当时社会中引起了强烈而复杂的反响。一部分开明官员士大夫，拍手称快，积极响应，争谈变法，他们从光绪帝的变革中，看到了中兴的希望。然而，就当时的中国社会而言，封建顽固派的势力还是十分强大的，他们不学无术，因循守旧，鼠目寸光，只知贪图高官厚禄，花天酒地，养尊处优，置国家和民族的前途于不顾，形成一种十分腐朽顽固的社会力量。光绪帝要变法改革，不仅撞击着中国传统的思想观念和伦理道德，而且也直接触及到这些顽固大臣的切身利益，引起了他们丧心病狂的攻击和反对。所以，光绪帝和维新派所设计的改革方案，要想在中国大地上变成现实，不得不需要进行一番艰苦的斗争。

光绪帝颁布《明定国是》诏后的第四天（四月二十七日），西太后为了控制变法的势头并为以后绞杀维新运动准备条件，先发制人，这一天，西太后逼迫光绪帝发布谕旨宣布：一，以揽权狂悖的罪名，将协办大学士、户部尚书翁同龢革职，逐出京城回籍，由此砍掉了光绪帝的左膀右臂；二，规定以后凡授任二品以上官员都需向西太后谢恩，由此控制了人事任免权；三，将王文韶调进中央为军机大臣，任命荣禄署直隶总督（不久实授），由此抓住了京师重地的军权。这些谕旨的实质就在于，西太后不仅控制了军政权力，加强了顽固守旧力量，还削弱了光绪帝的权力及其支持力量。面对西太后的压力，光绪帝也采取了对策。第二天（二十八日），光绪帝召见了康有为，召见的地点就在西太后身边颐和园的仁寿殿。他任命康有为“在总理各国事务衙门章京上行走”，并允其专折奏事。但与西太后代表的顽固派相比就软多了。

到光绪二十四年（1898）8 月中旬，变法已进行了近 3 个月，光绪帝虽然尽了最大努力，但由于顽固派的反对，实际进展缓慢，成效不大。在这期间，光绪帝尝到了改革的酸辣苦咸，也感受到了守旧派的愚昧和狡诈。但是，他知道改革变法的事业不能停止，必须继续前进，否则将前功尽弃。所以，在 8 月中下旬，光绪帝又采取了一系列措施，把变法运动推向深入。

首先，废除旧衙门，严厉打击顽固分子的破坏行为。变法开始的时候，光绪帝接受了康有为的建议，只增新衙门，勿废旧衙门。可是顽固派的干扰破坏，使光绪帝十分恼火，他认为有必要对守旧大臣进行警告和处置，所以光绪帝冲破了“只增新、不黜旧”的框框，果断地向封建旧官僚体制开刀，裁撤闲散机构和冗员。光绪帝颁布谕旨，把中央的詹事府、通政司、光禄寺、鸿胪寺、太仆寺等衙门裁撤，同时宣布，上下冗员也一律裁撤尽净。并严词警告内外诸臣，不准敷衍了事、多方阻挠，否则定当严惩，决不宽贷。光绪帝的大胆举措，使清朝的守旧官僚们惊心动魄，人心惶惶，都怕丢掉自己的乌纱帽，有的甚至被吓得大哭不止。

其次，提拔维新人才，加强变法力量。分别诏谕任命内阁侍读杨锐、刑部主事刘光第、内阁候补中书林旭、江苏候补知府谭嗣同，均赏加四品卿衔，在军机章京上行走，参与新政事宜。虽然这四个人的经历和思想认识不尽一致，但却都有变法愿望，尤其是谭嗣同，更是坚定的变法维新人士。

再次，光绪帝准备模仿西方国家设立议院，开懋勤殿以议制度。设议院、兴民权本是康有为等宣传变法时的重要内容。但是变法开始以后，鉴于严峻的现实，康有为放弃了这一主张。光绪帝对设立议院有一个认识过程，逐渐有加紧实施以推进改革的想法。对此，顽固派既恨又怕，百般劝阻。大学士孙家鼎危言耸听地说："若开议院，民有权而君无权矣。"光绪帝曾决然回答说："朕只欲救中国，若能拯救黎民，朕虽无权又有何妨？"8月下旬，光绪帝想把设议院的主张付诸实施，康有为劝他说："现在守旧之徒充斥朝廷，万不可行。"光绪帝想了想，接受康有为的建议，但他不肯完全放弃自己的主张，因此准备采取变通方式，即开懋勤殿。其目的在于把维新的骨干人物集中在一起，并聘请国外政治专家，以便议论制度，全面筹划变法事宜，作为变法运动的最高指挥中心。

可以看出，到光绪二十四年8月中下旬，光绪帝拿出了自己最大的勇气，大胆推进变法，维新运动向纵深发展。可是，变法的深入，使光绪帝和顽固派的矛盾更加尖锐，尤为重要的是，光绪帝的改革行动，激怒了一直待机而动的西太后。八月十九日，因礼部尚书怀塔布等官员压制维新派，光绪帝一怒之下，将礼部尚书、侍郎六个官员全部撤职。对光绪帝罢免怀塔布等人，顽固派大臣十分不满，纷纷要求西太后出面制止。怀塔布的妻子经常在颐和园侍候西太后，深得西太后的喜欢，她利用这种机会，更是多次哭哭啼啼，请求西太后的庇护。有一天，光绪帝照例到颐和园向西太后问安，西太后满面怒容，厉声说道："朝列重臣，非有大故，不可轻弃；如今你以远间亲，以新间旧，依靠康有为一人而乱家法，何以面对祖宗？"光绪帝分辩说："祖宗若在今日，其法也不会与以前一样；儿臣宁愿坏祖宗之法，也不愿弃祖宗之民，失祖宗之地，为天下后人笑。"西太后心想，不能再让光绪帝干下去了，自己收拾局面的时候到了。于是，西太后便和其亲信开始了紧张的密谋活动。他们一面大造舆论，散布紧张空气，一面加紧进行军事部署，准备发动政变。遵照西太后的旨意，荣禄密调聂士成的武毅军进入天津，命董福祥的甘军进驻北京附近的长辛店，蠢蠢欲动，局势骤然紧张起来。

面对西太后等人的进逼，光绪帝也感到形势危急，于是便同维新派一起，也加紧制定对策。8月30日，光绪帝给康有为一个密诏，让他和谭嗣同等迅速筹划，设法相救。可是光绪帝和维新人物既没有实权，也无军队，因此显得势单力孤，当即陷入手忙脚乱的境地。9月初，在康有为等人的支持下，光绪帝先后两次召见当时以维新派面目出现、手握一定军权的袁世凯，给他加官进爵，竭力拉拢，幻想利用袁世凯的军队来保护自己，保护维新事业。可是，狡诈的袁世凯并未明确表示真心诚意地为光绪帝效劳。至此，光绪帝也认识到败局已定，无法挽回了。在这种情况下，为给将来的维新事业留下组织力量，光绪帝于9月2日密谕康有为，说："你可迅速外出，不可迟延。你一片忠爱热肠，朕所深悉，望你爱惜身体，善自调养，将来更效驰驱，共建大业。"这时，康有为、谭嗣同等也在为保护光绪帝而做积极的努力。9月3日，谭嗣同夜访袁世凯，请求袁世凯杀荣禄，围颐和园，袁世凯假意答应。9月5日，光绪帝又接见了来华游历的日本前首相伊滕博文，希望他帮助自己。当天，光绪帝第三次召见袁世凯，命他保卫圣躬。可以看出，光绪帝以及维新派在紧急关头，病重乱投医，未能拿出任何切实可行的应急办法。相反，西太后及其亲信却做了大量的准备，已经磨刀霍霍，准备动手了。

在这新旧较量的关头，善于见风使舵的袁世凯，雪上加霜，又给光绪帝等人捅上了一刀。9月5日，袁世凯被召见以后，立即乘火车赶回天津，把光绪帝及维新派的谋划全盘告诉了荣禄。荣禄立即乘车赶到北京，告诉了西太后。西太后听到荣禄的报告后，十分恼怒，她痛恨维新派，更痛恨光绪帝，恨不能立即处置他们。第二天黎明，西太后在重兵控制北京后带人直奔光绪帝的寝宫，光绪帝知道事情不妙，慌忙出来迎接，西太后也不理睬光绪帝。命人搜查光绪帝的寝宫，把全部奏章席卷而去。然后怒斥光绪帝说："我抚养你20余年，你竟听小人之言要谋害我？"光绪帝吓得浑身战栗，面色发白，慌忙回答："我无此意。"西太后唾了光绪帝一口，说："痴儿，今日无我，明日还有你吗？"当日，又以光绪帝的名义颁布谕旨，重新让西太后训政。随后颁布谕旨，捉拿维新党人。康有为、梁启超等人已在政变以前逃出，幸免于难。9月13日，谭嗣同、康广仁、刘光第、林旭、杨锐、杨深秀等6人，在北京菜市口被杀，史称"戊戌六君子"。至此，光绪帝及其维新派的变法活动就被以西太后为首的顽固派绞杀了，光绪帝的变法图强方案也就被无情地摧毁。随之，光绪帝也就进入他一生中最苦闷和痛苦的时期。

被囚瀛台　抱憾而终

戊戌变法失败以后，光绪帝的生活境遇更加恶化了。为了彻底消除光绪帝的政治影响，西太后曾连续三次对光绪帝组织围攻和斥责。西太后发动政变的当天，在便殿召集起一大群顽固守旧大臣，令光绪帝跪在案前，并置竹杖于座前，如同审讯一般。她质问光绪帝说："天下者，祖宗之天下，你怎敢任意妄为，各位大臣，皆我多年历选，你怎能任意不用。你竟敢听信叛逆蛊惑，变乱典刑。康有为能胜于我选用之人？康有为之法，能胜于祖宗之法？"面对西太后的斥责，光绪帝虽然不敢顶撞，但也不想忍气吞声，他为自己分辩说："我自己固然糊涂，但洋人逼迫太急，为了保存国脉，通融试用西法，并不是听信康有为之法。"第二天，光绪帝再次被西太后等人围攻，西太后还逼迫光绪帝颁布捉拿康有为的谕旨。第三天，西太后组织顽臣，将光绪帝寝宫、书房等处搜去的奏疏文稿拿出来，逐条批驳，要光绪认罪。此后，又把光绪帝押解到瀛台的涵元殿，囚禁起来。

瀛台是中南海中的一个人工岛屿，四面环水，一面设有板桥，以便出入。西太后把光绪帝囚禁在瀛台后，选派20多名太监轮番看管。太监每天送"御膳"之时，就架起跳板，走进瀛台，"进膳"之后，便撤掉跳板。光绪帝只能望水哀叹，不能离开瀛台一步，为此他曾写下"欲飞无羽翼，欲渡无舟楫"的诗句。生活在瀛台的光绪帝，接触的都是那些令人讨厌的太监，所到之处，无非是瀛台上的几座殿阁，没有什么乐趣。他在看《三国演义》时，往往哀叹："我还不如汉献帝。"光绪帝无法排解自己心中的闷气和怨恨，有时往往把太监作为自己发泄的对象，经常对他们发脾气，罚令长跪，还天天书写袁世凯的名字，以表达自己的怨恨之情。贵为一国之君的光绪帝，成为一名不见天日的囚徒。

其实，按照西太后的意愿，何尝不想彻底废掉光绪帝呢？只是迫于外界的压力，不敢冒然行事，所以才把光绪帝押入孤岛。可是西太后囚禁光绪帝一事，不仅引起国内舆论的哗然，而且也引起各国列强的注意。列强各国感到，西太后的复旧很有可能使中国回到排外的时代去，与其如此，还不如支持开明的光绪帝对自己有利，于是他们对光绪帝的处境表现出前所未有的关心。英、日驻华公使极

力帮助康有为、梁启超出逃，并再三要求觐见光绪帝。英国在华的舆论工具《字林西报》也多次发表文章，抨击西太后，赞扬光绪帝。这一切，都给西太后很大压力，使她不敢断然对光绪帝下毒手。但她一直担心光绪帝的存在会威胁自己的权力和统治，忍气吞声地寻找机会实现她的废帝阴谋。

正当西太后为废掉光绪帝而忙碌时，中国大地上爆发了义和团运动，西方列强出兵武力干涉，爆发了八国联军侵略中国的战争。于是，在对待义和团的剿抚问题上，尤其是对外国武装干涉的战和问题上，清朝统治阶级内部存在着严重的分歧，展开了一场激烈的争论。光绪帝忧心忡忡，虽身陷囹圄，但却及时表明了自己的态度。光绪二十六年(1900)五月二十日，西太后在仪鸾殿召开第一次御前会议，到场的有大学士，六部九卿，光绪帝也奉西太后之命到场。会上，吏部侍郎许景澄、太常寺卿袁昶等人竭力主张议和，而载漪等人却从自己的私欲出发，说："义民可恃，其术甚神，可以报仇雪耻。"竭力煽动对外宣战，两者相持不下。光绪帝则说："现在人人喜言兵，然而甲午中日之役，创钜痛深，可引以为鉴。况且诸国之强，十倍于日本，联合而谋我，怎样才能抵御呢？"分析完利害得失后，光绪帝断然说："断无同时与各国开衅的道理。"五月二十一日，西太后再次召开御前会议。一开始，西太后便怒气冲冲，她对列强各国庇护康有为等，干涉自己的废立活动十分不满，积怨甚深，所以一向对外妥协的西太后，现在却决心对外开战了。她说："今天的事，各位大臣都看到了，我为江山社稷着想，不得已而宣战；然而成败未可知，如果宣战之后，江山社稷仍无法保全，诸公当谅解我的苦心，不要归咎我一人。"西太后话音刚落，载漪等人立即应声附和，大谈宣战。光绪帝心中十分焦急，他想国家安危，在此一举。想到这里，光绪帝再次表示异议，他说："战不是不可言，但中国积弱，兵不足恃，用乱民孤注一掷，会有什么好处呢？"接着他又耐心地分析说："民众均未经训练，一旦上阵，在枪林弹雨之中，以血肉之躯抗击敌人，怎么能持久？所以，不要以民命为儿戏！"西太后听了光绪帝的话，心中老大不自在，但她没有正面反驳，质问光绪帝说："依你之见怎么办呢？"光绪帝回答说："寡不可以敌众，弱不可以敌强，绝没有一国能敌七八个国家的道理。现在，只有停战议和才是上策，其次就是迁都。"由于两者争议不休，所以这次会议仍未能就和战问题作出决定。五月二十二日，举行第三次御前会议，西太后及载漪等人控制了局面，大喊大叫，不可一世，决意向列强宣战。光绪帝看到无法挽回，欲言又不敢言。他拉住许景澄的手，沉痛地说："兵端一开，朕一身不足惜，只是苦了天下的百姓了。"我们知道，光绪帝在中法战争和中日战争中，一意主战，是一个积极的主战派，那么他在义和团时期为何力主求和呢？这主要是从中外力量的悬殊考虑，虽然光绪帝的主和也并非什么高明的见解，但起码在了解外情这一点上比西太后等人高明一筹。

西太后等人不顾光绪帝等人的反对，一意孤行，盲目主战，于五月二十五日正式颁布了对列强的宣战上谕。然而西太后等人既没有御敌的力量和本领，也没有彻底抗战的决心，结果清军节节败北，七月二十日北京陷落，西太后只得仓皇出逃。当西太后逃出北京之际，光绪帝要求留下来，以便同外使会谈，收拾残局，并乘机摆脱西太后的控制。可是未被西太后应允，只得随西太后出逃。在逃亡的过程中，光绪帝所到之处，凄凉萧条，满目疮痍，民不聊生，新仇旧恨一齐涌上心头。他痛恨列强的侵略，更加怀念自己的变法维新事业，也更加怨恨出卖自

已的袁世凯。他每到一处，往往画一个龟，在龟背上填写袁世凯的名字，然后粘在墙上，用小竹弓射击，然后再取下来剪碎，用这种最简单的办法来发泄自己胸中的闷气。

光绪二十七年(1901)七月二十五日，经西太后批准，李鸿章、奕劻等人与各国列强签订了屈辱的卖国条约《辛丑条约》。十一月，光绪帝随西太后回到北京，当他看到被列强破坏后的京都情景时，立即感到一种无法排遣的耻辱，感到不可遏止的愤怒。

面对国亡无日的残酷现实，光绪帝多么渴望自己能够独掌大权，继续推行新政啊！然而，自幼养成的怯弱秉性使他无法摆脱西太后的控制，相反，为了自己的安全，只得屈从在西太后的淫威之下。可是，即便是这样，光绪帝也还是耐心地等待时机。为了更好地了解世界，光绪帝仍然朝夕研读书籍，尤其留意有关西学的书。而且，光绪帝还坚持每日以一定的时间学习英文，虚心向人求教，持之以恒，因此对西方文化有了更深的了解。

政治上的挫败，生活中的不幸，使光绪帝陷入无法自拔的痛苦和郁闷之中，整日忧心忡忡，焦虑不安，这极大地损伤了他的身体，健康状况日益变坏。光绪三十四年(1908)十月二十一日，光绪帝抱着自己终生的遗憾在瀛台涵元殿病逝，终年 38 岁。

光绪帝死后，葬于崇陵，谥号“德宗”。

成为幼童皇帝秘闻

小小顽童何以治国

清同治十三年(1874 年)十二月初五日，夜。宣武门内西太平街醇王府。

醇亲王奕譞从被窝里晾出一支胳膊，揉了揉惺忪的睡眼。“外面什么事?”如果把他推醒的不是福晋叶赫那拉氏，他会一拳打到对方的脸上。大宅正门方向传来的咚咚的砸门声他也隐约听到了。

“宫里头来人了。”醇王福晋忙着系好对襟棉袄的疙瘩扣，轻轻皱着眉说。

“可有圣旨?”奕譞在考虑要不要穿朝服。

窗外一个尖细的声音接过下茬儿：“奉两宫皇太后懿旨，宣醇王爷入宫晤见。”

奕譞浑身打了个冷颤，一把将身上的大被掀到一边，“来人！”他压着嗓子喊。醇王福晋就势把一件大氅给奕譞披上，应声入屋的两个侍女利索地为奕譞穿好了衣裳。奕譞自己蹬上靴子，急急迈步走出门外。

一股刺骨的冷气扑面而来。

奏事处太监已经在阶台上跪下了，借着侍卫挑起的灯笼发出的暗红的光线，奕譞注意到太监通红的鼻头下沥着两行清亮的鼻涕。“奴才奉老佛爷口谕宣醇王爷即刻入宫。”

轿子已候在大宅门口。街上阒无一人，四周漆黑一片。奕譞更觉得冷从心里往外翻。他匆匆钻入大轿，轻轻跺了跺轿板，“起吧。”他说。

轿子在路上颠了约摸有两刻时光景。奕譞有足够的时间猜测宫里发生了什么事情。传闻皇上与恭王爷的儿子私顾京里的春院，染了身病回来，难道……

轿子在东华门外停下，已经有两顶轿子停在院子中了。太监领奕譞绕侧门到养心殿，西暖阁里正灯火通明。奕譞进殿，同已先等在殿里的惇亲王奕淙、孚郡王奕譓、贝勒载治和载澍、御前大臣伯彦讷谟祜、军机大臣宝鋆、沈桂花和李沤藻、总管内务府大臣英桂和崇伦等一一打过招呼。一会儿，又陆续到了恭亲王奕䜣、惠郡王奕详、御前大臣景寿和奕劻、弘德殿行走徐桐、翁同龢和王庆琪、南书房行走黄钰、潘祖荫、孙诒经、徐郙和张家襄等。20多个人挤在本来不算狭小的殿房中交头接耳，使暖融融的屋子又增添了几分燥热。

"两宫皇太后驾到！"随着太监的一声吆喝，各自扎堆的王公大臣们立刻按班次在已事先备好的跪垫后站定，恭恭敬敬垂手低头，红顶子高低错落排成两行。奕譞尽管低着头，仍然觉到了太监掀起棉帘时吹进来的冷风。

"恭请两宫皇太后圣安！"大臣们齐刷刷抖掉马蹄袖的盖口，跪在垫子上，红顶子一揖到地。

"人全齐了？"先踏进屋的慈安皇太后扫了众人一眼，轻声问道。

"差不多了吧。"又一个穿着绣花高跟宫鞋的中年女人迈过门槛向屋子里扫了一眼。这是慈禧皇太后。她身着便服，一脸的倦相，两颊已开始轻度凹陷，脸上的皱纹今天也显得格外明显。两宫就着炕上的一张方儿，一左一右坐定下来。

"都起吧。"

"谢两宫皇太后。"

大家站起，打了会儿冷场。慈安袖着手冲慈禧点了点头。慈禧的眼圈一下子红了。"今儿个搅了众家王爷、大臣的好梦，也是事出无奈。"她默然拭去滑落的泪水，"圣上病已不治，所牵挂的是继统未定。我们姐儿俩想向大家讨个主意，谁可嗣立？"她的语音有些发哽，慈安也鼻子一酸。

奕譞心里有数，慈禧已经有了人选。

内务府大臣崇伦斗胆奏说，可立溥字辈贤者。溥伦年长，或可考虑迎立。慈禧的脸色马上沉下来，恭亲王见势赶紧声言不可。气氛一时沉寂下来。慈禧沉了一会儿，说："溥字辈无可立者。奕譞的儿子载湉今已四岁了，聪明伶俐，可使承继文宗显皇帝为嗣入继大统，诸位以为如何？"众人面面相觑，不置可否。奕譞吓得脸都白了，胸前的朝珠簌簌抖出响声。

"醇王爷，你冷吗？"慈安关心地问。

奕譞叩首如捣蒜。"禀皇太后，皇上春秋正旺，建储似不合祖制……"

慈禧一把抹去脸上的泪水，从座上站了起来厉声说："然则皇帝已经驾崩了！"

众人稍一愣神，但马上想到自己的职责，立刻瘫倒在地，放声恸哭。奕譞吓得晕了过去，慈安赶紧命内侍扶起，搀到一旁。

慈禧厉声喝起李鸿藻，由她口授，由李鸿藻执笔润色，很快写就了懿旨，两宫押上各自的印宝。传旨太监恭恭敬敬捧着金黄色的卷轴懿旨，倒退出西暖阁，当即打轿起身。大臣们还在如丧考妣地哭丧，两宫太后也已泣不成声。

天色已大亮了，但街上仍看不到几个行人。传旨太监的轿子一路匆匆疾行，到了醇王府门口，也不停留，径直抬进后堂。醇王福晋与醇王妻妾闻报慌忙跪在廊间和门外，迎迓天使。太监展卷读道："皇帝龙驭上宾，未有储二，不得已以醇亲王奕譞之子载湉承继文宗显皇帝为子，入承大统为嗣皇帝。俟嗣皇帝生有皇

子，即承继大行皇帝为嗣。特谕。”

醇王福晋的脑袋嗡地一炸，但她马上让自己清醒过来。她了解自己的姐姐，更懂得两宫懿旨的神圣意义。这一切都无法挽回了。太监又匆匆上轿走了。醇王福晋站起来，用从传旨太监手里接过的黄绢轴掸去膝上的土。

“去，”她哽咽着对侍女说，“给阿哥换换身。”

当天夜里，宫里派出法驾隆重迎新皇帝过府。载湉一身珠光宝气，里外换新，小脸红润，双眸晶亮。他很兴奋，他要去大内玩了。听额娘讲，他是去做真龙天子了，做真龙天子可以要什么有什么，想吃什么吃什么，想玩什么玩什么。

奕譞忙前忙后，跑进跑出，在自己的儿子面前，他恭敬地弯着腰陪着强作出的笑脸。载湉注意到，全府上下的人今天都以一种奇怪的方式对他，不仅一见他就齐齐跪下，连头也不敢抬起。平日常哄逗他的乳娘和侍女更是连大气都不敢在他面前出。他开始有点害怕了。但到了门外，一看到那么多人挑着大红灯笼迎风肃立，他又兴奋起来。他要去大内了，他要去做皇上了。

上了16人抬的明黄色龙舆，载湉坐在奶娘的腿上，一手扪着她的乳房，一手掀开轿帘向四处看。全府的人黑压压跪了一地。

“起驾！”

随着一声吆喝，载湉突然觉得心往上一提，眼前的一切都动了起来。奶娘拉过载湉，把轿帘放好，指着轿里隐约可见的华丽内衬和轿窗射进的灯笼光照得深浅不一的凸镂雕饰，让载湉细细观赏。在这同时，他一点也不知道，轿子离醇王府越来越远了。他的额娘醇王福晋叶赫那拉氏此时正跪在冷风和仪驾扬起的尘埃中啜泣。

奕譞辞职之谜

载湉入宫的当天，醇亲王扈驾入宫，出来时与恭亲王碰了个正着。两人互相致过礼，奕䜣转身又要走，醇亲王叫住他：“请六哥留步。”

奕䜣颇感意外：“醇王爷还有赐教？”

“请六哥明示，此番阿哥入宫，可有个什么说道？太后的心思想必只有六哥清楚。”

奕䜣望着一脸诚意的奕譞，想到多年来两兄弟的龃龉，想到迎立的竟是他的儿子，心里一阵惆怅。

“圣上冲龄御极”，他把拳朝天一揖，以示尊敬，“自然仍需太后左右朝局。如以溥字辈阿哥嗣立，两宫以太皇太后之尊不便再行操纵。不过，不管怎么说，圣上能膺授天命，总是你的福分。”他说完，捻着胡须若有所思地眯起眼上下看了一眼奕譞。

奕譞的心里一阵发紧。“六哥还想说什么？”

“前朝嘉靖大礼仪事，你不会不知道吧？”

奕䜣的话触到了奕譞的痛处。大礼仪事他当然知道。明代武宗正德皇帝朱厚照死时，也没有皇嗣；皇太后张氏应首辅大学士杨廷和的吁请，迎立孝宗的弟弟兴献王祐杬之子朱厚熜为帝，是为世宗嘉靖皇帝。朱厚熜由藩王入继大统，在配享太庙时出了问题。一部分大臣迎合世宗的本意拟定世宗的生父为皇考，而另一些人则力主世宗认武宗父孝宗为皇考，而认生父为皇叔父。双方争论不休。

嘉靖三年(1524 年),朱厚熜断然决定追认生父兴献王为皇考恭穆献皇帝。群臣以为不可,自发集合于内廷左顺门哭谏。世宗先后四次下令将谏阻大臣关进诏狱,共拷讯了 200 多人,17 个当场死于杖下,许多人流放或干脆致仕。更有甚者,张太后的两个弟弟因反对世宗也被拘捕,张太后以太后之尊屈驾恳请世宗予以赦免,世宗不允,二张罹祸后,不久张太后也被逼死。

奕譞此时也正处在类似世宗生父的微妙的关节上。两宫太后肯定会有所考虑。

"西边的会把我怎么样?"

奕䜣摇摇头冷笑道:"能保住你这头上的顶子就已是造化了。你是个聪明人,何不自求解脱?"奕䜣说完,耸了耸肩,转身扬长而去。

奕譞呆呆地望着奕䜣远去的背影出神。

第二天,奕譞上疏两宫太后,恳请开去一切差事,"曲赐矜全,许乞骸骨,为天地容一虚糜爵位之人,为宣宗成皇帝留一庸钝无材之子,使臣受帡幪于此日,正丘首于他年。"

慈安太后对奕譞此举颇为不解,"新君甫立,万事待兴,正是用人之际,醇王爷何故出此下策?"

慈禧读着奏折,微微笑着说:"王爷是怕了。顶子越高,胆子越小。也罢,难为王爷一番苦心,就着王公大臣六部九卿廷议,看看他们是怎么个说法。"

廷议认可。两宫遂同意奕譞开去差使,以亲王世袭罔替。

奕譞迈着沉重的步子出宫随便找了家馆子独自喝了通闷酒,回到府上时,天已入夜了。往常散朝回来,他都要到槐荫斋与儿子逗逗趣。今天他的脚步又不自觉地挪到了这里。屋里掌着灯。奕譞瞬时觉得心头一热。他几步蹬上台阶,推门而入。原来是醇王福晋。她盘腿默然坐在暖炕的木沿上垂泪,回头看到了奕譞,不禁掩面痛哭失声。

奕譞长叹了口气,也在床边坐下。屋子里一切如昨,连醇王福晋亲手做的一只纸鸢还伏在墙上。奕譞心里充满了无尽的怅惘。望着眼前熟悉的每个物件,他只觉得鼻子一酸,两行老泪夺眶而出。

何人促使光绪登基

光绪元年(1875 年)的一月二十日,新皇帝登基大典在太和殿隆重举行。

光绪身着明黄色的团龙朝服,头戴帽檐上翻、用熏貂皮做成的冬朝冠,银白色的大东珠镶在冠顶,在红色的帽绒的衬托下显得格外耀眼。他不情愿地端坐在宝座上,看着满地的红缨顶子一直排出在大殿外。各种颜色和图案的礼服穿在胖瘦高矮不齐的人身上,多少有点滑稽的味道。顺殿门向外望去,皇帝的法驾卤簿陈列在大殿两旁,金银器流光溢彩,木制的斧、钺、瓜、戟整齐有序地排列好,各种伞、盖和旗帜、大纛在晨风中迎风招展。太和殿东西檐下,由编钟、编磬、琴、箫、笙等乐器奏出的中和韶乐,太和门内东西檐下,由云锣、方响、管子、杖鼓等乐器奏出的丹陛大乐融合在一起,时而柔曼,时而高亢,时而轻缓,时而奔放,高低错落,透着股难以言喻的高贵和威严。从铜炉、铜鹤、铜龟中冒出的白色香烟,袅袅飞升,弥漫了整个大殿,显得气氛异常肃穆而庄严。

大典礼仪一项一项进行，百官朝拜三呼万岁，礼炮喧天，人声嘈杂。光绪在整个过程中始终稳坐在宝座上不发一言，像看戏一样出神地看着眼前憧憧进出的人。

奕譞也在跪班的大臣之列。比起十几天以前送载湉入宫时，他显得消瘦了许多。光绪的心里很难受。尽管他在府里时，与奕譞厮混的时候不多，且多有所畏忌，但现在十几天未见，他觉得与奕譞格外的亲。眼泪在他眼里打着晃儿，他只能强忍着。站在一旁的秉礼太监正拿眼冷觑着他，干瘪的嘴唇，肿大的眼泡，红红的大鼻头，多皱的僵化的脸，再配上一个尖削的下巴，足以让小小年纪的光绪感到一种莫名的畏惧。更重要的是，在这张脸后还有一个人的脸，光绪连想起来都不情愿。他太怕见到那张脸了。

登基大典结束后，两宫特传出话来，留奕譞到养心殿陪圣驾。

奕譞怀着十分复杂的心情随行领太监到养心殿，进东暖阁。慈安正在忙着试新改装过的一个帘幔，这是专为两宫垂帘听政而加设的，把东暖间隔开两层，外间一把御椅，里间则放着一把双人共座的棉垫长椅。这是两宫的鸾座。见到奕譞蔫头耷脑地进来，慈安赶紧让太监拉起帘帐，自己在銮座一侧正襟坐定。

奕譞请过安，站到一旁与慈安有一搭没一搭地闲聊。很快，太监来传报，圣驾和西佛爷同时到了。

奕譞跪下，躬腰抱拳。光绪和慈禧一先一后挑帘进屋，看到奕譞，慈禧道了声“劳醇王爷久候”，走到慈安身旁坐下。光绪也落了座。

“请醇王爷进前回话。”慈安见奕譞跪得挺远，先发了话。奕譞从跪垫上站起身，低着头前行了几步，仍旧跪下。

“阿玛别来无恙？”光绪回过头怯怯地望了两宫太后一眼，用着刚学会的套话问。

“禀皇上，前时偶染肝疾，现已痊愈。有劳皇上挂念，不胜惶恐之至……”

光绪的泪水一泻而出。他不自主地从御座上站起来，两步走到奕譞身边扑通跪在石板地上，拉着奕譞的胳膊，使劲摇着说：“阿玛，我们回家……”

“皇帝！”身后突然一声怒喊，慈禧也顾不得许多，走过来一把扯起光绪，“成何体统！”

光绪吓得痛哭失声。奕譞对眼前这一切毫无准备，更是浑身哆嗦，虚汗淋漓，一味叩头不已。慈安也走过来，把光绪搂在怀里，但什么也不说。光绪哭得更厉害了。这几天在宫里受的所有委屈和斥骂一下子攒聚在心头，勾起了他的无限辛酸。

“醇王爷跪安吧。”慈禧不耐烦地跺了一下脚，怒气冲冲又回到座位上。奕譞连滚带爬退出养心殿。光绪还想去追他，慈禧含着泪拦腰抱紧他。光绪奋力撕扯，大叫大嚷。慈禧叫进门外当值的太监紧紧按住光绪，光绪只能扯着脖子向门外喊：“阿玛，阿玛呀……”

中华帝王

奕譞听得心如刀绞。他顾不得辨清脚下的路逃命一样向外跑，养心门、螽斯门、景运门，他只觉得下了数不清的台阶过了数不清的门，但还有数不清的台阶、数不清的门等在前面。奕譞喘着粗气，紧捯着步，连头也不敢回。

宫里的路好长呵。这是他此时心里的惟一感觉。

孤独的宫廷生活揭秘

光绪哭了一整夜。

从入宫那天起，他每天都要哭上几场。他终于明白，他来大内是玩不得的。每天，吃过乳娘的奶，他都要跟秉礼太监学习各种宫廷礼节，并现身说法，依次到两宫太后前请安。慈安太后还能哄着他说会子话，到了慈禧身边，他竟连大气也不敢出，跪在地上一声不吭。慈禧也不管他是否听得明白，从不忘了向他灌输清宫规矩、律条和为人君必须具备的品德修养。慈禧真正动气的时候并不多，但做起事来，厉言正色，一丝不苟。光绪做的事稍有不合她的喜好的时候，她就会喝斥他从头再来。光绪不愿见到慈禧，每天请安时总要赖在慈安处不走。有几次，慈禧竟派人到钟粹宫来，生把光绪背回储秀宫受她的训斥。慈安无奈，只好等光绪在自己这用完早膳，立即打发他去给慈禧请安。

光绪很寂寞。宫里就他一个"小小子"，左右近侍太监、宫女不是年纪太大玩不动了，就是惮于他是一朝君主真龙天子而不敢造次。宫里的开阔地很多，他常常萌生到里面去放风筝的想法，就像额娘给他糊的那只，但没有人做给他。他惟一的乐趣是骑在小太监的背上，口里吆喝着，身子上下翘翘着，让小太监在屋子里摸爬滚打。即使这惟一的娱乐也不能让慈禧看见。否则不仅光绪要挨骂，太监也要倒霉。

元年二月二十日，殁皇帝穆宗同治的皇后阿鲁特氏不堪慈禧的凌侮带着身孕吞金而亡。大殓时，慈禧也落了几滴眼泪，而光绪哭得异常伤心。与其说他是哭那位与他只谋过几次面的皇嫂，不如说是在哭自己。在哭灵的人群中，他又看见了醇亲王，一瞬间，竟觉得触目惊心。奕譞连正眼也不敢瞅他一眼，这尤其让他觉得伤心，一种被冷落、抛弃的感觉油然浮上心头。他的眼泪如泉水般涌出，开始还想哽住，但终于还是无所顾忌地嚎啕大哭起来。